CISG, BRASIL E PORTUGAL

CISG, BRASIL E PORTUGAL

CONVENÇÃO DAS NAÇÕES UNIDAS PARA OS CONTRATOS DE COMPRA E VENDA INTERNACIONAL DE MERCADORIAS

2022

Coordenação
Ingeborg Schwenzer
Paula Costa e Silva
Cesar Pereira

ALMEDINA

CISG, BRASIL E PORTUGAL
CONVENÇÃO DAS NAÇÕES UNIDASPARA OS CONTRATOS
DE COMPRA E VENDA INTERNACIONAL DE MERCADORIAS

COORDENAÇÃO: Ingeborg Schwenzer, Paula Costa e Silva e Cesar Pereira

DIRETOR ALMEDINA BRASIL: Rodrigo Mentz
EDITORA JURÍDICA: Manuella Santos de Castro
EDITOR DE DESENVOLVIMENTO: Aurélio Cesar Nogueira
ASSISTENTES EDITORIAIS: Isabela Leite e Larissa Nogueira
ESTAGIÁRIA DE PRODUÇÃO: Laura Roberti

DIAGRAMAÇÃO: Almedina
DESIGN DE CAPA: FBA
ISBN: 9786556275048
Abril, 2022

Dados Internacionais de Catalogação na Publicação (CIP)
(Câmara Brasileira do Livro, SP, Brasil)

ACISG, Brasil e Portugal : convenção das nações unidas para os contratos de compra e venda internacionalde mercadorias / coordenação Ingeborg Schwenzer, Paula Costa e Silva, Cesar Pereira. -- São Paulo :Almedina, 2022.
Vários autores.

ISBN 978-65-5627-504-8

1. Comércio internacional 2. Comércio internacional - Regulamentação 3. Convenção das Nações Unidas sobre Contratos de Compra e Venda Internacional de Mercadorias (1980) 4. Contratos de vendas para exportação - Brasil 5. Contratos de vendas para exportação - Portugal 6. Direito comercial 7. Relações internacionais I. Schwenzer, Ingeborg. II. Silva, Paula Costa e. III. Pereira,Cesar.

22-101253 CDU-34:336.2:339.5

Índices para catálogo sistemático:

1. Contratos de vendas para exportação : Políticas comerciais : Relações comerciais internacionais 34:336.2:339.5
Maria Alice Ferreira - Bibliotecária - CRB-8/7964

Este livro segue as regras do novo Acordo Ortográfico da Língua Portuguesa (1990).

EDITORA: Almedina Brasil
Rua José Maria Lisboa, 860, Conj.131 e 132, Jardim Paulista | 01423-001 São Paulo | Brasil
www.almedina.com.br

SOBRE OS COORDENADORES

Ingeborg Schwenzer
Professora Emérita de Direito Privado na Universidade de Basileia.

Paula Costa e Silva
Professora Catedrática da Faculdade de Direito da Universidade de Lisboa.

Cesar Pereira
Sócio de Justen, Pereira, Oliveira e Talamini Advogados (São Paulo).

SOBRE OS AUTORES

Alberto do Amaral Júnior
Professor de Direito Internacional da Faculdade de Direito da Universidade de São Paulo (USP), Brasil.

Alexandre de Soveral Martins
Professor da Faculdade de Direito da Universidade de Coimbra. Investigador do Instituto Jurídico da Faculdade de Direito da Universidade de Coimbra.

Ana Carolina Beneti
Doutora em Direito Internacional pela Universidade de São Paulo – USP, com LL.M. pela LSE – London School of Economics and Political Science e autora de vários artigos sobre arbitragem e CISG. Árbitra e advogada em São Paulo.

Ana Gerdau de Borja Mercereau
Associada sênior no escritório de advogados Derains & Gharavi (Paris). PhD em Arbitragem Internacional e LLM em Direito Internacional pela Universidade de Cambridge. Membro da ICC Task Force on the Revision of the ADR Rules, Expertise Rules and Dispute Board Rules.

Arnoldo Wald
Advogado em São Paulo, Rio de Janeiro e Brasília, árbitro e parecerista. Professor Catedrático de Direito Civil da Universidade do Estado do Rio de Janeiro (UERJ). Doutor *honoris causa* da Universidade Paris II e do IDP (Instituto de Direito Público). Membro da Corte Internacional de Arbitragem da Câmara de Comércio Internacional (ICC). Presidente honorário da Comissão de Arbitragem do Conselho Federal da Ordem dos Advogados do Brasil.

Bianca Mueller
LL.M., enrolled as a barrister and solicitor at the High Court of New Zealand and also a German qualified lawyer (Rechtsanwältin).

Camila Emi Tomimatsu
Bacharel pela Faculdade de Direito da Universidade de São Paulo. Advogada do escritório L.O. Baptista-SVMFA, em São Paulo.

Carlos Eduardo Pianovski Ruzyk
Professor de Direito Civil da UFPR (Graduação e Mestrado) e da PUC/PR. Doutor e Mestre em Direito Civil pela Universidade Federal do Paraná (UFPR). Pesquisador visitante na Universidade de Coimbra. Coordenador do Grupo de Pesquisa em Arbitragem da PUC/PR. Integrante do Projeto de Pesquisa Virada de Copérnico. Advogado em Curitiba.

Carlos Fujita
Doutor em Direito pela Universidad Carlos III de Madrid. Advogado em São Paulo e Professor.

Cesar Pereira
Sócio de Justen, Pereira, Oliveira e Talamini Advogados (São Paulo). Doutor e Mestre em Direito pela PUC/SP. FCIArb e Presidente do CIArb Brazil Branch.

Dário Moura Vicente
Professor Catedrático da Faculdade de Direito da Universidade de Lisboa.

Diego Franzoni
Mestre em Direito Comercial pela USP. Especialista em Direito Tributário pela FGV. Bacharel em Direito pela UFPR. Advogado de Justen, Pereira, Oliveira e Talamini. *Coach* do Grupo de Arbitragem da UFPR.

Diogo Costa Gonçalves
Professor da Faculdade de Direito da Universidade de Lisboa.

Elsa Dias Oliveira
Professora da Faculdade de Direito da Universidade de Lisboa.

Fernando Kuyven
Advogado em São Paulo, árbitro e parecerista.

Francisco Mendes Correia
Professor da Faculdade de Direito da Universidade de Lisboa.

Francisco Pignatta
Doutor em Direito Internacional Privado pelas Universidades de Estrasburgo (França) e UFRGS. Professor convidado na PUC-RS. Advogado em Curitiba, Lisboa e Paris.

Frederico E. Z. Glitz
Pós-doutor em Direito e novas tecnologias (Reggio Calabria). Doutor em Direito das Relações Sociais pela Universidade Federal do Paraná Mestre em Direito das Relações Sociais pela Universidade Federal do Paraná. Professor de Direito Internacional Privado e Contratual.
Presidente da Comissão de Educação Jurídica da OAB/PR. Diretor de Relações Institucionais do IBDCONT (PR). Advogado.

Giovana Benetti
Advogada, sócia de Judith Martins-Costa Advogados. Doutora em Direito Civil pela Universidade de São Paulo – USP. Especialista em Processo Civil pela Universidade Federal do Rio Grande do Sul – UFRGS.

Glenys P. Spence
Assistant Professor of Law at the Arizona Summit Law School in Phoenix, Arizona.

Gustavo Moser
Doutor em Direito Comercial Internacional pela Universidade da Basileia, Suíça. Consultor jurídico da London Court of International Arbitration (LCIA), em Londres, e Coordenador acadêmico e Professor da Swiss International Law School (SiLS) – Bond University, Austrália. Advogado.

Gustavo Santos Kulesza
Mestre em Direito Internacional pela USP. Bacharel em Direito pela Universidade de São Paulo (USP). Sócio de Barbosa, Müssnich & Aragão Advogados em São Paulo.

João Marçal Rodrigues Martins da Silva
Sócio de Campos Mello Advogados (in cooperation with DLA Piper). Formado pela Pontifícia Universidade Católica do Rio de Janeiro. Pós-graduado em Direito do Estado e da Regulação pela Fundação Getúlio Vargas. Professor da pós-graduação em Arbitragem da Escola Superior de Advocacia – ESA/RJ. Fundador da Associação Brasileira dos Estudantes de Arbitragem (ABEArb).

João Otávio de Noronha
Bacharel em Direito pela Faculdade de Direito do Sul de Minas – Pouso Alegre. Especialização em Direito do Trabalho, Direito Processual do Trabalho e Direito Processual Civil na Faculdade de Direito do Sul de Minas. Ministro do Superior Tribunal de Justiça a partir de 2002. Professor de Direito Civil e de Direito Processual Civil do Instituto de Educação Superior de Brasília – IESB; Professor da Escola Superior de Magistratura do Tribunal de Justiça do Distrito Federal e Territórios; Professor de Pós-graduação do Uniceub; Diretor da Escola Nacional de Formação e Aperfeiçoamento de Magistrados Ministro Sálvio de Figueiredo Teixeira; Ministro Efetivo do Tribunal Superior Eleitoral, a partir de 2013; Corregedor-Geral do Tribunal Superior Eleitoral.

João Ribeiro-Bidaoui
Ex-Director do Centro Regional Ásia-Pacífico da UNCITRAL. Primeiro Secretário da Conferência da Haia de Direito Internacional Privado.

João Victor Porto Jarske
Graduado pela Universidade Federal da Paraíba. *Coach* do Grupo de Estudos em Arbitragem e Comércio Internacional do Centro Universitário Pessoense – Unipê. Advogado.

Joaquim de Paiva Muniz
Formado em 1996 pela Universidade do Estado do Rio de Janeiro-UERJ. Mestre em Direito pela University of Chicago em 1999. Professor de Arbitragem e Direito Econômico e Regulatório da FGV e de Direito Empresarial em cursos de pós-graduação da UERJ.

Joyce Williams
Alumnus of the Arizona Summit Law School, and a former Intern at the Uncitral Regional Office in Incheon, South Korea.

Judith Martins-Costa
Livre docente e doutora em Direito pela Universidade de São Paulo (USP). Lecionou entre 1992 e 2010 na Faculdade de Direito da Universidade Federal do Rio Grande do Sul (UFRGS), nos cursos de graduação, mestrado e doutorado. É conferencista em universidades brasileiras e estrangeiras. Presidente do Instituto de Estudos Culturalistas (IEC) e Membro da Academia Brasileira de Letras Jurídicas. Também atua como árbitra e parecerista em litígios civis e comerciais no Brasil e no exterior.

Letícia Marinhuk
Pós-Graduada no Programa de L.LM. em Direito Empresarial da Fundação Getulio Vargas.
Advogada

Lígia Espolaor Veronese
Mestre e doutoranda em Direito Internacional na Faculdade de Direito da Universidade de São Paulo USP - Brasil. Pesquisadora bolsista no Instituto Max-Planck de Direito Comparado e Direito Internacional Privado em Hamburgo e no Instituto Internacional para a Unificação do Direito Privado (UNIDROIT) em Roma.

Luciano Benetti Timm
Professor da Fundação Getúlio Vargas em São Paulo (FGVSP) e também do IDP de Brasília e do CEDES/SP. Sócio de Carvalho, Machado e Timm Advogados; Pós-Doutor pelo Departamento de Direito, Economia e Negócios, University of California, Berkeley; Doutor em Direito dos Negócios pela Integração Regional, Universidade Federal do Rio Grande do Sul; LLM em Direito Econômico Internacional, University of Warwick – bolsista do British Council; Mestre em Direito Privado pela Universidade Federal do Rio Grande do Sul. Advogado.

Luis Alberto Salton Peretti
Formado pela Universidade Federal do Rio Grande do Sul. Formado pelo Instituto de Estudos Políticos de Paris (SciencesPo), Master em Direito Econômico, "Master II Professionnel" em Direito e Globalização Econômica pela Universidade de Paris I Panthéon-Sorbonne em 2009, "Master II Recherche" em Direito Comparado pela Universidade de Paris II Panthéon-Assas.
Sócio de Souto Correa Advogados.

Mafalda Miranda Barbosa
Professora da Faculdade de Direito da Universidade de Coimbra. Investigadora do Instituto Jurídico da Faculdade de Direito da Universidade de Coimbra.

Maria Helena Brito
Professora Catedrática Jubilada da Faculdade de Direito da Universidade Nova de Lisboa. Investigadora do CEDIS – Centro e Investigação & Desenvolvimento sobre Direito e Sociedade da Faculdade de Direito da Universidade Nova de Lisboa.

Mariana Fontes da Costa
Professora da Faculdade de Direito da Universidade do Porto/Investigadora do Centro de Investigação Jurídico-Económica.

Mauricio Gomm-Santos
Brazilian attorney, member of the Paraná Bar, an American attorney, member of the New York Bar. He is also member of the Portugal Bar and is a Florida Foreign Legal Consultant and shareholder of Gomm & Smith.

Miguel Pestana de Vasconcelos
Professor Catedrático da Faculdade de Direito da Universidade do Porto.

Katherine Sanoja
American attorney at Gomm & Smith in Miami, FL and a member of the Florida and D.C. Bar.

Paulo Nalin
Pós-doutor em Contratos Internacionais pela Universidade da Basiléia. Doutor em Direito das Relações Sociais pela Universidade Federal do Paraná. Mestre em Direito Privado pela Universidade Federal do Paraná. Professor Associado da Faculdade de Direito da Universidade Federal do Paraná. Advogado Árbitro.

Patrick Wittum
Acadêmico de Direito nas Universidades de Bonn e Oxford. Ex-participante do Vis Moot.

Paula Costa e Silva
Professora Catedrática da Faculdade de Direito da Universidade de Lisboa.

Pedro Martini
Advogado inscrito no Brasil e em Nova Iorque, mestre (LL.M.) em Direito Internacional pela University of California, Berkeley. Bacharel em Direito pela Universidade Federal de Minas Gerais.

Pedro Silveira Campos Soares
Advogado associado a Grebler Advogados. Bacharel em Direito pela Pontifícia Universidade Católica de Minas Gerais. Pós-graduação em Direito Empresarial pela Fundação Getúlio Vargas. Extensão em Arbitragem Internacional pela University of Miami School of Law. Master of Laws (LL.M) pela Duke University School of Law (em curso). Editor-chefe adjunto do CISG-Brasil.net.

Petra Butler
Associate Professor, Victoria University of Wellington, New Zealand.

Pilar Perales Viscasillas
Catedrática de Derecho Mercantil en la Universidad Carlos III de Madrid. Trabajo realizado bajo el Proyecto de Investigación Proyectos de I+D+i», en el marco de los Programas Estatales de Generación de Conocimiento y Fortalecimiento Científico y Tecnológico del Sistema de I+D+i y de I+D+i Orientada a los Retos de la Sociedad, del Plan Estatal de Investigación Científica y Técnica y de Innovación 2017-2020.

Rafael Villar Gagliardi
Doutor e mestre em Direito das Relações Sociais pela PUC/SP. Pesquisador Visitante na London School of Economics and Political Science – LSE. Membro do quadro de árbitros do Centro de Arbitragem e Mediação da CCBC, da Câmara de Conciliação, Mediação e Arbitragem CIESP/FIESP dentre outras. Membro do Instituto de Direito Privado – IDP. Sócio do Setor Contencioso e de Arbitragem de Demarest Advogados. Advogado e árbitro em São Paulo.

Renata C. Steiner
Doutora em Direito Civil na Universidade de São Paulo. Pesquisadora visitante na Ludwig-Maximilians-Universität, em Munique, sob orientação do Prof. Dr. Hans Grigoleit. Mestre em Direito das Relações Sociais pela

Universidade Federal do Paraná, com período de pesquisa na Universität Augburg, sob orientação do Prof. Dr. Jörg Neuner. Professora do curso de Pós-Graduação em Direito Imobiliário da Universidade Positivo (PR). Advogada em Curitiba - PR.

Rui Manuel Moura Ramos
Professor Catedrático Jubilado da Faculdade de Direito da Universidade de Coimbra. Membro do Institut de Droit International.

Rui Pereira Dias
Professor da Faculdade de Direito da Universidade de Coimbra.

Thiago Rodovalho
Doutor e mestre em Direito Civil pela PUC/SP. Atualmente em fase de Pós-Doutorado no Max-Planck-Institut für ausländisches und internationales Privatrecht. Professor-Assistente de Arbitragem e Mediação na graduação da PUC/SP. Coordenador e Professor de Arbitragem na Escola Superior de Advocacia da OAB/SP.

Umberto Celli Junior
Professor Titular de Direito Internacional da Faculdade de Direito de Ribeirão Preto da Universidade de São Paulo (USP).

Vera Jacob de Fradera
Professora na UFRGS. Advogada em Porto Alegre, RS.

APRESENTAÇÃO DA EDIÇÃO LUSO-BRASILEIRA

Em 1° de outubro de 2021, entrou em vigor, em Portugal, a Convenção das Nações Unidas sobre Contratos para Venda Internacional de Mercadorias, adotada em Viena, em 11 de abril de 1980. Apesar das já longas quatro décadas de vigência, a CISG permanece um instrumento relevante na determinação de um regime autónomo aplicável à compra e venda internacional de mercadorias. A globalização do comércio mundial, assente já não apenas em contratação B2B, mas, muito em virtude das sucessivas vagas de agravamento da pandemia provocada pelo SARS-CoV2, em B2C, demanda regimes jurídicos que, desconectando-se dos direitos internos dos diversos Estados, prevejam e regulem as principais vicissitudes dos contratos celebrados. Este o grande acquis da Convenção sobre a Venda Internacional de Mercadorias que, priorizando a autonomia privada, fornece ao aplicador um conjunto de soluções para os principais problemas que a execução dos contratos sempre suscita.

Na sequência da edição brasileira desta obra colectiva pareceu pertinente aos coordenadores provocar a sua evolução de modo a que esta pudesse, também, integrar o olhar da comunidade jurídica portuguesa sobre a CISG. A proximidade linguística e cultural entre os dois países, a densidade dos laços científicos entre académicos e juristas de ambos os espaços, a contiguidade de matrizes dos respectivos direitos internos das Obrigações e, muito em particular, do Direito da compra e venda, tudo justificava uma contemplação conjunta de um mesmo instrumento internacional.

Uma última palavra para os Autores a quem agradecemos por sua participação nesta obra.

Ingeborg Schwenzer, Paula Costa e Silva e Cesar Pereira

APRESENTAÇÃO DA EDIÇÃO BRASILEIRA

Com a entrada em vigor da Convenção de Viena sobre os Contratos de Compra e Venda Internacional de Mercadorias (CISG) para o Brasil, em 1.º de abril de 2014, e a posterior edição do Decreto 8.327, de 16 de outubro do mesmo ano, o país finalmente se une a um rol de nações mercantes a que chamamos afetuosamente de família CISG. A CISG representa um marco do direito uniforme e também do direito dos contratos internacionais. É o instrumento de direito material mais bem aceito internacionalmente de que se tem notícia. Hoje, mais de oitenta países adotam as suas regras, colocando uma plataforma comum de negociação à disposição de suas empresas que realizam importações e exportações dos bens mais variados, de matérias primas a produtos intermediários e daí aos acabados. Com a exceção do Reino Unido e da Índia, todos os maiores exportadores e importadores de mercadorias, assim como todas as maiores economias do mundo, encontram-se sob a sua guarida. Para o Brasil, é também significativo que a nação portuguesa ainda não tenha abraçado a CISG; porém, os vizinhos sul-americanos o fizeram, a não ser pela Bolívia e pela Venezuela, ao menos até o momento.

O fato de a China ter sido um dos primeiros países a ratificar o tratado, nos idos de 1986, indica a sua importância para as economias emergentes. Dos chamados BRICS, com a já notada exceção da Índia e também a da África do Sul, os demais são agora países CISG. Dos chamados MINT (outro grupo de economias emergentes), o México e a Turquia são CISG; a Indonésia e a Nigéria, por sua vez, ainda precisam se movimentar no sentido de aderir à Convenção. O fato de este ou aquele país estar em sintonia com a linguagem comum dos contratos internacionais para a compra e venda de mercadorias possui implicações geopolíticas no sentido de atestar uma maior credibilidade no plano internacional e a vontade firme de ser um "participante do jogo" do comércio global. Afinal, não é possível participar, ao menos não ativamente e com sucesso, de um jogo sem estar ciente de suas regras e, para além disso, dominá-las.

Claro é que, ao lado de regras que regem os contratos internacionais de compra e venda de mercadorias, um país que deseje afirmar-se como *player* no mercado global também deve avançar em aspectos institucionais e legislativos relacionados à derrubada de barreiras ao comércio exterior, bem como à adoção de políticas que favoreçam as trocas internacionais dentro de uma perspectiva de valorização dos produtos locais face ao mercado global e do desenvolvimento sustentável do comércio internacional. Talvez, nesses particulares, seja ainda mais imperativo ao Brasil buscar melhores políticas e uma adaptação mais segura e firme, mas o país fez muito bem em se colocar em dia e em compasso com o direito uniforme estabelecido pela CISG.

No tocante a esta última, é chegada a hora de uma familiarização maior da comunidade jurídica brasileira – e, certamente, este é o momento certo e definitivo para que isso ocorra. Os direitos domésticos, em geral, são limitados no tocante a regras apropriadas para os contratos internacionais e o direito brasileiro não constitui exceção nesse sentido. É necessário, portanto, que o jurista brasileiro leia e releia a Convenção e se inteire das intensas e interessantes discussões que já vem sendo feitas no âmbito internacional há muitos anos sobre ela. Não convém se limitar a uma postura de assistir de longe aos acontecimentos, ou saltar à conclusão apressada de que a CISG é tão boa quanto o direito nacional e que, portanto, não será preciso grande esforço para compreendê-la.

O intuito desta obra se insere no objetivo de propagar o conhecimento sobre a CISG entre os operadores do Direito no Brasil. Entre autores brasileiros e estrangeiros ora participantes, é possível perceber que já há, no Brasil, juristas que compreendem suficientemente bem a Convenção a ponto de interpretá-la, ensiná-la e influenciar sua aplicação pelos tribunais judiciais e arbitrais.

Como organizadores, selecionamos nomes que, acima de qualquer dúvida ou especulação, são capazes de desbravar os novos horizontes que ora se apresentam e conectar o público brasileiro com aquilo que vem sendo feito ao redor do mundo para melhor compreender a CISG e suas repercussões para o comércio internacional. Muitos desses autores participaram de um grande evento que se realizou em Curitiba, no mês de março de 2014 (www.cisginbrazil2014.com), para debater a Convenção e que, sem dúvida, qualquer um pode rememorar como tendo sido um enorme e retumbante sucesso, mostrando o quanto de interesse o tema desperta por sua novidade e seus contornos sedutores, que encerram inúmeras polêmicas e refletem toda a fineza da lógica contratualista e da argumentação jurídica.

Estamos certos de que este livro repetirá e multiplicará o mesmo sucesso, alcançando as prateleiras e penetrando as mentes dos melhores juízes, professores, árbitros, advogados, estudantes e demais juristas e não juristas interessados neste assunto.

Agradecemos a todos os autores por sua participação nesta obra e à editora Marcial Pons pelo entusiasmo e a eficiência com que abraçou o projeto. Também agradecemos a Dra. Giovana Benetti por seu papel fundamental na concretização desta publicação e a CAM-FIEP – Câmara de Arbitragem e Mediação da Federação das Indústrias do Estado do Paraná pelo apoio que tornou possível trazer a público esta coletânea.

Ingeborg Schwenzer, Cesar A. Guimarães Pereira e Leandro Tripodi

SUMÁRIO

PARTE I
ÂMBITO DE APLICAÇÃO E INTERPRETAÇÃO

1. O DIREITO UNIFORME DA VENDA – PORTUGAL ENTRA PARA A FAMÍLIA CISG

Ingeborg Schwenzer
Patrick Wittum

Introdução

A comunidade CISG dá as boas-vindas a Portugal, que finalmente se torna membro do que pode agora ser denominada de mais bem sucedida Convenção internacional de direito privado.

Como muitos de vocês sabem, a CISG foi concluída na famosa Convenção de Viena de 1980. Ela entrou em vigor em janeiro de 1988, depois que os Estados Unidos e a China decidiram simultaneamente aderir à Convenção e, assim, cumprir os pré-requisitos para a sua entrada em vigor, mediante uma conjugação de esforços. Hoje, a CISG tem 94 Estados Membros.[1] Oito das dez principais nações comerciais do mundo são Estados Membros da CISG, sendo o Reino Unido e Hong Kong as únicas exceções.[2] No que diz respeito a Hong Kong, atualmente não está claro se a CISG é aplicável ou não devido ao seu status de região administrativa especial da China;[3] de qualquer forma, atualmente há estudos sobre como Hong Kong pode se tornar formalmente um Estado Membro, e o Departamento de Justiça conduziu recentemente uma consulta pública sobre a "Proposta de Adesão à Convenção das Nações Unidas para Contratos de Venda Internacional de Mercadorias para a Região Administrativa Especial de Hong Kong".[4] Neste momento, a CISG provavelmente

[1] Para conferir o status atual, ver: ttps://uncitral.un.org/en/texts/salegoods/conventions/sale_of_goods/cisg/status.

[2] Cf. WORLD TRADE ORGANIZATION. World Trade Statistical Review 2020. p. 15. Disponível em: https://www.wto.org/english/res_e/statis_e/wts2020_e/wts20_toc_e.htm.

[3] Sobre a discussão da questão, cf. SCHROETER, Ulrich G. The Status of Hong Kong and Macao Under the United Nations Convention on Contracts for the International Sale of Goods. Pace International Law Review, 2004, v 16, p. 307-332 (arguing that the CISG applies to Hong Kong).

[4] Cf. a página da web do departamento de justiça, https://www.doj.gov.hk/en/featured/un_convention_on_contracts_for_the_international_sale_of_goods.html.

já abrange mais de 80% do comércio mundial.[5] Todos os meses recebemos notícias encorajadoras sobre a CISG, seja que os Estados-Membros retiraram as reservas que inicialmente declararam, como a China em sua reserva sobre a liberdade de forma[6] ou os países nórdicos sobre a aplicabilidade das regras de formação de contrato,[7] ou que mais e mais países menores estão aderindo, como Guatemala em 2021, Liechtenstein, Coreia do Norte e Laos em 2020, Palestina em 2019, ou Camarões, Costa Rica e Fiji em 2018.

Para além da unificação global do direito comercial, é sabido que a CISG exerceu influência tanto a nível internacional como nacional.[8] Assim, quando o primeiro conjunto dos Princípios UNIDROIT de Contratos Comerciais Internacionais (PICC) foi lançado em 1994, eles seguiram de perto a CISG não apenas em sua abordagem sistemática, mas também no que diz respeito ao mecanismo de direitos e remédios em caso de violação do contrato.[9] O mesmo se aplica aos Princípios do Direito Europeu dos Contratos (PECL) publicado em 1999.[10] As Diretrizes da UE sobre certos aspectos da venda de

[5] SCHLECHTRIEM, Peter; SCHWENZER, Ingeborg. In: SCHWENZER, Ingeborg (Ed.). Schlechtriem & Schwenzer, Commentary on the Convention on the International Sale of Goods (CISG). 4 ed. Oxford: Oxford University Press, 2016. Introduction I.

[6] Art. 96 CISG. Cf. CISG ADVISORY COUNCIL. Declaration No. 2, Use of Reservations under the CISG. Rapporteur: Professor Dr. Ulrich G. Schroeter. Beijing, 21 October 2013. p. 4. Disponível em: http://www.cisgac.com/cisgac-declaration-no2/.

[7] Art. 92 CISG. Ver CISG ADVISORY COUNCIL. Declaration No. 2, Use of Reservations under the CISG. Rapporteur: Professor Dr. Ulrich G. Schroeter. Beijing, 21 October 2013. p. 4. Disponível em: http://www.cisgac.com/cisgac-declaration-no2/.

[8] Cf. SCHLECHTRIEM, Peter. 25 Years of the CISG: An International lingua franca for Drafting Uniform Laws, Legal Principles, Domestic Legislation and Transnational Contracts. In: FLECHTNER, Harry; BRAND, Ronald; WALTER, Mark S. (Eds.). Drafting Contracts Under the CISG. Oxford: Oxford University Press, 2008. p. 167-187, 174-178.; SCHLECHTRIEM, Peter. Basic Structures and General Concepts of the CISG as Models for a Harmonisation of the Law of Obligations. Juridica International, 2005, v. 10, p. 27-34.

[9] Cf. UNIDROIT INTERNATIONAL INSTITUTE FOR THE UNIFICATION OF PRIVATE LAW. UNIDROIT Principles of International Commercial Contracts (PICC). 2016. Disponível em: https://www.unidroit.org/english/principles/contracts/principles2016/principles2016-e.pdf. Ver também BONELL, Michael J. The CISG, European Contract Law and the Development of a World Contract Law, American Journal of Comparative Law, 2008, v. 56, p. 1-28, 16.; SCHWENZER, Ingeborg; HACHEM, Pascal; KEE, Christopher. Global Sales and Contract Law. Oxford: Oxford University Press, 2012, para. 3.47-3.55.

[10] Cf. Princípios do Direito Contratual Europeu (PECL). 1999. Disponível em: https://www.trans-lex.org/400200/_/pecl/. Ver também LANDO, Ole. CISG and Its Followers: A Proposal to Adopt Some International Principles of Contract Law, American Journal of Comparative Law, 2005, v. 53, p. 379-401, 381.; SCHWENZER; HACHEM; KEE, para. 3.56-3.59.

bens de consumo (1999)[11] e sobre determinados aspectos relativos aos contratos de fornecimento de conteúdos digitais e serviços digitais (2019)[12] podem também ser mencionado neste contexto. A OHADA baseou seu *Acte uniforme sur le droit comercial général* (AUDCG) principalmente na CISG.[13] Por fim, o Projeto de Quadro Comum de Referência[14] publicado em 2009 e, com base nele, o Projeto de Lei Comum Europeia de Vendas[15] publicado em outubro de 2011 (agora revogado e substituído pela mencionada diretriz de 2019)[16] não são muito mais do que uma continuação de todos esses diferentes esforços de unificação com base na CISG.[17] Os esforços de unificação no Sudeste Asiático também seguem esta tendência.[18]

Nas últimas duas décadas, a CISG também provou ser um modelo decisivo para os legisladores nacionais e não apenas instrumento importante a nível internacional.[19] A Finlândia, a Noruega e a Suécia aceitaram a entrada

[11] Diretiva "1999/44/EC of the European Parliament and of the Council of 25 May 1999 on Certain Aspects of the Sale of Consumer Goods and Associated Guarantees", OJ L 171, 7.7.1999, p. 12. Disponível em: https://eur-lex.europa.eu/legal-content/EN/TXT/?uri=CELEX%3A01999L0044-20111212.

[12] Diretiva (EU) 2019/770 "of the European Parliament and of the Council of 20 May 2019 on certain aspects concerning contracts for the supply of digital content and digital services", OJ L 136, 22.5.2019, p. 1. Disponível em: https://eur-lex.europa.eu/legal-content/EN/TXT/?uri=CELEX:32019L0770.

[13] Cf. SCHROETER, Ulrich G. Das einheitliche Kaufrecht der afrikanischen OHADA-Staaten im Vergleich zum UN-Kaufrecht. Recht in Afrika, 2001, p. 163-176, 166-167.

[14] Cf. VON BAR, Christian et al. Principles, Definitions and Model Rules of European Private Law, Draft Common Frame of Reference (DCFR). Munich: Sellier European Law Publishers, 2009.

[15] Proposta para Regulamento do Parlamento e Conselho Europeu para Lei Europei Comum de Venda COM(2011) 635 final. 11 October 2011. Annex II. Disponível em: http://eur-lex.europa.eu/LexUriServ/LexUriServ.do?uri=COM:2011:0635:FIN:en:PDF.

[16] ANAGNOSTOPOULOU, Despina. The Withdrawal of the Common European Sales Law Proposal and the European Commission Proposal on Certain Aspects Concerning Contracts for the Online and Other Distance Sales of Goods. In: HEIDEMANN, Maren; LEE, Joseph (Eds.). The Future of the Commercial Contract in Scholarship and Law Reform. London/Exeter: Springer, 2018. p. 127-163.

[17] Sobre "DCFR", cf. SCHLECHTRIEM. Basic Structures. p. 28-29.; VON BAR, Christian. Working Together Toward a Common Frame of Reference. Juridica International, 2005, v. 10, p. 17-26, 22.; SCHWENZER; HACHEM; KEE. para. 3.60-3.68. On the CESL see SCHWENZER, Ingeborg. The Proposed Common European Sales Law and the Convention on the International Sale of Goods. Uniform Commercial Code Law Journal, 2012, v. 44, p. 457-481.

[18] Para mais informações quanto aos Princípios de Direito Contratual Asiático (PACL), cf. HAN, Shiyuan. Principles of Asian Contract Law: An Endeavour of Regional Harmonization of Contract Law in East Asia. Villanova Law Review, 2013, v. 58, p. 589-599.

[19] The same had already been true, albeit to a lesser extent, of the Hague conventions on the sale of goods ULF and ULIS, which in turn served as a basis for the drafting of the CISG. For example,

em vigor da CISG em seus países em 1º de janeiro de 1989 como uma oportunidade para decretar novos atos de venda doméstica de mercadorias, confiando assim fortemente na CISG.[20] Com o fim da guerra fria e o colapso da ex-União Soviética, os jovens estados da Europa Oriental recorreram à CISG quando enfrentaram a tarefa de formular seus novos códigos civis.[21] Isso é verdade, por um lado, no que diz respeito à Comunidade de Estados Independentes (CEI)[22], bem como, por outro lado, aos Estados Bálticos,[23] dentre os quais a Estônia é o expoente mais proeminente. Por fim, a modernização do Direito Alemão das Obrigações, iniciada na década de 1980, foi, desde o início, fortemente influenciada pela CISG.[24] Os novos Códigos Civis na Hungria (2014),[25] Argentina (2015)[26] e China (2020),[27] bem como as últimas revisões

the Dutch Burgerlijk Wetboek of 1992 was drafted to closely follow the provisions of ULIS; see KRUISINGA, Sonja A. The Impact of Uniform Law on National Law: Limits and Possibilities – CISG and Its Incidence in Dutch Law. Electronic Journal of Comparative Law, 2009, v. 13, p. 1-20, 2-3.

20 Naturalmente, o método de implementação da CISG difere. Enquanto a Finlândia e a Suécia introduziram a CISG ao lado de suas legislações domésticas de direito de vendas, a Noruega promulgou uma única lei de vendas para vendas internacionais e domésticas de mercadorias. Para críticas, cf. HAGSTRØM, Viggo. CISG – Implementation in Norway, an Approach not Advisable. Internationales Handelsrecht, 2006, v. 6, p. 246-248. In 2007, a new Danish Sale of Goods Act was drafted.

21 Cf. SCHLECHTRIEM. 25 Years of the CISG. p. 167-187, 177-178.

22 Cf. KNIEPER, Rolf. Celebrating Success by Accession to CISG. Journal of Law & Commerce, 2005, v. 25, p. 477-481, 477-478. A "Common Wealth" de Estados Independentes é uma organização supranacional entre estados que formaram a União Soviética. Para mais detalhes, cf. www.cisstat.com/eng/frame_cis.htm.

23 Cf. KÄERDI, Martin. Die Neukodifikation des Privatrechts der baltischen Staaten in vergleichender Sicht. In: HEISS, Helmut (Ed.). Zivilrechtsreform im Baltikum. Tübingen: Mohr Siebeck, 2006. p. 19-25.

24 Cf. SCHLECHTRIEM, Peter. International Einheitliches Kaufrecht und neues Schuldrecht. In: DAUNER-LIEB, Barbara; KONZEN, Horst; SCHMIDT, Karsten (Eds.). Das neue Schuldrecht in der Praxis. Cologne: Heymanns, 2002. p. 71-86, 71-73.

25 FUGLINSZKY, Ádám. The Reform of Contractual Liability in the New Hungarian Civil Code. Strict Liability and Foreseeability Clause as Legal Transplants. The Rabel Journal of Comparative and International Private Law, 2015, v 79, p. 72-116, 76.

26 MUÑOZ, Edgardo; MORFÍN KROEPFLY, Inés. New Sales and Contract Law in Argentina and France. Models for Reform Inspired by the CISG and the PICC? European Journal of Law Reform, 2020, v 22, p 183-208.

27 ZOU, Mimi. Chinese Contract Law and the 2020 Civil Code. Reading: LexisNexis, 2020. para. 1-25, 1-49.

dos Códigos Civis na França (2016),[28] na Coreia (2017)[29] e no Japão (2020),[30] também se inspiraram fortemente na CISG.

Assim, a CISG pode hoje ser razoavelmente chamada de língua franca do direito de vendas.[31] Isto é devido à sua estrutura simples e facilmente compreensível e às suas soluções adequadas para o comércio internacional que são incomparáveis ao direito de vendas doméstico. A breve introdução à Convenção a seguir se concentrará principalmente em tópicos selecionados da esfera de aplicação e escopo da CISG.

1. Esfera de aplicação

1.1. Requisitos gerais

O art. 1 (1) (a) da CISG apenas exige que as partes tenham seus locais de negócios em diferentes Estados Contratantes da Convenção. Com agora 94 Estados-Membros, a maior parte dos contratos de venda de empresas portuguesas com parceiros contratuais estrangeiros são regidos pela Convenção, nomeadamente na Australásia, Europa, Estados Unidos e América Latina.

O que conta é o local do negócio; nacionalidade das partes ou sua qualificação doméstica como comerciantes é irrelevante.[32] No entanto, os contratos B2C geralmente são excluídos.[33]

Embora a maioria dos contratos seja regida pela CISG porque ambas as partes têm seus locais de negócios em dois Estados Contratantes, há ainda outra possibilidade de aplicar a CISG se este pré-requisito não for cumprido. De acordo com o art. 1 (1) (b), a CISG também é aplicável se as partes tiverem seus locais de negócios em países diferentes – não necessariamente Estados-Membros da CISG – e as regras de direito internacional privado levarem

[28] GRUNDMANN, Stefan; SCHÄFER, Marie-Sophie. The French and the German Reforms of Contract Law. European Review of Contract Law, 2017, p. 459-490, 469.

[29] OH, Won-Suk. 한국 CISG 가입 10주년 회고와 전망. 중재연구, 2015, v 25, p. 77-95, Abstract, disponível em: https://www.koreascience.or.kr/article/JAKO201501258979654.jsp-kj=SSMHB4&py=2012&vnc=v27n6&sp=588.

[30] KANO, Naoko. Reform of the Japanese Civil Code – The Interim Draft Proposal of 2013. Journal of Japanese Law, 2013, v 36, p. 249-262, 252-253.

[31] Cf. SCHLECHTRIEM, Peter. Requirements of Application and Sphere of Applicability of the CISG. Victoria University of Wellington Law Review, 2005, v. 36, p. 781-794, 782.

[32] Cf. art. 1(3) da CISG.

[33] Cf. art. 2(a) da CISG.

à aplicação da lei de um Estado contratante. No entanto, é possível formular uma reserva contra este mecanismo de aplicação da Convenção.[34] Esta reserva foi feita pelos EUA e pela China;[35] felizmente, Portugal absteve-se de declarar tal reserva. Na prática, para a aplicação da CISG em Portugal, o fato de alguns estados terem feito esta reserva não é importante.[36]

1.2. *Opting out* e *opting in*

A CISG está solidamente fundada no princípio da liberdade contratual. Em primeiro lugar, isso implica que, em princípio, a CISG não contém quaisquer regras obrigatórias, as partes são inteiramente livres para moldar seu contrato como considerarem adequado.[37] Em segundo lugar, as partes podem optar por excluir a CISG, de acordo com o art. 6 da Convenção.

No entanto, a exclusão não deve ser facilmente presumida. Se as partes escolheram a lei de um Estado Contratante, a lei suíça, por exemplo, isso por si só não equivale a uma exclusão válida da CISG.[38] A CISG faz parte da lei suíça;[39] é na verdade a lei suíça que rege contratos internacionais para a venda de mercadorias.[40] Para validamente optar por sair da CISG, é necessária

[34] Art. 95 CISG.

[35] Para o status atual, cf. https://uncitral.un.org/en/texts/salegoods/conventions/sale_of_goods/cisg/status.

[36] Para mais informações sobre os efeitos de uma reserva de acordo com o art. 95 da CISG, cf. SCHWENZER; HACHEM. In: Schlechtriem & Schwenzer Commentary. Art. 1, para. 36-38.; SCHLECHTRIEM, Requirements of Application. p. 783-784.

[37] Art. 6 CISG.

[38] Cf. FERRARI, Franco. In: SCHWENZER, Ingeborg; SCHROETER, Ulrich (Eds.). Schlechtriem / Schwenzer / Schroeter, Kommentar zum UN-Kaufrecht (CISG). 7 ed. Munich: C. H. Beck, 2019. Art. 6, para. 22 with further references. SCHWENZER; HACHEM. In: Schlechtriem & Schwenzer Commentary. Art. 6, para. 13-18 with further references.; UNCITRAL, UNCITRAL Digest of case law on the United Nations Convention on the International Sale of Goods. 2016. Art. 6, para. 11 with further references.

[39] Por exemplo, cf. ICC International Court of Arbitration. Case No. 9187. June 1999. CISG-online No. 705.; ICC International Court of Arbitration. Case No. 7565/1994. CISG-online No. 566.; Hamburg Chamber of Commerce Court of Arbitration. 30 August 1996.; MAGNUS, Ulrich. In: STAUDINGER, Julius von (Est.). J. von Staudingers Kommentar zum Bürgerlichen Gesetzbuch, Wiener UN-Kaufrecht (CISG). Berlin: Sellier de Gruyter, 2018. Art. 6, para. 24.

[40] A título de exemplo, cf. Hamburg Chamber of Commerce Court of Arbitration. Interim award. 30 August 1996.

previsão expressa, como "Lei suíça com exclusão da CISG" ou "o Código de Obrigações Suíço".[41]

Ainda assim, o *opt out* certamente não é aconselhável para partes portuguesas. Imagine um contrato de venda entre um chinês e um português. Se as partes escolherem a lei doméstica suíça em relação à arbitragem – como até agora era frequentemente previsto – elas enfrentariam grandes dificuldades quando uma disputa surgisse. Em primeiro lugar, existe o problema do idioma. As partes devem estudar uma lei estrangeira, em um idioma estrangeiro. Como provavelmente o idioma da arbitragem será o inglês, todos os materiais jurídicos – legislação, jurisprudência, doutrina – devem ser traduzidos. *Legal experts* são necessários para a examinar o conteúdo da legislação. Desnecessário dizer que os procedimentos podem ser muito caros e proibitivos para uma parte que não tem o poder econômico necessário para investir esse dinheiro. Além disso, e mais importante, a lei escolhida é projetada para casos domésticos e – o que é verdade para muitas leis de vendas domésticas – ainda está firmemente enraizada no século 19 e não é adequada para contratos internacionais. Por último, a solução do caso segundo a legislação nacional escolhida pode ser altamente imprevisível.[42]

Outra questão é se as partes podem optar pela CISG nos casos em que os pré-requisitos para sua aplicabilidade não sejam atendidos. Para partes portuguesas oriundas de um Estado-Membro da CISG, isto pode ser especialmente interessante para contratos mistos em que prevalece a parte do serviço – por exemplo, acordos de licenciamento – ou simples contratos de construção, assim como contratos-quadro, como um acordo de distribuição. A CISG certamente não exclui tal opção.[43] No entanto, pelo menos em litígios judiciais, o direito internacional privado aplicável deve ser consultado.[44] Ele pode proibir qualquer escolha de lei[45] ou pelo menos a escolha de uma

[41] MAGNUS. In: Staudingers Kommentar. Art. 6, para. 30. SCHWENZER; HACHEM. In: Schlechtriem & Schwenzer Commentary. Art. 6, para. 17 com mais referências.; UNCITRAL Digest 2016. Art. 6, para. 11.

[42] Cf. SCHWENZER, Ingeborg. Who Needs a Uniform Contract Law, and Why?. Villanova Law Review, 2013, v. 58, p. 723-732, 724-727.

[43] FERRARI. In: Schlechtriem / Schwenzer / Schroeter Kommentar. Art. 6, para. 39-43; SCHWENZER; HACHEM. In: Schlechtriem & Schwenzer Commentary. Art. 6, para. 31.

[44] FERRARI. In: Schlechtriem / Schwenzer / Schroeter Kommentar. Art. 6, para. 42.; SCHLECHTRIEM, Requirements. p. 785.; SCHWENZER; HACHEM. In: Schlechtriem & Schwenzer Commentary. Art. 6, para. 31.

[45] Portugal preservou expressamente a autonomia das aprtes para escolha da lei aplicável, conforme o Art. 41 de Código Civil e Art. 3(1) do Regulamento Roma I, ver MOURA VICENTE, Dário.

determinada lei nacional.[46] Se as partes quiserem optar pela CISG em tais casos, parece aconselhável que combinem uma cláusula de escolha de lei com uma cláusula arbitral.

1.3. Venda de mercadorias

A CISG se aplica a contratos de venda de mercadorias. De um ponto de vista mais tradicional, os bens são objetos móveis e tangíveis. Hoje, no entanto, esta concepção pode ser considerada muito restrita. Atualmente, livros, música e afins são baixados da internet sem usar qualquer mídia tangível. Muitos objetos do dia a dia – como carros, refrigeradores, aparelhos de TV – são controlados por software, sem contar maquinários complexos ou linhas de produção. É, portanto, decisivo que a noção de bens no âmbito da CISG seja muito flexível e aberta para abarcar todos esses novos desenvolvimentos tecnológicos.[47]

Isso nos leva a outra característica que distingue a CISG de muitas leis nacionais. Um contrato de mercadorias a serem fabricadas com trabalho e materiais do fornecedor é um contrato para a venda de mercadorias regido pela a CISG.[48] Não importa se as mercadorias a serem fabricadas são bens genéricos ou bens determinados, personalizados ou se eles se destinam a benfeitorias em imóvel do comprador.[49] Assim, os contratos envolvendo uma usina de esgoto, uma usina de energia ou uma fábrica de munições seriam todos abrangidos pela CISG.

Portugal. In: BASEDOW, Jürgen et al (Eds.). Encyclopedia of Private International Law. Hamburg/New York/Madrid/Jena: Elgar, 2017. p. 2434-2442, 2437. No entanto, outros países podem proibir qualquer escolha da lei, e.g. Brasil (Art. 9º da Lei de Intrudução às Normas do Direito Brasileiro), Arábia Saudita (não há regras de conflito de leis na Sharia – principal fonte legal da Arábia Saudita –, o que leva à aplicação da lei estrangeira diante da escolha das partes) e Uruguai (Art. 2403 do Código Civil Uruguaio).

46 Cf., por exemplo, sobre a controvérsia quanto ao Regulamento Roma I, Peter; SCHROETER, Ulrich G. Internationales UN-Kaufrecht. 6 ed. Tübingen: Mohr Siebeck, 2016. para. 60 com mais referências.

47 Sobre softwares, cf. SCHWENZER; HACHEM. In: Schlechtriem & Schwenzer Commentary. Art. 1, para. 18.

48 Art. 3(1) da CISG.

49 CISG ADVISORY COUNCIL. Opinion No. 4, Contracts for the Sale of Goods to Be Manufactured or Produced and Mixed Contracts (Art. 3 da CISG). Rapporteur: Professor Pilar Perales Viscasillas. Madrid, 24 October 2004. Opinion Rule 6. Disponível em: http://www.cisgac.com/cisgac-opinion-no4/; SCHWENZER; HACHEM. In: Schlechtriem & Schwenzer Commentary. Art. 3, para. 3.

Contratos mistos, ou seja, quando apenas parte do contrato consiste na entrega de mercadorias e a outra parte contém obrigações de serviço, como a supervisão de instalação e treinamento do pessoal do comprador, são, em princípio, também abrangidos pela CISG.[50] Novamente, isso é um incentivo considerável se comparado a muitas legislações domésticas. Apenas se a obrigação de serviço for a parte predominante, a CISG não se aplicará. Embora possa parecer difícil definir o que equivale a "parte predominante" das obrigações, décadas de prática jurídica provaram que essa distinção é viável.[51]

1.4. A CISG na arbitragem

Disputas de arbitragem são frequentemente regidas pela CISG.[52] De acordo com a maioria das leis e regras de arbitragem, o tribunal arbitral aplica a lei escolhida pelas partes.[53] Assim, a CISG deve ser aplicada sempre que as partes A escolheram explicitamente ou por meio da escolha da legislação de um Estado Contratante. Sem uma cláusula de escolha explícita de lei, os tribunais arbitrais são frequentemente chamados a aplicar a lei mais apropriada, que pode ser diretamente a CISG ou a CISG por meio da lei de um Estado Contratante (*voie directe* ou *voie indirecte*).[54] Quaisquer restrições que os tribunais nacionais possam enfrentar por meio de suas próprias regras de direito

[50] Art. 3(2) da CISG.

[51] CISG ADVISORY COUNCIL. Opinion No. 4, Contracts for the Sale of Goods to Be Manufactured or Produced and Mixed Contracts (Art. 3 da CISG). Rapporteur: Professor Pilar Perales Viscasillas. Madrid, 24 October 2004. Comments 3.2-3.4. Disponível em: http://www.cisgac.com/cisgac-opinion-no4/; FERRARI. In: Schlechtriem / Schwenzer / Schroeter Kommentar. Art. 3, para. 13-15.; SCHWENZER; HACHEM. In: Schlechtriem & Schwenzer Commentary. Art. 3, para. 18-20 para mais referências.

[52] Nils Schmidt-Ahrendts relata que, de acordo com os bancos de dados Pace, CISG-online e UNILEX, aproximadamente 25% dos casos da CISG são decididos por tribunais arbitrais, sendo a porcentagem real provavelmente significativamente maior, visto que muitas sentenças arbitrais não são publicadas. Da mesma forma, em 155 de 3.000 casos de ICC selecionados aleatoriamente e envolvendo todos os tipos de disputas, a CISG foi aplicada. SCHMIDT-AHRENDTS, Nils. CISG and Arbitration. Belgrade Law Review, 2011, n. 3, p. 211-223, 213.

[53] Cf., por exemplo, Art. 187(1) IPRG (Switzerland).; § 1051(1) ZPO (Germany).; Art. 49(2) CIETAC Arbitration Rules. 2015.; Art. 24(1) DIS Arbitration Rules. 2018; Art. 21(1) ICC Arbitration Rules. 2021.; Art. 22(3) LCIA Arbitration Rules. 2020.; Art. 35(1) Swiss Arbitration Rules. 2021.; Art. 28(1) UNCITRAL Model Law. 2006.

[54] A título de exemplo, cf. Art. 49(2) CIETAC Arbitration Rules. 2015.; Art. 21(1) ICC Arbitration Rules. 2021.; Art. 22(3) LCIA Arbitration Rules. 2020.; Art. 28(2) UNCITRAL Model Law. 2006

internacional privado, em princípio, não se aplicam aos tribunais arbitrais. Não é à toa que na arbitragem internacional, atualmente, a CISG é certamente a escolha preferencial.

2. Escopo da convenção

2.1. Formação e direitos e obrigações das Partes

De acordo com art. 4 (1) da CISG, a Convenção rege "a formação do contrato de venda" bem como "os direitos e obrigações [das partes] decorrentes de tal contrato".

A formação do contrato está principalmente relacionada ao mecanismo de aceitação da oferta que leva à conclusão do contrato. A CISG não aborda explicitamente a questão das cláusulas padrão. No entanto, é quase unânime que as regras da CISG sobre formação de contratos também se aplicam a questões de incorporação de cláusulas padrão, incluindo a questão da chamada batalha de formas que é altamente debatida em muitas jurisdições nacionais.[55] Mais uma vez, as regras do CISG são flexíveis o suficiente para produzir resultados satisfatórios internacionalmente.

As regras da CISG sobre a formação de contratos não apenas regem a celebração do contrato de venda como tal, mas – pelo menos de acordo com a visão internacionalmente prevalecente – também se aplicam a uma convenção de arbitragem que faz parte de um contrato regido pela CISG.[56] Isto é verdadeiro ao menos no que diz respeito à questão de saber se a convenção de arbitragem foi formada pela autonomia da vontade das partes.[57]

[55] SCHWENZER; HACHEM. In: Schlechtriem & Schwenzer Commentary. Art. 4, para. 12.; sobre a "batalha de formas" cf. SCHROETER, Ulrich G. In: Schlechtriem & Schwenzer Commentary. Art. 19, para. 31-51.

[56] GERMANY. Federal Supreme Court. Case No. I ZR 245/19. 26 November 2020. CISG-online No. 5488; BRUNNER, Christoph. UN-Kaufrecht – CISG, Kommentar zum Übereinkommen der Vereinten Nationen über Verträge über den internationalen Warenkauf von 1980. Bern: Stämpfli, 2004. Art. 4, para. 39.; MAGNUS. In: Staudingers Kommentar. Art. 90, para. 11.; SCHMIDT-AHRENDTS. p. 218.; SCHLECHTRIEM; SCHROETER. Internationales UN-Kaufrecht. para. 208.; SCHROETER. In: Schlechtriem & Schwenzer Commentary. Intro to Arts. 14-24, para. 16-23.; SCHWENZER; HACHEM. In: Schlechtriem & Schwenzer Commentary. Art. 4, para. 11.; SCHWENZER, Ingeborg; TEBEL, David. The Word is not Enough – Arbitration, Choice of Forum and Choice of Law Clauses Under the CISG. ASA Bulletin, 2013, v. 31, p. 740-755, 745-748.

[57] SCHMIDT-AHRENDTS. p. 218.

O art. 11 da CISG incorpora princípio muito importante quanto à liberdade de forma. De acordo com a CISG, um contrato de compra e venda não precisa ser celebrado ou comprovado por escrito e pode ser comprovado por qualquer meio, incluindo testemunhas. Esta disposição exclui explicitamente as regras domésticas ainda frequentes em muitas jurisdições nacionais, que contêm requisitos indiretos de forma, segundo os quais um contrato superior a determinado valor não será admitido como prova por um tribunal, a menos que seja por escrito (estatuto de fraudes)[58] deve-se ressaltar, entretanto, que os requisitos de forma das cláusulas compromissórias não são substituídos pelo art. 11 CISG.[59] Embora muitos, senão a maioria dos contratos internacionais de venda, sejam inicialmente celebrados por escrito, o princípio da liberdade formal é extremamente importante, pois também se refere a qualquer modificação do contrato (Art. 29 (1) da CISG). Na prática, as partes frequentemente modificam seus contratos oralmente.

No entanto, desde o início, o princípio da liberdade de forma sob a CISG foi muito contestado. Os países com comércio estatal, especialmente a ex-União Soviética e a China, insistiram na exigência de forma escrita.[60] Como um meio-termo, foi incluída uma reserva que permite aos Estados excluir a liberdade de forma e continuar a confiar em seus requisitos de forma doméstica.[61] A União Soviética fez uso desta reserva, assim como a China. No entanto, a China, deixando de exigir que um contrato de venda doméstica fosse feito por escrito, retirou a sua reserva em 2013. Felizmente, nenhum dos principais parceiros comerciais de Portugal (Espanha, França, Alemanha, EUA, China, Itália, Holanda)[62] fez uso dessa reserva.[63] Portugal, com razão, também

[58] SCHLECHTRIEM. Requirements. p. 788.

[59] BRUNNER. Art. 11, para. 1.; KOCH, Robert. The CISG as the Law Applicable to Arbitration Agreements?. In: ANDERSEN, Camilla B.; SCHROETER Ulrich G. (Eds.). Sharing International Commercial Law across National Boundaries: Festschrift for Albert H. Kritzer on the Occasion of his Eightieth Birthday. London: Wildy, Simmonds & Hill Publishing, 2008. p. 267-286, 276-286.; MAGNUS. In: Staudingers Kommentar. Art. 90, para. 11.; SCHMIDT-AHRENDTS. p. 216.; SCHWENZER; TEBEL. p. 750.; SCHROETER. In: Schlechtriem & Schwenzer Commentary. Intro to Arts. 14-24, para. 22 with further references.; SCHROETER, Ulrich G. In: Schlechtriem / Schwenzer / Schroeter; Kommentar, Vor Artt. 14-24, para. 58 para mais referências.

[60] SCHMIDT-KESSEL. In: Schlechtriem & Schwenzer Commentary. Art. 11, para. 1a with numerous references relating to the drafting history.

[61] Arts. 12, 96 CISG.

[62] Com a exceção do Reino Unido que não é um estado-membro da CISG originalmente; sobre os principais parceiros comerciais de Portugal em 2019, cf. https://oec.world/en/profile/country/prt/.

[63] Para uma lista atual de estado que declararam reserve, cf. https://uncitral.un.org/en/texts/salegoods/conventions/sale_of_goods/cisg/status.

absteve-se de o fazer. Em todo caso, o peso associado ao requisito de escrita é atenuado de duas maneiras: Primeiro, a própria CISG define o que se entende por "por escrito".[64] É acordado hoje em dia que a comunicação eletrônica como e-mail é suficiente para cumprir o requisito de escrita.[65] Em segundo lugar, a exigência escrita de um Estado de Reserva só se aplica se as regras do direito internacional privado conduzirem à aplicação da lei do Estado de Reserva.[66] Assim, se um tribunal português decidir isso num contrato entre um português e uma parte russa, o direito internacional privado português designa o direito português como sendo subsidiariamente aplicável, prevalecendo o princípio da liberdade de forma, apesar de a Rússia ter feito a reserva.

É ainda digno de nota que a CISG cobre questões de interpretação do contrato e das declarações e comportamento das partes.[67] Isso é de especial importância, visto que as abordagens do *common law* e do *civil law* para a interpretação diferem consideravelmente. Na maioria dos sistemas jurídicos de *civil law*, o ponto de partida para a interpretação de declarações e contratos é subjetivo.[68] Em contrapartida, as jurisdições de *common law* adotam uma compreensão objetiva das intenções das partes conforme manifestada.[69] Como em muitas outras áreas, a CISG tentou encontrar um equilíbrio entre os dois pontos de partida diferentes. Embora exibindo uma forte tendência a favorecer a abordagem objetiva, de acordo com o art. 8 (3) da CISG, a devida consideração deve ser dada a todas as circunstâncias relevantes do caso, incluindo a conduta anterior e subsequente das partes. Isso exclui claramente a chamada regra de evidência de liberdade condicional, bem como a regra de significado simples da descendência da *common law*.[70]

[64] Art. 13 CISG. See BRUNNER. Art. 13, para. 1.; MAGNUS. In: Staudingers Kommentar. Art. 13, para. 8.; SAENGER, Ingo. In: FERRARI, Franco et al (Eds.). Internationales Vertragsrecht. 3 ed. Munich: C. H. Beck, 2018. Art. 13, para. 3.; SCHMIDT-KESSEL. In: Schlechtriem & Schwenzer Commentary. Art. 13, para. 5-7.; SCHMIDT-KESSEL. In: Schlechtriem / Schwenzer / Schroeter Kommentar. Art. 13, para. 4-4b.

[65] BRUNNER. Art. 13, para. 2.; MAGNUS. In: Staudingers Kommentar. Art. 13, para 5.; SCHLECHTRIEM; SCHROETER. Internationales UN-Kaufrecht. para. 238.

[66] BRUNNER. Art. 12, para. 1.; MAGNUS. In: Staudingers Kommentar. Art. 12, para. 8.; SCHMIDT-KESSEL. In: Schlechtriem & Schwenzer Commentary. Art. 12, para. 2.; SCHMIDT--KESSEL. In: Schlechtriem / Schwenzer / Schroeter Kommentar. Art. 12, para. 2.

[67] Art. 8 da CISG.

[68] Cf. SCHWENZER; HACHEM; KEE. para. 26.08-26.09.

[69] Cf. SCHWENZER; HACHEM; KEE. para. 26.10-26.12.

[70] CISG ADVISORY COUNCIL. Opinion No. 3, Parol Evidence Rule, Plain Meaning Rule, Contractual Merger Clauses and the CISG. Rapporteur: Professor Richard Hyland. Madrid, 23 October 2004. Available at: https://cisg-online.org/files/ac_op/CISG_Advisory_Council_Opinion_No_3.pdf.;

2.2. Questões não regidas pela CISG

Infelizmente, existem muitas questões de direito contratual geral não abrangidas pela CISG. Mais importante ainda, a validade do contrato e de qualquer de suas disposições está fora do escopo da Convenção (Art. 4, 2 (a) da CISG). Isso inclui diversas áreas, como capacidade da pessoa física e jurídica, agência, erro, fraude, coação e afins e, acima de tudo, questões de ilicitude e abusividade.[71] Assim, as consequências de um embargo ou a restrição a determinadas vendas, como de objetos culturais, devem ser decididas de acordo com a legislação nacional aplicável.[72] Da mesma forma, se uma cláusula de limitação de responsabilidade ou indenização fixa – na terminologia do direito civil, uma "cláusula penal" – é válida, em princípio não está dentro do escopo da CISG.[73]

No entanto, a própria CISG decide o que equivale a uma questão de validade no sentido do art. 4, (2) (a) da Convenção e, portanto, isso é deixado para a legislação nacional.[74] Por exemplo, a espinha dorsal da CISG são as disposições sobre a conformidade dos bens com um mecanismo de reparação detalhado em caso de não conformidade. Se uma lei nacional permitisse a rescisão do contrato por causa de um erro em relação à não conformidade, qualquer uniformidade nesta área central do direito de vendas seria perdida. Portanto, qualquer recurso interno possivelmente concorrente deve ser antecipado pela CISG.[75] Da mesma forma, a CISG implicitamente reconhece a validade de um contrato mesmo se os bens não existissem ou não existissem mais no momento da conclusão do contrato. As soluções domésticas ainda baseadas no antigo e hoje ultrapassado princípio do direito romano "*impossibilium nulla obligatio est*" estão, portanto, excluídas.[76]

O art. 4 (2) (b) da CISG exclui outra área importante do âmbito de aplicação da Convenção, a saber, todas as questões relacionadas com a transferência

SCHMIDT-KESSEL. In: Schlechtriem & Schwenzer Commentary. Art. 8, para. 33-35.; SCHMIDT-KESSEL. In: Schlechtriem / Schwenzer / Schroeter Kommentar. Art. 8, para. 32-34.

[71] Para mais informações, cf. SCHWENZER; HACHEM. In: Schlechtriem & Schwenzer Commentary. Art. 4, para. 30-45.

[72] SCHLECHTRIEM. Requirements. p. 788-789.

[73] SCHWENZER; HACHEM. In: Schlechtriem & Schwenzer Commentary. Art. 4, para. 43-44.

[74] Cf. FERRARI. In: Schlechtriem / Schwenzer / Schroeter Kommentar. Art. 4, para. 16 with further references.

[75] A respeito do tema, cf. SCHWENZER; HACHEM. In: Schlechtriem & Schwenzer Commentary. Art. 4, para. 36.

[76] Sobre o assunto, cf. SCHWENZER; HACHEM. In: Schlechtriem & Schwenzer Commentary. Art. 4, para. 33.

de propriedade. Assim, de acordo com a CISG, é obrigação do vendedor transferir a propriedade das mercadorias para o comprador, mas as questões de como essa transferência ocorre ou se um comprador de boa-fé está protegido ao adquirir de um não proprietário são regidas pela lei nacional aplicável.[77] Da mesma forma, as consequências de uma cláusula de reserva de propriedade devem ser determinadas de acordo com a legislação nacional.[78]

2.3. Interpretação e preenchimento de lacunas

Como um contrato individual, a própria CISG deve ser interpretada. Praticamente não existe nenhum tópico que tenha atraído tantos estudiosos quanto a interpretação e o preenchimento de lacunas. Livros inteiros foram dedicados a este assunto;[79] teorias inovadoras, como o *global iuris consultorum*, foram desenvolvidas.[80]

A principal disposição para interpretação e preenchimento de lacunas é o art. 7 CISG. O art. 7, (1) da CISG busca assegurar a interpretação autônoma da Convenção. O art. 7 (2) estipula um possível modo de preenchimento de lacunas.

[77] FERRARI. In Schlechtriem / Schwenzer / Schroeter Kommentar. Art. 4, para. 29-30.; HONNOLD, John O.; FLECHTNER, Harry M. Uniform Law for International Sales under the 1980 United Nations Convention. 4 ed. The Hague: Kluwer Law International, 2009. para. 70.; SCHWENZER; HACHEM. In: Schlechtriem & Schwenzer Commentary. Art. 4, para. 46.; GERMANY. Regional Court Freiburg. Case No. 8 O 75/02. 22 August 2002. CISG-online No. 711.

[78] BRUNNER. Art. 4, para. 17.; FERRARI. In Schlechtriem / Schwenzer / Schroeter Kommentar. Art. 4, para. 30.; SCHWENZER; HACHEM. In: Schlechtriem & Schwenzer Commentary. Art. 4, para. 47.; AUSTRALIA. Federal Court, South Australian District, Adelaide. Appelant: Roder Zelt- und Hallenkonstruktionen GmbH. Respondent: Rosedown Park Pty. Ltd. and Reginald R. Eustace. 28 April 1995. CISG-online No. 218.; GERMANY. Regional Court of Appeals Koblenz. Case No. 5 U 534/91. 16 October 1992. CISG-online No. 47.

[79] Cf. JANSSEN, André; MEYER, Olaf (Eds.). CISG Methodology. Munich: Sellier European Law Publishers, 2009.; FELEMEGAS, John (Ed.). An International Approach to the Interpretation of the United Nations Convention on Contracts for the International Sale of Goods (1980) as Uniform Sales Law. Cambridge: Cambridge University Press, 2007.; PACE INTERNATIONAL LAW REVIEW (Ed.). Review of the Convention on Contracts for the International Sale of Goods (CISG) 2005-2006. Munich: Sellier European Law Publishers, 2007. ZELLER, Bruno. CISG and the Unification of International Trade Law. London: Routledge-Cavendish, 2007.

[80] Cf. ANDERSEN, Camilla B. Uniform Application of the International Sales Law: Understanding Uniformity, the Global Jurisconsultorium and Examination. Alphen aan den Rijn: Kluwer Law International, 2007. p. 45-83.

O art. 7 (1) da CISG contém três diretrizes de interpretação: deve-se levar em consideração seu caráter internacional, a necessidade de promover a uniformidade e a observância da boa-fé no comércio internacional.

A primeira referência é ao caráter internacional da CISG. Isso implica principalmente que a CISG deve ser interpretada de forma autônoma.[81] O objetivo explícito dos redatores da Convenção foi o desenvolvimento de seus próprios conceitos jurídicos e terminologias que não deveriam ser confundidos com conceitos ou termos nacionais semelhantes. Assim, o conceito de rescisão contratual deve ser distinguido não só no que diz respeito aos seus requisitos e consequências, mas também à sua terminologia distinta. Ao interpretar a Convenção, qualquer tendência de retomada a legislação doméstica deve ser evitada.[82] Não é permitido basear-se em soluções jurídicas e jurisprudência domésticas. Assim, em cada caso, o significado da CISG deve ser estabelecido de forma independente, mesmo que um determinado termo seja equivalente ou se assemelhe a um termo usado em um sistema jurídico doméstico.[83]

O art. 7 (1) da CISG menciona ainda a necessidade de promoção da uniformidade. Sem aplicação e interpretação uniformes, o próprio objetivo da CISG de unificar internacionalmente as principais áreas do direito de vendas estaria comprometido.

A questão crucial é: como podemos alcançar uma aplicação e interpretação uniforme da CISG em todo o mundo, entre as jurisdições de *civil law* e de *common law*, entre países desenvolvidos, emergentes e países em transição, além de barreiras linguísticas e culturais?

Ao contrário das Comunidades Europeias ou da OHADA, a CISG não tem uma única corte suprema protegendo a interpretação homogênea do direito uniforme ou harmonizado, e alguns autores consideram isso um grande problema.[84] No entanto, existem muitos outros meios para salvaguardar a uniformidade.

[81] SCHWENZER; HACHEM. In: Schlechtriem & Schwenzer Commentary. Art. 7, para. 8.

[82] Cf., por exemplo, PILTZ, Burghard. Internationales Kaufrecht. 2 ed. Munich: C. H. Beck, 2008. § 2 para. 185.

[83] FERRARI. In Schlechtriem / Schwenzer / Schroeter Kommentar. Art. 7, para. 9 with numerous references.; SCHWENZER; HACHEM. In: Schlechtriem & Schwenzer Commentary. Art. 7, para. 8.

[84] Cf. DIMATTEO, Larry A.; JANSSEN, André. Interpretive Uncertainty: Methodological Solutions for Interpreting the CISG. Nederlands Tijdschrift voor Handelsrecht, 2012, p. 52-69, 53.

Permitam-nos mencionar brevemente alguns deles.[85] Em primeiro lugar, já em 1988, a UNCITRAL criou o sistema de informação 'CLOUT' (Jurisprudência sobre Textos da UNCITRAL)[86] com o objetivo de possibilitar o intercâmbio de decisões sobre as Convenções da UNCITRAL. As "unidades de comunicação" competentes dos Estados Membros coletam todas as decisões sobre a CISG e as transmitem ao Secretariado da Comissão em Viena, que, por sua vez, disponibiliza as decisões originais e posteriormente publica um resumo traduzido de cada decisão em todas as seis línguas de trabalho da ONU, incluindo o espanhol, embora não o Português. Inúmeras outras bases de dados facilitam a tarefa de pesquisar decisões judiciais e sentenças arbitrais.[87] O site CISG Portugal já está online.[88] Ao todo, podemos contar hoje com mais de 5.000 decisões judiciais e de tribunais arbitrais disponíveis publicamente na internet. Por fim, a compilação da UNCITRAL sobre a CISG – cuja terceira edição foi publicada em novembro de 2016 e está também disponível gratuitamente na internet[89] – oferece compilações de casos relacionados a cada artigo da CISG. Entretanto, por ser uma agência administrativa da ONU, a UNCITRAL deve abster-se de quaisquer comentários críticos sobre o desenvolvimento interior seus Estados Membros e, portanto, não pode fornecer qualquer orientação relevante quanto ao desenvolvimento futuro da CISG, especialmente em casos de interpretação divergente. O Conselho Consultivo da CISG,[90] que é uma iniciativa privada fundada em 2001, não está sujeito a tais restrições.[91] Ele emite opiniões sobre questões relacionadas à aplicação e interpretação da CISG e que são cada vez mais citadas por cortes e tribunais como argumento de autoridade.[92] Finalmente, deve-se fazer referência a produções acadêmicas internacionais e estudos comparativos

[85] Cf. também SCHWENZER; HACHEM. In: Schlechtriem & Schwenzer Commentary. Art. 7, para. 10-15.

[86] Disponível em: https://uncitral.un.org/en/case_law.

[87] Cf. a base de dados da CISG da "Pace Law School", disponível em: https://iicl.law.pace.edu/cisg/cisg, CISG-online, Disponível em: https://cisg-online.org/home and UNILEX, Disponível em: http://www.unilex.info.

[88] Disponível em: https://cisg-portugal.org.

[89] UNCITRAL Digest of Case Law on the United Nations Convention on Contracts for the International Sale of Goods. 2016. Disponível em: https://uncitral.un.org/en/case_law/digests.

[90] Cf. o site official do Conselho Consultivo da CISG: www.cisgac.com.

[91] Para mais informações sobre o Conselho Consultivo da CISG, cf. SCHWENZER, Ingeborg. The CISG Advisory Council. in: BRIDGE/SCHROETER/SCHWENZER (ed.), The CISG Advisory Council Opinions, 2d ed. 2021, p. 1-19.

[92] Cf. http://cisgac.com/case-law/ listing 55 decisions citing the CISG-AC opinions.

que podem ser encontrados em comentários,[93] livros de conferências e afins; muitos deles já estão disponíveis em português aguardando ansiosamente a entrada em vigor da CISG em Portugal. Todos eles serão de ajuda especial para tribunais e profissionais se familiarizarem com a CISG.

Por fim, o art. 7 (1) da CISG contém uma referência à observância da boa-fé no comércio internacional. Esta introdução do princípio da boa-fé na CISG foi muito controversa na Convenção de Viena, pois seu reconhecimento nos sistemas jurídicos domésticos varia consideravelmente.[94] Considerando que o direito comercial inglês favorece fortemente a certeza sobre a justiça, muitos sistemas jurídicos de *civil law* tendem a se basear em noções de boa-fé e comércio justo.[95]

Até hoje, discute-se se o princípio da boa-fé também pode ser aplicado diretamente à relação contratual das partes.[96] Os tribunais alemães, especialmente, costumam fundar-se na boa-fé ao obrigar uma parte a introduzir determinados termos no processo de negociação, para torná-lo disponível para a outra parte, por exemplo.[97] No entanto, a próprio redação do art. 7 (1) da CISG expõe claramente que não era esta a intenção.[98] Outra evidência para esta posição é prevista pelo fato de que os Princípios UNIDROIT contêm uma disposição explícita que obriga as partes a agir de boa-fé.[99] Assim, o escopo de aplicação dos princípio da boa-fé deve ser restrito à interpretação da Convenção e não pode ser usado como uma ferramenta corretiva geral, uma vez que funciona em muitos sistemas jurídicos de *civil law*.[100]

Considerando que o art. 7 (1) da CISG prepara o cenário para a interpretação da Convenção, o art. 7 (2) da CISG refere-se ao preenchimento de

[93] SCHWENZER, Ingeborg et al (Eds.). Schlechtriem & Schwenzer, Comentários à Convenção das Nações Unidas Sobre Contratos de Compra e Venda Internacional de Mercadorias. São Paulo: Thomson Reuters, 2014 (published in Brazilian Portuguese on the occasion of Brazil's accession to the CISG in 2014).

[94] Cf. BONELL, Michael J. In: BIANCA, Cesare M.; BONELL, Michael J. (Eds.). Commentary on the International Sales Law. Milan: Giuffrè, 1987. Art. 7, para. 1.7.

[95] Cf. ZELLER, Bruno. The Observance of Good Faith in International Trade. In: CISG Methodology. p. 133-149.

[96] Cf. SCHWENZER; HACHEM. In: Schlechtriem & Schwenzer Commentary. Art. 7, para. 17.

[97] Cf., por exemplo, GERMANY. Federal Supreme Court. Case No. VIII ZR 60/01. 31 October 2001. CISG-online No. 617.

[98] Cf. também MAGNUS. In: Staudingers Kommentar. Art. 7, para. 25, 28.; SCHWENZER; HACHEM. In: Schlechtriem & Schwenzer Commentary. Art. 7, para. 17.

[99] Art. 1.7 PICC.

[100] MAGNUS, Ulrich. Tracing Methodology in the CISG: Dogmatic Foundations. In: CISG Methodology. p. 33-59, 43.

lacunas. Embora possa ser fácil distinguir interpretação de preenchimento de lacunas em uma situação teórica, na prática, a fronteira entre os dois é frequentemente confundida. Por exemplo, o termo impedimento no art. 79 da CISG, engloba impedimento econômico e, portanto, privação – uma questão de interpretação –, ou existe uma lacuna na CISG em relação a privação que deve ser preenchida de acordo com os princípios estabelecidos no art. 7 (2) da CISG?[101]

O art. 7 (2) da CISG prevê um procedimento de duas etapas.[102] Em primeiro lugar, deve-se determinar se há uma questão "relacionada a assuntos regidos por esta Convenção". Essas lacunas são geralmente chamadas de 'lacunas internas", enquanto as questões que estão fora da Convenção são chamadas de "lacunas externas". De acordo com art. 7 (2) da CISG, lacunas internas, em primeiro lugar, "devem ser resolvidas em conformidade com os princípios gerais nos quais" a Convenção se baseia. Somente se tais princípios gerais não puderem ser identificados, pode-se recorrer ao direito interno determinado pelas regras de conflito de leis aplicáveis.[103]

Uma vez estabelecida uma lacuna interna, esta deve ser suprida principalmente com base nos princípios gerais subjacentes à Convenção. A lista de princípios gerais está crescendo continuamente, e parece válido mencionar que encontrar um princípio geral em si torna mais fácil tratar uma lacuna como interna em vez de externa.[104]

Doutrinadores e tribunais de sistemas jurídicos de *civil law*, em primeiro lugar, baseiam-se no princípio de boa-fé e negociação justa como um princípio geral prevalecente da CISG. Foi demonstrado que esta abordagem é dificilmente sustentável e prejudica a aplicação e interpretação uniformes, bem como a previsibilidade sob a CISG. No entanto, existem vários conceitos, sem dúvida, subjacentes à CISG como princípios gerais que – pelo menos da perspectiva de um advogado de *civil law* – emanam da noção geral de boa-fé. São eles: autonomia da vontade das partes, *estoppel* ou proibição de comportamento contraditório (*venire contra factum proprium*), liberdade de forma,

[101] Cf. SCHWENZER, Ingeborg. Force Majeure and Hardship in International Sales Contracts. Victoria University Wellington Law Review, 2008-2009, v. 39, p. 709-725, 712-713 with further references.

[102] SCHWENZER; HACHEM. In: Schlechtriem & Schwenzer Commentary. Art. 7, para. 27.

[103] Cf. MAGNUS. Tracing Methodology in the CISG. p. 44.

[104] Para uma lista destes princípios, cf. FERRARI. In Schlechtriem / Schwenzer / Schroeter Kommentar. Art. 7, para. 48-56.; SCHWENZER; HACHEM. In: Schlechtriem & Schwenzer Commentary. Art. 7, para. 31-36.

igualdade das partes, favorecimento do contrato, compensação integral, direito de recusa de desempenho, compensação e muitos outros.[105]

Na falta de princípios gerais subjacentes à CISG, as lacunas internas devem ser preenchidas recorrendo-se ao direito interno designado pelas respectivas normas de conflito de leis. No entanto, o recurso ao direito interno em qualquer caso deve ser em *ultima ratio*.[106] Pode-se esperar que mais e mais princípios gerais serão desenvolvidos sob a CISG e que um dia o recurso ao direito interno provar-se-á supérfluo.

2.4. Estrutura básica

Antes de concluir, vamos mencionar brevemente algumas das principais características da CISG que certamente contribuíram consideravelmente para o seu sucesso mundial.

Em muitas áreas essenciais do direito dos contratos, a CISG conseguiu fazer a ponte entre a divisão frequentemente citada entre *common law* e *civil law*. É um meio-termo bem-sucedido – não um mau – entre abordagens muito diferentes para problemas jurídicos de direito de vendas. Além disso, a CISG equilibra os interesses do vendedor e do comprador de uma maneira melhor do que qualquer sistema jurídico doméstico. O próprio fato de algumas pessoas considerarem a Convenção muito amigável para o vendedor e outras muito amigável para o comprador é uma grande prova disso.[107] Por último, a CISG tem uma estrutura simples e lúcida que a torna facilmente compreensível para qualquer pessoa. Por isto, relata-se até que a CISG é usada na África para ensinar aos comerciantes os conceitos básicos do direito contratual.[108]

Isso é especialmente verdadeiro no que diz respeito ao mecanismo de direitos e ações.[109] Ainda na maioria dos sistemas jurídicos de *civil law*, a área de direitos e ações é uma das mais complicadas em todo o direito das

[105] SCHWENZER; HACHEM. In: Schlechtriem & Schwenzer Commentary. Art. 7, para. 32.

[106] See only MAGNUS. In: Staudingers Kommentar. Art. 7, para. 58.

[107] SCHWENZER, Ingeborg; HACHEM, Pascal. The CISG – Successes and Pitfalls. American Journal of Comparative Law, 2009, v. 57, p. 457-478, 475-476.

[108] SCHWENZER; HACHEM; KEE. para. 3.21.

[109] Para um comparative entre soluções de sistemas de *civil law*, *common law* e da CISG, cf. SCHWENZER, Ingeborg; ALI, Lina. The Emergence of Global Standards in Private Law. Vindobona Journal of International Commercial Law and Arbitration, 2014, v. 18, p. 93-111.

obrigações, uma vez que ainda está firmemente enraizada no direito romano.[110] A trilogia de impossibilidade, cumprimento tardio e cumprimento defeituoso e suas diferenças sutis e muitas vezes cruciais não são adequadas para as necessidades de negócios internacionais atuais.[111] A CISG, ao contrário, segue a abordagem de violação de contrato da *common law*[112] sem, no entanto, preservar os meandros que podem ser encontrados nestes países. Em vez disso, a CISG desenvolve um sistema de direitos e ações próprio com regras claras que se adaptam perfeitamente ao comércio internacional. As disposições sobre os deveres do vendedor são imediatamente seguidas pelas soluções do comprador em caso de quebra de contrato por parte do vendedor.[113] Da mesma forma, as obrigações do comprador são seguidas pelas soluções do vendedor.[114] A evasão, em geral, requer uma violação fundamental do contrato.[115] Não há exigência de culpa se uma das partes busca indenização, mas há a possibilidade de uma isenção em caso de obstáculo além da esfera de responsabilidade da parte infratora.[116]

Vamos parar aqui. É fascinante assistir uma economia tão importante como Portugal tornar-se um Estado Membro da CISG. Esperamos que os negociantes e seus advogados recebam bem a CISG como um meio de facilitar as transações de vendas internacionais e que qualquer período de transição durante o qual a CISG seja excluída principalmente por causa de uma atitude de "você não pode ensinar truques novos a um cachorro velho" seja superado em breve. A família CISG certamente apoiará de bom grado quaisquer esforços para promover ativamente a CISG em Portugal.

[110] SCHWENZER; HACHEM; KEE. para. 41.05-41.08.

[111] SCHWENZER; HACHEM; KEE. para. 41.09-41.33.

[112] SCHWENZER; HACHEM; KEE. para. 41.34-41.44.

[113] Capítulo II da CISG.

[114] Capítulo III da CISG.

[115] Art. 49(1)(a) da CISG.

[116] Art. 79 da CISG.

2. A UNIFORMIZAÇÃO DAS REGRAS DO CONTRATO DE COMPRA E VENDA INTERNACIONAL DE MERCADORIAS: SUAS VANTAGENS, SEUS DESAFIOS*

Francisco Pignatta

Introdução

A Convenção de Viena (CISG) entrou em vigor no Brasil em 2014[1] e em Portugal em 2020.[2] Ela é a regra material uniforme de seus 94 países membros[3] no que concernem os contratos de compra e venda internacional de mercadorias.

São inúmeros os benefícios da adesão brasileira e portuguesa à CISG. Primeiro, as regras de Direito Internacional Privado brasileiras não estavam adaptadas ao atual estágio do comércio internacional e, Portugal, mesmo sendo membro da União Europeia, não dispunha de regras tão específicas sobre a compra e venda internacional de mercadoras. No caso brasileiro, as regras contidas na Lei de Introdução às normas do Direito Brasileiro (antiga LICC)[4] são de 1942! Desde então, quatro projetos de reforma já foram apresentados ao Congresso Nacional para mudança da nossa Lei de Introdução. Tanta tentativa de mudança prova que algo não anda bem. Mas, até agora nenhum destes projetos foi aprovado.[5] Segundo, a complexidade das regras

* Trata-se de versão atualizada de texto publicado anteriormente em: "SCHWENZER, Ingeborg; PEREIRA, Cesar. A. Guimarães; TRIPODI, Leandro (coordenadores). A CISG e o Brasil: Convenção das Nações Unidas para os Contratos de Compra e Venda Internacional de Mercadorias. 1. ed. São Paulo: Marial Pons; Curitiba: Federação das Indústrias do Estado do Paraná, 2015".

[1] Decreto 8.327 de 16/10/2014.

[2] Decreto n° 5/2020, publicado em 7 de agosto de 2020 (Diário da República n° 153/2020, páginas 7 – 48).

[3] Ver lista dos países membros no site www.uncitral.org.

[4] Segundo a Lei 12.376 de 30.12.2010, a LICC passou a ser denominada LIN (Lei de introdução às normas do Direito Brasileiro).

[5] Projeto de Lei 264 de 1984 (Senado Federal); Projeto de Lei 4.905/1995; Projeto de Lei 243 de 05.11.2002 e Projeto de Lei 269/2004 (Senado Federal).

de Direito Internacional Privado (DIPr) faz que elas sejam pouco acessíveis ao leigo e não favorece a previsibilidade jurídica e consequente redução de custos de transação, objetivos tanto desejados pelos atores do comércio internacional. Mesmo para os juristas, estas regras não são nada simples.

Mas, ao falar em Direito Uniforme, surge a pergunta: o que vem a ser a "uniformização" das regras da compra e venda internacional?

Para se entender bem o que seja a "uniformização" de determinadas regras e sua importância ao comércio internacional, será necessário distinguir inicialmente alguns conceitos que facilmente se prestam a confusões. Esta diferenciação engloba os termos "unificação", "harmonização" e "uniformização".

a) "Unificação"

Das palavras latinas *unus* ("um") e *facere* ("fazer"), a "unificação" é a ação de tornar semelhantes vários elementos reunidos para formar um todo.[6] Através da "unificação" é instaurada uma regulamentação detalhada e idêntica em todos os pontos e por todos os membros de um conjunto.[7] Assim, a "unificação", em regra geral, se destina a um único sistema jurídico onde os juízes que o compõem fazem parte de uma organização judiciária comum, apesar de aplicarem, em determinados campos, leis diferentes.

Para melhor compreender, exemplificaremos com o caso da França. Em certas regiões francesas existem leis específicas a respeito de determinadas matérias. Na Alsácia, região fronteiriça entre a França e a Alemanha, e na Mosela, departamento localizado na região da Lorena, vige um direito próprio que difere, em algumas matérias, do restante da França. Para ilustrar, vejamos o Direito Associativo. Na Alsácia e na Mosela, o Direito das Associações é diferente do restante da França. Enquanto que em todas as regiões da França as regras aplicáveis às Associações encontram-se na Lei do 1.º de julho de 1901, no Direito da Alsácia-Mosela, aplicam-se os artigos 21 a 79-III do Código Civil local *Alsace-Moselle*.[8]

Imaginemos que se decida "unificar" o direito Francês em matéria Associativa. Neste caso, pela edição de uma lei, todas as regiões da França passarão a ter um direito único. Deste modo tanto os juízes da Alsácia e da

[6] Littré, Emile, *Dictionnaire de la langue française*, t. 7, Gallimard e Hachette.

[7] Kamdem, Innocent Fetze, *Harmonisation, unification et uniformisation. Plaidoyer pour un discours affiné sur les moyens d'intégration juridique*, RJI, 2009, p. 618.

[8] *Application et applicabilité des textes en Alsace-Moselle*, www.legifrance.gouv.fr.

Mosela quanto os de Paris ou da Normandia irão aplicar uma só lei no que se refere às Associações.

No campo do comércio internacional, para "unificar" suas regras, deveria haver uma mudança nos sistemas jurídicos de cada país para que todos tivessem a mesma lei. Mesmo assim a "unificação" seria passageira, pois cada juiz interpretaria a lei de acordo com seu próprio sistema jurídico, tornando as decisões diferentes uma das outras. Portanto, no âmbito internacional, a "unificação" é de difícil implementação.

b) "Harmonização"

Do latim *harmonia,* a "harmonização" designa uma aproximação entre dois ou mais sistemas jurídicos diferentes[9], a fim de reduzir ou suprimir certas contradições. Assim, a "harmonização" é um meio de estabelecer as grandes linhas a um conjunto jurídico, deixando às partes a obrigação de completar o arcabouço jurídico comum pela edição de normas que correspondam melhor a seus valores, a suas preferências ou a seu nível de desenvolvimento.[10] Portanto, seu campo de aplicação é mais amplo; engloba um bloco geográfico determinado (seja ele político, econômico ou jurídico).

Podemos citar como exemplo as Diretivas na União Europeia.[11] Seu objetivo é fazer com que cada Estado membro adapte suas leis internas de acordo com o estabelecido na Diretiva. Ela é vinculativa, porém cada Estado membro tem autonomia na transposição de seu conteúdo para seu Direito interno. A forma e o conteúdo da lei são livres, desde que siga as linhas diretoras estabelecidas. Após a entrada em vigor destas leis, podemos falar que os países em questão contêm leis "harmônicas" sobre determinada matéria, apesar de não possuírem leis idênticas.

Entretanto, a "harmonização" das regras do comércio internacional tem seu alcance limitado somente ao Bloco geográfico determinado. Fora de suas fronteiras, difícil haver "harmonização". Para implementar uma "harmonização" mundial, todos os países teriam que adotar leis semelhantes, impulsionado ou garantido por um órgão supranacional; realidade distante da atual.

9 CORNU, Gérard, *Vocabulaire Juridique,* Ed. PUF.

10 KAMDEM, Innocent Fetze, *art. cit.*, p. 617.

11 Ver artigo 288 do Tratado de Roma de 1958 sobre o funcionamento da União Europeia.

c) "Uniformização"

A "uniformização" difere da "unificação" e da "harmonização". A "uniformização", das palavras latinas *"unus"* e *"forma"*, consiste em dar uma mesma forma a um conjunto de elementos e que todas as partes se assemelhem entre elas naquele determinado aspecto.[12] Para se chegar a "uniformização", é necessário que seja elaborado um quadro normativo através de um instrumento único, o qual as partes aderem. A "uniformização" resulta, em linhas gerais, da adesão a uma Convenção Internacional ou da aplicação do que se convencionou chamar de *"Soft Law"*.[13] No primeiro caso, quando vários países ratificam determinada Convenção, diz-se que houve a "uniformização" do direito sobre aquela determinada matéria. No caso da *"Soft Law"* ao lado de uma ação do Estado, há a ação das partes e do juiz. Ao aplicar, por exemplo, princípios gerais internacionais ao comércio internacional, o juiz está procedendo a "uniformização" do Direito Comercial Internacional.

Com a adesão do Brasil e Portugal à Convenção de Viena, nossos países adotaram regras uniformes sobre a compra e venda internacional de mercadorias, aplicáveis em todos os 94 países membros. As regras são as mesmas para todos estes países. Sua utilização evita muitas dificuldades na aplicação das regras de DIPr (A). Entretanto, em algumas matérias, a própria Convenção de Viena limita sua atuação, excluindo de seu campo de aplicação certos tipos de contrato (B). Porém, ter uma só regra não basta para se alcançar a uniformização. É necessário que o aplicador faça uma interpretação uniforme destas regras. Para isto, deverá ele seguir certos procedimentos lógicos a este fim (C).

(A) As vantagens da uniformização para o comércio internacional

Com a entrada em vigor da CISG, o juiz aplicará diretamente a Convenção, nos casos em que a relação jurídica entre no seu domínio de aplicação,[14] não necessitando utilizar o mecanismo de Direito Internacional Privado (DIPr) para determinar a lei aplicável.

Em lugar de buscar, em sistemas jurídicos diversos, qual a regra que deve ser aplicada à relação jurídica, busca-se diretamente o direito material em um

[12] Littré, Emile, *op. cit.*

[13] Leis modelos, contratos tipos e mais recentemente os princípios Unidroit.

[14] Artigos 1.º a 6.º da CISG.

só texto, isto é, na CISG. Isto facilita o intercâmbio comercial e evita certos impasses, pois cada sistema jurídico contém regras próprias que muitas vezes são divergentes em relação a outro sistema jurídico. A aplicação de regras uniformes tenta resolver ou, ao menos, diminuir as dificuldades da aplicação das regras de DIPr (a).

a) A uniformização do Direito do Comércio Internacional afasta certas dificuldades relativas à aplicação das regras de DIPr

Diante de uma relação jurídica internacional, a aplicação das regras de DIPr. encontra certas dificuldades inerentes às divergências dos sistemas jurídicos em questão. Um litígio envolvendo uma empresa brasileira e uma empresa australiana, por exemplo, faz surgir várias perguntas em relação ao juiz competente e a lei aplicável.[15] As dúvidas não se resumem somente a estas questões. Eles podem ocorrer, também, em relação ao direito material aplicável: por exemplo, como o Direito Australiano vê tal aspecto da compra e venda? Ou como o Direito Brasileiro considera tal teoria jurídica?

Estas dificuldades são correntes. Elencaremos algumas delas.

1 – Primeira dificuldade: as mudanças das regras internas são constantes

O juiz, ao aplicar uma regra estrangeira, segundo o método de DIPr., deverá verificar qual é o Direito atual aplicável naquele país em relação à determinada matéria. Isto é um fator de complicação, pois as mudanças rápidas nas regras internas de cada país tornaram-se, ultimamente, um verdadeiro pesadelo para o jurista. Acompanhar a atualidade jurídica de determinado campo do Direito ficou a seara de especialistas. A publicação de livros impressos já não é mais suficiente para manter-se atualizado. Se isto é complexo em

[15] Artigos da Lei de Introdução às normas do Direito Brasileiro (antiga LICC) que tratam especificamente da lei aplicável:

"Art. 8.º *Para qualificar os bens e regular as relações a eles concernentes, aplicar-se-á a lei do país em que estiverem situados.*

§ 1.º *Aplicar-se-á a lei do país em que for domiciliado o proprietário, quanto aos bens moveis que ele trouxer ou se destinarem a transporte para outros lugares.*

§ 2.º *O penhor regula-se pela lei do domicílio que tiver a pessoa, em cuja posse se encontre a coisa apenhada.*

Art. 9.º *Para qualificar e reger as obrigações, aplicar-se-á a lei do país em que se constituírem.*

§ 1.º *Destinando-se a obrigação a ser executada no Brasil e dependendo de forma essencial, será esta observada, admitidas as peculiaridades da lei estrangeira quanto aos requisitos extrínsecos do ato.*

§ 2.º *A obrigação resultante do contrato reputa-se constituída no lugar em que residir o proponente.*

Art. 14. *Não conhecendo a lei estrangeira, poderá o juiz exigir de quem a invoca prova do texto e da vigência.*"

se falando, por exemplo, do Direito Português, a complexidade aumenta se nos referirmos a um ordenamento jurídico estrangeiro.

Por outro lado, havendo uma Convenção internacional aplicável, sabemos que não haverá mudanças relativas às suas regras. A jurisprudência poderá evoluir, mas as regras serão as mesmas. Somente com o advento de outra Convenção que venha a substituir a CISG é que este problema poderá se por.

2 – Segunda dificuldade: a possibilidade de um "conflito de qualificação"

A qualificação de determinada relação jurídica é competência de cada Direito nacional. Para saber se um contrato é civil, comercial, de consumo, administrativo, trabalhista, interno ou internacional, deve-se recorrer à qualificação feita pelo sistema jurídico do foro. Esta qualificação não é a mesma em se tratando de Direito Brasileiro, Francês, Canadense ou Japonês. Isto ocorre, por exemplo, em relação ao contrato de consumo. O Direito Brasileiro tem uma concepção mais ampla da figura do consumidor: tanto uma pessoa física como uma pessoa jurídica poderão ser consideradas "consumidor", desde que ela seja o destinatário final da mercadoria.[16] Ademais, os Tribunais Brasileiros expandiram o conceito de relação de consumo a vários contratos específicos.[17] Não é esta, por exemplo, a concepção de consumidor do Direito Europeu. Segundo a Corte de Justiça da União Europeia (CJUE), consumidor é toda pessoa *física* não engajada em atividades comerciais ou profissionais.[18]

Segundo a CISG, um contrato internacional de compra e venda de mercadorias é todo aquele que faz nascer uma obrigação de entrega de mercadorias e de transferência da propriedade,[19] mediante o pagamento de um preço.[20] De outro lado, a CISG exclui de seu campo de aplicação os contratos internacionais de compra e venda de mercadorias adquiridas para uso pessoal, familiar ou doméstico.[21]

[16] Código de Defesa do Consumidor, artigo 2.º.

[17] O STJ (REsp 329587, *DJ* 24.06.2002) aplicou as regras de prescrição do CDC a um contrato entre uma empresa de seguros e uma empresa de transporte internacional.

[18] CJUE, *Rudolf Gabriel*, 11.07.2002, aff : C-96/00 ; CJUE, *Cape Snc c/ Indealservice Srl et Idealservice MNRE c/ OMAI Srl.*, 22/11/2001, aff : C-541/99 e c-542/99.

[19] Art. 30 da CISG.

[20] Art. 53 da CISG.

[21] Art. 2.º da CISG.

Havendo conflito de qualificação entre a norma interna e a CISG, pensamos que esta última deve prevalecer.[22] Por ser uma Convenção internacional e, no caso brasileiro, também por ser lei posterior (*lex posterior*) ao Código de Defesa do Consumidor deve ela prevalecer sobre a norma interna. O fato de a CISG especificar qual contrato será regido por ela, facilita a ação do juiz e evita, assim, o "conflito de qualificação".

3 – Terceira dificuldade: o "exequatur"

A famosa expressão "Vitória de Pirro" pode ser, muitas vezes, aplicada a um processo judicial internacional. Esta expressão é empregada para designar uma vitória obtida a alto preço, mas geradora de prejuízos irreparáveis. Podemos, sobretudo, aplicar esta expressão quando a execução de uma sentença favorável se torna difícil ou quase impossível. No que concerne um litígio internacional, a dificuldade da execução pode aumentar, pois a sentença deverá receber o *exequatur* do juiz onde ela será executada.

Ocorre muitas vezes que, sob a alegação exagerada de ofensa à ordem pública, o juiz do *exequatur* se nega a executar a sentença do juiz original. Tivemos durante muito tempo esta problemática em relação à negativa do juiz brasileiro em ordenar o *exequatur* a sentenças de juízes estrangeiros em relação à dívida de jogo.

Com a ratificação da Convenção, este problema tende a diminuir. Uma só lei será aplicada, seja o juiz brasileiro ou português. Com isto, o juiz do *exequatur* não terá justificativas para não autorizar a execução de sentença estrangeira baseada na CISG.

4 – Quarta dificuldade: a possibilidade do *forum shopping*

No mesmo diapasão do problema acima, encontramos a possibilidade de haver, em um litígio internacional, o *forum shopping*.

Ocorre a possibilidade do *forum shopping* quando duas jurisdições são ao mesmo tempo competentes para julgar o caso litigioso. Assim, num litígio envolvendo uma empresa brasileira e uma empresa grega, pode ocorrer que o direito interno brasileiro designe como competente o juiz brasileiro e o direito interno grego designe como competente o juiz grego. Neste caso, o autor

[22] BENETI, Ana Carolina, *A Convenção de Viena sobre Compra e Venda Internacional de Mercadorias (CISG) e a questão do Direito do Consumidor* in SCHWENZER, PEREIRA, TRIPODI, *A CISG e o Brasil*, Ed. Marcial Pons, 2015, p. 93.

da ação tem a possibilidade de "escolher" qual o juiz que para ele é mais adaptado, seja em relação ao processo, seja em relação à lei aplicável.

Este tipo de situação é uma anomalia que deve ser evitada, pois dá ao autor uma dupla possibilidade de escolha que pode ter consequências efetivas no resultado da ação: a segurança jurídica e o equilíbrio contratual ficam ameaçados.

A uniformização do Direito da compra e venda internacional tende a diminuir este tipo de problema. Pelo fato de se aplicar somente uma lei ao litígio, isto é, a CISG, desestimulam as partes a recorrer a subterfúgios procurando qual o foro mais apropriado.

5 – Quinta dificuldade: a possibilidade de litispendência

Um problema correlato refere-se à questão da litispendência. Há sistemas jurídicos, como o do Brasil, que não se opõem a que um processo seja ingressado em seu solo, mesmo que no exterior um processo idêntico esteja em curso. Para o legislador brasileiro, não há litispendência internacional.[23] Isso pode dificultar o *exequatur*, pois a jurisdição nacional irá certamente colocar dificuldades à execução da sentença estrangeira se ainda há processo pendente em seu foro.

Com a ratificação da CISG, não haverá mais justificativas em abrir novo processo no Brasil havendo um iniciado no estrangeiro, sendo que a lei aplicada é a mesma.

6 – Sexta dificuldade: o conhecimento das leis internas do país com o qual se comercializa

Esta questão é um problema real que atormentava o comerciante brasileiro, pois não dispúnhamos de regras uniformes na matéria. Segundo o sistema de DIPr brasileiro, na maioria das vezes é a lei do vendedor que será aplicada em caso de litígio internacional.[24] Tomemos como exemplo uma empresa brasileira que costuma comprar produtos do exterior. Para ter alguma previsibilidade jurídica, ela deveria ter conhecimento do sistema jurídico de cada país com o qual ela comercializa para não ter surpresas desagradáveis, pois seriam as regras internas deste país que serão aplicadas em caso de litígio.

[23] Artigo 90 do Código de Processo Civil Brasileiro.

[24] V. artigo 9.º da LINDB.

Quando este país é longínquo e a língua é exótica, as dificuldades e os custos aumentam.[25]

A "uniformização" facilita o conhecimento da lei aplicável. Conhecer um só texto jurídico, isto é, a CISG é muito mais fácil que conhecer vários textos jurídicos em línguas e tradições diferentes.

7 – Sétima dificuldade: a tentação do juiz em aplicar sua lei nacional.

O juiz é muitas vezes tentado a aplicar sua lei nacional em caso de litígio internacional. Esta tentação é ainda maior em países como o Brasil, em que não há uma tradição do estudo de Direito Internacional Privado e a jurisprudência é tímida em aplicar leis estrangeiras. Ao estudarmos a jurisprudência brasileira relativa ao DIPr, o juiz brasileiro tem certa tendência em encontrar uma justificativa para aplicar a lei nacional, baseadas quase sempre na ofensa à ordem pública e aos bons costumes.

A existência de uma Convenção internacional afasta, na maioria das vezes, esta tentação. O juiz nacional verá que a CISG, a qual ele conhecerá bem, contém regras simples e de fácil aplicação. Ele não necessitará fazer uma "ginástica interpretativa" para aplicar sua lei nacional. Aliás, com a ratificação, a CISG passou a fazer parte do Direito interno brasileiro e também português.

A uniformização procura suplantar estes tipos de dificuldades. Todavia, ela não resolve a globalidade dos problemas, pois a CISG não afasta totalmente o mecanismo do conflito de leis de DIPr. A CISG exclui de seu campo de aplicação alguns contratos e, deste ponto de vista, age como um limitador de uma uniformização completa do comércio internacional (B). Entretanto, para que haja uma uniformização efetiva das regras da compra e venda internacional de mercadorias, é necessário que o julgador seja um agente desta uniformização (C).

(B) A Convenção de Viena como limitador da uniformização no comércio internacional

Vimos até aqui que a adoção de regras uniformes tem por virtude a aplicação de um só instrumento jurídico para reger as relações internacionais do comércio. Contudo, a CISG prevê situações em que ela não é aplicada, deixando a solução do litígio às regras de DIPr (a). Em outras situações, a própria

[25] É bom salientar que esta possibilidade ainda existe para os contratos excluídos do campo de aplicação da CISG.

CISG é silente em determinar se tal aspecto da compra e venda internacional será ou não regido por ela ou pelo Direito nacional aplicável (b). Tanto em um caso como no outro, a aplicação da CISG não afasta totalmente a aplicação das regras de DIPr.

1. A Convenção afasta certas matérias do seu domínio de aplicação

Não são todos os contratos internacionais que fazem parte do domínio de aplicação da CISG. Somente os contratos internacionais de *compra e venda de mercadorias* é que são regidos pelo texto convencional. Entretanto, dentre estes contratos há alguns que são excluídos expressamente. É o que prevê o artigo 2.º da CISG.

Por falta de espaço, iremos somente enumerá-los. A CISG não regula:

- os contratos de compra e venda internacional de mercadorias adquiridas para uso pessoal, familiar ou doméstico, isto é, uma venda de consumo (art. 2, a);
- a compra e venda internacional de mercadorias realizada em leilão (art. 2, b);
- a compra e venda internacional de mercadorias realizada em execução judicial (art. 2, c);
- a compra e venda internacional de valores mobiliários, títulos de crédito e moeda (art. 2, d);
- a compra e venda internacional de navios, embarcações e aeronaves (art. 2, e);
- a compra e venda internacional de eletricidade (art. 2, f).

Em todos estes contratos não se aplicam as regras da CISG. Em seu lugar, são as regras de DIPr que deverão ser aplicadas.

Dos contratos internacionais de compra e venda de mercadorias regidos pela CISG, não são todos os aspectos relativos a este contrato que entram no seu domínio de aplicação. Algumas matérias são excluídas.

Segundo o artigo 4.º, fica excluído do domínio de aplicação da CISG:[26]

- a validade do contrato;
- a validade das cláusulas contratuais;[27]
- a validade dos usos;

[26] V. a este respeito, entre outros, Schlechtriem e Witz, *La Convention de Vienne sur les contrats de vente internationale de marchandises,* Ed. Dalloz, 2008, p. 39 a 45; Neumayer e Ming, *Convention de Vienne sur les contrats de vente internationale de marchandises. Commentaire,* Ed. Cedidac, Lausanne, 1993, p. 67 a 79; Schelechtriem e Schwenzer, *Commentary on the U.N. Convention on the International Sale of Goods (CISG),* Ed. Oxford, 2010, p. 74 a 95.

[27] V. *Opinions* 3 e 13 do Comitê Consultivo da Convenção de Viena (www.cisgac.com).

- os efeitos que o contrato pode ter sobre a propriedade das mercadorias vendidas.

Segundo o artigo 5.º da Convenção fica, também, excluído de seu campo de aplicação, a responsabilidade do vendedor pela morte ou lesões corporais causadas pelas mercadorias.[28]

Outras matérias correlatas são, também, excluídas do domínio de aplicação convencional:

- a capacidade das partes;
- os vícios de consentimento;
- o poder de representação.

Além do mais, o artigo 6.º permite que a CISG seja afastada pela vontade das partes.[29]

Em todos estes casos não se aplicam as regras da CISG, deixando para serem solucionados pela lei nacional aplicável segundo o método de conflito de leis do DIPr.

Outras matérias, ainda, ficam em uma zona cinzenta em que a CISG não resolve expressamente sobre sua aplicabilidade ou não.

2. A CISG é silente em relação a sua aplicabilidade em outras matérias

Entre as matérias em que a CISG é silente em relação a sua aplicabilidade, temos as matérias que implicitamente são excluídas do seu domínio de aplicação e temos as matérias onde há grande discussão na doutrina sobre a sua inclusão ou não.

As matérias implicitamente excluídas do domínio de aplicação da CISG são, dentre outras:

- a prescrição da ação;[30]
- a ação direta em uma cadeia de contratos;[31]
- a cláusula de arbitragem.[32]

[28] V. *Opinion* 12 do Comitê Consultivo da Convenção de Viena (www.cisgac.com).

[29] V. *Opinion* 16 do Comitê Consultivo da Convenção de Viena (www.cisgac.com).

[30] A Convenção de Nova York de 1974, complementada por um protocolo adicional de 1980, é aplicada para dirimir questões relativas à prescrição da ação aos países que a ratificaram.

[31] Witz, Claude, *CVIM : interprétation et questions non couvertes*, RDAI, n. 3/4, 2001, p. 253.

[32] V. Pignatta e Kuyven, *Comentários à Convenção de Viena*, Ed. Saraiva, 2015, p. 80.

As questões em que a doutrina discute para saber se a CISG é aplicada são muitas.[33] Elencaremos somente três exemplos:

- contratos de distribuição;[34]
- aplicação da CISG pela vontade das partes mesmo se a matéria é excluída de seu campo de aplicação;[35]
- ruptura das tratativas.[36]

Mas, se todas estas matérias são excluídas da aplicação da CISG, quais seriam, então, as matérias regidas por ela? A CISG rege principalmente a formação do contrato e os direitos e obrigações do vendedor e do comprador, regras contidas em sua Parte II (art. 14 a 24)[37] e Parte III (art. 25 a 88)[38]. É sobre a interpretação e a aplicação dessas regras que o julgador é convidado a exercer a uniformização.

Conhecidas as normas referentes ao domínio de aplicação da CISG e o conjunto de regras referentes à formação e a execução do contrato, o julgador deverá aplicar de maneira uniforme o texto da CISG ao caso concreto.

[33] Por ex. : Pereira, Cesar, *Aplicação da CISG a licitações e contratos administrativos de compra internacional de mercadorias* in Schwenzer, Pereira, Tripodi, *A CISG e o Brasil,* Ed. Marcial Pons, 2015, p. 161.

[34] Schlechtriem e Witz, *op. cit.*, p. 27; Heuzé, *La vente internationale de marchandises,* Ed. LGDJ, 2000, p. 75; Honnold, John O., *Uniform Law for International Sales under the 1980 United Nations Convention",* Ed. Kluwer Law International, Haia, 1999, Ferrari, Franco, *Contrat de vente internationale – Applicabilité et applications de la Convention de Vienne sur les contrats de vente internationale de marchandises,* Ed. Helbing & Lichtenhahn, Bruylant e FEC, 2005, p. 94

[35] V. Audit, *Les ventes internationales hors la Convention de Vienne,* RJC, 1997, n. 11, p. 112.

[36] Heuzé, *La formation du contrat selon la CVIM: quelques difficultés,* RDAI, n. 3/4, 2001, p. 277; Pignatta, *Controvérsias em torno do campo de aplicação da Convenção de Viena de 1980: o caso de teoria da 'culpa in contrahendo',* in: Fradera e Moser (Org.), *A Compra e Venda Internacional de Mercadorias: Estudos Sobre a Convenção de Viena de 1980,* Ed Atlas, (2011), p. 22-43.

[37] A Parte II corresponde às regras da Formação do contrato.

[38] Esta parte, a mais extensa da CISG, engloba as seguintes matérias:
- Obrigações do vendedor – arts. 25 a 52: (entrega das mercadorias e remessa dos documentos; conformidade das mercadorias e reclamações de terceiros; direitos e ações do comprador em caso de violação do contrato pelo vendedor);
- Obrigações do comprador – arts. 53 a 70: (pagamento do preço, recebimento da mercadoria; ações do vendedor em caso de violação do contrato pelo comprador);
- Disposições comuns às obrigações do vendedor e do comprador – arts. 71 a 88: (violação antecipada e contratos com prestações sucessivas, perdas e danos, juros, exclusão de responsabilidade, efeitos da rescisão, conservação das mercadorias).

(C) As etapas da uniformização

Interpretar de maneira uniforme uma regra não é tarefa fácil, pois o julgador está a todo o momento diante de situações que riscam minar o esforço uniformizador do legislador.[39] Porém, é da correta interpretação que depende o futuro do direito uniforme.

Para se alcançar a uniformização das regras do comércio internacional, o julgador deverá transpor determinadas etapas que são cruciais para a boa aplicação da norma. Elas são: o conhecimento, o raciocínio e a implementação.

a) O conhecimento

A primeira das etapas refere-se ao conhecimento do direito uniforme (CISG) e, sobretudo, de como o julgador poderá se "apropriar" deste direito e aplicá-lo.[40]

Antes de interpretar, é necessário conhecer o que se irá interpretar. Antes de o julgador elaborar uma interpretação uniforme, deve ele conhecer bem o conteúdo das regras contidas na CISG. Uma leitura atenta da CISG já é um bom começo.

A regra de interpretação da CISG está consubstanciada em seu artigo 7.º:

> "(1) Na interpretação desta Convenção ter-se-ão em conta seu caráter internacional e a necessidade de promover a uniformidade de sua aplicação, bem como de assegurar o respeito à boa-fé no comércio internacional.
>
> (2) As questões referentes às matérias reguladas por esta Convenção que não forem por ela expressamente resolvidas serão dirimidas segundo os princípios gerais que a inspiram ou, à falta destes, de acordo com a lei aplicável segundo as regras de direito internacional privado."

Para bem levar a cabo a missão de uniformizar, o julgador deverá saber manobrar, e, portanto, bem conhecer a estrutura sob a qual foi erigida a Convenção.

A elaboração da CISG foi norteada por certos objetivos e princípios os quais se encontram mencionados na parte introdutória das regras convencionais.

[39] É por esta razão que Albert KRITZER chegou a publicar um guia para ajudar o julgador a aplicar a CISG: *Guide to practical applications of the United Nations Convention on Contracts for the International Sale of Goods*, Kluwer Law and Taxation Publishers, 1989.

[40] MARQUIS, Louis, *L'interprétation du droit commercial international uniforme: un modèle personnifié par Marc-Antoine*, RIDC, 2002, p. 103.

Os Estados membros consideraram que o *"desenvolvimento do comércio internacional na base da igualdade e das vantagens mútuas é um elemento importante na promoção das relações amistosas entre os Estados"* e que *"a adoção de regras uniformes aplicáveis aos contratos de compra e venda internacional de mercadorias e compatíveis com os diferentes sistemas sociais, econômicos e jurídicos contribuirá à eliminação de obstáculos jurídicos às trocas internacionais e favorecerá o desenvolvimento do comércio internacional"*. Estes "considerandos" apresentam o "fundo de quadro" que deve ter o julgador no momento de aplicar a CISG.

Aliados a estes balizadores, outra fonte importante para aclarar o intérprete é o conjunto de discussões e debates dos trabalhos preparatórios, cuja análise é fundamental para descobrir, muitas vezes, a razão da exclusão, da inserção ou da redação da regra em questão.[41]

Mais que isso, os redatores da CISG incluíram em suas regras materiais certos princípios gerais que norteiam o julgador em seu árduo trabalho de interpretação.[42]

Os princípios gerais contidos na CISG podem ser divididos em três categorias:[43] os princípios diretamente colocados pela CISG ela mesma, os princípios implícitos em suas regras e o princípio geral de boa-fé. Podemos elencar, também, outros princípios de alcance mais limitado.[44]

Os princípios expressamente previstos pela CISG são os princípios da liberdade contratual, consagrado pelo artigo 6.º, e o princípio da liberdade de forma do contrato, consignado no artigo 11. O caráter geral destes princípios fica patente seja pelo conteúdo das normas mencionadas, seja por sua inserção na Primeira Parte da CISG consagrada ao campo de aplicação e às disposições gerais.[45]

Os princípios implicitamente previstos pela CISG têm vocação a reger questões neutras. O primeiro deles, e de um alcance geral, é o da força obrigatória do contrato. Várias disposições o deixam entrever, especialmente os

[41] *Documents officiels – Conférence des Nations Unies sur les contrats de vente internationale de marchandises*, Ed. Nations Unies, 1981.

[42] Koneru, Phanesh, *The Interpretation of the UN Convention on Contracts for the International Sale of Goods: An Approach Based on General Principles*, Minnesota Journal of Global Trade, n. 6, 1997, p. 105; Van Alstine, *Consensus, Dissensus, and Contractual Obligation Through the Prism of Uniform International Sales Law*, Va. Int. La, 1996, n. 37, p. 37; Boggiano, Antonio, *The Experience of Latin American States*, International Uniform Law in Practice, Unidroit, 1988, p. 28.

[43] Witz, *CVIM: Interprétation et questions non couvertes*, art. cit., p. 256.

[44] Koneru, Phanesh, art. cit., p. 105.

[45] Witz, *CVIM: Interprétation et questions non couvertes*, art. cit., p. 256.

artigos 30 e 53 que preveem as obrigações das partes e o artigo 79 que define as condições estritas de exoneração da responsabilidade.

Temos, por fim, o princípio geral da boa-fé cuja aplicação deve ser considerada, principalmente, pelo viés do artigo 7.º, alínea 2ª, da CISG e não de aplicação imediata segundo o artigo 7.º, alínea 1ª. Neste aspecto, é interessante notar que as regras de conduta oriundas das práticas do comércio internacional (artigos 8 e 9), seja de maneira geral, seja de um ramo específico, levam à observância do princípio da boa-fé pelas partes.

Outros princípios, de alcance mais limitados, podem, também, ser assim elencados:

- O lugar de execução da obrigação de pagar um valor em dinheiro é o do estabelecimento do vendedor. Segundo o artigo 57, o preço deve ser pago, exceto estipulação em contrário, no estabelecimento do vendedor.
- O ônus da prova segue o princípio geral segundo o qual incumbe a parte de provar que as condições de aplicação da norma, em seu favor, estão reunidas. Do mesmo modo, aquele que invoca o benefício de uma exceção a uma regra de princípio, deve provar que esta exceção pode ser aplicada (exemplos: artigos 2.a. e 35.2.b.).

Outros autores mencionam outros princípios que podem ser considerados como gerais e que obrigam as partes.[46] O Prof. Heuzé menciona o princípio segundo o qual as partes devem adotar uma atitude razoável durante a relação contratual e o princípio da preferência à manutenção do contrato em detrimento de sua dissolução.[47] O Prof. Audit, por sua vez, acrescenta, também, o princípio de informação que é traduzido pela máxima do dever de comunicar uma informação quando ela é importante ao negócio. Porém, o Prof. Audit considera que, antes mesmo de se socorrer dos princípios gerais, o intérprete deve utilizar um raciocínio por analogia. Ele menciona o caso do artigo 81.2 que deve ser solucionado por analogia segundo os artigos 57 e 58[48] não havendo necessidade de recorrer aos princípios gerais.

b) O raciocínio

O maior desafio para que a uniformização tenha sucesso é o modo como é feita a interpretação das regras do comércio internacional. Para que haja a uniformização não basta que exista, somente, um corpo de regras uniformes

[46] Koneru, Phanesh, art. cit., p. 105; Boggiano, Antonio, art. cit., p. 34.

[47] Heuzé, *La vente internationale de marchandises,* op. cit., p. 89.

[48] Audit, *La vente internationale de marchandises,* op. cit., p. 50 e 51.

adotadas por todos os países. É necessário que a interpretação dessas normas seja também uniforme. Assim, "*mesmo havendo uma uniformidade exterior, a aplicação uniforme destas regras não é de nenhum modo garantida, pois, na prática, diferentes países irão inevitavelmente interpretar de modo diferente o mesmo texto*".[49]

Deste modo, é na interpretação que mora um perigo que ameaça o direito uniforme e que, se não controlado, risca de miná-lo a todo instante.[50] É como bem disse o professor Marquis, a interpretação é como uma "espada de Dâmocles" suspensa sobre o direito uniforme.[51]

A CISG tomou cuidados em evitar que esta "espada de Dâmocles" caia sobre o direito uniforme. Para limitar, portanto, o perigo de interpretações diversas por tribunais de diferentes países, os redatores da CISG previram que, para sua interpretação é necessário levar em conta seu caráter internacional.

Para isto deve o julgador considerar o que outros tribunais de outros países já decidiram sobre aquela matéria para conhecer o atual estágio da jurisprudência e o que outros intérpretes já disseram sobre aquele aspecto da CISG para basear seu convencimento. Nada adianta a uniformização se o juiz brasileiro, por exemplo, tem uma posição totalmente diferente do entendimento do juiz alemão ou do juiz australiano, e vice-versa, sobre a interpretação da CISG.

Deste modo, a interpretação deve ser guiada pela jurisprudência estatal ou arbitral, nacional ou estrangeira que aplica a CISG e pelos comentários da doutrina especializada. Para isto, vários repertórios de jurisprudência foram organizados facilitando esta tarefa, sob os auspícios de instituições de renome.[52] Todavia, um ponto de equilíbrio deve ser encontrado, pois, mesmo levando em consideração a jurisprudência internacional, o juiz não pode simplesmente inclinar-se diante dela. O julgamento de uma Corte Suprema de um determinado país não terá força de precedente em relação a um juiz de primeiro grau de outro país. Ela terá, sim, uma autoridade persuasiva.[53]

Um exemplo sintomático é o que se refere ao artigo 39 da CISG. A Corte Federal de Justiça Alemã,[54] ao julgar um litígio envolvendo a aplicação do

[49] MUNDAY, R.J.C., *The Uniform Interpretation of International Conventions,* 27 ICLQ 450, 1978 *apud* FERRARI, Franco, *CISG Case Law: A new challenge for interpreters?,* RDAI, 1998, n. 4/5, p. 495.

[50] MARQUIS, Louis, art. cit., p. 97.

[51] *Idem*, p. 97.

[52] Para citar os mais importantes: CISG-online: http://www.cisg.online.ch; Pace University: http://www.cisg.law.pace.edu; Unilex: http://www.uniliex.info. Há também outros sites nacionais como, por exemplo, CISG-Bélgica: http://www.law.kuleuven.ac.be; CISG-Brasil: www.cisg-brasil.net, CISG-Espanha: http://www.uc3m.es/cisg/; CISG-França: www.cisg-france.org.

[53] WITZ, *CVIM: Interprétation et questions non couvertes,* art. cit., p. 257.

[54] *Bundesgerichtshof* (Alemanha), 03/11/1999, n. VIII ZR 287/98, Dalloz, 2000, Som., p. 434, obs. WITZ.

artigo 39 seguiu uma proposição doutrinária que sugeria como regra geral o prazo de um mês para denunciar o defeito da mercadoria.[55] Segundo esta proposição, este prazo seria considerado um justo compromisso entre tradições jurídicas diferentes. Muitas jurisprudências alemãs seguiram este mesmo entendimento como também uma Corte de Apelação Suíça.[56] O mais sintomático é que o Tribunal Supremo da Áustria,[57] mesmo considerando outro prazo para a denunciação da mercadoria defeituosa (15 dias), se referiu ao julgamento da Corte Federal de Justiça Alemã para afastar o prazo de um mês, pois "as circunstâncias particulares" do caso assim o exigiam. Vemos neste caso a interconexão que deve haver entre as jurisprudências nacionais e estrangeiras.

c) A implementação

O intérprete tem um papel fundamental neste esforço uniformizador. Além de seguir o previsto no artigo 7.º, ele deve se esforçar em motivar plenamente sua interpretação. Ele deve expressar sua visão das coisas com um *"consensus capacity"*[58] suficiente e que possibilite a tornar-se um *"international consensus"*. Este mecanismo é fundamental para se alcançar com sucesso a uniformização.

Para prevenir o risco de interpretações divergentes, a CISG deve ser considerada como um sistema completo e autossuficiente.[59] Ela não depende, portanto, de outros sistemas jurídicos para ser aplicada. Assim, a interpretação da CISG deve ser realizada de modo autônomo, sem interferência do direito interno do foro afim de respeitar seu caráter internacional. Diante de um contrato de compra e venda internacional, o juiz deve utilizar os "óculos" do direito uniforme; diante de um contrato interno ele deve utilizar os "óculos" do direito interno. Esta difícil manobra deve ser continuamente exercida pelo juiz, sob pena de desfigurar o arcabouço da uniformização.

A tentação maior do intérprete ao analisar o texto convencional é a de fazê-lo tendo somente em mente seu direito nacional. É importante, assim, ter enorme cuidado no manuseio da Convenção para não ceder a esta tentação.

[55] SCHWENZER, Ingeborg in SCHLECHTRIEM e SCHWENZER, *Commentary on the U.N. Convention on the International Sale of Goods (CISG), op. cit.*, p. 631.

[56] *Obergericht Kanton Luzern* (Suíça), 08/01/1997, n. 11 95 123/357, Dalloz, 1998, Som., p. 315.

[57] *Oberster Gerichtshof* (Áustria), 16/10/1998, 2 Ob 191/98 X, www.unilex.info.

[58] VAN ALSTINE, M., *Dynamic Treaty Interpretation*, (1998), 146, U. Pa. L. Rev., p. 788.

[59] AUDIT, *Présentation de la Convention* in DERAINS et GHESTIN, *La Convention de Vienne sur la vente internationale et les Incoterms*, LGDJ, p. 31.

Citamos um exemplo: fazendo uma interpretação defeituosa de um contrato, a *Cour d'appel de Chambéry*[60] afastou equivocadamente a aplicação da CISG e aplicou o Direito Francês. Em suas razões, os juízes franceses tomaram em consideração um conceito específico do Direito Francês, o qual faz uma diferença entre contratos de compra e venda e contratos de locação de serviços (*"contrat d'entreprise"*). A CISG guarda esta diferença, mas, somente, em determinadas situações (artigo 3º). No caso deste litígio, o contrato tinha todos os ingredientes de um contrato de fornecimento de mercadorias a fabricar ou a produzir e não de uma locação de serviços.

Conclusões

Vimos que a adoção da CISG pelo Brasil e por Portugal é um avanço. Porém, não é um "botão mágico" que resolverá todos os problemas jurídicos concernentes à compra e venda internacional de mercadorias. O sucesso de sua aplicação dependerá dos atores do comércio internacional, sejam eles empresários, advogados e juristas. Mas a carga maior de responsabilidade recairá principalmente nos juízes e árbitros. São eles os agentes da "uniformização", pois têm a missão de bem interpretar e bem aplicar o texto convencional.

Para que a "uniformização" produza bons resultados, ela depende, sobretudo, da ação contínua dos juízes e árbitros que devem interpretar o texto convencional de uma maneira "uniforme". Não adianta haver leis iguais se as interpretações são divergentes. Assim, o cuidado do juiz nacional, ao aplicar a CISG, deve ser enorme e deve seguir o contido no artigo 7.º da CISG, isto é, deve levar em conta seu caráter internacional e a necessidade de promover a uniformidade de sua aplicação.[61]

[60] França, 25/05/1993, Revue de jurisprudence commerciale, 1995, p. 242, obs. Witz.

[61] Eörsi, Gyulia, *Problems of Unifying Law on the Formation of Contracts for the International Sale of Goods,* American Journal of Comparative Law, n. 27, p. 311; Felemegas, John, *The United Nations Convention on Contracts the International Sale of Goods: Article 7 and Uniform Interpretation,* Review of the Convention on Contracts for the International Sale of Goods (CISG), Ed. Kluwer Law International (2000/2001), p. 115; Ferrari, Franco, *CISG Case Law: A new challenge for interpreters?,* art. cit., p. 495 e *Les rapports entre les conventions de droit matériel uniforme en matière contractuelle et la nécessité d'une interprétation interconventionnelle,* JDI, 2003, p. 791 ; Fradera, Véra Maria Jacob de, *A saga da uniformização da compra e venda internacional: da Lex Mercatoria à Convenção de Viena de 1980* in *O Direito Internacional e o Direito Brasileiro,* Estudos em homenagem de José Francisco Resek, Ed. Unijuí, 2004, p. 809; Marquis, Louis, art. cit., p. 98 ; Munday, R.J.C., *The Uniform Interpretation of International Conventions,* 27 ICLQ 450, 1978 ; Plantard, Jean-Pierre, *Un nouveau droit uniforme de*

Esperemos que a adesão de Portugal à CISG e a aplicação desta convenção pelo juiz português seja um estímulo ao juiz brasileiro que se mostra de uma timidez inexplicável, pois desde 2014 somente algumas decisões (que se contam com os dedos e uma mão) aplicaram a CISG[62]. Oxalá que isto ocorra rapidamente.

la vente internationale : la Convention des Nations Unies du 11 avril 1980, JDI 1988, p. 311 ; Van Alstine, M., *Dynamic Treaty Interpretation*, art. cit., p. 788 ; Witz, Claude, *CVIM : interprétation et questions non couvertes* art. cit., p. 253.

62 Pignatta, *L'application de la Convention de Vienne au Brésil et les défis de son interprétation* in Aguilar Vieira e Cerqueira, *La Convention de Vienne en Amérique*, Société de Législation Comparée, 2020, p. 81.

3. ARTICLE 7: THE INTERPRETATIVE TOOL OF THE CISG*

Mauricio Gomm-Santos
Katherine Sanoja

Introduction

In deciding which law should govern a contractual relationship, parties generally pay particular attention to how the chosen law is interpreted and the effect that interpretation will have on their contractual obligations and available remedies. In the case of the U.N. Convention on the International Sales of Goods (CISG) (the "Convention"), Article 7 is the single most important tool governing the interpretation of the Convention's many provisions. Many scholars consider Article 7 one of the cornerstones of the Convention because it contains the Convention's own build-in rules of interpretation.

In providing these interpretive rules, Article 7 carries forward the Convention's general goals of promoting uniformity and good faith in international trade.[1] In addition, it also provides general rules for gap-filling in those areas that the Convention governs but has not explicitly settled. Almost eighty states are signatories to the Convention, representing a great majority of trading nations participating in today's global market.[2] As more states sign on to the Convention, the importance of uniformity in the interpretation

* Texto publicado anteriormente em: "SCHWENZER, Ingeborg; PEREIRA, Cesar. A. Guimarães; TRIPODI, Leandro (coordenadores). A CISG e o Brasil: Convenção das Nações Unidas para os Contratos de Compra e Venda Internacional de Mercadorias. 1. ed. São Paulo: Marial Pons; Curitiba: Federação das Indústrias do Estado do Paraná, 2015".

[1] *See* U.N. Convention on the International Sales of Goods (1980), Art. 7(1), *full text available at* http://www.uncitral.org/pdf/english/texts/sales/cisg/V1056997-CISG-e-book.pdf

[2] *See id.* at Art. 7(2).

of the Convention is even greater as an increasing number of different legal regimes and cultures are subject to the Convention.[3]

As a result of a continuously growing number of contracting states, parties will require greater predictability in the application of the Convention's provisions. Uniform application of the Convention will aid in creating the desired predictable legal framework that contracting parties seek. Predictability therefore is essential to making the Convention an effective and standard choice of law for international sales transactions.[4]

This article will briefly review the role of Article 7 in the interpretation of the Convention, focusing primarily on the interpretation of Article 7 itself and its application by the courts and tribunals of various jurisdictions. In particular, this article will address the varying approaches to: (1) the interpretation of "good faith" contained in Article 7(1); and (2) the identification and application of the various general principles for gap-filling the Convention under Article 7(2).

1. A Brief History of Article 7

In order to understand the function of Article 7, it is important to first take a brief look at the history that gave rise to the Convention.[5] Since there are sharp divergences among the national laws governing the sales of goods, the Convention was developed in an effort to unify and harmonize the law governing international commercial transactions.[6] This purpose is further elaborated on in the preamble of the Convention, which states "that

[3] Brazil became the 79th state to sign onto the Convention, which came into force in Brazil on April 1, 2014. *See* Legislative Decree N. 538 (October 10, 2012), *available at http://legis.senado.gov.br/legislacao/DetalhaDocumento.action?id=265739.* Bahrain will become the 80th state to join the Convention, effective October 1, 2014, *http://www.unis.unvienna.org/unis/pressrels/2013/unisl191.html.*

[4] Although not the focus of this article, a threshold issue for parties to an international sales contract is whether the CISG applies to the dispute or contract, either through a contractual provision or through the application of Article 1 of the CISG and if it applies, whether the parties have not expressly excluded the application of any of the Convention's articles, including Article 7.

[5] For a more extensive review of the history of Article 7, *see* Mauricio Gomm-Santos and Quinn Smith, "Reviewing the History and Application of Article 7", *available at* http://www.cisg-brasil.net/doc/Reviewing_the_History_and_Application_of_Article_7_(Final).pdf

[6] G.A. Res. 2205 (XXI), (17 December 1966), quoted in Uncitral, http://www.uncitral.org/en-main.htm. *See also*, Uncitral, General Information, *available at* http://www.uncitral.org/english/commiss/geninfo.htm.

the adoption of uniform rules which govern contracts for the international sale of goods and take into account the different social, economic and legal systems would contribute to the removal of legal barriers in international trade and promote the development of international trade".[7]

The number of states that participated in the drafting of the Convention illustrates and reinforces its international character. Moreover, the Convention's text is the result of various concessions and accommodations that led to one acceptable version for the international community.[8] Consequently, understanding the legislative history of the Convention is important for a thorough understanding of the meaning and intent of its provisions.[9] The drafting process ultimately resulted in a uniform body of law that the contracting states agreed to apply in place of their own domestic laws. Consequently, Article 7 was inserted in the Convention to carry out these purposes and policies.

Two main goals of the Convention are manifested in the text of Article 7. These goals are to provide a uniform and autonomous legal framework while promoting good faith in international trade. Without Article 7 courts and arbitral tribunals would likely resort to widely varying interpretations, undermining the collaborative effort of the different participating states in ultimately drafting one unified law.[10]

Despite these well-perceived goals, the inclusion of Article 7 was met with some controversy during the drafting process. The most controversial debate was regarding the inclusion of the good-faith requirement in section 1 of Article 7.[11] This debate resulted from a concern among many of the drafters

[7] *See* CISG, Preamble, *available at* http://cisgw3.law.pace.edu/cisg/text/treaty.html.

[8] *See e.g.,* Secretary General, *Analysis of Comments and Proposals by Governments and International Organizations on the Draft Convention on Contracts for the International Sale of Goods, and on Draft Provisions Concerning Implementation, Reservations and Other Final Causes,* 1980 Vienna Diplomatic Conference, U.N. Doc. A/CONF.97/9 (February 21, 1980).

[9] U.N. Conference on Contracts for the International Sale of Goods, Official Records, U.N. Doc. A/CONF. 97/19 (E.81.IV.3) (1980).

[10] *See e.g.* Bruno Zeller, *Four Corners – The Methodology for Interpretation and Application of the U.N. Convention on Contracts for the International Sale of Goods* (May 2003), available at http://cisgw3.law.pace.edu/cisg/biblio/4corners.html (Stating that "Article 7 is the key to understanding the CISG, as without fully understanding article 7, the application of the CISG cannot produce consistency and hence achieve predictability").

[11] *See* U.N. Doc. A/CONF. 91/19, *supra* note 9 (United States and Yugoslavia requesting a separate article addressing the principle of good faith and the ICC preferring the deletion of the text "the observance of good faith in international trade"). *See also,* Jacob Ziegel, Commentary – Report to the Uniform Law Conference of Canada on Convention on Contracts for the International Sales Goods (July 1981) *available at* http://cisgw3.law.pace.edu/cisg/text/ziegel7.html.

that the "good faith" principle is a vague legal concept already subject to varying interpretations under the different national legal systems. Despite this concern, the drafters did not expressly define "good faith" under the Convention.

In order to better understand the importance of Article 7 in carrying out the overall purpose of the Convention, we first turn to its actual text, which reads:

> (1) In the interpretation of this Convention, regard is to be had to its international character and to the need to promote uniformity in its application and the observance of good faith in international trade.
>
> (2) Questions concerning matters governed by this Convention which are not expressly settled in it are to be settled in conformity with the general principles on which it is based or, in the absence of such principles, in conformity with the law applicable by virtue of the rules of private international law.

The structure of article 7 indicates its two main purposes, which are to provide the Convention's rules for interpretation and gap-filing. The first half of Article 7 aims to ensure that the interpretation of the Convention's provisions is performed with uniformity while promoting good faith in international commerce. The second half of Article 7 recognizes that while the Convention cannot possibly address explicitly every situation that may arise within the scope of its application, its existing general principles should be given priority over domestic law in filling any gaps in matters the Convention governs.

These two functions, while distinct, overlap because they each support the same notion and overarching purpose that the Convention should be considered an autonomous body of law. In order to carry out that purpose and further uniformity, Article 7 limits tribunals and courts from resorting directly and solely to their domestic law for answers. However, some critics have indicated that Article 7 is "necessarily vague," therefore open to various interpretations in practice.[12] On the other hand, the text of Article 7 reflects room for flexibility in adapting the Convention to future developments

[12] Gyula Eorsi, *General Provisions, in* International Sales: The United Nations Convention on Contracts for the International Sale of Goods, Ch. 2, at 2-4 (Galston & Smit ed. 1984), *available at* http://cisgw3.law.pace.edu/cisg/biblio/eorsi1.html.

in international sales law. Despite any criticism, Article 7 is necessary to provide a framework needed to reach and promote uniform international interpretation of the Convention.[13]

In order to carry out that purpose, it is important that the courts and arbitral tribunals first properly interpret Article 7, by understanding and identifying its main principles and primary purpose in the context of the Convention.[14] Without this starting point, it becomes increasingly more probable that a court or tribunal would misinterpret Article 7. In other words, a court or tribunal's misinterpretation of Article 7 can likely result in that court or tribunal prematurely resorting to domestic law. As a result, there is a real danger that uniform application and interpretation of the Convention will be stymied if Article 7 is not given the proper interpretation.

A. Promoting Uniform Interpretation and Application

Understanding that predictability is one of the most sought after characteristics of an applicable law in an international commercial transaction, the Convention, by virtue of article 7, aspires to achieve world-wide uniformity in international sales contract law.[15] As previously mentioned, achieving uniformity creates predictability in the application of the Convention, thereby increasing certainty and reducing the legal risks for parties subject to the Convention.

Predictability, in addition to neutrality, contributes to making the Convention an obvious choice of law for parties from varying legal backgrounds. The Convention eliminates any "home advantage" a party may have by otherwise applying its own domestic laws. By discouraging courts or tribunals from automatically seeking recourse under their domestic law to interpret the Convention, the Convention promotes uniform interpretation by tribunals

[13] *See* Bruno Zeller, *supra* note 12 at 242-243.

[14] As a side note, the language and structure of Article 7 is found in other international instruments, including Article 4 of the Unidroit Convention on International Factoring (1988) and Article 6 of the Unidroit Convention on International Financial Leasing of 1988. Due to the similar language employed by these other international instruments, reference to the application of those specific articles could provide additional guidance on the interpretation and application of Article 7 of the Convention.

[15] *See* Franco Ferrari, *PIL and CISG: Friends or Foes?* at 46-47 (2012), *available at* http://www.cisg.law.pace.edu/cisg/biblio/ferrari.html.

and courts regardless of their jurisdiction. Otherwise any predictability of the Convention's legal framework would be undermined by different courts and tribunals' varying interpretations, as a result of applying their own domestic principles and law. Whether the Convention will successfully unify the law governing the international sale of goods will therefore depend largely on whether it is consistently interpreted across the different legal jurisdictions that have adopted it.

Besides a court or tribunal's interpretation, parties can undermine uniformity by using Article 6 to derogate from or vary the effect of Article 7. In other words, parties could in fact contract to have the Convention apply, but avoid its interpretive principles by expressly derogating from the effect of Article 7. Although in practice there is no known case of this occurring, it is more than a theoretical possibility considering the express language of Article 6. Considering the critical importance of Article 7 to carrying out the Convention's purpose, it would seem that parties should not be able to derogate from Article 7.

B. The Promotion of Good Faith in International Trade

As discussed previously, the inclusion of the principle of good faith in Article 7 raised some controversy and debate among drafters of the Convention.[16] In an effort to reach a compromise, good faith was included with specific reference to international trade. Scholars interpreting Article 7(1) have observed that by referring to "good faith" expressly in the context of "international trade," the drafters made it clear that the principle of good faith should not be guided by the varying standards found in the different national legal systems.[17]

Since the Convention does not expressly define "good faith," and in the absence of an extensive body of CISG case law to reference on the issue, guidance can be found in the legislative history of Article 7.[18] The legislative history has been used by scholars and courts to understand the meaning

[16] Mainly these debates stemmed from the different approaches to the good faith principle between common and civil law countries.

[17] *See* Michael Joachim Bonell, *Article 7, in* Bianca-Bonell Commentary on the International Sales Law, at 85 (1987), *available at* http://cisgw3.law.pace.edu/cisg/biblio/bonell-bb7.html. *See also,* Bruno Zeller, *supra* note 12 at 309.

[18] *See* John O. Honnold, *Article 7 – Interpretation of the Convention, in* Uniform Law for International Sales under the 1980 United Nations Convention, at 88-89 (3rd ed. 1999).

and interpretation of "good faith" as expressed in article 7(1).[19] In particular, the legislative history has shown that in order to reach a compromise in the drafting process between those that advocated for the application of the good faith standard in the formation of the contract and those that worried that the good faith principle was too vague, the drafters limited the application of good faith to apply solely to the interpretation of the Convention.[20]

In line with its legislative history, most scholars have interpreted the good faith principle in Article 7 to apply solely in the interpretation of the Convention, rather than in governing the conduct of the parties. In other words, the obligation of good faith under Article 7 pertains solely to an obligation by courts, tribunals and arguably also by parties to interpret the Convention in good faith.[21] In practice, there are courts and tribunals that have adopted this approach, limiting the application of good faith principle to the interpretation of the Convention.[22] This view is a result of the legislative history behind the insertion of the good faith principle and has become the prominent view among scholars.[23]

On the other hand, some scholars and judges have promoted a broader interpretation of good faith, applying it to both the interpretation of the Convention and the regulation of the parties conduct.[24] One scholar suggests that the observance of good faith under Article 7(1) is sufficiently broad to include the observance of good faith in the formation of the contract.[25] There is however a belief, among some, that regardless of the drafters' intent, the good faith principle will over time expand to a general obligation governing the parties' conduct.[26]

19 Mª del Pilar Perales Viscasillas, *El Contrato de Compraventa Internacional de Mercancias (Convención de Viena de 1980)* (2001), *available at* http://cisgw3.law.pace.edu/cisg/biblio/perales1-07.html.

20 *See* Honnold, *supra* note 20 at 98. *See also* Peter Schlechtriem, *Article 7, in* Commentary on the UN Convention on The International Sale of Goods (CISG), at 100, § 17 (Schlechtriem and Schwenzer, eds., 2nd ed. 2005).

21 *See e.g.*, Zeller, *supra* note 12 at 413.

22 *See e.g.* ICC Case, N. 8611 (January 23, 1997) (Industrial Equipment Case), *available at* http://cisgw3.law.pace.edu/cases/978611i1.html (The court interpreted article 7(1) as "concern[ed] only [with] the interpretation of the Convention, no collateral obligation may be derived from the "promotion of good faith.").

23 Peter Schlechtriem, *supra* note 22 at 100 § 17.

24 Bruno Zeller, *supra* note 12 at Ch. 4, §d.; Michael Joachim Bonell, *supra* note 19 at 83-84. *See also,* Arbitral Award N. VB/94124, Hungarian Chamber of Commerce and Industry Court of Arbitration (November 17, 1995), abstract available at http://www.unilex.info/case.cfm?id=217.

25 *See* Ziegel, *supra* note 13 at Ch. II, cmt 1.

26 Bruno Zeller, *supra* note 12 at fn 321

Regardless of the approach taken in interpreting the good faith principle expressed in Article 7(1), good faith standards of conduct are otherwise contained in other provisions of the Convention. In other words, the Convention has other provisions that address the good faith conduct of the parties. Although not the focus of this article, the Convention contains good faith rules on conduct in the carrying out of contractual obligations, including obligations after a breach.[27] The implied reference to good faith in other articles of the Convention has led to the identification of good faith as a "general principle" on which the Convention is based, serving as a gap-filler when applicable under the guidelines set forth under article 7(2).[28] Some scholars have pointed out that it would be almost impossible to "apply good faith to the Convention as a whole without influencing or affecting the behavior of the parties."[29] Simply put, the manner in how the Convention is interpreted will naturally reinforce or discourage certain conduct by the parties.

C. Article 7's Gap-Filling Role: The Convention as an Autonomous Body of Law

The drafters of the Convention recognized that its provisions would not be able to address every factual situation that might arise, nor would they be able to foresee all the future developments in international trade. Despite those assumptions, the drafters wanted to ensure that courts and arbitral tribunals interpreting the Convention would not automatically resort to their own domestic law, particularly when the Convention did not expressly address an issue within its scope.[30] With this in mind, Article 7(2) was drafted to highlight the importance of the Convention as an autonomous law, limiting recourse to domestic law in matters falling within its scope. Article 7(2) therefore reinforces the goal of uniformity as expressed in article 7(1) by limiting recourse to varying domestic law in the interpretation of Convention's provisions.

[27] *See* CISG, Arts 16(b)(2), 21(2), 29(2), 37, 38, 40, 49(2), 64(2), 82, 85-88 (all which contain "manifestations of the requirement of the observance of good faith"). *See also,* Guide to Article 7, Secretariat Commentary, available at http://www.cisg.law.pace.edu/cisg/text/secomm/secomm-07.html, (last updated on August 29, 2006).

[28] *See* Bonell, *supra* note 19 at 84.

[29] *See* Bruno Zeller, *supra* note 12 at 330.

[30] *See* Peter Schlechtriem, *supra* note 22 at 101 §19.

This limitation can be seen by a literal interpretation of the language of article 7(2). Article 7(2) allows recourse to applicable private international law in situations where either (1) the matter is not governed by the Convention or (2) is governed by the Convention, but not settled by its expressed language and no applicable general principle of the Convention applies. In other words, Article 7(2) does not apply to matters that are *not* governed by the Convention.

The gap filling role of Article 7 is therefore limited to address internal rather than external gaps. Only those gaps related to matters governed by the Convention are subject to gap-filling via the Convention's general principles. In cases where the gap involves issues not governed by the Convention, then Article 7 does not limit recourse to the applicable national law.

The main obstacle in solving gaps using the Convention's general principles is that these principles are not generally defined or easily identified in the text of the Convention.[31] As noted by some scholars, "[f]illing gaps based on vague, nondescript principles which are difficult to identify and place is indeed questionable in terms of predictability and foresee ability as well as insight".[32] However, there are general principles of the Convention that have been generally accepted and identified by the international community.

In order to understand how article 7(2) is applied in practice, we highlight some of the more salient general principles that have been identified within the Convention's text by either scholars or tribunals.[33] The first most identifiable general principle of the Convention is the principle of party autonomy. This principle is embodied in article 6 and throughout the Convention, reinforcing the parties' authority to regulate their commercial relationship. [34]

[31] *See* Camilla Baasch Andersen, *General Principles of CISG, Generally Impenetrable, in* Sharing International Commercial Law across National Boundaries: Festschrift for Albert H. Kritzer on the Occasion of his Eightieth Birthday, at 17-18. (2008), available at http://cisgw3.law.pace.edu/cisg/biblio/andersen6.html.

[32] *See id.* at 25.

[33] Ulrich Magnus, General Principles of UN-Sales Law, *available at* http://www.cisg.law.pace.edu/cisg/biblio/magnus.html. Professor Magnus identifies the following principles: Party autonomy (CISG Art. 4(a)); *Pacta sunt servanda* (Arts 30, 53 and 71-73 and 79); Good faith (Arts.7.1, 16(2)(b), 29(2), 50(2) and 80); Reliance protection (Arts. 16(2)(b), 29(2), 35(2)(b), 42(2)(b); Standard of reasonableness (Arts. 8,9 and 39(1)); Forfeiture, Prevalence of usage(Art. 9); Lack of form requirements(Art. 11); *Favor contractus* (Arts. 25, 34, 37, 47, 48, 49, 63, 64); Duty to avoid damages (Arts. 77, 85-86); General duty to cooperate (Arts. 32, 34, 37, 48, 77, 85/86), Duty to pay damages (Art. 45(1)(b), 61(1)(b) and 74); Concurrent performance (58(1)).

[34] *See* CISG, Article 6 (permitting parties to choose the substantive law to apply to their contract)

As previously mentioned, another principle is the principle of good faith, which not only is mentioned in Article 7 itself, but also is implied throughout the Convention in various articles. Moreover, scholars have specifically equated good faith to a standard of reasonableness.[35] Other principles generally recognized include mitigation and a duty to cooperate and communicate with the other party, in addition to long-established contractual principles such as *venire contra factum propium*.[36] By no means is this an exhaustive list of the Convention's general principles, but merely an identification of some of the more salient ones.

2. Article 7 in Practice: The Application of Article 7 by Arbitral Tribunals & National Courts

In practice, the interpretation of the Convention is naturally carried out by arbitrators from different legal backgrounds and national courts of the various contracting states. Amidst such divergent legal backgrounds, Article 7 attempts to ensure the uniform application of the Convention, to the extent possible, by providing some broad principles to the guide its interpretation. While seemingly easy, it has proved harder to implement in practice, especially when arbitrators and judges apply varying interpretations of Article 7 itself.

A. Reference to Foreign Decisions: the Convention's International Character

Some of the difficulties in complying with Article 7 begin with the premise that arbitrators and judges are generally accustomed to turning to their own laws, and therefore are more comfortable in looking to domestic precedent for interpretive guidance. Article 7 is attempting to break this tradition by requesting that courts and tribunals look outside their domestic jurisdiction in order to interpret the Convention. Specifically, the Convention under Article 7 requires that courts and tribunals consider the "international character" of the Convention to promote uniform interpretation across the different

35 *See* Honnold, *supra* note 20 at 100.

36 *See e.g.*, CISG, Articles 77, 85 and 86 (setting forth rules regarding the non-breaching party's duty to mitigate).

jurisdictions. Courts and tribunals are therefore impliedly encouraged to look to foreign decisions, in addition to secondary sources from international scholars to interpret the Convention.[37] Some courts have taken this directive seriously, making reference to multiple decisions from foreign courts in support of their decision.[38]

Some scholars have cautioned that a heavy reliance on case law may distract tribunals and courts from first referring to and applying the Convention's general principles.[39] In common law countries, this can be especially true because of the judges' general reliance on case precedent to make their interpretation and ruling. For example, a U.S. Court appeared to interpret Article 7 to require it to first look to case law, and only in the absence of case law, to then turn to the Convention's express language and general principles upon which it is based.[40]

While foreign decisions are not binding, observance of the interpretations of other jurisdictions is the most effective way that a court or arbitral tribunal can ensure uniformity and predictability in the interpretation of the Convention.[41] However, a fully translated decision is not always accessible or available, impairing the judge or arbitrator's ability to capture an accurate understanding of the reasoning adopted by a foreign court. In addition, some legal systems culturally do not rely on case law, but rather rely on the textual interpretation of the legislation they are applying. Such a narrow methodology of interpretation can be dangerous in that it assumes that all jurisdictions will apply and interpret the provisions in the same way.[42]

Nonetheless, there have been several efforts to collect and publish case law on the Convention in order to make it more accessible to the international community. These efforts include the Uncitral CLOUT system of cataloguing

[37] *See Cross-References and Editorial Analysis – Article 7* (Robert A. Hillman, ed.), *available at* http://www.cisg.law.pace.edu/cisg/text/hillman.html# (citing Professor Honnold's observing that "decisions construing the Convention and secondary analysis will also clarify the significance of focusing on the "international character" of the Convention."

[38] *See e.g., Al Palazzo v. Bernardaud, S.A.*, N. 3095, Tribunale di Rimini, November 26, 2002, available at http://www.unilex.info/case.cfm?id=823

[39] *See* Hillman, *supra* note 39.

[40] *See Delchi Carrier S.p.A v. Rotorex Corp.*, 71 F.3d 1024, 1027-28 (2d Cir. 1995) (Court observes that "[b]ecause there is virtually no case law under the Convention, we look to its language and to "the general principles" upon which it is based).

[41] *See* Franco Ferrari, *Gap Filling and Interpretation of the CISG: Overview of International Case Law*, 7 Vindobono Journal of International Commercial Law & Arbitration, 63-64 (2003)

[42] *See e.g.* Bruno Zeller, *supra* note 12 at Ch. 3 §5(b).

cases, creating a digest by article number.[43] In addition, Pace University's Institute of International Commercial Law has created a free online database dedicated to providing case law and scholarly articles on the Convention.[44] However, even where the cases can be identified, there are many instances where the full decision is not in the language of the domestic court reviewing the decision. This creates an obstacle in the understanding of the foreign court or tribunal's decision. Without this information, it is less likely that a tribunal or court will feel fully comfortable in following the footsteps of a foreign decision.

B. Use of Domestic Law

Although Article 7 expressly limits recourse to domestic law, some courts have suggested that they may look to analogous domestic laws to guide in the interpretation of the Convention's provisions.[45]

For example, a U.S. court in *Schmitz-Werke GmbH & Co. v. Rockland Industries, Inc.*, stated that "case law interpreting provisions of Article 2 of the Uniform Commercial Code that are similar to provisions in the Convention can also be helpful in interpreting the convention."[46] In addition, some jurisdictions have resorted directly to their own laws for gap-filling contrary to Article 7(2). For example, a court in Argentina failed to first resort to the Convention's general principles, despite correctly citing Article 7. Instead, the court applied the Argentine Commercial Code for gap-filling, contravening the intention and purpose of Article 7(2).[47]

[43] Uncitral is the United Nations Commission on International Trade Law. *See* The Uncitral CLOUT Case Law Search, *available at* http://www.uncitral.org/clout/showSearchDocument.do.

[44] *See* Pace University, Institute of International Commercial Law, Albert H. Kritzer CIG Database, *available at* http://www.cisg.law.pace.edu/.

[45] *See e.g. Delchi Carrier S.p.A. v. Rotorex Corp.*, 71 F.3d 1024, 1028 (2d Cir. 1995).

[46] *See Schmitz-Werke GmbH & Co. v. Rockland Industries, Inc.; Rockland International FSC, Inc.*, 37 Fed. Appx. 687, 691 (4d Cir. 2002).

[47] Alejandro Mayer v. Onda Hofferle GmbH & Co. (Cámara Nacional de Apelaciones en lo Comercial) (2000), *available at* http://www.cisg.law.pace.edu/cases/000424a1.html; *see also Cervecería y Maltería Paysandú S.A. v. Cervecería Argentina S.A*, Registro de Cámara, N. 105665 (Cam. Nac. Comm. Bs. As. Sala E 2002), *available at* http://www.unilex.info/case.cfm?id=925; *Compare Barros v. Gares*, Registro de Cámara, N. 102876/2002 (Cam. Nac. Comm. Bs. As. Sala A 2007) (recognizing the limitation imposed by Article 7 on the Court's ability to resort to domestic law for matters governed by the Convention). For further discussion on the Argentinean cases, *see* Gomm-Santos & Smith, *supra* note 7.

It appears than in these cases, where a provision of the Convention did not expressly address the facts in dispute, some courts resorted directly to their domestic law for the answer. In other words, the court or tribunal skips over the directive of Article 7(2), which requires the application of the Convention's general principles for matters falling within its scope.[48] This result might be due, in part, to the difficulty or uncertainty in applying general principles not expressly outlined by the text of the Convention, especially in areas where there is little or no case law to guide these courts. In addition, a court's own tradition to turn to its own domestic law and jurisprudence may explain a court's "inability or unwillingness to understand and apply Article 7 correctly".[49] It can however be argued that most, if not all of the articles in the Convention, manifest some type of purpose from which we can extract a general contractual principle with cross-reference to Article 7. With time, it can be expected that as more courts begin identifying and using the general principles expressed or implied in the Convention's text, these principles will crystallize and become easier for subsequent courts and tribunals to apply.[50]

However, we must not overlook the fact that an increasing number of courts do correctly recognize the Convention as an autonomous body of law. In most cases, it is the national appellate courts that have rectified the misapplication or misinterpretation of Article 7.[51] In Germany, for example, the Court of Appeals indicated that the lower court had incorrectly relied on domestic cases citing not to the Convention but to German Civil Code, ignoring the dictate of Article 7. Specifically, the Court of Appeals recognized that the provisions of the Convention are generally autonomous, without recourse to standards expressed in domestic law.[52] Similarly, in Spain, a court concluded that domestic law is not applicable to matters governed by the Convention.[53] In that decision, the court referred in its decision directly to

[48] It is important to keep in mind that in matters in which the CISG does not govern, courts and tribunals have to directly resort to the applicable national law.

[49] Bruno Zeller, *CISG and the Common Law: the Australia Experience, in* CISG v. Regional Sales Law Unification: With a Focus on the New Common European Sales Law 61 (ed. Ulrich Magnus) (2012).

[50] *See* Schlechtriem, *supra* note 22 at 100 §18.

[51] *See e.g., Barros v. Garres,* Registro de Cámara, N. 102876/2002 (Cam. Nac. Comm. Bs. As. Sala A 2007.

[52] *See* Case N. VIII ZR 67/04 Bundesgerichtshof (March 2, 2005), available at http://cisgw3.law.pace.edu/cases/050302g1.html.

[53] *See Instalaciones y Fabricaciones Industriales, S.A. v. PM di Pizzolato Giorgio & C, S.A.S,* Case N. 398/2011 Court of 1st instance Fuenalabrada (May 11, 2012) . The full text in Spanish is available at http://www.cisgspanish.com/wp-content/uploads/2013/07/fuenlabrada11mayo2012.pdf.

the Uncitral abstracts and online case law, indicating that these provided useful interpretive guidance on the application of the Convention.[54]

There are cases however where the court has found that the Convention does not govern, because the issue is a matter of procedural rather than substantive law, requiring recourse to the applicable national law. In the United States, for example, a court found that the issue of whether attorney fees were recoverable by the winning party under the Convention was not governed by the Convention, allowing the court to resort to the applicable domestic law.[55] In that case, the judge found that since recoverability of attorney fees is a procedural issue not governed by the Convention, the court was not bound by the limitations of Article 7.

C. Application of Good Faith under Article 7

As discussed in section I(B) supra, there have been various approaches to the interpretation of the good faith requirement under Article 7(1). Some have strictly construed the article to limit its application to the interpretation of the Convention, and others have broadly construed it to also apply directly to the conduct and relationship between the parties. To illustrate these two main approaches, we take a look at several cases from various jurisdictions that involved the interpretation and application of the good faith requirement under Article 7(1).

In Hungary, an arbitral tribunal expressly interpreted the good faith requirement under Article 7(1) to find that the issuance of an already expired bank guarantee by the buyer was contrary to the principle of good faith found in article 7(1). In that case, the arbitral tribunal specifically found that the principle of good faith in Article 7 was "not only a criterion to be used in the interpretation of the CISG, but is also a standard to be observed by the parties in the performance of the contract".[56]

[54] *See id.*

[55] *See Zapata Hermanos Sucesores v. Hearthside Baking Co.*, 313 F.3d 385, 388 (7th Cir. 2002) (finding that the Convention deals with contracts and since "the principles for determining when a losing party must reimburse the winner for the latter's expense of litigation are usually not a part of a substantive body of law, such as contract law, but a part of procedural law" the court turned to the applicable national law).

[56] *See* Arbitral Award VB/94124, Hungarian Chamber of Commerce and Industry Court of Arbitration, November 17 1995, available at http://www.unilex.info/case.cfm?id=217.

In Germany, an arbitral tribunal reached an opposite result.[57] In that case, a dispute arose between a seller (German) and buyer (Spanish) regarding the buyer's withholding of payment of certain invoices due to the seller's failure to deliver replacement parts. The arbitrator in that case expressly limited the application of the good faith principle announced in article 7 to "concern only the interpretation of the Convention". In other words, the arbitrator found that the principle of good faith in article 7 could not be cited as a source of the parties' rights and obligations in the performance of the contract. The arbitrator in that case also declined to resort to the domestic standard for good faith, which would have in fact applied to the parties' conduct. But, the arbitrator did turn to other provisions of the Convention to find that under Article 9(1) that seller was obligated to provide spare or replacement parts according to the practice established between the parties. While the arbitrator did not rely on the good faith principle under Article 7, it did find that other provisions of the Convention contained standards of good faith that governed the parties' conduct.

As the previous example demonstrates, courts and arbitral tribunals have identified standards of good faith contained or characterized in other provisions of the Convention, and have used these standards to define good faith in the parties' conduct. In many cases, the good faith standard has been equated to practices in certain trades or usages among the parties in accordance with article 9 of the Convention. In other cases, the standard announced under a provision becomes the standard that a court must adopt in order to adhere to the dictate of Article 7, which is to interpret the Convention in light of its international character. For example, some courts have used the good faith principle under Article 7 to apply a "reasonable" quality standard under Article 35(2) in order to avoid domestic notions of quality and therefore adhere to the interpretive rules of Article 7.[58] As scholar Schlechtriem pointed out, "the more often courts and tribunals refer to such standards as standards of good faith in international trade when applying Article 7(1), the more concrete the requirements of this provision will become".[59]

In addition, courts under Article 7(1) have correctly rejected domestic notions of good faith, recognizing that good faith must be interpreted with

[57] ICC, Arbitral Award N. 8611/HV/JK, *W v. R*, January 1, 1997, *available at* http://www.unilex.info/case.cfm?id=217

[58] Netherlands 15 October 2002 Netherlands Arbitration Institute, Case N. 2319, available at http://cisgw3.law.pace.edu/cases/021015n1.html

[59] *See* Schlechtriem, *supra* note 22 at 100 §18.

reference to international standards in international trade, guided in most cases by the Convention's own provision announcing a specific standard such as that contained in Article 39(1) or by the trade practices and usages under Article 9. For example, an arbitral tribunal in Mexico, expressly rejected turning to the domestic law for the standard of "good faith", correctly recognizing that

> "The duty to act in good faith and fair dealing in international trade is of fundamental importance, since the contracting parties are under a duty to act pursuant to this principle. To limit or exclude it would be equal to a failure to acknowledge the axis that regulates international trade, as understood in international trade, unbound from the meaning given to it in Mexican law."[60]

As case law develops and the concept of good faith in the Convention becomes more crystallized, tribunals and courts will find it easier to not only apply the principle of good faith, but to apply it uniformly across a variety of factual scenarios. While the drafters intended that the good faith principle be limited to the interpretation of the Convention, the manner in which the interpretation is carried out will also influence and determine the behavior of the parties. Therefore, if the Convention is interpreted in good faith,[61] it will likely reinforce the good faith conduct between the parties.

3. Conclusions

While these cases do show an effort by courts and tribunals to consider and apply Article 7 in their decisions, there is still a need for a solid foundation of case law interpreting and applying Article 7 before courts and tribunals will feel more comfortable in applying Article 7's interpretive rules. This is particularly true in the area of gap-filling under Article 7(2) using the Convention's general principles. However, these general principles are not unique

[60] *Dulces Luisi, S.A. de C.V v. Seoul International Co. Ltd. y Seoulia Confectionery Co.*, Comisión para la Protección del Comercio Exterior de México, Nov. 30, 1998, translation by Alejandro Osuna Gonzalez, available at http://cisgw3.law.pace.edu/cases/981130m1.html.

[61] It is unclear how a lack of good faith would be found in a tribunal or court's interpretation of the Convention, since a misinterpretation or misapplication of a court or tribunal is not always necessarily a result of a lack of good faith.

to the Convention, as they are a combination of legal principles and concepts already in existence in contract law and largely recognized by the different jurisdictions that participated in the drafting of the Convention. It is therefore reasonable to believe – and to hope – that in time Article 7 will be closer to reaching its goal of uniform application, as more parties, countries and courts become familiar with understanding, interpreting and applying the text of the Convention.

4. A CONVENÇÃO DE VIENA SOBRE COMPRA E VENDA INTERNACIONAL DE MERCADORIAS (CISG) E A QUESTÃO DO DIREITO DO CONSUMIDOR*

Ana Carolina Beneti

1. A CISG e a sua aplicação no Brasil – comentários iniciais

1. Não resta dúvidas de que a adoção da Convenção de Viena de 1980 para a Compra e Venda Internacional de Mercadorias (CISG ou Convenção) traz numerosas vantagens para o comércio internacional de mercadorias, especialmente: a) a previsibilidade e a segurança jurídica, estreitando o âmbito da diversidade de interpretação judiciária nacional; b) a eliminação de barreiras culturais constantes de rotinas de negócios; e c) a diminuição de custos de transações comerciais, inerentes à diversidade de jurisdições e de interpretação contratual, entre outras.

2. O Brasil participou ativamente das discussões de elaboração do texto da CISG e, inclusive, estava representado na Conferência de Viena de aprovação da Convenção em abril de 1980. A adesão do país, entretanto, ocorreu somente em março de 2013, quando o Brasil depositou perante as Nações Unidas

* Trata-se de versão atualizada de texto publicado anteriormente em: "SCHWENZER, Ingeborg; PEREIRA, Cesar. A. Guimarães; TRIPODI, Leandro (coordenadores). A CISG e o Brasil: Convencão das Nacões Unidas para os Contratos de Compra e Venda Internacional de Mercadorias. 1. ed. São Paulo: Marial Pons; Curitiba: Federacão das Industrias do Estado do Parana, 2015.

sua carta de adesão,[1] sendo que a CISG entrou em vigor, após o período de *vacatio* e o Decreto presidencial, em outubro de 2014.[2-3]

3. Apesar de a adoção da CISG pelo Brasil ter sido tardia, tendo em vista o transcurso de mais de 26 anos de vigência da Convenção, após a adesão de mais de 80 estados-membros e a formação de vasta jurisprudência interpretativa internacional, o país mostrou-se pronto a fazer parte de um dos instrumentos de unificação do consenso negocial internacional de maior sucesso em todo o mundo, criado para favorecer e fomentar o comércio internacional de compra e venda de mercadorias.

4. Independentemente do tempo transcorrido para a adesão, o Brasil demonstrou uma postura aberta à implementação do texto da Convenção nos contratos com partes brasileiras, sendo que concluiu a aprovação da CISG no Poder Legislativo em um período relativamente curto, comparando-se ao processamento de tantos outros instrumentos legislativos. Além disso, o país aderiu, como Portugal agora adere, ao texto da CISG sem qualquer das declarações previstas pela própria Convenção de Viena e que poderiam limitar sua eficácia.[4-5]

[1] A adesão foi concluída com o depósito do instrumento de adesão junto ao Secretário-Geral da ONU, Ban Ki-moon (Reference: C.N.177.2013.TREATIES-X.10 – Depositary Notification) – De acordo com a Carta de Adesão: "The Convention will enter into force for Brazil on 1 April 2014 in accordance with its article 99 (2) which reads as follows: When a State ratifies, accepts, approves or accedes to this Convention after the deposit of the tenth instrument of ratification, acceptance, approval or accession, this Convention, with the exception of the Part excluded, enters into force in respect of that State, subject to the provisions of paragraph (6) of this article, on the first day of the month following the expiration of twelve months after the date of the deposit of its instrument of ratification, acceptance, approval or accession."

[2] No Brasil, Decreto Legislativo 538, de 18 de outubro de 2012, e Decreto 8.327, de 16 de outubro de 2014.

[3] Existem algumas versões da CISG para o português, mas o texto utilizado neste artigo é o constante do Decreto brasileiro 8.327/2014. A versão da CISG do Decreto n. 5/2020 é diferente da versão brasileira. Outras traduções para o português são de Iacyr de Aguilar Vieira (Vieira, Iacyr de Aguilar. *L'applicabilité et l'impact de la Convention des Nations Unies sur les Contracts de Vente Internationale de Merchanises au Brésil.* Strasbourg: Presses Universitaires de Strasbourg, 2010), e de Maria Ângela Bento Soares e Rui Manuel Moura Ramos (Bento Soares, Maria Ângela; Moura Ramos, Rui Manuel. *Contratos internacionais: compra e venda, cláusulas penais, arbitragem.* Coimbra: Almedina, 1986).

[4] Artigo 95 da CISG, que estabelece a exclusão da aplicação da CISG com base no Artigo 1(b).

[5] Tal postura positiva com relação à implementação da CISG pelo Brasil também pôde ser observada no Parecer da Comissão de Relações Exteriores e de Defesa Nacional por ocasião da discussão do Projeto de Decreto Legislativo 222-A, de 2011, que deu origem ao Decreto-Legislativo (*Revista de Arbitragem e Mediação, RArb,* n. 37, Ano 10, abr-jun. 2013, p. 282).

5. Assim, o Brasil entrou, finalmente, no grupo dos estados-membros da CISG, para os contratos de compra e venda internacional de mercadorias. Importante ressaltar que a consequência mais evidente da participação brasileira, e de qualquer país, como signatário da Convenção é a aplicação direta dos dispositivos da CISG, como parte integrante da legislação nacional, nos casos sob o âmbito de aplicação da Convenção.[6] Além disso, com a maior utilização da CISG no por partes brasileiras, o Brasil passou para o grupo de países que, com suas decisões arbitrais e judiciais, participa da interpretação dos termos e dispositivos da CISG.

6. Nesse sentido, cumpre aqui lembrar que a Convenção foi concebida e estruturada de forma a ser interpretada internacionalmente e sempre buscando a uniformidade de conceitos. Desta forma, a jurisprudência internacional[7-8] tem forte importância na aplicação dos dispositivos constantes da CISG e deve ser sempre priorizada em detrimento da legislação doméstica sobre o mesmo assunto.

7. Outra consequência da adoção da CISG é que o conjunto de disposições específicas da CISG deverá ter preceder a legislação nacional, mormente os dispositivos dos Código Civil brasileiro e leis comerciais no que tange aos contratos comerciais internacionais de compra e venda de mercadorias.

8. Atente-se, nesse sentido, a que a doutrina nacional é enfática ao afirmar que não há incompatibilidades entre a CISG e a ordem jurídica nacional do Brasil.[9] A CISG não ofende dispositivos constitucionais ou de ordem pública brasileira, mas claramente provoca algumas alterações na regência de obrigações e direitos advindos dos contratos internacionais de compra e venda de mercadorias, que passam a ser disciplinados pela Convenção de Viena.[10]

[6] "Artigo 1.
(1) Esta Convenção aplica-se aos contratos de compra e venda de mercadorias entre partes que tenham seus estabelecimentos em Estados distintos:
(a) quando tais Estados forem Estados Contratantes; ou (b) quando as regras de direito internacional privado levarem à aplicação da lei de um Estado Contratante. (...)"

[7] Artigos 7, 8 e 9 da CISG.

[8] Importante registrar que as principais fontes de pesquisa são: CLOUT: http://www.uncitral.org/uncitral/en/case_law.html; www.cisg.law.pace.edu; www.cisg-online.ch ou www.unilex.info.

[9] Vide, nesse sentido, (i) Parecer da Comissão de Relações Exteriores e de Defesa Nacional por ocasião da discussão do Projeto de Decreto Legislativo 222-A, de 2011, que deu origem ao Decreto-Legislativo (*Revista de Arbitragem e Mediação, RArb*, n. 37, Ano 10, abr-jun. 2013, p. 282), e (ii) Basilio, Ana Tereza. Aplicação e Interpretação da Convenção de Viena sob a Perspectiva do Direito Brasileiro, *Revista de Arbitragem e Mediação, RArb*, n. 37, Ano 10, abr-jun. 2013, p. 44.

[10] "No que concerne à juridicidade, o projeto se afigura irretocável, porquanto: (a) o meio eleito para o alcance dos objetivos pretendidos (normatização via edição de Decreto Legislativo) é o

9. A alteração, pela CISG, de dispositivos da legislação nacional, principalmente tocante ao direito do consumidor brasileiro, passa a ser analisada a seguir.

2. Direito internacional uniforme no tocante à compra e venda de mercadorias e a interpretação nos parâmetros da uniformização

10. Antes de examinar a questão da aplicação ou não da Convenção aos contratos atinentes ao consumidor, importante tratar brevemente dos princípios norteadores da Convenção de Viena, bem como do histórico de sua criação para o entendimento das razões dos dispositivos constantes da CISG, da sua forma de interpretação e de seu âmbito de aplicação pelas partes de diferentes países.

11. De início, importante mencionar que a CISG não estabelece uma definição de "mercadoria", no seu âmbito, mas traz, no Artigo 2, uma lista de exclusão, isto é quais as vendas não são abrangidas pela Convenção.[11]

12. A característica essencial da CISG, ressalte-se é sua internacionalidade. A Convenção é, por isso, aplicável aos "*contratos de compra e venda de mercadorias, celebrados entre partes que tenham o seu estabelecimento em Estados distintos*", de acordo com a letra do Artigo 1 da CISG. Assim, somente aplica-se o texto da CISG àqueles casos de vendas em que as partes estejam situadas em Estados

adequado; (b) a matéria nele vertida é cercada de inovação ou originalidade, em face do direito positivo interno em vigor; (c) possui o atributo da generalidade, que exige sejam destinatários do comando legal um conjunto de casos submetidos a um comportamento normativo comum; (d) se afigura dotado de potencial coercitividade, isto é, a possibilidade de imposição compulsória do comportamento normativo estabelecido; e (e) se revela compatível com os princípios diretores do sistema de direito pátrio ou com os princípios especiais de cada ramo particular da ciência jurídica." – Parecer da Comissão de Relações Exteriores e de Defesa Nacional – Mensagem 636/2010, projeto de decreto legislativo 222-A, de 2011, *Revista de Arbitragem e Mediação, RArb*, n. 37, Ano 10, abr-jun. 2013, p. 269.

[11] "Artigo 2: Esta Convenção não se aplicará às vendas: (a) de mercadorias adquiridas para uso pessoal, familiar ou doméstico, salvo se o vendedor, antes ou no momento de conclusão do contrato, não souber, nem devesse saber, que as mercadorias são adquiridas para tal uso; (b) em hasta pública; (c) em execução judicial; (d) de valores mobiliários, títulos de crédito e moeda; (e) de navios, embarcações, aerobarcos e aeronaves; (f) de eletricidade."

Contratantes diversos, o que revela a internacionalidade necessária para a aplicação direta do instrumento.[12-13]

13. A ideia de uniformização da legislação internacional de compra e venda tem origem próxima ao ano de 1929, quando o *International Institute for the Unification of Private Law* (Unidroit) decidiu iniciar estudos preparatórios e formar um comitê a fim de elaborar uma lei uniforme internacional para compra e venda.[14]

14. Os trabalhos do comitê inicial deram origem a uma minuta preliminar de legislação uniforme de compra e venda de mercadorias encaminhada para comentários dos vários Estados. Com base nos comentários recebidos, o texto foi revisado em 1939 e um novo texto preparado. Esses trabalhos, paralisados pela segunda guerra mundial, deram ensejo, posteriormente, à preparação das denominadas Convenções da Haia de 1964.

15. As duas Convenções da Haia de 1964 possuíam papéis diversos, mas complementares: a *Uniform Law on the Formation of Contracts for the International Sale of Goods (ULF)* teve como objetivo regular a formação dos contratos; *já a Convention Relating to a Uniform Law for the International Sale of Goods* (ULIS) regulava os contratos de compra e venda de mercadorias, propriamente ditos.[15] Ambas as Convenções contaram com a adesão de nove países, com aplicação mais efetiva na Alemanha, Bélgica, Holanda, Luxemburgo e Itália.

16. Logo em seguida ao início de vigência das Convenções da Haia, a Uncitral instalou um grupo de estudos[16] com o objetivo de avaliar a aplicação das

[12] "One of the most distinctive features of the CISG appears to be its limited sphere of application, in that the Convention is applicable only to 'international' contracts (of sale), to the exclusion of purely national transactions; the latter ones will thus continue to be governed by the applicable domestic law, notwithstanding the entry into force of the CISG in the jurisdiction where the transaction takes place. This approach may be referred to as a 'two-tier approach', in that it makes a distinction between the rules that govern a national transaction and the rules that govern that same transaction in the event that it is an international one." – in Torsello, Marco, "Common Features of Uniform Commercial Law Conventions – A comparative Study Beyond the 1980 Uniform Sales Law", *Sellier.* European Law Publishers, 2004, p. 1.

[13] Lembrando que a CISG também pode ser aplicada de forma indireta com o emprego do artigo 1.1.b que estabelece sua incidência quando as regras de direito internacional privado levarem à aplicação da lei de um Estado Contratante.

[14] In Bianca & Bonnel, *Commentary on the International Sales Law – The 1980 Vienna Sales Convention,* Milan, Giuffrè, 1987, p. 3.

[15] Ambas as Convenções da Haia entraram em vigor em 1972.

[16] O objetivo da Task Force era "the progressive harmonization and unification of the law of international trade" e "coordinating the work of organizations active in this Field and encouraging co-operation among them" e " promoting wider participation in the existing model and uniform laws" – General Assembly resolution 2205 (XXI) of 17 December 1966 – in Bianca & Bonnel, *op. cit.*, p. 5

Convenções pelos Estados e promover, se fosse o caso, alterações e implementações na legislação. Desse trabalho e dos comentários apresentados pelos países que aderiram às Convenções da Haia e demais países que resolveram não aderir, teve início o processo de criação do texto de legislação que acarretaria na CISG.

17. Importante realce nessa digressão histórica é a intenção de uniformização da legislação para compra e venda de mercadorias. Também característica foi a ampla e igualitária contribuição de juristas de países de diferentes culturas jurídicas (*Common Law/Civil Law*) – com forte inspiração do Código Civil Alemão (BGB)[17] e do Código Comercial Americano (*UCC – Uniform Commercial Code*)[18] –, mas que buscaram modelos e conceitos únicos para o tipo de contratação objeto de unificação. Dessa forma, o texto da CISG, ao final, não traz nem conceitos exclusivos de *Common Law* e nem de *Civil Law*. O trabalho produziu, na verdade, a criação de conceitos, expressões e estruturas jurídicas originais e dissociadas dos sistemas que ajudaram a embasá-la.

18. Nesse sentido e conforme lição clara de Véra Jacob de Fradera, uma das pioneiras do estudo da CISG no Brasil: "Não obstante ter havido essa inspiração, a CISG construiu um modelo de contrato próprio, suscitando dúvidas e distintas interpretações, devendo o jurista/intérprete abstrair qualquer noção nacional de contrato ao tratar de compreender o espírito e o escopo da CISG, ou seja, a uniformização das regras contratuais num meio ambiente multinacional".[19]

19. A CISG é, portanto, instrumento criado após um longo processo legislativo que envolveu representantes de uma grande quantidade de países e que procuraram, principalmente, fugir dos padrões e sistemas para criar algo

[17] Essa é uma das razões pelas quais, juntamente com sua adesão às Convenções da Haia, as Cortes Alemãs foram responsáveis por importantes decisões relativas à CISG e conseguiram fazer com que suas interpretações guiassem as decisões proferidas por outras Cortes de Estados-membros – Nesse sentido, é o esclarecedor artigo do Prof. Ulrich Magnus, "CISG in the German Federal Civil Court", in *Quo Vadis CISG?*, coordenação Prof. Franco Ferrari, Ed. Sellier, European Law Publishers, p. 211.

[18] "(...) o legislador da Convenção ao traçar os contornos do contrato de compra e venda internacional de mercadorias, buscou em outros modelos, estes já positivados, um estímulo à criatividade legislativa. Neste aspecto, podemos referir o modelo alemão do BGB e do Uniform Commercial Code Americano, devido a longa tradição de atuação prática no comércio internacional desses dois povos."- Fradera, Véra Jacob de, "A Saga da Uniformização da Compra e Venda Internacional: da lex mercatoria à Convenção de Viena de 1980, in: Menezes, Wagner (org.). O direito internacional e o direito brasileiro: homenagem a José Francisco Rezek. Ijuí: Editora.

[19] A Contribuição da CISG (Convenção de Viena sobre os Contratos de Compra e Venda Internacional) para a Atualização e Flexibilização da Noção de Contrato no Direito Brasileiro, *Revista de Arbitragem e Mediação, RArb*, n. 37, Ano 10, abr-jun. 2013, p. 45.

novo, original e fundado nas práticas comerciais amplamente difundidas em todo o mundo. A ideia central é, portanto, a criação de conceitos próprios e a determinação de obrigações uniformes, na busca da previsibilidade e a segurança jurídica das relações comerciais que as partes, de diferentes culturas jurídicas, não têm a possibilidade de encontrar.[20]

20. A uniformização traz, portanto, uma maior agilidade ao essencialmente ágil comércio internacional de mercadorias, com a eliminação de barreiras entre os povos e a diminuição de custos comerciais. Essas diretrizes e o processo de criação da CISG devem, portanto, servir de guia para a interpretação da Convenção de Viena nos diversos países em que ela é aplicável.

21. Assim e tendo em vista o processo de criação da CISG e suas características únicas e internacionais, a interpretação da CISG pelo usuário brasileiro da Convenção deve ser feita, não com uma comparação do direito local, mas sim com base na sua função uniforme e no seu caráter internacional,[21] razão pela qual, a visão internacional já consolidada sobre a CISG deve sempre prevalecer na interpretação de suas obrigações, e, principalmente de seus conceitos e princípios.

3. A CISG e o direito do consumidor

22. Independentemente do tempo transcorrido desde a adoção pelo Brasil da CISG e das críticas de que já seria o momento de atualizações da Convenção diante dos seus longos anos de vigência, são inegáveis as vantagens trazidas ao Brasil, e aos demais países que aderiram posteriormente, em fazer parte

[20] O próprio preâmbulo da Convenção de Viena procura deixar claro seus objetivos: "Considerando que o desenvolvimento do comércio internacional com base na igualdade e em vantagens mútuas constitui elemento importante na promoção de relações de amizade entre os Estados;
Estimando que a adoção de regras uniformes para reger os contratos de compra e venda internacional de mercadorias, que contemplem os diferentes sistemas sociais, econômicos e jurídicos, contribuirá para a eliminação de obstáculos jurídicos às trocas internacionais e promoverá o desenvolvimento do comércio internacional."

[21] Conforme Artigo 7 da CISG:
"Artigo 7.
(1) Na interpretação desta Convenção ter-se-ão em conta seu caráter internacional e a necessidade de promover a uniformidade de sua aplicação, bem como de assegurar o respeito à boa fé no comércio internacional.
(2) As questões referentes às matérias reguladas por esta Convenção que não forem por ela expressamente resolvidas serão dirimidas segundo os princípios gerais que a inspiram ou, à falta destes, de acordo com a lei aplicável segundo as regras de direito internacional privado."

da comunidade internacional que aplica a CISG em contratos de compra e venda internacional de mercadorias.

23. Com a inclusão, pelo Brasil, da CISG em seu ordenamento jurídico, o conjunto de disposições específicas da CISG precede aos dispositivos atuais Código Civil brasileiro e leis comerciais no que tange aos contratos comerciais internacionais do âmbito de aplicação da CISG.

24. Apesar de a doutrina nacional ser enfática no sentido de que não há incompatibilidades entre a CISG e a ordem jurídica nacional[22] (a CISG não ofende dispositivos constitucionais ou de ordem pública brasileiros), resta evidente que a CISG provoca mudanças nas obrigações e nos direitos advindos dos contratos internacionais de compra e venda de mercadorias, que passam a ser por ela disciplinados.

25. A mudança mais significativa, entretanto, está relacionada com a interpretação das obrigações advindas da compra e venda internacional de mercadorias. Nesse sentido, os contratantes e os demais aplicadores da CISG, frente a um caso concreto, terão que valer-se das regras interpretativas da CISG estabelecidas na própria Convenção (i.e. Artigos 7 e 8 da CISG), com valorização dos princípios da boa-fé, cooperação entre as partes, internacionalidade, uniformidade na aplicação da Convenção, entre outros, baseando-se, para isso, na já ampla jurisprudência internacional sobre a CISG.

26. No tocante à questão do consumidor, não há na CISG, conforme já mencionado, um conceito de mercadoria, mas a Convenção indica em seu Artigo 2 os casos de exclusão da aplicação da CISG, estabelecendo que "*Esta Convenção não se aplicará às vendas: (a) de mercadorias adquiridas para uso pessoal, familiar ou doméstico, salvo se o vendedor, antes ou no momento de conclusão do contrato, não souber, nem devesse saber, que as mercadorias são adquiridas para tal uso; (...)*".

27. Assim, mesmo sendo o caso de "*contratos de compra e venda de mercadorias, celebrados entre partes que tenham o seu estabelecimento em Estados diversos*" (Artigo 1.1.a), a CISG não deve ser aplicada por conta do tipo de contrato, mais especificamente por conta do uso destinado à mercadoria objeto da negociação.

28. Extrai-se, portanto, de início, a conclusão de que a CISG clara e expressamente não tem como foco regulamentar e não deve ser aplicada aos contratos atinentes a relações de consumo.

29. A CISG, na verdade, não foi concebida e desenvolvida para esse tipo de relação comercial. Além disso, houve, nos trabalhos de elaboração da CISG, uma preocupação com conflitos muito prováveis entre a Convenção e as regras

[22] Vide parágrafo 8 acima e notas 12 e 13.

locais atinentes a determinados tipos de contratos e com normas de caráter imperativo (i.e. consumidor, energia elétrica etc.). Diante dessas questões, foi elaborada a lista de exclusões constantes do Artigo 2 da CISG, conforme explicação de W. Khoo: "*Article 2 (a) is intended to exclude consumer purchase from the sphere of application of the Convention. (...) The exclusion of consumer sales serves the purpose of avoiding problems of a conflict between the Convention and the mandatory rules of domestic law designed for the protection of consumers.*"[23]

30. Resta evidente, portanto, a intenção na elaboração da CISG da exclusão daqueles contratos atinentes a relações de consumo, mas, diante da inserção da CISG na legislação nacional e da aplicação da Convenção por partes brasileiras, vários podem ser os questionamentos quanto à relação de consumo, à especificidade do tratamento pela Convenção, com consequências diretas no âmbito de aplicação da CISG a casos envolvendo alegação de proteção a consumidores.

31. A introdução da CISG no Direito brasileiro, com seus princípios e conceitos específicos, provoca, mais especificamente, duas questões principais no âmbito das relações de consumo: a) primeiramente, qual seria a definição de relação de consumo a ser utilizada na verificação da aplicação ou não da CISG; e, depois, b) apesar de configurada a relação de consumo, a aplicação da CISG ante o desconhecimento por parte do vendedor da utilização das mercadorias para uso pessoal.

a) A configuração da relação de consumo no âmbito da CISG

32. É evidente, ante o histórico de criação que a CISG nunca objetivou a regulamentação de relações de consumo. Essa preocupação, como visto, foi objeto de inclusão de expressa exceção no próprio texto da Convenção.

33. A dúvida pode ser suscitada, entretanto, quanto à definição de relação de consumo que deve ser utilizada para verificar a aplicação ou não dos termos da CISG ao contrato.

34. De acordo com a CISG em seu Art. 2.a., a Convenção não se aplica à "*venda de mercadorias adquiridas para o uso pessoal, familiar ou doméstico*".[24]

[23] In Bianca & Bonnel, *op. cit.*, p. 3.

[24] As expressões uso "familiar" ou "doméstico" são equivalentes ao uso pessoal. Nesse sentido é a explicação de Schwenzer: "*Use for 'family or 'household' is equivalent to personal use. The term 'family is to be interpreted broadly in a sociological way rather than being restricted to blood relatives and those related by marriage, as is usually the case in private law. 'Family use' therefore includes the purchase of a present for a*

Assim, nos casos em que o comprador brasileiro é pessoa física e faz realmente compra para uso pessoal, familiar e doméstico, a qualificação de Consumidor parece ser a mesma entre o Código de Defesa do Consumidor brasileiro (CDC) e a CISG, não há discussão sobre a não aplicação da CISG,[25] mesmo que contratantes estejam em estados-membros diversos (no possível âmbito de aplicação da Convenção) ou as normas de direito internacional privado levem à aplicação da CISG.

35. A dúvida apresenta-se, entretanto, diante da maior amplitude do conceito de relação de consumo existente na legislação brasileira e, principalmente, para os conceitos de consumidor e fornecedor constantes dos artigos 2 e 3 do CDC.[26]

36. Nesse ponto e como é assente, no direito do consumidor brasileiro, o conceito de consumidor pode abranger não somente aquelas pessoas físicas que adquirem produtos e serviços para uso pessoal, mas também pessoas jurídicas de todos os portes e finalidades, desde que sejam *consideradas destinatárias finais (na cadeia de consumo)*. Nesse sentido, é o Artigo 2:

> "Art. 2: *Consumidor é toda pessoa física ou jurídica que adquire ou utiliza produto ou serviço como destinatário final.*"

37. A CISG não reconhece que a relação de consumo, que afastaria sua aplicação no contrato de compra e venda de mercadorias, poderia ocorrer

god-child or a motor vehicle for the housekeeper. Persons cohabitating are also included in this notion. In any case the examples of the house- keeper and persons cohabitating can be subsumed under the term 'household'." In Schlechtriem & Schwenzer *Commentary on the UN Convention on International Sales of Goods (CISG)* – 4rd Edition, Oxford University Press, p. 49.

25 Também, de acordo com Schwenzer: "*The applicability of the CISC is thus conditional upon the goods being acquired for business purposes. Thereby, it is the intended use, not the actual use which is decisive. Business purpose does, however, not only encompass industrial use, but also professional use Examples therefore also include office equipment bought by a lawyer, the purchase of a dictionary by an author or wet-weather clothing by a maritime pilot, of a camera by a professional photographer, or of soap by a business man for his employees. On the other hand, not only objects which are directly and typically intended for personal needs (such as clothes, food, and furniture) are intended for personal use, but also objects acquired in connection with a hobby; they may also include collectors' items such as pictures, books, carpets, postage stamps, etc. Personal use also includes consumption of the goods as well as the transfer to a third party as a gift. Goods intended for consumption by consumers naturally can also be objects of commercial sales in which case the Convention is not excluded.*", *op. cit.*, p. 49.

26 Note-se que a CISG optou por não definir os conceitos de "consumidor" e de "fornecedor", mas, simplesmente, indicar o objetivo da compra da mercadoria como fator determinante da relação de consumo.

entre um vendedor e um comprador pessoa jurídica, diferentemente do que ocorre no direito do consumidor brasileiro.

38. A mesma dúvida pode ser suscitada diante da definição de fornecedor constante do CDC, que dispõe:

> "Art. 3: *Fornecedor é toda pessoa física ou jurídica, pública ou privada, nacional ou estrangeira, bem como entes despersonalizados, que desenvolvem atividade de produção, montagem, criação, construção, transformação, importação, exportação, distribuição ou comercialização de produtos ou prestação de serviços.*"

39. Assim, apesar de a CISG, não ter o objetivo de regulamentar relações de consumo entre partes internacionais em contratos de compra e venda de mercadorias, é evidente que há, em comparação ao CDC brasileiro, uma diferença nos conceitos de relação de consumo que pode criar dúvidas com relação à legislação a ser aplicada em determinado contrato com a participação de partes brasileiras.

40. Tendo em vista que a aplicação da CISG deve ser feita com base nos conceitos da própria convenção e não nas disposições locais e, mais, em virtude de a CISG haver sido incorporada posteriormente ao ordenamento jurídico brasileiro no mesmo patamar que a legislação local, modificando-a, a análise de pretensa relação de consumo – nos casos de compra e venda internacional de mercadorias na forma do Artigo 1 da CISG – deve ser feita aplicando os preceitos da própria CISG, principalmente do Artigo 2.a., e não do CDC.[27-28]

[27] Decisões internacionais recentes sobre o assunto têm analisado o Artigo 2.a para a configuração da exclusão da aplicação da CISG. Alguns exemplos: 1) United States June 30, 2021, District Court of New York, Judge Collen McMahon (MDC S.p.A. v. Shuman) "The evidence demonstrates that Shuman was not a dealer in art, that he purchased art for his personal use, and that MDC's representatives knew that Shuman was purchasing art for his personal use." (p. 4), Disponível em https://iicl.law.pace.edu/cisg/case/united-states-june-30-2021-district-court-mdc-spa-v-shuman; 2) China April 25, 2021, Intermediate People's Court (Yang Jianbing v. Yucheng Huayu Machinery Manufacturing Co., Ltd.), Disponível em https://iicl.law.pace.edu/cisg/case/china-april-25-2021-intermediate-peoples-court-yang-jianbing-v-yucheng-huayu-machinery; 3) Switzerland May 28, 2019, Bundesgericht [Federal Supreme Court], Disponível em https://iicl.law.pace.edu/cisg/case/switzerland-may-28-2019-bundesgericht-federal-supreme-court; e 4) Germany May 15, 2020, Landgericht [Regional Court] (Dodge Grand Caravan Case), Disponível em https://iicl.law.pace.edu/cisg/case/germany-may-15-2020-landgericht-regional-court-dodge-grand-caravan-case.

[28] "No caso de conflito, tendo em vista o caráter hierárquico dos dois diplomas, devem ser levado em consideração os critérios de anterioridade e especialidade, na medida em que, caso preenchidos os requisitos do texto convencional e atendidos os critérios excepcionalistas, deverá ser aplicado o texto convencional, de modo a manter o Brasil em posicionamento jurídico legítimo perante

41. Consequentemente, a CISG, nesses casos específicos de compra e venda internacional de mercadoria entre partes de Estados Contratantes diversos, tem de haver necessariamente a adequação das disposições internas no tocante às relações de consumo, nos termos da CISG.[29]

42. Ingeborg Schwenzer salienta a necessidade de tratamento uniforme desse tipo de relacionamento contratual, no âmbito internacional, advogando – de forma genérica e sem se ater à estrutura legislativa de cada Estado Contratante – que a CISG inclusive prevaleceria sobre eventual lei posterior promulgada no país:

> *"When such conflicts arise, the CISG must prevail. Consumer law enacted before the implementation of the Convention has to cede as* lex posterior. *A State signing the Convention and implementing it by ratification, acceptance, or approval, or by accession to it under Article 91 is bound by public international law and would violate the Convention if it enacted domestic law dealing with matters governed by the Convention and conflicting with its provisions. If, and insofar as, domestic consumer protection law deviates from the Convention it will be overridden if the Convention is applicable; it must be presumed that a State enacting such consumer legislation after having enacted the Convention does so with an implied* proviso *of restrictive interpretation of this consumer law, i.e. its non-applicability in cases where the CISG applies and the domestic consumer law provisions would otherwise alter the rights and remedies of the parties under the Convention."*[30-31]

43. Note-se que tal interpretação não tem o condão de violação do direito do consumidor, tão adequadamente protegido pela Constituição Federal

a comunidade internacional, respeitados os critérios principiológicos da legislação doméstica, a qual, tal como a norma internacional, foi vítima de grandes impactos atribuídos pela construção da sociedade e fatores históricos que contribuíram para as grandes e gradativas conquistas obtidas ao longo do tempo." Maluf, Vanessa Estephan. Brasil e CISG: Consumidor e Comprador à Luz da Convenção das Nações Unidas para os Contratos de Compra e Venda Internacional de Mercadorias. Dissertação (Mestrado) apresentada à Faculdade de Direito da Pontifícia Universidade Católica de São Paulo, 2016, p. 142-143.

[29] No mesmo sentido, vide Pignatta, Francisco A., "Comentários à Convenção de Viena de 1980 – Artigo 2" – www.cisg-brasil.net, novembro/2011, p. 5.

[30] *Op. cit.*, p. 54.

[31] Referência a outros autores, vide nota de rodapé 63, In *Commentary on the UN Convention on International Sales of Goods (CISG)* – 4rd Edition, Oxford University Press, p. 55

de 1988,[32] mas sim de apenas adequar, congruentemente, a interpretação e a aplicação de regras específicas para os casos particularmente definidos de compra e venda internacional de mercadorias.

44. Resta, também, claro, pela letra da própria CISG, que não há alterações ou questionamentos sobre a aplicação da CISG para aqueles casos de compradores pessoas físicas e que adquirem mercadorias para uso próprio, familiar e doméstico, consumidores esses também tratados pelo CDC. Também, não há discussão da aplicação da legislação doméstica para aquelas questões que não são objeto da Convenção de Viena como, por exemplo, a validade do contrato, de acordo com o Artigo 4 da CISG e as lesões provocadas a terceiros pela mercadoria, nos termos do Artigo 5.[33]

45. Por fim, não custa lembrar que os casos de compra e venda entre duas partes brasileiras, em evidente relação de consumo, continuam completamente regulados pelo CDC, sem qualquer interferência ou influência da CISG.

b) A aplicação da CISG mesmo quando configurada a relação de consumo

46. Maiores questionamentos podem ser suscitados, entretanto, no tocante à aplicação do Artigo 2.a. (segunda parte), que estabelece que a Convenção não se aplica a vendas de mercadorias adquiridas para o uso pessoal, familiar ou doméstico *"salvo se o vendedor, antes ou no momento de conclusão do contrato, não souber, nem devesse saber, que as mercadorias são adquiridas para tal uso"*.

[32] Artigo 5.º, XXXII, da Constituição Federal: "Art. 5.º Todos são iguais perante a lei, sem distinção de qualquer natureza, garantindo-se aos brasileiros e aos estrangeiros residentes no País a inviolabilidade do direito à vida, à liberdade, à igualdade, à segurança e à propriedade, nos termos seguintes: (...) XXXII – o Estado promoverá, na forma da lei, a defesa do consumidor; (...)".

[33] Artigo 4. "Esta Convenção regula apenas a formação do contrato de compra e venda e os direitos e obrigações do vendedor e comprador dele emergentes. Salvo disposição expressa em contrário da presente Convenção, esta não diz respeito, especialmente:(a) à validade do contrato ou de qualquer das suas cláusulas, bem como à validade de qualquer uso ou costume; (b) aos efeitos que o contrato possa ter sobre a propriedade das mercadorias vendidas."
Artigo 5. "A presente Convenção não se aplica à responsabilidade do vendedor por morte ou lesões corporais causadas pelas mercadorias a qualquer pessoa."

47. Importante ressaltar, nesse ponto, a não incidência do conceito de relação de consumo pelo simples desconhecimento por uma das partes da real destinação do bem, ante a primazia do princípio da boa-fé objetiva, que preside a CISG e também todo o direito contratual.

48. Assim, mesmo diante de um caso cujos fatos, sem a incidência da CISG, poderiam caracterizar evidente relação e consumo – a cujo contrato, pelo próprio regramento, a CISG não teria aplicação –, deve ser preservada a possibilidade de incidência das regras da CISG, quando houver desconhecimento do vendedor e balizada no princípio da boa-fé norteador da Convenção de Viena.

49. A razão de tal conclusão, como explica Francisco Pignatta, é "proteger o vendedor de uma surpresa em relação à lei aplicável ao contrato de compra e venda. Seja porque o vendedor imaginava que a venda seria regida pela Convenção, mas não o é, seja porque o vendedor, caso soubesse que a venda se destinasse a um consumidor do país 'X' talvez não realizasse o negócio para evitar, por exemplo, que determinadas leis exageradamente protetoras do consumidor do país em questão sejam aplicadas".[34]

50. Novamente, neste caso, as diretrizes previstas no Artigo 2.a. da CISG devem ser aplicadas, utilizando-se os princípios, as bases e a jurisprudência internacional, tendo em vista seu complexo e autossuficiente sistema interpretativo, incorporado pela Brasil e introduzido na legislação brasileira sem qualquer restrição.

51. Nesse mesmo sentido, junta-se o fato de a CISG haver sido inserida no ordenamento legal brasileiro na qualidade de lei e como lei posterior ao CDC, de modo que prevalece o princípio de que a lei posterior derroga a anterior (*lex posterior derogat priori*).

52. De qualquer maneira, em caso de clara e sincera dúvida entre as partes – o que pode ocorrer – quanto à aplicação ou não da CISG em determinada relação comercial, a elas, às partes, sempre é assegurada a faculdade de dispor livremente sobre a aplicação ou não da CISG na celebração do contrato, eliminando-se assim eventuais questões futuras sobre as obrigações das partes. Como de rigor em todo o universo contratual, o princípio da autonomia da vontade das partes é um dos princípios basilares da CISG, tanto que,

[34] Op. cit., p. 3.

de acordo com o Artigo 6 da CISG,[35] as partes poderão, de comum acordo, acordar expressamente a inaplicabilidade da Convenção.[36-37]

Conclusões

53. A inclusão da CISG no ordenamento jurídico brasileiro já trouxe vantagens ao comércio internacional com partes brasileiras, com diminuição de barreiras culturais e custos em consequência da legislação uniforme.

54. Como foi inclusive enfatizado durante o processo legislativo de aprovação da CISG no Poder Legislativo brasileiro, apesar dela apresentar disposições específicas para os contratos internacionais, que provocam diferentes consequências às obrigações assumidas pelas partes em comparação ao Código Civil brasileiro e outras leis aplicáveis, os princípios da Convenção como a autonomia das partes e a boa-fé contratual estão em completa consonância com a legislação brasileira.

55. Também resta claro que os dispositivos da CISG não violam os princípios da lei civil estabelecidos pela legislação brasileira, o que assegura aceitação tranquila da Convenção pelo sistema legal brasileiro.

[35] Artigo 6. "As partes podem excluir a aplicação desta Convenção, derrogar qualquer de suas disposições ou modificar-lhes os efeitos, observando- se o disposto no Artigo 12."

[36] Ocorre, contudo, que a opção das partes em excluírem a CISG em contratos internacionais de compra e venda de mercadorias que seriam, normalmente, regulados pela Convenção, é contrária aos objetivos primordiais da CISG, quais sejam, a uniformização da legislação internacional sobre o tema, com redução de custos e facilitação do comércio internacional de mercadorias. A facilitação da contratação e a uniformização, com eliminação das barreiras comerciais e legais entre as partes de diversos países, ficariam claramente prejudicadas. Além disso, as partes que optarem pela exclusão da aplicação da CISG terão que se apoiar na jurisprudência emanada do judiciário local, perdendo, com isso a possibilidade de utilização da já ampla jurisprudência interpretativa da CISG desenvolvida internacionalmente.
A opção de exclusão da CISG, apesar de cômoda para partes brasileiras por conta da utilização dos dispositivos dos Códigos Civil e Comercial e demais legislações aplicáveis, elimina, dessa forma, os fundamentos de sua criação, bem como todos os objetivos e princípios da CISG, colocando-se, os contratantes, de certa forma, mais distantes nas relações comerciais internacionais desenvolvidas por conta da CISG.

[37] Sobre as várias nuances da autonomia da vontade na aplicação ou exclusão da CISG pelas partes, mormente no direito brasileiro, v. Beneti, Ana Carolina Aguiar, *CISG – Convenção de Viena das Nações Unidas sobre Contratos de Compra e Venda Internacional de Mercadorias, como legislação uniforme, e sua correlação com as regras de Direito Internacional Privado brasileiras*, Tese de Doutorado, Faculdade de Direito da Universidade de São Paulo – USP, São Paulo, 2021.

56. Com relação ao Direito do Consumidor, o objetivo deste artigo, visa apenas trazer à luz algumas das questões que podem provocar dúvidas com relação à aplicação da CISG na esfera das relações de consumo com partes brasileiras.

57. A dúvida que surge é a de como agirá o aplicador do direito, principalmente o julgador, nos casos de necessidade de análise dos conceitos de consumidor e fornecedor para a definição da existência de relação de consumo internacional, com vista a afastar ou não a aplicação da CISG. Essa questão, até o momento, ainda não foi objeto de julgados no Brasil.

58. Em tese, como verificado, a análise a ser realizada deve levar em consideração primordialmente os princípios, conceitos e definições constantes da própria CISG, uma vez que esta contém um microcosmo interpretativo próprio e que não deve ser nulificado pela invasão e pela sobreposição de regramentos constantes das legislações domésticas dos Estados Contratantes da Convenção.

59. De toda forma, é notório que a proteção ao consumidor no Brasil é consolidada e forte (constatação essa evidente das decisões de nossos tribunais, com julgados muito claramente garantidores dos Direitos do Consumidor, em atenção à vulnerabilidade deste). Apesar do já transcorrido tempo da adesão brasileira à CISG, ainda é possível antever o risco de tentativa de importação, na interpretação da CISG, de princípios e conceitos gerais advindos do CDC, introduzindo-se nova caracterização do consumidor e do fornecedor para a CISG, com a descaracterização desta, via desconsideração de sua especificidade. Essa tentativa deve ser, contudo, evitada.

59. A caracterização de relação de consumo, com base nos preceitos da CISG não tem o condão de ofender a ordem pública e nem violar a proteção do direito do consumidor, previsto no artigo 5.º, inciso XXXII, da Constituição Federal.

60. Lembre-se que a CISG não foi elaborada com o foco na regulamentação de relações de consumo e não deve ser aplicável quando elas forem claramente configuradas com base nos preceitos da própria CISG, os quais estão, aliás, na grande maioria dos casos, em consonância com a legislação consumerista brasileira.

5. O RECURSO AOS USOS E COSTUMES NA CISG: UMA ANÁLISE ECONÔMICA*

Gustavo Moser
Luciano Benetti Timm
João Victor Porto Jarske

Introdução

Os contratos internacionais comportam peculiaridades de toda ordem: complexidade de atores, fluidez de contingências, polissemia de termos e, sobretudo, pluralidade de leis potencialmente aplicáveis.

Em face desse cenário delicado, é preciso muito cuidado na escolha da lei que regerá o contrato.

É bem verdade que a redação de um contrato, por si só, é incompleta. Não se prevê (e nem se poderia) todas as contingências futuras, pois a racionalidade humana é limitada e há assimetria de informações no mercado internacional. Ocorre que a incompletude, inerente ao contrato, torna possível o advento de opções estratégicas, seja no sentido de explorar os meandros ou hiatos na regulação contratual, ou no sentido de levar uma das partes, ou ambas, a ponderar *ex post* os custos e benefícios do cumprimento e do descumprimento das obrigações emergentes do contrato.

Quando tratamos de um contrato internacional, em tese, as contingências a serem previstas e os riscos daí advindos são multiplicados; as leis domésticas à disposição – pensadas e orientadas para mercados e entes nacionais – pouco ou quase nada auxiliam na redação do desenho contratual. A lei aplicável assume, então, função-chave no êxito da transação. E é justamente aqui que reside o objeto do presente estudo. Demonstraremos que a Convenção de Viena de 1980 sobre Contratos de Compra e Venda Internacional

* Trata-se de versão atualizada de texto publicado anteriormente em: "SCHWENZER, Ingeborg; PEREIRA, Cesar. A. Guimarães; TRIPODI, Leandro (coordenadores). A CISG e o Brasil: Convenção das Nações Unidas para os Contratos de Compra e Venda Internacional de Mercadorias. 1. ed. São Paulo: Marial Pons; Curitiba: Federação das Indústrias do Estado do Paraná, 2015".

de Mercadorias (CISG) representa a opção mais economicamente desejável no âmbito internacional para regular tais trocas, pois a sua redação, flexível e adequada ao mercado, busca a manutenção do contrato e gera melhorias de Pareto, ao estimular a sua celebração por meio de regras flexíveis, em particular a referência a usos e costumes, abordados no presente artigo.

1. Contratos Internacionais: riscos e custos de transação

As partes incluem termos, em seus contratos, que descrevem a realização do seu objeto e disciplinam os principais riscos que afetam o valor das obrigações pactuadas. Os termos podem descrever os bens a serem entregues, a data e meio da entrega, ou a identificação da parte que suportará o risco da execução do negócio. Também podem liberar o vendedor de suas obrigações se uma greve ou evento semelhante ocorrer (caso fortuito ou força maior).

Um contrato teoricamente completo descreveria todos os riscos possíveis, mas os custos de transação – incluindo o custo da negociação e da redação do contrato, especialmente na perspectiva internacional aqui tratada – e a impossibilidade de previsão de todos e quaisquer eventos, inclusive os de pouca probabilidade, tornam os contratos incompletos. Ademais, as partes podem escolher alguns termos ou evitar outros, por razões estratégicas, no intuito de explorar algumas disposições, ou evitar outras também por razões estratégicas, tudo no afã de explorar um poder de barganha superior ou de valer-se de uma assimetria de informação. Portanto, os contratos, via de regra, são bastante incompletos.

Dito isso, se o sistema jurídico não proporciona adequado grau de segurança e de previsibilidade, torna-se difícil a concretização das transações econômicas, porque essa concretização implica o consumo de maior quantidade de recursos, em decorrência desse acréscimo de risco. O aumento do grau de segurança e de previsibilidade jurídicas leva à diminuição dos custos de transação.

Não se pode esquecer da sofisticação inerente ao âmbito internacional, em que as operações entabuladas podem exigir conhecimento técnico e multidisciplinar. Some-se a isso o fato de que um contrato internacional envolve variáveis múltiplas: barreiras linguísticas e culturais, além de legislação estrangeira no mais das vezes alheia a uma das (ou ambas as) partes. E variáveis não controladas e/ou pouco aferíveis geram custos de transação.

Os custos de transação compreendem os custos com a realização de cinco atividades que tendem a ser necessárias para viabilizar a concretização de uma transação. Primeiro, a atividade pela *busca pela informação* sobre regras de distribuição de preço e qualidade de mercadorias, sobre insumos de trabalho e a busca por potenciais compradores e vendedores, assim como de informação relevante sobre o comportamento desses agentes e a circunstância em que operam; segundo, a atividade de *negociação*, que será necessária para determinar as verdadeiras intenções e os limites de compradores e vendedores na hipótese de a determinação dos preços ser endógena; terceiro, a *realização e a formalização dos contratos*, inclusive o registro nos órgãos competentes, de acordo com as normas legais, atividade fundamental do ponto de vista do direito privado, pois é o que reveste o ato das garantias legais; quarto, o *monitoramento* dos parceiros contratuais com o intuito de verificar se aquelas formas contratuais estão sendo devidamente cumpridas, e a proteção dos direitos de propriedade contra a expropriação por particulares ou pelo próprio setor público. Finalmente, a *correta aplicação do contrato*, bem como a cobrança de indenização por prejuízos às partes faltantes ou que não estiverem seguindo corretamente suas obrigações contratuais, e os esforços para recuperar controle de direitos de propriedade que tenham sido parcial ou totalmente expropriados.[1]

Além das lacunas não-intencionais do contrato, também há as lacunas intencionais, quando os custos de transação inerentes ao preenchimento de uma omissão (a alocação dos riscos *ex ante* entre as partes) forem superiores à perspectiva de revés (ou seja, os custos de transação das perdas *ex post* entre as partes, ponderados pela probabilidade de tais perdas ocorrerem).[2]

De acordo com os ensinamentos de Kaplow e Shavell,[3] os contratos são incompletos por três motivos. O primeiro deles é o fato de ser muito dispendioso redigir acordos mais completos. Em segundo lugar, reside a dificuldade de se verificar algumas variáveis contratuais por parte dos tribunais.

[1] PINHEIRO, Armando C; SADDI, Jairo. *Direito, economia e mercados*. Rio de Janeiro: Elsevier, 2005. p. 61.

[2] ARAÚJO, Fernando. *Uma análise econômica dos contratos – a abordagem econômica, a responsabilidade e a tutela dos interesses contratuais*. In: Direito e Economia. Org. Luciano Benetti Timm. Porto Alegre: Livraria do Advogado, 2008. p. 128-129.

[3] KAPLOW, Louis; SHAVELL, Steven. *Economic Analysis of Law*. February 1999. Harvard Law School, John M. Olin Center for Law, Economics and Business, Discussion Paper n. 251. Disponível em: <http: //ssrn.com /abstract=150860>; VELJANOVSKI, Cento G. *Economic Principles of Law*. Cambridge: Cambridge University Press. 2007. p. 120 *et seq*.

E, finalmente, está o fato de que os imprevistos passíveis de gerar as incompletudes podem se demonstrar nem tão danosos às partes quanto parecem.

Segundo Avery Katz,[4] as hipóteses incluídas sob o rótulo de "custos de transação" podem ser divididas em dois grupos: custos de implementação e custos de comportamentos estratégicos. Os custos de implementação são os recursos usados na aproximação das partes, na execução e administração do contrato e na execução da negociação, incluindo as despesas de comunicação, de aquisição de informações e de elaboração de documentos. Eles são os mais importantes do ponto de vista metodológico e didático, já que são mais bem definidos, representando custos efetivos e, a princípio, mensuráveis, para a realização de atividades específicas. Eles podem ser justificados pelo fato de ajudarem a reduzir custos futuros de gestão e execução dos contratos. Já os custos de comportamento estratégico são as perdas sofridas pelas partes na tentativa de maximizar seus ganhos individuais em relação aos lucros potenciais da transação.

No âmbito internacional, a celebração de contratos de compra e venda entre partes com sede em diferentes países implica risco legal e custo de transação. As partes contratantes muitas vezes precisam analisar diferenças importantes nas leis nacionais e nos respectivos negócios, aumentando assim os custos transacionais. Além disso, a negociação sobre a lei aplicável pode não ajudar, uma vez que o conflito de leis, no mais das vezes, limita essa possibilidade. Quanto maior a incerteza com relação à lei aplicável e suas particularidades, maiores o risco e os custos.

Nesse ambiente de incertezas de ordem jurídico-econômica e desconfianças quanto às peculiaridades da lei aplicável ao contrato internacional e suas idiossincrasias, surge a CISG.

A CISG opera por meio de regras harmônicas e uniformes, notadamente nos aspectos de maior divergência entre os ordenamentos jurídicos, a saber, a formação (e prova) do contrato, a interpretação dos pactos e condutas prévias (e atuais) das partes, as obrigações do comprador e vendedor, as obrigações recíprocas, além das consequências advindas do desate (pré)maturo do vínculo, o inadimplemento, a resolução do contrato e as perdas e danos.

Analisaremos, a seguir, o recurso aos usos e costumes na CISG e de que forma tal mecanismo garante melhorias de Pareto aos seus usuários.

[4] Katz, Avery. *The strategic structure of offer and acceptance: game theory and the law of contract formation.* In: Michigan Law Review, v. 89, n. 2, 1998, p. 250; Schwartz, Alan; Scott, Robert E. *Contract Theory and the Limits of Contract Law.* In: Yale Law Journal, v. 113, 2003. p. 1-83.

2. Os usos e costumes na CISG

O costume é a prática reiterada, contínua e espontânea, pinçada do tecido social, e que reclama a reunião de dois elementos fundantes: o uso efetivo da prática e a consciência da coletividade em torno de sua observância, o que a reveste de força normativa.[5] Do ponto de vista da análise econômica, o costume seria fruto de uma evolução institucional de tentativa e erro, análogo a um certo darwinismo social por meio do qual mecanismos e práticas ineficientes (ao comércio, no caso vertente) são abandonadas em troca de outros mais eficientes no regramento da conduta das partes. Indubitavelmente, os usos e costumes compõe, numa perspectiva northiana, parte das instituições sociais, isto é, das regras do jogo que condicionam o funcionamento do mercado (e da sociedade).

No plano jurídico, tais práticas assumem o *status* de regras jurídicas, tornando-se normas vinculantes por imposição da coletividade, através do uso prolongado e ininterrupto.

Os usos e costumes, ou uso do tráfico, nas palavras de Pontes de Miranda, quer se trate de usos e costumes de regras jurídicas, quer se trate de simples usos e costumes que preenchem conteúdo de negócios jurídicos como elementos do suporte fático, podem ser interpretativos. Logo, ou são regras jurídicas de interpretação ou são enunciados que dizem como se entendem as manifestações de vontade.[6]

Parece claro, contudo, que os usos e costumes convidam os operadores do direito a realizar um exame factual, a fim de averiguar a concepção espontânea de juridicidade oriunda do tecido social, evidentemente que dentro do esquadro que define os contornos da lide e igualmente abre a reflexão para necessidade da prova desta regra jurídica construída socialmente (por exemplo, o STJ aceitou a prova testemunhal para prova dos usos e costumes mercantis domésticos[7]); em arbitragens, pode-se pensar na figura do *expert witness* ou da testemunha técnica com este papel de educar o painel arbitral

[5] Moser, Luiz Gustavo Meira. *A cláusula compromissória, a conduta das partes e a força jurígena dos usos e costumes – comentário da Sentença Estrangeira Contestada n. 855.* In: Revista de Arbitragem e Mediação, n. 9, vol. 35, p. 317-340, 2012.

[6] Pontes de Miranda, Francisco Cavalcanti. *Tratado de direito privado.* Rio de Janeiro: Borsoi, 1962. vol. 38, p. 80. Consultar também, nesse sentido, Reale, Miguel. *Questões de direito privado.* São Paulo: Saraiva, 1997.

[7] STJ - REsp: 877074 RJ 2006/0175650-4. Relatora: Ministra NANCY ANDRIGHI. Data de Julgamento: 12/05/2009, T3 - TERCEIRA TURMA. Data de Publicação: DJe 17/08/2009.

sobre as práticas de mercado. Instituições arbitrais cujas regras procedimentais são mais recentes, a exemplo da Corte de Arbitragem para a Arte[8], que instituiu suas regras procedimentais em 1º de janeiro de 2019, e o Centro de Arbitragem e Mediação da Organização Mundial da Propriedade Intelectual[9], cujo regulamento de arbitragem foi atualizado em 1º de julho de 2021, além de prestigiarem a atuação de *experts* no trabalho de instruir o tribunal arbitral, também têm determinações expressas de que os árbitros, em suas sentenças, devem levar em consideração os usos e costumes mercantis.

Em arbitragens, aliás, o exame do tecido social, dos elementos que circundam a lide e da verdadeira intenção das partes, face à incompletude dos contratos, ganha um caráter especialmente relevante: vale mencionar que, recentemente, no caso *Kout Food Group Company v. Kabab-JI Sal Company*, ao confrontar a redação das disposições materiais de um contrato de franquia, com os aspectos específicos da cláusula arbitral, da execução do contrato e da própria condução da arbitragem, a *Cour d'appel de Paris* proferiu decisão diametralmente oposta à da *England and Wales Court of Appeal*, sobre um mesmo tema: enquanto o tribunal britânico, com base em sua típica interpretação rigorosa dos contratos, decidiu que, na ausência de uma previsão diversa, a lei aplicável à cláusula arbitral deveria ser aquela aplicável ao contrato (no caso, a lei inglesa)[10], a corte francesa, embasando-se na doutrina da separabilidade e em sua jurisprudência, decidiu que, na ausência de acordo expresso, a lei aplicável à cláusula arbitral seria a da sede da arbitragem (no caso, a lei francesa)[11]. A consequência disso, no caso em comento, foi que, na França, ficou decidido pela extensão da cláusula arbitral a uma parte que, embora não fosse signatária, estava envolvida com a execução contratual. Na Inglaterra, esta extensão não ocorreu.

[8] O regulamento de arbitragem da CAfA, por sua vez, estabelece que: "*article 42 (4) In any event, in its decision the arbitral tribunal shall take into account any applicable trade usages*".

[9] O Regulamento de Arbitragem da OMPI, em seu artigo 61, estabelece o seguinte: "*article 61 (a) The Tribunal shall decide the substance of the dispute in accordance with the law or rules of law chosen by the parties. (...) In all cases, the Tribunal shall decide having due regard to the terms of any relevant contract and taking into account applicable trade usages (...)*". Esta mesma previsão constava no artigo 59 das regras de arbitragem da OMPI, em sua redação original, datada de 1994. Disponível em: https://www.intracen.org/WIPO-Arbitration-Rules-1994/. Acessado em 30 de novembro de 2021.

[10] Kabab-Ji SAL (Líbano) v Kout Food Group (Kuwait) [2020] EWCA Civ 6. 20 de janeiro de 2020. Disponível em: http://www.bailii.org/ew/cases/EWCA/Civ/2020/6.html. Acessado em 30 de setembro de 2021. Esta decisão foi objeto de recurso e, atualmente, aguarda julgamento pela "Supreme Court".

[11] Kabab-Ji SAL (Líbano) v Kout Food Group (Kuwait). 23 de junho de 2020. Disponível em: https://jusmundi.com /en/document/decision/en-kabab-ji-s-a-l-company-v-kout-food-group-company-judgment-of-the-paris-court-of-appeal-tuesday-23rd-june-2020. Acessado em 30 de setembro de 2021.

Pois bem, em se tratando de um uso ou costume comercial, naturalmente que a presunção é a do conhecimento das partes, porque difundido socialmente e de fácil acesso, sendo baixa a assimetria de informações entre as partes e a regra jurídica (o que certamente é mais eficiente e reduz custos de transação se comparado a uma regra legal imposta pelo Estado e que muitas vezes não reflete a realidade do mercado e causa estranhamento e surpresa às partes contratantes, como, por exemplo, a indenização em 1/12 ao representante comercial conforme a lei brasileira, mas que não existe em diversos outros países, nem mesmo da América Latina[12]).

Nesse sentido, a regra contida no art. 9 da CISG direciona o intérprete dos negócios jurídicos aos usos do âmbito negocial, ou seja, àqueles usos aos quais ambos os negociantes supostamente tiveram acesso prévio.[13] Cuida-se, portanto, não apenas de preservar o regulamento comportamental das partes de acordo com regras espontânea e eficientemente desenvolvidas no âmbito do mercado, mas também de tutelar as expectativas legítimas de uma e de outra parte, a relação de confiança que resulta da incidência, nos negócios jurídicos bilaterais, do princípio da boa-fé objetiva.[14]

Aliás, a esse respeito, o festejado jurista Emilio Betti[15] esclarece, de maneira elogiável, o *modus operandi* de interpretação de uma declaração contratual, ao propugnar que não é a vontade das partes *in abstracto* que deve ser considerada, mas a declaração ou o comportamento, enquadrados na moldura das circunstâncias que lhes confere significado e valor. Destarte, o que conta não é tanto o teor das palavras ou a materialidade das atitudes, mas sim a situação objetiva nas quais elas foram pronunciadas ou subscritas[16].

[12] A ideia de que as partes são as protagonistas na formulação de diretrizes para a interpretação contratual foi prestigiada pelo §2º do art. 113 do Código Civil brasileiro, com redação dada pela Lei da Liberdade Econômica, que assim dispõe: "§ 2º As partes poderão livremente pactuar regras de interpretação, de preenchimento de lacunas e de integração dos negócios jurídicos diversas daquelas previstas em lei".

[13] Sobre o tema, consultar Ferrari, Franco. *La rilevanza degli usi nella Convenzione di Vienna sulla vendita internationzionale di beni mobilli.* In: Contratto e Impresa, Anno X, n. 1(1994), p. 239-258.

[14] O art. 113 do Código Civil Brasileiro adota similar redação ao assim dispor: "os negócios jurídicos devem ser interpretados conforme a boa-fé e os usos do lugar de sua celebração". Consultar, nesse sentido, Ludwig, Marcos. *Usos e costumes no processo obrigacional.* São Paulo: Ed. RT, 2005. p. 116 *et seq.*

[15] Betti, Emilio. *Teoria generale della interpretazione.* Milão: Giuffrè, 1955.

[16] Novamente, o Código Civil brasileiro adota direcionamento similar, tanto no art. 112: *"[n]as declarações de vontade se atenderá mais à intenção nelas consubstanciada do que ao sentido literal da linguagem"*; quanto no §1º do art. 113, incluído com a Lei da Liberdade Econômica: *"[a] interpretação do negócio jurídico deve lhe atribuir o sentido que: I - for confirmado pelo comportamento das partes posterior à celebração do negócio; II - corresponder aos usos, costumes e práticas do mercado relativas ao tipo de negócio;*

A forma através da qual o negócio jurídico se torna reconhecível no âmbito social pode ocorrer via declaração ou mediante comportamento, sem valor de declaração. O fenômeno descortinado por meio da declaração é a transformação do pensamento íntimo à expressão objetiva, dotada de vida própria, perceptível e apreciável no mundo social.

Portanto, o elemento central do negócio jurídico é o conteúdo da declaração ou do comportamento. Estes desempenham função de relevo na celebração do vínculo, pois somente serão reputados como negócio jurídico quando contiverem conteúdo preceptivo relativo a uma matéria de autonomia privada, e a respeito desse conteúdo assumam função constituída insubstituível, de sorte que o negócio jurídico só por essa forma pode atingir os efeitos jurídicos correspondentes.

O art. 9 da CISG dispõe que as partes estão vinculadas por qualquer uso ou prática por elas estabelecido ou acordado, bem como a usos aplicáveis ao contrato e a sua formação, reconhecidamente observados no comércio internacional, com relação ao contrato em particular (salvo acordo em contrário das partes), cuja ciência tinham ou deveriam ter as partes. O referido artigo permite reflexões importantes sobre a redução de custos de transação em contratos regulados pela CISG, por confiar às partes ampla autonomia e flexibilidade no desenho dos riscos, direitos e obrigações contratuais.

A esse respeito, pode-se pensar numa miríade de práticas estabelecidas entre as partes que dispensam o detalhamento no pacto firmado, seja com relação à formação do contrato – exigências ou formalidades específicas adotadas, modificadas e/ou dispensadas entre as partes – ou mesmo em sua execução.

A jurisprudência é vasta e rica em exemplos interessantes sobre a funcionalidade, extensão e efeitos do art. 9 da CISG. Por exemplo, há decisões judiciais que determinaram que os Incoterms[17] estão incorporados à CISG via art. 9(2) e, portanto, devem ser observados na execução do contrato;[18] casos

(...) V - corresponder a qual seria a razoável negociação das partes sobre a questão discutida, inferida das demais disposições do negócio e da racionalidade econômica das partes, consideradas as informações disponíveis no momento de sua celebração".

[17] Sobre os Incoterms, consultar: https://iccwbo.org/resources-for-business/incoterms-rules/incoterms-2020/.

[18] O "U.S. District Court, Southern District, Texas, Houston Division", EUA, no caso "China North Chemical Industries Corporation v. Beston Chemical Corporation", 07.02.2006, Civ. A. H-04-0912, decidiu que: *"[b]ecause Incoterms is the dominant source of definitions for the commercial delivery terms used by parties to international sales contracts, it is incorporated into the CISG through article 9(2) (...)"*. Disponível em: https://www.govinfo.gov/content/pkg/USCOURTS-txsd-4_04-cv-00912/pdf/USCOURTS-txsd-4_04-cv-00912-.pdf. Acessado em 29 de setembro de 2021; também o "U.S. District Court, S.D.,

há em que se reconhece a absorção automática de usos e costumes de determinados âmbitos negociais ao contrato em disputa;[19] o efeito vinculante das

New York", EUA, no caso "St. Paul Guardian Insurance Co., *et alii*. v. Neuromed Medical Systems & Support, *et alii*", 26.03.2002, 00 Civ. 9344 (SHS), de maneira semelhante, consagrou que "*INCOTERMS are incorporated into the CISG through Article 9(2) (...)*". Disponível em: https://casetext.com/case/st-paul-guardian-ins-co-v-neuromed-med-sys-support. Acessado em 29 de setembro de 2021; o "Tribunal cantonal du Valais", Suíça, em 28.01.2009, no caso C1 08 45, num sentido ligeiramente diferente, decidiu que, em princípio, os Incoterms só se aplicariam caso houvesse acordo expresso entre as partes, ou na hipótese de configurarem um comportamento habitual por elas adotado. Por outro lado, dado seu caráter amplamente reconhecido e regularmente observado no comércio internacional, os Incoterms também poderiam ser incorporados ao contrato através do art. 9(2) da CISG. Enfim, na ausência de qualquer previsão contratual, os Incoterms serviriam, ao menos, como regras de interpretação. Disponível em: http://www.cisg-online.ch/content/api/cisg/urteile /2025.pdf. Acessado em 29 de setembro de 2021; mais recentemente, também o "U.S. District Court, Eastern District of Pennsylvania", EUA, em 19.01.2016, no caso "Fujian Zhangzhou Foreign Trade Co., Ltd. and Haining Wansheng Sofa Co., Ltd. v. World Imports, Ltd.", também decidiu, de maneira explícita, que os Incoterms são incorporados na CISG pelo art. 9(2), ainda que as partes não os tenham previsto contratualmente. Disponível em: http://www.unilex.info/cisg/case/1996. Acessado em 29 de setembro de 2021;

[19] Neste sentido, a "Federal Court of Australia", Austrália, no caso "Hannaford (trading as Torrens Valley Orchards) v Australian Farmlink Pty Ltd", CAN 087 011 541 [2008] FCA 1591, ponderou que os usos e as práticas comerciais adotados entre as partes estabelecem uma moldura interpretativa para os termos do contrato, o que seria extraído tanto do art. 9 da CISG quanto das regras domésticas de países que adotam o *common law*. Disponível em: https://www.uncitral.org/docs/clout/AUS/AUS_241008_FT.htm. Acessado em 29 de setembro de 2021; de modo semelhante, a "U.S District Court, S.D., New York", EUA, no caso "Geneva Pharmaceuticals Technology Corp. v. Barr Laboratories, Inc, *et alii*", 10.05.2002, 98 Civ. 861, 99 Civ. 3607, decidiu que os usos e práticas comerciais, não apenas das partes, mas também do segmento mercantil, são automaticamente incorporados aos contratos regidos pela CISG, a não ser que tenham sido expressamente revogados pelas partes. Disponível em: https://casetext.com/case/geneva-pharm-tech-corp-v-barr-laboratories-inc. Acessado em 29 de setembro de 2021; também no caso "Zodiac Seats US LLC v. Synergy Aerospace Corp.", decidido pela "U.S. District Court for the Southern District of Texas", em 8 de abril de 2020, o tribunal se baseou numa prática comercial internacionalmente consolidada acerca do congelamento de crédito, incorporada através do art. 9(2) da CISG, para embasar sua decisão. Disponível em: agbhttps://cisg-online.org/files/cases/13086/fullTextFile/5172_37271244.pdf. Acessado em 30 de setembro de 2021; enfim, num interessantíssimo caso julgado pelo "Intermediate People's Court Xiamen, Fujian Province", China, datado de 17 de dezembro de 2018 e denominado "Hummer Shoe Industry Co., Ltd. v. Specialty Fashion Group Ltd.", foi decidido que, na ausência de uma previsão contratual específica quanto à modalidade de pagamento, tampouco de uma prática consolidada entre as partes, devem ser seguidas as práticas comerciais internacionais. Disponível em: https://cisg-online.org/files/cases/12717/translationFile/4803_19527173.pdf. Acessado em 30 de setembro de 2021. Na mesma linha, Juana Coatzee leciona que as legislações domésticas e as convenções internacionais tendem a reconhecer a função interpretativa das práticas comerciais, que, por vezes, podem até prevalecer sobre as disposições contratuais. A razão disso seria, justamente, a eficiência jurídica proporcionada por esta integração: considerando que as práticas

práticas comerciais estabelecidas entre as partes (art. 9(1) da CISG[20]), que requer um comportamento regularmente observado e não episódico, mas sim com frequência e intensidade aferíveis na relação comercial estabelecida[21].

comerciais resultam da autorregulação do próprio mercado, elas seriam um ponto ótimo e eficiente para regular os seus *players*. Sendo assim, por serem bem conhecidas e observadas pelo mercado, não haveria necessidade de prevê-as através de um acordo explícito. Isso, enfim, reduziria os custos transacionais. Coatzee, Juana. Trade Usages: *still law made by merchants for merchants?* 2016. P. 107. Disponível em: https://scholar.sun.ac.za/bitstream/handle /10019.1/106356/coetzee_trade_2016.pdf?sequence=1&isAllowed=y. Acessado em 29 de setembro de 2021.

20 Nesta linha, a "Zivilgericht Kanton Basel-Stadt", Suíça, em decisão antiga, datada de 21.12.1992, no caso P4 1991/238, considerando que a Alemanha e a Suíça tinham regras idênticas quanto às "cartas de confirmação", decidiu que essas mesmas normas deveriam ser aplicáveis ao contrato celebrado entre as empresas litigantes, oriundas desses dois países. Isso porque a mencionada regra, de mútuo conhecimento, se configuraria como um uso comercial, no sentido conferido pelo art. 9 (2) da CISG. Disponível em: http://www.unilex.info/cisg/case/104. Acessado em 29 de setembro de 2021; também a "U.S. Court of Appeals (11th Circuit)", EUA, no caso "Treibacher Industrie, A.G. v. Allegheny Technologies, Inc.", 12.09.2006, 05-13995, julgou que o significado atribuído pelas próprias partes, em suas tratativas comerciais, seria o elemento definidor da terminologia por elas utilizada, mesmo que isso conflitasse com o significado atribuído costumeiramente a esse mesmo termo. Disponível em: https://caselaw.findlaw.com/us-11th-circuit/1143629.html. Acessado em 29 de setembro de 2021; também a Sentença Arbitral no caso ICC 8817/1997, determinou que, para que as práticas comerciais habitualmente adotadas pelas partes sejam modificadas, deve haver uma proposta específica nesse sentido, formulada por uma das partes e aceita pela outra. Na ausência dessa formalidade, o árbitro considerou que a manutenção das condutas habitualmente adotadas não poderia constituir um inadimplemento; no mesmo sentido, a "Court of Appeal of Turku", Finlândia, em 12.04.2002, estabeleceu que um termo de garantia negociado entre as partes teria se incorporado ao contrato, em virtude das práticas entre elas estabelecidas. Disponível em: http://www.unilex.info/cisg/case/939. Acessado em 29 de setembro de 2021; mais recentemente, no caso "Artem v. Gray Fox Logistics", julgado pela "Arbitration Institute of the Stockholm Chamber of Commerce (SCC)", Suécia, datado de 30 de abril de 2020, foi decidido que os detalhamentos – ou as tecnicalidades – das obrigações pactuadas tornaram-se uma prática sedimentada entre as partes, de forma que passaram a integrar sua relação contratual. Segundo a decisão, essas práticas reiteradas apenas poderiam ser modificadas mediante um acordo entre as partes, celebrados explicita ou implicitamente, mas jamais mediante um cancelamento abrupto perpetrado por uma delas. Disponível em: https://cisg-online.org/files/cases/13462/fullTextFile/5548_66948448.pdf. Acessado em 30 de setembro de 2021; também nesta linha, Jorge Olviedo-Albán é categórico ao afirmar que os usos comerciais referidos no art. 9(2) da CISG são vinculantes às partes independentemente de aceitação expressa, desde que os requisitos estabelecidos neste artigo estejam presentes. Oviedo-Albán, Jorge. Usages and Practices in Contracts for the International Sale of Goods. 135 Vniversitas, 255-282. 2017. Disponível em: http://www.redalyc.org/pdf/825/82553417009.pdf. Acessado em 29 de setembro de 2021.

21 Neste sentido, a "Oberster Gerichtshof", Áustria, 31.08.2005, no caso 7 Ob 175/05v, de maneira bastante didática, decidiu que os "Termos e Condições" negociados entre as partes passaram a integrar o contrato, por força das práticas comerciais adotadas entre elas. O tribunal lecionou que, enquanto os "usos", para serem aplicáveis, devem ser adotados por certos segmentos mercantis,

Nesse sentido, oportuno lembrar que a coerência comportamental das partes está fortemente ligada à proibição do *venire contra factum proprium*,[22] cuja origem advém do princípio da boa-fé objetiva. O sujeito envolvido na avença, por seus atos, palavras e gestos, desperta no outro sujeito da relação a confiança de que a obrigação será devidamente adimplida. O que vincula não é o ato em si, mas sim a confiança que o comportamento das partes despertou nos sujeitos da relação.[23]

A proibição do comportamento contraditório assegura a manutenção da situação de confiança legitimamente criada nas relações jurídicas contratuais.

O art. 9 da CISG reconhece a fidelidade à palavra dada, atribui força jurígena aos usos e costumes da atividade negocial, confirmando que são eles que orientam e definem o comportamento das partes no processo obrigacional e atuam decisivamente na interpretação dos contratos.

Destarte, as práticas mercantis reiteradas entre os contratantes, e/ou aquelas amplamente conhecidas em determinada atividade negocial, devem ser atentamente apreendidas durante o processo hermenêutico desempenhado pelos julgadores[24].

as "práticas" podem ser livremente estabelecidas entre as partes, conquanto sejam adotadas com tal frequência que, de boa-fé, as partes possam assumir que essas mesmas práticas continuarão a ser observadas ao longo de toda a execução contratual. Disponível em http://daccessods.un.org/access nsf/Get?Open&JN=V0789092. Acessado em 29 de setembro de 2021; na mesma linha, a "Amtsgericht Duisburg", Alemanha, em 13.04.2000, no caso 49 C 502/00, ponderando sobre os requisitos para que uma prática comercial seja considerada norma entre as partes, decidiu que é necessária a existência de um comportamento observado com regularidade, de maneira frequente e duradoura. Disponível em: http://www.unilex.info/cisg/case/715. Acessado em 29 de setembro de 2021.

[22] Nos países de *common law*, os termos *reliance e legitimate expectations* traduzem a pedra de toque da doutrina *estoppel*, segundo a qual a parte não pode se contradizer quando, pelo seu comportamento ou declaração, despertou a confiança de outrem. Tutela-se, portanto, a percepção do agente receptor. Ver mais em Fauvarque-Cosson, Bénédicte. La confiance légitime et l'estoppel. *Electronic Journal of International Law*. vol. 11.3, December 2007. Disponível em: www.ejcl.org/113/article113-8.pdf.

[23] Cordeiro, Antonio Menezes. *Da boa-fé no direito civil*. Lisboa: Almedina, 1997; Almeida Costa, Mario Júlio de. *Direito das obrigações*. Lisboa: Almedina, 2000.

[24] Neste sentido, é pertinente comentar que não apenas a CISG, mas também os Princípios da UNIDROIT Relativos aos Contratos Comerciais Internacionais, já foram adotados pelo Tribunal de Justiça do Rio Grande do Sul, em julgamento datado de 14 de fevereiro de 2017, como um referencial jurídico aplicável antes mesmo da vigência da Convenção no plano jurídico brasileiro. A disputa em questão se deu entre uma empresa dinamarquesa denominada NoriDane Foods A/S, e uma companhia brasileira, a Anexo Comercial Ltda, sendo as obrigações relativas à transferência das propriedades negociadas divididas entre Brasil e Hong Kong. Os inadimplementos teriam ocorrido em meados de julho de 2014, ao passo que a cogência da CISG no plano interno teve

É preciso preocupar-se em interpretar a declaração contratual valendo-se do complexo de circunstâncias no qual a declaração de vontade e o comportamento se enquadram, como que em sua essência, assumindo significação e relevo em razão dos objetivos propugnados.

Apenas a título exemplificativo da leitura sistêmica da CISG,[25] as circunstâncias mencionadas no art. 18 (formação do contrato) representam cláusula aberta e, por conseguinte, sujeitas às determinações, tanto do art. 9(2), como as do art. 8(3).

Essas circunstâncias são traduzidas nas práticas negociais entabuladas entre as partes, mormente quando não há aceitação expressa em contratos anteriores, ou há um uso negocial já desenvolvido entre os contratantes ou mesmo no âmbito negocial específico, o qual dispense o aceite declarado, ou mesmo em contingências outras em que o silêncio é a resposta razoável para o aceite.

Portanto, destaca-se a ampla flexibilidade de contratação das partes sob o regime da CISG, o que gera inequívoca melhoria de Pareto às partes, que

início o Decreto n.º 8.237, de 16 de outubro de 2014. Sob a ótica do TJRS, que se valeu do princípio da proximidade, a CISG seria uma "expressão da praxe mais difundida no comércio internacional de mercadorias, estando por isso ao alcance dos Juízes nacionais, até mesmo em função da norma do art. 113 do Código Civil", já mencionado neste artigo. Por sua vez, os Princípios da UNIDROIT " *[revelariam], em larga medida, o conteúdo da assim chamada 'nova lex mercatoria', isto é, do conjunto de normas reunidas em princípios, usos e costumes, cláusulas-padrões, contratos-tipo, decisões judiciais e arbitrais etc., concebidas ou derivadas do âmbito negocial dos atores do comércio internacional, podendo conceituar-se a 'nova lex mercatoria' como um autêntico 'direito transnacional do comércio', de formulação e modificação não necessariamente estatal*". TJ-RS - AC: 70072362940 RS, Relator: Umberto Guaspari Sudbrack, Data de Julgamento: 14/02/2017, Décima Segunda Câmara Cível, Data de Publicação: 16/02/2017 Disponível em: https://cisg-online.org/files/cases/8732/fullTextFile/2818_ 55238650.pdf. Acessado em 30 de setembro de 2021. Pouquíssimo tempo depois, em março de 2017, ao se deparar com uma situação bastante semelhante, desta vez entre uma empresa brasileira, a Voges Metalurgia Ltda, e outra venezuelana, a Inversiones Metalmecanicas I.C.A. – IMETAL I.C.A, o TJRS, novamente se valendo do princípio da proximidade, também decidiu pela aplicabilidade da CISG e dos Princípios da UNIDROIT Relativos aos Contratos Comerciais Internacionais, inclusive mencionando trechos de sua decisão pretérita. TJ-RS - AC: 70072090608 RS, Relator: Umberto Guaspari Sudbrack, Data de Julgamento: 30/03/2017, Décima Segunda Câmara Cível, Data de Publicação: 04/04/2017. Disponível em: http://www.uncitral.org/docs/clout/BRA/BRA_300317_FT.pdf#. Acessado em 30 de setembro de 2021.

[25] A parte inaugural da Convenção de Viena de 1980 sobre Contratos de Compra e Venda Internacional de Mercadorias (CISG) é ramificada em dois grupos intercomunicáveis, representativos e orientadores dos capítulos subsequentes, de modo que não raro é preciso fazer uma leitura dos dispositivos da CISG à luz dos comandos interpretativos e balizadores dos capítulos I e II. Aliás, aqui talvez resida um dos segredos da CISG, a sua fiel compreensão requer uma leitura sistêmica.

irão cooperar na medida em que desfrutam do benefício proporcionado pelo jogo de interesses instrumentalizado pelo contrato. Logo, uma rubrica aposta a uma *invoice*, por exemplo, demonstrando assentimento, pode ser interpretado como aceite.[26] Atos comerciais conexos podem ser interpretados como tendentes à perfectibilização do contrato,[27] assim como a remessa das mercadorias sem a negativa da outra parte, ou a coleta da mercadoria por um terceiro, situações essas em que se pode reputar aceita a proposta contratual.[28]

[26] Ver, nesse sentido, o caso Inta S.A. v. MCS Officina Meccanica S.p.A., decidido pela "Câmara Nacional en lo Comercial", Sala E, Argentina, 14.10.1993, n. 45626, em que, conjugando os arts. 9 e 18 da CISG, o tribunal concluiu que as rubricas e as observações insertas nas *invoices* indicaram o consentimento da parte com as condições então propostas. Disponível em: http://www.unilex.info/cisg/case/45. Acessado em 29 de setembro de 2021;

[27] No caso "Sté Calzados Magnanni v. Sarl Shoes General International – S.G.I", decidido pela "Cour d'Appel de Grenoble", 21.10.1999, n. 96J/00101, novamente foi julgado que, muito embora não houvesse um acordo por escrito entre as partes, havia, sim, um contrato, justamente em virtude das práticas por elas adotadas ao longo dos anos: o vendedor sempre cumpria com os pedidos do comprador, mesmo sem manifestar, explicitamente, seu consentimento. Disponível em: http://daccess-ods.un.org/access.nsf/Get?Open&JN=V0053081. Acessado em 29 de setembro de 2021; em sentido semelhante, no caso nº C/16/412611/HAZA 16-252, decidido pelo "Rechtbank Midden-Nederland", Holanda, em 16 de novembro de 2016, o tribunal, valendo-se dos arts. 7, 9 e 18 da CISG, bem como da *Advisory Opinion* nº 13, entendeu que uma referência aos "Termos e Condições" na troca de e-mails entre as partes seria suficiente para incorporá-los ao contrato. Disponível em: http://www.unilex.info/cisg/case/2127. Acessado em 29 de setembro de 2021; no caso "Productos Solubles S.A. v. Krüger GmbH & Co. KG", decidido pela "Audiencia Provincial de Palencia (Court of Appeal Palencia)", Espanha, em 09 de setembro de 2014, mais uma vez conjugando os arts. 9 e 18 da CISG, foi assentado que as várias trocas de e-mails entre as partes, bem como o comportamento delas perante esses e-mails, indicavam que existia uma prática reiterada entre elas estabelecida, de modo que essas diretrizes foram, também, incorporadas ao contrato. Disponível em: https://cisg-online.org/files/cases/8491/fullTextFile/2577_ 44222916.pdf. Acessado em 30 de setembro de 2021; também no recentíssimo julgado nº 20-1689, decidido pela "U.S. District Court, Delaware" em 13/05/2021, foi assentado pela corte que os tribunais, ao interpretarem a CISG, têm extraído a aceitação do contrato – e de suas modificações – por várias maneiras: conversas telefônicas, e-mails confirmando a venda, ou outras condutas que indiquem a concordância com os termos negociados. Disponível em: http://www.unilex.info/cisg/case/2290. Acessado em 29 de setembro de 2021.

[28] Nesse sentido, menciona-se o "CLOUT case n. 193 (Handelsgericht des Kantons Zürich, Switzerland, 10.07.1996)": neste caso, embora o vendedor tenha enviado uma notificação buscando a alteração do preço dos produtos a serem vendidos, esta notificação não foi respondida – tampouco aceita – pelo comprador. Sendo assim, o tribunal entendeu que, sem um aceite, e tendo os produtos sendo regularmente enviados ao comprador, era descabida a cobrança da diferença de preços, pelo vendedor. Disponível em: http://www.unilex.info/cisg/case/381. Acessado em 29 de setembro de 2021; em sentido semelhante, no "CLOUT case n. 291 (Oberlandesgericht Frankfurt a.M., Germany, 23.05.1995)", foi decidido que, em razão da ausência de concordância expressa do vendedor, o comprador não poderia requerer a diferença da quantidade de mercadorias solicitadas

Portanto, vimos que o recurso a usos e costumes da CISG permite a aplicação de regras adaptáveis e sensíveis às contingências do comércio internacional, desonerando as partes de detalharem todas as etapas do contrato, remetendo-as a práticas pré-existentes ou a usos e costumes de amplo conhecimento no ramo de atividade específico.

Conclusões

É preciso dizer que a CISG, ainda que encontre semelhanças em modelos nacionais, é um sistema jurídico próprio e neutro, pensado e construído para facilitar trocas internacionais no mercado. E isso pode ser verificado em sua fisiologia e no "DNA" de suas regras – flexíveis e eficientes, tal qual o recurso a usos e costumes, em contraposição a leis domésticas que regulam partes nacionais e, no mais das vezes, adotam posicionamentos entendidos apenas no contexto local.

Em última análise, é possível perceber que o mecanismo interpretativo de usos e costumes da CISG confere à compra e venda internacional um modelo flexível de regulação jurídica, fundamentando-se em práticas preexistentes, imprescindível e tão grata à dinamização do comércio. E isso atende à racionalidade econômica, tratando-se de uma regulação benéfica, que reduz custos de transação no mercado e estimula a celebração de contratos.

após a entrega já ter sido efetuada. Disponível em: https://www.uncitral.org/clout/clout/data/deu/clout_case_291_leg-1514.html. Acessado em 29 de setembro de 2021. Por outro lado, no caso "Filanto, SpA v. Chilewich Intern. Corp.", 789 F. Supp. 1229, S.D.N.Y. 1992, decidido pela "United States District Court, S.D. New York", ficou consagrado que, embora, em regra, o silêncio da parte não signifique uma aceitação tácita, isso deve ser ponderado com as tratativas pretéritas havidas entre elas. No caso então julgado, considerando o modo pelo qual as partes negociavam, ficou entendido que a parte vendedora teria o dever de rejeitar, rapidamente, às ofertas do comprador, de modo que eventuais demoras seriam interpretadas como uma aceitação. Disponível em: https://law.justia.com/cases/federal/district-courts/FSupp/789/1229/1640743/. Acessado em 29 de setembro de 2021.

6. THE APPLICABILITY OF THE U.N. CONVENTION ON THE INTERNATIONAL SALE OF GOODS (CISG) TO EMERGING AND DEVELOPING ECONOMIES IN THE POST-COLONIAL LEGAL CULTURES OF AFRICA AND THE CARIBBEAN*

Glenys P. Spence
Joyce Williams

Introduction

International treaties and agreements spring from a desire to unify the world – to establish a sort of universal *common sense*. This desire is based on the assumption that the global economy operates within a particular social formation, constructed from specific ideological discourses. But, at the inter-subjective juncture of law, politics, and culture, well-meaning discourse become ensnared by different winds of interpretation that can relegate the principles of legal uniformity and universality to the lonely space of utopia.[1] The United Nations Convention on Contracts for the International Sale of Goods (hereinafter CISG) is a legal instrument on a continuing mission – to remove barriers stemming from linguistic differences, cultural nuances,

* The original paper was published on: "SCHWENZER, Ingeborg; PEREIRA, Cesar. A. Guimarães; TRIPODI, Leandro (coordenadores). A CISG e o Brasil: Convenção das Nações Unidas para os Contratos de Compra e Venda Internacional de Mercadorias. 1. ed. São Paulo: Marial Pons; Curitiba: Federação das Indústrias do Estado do Paraná, 2015".

[1] *See*. José Antonio Moreno Rodríguez, *Contracts and Non-State Law in Latin America*, Uniform L. Rev. Vol XVI (2011). (Legal enactments, where they introduce profound changes, lose effectiveness unless they are accompanied by well-conceived and systematic efforts in the legal culture itself. If the new rules are not properly understood, they may not be applied correctly or, worse, not at all.) *See also*, Alberto de Campos Cordeiro Neto, Gisely Moura Radael, and Luiz Felipe Calabria Lopes, *Brazil and the Accession to the 1980 United Nations Convention on Contracts for the International Sale of Goods* (CISG): *Advantages and Disadvantages* (2011) at http://cisg.law.pace.edu(last visited on June 8, 2014) (One of the major obstacles and barriers to international trade lies in the fact that it is governed by several jurisdictions... The diversity of legal systems... might cause problems in the regulation of important aspects of international contracts...).

and legal orthodoxy from the space of international trade.[2] The CISG requires that uniform rules, which govern contracts for the international sale of goods, should take into account the different social, economic, and legal systems in the interpretation of the parties' agreement.[3]

The CISG was created to foster the development of international trade based on principles of equality and social justice. Mutual benefit in international sale transactions is an important element in promoting friendly relations among States.[4] Thus, the CISG aims to promote international trade by removing historical legal barriers in international trade and unifying the sales law of international trade.[5]

The treaty provides uniform rules governing certain aspects of the making and performance of everyday commercial contracts for the sale of goods.[6] The treaty aims to resurrect the work of developing a uniform sales law, which began with the Hague Convention of 1964.[7] So far, the CISG has gained more widespread acceptance among states compared to its Hague predecessor.[8] This article will examine this goal of uniformity embraced by the CISG and its applicability to post-colonial legal cultures in the emerging and developing economies of Africa and the Caribbean.

Signatories of the CISG hail from countries of varying economic stature – from highly developed country such as the United States to a less developed

[2] *See. e.g.* William P. Johnson, *Understanding Exclusion of the CISG: A New Paradigm of Determining Party Intent,* 59 Buf. L. Rev. 214 (2011). (Side by side with this sleek, sophisticated global marketplace are complex bodies of law that allow goods to flow, and those bodies of law are fraught with peril... peril for U.S. Lawyers who are not familiar with these laws that seem to emerge from the international ether...).

[3] *See* CISG, Article 7(1): (In the interpretation of this Convention, regard is to be had to its international character and to the need to promote uniformity in its application and the observance of good faith in international trade.)

[4] Preamble to the CISG, U.N. Document A/CONF.97/18.

[5] Phanesh Koneru, *The International Interpretation of the UN Convention on Contracts for the International Sale of Goods: An Approach Based on General Principles,* 6 Minn. J. Global Trade 105 (1997).

[6] *See,* Azzouni, Ahmad, *The Adoption of the 1980 Convention on the International Sale of Goods by the United Kingdom,* at www.cisg.law.pace.edu/cisg/biblio/azzouni.html, May 27, 2002, (last visited accessed on 11/21/13).

[7] Convention relating to a Uniform Law on the International Sale of Goods (1964, The Hague) at http://www.unidroit.org/instruments/international-sales/international-sales-ulis- 1964, (last visited on June 26, 2014).

[8] *See,* Johnson, *supra,* n. 4. *See also,* R. Goode, Commercial Law, The Vienna Convention on the International Sale of Goods, 62, 2d. Ed. (Penguin Books, 1995).

country as Cuba.[9] However, it is no secret that there is a reluctance on the part of most countries in the Africa and Caribbean regions to join the CISG as contracting states. So far, only the Dominican Republic and Saint Vincent and the Grenadines in the West Indies island chain have ratified the CISG. In the African region only a handful states have ratified the convention.[10]

The reluctance on the part of other States in the region to ratify this uniform sales law raises the question of whether the failure of these nations to realize any major benefits in international trade or foreign direct investment serves as a disincentive for these states to adopt the CISG.[11] The question is complex, and there are no easy answers. But given the realities of the current international system, the failure to adopt a uniform body of law that has been ratified by so many countries would only serve to relegate these non-ratifying states further into the periphery of international trade. Viewed in this light, there can be no doubt that the CISG can benefit the ailing economies of these emerging and developing nations. As these States in Africa and the Commonwealth Caribbean contemplate legal reform, there is an urgent need for a legal framework that is relevant to the globalization of law and business.

The article will also advocate for the adoption of the CISG in countries in the Caribbean and Africa. The adoption of the CISG provides a mechanism that can facilitate the flow of new blood into the veins of these anemic

[9] *See* Harry, M. Flechtner, *United Nations Convention on Contracts for the International Sale of Goods* Vienna, 11 April 1980, *Introductory Note*, at http://legal.un.org/avl/ha/ccisg/ccisg.html, (last visited on June 20, 2014.) (*Stating that*, "The CISG is a project of the United Nations Commission on International Trade Law (Uncitral), which in the early 1970s undertook to create a successor to two substantive international sales treaties – Convention relating to a Uniform Law on the Formation of Contracts for the International Sale of Goods (ULF) and the Convention relating to a Uniform Law for the International Sale of Goods (ULIS) – both of which were sponsored by the International Institute for the Unification of Private Law (Unidroit). The goal of Uncitral was to create a Convention that would attract increased participation in uniform international sales rules. The text of the CISG was finalized and approved in the six official languages of the United Nations at the United Nations Conference on Contracts for the International Sale of Goods, held in 1980, in Vienna. The CISG entered into force in eleven initial Contracting States on 1 January 1988, and since that time has steadily and continuously attracted a diverse group of adherents").

[10] *See* http://www.cisg.law.pace.edu/cisg/countries/notables.html (last accessed June 24, 2014).

[11] *See generally*, Anthony Anghie, Imperialism, Sovereignty and the Making of International Law, 196-244 (Cambridge University Press, 2005). (*Positing* that the debate surrounding the rules of state responsibility and the effect of bilateral investment treaties on the customary international law applicable to these treaties... has been altered by the emergence of neoliberal development policy and the fact that Third World countries are now competing intensely with each other to attract foreign investment.)

economies. In advocating a region-wide adoption of the Convention, we wish to emphasize that, the CISG should not just be adopted but the legislative framework should be re-designed to allow for the promotion and use of the CISG after adoption and ratification.

1. The structure and objectives of the CISG

The United Nations Commission on International Trade Law (Uncitral) was established by the General Assembly of the United Nations in 1966.[12] The General Assembly established Uncitral as the vehicle to combat the disparities and obstacles in national laws governing international trade.[13] The genesis of the CISG lies in the two 1964 Hague Conventions sponsored by the International Institute for the Unification of Private Law (Unidroit).[14]

The Unidroit rules carried little or no weight outside of Western Europe because the rules were viewed as too Eurocentric, and irrelevant to the legal cultures outside of Western Europe.[15] The CISG came into force after more than five decades of attenuated negotiations and painful compromises. Currently, there are 80 countries that are signatories to the CISG. With each State's ratification comes a new challenge to uniformity in interpreting the CISG, but a step closer to the unification of international sales law. The treaty provides uniform rules to govern certain aspects of the making and performance of everyday commercial contracts for the sale of goods.[16] So far, the CISG has gained more widespread acceptance among states compared to its Hague predecessor.[17] Thus, the CISG is the messiah that emerged from the efforts of Uncitral to remedy the perceived wrongs of Euro centricity, and the centuries-old rules of the lex *mercatoria*.[18]

[12] John FELEMEGAS, The United Nations Convention on Contracts for the International Sale of Goods: Article 7 and Uniform Interpretation, (Kluwer Law International (2001). Also at http://www.cisg.law.pace.edu/cisg/biblio/felemegas.html, visited on 9/17/2002.

[13] *Idem.*

[14] http://www.unidroit.org/about-unidroit/institutional-documents/statute (last visited on June 26, 2014).

[15] FELEMEGAS, *supra*, n. 14 at chp I., para. 6.

[16] *See* AZZOUNI, Ahmad, *The Adoption of the 1980 Convention on the International Sale of Goods by the United Kingdom*, at www.cisg.law.pace.edu/cisg/biblio/azzouni.html, May 27, 2002, accessed on 11/21/07.

[17] *See* GOODE, *supra n.* 10.

[18] Latin for Law Merchant (13th century codes developed by Merchants).

The Convention is divided into four main parts. Part I define the Conventions' sphere of application and contain provisions as to interpretations, usages and requirements of contractual form.[19] Part II deals with the formation of the contract.[20] Part III contains the main body of rules on sale of goods, and Part IV provides the public international framework.[21]

Eleven States including Ghana ratified the 1980 Vienna Diplomatic Conference. These States hailed from every geographic region in various stages of economic development, and with very diverse legal, social, and economic systems. Since that time, its adoption has been secured by other developing countries and these countries are slowly emerging from the shadows to become key players on the international stage. China and recently, Brazil are good examples of emerging economies where the CISG has the potential to transform the legal landscape for international sales law. The fact that China is leading the way in global trade and foreign direct investment in both African and Caribbean countries, should persuade all countries in these regions to ratify the CISG to provide certainty in the law that govern any sales agreements with China.

2. Article 7 – Uniformity in the Interpretation of the CISG

The Convention provides that the adoption of uniform rules, which govern contracts for the international sale of goods, should take into account the different social, economic, and legal systems that would contribute to the removal of legal barriers in international trade and promote the development of international trade.[22] Article 7 of the Convention is the signal provision for the CISG's overarching goal of uniformity in its application.[23] However, uniformity cannot be achieved in a vacuum.[24] Any attempts for uniformity

[19] CISG, Articles 1-13.

[20] CISG, Articles 14-24.

[21] CISG, Articles 89-101.

[22] CISG, Article 7.

[23] CISG, Article 7 (1): In the interpretation of this Convention, regard is to be had to its international character and to the need to promote uniformity in its application and the observance of good faith in international trade.

[24] *See e.g.* Harry Flechtner, *The Several Texts of the CISG in Decentralized System: Observations on Translations, Reservations and other Challenges to the Uniformity Principle in Article 7(1)*, (1998), 17 J. Law and Commerce 187-217. See also, Azzouni, Ahmad, *The Adoption of the 1980 Convention on the International Sale of Goods by the United Kingdom*,(2002) at www.law.pace.edu/cisg/biblio/azzouni.html

should be carefully considered with the differing legal traditions of the countries of the world. [25]

It is against this backdrop of differing legal systems that some commentators have favored regional uniformity against global uniformity.[26] Nevertheless, application of the CISG around the globe has proven that the uniformity goals of article 7 are desirable among States in the international system. Uniformity, then, is viable and is consistent with the CISG's mission to dismantle disparities in global trade.[27]

3. The CISG and the Legal Cultures of the Commonwealth Caribbean

The general perception in the region of "received" law is that law has historically been "imposed" on the colonies. Thus, all international law is viewed as suspect.[28] In the area of contract law, there is a deeply held belief among developing world scholars that the international law of contracts has

([C]ritics have complained that the CISG is not well formulated and many norms remain ambiguous and this will not produce uniformity because it will be subject to different national interpretations).

[25] *See* Alberto de Campos Cordeiro Neto, Gisely Moura Radael and Luiz Felipe Calabria Lopes, *Brazil and the Accession to the 1980 CISG: Advantages and Disadvantages,* at www.law.pace.edu (September 2011), (last visited on June 20, 2011). (Stating that it is not enough for the CISG to be a result of the efforts of... representatives of diverse legal systems or that it has been ratified by so many countries..., but the CISG must be relevant and satisfactory the Brazilian social and legal reality and the Brazilian public.)

[26] *See* generally, John Honnold, Uniform Law for International Sales under the 1980 United Nations Convention (Harry M. Flechtner, ed., Wolters Kluwer 4th ed. 2009) 18 ([A]cknowledging that international legislative machinery is difficult to put into motion where most domestic laws have endured for over a century. However, "the CISG must be read and applied in a manner that permits it to grow and adapt to novel circumstances and changing times. The Convention provides for flexibility in a number of ways.")

[27] *See* Camilla Basch Andersen, *Reasonable Time in Article 39 (1) of the CISG – Is Article 39(1) Truly a Uniform Provision?,* at http://www.law.pace.edu/cisg/biblio/andersen.html, (Last visited on October 15, 2013). (The success of the CISG is not surprising. Preceded by the less successful 1964 ULIS, and ULF, the drafting of the CISG was conducted explicitly on the basis of forming more widely acceptable conventions... This combined with the ever-growing need to regulate international trade uniformly as the borders of the world become a little less discernible and international trade grows in volume, has made the Convention extremely popular).

[28] *See* generally, Rose-Marie Belle Antoine, Commonwealth Caribbean Law and Legal Systems, chapter 5, The Reception or Imposition of Law and its Significance (Cavendish Publishing, 2008).

served to keep developing countries under imperial control.[29] In this vein, Commonwealth nations are skeptical of debates on the international stage, which seek to intervene in municipal law.[30]

Historically, law in the Commonwealth Caribbean worked according to a strict parliamentary system under a Constitution. Parliament had the power to enact and revoke laws subject to Constitutional limitations. However, in modern times the process of lawmaking in the region has moved towards legislation, although common law and its system of precedent is still followed.[31] In the push for an organic law, Caribbean Jurisdictions are turning more to local legislation and relying less on Roman law and the method of precedent.[32] Moreover, there is an aggressive campaign to replace the Privy Council as the Court of the last resort with a Caribbean High Court of Justice because the Privy Council is seen as "out of touch with Caribbean social realities".[33]

St. Vincent and the Grenadines is the first country in the Caribbean archipelago to become a signatory to the CISG. Because of this uncharacteristic bold step, the ratification provokes a series of curiosities, and raises a series of questions not only for the implications of the commercial law of the island nation, but for the region as a whole. The threshold question is whether the CISG will benefit States in the region. Under Commonwealth law, customary international law is "received" under the *doctrine of transformation*. This doctrine holds that customary international law is inapplicable until the legislature, and the judiciary clearly adopts it. This is a substantial departure from most countries that subscribe to the *doctrine of incorporation*, which treats international law as adopted law as long as it is not inconsistent with prior local legislation.

[29] *See* Anthony Anghie, Imperialism, Sovereignty and the Making of International Law at 235-41 (stating that the law of international contracts was shaped by the colonial ideology through the employment of the phrase, "general principles of law.)

[30] *See Idem.* (The jurisprudential debates that should inform law in every society were largely absent at the time of imposition. It is little wonder, therefore, that Commonwealth Caribbean societies appear so reluctant to enter into such debates today, having grown accustomed to a law devoid of real meaning...).

[31] *See generally*, Ragendra Ramlogan & Natalie Persadie, Commonwealth Caribbean Business Law (Cavendish Publishing 2004).

[32] *See* Belle-Antoine, *supra*. n. 30.

[33] *Idem.*

In the context of treaty law, reception rules depend on the nature of the treaty, and the constitutional structure of the ratifying state.[34] The CISG *per se* applies to a sale of goods "where the parties' places of business are in different states and the countries are 'Contracting States', or parties to the CISG."[35] In the context of a complete overhaul of the commercial law scheme in the Caribbean and Africa, the CISG constitutes a new law since these countries do not have complete panoply of laws to govern the international sale of goods. Upon ratification by a signatory State, the CISG applies where a contract is for the sale of goods between parties whose places of business are in different countries, the countries are "Contracting States", or parties to the CISG.[36] Thus, the CISG is a self-executing treaty, which can have immediate effect in both monist and dualist legal cultures.[37]

4. The interplay of regional trade bloc and global legal instrument: the role of Caricom in facilitating trade in the Caribbean region

All independent countries in the Commonwealth Caribbean belong to the Caribbean Community (Caricom). These countries are signatories to regional

[34] *See e.g.* Johnson, *supra*, n.4 ("[U]nder the U.S. Constitution, all treaties made under the authority of the United States are the supreme law of the land. The CISG is therefore, part of the supreme law of the United States. Moreover, the CISG is a self-executing ... and requires no implementing legislation.")

[35] CISG, Art. 1 (1) (a). Under Article 1 (1)(b), the CISG also applies to contracts of sale of goods between parties whose places of business are in different countries even when the countries are not Contracting States, if the "rules of private international law would lead to the application of the law of a Contracting State". However, St. Vincent and the Grenadines opted out of Article (1)(1)(b).

[36] CISG, Article 1(1) (a). (The CISG also applies to contracts of sale of goods between parties whose places of business are in different countries even when the countries are not Contracting States, if the "rules of private international law leads to the application of the law of a Contracting State.)

[37] See Johnson, *supra n. 4* (*stating* that the CISG is a self-executing treaty in the United States and requires no implementing legislation. This uncontroversial proposition has been recognized by U.S. courts.) *See also* Claudia Benavides Galves, *The Latin American Choice Between Monism and Dualism*, The Arbitration Review of the Americas (2014.) ("[I]n several Latin American countries there seems to be an interesting interplay between having a monist or dualist system and the adoption of the Uncitral Model Law (or the application of its principles" Most of the monist systems in the region have adopted the Uncitral Model Law or have at least based their unique set of regulations on the principles of the Uncitral Model Law, as is the case for Mexico, Peru, Venezuela, Paraguay, Honduras, Nicaragua and Guatemala. Dualist systems in the region have adopted the Uncitral Model Law for international arbitration only and apply a different set of rules for domestic arbitration, as is the case for Chile, Colombia and Costa Rica").

and cooperative agreements and treaties. [38] The CISG, then, can operate within the sphere of Caricom. These regional alliances will facilitate the operation of a uniform law like the CISG to govern any disputes that may arise from contractual relationships. The bulk of trade in the Region occurs at the locus of the Caricom mandate. In 1994, Caricom signed an economic cooperation agreement with Columbia, Mexico, Venezuela, and Suriname moving it closer to its long-term goal of wider cooperation between Caribbean and Latin American countries. In that agreement, the heads of government of the various countries agreed on a strategy to upgrade contracts in matters of trade among other things.[39]

Moreover, many of the of the Latin American Caricom member countries are parties to the CISG. In the past, the fact that States in the Region subscribe to different legal systems was a cause of some concern. The burning question was always what rules of private law will apply to potential contract disputes between these nations, giving way to feelings of uncertainty in the law. However, if all Caricom members adopt and ratify the CISG, then that uncertainty will vanish. The same is true for trade with other stronger economies outside the Caricom Region. St. Vincent and the Grenadines currently trade with China, and the St. Vincent Brewery is wholly owned by a Brazilian subsidiary. Since St. Vincent and the Grenadines has already adopted the CISG, legal certainty regarding the law of international sales already exists in St. Vincent and the Grenadines. Additionally, Brazil and China also conduct business throughout the Commonwealth. Thus, the stage is already set for a uniform law that can work across the entire region without the need to understand common law, civil law, or a hybridized system of laws, which can prove unwieldy.

5. The Absence of African Countries at the CISG: Using the case of Ghana as an example

Gains from international trade are inevitable. International trade and investments are critical components of economic development. Modern day cross border traders and investors requires an efficient and modern legislative

[38] *See* Yemisi DINA, *Legal Literature on the Caribbean, Recent Developments in the 21st Century*, at http://www.llrx.com/features/caribbean.htm, (last visited on March 14, 2014).

[39] *See* Ragendra Ramlogan & Natalie Persadie, *supra*, n. 33.

framework for their commercial operations: international trade demands that entrepreneurs conclude a number of contracts to complete a transaction, all calling for a workable legislative framework, and the same applies to investment operations.[40] The adoption of uniform legislative texts are commonly seen as the most effective way to meet the efficiency and predictability demands that modern day cross border trade and investment requires.[41]

At the inception of independence, Ghana's economic policies discouraged trade with other nations.[42] Kwame Nkrumah[43] rejected capitalism as he dubbed it as a western colonial legacy; Nkrumah instead embraced socialism. Nkrumah's drift towards social interventionism excluded the development of citizens and the private sector.[44] His institution of policies, aimed at imposing high tariffs on many imports to promote the self-sufficiency of Ghana's manufacturing sector, resulted in an unmitigated disaster that transformed one of Africa's most prosperous countries into one of the poorest.[45]

At the turn of the century, Ghana has gradually improved its economy and is on the rise to becoming one of the fastest growing economies in Sub-Sahara Africa.[46] However, Ghana continues to fall behind by failing to take advantage of some of the international legal instruments that will speed the development of the country's private sector development.[47] Of relevance to this section of the paper is a discussion on Ghana's failure to ratify and implement the CISG and the advantages of doing so.

The push for Ghana to ratify the CISG goes beyond Ghana's contribution during the negotiations of the CISG. It is a matter of economic emergency. Ratification of the CISG will remove barriers that have existed for years, diminishing growth in international trade.

[40] George b. n. Ayittey "The African Development Conundrum." Making Poor Nations Rich. Ed. Benjamin Powell 137-8 (Sanford, California 2008).

[41] Luca G. Castellani *Ensuring Harmonization of Contract Law at Regional and Global Level: the United Nations Convention on Contracts for the International Sale of Goods and the Role of Uncitral.* Uniform L. Rev, (NS-Vol. XIII 2008-1/2)

[42] Ayittey, *Supra n. 42. 139,* n. 1.

[43] Kwame Nkrumah was born on September 21, 1909, in Nkroful, Gold Coast (now Ghana), and shepherded the country in its struggle for independence from Great Britain. He went on to be named life president of both the nation and his politic party, until the army and police in Ghana seized power in 1966 (http://www.biography.com/people/kwame-nkrumah-9424127) last visited Dec 4, 2012.

[44] Ayittey, *supra*, n. 42.

[45] *Idem* at 139.

[46] *Idem* at 140.

[47] Castellani, *supra* n.43, at 116.

Ghana, like many other colonial countries, was a recipient of the full body of European commercial law.[48] At the dawn of independence, the applications of these commercial laws were extended to the domestic laws, thus replacing fragmentary customary rules that existed prior to colonization.[49] This already lays the framework for the implementation and acceptance of uniform laws in Africa and in Ghana specifically. With this background, the adoption and implementation of the CISG by Ghana will not require any extensive work or cost on the part of the government.

The principles of the CISG makes apparent the numerous benefits Ghanaian businesses and the country stand to gain. Currently, Ghana is still operating within the legal framework of the Ghana Sales Act of 1962 ("hereinafter Act 137").[50] Act 137 codifies and consolidates the Ghana laws on sales of goods. Not only does this law lack the ability to address the current challenges of cross border transactions in the age of globalization it also lacks predictability.

There are no empirical studies to show how the continued use of Act 137 impedes international trade in Ghana. However, it can be inferred that the continued ratification of the CISG by emerging markets such as Brazil is a signal that there is something to be said for the adoption and ratification of the CISG. For a country like Ghana, there are several advantages for it to adopt and ratify the CISG. The following paragraphs highlights some of the advantages to Ghana in adopting the CISG.

A. The adoption of the CISG will reduce transaction costs in doing business

The implementation of the CISG will greatly reduce transaction costs relating to contract negotiations and conclusion.[51] Contract negotiations can be tedious for Ghanaian businesses and their foreign counterparts. When Ghanaian businesses are doing business with other another entity located in a different state, the contract negotiations can be time consuming especially where the laws of the respective parties are perceived to be different or

[48] Castellani, *supra* n. 43 at 480, n. 16.

[49] *Idem.*

[50] Sale of Goods ACT 1962 (ACT 137).

[51] Emmanuel Laryea, *Why Ghana Should Implement Certain International Legal Instruments Relating To International Sale of Goods Transactions,* 19 AFR. J. INT'L COMP. L. 1 (2011).

appears to favor one party over the other.[52] The disadvantaged party might have to spend time and money to try to protect their interests. Also, when an entity from Ghana is negotiating with an entity from a developed country, there is no doubt that the position of the party from Ghana's will be economically weaker coupled with weaker negotiation skills. Thus it is likely that the stronger party's preference will be imposed on the Ghanian party. [53]

Additionally, small and medium enterprises with limited resources have to choose between spending more money to protect their interests or just hope for the best. Small and medium enterprises are also less likely to have access to qualified legal counsel during contract negotiations. Therefore, they are less likely to be savvy in choosing the applicable law that will govern the contract.[54] The automatic application of the CISG eliminates this stress on small and medium businesses. Where the CISG applies, business owners will decide during negotiations that the CISG will be the governing law.[55]

According to a USAID report[56] on development and enhancement of the agriculture sector, the experts agreed that opportunities abound for Ghanaian agribusiness to put the Ghanaian market within reach. Ghana will need to revisit the benefits, costs, and the process of becoming a signatory to the CISG.[57] It added that Ghana becoming a signatory would provide a strong framework for increased international trade in goods.[58]

In the 2013 World Bank survey Doing Business book,[59] Ghana ranks at number eight in Subaharan African countries where it is easier to conduct cross border trade. This current ranking is down from number seven in the previous year.[60] This ranking shows that Ghana's continues to struggle in improving its business environment to become part of the globalized market.

[52] *Idem.*

[53] *Idem.*

[54] *Idem.*

[55] *Idem.*

[56] This report addresses the conditions and opportunities for doing business in Ghana's agriculture sector. Through close examination of the relevant laws, institutions, and social dynamics, it aims to inform assistance decisions by the United States Agency for International Development (USAID) and other donors in the area of agricultural development in Ghana, as well as to provide insight and guidance about the sector to government officials, private sector representatives, and others.

[57] http://egateg.usaid.gov/sites/default/files/Ghana.pdf at p. 118 (Last visited on Dec. 11, 2012).

[58] *Idem.*

[59] The *Doing Business* project provides objective measures of business regulations for local firms in 185 economies and selected cities at the subnational level.

[60] http://www.doingbusiness.org/rankings (Last visited Jun. 17, 2014).

However, high transaction costs would typically reduce the competitiveness of doing business with other states. Thus for Ghana to continue to attract and engage in international trade and investment, it would have to seriously consider the ratification and implementation of the CISG.

B. Efficient Dispute Resolution and Avoidance of Conflict of Laws

Ghana, like most African countries, suffers from political instability even though Ghana over the years has distinguished itself by becoming what some have called a beacon of democracy in sub-Sahara Africa.[61] This image of African countries tends to make investors and businesses cautious when dealing with business entities in Africa. The adoption of the CISG would simplify the choice of law applicable to contracts.[62] This cautionary approach of investors is sometimes rooted in the difficulty of accessing the domestic laws or having limited or no prior knowledge of the domestic laws.[63] The uniform and neutral nature of the CISG eliminates this fear and hesitation on the part of foreign traders to learn about how judges and arbitrators around the world are applying the CISG.[64]

Additionally, the similarity between the CISG and the domestic law of contract in Ghana favors the implementation of the CISG. Ghana will not be departing from its domestic laws rather it will be making its laws more accessible and easier for entities located in Ghana and their foreign trading counterparts.[65]

C. Reputation in the International Community

The implementation of the CISG will also bolster Ghana's image in the international business community as the implementation will project a

[61] Luca CASTELLANI, *International Trade Law Reform in Africa. 10* Year of Private International Law 547-63 (2008).

[62] *Idem.*

[63] *Idem.*

[64] *Idem.*

[65] *Idem.*

determination on the country's part to operate by internationally accepted laws and standards.[66]

This new image will help eliminate or decrease the anxieties of international traders and investors. The negative perception of doing business in SubSaharan Africa might persist for a while, but for Ghana the adoption of the CISG will be one step closer to debunking this perception.

Ongoing social and political conflict in some countries will continue to pose a danger of doing business on the continent, but at least with a legal framework that is adequate and well received internationally, businesses and investors could begin to engage with entities located in Africa and Ghana specifically.[67]

Ghana currently ranks number 67 out of 185 countries in the overall easiness of doing business;[68-69]Some of the mitigating factors that the World Bank identifies are uncertainty in doing business and high costs of licenses. With a predicable legal framework these issues can be easily addressed.[70]

For Ghana to continue to make progress economically, Ghana needs to begin to pay attention to uniform laws that presents a clear legal framework to conducting cross border transactions such as the CISG. The ratification and implementation of the CISG by Ghana will provide a strong foundation for the development of Ghana's private sector. The harmonization character of the CISG, and its positive impact experienced around the world proves the CISG's superiority and compatibility to many legal systems.[71]

6. Reconciling the CISG with Contract Law in the Commonwealth Caribbean and Africa

The post-colonial societies of the Caribbean and Africa do not adhere to the same legal philosophies because of the colonial history of these countries.

[66] Laryea, *supra*, n. 53 .52.

[67] *Idem*.

[68] Economies are ranked on their ease of doing business, from 1 – 185. A high ranking on the ease of doing business index means the regulatory environment is more conducive to the starting and operation of a local firm. This index averages the country's percentile rankings on 10 topics, made up of a variety of indicators, giving equal weight to each topic. The rankings for all economies are benchmarked to June 2012.

[69] In 2012's report Ghana ranked 64 in the overall easy of doing business. See http://www.doingbusiness.org/rankings (last accessed Jun.17, 2014).

[70] Laryea, *supra*, n. 53 .52.

[71] Ingeborg Schwenzer & Pascal Hachem, *The CISG-Successes and Pitfalls*, 57 AM.J. COMPL.L.457 (2009).

These countries have inherited either common law, civil law, or in some cases, a hybridized legal culture. Unlike the common law and civil law legal systems, the CISG is neither "received" nor "imposed". On the contrary, the CISG emanates from years of negotiations with the full participation of African and Caribbean countries. Thus the CISG is an organic law that is compatible with the legal reform goals of these countries.[72] The CISG directly addresses the substantive differences between the civil and common law, and deliberately attempts to incorporate the principles of all legal cultures. For example, economic loss under civil law principles allows for loss of profit in damages. Common law, on the other hand, makes a distinction in awarding pure economic loss unless there is a special relationship such that the defendant could be held liable for economic loss caused by a negligent misstatement.[73] Also, pre-judgment interest is recoverable as of right under the civil law tradition as part of the loss of profit analysis. At common law, the award of interest is not a right but is subject to the principle of foreseeability first announced in *Hadley v. Baxendale*.[74]

The CISG directly addresses these important principles and provides for the inclusion of loss profits in the general damages calculation.[75] Moreover, Article 74 harnesses the principles of foreseeability in the determination of damages.[76] Article 78 of the CISG further awards the payment of interest notwithstanding the damages recoverable under Art. 74.[77] This carve-out provision of Art. 78 bring additional benefits to the innocent party. This ability to harness these principles from both common law and civil law traditions is a testament to the power of the uniformity goals of the CISG.

[72] *See.* BELLE-ANTOINE, *supra* n. 32 at 82 (stating that the reception or imposition of English law should not restrict [the Commonwealth Caribbean] from a formulation of a Caribbean jurisprudence to reflect its own needs).

[73] *See Hadley Bryne & Co. Ltd. V. Heller & Partners Ltd.* [1964] A.C. 465.

[74] *Hadley v. Baxendale*, 9 Ex. 341 (1854).

[75] *See* CISG Article 74 (Damages for breach of contract by one party consist of a sum equal to the loss, including loss of profit, suffered by the other party as a consequence of the breach. Such damages may not exceed the loss, which the party in breach foresaw or ought to have foreseen at the time of the conclusion of the contract, in the light of the facts and matters of which he then knew or ought to have known, as a possible consequence of the breach of contract.)

[76] *Idem.*

[77] *See.* CISG, Article 78 (If a party fails to pay the price or any other sum that is in arrears, the other party is entitled to interest on it, without prejudice to any claim for damages recoverable under article 74.)

7. Brazil's accession to the CISG: an example for other developing nations and a renewed call for legal education reform

The ratification of the Convention by some developing countries in Africa and the Americas testifies to the soundness of moving into a new legal landscape away from a received, and sometimes, imposed, legal structure inherited from the colonial past.[78] The recent accession of Brazil to the CISG should be the clarion call for these other developing nations to follow suit. Brazil has one of the largest economies in the Americas. More importantly, Brazil has trade relations with other states across the region.[79] Brazil's accession to the Convention, then, is important for the entire Caribbean region.[80] On April 1, 2014, the CISG entered into force in Brazil.[81] The accession makes Brazil the 80th party to accede to the CISG. Of utmost importance, it is the 14th country in the Americas to make the Convention a major part of its commercial law following in the footsteps of Argentina, Chile, Columbia, Cuba, The Dominican Republic, Ecuador, El Salvador, Honduras, Mexico, Paraguay, Peru, Saint Vincent and the Grenadines, and Uruguay.[82]

Whether the principles of uniformity and justice in international trade, espoused by the CISG can benefit the ailing economies of these emerging and developing nations is an open question. Some critics of the international trading system will without hesitation answer in the affirmative. This line of argument has its genesis in the Marxist ideology, embraced by several African and Caribbean countries in the early years of decolonization. However, under CISG principles, there is a deliberate effort to promote justice in international trade. In this vein, the CISG is compatible with these legal cultures, even under a Marxist view. Under a Marxist view, when the CISG

[78] *See*. BELLE-ANTOINE, *supra* n. 32 ("[S]ome Writers question whether law in the region should be characterized as "received" as opposed to "imposed.")

[79] *See e.g.* Greta Weiderman, *AmBev to Acquire 51 Percent of Dominican Brewer for $1.2 Billion*, St. Louis Business Journal (April 16, 2012). ("[T]he combined business... will export to 16 other countries in the Caribbean, the United States and Europe. AmBev Brasil will acquire an additional stake in Cerveceria Nacional Dominica of 9.3 percent, which is owned by Heineken N.V. ...").

[80] *See* Michael Malloy, *Global K: Brazil and the CISG* at http://lawprofessors .typepad.com/contractsprof_blog/2013/12/global-k-brazil-and the cisg.html. (Brazil's accession is a particularly significant development. Brazil's economy is the largest among Latin American states, and the second largest in the Western Hemisphere.) (last visited on June 9, 2014).

[81] http://www.cisg.law.pace.edu/cisg/countries/cntries-Brazil.html.

[82] *See*. List at https://treaties.un.org/Pages/. Last visited on June 20, 2014.

is analyzed objectively, the conclusion is always the same – that the CISG is driven by equal access to the global market and not preferential access. So viewed through an unadulterated Marxist lens, the CISG still remains the most important global sales law instrument of our time.[83] Indeed, many of the signatories to the Convention hail from former socialist countries. The fact that Cuba, Russia and China are signatories to this treaty should allay fears of imperialism under the CISG.

Reform of Legal Education in Post-Colonial Africa and the Caribbean

It is axiomatic that "received" law has historically been "imposed" on these societies. The introduction of law in the colonies is attributed to the doctrines of reception and imposition.[84] Thus, the application of law in these societies is not organic, but is based on received legal and political structures. Law, then, in most post-colonial societies still operate in the colonial space, which in many ways, is at odds with the realities of the decolonized state.[85] These structures served the colonial projects, which furthered service to the mother country, instead of a forward-looking philosophy to assist the development of the decolonized society.

Legal education in most post-colonial societies is a remnant of the colonial history. As a result, the pedagogy in most law schools is at times irrelevant to the realities of the current international legal landscape.[86] The lawyer in the

[83] *See e.g.* Raj Bhala, Trade, Development, and Social Justice, Globalization and Trade, Chapter I, The "Anti-Third World Claim", (Carolina Academic Press, 2003) (Bhala's premise is that although there is some merit to the belief that the international trading system benefit only the first world and not the third world, some of the rules signal an effort by the international trading system to help the development of these nations.)

[84] *See generally*, Belle Antoine, supra, n. 2 (positing that "while English law was imposed in the region in a rigid context, the doctrine of imposition contains within itself sufficient ammunition to liberate societies on the receiving end from the negative aspects of the phenomenon leaving behind only its intrinsic value.)

[85] *See generally*, Glenys P. Spence, *Crumbling Epitaphs: How the CISG is Transforming and Regenerating Caribbean Legal Systems: The Dominican Republic's Access to the CISG*, (Int'l Lawyer, Year in Review (ABA 2010) (*Citing* Rose-Marie Belle Antoine, Commonwealth Caribbean Law and Legal Systems 92 (Routledge-Cavendish 2d ed. 2008) (1998). (Positing "while English law was imposed in the region in a rigid context, the doctrine of imposition contains within itself sufficient ammunition to liberate societies on the receiving end from the negative aspects of the phenomena leaving behind only its intrinsic value.)

[86] *See generally*, Samuel O. Manteaw, *Legal Education in Africa: What Type of Lawyer Does Africa Need?* 39 McGeorge L. Rev., (2008).

twenty-first century is seriously handicapped if law schools do not engage in a more skills-based approach in their curriculum.[87] The CISG provides the perfect opportunity to expose students to the vagaries of the international trading system. The *Willem C. Vis* International Commercial Arbitration Moot held in Vienna and Hong Kong each spring should be a mandatory part of legal education in post-colonial societies whether or not the country is a signatory to the CISG. Brazilian law students have participated in the *Vis* Moot even before Brazil's accession in 2014. China, Japan and most industrialized countries also ensure that their law students are exposed to the CISG through consistent participation in the Moots.

As already argued, the fact that Brazil and China are the major players in the international trade arena should be reason enough to educate law students to become experts on the CISG. Moreover, the fact that so many countries in the Americas are parties to the CISG and a handful of African States means that the CISG is bound to apply to several future sales contracts. The "flattening" of the world through the process of globalization signals the need for law schools around the globe to infuse their curriculum with practice-ready, transaction-focused experiences for the new lawyer.[88] The best way to introduce law students to the CISG is through participation in the *Vis* Moot.

Obviously, there are costs associated with participation in the Moot. This may be an opportunity for the developed countries to assist in the realization of the overarching goal of the U.N. post-2015 agenda to improve the future of the developing world.[89] Through partnerships with law schools in the United States, Europe, and Latin America, law schools in Africa and the Caribbean can begin to participate in these Moots so that the lawyers of tomorrow can develop the skills that are needed in a globalized world.

[87] *See e.g.* Michael Ramsden and Luke Marsh: *Using Clinical Education to Address an Unmet Legal Need: A Hong Kong Perspective,* 63 J. LEGAL ED., 3 (February 2014). ("[Because] legal education was "dominated by a black-letter approach to law", graduates were perceived to lack an expanded view of the world. As an international center for finance and commerce, Hong Kong Lawyers need highly skilled law graduates to support a market economy in private law areas...").

[88] *See* Michael P. Malloy, *Global K: Brazil and the CISG,* at http://lawprofessors.typepad.com/contractsprof_blog/2013/12 global-k-brazil-and-thecisg.html) (last visited on June 26 2014). ("[T]he increasing likelihood that regional contract activity in the Americas may implicate the CISG underscores the need for U.S. academics to ensure that our students at least understand that the convention exists as part of U.S. contract law.) See also, Johnson, supra n. at 214 ([A]s disputes erupt from their clients' cross border arrangements; peril for their unsuspecting clients who price their goods based on assumptions that are grounded in U.S. law and U.S. experience but that rings hollow in international transactions.")

[89] http://www.un.org/millenniumgoals/beyond2015-overviews.html.

Conclusions

If the goal of legal reform in the Commonwealth Caribbean and Africa is unification, then all the players in these regions must work to make treaties like the CISG a part of their legal landscape. What is needed is a major revision of law in the commercial space to comport with the post-colonial realities of these nations. If true political and economic independence is to be achieved, then they must become partners in their own economic future. A good start would be to make the first step towards ratification and application of the CISG, and trust that doing so would lead to trade partnerships that provide legal certainty.

Going forward, any commercial legislation enacted in these two regions should incorporate the CISG. As one Caribbean Justice stated, "legislation must be used to reverse the alienation of English laws and customs to allow the law to reflect the goals and aspirations of West Indian society.[90] This means that any international instrument that can be reconciled with the social and political goals of these nations will be a sea change from the received legal structures that is strangling their full participation on the world stage. The CISG is not an imperialist "stick" that will keep the islands in the space of foreign domination. Given the overarching goal of the CISG to erase disparities in the sphere of international trade, the Convention provides the best approach to legal reform that resonates with the desires of the region to shake off the vestiges of empire.

[90] *See* BELLE-ANTOINE, supra, n. 32.

7. APLICAÇÃO DA CISG A LICITAÇÕES E CONTRATOS ADMINISTRATIVOS DE COMPRA INTERNACIONAL DE MERCADORIAS

Cesar Pereira

Introdução[1]

Desde abril de 2014, está em vigor no Brasil a Convenção das Nações Unidas sobre Contratos de Compra e Venda Internacional de Mercadorias, internacionalmente conhecida como Convenção de Viena de 1980 ou CISG, seu acrônimo de língua inglesa (*United Nations Convention on Contracts for the International Sale of Goods*). Este ensaio destina-se a examinar alguns dos reflexos dessa inovação sobre os contratos administrativos. A falta de informação acerca do seu regramento pode proporcionar perplexidade na solução de litígios relacionados com as compras internacionais realizadas pela Administração Pública direta ou indireta brasileira.

A CISG é desenvolvida e gerida administrativamente no âmbito da ONU pela UNCITRAL – Comissão das Nações Unidas para o Direito do Comércio Internacional. É interessante perceber que a mesma comissão desenvolve um outro sistema próprio de regras e recomendações relacionadas com compras governamentais. Esse sistema tem o formato de uma lei modelo, não de uma lei uniforme como a CISG. A diferença fundamental é que, enquanto a CISG se submete ao regime dos tratados internacionais e se torna lei interna de cada país signatário ao ser assinada e ratificada, a lei modelo da UNCITRAL sobre compras governamentais é apenas uma referência para os legisladores nacionais. Não obstante,

[1] Trata-se de versão atualizada de texto publicado anteriormente em: "SCHWENZER, Ingeborg; PEREIRA, Cesar. A. Guimarães; TRIPODI, Leandro (coordenadores). A CISG e o Brasil: Convencão das Nacões Unidas para os Contratos de Compra e Venda Internacional de Mercadorias. 1. ed. São Paulo: Marial Pons; Curitiba: Federacão das Industrias do Estado do Parana, 2015.

trata-se de ferramenta importante na construção dos regimes de compras governamentais de muitos países.[2]

Alguns países vão além da simples adoção da lei modelo como orientação e acederam ao Acordo de Compras Governamentais (GPA) da Organização Mundial do Comércio (OMC). O GPA é um tratado plurilateral que estabelece normas harmonizadas baseadas em princípios comuns de igualdade e probidade. Também afasta a discriminação de licitantes estrangeiros em comparação com fornecedores nacionais. Baseia-se em acordos feitos entre os países participantes, que definem a parcela de seus mercados de compras públicas que estará sujeita ao regime do GPA. O Brasil é observador do GPA desde 2017 e, em maio de 2020, iniciou formalmente o processo de acessão.

Muitos governos nacionais também se valem de financiamento de agências internacionais ou multilaterais de investimento como o Banco Mundial ou seus diversos congêneres regionais. Ao mesmo tempo em que fornecem o financiamento pretendido, tais agências também se certificam de que a utilização dos recursos não ocorra de modo discriminatório ou sem a atenção a parâmetros mínimos de probidade e eficiência. Para isso, em geral exigem o cumprimento de diretrizes de contratação editadas pelas próprias agências financiadoras.

Por decorrência, as compras públicas internacionais têm sido objeto de atenção por parte de governos, organizações internacionais e potenciais fornecedores sob uma variedade de formas e enfoques. A maior parte da atenção é dirigida à harmonização de regramentos e à prevenção de discriminações baseadas na nacionalidade dos fornecedores. Os objetivos são o acesso a um mercado global de compras públicas e proporcionar aos fornecedores internacionais um nível mínimo de previsibilidade quanto ao regramento aplicável às contratações.

A CISG tem objetivos similares, mas sob um ângulo contratual. Destina-se a proporcionar uniformidade jurídica como um instrumento para facilitar e promover o comércio internacional. É de certo modo surpreendente que os instrumentos e instituições internacionais referidos acima não adotem explicitamente com maior intensidade a CISG como direito aplicável às contratações

[2] Sobre licitações e contratações internacionais, inclusive a Lei Modelo da UNCITRAL e o GPA/OMC, cf. S. Arrowsmith, J. Linarelli Jr., D.Wallace, Regulating Public Procurement. National and International Perspectives (Kluwer Law International, 2000). Arrowsmith, M. Troybus (Eds.), Public Procurement. The Continuing Revolution, (Kluwer Law International, 2003). Cf. também P. Trepte. Regulating Procurement. (Oxford University Press, 2004).

por eles promovidas.[3] Tratar-se-ia de iniciativa complementar apta a auxiliar na busca por harmonização e previsibilidade jurídica.

Este artigo busca examinar alguns dos efeitos da CISG sobre os contratos administrativos. Também pretende ressaltar os benefícios da adoção da CISG e discutir os direitos dos fornecedores quando a CISG é adotada ou não é excluída ou derrogada em compras governamentais internacionais.

1. Vigência da CISG

Ao entrar em vigor no Brasil, a CISG já vigia em 78 países. Embora tenha sido firmada em 1980, o início de sua vigência deu-se em 1988, quando se atingiu o número mínimo de ratificações e a Convenção passou a aplicar-se a um grupo de onze países. Trata-se de uma das mais bem-sucedidas iniciativas internacionais de facilitação do comércio por meio da adoção de regras uniformes sobre a formação dos contratos e as obrigações e responsabilidade das partes. Representa uma ponte entre os diversos sistemas jurídicos, permitindo a redução de custos e o tratamento jurídico dos contratos segundo a realidade do comércio internacional. Em novembro de 2021, aplicava-se a todos os principais parceiros comerciais do Brasil, com exceção do Reino Unido e Índia, e incluía entre seus 94 signatários todos os países do Mercosul, os Estados Unidos, a China e, desde outubro de 2021, Portugal.

A Convenção foi aprovada no Brasil por meio do Decreto Legislativo 538, de 2012. O instrumento de acessão foi depositado na forma do art. 99 da Convenção em 04.03.2013. Por decorrência de seu art. 99(2), passou a viger internacionalmente no primeiro dia do mês seguinte ao 12.º mês após a data desse depósito, em 01.04.2014.[4] Com a publicação do Decreto 8.327, em 17.10.2014, eliminou-se qualquer possível dúvida acerca de sua plena vigência da CISG também no território brasileiro.

[3] Cf. UNCITRAL, Guide to Enactment of the UNCITRAL Model Law on Public Procurement, disponível em https://uncitral.un.org/sites/uncitral.un.org/files/media-documents/uncitral/en/guide-enactment-model-law-public-procurement-e.pdf, p. 61/62. Na versão disponível em 2021, o comentário sobre o art. 3 da Lei Modelo não trata da CISG como um possível compromisso internacional com impacto sobre as compras públicas.

[4] Cf. https://uncitral.un.org/en/texts/salegoods/conventions/sale_of_goods/cisg/status. Desse mesmo site consta a relação atualizada dos países signatários.

2. Âmbito de aplicação da CISG

Seu campo material de aplicação é definido principalmente pelos seus arts. 1.º a 3.º. No que interessa mais diretamente ao objeto deste estudo, o art. 1.º(1) estabelece que a "Convenção aplica-se aos contratos de compra e venda de mercadorias entre partes que tenham estabelecimentos em Estados distintos"[5] quando ambos os Estados forem contratantes da CISG ou quando as regras de direito internacional privado apontarem para a aplicação das leis de um Estado contratante. Esse dispositivo é complementado pelo art. 1.º(3), segundo o qual "Para a aplicação da presente Convenção não serão considerados a nacionalidade das partes nem o caráter civil ou comercial das partes ou do contrato". O campo de aplicação material é ainda definido por meio das exclusões do art. 2.º e as especificações do art. 3.º.

Especialmente a ressalva acerca da irrelevância do caráter civil ou comercial das partes ou do contrato é interpretada como significando que a CISG regula todas as compras e vendas internacionais de mercadorias, independentemente da natureza das partes ou do contrato. Por decorrência, sua esfera de aplicação compreende os contratos realizados pela Administração Pública, tanto os chamados contratos privados da Administração como os contratos administrativos propriamente ditos. Os entes estatais participam ativamente das vendas internacionais, principalmente como compradores, mas também potencialmente como vendedores. Em muitos países, entidades governamentais podem estar envolvidas na venda internacional de mercadorias, especialmente commodities como metais ou petróleo e gás. A natureza comercial ou administrativa de tais contratações é matéria regida pelo direito interno. Contudo, enquadram-se no âmbito de aplicação da CISG. Desse modo, o âmbito de aplicação da CISG abrange contratos firmados por entes governamentais nacionais ou subnacionais (estados e municípios). Também abrange

[5] Adota-se aqui a tradução existente em Schwenzer, Ingeborg; Grebler, Eduardo; Fradera, Véra; Pereira, Cesar A. Guimarães (Coord.). *Comentários à Convenção das Nações Unidas sobre Contratos de Compra e Venda Internacional de Mercadorias*. São Paulo: Revista dos Tribunais. 2014. Há também traduções pontualmente divergentes no Brasil (Decreto 8.327/2014, disponível em http://www.planalto.gov.br/ccivil_03/_ato2011-2014/2014/decreto/d8327.htm) e em Portugal (Decreto 5/2020, disponível em https://dre.pt/home/-/dre/139804820/details/maximized). O português não é um dos seis idiomas oficiais da CISG (árabe, chinês, inglês, francês, russo e espanhol). Afirma-se que as versões em inglês e francês são referidas com maior fidedignidade em caso de dúvida porque as negociações da Convenção ocorreram nesses idiomas (Schwenzer *et alii*, *Comentários...*, cit., p. 1301).

contratos sujeitos tanto ao direito privado quanto ao direito público, nos sistemas que fazem essa distinção.[6]

3. Âmbito de aplicação em compras governamentais

Na interpretação internacional da CISG, não há dúvida acerca da sua extensão aos contratos realizados por entes governamentais, tanto pela Administração direta (departamentos governamentais, como os responsáveis por compras na área de defesa) como pela Administração indireta, notadamente as empresas estatais.

Alguns dos principais doutrinadores internacionais especializados na CISG já examinaram o tema e manifestaram-se no sentido de sua aplicação.[7] Uma explicação detalhada sobre o tema é apresentada por Ulrich Schroeter ao tratar de compras internacionais baseadas na seleção do vendedor por meio de processo licitatório:

> "Essa forma de iniciar um contrato é frequentemente empregada nos casos de compras por empresas privadas, mas ocorre com maior frequência quando o comprador é ou uma autoridade governamental ou uma empresa privada que atua a fim de adimplir um contrato com o governo. Legislações domésticas que disciplinam licitações normalmente impõem certas regras feitas para garantir a justa seleção do ganhador da licitação (e.g., princípio da não discriminação, preferência pelo ofertante do menor preço ou que seja o "economicamente mais vantajoso"). Dentro da UE, tais regras são normalmente baseadas nas Diretivas sobre aquisições, que procuram proteger licitantes estrangeiros (vendedores).

[6] Em decisão de 2019 citada no CLOUT caso 1824, CISG-online 4.463, o Supremo Tribunal Federal da Suíça aplicou a CISG a um contrato firmado por entidade da Administração Pública indireta constituída segundo o direito público suíço.

[7] Schlechtriem, Peter. Unification of the Law for the International Sale of Goods, in: German National Reports (Private Law and Civil Procedure) XIIth International Congress of Comparative Law (Baden-Baden: Nomos 1987) p. 126-127, disponível em http://www.cisg.law.pace.edu/cisg/text/e-text-11.html#N_2_, acesso em 21.6.2014. Schwenzer, Ingeborg. Introdução, in: Schwenzer, Ingeborg. Grebler, Eduardo. Fradera, Véra. Pereira, Cesar A. Guimarães. (Coord). *Comentários à Convenção das Nações Unidas sobre Contratos de Compra e Venda Internacional de Mercadorias.* São Paulo: Revista dos Tribunais. 2014. p. 142. Honnold, John O.. atual. Flechtner, Harry M. Uniform Law for International Sales under the 1980 United Nations Convention. Wolters Kluwer, 4. ed., p. 180-183.

> "Considerando que as legislações domésticas acima descritas procuram principalmente regular a fase que leva à seleção do vencedor, o contrato pode ser concluído na sequência, de acordo com os arts. 14-24, sem que sejam gerados quaisquer conflitos entre os dois corpos de normas. Em consequência, as licitações constituem ofertas sob o regime do art. 14 (1), entre as quais o lance vencedor é aceito por meio de uma decisão que, ao mesmo tempo, constitui uma aceitação conforme o art. 18(1)".[8]

Essa observação final explica por que não há uma ampla jurisprudência internacional sobre a CISG em casos envolvendo problemas ligados à Administração Pública.[9] Em muitos países, ao contrário do Brasil[10] e dos Estados Unidos, a regulação específica de licitações existe apenas na fase de seleção. Além disso, frequentemente as compras mais complexas e volumosas da Administração se dão por meio de intermediários ou estabelecimentos situados no próprio país do comprador. No Brasil, quaisquer fornecimentos que envolvam a realização substancial de atividades no país implicam a necessidade de autorização para funcionamento no Brasil, na forma do art. 1.134 do Código Civil, eliminando a característica de internacionalidade.

Como será visto adiante, o reconhecimento de que os contratos administrativos estão no campo de aplicação da CISG não é senão um ponto de

[8] Schroeter, Ulrich. Introdução aos arts. 14 a 24, in: Schwenzer, Ingeborg. Grebler, Eduardo. Fradera, Véra. Pereira, Cesar A. Guimarães. (Coord). *Comentários à Convenção das Nações Unidas sobre Contratos de Compra e Venda Internacional de Mercadorias,* p. 372-373.

[9] Cf. Kurcgant, M. Os contratos administrativos e a Convenção de Viena sobre e venda e compra internacional de mercadorias. In: Fórum de Contratação e Gestão Pública, Belo Horizonte, 2014, pp. 54-64. No mesmo sentido, Faermann, Flávia. Estudo sobre a CISG e seus reflexos na ordem interna. 2018. Orientadora: Vera Maria Jacob de Fradera. Dissertação (Mestrado). Universidade Federal do Rio Grande do Sul, Faculdade de Direito. Porto Alegre, p. 105. O tema foi objeto de discussão no XVIII Congresso Internacional de Arbitragem do Comitê Brasileiro de Arbitragem (Brasília, 22 a 24 de agosto de 2019), conforme relatado por Guandalini, Bruno. 'XVIII Congresso Internacional de Arbitragem do Comitê Brasileiro de Arbitragem'. In: Revista Brasileira de Arbitragem, Volume XVI Issue 64, 2019, pp. 167-177).

[10] Para o Brasil como referência, cf. Justen Filho, Marçal; Pereira, Cesar; Rost, Maria Augusta (Eds), Brazil Infrastructure Law, (Eleven International Publishing, 2016). Para licitações dos Estados Unidos, cf. J. Cibinic, Jr. R.C. Nash, Jr. Nagle, J.F. Administration of Government Contracts, 5th edn. (Wolters Kluwer, 2016); Cibinic, Jr., Nash and C.R. Jr. Yukins. Formation of Government Contracts, 4th edn., (Wolters Kluwer, 2011); S.W. Feldman, Government Contract Guidebook, 4th edn., (Thomson Reuters Westlaw, 2013); and W.N. Keyes, Government Contracts under the Federal Acquisition Regulation, 3rd ed., (Thomson West, 2003).

partida para a compreensão dos problemas concretos envolvendo compras governamentais internacionais. A CISG é um diploma de normas dispositivas, as quais podem ser afastadas pela vontade das partes e se aplicam apenas se não houver disposição contratual em contrário. Mas ainda assim esse reconhecimento é um elemento fundamental para que se tenha clareza acerca das regras aplicáveis a tais operações, especialmente em face de regras da CISG que não são passíveis de exclusão pelas partes.

Embora haja menos decisões judiciais e arbitrais conhecidas do que a relevância econômica do tema poderia fazer supor, a jurisprudência internacional existente também afirma com frequência a premissa de que os contratos administrativos se encontram abrangidos pelo campo de aplicação da CISG. Em 2019, o Supremo Tribunal Federal suíço entendeu aplicável a CISG a um contrato entre uma empresa estatal suíça de direito público e uma empresa da Eslovênia para o fornecimento de medidores de eletricidade. A CISG foi aplicada para, entre outros pontos, se reputar a pretensão do comprador (empresa estatal suíça) extinta pelo decurso do prazo do art. 39 da CISG.[11] Destaca-se nesse sentido o caso *Hilaturas*, julgado pela U.S. District Court, New York (Southern District) em 2008. Tratava-se de contrato para o fornecimento de mercadorias por um fornecedor espanhol para o governo do Iraque, no âmbito do programa Oil For Food. O caso foi decidido em favor do governo iraquiano com base na CISG.[12] Outros casos nesse mesmo sentido são o *ETECSA* (Empresa de Telecomunicaciones de Cuba S.A., uma sociedade de economia mista, compradora de telefones celulares fornecidos por empresa sul-africana), julgado pela Sala de lo Económico del Tribunal Supremo Popular em Havana, Cuba, em 16.06.2008,[13] e o *Agropodderzhka Trade House LLC v. Sozh State farm complex*, julgado pela Economic Court of the Gomel Region em 06.03.2003.[14]

Outros casos conhecidos ilustram situações comuns envolvendo compras governamentais internacionais e sua relação com a CISG. Em caso envolvendo um submarino russo, tratava-se da venda internacional de um submarino

[11] CLOUT case 1824, com sumário preparado por U. SCHROETER; CISG Online 4463. A CLOUT (Case Law on Uncitral Texts) é um banco de dados sobre vários textos normativos da Uncitral, inclusive a CISG, mantido para acesso público pela Organização das Nações Unidas. CISG Online é um banco de dados de decisões internacionais sobre a CISG, mantido para acesso público na Universidade de Basileia originalmente por I. SCHWENZER e posteriormente por U. SCHROETER (cf. http://www.globalsaleslaw.org/index.cfm?pageID=28).

[12] *Hilaturas Miel, S.L. v. Republic of Iraq*, CISG Online 1777.

[13] Disponível em http://www.cisgspanish.com/seccion/jurisprudencia/cuba/.

[14] CLOUT case 496.

desativado para utilização como sucata. Reconheceu-se que, por força de uma exclusão do art. 2.º (e), da CISG, a Convenção não se aplicava ao caso porque a venda tinha por objeto uma embarcação, ainda que considerada desativada pelo vendedor, que era o Estado russo.[15] Em um caso da compra de armamentos pelo governo da Eslovênia, havia a intermediação formal de uma empresa privada eslovena, embora as negociações tenham sido realizadas pelo governo então recém-constituído, em 1993, com o vendedor austríaco.[16] No caso *Diversitel*, tratava-se de subcontratação destinada ao cumprimento de um contrato administrativo celebrado com o Departamento de Defesa do Canadá, na qual se reputou que o atraso no fornecimento por um vendedor situado na Califórnia representava uma violação essencial do contrato por impedir a compradora canadense, *Diversitel*, de cumprir tempestivamente o seu contrato administrativo com o governo do Canadá.[17]

O governo brasileiro frequentemente se vale de escritórios nos Estados Unidos, em geral em Washington D.C., para a realização de compras de materiais militares. Os contratos correspondentes preveem a aplicação do direito local do Distrito de Columbia ou de Nova York, com a exclusão expressa da CISG.[18] Embora a exclusão afaste a aplicação da CISG – e, pelas razões expostas adiante neste texto, devesse ser revista pelo governo brasileiro –, trata-se de reconhecimento importante de que tais contratações internacionais estão cobertas pela CISG, que apenas não rege as referidas contratações em face do art. 6º da própria CISG.

Em contrapartida, o contrato 52/2021, de 18.3.2021, relativo a uma compra internacional de vacinas para a Covid-19 e que acabou por ser divulgado pelo governo brasileiro quando de sua celebração[19], contém cláusula de definição da lei aplicável que não parece excluir a CISG ("Todas as controvérsias serão regidas pelas Leis do Estado de Nova York, EUA, excluindo, no entanto, suas disposições de conflito de leis que não o disposto na Seção 5-1401 da Lei

[15] Russia 18 December 1998 Maritime Commission Arbitration proceeding 1/1998, disponível em http://www.cisg-online.ch/content/api/cisg/urteile/1588.pdf.

[16] Austria 24 February 1999 Appellate Court Graz (*Military weapons case*), disponível em https://cisg-online.org/search-for-cases?caseId=6724.

[17] Ontario Superior Court of Justice, Diversitel Communications Inc. v. Glacier Bay Inc., disponível em https://cisg-online.org/search-for-cases?caseId=7357.

[18] Centenas de contratos similares licitados pelo governo brasileiro entre 2017 e 2021 são referidos em http://www.cebw.org/en/previous-processes.

[19] Em novembro de 2021, a relação dos contratos firmados pelo governo brasileiro para o fornecimento de vacinas está disponível em https://www.gov.br/saude/pt-br/acesso-a-informacao/licitacoes-e-contratos/coronavirus, sem que estejam acessíveis os textos dos respectivos contratos.

Geral de Obrigações de Nova York, ressalvado que qualquer disputa relava à arbitrabilidade ou ao escopo e aplicação desta Cláusula será regida pela Lei de Arbitragem Federal dos Estados Unidos" – item 12.4 do contrato[20]).

O tema da aplicação da CISG a contratos para fornecimento de vacinas é tratado pela doutrina internacional em relação também a contratos celebrados com governos de outros países, inclusive tendo em vista litígios específicos.[21] Trata-se de campo que pode consolidar a aplicação prática da CISG em contratos envolvendo a Administração Pública.

Por fim, cabe destacar que diversos governos e entidades responsáveis pela realização de licitações públicas já reconhecem a aplicação e a relevância da CISG em relação a contratos promovidos pela Administração Pública. Em obra clássica acerca da *Federal Acquisition Regulation* dos Estados Unidos, W. Noel Keys expõe a *U.N. Convention on International Sales* (CISG) como parte da disciplina normativa aplicável às *foreign acquisitions* (compras internacionais).[22] Em 2005, Gary Bell noticiou que o governo de Cingapura passara a manter, em seus contratos administrativos internacionais, a CISG como lei aplicável.[23]

[20] Sobre a inexistência de exclusão da CISG pela alusão a "Leis do Estado de Nova York" (as quais, no caso concreto (item 1.32 do contrato), não parecem excluir uma lei uniforme como a CISG), cf. New York Governing Law in US-Style Commercial Agreements. Disponível em: https://www.jdsupra.com/legalnews/new-york-governing-law-in-us-style-22799/, e Court Analyzes Application of UN Convention on Contracts for International Sale of Goods
https://www.schlamstone.com/court-analyzes-application-of-un-convention-on-contracts-for--international-sale-of-goods/ .

[21] Sobre contrato da União Europeia relativo a vacinas da AstraZeneca, cf. Köhler, Ben. Global sales law in a global pandemic: The CISG as the applicable law to the EU-AstraZeneca Advance Purchase Agreement?. Disponível em https://conflictoflaws.net/2021/global-sales-law-in-a-global-pandemic-the-cisg-as-the-applicable-law-to-the-eu-astrazeneca-advance-purchase-agreement/, MAIER-LOHMANN, Till. EU-AstraZeneca contract – applicability of the CISG?, CISG-Online, 01 February 2021. Disponível em https://cisg-online.org/Home/international-sales-law-news/eu-astrazeneca-contract-applicability-of-the-cisg, MAIER-LOHMANN, Till.EU v. AstraZeneca - both sides win but no side sides with the CISG?, 23 june 2021. Disponível em: https://cisg-online.org/Home/international-sales-law-news/eu-v.-astrazeneca-both-sides-win-but-no-side-sides-with-the-cisg.

[22] Keyes, W. Noel. Government Contracts under the Federal Acquisition Regulation. 3ª ed. Thomson West. 2003. p. 566-569.

[23] Bell, Gary. Why Singapore should withdraw its reservation to the United Nations Convention on Contracts for the International Sale of Goods (CISG). (2005) 9 SYBIL 55–73. Nota 36 ("A happy exception is now found in the standard procurement contract terms of the Government of Singapore which, in most cases, no longer excludes the CISG. The standard choice of law clause now reads: "This Contract shall be deemed to be made in Singapore and shall be subject to, governed by and interpreted in accordance with the Laws of the Republic of Singapore for every purpose". See *Contract and Purchasing Procedures,* issued by the Government of Singapore, at 4 and available online at http://www.gebiz.gov.sg/scripts/doc/ contract_purchasing.pdf").

Em estudo de 2013 não publicado, Dianne Hanson fez menção à disciplina do tema na Nova Zelândia, a partir de material divulgado pelo governo neozelandês para orientação de potenciais licitantes internacionais. Esse material governamental expressamente mencionava a CISG como parte da estrutura normativa que disciplina tais aquisições internacionais. A mesma orientação constava do manual acerca das regras para licitações internacionais da Nova Zelândia, embora em novembro de 2021 não consta da versão posterior do referido manual, o qual apenas alude à *"common law of contracts"*[24] – incluindo a CISG apenas de modo implícito. Em sua revisão de julho de 2016, as regras padronizadas de licitação para a aquisição de mercadorias do Banco Mundial recomendam a adoção, como lei aplicável, do direito do país adquirente, sem a exclusão da CISG.[25]

A partir dessa visão jurisprudencial e doutrinária, pode-se concluir que os contratos administrativos internacionais de compra de mercadorias estão abrangidos pelo campo de aplicação da CISG. Como se apontou acima, essa constatação é apenas um início de raciocínio e não permite, por si só, resolver as questões concretas que se põem nos pontos de interferência entre a legislação interna e a lei uniforme.

A CISG se aplica, em abstrato, a compras e vendas internacionais independentemente de serem públicas. Cabe verificar se as compras e vendas públicas estão concretamente excluídas por alguma regra específica.

O art. 2 (b) da CISG, que exclui vendas realizadas por meio de "auction" (leilão), não implica o afastamento da CISG dos contratos administrativos derivados de leilão, pregão ou pregão eletrônico. No Brasil, os pregões eletrônicos, que consistem em leilões invertidos, são o método mais comum de licitação. Além disso, os entes públicos frequentemente se valem de leilões para a alienação de bens inservíveis ou de produtos apreendidos em processos criminais ou sancionatórios. Isso não afasta a aplicação da CISG, pois a exclusão do art. 2(b) não se estende a tais situações. A doutrina já examinou o tema e afastou essa interpretação.[26] O tema também foi enfrentado nesse mesmo sentido em 28.5.2019 pelo Supremo Tribunal Federal suíço.[27].

[24] Cf. https://www.procurement.govt.nz/procurement/principles-charter-and-rules/,

[25] Cf. https://policies.worldbank.org/en/policies/all/ppfdetail/a3656cb7-8847-417b-886f-11fa0235216e, acesso em 21.09.2021.

[26] Ingeborg Schwenzer e Pascal Hachem comentam o art. 2.º (b) da CISG, afirmando que "Um contrato atribuído à maior oferta em um procedimento público (internacional) de licitação poderá muito bem ser regido pela CISG" (Schwenzer, Ingeborg *et alii*, *Comentários* ..., cit., p. 186). No mesmo sentido, Kröll, S. Mistelis, L. Perales Viscasillas, P. UN Convention on Contracts for the International Sale of Goods. C.H.Beck, Hart, Nomos. 2018. 2a ed. p. 47.

[27] CLOUT caso 1824, com sumário preparado por Ulrich Schroeter; CISG-online no. 4463.

O mesmo vale para contratos normativos, como *framework agreements* ou contratos *IQID (indefinite quantity, indefinite delivery)*, derivados de registro de preços no sistema brasileiro (arts. 15, II e §§ 1º e 3º, 24, VII, e 43, IV, da Lei 8.666; arts. 82 a 86 da Lei 14.133). Tais contratos normativos recebem o mesmo tratamento em relação à CISG que se aplica quando as partes são privadas, não a Administração Pública.

Por outro lado, a exclusão do art.2(a) da CISG não se estende a compras internacionais feitas por governos. Embora a Administração Pública em geral não adquira mercadorias para revenda ou emprego em processos produtivos, as referidas compras não se enquadram na definição de relação de consumo para os fins da CISG, consistente em compras para uso pessoal, familiar ou residencial.[28] Ademais, a exclusão prevista no art.2(a) da CISG não depende do conceito de contratos de consumo estabelecido em cada direito nacional.[29] Mesmo que um ente da Administração Pública possa ser protegido como consumidor segundo o seu direito interno para determinados fins,[30] isso não implica que suas compras internacionais serão excluídas da CISG como contratos de consumo de acordo com o art.2(a) CISG.[31]

Também não seria relevante algum argumento de *lex specialis*. Se a legislação de licitações e contratos administrativos pode ser tida como especial em face da CISG porque se aplica a compras públicas internas ou internacionais, a CISG é igualmente especial porque se aplica a compras internacionais, privadas ou públicas. Prevalece a CISG em relação às compras e vendas internacionais por ser baseada em tratado internacional, o que traduz um compromisso do Estado brasileiro em face de outros Estados.

[28] Ver Schwenzer e Hachem em Schwenzer. Commentary (2016), pp. 49-54.

[29] Ver A. C. Beneti. "A Convenção de Viena sobre Compra e Venda Internacional de Mercadorias (CISG) e a questão do Direito do Consumidor" em Schwenzer, Pereira e Tripodi (Coord.), A CISG e o Brasil (2015), pp. 93-107, republicado com atualizações na presente coletânea.

[30] O STJ decidiu em 2010 que o direito do consumidor não é plenamente aplicável a contratações da Administração Pública, apenas em circunstâncias especiais (STJ, 2a. T, RMS 31.073, Rel. Min. Eliana Calmon, j. 26.8.2010).

[31] Sobre a prevalência da CISG sobre o direito do consumidor, ver Schwenzer e Hachem em Schwenzer. Commentary (2016), pp. 54-55.

4. Aplicação das normas de estrutura (normas de competência) da CISG

Em termos jurídicos, a principal e mais imediata consequência de os contratos administrativos estarem no campo de aplicação da CISG é a incidência plena de suas normas de estrutura ou competência.

A CISG permite, na quase totalidade dos casos, que as partes acordem a exclusão total ou parcial de suas regras materiais. Assim, a CISG só disciplinará efetivamente uma determinada relação jurídica entre um comprador e um vendedor se não tiver sido eficazmente excluída a sua aplicação. Esse é o ponto em que o reconhecimento da extensão do campo de aplicação aos contratos administrativos produz efeitos mais diretos e imediatos. A própria CISG é que dá o fundamento de validade para os atos que excluem total ou parcialmente a sua aplicação. Tais atos são interpretados à luz das regras da CISG, inclusive e especialmente da premissa de aplicação uniforme constante do seu art. 7.º, que exige a atenção do aplicador nacional à jurisprudência e à doutrina internacionais. Do contrário pode-se passar a adotar decisões baseadas em fatores puramente locais, que minam o caráter internacional da CISG.

As principais regras de estrutura da CISG são os arts. 6.º (exclusão ou derrogação),[32] 7.º (interpretação da Convenção e princípios correspondentes, como a uniformidade e a internacionalidade),[33] 8.º (prova ampla e qualificação das condutas das partes)[34] e 9.º (usos e práticas como fonte de obrigações).[35]

[32] "Artigo 6.º – As partes podem excluir a aplicação desta Convenção, derrogar qualquer de suas disposições ou modificar-lhes os efeitos, observando-se o disposto no Artigo 12"8

[33] "Artigo 7.º – (1) Na interpretação desta Convenção ter-se-ão em conta seu caráter internacional e a necessidade de promover a uniformidade de sua aplicação, bem como de assegurar o respeito à boa fé no comércio internacional. (2) As questões referentes às matérias reguladas por esta Convenção que não forem por ela expressamente resolvidas serão dirimidas segundo os princípios gerais que a inspiram ou, à falta destes, de acordo com a lei aplicável segundo as regras de direito internacional privado".

[34] "Artigo 8.º – (1) Para os fins desta Convenção, as declarações e a conduta de uma parte devem ser interpretadas segundo a intenção desta, desde que a outra parte tenha tomado conhecimento dessa intenção, ou não pudesse ignorá-la. (2) Não sendo caso de aplicação do parágrafo anterior, as declarações e a conduta de uma parte devem ser interpretadas segundo o sentido que lhes teria dado uma pessoa razoável, com a mesma qualificação e nas mesmas circunstâncias da outra parte. (3) Para determinar a intenção de uma parte, ou o sentido que teria dado uma pessoa razoável, devem ser consideradas todas as circunstâncias pertinentes ao caso, especialmente negociações, práticas adotadas pelas partes entre si, usos e costumes e qualquer conduta subsequente das partes".

[35] "Artigo 9.º – (1) As partes se vincularão pelos usos e costumes em que tiverem consentido e pelas práticas que tiverem estabelecido entre si. (2) Salvo acordo em contrário, presume-se que as partes

Mesmo quando a Administração optar por excluir ou derrogar parcialmente a CISG, tal como lhe permite o art. 6.º e é feito com frequência pelo governo brasileiro em compras internacionais de material militar (v. acima), seu ato será reconhecido, interpretado e qualificado segundo tais regras da CISG. Esta é a lição de Schwenzer e Hachem: "A formação e a interpretação da exclusão das CISG estão sujeitas às regras da Convenção, uma vez que a CISG determina autonomamente sua esfera de aplicação".[36]

5. Relação entre a CISG e o direito interno de licitações

Os governos em geral – e a Administração Pública brasileira não é exceção – usualmente adotam em seus contratos administrativos uma referência à lei interna sobre licitações e disciplinam minuciosamente as obrigações das partes. A relação entre tais atos e a CISG é regulada pelo art. 6.º. Recebe o tratamento de uma exclusão ou derrogação parcial, conforme o caso. Voltarei a este tópico adiante.

Na doutrina internacional,[37] afirma-se que os principais pontos de interferência entre a CISG e o direito nacional de licitações são os problemas de *validade*, inclusive representação ou competência do agente (art. 4.º da CISG, que exclui de seu âmbito de aplicação as questões de validade),[38] e *liberdade de forma* (o art. 11, com as especificações dos arts. 12 e 13, estabelece quase absoluta liberdade de forma, o que levaria à possibilidade teórica de contratos orais entre a Administração Pública e seus fornecedores).[39]

consideram tacitamente aplicáveis ao contrato, ou à sua formação, todo e qualquer uso ou costume geralmente reconhecido e regularmente observado no comércio internacional, em contratos de mesmo tipo no mesmo ramo de comércio, de que tinham ou devessem ter conhecimento".

[36] SCHROETER, op. loc. cit., p. 233.

[37] SCHROETER, cit. HONNOLD, cit.

[38] "Artigo 4.º Esta Convenção regula apenas a formação do contrato de compra e venda e os direitos e obrigações do vendedor e comprador dele emergentes. Salvo disposição expressa em contrário da presente Convenção, esta não diz respeito, especialmente: (a) à validade do contrato ou de qualquer das suas cláusulas, bem como à validade de qualquer uso ou costume; (b) aos efeitos que o contrato possa ter sobre a propriedade das mercadorias vendidas."

[39] "Artigo 11. O contrato de compra e venda não requer instrumento escrito nem está sujeito a qualquer requisito de forma. Poderá ele ser provado por qualquer meio, inclusive por testemunhas. Artigo 12. Não se aplicará qualquer das disposições dos artigos 11 e 29, ou da Parte II desta Convenção, que permita a celebração, alteração ou resilição do contrato de compra e venda, ou a proposta, aceitação ou qualquer manifestação de intenção, por outra forma que não a escrita, quando uma das partes tiver seu estabelecimento em Estado Contratante que tenha feito a declaração no artigo 96

A validade é matéria excluída pela CISG nos termos do art. 4.º. Assim, o processo de seleção que conduz à escolha do contratado é tido normalmente como alheio às preocupações da CISG. Como em muitos países (ao contrário do Brasil e dos Estados Unidos, por exemplo) o direito interno de licitações não regula o conteúdo do contrato, apenas a forma de seleção do contratado, isso afasta a maior parte dos problemas práticos que resultariam da introdução da CISG.

O raciocínio também se aplica à representação ou competência do agente: o direito administrativo interno definirá a autoridade competente para celebrar o contrato; esta definição é externa e pressuposta pela CISG.

Por essa mesma razão, a doutrina adverte que a identificação dos problemas de representação ou competência deve ser rigorosa. A confusão entre questões de *competência* e de *forma* pode implicar uma ampliação indevida da área excluída do campo de aplicação da CISG.

A *liberdade de forma*, por outro lado, assegurada pelo art. 11, é usualmente vista como um ponto de potencial conflito com o direito interno de licitações e contratos administrativos. Tal como ocorre no Brasil (art. 54, caput e § 1º da Lei 8.666 e art. 89, §§1º e 2º da Lei 14.133), as leis internas de licitações normalmente exigem a forma escrita para os contratos como requisito de validade.

Conforme destaca Honnold, a doutrina se divide entre duas interpretações possíveis.[40] Uma corrente afasta a liberdade de forma do art. 11, com base no art. 4.º, mas impõe que as exigências de forma nos contratos públicos tenham justificativas substanciais e não são sejam apenas uma formalidade. Outra corrente afirma que o art. 11 é justamente uma exceção ao art. 4.º (este dispositivo estabelece que as matérias de validade estão excluídas do âmbito da CISG "salvo disposição expressa em contrário da presente Convenção"; a liberdade de forma do art. 11 seria uma disposição expressa em contrário). Portanto, assegura a liberdade de forma mesmo quando o direito interno exija para os contratos administrativos a forma escrita. Neste caso, a suposta invalidade decorrente da exigência de forma escrita no direito interno não estaria protegida da incidência da CISG pelo art. 4.º.

desta Convenção. As partes não poderão derrogar nem modificar o efeito do presente artigo. Artigo 13. Para os fins desta Convenção, o termo 'escrito' abrange o telegrama e o telex."

[40] Honnold, cit., p. 181-183.

6. Aplicação da lei interna como derrogação parcial da CISG (art. 6.º)

Na generalidade dos casos, o contrato administrativo será feito por escrito e conterá alusão às leis brasileiras aplicáveis. Também conterá uma reprodução, como cláusulas contratuais, de muitas das previsões legais sobre o conteúdo das obrigações e as consequências do seu inadimplemento.

Tais previsões devem ser interpretadas como exclusão ou derrogação consensual das normas da CISG, com fundamento de validade no art. 6.º da própria Convenção.

A decorrência disso é que as premissas da CISG sobre a interpretação da exclusão ou derrogação se aplicam para se determinar a efetividade e a extensão do afastamento da CISG em favor da lei interna de licitações. A doutrina e a jurisprudência internacionais estabelecem requisitos para a interpretação da exclusão ou derrogação, como, por exemplo, (i) a necessidade de clareza, com o não-afastamento da CISG nas áreas em que não tiver havido a exclusão ou derrogação claras (mediante a aplicação da jurisprudência internacional sobre a caracterização da exclusão)[41] e (ii) os métodos de interpretação da conduta e das práticas das partes (arts. 8.º e 9.º). Como referido em tópico posterior, a exigência de clareza para se identificar uma exclusão da CISG em contratos administrativos elaborados unilateralmente pelo ente governamental pode ser ainda mais elevada devido à proteção constitucional da confiança legítima do contratado ou, se inaplicável, em razão do princípio da interpretação *contra proferentem*.

A menção a leis nacionais de licitações no contrato, sem a exclusão expressa da CISG, pode fazer com que o contrato seja regido pela CISG, mas com parte – ou, em certos casos, muito – das disposições substanciais da CISG sendo derrogadas pelas previsões das referidas leis nacionais de licitações. Essa solução pode ser contratualmente complexa e, por isso, indesejável, mas é a que deriva do art. 6 da CISG. Há apenas uma diferença de grau entre a derrogação de apenas uma disposição da CISG e a derrogação da maior parte das suas disposições. Se a incorporação das leis nacionais de licitações, por remissão,

[41] Há tendência de se exigir que a exclusão seja inequívoca, conforme amplo entendimento internacional. Alguns exemplos estão em *Forestal Guarani, SA v Daros International, Inc.* (CISG-online 1779), *Easom Automation Systems, Inc v Thyssenkrupp Fabco, Corp* (CISG- online 1601), *Cedar Petrochemicals, Inc v Dongbu Hannong Chemichal Co, Ltd* (CISG-online 1509), *Property Casualty Company of America et al v Saint-Gobain Technical Fabrics Canada Limited* (CISG-online 1435), *TeeVee Toons, Inc et al v Gerhard Schubert GmbH* (CISG-online 1272) e *Ajax Tool Works, Inc v Can-Eng Manufacturing Ltd* (CISG-online 772).

tornar inaplicáveis todas as disposições da CISG com exceção de uma (por exemplo, o art. 11, sobre liberdade de forma), ainda assim isso será importante e útil para a parte que pretender invocar a CISG para a defesa de seus direitos.

Um ponto relevante de discussão é justamente o art. 11. Mesmo que o contrato seja escrito, e na prática sempre será, pode haver dúvida sobre a possibilidade de *aditivos* celebrados com liberdade de forma. Se as partes não houverem proibido aditivos orais, estes serão válidos com base no art. 11 da CISG.

É usual que, nos litígios administrativos, os contratados invoquem a troca de correspondências ou outros atos imputáveis à Administração como base para modificações das obrigações contratuais. O art. 11 da CISG lhes dará um novo fundamento de validade ao atribuir caráter contratual a atos praticados ainda que com forma diversa da do contrato original.

No direito norte-americano sobre licitações e execução de contratos administrativos, a doutrina e a jurisprudência adotam a noção de "constructive changes" em contraste com as alterações formais do contrato. Aquelas são inferidas a partir da conduta ao invés de formalizadas por meio de aditivos específicos.[42] Conceitos similares existem em outros países. É comum que os contratados em litígios com entes governamentais utilizem correspondências trocadas, atas de reunião ou outras condutas imputáveis ao ente governamental como fundamento para a identificação de "constructive changes". O art. 11 pode aplicar-se nessas situações para atribuir a natureza de um acordo vinculante a tais condutas destinadas a modificar o contrato mesmo que elas não tomem a forma de um instrumento escrito. A solução adotada dependerá dos limites da derrogação da CISG verificados em cada caso.

7. Possível desigualdade de regime entre os licitantes?

Nos termos do seu art. 1.º, a CISG somente será aplicável a contratos celebrados entre partes que tenham estabelecimentos em Estados nacionais distintos. Ou seja, a internacionalidade é um requisito para a sua aplicação. Em um dado processo licitatório internacional realizado pela Administração Pública brasileira, havendo licitantes de nacionalidades distintas, pode surgir a situação em que cada licitante ficará sujeito a regras contratuais parcialmente diferentes conforme seja nacional ou estrangeiro. Se o adjudicatário for estabelecido no

[42] Ver S.W. Feldman, Government Contract Guidebook, 4th edn. (Thomson Reuters Westlaw, 2013), especialmente pp. 532-535 ("formal changes") e pp. 535-545 ("constructive changes").

Brasil, não será aplicável a CISG; se for estabelecido no exterior, a CISG será aplicável, mesmo que o seu Estado de origem não seja signatário, em face de as regras de direito internacional privado brasileiras apontarem para a aplicação do direito brasileiro (art. 1.º(1)(b) da CISG).

Indaga-se se essa situação poderia representar uma desigualdade indevida entre os licitantes e comprometer a validade do certame. Não há desigualdade indevida nem invalidade. A desigualdade de regras aplicáveis corresponde a uma desigualdade jurídica real entre os licitantes, que se submetem a regimes distintos. Não há diferença entre esta situação e quaisquer outras em que há regras especiais aplicáveis a determinadas estruturas jurídicas ou tributárias passíveis de escolha pelos licitantes. A opção por participar do certame por meio de um estabelecimento nacional ou estrangeiro é do licitante e traz consigo as consequências jurídicas pertinentes. A doutrina enfrenta especificamente o tema e conclui que ambos, contratante e contratado, têm condições da avaliar, em um sistema de licitação entre diversos proponentes, a incidência ou não da CISG no eventual contrato dependendo do proponente que vier a ser selecionado.

Destaque-se que o art. 10(a) da CISG trata especificamente da situação em que a parte pode ter mais de um estabelecimento, definindo as condições para se identificar qual o estabelecimento decisivo para o contrato.[43] Em caso julgado em 2019, o Supremo Tribunal Federal suíço examinou situação em que um fornecedor estrangeiro, em um contrato com uma empresa estatal, passou a valer-se de um estabelecimento local. Reputou-se que ambos os estabelecimentos seriam relevantes, mas que a presença de pelo menos um estabelecimento estrangeiro já assegurava a aplicação da CISG.[44]

8. Necessidade de clareza nos contratos administrativos

Exige-se da Administração Pública a definição clara, em seus contratos, acerca dos pontos em que as regras dispositivas da CISG serão substituídas pelas normas de direito interno ou por disposições contratuais. A falta de clareza

[43] "Artigo 10. Para os fins da presente Convenção: (a) quando uma parte tiver mais de um estabelecimento, será considerado como tal aquele que tiver relação mais estreita como o contrato e com sua execução, tendo em vista as circunstâncias conhecidas pelas partes ou por elas consideradas antes ou no momento da conclusão do contrato; (b) se uma parte não tiver estabelecimento, considerar-se-á sua residência habitual." Sobre o tema, cf. os comentários de Schwenzer e Hachem em (SCHWENZER, Ingeborg *et alii, Comentários ...*, cit., p. 326-329).

[44] CLOUT caso 1824, com sumário preparado por Ulrich Schroeter; CISG-online no. 4463.

será resolvida em favor das normas da CISG, inclusive quanto ao conteúdo das obrigações.

Além de exigida pela própria CISG como requisito de eficácia da exclusão ou derrogação, a transparência na escolha da CISG integra o compromisso internacional do Brasil ao ingressar no sistema da CISG. No plano internacional, a acessão do Brasil ou Portugal à CISG produz, nas contrapartes estrangeiras, a expectativa legítima de que seus contratos com partes brasileiras serão regulados pela CISG. Essa expectativa legítima e a confiança dos particulares não deve ser frustrada, especialmente pelos próprios entes governamentais, por meio da adoção de instrumentos contratuais ambíguos ou que produzam insegurança para os fornecedores estrangeiros acerca do direito aplicável ou de outras condições contratuais.

A consequência dessas premissas é que os critérios gerais para o reconhecimento de uma exclusão ou derrogação da CISG se aplicam, mas não exaurem as considerações necessárias para se reputar ou não as disposições da CISG como regulando a relação entre as partes do contrato. A doutrina e a jurisprudência já desenvolveram amplamente tais critérios gerais. Tanto acordos explícitos quanto implícitos são admitidos para promover tal exclusão ou derrogação. Alude-se, por exemplo, a que a escolha do "direito brasileiro" não afasta por si só a CISG, que é parte desse direito. Porém, a escolha do "Código Civil brasileiro" poderia ser suficiente para excluir a CISG por implicar a adoção de outro sistema completo de regras. Mesmo à luz dos critérios gerais, essa conclusão não é absoluta. Como explicam Schwenzer e Hachem, determinadas limitações do diploma referido no contrato podem implicar a manutenção da CISG como direito aplicável.[45]

Com ainda mais razão, a conclusão de que a mera referência a diplomas legislativos nacionais pode não implicar o afastamento da CISG se aplica aos contratos administrativos, nos quais se exige um padrão mais elevado de clareza para que se efetive a exclusão ou derrogação. Os fornecedores estrangeiros que vendem mercadorias a uma entidade integrante de um Estado detêm a expectativa legítima de que os contratos sejam, como regra geral,

[45] Ver Hachem e Schwenzer em Schwenzer. Commentary (2016), pp. 113-115, esp. p. 114: "It seems common ground that the reference to a set of non-unified domestic sales provisions sufficiently indicates an intention to derogate from the entire Convention — e.g. 'this contract is governed by the provisions of the German Civil Code (BGB)'. Such reference may, however, fail to effect a derogation from the entire CISG where the set of rules designated is only applicable to 'merchants' as defined by the domestic set of rules envisaged and this requirement is not fulfilled by both parties."

disciplinados pela lei uniforme adotada pelo referido Estado. Trata-se de expectativa legítima coberta pelo princípio da proteção da confiança. Ao adotar a CISG, um Estado formula uma promessa dirigida a seus fornecedores estrangeiros potenciais – ou a seus compradores, nos casos em que o Estado é o vendedor – no sentido de que a lei uniforme será aplicável. Essa promessa não torna impossível a exclusão ou derrogação da CISG, prevista nela própria no art. 6. Porém, estabelece um padrão mais elevado de comprovação da intenção de excluir ou derrogar a CISG. A proteção da confiança é reconhecida como uma derivação de princípios de direito público amplamente consagrados.[46] Dá aos contratados em um contrato administrativo o direito de experar que a CISG seja aplicada exceto se houver sido clara e expressamente excluída. Trata-se de um tema de validade (ou não) da exclusão com base em princípios de direito público interno, os quais são incorporados pelo art. 4 da CISG.

A mesma conclusão pode ser atingida a partir de uma perspectiva de análise *contra proferentem*, desde que o ente governamental seja – como na generalidade dos casos regidos pelo direito público – o responsável pela definição unilateral das condições contratuais. Vai além da premissa de que, em caso de dúvida, deve-se optar pela aplicação da CISG. Exige-se que o contrato seja interpretado em favor da aplicação da CISG exceto se o contrário resultar claramente da redação do contrato.

Em um sistema jurídico hipotético – não o brasileiro nem o português – em que não houvesse a proteção da confiança legítima e no qual os contratos com entes governamentais fossem negociados sem prevalência deste, ou seja, nos quais as condições fundamentais do contrato não fossem definidas unilateralmente pelo ente governamental, não existiria um padrão mais elevado de exigência para exclusão ou derrogação da CISG. Em contrapartida, nos sistemas que reconhecem tal padrão mais elevado de transparência e clareza na atuação estatal inclusive por meio de contratos, a exclusão ou derrogação da CISG em um contrato governamental deve ser expressa e explícita, e os critérios usuais para a exclusão ou derrogação não serão suficientes. A CISG será então aplicável, uma vez que os contratos se enquadrarão em seu âmbito de aplicação.

[46] P. Reynolds. Legitimate Expectations and the Protection of Trust in Public Officials (October 8, 2010). Public Law, Vol. 2011, p. 330, 2011. Available at SSRN: http://ssrn.com/abstract=1689518.

9. Impugnação administrativa (art. 41 da Lei 8.666 E ART. 164 DA LEI 14.133) para a correção de ambiguidades

Visto o problema sob o ponto de vista dos fornecedores internacionais, o direito brasileiro de licitações oferece mecanismos, no procedimento licitatório, para o esclarecimento e a impugnação dos termos dos editais de licitação e das minutas de contrato. Esse momento anterior à entrega das propostas na licitação é o adequado para a discussão sobre a lei aplicável, seja para se pleitear a manutenção total ou parcial das normas dispositivas da CISG, seja para se exigir clareza em sua exclusão ou derrogação. Trata-se do momento em que o ente governamental poderá promover as alterações pleiteadas e finalizará os termos dos atos convocatórios. Se um licitante não está satisfeito com as condições de contratação, pode valer-se de seu direito de impugnar para propor termos diversos, inclusive a aplicação total ou parcial da CISG. No Brasil, esse direito pode estender-se à formulação de representação a autoridades superiores ou aos Tribunais de Contas e à propositura de medidas judiciais.

10. A conveniência para a Administração da expressa aplicação da CISG

Outro campo de discussão inteiramente diverso é a conveniência de a Administração Pública brasileira optar pela manutenção das normas da CISG sobre a formação e o conteúdo do contrato de compra e venda, deixando de excluir sua aplicação ou derrogá-las.

É inegável que, ao ratificar a CISG e lhe dar vigência no Brasil, o Estado brasileiro reconheceu as suas virtudes. Se disso não se extrai um dever positivo de aplicação das regras substanciais da CISG, exige que a sua eventual exclusão ou derrogação seja ponderada e fundamentada, além de clara e expressa.

Há vantagens importantes na adoção total ou parcial da CISG para regular as compras efetivamente internacionais.

Primeiro, há dispositivos da CISG que dão segurança ao fornecedor internacional e facilitam a assunção de obrigações. Suas regras são fruto de amplo debate e conciliação entre sistemas jurídicos diversos. Três exemplos importantes são (i) o ônus de inspecionar as mercadorias e notificar o vendedor sobre as desconformidades em prazo razoável, (ii) a previsão de que o vendedor é responsável apenas por danos previsíveis no momento da celebração do contrato e (iii) o ônus de mitigação dos danos por parte daquele que busca a indenização. O afastamento dessas regras gera insegurança contratual que pode desestimular o fornecimento por vendedores responsáveis.

Depois, há o problema da subcontratação. Em muitas situações, o fornecedor internacional da Administração terá subcontratados submetidos a contratos regidos pela CISG. A manutenção das regras da CISG pode facilitar a gestão dos subcontratos. Um dos casos acima citados envolvendo a CISG em contratos de interesse da Administração (*Diversitel*) dizia respeito a uma compra internacional privada na área de defesa, tendo por objeto peças para ulterior fornecimento ao Ministério da Defesa do Canadá.

Tais vantagens refletem-se fundamentalmente no preço a ser pago pela Administração ao reduzir os riscos do fornecedor internacional.

Isso também se estende à posição jurídica de bancos financiadores e agências internacionais de fomento, que analisam e aprovam os contratos para utilização dos recursos emprestados ou doados. Outro dos principais casos internacionais de aplicação da CISG em contratos públicos, também já citado, diz respeito precisamente a um caso assim, envolvendo um fornecedor espanhol e o governo do Iraque no âmbito do programa *Oil for Food*, financiado por agência internacional.

A Administração não deve adotar a posição cômoda de simplesmente excluir direta ou indiretamente a aplicação da CISG. Seja em face do compromisso internacional que a ratificação da CISG representa, seja pelas vantagens concretas do regime uniforme, a Administração está obrigada a examinar concretamente a disciplina da CISG e decidir de modo racional e fundamentado acerca da sua aplicação plena ou eventual derrogação.

Conclusões

O âmbito de aplicação da CISG segundo os seus arts. 1 a 3 abrange, de modo geral, os contratos celebrados pela Administração Pública direta ou indireta. Quando um ente governamental de um Estado signatário da CISG realiza uma compra (ou, mais raramente, uma venda) internacional, a CISG irá aplicar-se exceto se houver alguma exclusão dos arts. 2 ou 3 ou se o contrato excluir a CISG ou derrogar uma ou mais das disposições da CISG, de acordo com o art. 6 da própria CISG. A eficácia e a amplitude de qualquer exclusão ou derrogação serão examinadas segundo os arts. 7 a 9 da CISG. A proteção constitucional da confiança e expectativa legítimas da parte privada leva a um padrão mais elevado de exigência de comprovação da exclusão ou derrogação da CISG. A referência contratual à lei interna de licitações ou contratos administrativos não deve ser interpretada, por si só, como exclusão consensual da CISG, mas apenas como derrogação das disposições conflitantes da CISG, tal como possibilita o art. 6 da CISG.

Na maior parte dos sistemas nacionais, as principais áreas de potencial conflito entre a CISG e a disciplina interna de contratações administrativas são limitadas aos temas de representação (art. 4 da CISG) e de liberdade de forma (art. 11 da CISG). Nesses sistemas, o regime contratual não difere substancialmente dependendo de haver ou não entes governamentais como partes contratuais.

Porém, nos países em que há normas específicas de contratação pública, como o Brasil, Portugal e os Estados Unidos, a discussão sobre a aplicação da CISG na fase de cumprimento das obrigações contratuais pode ser mais complexa. O papel atribuído à legislação interna sobre contratações públicas é mais amplo, havendo menos espaço para a possível aplicação da CISG. A exigência de transparência, eficácia e eficiência na atuação estatal impõe que haja clareza na eventual exclusão ou derrogação da CISG. A falta de uma exclusão ou derrogação clara permitirá ao contratado privado valer-se das previsões da CISG que não tenham sido derrogadas pela redação do contrato ou pela incorporação, por remissão contratual, das regras internas sobre contratações públicas.

A Administração Pública direta e indireta deve analisar os benefícios da adoção da CISG, evitando exclusões indiscriminadas como as realizadas pelo governo brasileiro em suas contratações de materiais militares realizadas por meio de escritório do governo brasileiro em Washington, D.C. e submetidas ao direito de D.C. ou Nova York com expressa exclusão da CISG. Os licitantes e outros interessados, inclusive os cidadãos nos sistemas que, como o do Brasil, reconhecem a legitimidade dos cidadãos para impugnar procedimentos licitatórios, têm um papel relevante no controle das contratações públicas e na efetivação da adoção da CISG por meio da formulação de pedidos de esclarecimento, impugnações e representações. Esses instrumentos dão aos licitantes e interessados os meios para influenciar legitimamente a redação final do contrato com relação à aplicação, derrogação ou exclusão da CISG.

A CISG produz efeitos diretos sobre as compras governamentais internacionais. Nenhum Estado contratante da CISG pode ignorá-la em suas contratações de compra e venda internacional de mercadorias. A Administração Pública deve estar consciente da existência da lei uniforme e do seu impacto sobre seus contratos internacionais. A aplicação ou eventual derrogação ou exclusão da CISG devem ser discutidas e decididas em cada caso de modo racional e motivado.

O direito público interno oferece os instrumentos para que cada ente da Administração Pública direta ou indireta tome decisões informadas e para que os licitantes e interessados interfiram de modo transparente no processo de configuração de editais de licitação e contratos administrativos. Tais instrumentos permitem exigir que o ente governamental reflita e decida sobre a aplicação da CISG com base em motivos racionais. Nos primeiros anos de vigência da CISG em cada país, a esperada inércia de entes governamentais em se adaptar à CISG pode ser superada pela conduta ativa, cuidadosa e atenta dos interessados em geral e, em especial, dos fornecedores internacionais que possam vir a participar de procedimentos licitatórios ou contratações públicas do novo Estado signatário da CISG.

8. A CISG SOB A PERSPECTIVA DO DIREITO INTERTEMPORAL: OS PRIMEIROS DIAS DA CONVENÇÃO

Paulo Nalin
Letícia Marinhuk

Introdução

A Convenção das Nações Unidas sobre a Compra e Venda Internacional de Mercadorias passou a integrar o ordenamento jurídico português em 1º de outubro de 2021, irrigando-o com novas percepções sobre modernas técnicas contratuais decorrentes da sua *ratio* própria.

Dentro do seu escopo de atuação, a CISG objetiva promover a uniformização do Direito negocial internacional, sendo certo o seu sucesso ao se considerar o elevado número de Estados signatários e as mais distintas práticas culturais, sociais e econômicas envolvidas.

As vantagens da adesão por Portugal são, portanto, inquestionáveis.

Ao se diminuir a assimetria das informações e os perigos do quase sempre desconhecido direito estrangeiro, permite-se que negócios até então locais possam alçar voos e atingir novos – e distantes – horizontes, fazendo *jus* ao ideal da cooperação internacional. A segurança jurídica alcançada já seria justificativa suficiente para celebrar o fato. Mas, além disso, efeito dela consequente é a economia dos custos da transação, pois advogados portugueses opinarão sobre casos em terras estrangeiras, uma vez ser uniforme a lei. Terceira consequência positiva é o alinhamento do sistema jurídico doméstico ao internacional, sobretudo se considerados modernos e dinâmicos institutos do *common law* incorporados à CISG, haja vista Portugal ser membro da família romano-germânica, portanto, *civil law*.

Em vista da relevância da CISG no cenário internacional e da sua recente entrada em vigor em Portugal, faz-se imprescindível o estudo da temática sob a ótica do Direito intertemporal na transição entre o sistema doméstico de contratos e a Convenção.

Nesta perspectiva, o presente estudo se propõe a apresentar, em um primeiro momento, breves considerações acerca da substância na qual se fundamenta o Direito intertemporal para, após, correlacioná-lo com as disposições do art. 100 da CISG.

Objetiva-se, desta forma, demonstrar que a atenção aos aspectos temporais e intertemporais havidos na sucessão entre leis é pressuposto intrínseco à efetivação da previsibilidade e da estabilidade jurídica, considerando-se a passagem entre o antigo e o novo direito de regência dos contratos de compra e venda internacional de mercadorias.

1. A entrada em vigor da CISG no ordenamento jurídico português

Em 05 de agosto de 2020 o Governo da República Portuguesa, por meio do Decreto nº 5/2020[1], aprovou a adesão do País à Convenção das Nações Unidas sobre Contratos de Compra e Venda Internacional de Mercadorias ("CISG" ou "Convenção").

O instrumento de adesão foi depositado junto ao Secretário-Geral das Nações Unidas em 23 de setembro de 2020[2] e, em decorrência do art. 99 (2) da Convenção, suas disposições entraram em vigor no ordenamento jurídico português em 1º de outubro de 2021.

As vantagens decorrentes da adesão são inúmeras.

Dentre os seus objetivos, a CISG visa remover os obstáculos legais ao comércio internacional a partir da determinação da lei aplicável aos Estados contratantes[3]. Isto é, por se tratar de uma legislação uniforme, confere segurança e previsibilidade à relação contratual por ela abrangida quanto às regras aplicáveis.

[1] PORTUGAL. Presidência do Conselho de Ministros. **Decreto n.º 5/2020**. Aprova, para adesão, a Convenção das Nações Unidas sobre Contratos para Venda Internacional de Mercadorias, adotada em Viena, em 11 de abril de 1980. Disponível em: <https://dre.pt/home/-/dre/139804820/details/maximized>. Acesso em: 9 Set. 2021.

[2] PORTUGAL. Negócios Estrangeiros. **Aviso n.º 48/2020**. Torna público que a República Portuguesa depositou o seu instrumento de adesão à Convenção das Nações Unidas sobre Contratos de Compra e Venda Internacional de Mercadorias, adotada em Viena, em 11 de abril de 1980. Disponível em: <https://dre.pt/home/-/dre/145991167/details/maximized>. Acesso em 9 Set. 2021.

[3] Atualmente 94 países são signatários da CISG, o que demonstra a habilidade da Convenção em reunir Estados contratantes com diferenças culturais, econômicas e sociais por vezes contrastantes. (UNITED NATIONS FOUNDATION. **Status:** United Nations convention on contracts for the International sale of goods (Vienna, 1980). Disponível em: <https://uncitral.un.org/en/texts/salegoods/conventions/sale_of_goods/cisg/status>. Acesso em: 19 Set. 2021.)

Os desafios, igualmente, são incontestáveis, em especial àqueles que instrumentalizam o Direito. Isso se deve ao fato de, como regra, a compra e venda internacional de mercadorias em Portugal ter passado a ser regida por legislação autônoma e desprendida das disposições originalmente nacionais.

Noutros termos, a CISG traz consigo a necessidade de que, para a sua boa aplicação, haja também a interpretação homogênea das suas disposições[4]. "O recurso ao direito interno é em termos gerais excluído, ou seja, Cortes e Tribunais arbitrais não podem simplesmente usar métodos do Estado-foro ou do local de estabelecimento de uma das partes"[5]. Do contrário, o propósito da mencionada adesão à Convenção estaria desvirtuado[6].

As razões para tanto se justificam no art. 7 (1) da CISG[7], que traz como pressupostos interpretativos o seu caráter internacional, a promoção da uniformidade de sua aplicação e o respeito à boa fé no comércio internacional[8].

[4] *"The approach taken by the drafters of the Convention is aimed at facilitating the harmonization of international trade law. However, it also increases the need for a uniform interpretation of its text in the different jurisdictions where it is enacted. Therefore, the issue of uniform interpretation of the Convention by reference to both domestic and foreign case law requires particular attention. In this respect, it should be recalled that article 7 (1) of the Convention sets a uniform standard for interpretation of its provisions by stating: "In the interpretation of this Convention, regard is to be had to its international character and to the need to promote uniformity in its application [...]."* (UNITED NATIONS FOUNDATION. United Nations Comission on International Trade Law. **Digest of case law on the United Nations convention on contracts for the international sale of goods**. Vienna: United Nations, 2016. p. 11.)

[5] SCHWENZER, Ingeborg; GREBLER, Eduardo; FRADERA, Véra; PEREIRA, Cesar A. Guimarães (Coords.). Op. Cit., p. 258.

[6] *L'interprétation designe, d'une certaine manière, um péril sans cesse menaçant qui guette le droit uniforme et qui, incontrôlé, risque de le miner à chaque instant*". (MARQUIS, Louis. L'interprétation du droit commercial international uniforme: un modèle personnifié par Marc-Antoine. **Revue Internationale de Droit Comparé**, Paris, v. 54, n. 2, p. 97-128, avr./juin. 2002. p. 99.)

[7] *"The special problems of construing an international text are faced in Article 7, which lays down a series of principles for interpreting the Convention. The most basic principle is this: Interpretation shall respond to the Convention's 'international character and to the need to promote uniformity in its application.' Ways to effectuate this principle, examined in the Commentary to Article 7, include the following: The effort, in drafting the Convention, to avoid legal idioms that have divergent local meanings and, instead, to speak in terms of physical events that occur in international trade; the use of the legislative history of the Convention as a means of escape from preconceptions derived from domestic laws; and the dissemination and use of international case law (jurisprudence) and scholarly critique (doctrine)"*. (HONNOLD, John O. **Uniform law for international sales under the 1980 United Nations convention**. 3. ed. Kluwer Law International: Londres, 2009. p. 15.)

[8] Daí a importância de que o respeito a este dispositivo seja "rigoroso, uma vez que leva tanto em consideração a sua natureza pública e internacional como a sua própria razão de ser, que vem a ser a promoção da boa prática do comércio internacional, fundada no conhecimento de regras jurídicas comuns aos Estados contratantes" (NALIN, Paulo; STEINER, Renata C. **Compra e venda internacional de mercadorias**: a convenção das Nações Unidas sobre compra e venda internacional de mercadorias (CISG). Belo Horizonte: Fórum, 2016, p. 162.)

Ou seja, dentro do escopo de atuação da CISG, caberá ao Direito doméstico se adaptar a ela e não o contrário.

Em vista da recente transição de leis portuguesas sobre a matéria da compra e venda internacional de mercadorias – do sistema doméstico de contratos para a CISG – faz-se imprescindível a abordagem do tema sob a perspectiva do Direito intertemporal. Para tanto, no Item 2, serão apresentadas as considerações gerais sobre este importante domínio do Direito, enquanto, no Item 3, o tratamento a ele conferido no âmbito da Convenção.

2. Breves considerações sobre o Direito intertemporal

A rapidez e a dinamicidade com que as relações tuteladas pelo Direito evoluem demandam do Estado atuação ativa, sob pena de seus comandos tornarem-se inapropriados às necessidades do tempo presente. Desse modo, a criação, a modificação e, até mesmo, a extinção de leis é constantemente promovida nos diversos ordenamentos jurídicos como um movimento natural em prol da sua continuidade e eficiência.

É o que pode ser verificado em Portugal a partir do movimento voltado à incorporação da CISG no seu sistema nacional de leis. Como consequência, no âmbito dos contratos de compra e venda internacional de mercadorias, a regência sobre a matéria foi deslocada do sistema doméstico de contratos para a Convenção, sendo certa a produção de resultados distintos em consideração ao momento de ocorrência dos atos que compõem a relação contratual.

Nesse contexto, surge a relevância do estudo do Direito intertemporal. De um lado, a fim de tutelar o espaço cronológico havido entre a sucessão de dispositivos legais e os efeitos decorrentes desta transição. Doutro, para, na medida do possível, promover segurança jurídica sobre o ato jurídico perfeito, o direito adquirido e a coisa julgada[9].

Isso se deve ao fato de a sucessão entre leis não necessariamente ocorrer de forma harmonizada com os seus planos de regência. Comumente verificam-se conflitos em torno de qual lei incidirá sobre determinada situação, a exemplo dos chamados "fatos pendentes", que se iniciam sob a égide da

[9] "O conflito entre o passado e o futuro, entre a imutabilidade do que já passou e o desafio de aprender o futuro, tornando-o previsível, constitui, assim, a *anima* do direito intertemporal". (DELGADO, Mario Luiz. **Novo direito intertemporal brasileiro**: da retroatividade das leis civis. São Paulo: Saraiva, 2014. 2.ª ed. rev. e ampl. p. 36-37.)

antiga lei mas produzem efeitos em conformidade com a lei vigente, seja ela derrogadora ou ab-rogadora.

Posto isso, é também papel do Direito intertemporal promover a harmonização e a coerência entre dispositivos pertencentes a um mesmo sistema jurídico, ainda que por vezes já revogados ou apenas afastados em função da existência de norma mais específica.

Outrossim, o Direito intertemporal não deve ser tratado como matéria desconectada das demais e isenta de relativizações. Apesar de reger situações em que há conflitos entre normas que tutelam simultaneamente um mesmo objeto, não raramente se depara com a influência da soberania de outros Estados.

Nestes casos, a partir dos preceitos do Direito internacional privado, tempo e espaço passam a ser duas faces de uma moeda: indissociáveis ao mesmo tempo em que inconfundíveis. Tal observação é pertinente em se tratando do contexto que permeia os contratos internacionais, campo no qual, diga-se, a CISG representa um dos pilares mais expressivos, senão o principal, tendo em conta a possibilidade da sua aplicação pela via indireta.

Como razão de ser do Direito Intertemporal, qual seja, solucionar os conflitos oriundos da sucessão entre leis, vale-se ele dos preceitos da teoria geral do Direito e da hermenêutica jurídica.

Para a solução de antinomias no direito interno, elencam-se os critérios hierárquico, cronológico e de especialidade[10], ressalvada a sua aplicação conforme as características do caso concreto[11]. Ao Direito intertemporal, por sua vez, interessa de forma mais íntima o critério cronológico, que comporta dois subcritérios: o das disposições transitórias e o dos princípios da retroatividade e da irretroatividade das normas.

[10] Pelo critério hierárquico, em um conflito entre normas de diferentes níveis, a de nível mais alto, qualquer que seja a ordem cronológica, terá preferência em relação à de nível mais baixo. O critério cronológico, por sua vez, remonta ao tempo em que as normas passam a ter vigência, limitando-se a conflitos entre dispositivos do mesmo nível. Por meio dele, a norma mais recente prevalecerá sobre a mais antiga. A autora, contudo, alerta que, apesar de tal princípio ser fundamental, não pode ser elevado à categoria de axioma absoluto, pois a experiência demonstra que pode ser deixado de lado se contrariar considerações relacionadas aos diferentes casos de inconsistência. Já pelo critério da especialidade, a norma especial tem preferência sobre a geral, pois acresce um elemento próprio à descrição legal do tipo previsto na norma geral. Assim, apesar de também estar tipificada na norma geral, a situação objeto de conflito será enquadrada na norma especial. (DINIZ, Maria Helena. **Conflito de normas**. 3. ed. rev. São Paulo: Saraiva, 1998. p. 34-40.)

[11] MACHADO, João Baptista. **Introdução ao direito e ao discurso legitimador**. Coimbra: Almedina, 1983. p. 170.

As primeiras, também chamadas de Direito intertemporal, podem ser extraídas do próprio texto normativo. Caracterizam-se pela vigência temporária e objetivam justamente evitar as antinomias decorrentes do "corte" legislativo promovido pela nova lei, na expressão de Campos Batalha[12].

Já os princípios da retroatividade e da irretroatividade das normas visam "solucionar conflitos entre a norma mais recente e as relações jurídicas definidas sob a égide da norma anterior, na ausência de normação transitória"[13]. Serão, portanto, retroativas aquelas normas que incidirem sobre atos praticados anteriormente a sua vigência, ao passo que irretroativas aquelas que se aplicarão tão somente a partir da sua entrada em vigor.

Em contrapartida, não sendo tais critérios suficientes, surgirá uma lacuna de colisão ou de conflito[14], momento a partir do qual o problema deverá ser solucionado sob o recurso dos princípios gerais aplicados ao preenchimento de lacunas normativas, caso a caso, sempre em favor da ordem pública ou social[15].

Realizada a contextualização acima quanto aos principais aspectos do Direito intertemporal e as ferramentas por ele utilizadas no desfecho de conflitos entre normas pertencentes a um mesmo sistema de leis, passa-se à análise da matéria *in concretu* na CISG.

3. Direito intertemporal na CISG

A compra e venda internacional de mercadorias não raramente é caracterizada por sucessivos atos jurídicos cujos efeitos se projetam ao longo do tempo. Vale dizer, ao contrário das relações contratuais domésticas civis e de consumo, que estão associadas à execução muitas vezes instantânea, a compra e venda internacional se apresenta como modalidade de execução a longo prazo, diferida e até mesmo continuada. Atentos a esta característica e às consequências

[12] BATALHA, Wilson de Souza Campos. **Direito intertemporal**. Rio de Janeiro: Forense, 1980. p. 16.

[13] DINIZ, Maria Helena. Op. Cit., p. 37.

[14] "Em qualquer dos casos, temos que assentar em que o postulado da 'unidade da ordem jurídica' exige que não se verifiquem contradições entre as suas normas (pela mesma razão que exige o preenchimento das respetivas lacunas). Se uma contradição for descoberta e não for de todo possível eliminá-la pelos critérios acima referidos ou pela via interpretativa, teremos de partir da ideia de que as normas em contradição se anulam uma à outra e dar por verificada uma 'lacuna de colisão'. (BATALHA, Wilson de Souza Campos. Op. Cit., p. 171.)

[15] DINIZ, Maria Helena. Op. Cit., p. 40.

dela decorrentes, os grupos de estudo responsáveis pela elaboração da CISG dispuseram, em seu art. 100, acerca do momento de incidência das suas regras.

> Artigo 100
>
> (1) Esta Convenção somente se aplicará à formação do contrato quando a oferta de conclusão do contrato se fizer a partir da data de entrada em vigor da Convenção, com relação aos Estados Contratantes a que se refere a alínea (a) do parágrafo (1) do artigo 1, ou com relação ao Estado Contratante a que se refere a alínea (b) do parágrafo (1) do artigo 1.
>
> (2) Esta Convenção somente se aplicará aos contratos concluídos a partir da data de entrada em vigor da Convenção com relação aos Estados Contratantes a que se refere a alínea (a) do parágrafo (1) do artigo 1, ou com relação ao Estado Contratante a que se refere a alínea (b) do parágrafo (1) do artigo 1.

O art. 100 governa o âmbito temporal da Convenção[16], atendo-se a duas referências essenciais e inerentes à matéria: a formação do contrato, a partir da oferta, e a operacionalização da compra e venda internacional de mercadorias por meio dos contratos concluídos. Em suma, distingue a aplicabilidade da Parte II e da Parte III da CISG.

Vale dizer, a diferenciação destes dois momentos se justifica em razão da multiplicidade de fases do contrato internacional. Por consequência, "a separação procedida pelo art. 100 da CISG pode levar, em determinadas circunstâncias, à discrepância entre a lei que rege a formação do contrato e aquela que rege o seu conteúdo e regras materiais"[17]. Daí a importância do seu estudo.

Assim sendo, a Parte II da Convenção, conforme adiantado, cuida da formação do contrato. Nestes casos, a CISG será aplicada diretamente quando a oferta for efetivamente emitida depois da entrada em vigor da Convenção no ordenamento jurídico de ambos os Estados Contratantes. Alternativamente, também poderá ser aplicada de forma indireta[18], quando as regras de Direito

[16] SCHWENZER, Ingeborg; GREBLER, Eduardo; FRADERA, Véra; PEREIRA, Cesar A. Guimarães (Coords.). **Comentários à Convenção das Nações Unidas sobre contratos de compra e venda internacional de mercadorias.** São Paulo: Revista dos Tribunais, 2014. p. 1298.

[17] NALIN, Paulo; STEINER, Renata C. *Op. Cit.*, p. 163.

[18] *"Nevertheless, the indirect application is conditional to the nonexistence of the declaration by the contracting State as mentioned in Article 95 of the CISG, which gives States the power not to be bound by the Article 1.1.b) rules."* (FERRARI, Franco. **The CISG and its Impact on national legal systems.** Munich: Sellier, 2008, p. 12.)

internacional privado determinarem a definição da questão de acordo com a legislação do Estado Contratante que a tenha como norma vigente, desde que anteriormente à formação do contrato[19].

Neste aspecto, é pertinente reforçar que, sob a aplicação da Convenção, direta ou indiretamente, a oferta deve ter sido expedida já ao tempo da vigência das suas regras junto aos Estados Contratantes. Tal requisito não deve, por conseguinte, ser confundido com o conteúdo do art. 15 (1) da CISG, ao estabelecer que a proposta se torna eficaz quando chega ao destinatário. Tratam-se de situações distintas: a primeira referente ao Direito intertemporal, enquanto que a segunda relacionada ao Direito material. Ou seja, para o Direito intertemporal a proposta será eficaz desde a sua expedição; já, para o Direito material, na formação do contrato, somente quando recepcionada pelo destinatário.

A aplicação da Parte III da Convenção também deve ser pensada de maneira análoga à acima exposta: ***diretamente***, quando o contrato for concluído durante a vigência da CISG no ordenamento jurídico de ambos os Estados Contratantes, ou, ***indiretamente***, quando as regras de Direito internacional privado levarem à aplicação da Convenção na qualidade de lei nacional de um dos Estados Contratantes.

Ao referir a conclusão do contrato, valido lembrar ser "suficiente que a declaração de aceitação encontre a oferta"[20], nos termos do art. 23, desde que, frise-se, após a entrada em vigor da Convenção nos Estados Contratantes ou, ao menos, naquele em que a regra de Direito internacional privado remeta a questão.

Em vista da contemplação apartada promovida pela CISG, dividindo a temática do Direito intertemporal entre a formação e a conclusão do contrato, torna-se "plenamente possível que o contrato em si seja regido pela CISG, ainda que discussões referentes à sua formação não o sejam"[21]. Pode-se afirmar que a separação de ambas as fases leva em conta a dinamicidade das relações internacionais, assim como a complexidade material e temporal das negociações abrangidas pelo contrato que, relembre-se, não requer instrumento escrito e nem está sujeito a requisitos de forma.

[19] KRÖLL, Stefan; MISTELIS, Loukas; PERALES VISCASILLAS, Pilar. **UN convention on contracts for the international sales of goods (CISG)**. 2. ed. Munique: Beck, Hart, Nomos, 2018. p. 1199.

[20] SCHWENZER, Ingeborg; GREBLER, Eduardo; FRADERA, Véra; PEREIRA, Cesar A. Guimarães (Coords.). *Op. Cit.*, p. 1298.

[21] NALIN, Paulo; STEINER, Renata C. Op. Cit., p. 137.

Aparentemente, tal sutileza pode parecer de menor relevância se observado algum sistema doméstico, *ex vi* do Código Civil Português ou do Código Civil Brasileiro. No entanto, a formação do contrato na CISG encontra um ambiente muito sofisticado do ponto de vista das práticas internacionais de contratação, razão pela qual dispensa longos e detalhados artigos em seu favor. Não somente em vista dos valores envolvidos, normalmente muito mais expressivos se comparados a uma compra e venda doméstica, como também e sobretudo por conta dos mecanismos formativos do contrato internacional que podem, inclusive, configurar um certo conflito de instrumentos contratuais padronizados, trocados entre as partes ao longo do tempo da formação do contrato, ensejando a denominada batalha dos formulários (*battle of forms*)[22], cuja proposta de solução se encontra no art. 19 (2) da CISG.

Não obstante, importa esclarecer que as ponderações ora realizadas são oportunas tão somente se as partes contratantes não tenham realizado o *opting out* à Convenção, sem prejuízo da análise de outras circunstâncias impeditivas, a citar, a título meramente exemplificativo, o elemento territorial, previsto no art. art. 1 (1); a natureza do contrato, disposta nos arts. 1 (1) e 3; e o objeto da compra e venda, cujas excludentes foram elencadas no art. 2, todos da CISG.

Considerando-se o tratamento pouco mais teórico conferido até então ao presente estudo, é de bom tom aproximá-lo ao "dia a dia" da Convenção. Em que pese o art. 100 da CISG seja elucidativo quanto ao seu conteúdo e alcance, a incidência das regras da Convenção não está isenta de contratempos, em especial quando conjugado com preceitos de ordem pública.

É o que será demonstrado no Item 4.

4. O Direito intertemporal no caso dos "pés de galinha"

A fim de ilustrar a aplicação do Direito intertemporal no âmbito da CISG, apresenta-se como paradigmático o conhecido caso brasileiro dos *Pés de Galinha*, um dos primeiros – para alguns o primeiro – a inaugurar a aplicação da Convenção pelo Poder Judiciário Brasileiro. O caso foi internacionalmente retratado na obra de Kröll-Mistelis-Perales Viscasillas[23].

Antes de se adentrar aos aspectos de Direito intertemporal é sensato realizar breve contextualização quanto aos fatos que levaram ao ajuizamento

[22] *Ibdem*, p. 81.

[23] *Op. Cit.*, p. 1.198.

do litígio. Em suma, trata-se de ação de rescisão de contrato cumulada com pedido de indenização de danos materiais ajuizada por Noridane Foods S/A ("Noridane" ou "compradora"), com estabelecimento comercial na Dinamarca, em face de Anexo Comercial Importação e Distribuição Ltda. ("Anexo" ou "vendedora"), com sede no Brasil.

De acordo com Noridane, em 1º de julho de 2014 foi celebrado com Anexo contrato de compra e venda de cento e sessenta e duas toneladas de pés de galinha congelados, no valor de US$ 117.450. Afirmou que em 8 de julho de 2014 efetuou o pagamento de US$ 79.650, correspondente a quatro *containers* do produto adquirido e, passados mais de oito meses, a mercadoria ainda não havia sido desembarcada no porto de Hong Kong.

A compradora mencionou que entrou em contato por inúmeras vezes com Anexo e, mesmo assim, não obteve sucesso na entrega da mercadoria adquirida. Em razão da rescisão unilateral do contrato por parte da vendedora, Noridane ingressou com a ação a fim de ser reparada pelos danos sofridos.

A vendedora, na defesa, confirmou o recebimento dos valores e informou tê-los transferido para a conta de uma terceira empresa encarregada de comprar a mercadoria solicitada por Noridane. Argumentou que as negociações foram realizadas diretamente entre o representante de Noridade e da terceira empresa, de modo que teria atuado como mera preposta ou mandatária. Em vista disso, haveria a ausência de vínculo contratual direto entre Noridane e Anexo.

Também justificou o atraso na entrega das mercadorias em virtude de questões burocráticas, observando ter havido a concordância de Noridane na prorrogação do prazo de envio. Todavia, após o embarque das mercadorias, foi surpreendida com a informação de que a compradora não tinha mais interesse na compra. Por fim, arguiu diferenças nos valores pretendidos por Noridade e destacou não ser possível desfazer o pacto, já que a mercadoria aguardava retirada no porto de Hong Kong, desde 20 de julho de 2015.

De modo sucinto, o desfecho do caso, no que se refere aos aspectos de Direito material, foi o reconhecimento do vínculo contratual entre Noridane e Anexo; a resolução do contrato firmado entre as partes; e a condenação de Anexo ao ressarcimento dos valores recebidos, acrescidos de correção monetária desde a data do pagamento – ocorrido julho de 2014 - e de juros legais de 1% ao mês, contados a partir da data da citação de Anexo na ação. Embasaram a decisão os arts. 47 (1), 49 (1), (b) e 81 (2) da CISG, reconhecendo-se, ainda, a flagrante ofensa, por Anexo, dos ditames da boa-fé, em referência ao art. 7 (1) da Convenção.

Feito o breve resumo acima, passa-se à análise dos aspectos de Direito intertemporal relacionados à questão submetida à análise do Poder Judiciário Brasileiro, que, diga-se, levaram a CISG ser aplicada de forma peculiar.

No plano jurídico internacional, o instrumento de ratificação, aceitação, aprovação e acessão à Convenção deverá ser depositado junto ao Secretário Geral das Nações Unidas para que um Estado possa ser considerado contratante. A partir disso, o período de vacância previsto no art. 99 da CISG se estabelecerá para que, após o seu decurso, a Convenção entre formalmente em vigor.

Por sua vez, no plano jurídico nacional, a adesão à Convenção por um Estado pode estar condicionada à normas e procedimentos próprios. É o que se verifica no Brasil, ante a existência de entendimento doutrinário e jurisprudencial no sentido de ser imprescindível a publicação de decreto presidencial promulgando a Convenção, com base no inc. VIII, do art. 84, da Constituição da República Brasileira.

Em termos práticos, o Brasil depositou o instrumento de adesão à CISG em 04 de março de 2013, de modo que, para o plano jurídico externo, a Convenção entrou em vigor em 1º de abril de 2014.

Ocorre que a publicação do decreto presidencial acima mencionado, que conferiria, em tese, a vigência da CISG no plano jurídico interno, só veio a ocorrer em 17 de outubro de 2014, com o Decreto nº 8.327/2014. Criou-se, com este lapso, espécie de limbo normativo, uma vez que a eficácia plena no texto normativo, neste interim, poderia ser discutida.

Coincidentemente, o caso *Pés de Galinha*, levando-se em consideração a conclusão do contrato em 1º. de julho de 2014, teve os seus fatos jurídicos consolidados dentro daquele período de incerteza. Por esta razão, supostamente, a Convenção não se aplicaria[24].

[24] Assim se manifestou o julgador: "no tocante à Convenção de Viena de 1980, tem-se que sua entrada em vigor para o Brasil, no plano internacional, ocorreu na data de 01/04/2014, ao passo que a sua cogência *no plano interno* somente teve início com o advento do Decreto n.º 8.237, de 16 de outubro de 2014. Afinal, a jurisprudência do Supremo Tribunal Federal orienta-se no sentido de chancelar a praxe brasileira de condicionamento da eficácia interna do tratado à expedição do decreto presidencial que dá publicidade ao texto do ato internacional e o promulga, dele decorrendo a possibilidade de arguição dos termos do tratado, pelos particulares, e da sua aplicação, inclusive de ofício, pelo Poder Judiciário. Logo, partindo-se de tal premissa, resultaria aqui em princípio inaplicável a Convenção de Viena de 1980, pois o contrato foi celebrado em 01/07/2014 (fl. 22) e o seu descumprimento caracterizou-se nos meses subsequentes, conforme narrado na exordial, i.e., antes da vigência da Convenção no plano interno." (BRASIL. Poder Judiciário do Estado do Rio Grande do Sul. **Apelação cível nº 70072362940 (nº CNJ: 0000409- 73.2017.8.21.7000)**. Apelante:

Diz-se "supostamente" porque, não obstante a ausência de cogência da Convenção no plano jurídico interno brasileiro, suas normas, conforme já adiantado, foram mesmo assim aplicadas. Não como lei federal ordinária, mas sim como referencial jurídico. Eis a justificativa do julgador:

De qualquer sorte, não há qualquer impedimento ao uso do tratado como referencial jurídico aplicável ao deslinde do mérito, porque, independentemente do marco inicial da sua eficácia interna em termos estritamente positivistas, a Convenção constitui expressão da praxe mais difundida no comércio internacional de mercadorias, estando por isso ao alcance dos Juízes nacionais, até mesmo em função da norma do art. 113 do Código Civil, que determina a interpretação dos negócios jurídicos de acordo com os usos e costumes[25].

Anexo Comercial Importação e Distribuição Ltda. - EPP. Apelada: Noridane Foods S.A. Relator: Desembargador Umberto Guaspari Sudbrac. Porto Alegre, 14 de fevereiro de 2017. p. 20. Disponível em: <http://www.uncitral.org/docs/clout/BRA/BRA_140217_FT.pdf>. Acesso em: 15 Set. 2021.)

[25] São as palavras do julgador, no intuito de fundamentar a aplicação da CISG ao caso: "Por tais razões, resta claro que não haveria sentido em proceder ao deslinde do mérito *sem* o referencial da Convenção de Viena de 1980, constituindo formalismo positivista – incompatível com a prestação jurisdicional mais adequada às relações jurídicas comerciais transnacionais – condicionar-se a aplicabilidade do tratado estritamente à vigência do Decreto presidencial de promulgação do seu texto. Relembro, aqui, que a Convenção de Viena tem sido qualificada como o '*life blood of international commerce*', já que se trata do mais utilizado instrumento jurídico de regulação da troca internacional de mercadorias: conta com 85 (oitenta e cinco) ratificações13, as quais abrangem os maiores atores comerciais globais (China, EUA, Japão, Europa Ocidental, América Latina, Sudeste Asiático etc.), e, desse modo, *rege de forma efetiva e em potencial em torno de 80% do comércio internacional.* Portanto, o deslinde do mérito do presente apelo com base na Convenção de Viena de 1980 dá-se – convém frisar – com amparo nas premissas de que a normativa da Convenção, pelas razões acima expostas, qualifica-se como regramento costumeiro das relações comerciais internacionais. A propósito, a conceituação da Convenção de Viena de 1980 como *costume internacional* parece-me possível também à luz do Direito Internacional Público. Reputo atendidos os requisitos apontados pela doutrina internacionalista para que se qualifique uma prática estatal como *costume*: atento, aqui, para o elevado número de ratificações da Convenção; para a sua franca utilização pelos tribunais dos Estados que a ratificaram ou a ela aderiram, desde a sua entrada em vigência, ainda na década de 1980; e, não menos, para consistência e regularidade com que tem sido aplicada. Logo, sendo a Convenção aqui aplicada como costume, não como norma de direito positivo, descabe a arguição de que o seu teor não poderia ser utilizado por esta Corte com base na regra de aplicação temporal do tratado dada pelo seu art. 100." (BRASIL. Poder Judiciário do Estado do Rio Grande do Sul. **Apelação cível nº 70072362940 (nº CNJ: 0000409- 73.2017.8.21.7000)**. Apelante: Anexo Comercial Importação e Distribuição Ltda. - EPP. Apelada: Noridane Foods S.A. Relator: Desembargador Umberto Guaspari Sudbrac. Porto Alegre, 14 de fevereiro de 2017. p. 22-24. Disponível em: <http://www.uncitral.org/docs/clout/BRA/BRA_140217_FT.pdf>. Acesso em: 15 Set. 2021.)

Cumpre lembrar que a Noridane é sediada na Dinamarca, Estado Contratante da CISG mas com ressalva apoiada no art. 94 (1) para excluir as Partes II e III da Convenção, nos termos do art. 92. Portanto, mesmo na falta de um quadro legal seguro e completo para a aplicação da CISG, ela serviu como referência teórico de julgamento, considerando-se as práticas comerciais internacionais e não as leis domésticas da Dinamarca e do Brasil.

Na situação em tela, sem adentrar aos pormenores, pode-se afirmar ter havido desfecho interessante da questão, ao menos no que se refere à aplicação da Convenção. Tal fato, entretanto, não anula a atmosfera de insegurança criada pela ausência de conformação entre os planos externo e interno de vigência da CISG no Brasil, que, diga-se, culminou com o afastamento das suas regras até que efetivamente fosse publicado o mencionado decreto presidencial.

Nesta perspectiva, é válido pontuar a imprescindibilidade de que, na incorporação de tratados e acordos internacionais ao sistema jurídico nacional, as disposições de ordem pública particulares a cada Estado também sejam observadas.

Conclusões

O Direito intertemporal, ao fundamentar-se no espaço cronológico havido entre a sucessão de leis, assume maiores proporções na recente transição verificada no ordenamento jurídico português, haja vista a adesão pelo país à CISG e a sua entrada em vigor no plano jurídico interno em 1º. de outubro de 2021. Do sistema doméstico de contratos, a compra e venda internacional de mercadorias passou a ser amparada pelos princípios e normas da Convenção.

Dessa sorte, o art. 100 da CISG assume o posto de balizador entre "o que era" e "o que passa a ser". Estabelece, pois, dois momentos distintos em que as regras da CISG podem vir a incidir sobre determinada relação contratual de caráter internacional: a formação do contrato e os contratos concluídos, nesta segunda fase no que toca ao conteúdo regras materiais.

Com efeito, em Portugal, tanto a formação quanto a conclusão do contrato têm a Convenção como norma aplicável ao caso concreto quando ocorridos, pela via direta, depois da entrada em vigor da CISG no ordenamento jurídico de ambos os Estados Contratantes e, pela via indireta, quando as regras de Direito internacional privado definirem o desfecho da questão em conformidade com a legislação do Estado Contratante que a tenha como norma vigente.

Consequentemente, é possível que leis distintas tutelem estes apartados momentos, e que a CISG mesmo assim seja aplicada à relação contratual, ainda que as discussões que embasaram a formação do contrato estejam, sob a ótica do Direito intertemporal, abrangidas por legislação distinta.

Nos primeiros dias de vigência da CISG é necessário ter o olha de Janus, a divindade romana bifronte, cujas faces se voltam ao passado e ao futuro, para ter em visada o momento formativo (passado) e o operacional (futuro) do contrato regido pela Convenção.

9. CISG E *COMMODITIES*: A APLICAÇÃO DA CISG A CONTRATOS DE COMPRA E VENDA EM MERCADOS DE ALTA LIQUIDEZ

Carlos Fujita

Introdução

Em plena década de 2020, tornou-se provavelmente redundante falar-se no sucesso da CISG[1] como iniciativa de uniformização legislativa internacional. Citam-se a grande quantidade de países que a adotaram, bem assim a participação desses países na produção mundial de riqueza, como evidências desse êxito.

Os mercados de *commodities*[2], entretanto, são identificados como áreas em que a CISG goza de pouca aceitação[3]. É conhecido o fato de que participantes desses mercados frequentemente excluem a aplicação da CISG em seus contratos, e que contratos-modelo mantidos por associações comerciais como a Sugar Association of London,[4] a Refined Sugar Association,[5] a Grain and Feed Trade Association,[6] a Federation of Oils, Seeds & Fats Associations,[7] e o International Group of Liquefied Natural Gas Importers[8], entre outras

[1] Os termos CISG e Convenção se referirão, indistintamente, à Convenção das Nações Unidas para os Contratos de Compra e Venda Internacional de Mercadorias (Viena, 1980).

[2] No contexto deste capítulo, o termo *commodity* significa matéria prima fungível. Reconhece-se, porém, tratar-se de termo plurívoco e de difícil definição.

[3] PERALES VISCASILLAS, María del Pilar, Interpretation and gap-filling under the CISG: contrast and convergence with the Unidroit Principles, **Uniform Law Review**, v. 22, n. 1, p. 4–28, 2017, p. 28; PERALES VISCASILLAS, María del Pilar, Retos y tendencias actuales en la interpretación de los textos de la CNUDMI, **Revista de derecho mercantil**, v. 306, p. 41–76, 2017, seç. 4.

[4] Rules and Regulations, § 130.

[5] Rules Relating to Contracts, § 24.

[6] *E.g.*, cláusula 29 do contrato padrão GAFTA 100.

[7] *E.g.*, cláusula 31 do contrato padrão FOSFA 4.

[8] *E.g.*, cláusula 14(1) do Master Ex-Ship LNG Agreement. O grupo em referência será doravante identificado como GIIGNL, acrônimo do nome da entidade no idioma francês.

entidades, contêm cláusulas prevendo expressamente a sua não aplicação[9]. O mesmo ocorre em relação a contratos-modelo utilizados por grandes atores do mercado internacional[10]. Esses contratos, em sua maioria, são regidos pelo direito inglês[11], o que, a rigor, significa que a exclusão da CISG nesses casos é redundante, já que, não havendo o Reino Unido adotado a Convenção, os contratos regidos pela legislação inglesa a ela não se sujeitam[12] e, mesmo em caso de adoção, a CISG só se aplicaria aos contratos celebrados a partir daí[13]. Essa circunstância criou uma espécie de "ciclo de retroalimentação" que assegurou que a jurisprudência das cortes inglesas sobre questões envolvendo o comércio de *commodities* estivesse em constante atualização e refinamento, ao mesmo tempo em que houve um número relativamente pequeno de decisões aplicando a CISG a contratos inseridos nesse mercado.

A pouca aplicação da CISG a contratos tendo por objeto essa classe de mercadoria contribui para uma sensação de insegurança, em vista da suposta imprevisibilidade dos resultados em caso de sua aplicação, o que, por sua vez, é utilizado como argumento pelos que defendem que os contratos de compra

[9] KRÖLL, Stefan; MISTELIS, Loukas; PERALES VISCASILLAS, María del Pilar, Introduction to the CISG, *in*: KRÖLL, Stefan; MISTELIS, Loukas; PERALES VISCASILLAS, María del Pilar (Orgs.), **UN Convention on Contracts for the International Sale of Goods (CISG)**, 2nd. ed. Munich: C. H. Beck, 2018, p. 14–15; NICHOLAS, Barry, The Vienna Convention on International Sales Law, **Law Quarterly Review**, v. 105, p. 201–243, 1989, p. 241; MULLIS, Alastair C. L., Avoidance for Breach Under the Vienna Convention: a Critical Analysis of Some of the Early Cases, *in*: ANDENAS, Mads; JAREBORG, Nils (Orgs.), **Anglo-Swedish Studies in Law**, Uppsala: Iustus, 1998, p. 355; BRIDGE, Michael, Uniformity and Diversity in the Law of International Sale, **Pace International Law Review**, v. 15, n. 1, p. 58–89, 2003, p. 69; ZELLER, Bruno, Commodity Sales and the CISG, *in*: ANDERSEN, Camilla B.; SCHROETER, Ulrich G. (Orgs.), **Sharing International Commercial Law across National Boundaries: Festschrift for Albert H. Kritzer on the Occasion of his Eightieth Birthday**, London: Wildy, Simmonds & Hill, 2008, p. 627–639; HAYWARD, Benjamin; ZELLER, Bruno; ANDERSEN, Camilla Baasch, The CISG and the United Kingdom - Exploring Coherency and Private International Law, **International and Comparative Law Quarterly**, v. 67, n. 3, p. 607–641, 2018, p. 621.

[10] *E.g.*: o contrato-padrão Shell "SUKO 90" e os "termos gerais" adotados por companhias como a Shell e a Repsol.

[11] HAYWARD; ZELLER; ANDERSEN, The CISG and the United Kingdom - Exploring Coherency and Private International Law, p. 621–622; ver também, neste particular, BRIDGE, Uniformity and Diversity in the Law of International Sale, p. 69. É ilustrativo o fato de que, mesmo o GIIGNL estando situado na França, o seu *Master Ex-Ship LNG Salres Agreement* prevê a aplicação do direito inglês (cláusula 14[1]).

[12] HAYWARD; ZELLER; ANDERSEN, The CISG and the United Kingdom - Exploring Coherency and Private International Law, p. 622; 640.

[13] *Ibid.*, p. 621.

e venda celebrados nesses mercados devem continuar a ser regidos pelo direito inglês[14]. Paralelamente, autores ingleses arguem que a CISG não é adequada para reger esses contratos, sendo que uma das críticas mais comuns dirigidas ao regime estabelecido pela Convenção é a de que a existência, sob a CISG, da violação essencial como requisito para a resolução contratual em caso de inadimplemento[15] não se coaduna com as práticas de mercados de *commodities* de alta liquidez[16]. O objetivo do presente texto é demonstrar que esse entendimento é equivocado, já que, interpretado de acordo com os cânones hermenêuticos estabelecidos na própria Convenção, o conceito de violação essencial pode adaptar-se bem às peculiares necessidades desses mercados.

A discussão, a nosso ver, é da maior importância no contexto brasileiro. Como se sabe, a regra de aplicação direta da CISG determina a sua aplicação aos contratos de compra e venda em que as partes tenham estabelecimento[17] em países distintos, quando esses países sejam Estados Contratantes (art. 1(a) CISG). Ora, os 11 principais destinos das exportações brasileiras no primeiro semestre de 2021, assim como 13 dos 14 principais países de origem das importações brasileiras no mesmo período[18], são Estados Contratantes da CISG[19].

[14] HOBHOUSE, John Stewart, International conventions and commercial law: the pursuit of uniformity, **The law quarterly review**, v. 106, p. 530–535, 1990, p. 530–535.

[15] Adota-se "resolução" para referir-se ao ato de declarar o término de relação contratual em decorrência de inadimplemento, em conformidade com o esclarecido por ESPOLAOR VERONESE, Lígia, **A Convenção de Viena e seus reflexos no direito contratual brasileiro**, São Paulo: Almedina, 2019, p. 95–99.

[16] BRIDGE, Michael, The bifocal world of international sales: Vienna and non-Vienna, *in*: CRANSTON, Ross (Org.), **Making commercial law: essays in honor of Roy Goode**, Oxford: Clarendon, 1997, p. 277–296; BRIDGE, Uniformity and Diversity in the Law of International Sale; KRÖLL; MISTELIS; PERALES VISCASILLAS, Introduction to the CISG, p. 15; FISHER, Simon; HAINS, Michael, Futures market law and practice and the Vienna Sales Convention, **Lloyd's Maritime and Commercial Law Quarterly**, p. 531–556, 1993, p. 551–552.

[17] Vale, aqui, a ressalva para o fato de que o conceito de "estabelecimento" no contexto da CISG não corresponde ao conceito de "estabelecimento comercial" (ou "empresarial") no direito brasileiro. A esse respeito, ver GAZZANEO, Nathalie, Distinção entre a noção de *place of business* e a de estabelecimento empresarial no direito brasileiro, *in*: SCHWENZER, Ingeborg H.; PEREIRA, Cesar A. Guimarães; TRIPODI, Leandro (Orgs.), **A CISG e o Brasil: Convenção das Nações Unidas para os Contratos de Compra e Venda Internacional de Mercadorias**, São Paulo: Marcial Pons, 2015, p. 136–160.

[18] MINISTÉRIO DA INDÚSTRIA, COMÉRCIO EXTERIOR E SERVIÇOS, **Exportação e Importação Geral**, ComexStat, disponível em: <comexstat.mdic.gov.br/pt/geral>. acesso em: 24 jul. 2021.

[19] UNCITRAL, **Status of the United Nations Convention on Contracts for the International Sale of Goods (Vienna, 1980)**, UNCITRAL Website, disponível em: <uncitral.un.org/en/texts/salegoods/conventions/sale_of_goods/cisg/status>. acesso em: 12 set. 2021.

Por outro lado, entre as exportações, os bens que compõem as nove classes de maior volume são *commodities*: cereais, leguminosas e oleaginosas (uma categoria dominada, no caso das exportações brasileiras, pela soja), minério de ferro, petróleo bruto, carnes, ferro e aço, outros metais, açúcar, polpa de celulose e papeis, óleos e gorduras vegetais e animais. Juntas, essas exportações representaram em 2020 cerca de US$ 138,8 bilhões, perfazendo 66,4% do total do valor das exportações brasileiras nesse período[20]. No caso das importações, embora a participação relativa das *commodities* seja menor, ainda assim, entre 37 classes de bens cujo valor ultrapassou US$ 1 bilhão em 2020, pelo menos oito são compostas por *commodities*: produtos petrolíferos refinados, outros metais, petróleo bruto, ferro e aço, cereais, carvão, óleos e gorduras vegetais e animais e gás natural[21].

Uma parte relevante dos contratos internacionais de compra e venda de *commodities* em que uma parte tenha seu estabelecimento no Brasil será regida, por opção das partes, pelo direito de outro local. No entanto, outra parte desses contratos, por diversas razões[22], terminará sendo regida pela CISG. É de suma importância, assim, que o regime interpretativo da CISG nessas circunstâncias esteja claro para todos os operadores do Direito que atuam em áreas afins ao comércio exterior.

1. A *vexata quaestio*: o conceito de violação essencial e os mercados de *commodities* de alta liquidez

Existe amplo consenso no sentido de que as regras da CISG concernentes à resolução contratual decorrente de inadimplemento foram concebidas com a intenção de preservar a vigência do contrato sempre quando possível[23]: é o princípio "*favor contractus*", considerado por muitos como um dos "princípios

[20] MINISTÉRIO DA INDÚSTRIA, COMÉRCIO EXTERIOR E SERVIÇOS, **Exportação e Importação Geral**.

[21] *Ibid.*

[22] P.ex., porque as partes assim o quisessem, ou por efeito das normas de direito internacional privado, em razão de eventual ausência de eleição explícita de legislação de regência, ou porque a eleição que as partes almejavam realizar tenha sido reputada inválida ou ineficaz.

[23] BJÖRKLUND, Andrea K., Commentary to Articles 25-29, *in*: KRÖLL, Stefan; MISTELIS, Loukas; PERALES VISCASILLAS, María del Pilar (Orgs.), **UN Convention on Contracts for the International Sale of Goods (CISG)**, 2nd. ed. Munich: C. H. Beck, 2018, p. 338; BONELL, Michael Joachim, Commentary to Article 7, *in*: BIANCA, Cesare Massimo; BONELL, Michael Joachim (Orgs.), **Commentary on the International Sales Law**, Milan: Giuffrè, 1987, p. 81.

subjacentes à CISG"[24]. Sob a CISG, o direito da parte inocente de resolver o contrato restringe-se aos casos em que a violação é considerada essencial ("*fundamental breach*", no texto da CISG em inglês).

Os autores que apontam essas características como potencialmente inadequadas para o comércio internacional de *commodities* usam como referencial comparativo o direito inglês. Isso se deve, em particular, ao fato de que as associações comerciais anteriormente mencionadas, à exceção da GIIGNL (sediada na França), estão, por razões predominantemente históricas[25], situadas em solo inglês, e seus contratos-modelo, como se viu, são regidos pelo direito inglês. O regime jurídico do comércio internacional de *commodities*, assim, segundo esses autores, está indissociavelmente ligado às peculiaridades daquele sistema jurídico.

No direito inglês e, especialmente, na jurisprudência das cortes inglesas em casos envolvendo *commodities*, arguem, o direito de rescisão em caso de inadimplemento se submete a uma regra conhecida como "*perfect tender*", segundo a qual a resolução é possível mesmo ante inadimplemento de menor relevância[26] – vale dizer, configurado o inadimplemento, o direito à resolução contratual é praticamente irrestrito[27]. Similarmente, enfatiza-se a noção de certeza ou previsibilidade[28], preferindo-se estândares objetivos[29] e uma leitura

[24] KELLER, Bertram, Favor contractus: reading the CISG in favor of the contract, *in*: ANDERSEN, Camilla B.; SCHROETER, Ulrich G. (Orgs.), **Sharing International Commercial Law across National Boundaries: Festschrift for Albert H. Kritzer on the Occasion of his Eightieth Birthday**, London: Wildy, Simmonds & Hill, 2008, p. 247.

[25] BRIDGE, The bifocal world of international sales: Vienna and non-Vienna, p. 278; ZELLER, Commodity Sales and the CISG.

[26] BJÖRKLUND, Commentary to Articles 25-29, p. 339–340.

[27] GILLETTE, Clayton P.; WALT, Steven D., **The UN Convention on Contracts for the International Sale of Goods: Theory and Practice**, Cambridge: Cambridge University Press, 2016, p. 193–194; BRIDGE, Michael, Avoidance for fundamental breach of contract under the UN Convention on the International Sale of Goods, **The International and Comparative Law Quarterly**, v. 59, n. 4, p. 911–940, 2010, p. 929–930; SINGH, Lachmi; LEISINGER, Benjamin K., A Law for International Sale of Goods: A Reply to Michael Bridge, **Pace International Law Review**, p. 161–190, 2008, p. 168.

[28] GOODE, Royston Miles, The Codification of Commercial Law, **Monash University Law Review**, v. 14, p. 135–157, 1988, p. 150 nota 36.

[29] HAYWARD; ZELLER; ANDERSEN, The CISG and the United Kingdom - Exploring Coherency and Private International Law, p. 625.

apegada à literalidade do texto[30], e restringe-se a importância de comportamentos das partes que não tenham sido plasmados no texto contratual[31].

A CISG, por outro lado, além de pautar-se pelo princípio "*favor contractus*", privilegia uma análise das circunstâncias de cada parte e considera as comunicações e outras informações advindas de "fora" do texto do contrato[32]. A doutrina dedicada à CISG também costuma enfatizar que a aplicação da Convenção dá primazia a estândares como a boa-fé e à lealdade ("*fair conduct*"), muito embora, neste particular, haja controvérsia quanto ao alcance desses estândares no que tange à restrição ao exercício de direitos[33], e em particular a um direito tão relevante quanto o de resolução contratual ante um evento de inadimplemento.

Gillette e Scott sumarizam essas diferenças de tratamento afirmando que o direito inglês prefere uma abordagem "*plain meaning*" (expressão que sugere uma interpretação que se contenta com uma leitura do significado "puro e simples" do texto contratual), enquanto a CISG convida a uma "leitura contextual" do contrato[34].

Um caso que ilustra bem essa diferença de abordagem é o "caso do Sulfato de Cobalto"[35], em que um vendedor entregou bens oriundos de um país distinto do que o contrato determinava, e de qualidade inferior ao acordado, acompanhado, ainda, de um conjunto de documentos não-conformes com o estabelecido contratualmente. A corte alemã competente, aplicando a CISG, considerou que o comprador não havia sido "substancialmente privado do resultado que poderia esperar do contrato", rejeitando, assim, a alegação de que teria havido violação essencial.

Peter Schlechtriem, alemão, aplaudiu a decisão, assinalando que ela aplicara corretamente a CISG.[36] Alastair Mullis, inglês, enfatizou o fato de que,

30 BRIDGE, Uniformity and Diversity in the Law of International Sale, p. 65.

31 HAYWARD; ZELLER; ANDERSEN, The CISG and the United Kingdom - Exploring Coherency and Private International Law, p. 623–624.

32 *Ibid.*

33 PERALES VISCASILLAS, María del Pilar, Commentary to Article 7, *in*: KRÖLL, Stefan; MISTELIS, Loukas; PERALES VISCASILLAS, María del Pilar (Orgs.), **UN Convention on Contracts for the International Sale of Goods (CISG)**, Munich: C. H. Beck, 2018, p. 123–126.

34 GILLETTE, Clayton P.; SCOTT, Robert E., The political economy of international sales law, **International Review of Law and Economics**, v. 25, p. 446–486, 2005, p. 483.

35 Cobalt Sulfate Case (CLOUT Case 171); para comentários adicionais sobre o caso, v. **CISG.site**, disponível em: <https://cisg.site/>.

36 SCHLECHTRIEM, Peter, Uniform Sales Law in the Decisions of the Bundesgerichtshof, *in*: CANARIS, Klaus Wilhelm; HELDRICH, Andreas (Orgs.), **50 Jahre Bundesgerichtshof - Festgabe aus der Wissenschaft**, Munich: C. H. Beck, 2000, v. 1, p. III.1.

sob o direito inglês, não haveria dúvida de que essas obrigações eram essenciais, de modo que o inadimplemento certamente daria ao comprador o direito de resolver o contrato[37].

Michael Bridge[38] e Mullis[39] defendem que a abordagem mais radical das cortes inglesas gera maior previsibilidade: a não ser que o vendedor adimpla suas obrigações de maneira completa e precisa, o comprador tem o direito inquestionável de rescindir o contrato, sem a necessidade de investigar-se outros aspectos factuais[40]. O regime da Convenção, por sua vez, seria propenso à litigiosidade, ao ensejar situações em que o direito à resolução não poderia ser estabelecido de maneira clara, criando o risco de que uma declaração de resolução por inadimplemento volte-se contra o declarante, passando a constituir, ela mesma, uma violação essencial do contrato[41].

Nesse contexto, o nível superior de previsibilidade ensejado pela aplicação do direito inglês reduziria a litigiosidade, já que mesmo uma parte que se julgue injustiçada abdicaria de litigar se souber de antemão que suas chances de êxito são praticamente inexistentes. Uma vez que a maioria dos contratos celebrados nesse mercado se baseia em modelos, muitos dos quais são mantidos por associações comerciais, cláusulas que se revelassem desequilibradas ou injustas podem simplesmente ser ajustadas. Dessa maneira, reduzem-se os custos de transação e economiza-se tempo[42], o que significa que a forma inglesa de tratar a questão seria mais eficiente do ponto de vista econômico, em particular em mercados de alta liquidez, em que atua grande quantidade de agentes, cada qual celebrando corriqueiramente grande número de contratos[43].

[37] MULLIS, Alastair C. L., Twenty-Five Years On - The United Kingdom, Damages and the Vienna Sales Convention, **Rabels Zeitschrift für ausländisches und internationales Privatrecht**, v. 71, p. 35–51, 2007, p. 37–38.

[38] BRIDGE, The bifocal world of international sales: Vienna and non-Vienna, p. 282.

[39] MULLIS, Twenty-Five Years On - The United Kingdom, Damages and the Vienna Sales Convention, p. 37.

[40] BRIDGE, Uniformity and Diversity in the Law of International Sale, p. 66.

[41] MÜLLER-CHEN, Markus, Commentary to Articles 45-52, *in*: SCHWENZER, Ingeborg (Org.), **Commentary on the UN Convention on the International Sale of Goods (CISG)**, 4th. ed. Oxford: Oxford University Press, 2016, comentário ao Article 49, parág. 14.

[42] BRIDGE, The bifocal world of international sales: Vienna and non-Vienna, p. 282.

[43] O conceito de "alta liquidez" aqui adotado é, também, impreciso. Para uma interessante "escala comparativa de liquidez" de várias classes de *commodities*, veja-se FRANKE, Alexander *et al*, The dawn of a new era in commodity trading - Act III - Five megatrends that will alter the industry and commodity markets, 2014, p. 3.

Não há dúvidas de que, se se assume como verdadeira a avaliação desses autores acerca das preferências dos mercadores internacionais de *commodities*, os argumentos apresentados em favor da regra "*perfect tender*" se afiguram razoáveis e, tais como postos, procedentes. No entanto, daí não decorre que seja igualmente procedente a crítica dirigida à CISG. E isso, primordialmente, por duas razões.

A primeira é que a interpretação do art. 25 CISG em conformidade com as regras de integração dos arts. 7, 8 e 9 CISG, quando as circunstâncias contratuais forem similares às assumidas por críticos como Mullis e Bridge, devem resultar em direitos resolutórios de amplitude bastante similar à que resultaria da aplicação da regra "*perfect tender*"[44].

A segunda é que a regra "*perfect tender*" não se aplica – ou, ao menos, não necessariamente deve se aplicar – a um contrato meramente pelo fato de tratar-se de uma compra e venda de mercadoria tipo *commodity*. Isso é verdadeiro não só para contratos regidos pela CISG, mas também no caso do direito inglês. Os requisitos para a resolução contratual são sensíveis às circunstâncias e peculiaridades de cada caso concreto, mesmo sob o direito inglês. O resultado é que, de maneira geral, uma aplicação bem conduzida da CISG acabará por produzir efeitos muito similares aos que se alcançariam pela aplicação do direito inglês nos mesmos casos. É o que se detalhará a seguir.

2. Requisitos para a configuração de violação essencial

De acordo com o art. 25 CISG, a violação essencial é a que causa à parte inocente "prejuízo de tal monta que substancialmente a prive do resultado que poderia esperar do contrato". A essencialidade não se configura, no entanto, se "a parte infratora não tiver previsto e uma pessoa razoável da mesma condição e nas mesmas circunstâncias não pudesse prever tal resultado."

[44] CISG ADVISORY COUNCIL, Opinion no. 5, The buyer's right to avoid the contract in case of non-conforming goods or documents, 2005, parag. 4.17; SCHWENZER, Ingeborg, Avoidance of the Contract in Case of Non-Conforming Goods (Article 49(1)(a) CISG), **Journal of Law and Commerce**, v. 25, p. 437–442, 2005, p. 442; SCHWENZER, Ingeborg; HACHEM, Pascal, The CISG - Successes and Pitfalls, **American Journal of Comparative Law**, v. 57, p. 457–478, 2009, p. 478; ZELLER, Commodity Sales and the CISG, p. 632; MULLIS, Avoidance for Breach Under the Vienna Convention: a Critical Analysis of Some of the Early Cases, p. 350–351; WINSOR, Katrina, The Applicability of the CISG to Govern Sales of Commodity Type Goods, **Vindobona Journal of International Commercial Law and Arbitration**, v. 14, p. 83–116, 2010, p. 105.

Cabe, aqui, uma ressalva à tradução do texto convencional: o "prejuízo" a que se refere o art. 25 não é necessariamente uma perda patrimonial, ou um dano quantificável em termos financeiros. Cumpre salientar que o texto em português não é considerado oficial pela Uncitral e, portanto, a interpretação uniforme a que se refere o art. 7(1) CISG só se alcança se o texto for compreendido de acordo com o seu sentido original. No texto em inglês, é essencial a violação que resulte em "*such detriment to the other party as substantially to deprive him of what he is entitled to expect under the contract*", ou seja, não se fala em "*loss*" ou "*damages*", termos que mais propriamente se traduziriam por "prejuízo" no sentido de perda patrimonial, e sim em "*detriment*", que se refere, mais amplamente, a qualquer impacto negativo. Nas palavras de Schroeter, o termo "*detriment*" "não se refere à extensão do dano sofrido, mas sim à importância do interesse que o contrato e as suas obrigações individuais criaram para o promissário"[45].

No mesmo diapasão, note-se que a critério do art. 25 CISG não necessariamente corresponde ao princípio conhecido nos sistemas oriundos da *common law* inglesa como "substantial performance"[46], ou seu cognato brasileiro "cumprimento substancial"[47]. O estândar da violação essencial não diz respeito a quão próximo da perfeição esteve a performance, mas sim ao não-atendimento de uma expectativa da parte credora, desde que essa expectativa fosse conhecida pela parte inadimplente.[48]

O foco, portanto, deve ser no grau de frustração de uma expectativa razoável da parte inocente, e não no *quantum* do dano por ela sofrido, ou na magnitude da diferença entre a prestação devida e a realizada. Evidentemente, estes aspectos podem ser indicativos importantes da essencialidade

[45] SCHROETER, Ulrich G., Commentary to Articles 14-25, *in*: SCHWENZER, Ingeborg (Org.), **Commentary on the UN Convention on the International Sale of Goods (CISG)**, 4th. ed. Oxford: Oxford University Press, 2016, comentário ao art. 25, par. 21.

[46] GILLETTE; WALT, **The UN Convention on Contracts for the International Sale of Goods**, p. 195; MOREIRA, Rodrigo C.; COSTA MENDES, Lucas V. R., A interpretação da CISG pelo árbitro e sua desvinculação do direito brasileiro, **Revista de Arbitragem - GEArb**, v. 1, p. 14–41, 2014, p. 25.

[47] NALIN, Paulo; STEINER, Renata Carlos, **Compra e venda internacional de mercadorias: a Convenção das Nações Unidas sobre compra e venda internacional de mercadorias (CISG)**, Belo Horizonte: Forum, 2016, p. 246.

[48] A esse respeito, v. interessante análise do texto do art. 25 CISG conduzida por GREBLER, Eduardo, Violação essencial dos contratos no âmbito da CISG: uma regra controvertida, *in*: FINKELSTEIN, Cláudio; BARROS VITA, Jonathan; CASADO FILHO, Napoleão (Orgs.), **Arbitragem internacional: Unidroit, CISG e direito brasileiro**, São Paulo: Quartier Latin, 2010, p. 209–210.

do inadimplemento, mas mesmo um inadimplemento que não enseje dano imediato pode ser essencial[49].

Nota-se, portanto, que a noção de *violação essencial* constitui um estândar variável, que deve ser determinado de acordo com as peculiaridades da situação concreta. É plenamente possível que a tempestividade na entrega das mercadorias ou de documentos que devam acompanhá-las, bem assim a observância estrita aos parâmetros de qualidade dos bens, às especificações que os documentos devam obedecer, e quaisquer outras obrigações, sejam elevadas pelas partes a obrigações essenciais (*i.e.*, obrigações cuja violação seja essencial[50]), o que poderá ser primariamente constatado pela existência de expresso acordo, mas também por uma apreciação sistematizante do texto contratual, do comportamento das partes antes e depois da conclusão do contrato[51], e das circunstâncias contratuais (ou do "entorno comercial"[52] do negócio), por aplicação do art. 8 CISG.

Disso decorre que a maneira mais direta e segura de endereçar essa questão é, como sói ocorrer, redigir o contrato de maneira a deixar claras as obrigações que as partes consideram essenciais[53]. De fato, na experiência deste

[49] BJÖRKLUND, Commentary to Articles 25-29, p. 341; SCHROETER, Commentary to Articles 14-25, comentário ao art. 25, par. 22; NALIN; STEINER, **Compra e venda internacional de mercadorias**, p. 247–248.

[50] Aqui, importa notar que a CISG não contém qualquer referência a um conceito de "obrigação essencial". Não há, portanto, uma regra explícita na CISG no sentido de que a inadimplemento de uma obrigação qualificada como essencial pelas partes constitua violação essencial no sentido do art. 25. Para os fins deste escrito, considera-se que a simetria existe: o inadimplemento de uma obrigação definida como essencial sempre ensejará violação essencial do contrato. Isso se justifica primariamente pelo fato de as fontes citadas parecem implicitamente assumir que assim é, mas também com apoio no disposto no art. 7.3.1, 2(b) PICC, que, aí sim, expressamente, inclui entre as circunstâncias que leva à caracterização de uma "fundamental non-performance" do contrato o fato de que a obrigação inadimplida seja tida como essencial.

[51] Cf. CISG ADVISORY COUNCIL, Opinion no. 5, The buyer's right to avoid the contract in case of non-conforming goods or documents, 2005, parag. 4.2, mesmo se o contrato não determinar expressamente quais obrigações são essenciais, referências a qualidades específicas podem ser interpretadas como indicativas de que essas qualidades são essenciais.

[52] HUBER, Peter, CISG – The Structure of Remedies, **Rabels Zeitschrift für ausländisches und internationales Privatrecht**, v. 71, n. 1, p. 13–34, 2007, p. 32; MULLIS, Avoidance for Breach Under the Vienna Convention: a Critical Analysis of Some of the Early Cases, p. 345; 349.

[53] BJÖRKLUND, Commentary to Articles 25-29, p. 342–343; SCHROETER, Commentary to Articles 14-25, comentário ao Artigo 25, parág. 21; SCHWENZER, Avoidance of the Contract in Case of Non-Conforming Goods (Article 49(1)(a) CISG), p. 437; SCHWENZER, Ingeborg, The Danger of Domestic Pre-Conceived Views with Respect to the Uniform Interpretation of the CISG: The Question of Avoidance in the Case of Non-Conforming Goods and Documents, **Victoria**

autor, essa técnica contratual é adotada com certa frequência no Brasil na elaboração de contratos de compra e venda de *commodities*. No plano internacional, um exemplo da adoção dessa técnica se encontra no contrato-modelo da ITC[54] para a compra e venda internacional de mercadorias perecíveis[55]. Outra possibilidade é que as partes acordem a adoção de uma regra que se sobreponha e, portanto, derrogue (no sentido do art. 6º CISG[56]) o disposto no art. 25 CISG, estabelecendo outro estândar para que a rescisão contratual se torne possível.

Evidentemente, nos casos em que uma controvérsia chega ao estágio de discutir-se em esfera judicial ou arbitral, o mais provável é que o contrato em questão seja incompleto – ou seja, que as partes não tenham estabelecido uma regra aplicável para o caso –, ou que a regra estabelecida não tenha suficiente clareza para oferecer uma solução inequívoca diante dos fatos. Torna-se, assim, necessário confrontar o art. 25 CISG aos fatos do caso.

3. Proposta de critério para análise: os fundamentos econômicos subjacentes ao art. 25 CISG

É bem estabelecido que o princípio "*favor contractus*" encontra importante fundamento em considerações de natureza econômica. A noção é que, no comércio internacional, a resolução por violação não-essencial impõe à parte inadimplente um ônus excessivo. O vendedor inadimplente, em particular, diante da rejeição das mercadorias e subsequente rescisão contratual, ver-se-ia na necessidade de revender bens que já teriam sido transportados a um território potencialmente distante e desconhecido, o que amplificaria os esforços, os custos e o tempo necessário para mitigar seus próprios prejuízos. Nessas

University of Wellington Law Review, v. 37, n. 4, p. 795–807, 2005, p. 801; MULLIS, Avoidance for Breach Under the Vienna Convention: a Critical Analysis of Some of the Early Cases, p. 350–351.

[54] O ITC (acrônimo de International Trade Center) é uma agência conjunta da OMC e da ONU, estabelecida em 1964, dedicada a dar suporte à internacionalização de empresas de pequeno e médio porte. **About ITC**, International Trade Center, disponível em: <www.intracen.org/itc/about/>. acesso em: 31 jul. 2021.

[55] BROWN, David; PRUJINER, Alain, **International commercial sale of perishable goods: model contract and users' guide.**, Geneva: International Trade Centre, 1999.

[56] WILLIAMS, Alison, Forecasting the Potential Impact of the Vienna Sales Convention on International Sales Law in the United Kingdom, **Pace Review of the Convention on Contracts for the International Sale of Goods (CISG)**, p. 9–57, 2000, IV.C.1; HAYWARD; ZELLER; ANDERSEN, The CISG and the United Kingdom - Exploring Coherency and Private International Law, p. 620.

circunstâncias, o ônus a ser suportado por esse vendedor frequentemente superaria o ônus que o comprador teria que suportar por aceitar uma entrega atrasada ou mercadorias desconformes[57]. Além disso, desperdiçar-se-iam os gastos incorridos nas negociações até a formalização do contrato, na contratação do frete, no despacho aduaneiro e na contratação de seguros, além de outras providências que possam ter sido necessárias para que a mercadoria chegasse às mãos do comprador[58].

Nesse cenário, a abordagem da CISG evitaria o desperdício, atribuindo o ônus de arcar diretamente com as inconveniências do inadimplemento[59] ao "*least cost avoider*" – o "preventor de menor custo", em livre tradução. O preventor de menor custo é "a parte em melhor posição para prever, prevenir ou compensar um risco relevante"[60]. No caso considerado típico, em violações não-essenciais, o preventor de menor custo é o comprador, que poderia utilizar as mercadorias – ainda que incorrendo em gastos ou em outras providências para colocá-la nas condições em que deveria ter sido entregue –, ou revendê-las, ainda que com prejuízo. Em ambos os casos, direitos como o de redução de preço ou o recebimento de uma compensação pelos danos sofridos seriam os remédios mais racionais para retificar as consequências do inadimplemento.

Não é sempre, porém, que as circunstâncias apontadas estão presentes nas compras e vendas internacionais de mercadorias. Com efeito, como se verá adiante, muitas das críticas dirigidas à CISG pelos defensores da regra "*perfect tender*" para o mercado de *commodities* se baseiam, ainda que seus emissores não o expressem dessa forma, em características de mercados de alta liquidez que tornam o vendedor (e não o comprador) o preventor de menor custo, mesmo em casos de inadimplemento que, em um primeiro momento, poderiam parecer de menor importância.

Gillette e Walt ressaltam que os custos incorridos para lidar com as consequências de um inadimplemento determinam qual das partes terá mais incentivos para comportar-se de maneira oportunista. Se não for custoso

[57] MAGNUS, Ulrich, The Remedy of Avoidance of Contract Under CISG - General Remarks and Special Cases, **Journal of Law and Commerce**, v. 25, p. 423–436, 2005, p. 423; SPAGNOLO, Lisa, **CISG exclusion and legal efficiency**, Alphen aan den Rijn: Kluwer Law International, 2014, p. 48; 89–91; BJÖRKLUND, Commentary to Articles 25-29, p. 338.

[58] GARRO, Alejandro M.; ZUPPI, Alberto Luis; PESSÔA, Fernando J. Breda, **Compra e venda internacional de mercadorias: Convenção de Viena de 1980: teoria e prática**, Curitiba: Juruá, 2017, p. 165.

[59] SPAGNOLO, **CISG exclusion and legal efficiency**, p. 43.

[60] *Ibid.*

para o vendedor remediar uma entrega não-conforme, ou providenciar uma entrega em atraso, será mais difícil para o comprador agir de maneira oportunista; por outro lado, se o vendedor tiver que incorrer em um alto custo para recuperar mercadorias rejeitadas, ou remediar uma entrega não-conforme, o comprador terá o maior poder de barganha e, como tal, estará em melhor posição para atuar de maneira oportunista. As regras que atribuem direitos a cada parte em caso de inadimplemento afetam esta equação: se o direito do comprador de resolver o contrato estiver sujeito a menos restrições mesmo quando o vendedor seja um "preventor de alto custo", pode-se arguir que o comprador terá acumulado um poder de barganha excessivo. Já se o vendedor for um "preventor de baixo custo", garantir mais direitos ao comprador teria o efeito de equilibrar a situação das partes[61].

Em compras e vendas de *commodities* tipicamente realizadas em mercados com alto nível de liquidez, pode-se arguir que o comprador está exposto a um risco maior que o usual, e o vendedor está exposto a um risco menor que o usual. Contrariamente ao modelo que os legisladores envolvidos na elaboração da CISG tinham em mente quando conceberam o princípio "*favor contractus*", nessas vendas, o vendedor provavelmente estará na posição de preventor de menor custo no caso de inadimplemento.

Vendas de *commodities* são frequentemente realizadas na forma de "vendas documentárias", ou seja, vendas nas quais o vendedor obriga-se a entregar um documento representativo de uma mercadoria em trânsito (um conhecimento de embarque ou uma "*bill of lading*"). Particularmente no caso em que ambas as partes sejam comerciantes, não é razoável assumir que o comprador estaria em posição melhor que o vendedor para lidar com as consequências do inadimplemento: o custo incorrido pelo comprador para receber e estocar uma mercadoria que não possa ser imediatamente repassada ao comprador seguinte (p.ex., os custos incorridos no armazenamento, seguro ou mesmo o custo de oportunidade, representado pelo valor financeiro da *commodity* enquanto esta permanece em poder da parte) pode por vezes superar o custo que o vendedor teria para redirecionar as mercadorias para outro comprador[62].

Além disso, uma parte relevante do mercado internacional de *commodities* se conduz em base FOB, ou de acordo com outro termo comercial que não

[61] GILLETTE; WALT, **The UN Convention on Contracts for the International Sale of Goods**, p. 194–195.

[62] CISG ADVISORY COUNCIL, Opinion no. 5, The buyer's right to avoid the contract in case of non-conforming goods or documents, parag. 4.6. A opinião discute esses fatores, mas não considera que eles não devem ser considerados na determinação da essencialidade de uma violação.

exige que o vendedor se encarregue do transporte dos bens até o seu destino final. Mesmo em contratos com cláusulas do tipo CIF, em que o vendedor deve encarregar-se do frete até o destino, é frequente que as partes acordem que as mercadorias sejam inspecionadas antes do embarque[63]. Essa inspeção é usualmente delegada a uma companhia especializada independente[64]. Um dos objetivos de adotar esse procedimento é permitir que a eventual rejeição das mercadorias ocorra ainda no porto de origem. Ao ser assim, não se aplicam à hipótese preocupações quanto ao desperdício do frete contratado (que, nos contratos FOB, constituirá de qualquer maneira ônus do comprador) ou a necessidade de administrar-se a mercadoria em terra estranha. Seria também razoável supor[65] que não deveria ser especialmente oneroso para o vendedor manter as mercadorias rejeitadas em armazenagem[66], pois tratar-se-ia de medida a ser tomada no porto de origem, local em que as providências relativas à performance contratual já estariam, de todo modo, a cargo do vendedor. Por outro lado, parece muito menos razoável, do ponto de vista econômico, exigir que o comprador aceite a mercadoria e transporte-a até o destino já sabendo que ela não se coaduna às especificações contratuais[67].

Adicionalmente, a questão do desperdício dos custos incorridos na negociação e na execução parcial do contrato encontraria um importante contrapeso no fato de que regras com desfechos previsíveis – ainda que draconianos,

63 BRIDGE, Michael, **International Sale of Goods: Law and Practice**, 2nd. ed. Oxford: Oxford University Press, 2007, p. 437.

64 KINGSMAN, Jonathan, **Sugar Trading Manual**, 3ª ed. Cambridge: Woodhead, 2004, cap. 11:2; BRIDGE, **International Sale of Goods**, p. 52.

65 LEISINGER, Benjamin K., **Fundamental Breach Considering Non-Conformity of the Goods**, München: Sellier, 2007, p. 124–125; WINSOR, The Applicability of the CISG to Govern Sales of Commodity Type Goods, p. 102–103. Para exemplos de casos em que o vendedor pôde rapidamente revender mercadorias rejeitadas, ver SMITH, Jerry, BP Oil International, Ltd. and BP Exploration & Oil, Inc. v. Empresa Estatal Petroleos de Ecuador et al. (CLOUT Case 575); DEBEVOIS, J., Valero Marketing v. Greeni Oy; and BARRY; FUENTES; JORDAN, Valero Marketing v. Greeni Oy (CLOUT Case 846).

66 Essa afirmação requer cuidado. Ao menos no caso de commodities agrícolas, o custo de armazenamento pode ser um componente importante do preço de venda. Além disso, a sazonalidade desse tipo de mercadoria pode gerar escassez de espaço disponível em determinadas épocas.

67 CISG ADVISORY COUNCIL, Opinion no. 5, The buyer's right to avoid the contract in case of non-conforming goods or documents, parag. 4.6; LEISINGER, **Fundamental Breach Considering Non-Conformity of the Goods**, p. 125, enumerando as dificuldades impostas ao comprador pelo atraso na entrega, menciona a eventual perda da possibilidade de promover a proteção de preço utilizando-se do mercado de futuros. No mesmo sentido, WINSOR, The Applicability of the CISG to Govern Sales of Commodity Type Goods, p. 103.

como no caso da regra "*perfect tender*" –, no longo prazo, compensariam eventual custo adicional decorrente da necessidade de celebrar negócios substitutos ao reduzirem a ocorrência de litígios, como observado acima. Ademais, em se tratando de mercadorias compradas com o intuito de revenda, a preservação do contrato em que ocorrer uma desconformidade nos bens ou documentos entregues não significa que o comprador estará livre da necessidade de adquirir mercadorias substitutas (o que ocorreria se ele mesmo estiver sujeito a obrigações sujeitas à regra "*perfect tender*"), ônus ao qual se somaria, então, o ônus de obter outro comprador para as mercadorias e/ou documentos recebidos do vendedor de maneira intempestiva ou desconforme.

Nos contextos anteriormente aventados, é razoável supor que o preventor de menor custo no caso de inadimplemento referente à entrega da mercadoria seja o vendedor. Seria demasiado oneroso para o comprador inocente suportar tanto o risco de sofrer perdas e danos amplificados em razão da volatilidade de preços[68] – que, ademais, terão que ser provados e recuperados em juízo, o que sempre acrescenta custo, tempo e incerteza ao processo[69] – quanto o risco de insolvência da contraparte[70]. Tendo em consideração todos esses fatores, o resultado mais equânime e eficiente do ponto de vista econômico é, de fato, permitir que o comprador inocente rescinda o contrato mesmo nos casos em que o inadimplemento não pareça, à primeira vista, tão grave[71].

Importa aqui não perder de vista que a questão da economicidade da solução aventada em nada importaria se a regra adotada pela CISG para determinar a essencialidade de um inadimplemento não se referisse à *expectativa* da parte inocente quanto ao resultado do contrato para si.

Parece-nos razoável supor que as expectativas das partes quanto ao resultado do contrato não incluem ter que suportar as consequências decorrentes

[68] V. seção 5.1 abaixo para uma discussão acerca desse aspecto dos mercados de *commodities* de alta liquidez.

[69] Um ônus que não deve ser subestimado: aos custos diretos incorridos no litígio deve somar-se também o custo de oportunidade, vale dizer, os ganhos que poderiam ser obtidos usando-se o dinheiro (se estivesse disponível) durante o período compreendido entre a ocorrência do dano e o recebimento da respective indenização.

[70] MAGNUS, The Remedy of Avoidance of Contract Under CISG - General Remarks and Special Cases, p. 435; MAGNUS, Ulrich, **Kommentar zum Bürgerlichen Gesetzbuch mit Einführungsgesetz und Nebengesetzen: Wiener UN-Kaufrecht (CISG)**, Berlin: Sellier, 2005, p. 518.

[71] MAGNUS, The Remedy of Avoidance of Contract Under CISG - General Remarks and Special Cases, p. 435; MAGNUS, **Kommentar zum Bürgerlichen Gesetzbuch mit Einführungsgesetz und Nebengesetzen: Wiener UN-Kaufrecht (CISG)**, p. 518; WINSOR, The Applicability of the CISG to Govern Sales of Commodity Type Goods, p. 101.

do descumprimento da outra parte, quando tal outra parte for o preventor de menor custo em relação a essas consequências. Mais ainda quando se trate de partes que operem com frequência em um mesmo mercado e que, como tal, presumivelmente tenham familiaridade com a estrutura econômica dos contratos que celebram. Dessa forma, a determinação de quem é, nas circunstâncias, o preventor de menor custo, conquanto não seja um elemento previsto na regra do art. 25 CISG, pode constituir uma importante sinalização daquilo que a parte inocente *poderia esperar do contrato* e, como tal, pode ser considerado na formação do juízo sobre a essencialidade de uma violação. A interpretação do critério do art. 25 CISG nessas linhas atende, ademais, ao disposto no art. 8(2) e (3) CISG.

Adicionalmente, uma conclusão similar pode ser alcançada também por aplicação do art. 9(2) CISG – ou seja, pela via dos usos do comércio internacional. Os requisitos para incorporação de um uso – a ciência das partes sobre sua existência, e o fato de serem de amplo conhecimento e observados por outros participantes do mesmo mercado em situação similar – podem fazer-se presentes no que tange à expectativa de que, em mercados de *commodities* de alta liquidez, o adimplemento perfeito ("*perfect tender*") seja da essência do contrato[72].

É razoável supor, portanto, que, quando o contrato opere nas circunstâncias antes descritas, o comprador tenha a expectativa de que o vendedor adimplirá suas obrigações à perfeição, ou arcará com as consequências do inadimplemento. No comércio de *commodities* de alta liquidez, assim, a posição do vendedor inadimplente, como princípio, merece menor proteção do que vendedores inadimplentes em outras circunstâncias, não porque não se exija a configuração de um detrimento particularmente grave em desfavor da parte inocente, mas sim porque um detrimento grave acontece mais facilmente que em outras situações.

Interessante notar que essa particularidade não havia passado desapercebida na ULIS[73], que é amplamente considerada como uma precursora da CISG[74]: naquele diploma, considerava-se que o atraso na entrega das merca-

[72] SINGH; LEISINGER, A Law for International Sale of Goods: A Reply to Michael Bridge, p. 166–167.

[73] Acrônimo em inglês referente à Convenção relativa à Lei Uniforme sobre a Venda Internacional de Mercadorias (A Haia, 1964).

[74] KRÖLL; MISTELIS; PERALES VISCASILLAS, Introduction to the CISG, p. 4; SCHWENZER, Ingeborg, Introduction, *in*: SCHWENZER, Ingeborg (Org.), **Commentary on the UN Convention on the International Sale of Goods (CISG)**, 4th. ed. Oxford: Oxford University Press, 2016, seç. I.

dorias constituiria uma violação fundamental sempre que o preço das mercadorias fosse "cotado em mercado" (art. 28)[75]. A existência de cotação pública de preços é um indicador de se tratar de mercado de alta liquidez.

4. Casos frequentes de inadimplemento contratual em vendas de *commodities* em mercados de alta liquidez

A seguir, adotando-se o arcabouço analítico desenvolvido nas páginas anteriores, abordam-se casos comuns de inadimplemento contratual em vendas de *commodities* em mercados de alta liquidez, analisando-se a aplicação do estândar do art. 25 CISG em cada situação.

4.1. Inadimplemento do prazo contratual para o cumprimento da obrigação

Como regra geral, considera-se que, no regime da CISG, o atraso no cumprimento de uma obrigação não configura, por si só, uma violação essencial[76]. Em contratos para a compra e venda de *commodities* em mercados de alta liquidez, entretanto, há exceção à regra geral, mesmo ausente uma regra contratual expressa nesse sentido, desde que as circunstâncias não indiquem o contrário.

Commodities de alta liquidez se caracterizam pelo fato de que, em ocasiões, um único mercador frequentemente celebra, em um curto período, diversos contratos tendo por objeto a mesma *commodity*, com diversas contrapartes, todas atuando no mesmo mercado. Não por coincidência, um indicador importante da alta liquidez de um mercado é a existência de um ou mais mercados de futuros atrelados a ele. Essas características usualmente implicam que essas *commodities* estejam sujeitas a flutuações de preço súbitas e de grande magnitude[77].

[75] BRIDGE, Michael, Good faith, the common law and the CISG, **Uniform Law Review**, v. 22, p. 98–115, 2017, p. 110–111.

[76] BJÖRKLUND, Commentary to Articles 25-29, p. 346.

[77] Reconhecendo a volatilidade de preços como uma característica dos mercados de commodities: MULLIS, Avoidance for Breach Under the Vienna Convention: a Critical Analysis of Some of the Early Cases, p. 329–330; MULLIS, Twenty-Five Years On - The United Kingdom, Damages and the Vienna Sales Convention, p. 47; CISG ADVISORY COUNCIL, Opinion no. 5, The buyer's right to avoid the contract in case of non-conforming goods or documents, parag. 4.17; SCHWENZER,

Essa volatilidade natural significa maior probabilidade de haver uma diferença considerável entre o preço estabelecido contratualmente e o preço de mercado prevalente no momento em que a entrega se torna devida. Como tal, é também maior a probabilidade de que, no momento do cumprimento do contrato, o negócio ali entabulado se demonstre claramente desfavorável para uma das partes: o comprador pode ter se obrigado a comprar a mercadoria por um preço acima do prevalente no mercado à vista naquele momento, ou o vendedor pode ter se obrigado a vender a mercadoria por um preço abaixo do prevalente no mercado. Haverá, assim, um incentivo para que uma das partes, agindo de maneira oportunista, busque subterfúgios para liberar-se de suas obrigações contratuais, obtendo um negócio mais vantajoso no mercado à vista[78]. Além disso, em um cenário de preços voláteis, os danos potencialmente causados por um inadimplemento flutuam na mesma medida da volatilidade de preços.

Como se viu, nestas condições, é desejável para o comprador saber com elevado grau de certeza se lhe assiste o direito de rejeitar as mercadorias e resolver o contrato. Isso porque será importante para o comprador poder decidir com rapidez se será necessário comprar mercadorias substitutas no mercado à vista, de maneira a evitar maior prejuízo.[79] O dilema relativo à compra de mercadorias substitutas, entretanto, precisa ser enfrentado por qualquer comprador que se vê diante do problema de uma entrega atrasada, independentemente do tipo de mercadoria. Não sendo uma peculiaridade do mercado de *commodities*, não justifica que seja adotada como critério para justificar uma interpretação particularizada da regra para esse mercado.

A questão relevante é que em mercados em que preços são mais voláteis, mesmo flutuações de preço consideradas ordinárias (no contexto desses mercados) podem amplificar as perdas e danos de maneira sensível, mesmo em caso de pequeno atraso. Esse efeito é amplificado ainda mais em contratos

Avoidance of the Contract in Case of Non-Conforming Goods (Article 49(1)(a) CISG), p. 441; LEISINGER, **Fundamental Breach Considering Non-Conformity of the Goods**, p. 126; Leisinger refere-se a HOPKIN, Virginia E., Treibacher v. TDY como ilustrativo de uma situação em que os preços variaram de US $175.00/kg a US $1,100.00/kg dentro de um período de um ano. Por outro lado, WILBURN, David R., Cobalt Mineral Exploration and Supply from 1995 Through 2013, 2012 relata que entre março e dezembro de 2018, o preço do cobalto caiu de $54/lb a $13/lb, uma redução de 76% em um período inferior a um ano.

[78] TAKAHASHI, Koji, Right to Terminate (Avoid) International Sales of Commodities, **Journal of Business Law**, p. 102–130, 2003, p. 104–105.

[79] LEISINGER, **Fundamental Breach Considering Non-Conformity of the Goods**, p. 125–126; WINSOR, The Applicability of the CISG to Govern Sales of Commodity Type Goods, p. 103.

envolvendo grandes lotes de mercadorias, em que uma única entrega pode alcançar valores da ordem de milhões de dólares[80].

Outra circunstância relevante é o número de contratos que precisam ser simultaneamente geridos por alguns *traders* mais ativos. No comércio internacional de *commodities*, reporta-se que um único carregamento pode ser objeto de diversos contratos de compra e venda celebrados de maneira sucessiva, que permanecem em vigor simultaneamente, de maneira que o cumprimento de um implica o cumprimento de todos. É o que se conhece no jargão inglês como "*string trades*"[81], expressão que poderia ser livremente traduzida como "vendas encadeadas"[82]. A existência de tantos contratos em vigor simultaneamente, diversos deles envolvendo mercadorias cujo valor atinge a casa dos milhões, significa que os mercadores neles envolvidos frequentemente disporão de exíguos períodos para tomar decisões de alto impacto econômico[83]. Nesse cenário, é desejável que a decisão de optar pela rescisão de um contrato não dependa de considerações mais aprofundadas sobre circunstâncias fáticas de difícil constatação[84].

Nesse cenário, não é de todo estranho que alguns observadores considerassem o estândar de essencialidade do art. 25 CISG incompatível com as exigências do mercado de *commodities* de alta liquidez. Há que se ter em conta, entretanto, como se viu, que a qualificação de um inadimplemento

[80] TAKAHASHI, Right to Terminate (Avoid) International Sales of Commodities, p. 104.

[81] MULLIS, Avoidance for Breach Under the Vienna Convention: a Critical Analysis of Some of the Early Cases, p. 329; BRIDGE, The bifocal world of international sales: Vienna and non-Vienna, p. 280. Vendas encadeadas ocorrem quando uma mercadoria é revendida por um comprador antes de ser entregue. Considerando que essas vendas são usualmente feitas em bases documentais, o comprador seguinte pode facilmente revender a mesma mercadoria a um outro comprador, e assim por diante. Essa facilidade possibilita a formação de longas cadeias de contratos em torno de um único lote de mercadorias. A peculiaridade das vendas encadeadas é que embora existam múltiplas partes envolvidas, apenas o primeiro vendedor e o último comprador lidam com a mercadoria física. Os demais transacionam apenas documentos.

[82] Utiliza-se a expressão em português "vendas encadeadas" com o propósito específico de manter uniformidade com a tradução brasileira da Opinião n. 5 do CISG-AC: CISG ADVISORY COUNCIL, Opinion no. 5, The buyer's right to avoid the contract in case of non-conforming goods or documents.

[83] MULLIS, Alastair C. L., Termination for Breach of Contract in C.I.F. Contracts Under the Vienna Convention and English Law; Is There a Substantial Difference?, *in*: LOMNICKA, Eva Z.; MORSE, Christopher George John (Orgs.), **Contemporary Issues in Commercial Law (Essays in honor of Prof. A. G. Guest)**, London: Sweet & Maxwell, 1997, p. 137–160.

[84] TAKAHASHI, Right to Terminate (Avoid) International Sales of Commodities, p. 104; See also LORD LOWRY, Bunge v Tradax Export, p. 7.

como essencial se relaciona primordialmente com as expectativas das partes quanto à importância da obrigação descumprida.

Adotando-se o critério proposto na seção anterior, observa-se que, no que tange à intempestividade da entrega de mercadorias ou bens, é bastante provável que se configure a situação em que o vendedor é o preventor de menor custo em relação às consequências do atraso na entrega (ou da não-entrega). O comprador, como se viu, teria que suportar o risco de sofrer perdas e danos amplificados em razão da volatilidade de preços, sem a certeza de que poderia recuperá-los[85], o que se afigura particularmente irrazoável em situações em que o atraso pode ser detectado antes mesmo de as mercadorias serem entregues ao transportador, o que normalmente será o caso, em vista da mecânica contratual anteriormente descrita. Nessas circunstâncias, é razoável supor que a parte inocente veja frustrado seu interesse no resultado do contrato mesmo no caso de "um pequeno atraso"[86].

Nesse diapasão, defendemos que se presuma como essencial todo inadimplemento contratual configurado pela não entrega tempestiva das mercadorias, quando se trate de compras e vendas tendo por objeto *commodities*[87], no contexto de mercados com alta liquidez, em contratos que não sejam de longo prazo.

4.1.1. Intempestividade na entrega de documentos

O mesmo raciocínio exposto na seção anterior justifica que se tratem como essenciais, também, obrigações referentes à entrega de documentos relativos às mercadorias, o que, como se viu, são frequentes no âmbito do comércio de *commodities*[88].

[85] MAGNUS, The Remedy of Avoidance of Contract Under CISG - General Remarks and Special Cases, p. 435; MAGNUS, **Kommentar zum Bürgerlichen Gesetzbuch mit Einführungsgesetz und Nebengesetzen: Wiener UN-Kaufrecht (CISG)**, p. 518.

[86] MAGNUS, The Remedy of Avoidance of Contract Under CISG - General Remarks and Special Cases, p. 435; MAGNUS, **Kommentar zum Bürgerlichen Gesetzbuch mit Einführungsgesetz und Nebengesetzen: Wiener UN-Kaufrecht (CISG)**, p. 518; WINSOR, The Applicability of the CISG to Govern Sales of Commodity Type Goods, p. 101.

[87] SCHWENZER, Avoidance of the Contract in Case of Non-Conforming Goods (Article 49(1)(a) CISG), p. 442; SCHWENZER; HACHEM, The CISG - Successes and Pitfalls, p. 477–478; SINGH; LEISINGER, A Law for International Sale of Goods: A Reply to Michael Bridge, p. 167.

[88] MULLIS, Termination for Breach of Contract in C.I.F. Contracts Under the Vienna Convention and English Law; Is There a Substantial Difference?

Também neste caso, a volatilidade de preços cria um incentivo para o comportamento oportunista[89] e potencialmente amplifica as perdas e danos em caso de entrega intempestiva[90]; as partes também são frequentemente pressionadas pela necessidade de gerenciar simultaneamente um grande número de contratos, dispondo de exíguos períodos para repassar a assim chamada "notificação de apropriação"[91] e, depois, repassar documentos recebidos ao próximo comprador na série de contratos encadeados. A dificuldade é que, nesses contratos encadeados, o tempo despendido no repasse da notificação e dos demais documentos de parte a parte pode já ensejar dificuldades para os últimos compradores mesmo quando todos os envolvidos atuam rapidamente. Como não há como saber quantos contratos têm por objeto uma mesma carga, nem é possível saber quem é o último comprador de uma série de contratos encadeados, não há garantias de que a notificação chegará às mãos do último comprador antes de o navio alcançar o seu destino, algo que pode ensejar sérios problemas práticos para o comprador final[92]. Circunstâncias assim exigem que o comprador seja capaz de decidir com rapidez e segurança quais são os seus direitos em caso de eventual inadimplemento[93].

Nesse caso, ademais, não seria possível ao vendedor inadimplente sanar os efeitos do inadimplemento sem ensejar ao comprador "inconveniente (...) não razoável" (art. 48(1) CISG)[94]. Em uma tal situação, mesmo sob a CISG,

[89] MULLIS, Avoidance for Breach Under the Vienna Convention: a Critical Analysis of Some of the Early Cases, p. 330; BRIDGE, Michael, International Private Commodity Sales, **Canadian Business Law Journal**, v. 19, p. 485–499, 1991, p. 490.

[90] WINSOR, The Applicability of the CISG to Govern Sales of Commodity Type Goods, p. 104.

[91] A "apropriação", nesse contexto, é a individualização de bens que, no contrato, descrevem-se somente por uma descrição genérica. Ver THE GRAIN AND FEED TRADE ASSOCIATION, Guidelines for Appropriations, 2014, p. 2.

[92] *Ibid.*, p. 4.

[93] MULLIS, Termination for Breach of Contract in C.I.F. Contracts Under the Vienna Convention and English Law; Is There a Substantial Difference?; MULLIS, Avoidance for Breach Under the Vienna Convention: a Critical Analysis of Some of the Early Cases, p. 330–331.

[94] SCHWENZER, Avoidance of the Contract in Case of Non-Conforming Goods (Article 49(1)(a) CISG), p. 442; WINSOR, The Applicability of the CISG to Govern Sales of Commodity Type Goods, p. 105. Nesse ponto, cabe uma advertência quanto ao texto do art. 48(1) na versão brasileira da CISG: o texto brasileiro estabelece como condição para a possibilidade de sanação da desconformidade a circunstância de que tal sanação "não implique demora não razoável nem cause ao comprador inconveniente ou incerteza não razoáveis quanto ao reembolso, pelo vendedor, das despesas feitas pelo comprador". Por essa redação, a impressão é que o vocábulo "inconveniente" se refere a "reembolso", ou seja, que a condição imposta pelo dispositivo é que a sanação da desconformidade não cause inconveniência (nem incerteza) quanto ao reembolso de despesas pelo vendedor. No entanto, no texto em inglês fica evidente tratar-se de situações alternativas. Uma

é razoável presumir que a obrigação de entregar documentos pontualmente é essencial, e que seu inadimplemento constitui violação essencial. O CISG-AC, analisando as peculiaridades desse mercado, manifestou opinião similar, arguindo que tal presunção pode se estabelecer mesmo na ausência de cláusula contratual nesse sentido, por operação do art. 8(2) e (3) CISG[95].

4.1.2. Outras obrigações

A essencialidade do pontual cumprimento de obrigações também alcança outras obrigações: em um caso australiano decidido com a aplicação da CISG[96], decidiu-se que a não abertura, pelo comprador, de uma carta de crédito dentro do prazo contratual constituía, por si só, uma violação essencial. O inadimplemento foi classificado como uma "*repudiation*" ao contrato (conceito que, nos sistemas legais derivados da *common law* inglesa, refere-se a uma manifestação antecipada da própria intenção de não cumprir suas obrigações[97]), autorizando o vendedor a resolver o contrato com fundamento no art. 72(1) CISG.

A pontualidade no cumprimento da obrigação do comprador de enviar ao vendedor a notificação de nomeação[98] também é essencial. Uma corte chinesa, em um caso envolvendo uma carga de feijões mungo-verdes, concluiu, com fundamento no art. 60 CISG, que a falta de nomeação de um navio em um contrato FOB constituía uma violação essencial[99]. Também neste caso, há congruência entre a conclusão alcançada sob a CISG e o entendimento prevalente no direito inglês[100].

tradução mais fiel seria no sentido de indicar que a sanação da desconformidade não deve causar ao comprador nem inconveniência não razoável, nem incerteza não razoável quanto ao reembolso, pelo vendedor, de despesas antecipadas pelo comprador.

[95] CISG ADVISORY COUNCIL, Opinion no. 5, The buyer's right to avoid the contract in case of non-conforming goods or documents, parag. 4.17. Tradução livre adaptada de tradução originalmente realizada por Ligia Espolaor Veronese.

[96] WILLIAMS; DAVIES; BYRNE, Downs Investments v. Perwaja Steel (CISG-Online Case 955); para comentários adicionais sobre o caso, v. **CISG.site**.

[97] COLLINS, Hugh, **The Law of Contract**, 4th. ed. Cambridge: Cambridge University Press, 2003, p. 358.

[98] A notificação de nomeação é um documento usual em contratos FOB, por meio do qual o comprador envia ao vendedor informações importantes para o procedimento de disponibilização das mercadorias contratuais para embarque no navio enviado pelo comprador. A mecânica que envolve a utilização desse documento será discutida na seção seguinte.

[99] V., em especial, Mung beans case.

[100] MR. JUSTICE PHILLIPS, Richco International Ltd. v. Bunge & Co. Ltd. (the "New Prosper").

4.1.3. Elementos indicativos da essencialidade do cumprimento pontual da obrigação

Evidentemente, as presunções a que nos referimos anteriormente somente se operam quando as partes não tenham estabelecido suas próprias estipulações a respeito. Se tais regras existirem, devem prevalecer, por força do art. 6 CISG. Essas estipulações, no entanto, nem sempre são explícitas.

Em um caso decidido sob a incidência da CISG, envolvendo a venda de uma substância conhecida como ferro molibdênio, uma corte alemã decidiu que, conquanto, como regra, "[um] atraso geralmente não constitua uma violação essencial", era possível verificar que, naquele caso, o comprador tinha um especial interesse no "exato cumprimento da data de entrega". Tal interesse foi inferido da adoção, pelas partes, do Incoterm CIF, "que deixa claro que o contrato exigia a entrega em uma data fixada, sob o qual a entrega tempestiva era uma obrigação essencial"[101]. A existência de uma data fixada – ou um período fixado – para a entrega das mercadorias é, portanto, um importante indicador de que as partes consideram essencial a pontualidade no cumprimento da obrigação de entrega (vejam-se abaixo, entretanto, possíveis exceções).

Apesar disso, neste particular, é também importante observar que, em contratos operando sob o Incoterm CIF ou cláusulas similares, o mero fato de que o prazo final para o *embarque* das mercadorias expire sem que o vendedor comprove haver realizado tal embarque não é um indicador inequívoco de que tenha havido inadimplemento da obrigação de entrega. Esse Incoterm prevê expressamente que o vendedor pode adimplir sua obrigação tanto embarcando as mercadorias a bordo do navio quanto adquirindo mercadorias embarcadas anteriormente (cláusula A2). Sob o direito inglês, o caráter alternativo dessas obrigações é tão reconhecido que a doutrina descreve a obrigação do vendedor como sendo não uma obrigação de entregar mercadorias, mas sim uma obrigação de entregar documentos representativos de mercadorias embarcadas dentro do prazo de entrega[102]. Em contratos-modelo da GAFTA e da FOSFA com clausula CIF, essa alternatividade também é reconhecida, e a intempestividade no cumprimento da obrigação somente se configura se for descumprido o prazo para que se realize a apropriação[103].

[101] Iron Molybdenum Case (CLOUT Case 277).

[102] See LISTA, Andrea, **International commercial sales: the sale of goods on shipment terms**, Abingdon: Informa Law, 2018, seç. 2.1 and 2.2; MURRAY, Carole *et al*, **Schmitthoff's export trade: the law and practice of international trade**, 11. ed. London: Sweet & Maxwell, 2007, p. 34–35.

[103] V. COVO, Jacques, GAFTA/FOSFA Contracts & Arbitrations in Agricultural Commodity Trading, 2012 para uma observação similar relativa a certos contratos-padrão de FOSFA e GAFTA, sob a ótica do direito inglês.

Em um caso alemão, a corte, aplicando o art. 8(2) e (3) CISG, fundamentou-se no teor de comunicações havidas entre as partes posteriormente à celebração do contrato para reconhecer o caráter essencial da pontualidade na entrega[104].

4.1.4. Casos em que a pontualidade não é essencial

Assim como a estrutura contratual pode ensejar a conclusão de que as partes consideraram essencial uma obrigação mesmo sem dizê-lo expressamente, o mesmo expediente pode resultar na conclusão de que as partes estabeleceram implicitamente a não-essencialidade de uma obrigação. É o que pode ocorrer em certos contratos celebrados com cláusula FOB[105].

Em contratos FOB, uma abordagem comum é estabelecer as datas de entrega das mercadorias por referência a um período de entrega ou de embarque, geralmente expressado em um intervalo de datas, combinado com uma obrigação do comprador de enviar uma notificação ao vendedor informando detalhes sobre o navio que será utilizado no transporte das mercadorias. Esta notificação (conhecida como "nomeação") tipicamente inclui informação necessária para que o vendedor adote os preparativos necessários para o carregamento das mercadorias no porto de embarque, e estabelece também a data provável da chegada do navio naquele porto[106]. É usual que o contrato de compra e venda contenha, ainda, cláusulas detalhando o procedimento de carregamento das mercadorias no navio, que pode ou não[107] refletir o arranjo contratual existente entre o comprador e o transportador, de modo que é também frequente que o contrato de compra e venda faça referência aos termos do contrato de transporte[108].

Uma disposição tipicamente assim refletida é a que se refere aos conceitos de *laytime* (tempo de estadia) e *demurrage* (sobreestadia) e, algumas vezes, também ao conceito de *laycan* (um termo que resulta da combinação de outros dois: *laydays* e *cancellation*, cujo sentido será esclarecido adiante). Esses três conceitos estão intimamente interrelacionados: o *laytime* é "o período de tempo

[104] V. Mobile car phones case (OLG Düsseldorf, 21-4-2004).

[105] LORENZON, Filippo *et al*, **C.I.F. and F.O.B. Contracts**, London: Sweet & Maxwell, 2012, p. 252–253.

[106] See, for instance, the GAFTA Model Contract no. 64, clause 6.

[107] BAUGHEN, Simon, Laytime and Demurrage in CIF and FOB contracts, *in*: SOYER, Baris; TETTENBORN, Andrew (Orgs.), **International Trade and Carriage of Goods**, Boca Raton: CRC Press, 2016, p. 37–39.

[108] *Ibid.*, p. 35.

acordado entre as partes durante o qual o proprietário tornará e manterá o navio disponível para carregamento ou descarregamento sem o pagamento de frete adicional"[109]; *demurrage* significa "uma quantia pré-acordada devida ao proprietário em relação a atrasos, pelos quais o proprietário não tenha sido responsável, ensejados ao navio uma vez que o *laytime* expira"[110]; já o *laycan* é usualmente expressado na forma de um intervalo de datas que significam: "(a) o primeiro dia em que o proprietário [do navio] pode esperar que o contratante carregue [a mercadoria] e (b) o último dia em que o navio pode chegar ao local designado de carregamento sem correr o risco de ser cancelado"[111].

Em um caso decidido sob o direito inglês, referente a uma carga de gasolina[112], comprador e vendedor acordaram que o embarque ocorreria no período de 27 a 30 de maio, a ser posteriormente reduzido por prerrogativa do comprador para um "*laycan* de dois dias". Havia também uma cláusula estabelecendo um *laytime* fixo de 36 horas iniciando-se da emissão da notificação de prontidão pelo armador[113]. Uma vez em marcha o cumprimento do contrato por ambas as partes, o comprador, exercendo sua prerrogativa contratual, especificou como *laycan* o período de 29 a 30 de maio. O navio chegou ao porto dentro do período de *laycan*, mas o vendedor teve problemas e informou que somente conseguiria disponibilizar as mercadorias para embarque no dia 4 de junho. Em 3 de junho, o comprador declarou rescindido o contrato com base no atraso e, posteriormente, demandou o vendedor pelas perdas e danos decorrentes do suposto inadimplemento.

A corte concluiu que o contrato obrigava o comprador a enviar o navio para embarque das mercadorias durante o *laycan* estabelecido (29 a 30 de maio), mas que a existência de uma cláusula estabelecendo um *laytime* de 36 horas implicava que o vendedor não estava obrigado a completar o embarque da

[109] BIMCO, Laytime Definitions for Charter Parties 2013, 2013, parag. 5.

[110] *Ibid.*, parag. 30.

[111] LORD JUSTICE RIX, Tidebrook Maritime v Vitol Civ 944. Importa salientar que a noção de "cancelamento" de um contrato, na tradição do Direito Comum, é um conceito por vezes tratado como equivalente ao de rescisão contratual. Dessa forma, a data final de um período de "laycan" seria, em si, uma data-limite a partir da qual poderia ocorrer a rescisão do contrato de fretamento em virtude de intempestividade. V., sobre o conceito de 'cancelamento', GILLETTE; WALT, **The UN Convention on Contracts for the International Sale of Goods**, p. 193.

[112] LORD JUSTICE LONGMORE, ERG Raffinerie Mediterranee v Chevron USA.

[113] Cf. definição supra, o *laytime* é um período de tempo que serve de referência. Caso o carregamento seja concluído antes da sua expiração, o embarcador recebe um montante (o despacho). Se o carregamento se estender além do período, o embarcador paga uma quantia ao armador (a sobrestadia). V. BIMCO, Laytime Definitions for Charter Parties 2013, parag. 31.

carga no da 30 de maio. Além disso, a corte considerou a existência de cláusula detalhando o cômputo de *demurrage* incompatível com o entendimento de que o comprador teria, simultaneamente, o direito de resolver o contrato meramente pela expiração do mesmo *laytime*. No contexto do contrato, a resolução só seria possível após o decurso de um "período frustrante", coisa que não teria ocorrido no caso.

A expressão inglesa usada no julgado, ressalte-se, foi "*frustrating time*", que, conquanto possa ser livremente traduzida como "período frustrante", é, em direito inglês, um termo técnico: frustrante é a mora que "torna-se tão prolongada que o inadimplemento assume um caráter suficientemente grave para atingir a raiz do contrato"[114], significando que o atraso privaria a parte inocente de "substancialmente todo o benefício do contrato"[115].

A decisão da corte inglesa decorre do fato de que, no direito inglês, a pontualidade na conclusão do embarque não é essencial em contratos de afretamento. Como tal, a expiração do *laytime* e a consequente incidência de sobrestadia não são ensejam, por si só, o direito de zarpar e deixar o porto[116]. A *demurrage* é considerada uma indenização pré-acordada pelo período em que o navio deixa de estar disponível ao armador para a realização de outros fretes[117], e constitui, assim, compensação suficiente ao armador pela permanência estendida do navio no porto[118]. Uma vez que a responsabilidade pelo pagamento de *demurrage* é usualmente repassada, no contrato de compra e venda, ao vendedor, não é razoável para o comprador arguir que o início do período de sobrestadia deveria, por si só, ensejar o direito de rescisão em razão do risco de que o navio deixe de estar disponível, ou de outra decorrência relacionada ao contrato de transporte[119].

114 LORD JUSTICE DEVLIN, Universal Cargo v. Citati.

115 LORD JUSTICE SELLERS, Hong Kong Fir Shipping Co v Kawasaki Kisen Kaisha.

116 WELLS, Michael John, Demurrage and the Availability of General Damages, **Australian and New Zealand Maritime Law Journal**, v. 22, n. 1, p. 76–88, 2008, p. 78–79; LORD JUSTICE BANKES; LORD JUSTICE ATKIN; LORD JUSTICE SARGANT, Aktieselskabet Reidar v. Arcos, Ltd.

117 WELLS, Demurrage and the Availability of General Damages, p. 78–79; LORD JUSTICE DEVLIN, Chandris v Isbrandtsen-Moller Company.

118 SCHOFIELD, John, **Laytime and Demurrage**, 7. ed. Milton Park: Informa Law, 2016, p. 422–424, menciona que é raro que um contrato estabeleça um limite temporal para a incidência de sobrestadia. O resultado é que a respectiva taxa continuará incidindo até que ocorra a frustração do contrato ou até que a parte devedora repudie o contrato.

119 Evidentemente, esse argumento não se aplica se o contrato dispuser diferentemente.

Este caso faz atentar para uma circunstância interessante: no direito inglês, "não há presunção, de fato ou de direito, de que a pontualidade seja essencial em contratos mercantis"[120]. Diferentemente do que seria de se imaginar ao ler as contundentes críticas feitas à CISG por uma suposta leniência com a *mora debitoris*, o regime padrão do direito inglês é, nesse particular, idêntico ao da CISG (art. 49(1)), mesmo no universo relativamente estrito dos contratos mercantis. Em realidade, são as circunstâncias específicas dos mercados de *commodities* de alta liquidez que fizeram com que, somente nesse contexto muito particular, o direito inglês tenha estabelecido, na prática, uma presunção de essencialidade. É razoável supor, portanto, que o caso em comento teria tido idêntico desfecho se tivesse sido decidido sob a égide da CISG.

É de se notar, ademais, que, fosse o contrato sujeito à CISG, o comprador teria à disposição um mecanismo adicional: diante da afirmativa do próprio vendedor no sentido de que não dispunha de mercadoria para embarque imediato, o vendedor poderia ter buscado proteger-se notificando o comprador em consonância com o disposto no art. 47(1) CISG, estabelecendo um período razoável para que a entrega fosse realizada, sob pena de rescisão[121].

Esse exemplo é, ademais, relevante porque, na prática contratual da compra e venda de *commodities* agrícolas que se caracterizam pela existência de sazonalidade, é frequente a técnica contratual de estabelecer um período de entrega longo, que representa para as partes, em realidade, um intervalo temporal dentro do qual o comprador pode solicitar a entrega da mercadoria. Assim, por exemplo, as partes podem estabelecer que o comprador terá a prerrogativa de solicitar a entrega da mercadoria a qualquer momento dentro de um período de 3 (três) meses, mediante o envio de notificação com antecedência de 10 (dez) dias. Se o comprador solicitar a entrega da totalidade da mercadoria no início do período trimestral estabelecido, a eventual existência de cláusula prevendo a incidência de *demurrage* pode resultar no entendimento de que a resolução contratual em caso de demora na entrega só virá a ser possível após a expiração do período trimestral de entrega. Nesses casos, caso seja importante para o comprador receber a mercadoria rapidamente após o envio da notificação, é recomendável, portanto, negociar uma

[120] BEALE, Hugh, **Chitty on Contracts**, 32nd. ed. London: Sweet & Maxwell, 2018, parag. 13-037.

[121] Segundo MULLIS, Avoidance for Breach Under the Vienna Convention: a Critical Analysis of Some of the Early Cases, p. 334, o art. 47(1) permite à parte inocente "tornar essencial a pontualidade" para o propósito de resolver o contrato.

cláusula estabelecendo um prazo, contado a partir da nomeação, a partir do qual a resolução se torna possível[122].

Outro exemplo de disposição que poderia levar ao mesmo resultado, ao menos em algumas circunstâncias, é a cláusula 6 do contrato modelo n. 64 da GAFTA, que estabelece que "desde que o navio se apresente no porto de embarque em prontidão para carregamento dentro do período de entrega, os Vendedores deverão, se necessário, concluir o embarque após o período de entrega, e os custos de carregamento não deverão se aplicar."[123] Nota-se que o que se denomina "período de entrega", é, em melhor análise, um período para a apresentação do navio nomeado pelo comprador. O resultado é que, também neste caso, haveria alguma incerteza quanto ao momento em que o comprador teria o direito de declarar rescindido o contrato em uma situação de demora prolongada[124].

Similarmente, em casos como os citados acima, seria também razoável que mercadorias desconformes eventualmente entregues pelo vendedor pudessem ser substituídas por mercadorias conformes, se isso for possível ainda dentro do período de entrega, sem que isso constitua uma inconveniência não razoável para o comprador[125] (nos termos do art. 48(1) CISG). Já se arguiu que, em compras e vendas de *commodities*, essa possibilidade contrariaria as expectativas razoáveis das partes, em face da possibilidade de que o comprador tenha contraído obrigações espelhadas com terceiros[126]. Se, no entanto, for estabelecido que o comprador não tem o direito de rescisão contratual, seria contraditório impedir o vendedor de entregar mercadorias substitutas, desde que o faça dentro do período contratual de entrega – seria bastante difícil, nessa situação, sustentar a existência de um inconveniente não razoável para o comprador.

[122] REED SMITH LLC, **Shipment/delivery periods in FOB contracts: confusion explained**, Lexology, disponível em: <www.lexology.com/library/detail.aspx?g=18ad4940-9628-4cbb-a8e1-4e4f0ff8c4c0>. acesso em: 12 set. 2021.

[123] Tradução livre do original em inglês. Observe-se que os contratos modelo da GAFTA expressamente preveem a não-aplicação da CISG. A referência é, portanto, meramente especulativa, servindo, potencialmente, como exemplo para a aplicação da CISG a cláusulas semelhantes em contratos por ela regidos.

[124] REED SMITH LLC, **Shipment/delivery periods in FOB contracts: confusion explained**.

[125] LEISINGER, **Fundamental Breach Considering Non-Conformity of the Goods**, p. 126.

[126] FISHER; HAINS, Futures market law and practice and the Vienna Sales Convention, p. 554.

4.2. Violação essencial por desconformidade

4.2.1. Desconformidade nas mercadorias

O vendedor tem o dever de entregar mercadorias em conformidade com o contrato. Na maioria dos casos envolvendo *commodities*, não é difícil determinar se as mercadorias entregues são conformes, porque os parâmetros de qualidade estão descritos em detalhe no contrato. Em outros casos, no entanto, a desconformidade se refere a uma característica das mercadorias que as partes não especificaram em contrato.

A questão de determinar se houve ou não desconformidade deve se resolver pela aplicação dos arts. 35 a 44 CISG. Uma vez que se determine que as mercadorias entregues são de fato desconformes, passa a ser possível determinar se a desconformidade é suficientemente séria para configurar uma violação essencial no sentido do art. 25 CISG.

Como sói ocorrer em relação a matérias envolvendo a CISG, o contrato é o ponto de partida para qualquer análise a respeito do tema. Se o contrato estabelecer critérios para definir as consequências do inadimplemento de acordo com as características da violação, ou estabelecer as obrigações consideradas essenciais pelas partes, ou mesmo contiver regras restringindo os direitos das partes à rescisão do contrato[127], por meio de um rol de obrigações que, em caso de inadimplemento, limitem-se a ensejar à parte prejudicada o direito a perdas e danos, estes critérios devem prevalecer (art. 6 CISG).

Essas técnicas contratuais são frequentemente aplicadas em contratos-modelo usados no comércio internacional de *commodities*. Um exemplo é a cláusula 5 do contrato GAFTA n. 100, que provê a redução do preço no caso de se constatar, após inspeção, que as mercadorias têm qualidade inferior à acordada contratualmente. O comprador somente poderá rejeitar as mercadorias e rescindir o contrato se a desconformidade exceder um determinado patamar.

Outro mecanismo similar e frequente é estabelecer uma escala de qualidade. Na prática, a existência de uma escala significa que uma certa variação de qualidade será aceitável, dentro de uma faixa pré-estabelecida. A entrega de mercadorias de menor qualidade, mas ainda dentro da escala, não chega a constituir um inadimplemento, mas redunda na redução do preço devido pelo vendedor[128].

[127] BRIDGE, **International Sale of Goods**, p. 437.

[128] Para um caso decidido sob a CISG em que as partes haviam acordado uma escala de qualidade afetando o preço da mercadoria, ver MELBA, Chinchilla furs case (CLOUT Case 106). Neste caso, a escala era imprecisa (o preço se situaria entre 35 e 65 marcos alemães se as peles fossem

Idealmente, o contrato também deve prover uma solução para o caso de a desconformidade exceder os limites da escala. Se nenhuma regra específica for acordada, opinamos que a existência de uma regra de "tolerância" como a da cláusula 5ª do contrato-modelo GAFTA 100, ou a de uma escala de qualidade aceitável, constituem, no mínimo, um forte argumento no sentido de que a entrega de mercadorias com qualidade aquém do mínimo tolerado, ou fora da escala de qualidade aceitável, constitui uma violação essencial do contrato.

Alguns contratos, no entanto, não contêm indicação objetiva de parâmetros de qualidade cujo descumprimento possa caracterizar uma violação essencial, ou contêm indicações aparentemente conflitantes ou pouco claras a esse respeito.

Um ilustrativo caso decidido pela Justiça espanhola envolveu a venda de caroços triturados de azeitona[129]. Uma cláusula do contrato estabelecia um limite de umidade de 14% e determinava que os caroços não deveriam conter polpa. Outra cláusula previa o ajuste do preço caso o nível de umidade superasse os 14%, o que, em princípio, indicava que o descumprimento desse parâmetro não constituiria violação essencial. No entanto, outra clausula permitia a resolução do contrato pelo comprador no caso de descumprimento dos estândares de qualidade. O comprador aceitou duas entregas de caroços desconformes, mas depois advertiu expressamente o vendedor que o nível de umidade e de resíduos de polpa eram inaceitáveis, porque tornavam as mercadorias impróprias para o propósito do comprador (produzir energia). No embarque seguinte, foram novamente entregues mercadorias desconformes: o nível de umidade constatado foi superior a 20% e a proporção de polpa em relação ao total foi determinado em 5,2%.

O comprador adquiriu mercadorias de outro fornecedor e declarou resolvido o contrato. A corte lhe deu razão, indicando que a cláusula que estatuía uma redução de preço para entregas que descumprissem o nível de umidade de 14% constituía mera "precaução", presumivelmente dando ao comprador uma prerrogativa unilateral de obter uma redução de preço, mas não o impedindo de resolver o contrato, já que essa prerrogativa restou expressamente reservada em outra cláusula. A interpretação que a corte deu ao contrato, portanto, conciliou duas cláusulas aparentemente contraditórias.

de qualidade mediana ou superior). A corte concluiu que a escala era suficientemente definida e arbitrou o preço aplicando-a.

129 CAMAZÓN LINACERO, Amparo, Sunprojuice DK, Als v. San Sebastian, S.c.A. (20 February); para comentários adicionais sobre o caso, v. **CISG.site**.

A posição do comprador foi fortalecida pela considerável discrepância entre os parâmetros observados em inspeção e os estândares estabelecidos contratualmente, que de fato tornava as mercadorias impróprias para o propósito do comprador, e a constatação, pela corte, de que o vendedor estava ciente desse propósito.

Opinamos no sentido de que a decisão da corte foi correta nas circunstâncias, mas que a ambiguidade no texto contratual significava que uma decisão em outro sentido não teria sido claramente descabida. De todo modo, essa decisão é um bom exemplo de como a questão da aptidão das mercadorias para o propósito do comprador na sua aquisição desempenha um papel importante na determinação da essencialidade da violação.

Outra questão diz respeito às situações em que o contrato não oferece qualquer indicação quanto ao direito de resolução em caso de inadimplemento. Também nesses casos, um importante parâmetro a observar é a destinação que o comprador pretendia dar às mercadorias. Como regra geral, quando o comprador adquire as mercadorias com o intuito de revendê-las a terceiros não previamente especificados, não deveria ter o direito de rescindir o contrato se as mercadorias entregues forem passíveis de revenda ou de utilização, mesmo de maneiras que não fossem as originalmente desejadas pelo comprador[130].

Argui-se, no entanto, que, no caso específico de vendas de *commodities* em mercados de alta liquidez, essa posição não deve prevalecer nas situações em que o vendedor for o preventor de menor custo em relação às consequências do inadimplemento, tal como discutido na seção 4.

O CISG-AC, em sua Opinião n. 5, sustenta especificamente que há uma violação essencial sempre que o comprador não possa razoavelmente revender as mercadorias compradas com essa intenção no seu próprio curso normal dos negócios[131]. No contexto de mercados de *commodities* de alta liquidez, a aplicação desse critério deve resultar em uma regra bastante restritiva.

Um exemplo hipotético: embora açúcar refinado e açúcar cru correspondam genericamente ao mesmo produto (açúcar) em diferentes graus de pureza[132], em termos de mercado, constituem duas classes de mercadorias

[130] CISG ADVISORY COUNCIL, Opinion no. 5, The buyer's right to avoid the contract in case of non-conforming goods or documents, parag. 4.3; LEISINGER, **Fundamental Breach Considering Non-Conformity of the Goods**, p. 131.

[131] CISG ADVISORY COUNCIL, Opinion no. 5, The buyer's right to avoid the contract in case of non-conforming goods or documents, parag. 4.3.

[132] KINGSMAN, **Sugar Trading Manual**, p. 12–1.

muito distintas entre si. Os usos de cada tipo de açúcar são muito diferentes; os estândares de qualidade aplicáveis são diferentes; os contratos-padrão mais populares para negociar cada tipo de açúcar são diferentes; os mercados de futuro usualmente utilizados para proteção de preço em cada caso são diferentes; as embalagens usualmente adotadas para o transporte de cada tipo de açúcar são diferentes; cada classe de produto tem sua própria associação comercial[133] etc. Receber uma carga do "tipo errado de açúcar" certamente seria muito problemático, podendo-se arguir sem maiores dificuldades que um tal inadimplemento resultaria em um grau de inconveniência que certamente excederia o "curso normal dos negócios". Dessa forma, é patente que a entrega de açúcar cru em um contrato de compra e venda de açúcar refinado constituiria uma violação essencial, mesmo se o comprador fosse uma companhia comercial atuando em ambos os mercados. A mesma lógica pode ser transposta a outras *commodities*.

Também importa considerar que em mercados em que as mercadorias são vendidas de acordo com estândares adotados de maneira uniforme pela maioria dos participantes do mercado (como é, por exemplo, o caso nos mercados de açúcar, soja e derivados de petróleo mais padronizados), mercadorias cuja qualidade seja inferior aos mínimos aceitáveis pelo mercado serão, por definição, de difícil comercialização. Se o comprador tinha a intenção de revendê-las, pode-se com segurança concluir que essas mercadorias são imprestáveis para o propósito esperado (*i.e.*, imprestáveis para revenda), o que priva o comprador do resultado que este poderia esperar do contrato (art. 25 CISG), mesmo que essas mercadorias possam hipoteticamente ser utilizadas para algum propósito marginal[134].

Portanto, também no caso de um inadimplemento ensejado pela entrega de bens desconformes, opina-se que, no caso de vendas de *commodities* em mercados de alta liquidez, e concorrendo circunstâncias que indiquem ser o vendedor o preventor de menor custo das consequências do inadimplemento, deve-se presumir que a observância estrita dos estândares contratuais de

[133] Sobre as diferentes associações, ver *Ibid.*, cap. 10.

[134] Há um contraste marcante entre essa decisão e outra, também proferida por uma corte alemã, em um caso em que o vendedor entregou suco adoçado em vez de concentrado de fruta. O suco adoçado, se utilizado, resultaria em uma bebida classificada em uma classe de bebida distinta da que o comprador tinha a intenção de produzir. A corte entendeu que a violação não era essencial porque o comprador terminou utilizando a mercadoria para um propósito distinto. V. Apple juice concentrate and strawberries case.

qualidade é uma obrigação essencial, a não ser que o contrato ou as circunstâncias indiquem uma conclusão diversa.

Os julgados aplicando a CISG a casos concretos não são uniformes.

Uma corte alemã julgou um caso envolvendo um contrato para a venda de suco de laranja[135]. O contrato previa que o suco não deveria advir de concentrado. Após verificar-se que o vendedor vinha entregando suco parcialmente produzido a partir de concentrado, o comprador declarou resolvido o contrato, alegando a ocorrência de violação essencial. A corte deu razão ao comprador, reconhecendo que, embora o suco entregue pudesse ser revendido como oriundo de concentrado, a mercadoria entregue, nas circunstâncias, era uma mercadoria "totalmente distinta" da especificada em contrato[136].

Outro caso alemão contrasta com os argumentos por nós defendidos: trata-se do já citado "caso do sulfato de cobalto"[137], em que a corte entendeu que o comprador não demonstrou que as mercadorias recebidas não eram passíveis de revenda e, como tal, não tinha o direito de resolver o contrato. Entretanto, neste caso, a leitura do relatório da decisão deixa ver que a corte, em realidade, parece não ter se convencido de que as mercadorias eram realmente desconformes, o que, logicamente, tornaria descabida qualquer discussão sobre a eventual ocorrência de uma violação essencial. Como tal, é de se concluir que esse caso não constitui uma boa ilustração da aplicação do art. 25 CISG[138].

De modo similar, em um caso envolvendo a compra e venda de carne[139], uma corte alemã entendeu que o comprador não tinha o direito de resolver o contrato mesmo após o valor da mercadoria entregue ser quantificada como sendo 25% inferior à da mercadoria de qualidade contratualmente estipulada. A corte determinou que, a despeito da desconformidade, a mercadoria podia ser revendida e que, como tal, o comprador podia requerer, tão-somente, uma redução de preço.

[135] German orange juice case (OLG Düsseldorf 09-07-2010); para comentários adicionais sobre o caso, v. **CISG.site**.

[136] ENDERLEIN, Fritz; MASKOW, Dietrich, **International sales law: United Nations Convention on Contracts for the International Sale of Goods - Convention on the Limitation Period in the International Sale of Goods: commentary.**, New York: Oceana, 1992, p. 142–143.

[137] Cobalt Sulfate Case (CLOUT Case 171); para comentários adicionais sobre o caso, v. **CISG.site**.

[138] A ressalva é relevante, tendo em vista que SCHLECHTRIEM, Uniform Sales Law in the Decisions of the Bundesgerichtshof, cita o caso como exemplo de como as cortes alemãs interpretam o estândar da violação essencial.

[139] Meat case (CLOUT Case 248).

No "caso do tântalo em pó"[140], a corte, aplicando a CISG, reconheceu violação essencial em uma situação em que o comprador claramente tinha a intenção de utilizar as mercadorias, e havia até mesmo reconhecido que as mercadorias desconformes eram passíveis de aproveitamento, se misturadas com outras do mesmo tipo, mas de melhor qualidade. A razão, neste caso, para reconhecer que a violação fora essencial foi a excessiva inconveniência que o comprador teria que suportar para utilizar as mercadorias entregues: o comprador teria que comprar mercadorias adicionais, e por isso terminaria com excesso de estoque em um momento de baixa demanda para o produto a ser manufaturado pelo comprador usando a mercadoria adquirida[141].

Em uma arbitragem holandesa, discutiram-se diversos contratos celebrados para o fornecimento de um condensado de petróleo cru[142]. Os contratos constituíam uma venda "off-take", em que o comprador adquiriria a totalidade da produção de determinados campos de extração. Possivelmente por essa razão, os contratos não continham especificações detalhadas sobre a qualidade das mercadorias. Alguns anos de vigência dos contratos, o comprador observou um aumento na concentração de mercúrio no condensado entregue, fato que vinha gerando problemas para um cliente do comprador. Os contratos não proviam um limite máximo de concentração de mercúrio. A corte determinou que a qualidade das mercadorias entregues era "irrazoável" nas circunstâncias, porque o preço contratualmente acordado não era compatível com a qualidade das mercadorias entregues, tal como se pôde constatar pelo preço obtido pelo vendedor em vendas substitutas, e porque se determinou também que a concentração de mercúrio no condensado aumentou ao longo do tempo. A corte considerou a mercadoria inadequada para sua destinação normal (art. 35(2)(a) CISG).

O que há de mais notável neste caso é que a corte, após determinar que as mercadorias eram desconformes, concluiu sem qualquer discussão adicional que o comprador tinha o direito de resolver o contrato com fundamento no art. 73(1) CISG. Aquele dispositivo, entretanto, somente permite a resolução do contrato em caso de violação essencial. No caso em discussão, embora o comprador aparentemente pudesse revender as mercadorias ou aproveitá-las (incorrendo em despesas adicionais), a corte não parece ter sequer considerado a possibilidade de que a desconformidade poderia não ter constituído

140 ZIMMERMANN-GANAHL, Claudia, Tantalum powder case II (CISG Online 1129); para comentários adicionais sobre o caso, v. **CISG.site**.

141 LEISINGER, **Fundamental Breach Considering Non-Conformity of the Goods**, p. 132.

142 DE LY, F.; VAN SANDICK, E.; TJIOE, L., Condensate crude oil mix case (Netherlands Arbitration Institute, 15-10-2002); para comentários adicionais sobre o caso, v. **CISG.site**.

uma violação essencial. A ausência de discussão sobre esse ponto faz com que não seja possível saber se a corte teria concordado com os nossos argumentos. O desfecho do caso, no entanto, coincide com o que se alcançaria pela aplicação dos argumentos aqui defendidos.

Considerados no seu conjunto, pode-se dizer que as decisões citadas corroboram, ainda que timidamente, o entendimento de que, quando se trata de *commodities* em mercados com alta liquidez, a essencialidade da violação se configura com alguma facilidade. No caso do tântalo em pó, a corte atribuiu mais importância ao fato de que o comprador não tinha demanda para a mercadoria do que à possibilidade abstrata de que a mercadoria fosse aproveitada. No caso do condensado, a essencialidade do inadimplemento pareceu, literalmente, indiscutível. De maneira mais geral, o reconhecimento de que a utilização da mercadoria desconforme colocaria o comprador em uma posição irrazoavelmente onerosa sustenta a conclusão de que, em vendas de *commodities* em mercados de alta liquidez, a não ser que o contrato estabeleça regra distinta, a desconformidade da mercadoria presume-se violação essencial[143].

Por fim, outros dois casos holandeses, um referente a farinha de trigo[144], e outro referente a concentrados de frutas[145], ilustram como, em contratos regidos pela CISG, as circunstâncias da formação do contrato também podem ser decisivas na determinação da essencialidade de uma obrigação. Em ambos os casos, a corte reconheceu que, durante a negociação dos contratos, o comprador havia comunicado claramente que a observância ao estândar de qualidade das mercadorias era essencial. Essas comunicações foram cruciais para que a corte reconhecesse que as desconformidades constituíam violações essencial do contrato. Vale, porém, observar, em relação ao caso referente à farinha de trigo, que outras circunstâncias podem ter contribuído para que a corte considerasse procedentes os argumentos do comprador: a mercadoria foi confiscada na chegada ao país de destino em razão da substância adicionada, tendo se deteriorado durante o período em que permaneceu retida. Além disso, o fato de que a substância adicionada não podia ser separada da farinha propriamente dita tornava a mercadoria, na prática, inútil para praticamente qualquer finalidade, o que configuraria a violação essencial mesmo se o comprador não houvesse sido expresso nesse sentido.

143 LEISINGER, **Fundamental Breach Considering Non-Conformity of the Goods**, p. 132, alcança conclusão similar, mas, interpretando de maneira mais literal as conclusões da corte no caso do tântalo em pó, reconhece que se as mercadorais desconformes podiam ser utilizadas ao mesclarem-se com outras de melhor qualidade, a violação não seria essencial.

144 Wheat flour case (Gerechtsho 's-Gravenhage, 24-4-2003).

145 BORDES, Dimur Fruits S.L. v. Fairtrasa Holland B.V. (Rechtbank Den Haag, 28-4-2021).

4.2.2. Desconformidades nos documentos

Também nesse caso, como nos anteriores, o acordo entre as partes se sobrepõe às regras da CISG (art. 6º). No comércio de *commodities*, é frequente que as partes estabeleçam regras expressas que, na prática, impedem a resolução contratual quando o inadimplemento se refira a determinadas instâncias de desconformidade documental[146]. Na ausência de acordo explícito, a conduta das partes durante a negociação e a performance do contrato também adquire relevância.

Dito isso, os argumentos apresentados nas seções anteriores justificam, da mesma forma, por que o estândar de essencialidade deve ser relativamente fácil de superar também no que tange à acurácia dos documentos apresentados juntamente com a mercadoria, quando se trate de vendas realizadas em mercados com alta liquidez[147]. Existem, no entanto, motivos adicionais para que, no tráfico de *commodities*, a entrega de documentos perfeitamente conformes seja particularmente importante.

A doutrina identifica pelo menos três grupos de documentos: documentos que meramente acompanham as mercadorias, como apólices de seguro, certificado de origem, certificado de inspeção, documentos aduaneiros etc.; documentos representativos de mercadorias, como o conhecimento de embarque; e documentos referentes a créditos documentários[148]. Nos mercados de *commodities*, as três categorias de documentos aparecem frequentemente[149].

Mesmo documentos que, em princípio, poderiam parecer menos importantes, podem ser essenciais nas circunstâncias do negócio. Os relatórios de inspeção de mercadorias entregues, p.ex., não apenas atestam que as mercadorias são conformes ou desconformes. Diversos contratos-modelo estabelecem que o preço a ser pago pela mercadoria será ajustado de acordo com escalas padronizadas, a partir do resultado dessas inspeções. O relatório resultante,

[146] O contrato-padrão n. 100 da GAFTA, por exemplo, estabelece diversas situações em que o descumprimento do vendedor da obrigação de entregar documentos de embarque "limpos" e completos não dá ao comprador um direito imediato de rescisão. V. THE GRAIN AND FEED TRADE ASSOCIATION, Contract No. 100, 2020, em particular a cláusula 12.

[147] SCHWENZER, Avoidance of the Contract in Case of Non-Conforming Goods (Article 49(1) (a) CISG), p. 440–441; MULLIS, Avoidance for Breach Under the Vienna Convention: a Critical Analysis of Some of the Early Cases, p. 347–348. As Professor Mullis puts it, the obligation to tender clean documents and the obligation to deliver conforming goods are separate, and a fundamental breach of any one of them should entitle the buyer to avoid the contract.

[148] SCHWENZER, Avoidance of the Contract in Case of Non-Conforming Goods (Article 49(1) (a) CISG), p. 440.

[149] KINGSMAN, **Sugar Trading Manual**, cap. 14:16.

portanto, é indispensável na mecânica contratual. Ademais, como as inspeções são usualmente realizadas antes do embarque[150], não costuma ser possível para o comprador refazê-las ou de outro modo substituir o documento caso haja um problema com o documento enviado pelo vendedor.[151]

No que tange a créditos documentários, é de se notar que os UCP 600[152] permitem às instituições financeiras rejeitar documentos que não se encontrem em perfeita conformidade com o contrato[153]. Com efeito, 14 das 39 cláusulas dos UCP 600 dedicam-se a descrever a forma e o conteúdo dos documentos que serão entregues aos bancos envolvidos no mecanismo de crédito, uma proporção que é ilustrativa da importância da conformidade dos documentos nesse âmbito. Nesse contexto, documentos ditos "clausulados" (*e.g.*, um conhecimento de embarque que contenha ressalva quanto à aparente integridade das mercadorias embarcadas ou de sua embalagem[154]) podem implicar grande deságio às mercadorias que representam, porque, em última análise, dificultam ou até mesmo impossibilitam o recebimento do preço pelas mercadorias pela via do crédito documentário[155].

Sempre que o contrato proveja que o pagamento se dará pela via do crédito documentário, portanto, deve-se presumir essencial a obrigação de prover documentos "limpos" em todos os seus aspectos. Ocorre que a prevalência do uso desse mecanismo no comércio internacional (dada a sua clara utilidade nesse contexto) torna lícito concluir que, sendo previsível que o comprador pretendia revender as mercadorias a terceiros, qualquer inadimplemento referente a documentos deve ensejar ao comprador inocente o direito de

150 BRIDGE, **International Sale of Goods**, p. 437.

151 No caso Agrícola Perichan S.A.T. v. Quality Produce International (QPI) B.V. (Rechtbank Den Haag, 09-03-2021), a corte determinou que o comprador, por não ter solicitado a inspeção da mercadoria (tomates) previamente ao embarque, perdeu o direito de posteriormente alegar desconformidade. Para comentários adicionais sobre o caso, v. **CISG.site**.

152 Acrônimo em inglês referente às "Uniform Customs and Practice for Documentary Credits": regras contratuais padronizadas regulamentando créditos documentários, de ampla aceitação no plano internacional. Os UCP 600 constituem a sua versão mais recente.

153 BERGAMI, Roberto, What can UCP 600 do for you?, **Vindobona Journal of International Commercial Law & Arbitration**, v. 11, p. 1-10, 2007, p. 1-2.

154 Tanto de acordo com o art. 27 UCP 600, quanto de acordo com o Direito Comum inglês. V. AIKENS, Richard; LORD, Richard; BOOLS, Michael, **Bills of Lading**, 2. ed. London: Informa Law, 2016, parag. 2.82; MITCHELHILL, Alan, **Bills of lading: law and practice**, Boston: Springer, 1990, p. 48–49.

155 MULLIS, Avoidance for Breach Under the Vienna Convention: a Critical Analysis of Some of the Early Cases, p. 348; sobre essa questão, sob o prisma do Direito Inglês, v. MITCHELHILL, **Bills of lading: law and practice**, p. 49.

rescindir o contrato[156], já que, ainda que o contrato em discussão não preveja essa modalidade de pagamento, seria razoável supor que a desconformidade documental poderia sujeitar o comprador a grave dificuldade perante compradores subsequentes.

Como visto, a Opinião n. 5 do CISG-AC adota uma posição similar à anteriormente exposta, considerando essencial a obrigação de entregar documentos, quando não se trate do último comprador em uma venda encadeada[157]. A nosso ver, entretanto, cabe uma ressalva em relação a essa posição: se presentes as circunstâncias que tornam o vendedor o preventor de menor custo relativamente às consequências do inadimplemento, uma violação que seria essencial para os compradores intermediários de uma venda encadeada deve ser essencial também para o último comprador dessa mesma cadeia de compradores. O fato de que o último comprador também receberá as mercadorias físicas não necessariamente significa que os documentos que as acompanham terão, para ele, menor importância. Como visto anteriormente, os documentos podem desempenhar papel essencial na mecânica contratual também quando o contrato envolve mercadorias físicas. As circunstâncias do caso podem indicar que o comprador sofrerá consequências negativas importantes em razão do inadimplemento, e que essas consequências eram previsíveis para o vendedor. Essas circunstâncias devem ser levadas em consideração na determinação da essencialidade da violação cometida, tal como seria considerada a finalidade das mercadorias físicas, se o inadimplemento a elas se referisse[158].

Adicionalmente, a "posição" do comprador em uma venda encadeada não é fixa ou imutável. A parte que, no momento do inadimplemento, seja o último comprador, poderia ter, ela mesma, a intenção de revender as mercadorias (ou os documentos que as representem) em um momento posterior[159]. Restringir o direito resolutório de um comprador unicamente porque esse comprador (ainda) não tenha revendido as mercadorias não parece, nessa circunstância, justo ou razoável. Essa diferença de tratamento seria razoável apenas se fosse claro para o vendedor, no momento da conclusão do contrato com este último

[156] SCHWENZER, Avoidance of the Contract in Case of Non-Conforming Goods (Article 49(1)(a) CISG), p. 441; MULLIS, Avoidance for Breach Under the Vienna Convention: a Critical Analysis of Some of the Early Cases, p. 346.

[157] CISG ADVISORY COUNCIL, Opinion no. 5, The buyer's right to avoid the contract in case of non-conforming goods or documents, parag. 4.17.

[158] SCHWENZER, Avoidance of the Contract in Case of Non-Conforming Goods (Article 49(1)(a) CISG), p. 438, apresenta um argumento similar, mas *a contrario*.

[159] TAKAHASHI, Right to Terminate (Avoid) International Sales of Commodities, p. 118.

comprador, que a intenção do comprador era a de utilizar as mercadorias, ou que o documento desconforme não tinha para ele particular importância[160].

Por fim, a aceitação, pelo comprador, dos documentos, não deve afetar os direitos desse comprador de rejeitar mercadorias desconformes, se tais desconformidades não forem detectáveis apenas pelo exame dos documentos. Essa posição, adotada pelas cortes inglesas[161], foi também reconhecida em um julgado aplicando a CISG[162].

4.2.3. Discrepância na quantidade de mercadorias entregues

A entrega de uma quantidade de mercadoria distinta da acordada também constitui uma desconformidade. O art. 51 CISG aborda a questão da entrega parcial e a questão em que apenas parte das mercadorias é desconforme.

O caso previsto no art. 51(1) CISG, em que uma parte das mercadorias é desconforme, não deve ocorrer com tanta frequência nos mercados de *commodities* porque, sendo as mercadorias uniformes, a inspeção para aferição de sua qualidade normalmente ocorre por amostragem[163]. As conclusões alcançadas nessa aferição, assim, se reputam aplicáveis à totalidade do lote de mercadorias de onde provém a amostra.

Um contrato pode, no entanto, prever a ocorrência de múltiplas entregas, a serem inspecionadas separadamente. Neste caso, o dispositivo mais adequado para endereçar eventual desconformidade é o art. 73 CISG, especificamente concebido para contratos que prevejam entregas sucessivas[164]. O art. 73(1) CISG estatui que a parte prejudicada pode declarar o contrato rescindido apenas em relação à entrega desconforme, e somente permite a resolução do contrato como um todo quando a desconformidade for suficientemente grave para que constitua uma violação essencial de todo o contrato. O art. 51(1) CISG também se aplica quando uma das entregas sucessivas é parcialmente desconforme[165].

160 Cf. Article 35(2)(b).

161 LORD JUSTICE DEVLIN, Kwei Tek Chao v British Traders and Shippers.

162 Cocoa beans case (CLOUT Case 253).

163 SECRETARIAT OF THE INTERNATIONAL COTTON ADVISORY COMMITTEE, **Cotton Trading Manual**, Cambridge: Woodhead, 2005, p. 14-1; KINGSMAN, **Sugar Trading Manual**, p. 10-6; LONG, David, **Oil Trading Manual: A Comprehensive Guide to the Oil Markets**, Amsterdam: Elsevier, 2003, seç. 2.8.

164 O art. 73 se aplica por ser *lex specialis*. V. BACH, Ivo, Commentary to Articles 49-52, *in*: KRÖLL, Stefan; MISTELIS, Loukas; PERALES VISCASILLAS, María del Pilar (Orgs.), **UN Convention on Contracts for the International Sale of Goods (CISG)**, 2nd. ed. Munich: C. H. Beck, 2018, p. 748.

165 *Ibid.*, p. 749.

Mais frequentes serão as situações em que o vendedor realize uma entrega da mercadoria em quantidade inferior ou superior à acordada em contrato.

O efeito do art. 51(1) CISG é o de restringir os direitos do comprador prejudicado em caso de entrega parcial: os direitos previstos nos arts. 46 a 50 CISG somente poderão ser exercidos pelo comprador em relação à parte das mercadorias que não tenha sido entregue ou que seja desconforme. O art. 51(2) CISG, no entanto, estabelece a possibilidade de rescisão do contrato em sua integralidade no caso de o inadimplemento constituir uma "violação essencial do contrato". O sentido da disposição é que a rescisão do contrato em sua inteireza passa a ser possível se o inadimplemento, embora parcial, seja tão sério que seus efeitos privem o comprador do resultado que ele podia esperar em relação ao contrato como um todo.[166] O parâmetro para essa determinação dependerá essencialmente do propósito do comprador e a importância que as partes atribuírem à entrega da quantidade exata contratada.

Usualmente, entende-se que se os bens entregues forem divisíveis, de modo que a parcela não-entregue (ou entregue desconforme) possa ser tratada de maneira independente da parte corretamente entregue, o inadimplemento parcial não constituiria violação essencial[167]. Se essa regra se aplicasse de maneira absoluta, discrepâncias de quantidade praticamente nunca constituiriam violações essenciais em contratos de *commodities*, já que estes bens, por sua própria natureza, são divisíveis. Entretanto, em vendas documentárias, quando não seja claro que o comprador tivesse a intenção de dar às mercadorias e aos documentos destino outro que não a revenda, seria razoável assumir que a observância estrita da quantidade estabelecida contratualmente seria essencial[168].

Poder-se-ia arguir que, quando tenha havido entrega de mercadoria em quantidade inferior à contratada, o comprador poderia facilmente contornar o problema comprando a quantidade faltante[169]. No entanto, diversamente de um carregamento de mercadorias a granel, um conhecimento de embarque não pode ser "cindido" ou "incorporado" em outro. Da mesma forma, não é incomum que o comprador tenha acordado a revenda do conhecimento de embarque específico que esperava receber junto a um vendedor, ou que tenha

[166] *Ibid.*, p. 755.

[167] *Ibid.*, p. 749.

[168] MÜLLER-CHEN, Commentary to Articles 45-52, commentary to Article 52, para. 7, indicate that "if a tolerance has not been agreed or is not usual in the trade, the buyer may object to delivery of even a slightly excess amount and refuse to pay for it."

[169] LEISINGER, **Fundamental Breach Considering Non-Conformity of the Goods**, p. 127–128.

acordado prover as mercadorias em um carregamento único, o que significa que discrepâncias nos documentos recebidos possivelmente impediriam o comprador de cumprir suas próprias obrigações perante terceiros, ou lhe imporiam considerável dificuldade nesse particular[170], e/ou dificultariam o recebimento, por ele, do preço em eventual revenda, se a mecânica de pagamento envolver arranjos do tipo "pagamento contra a entrega de documentos conformes", ou via crédito documentário, como mencionado anteriormente[171]. Documentos com discrepância de quantidade, portanto, poderiam frustrar as intenções do comprador de revendê-los a terceiros.

Ressalte-se que, apesar de o art. 51(1) se referir apenas a entregas parciais, implicando entregas em quantidade inferior à contratada, o mesmo raciocínio se aplica a casos de entrega de quantidade seja superior à acordada.

É frequente na técnica contratual estabelecer cláusulas prevendo a variabilidade da quantidade contratual, à discricionariedade de uma das partes[172]. Cláusulas desse tipo não devem ser interpretadas como uma indicação da disposição do comprador de tolerar variações na quantidade entregue. A motivação usual para negociar essa opção é a necessidade de ajustar um embarque para que reflita obrigações assumidas perante terceiros. Nesse contexto, uma vez que a prerrogativa de determinar a quantidade exata seja exercida, é razoável presumir que a entrega de quantidade distinta da estabelecida constitua violação essencial.

Considerando as peculiaridades acima expostas, observa-se que, em vendas documentárias, a única maneira de o vendedor retificar a desconformidade seria entregar outro documento, refletindo a quantidade contratualmente estabelecida, em um prazo que não ensejasse inconveniência ao comprador. Isso, no entanto, raramente será possível, seja pela dificuldade em si de obter um documento substituto, seja porque no caso de vendas encadeadas e/ou na vigência de mecanismos de crédito documentário, a substituição de documentos raramente poderá ocorrer sem ensejar grave inconveniente ao comprador. Na prática, portanto, o vendedor, no mais das vezes, não terá o direito de retificar uma desconformidade cometida no âmbito de uma venda de *commodities* em um mercado de alta liquidez[173].

Como providência de interesse prático, no caso de não ser inteiramente claro que uma entrega parcial (ou parcialmente desconforme) constitua uma

[170] NICHOLAS, The Vienna Convention on International Sales Law, p. 228.

[171] MÜLLER-CHEN, Commentary to Articles 45-52, commentary to Article 52, para. 8.

[172] Uma cláusula do tipo foi discutida no caso Gulf Agri Trade Fzco v Aston Agro Industrial AG.

[173] LEISINGER, **Fundamental Breach Considering Non-Conformity of the Goods**, p. 129.

violação essencial, o comprador poderá se valer do mecanismo previsto no art. 49(1)(b) c/c. art. 47 CISG: conceder um "período de graça", ao final do qual, caso o inadimplemento persista, o contrato poderá ser rescindido mesmo na ausência de violação essencial[174].

Se as circunstâncias do contrato indicarem que o comprador usará as mercadorias, poderia haver espaço para soluções diferentes. Neste caso, mesmo se a desconformidade se der por insuficiência das mercadorias entregues, o comprador, sem prejuízo de eventuais perdas e danos, não teria o direito de resolução (desde que não haja outras circunstâncias que permitam concluir tratar-se de violação essencial).

Ainda no contexto em que seja de conhecimento do vendedor que o comprador utilizará as mercadorias adquiridas, caso o inadimplemento consista na entrega de mercadorias em quantidade excessiva, o comprador usualmente somente terá o direito de rejeitar o que exceder o acordado contratualmente, e alguns autores arguem que esse direito será condicionado a um dever geral de atuar de boa-fé e observando usos do mercado[175]. A existência, no regime da CISG, de uma regra geral de boa-fé objetiva, nos moldes do que existe no direito brasileiro, no entanto, não é universalmente aceita[176].

Por fim, o direito do comprador de rejeitar as mercadorias entregues em excesso está sujeito ao dever de mitigar prejuízos. Nesse particular, não há espaço para dúvidas, pois há disposição expressa na CISG a respeito (art. 86(2) CISG)[177]. O comprador deverá tomar posse das mercadorias e armazená-las, se for possível fazê-lo sem incorrer em inconveniência ou gastos não razoáveis, ressalvado o direito de regresso das respectivas despesas. Tal obrigação não existirá se, para tomar posse das mercadorias assim entregues, for necessário que o comprador pague o respectivo preço, ou se o próprio vendedor, ou alguém agindo em seu nome, possa tomar posse dessas mercadorias no local em que se encontrarem. Nos casos em que a inspeção dos bens ocorra no porto de origem e, portanto, mercadorias desconformes possam ser rejeitadas antes do embarque, a correta aplicação do art. 86(2) CISG, a nosso ver, desobriga o comprador de recebê-las.

[174] BACH, Commentary to Articles 49-52, p. 754.

[175] LEISINGER, **Fundamental Breach Considering Non-Conformity of the Goods**, p. 128.

[176] PERALES VISCASILLAS, Commentary to Article 7, p. 122–123.

[177] MÜLLER-CHEN, Commentary to Articles 45-52, commentary to Article 52, para. 6; LEISINGER, **Fundamental Breach Considering Non-Conformity of the Goods**, p. 128.

5. Casos em que a regra "perfect tender" não se aplica

Ao longo do trabalho, mencionamos por repetidas vezes que as considerações que tecemos se aplicam aos contratos de compra e venda de *commodities* celebrados no contexto de mercados de alta liquidez. Essa especificação se faz necessária porque é somente nesses mercados que o nosso principal argumento – no sentido de que o vendedor, nesses casos, é o preventor de menor custo – se apresenta mais claramente.

Sabe-se, porém, que nem todos os contratos internacionais para a comercialização de *commodities* são celebrados no contexto de mercados de alta liquidez. Existem numerosos fatores que limitam a liquidez de um mercado, modificando, assim, suas características econômicas e, com elas, o equilíbrio entre as partes envolvidas em um negócio.

Alguns exemplos são: monopólios, oligopólios, monopsônios ou oligopsônios, situações particularmente frequentes em mercados de derivados de petróleo[178], gás natural[179] e alguns minerais[180], tanto no que tange à exploração e produção das mercadorias propriamente ditas, quanto em relação ao transporte, quando este se dá por meio de oleodutos ou gasodutos; limitações geográficas, já que em alguns casos o valor do frete acaba por limitar o número de vendedores e compradores entre os quais é viável a contratação; necessidades específicas de compradores, que por alguma circunstância precisam de mercadorias com características peculiares que somente são oferecidas por um ou alguns vendedores (o que, na prática, configura um monopólio ou oligopólio); situações em que o comprador precisa do fornecimento constante e ininterrupto de uma mercadoria, e para tanto prefere celebrar contratos de fornecimento por prazos mais longos etc.

Nesses casos, compradores ou vendedores podem estar em situação muito diferente daquelas que presumimos como vigentes nos casos em que as compras e vendas ocorrem em mercados de alta liquidez. Em particular, a obtenção de mercadorias junto a fornecedores alternativos pode ser muito custosa, a ponto de ser comercialmente inviável. Nessas situações, nem sempre é o vendedor que estará na posição de preventor de menor custo, e mesmo quando

[178] KAMINSKA, Izabella, The decline of the oil spot market?, **Financial Times Alphaville**, 2013.

[179] HEMMINGSEN, Mary, Gas, LNG portfolio and contract optimization proposition, 2016. No caso do gás natural, a situação tem se modificado rapidamente, no entanto.

[180] Como, p.ex., o cobalto: v. FARCHY, Jack; WARREN, Hayley, China has a secret weapon in the race to dominate electric cars, **Bloomberg**, 2018; AZEVEDO, Marcelo *et al*, Lithiun and Cobalt: A Tale of Two Commodities, 2018.

seja este o caso, a rescisão do contrato pode acabar por ser um evento tão relevante que seria temerário permitir que o contrato fosse rescindido diante de um inadimplemento relativamente de menor importância.

Em outras palavras, nesses casos, uma abordagem como a da regra *perfect tender* não teria sentido. A interpretação da CISG, como tal, deverá ser feita tendo em vista as expectativas da parte inocente no caso concreto e, será perfeitamente possível que haja situações em que o estândar para a configuração de uma violação essencial venha a ser extremamente exigente, mesmo quando se tratar de uma compra e venda de mercadoria de tipo *commodity*.

Conclusões

No Brasil, o direito à resolução contratual não se condiciona à ocorrência de violação essencial, mas se desenvolveu entendimento no sentido de que os princípios da função social do contrato e da boa-fé limitam a amplitude do direito de rescisão[181]. É importante ressaltar que, para dar plena eficácia ao art. 7 CISG, o intérprete brasileiro deve resistir a eventual tentação de adotar o mesmo raciocínio ao aplicar a Convenção: a função social do contrato não é um princípio reconhecido no âmbito da Convenção, e o efeito restritivo da boa-fé na amplitude do direito de rescisão contratual é, como se mencionou anteriormente, debatido, sendo certo que, em razão do disposto no art. 7 CISG, o conteúdo do princípio da boa-fé objetiva sob a CISG deve ser determinado tendo em vista a sua aplicação internacional, devendo evitar-se o recurso a doutrinas domésticas[182]. No entanto, aí está a dificuldade em fazê-lo, já que, até o momento, o conteúdo de um conceito internacionalmente uniforme de boa-fé parece longe de estar definido[183]. Certo é que não se deve simplesmente assumir que a boa-fé terá, na aplicação da CISG, os mesmos efeitos que teria na aplicação do restante do direito contratual brasileiro, vale dizer, não se deve assumir que a doutrina e jurisprudência pátrias sobre

[181] GREBLER, Violação essencial dos contratos no âmbito da CISG: uma regra controvertida, p. 213; ESPOLAOR VERONESE, **A Convenção de Viena e seus reflexos no direito contratual brasileiro** bem ressalta que, na prática, as duas abordagens são convergentes em seus efeitos práticos.

[182] PERALES VISCASILLAS, Commentary to Article 7, p. 123–126; MOREIRA; COSTA MENDES, A interpretação da CISG pelo árbitro e sua desvinculação do direito brasileiro, p. 40.

[183] Nesse sentido, veja-se BAASCH ANDERSEN, Camilla, Good faith? Good grief!, **International Trade and Business Law Review**, v. 17, p. 310–321, 2014, p. 320–321.

a boa-fé podem guiar a interpretação da CISG quando esta for aplicada pelas cortes e tribunais pátrios[184].

Isso dito, a partir das considerações anteriormente tecidas, parece-nos ter restado demonstrado que o estândar de violação essencial definido no art. 25 CISG, quando propriamente interpretado, de acordo com os cânones hermenêuticos da própria Convenção, é suficientemente flexível para disciplinar de forma satisfatória também os contratos que tenham por objeto a compra e venda de mercadorias do tipo *commodity*, independentemente das características peculiares dos diversos segmentos de mercado em que essas mercadorias são negociadas.

184 MOREIRA; COSTA MENDES, A interpretação da CISG pelo árbitro e sua desvinculação do direito brasileiro, p. 24–25.

10. AS OBRIGAÇÕES DECORRENTES DO DEVER CONVENCIONAL DE INTERPRETAÇÃO AUTÓNOMA E UNIFORME NA CONVENÇÃO DAS NAÇÕES UNIDAS SOBRE CONTRATOS PARA VENDA INTERNACIONAL DE MERCADORIAS

João Ribeiro-Bidaoui*

Introdução

Este artigo aborda a questão da interpretação autónoma e uniforme da Convenção das Nações Unidas sobre Contratos para Venda Internacional de Mercadorias ("CISG"; "Convenção"), nos termos do seu Artigo 7 (1):

Na interpretação da presente Convenção, deverá ter-se em conta o seu carácter internacional, bem como a necessidade de promover a uniformidade da sua aplicação e de assegurar o respeito da boa-fé no comércio internacional.

Na primeira secção, o artigo definirá o dever convencional de interpretação autónoma e uniforme e a sua importância para a operação da Convenção. Em segundo lugar, discutirá as tendências jurisprudenciais conhecidas como "domesticação" e "estrangeirização" e como ambas são práticas erradas à luz da Convenção. Na terceira parte, o artigo propõe a observância de uma obrigação positiva e de uma obrigação negativa pelos juízes que sejam chamados a aplicar as normas da Convenção numa decisão judicial. E, por fim, são apresentados os instrumentos de natureza prática que permitem a operacionalização do Artigo 7(1) bem como se identifica especiais necessidades no quadro da aplicação da Convenção pelos tribunais portugueses. As questões que eventualmente se levantam no quadro do direito constitucional e os eventuais efeitos resultantes dos termos da respetiva receção de direito internacional não serão objeto de análise neste artigo.

* João Ribeiro-Bidaoui foi Director do Centro Regional Ásia-Pacífico da UNCITRAL. Nessas funções, foi responsável pela promoção da CISG naquela região tendo idealizado e coordenado os projetos de assistência técnica das Nações Unidas que culminaram na adesão à Convenção pela República das Fiji, Laos e Coreia do Norte. É, desde 2018, Primeiro Secretário da Conferência da Haia de Direito Internacional Privado.

1. O dever convencional de interpretação autónoma e uniforme e a sua importância para a operação da CISG

A doutrina[1] e a jurisprudência[2] interpretam o Artigo 7(1) como exigindo uma interpretação autónoma das disposições da Convenção, i.e., o processo interpretativo deve alhear-se do direito interno e evitar qualquer nacionalização conceptual das normas e do respetivo significado. É assim exigido aos tribunais, órgãos de soberania, que se transcendam, tornando-se "um tribunal diferente que já não é influenciado pela lei do seu próprio Estado-Nação"[3].

É nesse quadro que o Artigo 7 é considerado como "a disposição mais importante" e "a peça central da CISG", que "se aplica em toda a Convenção a fim de proteger a integridade da Convenção através da interpretação ou do preenchimento das lacunas de forma uniforme e internacional".[4]

Esta importância não decorre apenas da CISG.[5] Na ausência de qualquer requisito legal explícito de interpretação uniforme e autónoma, e mesmo antes da Convenção de Viena sobre o Direito dos Tratados de 1969 (adiante designada por "Convenção de Viena"), os tribunais estavam conscientes da necessidade de interpretar os tratados à luz da sua natureza peculiar como instrumentos de proveniência e aplicação internacional.

Em *Fothergill v. Monarch Airlines*,[6] por exemplo, a maioria da Câmara dos Lordes, no Reino Unido, sustentou que mesmo na interpretação da legislação nacional que dá efeito a um tratado internacional, os tribunais ingleses não devem basear-se em conceitos domésticos[7] mas devem considerar não

[1] Ver, entre outros, Felemegas (2000-2001), 'The United Nations Convention on Contracts for the International Sale of Goods': Article 7 and Uniform Interpretation', Review of the Convention on Contracts for the International Sale of Goods, pp. 115, 235; Hackney (2001), 'Is the United Nations Convention on the International Sale of Goods Achieving Uniformity?', 61 Louisiana Law Review pp. 473, 475.

[2] Tribunale di Modena, 9 de Dezembro de 2005 <http://www. cisg-online.ch/cisg/urteile/1398. pdf> (consultado em 10 de Setembro de 2021); Oberster Gerichtshof, 23 de Maio de 2005 <http:// cisgw3.law.pace.edu/cases/050523a3.html > (consultado em 10 de Setembro de 2021).

[3] Murray (1998), 'The Neglect of CISG: A Workable Solution', 17 Journal of Law and Commerce, pp. 365, 367.

[4] Viscasillas (2017), pp. 4, 6.

[5] Ribeiro-Bidaoui (2020), 'The International Obligation of the Uniform and Autonomous Interpretation of Private Law Conventions: Consequences for Domestic Courts and International Organisations',Netherlands International Law Review, Volume 67, Issue 1, May 2020.

[6] [1981] AC 251.

[7] Ibid., p. 273 (Lorde Wilberforce); p. 281 (Lorde Diplock); p. 291 (Lorde Scarman).

só os *trabalhos preparatórios*[8] da respetiva convenção, mas também o estado da doutrina internacional,[9] bem como a prática dos tribunais estrangeiros,[10] tal como explicou o Lorde Diplock:

A linguagem de uma convenção internacional não foi escolhida por um parlamentar inglês. Não está redigida na língua inglesa convencional nem foi concebida para ser interpretada exclusivamente por juízes ingleses. É dirigida a um público judicial muito mais vasto e variado do que um Ato do Parlamento que lida com o direito puramente interno. Deve ser interpretada, como Lorde Wilberforce o afirmou [in Buchanan v. Babco Forwarding & Shipping (1978) AC 141, 152], "sem restrições das regras técnicas do direito inglês, ou de precedentes jurídicos ingleses, mas com base em princípios gerais de aceitação geral".[11]

Os termos da Convenção de Viena sobre o Direito dos Tratados ("Convenção de Viena"), que não era aplicável em *Fothergill* (uma vez que só se aplicava aos tratados concluídos após a sua entrada em vigor – e o caso refere-se à Convenção de Varsóvia de 1929, alterada em 1959), confirmam este entendimento. Segundo ela, os tratados devem ser interpretados "de boa fé, de acordo com o sentido comum a atribuir aos termos do tratado no seu contexto e à luz dos respetivos objeto e fim." (Art. 31(1)), a menos que se possa estabelecer que as partes pretendiam dar um significado especial a um termo (Art. 31(4)). Se esta interpretação conduzir a um resultado ambíguo "manifestamente absurdo ou incoerente", pode-se recorrer a "meios complementares de interpretação", tais como os "trabalhos preparatórios e às circunstâncias em que foi concluído o tratado" (Art. 32).

A Convenção de Viena parece assim impor uma hierarquia mais rigorosa entre a língua, o contexto e o objetivo do tratado, por um lado, e a utilização de material complementar, por outro, do que o assumido pela Câmara dos Lordes em *Fothergill*;[12] mas também exige claramente que os Estados Contratantes retirem o significado de um tratado do próprio tratado, e não de quaisquer conceitos pré-existentes no direito nacional. Assim, para os 116 Estados Contratantes[13] da Convenção de Viena, há uma obrigação de interpretação uniforme e autónoma—havendo um forte consenso de que a Convenção

[8] Ibid., p. 278 (Lorde Wilberforce); pp. 282–283 (Lorde Diplock); pp. 294–295 (Lorde Scarman).

[9] Ibid., pp. 274–275 (Lorde Wilberforce); pp. 283–284 (Lorde Diplock); pp. 294–295 (Lorde Scarman); p. 300 (Lorde Roskill).

[10] Ibid., pp. 275–276 (Lord Wilberforce); p. 284 (Lord Diplock); pp. 294–295 (Lord Scarman); p. 300 (Lord Roskill).

[11] Ibid., pp. 281–282. Sobre a importância do caso, ver também Honnold (1999), para. 90.

[12] Dörr (2018b), para. 28.

[13] A 17 de Setembro de 2021; ver a tabela de partes contratantes fornecida pela ONU em https://treaties.un.org/Pages/ViewDetailsIII.aspx?src=TREATY&mtdsg_no=XXIII-1&chapter=23&Temp=mtdsg3&clang=_en.

apenas codificou o direito internacional consuetudinário pré-existente.[14] A relevância de uma disposição como o Artigo 7(1) da CISG é particularmente relevante para aqueles Estados que são partes contratantes da CISG mas que não o são da Convenção de Viena.

Os conceitos constantes das disposições da CISG devem, portanto, ser assumidos como independentes,[15] distintos e desligados de quaisquer conceitos domésticos[16], mesmo que textualmente semelhantes. É, aliás, essa a natureza das leis uniformes e dos esforços convencionais multilaterais: a produção de soluções e disposições neutras.[17] Algo explicitamente reconhecido pela própria Comissão das Nações Unidas sobre Direito Comercial Internacional ("CNUDCI/UNCITRAL"): "Os redatores da Convenção tiveram especial cuidado em evitar a utilização de conceitos jurídicos típicos de uma dada tradição jurídica".[18]

Nesta secção descrevemos o dever convencional de interpretação autónoma e uniforme que se impõe aos tribunais nacionais dos Estados Contratantes da Convenção, sublinhando a importância central que tal assume para que esta possa cumprir o seu objetivo de harmonização, sobretudo perante a ausência de um tribunal supranacional superior que unificasse a jurisprudência, e como acontece ao nível doméstico. Na próxima secção descreveremos como nem sempre a prática judicial respeita aquele dever convencional.

2. Tendências jurisprudenciais: "domesticação" e "estrangeirização"

Apesar dos deveres convencionais decorrentes, quer da CISG, quer da Convenção de Viena, vários autores notam a persistência de *preconceitos judiciais*

[14] Ver *Guinea-Bissau v. Senegal*, ICJ Reports 1991, p. 53, para. 48; Dörr (2018a), para. 6. Ver também Ferrari (2017), pp. 245–247; Viscasillas (2018), para. 68.

[15] R Herber e B Czerwenka, Internationales Kaufrecht: Kommentar zu dem Übereinkommen der Vereinten Nationen vom 11. Abril de 1980 über Vertrage über den internationalen Warenkauf (Beck 1991) 47.

[16] Ferrari (1996), 'The Relationship between the UCC and the CISG and the Construction of Uniform Law', 29, Loyola of Los Angeles Law Review 1021, 1026.

[17] Bridge (2007), 'A Law of International Sale of Goods', 37 Hong Kong Law Journal 17, p. 40; Butler (2005), 'Celebrating Anniversaries', 37 Victoria University of Wellington Law Review 775, 777; Spaic (2007), 'Approaching Uniformity in International Sales Law through Autonomous Interpretation', 11 Vindobona Journal of International Commercial Law and Arbitration, pp. 237, 242.

[18] Doc A/CN da ONU. 9 /562, 1.

na interpretação e aplicação da Convenção. Nesta secção vamos identificar e descrever aquilo que Ferrari[19] chama de tendências judiciais "homeward" e "outward", e a que preferimos chamar, respetivamente, "domesticação" e "estrangeirização" judicial. Em ambos os casos, como veremos, estamos perante *preconceitos judiciais* que violam a letra e o espírito do Artigo 7(1) da CISG.

A domesticação judicial ocorre quando um juiz projeta o direito e os conceitos jurídicos do sistema em que foi formado, e com os quais está mais familiarizado, na interpretação da Convenção. Ora, esta tendência é uma violação clara do Art. 7(1) e do próprio objetivo da Convenção. Uma leitura nacionalista da Convenção é exatamente o oposto do fim a que esta se propõe: a criação de uma lei neutra e uniforme sobre a compra e venda internacional de mercadorias que possa ser reconhecida como legítima em todos os Estados Contratantes.[20]

Tal prática[21] pulveriza a significação dos dispositivos convencionais e reduz o efeito prático de uma lei uniforme. Ao contrário do que propõe Halverson Cross,[22] que a domesticação judicial acrescenta legitimidade à CISG e reforça a sua aceitação, essa tendência judicial destrói a sua legitimidade e aceitação, não só porque a fonte de legitimidade é diferente, assente no consentimento dos Estados no plano internacional, mas porque derrota o próprio objetivo de um processo de unificação jurídica por via de tratado. Se o objetivo é reforçar a legitimidade e a aceitação da CISG, então devem os Estados considerar um processo de completa internalização, isto é, reformar a legislação doméstica alinhando-a completamente com as normas da Convenção, reduzindo fricções decorrentes da existência de regimes duais, um para a compra e venda nacional de mercadorias e outro para a compra e venda internacional de mercadorias.[23]

Outra tendência mais recente é a "estrangeirização" do processo interpretativo, isto é, o juiz interpreta a CISG tendo como referência noções de

[19] Ferrari (2017).

[20] TN Tuggey (1985-86), 'The 1980 United Nations Convention on Contracts for the International Sale of Goods': Will a Homeward Trend Emerge', 21 Texas International Law Journal540, 554.

[21] Ver Ferrari (2013), 'Tendance insulariste et lex forisme malgré un droit uniforme de la vente', Revue critique de droit international privé, p. 323, para referências sobre jurisprudência marcada pela tendência de domesticação.

[22] Halverson Cross (2007), "Parole Evidence under the CISG: The "Homeward Trend" Reconsidered", 68 Ohio State Law Journal pp. 133, 138.

[23] Schlechtriem (2005), 'Basic Structures and General Concepts of the CISG as Models for a Harmonisation of the Law of Obligations', Juridica International, Vol. 10, pp. 27-34.

direito estrangeiro, que não o seu. O intérprete projeta direito estrangeiro sobre as disposições de um instrumento internacional, quando se confronta com conceitos jurídicos desconhecidos no sistema em que o intérprete é formado. Apesar de ser de louvar uma atitude tão cosmopolita de tais juízes, tal é igualmente uma violação dos deveres convencionais de interpretação autónoma e uniforme previstos no Artigo 7(1) da Convenção. Um tribunal alemão, por exemplo, confrontado com o conceito de 'pessoa razoável' (Art. 8(2) e no Art. 25 CISG)), inexistente no direito alemão, deduziu que o conceito 'tem origem no direito comum inglês e anglo-americano' e, por conseguinte, interpretou-o à luz da jurisprudência inglesa.[24] O Tribunal alemão ignorou que existem vários sistemas jurídicos continentais que reconhecem o conceito de "pessoa razoável", e projetou um conceito estrangeiro na sua interpretação, sem que nada o justificasse à luz dos trabalhos preparatórios da Convenção. Recorreu mesmo a jurisprudência inglesa para definir o conceito. Esta "estrangeirização" na interpretação da CISG é uma violação clara do dever de interpretação autónoma e uniforme constante da mesma.

Importa concluir que estes preconceitos judiciais não são a norma na prática judicial. Existem inúmeros exemplos de boa prática na aplicação do Artigo 7(1) e na aplicação do dever convencional de interpretação autónoma e uniforme. Tribunais nos Estados Unidos da América[25] ou na Alemanha (incluindo o seu Tribunal Federal)[26] têm dado contributos importantes para a consolidação daquele dever convencional e cumprem a sua obrigação de ter em conta o carácter internacional da Convenção, resistindo ativa e explicitamente ao recurso a conceitos domésticos.[27]

[24] Oberlandesgericht Koblenz, 24.2.2011, BeckRS 2012, 21660, sub. 8.a).

[25] Ver *St Paul Guardian Insurance Co et al. v Neuromed Medical Systems & Support GmbH et al*, US District Court for the Southern District of New York, 26 de Março de 2002 <http://cisgw3.law.pace.edu/ cases/020326u1.html > (consultado em 1 de Setembro de 2021); *MCC-Marble Ceramic Center, Inc v Ceramica Nuova D'Agostino, SpA*, US Circuit Court of Appeals (11th Circuit), 29 de Junho de 1998 <http://cisgw3.law.pace.edu/cases/980629u1.html > (consultado em 1 de Setembro de 2021).

[26] Bundesgerichtshof, 3 de Abril de 1996 <http://cisgw3.law.pace.edu/cisg/wais/db/cases2/960403g1. html > (consultado em 1 de Setembro de 2021) e Oberlandesgericht Karlsruhe, 25 de Junho de 1997 <http://cisgw3.law.pace.edu/cisg/wais/db/cases2/ 970625g1.html > (consultado em 1 de Setembro de 2021). Na decisão de 1996, o Tribunal Federal de Justiça alemão declarou que "a CISG é diferente do direito interno alemão, cujas disposições e princípios especiais são, por princípio, inaplicáveis para a interpretação da CISG (Art. 7 CISG)". A decisão de 1997 do Tribunal Regional Superior de Recurso de Karlsruhe declarou que "conceitos jurídicos alemães como "Fehler" e "zugesicherte Eigenschaften" não são, portanto, transferíveis para a CISG".

[27] Para mais casos judiciais em que se reafirma o dever convencional de interpretação autónoma ver Ferrari (2017).

Nesta secção procurámos oferecer referências doutrinais e jurisprudenciais que caracterizam certas tendências judiciais de domesticação ou de estrangeirização que são manifestamente indesejáveis na interpretação da Convenção. Sublinhou-se, contudo, que existem múltiplos exemplos de boas práticas na implementação do Artigo 7(1) da Convenção.

3. Obrigações específicas decorrentes do dever convencional de interpretação autónoma e uniforme: uma obrigação negativa e uma obrigação positiva

Ter em conta o carácter internacional da convenção e a necessidade de promover a uniformidade na sua aplicação são as pedras angulares do Artigo 7(1). Neste contexto, argumentamos que estes requisitos criam obrigações específicas para os Estados Contratantes – e, por conseguinte,[28] para os seus tribunais.[29] É submetido, por um lado, que o dever de interpretação autónoma cria uma obrigação negativa segundo a qual os tribunais devem abster-se de interpretar a Convenção à luz de conceitos domésticos; e, por outro lado, que a necessidade de interpretação autónoma e uniforme cria uma obrigação positiva para os tribunais terem em devida conta, tanto a história legislativa do instrumento, como a sua aplicação noutros Estados Contratantes, tal como refletida na jurisprudência estrangeira e na doutrina internacional.

3.1 A obrigação "negativa" de não confiar em conceitos domésticos e seus limites

Há na literatura um razoável consenso que, ao interpretar convenções internacionais, os tribunais nacionais não devem basear-se em interpretações ou

[28] Embora apenas os Estados estejam directamente vinculados por tratados internacionais, as suas obrigações estendem-se naturalmente aos seus tribunais, seja porque são órgãos do Estado, seja em virtude da ratificação e/ou implementação do tratado em questão (ver Aust (2016), p. 340).

[29] As consequências de uma potencial violação desta obrigação estão para além do âmbito deste artigo. Embora a recusa de um tribunal em dar efeito a uma cláusula-tipo de interpretação uniforme deva teoricamente poder desencadear a responsabilidade desse Estado, parece claro que tal recusa teria de (a) ser intencional e sistemática e (b) conduzir efectivamente a um resultado irreconciliável com a obrigação de interpretação uniforme (ver em mais pormenor Nollkaemper (2016)). Vale a pena notar que não parece haver qualquer precedente de responsabilização de um Estado no que respeita à não aplicação de uma convenção internacional no domínio do direito civil ou comercial.

métodos de interpretação estabelecidos em direito doméstico,[30] mesmo no que diz respeito a termos e conceitos peculiares a certos sistemas jurídicos.[31]

No entanto, entendemos que esta obrigação negativa levanta questões quanto à sua extensão. Em primeiro lugar, porque ela é naturalmente limitada pelo âmbito substantivo da Convenção. As questões jurídicas que não são regidas pela Convenção continuam sujeitas à lei nacional aplicável, incluindo os seus conceitos, doutrinas e dispositivos interpretativos. O Artigo 7(2) CISG aborda explicitamente a questão do "preenchimento de lacunas", explicando que "As questões respeitantes às matérias reguladas pela presente Convenção que não estejam expressamente previstas por ela deverão ser resolvidas segundo os princípios gerais que lhe estão subjacentes ou, na falta desses princípios, de acordo com a lei aplicável (...).". No entanto, quando a Convenção contém regras explícitas, os tribunais nacionais devem interpretá-la sem ter em conta o direito nacional.

3.2 A Obrigação "positiva" de considerar jurisprudência estrangeira, doutrina internacional e trabalhos preparatórios e os seus limites

Quando um termo numa convenção internacional pode ser interpretado de mais do que uma forma, a exigência de interpretação uniforme torna-se assim uma obrigação "positiva" de considerar a utilização de certos dispositivos interpretativos que não estão geralmente à disposição de um tribunal quando este aplica o direito interno.

Tanto a já referida decisão da Câmara dos Lordes em *Fothergill* como o Artigo 32 da Convenção de Viena referem-se a uma série de dispositivos "suplementares" que, embora não façam parte da própria Convenção, devem ser considerados na sua interpretação.

Estes dispositivos dividem-se em três grupos - decisões de tribunais estrangeiros, doutrina internacional, e *travaux préparatoires*. Contudo, esta obrigação levanta a questão de saber até que ponto tais referências podem ser esperadas e merece ser qualificada, como veremos.

Para alcançar uniformidade na interpretação é indispensável que os tribunais tenham em devida consideração a **prática dos tribunais de outras**

[30] Honnold (1999), para. 89; De Ly (2003), p. 343; Graffi (2003), pp. 305, 307–308; Karton e de Germiny (2009), pp. 71–72; Roth e Happ (1997), p. 702.

[31] Ferrari (1994), pp. 200–202.

jurisdições.[32] Contudo, tal obrigação pode representar um dilema para os tribunais: com um número crescente de jurisprudência sobre uma determinada questão, torna-se simultaneamente mais importante e mais difícil para um tribunal nacional dar a devida consideração a esta jurisprudência para chegar à sua própria decisão. Os diferentes graus de acessibilidade, tendo especialmente em conta a própria língua do tribunal, complicam ainda mais uma consideração adequada da jurisprudência relevante na apreciação do caso.

Consequentemente, a obrigação de ter em conta a jurisprudência estrangeira deve ser qualificada. Em nosso entender, o grau de consideração da jurisprudência estrangeira depende da acessibilidade e semelhança factual da(s) decisão(ões) em questão, da posição do(s) tribunal(s) estrangeiro(s) dentro da hierarquia do seu próprio sistema jurídico, e do nível de consenso entre numerosas decisões estrangeiras.[33] Embora um tribunal nacional não possa - em sentido estrito - estar vinculado por um tribunal de outra jurisdição,[34] as decisões finais dos tribunais superiores disponíveis na própria língua do tribunal devem constituir uma forte autoridade persuasiva, que só pode ser rejeitada com uma aturada e adequada fundamentação.[35]

A este respeito, a existência de uma cada vez maior sofisticação de bases de dados multilingues financiadas pelos Estados Contratantes são testemunho da importância desta questão e reforçam a expectativa de que os tribunais nacionais tomem em devida consideração a jurisprudência estrangeira.

A fim de garantir uma interpretação que seja consistente em todos os Estados Contratantes, os tribunais nacionais devem também considerar a **doutrina internacional**.[36] E também esta consideração deve ser qualificada. Mesmo dentro de um dado sistema jurídico, raramente se espera que os tribunais tenham em conta toda a doutrina existente; mas quanto mais amplo for o consenso, e quanto mais disponível estiverem as respetivas publicações, mais forte será a expectativa de que esta seja, pelo menos, considerada. O mesmo se aplica, portanto, no que diz respeito à consideração a dar à doutrina internacional. Assim, o Artigo 7(1) cria aos tribunais uma obrigação qualificada de considerar doutrina internacional que seja razoavelmente acessível e considerada de relevante autoridade. Quanto mais fácil for para o tribunal

[32] De Ly (2003), pp. 343–344; Munday (1978), p. 459; Schwenzer e Hachem (2009), pp. 457, 468; Roth e Happ (1997), pp. 708-710.

[33] (2016), p. 283.

[34] Graffi (2003), p. 308; Rosett (1984), pp. 445, 448.

[35] Veneziano (2003), p. 325.

[36] Veneziano (2003), p. 326; Ferrari (2003), pp. 63, 68.

tê-la em conta (porque está na língua do tribunal, porque as partes a submeteram devidamente traduzida, etc.), e quanto mais amplo for o consenso que reflete, mais elevado é o limiar para que um tribunal a possa ignorar. Importa por isso recordar que a CISG foi o resultado de um longo processo de redação, negociação, reformulação e renegociação, e em grande medida baseada nas convenções da Haia de 1964 relativas a uma Lei Uniforme sobre a compra e venda internacional de mercadorias e a uma Lei Uniforme sobre a formação de contratos de compra e venda internacional de mercadorias. Para compreender o texto adotado, os tribunais podem ter de considerar os diferentes documentos e propostas que a ele conduziram, convencionalmente rotulados como *travaux préparatoires*, ou trabalhos preparatórios. A referência a materiais suplementares, contudo, só é permitida nas circunstâncias previstas no artigo 32 da Convenção de Viena.[37] Isto é, para confirmar o significado resultante da aplicação do artigo 31, ou para determinar o significado quando esta interpretação leva a significações ambíguas ou obscuras ou conduz a um resultado manifestamente absurdo ou irracional.[38] Dada a variedade de documentos produzidos durante as negociações, os tribunais terão muitas vezes de confiar em coletâneas de materiais publicados por instituições envolvidas nas negociações ou por académicos.[39] Uma vez mais, quanto mais acessíveis estas coleções tornam o material, maior é a expectativa de que seja considerado quando se interpreta uma convenção internacional.

Nesta secção descrevemos brevemente as duas obrigações específicas a que os tribunais estão obrigados na interpretação e aplicação da Convenção: a obrigação 'negativa' de não confiar em conceitos domésticos e a obrigação 'positiva' de considerar jurisprudência estrangeira, doutrina internacional e trabalhos preparatórios. Vimos como apesar de tais obrigações decorrerem de deveres convencionais, elas devem ser qualificadas em termos de acessibilidade e disponibilidade. Na próxima secção listamos os recursos disponíveis para o cumprimento pelos tribunais do Artigo (7)1. E, tendo em conta a distinção feita pela Convenção de Viena entre o contexto de, e o material suplementar de uma convenção internacional (ver artigos 31 e 32), distinguiremos entre os documentos que fazem parte do consenso dos Estados Contratantes e os que meramente o informam.[40]

[37] Dörr (2018a), paras. 3-4.

[38] *Thomson v. Thomson* [1994] 3 SCR 551, 6 RFL (4th) 290.

[39] De Ly (2003), p. 345.

[40] Dörr (2018a), paras. 62–63.

4. Instrumentos práticos para a operacionalização do Artigo 7(1)

Tal como a mera adoção de uma convenção internacional não garante a unificação da lei,[41] nem a Convenção de Viena, nem a inclusão de cláusulas-tipo de interpretação uniforme, como o Artigo 7(1) da CISG, garantem a interpretação uniforme de um texto jurídico.[42] Permanece, assim, aberta a questão de saber como devem os Estados Contratantes, e os seus tribunais, cumprir as obrigações específicas decorrentes do dever convencional de interpretação uniforme e autónoma da CISG. Acresce que, nem a Convenção de Viena, nem a CISG, prescrevem qualquer mecanismo específico para apoiar tal cumprimento.

Nesta secção discute-se o papel que a UNCITRAL desempenha na salvaguarda e facilitação da interpretação uniforme e autónoma da CISG, descrevendo várias ferramentas e abordagens, com exemplos e comentários sobre a sua utilização prática (por exemplo, pareceres consultivos, partilha de informação, acesso a material suplementar, intercâmbios judiciais e ação legislativa).

Como se viu acima, o Artigo 7(1) impõe obrigações significativas aos tribunais dos Estados Contratantes. Quando solicitados a interpretar a Convenção, devem considerar uma vasta gama de decisões, que podem nem sequer ser publicadas na sua língua, e uma gama igualmente vasta de doutrina internacional.

O sucesso prático do Artigo 7 (1) tem sido atribuído "não só à escolha sensata feita pelos redatores e, consequentemente, à qualidade das disposições, mas também aos esforços feitos por várias instituições, académicos e jurisprudência para alcançar uma interpretação e aplicação generalizadas e uniformes da Convenção".[43] Já em 1966 tinha sido sugerido o "recurso a um secretariado permanente para supervisionar a interpretação do direito uniforme e organizar intermitentemente conferências diplomáticas para lidar, *inter alia*, com as divergências que surjam", como um método pelo qual uma interpretação uniforme poderia ser "promovida, se não garantida".[44]

De facto, com o número crescente de Estados Contratantes, com distintas tradições jurídicas, um grau crescente de interesse académico, e a rápida melhoria da qualidade dos relatórios sobre decisões judiciais estrangeiras, o papel da UNCITRAL parece mais importante do que nunca – um papel dependente do que a representação dos Estados na Comissão exigir do Secretariado. Nesta secção descrevemos os dispositivos mais importantes que têm

[41] Ferrari (1999), p. 245; Munday (1978), p. 450; Gebauer (2000), p. 684.

[42] De Ly (2003), p. 344; Witz (2003), p. 279.

[43] Viscasillas (2018), para. 3.

[44] Sundberg (1966), pp. 223–224.

sido discutidos e/ou desenvolvidos ao longo das últimas décadas para apoiar a implementação efectiva do dever de interpretação uniforme e autónoma (4.1. Pareceres consultivos; 4.2. Partilha de informação; 4.3. Acesso a material suplementar; 4.4. Intercâmbio judiciário; 4.5. Intervenção legislativa)

4.1. Pareceres consultivos

4.1.1. Painel de Peritos para tratar de questões interpretativas numa base *ad hoc*

O Conselho Consultivo da CISG[45] é um órgão independente de peritos que promove a interpretação uniforme da CISG.[46] Criado em 2011, é uma iniciativa privada através da qual um grupo de (não mais de 20) académicos de vários países se reúne duas vezes por ano e emite pareceres bem fundamentados relacionados com a interpretação da CISG, quer por sua própria iniciativa, quer a pedido de organizações internacionais, associações profissionais e tribunais.

Como é evidente na lista de acórdãos publicada no sítio eletrónico do Conselho Consultivo da CISG,[47] são vários os tribunais que já fazem referência aos seus pareceres, embora concentrados em determinados países, nomeadamente na Alemanha, nos Países Baixos e nos Estados Unidos da América. O que dá força persuasiva a estes pareceres é o facto de serem produzidos por académicos de renome internacional e que fazem parte da comunidade académica da CISG (por oposição aos pareceres de um único perito), embora o Conselho não seja formalmente aprovado pelas Nações Unidas (designadamente através do Secretariado da UNCITRAL) ou por qualquer outra instituição intergovernamental.

4.1.2. Consulta fornecida a pedido

Outro meio de apoiar a interpretação uniforme das convenções internacionais é através de respostas a questionamentos dos Estados Contratantes, tais como os fornecidos pelo Secretariado da UNCITRAL através de correspondência ou de outras iniciativas de capacitação técnica. No âmbito de seu mandato de acompanhamento do funcionamento prático das Convenções, o Secretariado é por vezes chamado a fornecer as suas opiniões a fim de esclarecer questões de implementação, práticas divergentes entre Estados, interpretação não

[45] Ver https://www.cisgac.com.

[46] Schwenzer (2012), p. 46; Karton e de Germiny (2009), p. 71.

[47] Ver https://www.cisgac.com/case-law/.

vinculativa da convenção ou mesmo informações em matéria de facto relativas à história das negociações.

4.2. Partilha de informação

Na aplicação da CISG, os tribunais não têm o benefício de poder recorrer à interpretação de um tribunal supranacional, aos esclarecimentos de uma autoridade central (como acontece noutras Convenções de cooperação jurídica e judiciária), ou a qualquer outro organismo independente que os apoie na sua busca por uma interpretação uniforme, eles próprios terão que considerar o material relevante, incluindo a jurisprudência estrangeira.[48] Vários dispositivos podem apoiá-los nesse esforço.[49]

4.2.1. Bases de dados

Uma das formas mais fáceis e mais bem testadas de facilitar e melhorar o acesso à informação sobre decisões relevantes que aplicam uma convenção internacional consiste em estabelecer uma base de dados de jurisprudência de todos os Estados Contratantes.[50]

Nesse sentido, o Secretariado da UNCITRAL criou a base de dados de jurisprudência (doravante, "CLOUT")[51] a fim de resolver a falta de acesso à informação sobre a aplicação dos seus instrumentos internacionais em jurisdições de todo o mundo.[52] O sistema CLOUT facilita a interpretação uniforme dos textos da UNCITRAL,[53] incluindo a CISG, através da recolha e divulgação de informações sobre decisões judiciais e sentenças arbitrais relevantes.

[48] Relatório Nygh/Pocar (n. 28), p. 125.

[49] De Ly (2003), pp. 350–356.

[50] Roth e Happ (1997), pp. 709–710; Graffi (2003), p. 309.

[51] Ver https://www.uncitral.org/clout/.

[52] UNICTRAL, *Facts about CLOUT: Case Law On Uncitral Texts,* em http://www.uncitral.org/pdf/english/clout/brochure/Facts_about_Clout_eng_Ebook.pdf.

[53] A base de dados CLOUT inclui jurisprudência sobre os seguintes textos: Convenção sobre o Reconhecimento e Execução de Sentenças Arbitrais Estrangeiras (Nova Iorque, 1958); Convenção sobre o Período de Limitação na Venda Internacional de Mercadorias (Nova Iorque, 1974), e respectivas alterações (Viena, 1980); Convenção das Nações Unidas sobre o Transporte de Mercadorias por Mar (Hamburgo, 1978); Convenção das Nações Unidas sobre os Contratos de Venda Internacional de Mercadorias (Viena, 1980); Lei Modelo da UNCITRAL sobre Arbitragem Comercial Internacional (1985); Lei Modelo da UNCITRAL sobre Transferências Internacionais de Crédito (1992); Convenção das Nações Unidas sobre Garantias Independentes e Cartas de Crédito Stand-by (Nova Iorque, 1995); Lei Modelo da UNCITRAL sobre Comércio Electrónico (1996); Lei Modelo

A distribuição generalizada de tal informação não só encoraja os utilizadores a considerar as sentenças estrangeiras, mas também promove a utilização dos instrumentos. Para além da decisão completa na sua língua oficial, a base de dados CLOUT também contém resumos em todas as línguas oficiais da ONU - resumos curtos que destacam questões-chave relevantes para a interpretação dos textos da UNCITRAL.[54] Cada resumo segue um formato pré-determinado, destacando essas questões-chave na aplicação e interpretação do texto convencional. Embora não ofereça traduções da jurisprudência em questão, a base de dados contém links para tais traduções, se disponíveis. De notar que a base de dados melhorou consideravelmente e ao longo do tempo a sua funcionalidade de pesquisa.[55]

A base de dados CLOUT baseia-se numa rede internacional de correspondentes nacionais designados pelos Estados Contratantes, que preparam resumos de decisões judiciais, concentrando-se nas decisões finais que são relevantes para a interpretação ou aplicação da Convenção.[56] A UNCITRAL aceita também contribuições voluntárias de resumos provenientes de instituições académicas, professores de direito ou de outros profissionais. O Secretariado da UNCITRAL analisa as contribuições recebidas e, em acordo com os Correspondentes Nacionais, decide sobre a sua publicação.[57]

A utilidade de tais bases de dados para assegurar uma interpretação uniforme tem sido por vezes questionada, especialmente no que diz respeito à falta de celeridade na preparação dos resumos, também eles demasiado curtos.[58] Ainda assim, não só a sua qualidade tem inegavelmente melhorado, como também tem sido complementada por numerosas iniciativas privadas, geralmente académicas.[59] O exemplo mais notório é do Instituto Universitário Pace de Direito Comercial Internacional que mantém há muito um sítio eletrônico de livre acesso que contém jurisprudência de todo o mundo sobre a CISG, grande parte da qual está traduzida ou resumida em inglês.[60] Após uma remodelação em 2017, a utilização da base de dados requer agora o registo,

da UNCITRAL sobre Insolvência Transfronteiriça (1997); Convenção das Nações Unidas sobre a Utilização das Comunicações Electrónicas nos Contratos Internacionais (Nova Iorque, 2005).

[54] Ver UNCITRAL (n. 111), p. 3.

[55] Para críticas anteriores, ver De Ly (2003), p. 351.

[56] Ver http://www.uncitral.org/uncitral/en/case_law/national_correspondents.html.

[57] Ver UNCITRAL (n. 111), p. 4.

[58] De Ly (2003), p. 351.

[59] Veneziano (2003), pp. 325–331. Para alguns exemplos iniciais de tais bases de dados a serem utilizadas pelos tribunais nacionais para interpretar a CISG, ver Ferrari (2003), pp. 71–72.

[60] Ver https://www.iicl.law.pace.edu/cisg/cisg.

mas continua a ser gratuita. Uma base de dados semelhante é oferecida e mantida pela Faculdade de Direito da Universidade de Basileia sob cisg-online.ch,[61] que contém entradas para mais de 3.000 casos e é amplamente referenciada na escrita académica. Uma terceira coleção proeminente de jurisprudência e bibliografia, UNILEX, foi criada pelo Centro de Estudos de Direito Comparado e Estrangeiro em Roma,[62] que costumava publicar resumos e os textos completos dos casos, categorizando-os por edição.

4.2.2. Compêndios

Outro recurso útil para assegurar um funcionamento coerente da Convenção é a publicação de compêndios que compilam resumos da jurisprudência existente por cada disposição sujeita a interpretação. Exemplo desta prática, semelhante a um comentário anotado, é o *Digest* da UNCITRAL[63] que visa realçar tendências na interpretação das disposições da CISG, discernidas a partir da análise de jurisprudência de diferentes jurisdições.[64] A jurisprudência é compilada a partir da base de dados CLOUT e de outras fontes, mas ao contrário de uma base de dados, os *Digests* são concebidos para apresentar informações muito mais selecionadas sobre a interpretação de determinadas disposições convencionais. Estes compêndios ajudam os tribunais a navegar pela abundância de fontes disponíveis, e são preparados por académicos provenientes de diferentes jurisdições, com distintas tradições jurídicas. Este método é particularmente adequado para convenções que são amplamente adotadas e aplicadas em numerosas jurisdições.

Os *Digest*, ou compêndios, servem a dupla função de tornar a informação sobre a aplicação de uma convenção mais facilmente disponível e de a promover como um documento vivo e evolutivo. Têm, contudo, o inconveniente de serem necessariamente seletivos, fornecendo apenas meras descrições da prática jurisdicional existente, sem ter suficientemente em conta a doutrina internacional.[65]

4.3. Acesso a material suplementar

Para além da jurisprudência, espera-se também que os tribunais nacionais tenham em conta material suplementar à Convenção. Mais uma vez, isto cria

[61] Ver http://www.cisg-online.ch/.

[62] Ver http://www.unilex.info/instrument/cisg.

[63] Ver https://uncitral.un.org/en/library/publications.

[64] De Ly (2003), p. 354.

[65] Ibid.

um problema de acesso – que instituições como a UNCITRAL estão em condições de ajudar a resolver.

Como já foi explicado acima, para além do texto da Convenção, os tribunais também precisam de considerar os textos preliminares que foram utilizados durante as negociações. A UNCITRAL facilita esta tarefa ao disponibilizar no seu sítio eletrónico, e devidamente digitalizadas, as coleções destes materiais.[66]

Também cumpre idêntica função a *Nota Explicativa* da Convenção, cuja importância vai para além dos meros materiais preparatórios, na medida em que faz parte do acordo entre os Estados Contratantes. São "instrumentos persuasivos de construção" interpretativa,[67] orientando os tribunais nacionais na sua busca de uniformidade, mesmo que não possam responder a todas as questões – especialmente as que surgem anos após a Convenção ter sido negociada e adotada.

Outro desafio ao cumprimento das obrigações específicas decorrentes do dever convencional de interpretação autónoma e uniforme diz respeito às diferenças linguísticas. Como as convenções são instrumentos aplicáveis a nível mundial, as partes interessadas e os juízes dos tribunais nacionais que não dominam uma das línguas oficiais da Convenção são inevitavelmente obrigados a consultar uma versão traduzida da mesma. Isto torna a exatidão das traduções e a sua fidelidade ao texto original de importância vital. Traduções imprecisas criam um risco de comprometer o objetivo de uma interpretação uniforme.

É também por essa razão que a ONU desenvolve as convenções em todas as suas línguas oficiais, inglês, francês, espanhol, chinês, russo e árabe, tendo todas valor autêntico para efeitos de interpretação. Todavia, tendo em consideração que praticamente metade dos Estados já adotaram a Convenção, existirão sempre problemas de tradução em várias línguas, pelo que os juízes no seu processo interpretativo devem sempre consultar a Convenção numa das versões autênticas.

4.4. Intercâmbio judiciário

A interpretação uniforme também pode ser apoiada de forma mais indireta, por exemplo, facilitando um intercâmbio entre tribunais, académicos e outras partes interessadas.

De particular relevância é a criação de plataformas de confiança entre juízes de todo o mundo, mesas redondas judiciais, onde os magistrados podem

[66] Ver https://uncitral.un.org/en/texts/salegoods/conventions/sale_of_goods/cisg.

[67] De Ly (2003), p. 345.

aprender com o trabalho e as abordagens uns dos outros na implementação da Convenção. Tal permite aumentar a familiaridade dos juízes com dispositivos destinados a apoiar a interpretação da Convenção e melhora as redes de partilha de conhecimentos e de consulta, integrando assim, ainda mais, o trabalho dos magistrados em direito internacional.

4.5. Intervenção legislativa

Finalmente, a interpretação uniforme pode também ser assegurada através de medidas legislativas. Exemplo disso são os instrumentos jurídicos não vinculativos que fornecem um potencial ponto de referência para uma interpretação uniforme.[68] Nesse sentido, tem sido argumentado que os Princípios UNIDROIT dos Contratos Comerciais Internacionais e os Princípios do Direito Europeu dos Contratos, que visam refletir os princípios gerais do comércio internacional e do direito europeu dos contratos, respetivamente,[69] desempenham um papel importante no preenchimento das lacunas na interpretação da CISG.[70] Do mesmo modo, os Princípios da HCCH sobre a Escolha do Direito Aplicável a Contratos Comerciais permitem às partes designar regras de direito geralmente aceites a nível internacional, supranacional ou regional como um conjunto neutro e equilibrado de regras para reger os seus contratos.[71] Como estes requisitos são cumpridos pela CISG, esta pode ser escolhida como um conjunto de regras autónomas aplicável ao contratos.[72] Isto contribui para uma aplicação uniforme da CISG, uma vez que as suas disposições serão, neste caso, aplicadas sem recurso à legislação nacional.

5. Considerações finais e especiais sobre a promoção da interpretação autónoma e uniforme em língua portuguesa

As implicações do dever convencional de interpretação autónoma e uniforme são obviamente imensas para quem ensina direito, para quem forma

[68] Ver também Veneziano (2003), pp. 331–332.

[69] Janssen e Meyer (2009), p. 289.

[70] Ibid., pp. 288–289. Ver também Mayer (1998), pp. 583-599.

[71] Ver Art. 3 dos Princípios de Haia sobre a Escolha do Direito em Contratos Comerciais.

[72] Commentary on Hague Principles on Choice of Law in Commercial Contracts, para. 3.5, pp. 40-41.

magistrados, e para quem aplica a Convenção. Nesse sentido, assume primordial importância a inclusão do estudo da Convenção nos currículos das Faculdades de Direito e dos centros de estudos judiciários e de formação das magistratura, bem como nos exames de acesso à carreira de advogado.

Por outro lado, e sem excluir a necessidade de reforçar a proficiência linguística de advogados e juízes, é importante garantir uma coordenação de recursos das várias instituições académicas e judiciárias de língua portuguesa para criação de base de dados de jurisprudência estrangeira traduzida para a língua portuguesa e de jurisprudência em língua portuguesa traduzida para a língua inglesa. Tal base de dados cumpriria um objetivo duplo. Por um lado, apoiaria os juízes que aplicam a Convenção em língua portuguesa. Exemplo disso são os instrumentos obrigações decorrentes do Artigo 7(1) da Convenção e, por outro lado, asseguraria que a jurisprudência em língua portuguesa fosse tida em conta e contribuísse para a interpretação uniforme de tribunais estrangeiros.

Conclusões

Este artigo procurou, de forma sintética e prática, explicar as implicações para os tribunais decorrentes do Artigo 7(1) da CISG. Fê-lo a partir de uma definição consensual do dever convencional de interpretação autónoma e uniforme, sublinhando a sua importância para a operação da Convenção. Nesse contexto, abordou as tendências jurisprudenciais conhecidas como "domesticação" e "estrangeirização" e demonstrou como ambas são práticas erradas à luz da Convenção. Tais práticas são violações do espírito e da letra da Convenção, designadamente por contrariarem duas obrigações específicas decorrentes do dever convencional: a obrigação 'negativa' de não confiar em conceitos domésticos e a obrigação 'positiva' de considerar jurisprudência estrangeira, doutrina internacional e trabalhos preparatórios. Ora, o cumprimento de tais obrigações exige razoabilidade e acessibilidade e está intimamente ligado à disponibilidade de instrumentos práticos e credíveis que permitam a operacionalização do Artigo 7(1) – instrumentos esses que foram identificados. Por fim, argumentou-se pela necessidade de desenvolver iniciativas que promovam a interpretação autónoma e uniforme da Convenção em língua portuguesa.

11. CONVENÇÃO DE VIENA SOBRE OS CONTRATOS DE COMPRA E VENDA INTERNACIONAL DE MERCADORIAS. DELIMITAÇÃO DO SEU ÂMBITO DE APLICAÇÃO*

Maria Helena Brito**

A Convenção das Nações Unidas sobre os contratos de compra e venda internacional de mercadorias (CISG), celebrada em Viena, em 11 de abril de 1980, vigora no plano internacional desde 1 de janeiro de 1988.

Foi em época recente finalmente subscrita por Portugal e entrou em vigor no nosso país no dia 1 de outubro de 2021[1].

Vincula atualmente noventa e quatro Estados[2].

1. Âmbito material de aplicação

1.1. Objeto da Convenção de Viena é o contrato de compra e venda de mercadorias (artigo 1º, n.º 1, 1ª frase).

A Convenção não define "contrato de compra e venda" nem "mercadorias". A interpretação destas noções não pode fazer-se com recurso ao direito interno de cada Estado contratante. Deve decorrer de uma interpretação

* O texto que agora se publica corresponde a parte da comunicação apresentada na Conferência Internacional *Compra e Venda Internacional de Mercadorias: A Convenção de Viena no Contexto do Transporte Marítimo Internacional,* que se realizou na Faculdade de Direito da Universidade Nova de Lisboa nos dias 29 e 30 de setembro de 2021.

** Professora Catedrática Jubilada da Faculdade de Direito da Universidade Nova de Lisboa. Investigadora do CEDIS – Centro de Investigação & Desenvolvimento sobre Direito e Sociedade da Faculdade de Direito da Universidade Nova de Lisboa.

[1] Decreto n.º 5/2020, de 7 de agosto, que aprova, para adesão, a Convenção das Nações Unidas sobre Contratos para Venda Internacional de Mercadorias, adotada em Viena, em 11 de abril de 1980, publicado no *Diário da República,* 1ª série, n.º 153, de 7 de agosto, p. 7 ss; Aviso n.º 48/2020, que torna público que a República Portuguesa depositou o seu instrumento de adesão à Convenção das Nações Unidas sobre Contratos de Compra e Venda Internacional de Mercadorias, adotada em Viena, em 11 de abril de 1980, publicado no *Diário da República,* 1ª série, n.º 205, de 21 de outubro, p. 2.

[2] Cfr. https://uncitral.un.org/en/texts/salegoods/conventions/sale_of_goods/cisg/status

autónoma e uniforme, que tenha em conta o conteúdo da regulação convencional. Assim o impõe o artigo 7º, n.º 1, que enuncia os critérios de interpretação da Convenção.

Para identificar o tipo contratual abrangido devem portanto considerar-se designadamente as disposições que regem as obrigações dos contraentes, sintetizadas no artigo 30º, quanto ao vendedor, e no artigo 53º, quanto ao comprador: o vendedor obriga-se, nas condições previstas no contrato e na Convenção, a entregar as mercadorias vendidas e a transferir a propriedade sobre elas e, se for o caso, a remeter os documentos que se lhes referem; o comprador obriga-se a pagar o preço correspondente às mercadorias adquiridas e a aceitar a entrega dessas mercadorias, nas condições previstas no contrato e na Convenção.

Nos termos do artigo 1º, n.º 1, 1ª frase, apenas se inclui no âmbito da Convenção a compra e venda de mercadorias, isto é, de bens móveis corpóreos, o que claramente decorre de diversos aspetos do regime instituído (vejam-se, por exemplo, os artigos 35º, n.º 2, 38º, 46º, n.º 2, 85º a 88º).

A delimitação do âmbito material de aplicação da Convenção exige ainda a análise dos artigos 2º a 5º.

1.2. O artigo 2º enuncia um conjunto de exclusões, determinando que a Convenção não é aplicável aos seguintes contratos de compra e venda:

a) De mercadorias adquiridas para uso pessoal, familiar ou doméstico, salvo se o vendedor, em qualquer momento anterior à celebração do contrato ou no momento da sua celebração, não conhecesse nem devesse ter conhecimento que as mercadorias tinham sido adquiridas para um desses usos;
b) Em leilão;
c) Em processo executivo;
d) De valores mobiliários, títulos de investimento, instrumentos negociáveis e moeda;
e) De navios, barcos, *hovercraft* (aerodeslizadores) e aeronaves;
f) De eletricidade.

Quanto a este ponto, destaco, em especial, a exclusão dos contratos de compra e venda para consumo, a que se refere a alínea *a)* do artigo 2º.

1.3. Por sua vez, o artigo 3º da Convenção alarga a noção de contratos de compra e venda aos contratos de fornecimento de mercadorias a fabricar ou a produzir. Ressalvam-se, no entanto, os casos em que o contraente que fez a encomenda das mercadorias se compromete a fornecer uma parte essencial dos materiais necessários a esse fabrico ou produção (n.º 1).

A distinção contida no n.º 1 do artigo 3º corresponde àquela que, no direito alemão, separa os *Werklieferungsverträge* (contratos de fornecimento de obra) – aos quais o Código Civil alemão manda aplicar as disposições da compra e venda – dos *Werkverträge*, que são os contratos de empreitada propriamente ditos.

No artigo 3º esclarece-se ainda que a Convenção não se aplica a contratos cujo conteúdo principal das obrigações do contraente que fornece as mercadorias consiste na prestação de serviços ou de trabalho (n.º 2).

Este artigo 3º estabelece assim um critério de aplicabilidade a contratos mistos (de compra e venda e empreitada; de compra e venda e prestação de serviços ou de trabalho). Só ficam abrangidos pelo regime da Convenção os contratos mistos em que a prestação principal ou preponderante (a prestação caraterística) do fornecedor corresponde ao tipo contratual da compra e venda de mercadorias. A Convenção adota uma atitude semelhante à que revela, em matéria de contratos mistos, a designada *teoria da absorção*.

1.4. Embora decorra de várias outras normas da Convenção e esteja explícito na própria estrutura do ato normativo, o artigo 4º determina, na 1ª frase, que a Convenção regula exclusivamente a formação do contrato de compra e venda, bem como os direitos e obrigações emergentes do contrato para o vendedor e para o comprador.

Na 2ª frase, dispõe-se que, salvo disposição expressa em contrário da Convenção, esta não se aplica, em particular:

a) À validade do contrato ou de qualquer uma das suas cláusulas, bem como à validade dos usos a que as partes se referirem[3];

b) Aos efeitos que o contrato possa produzir sobre a propriedade das mercadorias vendidas.

1.5. O artigo 5º exclui ainda da regulação convencional a responsabilidade do vendedor pela morte ou pelas lesões corporais que as mercadorias possam vir a causar a qualquer pessoa.

[3] Abro aqui um parêntesis: chamo a atenção para a versão oficial portuguesa da parte final desta alínea, que não se encontra adequadamente traduzida.

2. Âmbito espacial de aplicação

2.1. A Convenção de Viena de 1980 regula especialmente certas questões emergentes de contratos de compra e venda internacional de mercadorias.

A Convenção não tem em vista unificar o regime aplicável a situações puramente internas, como acontece, por exemplo, com as leis uniformes aprovadas pelas Convenções de Genebra de 1930 e 1931 relativas a letras e livranças e a cheques.

Tal significa que, nos Estados vinculados pela Convenção de Viena, o regime que dela consta convive com o regime ou os regimes de fonte nacional aplicáveis a situações meramente internas. No caso da ordem jurídica portuguesa, conviverá com regras contidas no Código Civil, no Código Comercial, em legislação avulsa relativa ao contrato de compra e venda (desde logo, legislação adotada para transposição de diretivas europeias, como é o caso, neste momento, do Decreto-Lei n.º 67/2003, de 8 de abril, já alterado, sobre certos aspetos da compra e venda de bens de consumo e das garantias a ela relativas).

2.2. O artigo 1º, n.º 1, fornece um critério preciso para preencher o conceito "internacional" utilizado na designação da Convenção (e curiosamente não mais empregue no seu texto), considerando internacionais, para efeitos de aplicação do regime convencional, os contratos celebrados entre partes que tenham *estabelecimento em Estados diferentes*.

Este é um pressuposto de aplicabilidade da Convenção, não propriamente um elemento caraterizador, de ordem geral, da natureza internacional dos contratos. Com efeito, é possível imaginar contratos internacionais de compra e venda de mercadorias subtraídos ao regime da Convenção de Viena, porque as partes não têm estabelecimento em Estados diferentes. Por exemplo, podem ser considerados internacionais, mas não abrangidos pela Convenção, os contratos entre partes com estabelecimento no mesmo Estado, em que o lugar de celebração, ou o lugar em que se encontram as mercadorias, ou o lugar para o qual devam ser transportadas as mercadorias se situe num Estado diferente.

2.3. A Convenção não nos oferece uma definição de "estabelecimento". Do regime instituído resulta que há de tratar-se de uma instalação dotada de certa estabilidade e duração e com competência para se dedicar a negócios do comércio internacional.

O artigo 10º dispõe que, se uma parte tiver mais de um estabelecimento, o estabelecimento a tomar em consideração é aquele que tiver a relação mais estreita com o contrato e respetiva execução, tendo em vista as circunstâncias conhecidas das partes ou por elas consideradas em qualquer momento anterior à celebração do contrato ou no momento da sua celebração (alínea *a*)).

Do artigo 10º resulta ainda que, se uma parte não tiver estabelecimento, releva para este efeito a sua residência habitual (alínea *b*)).

Exige-se que a localização em países diferentes dos estabelecimentos do vendedor e do comprador seja aparente durante as negociações entre as partes ou no momento da celebração do contrato (artigo 1º, n.º 2).

Para efeitos de delimitação do âmbito de aplicação da Convenção, é irrelevante, quer a nacionalidade das partes, quer a natureza civil ou comercial das partes ou do contrato (artigo 1º, n.º 3).

2.4. No sistema da Convenção, a localização em Estados diferentes dos estabelecimentos das partes no contrato de compra e venda de mercadorias é, portanto, *condição necessária* para a aplicabilidade da Convenção (artigo 1º, corpo do n.º 1).

Não é, todavia, condição suficiente, já que se estabelecem condições adicionais, em alternativa, indispensáveis para a aplicabilidade da Convenção:

- que os países onde se situam os estabelecimentos do vendedor e do comprador sejam Estados contratantes da Convenção (artigo 1º, n.º 1, alínea *a*)), ou
- que as regras de direito internacional privado do país do foro conduzam à aplicação da lei de um Estado contratante da Convenção (artigo 1º, n.º 1, alínea *b*)).

Deste modo, a Convenção só é aplicável dentro do âmbito que para si própria define, pelo que os contratos de compra e venda internacionais que a Convenção não pretende regular ficam sujeitos ao direito material designado pelas normas de conflitos do país do foro.

2.5. Note-se que o artigo 92º, n.º 1, da Convenção concede aos Estados contratantes a faculdade de, no momento da assinatura, ratificação, aceitação, aprovação ou adesão, declararem que não ficam vinculados pela Parte II ou pela Parte III da Convenção. Isto é, os Estados contratantes podem declarar que não ficam vinculados pelo regime da formação do contrato

(Parte II, artigos 14º a 24º) ou pelo regime dos efeitos do contrato de compra e venda de mercadorias (Parte III, artigos 25º a 88º).

Nos termos do n.º 2 desse artigo, um Estado contratante que tenha feito uma declaração no sentido de não se vincular à Parte II ou à Parte III da Convenção, não será considerado Estado contratante, para efeitos do n.º 1 do artigo 1º da Convenção, relativamente às matérias reguladas pela Parte da Convenção a que essa declaração diga respeito.

2.6. O regime instituído pelo artigo 1º, n.º 1, permite distinguir entre aplicabilidade direta (ou imediata) e aplicabilidade indireta (ou mediata) da Convenção.

É *direta* (ou imediata) a aplicabilidade que se verifica nos termos do artigo 1º, n.º 1, alínea *a)*, ou seja, nos casos em que os países onde se situam os estabelecimentos do vendedor e do comprador são Estados contratantes da Convenção.

É *indireta* (ou mediata) a aplicabilidade que decorre do artigo 1º, n.º 1, alínea *b)*, ou seja, nos casos em que as regras de direito internacional privado do país do foro conduzem à aplicação da lei de um Estado contratante da Convenção.

2.7. Existe assim a possibilidade de a disciplina da Convenção vir a ser aplicada num Estado não contratante: tal acontecerá se, de acordo com as normas de direito internacional privado do foro, o contrato de compra e venda de mercadorias for submetido à ordem jurídica de um Estado onde a Convenção se encontre em vigor (artigo 1º, n.º 1, alínea *b)*).

Por esta razão, e porque durante as negociações alguns países manifestaram resistência relativamente a esta ampliação do âmbito de aplicação do regime convencional, o artigo 95º prevê uma reserva quanto à aplicabilidade indireta da Convenção. Admite-se que, no momento do depósito do seu instrumento de ratificação, aceitação, aprovação ou adesão, qualquer Estado declare que não fica vinculado pela alínea *b)* do n.º 1 do artigo 1º da Convenção.

Alguns países formularam a reserva referida no artigo 95º (por exemplo, Arménia, China, Eslováquia, Estados Unidos da América, Laos, República Checa, Singapura). A Alemanha declarou que não aplicaria a alínea *b)* do n.º 1 do artigo 1º em relação a qualquer Estado que tenha declarado que não aplicará a referida alínea.

Portugal não fez tal reserva como não fez qualquer outra das reservas admitidas pela Convenção.

3. Âmbito temporal de aplicação

3.1. No artigo 99º, a Convenção inclui as regras sobre a sua entrada em vigor, quer inicial (no n.º 1), quer em relação aos Estados que ratifiquem, aceitem, aprovem ou adiram à Convenção já depois de ela se encontrar em vigor no plano internacional (no n.º 2).

De acordo com o n.º 1, a Convenção entrou em vigor a nível internacional no primeiro dia do mês seguinte ao termo do prazo de doze meses contado a partir da data do depósito do décimo instrumento de ratificação, aceitação, aprovação ou adesão – como já foi dito, em 1 de janeiro de 1988[4].

Atento o disposto no n.º 2, para um Estado que se vincule posteriormente à Convenção, esta entra em vigor no primeiro dia do mês seguinte ao termo do prazo de doze meses contado a partir da data do depósito do seu instrumento de ratificação, aceitação, aprovação ou adesão.

Nestes termos – tendo o instrumento de adesão da República Portuguesa sido depositado em 23 de setembro de 2020 junto do Secretário-Geral das Nações Unidas –, a Convenção entrou em vigor no nosso país, como ficou referido, em 1 de outubro de 2021.

3.2. Por outro lado, considerando o princípio geral da não retroatividade afirmado no artigo 100º, a disciplina convencional será aplicável aos atos praticados posteriormente ao momento em que a Convenção se torne obrigatória em Portugal.

Vale a pena dar atenção ao artigo 100º.

O preceito começa por estabelecer uma distinção relacionada com o âmbito objetivo da própria Convenção, entre a formação (Parte II) e os efeitos do contrato de compra e venda (Parte III).

Depois diferencia também consoante a Convenção seja aplicável de forma direta ou de forma indireta.

Assim, nos termos do n.º 1 do artigo 100º, a Convenção aplica-se à *formação* de um contrato (Parte II) apenas quando:

- a respetiva proposta for feita na data de entrada em vigor ou após a data de entrada em vigor da Convenção nos Estados contratantes a que se refere a alínea *a)* do n.º 1 do artigo 1º – aplicabilidade direta; dizendo de outro modo, os Estados onde se situam os estabelecimentos do vendedor e do

[4] Nos seguintes países: Argentina, China, Egipto, Estados Unidos da América, França, Hungria, Itália, Lesotho, República Árabe da Síria, Zâmbia.

comprador têm de ser Estados contratantes da Convenção no momento em que é apresentada a proposta da celebração do contrato;
- a respetiva proposta for feita na data de entrada em vigor ou após a data de entrada em vigor da Convenção no Estado contratante a que se refere a alínea *b)* do n.º 1 do artigo 1º – aplicabilidade indireta; dizendo de outro modo, o Estado para cuja ordem jurídica remetem as normas de conflitos do país do foro tem de ser um Estado contratante da Convenção no momento em que é apresentada a proposta da celebração do contrato.

Atento o disposto no n.º 2 do artigo 100º, a Convenção aplica-se aos *direitos e obrigações* emergentes do contrato para o vendedor e para o comprador (Parte III) apenas quando:
- o contrato for celebrado na data de entrada em vigor ou após a data de entrada em vigor da Convenção nos Estados contratantes a que se refere a alínea *a)* do n.º 1 do artigo 1º – aplicabilidade direta; por outras palavras, os Estados onde se situam os estabelecimentos do vendedor e do comprador têm de ser Estados contratantes da Convenção no momento da celebração do contrato;
- o contrato for celebrado na data de entrada em vigor ou após a data de entrada em vigor da Convenção no Estado contratante a que se refere a alínea *b)* do n.º 1 do artigo 1º – aplicabilidade indireta; por outras palavras, o Estado para cuja ordem jurídica remetem as normas de conflitos do país do foro tem de ser um Estado contratante da Convenção no momento da celebração do contrato.

Assegura-se deste modo que as partes num contrato de compra e venda internacional de mercadorias não serão afetadas por um regime cuja existência e aplicabilidade não podiam ter em conta no momento da prática dos seus atos (respetivamente, a *apresentação da proposta para a celebração do contrato* e a *celebração do contrato*).

Lisboa, 1 de outubro de 2021

12. O ÂMBITO ESPACIAL DE APLICAÇÃO DA CONVENÇÃO DE VIENA DE 11 DE ABRIL DE 1980 SOBRE OS CONTRATOS DE COMPRA E VENDA INTERNACIONAL DE MERCADORIAS

Rui Manuel Moura Ramos*

Introdução

Não se ignora a importância de que se revestem, em qualquer instrumento de direito convencional, as disposições nele consagradas à delimitação do seu âmbito de aplicação. Essa importância é de resto acrescida quando, como no presente caso, estamos perante textos de direito uniforme que se destinam a substituir tão só parcialmente a legislação estadual, que continuará a ser aplicada em determinados casos. Torna-se pois essencial balizar o círculo de situações a que se aplicará cada instrumento deste tipo, sendo certo que, fora dele, tudo se passa como se as novas soluções não existissem, a esse universo sendo aplicável o regime jurídico que anteriormente ao início da sua vigência vigorava em cada Estado.

A delimitação de que falamos deve ser feita em relação a cada instrumento convencional, sendo o resultado do que poderíamos chamar de regras de aplicabilidade (*règles d'applicabilité*)[1], que são em si mesmas a concretização de uma política convencional, que circunscrevem os termos em que as novas soluções se pretendem aplicar, substituindo assim as anteriormente em vigor nos diversos Estados. Tratando-se de um instrumento

* Professor Catedrático Jubilado da Faculdade de Direito da Universidade de Coimbra. Membro do Institut de Droit International

[1] Podem ver-se, a este propósito, os trabalhos do Institut de Droit International sobre «Le champ d'application des règles de conflit ou de droit matériel uniforme prévues par des traités», designadamente os relatórios (exposição preliminar, questionário, observações dos membros da vigésima terceira Comissão e relatório definitivo) de Alfred E. von Overbeck [in Annuaire de l'Institut de Droit International, v. 58 (1979 – Session D'Athènes), t. I, p. 97-192], as deliberações de que o último foi objecto [ibidem, v. 59 (1981 – Session de Dijon), p. 139-174], e a resolução aí aprovada (ibidem, p. 252-261).

de direito uniforme, a demarcação que por essas regras é feita traduz o alcance da uniformização por ele realizada, na medida em que por elas se determina o âmbito de aplicação da nova regulamentação (o universo de situações a que ela se pretende aplicar), permitindo assim aquilatar da ambição do desígnio uniformizador.

Em princípio, estas regras, que por isso mesmo resolvem um problema de concorrência de normas (entre as contidas no novo instrumento e as que integravam o sistema que lhe preexistia em cada Estado onde aquele passou a vigorar) têm uma tripla dimensão, temporal, material e espacial. Temporal na medida em que indicam o momento a partir do qual é lícito recorrer às soluções convencionais. Material, porque precisa qual a natureza e o tipo dos casos que passam a ser abrangidos pela nova regulamentação. E espacial, porque indicam qual o tipo de ligação que tem de existir entre as situações de facto e a regulamentação convencional para que a aplicação desta última deva ter lugar.

Tudo isto ocorre igualmente a propósito da Convenção de Viena[2], onde não faltam disposições com o objecto que acabamos de referir, sendo que

[2] Estamos a falar, naturalmente, da Convenção de Viena sobre os contratos de compra e venda internacional de mercadorias, promovida pela Organização das Nações Unidas no âmbito da Comissão das Nações Unidas para o Direito do Comércio Internacional (também designada, mais simplesmente, por UNCITRAL ou CNUDCI), e concluída e aberta à assinatura em Viena, a 11 de Abril de 1980. Para um comentário a este instrumento, cfr., por exemplo, Maria Ângela Bento Soares/Rui Manuel Moura Ramos, «Do Contrato de Compra e Venda Internacional. Análise da Convenção de Viena de 1980 e das disposições pertinentes do Direito Português», in Documentação e Direito Comparado, n.º 6 (1981), p. 73-555 (posteriormente inserido em Contratos Internacionais. Compra e Venda. Cláusulas Penais. Arbitragem, Coimbra, 1986, Almedina, p. 1-273), o Commentary on the International Sales Law. The 1980 Vienna Sales Convention (de C.M. Bianca e M.J. Bonell), Milão, 1986, Giuffrè, Bernard Audit, La Vente Internationale de Marchandises. Convention des Nations-Unies du 11 avril 1980, Paris, 1990, L.G.D.J., Carlos Esplugues Mota, «Compraventa Internacional. El Convenio de Viena de 1980», in Derecho del Comercio Internacional [José Carlos Fernández Rozas (editor)], Madrid, 1996, Eurolex, p. 303-322, Luís Fernández de la Gándara/Alfonso L. Calvo Caravaca, «La Compraventa Internacional de Mercancías», in Contratos Internacionales [Alfonso L. Calvo Caravaca/Javier Carrascosa González (Directores), Pilar Blanco-Morales Limones (Coordinadora)], Madrid, 1997, Tecnos, p. 144-399, Esperanza Castellanos Ruiz, «Compraventa Internacional», in Curso de Contratación Internacional [de Alfonso Luis Calvo Caravaca/Javier Carrascosa González], Madrid, 2003, Colex, p. 152-231, Luís de Lima Pinheiro, «Direito material unificado. A Convenção de Viena sobre a venda internacional de mercadorias – comparação com o direito material português», in Direito Comercial Internacional. Contratos Comerciais Internacionais. Convenção de Viena sobre a Venda Internacional de Mercadorias. Arbitragem Transnacional, Coimbra, 2005, Almedina, p. 259-324, o conjunto de artigos inseridos sob o lema Celebrating the 25th Anniversary of the United Nations Convention on Contracts for the International Sale of Goods a p. 1-485 do volume 25 (Fall 2005/Spring 2006), Issue 1, do The Journal of Law and Commerce, José Carlos Fernández Rozas/Rafael Arenas García/Pedro Alberto de Miguel Asensio, Derecho de los Negocios

nas considerações subsequentes concentraremos a nossa atenção nas que se reportam ao seu âmbito de aplicação espacial.

Não curaremos assim do seu domínio temporal, a propósito do qual se dispõe que a Convenção se aplica à formação de um contrato quando a respectiva proposta for feita após a entrada em vigor da Convenção em relação a Estados contratantes[3] diferentes onde as respectivas partes tenham

Internacionales, Madrid, 2007, Iustel, p. 342-393, e, agora, Alexandre Soveral Martins, Compra e Venda Internacional de Mercadorias: a CISG. Primeiros Comentários, Coimbra, 2021, Almedina, e Mafalda Miranda Barbosa/Pedro Pimenta Mendes, «Convenção de Viena sobre a compra e venda internacional de mercadorias: algumas reflexões», Revista de Direito Comercial, 2021, p. 429-480. E, para uma breve visão de conjunto, cfr. Kazuaki Sono, «The Vienna Sales Convention: History and Perspective», in International Sale of Goods. Dubrovnik Lectures (Edited by Petar Sarcevic/Paul Volken), New York, 1986, Oceana Publications Inc., p. 1-17, Moura Ramos, «La Convention de Vienne du 11 avril 1980 sur les contrats de vente internationale de marchandises trente-cinq ans après», in Eppur si muove: The age of Uniform Law. Essays in honour of Michael Joachim Bonell to celebrate his 70th birthday, vol. 2, Rome, 2016, The International Institute for the Unification of Private Law (UNIDROIT), p. 1793-1805, e Ana Elizabeth Villalta Vizcarra, «The United Nations Convention on Contracts for the International Sale of Goods», in Thirty-five years of Uniform Sales Law: Trends and Perspectives, United Nations, 2015, New York, p. 29-38.
Para uma extensa bibliografia e indicações jurisprudenciais, cfr. Twenty Years of International Sales Law Under the CISG (The International Convention for the International Sale of Goods). International Bibliography and Case Law Digest (1980-2000), (Edited by Michael R. Will), The Hague, 2000, Kluwer Law International, e o Uncitral Digest of Case Law on the United Nations Convention on Contracts for the International Sale of Goods, de que compulsámos a versão relativa a 2016 (United Nations, New York, 2016).

[3] A propósito da entrada em vigor da Convenção o artigo 99.º distingue duas situações. Assim, o parágrafo 1, esclarece que ela «entrará em vigor, sob reserva do disposto no parágrafo 6 do presente artigo, no primeiro dia do mês seguinte ao termo de um prazo de doze meses contado a partir da data do depósito do décimo instrumento de ratificação, aceitação, aprovação ou adesão (...)». Para depois, no parágrafo 2, e em relação aos Estados que ratifiquem, aceitem ou aprovem a Convenção ou a ela adiram posteriormente a este momento, se dispor que «sob reserva do disposto no parágrafo 6 do presente artigo, a Convenção, à excepção da Parte excluída [recorde-se que nos termos do parágrafo 1 do artigo 92.º, «qualquer Estado contratante pode declarar, no momento da assinatura, da ratificação, da aceitação, da aprovação ou da adesão, que não ficará vinculado pela segunda Parte da presente Convenção ou que não ficará vinculado pela terceira Parte da presente Convenção»], entrará em vigor em relação a este Estado no primeiro dia do mês seguinte ao termo de um prazo de doze meses contado a partir da data do depósito do seu instrumento de ratificação, aceitação, aprovação ou adesão».
Nos termos do ressalvado parágrafo 6, «as ratificações, aceitações, aprovações e adesões efectuadas em relação à presente Convenção por Estados partes na Convenção da Haia de 1964 sobre a formação ou na Convenção da Haia de 1964 sobre a compra e venda, só se tornarão eficazes na data em que, por sua vez, tiverem produzido efeitos as denúncias a que haja lugar por parte dos mencionados Estados em relação àquelas duas Convenções», cabendo ao depositário da Convenção em apreço [O Secretário Geral da Organização das Nações Unidas, como tal designado pelo artigo

estabelecimento ou ao Estado contratante cuja lei é considerada competente pelas regras de direito internacional privado (parágrafo 1 do artigo 100.º)[4]. Ou que ela rege a substância e efeitos dos contratos concluídos após a sua entrada em vigor em relação àqueles Estados contratantes ou ao Estado contratante que acabamos de mencionar (parágrafo 2 do artigo 100.º)[5].

O mesmo valendo para o seu domínio material, isto é, para as questões que são reguladas pelas normas convencionais contidas na Convenção. Decorre do título do instrumento que este se ocupa dos contratos de compra e venda internacional de mercadorias (*goods, marchandises*), mas o seu clausulado não

89.º da Convenção] «de acordo com o Governo holandês, depositário das Convenções de 1964, tomar(á) medidas para assegurar a necessária coordenação a este respeito».
Sobre a vinculação do Brasil à Convenção de Viena (que iniciou a produção de efeitos neste país a 1 de Abril de 2014, na sequência da promulgação do Decreto Legislativo 538/2012, aprovado pelo Congresso Nacional a 18 de Outubro de 2012), cfr., entre outros, Eduardo Grebler, «The Convention on International Sales of Goods and Brazilian Law: Are differences irreconcilable?», 25 The Journal of Law and Commerce (Fall 2005/Spring 2006), p. 467-476, Iacyr de Aguilar Vieira, «Plaidoyer por uma aplicação da Convenção de Viena de 1980 relativa à compra e venda internacional de mercadorias no Brasil», in Estudos de Direito Comparado e de Direito Internacional Privado (Iacyr de Aguilar Vieira, Organizadora), Tomos I e II, Curitiba, 2011, Juruá Editora, p. 437-462, e «A Convenção de Viena sobre a compra e venda internacional de mercadorias e o direito interno brasileiro: interacções possíveis entre sistemas distintos», in Internationaler Rechtsverkehr und Rechtsverheinheitlichung aus deutsch-lusitanischer Perspektive, Baden-Baden, 2014, Nomos Verlagsgesellschaft, p. 255-269.

[4] Trata-se, neste caso, designadamente {uma vez que as disposições de carácter geral, contidas no Capítulo II da Parte I [artigos 7.º a 13.º: sobre eles, cfr. os trabalhos de Paul Volken, «The Vienna Convention: Scope, Interpretation and Gap-Filling» e Aleksandar Goldstajn, «Usages of Trade and Other Autonomous Rules of International Trade According to the UN (1980) Sales Convention», respectivamente a p. 19-53 e 55-110 de International Sale of Goods. Dubrovnik Lectures (cit. supra, nota 2)], sempre serão, pela sua natureza, aplicáveis}, das regras da Parte II (sobre a Formação do Contrato), contidas nos artigos 14.º a 24.º (para uma breve análise, cfr. Kazuaki Sono, «Formation of the International Contracts under the Vienna Convention: A Shift above the Comparative Law», in International Sale of Goods. Dubrovnik Lectures (cit. supra, nota 2), p. 111-131), uma vez que a Convenção prevê, como se disse na nota anterior, a possibilidade de os Estados se vincularem apenas às regras da Parte II ou às da Parte III.

[5] Estarão agora fundamentalmente em causa [devendo fazer-se aqui uma ressalva idêntica à referida na nota anterior], pela razão aí mencionada, as regras da Parte III (relativas ao regime jurídico da compra e venda de mercadorias), constantes dos artigos 25.º a 88.º (cfr. os trabalhos de Fritz Enderlein, «Rights and Obligations of the Seller under the UN Convention on Contracts for the International Sale of Goods», Leif Sevón, «Obligations of the Buyer under the UN Convention on Contracts for the International Sale of Goods», Jelena Vilus, «Provisions Common to the Obligations of the Seller and the Buyer», e Bernd von Hoffmann, «Passing of Risk in International Sale of Goods», respectivamente a p. 133-201, 203-238, 239-264, e 265-303, de International Sale of Goods. Dubrovnik Lectures (cit. supra, nota 2)).

se limita a esta referência, contendo diversas precisões quanto ao objecto e à natureza do contrato, assim como à exclusão de certos problemas jurídicos do seu campo de aplicação. Assim, e quanto ao objecto do contrato (entendido em termos particularmente latos), a Convenção exclui a sua aplicação, no artigo 2.º, às vendas de certos tipos de bens (valores mobiliários, títulos de crédito e moeda[6], navios, barcos, *hovercraft* e aeronaves[7], e à electricidade[8]), às que ocorrem no seio de determinados processos particulares, sendo por isso abrangidas pelas regras que os regulam (como acontece com as vendas em leilão e em processo executivo)[9], e às que são caracterizadas por um marcado desequilíbrio da posição dos contraentes, proveniente da circunstância de apenas um deles exercer de forma regular e profissional a actividade em que o acto de contratação se insere (as chamadas vendas aos consumidores[10]). Depois, no artigo 3.º, modela o respectivo âmbito de aplicação, ao introduzir precisões sobre a qualificação do contrato. Nestes termos, e fazendo aplicação de uma ideia de atracção, considera, no parágrafo 1, expressamente como de compra e venda, «os contratos de fornecimento de mercadorias a fabricar ou a produzir, a menos que o contraente que as encomende tenha de fornecer uma parte essencial dos elementos materiais necessários para o

[6] Alínea d). Parte-se do princípio de que estas vendas, pelo particularismo do objecto sobre que recaem, exigiriam regras específicas, diferentes das em geral adoptadas.

[7] Alínea e). Entende-se que a sujeição destes bens, em geral, a um regime de registo, inscrição ou matrícula justifica igualmente a sua subtracção às regras, de carácter geral, adoptadas pela Convenção. A mesma ideia encontra aliás reflexos no regime internacionalprivatístico destes bens. Cfr., entre nós, os n.ºs 1 e 2 do artigo 46.º do Código Civil.

[8] Alínea f). Também se aceitou o ponto de vista de que a especificidade deste bem o colocaria numa situação análoga, para este efeito, ao daqueles a que se refere a nota 6.

[9] Referidas, respectivamente, nas alíneas b) e c) daquele artigo.

[10] Alínea a). O texto convencional fala a este propósito de vendas «de mercadorias compradas para uso pessoal, familiar ou doméstico, a menos que o vendedor, em qualquer momento anterior à conclusão do contrato ou na altura da conclusão deste, não soubesse nem devesse saber que as mercadorias eram compradas para tal uso», assim utilizando uma definição que se viria posteriormente a impor. Trata-se de situações em que o adquirente (o consumidor) se encontra em princípio numa posição contratual mais débil, urgindo por isso que a ordem jurídica corrija esse défice de protecção. Para uma perspectiva sobre esta problemática, cfr., por exemplo, o conjunto de trabalhos reunidos na obra Protección de los Consumidores en América. Trabajos de la CIDIP VII (OEA) (Diego P. Fernández Arroyo/José António Moreno Rodríguez, coordenadores), Asunción, 2007, La Ley Paraguaya S.A., e, por último, Cláudia Lima Marques, «"Lei Mais Favorável ao Consumidor" no Acordo do Mercosul de 2017 e suas Raízes Europeias», in Direito Internacional e Comparado: Trajetória e Perspectivas. Homenagem aos 70 Anos do Professor Catedrático Rui Manuel Moura Ramos, vol. I – Direito Internacional Privado e Direito Privado Comparado, São Paulo, 2021, Quartier Latin, p. 137-156.

fabrico ou produção», ao mesmo tempo que, em sentido inverso, mas fazendo aplicação da mesma ideia, exclui do seu âmbito de aplicação, no parágrafo 2, «os contratos nos quais a parte preponderante da obrigação do contraente que fornece as mercadorias consiste num fornecimento de mão-de-obra ou de outros serviços». E, no artigo 4.º, depois de circunscrever o objecto da Convenção à regulação da «formação do contrato de compra e venda e [a]os direitos e obrigações que esse contrato faz nascer entre o vendedor e o comprador», precisa que, salvo disposição em contrário, aquela «não diz respeito, em particular: (a) à validade do contrato ou de qualquer das suas cláusulas, bem como à validade dos usos; (b) aos efeitos que o contrato pode ter sobre a propriedade das mercadorias vendidas», assim afastando determinadas matérias do respectivo campo de aplicação. Afastamento que prossegue no artigo 5.º onde se precisa que ela se não aplica igualmente à «responsabilidade do vendedor pela morte ou lesões corporais causadas pelas mercadorias a quem quer que seja».

De todo o modo, importa salientar que estas *règles d'applicabilité* (temporal, material, e, como a seguir veremos, também espacial) se revestem, na presente Convenção, de uma natureza particular, uma vez que, nos próprios termos deste instrumento convencional, se encontram privadas de natureza imperativa, não se impondo por isso (e com a excepção que referiremos) aos particulares. Na verdade, e segundo o artigo 6.º daquele texto, «as partes podem excluir a aplicação da presente Convenção ou, sem prejuízo do disposto no artigo 12.º[11], derrogar qualquer das suas disposições ou modificar-lhe os efeitos», o que vem a redundar na possibilidade do seu afastamento, pela vontade dos contraentes, nas situações em que a sua aplicação se destinava a ter lugar.

[11] Esta disposição que, diferentemente das demais, não pode ser derrogada pelas partes nem ver os seus efeitos modificados por estas, permite paralisar a aplicação de «qualquer disposição dos artigos 11.º e 29.º ou da segunda parte da presente Convenção que permita uma forma diversa da forma escrita, para a conclusão, modificação ou extinção por acordo de um contrato de compra e venda, ou para qualquer proposta contratual, aceitação ou outra manifestação de intenção», desde que uma das partes tenha o seu estabelecimento num Estado contratante que tenha feito uma declaração nos termos do artigo 96.º da presente Convenção; segundo este último preceito, «qualquer Estado contratante cuja legislação exija que os contratos de compra e venda sejam concluídos por escrito ou constem de documentos escritos, pode declarar em qualquer momento, de acordo com o artigo 12.º, que qualquer disposição dos artigos 11.º e 29.º, ou da segunda parte da presente Convenção, que permita uma forma diversa da forma escrita para a conclusão, modificação ou extinção por acordo dum contrato de compra e venda, ou para qualquer proposta contratual, aceitação ou outra manifestação de intenção, se não aplica desde que uma das partes tenha o seu estabelecimento nesse Estado».

1. O âmbito espacial de aplicação da Convenção de Viena

Passando agora directamente à delimitação do âmbito espacial da Convenção de Viena, deve assinalar-se, em primeiro lugar, que este instrumento se ocupa expressamente desta tarefa, assim fugindo à tentação de deixar a respectiva regulamentação a critérios que lhe sejam extrínsecos, designadamente às regras gerais de direito internacional privado dos diversos ordenamentos jurídicos[12].

A disposição capital a que importa recorrer para este efeito é precisamente o artigo 1.º, onde se dispõe (no parágrafo 1) que a Convenção se aplica «aos contratos de compra e venda de mercadorias celebrados entre partes que tenham o seu estabelecimento em Estados diferentes: (a) quando estes Estados sejam Estados contratantes; ou (b) quando as regras de direito internacional privado conduzam à aplicação da lei de um Estado contratante». Simplesmente, neste preceito, a Convenção trata simultaneamente duas questões, uma pertinente ainda à definição do *objecto* das regras convencionais (a do carácter internacional dos contratos por ela regulados) e outra relativa já à *delimitação do seu campo espacial de aplicação* (quais os contratos deste tipo a que a regulamentação convencional se aplica). Trata-se de dois aspectos diferentes, cujo tratamento figura, contudo, na mesma disposição (o referido artigo 1.º) mas que importa analisar separadamente.

1.1. A natureza internacional do contrato

Tal como aconteceu com os instrumentos que a precederam[13], a Convenção limita a sua ambição à uniformização do regime dos contratos internacionais de compra e venda de mercadorias, no pressuposto de que estes suscitam uma problemática distinta dos que apresentam uma natureza meramente interna.

[12] Sem no entanto adoptar a (radical) posição dos instrumentos que a precederam – a Lei Uniforme sobre a Venda Internacional de Mercadorias (de ora em diante, LUVI), e a Lei Uniforme sobre a Formação dos Contratos de Venda Internacional de Mercadorias (que também referiremos simplesmente como LUF), publicadas em anexo às Convenções (ambas de 1 de Julho de 1964) – que de todo afastariam a aplicação destas regras no contexto da respectiva aplicação; recorde-se que o artigo 2 e o parágrafo 9 do artigo 1 destes textos dispunham, respectivamente, que «Rules of private international law shall be excluded for the purpose of the application of the present Law, subject to any provision to the contrary in the said law».

[13] E que mencionámos supra, na nota anterior.

Mas a simples enunciação desse facto implica a necessidade de partir de uma noção de internacionalidade do contrato, tema que tem vindo a ser objecto de intensos desenvolvimentos[14].

Não existindo na Convenção uma definição directa e expressa do que nela se entende por contrato internacional, resulta, porém, do preceito atrás referido (ao menos para o efeito da aplicação daquele texto), um certo entendimento quanto a esta noção. Devendo assim aceitar-se que, para esse efeito, contrato internacional de compra e venda é, por força do parágrafo 1 do artigo 1.º, aquele em que as partes tenham o seu estabelecimento[15] em Estados diferentes[16], ainda que este critério surja acompanhado da exigência de aparência desta situação, uma vez que o parágrafo 2 daquele artigo acrescenta que «não é tomado em conta o facto de as partes terem o seu estabelecimento em Estados diferentes quando este facto não ressalte nem do contrato nem de transações anteriores entre as partes, nem das informações dadas por elas em qualquer momento anterior à conclusão do contrato ou na altura da conclusão deste». Não se exige, pois, para tal efeito, a verificação de qualquer outra circunstância, tendo a Convenção o cuidado de precisar, no parágrafo 3 do mesmo artigo, que «não são tomados em consideração para a aplicação da

[14] A este respeito, cfr. por exemplo, Antoine Kassis, Le Nouveau droit européen des contrats internationaux, Paris, 1993, L.G.D.J., p. 15-162 (ainda que com especial referência ao direito francês), e, numa diversa perspectiva, Sergio M. Carbone/Riccardo Luzzatto, Il Contratto Internazionale, Torino, 1994, UTET.

[15] A Convenção precisa, no seu artigo 10.º, que, se uma parte tiver mais de um estabelecimento, o estabelecimento a tomar em consideração é aquele que tiver a relação mais estreita com o contrato e respectiva execução, tendo em vista as circunstâncias conhecidas das partes ou por elas consideradas em qualquer momento anterior à conclusão do contrato ou na altura da conclusão deste [a)], e que, se uma parte não tiver estabelecimento, releva para este efeito a sua residência habitual [b)]. O recurso, nesta última hipótese, à residência habitual, surgia já nas leis uniformes de 1964, no parágrafo 2 do artigo 1 destes textos. Diversamente, a hipótese de um contraente dispor de mais de um estabelecimento não era objecto de menção expressa neste texto.

[16] Este mesmo critério havia já sido o adoptado nas leis uniformes referidas na nota anterior, que, no entanto, apresentavam (ao menos aparentemente) uma menor pretensão de aplicabilidade. Na verdade, tal pretensão apenas ocorria, nestes últimos instrumentos, nos seguintes casos: (a) where the offer or the reply relates to goods which are in the course of carriage or will be carried from the territory of one State to the territory of another; (b) where the acts constituting the offer and the acceptance are effected in the territories of different States; (c) where delivery of the goods is to be made in the territory of a State other than that within whose territory the acts constituting the offer and the acceptance are effected (cfr. o parágrafo 1 do artigo 1 destes textos).
O texto convencional de 1980 bastar-se-ia com a localização do estabelecimento dos contraentes em Estados diferentes, exigindo, porém, como a seguir se diz em texto, que tal circunstância fosse conhecida (ou cognoscível) de ambos os contraentes.

presente Convenção nem a nacionalidade das partes nem o caráter civil ou comercial das partes ou do contrato»[17].

1.2. O âmbito espacial de aplicação das regras convencionais propriamente dito

Definida a internacionalidade dos contratos, importava agora saber se a Convenção se aplicaria a todos os contratos que devessem ser considerados como internacionais, o que só por si justificaria que fossem objecto de uma disciplina diferente da que regeria os contratos internos do mesmo tipo, ou se, pelo contrário, outras circunstâncias deveriam ser tomadas em consideração para esse efeito.

Diferentemente do que que sucedera com as Leis Uniformes de 1964 que a precederam, a Convenção de Viena formula a este respeito uma outra exigência, requerendo, em alternativa, ou que os Estados (diferentes) em que se situam os estabelecimentos dos contraentes sejam Estados contratantes ou que as regras de direito internacional privado conduzam à aplicação da lei de um Estado contratante[18].

É pois aqui que encontramos a delimitação do campo de aplicação espacial da Convenção, que faz depender a sua aplicação de uma ligação à ordem jurídica dos Estados contratantes, seja porque são Estados contratantes aqueles (diferentes) em que os contraentes têm o seu estabelecimento[19] seja porque as regras de direito internacional privado[20] consideram competente (utilizando para o efeito um qualquer elemento de conexão) a lei de um Estado contratante.

[17] Note-se que esta mesma desconsideração surgia já nas leis uniformes de 1964. Cfr., quanto à LUVI, o parágrafo 3 do artigo 1 (quanto à nacionalidade dos contraentes) e o artigo 7 (quanto ao carácter civil ou comercial das partes ou dos contratos); e, quanto à LUF, e para idêntico propósito, os parágrafos 3 e 8, do artigo 1.

[18] Na formulação concreta desta segunda possibilidade encontramos mais uma linha de demarcação da Convenção de Viena em relação aos textos que a haviam precedido. Na verdade, como o referimos já (supra, na nota 12), enquanto estes últimos expressamente negaram, em via de princípio, qualquer papel às regras de direito internacional privado na delimitação do campo de aplicação espacial das leis uniformes, já a Convenção de Viena seguiu a opção contrária, antes se servindo delas para esse efeito.

[19] Cfr. supra, n.º 1.1.

[20] Naturalmente, do Estado onde se coloca a questão de disciplinar um dado contrato internacional de compra e venda de mercadorias.

Podemos assim concluir que uma delimitação deste tipo falta de todo nas leis uniformes de 1964, que como que pretendem ser aplicadas sempre que os tribunais de um Estado em que tais leis hajam sido incorporadas sejam internacionalmente competentes. Pelo contrário, já a Convenção de Viena se não basta, em tais casos e para esse efeito, com a sua vigência na ordem jurídica do Estado cujos tribunais são chamados a decidir sobre um determinado contrato internacional de compra e venda, requerendo adicionalmente a existência de um vínculo entre a situação jurídica em questão e esse Estado[21], e que é esse vínculo que constitui o critério definidor do âmbito de aplicação espacial da Convenção.

O vínculo em questão pode resultar desde logo da circunstância de os contraentes terem (ambos) o seu estabelecimento em Estados contratantes – circunstância autonomizada na alínea a) do parágrafo 1 do artigo 1.º da Convenção. Mas, a ser esta a sua única concretização admissível, tal limitaria certamente demasiado o campo de aplicação das soluções convencionais. Daí que o legislador convencional lhe tenha acrescentado, na alínea b) do mesmo parágrafo, uma outra: a resultante do facto de as regras de direito internacional privado reconhecerem competência à lei de um Estado contratante (de um Estado, portanto, onde a Convenção se encontre em vigor)[22].

Se o âmbito espacial de aplicação da Convenção resulta da consideração, em alternativa, de um destes dois condicionalismos[23], há, no entanto, que reconhecer que, muito embora o seu estatuto, para o fim em vista[24], seja idêntico, a sua imperatividade se coloca em termos diferentes[25]. Na verdade,

[21] Rectius, entre a situação em questão e a própria Convenção, que se encontra integrada na ordem jurídica desse Estado. Vínculo que, todavia, não pode ser constituído pela nacionalidade dos contraentes, que é expressamente afastada, para tal efeito, pelo parágrafo 3 do artigo 1.º.

[22] Trata-se de um qualquer Estado contratante, ou seja, não importa qual o tipo de vínculo que intercede entre ele e a situação jurídica contratual a dirimir (um vínculo há-de certamente existir, na medida em que, na sua ausência, não seria pensável que quaisquer regras de direito internacional privado considerassem competente, para o efeito, essa ordem jurídica).
Esta circunstância permite-nos compreender que o que importa é assim a existência de uma ligação daquela situação contratual a essa ordem jurídica, rectius, à Convenção que, para todos os efeitos, nela se acha integrada (ligação que é expressa pelo elemento de conexão da regra de conflitos que reconhece competência a essa ordem jurídica).

[23] Referidos nas duas alíneas do parágrafo 1 do artigo 1.º da Convenção.

[24] A delimitação do âmbito de aplicação espacial de aplicação da Convenção.

[25] Para alem do facto de apenas o primeiro factor (a localização do estabelecimento dos contraentes num Estado contratante) ser directamente identificado pelo texto convencional, resultando o segundo da ligação da situação contratual decidenda a um Estado contratante (que é a que for privilegiada pela regra de conflitos que considera competente a ordem jurídica desse Estado).

a operatividade do circunstancialismo mencionado na alínea b) do parágrafo 1 do artigo 1.º pode ser travada, uma vez que, nos termos do artigo 95.º da Convenção, «qualquer Estado pode declarar, no momento do depósito do seu instrumento de ratificação, de aceitação, de aprovação ou de adesão, que não ficará vinculado» por esta disposição. A intenção do legislador convencional foi a de permitir que se pudesse continuar a aplicar, nos casos em que tal declaração fosse formulada, um direito especial para os contratos internacionais previsto em certas legislações[26]. Trata-se, manifestamente, de uma reserva[27], que, uma vez feita[28], significará, pelo menos[29], que o Estado seu autor apenas aplicará a Convenção àqueles contratos internacionais de compra e venda em que os contraentes tenham o respectivo estabelecimento em diferentes Estados Contratantes.

Das considerações precedentes, resulta assim que o âmbito espacial de aplicação da Convenção de Viena é delimitado pela circunstância de os contraentes envolvidos nos contratos de compra e venda terem o respectivo estabelecimento em diferentes Estados Contratantes e, para os Estados que não hajam formulado a reserva prevista no artigo 95.º daquele instrumento, de as regras de direito internacional privado considerarem competente a ordem jurídica de um Estado Contratante.

[26] Como acontecia, ao tempo, na Checoslováquia e na (então) República Democrática Alemã. Vide a referência a esta problemática em Moura Ramos, Direito Internacional Privado e Constituição. Introdução a uma análise das suas relações, Coimbra, 1994, Coimbra Editora, p. 72-84.

[27] Como tal, expressamente admitida pelo artigo 98.º da Convenção. Na verdade, segundo esta disposição, «não é admitida qualquer outra reserva para além das que são expressamente autorizadas pela presente Convenção».

[28] Tal aconteceria até agora, entre os 94 Estados vinculados à Convenção [dados de 28 de Julho de 2021], com a Arménia, o Canadá (ainda que apenas no que respeita à Colúmbia Britânica), a República do Laos, Singapura, São Vicente e Granadinas, e os Estados-Unidos da América. Declarações no mesmo sentido feitas pela República Checa (e, também, inicialmente, pela Checoslováquia) e pela República Popular da China seriam posteriormente retiradas.
Note-se que, sem utilizar a reserva do artigo 95.º, a República Federal da Alemanha declarou considerar que os Estados que fizessem tal declaração não deveriam ser considerados Estados contratantes no sentido das alíneas a) e b) do parágrafo 1 do artigo 1.º, pelo que não seria de aplicar esta disposição, e a República Federal não o faria, quando as regras de direito internacional privado conduzissem à aplicação da lei de um Estado Contratante que houvesse declarado que não se pretendia vincular à alínea b) do parágrafo 1 do artigo 1.º.

[29] Isto é, sem prejuízo do efeito mencionado no final da nota anterior.

2. Observações conclusivas

Como é geralmente reconhecido e resulta do próprio processo que conduziu à aprovação da Convenção de Viena, este instrumento é em grande parte tributário das soluções que resultaram das iniciativas do UNIDROIT que o precederam e que se concretizaram, como é sabido nas Leis Uniformes de 1 de Julho de 1964, respectivamente sobre a Compra e Venda Internacional de Mercadorias (LUVI) e a Formação dos Contratos de Compra e Venda Internacional de Mercadorias (LUF). Deve, no entanto, assinalar-se que a similitude de soluções entre estes instrumentos[30] que de algum modo constitui a regra, se não verifica a propósito da matéria (o âmbito espacial de aplicação da Convenção) a que dedicámos as presentes considerações.

Na verdade, se, a este respeito[31], os textos anteriores como que pretendiam levar a cabo a proscrição das regras de direito internacional privado[32], como que reconhecendo um irrestricto âmbito espacial de aplicação às regras uniformes, já a Convenção de Viena segue a opção oposta, ao recorrer a regras de delimitação do seu âmbito de aplicação espacial (nelas incluídas o recurso às próprias regras de conflitos do foro) para atingir esse desiderato (de delimitar o âmbito espacial de aplicação dos seus preceitos)[33].

Não temos dúvidas em sustentar o bem fundado desta última opção, uma vez que a que a ela constitui uma alternativa[34], ao fazer depender a aplicação da regulamentação criada por um dado instrumento convencional apenas do carácter internacional da situação jurídica que se inscreve no seu objecto, se arriscaria a permitir a aplicação daquelas normas a relações jurídicas com as quais elas se não encontravam em contacto[35]. Por outro lado, e passando

[30] De que de algum modo demos conta supra, no n.º 1.

[31] E como o referimos supra, na nota 12.

[32] Para uma crítica a esta postura, vejam-se, por exemplo, Jan Kropholler, «Der "Ausschluss" des internationalen Privatrechts im Einheitlichen Kaufgesetz», RabelsZ, v. 38 (1974), p. 372-387, F. A. Mann, «Einheitlichen Kaufgesetz und Internationales Privatrecht», JuristenZeitung, v. 30 (1975), p. 14-18, e Jan Hellner, «Einheitliches Kaufrecht und Internationales Privatrecht», in Gedachtnisschrift fur Albert A. Ehrenzweig [herausgegeben von Erik Jayme und Gerhard Kegel], Karlsruhe, 1976, Muller, p. 21-34.

[33] Cfr. supra, n.º 1, 1.2.

E saliente-se que a possibilidade de formular reservas à utilização de tais regras com aquela finalidade veio afinal a ser objecto de uma bem parca utilização. Cfr. supra, a nota 28.

[34] E que, como vimos, havia sido seguida pelas Leis Uniformes de 1964.

[35] O que violaria a confiança jurídica das partes, e aquilo a que Baptista Machado chamou de «princípio da não-transactividade». Cfr. o seu trabalho Âmbito de Eficácia e Âmbito de Competência das Leis, Coimbra, 1970, Atlântida, e, recentemente, Moura Ramos, «A Propósito de João Baptista

agora aos critérios de delimitação do âmbito espacial de aplicação constantes da Convenção de Viena, eles revelam a preocupação de maximizar, na medida do permitido pelo respeito daquela preocupação, a aplicação deste texto, surgindo como um verdadeiro e exclusivo *Recht uber Recht*, de cujos comandos unicamente depende a aplicação do *ius speciale* da compra e venda internacional constituído pela regulamentação deste contrato aprovada em Viena. Nestes termos, e como o escrevemos noutro lugar[36], a não formulação da reserva possibilitada pelo artigo 95.º implicará no reconhecimento à disciplina contida na Convenção de Viena do carácter de *ius commune* da compra e venda internacional, que, qual direito uniforme, substitui integralmente, nos Estados a ela vinculados, o seu direito interno da compra e venda, quando estejam em presença contratos deste tipo de natureza internacional.

Machado, no Cinquentenário da Publicação de Âmbito de Eficácia e Âmbito de Competência das Leis», Boletim da Faculdade de Direito, v. XCVI (2020), t. I, p. 1-51.

[36] In Maria Ângela Bento Soares/Rui Manuel Moura Ramos, «Do Contrato de Compra e Venda Internacional. Análise da Convenção de Viena de 1980 e das disposições pertinentes do Direito Português» (cit. supra, nota 2), p. 93.

13. ÂMBITO MATERIAL E ESPACIAL DE APLICAÇÃO DA CONVENÇÃO DE VIENA: BREVE ANÁLISE DE DUAS QUESTÕES*

Rui Pereira Dias**

Introdução

A Convenção das Nações Unidas sobre Contratos de Compra e Venda Internacional de Mercadorias[1], adotada em Viena, em 11 de abril de 1980, entrou em vigor em Portugal no primeiro dia de outubro de 2021.

Tendo sido aprovada para adesão pelo Governo português[2] através do Decreto n.º 5/2020, de 7 de agosto, a Convenção surgiu publicada em Diário da República no seu texto autêntico *inglês* e numa tradução *portuguesa*. Sublinhe-se que, nos termos da própria Convenção de Viena, são igualmente autênticos os textos em árabe, chinês, espanhol, francês, inglês e russo; e não, portanto, o texto português, o que será relevante sempre que se colo quem dúvidas sobre o sentido a atribuir a certo passo da tradução portuguesa oficialmente publicada[3].

* O presente texto corresponde essencialmente à conferência proferida em colóquio organizado na Faculdade de Direito da Universidade de Coimbra, no dia da entrada em vigor da Convenção de Viena em Portugal (1 de outubro de 2021). Nele se mantendo traços da oralidade, foram-lhe acrescentadas algumas indicações bibliográficas, todavia não exaurientes da ampla literatura jurídica disponível sobre o tema.

** Professor da Faculdade de Direito da Universidade de Coimbra

[1] Doravante "Convenção de Viena", "CISG" ou simplesmente "Convenção".

[2] Nos termos do artigo 197.º, n.º 2, da Constituição da República Portuguesa, a aprovação pelo Governo de acordos internacionais reveste a forma de decreto; cfr. ainda a alínea *c)* do n.º 1 do mesmo artigo, ao abrigo da qual o Governo tem competência para a aprovação de acordos internacionais cuja aprovação não seja da competência da Assembleia da República ou que a esta não tenham sido submetidos.

[3] Independentemente de juízos mais gerais acerca da qualidade da tradução portuguesa publicada, não deixamos de remeter o leitor para a cuidada tradução, ademais disposta lado a lado com as versões autênticas inglesa e francesa, o que facilita a comparação, publicada por Maria Ângela Coelho Bento Soares, Rui Manuel Moura Ramos, "Do contrato de compra e venda internacional - análise da Convenção de Viena de 1980 e das disposições pertinentes do direito português",

Neste breve estudo, inserido no tema mais amplo do âmbito de aplicação *material* e *espacial* da Convenção, ensaiaremos a enunciação e a proposta de resolução de duas questões, uma *material* e outra *espacial*, que vêm surgindo na sua aplicação. São elas a aplicabilidade material da Convenção de Viena a contratos de distribuição internacionais, assim como a sua aplicabilidade *espacial* em hipóteses que envolvam Estados contratantes que hajam formulado a reserva prevista no artigo 95.º da Convenção.

1. Âmbito de aplicação material

1.1. Nota geral introdutória sobre o âmbito de aplicação material

O artigo 1.º, n.º 1, é o ponto de partida para a determinação do âmbito de aplicabilidade, tanto *material* como *espacial*, da Convenção, não obstante a relevância de vários outros preceitos para essa mesma determinação.

Ali se prevê que a Convenção se aplica *aos contratos de compra e venda de mercadorias celebrados entre partes que tenham o seu estabelecimento em Estados diferentes*:

a) quando estes Estados sejam Estados contratantes; ou

b) quando as regras de direito internacional privado conduzam à aplicação da lei de um Estado contratante.

Pode dizer-se que a questão do *âmbito material* se subdivide em duas: uma é a de saber *quais os contratos abrangidos*; a outra é a de definir, em relação aos contratos abrangidos, *quais as matérias reguladas* pela Convenção.

in *Documentação e Direito Comparado*, n.º 6, 1981, pp. 73 ss., como Anexo I (pp. 293 ss.) a um texto que, escrito há quarenta anos, permanece fundamental para o conhecimento e a divulgação da Convenção no nosso país, pela mão de quem acompanhou de perto a sua génese. Cfr. ainda António Frada de Sousa, *Conflito de Clausulados e Consenso nos Contratos Internacionais*, Universidade Católica Portuguesa, Porto, 1999, pp. 255 ss.; Dário Moura Vicente, "A Convenção de Viena sobre a Compra e Venda Internacional de Mercadorias: Características Gerais e Âmbito de Aplicação", in *Direito Internacional Privado — Ensaios — Vol. II*, Almedina, Coimbra, 2005, pp. 39 ss.; Alexandre Soveral Martins, *Compra e Venda Internacional de Mercadorias: a CISG - Primeiros Comentários*, Almedina, Coimbra, 2021, pp. 15 ss.; , Mafalda Miranda Barbosa, Pedro Pimenta Mendes, "Convenção de Viena sobre a compra e venda internacional de mercadorias: algumas reflexões", in *Revista de Direito Comercial*, 2021, pp. 432 ss..
De resto, não havendo versão autêntica portuguesa, oscilaremos, em texto, entre o uso da tradução publicada em Diário da República e o da tradução disponibilizada por Maria Ângela Coelho Bento Soares e Rui Manuel Moura Ramos.

Se para a primeira (*contratos abrangidos*) relevam, essencialmente, os artigos 1.º, 2.º e 3.º (além dos artigos 30.º e 53.º, que enunciam as obrigações do vendedor[4] e do comprador[5], respetivamente), para a segunda (*matérias reguladas*) interessam mormente os artigos 4.º e 5.º.

Para se aplicar a Convenção, é necessário que estejamos perante um contrato *de compra e venda*; e que o seu objeto sejam *mercadorias*. Se, na grande maioria dos casos, é evidente estarmos ou não perante uma *compra e venda* e perante *mercadorias*, nem sempre isso se verifica. É no já referido artigo 1.º e também no artigo 3.º que encontramos, *pela positiva*, a identificação dos contratos que estão abrangidos. *Pela negativa*, temos o artigo 2.º a fixar certas exclusões do âmbito de aplicação, de entre as quais avultam, pela sua relevância prática, as vendas de "mercadorias adquiridas para uso pessoal, familiar ou doméstico"[6].

No artigo 3.º, n.º 1,) dispõe-se que são considerados contratos de compra e venda *os contratos de fornecimento de mercadorias a fabricar ou a produzir, a menos que a parte que as encomende se comprometa a fornecer uma parte essencial dos materiais*[7] *necessários para esse fabrico ou produção.*

Assim se vê que há um alargamento, por referência à noção que comummente associamos, em rigor, ao contrato de compra e venda na ordem jurídica portuguesa (porque só se uma *parte essencial* dos materiais para o fabrico ou produção das mercadorias forem fornecidas pelo comprador é que caímos fora da definição de compra e venda da Convenção), alargamento esse que se estende aos chamados *contratos mistos*, que não são esquecidos pelo n.º 2 do mesmo artigo 3.º: prevê-se aí que *a Convenção não se aplica a contratos cujo conteúdo principal* das obrigações – melhor se diria, *cuja parte preponderante*[8] *das obrigações* – do contraente que fornece as mercadorias consista no fornecimento de mão-de obra ou na prestação de outros serviços.

[4] De acordo com o artigo 30.º, o vendedor obriga-se, nas condições previstas no contrato e na presente Convenção, a entregar as mercadorias, a transferir a propriedade sobre elas e, se for caso disso, a remeter os documentos que se lhes referem.

[5] Segundo o artigo 53.º, o comprador obriga-se a pagar o preço e a aceitar a entrega das mercadorias, nas condições previstas no contrato e na presente Convenção.

[6] Salvo se o vendedor, em qualquer momento anterior à conclusão do contrato ou no momento da sua conclusão, não soubesse nem devesse saber que as mercadorias eram compradas para tal uso: assim dispõe o art. 2.º, *a)*, da Convenção.

[7] Ou "dos elementos materiais", na formulação francesa.

[8] É esta última, aliás, a opção tomada na tradução de Maria Ângela Coelho Bento Soares e Rui Manuel Moura Ramos, acima citada, por contraponto à primeira expressão, utilizada em Diário da República.

Tudo isto a propósito da noção de *compra e venda* relevante para este nosso contexto convencional.

Uma outra noção a que apela o artigo 1.º, n.º 1, é a do objeto do contrato, a saber, *mercadorias* – sem que, porém, nos seja apresentada uma definição de *mercadorias*.

Neste como noutros pontos da Convenção, há que lembrar a necessidade de *interpretação autónoma* dos seus termos, a única forma de promover a *uniformidade* na sua aplicação a nível global, e sempre tendo em conta o seu *carácter internacional*, como deixa claro o artigo 7.º, central na matéria da interpretação da Convenção.

Perscrutando a jurisprudência, encontramos alguma oscilação sobre o que é abrangido pela noção de *mercadorias*. Usualmente o termo é referido a bens móveis e corpóreos, mas há decisões judiciais apontando para interpretações extensivas que abranjam ainda bens incorpóreos. No mundo da informática, se é certo que a venda de *hardware* está incluída, já a venda de *software* levanta imensas dúvidas ainda não definitivamente resolvidas (havendo já, todavia, decisões judiciais que consideraram o *software* abrangido)[9].

No pressuposto de estarmos perante um contrato *de compra e venda* que tem por objeto *mercadorias*, é ainda importante estarmos cientes de que a Convenção não regula toda e qualquer matéria contratual, mas apenas, como esclarece o seu artigo 4.º, *a formação do contrato de compra e venda*, bem como *os direitos e obrigações emergentes desse contrato para o vendedor e para o comprador*.

São matérias do maior relevo para a relação contratual, é certo, mas não esgotam as questões jurídicas que nele podem surgir. Por exemplo, *direitos ou obrigações de terceiros* relacionados com a relação contratual não estão incluídos neste âmbito de matérias. Além disso, são ainda *expressamente excluídas* três conjuntos de matérias: a *validade do contrato ou de qualquer das suas cláusulas, bem como a validade dos usos*[10] (artigo 4.º, *a)*); os *efeitos que o contrato pode ter sobre a propriedade das mercadorias vendidas* (artigo 4.º, *b)*); e a *responsabilidade do vendedor por morte ou lesões corporais causadas pelas mercadorias a qualquer pessoa* (artigo 5.º).

[9] Cfr. UNCITRAL, *Digest of Case Law on the United Nations Convention on Contracts for the International Sale of Goods - 2016 Edition*, United Nations, Vienna, 2016, p. 7, com referências jurisprudenciais; v. tb., entre nós, com outras referências, Alexandre Soveral Martins, *Compra e Venda Internacional*, cit., p. 16, n. 23.

[10] A tradução publicada em Diário da República é aqui muito criticável, referindo-se a "utilização" em vez de "usos", o que não é fiel às versões autênticas e torna o preceito, assim traduzido, incompreensível.

1.2. O caso particular dos contratos de distribuição internacionais

Voltando à questão de sabermos *quais os contratos abrangidos*, podem levantar-se alguns *problemas em especial*.

Um deles diz respeito aos chamados *contratos de distribuição comercial* – categoria jurídica em que, como ensina António Pinto Monteiro, podemos reunir todos aqueles tipos contratuais (estejam eles legalmente tipificados ou não) em que temos um distribuidor a *promover* os negócios da outra parte, mantendo-se embora o distribuidor *juridicamente independente* da contraparte (ainda que possa receber instruções e aceitar orientações de política comercial dessa mesma contraparte)[11].

Nesta categoria, podemos abranger contratos de *agência comercial*, regulado pela lei portuguesa, mas também, dele mais ou menos próximos, consoante os casos, a *concessão comercial* ou a *franquia*.

Pois bem: serão estes contratos qualificáveis como *contratos de compra e venda* para efeitos da aplicabilidade da Convenção de Viena?

À primeira vista, poderia parecer que não o seriam; mas a resposta não pode ser tão taxativa. Tudo dependerá da concreta relação contratual que tenhamos em mãos.

É que os contratos de distribuição, tipicamente relações contratuais duradouras, apresentam muitas vezes uma estrutura de *contrato-quadro* – pensemos no exemplo de um contrato de concessão comercial, em que o concedente se obriga a vender ao concessionário, para este revender, uma determinada quota de bens, aceitando certas obrigações sobre a sua organização, política comercial, *etc.*, e sujeitando-se a um determinado controlo e fiscalização por parte do concedente[12].

Se pensarmos num contrato-quadro com estas características, sem mais indicações, não haverá, à partida, como considerá-lo sujeito à aplicabilidade

[11] V. António Pinto Monteiro, *Direito Comercial — Contratos de Distribuição Comercial — Relatório*, Almedina, Coimbra, 2002, pp. 71 ss.; cfr. tb. Fernando A. Ferreira Pinto, *Contratos de distribuição — Da tutela do distribuidor integrado em face da cessação do vínculo*, Universidade Católica Editora, Lisboa, 2013, pp. 17 ss..

[12] Os termos de descrição do contrato de concessão comercial pertencem, ainda que aqui abreviados, a António Pinto Monteiro, *Contratos de Distribuição Comercial*, cit., p. 110; v. tb. António Pinto Monteiro, *Contrato de Agência — Anotação ao Decreto-Lei n.º 178/86, de 3 de Julho*, 9.ª ed., Almedina, Coimbra, 2021, p. 73.

da Convenção de Viena. Mas, mesmo assim, há duas notas importantes a registar[13].

A primeira é a de que todos aqueles contratos de compra e venda (para revenda) que venham a ser celebrados sob a égide deste contrato-quadro poderão, eles sim, preencher as condições de aplicabilidade da Convenção. Tal poderá suceder desde que, claro está, sejam contratos *de compra e venda; internacionais*, e *de mercadorias*, nos termos da Convenção. Nesse pressuposto, a Convenção de Viena poderá aplicar-se sem dificuldade aos contratos de compra e venda que consubstanciam a execução do conceito-quadro de concessão comercial.

A segunda nota é a de que se pode defender, muito embora não tão inequivocamente, a aplicação da Convenção *ao próprio contrato-quadro* de distribuição, sempre que em concreto possamos nele encontrar um verdadeiro acordo quanto à compra e venda das mercadorias propriamente ditas, fixando o tipo de mercadorias, as quantidades, os preços (ou a forma de determinar essas quantidades e esses preços), de tal modo que o próprio contrato-quadro caberá, poderá entender-se, dentro do âmbito da Convenção.

Há, por fim, vários outros *casos duvidosos* muitíssimo interessantes que poderiam ser citados, tais como o problema do *software* (e dos contratos que sobre ele incidam), ou também contratos de financiamento, como é a *locação financeira* (com particular atenção da doutrina para a *locação financeira restitutiva* ou *sale and lease back*) – são estes, enfim, apenas alguns exemplos de como a matéria é rica em problemas a estudar.

2. Âmbito de aplicação espacial

2.1. Nota geral introdutória sobre o âmbito de aplicação espacial

É hora de passar à outra vertente do tema acima delimitado, que é a do *âmbito espacial* de aplicação da Convenção de Viena.

[13] Sobre ambas, veja-se *inter alia*, neste sentido e com mais indicações bibliográficas e jurisprudenciais, Ulrich Magnus, "Wiener UN-Kaufrecht", in *J. von Staudingers Kommentar zum Bürgerlichen Gesetzbuch mit Einführungsgesetz und Nebengesetzen*, Sellier — de Gruyter, Berlin, 2018, n.º marginal 37; Peter Schlechtriem, Ulrich G. Schroeter, *Internationales UN-Kaufrecht - Ein Studien- und Erläuterungsbuch zum Übereinkommen der Vereinten Nationen über Verträge über den internationalen Warenkauf (CISG)*, 6. Aufl., Mohr Siebeck, Tübingen, 2016, n.º marginal 62; Sieg Eiselen, "Chapter 5: Scope of CISG", in Larry A. DiMatteo, André Janssen, Ulrich Magnus, Reiner Schulze, *International Sales Law - Contract, Principles & Practice*, C.H.Beck / Hart / Nomos, München, 2016, n.º marginal 28.

Voltemos, por isso, ao artigo 1.º, mais uma vez o nosso ponto de partida. Nele se prevê, recorde-se, que os contratos sobre que incide a Convenção são os celebrados *entre partes que tenham o seu estabelecimento em Estados diferentes*:

a) quando estes Estados sejam Estados contratantes; ou

b) quando as regras de DIP conduzam à aplicação da lei de um Estado contratante.

Temos, na alínea *a)*, o que muitas vezes é chamado de *aplicabilidade direta* ou *imediata* (ou também *autónoma*) e, na alínea *b)*, a *aplicabilidade indireta* ou *mediata*.

Antes de mais, porém, surge como condição inicial de *internacionalidade* a de *haver estabelecimento das partes em Estados diferentes*. E isso não basta, porque é *ainda* necessário verificar-se uma das seguintes alternativas: que ambos os Estados sejam Estados contratantes; ou que as regras de DIP do foro conduzam à aplicação da lei de um Estado contratante.

Quanto a os *estabelecimentos* das partes *estarem em Estados diferentes*, o primeiro requisito de *internacionalidade* já elencado, importa acrescentar que, mesmo quando *de facto* seja esse o caso, o n.º 2 do seu artigo 1.º prevê que não se tem em conta essa circunstância se tal não decorrer *nem do contrato, nem de quaisquer transações entre as partes ou de informações por elas reveladas em qualquer momento anterior à conclusão do contrato ou no momento da sua conclusão.* Significa isto que não basta estarem efetivamente os *estabelecimentos relevantes* das partes situados em Estados diferentes: é preciso que isso seja *visível*, ou *aparente*, de modo a tornar-se cognoscível pelas respetivas contrapartes. Trata-se de uma certa garantia de que a aplicabilidade da Convenção não surgirá como uma *surpresa*, com a qual uma parte não contava (nem devia contar), pois em momento algum transpareceu a plurilocalização de que depende a aplicação da CISG.

De resto, em termos localizadores, é o *estabelecimento* o conceito operativo da Convenção: não releva a nacionalidade das partes, como o n.º 3 do artigo 1.º deixa claro[14].

Quanto à noção de estabelecimento, ela não é verdadeiramente definida na Convenção, mas é importante ligar o disposto no artigo 1.º, conforme descrito, ao que prevê o artigo 10.º, onde se esclarece que se uma parte tiver mais do que um estabelecimento, é considerado estabelecimento *aquele que*

[14] Nem tão-pouco releva, dispõe-se aí também, mas agora na perspetiva *material*, a *natureza civil ou comercial* das *partes* ou do *contrato* (cfr. de novo o n.º 3 do art. 1.º).

apresentar a conexão mais estreita com o contrato e a sua execução; não necessariamente, portanto, o estabelecimento principal ou mais importante do contraente em questão.

Estabelecimento (*place of business, établissement*) já foi definido pela jurisprudência como o lugar onde uma atividade empresarial é, de facto, exercida, exigindo-se para o efeito uma certa *duração e estabilidade*, assim como uma determinada *autonomia*[15].

2.2. O caso particular da reserva relativa à aplicabilidade indireta (artigo 95.º)

Como vimos, há *aplicabilidade direta* (artigo 1.º, n.º 1, *a)*) se os estabelecimentos das partes, em Estados diferentes, estão *ambos localizados em Estados contratantes*, ao passo que a *aplicabilidade indireta* (artigo 1.º, n.º 1, *b)*) surge quando, mesmo que *só uma* ou *nenhuma* das partes tenha o estabelecimento *num Estado contratante*, as regras de direito internacional privado conduzem à aplicação da *lei de um Estado contratante* e, desta forma, da Convenção de Viena, como que *parte integrante*, sob a forma de um *direito material especial*, dessa mesma lei.

Pois bem: a aplicabilidade indireta pode colocar algumas questões especiais, sobretudo na sua ligação com o artigo 95.º da Convenção. Dispõe-se aí que qualquer Estado pode *declarar que não fica vinculado pela alínea b) do n.º 1 do artigo 1.º da presente Convenção.*

Ou seja, permite o artigo 95.º que os Estados contratantes não tenham que aplicar a Convenção quando, *não havendo estabelecimento* de *ambas* as partes em *diferentes Estados contratantes* (essa seria a hipótese da alínea *a)* do n.º 1 do artigo 1.º), as regras de direito internacional privado *deste Estado* (que *fez a declaração* do artigo 95.º) *remetem para a lei de um Estado contratante.*

Há que compreender esta possibilidade como um compromisso[16] que foi assumido, aquando da negociação deste instrumento convencional, como que

[15] Com várias indicações jurisprudenciais, veja-se UNCITRAL, *Digest of Case Law*, cit., pp. 4 e 8 (n. 11).

[16] Cfr., *inter alia*, Ulrich Magnus, "Wiener UN-Kaufrecht", cit., n.º marginal 94; Franco Ferrari, "Art. 1 (Anwendungsbereich)", in Peter Schlechtriem, Ingeborg Schwenzer, Ulrich G. Schroeter (Hrsg.), *Kommentar zum UN-Kaufrecht (CISG)*, 7. Aufl., C. H. Beck, München, 2019, n.º marginal 77; Peter Mankowski, "CISG Art. 1 (Anwendungsbereich)", in Ingo Drescher, Holger Fleischer, Karsten Schmidt (Hrsg.), *Münchener Kommentar zum Handelsgesetzbuch*, Band 5, 4. Aufl., C. H. Beck, München, 2018, n.º marginal 54.

compensando a extensão da aplicabilidade da Convenção que a inserção da alínea *b)* do n.º 1 do artigo 1.º representou. São relativamente poucos os Estados que formularam esta reserva, mas contam-se entre eles, designadamente, os Estados Unidos da América e a China[17].

O que significa, na prática, esta declaração?

Em primeiro lugar, significa que, na presença de uma disputa entre partes, cada uma estabelecida num Estado contratante diferente, *nada muda*, tenha ou não tenha sido feita qualquer declaração nos termos do artigo 95.º: isto porque, nessas circunstâncias, se aplicará a Convenção por via da alínea *a)*. No entanto, quando há uma disputa entre uma parte de um Estado *contratante*, mas que *formulou a reserva*, e uma parte estabelecida num Estado *não contratante*, então sim, a consequência será a de que, mesmo que as regras de direito internacional privado apontem para a aplicação da lei de um Estado contratante, a Convenção *não será aplicável*. Desta forma se mitiga, como dizíamos, aquela extensão de aplicabilidade da Convenção trazida em geral pela alínea *b)* do n.º 1 do artigo 1.º.

Por outras palavras, o Estado que formula a reserva aplica a Convenção quando há estabelecimentos das partes em Estados contratantes distintos (alínea *a)*), mas já não quando, isso não sucedendo, as suas regras de direito internacional privado apontam para a lei de um Estado contratante; mesmo, aliás, que seja para a sua própria lei. No fundo, para efeitos do funcionamento do método conflitual, o Estado do foro contratante que tenha formulado a reserva não conta como "Estado contratante" para a alínea *b)* do n.º 1 do artigo 1.º: esse Tribunal terá, portanto, que aplicar o seu *direito interno, com exclusão* da Convenção.

Mas outros problemas podem aqui surgir – refiramos apenas mais um: o que acontecerá se as regras de conflitos de um Estado contratante que formulou a reserva remeterem para a lei aplicável noutro Estado contratante, mas que não tenha formulado a reserva? A resposta é a de que *a Convenção deverá ser aplicada*[18]. Com efeito, não poderia admitir-se ao Estado com a reserva que

[17] Apontem-se ainda a Arménia, a Alemanha (mas em termos muito particulares), Singapura; ou ainda a Checoslováquia (quando ratificou em 1981; mas a República Checa retirou mais recentemente essa reserva, em 2017). O Canadá também retirou, em 1992, a sua declaração com respeito à não vinculação à alínea *b)* do n.º 1 do artigo 1.º. Para todas estas informações, cfr. https://treaties.un.org/Pages/ViewDetails.aspx?src=TREATY&mtdsg_no=X-10&chapter=10&clang=_en#EndDec.

[18] Franco Ferrari, "Art. 1 (Anwendungsbereich)", cit., n.º marginal 80; Peter Mankowski, "CISG Art. 1 (Anwendungsbereich)", cit., n.º marginal 56.

fosse escolher, dentro da *lex causae* para a qual o seu direito de conflitos remete (lei essa que, na hipótese colocada, é a do Estado, também contratante, mas sem reserva), quais os diplomas legais que são ou não são aplicáveis. E junta-se ainda um argumento que aponta para o absurdo da solução contrária: não proceder assim significaria que um qualquer Estado não contratante, ao remeter através do seu direito internacional privado para a lei do Estado contratante, aplicaria a Convenção; ao passo que um Estado contratante (mas com reserva), em situação idêntica, já não o faria. O que, bem se vê, seria inconciliável com o sentido da vinculação dos Estados à aplicabilidade da Convenção, no seio dos respetivos ordenamentos jurídicos.

Conclusões

Procurámos, nas linhas que antecedem, enunciar e tratar muito brevemente dois dos variadíssimos problemas que, em sede de definição do âmbito de aplicação material e espacial, se desenham, ainda hoje, ao interpretar e aplicar a Convenção de Viena: primeiro, o da eventual aplicabilidade *material* da Convenção no contexto dos contratos de distribuição internacionais; e segundo, o da sua aplicabilidade *espacial*, em face da declaração admitida ao abrigo do artigo 95.º.

Esperamos, com este brevíssimo percurso, ter suscitado o interesse no estudo da Convenção de Viena, neste seu começo de vida no seio da ordem jurídica portuguesa.

PARTE II
A FORMAÇÃO DO CONTRATO

14. ENSAIO SOBRE A FORMAÇÃO DO CONTRATO NA CISG*

Renata C. Steiner
Carlos Eduardo Pianovski Ruzyk

1. A formação do contrato na CISG: regras convencionais e lei doméstica

A adoção de regra uniformizada para tratamento da matéria dos contratos internacionais de compra e venda aponta, ao menos em uma primeira análise, para a desnecessidade de socorro ao método conflitual, próprio do Direito Internacional Privado. A afirmação é lógica, na medida em que a existência de leis materiais idênticas faz com que o próprio conflito de leis deixe de existir. Ao mesmo tempo, contudo, é apenas parcialmente verdadeira no que toca ao tema da formação dos contratos e seu tratamento pela Convenção das Nações Unidas sobre Contratos de Compra e Venda Internacional de Mercadorias (CISG), objeto do presente ensaio.

Isso porque a formação dos contratos internacionais de compra e venda, ainda quando submetidos à CISG, é regida por um duplo regime: quanto ao conteúdo e definição do acordo objetivo de vontades,[1] aplicam-se as regras materiais da Convenção e, no que toca a aspectos de sua validade (no que se inserem temas polêmicos, como capacidade, legitimação e poderes de representação, dentre outros) o tratamento é feito pela lei doméstica, já que a Convenção expressamente exclui de seu âmbito de incidência questões ligadas à validade contratual (art. 4.º, a).

* Texto publicado anteriormente em: "SCHWENZER, Ingeborg; PEREIRA, Cesar. A. Guimarães; TRIPODI, Leandro (coordenadores). A CISG e o Brasil: Convencão das Nacões Unidas para os Contratos de Compra e Venda Internacional de Mercadorias. 1. ed. São Paulo: Marial Pons; Curitiba: Federacão das Industrias do Estado do Parana, 2015.

[1] Conforme Ingeborg Schwenzer e Pascal Hachen, a CISG contém regras sobre o chamado acordo objetivo, ou seja "trata do mecanismo técnico de conclusão do contrato que inclui a liberdade de forma estabelecida no art. 11" (Schwenzer, Ingeborg e Hachen, Pascal. In: Schlechtriem, Peter e Schwenzer, Ingeborg. *Comentários à Convenção das Nações Unidas sobre Contratos de Compra e Venda Internacional de Mercadorias*. Coordenação de tradução Eduardo Grebler, Véra Fradera, Cesar Guimarães. São Paulo: Revista dos Tribunais, 2014, p. 207).

Resumidamente, e conforme afirma Ulrich Schroeter, a lei doméstica é chamada a incidir em aspectos não ligados ao acordo objetivo de vontades (arts. 14 a 24) ou à forma (arts. 11 a 13).[2] A afirmação justifica-se pelo fato de que tais pontos [acordo objetivo de vontades e forma] estão expressamente tratados na CISG o que permite concluir, portanto, que não são qualificados como regras de validade à luz da Convenção.[3] Não se pode perder de vista que a qualificação dos institutos convencionais deve ser feita de maneira autônoma, em consonância com a regra de interpretação que permeia toda a CISG.[4]

A exclusão do tratamento do plano da validade da CISG justifica-se tanto por uma questão de ordem prática, ligada à aplicabilidade e ao resguardo da própria Convenção – na medida são matérias de ordem pública e que poderiam ser utilizadas com *filtros* à adoção ou aplicação da Convenção – quanto por uma opção bastante razoável de não se imiscuir em temas que encontram controvérsia entre diferentes ordenamentos e famílias jurídicas.[5]

A ressalva é necessária em um texto dedicado à questão a formação do contrato na Convenção pois, ao mesmo tempo em que se sublinha a natural a incompletude da CISG neste ponto específico, também se delimita o objeto do ensaio. A proposta é trabalhar a distinção entre as regras da formação dos

[2] SCHROETER, Urlich. In: SCHLECHTRIEM, Peter e SCHWENZER, Ingeborg. Comentários à Convenção das Nações Unidas sobre Contratos de Compra e Venda Internacional de Mercadorias. Coordenação de tradução Eduardo Grebler, Véra Fradera, Cesar Guimarães. São Paulo: Revista dos Tribunais, 2014, p. 350. De se ressalvar que a matéria da formação dos contratos pode ser excluída pelos países contratantes, por força do art. 92 da CISG.

[3] Há de se ter desde logo em mente que, como instrumento próprio do Direito Internacional Privado, a CISG tem que ser interpretada de maneira autônoma em relação ao direito doméstico do lugar do foro. Assim não fosse, a própria uniformidade de tratamento convencional seria colocada em risco. Tal como alertam Ingeborg SCHWENZER e Pascal HACHEN, o termo *validade* deve ser interpretado de forma autônoma "usando-se uma abordagem funcional para decidir a partir da perspectiva da Convenção se ela pretende reger o ponto em disputa" (SCHWENZER, Ingeborg e HACHEN, Pascal. In: SCHLECHTRIEM, Peter e SCHWENZER, Ingeborg. *Comentários à Convenção das Nações Unidas sobre Contratos de Compra e Venda Internacional de Mercadorias.* Coordenação de tradução Eduardo Grebler, Véra Fradera, Cesar Guimarães. São Paulo: Revista dos Tribunais, 2014, p. 217).

[4] Conforme Jacob DOLINGER, a qualificação autônoma é a referência a conceitos autônomos e universais, pelos quais o juiz deve "ir em busca de conceitos autônomos, diferentes dos conceitos internos e dotados de caráter universal." (DOLINGER, Jacob. *Direito Internacional Privado.* Parte Geral. 10ª ed. Rio de Janeiro: Forense, 2011, p. 370).

[5] Pode-se mesmo afirmar que inexiste uma teoria geral de invalidades com aceitação ampla em diferentes ordenamentos, na medida em que o regime dos diferentes graus de invalidade é uma escolha legislativa. Ao mesmo tempo em que não se encontra tal uniformidade nem mesmo dentro de uma mesma tradição jurídica, o que dizer quando se conflitam sistemas da *common* e da *civil law*, para os quais o próprio conceito de contrato é diverso.

contratos na CISG e no Direito brasileiro, sem adentrar a questões não inseridas no âmbito da Convenção, especialmente em sua Parte II (arts. 14 a 24).[6] Circunscreve-se, portanto, ao estudo do acordo objetivo de vontades.

Mas, novamente, e na medida em que se está a tratar de uma nova legislação – e aos desafios de sua recepção pelo Direito brasileiro – outra ressalva faz-se necessária. A CISG adota o binômio *oferta-aceitação* como paradigma da formação dos contratos como aliás, faz a maior parte dos sistemas jurídicos. Datada de 1980, seu texto resulta de trabalhos e estudos anteriores à sua formalização, adotando uma concepção bastante clássica de formação do contrato e deixando de tratar de novas tecnologias surgidas após sua edição.

Isso faz com que, base em Ingeborg Schwenzer e Florian Mohs, se possa dizer que a leitura rígida e estrita do modelo adotado pela CISG seja incompatível com a complexidade dos contratos internacionais.[7] Daí porque, apesar de haver temas não tratados na CISG (como é o caso do *comércio eletrônico*) uma interpretação coerente com o espírito da Convenção faz necessário um esforço de adaptação, competentemente levado a cabo pela doutrina e jurisprudência internacionais.[8]

Pretendendo-se um voo panorâmico sobre o tema da formação do contrato, o texto divide-se em três grandes tópicos. No primeiro, trabalha-se a oferta à luz da Convenção, o que perpassa o estudo de seus elementos característicos. O segundo, estuda a aceitação, também à luz da CISG para, no terceiro e derradeiro tópico, traçar-se um paralelo entre o processo de formação dos contratos à luz das regras convencionais e no Direito brasileiro, tendo em especial consideração as regras inscritas no Código Civil.[9]

[6] A adesão à CISG pelos Estados pode ser feita de maneira total ou parcial. Assim, nem todos os contratantes da Convenção aderiram à Parte II, tratando da formação dos contratos. Não é o caso do Brasil, que é contratante de todo o texto convencional.

[7] SCHWENZER, Ingeborg e MOHS, Florian. Old Habits Die Hard: Traditional Contract Formation in a Modern World. Reproduced with permission of Internationales Handelsrecht (6/2006) 239-246, published by Sellier, Eruopean Law Publishers. Disponível em

[8] Joseph LOOKOFSKY aponta interessante conclusão a respeito da aplicabilidade das regras convencionais sobre formação dos contratos. Diz ele que o número de julgados referentes à Parte II é significativamente menor do que aqueles referentes à Parte III, pelo que conclui que as regras sobre formação são menos importantes na prática da CISG, evidenciando que as partes normalmente têm em acordo a formação do contrato, o mesmo não se podendo dizer em relação ao seu conteúdo ou remédios por descumprimento (LOOKOFSKY, Joseph. Understanding the CISG. A compact guide to the 1980 United Nations Convention on Contracts for the International Sales of Goods. 4ª ed. The Netherlands: Wolters Kluwer, 2012, p. 43-44, em tradução livre).

[9] Não se desconsidera que a formação dos contratos também deve ser trabalhada à luz do Código de Defesa do Consumidor, com suas notas peculiares. Ocorre que a CISG expressamente exclui

Em todo o ensaio, deixa-se claro que o tratamento expresso na Convenção é apenas o ponto de partida do estudo do tema, havendo de ser complementado pela doutrina e jurisprudência que, de forma crítica, têm integrado as disposições convencionais a respeito de tão importante tema.

2. A oferta

A negócio jurídico unilateral de oferta é definido no art. 14 da CISG,[10] que sublinha a existência de dois elementos essenciais para sua configuração: de um lado, o chamado *conteúdo mínimo* necessário à formação do pacto e, de outro, a *intenção* de vinculação no caso de aceitação da oferta. Alguns autores aderem a estes elementos também a *eficácia* da oferta,[11] que, sendo ou não elemento essencial, é no mínimo fator relevantíssimo para o seu estudo.

2.1. Conteúdo mínimo

A existência de conteúdo mínimo da oferta poderia ser definida a partir da circunstância de que, uma vez aceita, seja possível criar um contrato com conteúdo exigível, à luz da própria oferta e das disposições complementares da CISG.[12] Fala-se dos *essentialia negotii*, também conhecidos no nosso direito

de seu campo de atuação as operações de compra e venda realizadas para uso pessoal (art. 2 a), o que faz com que a Convenção não seja aplicável às relações de consumo. Um alerta, contudo, deve ser feito. Há uma distinção de compreensões entre a acepção do *uso pessoal* mencionado na CISG e aquela aceita no Direito brasileiro, especialmente quando considerado o conceito amplo de consumidor. Isso certamente suscitará dúvidas, cuja complexidade não permite o tratamento neste breve ensaio.

[10] O art. 14 (1) da CISG estabelece os requisitos para que uma *oferta* constitua-se em *proposta*, utilizando contudo o termo *offer*, em inglês, para designar o que o art. 427 do Código Civil chama de proposta. Utiliza-se neste texto os termos proposta e oferta como sinônimos e, portanto, indistintamente.

[11] É o caso de HUBER, Peter e MULLIS, Alastair. *The CISG: a new textbook for students and practitioners.* Munique: Sellier, 2007, p. 70.

[12] SCHROETER, Urlich. In: SCHLECHTRIEM, Peter e SCHWENZER, Ingeborg. Comentários à Convenção das Nações Unidas sobre Contratos de Compra e Venda Internacional de Mercadorias. Coordenação de tradução Eduardo Grebler, Véra Fradera, Cesar Guimarães. São Paulo: Revista dos Tribunais, 2014, p. 387.

doméstico e que, no contrato de compra e venda, seriam basicamente o acordo quanto ao objeto, a quantidade e o preço.[13]

A proposta será suficientemente definida, à luz do art. 14(1), segunda parte, da CISG, se "indicar os bens ou expressa ou implicitamente determinar ou indicar a forma de determinação da quantidade e do preço",[14] sendo-lhe indiferente a menção ao título *oferta*. Em outras palavras, sua configuração depende do conteúdo que apresenta, e não do nome que lhe é conferido.

É relevante sublinhar que a CISG não exige que tais elementos estejam já definidos na oferta, bastando-lhe que sejam expressa ou implicitamente determinados, podendo a operação ser realizada em momento futuro, por ambas as partes, ou apenas por uma delas.[15] A indeterminação dos elementos no momento da oferta não afeta a existência seu caráter vinculante.[16]

A afirmação, quando aplicada à possibilidade de determinação futura das mercadorias e sua quantidade, não encontra grande controvérsia. O mesmo, contudo, não se pode dizer no que toca ao preço, sendo ainda acesas as discussões quanto à possibilidade de deixá-lo em aberto.

[13] Sobre a figura dos *essentialia negotii*, alerta com propriedade Antônio Junqueira de Azevedo que o Direito Romano desconhecia a figura abstrata e geral do negócio jurídico, sendo que tais elementos foram construídos pelas fontes romanas a partir de determinados tipos negociais, não sendo, portanto, gerais. No estudo do contrato à luz da CISG, pode-se afirmar a existência de tais elementos essenciais, na medida em que se está em discussão um único tipo contrato: a compra e venda internacional de mercadorias. Sobre a crítica do jurista, vide Azevedo, Antônio Junqueira. *Negócio jurídico. Existência, validade e eficácia.* 4ª ed, 7ª tiragem. São Paulo: Saraiva, 2010, p. 26-27.

[14] Eörsi, Gyulia. In: Bianca-Bonell *Commentary on the International Sales Law,* Milão: Giuffrè (1987) 132-144. Reproduced with permission of Dott. A Giuffrè Editore, S.p.A, acesso em 04.05.2014 [http://www.cisg.law.pace.edu/cisg/biblio/eorsi-bb14.html].

[15] Huber, Peter e Mullis, Alastair. The CISG: a new textbook for students and practitioners. Munique: Sellier, 2007, p. 74. Nas suas palavras, "uma oferta que inclua que um ou mais de um dos elementos essenciais seja determinado por uma das partes ou por terceiros é de ser considerada determinável".

[16] Em decisão proferida nos Estados Unidos, a Corte Distrital de Nova Iorque considerou haver conteúdo definido em oferta para fornecimento de produto químico "em quantidades comerciais", ainda que sem explicitação da exata quantidade ofertada. Tratava-se de caso envolvendo um vendedor de produtos químicos canadense que enviou amostras de produtos ao comprador norte-americano para subsidiar pedido de aprovação do componente pelo FDA (*Food and Drug Administration*), com expressa menção de que seria o fornecedor do produto ao comprador. Após a aprovação, o vendedor recusou-se a manter a oferta. O comprador norte-americano sustenta que, à luz da CISG, haveria oferta na indicação de venda de quantidades comerciais, aliada aos usos e costumes da indústria farmacêutica (entrega de amostras para aprovação no FDA), tese que foi aceita. (Geneva Pharmaceuticals Technology Corp. v. Barr Laboratories, Inc., *et alii*, U.S District Court, S.D., New York, j. 10.05.2002, acesso em 04.05.2014 http://www.unilex.info/case.cfm?id=739).

Tal como afirmam Ingeborg Schwenzer e Florian Mohs, a questão do preço e sua determinação foi extremamente debatida na Convenção de Viena, encontrando resistência de diversos países que defendiam a necessidade de *pretium certum*, dentre os quais se destacava a França.[17] Leitura isolada do art. 14(1) levaria à conclusão de que o preço não poderia ser deixado em aberto, ainda que pudesse ser determinado futuramente (outrossim, deve ser expressa ou implicitamente determinado). O art. 55 da CISG, no entanto, prevê a possibilidade de formação válida de contrato ainda que o preço não tenha sido expresso ou implicitamente determinado. Neste caso, sua definição será remetida àqueles usualmente praticados, à luz das circunstâncias concretas.[18]

A aparente contradição entre os dispositivos convencionais não passou despercebida na preparação da CISG, levando ao que Ulrich Schroeter chama de "desenvolvimento acidental na história dos dispositivos", sem que se tenha um ponto acabado.[19] Na visão de Ingeborg Schwenzer e Florian Mohs, no entanto, razões não há para não se considerar válida a oferta ainda que não haja preço determinado, desde que este possa ser obtido pela análise das circunstâncias negociais subjacentes (*surrounding circumstances*).[20] E tem sido este o entendimento majoritário.

[17] A discussão entre duas visões distintas é bem elucidativa da instigante e bem sucedida missão da CISG de congregar exigências de diversos países e famílias jurídicas. SCHWENZER, Ingeborg e MOHS, Florian. Old Habits Die Hard: Traditional Contract Formation in a Modern World. Reproduced with permission of Internationales Handelsrecht (6/2006) 239-246, published by Sellier, Eruopean Law Publishers. Disponível em http://www.cisg.law.pace.edu/cisg/biblio/schwenzer-mohs.html. Acesso em 04.02.2014.

[18] Caso bastante citado de aplicação do art. 55 da CISG é o chamado "peles de chinchila", nos quais o vendedor alemão ofertou ao comprador austríaco peles de chinchila por preço entre 35 e 65 marcos alemães. A Suprema Corte austríaca considerou haver contrato exigível, na medida em que o preço das peças poderia ser inferido pelo preço usual do mercado. (Austria, Oberest Gerichtshof, j. 10.11.1994, acesso em 05.05.2014 em http://cisgw3.law.pace.edu/cases/941110a3.html).

[19] SCHROETER, Urlich. In: SCHLECHTRIEM, Peter e SCHWENZER, Ingeborg. Comentários à Convenção das Nações Unidas sobre Contratos de Compra e Venda Internacional de Mercadorias. Coordenação de tradução Eduardo Grebler, Véra Fradera, Cesar Guimarães. São Paulo: Revista dos Tribunais, 2014, p. 395. Para exposição da controvérsia e das possíveis doutrinas que a solucionam, vide HUBER, Peter e MULLIS, Alastair. The CISG: a new textbook for students and practitioners. Munique: Sellier, 2007, p. 75-78.

[20] Dentre outros motivos, os juristas apontam ainda que a própria França tem abandonado o rigor do *pretium certum* em seu Direito doméstico. Vide SCHWENZER, Ingeborg e MOHS, Florian. Old Habits Die Hard: Traditional Contract Formation in a Modern World. Reproduced with permission of Internationales Handelsrecht (6/2006) 239-246, published by Sellier, Eruopean Law Publishers. Disponível em http://www.cisg.law.pace.edu/cisg/biblio/schwenzer-mohs.html. Acesso em 04.02.2014.

Aliás, o tratamento das chamadas circunstâncias negociais[21] aponta para uma interpretação condizente ao próprio espírito da Convenção que, em mais de uma passagem, refere-se à análise do contrato *in concreto*, ou seja, à luz das circunstâncias nas quais a operação está inserida.[22] Ao lado disso, também não se pode deixar de notar a acentuada relevância conferida à autonomia das partes – pedra de toque para a compreensão das regras convencionais – cujo alcance poderia afastar a rigidez da compreensão do preço como elemento essencial ao negócio, no sentido de que, deliberadamente, deixem de pactuar a respeito do preço, muito embora tenham querido vincular-se contratualmente.[23]

Neste contexto, há de se diferenciar a situação em que o preço efetivamente é deixado em aberto, para ser futuramente definido de acordo com as circunstâncias do negócio, daquela situação específica em que o preço será determinado por posterior acordo entre as partes (*by agreement*). Neste último caso, e conforme apontam Peter Huber e Alastair Mullis, "a não ser que a intenção de vinculação seja obtida com recurso aos artigos 8º ou 9º da CISG, o termo dispondo que um dos elementos mínimos há 'de ser acordado entre as partes' dificilmente constitui uma oferta, pois não é suficiente para evidenciar a intenção de vinculação".[24]

Muito embora o art. 14(1), segunda parte, aponte para a determinação do objeto, sua quantidade e preço como *essentialia negotii*, é certo que há outros elementos também essenciais aos contratos de compra e vende internacionais e que se aderem à qualificação do conteúdo mínimo. Dentre eles, destaca-se a própria determinação do *ofertante*, daquele a quem dirige a proposta, o prazo e local da entrega, por exemplos.[25]

[21] No Direito brasileiro, Antônio Junqueira de Azevedo trata as circunstâncias negociais como elementos de existência do negócio jurídico, definindo-as como o "que faz com que uma manifestação de vontade seja vista socialmente como destinada à produção de efeitos jurídicos". (AZEVEDO, Antônio Junqueira. Negócio Jurídico. Existência, Validade e Eficácia. 4ª ed, 7ª tiragem. São Paulo: Saraiva, 2010, p. 32). A amplitude e alcance do termo aplicado à CISG não parece ter o mesmo significado da expressão cunhada por AZEVEDO, muito embora possam ser complementares. Isso porque, à luz da Convenção, as circunstâncias estão a indicar a análise da relação jurídica concreta.

[22] Em especial, vide o que dispõe o art. 8 (3) da Convenção.

[23] Dentre outros motivos, os próprios custos de transação podem ser chamados a justificar a existência de contratos sem acordo em relação ao preço. Sobre contratos deliberadamente incompletos, vide FICI, Antonio. Il contratto 'incompleto'. Torino: G. Giappichelli Editore, 2000, p. 120 e ss.

[24] HUBER, Peter e MULLIS, Alastair. The CISG: a new textbook for students and practitioners. Munique: Sellier, 2007, p. 75.

[25] SCHROETER, Urlich. In: SCHLECHTRIEM, Peter e SCHWENZER, Ingeborg. Comentários à Convenção das Nações Unidas sobre Contratos de Compra e Venda Internacional de Mercadorias. Coordenação de tradução Eduardo Grebler, Véra Fradera, Cesar Guimarães. São Paulo: Revista dos Tribunais, 2014, p. 388.

A determinação do conteúdo mínimo necessário da proposta, sejam quanto ao alcance dos elementos expressos no art. 14, seja daqueles extravagantes, remete o aplicador aos artigos 8.º e 9.º da Convenção.[26] E, aqui, volta-se à necessidade de compreensão do intento das partes (entendido objetivamente) com pedra de toque da aplicação das regras convencionais.

2.2. Intenção de vinculação

Ao lado do conteúdo mínimo da oferta, a CISG exige também que esta contenha a intenção de vinculação por parte do *ofertante*, o que irá distinguir a existência efetiva de uma *oferta* (que é, por si, vinculante) de meras ofertas ao público ou convites para negociação (que não são vinculantes). O elemento subjetivo vontade, em especial em caso de dúvida, será compreendido à luz dos princípios gerais de interpretação contidos na CISG.[27]

O art. 14(2) da CISG estabelece a presunção de que ofertas não dirigidas a uma ou mais pessoas determinadas não são consideradas vinculantes, sendo tidas como convites à negociação. O próprio dispositivo esclarece a exceção à regra, aplicável na hipótese de o *ofertante* deixar claro sua intenção de vinculação ainda que não dirija sua oferta a pessoa determinadas.[28]

Assim, em geral, anúncios dirigidos a número não específico de pessoas, como ocorre em propagandas, envios postais, catálogos e inserções em *websites*, por exemplo, não serão considerados oferta para fins de vinculação do ofertante.[29]

Mas não apenas as ofertas ao público podem ser consideradas como meras *invitatio ad offerendum*. É possível que, mesmo dirigida a uma determinada

[26] Schwenzer, Ingeborg e Mohs, Florian. Old Habits Die Hard: Traditional Contract Formation in a Modern World. Reproduced with permission of Internationales Handelsrecht (6/2006) 239-246, published by Sellier, Eruopean Law Publishers. Disponível em http://www.cisg.law.pace.edu/cisg/biblio/schwenzer-mohs.html. Acesso em 04.02.2014.

[27] Schwenzer, Ingeborg e Mohs, Florian. Old Habits Die Hard: Traditional Contract Formation in a Modern World. Reproduced with permission of Internationales Handelsrecht (6/2006) 239-246, published by Sellier, Eruopean Law Publishers. Disponível em http://www.cisg.law.pace.edu/cisg/biblio/schwenzer-mohs.html. Acesso em 04.02.2014.

[28] A oferta ao público aqui tratada, frise-se desde logo, não pode ser confundida com aquela feita no mercado de consumo, na medida em que tais relações jurídicas não se submetem à CISG.

[29] No caso específico dos *websites*, o art. 11 da Convenção das Nações Unidas sobre Comunicações Eletrônicas vai no mesmo sentido, ao considerar anúncios postados *online* como convites para ofertas, a não ser que haja disposição clara de que a parte tem interesse em vincular-se em caso de aceitação.

pessoa, a proposta não seja vinculante por dela constar a expressa menção do declarante que não pretende vincular-se. Nestes casos, exemplificados como propostas feitas "sem compromisso", ou mesmo "cartas de intenções", não se infere, em regra, o caráter vinculante, muito embora uma interpretação da manifestação de vontade à luz do art. 8.º possa conduzir a resultados diversos.

2.3. Fator de (in)eficácia

Não basta que a oferta preencha os dois requisitos acima estudados para que produza seu efeito vinculante. É necessário, ainda, que não haja nenhum fator de ineficácia da declaração de vontade, ou seja, que a oferta não tenha sido retirada (*withdrawal*) ou revogada (*revocation*) pelo ofertante.[30]

O art. 15 do texto convencional fixa a regra de que a oferta é eficaz a partir do momento em que chega ao destinatário, dispositivo este a ser lido em consonância com o art. 24, o qual estabelece que "chegar" ao destinatário se dá no momento em que a manifestação é feita verbalmente (inclusive via telefone),[31] ou entregue pessoalmente ou por qualquer outro meio no estabelecimento comercial, endereço postal ou na sua falta, na residência habitual do destinatário. É interessante perceber que a Convenção fixa-se no *tempo* de chegada da informação ao destinatário, e não da sua efetiva leitura.[32]

O momento em que a oferta atinge o destinatário é também essencial para que se vislumbre a possibilidade de sua retirada (*withdrawal*). A oferta pode ser retirada antes de atingir o destinatário ou, ainda, desde que chegue a conhecimento do destinatário no mesmo momento do que a própria oferta, sendo indiferente que esta tenha sido feita com ou sem caráter de irrevogabilidade. Daí porque se diz que somente ofertas que não chegaram a ser eficazes é podem ser retiradas, à luz do disposto no art. 15 (1) CISG.[33]

[30] Veja-se que aqui se está deixando o plano da existência, no qual os elementos da oferta são analisados, para se trabalhar o plano da eficácia da oferta.

[31] Huber, Peter e Mullis, Alastair. The CISG: a new textbook for students and practitioners. Munique: Sellier, 2007, p. 78.

[32] O que, em absoluto, não importa deixar de reconhecer que também na CISG a declaração de vontade seja qualificada como receptícia.

[33] Lookofsky, Joseph. Understanding the CISG. A compact guide to the 1980 United Nations Convention on Contracts for the International Sales of Goods. 4ª ed. The Netherlands: Wolters Kluwer, 2012, p. 48.

Interessante apontamento é feito por Ingeborg Schwenzer e Florian Mohs, no que toca ao momento em que uma proposta enviada por meio eletrônico "chega" ao destinatário, bem como a possibilidade de que seja retirada. Isso porque, e conforme explicam, as regras de *withdrawal* da CISG foram pensadas para casos em que a oferta seja realizada por um meio mais demorado, como via correios, e a retirada, via telefone. Esta solução não se adequa às transmissões de informação via *internet*, em especial quando se reconhece que a comunicação "chega" ao destinatário quando adentra a seu sistema de informação e pode ser por ele acessada.[34]

Os autores propõem, assim, considerando que um entendimento rígido das regras convencionais levaria à impossibilidade de retirada de ofertas feitas por meio de transmissão eletrônica, que a retirada de tais comunicações possa ser feita desde que cheguem a conhecimento do destinatário no mesmo momento. É o caso, por exemplo, de uma oferta envida no sábado, a retirada no domingo, lidas ambas na segunda-feira.[35]

Diferentemente da retirada, a revogação da oferta pressupõe a existência de uma oferta eficaz. As regras convencionais a respeito da possibilidade de revogação da oferta congregam, ao mesmo tempo, a tradição da *common law* – que considera que a oferta seria sempre revogável até a efetiva conclusão do contrato – e da *civil law* – que entende pela vinculação pela oferta.[36] Isso porque o art. 16 (1) prevê a possibilidade de revogação da oferta a qualquer tempo antes da conclusão do contrato, desde que chegue ao destinatário antes de este ter expedido a sua aceitação.

Veja-se que a declaração de revogação deve "chegar" ao destinatário (nos termos do art. 24, CISG), enquanto que a aceitação, para fins de obstar a eficácia da revogação, basta que tenha sido expedida. Para este efeito, não se exige a efetiva chegada da aceitação ao destinatário, apenas a sua expedição, ainda que o contrato só venha a ser concluído com o posterior recebimento pelo destinatário.[37]

[34] Sobre a adoção deste critério nas comunicações eletrônicas, os autores embasam-se no art. 10 (2) da Convenção das Nações Unidas sobre Comunicações Eletrônicas e nos arts. 2.1 (b), 2.2 do ICC eTerms de 2004.

[35] Schwenzer, Ingeborg e Mohs, Florian. Old Habits Die Hard: Traditional Contract Formation in a Modern World. Reproduced with permission of Internationales Handelsrecht (6/2006) 239-246, published by Sellier, Eruopean Law Publishers. Disponível em http://www.cisg.law.pace.edu/cisg/biblio/schwenzer-mohs.html. Acesso em 04.02.2014

[36] Schlechtriem, Peter e Butler, Petra. UN Law on International Sales. The UN Convention on the International Sale of Goods. Heidelberg: Springer, 2009, p. 73.

[37] Ou, na hipótese do art. 18(3) abaixo tratada, quando da prática de atos relacionados dos quais se infira a aceitação. Ilustrando a controvérsia quanto ao tempo da revogação, o CLOUT Case 1151

Ocorre que nem todas as ofertas são revogáveis, havendo exceções estabelecidas no art. 16 (2) CISG. A primeira delas decorre da aposição de prazo para sua aceitação, tornando-se irrevogável durante este. O mesmo se passa se o ofertante declarar que sua oferta é irrevogável, pois aí estará vinculado à sua própria declaração de vontade. A segunda hipótese se dá quando, apesar de não expressa a irrevogabilidade, fosse razoável ao destinatário assim concluir, e agir segundo sua confiança.[38]

Para além de atos voluntários de retirada ou revogação da oferta, a oferta também perde sua eficácia no momento em que deixa de existir. Trata-se da hipótese de término ou extinção da oferta, o que se dá, nos termos do art. 17 da CISG, quando chega a conhecimento do ofertante a recusa à oferta pelo destinatário, ainda que esta tenha sido feita em caráter irrevogável.

3. A aceitação

Centralizada na ideia de *consenso*, a CISG prevê que o contrato é formado quando a oferta é aceita pelo destinatário (art. 23). Daí porque não se pode deixar de estudar as regras aplicáveis à aceitação, dispostas nos arts. 18 a 24 do texto convencional.

Desde logo, contudo, diga-se que a afirmação quanto à adoção do consenso não pretende desconsiderar que nem sempre oferta e aceitação terão conteúdo idêntico, como se poderia supor a partir do paradigma do *mirror image*.

(Case Law on Uncitral Texts) trabalha justamente com a possibilidade e o momento temporal em que a revogação é eficaz. No caso concreto, a oferta do comprador esloveno havia sido recebida e aceita pelo vendedor austríaco em 08 de outubro de 1999. Posteriormente, em 14 de outubro de 1999 o comprador pretendeu revogar a oferta, o que foi rejeitado pelo vendedor, ao argumento de que os bens já tinham sido expedidos. O comprador, por sua vez, negou-se ao pagamento do preço, afirmando que não tinha sido comunicado do despacho dos bens ou da aceitação, antes da expedição e comunicação de revogação. A corte da Eslovênia entendeu que a revogação não seria eficaz, por ter sido dirigida ao vendedor após o início do cumprimento da obrigação. (http://www.uncitral.org/clout/showDocument.do?documentUid=2895, acesso em 26.05.2014).

[38] Nestas hipóteses, uma negativa de contratação equivaleria ao descumprimento do contrato, que se terá por concluído, sendo ineficaz a declaração de revogação. Conforme aponta Ulrich Schroeter, entre o despacho da aceitação e sua chegada ao destinatário (ofertante) há um estado de suspensão, sendo que o contrato somente se forma com sua efetiva entrega. (Schroeter, Urlich. In: Schlechtriem, Peter e Schwenzer, Ingeborg. *Comentários à Convenção das Nações Unidas sobre Contratos de Compra e Venda Internacional de Mercadorias*. Coordenação de tradução Eduardo Grebler, Véra Fradera, Cesar Guimarães. São Paulo: Revista dos Tribunais, 2014, p. 433).

É comum, em especial no comércio internacional, que haja contrato ainda que não se esteja diante de uma conformação perfeita entre oferta e aceitação.

Em inúmeros casos, a CISG (e a doutrina e jurisprudência especializadas) permite que as partes deixem de ajustar determinadas condições ou cláusulas, deixando-as deliberadamente em aberto. Também aí não se pode deixar de notar o relevante papel atribuído à autonomia privada, ainda que em sentido negativo, ou seja, como a prerrogativa de liberdade de deixar por preencher determinados espaços do contrato, ainda que este possa ser tido como eficaz e validamente formado.

Antes de fazer menção a estas circunstâncias, cuja discussão encontra fértil campo de análise no conteúdo das chamadas *cláusulas gerais de contratação,* é preciso compreender as espécies de aceitação admitidas pela CISG, delineando seu regramento básico.

3.1. Aceitação expressa e tácita

O art. 18 (1) da CISG admite que a aceitação seja expressa ou tácita sendo possível, em ambos os casos, inferir-se declaração de vontade no sentido da contratação.

A aceitação expressa não suscita maiores dúvidas, sendo declaração da qual se manifesta a efetiva intenção de vinculação à oferta, que é tida como aceita. A aceitação tácita, por sua vez, justamente por revolver às circunstâncias negociais, acaba sendo objeto de maiores controvérsias, sendo fartos os casos julgados a este respeito. Sua é realizada a partir do *case-by-case basis*, não se podendo atribuir-lhe conteúdo de maneira abstrata.

Da doutrina internacional pode-se retirar um rol exemplificativo de hipóteses em que se pode inferir tácita aceitação, tais como a entrega dos bens, inclusive de forma parcial, o pagamento, o envio de nota à instituição financiadora do comprador ou de nota promissória,[39] a aceitação do envio das

[39] Schlechtriem, Peter e Butler, Petra. UN Law on International Sales. The UN Convention on the International Sale of Goods. Heidelberg: Springer, 2009, p. 77. Os exemplos citados pelos autores são recolhidos da doutrina e, em especial, da jurisprudência internacional. Dentre os casos paradigmáticos e recorrentemente citados, está o *Mangellan International Corporation* vs. *Saltzgitter Hands GMBH*. Tratava-se de discussão envolvendo um distribuidor de produtos de aço de Illionois, que havia negociado com um comerciante alemão a compra do produto manufaturado na Ucrânia, sob suas especificações. Enviada a proposta, o vendedor alemão fez algumas modificações, que foram consideradas pela Corte de Illinois como contraproposta. O comprador, no entanto, teria tacitamente aceitado

mercadorias, a compra de matéria prima, o início da produção, o embalo dos produtos para envio e a assinatura de uma *invoice*.[40] Com efeito, a própria CISG prevê a liberdade de formas como princípio dos contratos por ela regulados, não havendo, em consequência, uma *tipicidade* dos possíveis instrumentos de manifestação da vontade formativa do contrato.

Não se confundido com nenhuma dessas formas de manifestação de vontade está o silêncio, qualificado justamente por uma *inação*, e não apenas *não declaração*. Dada suas peculiaridades, o tratamento do papel vinculante do *silêncio* é realizado em tópico próprio, ainda que inserto no mesmo art. 18 (1) da CISG.

3.2. O silêncio

A ideia central que guia a interpretação conferida pelo silêncio na Convenção de Viena repousa na inexistência de um dever de resposta à oferta por parte de seu destinatário. Com efeito, seria bastante desarrazoado que ao oblato fosse criado um dever jurídico de atuação positiva, inferido do mero envio de mercadorias ou de um a proposta de contratação, especialmente quando não solicitados. Isso quer dizer, ao menos em um primeiro momento, que não há vinculação pela aposição de cláusulas na oferta indicando que o silêncio será interpretado como aceitação.

Apesar de este ser entendimento reiteradamente apontado pela doutrina internacionalista que se dedica ao tema, certo é que o silêncio pode, à luz das circunstâncias negociais, conduzir à aceitação da oferta.[41] A conclusão se extrai desde logo da própria redação da parte final do art. 18 (1), ao sublinhar que o silêncio não é, *por si só*, aceitação.

O silêncio poderá ter eficácia jurídica quando a ele se somarem alguns fatores adicionais, interpretados à luz do art. 8 (3) da CISG.[42] Ao lado de tal

estes novos termos ao emitir letra de crédito em favor do vendedor, com a conclusão de um contrato (http://www.unilex.info/case.cfm?pid=1&do=case&id=423&step=Abstract, acesso em 19.06.2014).

40 HUBER, Peter e MULLIS, Alastair. *The CISG: a new textbook for students and practitioners*. Munique: Sellier, 2007, p. 81.

41 Exemplificativamente cite-se LOOKOFSKY, Joseph. Understanding the CISG. A compact guide to the 1980 United Nations Convention on Contracts for the International Sales of Goods. 4ª ed. The Netherlands: Wolters Kluwer, 2012, p. 72.

42 SCHROETER, Urlich. In: SCHLECHTRIEM, Peter e SCHWENZER, Ingeborg. Comentários à Convenção das Nações Unidas sobre Contratos de Compra e Venda Internacional de Mercadorias. Coordenação de tradução Eduardo Grebler, Véra Fradera, Cesar Guimarães. São Paulo: Revista dos Tribunais, 2014, p. 449.

possibilidade, deve-se atentar àquela derivada dos usos e costumes advindos das práticas negociais adotas entre às partes e que, conforme dispõe o art. 9 da Convenção, são vinculantes.[43]

Neste sentido, dois casos citados por Peter Schlechtriem e Petra Butler são bastante exemplificativos desta análise circunstancial. No primeiro deles, envolvendo um comprador norte-americano e um vendedor italiano, os quais já haviam estado em inúmeras negociações anteriores, entendeu-se que a menção a um modelo contratual adotado com outro parceiro, do qual constava cláusula de arbitragem, havia sido aceito pelo silêncio – fato este interpretado à luz das atuações pretéritas das partes. No segundo caso, entendeu-se ter havido rompimento do contrato pela informação do vendedor de madeiras tropicais da Nigéria de que pretendia vender por si ou por um intermediário holandês o estoque de madeiras que possuía em Hamburgo. O comprador francês, ciente da informação, teria acordado com a extinção do contrato pelo silêncio.[44]

3.3. Tempo da aceitação e sua eficácia

Ao lado das espécies de aceitação, há também se de estudar o tempo em que pode ser declarada, para que dela se produzam efeitos. Seguindo a regra geral do art. 24 do texto convencional, eficácia da aceitação é dependente da sua chegada ao destinatário sendo, tal como a oferta, típica declaração receptícia de vontade. O seu efeito natural é, justamente, a criação de um contrato a vincular ofertante e oblato (art. 23, CISG).[45]

O art. 18 (2) e (3) estabelecem algumas regras referentes ao tempo em que esta operação pode se dar, diferenciando as ofertas orais e escritas, e as aceitações expressas ou tácitas.

[43] A afirmação é feita por SCHWENZER, Ingeborg e MOHS, Florian. Old Habits Die Hard: Traditional Contract Formation in a Modern World. Reproduced with permission of Internationales Handelsrecht (6/2006) 239-246, published by Sellier, Eruopean Law Publishers. Disponível em http://www.cisg.law.pace.edu/cisg/biblio/schwenzer-mohs.html. Acesso em 04.02.2014.

[44] SCHLECHTRIEM, Peter e BUTLER, Petra. UN Law on International Sales. The UN Convention on the International Sale of Goods. Heidelberg: Springer, 2009, p. 78. Primeiro caso, *Filanto vs. Chilwich*, vide http://www.cisg.law.pace.edu/cases/920414u1.html, acesso em 21.06.2014; segundo caso, vide http://www.globalsaleslaw.org/content/api/cisg/display.cfm?test=127. Acesso em 21.06.2014.

[45] Isso não importa desconsiderar, conforme visto acima, que a mera remessa da aceitação já produza consequências jurídicas, como a de tornar irrevogável a oferta, nos termos do art. 16 (1) da Convenção.

No caso de ofertas feitas oralmente, a aceitação deve ser realizada imediatamente, a não ser que as circunstâncias indicarem de modo diverso. Nos demais casos, a aceitação deve chegar ao ofertante no prazo indicado em sua oferta, se houver, ou em prazo considerado razoável, ainda que não determinado.[46] Excepciona-se a hipótese de aceitação tácita, mediante prática de atos relacionados admitidos na *oferta* ou pelas circunstâncias [art. 18 (3)], e na qual se tem como formado o contrato no momento da sua prática, desde que observado o prazo inscrito na oferta, se houver, ou a sua razoabilidade. Novamente, para preenchimento do suporte fático aberto da *razoabilidade,* remete-se o contido nos arts. 8 e 9 da CISG.

Assim como a oferta, a aceitação pode ser retirada, desde que a declaração de retirada (*withdrawal*) chegue ao proponente antes ou no mesmo momento em que se tornaria eficaz (art. 19, CISG). A revogação, por sua vez, não é compatível com a aceitação uma vez que equivaleria, em termos práticos, à negação do próprio contrato, que se tem por formado com o recebimento da aceitação.

3.4. Modificações na oferta

Para complementar o estudo panorâmico da formação do contrato na CISG, há de se apontar a hipótese em que a resposta do oblato, ao invés de conter a declaração de aceitação, preveja alterações na proposta que lhe fora enviada. A situação é tratada pelo art. 19 da CISG que, em suma, estabelece que a existência de aditamentos, limitações ou modificações faz com que a resposta seja interpretada como contraproposta, e não como aceitação.

A doutrina internacional costuma apontar que a regra tem inspiração na *common law* sendo, porém, menos rígida do que uma leitura tradicional da regra do *mirror image*. Isso porque o art. 19 (2) possibilita que alterações não substanciais sejam feitas, sem que se retire o caráter de aceitação da resposta respectiva.[47] Novamente aqui, a CISG se utiliza de um conceito amplo, a ser preenchido diante do caso individual, bem como à luz da jurisprudência

[46] A vinculação da aceitação ao prazo estipulado na oferta constitui, conforme Joseph LOOKOFSKY, ao princípio de que o ofertante é o "senhor da oferta" (*master of the offer*). (LOOKOFSKY, Joseph. Understanding the CISG. A compact guide to the 1980 United Nations Convention on Contracts for the International Sales of Goods. 4ª ed. The Netherlands: Wolters Kluwer, 2012, p. 52).

[47] É o que afirmam Schlechtriem, Peter e Butler, Petra. UN Law on International Sales. The UN Convention on the International Sale of Goods. Heidelberg: Springer, 2009, p. 79.

internacional. Refere-se ao alcance do termo *elementos complementares ou diferentes, mas que não alterem substancialmente as condições da proposta.*[48]

Como parâmetro interpretativo, o art. 19 (3) da Convenção inclui uma listagem, não taxativa, de modificações que seriam consideradas essenciais ou substanciais. São elas, por exemplo, diferenças no preço, no pagamento, na qualidade e quantidade das mercadorias, bem como ao seu lugar e momento de entrega, extensão de responsabilidade entre as partes e meio de solução de controvérsias. Seguindo-se, contudo, as regras de interpretação contidas nos arts. 8 e 9 da CISG, há de se apontar que a análise dos elementos – e de sua essencialidade – haverá de ser sempre reconduzida às circunstâncias negociais.[49]

Alterações podem ser, portanto, substanciais ou não substanciais. Somente no primeiro caso é que se está diante de contraproposta, sendo que no segundo, se extraí conteúdo de aceitação da declaração, ainda que não integralmente coincidente com a oferta.

Havendo contraproposta, esta será regida pelas regras da proposta, invertendo-se os papéis de ofertante e oblato. No que toca à aceitação com alterações tidas não substanciais, embora seja considerada aceitação, a CISG prevê a possibilidade de que seja recusada pelo ofertante original, desde que faça a ressalva de não aceitação das alterações. Cria-se, por força do disposto na parte final do art. 19 (2) o dever ativo de objeção, sendo que, nesta hipótese específica, o silêncio equivale à aceitação das alterações realizadas.

Pode-se aventar no mínimo três cenários possíveis diante da aplicação das regras contidas no art. 19, de maneira inter-relacionada. No primeiro deles,

[48] Ingeborg Schwenzer e Florian Mohs prefere tratar do tema referindo-se às alterações materiais e imateriais na oferta. Schwenzer, Ingeborg e Mohs, Florian. Old Habits Die Hard: Traditional Contract Formation in a Modern World. Reproduced with permission of Internationales Handelsrecht (6/2006) 239-246, published by Sellier, Eruopean Law Publishers. Disponível em http://www.cisg.law.pace.edu/cisg/biblio/schwenzer-mohs.html. Acesso em 04.02.2014.

[49] Na análise jurisprudencial, vide julgado do Tribunal Regional de Hamm, na Alemanha, e que se considerou que a alteração da oferta, originalmente de *bacon empacotado* para *bacon sem pacote*, seria substancial, não correspondendo à aceitação. Mas, com o envio das mercadorias ao comprador alemão, sem recusa no recebimento, entendeu-se haver aceitação, desta vez da contraproposta realizada. (http://www.globalsaleslaw.org/content/api/cisg/display.cfm?test=57, acesso em 22.06.2014. Julgado citado em Ingeborg Schwenzer e Florian Mohs). Um segundo caso, envolvendo também um comprador alemão e um vendedor italiano, entendeu-se que a carta de aceitação modificando o prazo de manifestação da não conformidade para 30 (trinta) dias não poderia ser considerada modificação substancial do contrato. (Caso citado por Schlechtriem, Peter e Butler, Petra. UN Law on International Sales. The UN Convention on the International Sale of Goods. Heidelberg: Springer, 2009, p. 80).

o ofertante recusa a contraproposta, negando a contratação, estando autorizado a assim agir por não haver mais oferta vigente, à luz do art. 19 (1); no segundo cenário possível, o ofertante recebe a contraproposta e a aceita ou, havendo meramente alterações não substanciais, permanece silente, havendo em ambos os casos formação do contrato e, por fim, o ofertante recebe a aceitação, contendo alterações não substanciais, e manifesta seu não consentimento, não havendo formação do contrato.

3.5. Os *standard terms* e *battle of forms*

A aplicação das regras de alteração na proposta tem especial aplicação no que toca aos chamados *standard terms* ou termos gerais de contratação, sendo este o campo mais fértil de sua análise. [50] Nos limites deste texto introdutório, pede-se licença apenas para de se destacar a controvérsia, não se podendo verticalizar a discussão de maneira aprofundada.

Cláusulas gerais de contratação são termos padrão formulados, em geral, unilateralmente e impostos por um dos contratantes ao outro. No comércio internacional, não raro cada parte do contrato tem seus próprios *standard terms*, e pretende vê-los como integrante da contratação a ser firmada. Por evidente, a situação de coincidência entre diferentes termos padrão dificilmente se dará na prática, chamando então à incidência as regras quanto à coincidência entre oferta e aceitação ou, na expressão já cunhada, da *battle of forms*.[51]

E, neste contexto, compreender as regras convencionais à luz do paradigma do *mirror image* seria o mesmo que negar sua eficácia a inúmeras situações recorrentes no cotidiano das transações internacionais. Daí porque

[50] Há várias traduções do termo *standard terms*, adotando-se aqui aquela de inspiração portuguesa, *cláusulas gerais de contratação*. Conforme ensina Cristiano ZANETTI, a utilização da expressão condições gerais poderia levar à confusão conceitual em relação ao elemento acidental dos negócios jurídicos (condição como elemento futuro e incerto), bem como a expressão *cláusulas gerais*, confundir-se-ia com as normas gerais da legislação. De toda sorte, a principal questão está em se apontar suas características principais, pois são elas que lhe conferem conteúdo. Para o autor, seriam elas a generalidade e rigidez, no sentido de não poderem ser discutidas entre as partes. (ZANETTI, Cristiano de Sousa. *Direito contratual contemporâneo. A liberdade contratual e sua fragmentação*. São Paulo: Método, 2008, p. 232-236).

[51] Prefere-se a utilização do termo em inglês, considerando sua aceitação em diversos outros idiomas. Se traduzido, a preferência estaria pela utilização da expressão *batalha dos formulários ou dos termos padrão*, considerando ser esta a essência da expressão.

é necessário adequar as soluções clássicas com os desafios da complexidade contemporânea.

Para resposta ao questionamento de quais *cláusulas gerais de contratação* deveriam prevalecer, a doutrina internacionalista sustenta duas soluções díspares, representadas pelas teorias do *last shot* e do *knock-out.*

No primeiro grupo, a doutrina do *last shot* entende que serão prevalecentes aqueles termos que foram encaminhados por último, ou seja, da parte que por último se manifestou. Ingeborg Schwenzer e Florian Mohs são bastante críticos à aplicação desta solução entendendo que, se certamente é mais fácil às Cortes, para as partes ela representa meramente uma coincidência. A teoria teria aplicação quando estiver em discussão a formação do contrato, mas antes da realização dos deveres contratuais.[52]

Chega-se, então, à segunda teoria, denominada de *knock-out.* A solução ofertada consiste em excluir os termos contraditórios, cujos regulamentos serão preenchidos pelas regras gerais da CISG.[53] A ideia subjacente é a de que as partes podem ter interesse na contratação e na vinculação negocial, ainda que não tenham disposição ou interesse em discutir os termos contratuais contraditórios. Aplica-se, em sentido negativo, uma expressão da liberdade das partes e de sua autonomia.

[52] Schwenzer, Ingeborg e Mohs, Florian. Old Habits Die Hard: Traditional Contract Formation in a Modern World. Reproduced with permission of Internationales Handelsrecht (6/2006) 239-246, published by Sellier, Eruopean Law Publishers. Disponível em http://www.cisg.law.pace.edu/cisg/biblio/schwenzer-mohs.html. Acesso em 04.02.2014.

[53] Esta tem sido a orientação seguida pelo Tribunal Federal da Alemanha, conforme se extraí da decisão envolvendo uma compra e venda de leite em pó entre um vendedor alemão e um comprador holandês, que exportou o produto a Argélia e Aruba. Diante da má qualidade do leite, o vendedor concordou em retirá-lo do mercado, mas recusou-se à reparação de danos, ao argumento de que seus termos gerais de contratação teriam afastado a aplicação da CISG, e remetido à aplicação da lei alemã que, neste ponto específico, não previa a responsabilidade de danos. O Tribunal alemão recusou-se a aplicar qualquer uma das cláusulas gerais de contratação, inclusive aquela mais favorável ao comprador. (*Powdered milk case*) [http://cisgw3.law.pace.edu/cases/020109g1.html], acesso em 22.06.2014). Comentando o julgado, Peter Schlechtriem bem resume o entendimento alemão: "Despite some opaque arguments and sentences, the core message of the Supreme Court of Germany is clear: Conflicting standard forms are entirely invalid and are replaced by CISG provisions, while the contract as such stays valid." (Schlechtriem, Peter. Battle of forms in international contract Law. Evaluation of approaches in German Law, Unidroit Principles, European Principles, CISG; UCC approaches under consideration. Translation of „Kollidierende Geschäftsbedingungen im internationalen Vertragsrecht", in: Karl-Heinz Thume ed., Festschrift für Rolf Herber zum 70. Geburtstag, Newied: Luchterhand (1999). Acesso pelo http://cisgw3.law.pace.edu/cisg/biblio/schlechtriem5.html#ps*, em 22.06.2014.

Diz-se negativo justamente porque, ao invés de escolher o conteúdo negocial – certamente uma das principais características da ideia moderna de *autonomia privada* – a escolha recai sobre aquilo que não precisa ser negociado, podendo ser preenchido futura ou implicitamente. É exatamente a partir deste entendimento que se chega à salutar distinção, sublinhada por grande parte da doutrina internacional, que separa o *ato de formação do contrato* do *conteúdo contratual*.[54]

Para que haja contratação, basta o consenso sobre elementos essenciais. A discussão quanto ao conteúdo negociado diz respeito à aplicação de outras regras convencionais – tais como, e em especial, aquelas que regem o descumprimento das obrigações – e não das que concernem à formação do contrato.

4. O Direito brasileiro nas normas gerais do Código Civil

Expostas em linhas gerais as regras pertinentes à formação do contrato na CISG, resta então apresentar aquelas que regem o Direito brasileiro, especialmente à luz do Código Civil nacional. Desde logo já se pode afirmar que não se vislumbra a existência de incompatibilidade ou alterações profundas entre os dois sistemas, CISG e Direito brasileiro, muito embora a interpretação conferida às disposições convencionais por certo não possam ser realizadas à luz do Direito doméstico.

O objetivo deste item, portanto, é apresentar ao leitor uma visão geral das disposições do Código Civil a respeito do tema fazendo, sempre que necessário, algumas remissões às regras convencionais.

4.1. Proposta e aceitação como elementos essenciais à formação do contrato no regime geral do Código Civil brasileiro

A formação dos contratos no regime instituído pelas regras gerais do Código Civil Brasileiro, assim como ocorre com a disciplina específica da CISG, é pautada na conjugação da proposta e da aceitação.

[54] É o que, exemplificativamente, afirmam SCHWENZER, Ingeborg e MOHS, Florian. Old Habits Die Hard: Traditional Contract Formation in a Modern World. Reproduced with permission of Internationales Handelsrecht (6/2006) 239-246, published by Sellier, Eruopean Law Publishers. Disponível em http://www.cisg.law.pace.edu/cisg/biblio/schwenzer-mohs.html. Acesso em 04.02.2014.

No sistema brasileiro, o contrato é visto, pois, como derivado da convergência entre as manifestações de vontade da parte que propõe (policitante) e da parte que consente (oblato) em um consenso, que gera um vínculo obrigacional entre ambos.

A proposta e a aceitação são manifestações de vontade de caráter negocial (tratando-se, pois, de negócios unilaterais), podendo ocorrer de maneira expressa, tácita ou presumida.

Define-se manifestação de vontade expressa aquela feita oralmente, ou através de sinais inteligíveis, sendo o meio escrito o mais comum.

Manifestações de vontade tácitas pressupõem "ato que não se haja de considerar suficientemente expressivo",[55] podendo se operar por atos ou omissões que sejam passíveis de serem compreendidos como dotados de sentido equivalente uma declaração de vontade, ante a confiança que estes despertam na contraparte. As manifestações tácitas de vontade podem emergir tanto do polo do oferente como do aceitante. Vale dizer: exige-se a caracterização de um comportamento concludente, porque inequívoco.

O silêncio, a seu turno, pode configurar manifestação de vontade presumida a partir da natureza do negócio de que se tratar ou, ainda, por opção legislativa, desde que a lei não exija manifestação expressa.[56] A aceitação feita através do silêncio é possível "quando as circunstâncias ou os usos autorizarem, e não for necessária a declaração de vontade expressa", nos termos do artigo 112 do Código Civil. Ademais, em regra, compreende-se o silêncio como recusa à oferta, exceto, nos termos do artigo 432 do Código Civil, se o contrato for daqueles que, pelo costume, não se exige declaração expressa de aceitação, ou, ainda, quando esta for dispensada pelo policitante.[57]

A concomitância de manifestações convergentes resulta na formação do contrato, em seu plano da existência, com as repercussões daí derivadas nos planos da validade e da eficácia.

[55] Pontes de Miranda. *Tratado de Direito Privado.* Parte Especial. Tomo XXXVIII: Direito das Obrigações: negócios jurídicos bilaterais. São Paulo: Revista dos Tribunais, 2012, p. 87.

[56] No ordenamento brasileiro, a par do regime geral do Código Civil, cabe destacar, ainda que incidentalmente, a disciplina constante do Código de Defesa do Consumidor, que regulamenta o tema, salientando o direito à informação expressa, clara e destacada (Arts. 46 e 54, §§ 3.º e 4.º, do CDC), repudiando as práticas (Art. 39, III e parágrafo único, do CDC) e cláusulas (Art. 51, IV, X, XI e XIII, do CDC) que pressupõem a concordância tácita ou através do silêncio do consumidor. Com efeito, o caráter especial da relação jurídica entre desiguais implica a necessidade de normas especiais que, ao recolherem tal desigualdade, ofertem um regime adequadamente protetivo.

[57] Pontes de Miranda. *Tratado de Direito Privado.* Parte Especial. Tomo XXXVIII: Direito das Obrigações: negócios jurídicos bilaterais. São Paulo: Revista dos Tribunais, 2012, p. 97 ss.

Não se trata da mera consubstanciação de vontades: é necessária a efetiva consumação do acordo entre essas vontades, que devem, em tal medida, ser convergentes. Somente assim se passa do estágio da exteriorização de vontades qualificada como negócio unilateral para a bilateralidade própria das relações contratuais. Assim, com a aceitação sucedendo a oferta, bilateraliza-se o negócio jurídico, com a formação da relação jurídica obrigacional de natureza contratual.

Havendo recusa, tanto se pode conduzir à extinção pura e simples das tratativas, como pode-se suceder nova oferta, seja por parte do policitante, seja por parte do oblato – que passa, assim, a ser proponente.

A aceitação, com efeito, deve ser completa: não se cogita de aceitação modificativa ou aceitação parcial, como bem explicitado por Pontes de Miranda. A manifestação do oblato que propõe algo diverso, no todo ou em parte, daquilo que foi exarado pelo policitante, consiste em nova proposta, ou, no dizer de Pontes de Miranda, oferta modificativa.[58]

Nessa linha, o art. 431[59] do Código Civil dispõe que se, em lugar da aceitação integral, evidenciar-se a inserção de modificações, adições ou restrições, estar-se-á diante de uma contraproposta. Trata-se, pois, de proposta nova, na qual ocorre uma inversão de papéis: o oblato torna-se policitante, dirigindo uma contraproposta ao policitante, ora oblato.[60]

Os elementos acima descritos são aqueles que, de modo expresso, são descritos no Código Civil como essenciais ao plano da existência do contrato. Isso não significa que não haja espaço para debate sobre a essencialidade ou não da causa como elemento integrante ao contrato, indispensável à sua existência.

É, a rigor, controversa, no Direito brasileiro, a qualificação ou não da causa como elemento essencial à existência ou, mesmo, requisito de validade do contrato.[61] O Código Civil, como exposto, não possui definição textual sobre o tema, limitando-se à enunciação da regra pertinente à vedação ao

[58] PONTES DE MIRANDA, F.C. *Tratado de Direito Privado*. Tomo XXXVIII. São Paulo: RT, 2012, p. 93.

[59] "A aceitação fora do prazo, com adições, restrições, ou modificações, importará nova proposta".

[60] TEPEDINO, Gustavo; BARBOZA, Heloisa Helena; MORAES, Maria Celina Bodin de. *Código Civil interpretado conforme a Constituição da República*, vol. II. Rio de Janeiro: Renovar, 2012, p. 46.

[61] Beviláqua a rechaçava, criticando a opção do Direito Francês, que insere a causa como essencial à validade do contrato, a qualificava como "desastrosamente illogica", sustentando que "é ociosa essa cláusula e sómente própria para gerar confusões em assumpto juridica e psychologicamente claro" (BEVILAQUA, Clovis. *Direito das Obrigações*. Salvador: Livraria Magalhães, 1896, p. 172-173 – grafia original).

enriquecimento sem causa como fonte autônoma de obrigações – não vinculando o tema especificamente aos contratos.

Adicionalmente, não se pode deixar de mencionar a distinção entre a causa eficiente e a causa final,[62] que determina a necessidade de se estremar os conceitos. Desse modo, a proibição ao enriquecimento sem causa está muito mais vinculada à causa eficiente, que justifica um acréscimo patrimonial, do que à causa final. Esta última, a seu turno, encontra seu âmbito privilegiado de estudo na teoria sobre o negócio jurídico.

Portanto, nessa linha, embora não seja expressa no Código Civil a exigência da causa como elemento essencial à existência ou à validade do contrato (diferentemente do que ocorre, por exemplo, com o artigo 1108 do Código Civil francês), identifica-se, a rigor, um deslocamento desse tema para a seara da categoria geral dos negócios jurídicos.

A causa, se elemento essencial à existência do contrato ou à sua validade no regime geral do Código Civil, deve, portanto, ser situada na seara da disciplina do negócio jurídico, ensejando, a partir daí, a repercussão sobre os contratos.

O que se recolhe de induvidoso, abstraindo-se o debate sobre a causa, é que o contrato pressupõe conjugação de manifestações volitivas bastantes para vincular as partes em uma relação obrigacional, não sendo expressa pelas normas gerais a respeito dos contratos no Código Civil qualquer outro elemento essencial à sua formação.

Nessa linha, inserto na tradição do Civil Law, o regime da formação dos contratos no Direito Brasileiro também não comporta a essencialidade do elemento *consideration* – que consiste naquilo que uma parte oferta à outra para obter, em seu proveito, a promessa a ser realizada pela contraparte.[63] Trata-se, pois, do benefício patrimonial proposto, que se consolida com a formação da avença. Também a CISG, como visto, não incorpora expressamente tal elemento, característico dos contratos no Direito Inglês, como essencial à formação dos contratos internacionais de compra e venda, o que é congruente com a pretensão de uniformidade inerente à Convenção.[64]

[62] Carbonnier, Jean. *Les Obligations*. Paris: PUF, 1995, p.127.

[63] Bergsten, Eric. Amending the Contract (art. 29). Disponível em (http://cisgw3.law.pace.edu/cisg/biblio/bergsten5.html). Acesso em 28.06.2014.

[64] Viscasillas, Maria del Pilar Perales. Modification and Termination of the Contract (art. 29 CISG). Disponível em (http://www.uncitral.org/pdf/english/CISG25/Viscasillas.pdf). Acesso em 28.06.2014.

4.2. Conteúdo mínimo da proposta/oferta ao público

Cabe, destarte, examinar os elementos que compõem a formação do contrato, na conjugação entre proposta e aceitação no sistema do Código Civil.

Principie-se pela análise da configuração da proposta. Trata-se proposta a manifestação de vontade por meio da qual se dá conhecimento ao eventual oblato do que venha a ser o conteúdo do contrato que se pretende celebrar. Optou o Código Civil pelo emprego do termo "proposta", utilizando a expressão "oferta" no contexto da oferta ao público, destinada a pessoa indeterminada.[65]

A oferta ao público, conforme a norma geral do Código Civil, será reputada proposta se contiver os elementos desta. Convém notar a distinção entre esse regime geral e aquele que emerge da CISG: no âmbito da Convenção, é de especial ênfase o elemento subjetivo, centrado na vontade de se vincular, que conduz à presunção resultante do art. 14(2), de que a oferta que não for destinada a pessoas determinadas será qualificada como *invitatio ad offerendum*, não tendo força vinculativa de proposta.

Embora o regime do Código Civil não seja alheio à vontade de se vincular como essencial à existência da proposta, não será determinante para sua eficácia obrigatória a determinação ou indeterminação dos destinatários. Destarte, o que define a obrigatoriedade da oferta ao público, diferenciando-a do convite para a negociação, será, sobretudo, a dimensão objetiva de que se reveste essa declaração, ou seja, se ela contém ou não os elementos próprios de uma proposta, como antes explicitado, o que, todavia, por evidente, não prescinde de sua seriedade. A declaração de intenção negocial que não contém os pontos essenciais à conclusão do contrato não é mais que mero convite.

A seriedade e a completude são, pois, os requisitos centrais para a conformação de uma proposta, tenha ela ou não um destinatário determinado. Embora esses requisitos não sejam explicitados pelo Código Civil, podem ser aferidos da *ratio* que determina a formação dos contratos: se, para a formação do contrato, basta a aceitação manifestada frente à proposta eficaz, resta evidenciado que a proposta deve ser bastante para, uma vez aceita, instituir uma relação obrigacional.

Além da vontade de se vincular, que emerge da declaração séria,[66] é necessário que se apresentem, na proposta, os elementos conformadores do futuro

[65] *Idem, ibidem*, p. 93 ss.

[66] Cabe, aqui, sublinhar a lição de Carvalho Santos, para quem, "o interesse público exige que assim seja, que a proposta nunca deixe de ser séria, e, precisamente por isso a lei, em defesa desse interesse público, obriga o proponente a mantê-la". (Carvalho Santos, J.M. de. *Código Civil brasileiro interpretado*. Vol. XV. Rio de Janeiro: Freitas Bastos, 1982, p. 61).

contrato, essenciais à existência deste como *fattispecie*. Tratando-se esta de regra geral, tem-se que o suporte fático da proposta dependerá, quanto aos seus elementos essenciais, da espécie contratual que se está a formar.

Já se examinou, neste ensaio, a especialidade dos caracteres da compra e venda submetida à CISG, em que não há a exigência de que os *essentialia negotti* estejam minudentados na oferta, bastando sua determinação expressa ou implícita, que permite, por exemplo, a definição futura das mercadorias ou de seu preço.[67] Ressalta-se, assim, distinção relevante prevista na Convenção, como norma de caráter especial.

Não se olvide, porém, que, mesmo no que é pertinente às normas gerais sobre compra e venda, a doutrina cogita de hipótese de mitigação dessa exigência de completude, como se afere da lição de Orlando Gomes, que admite a possibilidade de a proposta ser indeterminada em alguns pontos. Exemplifica sua asserção precisamente ao citar a compra e venda, afirmando ser possível deixar "ao arbítrio do oblato a quantidade de mercadoria que lhe oferece por preço unitário".[68]

Configurada a existência jurídica da proposta, cabe examinar a sua eficácia vinculante, e quando esta é excepcionada. É o que se fará a seguir.

4.3. Eficácia da proposta e momento da aceitação

O artigo 427[69] contém a regra que determina a obrigatoriedade da proposta para o proponente, determinando sua eficácia vinculante. Com efeito, uma vez efetuada a proposta, a regra é que, ausente vício de vontade ou outra causa de invalidade, estará ele vinculado à sua declaração, por meio do advento de

[67] Interessante questionamento pode ser feito em relação à essencialidade da definição do preço no sistema do Direito brasileiro em comparação às regras convencionais, uma vez que, conforme disposição do art. 489 CC é nula a convenção de compra e venda em que se deixe a fixação do preço ao arbítrio de uma das partes. No âmbito da CISG, admite-se que o preço possa vir a ser fixado futuramente, admitindo-se inclusive que isso se faça por iniciativa unilateral de uma das partes. É certo que a fixação unilateral pode ou não ser definida como "arbítrio de uma das partes", mas resta de toda a sorte a discussão quanto a compatibilidade da interpretação da autonomia privada na CISG e uma regra tipicamente de validade no Direito brasileiro, especialmente quando se reconhece que a Convenção não trabalha com o plano da validade (o que permitir dizer, em uma primeira interpretação, que o preço não é, à luz da interpretação autônoma da CISG, uma questão de validade, diferentemente do que se infere do ordenamento interno brasileiro).

[68] Gomes, Orlando. *Contratos*. Rio de Janeiro: Forense, 1998, p. 62.

[69] "A proposta de contrato obriga o proponente, se o contrário não resultar dos termos dela, da natureza do negócio, ou das circunstâncias do caso".

um dever jurídico, haja vista a confiança legitimamente despertada no outro contratante.

Tratando-se de proposta irrevogável, caso esta não seja mantida, "o ofertante fica sujeito às perdas e danos – mas não à execução específica, como poderia ocorrer se, aceita, tivesse ocorrido a bilateralização",[70] consoante explica Judith Martins-Costa. Em regra, porém, admite-se a retratação, atendidos os requisitos do artigo 428, inciso IV, que prevê não mais ser obrigatória a proposta se antes dela, ou simultaneamente, chegar ao oblato a retratação.

Havendo a aceitação de proposta eficaz, todavia, formado está o contrato, sendo viável a execução específica da obrigação, cuja constituição está consumada. Nada obstantes as ressalvas apontadas pela doutrina,[71] a formação da bilateralidade, após a aceitação, parece apontar, efetivamente, para a execução específica, e não apenas para o remédio das perdas e danos. Não se trata aí, apenas, de dever de manutenção da oferta, mas, sim, de obrigação constituída, equivalendo a recusa de contratar à hipótese de nítido descumprimento contratual.

O artigo 427 do Código Civil estabelece exceções a essa obrigatoriedade da proposta, em hipóteses em que a própria proposta prevê uma não vinculação do proponente, ou essa não obrigatoriedade resultar na natureza do negócio ou das circunstâncias do caso, regras estas harmônicas com aquelas previstas na CISG, que também remete à análise do conteúdo da proposta e das circunstâncias subjacentes para verificação da possibilidade de revogação.

O artigo 428,[72] a seu turno, prevê, além da já mencionada retratação da proposta, em seu inciso IV, hipóteses de ineficácia da proposta realizada, em virtude da não aceitação imediata (na proposta entre presentes), da não

[70] MARTINS-COSTA, Judith. A Boa-Fé no Direito Privado. São Paulo: RT, 1999, p. 511.

[71] Nesse sentido, vem a advertência de TEPEDINO, BARBOZA e MORAES: "Dentre os civilistas mais tradicionais, contudo, não se costuma cogitar da execução específica a propósito do estudo do caráter vinculante da proposta e dos efeitos da sua aceitação, recorrendo-se, antes, à mera composição dos prejuízos por meio das perdas e danos. À luz, porém, do princípio da efetividade, a tendência é de se ampliar o campo da execução específica, nada obstando a que seja oposta em face do ofertante recalcitrante pelo aceitante (CC, arts. 249, par. ún., e 251, par. ún.), pois, uma vez integradas a oferta e a aceitação, há relação contratual coercitiva". (TEPEDINO, Gustavo; BARBOZA, Heloisa Helena; MORAES, Maria Celina Bodin de. Código Civil interpretado conforme a Constituição da República, vol. II. Rio de Janeiro: Renovar, 2012, p. 46, 39).

[72] "Art. 428. Deixa de ser obrigatória a resposta: I – se, feita sem prazo a pessoa presente, não foi imediatamente aceita. Considera-se também presente a pessoa que contrata por telefone ou por meio de comunicação semelhante; II – se, feita sem prazo a pessoa ausente, tiver decorrido tempo suficiente para chegar a resposta ao conhecimento do proponente; III – se, feita a pessoa ausente, não tiver sido expedida a resposta dentro do prazo dado; IV – se, antes dela, ou simultaneamente, chegar ao conhecimento da outra parte a retratação do proponente."

recepção da aceitação em "tempo suficiente para chegar a resposta ao conhecimento do proponente" (constituindo o prazo moral, tratando-se de proposta sem prazo a pessoa ausente), bem como a não expedição da proposta no prazo dado pelo policitante.

A proposta entre presentes deve ser compreendida como aquela que comporta a emissão *incontinenti* da aceitação, sendo irrelevante, para isso, a presença física das partes em um mesmo local. Não por acaso, o próprio Código Civil considera proposta entre presentes aquela realizada por telefone ou meio de comunicação semelhante (inciso I do artigo 428). Nos termos da CISG, refere-se a propostas *verbais*.

A proposta exarada entre presentes pressupõe, portanto, em regra, que a aceitação deva ser imediata, exceto se o proponente outorgar prazo para resposta. Não advindo aceitação imediata, tem-se por não celebrado o contrato, também assim no âmbito da CISG que, contudo, expressamente excepciona a possibilidade de entendimento contrário à luz das circunstâncias (art. 18 (2), parte final).

Realizada a proposta entre ausentes, emerge a relevância do denominado prazo moral. O Código Civil, embora não empregue textualmente essa denominação, de caráter doutrinário, dispõe em seu artigo 428 II que a proposta deixa de ser obrigatória quando, tendo sido realizada sem prazo para a aceitação, já houver transcorrido tempo suficiente para a resposta do oblato chegar ao conhecimento do policitante.

Havendo prazo, todavia, cabe examinar a questão atinente à opção legislativa sobre o momento em que a aceitação pode ser exarada, e, sobretudo, o que se pode compreender como bastante para compor o suporte fático dessa aceitação. A aceitação realizada entre ausentes suscita controvérsia doutrinária a respeito do momento em que se pode tomar o contrato por celebrado – e, mesmo, em dados casos, se a celebração está, efetivamente, consumada.

Quatro são as teorias que alicerçam o debate sobre o tema, sendo que duas delas são qualificadas por Jorge Mosset Iturraspe como extremas e duas como intermediárias.[73]

A primeira das teorias qualificadas como extremas pressupõe que o critério para a determinação da formação do contrato reside no conhecimento da aceitação pelo policitante; a segunda, a seu turno, tem seu enfoque na manifestação do oblato.

A rigor, porém, nem a cognição nem a agnição, tomadas em seu sentido estrito, são relevantes para a formação do contrato. É que sendo proposta

[73] ITURRASPE, Jorge Mosset. *Contratos*. Buenos Aires: Rubinzal Culzoni, 2003, p. 129.

e aceitação atos de natureza receptícia, não é de qualquer valia o simples ato de manifestar aceitação sem que esta seja passível de ser conhecida pelo proponente. Da mesma forma, a cognição propriamente dita não pode ser critério para a formação dos contratos, uma vez que o que é determinante não é o fato de o proponente ter efetivamente, tomado conhecimento da aceitação, mas, sim, de esta ter chegado à sua esfera de controle, sendo o conhecimento efetivo um corolário que depende apenas de o proponente, por exemplo abrir a correspondência remetida pelo oblato.

Mitigam-se as dificuldades advindas da valoração da agnição propriamente dita, destarte, pela relevância oferecida ao ato de expedição da aceitação – e não, portanto, para esse efeito, a redação dessa aceitação. Do mesmo modo, em lugar da cognição em sentido estrito, bastará a recepção da correspondência pelo policitante, ainda que este não venha a ler a missiva remetida pelo oblato.

Daí porque, melhor do que denominar-se o debate em comento pelos vocábulos cognição e agnição, opta-se, neste ensaio, pelo emprego das denominações recepção e expedição.

Prevalece, no sistema brasileiro, a *ratio* da teoria da expedição. Com efeito, o Código Civil, em seu artigo 434, *caput*, aponta para a formação do contrato desde o momento em que a aceitação é expedida.

Ocorre que o artigo 433 admite a retratação do oblato desde que esta chegue ao proponente antes ou concomitantemente à aceitação. Ademais, o artigo 434 dispõe que o contrato não se aperfeiçoará se a aceitação chegar ao proponente fora do prazo.

Com base nessas normas, já ao tempo da vigência do Código Civil de 1916, Caio Mario da Silva Pereira reconhecia que a teoria da expedição foi adotada pelo ordenamento jurídico pátrio com a admissão de exceções. Isso não significaria, porém, a adoção de um sistema eclético, como o proposto por Windscheid, nem uma aproximação com a teoria da recepção.[74]

Pode-se afirmar que o conflito instituído pelas exceções é apenas aparente. Admitir-se a retratação tempestiva da aceitação nada mais é do que reconhecer que a eficácia do ato de aceitação depende de sua ciência pelo policitante, o que não elide a existência própria da manifestação volitiva.[75]

[74] Silva Pereira, Caio Mario. *Instituições de Direito Civil. Contratos*. Vol. III. Rio de Janeiro: Forense, 2003, p. 48.

[75] Em sentido contrário, advogando a tese da adoção *ratio* da teoria da recepção, Stolze Gagliano, Pablo e Pamplona Filho, Rodolfo. *Novo Curso de Direito Civil: Contratos – Teoria Geral*. São Paulo: Saraiva, 2011, p. 140.

Nada obstante a norma disponha, em sua literalidade, que "considera-se inexistente a aceitação se antes dela ou com ela chegar ao proponente a retratação do aceitante", que Carvalho Santos qualificou como norma ensejadora de contradição,[76] uma compreensão sistemática, que articule os planos da existência e da eficácia, permite concluir que, a rigor, a expedição é o elemento do suporte fático que conduz à existência, subordinando-se a eficácia dessa aceitação, todavia, à recepção pelo policitante. Daí porque "considera-se inexistente a aceitação" não é o mesmo que se afirmar que ela é, efetivamente, inexistente, mas, sim, que não tem eficácia jurídica, como se de ato inexistente se tratasse. Essa eficácia é retro operante: chegando a aceitação ao proponente, tem-se o contrato por formado desde o momento em que ocorreu a expedição.

Também não é obstativa do reconhecimento da adoção da teoria da expedição a previsão constante do inciso III do artigo 434 do Código Civil de que o contrato não se tem por celebrado se a aceitação não chegar no prazo convencionado. É que as normas definidoras do momento da celebração do contrato são dispositivas e supletivas.[77] Isso implica reconhecer que se a proposta vier a ser formulada de modo a estabelecer-se prazo para a recepção, e não para a expedição, prevalece a estipulação derivada da autonomia privada. Eis a hipótese em que a recepção da aceitação será o marco definidor da celebração do contrato, excepcionando da regra geral atinente ao momento da expedição.

A CISG como exposto, embora também subordine a eficácia da aceitação a recepção, consoante o artigo 18 (2) da Convenção, não oferece retroatividade ao ato desde o momento de sua expedição. Em outras palavras, o contrato tem-se por concluído com o recebimento da aceitação pelo ofertante.

Isso não significa afirmar que, no plano da existência, a expedição seja irrelevante. É ela fato obstativo da revogação da oferta, consoante o disposto no artigo 16 (1) da CISG, cujo comando prevê que a revogação é possível em qualquer momento antes da celebração do contrato, desde que a aceitação ainda não tenha sido expedida. Isso implica dizer que o ato de aceitação ingressa no plano da existência desde a expedição, mas só produz o seu efeito próprio de formação do contrato, sem caráter retroativo, quando da recepção pelo destinatário.

[76] Carvalho Santos, J.M. de. *Código Civil brasileiro interpretado*. Vol. XV. Rio de Janeiro: Freitas Bastos, 1982, p. 114.

[77] Silva Pereira, Caio Mario. *Instituições de Direito Civil. Contratos*. Vol. III. Rio de Janeiro: Forense, 2003, p. 49.

Conclusões

Diante do breve panorama, resta evidenciada a inexistência de incompatibilidades latentes entre o tratamento da formação do contrato no Direito brasileiro e aquele levado a cabo pela CISG. Do ponto de vista normativo, isto é, da leitura estrita das regras jurídicas aplicáveis aos contratos internos e àqueles internacionais, as regras podem-se dizer harmônicas e, em grande parte, coincidentes. Em que pese a afirmação, algumas ressalvas importantes hão de ser feitas.

Do ponto de vista da CISG, a discussão quanto à formação do contrato é capítulo da mais alta relevância, exatamente por se considerar a existência de contratantes de países, culturas e línguas diversos entre si. O estabelecimento do momento da vinculação contratual não só é relevante, como necessário para a segurança do trânsito jurídico internacional.

A doutrina internacionalista tem, competentemente, separado a discussão da formação do contrato daquela ligada ao seu conteúdo. Significa dizer que, em um primeiro momento, as atenções voltam-se ao ato formativo em si, e não à sua substância. Eis uma diferença fundamental na interpretação do alcance das regras que, apesar de próximas, podem ter conteúdo um tanto diverso quando compreendidas a partir de uma racionalidade também diversa.

Mais do que isso, e de maneira ainda mais relevante, há de se ressalvar que a interpretação da formação do contrato na CISG tem em conta a aplicação do princípio da *party autonomy*, cujo conteúdo específico não é obtido por equiparação à uma noção genérica e geral de *autonomia privada* no Direito brasileiro. Significa dizer que as regras convencionais devem não só ser interpretadas autonomamente, mas que podem ter conteúdo diverso daquelas internas quando compreendidas a partir liberdade das partes contratuais, cujo caráter é fundamental inclusive (e especialmente) no momento da formação do contrato.

15. A FORMAÇÃO DOS CONTRATOS APÓS A CISG ENTRAR EM VIGOR NO BRASIL: UMA ANÁLISE PRÁTICA AOS OPERADORES DO DIREITO*

Alberto do Amaral Júnior
Umberto Celli Junior
Lígia Espolaor Veronese

Introdução

A Convenção das Nações Unidas sobre Contratos de Compra e Venda Internacional de Mercadorias (neste artigo referida como CISG ou apenas Convenção) entrou em vigor para o Brasil no plano jurídico internacional no dia 1.º de abril de 2014, nos termos do artigo 99(2) da própria Convenção[1], ao passo que, internamente, sua promulgação ocorreu em 17 de outubro do mesmo ano, por meio do Decreto nº 8.327/2014[2]. Contabilizando atualmente a ratificação por noventa e quatro países, [3] a CISG é considerada a iniciativa mais bem sucedida de unificação normativa no âmbito do direito do comércio internacional.

A CISG foi elaborada pela Comissão das Nações Unidas para o Direito do Comércio Internacional (*United Nations Commission on International Trade Law*, aqui referida como "Uncitral"), criada por meio da Resolução 2205 (XXI)

* Trata-se de versão atualizada de texto publicado anteriormente em: "SCHWENZER, Ingeborg; PEREIRA, Cesar. A. Guimarães; TRIPODI, Leandro (coordenadores). A CISG e o Brasil: Convencão das Nacões Unidas para os Contratos de Compra e Venda Internacional de Mercadorias. 1. ed. São Paulo: Marial Pons; Curitiba: Federacão das Industrias do Estado do Parana, 2015.

[1] Artigo 99(2): "Quando um Estado ratificar, aceitar, aceder ou aprovar a presente Convenção, ou a ela aderir, após haver sido depositado o décimo instrumento de ratificação, aceitação, aprovação ou acessão, a Convenção, salvo a Parte excluída, entrará em vigor com relação a esse Estado no primeiro dia do mês seguinte ao término do prazo de doze meses, contado da data em que haja depositado seu instrumento de ratificação, aceitação, aprovação ou acessão, observado o disposto no parágrafo (6) deste artigo."

[2] Para mais detalhes sobre a discussão envolvendo a vigência da CISG no Brasil até a sua promulgação, vide: R. F. ALVES - L. E. VERONESE, *The CISG has definitely entered into force in Brazil*, NYU Center for Transnational Litigation, Arbitration and Commercial Law - Transnational Notes, 2014, disponível em: http://blogs.law.nyu.edu/transnational/2014/11/the-cisg-has-definitely-entered-into-force-in-brazil/, acesso em 24.10.2021.

[3] Informação disponível em https://uncitral.un.org/en/texts/salegoods/conventions/sale_of_goods/cisg/status, acesso em 24.10.2021.

da Assembleia Geral da Organização das Nações Unidas em 17 de dezembro de 1966. A Uncitral tem por objetivo a criação de normas e mecanismos que visam facilitar o comércio e investimento internacional, sendo a CISG o primeiro trabalho de uniformização normativa elaborado em seu âmbito.

É interessante notar que o Brasil foi membro do grupo de trabalho de elaboração da CISG iniciado em 1969, bem como foi indicado para compor o Comitê de Redação da CISG para a preparação das versões oficiais do texto em 6 idiomas.[4] Esse fato demonstra o amplo conhecimento da delegação brasileira acerca dos dispositivos da Convenção desde o início, o que dificulta a compreensão do comumente questionado atraso de mais de 30 anos para tê-la ratificado.[5]

Com sua entrada em vigor, todavia, discutem-se quais seriam os principais impactos trazidos pelos novos dispositivos da Convenção ao ordenamento jurídico do país. A este respeito, deve ser realçada a necessidade de se avaliar a existência de contradições entre o sistema convencional aplicável aos contratos de compra e venda internacionais e o direito contratual interno positivado principalmente pelo Código Civil Brasileiro de 2002 (neste artigo referido como CCB), bem como a conciliação dos dois sistemas, quando possível.

Dentre essas contradições, vislumbra-se aquela referente ao tratamento conferido pela CISG ao tema da formação dos contratos, que chegou a ser mencionada pelos autores brasileiros antes mesmo da entrada em vigor. Realmente, os sistemas da CISG e do CCB se diferem, mas não de modo substancial, no tratamento de algumas questões acerca da formação dos contratos.

[4] J. O. Honnold, *Uniform Law for International Sales under the 1980 United Nations Convention*, 3ª ed., The Hague, Kluwer Law International, 1999, p. 11; Os membros do grupo de trabalho da Uncitral eram: Brasil, França, Gana, Hungria, Índia, Irã, Japão, Quênia, México, Noruega, Tunísia, União Soviética, Reino Unido e Estados Unidos da América. A delegação brasileira era composta pelo Ministro das Relações Exteriores à época, Professor Francini Neto, Mair Ione Vilhena de Vasconcelos e José Antônio de Macedo Soares (representantes substitutos) e Luciano Benevolo de Andrade (procurador da Fazenda Nacional), fonte: Legislative History – 1980 Vienna Diplomatic Conference. Summary Records of the Plenary Meetings – 11 April 1980 (disponível em https://uncitral.un.org/sites/uncitral.un.org/files/media-documents/uncitral/en/a-conf-97-19-ocred-eng.pdf, acesso em 24.10.2021)..

[5] Vide I. A. Vieira, *in* F. Ferrari (org), *The CISG and its Impacto n National Legal Systems*, Munich, Sellier, 2008, p. 9-10. Segundo a autora, as razões para a tardia adoção pelo Brasil são as seguintes: (i) a ausência de pressão por parte da comunidade jurídica para a adesão e, por este motivo, o Poder Legislativo não tomou conhecimento, ficando inerte; (ii) o tema da adoção da CISG não tinha apelo político; (iii) pouco conhecimento da convenção no Brasil e falta de efetivo compromisso do governo brasileiro em adotar mecanismos de fortalecimento do comércio internacional; e (iv) falta de clareza e possível insegurança jurídica causada pelos conceitos imprecisos e flexíveis da convenção.

O objetivo desse estudo, neste contexto, é o de se circunscrever à análise dessas principais contradições e sugerir interpretações aos aplicadores do direito contratual de modo a auxiliá-los na conciliação e superação dessas diferenças.

O presente artigo apresenta no primeiro tópico alguns conceitos essenciais sobre a formação dos contratos, os quais são harmônicos em relação aos dois sistemas estudados. Além disso, nesse tópico são apresentados os principais parâmetros a serem considerados pelos aplicadores do direito quando da análise de cada conflito para que sua conciliação seja possível.

Nos tópicos seguintes, são analisadas de forma específica cada uma das contradições mais importantes e normalmente mencionadas pelos autores brasileiros: (i) o momento da conclusão do contrato e as regras de comunicação entre as partes; (ii) a questão da oferta dirigida ao público; e (iii) o tema da revogabilidade da proposta. Em cada tópico, pretende-se destacar um breve detalhamento das regras aplicáveis a cada questão tanto pelo direito brasileiro quanto pela CISG, identificando suas eventuais contradições. Constatada a contradição, serão analisadas as possibilidades de solução de tais incompatibilidades, tendo sempre em vista os conceitos e os parâmetros identificados no primeiro tópico.

Por fim, chama-se atenção para a importância do presente estudo comparativo no campo da formação dos contratos. Isso porque a conclusão do contrato, apesar de receber em geral menor importância, é o momento essencial da vida do contrato, do qual se pode extrair a base para o entendimento de discussões que possam surgir posteriormente no plano da execução ou da resolução contratual, como por exemplo, quando do estudo do inadimplemento contratual, tão caro aos operadores do direito do comércio internacional.

1. Conceitos essenciais sobre a formação dos contratos e balizas de interpretação

Tanto no sistema da CISG como no sistema brasileiro, o contrato de compra e venda, por ser de natureza consensual e não exigir qualquer formalidade para sua conclusão, é estabelecido pela conjugação de duas manifestações de vontade: a proposta e a aceitação. A doutrina as classifica como manifestações receptícias de vontade, isto é, atos jurídicos unilaterais dirigidos a alguém que os receba e que possuem efeitos jurídicos assim que entram no campo contratual.[6]

[6] F. C. Pontes de Miranda, *Tratado de Direito Privado. Parte Geral. Bens.* Fatos Jurídicos, tomo II, atualizado por O. R. B. Sandoval, São Paulo, Revista dos Tribunais, 2012, p. 494; I. A. Vieira,

A proposta é a manifestação de vontade elaborada e emitida por aquele que deseja contratar (proponente) de tal forma que a sua aceitação pelo destinatário (o oblato) é suficiente para a conclusão do contrato. Desse modo, a proposta deve ser suficientemente completa e precisa, trazendo consigo uma manifestação inequívoca e decisiva da vontade de contratar pelo proponente, fazendo com que este fique a ela vinculado até o momento de sua retratação ou revogação, conforme o caso.[7]

A aceitação, por sua vez, corresponde à manifestação do oblato em concluir o contrato nos termos e condições estabelecidos pela proposta. A aceitação pode até apresentar alguns elementos novos à proposta, mas estes não devem alterá-la de maneira substancial, sob o risco de se tornar uma nova proposta.[8]

As regras referentes à proposta e à aceitação no direito brasileiro estão relacionadas nos artigos 427 a 434 do CCB, enquanto na CISG se encontram nos artigos 14 a 24. Vale neste momento ressaltar que não faz parte do objeto deste artigo o estudo das chamadas "negociações preliminares", as quais não se confundem com a fase pré-contratual da "proposta e aceitação", por serem tão somente trocas de informações ou sondagens sem força obrigatória.[9] Além disso, esta fase preliminar nem mesmo é tratada no âmbito da CISG e, portanto, não há que se falar em contradições a serem conciliadas entre os dois sistemas.

A primeira diferença que se nota pela leitura dos artigos supramencionados diz respeito ao tratamento mais específico e exaustivo presente na CISG em comparação com o CCB. Pode-se mencionar, por exemplo, o fato de o artigo 14 apresentar requisitos específicos para que uma oferta seja considerada uma proposta firme, enquanto o CCB nada dispõe a respeito no artigo 427.[10] A partir desta diferença, é possível extrair um primeiro parâmetro de

L' applicabilité et l'impact de la Convention des Nations Unies sur les contrats de vente internationale de marchandises au Brésil, Strasbourg, Presses Univ., 2010, p. 309.

[7] O. Gomes, *Contratos*, 26ª ed., Rio de Janeiro, Forense, 2008, p. 73; H. M. D. Verçosa, *Contratos Mercantis e a Teoria Geral dos Contratos. O Código Civil de 2002 e a Crise do Contrato*, São Paulo, Quartier Latin, 2010, p. 256 e 304; B. Audit, Bernard, *La vente internationale de merchandises: Convention des Nation Unies du 11 avril 1980*, Paris, L.G.D.J, 1990. p. 57.

[8] Vide artigos 431 do CCB ("A aceitação fora do prazo, com adições, restrições, ou modificações, importará nova proposta") e 19 da CISG ("A resposta que, embora pretendendo constituir aceitação da proposta, contiver aditamentos, limitações ou outras modificações, representará recusa da proposta, constituindo contraproposta").

[9] C. M. da Silva Pereira, *Instituições de Direito Civil. Contratos. Declaração Unilateral de Vontade. Responsabilidade Civil*, vol. III, 11ª ed., Rio de Janeiro, Forense, 2004, p. 41.

[10] CISG Artigo 14 (1) – Para que possa constituir uma proposta, a oferta de contrato feita a pessoa ou pessoas determinadas deve ser suficientemente precisa e indicar a intenção do proponente de obrigar-se em caso de aceitação. A oferta é considerada suficientemente precisa quando designa

interpretação que deve ser sempre levado em consideração quando da análise comparativa entre a CISG e o direito brasileiro e de suas divergências. Trata-se do escopo de aplicação específico da CISG ao tratamento dos contratos de compra e venda, o qual se distingue do escopo do CCB.

O CCB estabelece regras mais genéricas de direito contratual, que foram elaboradas para serem aplicáveis a qualquer contrato e que podem envolver diferentes partes, inclusive contratos de natureza não comercial. A CISG, por sua vez, tem seu escopo limitado a contratos de compra e venda internacionais que, além de possuírem características singulares, são firmados por partes com determinada expertise, a quem tais regras são especificamente endereçadas, como é o caso das grandes empresas exportadoras e importadoras de mercadorias que contam com a assistência de consultores jurídicos e financeiros especializados. Consequentemente, o intérprete, ao analisar as eventuais contradições existentes entre a CISG e o CCB, deve sempre ter como parâmetro esta diferença de escopo entre os dois sistemas.

Outra importante característica que o intérprete deve conhecer quando da interpretação da CISG em comparação com o CCB é o caráter unificador da CISG. Como dito anteriormente, a CISG é a iniciativa mais bem sucedida de unificação do direito do comércio internacional e, para que alcançasse tamanha aceitação, os elaboradores da Convenção tiveram de levar em conta os diferentes sistemas jurídicos, econômicos e sociais existentes. No caso específico do tema da formação dos contratos, os dispositivos da CISG refletem em grande parte um "compromisso" entre os sistemas de *common law* e *civil law*.[11]

Nesse sentido, a CISG foi elaborada com o objetivo de poder ser aplicada de maneira uniforme pelos diferentes sistemas, ou seja, para não causar contradições ao direito interno de cada Estado contratante. Inclusive, esta apresenta nos artigos 7 e 8 preciosas regras de interpretação que consideram este caráter uniforme e que devem servir como parâmetro também aos intérpretes brasileiros quando do seu estudo comparado ao direito brasileiro.[12]

as mercadorias e, expressa ou implicitamente, fixa a quantidade e o preço, ou prevê meio para determiná-los.

[11] F. Enderlein; D. Maskow, *International Sales Law. United Nations Convention on Contracts for the International Sales of Goods. Convention on the Limitation Period in the International Sales of Goods*. New York, Oceana, 1992, p. 81.

[12] CISG Artigo 7 – (1) Na interpretação desta Convenção ter-se-ão em conta seu caráter internacional e a necessidade de promover a uniformidade de sua aplicação, bem como de assegurar o respeito à boa fé no comércio internacional; (2) As questões referentes às matérias reguladas por esta Convenção que não forem por ela expressamente resolvidas serão dirimidas segundo os princípios gerais que a inspiram ou, à falta destes, de acordo com a lei aplicável segundo as regras de direito internacional privado.

Por fim, o intérprete deve ainda ter em mente o caráter dispositivo das regras da CISG sobre formação dos contratos, podendo estas ser afastadas pelas partes nos termos do artigo 6.[13] Os próprios comentários oficiais da Uncitral à CISG enunciam que o cumprimento dos requisitos presentes na Parte II da Convenção não é a única forma de se concluir contratos válidos no âmbito da CISG.[14] O mesmo pode ser afirmado acerca das regras presentes no CCB que não possuem natureza cogente.[15]Assim sendo, diante de uma contradição aparentemente inconciliável entre os dois sistemas, o intérprete deve aplicar a regra que for mais benéfica ao contrato e às partes, visto que tanto a CISG quanto o CCB são flexíveis neste sentido.

O objetivo do primeiro tópico foi o de apresentar conceitos que serão fundamentais para a análise dos temas a serem estudados adiante. Como enunciado acima, serão examinadas as possíveis contradições mais perceptíveis a partir de uma primeira leitura dos dispositivos e, portanto, geralmente citadas entre os poucos doutrinadores brasileiros sobre o tratamento da formação dos contratos pela CISG em comparação com o direito brasileiro. E, conforme será visto, tanto os conceitos essenciais quanto os parâmetros de interpretação tratados neste tópico serão de grande utilidade na busca de uma solução para estas contradições.

CISG Artigo 8 – (1) Para os fins desta Convenção, as declarações e a conduta de uma parte devem ser interpretadas segundo a intenção desta, desde que a outra parte tenha tomado conhecimento dessa intenção, ou não pudesse ignorá-la; (2) Não sendo caso de aplicação do parágrafo anterior, as declarações e a conduta de uma parte devem ser interpretadas segundo o sentido que lhes teria dado uma pessoa razoável, com a mesma qualificação e nas mesmas circunstâncias da outra parte; (3) Para determinar a intenção de uma parte, ou o sentido que teria dado uma pessoa razoável, devem ser consideradas todas as circunstâncias pertinentes ao caso, especialmente negociações, práticas adotadas pelas partes entre si, usos e costumes e qualquer conduta subsequente das partes.

[13] CISG Artigo 6 – "As partes podem excluir a aplicação desta Convenção, derrogar qualquer de suas disposições ou modificar-lhes os efeitos, observando-se o disposto no Artigo 12." Note que esta exclusão não se confunde com a reserva feita pelo Estado contratante por meio do artigo 96 da CISG. Segundo este artigo, o Estado pode adotar a CISG excluindo sua Parte II (artigos 11 a 29).

[14] Uncitral Digest of case law on the United Nations Convention on the International Sales of Good, 2004, Comment article 14, § 5.

[15] C. L. Marques *in* F. C. Pontes De Miranda, *Tratado de Direito Privado, Parte Especial. Direito das Obrigações. Negócios Jurídicos Bilaterais e Negócios Jurídicos Unilaterais. Pressupostos. Vícios de Direito. Vícios de Objeto. Evicção. Redibição. Espécies de negócios Jurídicos Bilaterais e Negócios Jurídicos Plurilaterais,* tomo XXXVIII, atualizado por C. L. Marques; B. Miragem, São Paulo, Revista dos Tribunais, 2012, p. 99.

2. Conclusão do contrato e teorias de comunicação

Ao se compararem os dispositivos da CISG aos do CCB, vislumbra-se uma contradição no tocante a adoção de teorias distintas relativas à efetividade das comunicações entre as partes na hipótese de contratação entre ausentes (*ex intervallo temporis*), isto é, os dois sistemas disciplinam de maneira diferente o momento em que a proposta e a aceitação são válidas. O estudo desta contradição, bem como a tentativa de sua conciliação se torna necessário na medida em que tal diferença tem como consequência a mudança do "momento da conclusão do contrato" quando disciplinado por uma ou por outra teoria.

Pode parecer irrelevante ao leitor o fato de as diferentes teorias resultarem em diferentes momentos da conclusão do contrato. Entretanto, da conclusão do contrato decorrem efeitos muito importantes no tocante à sua execução. Um exemplo desta importância pode ser observado no tema da conformidade das mercadorias, pelo qual o artigo 35 da CISG se refere ao momento da conclusão do contrato como parâmetro para a informação pelo comprador sobre o uso específico das mercadorias a serem compradas.[16] Além deste exemplo, o momento da conclusão do contrato é extremamente relevante para diversos outros andamentos da execução contratual, uma vez que é neste momento que as partes definem suas características essenciais, e, portanto, a mudança deste parâmetro pode causar conflitos.[17]

A fim de se entenderem as diferentes teorias, devem ser considerados todos os passos que se seguem a partir do instante que alguém (o proponente) deseja se obrigar contratualmente: (i) manifestação ou expedição da proposta; (ii) chegada ao endereço do destinatário (oblato); (iii) conhecimento pelo oblato; (iv) aceitação; (v) envio da aceitação; (vi) recebimento da aceitação; e (vii) conhecimento da aceitação pelo proponente. Assim, as teorias se diferenciam com base em cada um desses momentos relativos à receptividade da vontade das partes (emissão, expedição, recepção ou conhecimento), fazendo com que cada sistema possua um momento de conclusão contratual distinto.[18]

[16] CISG Artigo 35 (2)(b) – forem adequadas a algum uso especial que, expressa ou implicitamente, tenha sido informado ao vendedor no momento da conclusão do contrato, salvo se das circunstâncias resultar que o comprador não confiou na competência e julgamento do vendedor, ou que não era razoável fazê-lo;

[17] Vide, por exemplo: Artigos 25, 31(c), 33(c), 35(3), 38(3), 42, 55, 57, 68, 71, 73(3), 74 e 79 todos da CISG.

[18] H. M. D. Verçosa, *Contratos Mercantis*, cit. (nota 5 supra), p. 274.

É possível a identificação de quatro diferentes teorias de comunicação. Há a teoria da "cognição", pela qual a manifestação é válida quando do efetivo conhecimento pela outra parte e, portanto, o contrato reputa-se concluído quando o proponente tem o conhecimento do teor da aceitação da proposta pelo oblato. Esta teoria é adotada quando o legislador pretende proteger o proponente, uma vez que fica a critério deste definir o momento da conclusão do contrato.[19]

Outra teoria é a da "declaração propriamente dita", pela qual o contrato estaria concluído pela declaração de aceitação pelo oblato, independentemente de sua expedição ao proponente. Em terceiro lugar, há a teoria da "expedição", pela qual as manifestações são válidas quando expedidas à outra parte. E, por fim, existe a teoria da "recepção", pela qual a manifestação é válida quando o destinatário a recebe, independentemente de ter conhecimento do seu teor, e, portanto, o contrato estaria concluído quando o proponente recebe a aceitação pelo oblato.[20]

A partir da análise dos dispositivos da CISG que tratam da formação dos contratos, é possível identificar que esta adota a teoria da recepção, ou seja, leva em consideração o momento em que a comunicação "chega" ao destinatário, nos termos dos artigos 15(1) (sobre a proposta), 16(1) (sobre a revogação da proposta), 18(2) (sobre a aceitação da proposta).[21] E, segundo o artigo 24, considera-se que a comunicação "chega" ao destinatário "*quando for efetuada verbalmente, ou for entregue pessoalmente por qualquer outro meio, no seu estabelecimento comercial, endereço postal, ou, na falta destes, na sua residência habitual*".

Em contrapartida, o CCB adota a teoria da expedição de acordo com o artigo 434, pelo qual os contratos são concluídos desde que a aceitação seja expedida. Ao adotar como regra a teoria da expedição, o legislador brasileiro decide por proteger o oblato, uma vez que o conhecimento acerca do momento da conclusão do contrato estaria sob domínio deste.[22] Esta não foi a opção, todavia, feita pelos elaboradores da CISG que não transmitiram ao

[19] *Idem, Ibidem*, p. 276.

[20] O. Gomes, *Contratos*, cit. (nota 5 supra), p. 81-82.

[21] CISG Artigo 15(1): A proposta se torna eficaz quando chega ao destinatário; CISG Artigo 16(1): A proposta poderá ser revogada até o momento da conclusão do contrato, se a revogação chegar ao destinatário antes de este expedir a aceitação; CISG Artigo 18(2): Tornar-se-á eficaz a aceitação da proposta no momento em que chegar ao proponente a manifestação de consentimento do destinatário.

[22] H. M. D. Verçosa, *Contratos Mercantis*, cit. (nota 5 supra), p. 276.

proponente o risco de ficar sujeito à conduta do oblato para saber se o contrato foi ou não concluído.[23]

Diante desta contradição, surge a dúvida acerca de qual regra deverá ser aplicada para que se considere concluído o contrato. Isso porque, conforme observado, o momento da conclusão é essencial para que se entendam os desdobramentos do contrato.

Coloca-se, por exemplo, o caso de um proponente brasileiro e um oblato espanhol em que este último expediu sua aceitação por meio de carta em 9 de abril de 2021, sendo esta recebida no endereço do proponente em 14 de abril de 2021. Ao se aplicar a regra do CCB, o contrato estaria concluído desde o dia 9, enquanto pela CISG seria apenas no dia 14. Neste intervalo, é possível que importantes comunicações fossem feitas entre as partes, como, por exemplo, a determinação pelo comprador do uso especial que fará das mercadorias. Neste caso, a escolha da regra aplicável terá por consequência a avaliação da existência ou não de inadimplemento pelo vendedor caso as mercadorias estejam em desconformidade com o negociado entre as partes.

Conforme enunciado na introdução, o objetivo deste estudo não é o de apresentar uma solução perfeita às contradições existentes entre a CISG e o CCB, mas sim sugerir formas de interpretação que possam tornar essas regras conciliáveis, quando possível. Neste sentido, a primeira consideração a ser feita é a de que nenhuma das teorias se adequa perfeitamente a qualquer hipótese, sendo que tanto a da expedição quanto a da recepção possuem falhas. Isso porque, no caso da expedição, o documento da aceitação pode jamais chegar ao domicílio do proponente, implicando que este nunca saberá que o contrato fora concluído. Por outro lado, mesmo se a aceitação tiver chegado, pode ocorrer de o proponente, por motivos diversos, jamais ter conhecimento do conteúdo da aceitação e, portanto, mesmo pela teoria da recepção, o proponente poderia não saber se o contrato fora concluído.[24]

Em segundo lugar, e mais relevante, é o fato de a regra da expedição do CCB se aplicar de forma mitigada, sendo possível pelo sistema brasileiro a admissão de outras teorias.[25] Há, por exemplo, o artigo 428, IV, do CCB que indica a aplicação da teoria da cognição para que a retratação da proposta

[23] M. P. P. Viscasillas, *The Formation of Contracts and the Principles of European Contract Law, in Pace International Law Review* (Fall 2001), p. 395.

[24] H. M. D. Verçosa, *Contratos Mercantis,* cit. (nota 5 supra), p. 311

[25] C. M. da Silva Pereira, *Instituições,* cit. (nota 7 supra), p. 47; C. L. Marques *in* F. C. Pontes de Miranda, *Tratado,* cit. (nota 13 supra), p. 99; F. C. Pontes de Miranda, *Tratado,* cit. (nota 4 supra), p. 514.

tenha efeito.[26] É possível mencionar também a regra da "declaração propriamente dita" presente no artigo 432 do CCB, que dispensa sequer o envio da aceitação para que o contrato seja concluído.

Verifica-se ainda que o CCB adota a teoria da recepção em duas ocasiões. A primeira conforme o artigo 430, pelo qual, em caso de aceitação tardia, o legislador informa que a aceitação deve "chegar" ao conhecimento do proponente. E a segunda no caso da proposta feita sem prazo entre ausentes, em que o artigo 428, II, estabelece que a aceitação também deve "chegar" ao conhecimento do proponente dentro de um prazo suficiente. Nestes dois casos, o elemento do "conhecimento pela parte", que diz respeito à ciência acerca do teor da aceitação é elemento complementar, e não essencial para a caracterização tanto da obrigação pelo proponente de informar a resposta tardia, no caso do artigo 430, quanto para excluir a obrigatoriedade da proposta, na hipótese do artigo 428, II.[27]

Afora as hipóteses expressas, a doutrina brasileira consolidou o entendimento quanto à aplicação da teoria da recepção no caso de contratos celebrados por meio eletrônico, conforme enunciado 173 da III Jornada de Direito Civil, nos seguintes termos: "*A formação dos contratos realizados entre pessoas ausentes, por meio eletrônico, completa-se com a recepção da aceitação pelo proponente*".

A CISG, por sua vez, adota a teoria da recepção de maneira mais uniforme no que tange a todos os passos formação dos contratos. No entanto, considerando o seu caráter dispositivo anteriormente mencionado, as partes podem, de comum acordo, afastar a teoria da recepção e adotar outro sistema. Essa escolha também estaria respaldada no fato de a própria CISG adotar a teoria da expedição em toda a Parte III, que diz respeito à execução dos contratos de compra e venda (obrigações a partir da expedição de mercadorias, por exemplo).[28]

Além da existência dessa certa flexibilidade entre os sistemas do CCB e da CISG, que demonstra esse caráter dispositivo, a análise desta divergência

[26] CCB Artigo 428: Deixa de ser obrigatória a proposta: IV: se, antes dela, ou simultaneamente, chegar ao conhecimento da outra parte a retratação do proponente.

[27] C. M. Da Silva Pereira, *Instituições*, cit. (nota 7 supra), p. 47; H. M. D. Verçosa, *Contratos Mercantis*, cit. (nota 5 supra), p. 273 a 287; F. C. Pontes de Miranda, *Tratado*, cit. (nota 4 supra), p. 495-496.

[28] J. O. Albán, *in* J. Felemegas (org), *An International Approach to the Interpretation of the United Nations Convention on Contracts for the International Sale of Goods (1980) as Uniform Sales Law*, New York, Cambridge University Press, 2007, p. 83; A. M. Garro, *Reconciliation of Legal Traditions in the U.N. Convention on Contracts for the International Sale of Goods*, in *International Lawyer* (1989), p. 454.

deve levar em consideração o caso concreto. Tendo por base a situação real, é possível identificar a teoria que melhor se aplica à formação de um contrato de compra e venda internacional de mercadorias.

Observa-se nesse momento, o raciocínio feito por H. Verçosa sobre a aplicação da teoria da expedição no direito brasileiro. O autor menciona que, se a interpretação do dispositivo do CCB (artigo 434) for absolutamente literal, a vinculação do proponente – vinculação não mais aos temos da proposta, mas aos termos do contrato em si, que se reputará concluído –, somente se romperá quando da prescrição correspondente às obrigações contratuais, a qual seria de 10 anos, na forma do art. 205 do CCB,[29] na hipótese de a aceitação ser expedida, porém não entregue ao proponente. Essa situação de uma parte se vincular a um contrato sem ao menos ter conhecimento da existência de aceitação de sua proposta seria inaceitável do ponto de vista do comércio internacional de mercadorias. Dessa forma, a única interpretação juridicamente possível para esse dispositivo do CCB seria aquela que o autor chama de "expedição eficaz", ou seja, que o documento devesse chegar até o domicílio do proponente, como tal indicado por ele mesmo na proposta ou da sede do seu estabelecimento. [30] Esta interpretação sugerida corresponde à teoria da recepção prevista pela CISG.

Dito de outra forma, pode-se extrair do raciocínio feito pelo autor que, a despeito de uma aplicação mais recorrente no Brasil da teoria da expedição, sendo esta a regra geral[31], a teoria da recepção adotada pela CISG seria a mais adequada do ponto de vista comercial e que, portanto, mesmo no caso do direito brasileiro, esta deveria ser aplicada para se determinar a efetividade da aceitação, e, por consequência, o momento da conclusão do contrato. Se assim não puder ser entendido, o prazo de vinculação do proponente ficaria ao sabor do acaso.

Além disso, percebe-se que ao adotar a teoria da recepção, o risco é transferido ao aceitante, o qual pode ser considerado como a parte que está em melhor posição que o proponente para determinar se houve atraso ou problemas no envio de aceitação, além de tornar a questão da "prova" mais fácil se comparada à teoria da expedição.[32]

[29] CCB Artigo 205. A prescrição ocorre em dez anos, quando a lei não lhe haja fixado prazo menor.

[30] *Contratos Mercantis*, cit. (nota 5 supra), p. 332.

[31] Conforme, inclusive, verifica-se da jurisprudência. Vide, neste sentido: TJSP, AC nº 1037218-78.2014.8.26.0576, Rel. Des. Kioitsi Chicuta, j. 15/10/2015; TJSP, AI nº 2112648-30.2016.8.26.0000, Rel. Des. Carlos Alberto Garbi, j. 26/08/2016.

[32] A. M. Garro, *Reconciliation*, cit. (nota 26 supra), p. 453.

Diante do exposto, ao avaliar o tema das diferentes teorias de comunicação adotadas pelos sistemas convencional e brasileiro, o intérprete deve levar em consideração, primeiramente, o caráter dispositivo das regras presentes tanto da CISG quanto do CCB. Em segundo lugar, devem ser analisadas as circunstâncias do caso concreto e, em se tratando de compra e venda internacional de mercadorias, a teoria da recepção parece ser aquela mais adequada para se determinar o momento da conclusão do contrato tanto para o proponente como para o aceitante.

3. Oferta ao público

Também sempre comentada pelos autores brasileiros, tem-se a contradição existente no tratamento da oferta ao público.[33] Trata-se da situação típica do envio de catálogos, distribuição de panfletos e propagandas enviadas a pessoas indeterminadas e que, por possuírem em muitas ocasiões os requisitos essenciais da proposta, geram a dúvida se podem ser entendidas como propostas, e, portanto, vinculantes em relação à pessoa que as emite.

A divergência pode ser identificada pela simples leitura dos dispositivos do CCB e da CISG em questão:

> "CCB art. 429 – A oferta ao público equivale a proposta quando encerra os requisitos essenciais ao contrato, salvo se o contrário resultar das circunstâncias ou dos usos.
>
> CISG art. 14 (2) – A oferta dirigida a pessoas indeterminadas será considerada apenas um convite para apresentação de propostas, salvo se o autor da oferta houver indicado claramente o contrário."

É possível inferir que, enquanto para o direito brasileiro a oferta ao público é considerada proposta vinculante (exceto se o contrário não resultar das circunstâncias do caso ou dos usos), para a CISG esta é entendida como um convite aos destinatários a fazerem propostas, as quais, por sua vez, serão vinculantes. Aliás, nota-se que aquilo que é considerado uma regra para a CISG corresponde a uma exceção ao CCB, do mesmo modo que aquilo que

[33] E. Grebler, *The Convention on International Sale of Goods and Brazilian Law: are diferences irreconcilable?* in *Journal of Law and Commerce* (2005-06), p. 470; A. Wald – J. A. F. Costa – M. M. Vieira, *O impacto da Convenção de Viena sobre a Compra e Venda Internacional de Mercadorias no Direito Brasileiro: Visão Geral*, in *Revista de Arbitragem e Mediação*, ano 10, vol. 37, abr.-jun. 2013, p. 27.

este indica como regra apenas pode ser concebido de forma excepcional pela CISG. Em resumo, uma clara contradição.

No entanto, esta divergência pode ser mais bem entendida e superada quando se aplicam os parâmetros de interpretação enunciados acima, principalmente aquele relacionado ao escopo específico da CISG aos contratos de compra e venda. Neste momento, toma-se de empréstimo o entendimento de P. Cvetkovik ao comparar a CISG aos Princípios Europeus de Direito Contratual ("PEDC"), os quais, assim como o CCB tratam da oferta ao público como proposta vinculante, nos termos do artigo 2:201 (2) e (3).[34]

Segundo este autor, o que diferencia o tratamento das ofertas ao público no âmbito da CISG e dos PEDC é o diferente escopo de aplicação dos dois instrumentos. Enquanto a CISG foi elaborada para ser aplicável apenas a contratos comerciais, os PEDC foram concebidos como normas gerais de aplicação a qualquer contrato e, no caso específico da oferta ao público, a regra estabelecida nos PEDC protege diretamente os consumidores e as suas expectativas geradas a partir da oferta elaborada, vinculando, portanto, o proponente.[35]

O mesmo entendimento deve ser aplicado quando da análise do artigo 429 do CCB, que também possui um amplo espectro de aplicação sobre todas as modalidades de contratos e, no caso da oferta ao público, a norma está em consonância com o regime especial de proteção ao consumidor previamente estabelecido pelo artigo 30 do Código de Defesa do Consumidor que obriga o fornecedor a manter a proposta anunciada.[36]

Já no cenário do comércio internacional, os contratos são celebrados por comerciantes especializados, cuja intenção ao formularem uma oferta a pessoas indeterminadas é a de transmitir informações sobre as mercadorias e condições de venda, ou então de motivar os destinatários a fazerem propostas. Nesse sentido, não foi levado em consideração pelos elaboradores da CISG

[34] PEDC Artigo 2:201 – (2) An offer may be made to one or more specific persons or to the public; (3) A proposal to supply goods or services at stated prices made by a professional supplier in a public advertisement or a catalogue, or by a display of goods, is presumed to be an offer to sell or supply at that price until the stock of goods, or the supplier's capacity to supply the service, is exhausted.

[35] J. Felemegas (org.), *An International*, cit. (nota 26 supra), p. 300-301.

[36] Artigo 30 do Código de Defesa do Consumidor (Lei 8.078/1990): "Toda informação ou publicidade, suficientemente precisa, veiculada por qualquer forma ou meio de comunicação com relação a produtos e serviços oferecidos ou apresentados, obriga o fornecedor que a fizer veicular ou dela se utilizar e integra o contrato que vier a ser celebrado"; C. L. Marques *in* F. C. Pontes de Miranda, *Tratado*, cit. (nota 13 supra), p. 99.

a possibilidade de destinatários indeterminados do comércio internacional identificarem este tipo de oferta como vinculantes.[37]

Além disso, pode-se mencionar ainda que tanto o CCB quanto a CISG abrem exceções à regra ao incluir nos seus dispositivos frases como "salvo se o contrário resultar das circunstâncias ou dos usos" e "salvo se o autor da oferta houver indicado claramente o contrário". Essas exceções podem ser de grande utilidade para a análise do caso concreto, até porque geram uma convergência entre os dois sistemas. Por exemplo, quando uma oferta de compra e venda dirigida ao público for extremamente precisa, designando as mercadorias, preço, quantidade, demonstrando o emitente a sua vinculação àquela oferta, esta será considerada uma proposta firme, capaz de gerar um contrato, seja no âmbito do CCB, como também de acordo com o artigo 14(2), segunda frase, da CISG.[38]

Desse modo, para que se possa superar a divergência expressa entre as normas da CISG e do CCB sobre o tema da oferta ao público, o aplicador brasileiro deverá analisar o caso concreto e identificar, primeiramente, a natureza do negócio jurídico e, em seguida, o conteúdo da oferta. Na hipótese de a oferta ser mais genérica, esta deverá ser considerada um convite para apresentação de propostas (regra geral da CISG combinada com exceção permitida pelo CCB), e, se for específica e demonstrar a intenção de vinculação pelo ofertante, deverá considerada proposta (regra do CCB combinada à exceção permitida pela CISG).

4. Revogabilidade

Por fim, apresenta-se o tema da revogabilidade da proposta, que é um dos mais aparentes quando se trata das contradições entre a CISG e o direito brasileiro e também um dos que podem gerar mais confusão aos aplicadores do direito do comércio internacional. No entanto, antes de adentrar no estudo desta possível contradição, vale aqui diferenciar a "revogação" da proposta do ato de "retratação", diferença esta tratada de maneira semelhante na CISG e no CCB.

Diz-se retratação quando a oferta ainda não se tornou uma proposta efetiva. Isto é, uma proposta apenas pode ser retirada antes de ser tornar

[37] M. P. P. Viscasillas, *The Formation*, cit. (nota 21 supra), p. 379.

[38] C. M. Bianca – M. J. Bonell, *Commentary on the International Sales Law*, Milano, Giuffrè, 1987, p. 143.

vinculante em relação ao proponente. Esta vinculação se perfaz quando a proposta chega ao oblato, tanto nos termos da CISG, artigo 15 (2), quanto nos termos do CCB de acordo com o artigo 428, IV. Até este momento, não há criação de expectativa pelo oblato, uma vez que este ainda não tem conhecimento de seus termos e não há qualquer prejuízo em sua retirada.[39]

No entanto, a partir do momento em que o destinatário toma conhecimento da proposta, tornando-a efetiva, a retratação não mais é permitida e, então, fala-se em revogação da proposta.[40] Isso porque, ao se tornar efetiva, a proposta é dotada de efeito na esfera obrigacional que é a vinculação do proponente aos seus termos. A partir disso, a "mudança de opinião" pelo proponente pode trazer prejuízos ao oblato, que já tomou conhecimento da proposta, e, por este motivo, fala-se em possibilidade de revogação. É nessa segunda fase que surgem as distinções entre os sistemas a serem estudados neste tópico.

Uma vez esclarecida a natureza destes dois atos, analisar-se-á o tratamento da revogação pelos dispositivos da CISG que foram alvo de intensos debates quando de sua elaboração.

A razão para os debates acerca da regra da revogabilidade a ser adotada pela CISG se funda na inconsistência existente entre os sistemas de tradição de *civil law* em contraposição aos de *common law*. Isso porque, segundo a tradição de *common law*, a proposta é em regra sempre revogável pelo proponente, enquanto que na tradição de *civil law* a proposta é sempre irrevogável, podendo ser revogada pelo proponente apenas em situações excepcionais.[41]

Assim, o artigo 16 da CISG apresenta uma regra que compatibiliza os dois sistemas, ao estabelecer a revogabilidade da oferta no item 1 (aproximando-se da regra de *common law*) e, ao mesmo tempo, contem exceções que tornam a proposta irrevogável (aproximando-se da regra de *civil law*)[42]. Segundo os

[39] *Idem, Ibidem*, p. 147.

[40] C. M. Bianca; M. J. Bonell, *Commentary*, cit. (nota 35 supra), p. 147; S. Malik, *Offer: Revocable or Irrevocable. Will Art. 16 of the Convention on Contracts for the International Sale Ensure Uniformity?* In *Indian J. Int'l L.* (1985) 26-49.

[41] C. M. Bianca; M. J. Bonell, *Commentary*, cit. (nota 35 supra), p. 150; S. Malik, *Offer*, cit. (nota 37 supra); A. Vincze *in* J. Felemegas (org.), *An International*, cit. (nota 26 supra), p. 85; P. Schlechtriem – I. Schwenzer, *Commentary on the UN Convention on the International Sale of Goods*, 2ª ed., München, Oxford University Press, 2010, p. 122; G. Eörsi, *Problems Unifying Law on the Formation of Contracts for the International Sales, in* 27 *American Journal of Comparative Law* (1979) 311-323.

[42] CISG Artigo 16(1) A proposta poderá ser revogada até o momento da conclusão do contrato, se a revogação chegar ao destinatário antes de este expedir a aceitação.

(2) A proposta não poderá, porém, ser revogada:

comentaristas da Convenção, a elaboração deste dispositivo foi dramática, uma vez que as delegações de *civil law* não aceitariam a revogabilidade da oferta em qualquer circunstância, devendo o grupo de trabalho da Uncitral estabelecer uma "*compromise-rule*" capaz de se enquadrar em ambos os sistemas jurídicos.[43]

No entanto, a oposição entre os dois sistemas é tão forte que, mesmo diante desta regra conciliadora presente na CISG, a interpretação das exceções do artigo 16(2) costuma se diferenciar quando analisada à luz do sistema de *civil law* ou de *common law*. Trata-se especificamente da interpretação do item 16(2)(a) que dispõe sobre a estipulação de um prazo para a aceitação da proposta.

Nos primeiros *drafts* que depois se tornariam o artigo 16, a estipulação de um prazo para a aceitação era colocada como uma das formas de tornar a proposta irrevogável, tendo por base o artigo 5 da Lei Uniforme da Haia sobre Formação dos Contratos de Compra e Venda Internacional (1964). Este dispositivo, por sua vez, elencava no inciso 2 a estipulação de um prazo fixo de aceitação como causa de irrevogabilidade da proposta.[44]

A versão final do artigo 16(2) da CISG, todavia, na tentativa de tornar a regra aplicável aos dois sistemas, inseriu a estipulação de um prazo para aceitação de forma alternativa: a proposta pode também indicar que é irrevogável ao estabelecer um prazo fixo de aceitação. [45] Esta fórmula inserida pelos elaboradores da CISG, na visão dos intérpretes de tradição de *common law*, indica que a fixação de um prazo de aceitação não é por si só suficiente para tornar a proposta irrevogável.[46]

De fato, o texto original do artigo 16(2)(a) pode gerar diferentes entendimentos na prática a depender da tradição jurídica das partes. Enquanto que para um tribunal de *civil law* a estipulação de um prazo torna a proposta

(a) se fixar prazo para aceitação, ou por outro modo indicar que seja ela irrevogável;
(b) se for razoável que o destinatário a considerasse irrevogável e tiver ele agido em confiança na proposta recebida

[43] C. M. Bianca; M. J. Bonell, *Commentary*, cit. (nota 35 supra), p. 150-151; S. Malik, *Offer*, cit. (nota 37 supra); P. Schlechtriem – I. Schwenzer, *Commentary*, cit. (nota 38 supra), p. 121.

[44] C. M. Bianca; M. J. Bonell, *Commentary*, cit. (nota 35 supra), p. 153; S. Malik, *Offer*, cit. (nota 37 supra); ULF Article 5: 2. After an offer has been communicated to the offeree it can be revoked unless the revocation is not made in good faith or in conformity with fair dealing or unless the offer states a fixed time for acceptance or otherwise indicates that it is firm or irrevocable.

[45] Article 16(2)(a):if it indicates, wheth er by stating a fixed time for acceptance or otherwise, that it is irrevocable.

[46] C. M. Bianca; M. J. Bonell, *Commentary*, cit. (nota 35 supra), p. 157.

irrevogável, para um tribunal de *common law*, pode apenas indicar um lapso temporal em que a proposta permanece em aberto.[47]

Nesse momento, cabe uma crítica à tradução oficial do artigo 16(2)(a) para o idioma português, constante do Decreto nº 8.327/2014, que estabelece, talvez pelo fato de ser baseada na tradição de *civil law*, a fixação de um prazo de aceitação como suficiente para tornar a proposta irrevogável, nos seguintes termos: "*se fixar prazo para aceitação, ou por outro modo indicar que seja ela irrevogável*". Consequentemente, ao ter por referência o texto da CISG em português, não se verifica a referida discussão acerca do estabelecimento de um prazo para a aceitação.[48]

No entanto, essa diferença de entendimentos pode causar conflitos na prática, como por exemplo, um proponente de um país de *common law* pode se encontrar totalmente vinculado a uma proposta endereçada a um oblato de um país de *civil law*, mesmo que não tenha a intenção de fazer uma proposta irrevogável. Isso porque, em caso de conflitos, a CISG estabelece no artigo 8 regras de interpretação que devem sempre considerar a intenção das partes.[49] Em contrapartida, quando não for possível identificar desta intenção pelas partes, o artigo 8(2) requer atenção ao entendimento pelo destinatário como uma pessoa razoável, e, neste caso, seria o entendimento de uma pessoa razoável de tradição de *civil law*, por ser este o destinatário da proposta.[50]

Como consequência, mesmo ao se considerar uma regra uniforme, este tipo de conflito acaba por possuir diferentes desfechos a depender das negociações entre as partes e, principalmente, da tradição jurídica do tribunal competente quando da existência de controvérsias.

[47] S. Malik, *Offer*, cit. (nota 37 supra).

[48] Cabe aqui fazer referência outra tradução da CISG elaborada pela Professora Iacyr de Aguilar Vieira, publicada sob permissão das Presses Universitaires de Strasbourg e disponível na base CISG Brasil, pela qual a proposta não poderá ser revogada "se ela indicar, fixando um prazo determinado para aceitação, ou por qualquer outro modo, que é irrevogável", a qual se assemelha mais com o texto original em inglês da CISG.

[49] CISG – Artigo 8 – (1) Para os fins desta Convenção, as declarações e a conduta de uma parte devem ser interpretadas segundo a intenção desta, desde que a outra parte tenha tomado conhecimento dessa intenção, ou não pudesse ignorá-la;(2) Não sendo caso de aplicação do parágrafo anterior, as declarações e a conduta de uma parte devem ser interpretadas segundo o sentido que lhes teria dado uma pessoa razoável, com a mesma qualificação e nas mesmas circunstâncias da outra parte; (3) Para determinar a intenção de uma parte, ou o sentido que teria dado uma pessoa razoável,devem ser consideradas todas as circunstâncias pertinentes ao caso, especialmente negociações, práticas adotadas pelas partes entre si, usos e costumes e qualquer conduta subsequente das partes.

[50] P. Schlechtriem; I. Schwenzer, *Commentary*, cit. (nota 38 supra), p. 122.

Feita esta introdução ao tratamento da revogabilidade na CISG, cumpre neste momento analisar o direito brasileiro em comparação com essa, tendo em vista o fato de ser o Brasil um país de tradição de *civil law* e que, portanto, possui a irrevogabilidade como regra, em contraposição à regra da CISG. Porém, ao analisar os dispositivos do CCB, notadamente os artigos 427 e 428,[51] percebe-se desde logo que não há referência expressa à "irrevogabilidade" da proposta, mas sim a sua "obrigatoriedade".

Num primeiro momento e pela leitura dos dispositivos supramencionados, o intérprete pode concluir que a noção de obrigatoriedade do CCB é a mesma referente à irrevogabilidade presente na CISG. Partindo-se dessa interpretação, tem-se uma forte divergência entre o CCB e a CISG, na medida em que o primeiro estabeleceria a obrigatoriedade (irrevogabilidade) como regra no artigo 427 e as exceções de revogabilidade no artigo 428, enquanto a CISG teria por regra a revogabilidade, sendo a irrevogabilidade admitida excepcionalmente no termos do artigo 16(2).[52]

Nesta hipótese, a solução normalmente encontrada pelos juristas seria o fato de ambos os sistemas possuírem exceções amplas e, por meio da aplicação das exceções, unidas à regra de interpretação uniforme, é possível uma compatibilização dos dois sistemas no caso concreto. No entanto, antes de admitir esta saída, fica a dúvida sobre se a obrigatoriedade presente no CCB, de fato, corresponderia à irrevogabilidade presente na CISG.

Neste momento, percebe-se que a noção de obrigatoriedade e de revogabilidade não é um tema tratado de maneira uniforme pelos doutrinadores brasileiros, sendo essa falta de uniformidade também identificada por outros autores que se aventuraram a estudar o tema da formação dos contratos no direito brasileiro.[53] Além disso, a análise jurisprudencial sobre o tema somente resultou em poucos julgados referentes a relações de consumo, escopo não contemplado pela CISG.

[51] CCB Artigo 427: A proposta de contrato obriga o proponente, se o contrário não resultar dos termos dela, da natureza do negócio, ou das circunstâncias do caso; CCB Artigo 428: Deixa de ser obrigatória a proposta: (...)

[52] A. C. Cordeiro Neto; G. M. Radael; L. F. C. Lopes, *Brazil and the Accession to the 1980 United Nations Convention on Contracts for the International Sale of Goods (CISG): Advantages and Disadvantages*, 2011.

[53] Vide: J. P. Schmidt, *La Revocación de la oferta en el derecho contractual de los países Latinoamericanos y en el Derecho Uniforme, in Roma e America. Diritto Romano Comune in* Rivista di Diritto Dell'Integrazione e Unificazione del Diritto in Europa e in America Latina, vol 30, Roma, Mucchi Editore, 2010 p. 136-139.

Nota-se que por vezes os doutrinadores aproximam os dois conceitos, por exemplo, ao dispor que após a chegada ao oblato, a proposta é dotada do efeito da irrevogabilidade.[54] Ao mesmo tempo, existe um segundo entendimento que estabelece que "obrigatória" não quer dizer "irrevogável", sendo irrevogável a proposta que contém uma cláusula de irrevogabilidade.[55] E, a fim de diferenciar os dois conceitos, este segundo entendimento faz alusão aos efeitos que a "mudança de opinião do proponente" tem sobre a proposta. Neste sentido, sustenta-se que, por ser obrigatória a proposta nos termos do artigo 427, na hipótese de não ser mantida pelo proponente, este se submeterá a perdas e danos em favor do oblato.

Diferente será, todavia, o efeito do não cumprimento da proposta se ela for irrevogável, caso em que a proposta poderá ser aceita pelo oblato, reputando-se concluído o contrato. Nesta hipótese, a mudança de opinião do proponente será entendida como um inadimplemento contratual e não como uma revogação.[56]

Em outros termos e de forma objetiva, a obrigatoriedade significaria a adstrição aos termos da proposta, respondendo o proponente por perdas e danos em caso de sua alteração ou retirada (comprovado o prejuízo ao oblato), enquanto a irrevogabilidade seria a impossibilidade de o proponente retirar a proposta em qualquer circunstância, estando este obrigado a concluir o contrato no caso de aceitação pelo oblato.

Este segundo entendimento segue o modelo francês e é o mais comumente encontrado na doutrina, enquanto que o primeiro é defendido por aqueles que seguem o modelo alemão de que a obrigatoriedade da proposta a torna irrevogável.[57] Entretanto, por ser a lei omissa e a doutrina pouco vasta e profunda acerca do tema, não se pode neste artigo estabelecer qual entendimento seria o mais adequado. Ao invés disso, cumpre adotar aquele majoritário como parâmetro para se fazer a comparação com o sistema existente na CISG.

Tendo em vista os efeitos da revogação da proposta no direito brasileiro segundo esse entendimento majoritário, deve-se então analisar quais seriam

[54] F. C. Pontes de Miranda, *Tratado*, cit. (nota 4 supra), p. 511; I. A. Vieira, *L' applicabilité*, cit. (nota 4 supra), p. 340.

[55] C. M. da Silva Pereira, *Instituições*, cit. (nota 7 supra), p. 43;S. S. Venosa, *Direito Civil. Teoria Geral das Obrigações e Teoria Geral dos Contratos*, vol II, 5ª Ed., São Paulo, Atlas, 2005, p. 547; H. M. D. Verçosa, *Contratos Mercantis*, cit. (nota 5 supra), p. 315

[56] S. S. Venosa, *Direito Civil*, cit. (nota 52), p. 547; H. M. D. Verçosa, *Contratos Mercantis*, cit. (nota 5 supra), p. 315.

[57] J. P. Schmidt, *La Revocación*, cit. (nota 50 supra), p. 139.

os efeitos da revogabilidade no âmbito da CISG. O proponente também estaria sujeito a perdas e danos como no caso da "obrigatoriedade" do CCB? Ou estaria este impedido de "mudar de opinião", devendo ser o contrato concluído quando da aceitação pelo oblato? A resposta a estas perguntas poderá trazer mais subsídios para avaliar a existência de uma contradição entre os dois sistemas.

Assim como o CCB, a CISG também não trata das consequências da revogação de uma proposta quando esta for considerada irrevogável, nem mesmo existe um consenso sobre esse tema entre os tribunais que aplicam a Convenção. Da mesma forma, vislumbra-se um dissenso entre os poucos doutrinadores da CISG que chegam analisar esses efeitos.[58]

No entanto, entre aqueles mais renomados, há a opinião de que a irrevogabilidade da oferta afasta do proponente o poder de retirá-la e, em caso de revogação, esta não terá qualquer efeito para o oblato que poderá, independentemente do comportamento do proponente, aceitar a proposta e concluir o contrato. Assim, a "revogação" pelo proponente deverá ser entendida como uma recusa em executar o contrato, e, portanto, a sua responsabilidade deverá ser apurada no âmbito contratual.[59]

Tendo por base este entendimento, pela regra geral da revogabilidade da proposta prevista no artigo 16(1) da CISG, a revogação da proposta confere ao oblato o direito de indenização pela quebra da confiança, situação regulada pelo direito nacional, uma vez que não possui tratamento específico na CISG. Contudo, quando se está diante de uma exceção nos termos do artigo 16(2), a proposta é irrevogável e, portanto, o contrato deverá ser concluído em caso de aceitação, sendo a "mudança de opinião" pelo proponente entendida como inadimplemento contratual.[60]

A partir desta análise, é possível observar que, ao levar em consideração o entendimento majoritário acerca do tema da revogabilidade no direito brasileiro, não existiria a relatada contradição entre o sistema da CISG e o presente no CCB. Isso porque, os efeitos da revogabilidade da proposta seriam os mesmos para ambos os sistemas.

[58] H. Mather, *Firm Offers under the UCC and the CISG*, in *Dickinson Law Review* (Fall 2000) 31-56. Disponível em: http://www.cisg.law.pace.edu/cisg/biblio/mather2.html, p. 42.

[59] Neste sentido:P. Schlechtriem – I. Schwenzer, *Commentary*, cit. (nota 38 supra), p. 123; F. Enderlein, – D. Maskow, *International*, cit. (nota 9 supra), p. 89; O. Akseli *in* J. Felemegas (org), *An International*, cit. (nota 26 supra), p. 303; V. Heuzè, *Traité des Contracts – La Vente Internationale de Marchandises: Droit Uniforme*, direção por J. Ghestin, Jaques, Paris, L.G.D.J., 2000, p. 161-162.

[60] P. Schlechtriem; I. Schwenzer, *Commentary*, cit. (nota 38 supra), p. 123.

Em outros termos, a regra geral do CCB seria a da "obrigatoriedade", e não a "irrevogabilidade", o que implicaria que o proponente está obrigado aos termos da proposta, devendo indenizar o oblato em caso de revogação (responsabilidade extracontratual). Este é o mesmo entendimento expresso na regra geral do artigo 16(1) da CISG, permitindo a revogabilidade da proposta. Da mesma forma, quando uma proposta é considerada "irrevogável", ela não poderá ser retirada e o contrato será concluído, tanto com base no direito brasileiro, quanto nos termos do artigo 16(2) da CISG.

É importante ressaltar, todavia, que essa útil conclusão deve ser colocada com certa cautela, tendo em vista que, como dito anteriormente, não existe um consenso sobre o assunto tanto em relação à CISG quanto em relação ao CCB. Aliás, o CCB não trata de forma expressa a questão da irrevogabilidade da proposta como feito pela CISG, e menos ainda dos seus efeitos.

O entendimento aqui manifestado, portanto, reflete a inclinação majoritária da doutrina nacional e internacional, a qual, por sua vez, é mais favorável à dinâmica dos participantes do comércio internacional. Isso porque, diferentemente do que foi aplicado nas outras duas contradições estudadas no presente artigo, não é necessária a submissão aos parâmetros de interpretação identificados acima no tópico introdutório do artigo no tratamento da revogabilidade, uma vez que os dois sistemas são convergentes.

Quando da elaboração da primeira edição deste artigo, havia pouquíssimo tempo desde a entrada em vigor da CISG no Brasil, sendo esperado que a doutrina e, especialmente a jurisprudência, pudesse se pronunciar a respeito das contradições aqui analisadas, criando uma maior uniformidade na interpretação e aplicação das regras previstas nos dois instrumentos. Contudo, não obstante a vasta produção acadêmica e avanço da aplicação da CISG pelos tribunais brasileiros, os temas aqui analisados ainda não foram objeto de disputa e formação de jurisprudência. No que tange especificamente ao tema da formação dos contratos, de modo geral, o único artigo da CISG relativo a esta "fase" preliminar foi o artigo 11[61], utilizado pelos Tribunais de Justiça dos Estados do Rio Grande do Sul e de Santa Catarina, para fins de confirmar a existência de contrato internacional de compra e venda de mercadorias independentemente da assinatura de um instrumento formal próprio[62].

[61] Artigo 11: *"O contrato de compra e venda não requer instrumento escrito nem está sujeito a qualquer requisito de forma. Poderá ele ser provado por qualquer meio, inclusive por testemunhas"*.

[62] TJRS, Apelação Cível nº 70072362940 (Nº CNJ: 0000409-73.2017.8.21.7000), Rel. Des. Umberto Guaspari Sudbrack, j. 14/02/2017; TJSC, Apelação Cível nº 0305428-39.2014.8.24.0038, Rel. Des. Luiz Zanelato, j. 09/05/2019.

A falta de jurisprudência consolidada sobre o tema não implica, todavia, a ausência de importância da comparação realizada neste artigo. Pelo contrário, a ausência de disputas a respeito das possíveis contradições acima analisadas indica, na verdade, a correção e a pertinência das conclusões alcançadas neste artigo, isto é, de que a CISG e o CCB são instrumentos compatíveis no tocante ao tema da formação dos contratos. De toda forma, qualquer conclusão neste sentido tende a ser considerada prematura, especialmente ao se ter em vista o limitado tempo de aplicação CISG no Brasil, ainda insuficiente para formar um entendimento mais uniforme de sua interpretação comparada ao CCB.

Conclusões

A CISG foi ratificada pelo Brasil com o objetivo de ampliar a inserção do país no comércio internacional, tendo em vista o grande volume dos negócios internacionais sujeitos à aplicação de suas regras. Assim, intrínseco ao desejo de se submeter à Convenção, está aquele de compatibilizá-la às normas contratuais internas dos Estados contratantes.

Porém, como pôde ser observado pela leitura deste artigo, no que tange o tratamento da formação dos contratos, vislumbram-se importantes contradições entre o sistema interno e o convencional. O objetivo deste estudo foi, além de explorar estas contradições, buscar sua compatibilização por meio da sugestão de diferentes parâmetros de interpretação a serem utilizados pelos aplicadores do direito.

A partir da análise detida dos dispositivos da CISG e do CCB combinada à utilização dos referidos parâmetros, percebe-se que as contradições existentes no âmbito da formação dos contratos, apesar de temidas, podem ser superadas. É o que se pode concluir, por exemplo, ao se considerar o caráter dispositivo das regras acerca das comunicações entre proponente e o oblato, bem como ao se entender o escopo genérico e protetivo das regras do CCB no tratamento da oferta ao público.

Por fim, dentre as conclusões alcançadas com o presente estudo, talvez a principal seja aquela referente à ausência de conflito no que tange as regras da revogabilidade da proposta entre os sistemas do CCB e CISG, ainda que de maneira ainda não definitiva, visto que existem diferentes entendimentos sobre o assunto. Desse modo, e até mesmo pela falta de disputas judiciais a respeito dos temas aqui analisados, vislumbra-se, ainda de forma preliminar, a existência de uma importante conciliação entre os dois sistemas.

16. ACCEPTANCE OF AN OFFER UNDER THE CISG*

Petra Butler**
Bianca Mueller***

1. Introduction

On 1 October 2021, the United Nations Convention on Contracts for the International Sale of Goods (CISG) entered into force in Portugal.[1] The CISG will now govern the international sale of goods between Portugal's main commercial partners, including 25 of the 27 members of the European Union,[2] China, the US, Japan, Canada and Brazil.[3] The UK and India remain the only countries in the top ten world economies that have not ratified CISG. The CISG is considered the common law for the sale of goods in the European Union. Portugal's ratification of the CISG means it is now a part of this trade community.[4]

* This paper was originally published on: "SCHWENZER, Ingeborg; PEREIRA, Cesar. A. Guimarães; TRIPODI, Leandro (coordenadores). A CISG e o Brasil: Convencão das Nacões Unidas para os Contratos de Compra e Venda Internacional de Mercadorias. 1. ed. São Paulo: Marial Pons; Curitiba: Federacão das Industrias do Estado do Parana, 2015.

** Petra Butler, Professor, Victoria University of Wellington, New Zealand; Director, Institute of Small and Micro States.

*** Bianca Mueller, LL.M., Executive Manager Privacy Compliance Retail Banking Services, Commonwealth Bank.

[1] As of 8 December 2021, UNCITRAL reports that 94 States have adopted the CISG. A list of all member states is available at: https://iicl.law.pace.edu/cisg/page/cisg-table-contracting-states (last accessed 8 December 2021).

[2] Ireland and Malta have not yet ratified the CISG.

[3] The CISG generally applies to non-consumer contracts for the sale of goods where the parties are in different contracting states. It regulates only but not the sale of goods bought for personal, family or household use. CISG does not apply to contracts whose main part is the supply of labour or other services or the supply of (online) services. For that reason most cloud computing services "purchased" via the Internet will not fall under the scope of the CISG.

[4] See Luca Castellani "The adoption of the CISG in Portugal: benefits and perspectives" [2013] Revista Electrónica De Direito

The Internet facilitates international trade by reducing the cost of cross--border trade. It provides new sales, marketing, and automation opportunities while enabling businesses to reach a global target audience. *E*-commerce changed the way the world does business and it plays an important role in the economic growth of economies.[5] The COVID-19 pandemic has further increased the rise of *e*-commerce trade, with there being a particular increase in online retail sales in 2020.[6]

Modern forms of communication via electronic means raise interesting questions when considering mechanisms of contract formation. CISG was drafted in 1980 when it was inconceivable that the global *e*-commerce trade would reach a transaction value of US$26.7 trillion in 2019.[7] However, the CISG still achieves its aim of providing efficient and effective cross-border sales law.

This chapter will outline the CISG rules in regard to acceptance to an offer and discuss in particular the impact of communication via electronic means.

2. The Acceptance of the Offer

A valid acceptance is fundamental to contract formation. While an acceptance must be a mirror image of the offer, this does not mean the offeree is a non-active participant in the conclusion of a contract.

Upon receipt of an offer, the offeree has the following options: reject[8] or accept the offer; reply with modified or additional terms,[9] remain silent or inactive; request further information, or engage in a pre-contractual negotiation process (for example, negotiate the terms of the proposed contract).

Given the integral role acceptance has in determining contract formation, the following will discuss the key aspects of acceptance that are necessary to

[5] A brief survey of case-law in the last 10 years on the Pace CISG database under Art 18 shows that most contracts were concluded by email.

[6] "Estimates Of Global E-Commerce 2019 and Preliminary Assessment of Covid-19 Impact on Online Retail 2020" (2021) UNCTAD available at https://unctad.org/press-material/global-e-commerce-jumps-267-trillion-covid-19-boosts-online-retail-sales (last accessed 8 December 2021).

[7] This figure includes business-to-business (B2B) and business-to-consumer (B2C) sales. See "Global E-Commerce Jumps to $26.7 Trillion, Covid-19 Boosts Online Retail Sales" (2021) UNCTAD available at https://unctad.org/press-material/global-e-commerce-jumps-267-trillion-covid-19-boosts-online-retail-sales (last accessed 8 December 2021)

[8] CISG, Art. 17.

[9] CISG, Art 19.

conclude a valid contract under the CISG. This will involve, firstly, setting out core the principles of acceptance, before going on to discuss acceptance by electronic means, the time of acceptance, and conflicts between offer and acceptance.[10]

Core Principles

The rules regarding the acceptance of an offer for an international sale of goods are contained in Articles 18 to 22 of the CISG.[11] These provisions deal with how an offer can be accepted (Article 18), modifications to an offer (Article 19), time limits for accepting an offer (Article 20), late acceptance (Article 21), and withdrawal of an acceptance (Article 22 CISG). Articles 18 to 22 are non-mandatory, allowing parties to exclude them or derogate from them.[12]

A contract is concluded when the offeree communicates a clear assent to the terms of the offer in a timely fashion.[13]

1. Indication of assent to an offer

Acceptance is defined as an "indication of assent".[14] According to Article 18(1), every declaration or other act that expresses acceptance of an offer is

[10] This chapter will not cover battle of the forms, see Chapter XX and Ulrich Magnus, "Chapter 9: Incorporation of Standard Terms" in in Larry Di Matteo, Andre Janssen, Ulrich Magnus, Reiner Schulze (eds), *International Sales Law* (2nd ed, Beck, Nomos & Hart, 2021) Ch 9 paras 9 et seq; Lisa Spagnolo, "Chapter 23: Contract Interpretation and Merger Clauses", Ibid, Ch 23 para 61; Peter Schlechtriem & Petra Butler, *UN Law on International Sales* (Springer, Berlin, 2009) ch 3.4.

[11] In the following all Articles referred to will be those of the CISG unless otherwise stated.

[12] Ulrich Schroeter in in Ingeborg Schwenzer (ed), *Schlechtriem & Schwenzer Commentary on the UN Convention on the International Sale of Goods (CISG)*, (4th ed, OUP, Oxford, 2016) Art 18 para 9; see also Lisa Spagnolo in Peter Mankowksi, *Commercial Law* (Beck, Nomos & Hart, 2019) Art 18 CISG paras 1 et seq.

[13] Alan Farnsworth, in Cesare Bianca/ Michael Bonell (eds), *Commentary on the International Sales Law*, (Guiffre, Milan, 1987) Art. 18 para. 2.2; Peter Mankowski in Franco Ferrari, Eva-Maria Kieninger, Peter Mankowski, Karsten Otte, Ingo Saenger, Götz Schulze, Ansgar Staudinger (eds) *Internationales Vertragsrecht* (2nd ed, Beck, Munich, 2012) Art 18 para. 6; Ulrich Schroeter in Peter Schlechtriem/Ingeborg Schwenzer (eds), *Kommentar zum Einheitlichen UN-Kaufrecht* (6th ed, Beck, Munich, 2013) Art 18 para. 4; Franco Ferrari in Stefan Kröll/Loukas Mistelis/Pilar Perales-Viscasillas (eds), *UN-Convention on the International Sales of Goods (CISG)* (2nd ed, Beck/Hart/Nomos, Munich, 2018) Art 18 para. 8; for a comparative overview Reiner Schulze, "Chapter 8 Formation of Contract" in Larry Di Matteo, Andre Janssen, Ulrich Magnus, Reiner Schulze (eds), *International Sales Law* (2nd ed, Beck, Nomos & Hart, 2021) Ch 8 paras 26 et seq.

[14] CISG, Art 18(1).

deemed an acceptance. However, mere silence or inactivity alone is not deemed acceptance unless such a practice existed between the parties (Articles 8, 9(1), Articles 18(1), (3)).[15] Acceptance is the final and unqualified expression of assent by the offeree to the terms of the offer. Only the offeree of a proposed contract is entitled to accept the offer.[16] To be effective, the acceptance must be communicated clearly and unequivocally to the offeror and it must reach the offeror in a timely fashion.

For there to be an acceptance, the offeree must communicate "assent" to the offer. Only the offeree of a proposal to conclude a contract is entitled to accept the offer.[17] Provided that the offeror does not specify a particular mode of acceptance, the offer may be accepted by an oral or written statement[18] or may be inferred from the offeree's conduct.[19] Usually, the terms 'yes, I accept' are sufficient to qualify as an acceptance. It is, however, not necessary that the offeree uses these exact words. The offeree's communication of assent may also be assessed cumulatively, with different forms of correspondence being considered together to indicate an assent to the offer.[20]

Acceptance requires an unqualified intention to be bound by the proposed terms in the offer. Whether there is the requisite intention to be bound depends on whether the offeree expressly or impliedly showed a clear willingness to be contractually bound by the substantive terms proposed by the offeror.[21]

[15] See, for example, OLG Dresden (30 November 2010) (*Lingerie case*) CLOUT case 1736 https://www.uncitral.org/clout/clout/data/deu/clout_case_1736_301110.html (last accessed 8 Dec 2021); *Nucap Industries, Inc. v. Robert Bosch LLC* 273 F Sup. 3d 986 (N.D. III. 2017), CISG-online 2930.

[16] CLOUT case N. 239 Oberster Gerichtshof, Austria, 18 June 1997 (determination as to whether the offer was made to a mercantile agent.

[17] See CLOUT case N. 239 Oberster Gerichtshof, Austria (18 June 1997) (remand to determine whether the offer was made to a mercantile agent).

[18] CLOUT case N. 395 Tribunal Supremo, Spain (28 January 2000) (faxed unconditional acceptance); CLOUT case N. 308 Federal Court of Australia, Australia (8 April 1995) (statement in offeree's letter interpreted as an acceptance); CLOUT case N. 845 *Easom Automation Systems, Inc v ThyssenKrupp Fabco, Corp U.S.* District Court, Michigan, United States (28 September 2007).

[19] CLOUT case N. 291 Oberlandesgericht Frankfurt aM Germany (23 May 1995) *Shoe Case* https://www.uncitral.org/clout/clout/data/deu/clout_case_291_leg-1514.html (last accessed 8 Dec 2021); CLOUT case N. 232 Oberlandesgericht München, Germany (11 March 1998) (buyer, by performing contract, accepted seller's standard terms that modified buyer's offer); CLOUT case N. 1744 District Court, Western District of Pennsylvania, United States (10 September 2013).

[20] See, for example, *AGB Contemporary AG v Artemundi LLC*, District Court, District of Delaware, United States (12 May 2021), CISG-online 5581.

[21] John Pierre/Vivica Pierre, "A Comparison of the Rules on Formation of Sales Contracts Under the Louisiana Civil Code and the United Nations Convention on Contracts for the International Sale of Goods: What Buyers and Sellers Should Know" (1993) 20 Southern University Law Review,

Whether a purported acceptance modifies the offer, thereby amounting to a counter-offer, is determined by Article 19. A party who negotiates or accepts an offer in a foreign language must bear the risk of understanding the intricacies of the meaning in the foreign language.[22]

Acknowledging receipt of the offer or asking for clarification about the goods being offered does not constitute an acceptance. An expression of interest in regard to an offer enough to conclude the contract will also not be deemed as an acceptance.[23]

Besides the intention to be bound, the acceptance must be unconditional. Since an acceptance is the final step to concluding the contract, it cannot require any further steps to be taken, either by the offeror or the offeree. For instance, an 'acceptance' cannot be made subject to final approval by the offeree's board of directors.[24]

Whether a reply or conduct qualifies as an indication of assent will be determined in accordance with the interpretation rules set forth by Article 8 CISG and the rules around trade usages and customs set forth in Article 9 CISG.

Industry usages and customs may influence whether certain conduct amounts to acceptance.[25] The parties may establish trade practices between themselves that modify and take precedent over CISG provisions. Such agreed or implied practices may relate to the conclusion of the contract (for example, acceptance by certain conduct), acceptance of an offer without communicating it to the offeror (Article 18(3)) or procedures for payment. If parties

p 189, 192; Alan Farnsworth in Cesare Bianca/Michael Bonell (eds), *Commentary on the International Sales Law* (Giuffrè, Milan, 1987), p 163-174.

[22] See for example Landgericht Kassel (15 February 1996) Case N. 11 O 4187/95 stating that, if the offeree is uncertain of the meaning of an offer in a foreign language, the offeree must raise objections in order to get sufficient certainty, make further inquiries, or use a professional translation.

[23] Ulrich Schroeter in Ingeborg Schwenzer (ed), *Schlechtriem & Schwenzer Commentary on the UN Convention on the International Sale of Goods (CISG)*, (4th ed, OUP, Oxford, 2016) Art 18 para 4; Peter Mankowski in Franco Ferrari, Eva-Maria Kieninger, Peter Mankowski, Karsten Otte, Ingo Saenger, Götz Schulze, Ansgar Staudinger (eds), *Internationales Vertragsrecht* (2nd ed, Beck, Munich, 2012) p 501.

[24] Cecila Carrara and Joachim Kuckenburg "Remarks on the manner in which the Principles of European Contract Law" in *Commentary on Article 17 and Article 18 of the CISG* (February 2003).

[25] Patrick Ostendorf & Peter Kluth, *Internationale Wirtschaftsverträge* (Beck, Munich, 2013) p 576; Pilar Perales Viscasillas in Stefan Kröll/Loukas Mistelis/Pilar Perales-Viscasillas (eds), *UN-Convention on the International Sales of Goods (CISG)* (2nd ed, Beck/Hart/Nomos, Munich, 2018) Art 9 paras. 8-10; Franco Ferrari, Ibid, Art 18 para 11.

do not wish to be bound by established trade usages or customs, they must expressly exclude them.[26]

The primary aim of contractual interpretation is to determine the intent of the parties (Article 8(1)).[27] If an actual "meeting of the minds" cannot be established, it has to be determined, based on the surrounding circumstances, whether the actual will of one party was so easily recognizable that the other party could not have been unaware of it (Article 8(1)). If this is not the case, then, for the purposes of determining the probable will of the parties, declarations of the parties are to be interpreted from the perspective of a reasonable person in the same position, taking account of their wording and context, as well as the entire circumstances (Article 8(2)).[28]

Acceptance by conduct

The offeree's willingness to be contractually bound may be inferred from the offeree's behavior or conduct.[29] Acceptance of an offer can be made by conduct, rather than statements, if the conduct indicates an assent of the offeree,[30] or objectively indicates an intent to be bound by the offer.[31] Conduct amounting to acceptance may consist of acts that are in fact performance of the contractual obligations, such as shipping the goods to the buyer, payment, starting to manufacture the goods or the offeror accepting delivery.[32]

[26] Pilar Perales Viscasillas in Stefan Kröll/Loukas Mistelis/Pilar Perales-Viscasillas (eds), *UN-Convention on the International Sales of Goods (CISG)* (2nd ed, Beck/Hart/Nomos, Munich, 2018) Art 9 paras. 8-10.

[27] Wilhelm Achilles, *Kommentar zum UN-Kaufrechtsübereinkommen (CISG)* (Luchterhand, Berlin 2014) Art 8 para. 2; Martin Schmidt-Kessel in Peter Schlechtriem/Ingeborg Schwenzer (eds), *Kommentar zum Einheitlichen UN-Kaufrecht* (6th ed, Beck, Munich, 2013) Art 8 para. 22.

[28] Swiss Federal Supreme Court (Bundesgericht) 5 April 2005 CLOUT No 931.

[29] CISG, Art 18(1).

[30] CLOUT case N. 291 Oberlandesgericht Frankfurt aM Germany (23 May 1995) (*Shoe Case*) https://www.uncitral.org/clout/clout/data/deu/clout_case_291_leg-1514.html (last accessed 8 Dec 2021).

[31] *It's Intoxicating, Inc v Maritim Hotelgesellschaft mbH* 11-CV-2379 (31 July 2013) https://casetext.com/case/its-intoxicating-inc-v-maritim-hotegesellschft-mbh (last accessed 8 Dec 2021); Patrick Ostendorf & Peter Kluth, *Internationale Wirtschaftsverträge* (Beck, Munich, 2013) p 576; Ulrich Schroeter in Peter Schlechtriem/Ingeborg Schwenzer (eds), *Kommentar zum Einheitlichen UN-Kaufrecht* (6th ed, Beck, Munich, 2013) Art 24 para. 32.

[32] See a good example of acceptance by conduct (processing of the goods after 2-3 months) Oberster Gerichtshof (Austria) (13 December 2012) 1 Ob 215/12t (*Insulating material case*) https://www.uncitral.org/clout/clout/data/aut/clout_case_1516_23.html (last accessed 8 Dec 2021).

Whether conduct will indicate an intention to be bound by the offer is determined in accordance with Article 8 and Article 9.[33]

Further examples of conduct that may indicate an intention to be bound include the opening of a letter of credit for the purchase price,[34] the dispatch of an invoice,[35] the cashing of a cheque sent with the offer,[36] or a letter of confirmation sent by the seller after buyer's taking delivery of the goods.[37] The UNCITRAL Digest[38] provides a summary of conduct that has been held to amount to an acceptance, for example:[39] a third party's taking delivery of goods;[40] delivery of goods by the seller;[41] seller's acceptance of a bank guarantee and the start-up of production of the goods;[42] sending invoices and packing lists;[43] signing invoices to be sent to a financial institution with a request that it finances the purchase;[44] sending a reference letter to an

[33] Reiner Schulze, "Chapter 8 Formation of Contract" in Larry Di Matteo, Andre Janssen, Ulrich Magnus, Reiner Schulze (eds), *International Sales Law* (2nd ed, Beck, Nomos & Hart, 2021) Ch 8 para 53; CLOUT CASE N. 429 Oberlandesgericht Frankfurt a M (30 August 2000).

[34] *Geneva Pharmaceuticals Technology Corp v Barr Laboratories, Inc.* 201 E Sup. 2d 236 (S.D.N.Y. 2002), CISG-online 653; *Magellan International Corporation v Salzgitter Handel GmbH* US District Court (ND Illinois) (7 Dec 1999) 76 F Supp 2d 919 CISG-online 439.

[35] Cámara Nacional de Apelaciones en 10 Comercial (14 October 1993) CISG-online 87; *Magellan International Corp v Salzgitter Handel GmbH* 76 E Sup. 2d 919 (N.D. III. 1998), CISG-online 439.

[36] District Court Kassel 11 O 4187/95 (15 February 1996) (*clothes case*). A cheque was accompanied by a note (in German) stating: "This check settles the account in total including late interest, expenses of any kind, etc. This is not an on account payment. Should you not be agreeable to this, we ask you to return the check."

[37] Oberlandesgericht Saarbrücken 1 U 69/92 (13 January 1993) CLOUT case N. 292. https://www.uncitral.org/clout/clout/data/deu/clout_case_292_leg-1515.html (last accessed 8 Dec 2021).

[38] UNCITRAL *Digest on case law on the United Nations Convention on the International Sale of Goods* (2016 edition) https://uncitral.un.org/sites/uncitral.un.org/files/media-documents/uncitral/en/cisg_digest_2016.pdf (last accessed 8 December 2021). CLOUT case N. 292 LG Saarbrücken 23 March 1992 where buyer's acceptance of goods indicated assent to offer, including standard terms in letter of confirmation.

[39] See also a list of examples in Ulrich Schroeter in Ingeborg Schwenzer (ed) *Schlechtriem & Schwenzer UN Convention on the International Sale of Goods* (4th ed, OUP, Oxford, 2016) Art 18 para. 13.

[40] CLOUT case N. 193 Handelsgericht des Kantons Zürich, Switzerland (10 July 1996).

[41] CLOUT case No 1502 Cour de cassation, France, (27 May 2014).

[42] Court of Arbitration of the International Chamber of Commerce, December 1998 (arbitral award N. 8908) http://www.unilex.info/principles/case/663 (last accessed 8 Dec 2021).

[43] *Zhejiang Shaoxing Yongli Printing and Dyeing Co. Ltd v Microflock Textile Group Corporation* U.S. District Court, Southern District of Florida, United States (19 May 2008) https://casetext.com/case/zhejiang-shaoxing-yongli-ptg-v-microflock-textile (last accessed 8 Dec 2021).

[44] CLOUT case N. 417 US District Court, Northern District of Illinois, US (7 Dec 1999); Comision para la proteccion del comercio exteriror de Mexico (Compromex) (29 April 1996).

administrative agency;[45] a handshake by the representatives of the parties;[46] or sealing and sending back the purchase order.[47]

In accordance with Article 18(3), an offer may also be accepted by performance of an act (i.e. conduct) if trade practices and usages permit this.[48] The provision states that:

> "(...) if by virtue of the offer or as a result of practices which the parties have established between themselves or of usage, the offeree indicates assent by performing an act, such as one relating to the dispatch of goods or payment of the price."

In a sense, Article 18(3) CISG repeats what is already provided for in Article 9(1) CISG: The parties are bound by any trade usages and customs that they have established between themselves (Article 9(1) CISG) and they take precedent over conflicting provisions in CISG.[49]

Silence or inactivity

Article 18(1) CISG sets some boundaries for the type of conduct that can amount to acceptance by providing that "silence or inactivity does not in itself amount to acceptance".[50] As a general rule, the offeree's silence or inactivity alone does not denote the acceptance of the offer because silence or inactivity lack the objective manifestation that the offeree intends to be bound.

[45] [Federal] Southern District Court of New York, United States (10 May 2002) Federal Supplement (2nd Series) 201, 236 ff.

[46] Oberlandesgericht Innsbruck, Austria (18 December 2007) CISG-online 1735.

[47] CommercialCourt Tongeren, Belgium (25 Jan 2005) CISG-online 1106.

[48] CISG, Art 9. See also Clayton Gillette and Steven Walt *The UN Convention on Contracts for the International Sale of Goods* (2nd ed, Cambridge University Press, 2016) 91; *Urica, Inc. v. Pharmaplast S.A.E* District Court, Central District of California, United States (8 August 2014), CISG-online 2952.

[49] Jorge Oviedo Albán, "Usages and Practices in Contract for the International Sale of Goods" (May 2017) https://www.researchgate.net/publication/321761551_Usages_and_Practices_in_Contracts_for_the_International_Sale_of_Goods (last accessed 8 Dec 2021); Ch Pamboukis, "The Concept and Function of Usages in the United Nations Convention on International Sale of Goods" (2005-2006) 25 Journal of Law and Commerce 107; Gregory Walker "Trade Usages and the CISG: Defending the Appropriateness of Incorporating Custom into International Commercial Contracts" (2005) 24 Journal of Law and Commerce 263.

[50] Franco Ferrari in Stefan Kröll/Loukas Mistelis/Pilar Perales-Viscasillas (eds), *UN-Convention on the International Sales of Goods (CISG)* (2nd ed, Beck/Hart/Nomos, Munich, 2018) Art 18 paras. 1, 4.

The offeror cannot deviate from this general rule by stipulating in the offer that silence will amount to consent so that the onus is on the offeree to refuse the offer. The offeror cannot impose on the offeree a duty to respond to the offer by stating, for example: "If I don't hear from you in three days, I'll assume you're buying the timber". Even if the offeree remained silent in the face of such an offer, no contract would be concluded.[51] The sending of unsolicited goods will therefore also not conclude a contract.

There are, however, exceptional circumstances, where silence may amount to an indication of assent. In is not unusual in certain business relationships to conclude a contract without the acceptance having been manifested in an express way, but rather tacitly by conduct. The rules of interpretation set out in Article 8 CISG are therefore of major importance in ascertaining whether an "acceptance by silence". [52]

Parties may have also established a trade practice between themselves where silence is considered a valid acceptance.[53] As discussed above, under Article 9(1) parties are bound by any usages and customs which they have established between themselves. The court in *Filanto, S.p.A. v Chilewich Int'l Corp*, while nor directly referring to Article 9(1), interpreted the long-standing dealings between the parties in accordance with Article 8(3). It found that not responding within a particular time frame amounted to a valid acceptance.[54]

> "A New York enterprise agreed to sell shoes to a Russian enterprise pursuant to a master agreement that required disputes to be arbitrated in Moscow. To fulfill the agreement, the New York enterprise entered into multiple contracts with an Italian seller. Pursuant to one purported contract the Italian manufacturer supplied shoes but the New York buyer made only partial payment. The Italian seller sued in a New York court to recover the purchase price. The New York buyer sought a stay of proceedings to permit arbitration alleging that the contract incorporated

[51] Alan Farnsworth in Cesare Bianca/Michael Bonell(eds), *Commentary on the International Sales Law*, (Giuffrè, Milan, 1987) 163-174 para. 2.3; CLOUT 23, UNILEX D.1992-9; see Ron Brand/Harry Flechtner "Recent Development: CISG: Arbitration And Contract Formation In International Trade: First Interpretations Of The U.N. Sales Convention" (1993) 12 JLC 239; OLG Köln, 22 U 202/93 (22 February 1994).

[52] See also Lisa Spagnolo in Peter Mankowksi, *Commercial Law* (Beck, Nomos & Hart, 2019) Art 18 CISG para 13 also discussion the role of Art 9.

[53] See, for example, CLOUT case N. 313 Cour d'appel de Grenoble, France (21 October 1999).

[54] 789 F Supp 1229 (SDNY 1992) appeal dismissed 984 F2d 58 (2d Cir 1993) CLOUT case N. 23.

> the Russian master agreement by reference. The Court held construed Article II(1) of the Convention on the Recognition and Enforcement of Foreign Arbitral Awards to determine whether the parties had agreed in writing to arbitrate. Since the Court found the issue to be a federal law question, the Court refered to contract principles embodied in CISG. The Court held that the New York buyer's offer, which incorporated the Russian master agreement by reference, had been accepted by the Italian seller's failure to respond promptly. Although under Article 18(1) CISG silence is not usually acceptance, the Court interpreted the dealings between the parties in accordance with Article 8(3). The course of dealing between the parties created a duty on the part of the Italian seller to object promptly and that its delay in objecting constituted acceptance of the New York buyer's offer."

The rules governing the effect of silence following a commercial letter of confirmation are generally not considered to be 'usages' under Article 9(1). This means inactivity or silence after having received a commercial letter of confirmation will generally not amount to acceptance of the terms contained in the letter of confirmation.[55] In this specific case, whether there is a valid acceptance will need to be determined by reference to Article 8. Where the confirmation refers to a contract which has already been concluded, the offeror must understand it as a letter of confirmation (Article 8 (2)), not as an acceptance. Whether the offeree is accepting the offer, or only confirming its receipt, will again have to be determined in accordance with Article 8(2).

Form of acceptance

The offeror, as the master of the offer, may request a particular manner of acceptance. The offeree must then respond in kind for the acceptance to be valid. For example, the offeror may require the acceptance to be received by registered post within twelve working days, declaring that an oral statement is not sufficient (Articles 18 and 19). If the offeree deviates from the offeror's instructions in any significant way, no contract will be formed.

[55] Ulrich Schroeter in Ingeborg Schwenzer (ed) *Schlechtriem & Schwenzer UN Convention on the International Sale of Goods* (4th ed, OUP, Oxford, 2016) Art 18 para.18.

If, however, the offer does not require a particular manner of acceptance, the offeree may accept it in a reasonable manner of communication, within a reasonable time.

Generally, what is considered a 'reasonable manner' of communication will depend on the circumstances in which the offer was made. The reliability of the various modes of communication and the importance and urgency of the acceptance will be decisive factors in choosing a reasonable manner of communication. The nature of the proposed transaction will also determine what is a reasonable manner of communication. Relevant factors may be whether the goods involved are subject to rapid price fluctuations, whether the are perishable or whether the parties have established trade usages between themselves.[56]

At the time CISG was drafted, businesses generally communicated by letters. Telex was considered the fastest form of international correspondence, while the fax was cutting-edge technology that had just entered commercial offices. "Internet" and "email" were words and concept that were yet to be invented.

The question that therefore arises in this context is whether an international contract for the sale of goods can be accepted via electronic means?

> Article 11 provides:
> "A contract of sale need not be concluded in or evidenced by writing and is not subject to any other form requirements'."

Article 13 states that "for the purpose of this Convention 'writing' *includes* telegram and telex" [emphasis added]. This definition of writing is sufficiently broad and flexible, as the word 'includes' suggests that this requirement will be met when electronic media are used to conclude a contract. In fact, form requirements were deliberately excluded from the CISG as to give the parties greater flexibility in contracting with each other.[57]

Freedom of form is a general principle that is embodied in Article 11 CISG. It is also a core principle of the UNIDROIT Principles. Article 1.11 of the Principles uses a functional approach to define "writing" by stating that 'writing' means any mode of communication that preserves a record of the information

[56] Compare Art 9 CISG.

[57] Note however, that declarations of intent such as offer (e.g. acceptance, withdrawal, or revocation) must comply with the validity requirements of the applicable domestic law including requirements concerning legal capacity, the absence of certain kinds of mistake, duress.

contained therein and is capable of being reproduced in tangible form'". Therefore, 'writing' can be extended to various different technologies and includes can any mode of communication, including electronic communications that preserve a record and can be reproduced in tangible form. Though the UNIDROIT Principles of International Commercial Contracts do not constitute law, it demonstrates the different technological environments at the time of drafting.[58]

The Principles have prompted the CISG Advisory Council to confirm that 'the term 'writing' in CISG also includes any electronic communication retrievable in perceivable form' and that the CISG 'enables parties to conclude contracts electronically'.[59]

Parties are also free to specify the precise time, place, and manner in which acceptance must be communicated (ie in writing, orally or electronically).

For an electronic acceptance to be appropriate, the offeror must expressly or impliedly have consented to receiving electronic communications. The offeror's consent to receive an acceptance via electronic means may be inferred from the offeror's statements, conduct or from common trade practices established between the parties. The CISG therefore allows for international contracts for the sale to be concluded by way of tweeting, texting, internet chat, email, posting information on a websites or blog posts.

An interesting technological development is contracting through 'smart contracts'. Smart contracts are contracts written into code that automatically execute all or parts of an agreement, stored on a blockchain-based platform.[60] The validity of accepting smart contracts under the CISG is uncertain. This being said, an offeree may be able to accept an offer under a smart contract, either by performing according to its terms, or by providing a digital signature.[61]

[58] See for a discussion on the relationship of the CISG and UNIDROIT Principles Eckart Brödermann, *UNIDROIT Principles of International Commercial Contract* (Wolters Kluwer, Alphen aan den Rijn, 2018) Preamble para 10.

[59] CISG-AC Opinion no 1, "Electronic Communications under CISG", 15 August 2003. Rapporteur: Professor Christina Ramberg, Gothenburg, Sweden. Siegfried Eiselen "Electronic Commerce and the U.N. Convention on Contracts for the International Sale of Goods (CISG)" (1999) 6 EDI Law Review, p. 21-46

[60] Stuart Levi and Alex Lipton "An Introduction to Smart Contracts and Their Potential and Inherent Limitations" Harvard Law School Forum on Corporate Governance and Financial Regulation (2018).

[61] For a discussion on the role of smart contracts under the CISG see Anna Duke 'What Does the CISG Have to Say about Smart Contracts: A Legal Analysis' (2019) 20 Chi J Int'l L 141, p. 141-177.

Effectiveness of acceptance

The effect of arts 18(2), 21 and 24 is that acceptance of an offer becomes effective at the moment communication of assent reaches the offeror.[62] No matter what form of communication the offeree chooses, the acceptance must reach the offeror for a legally binding contract to be formed (see however the exception contained in Article 18(3).[63] It must be noted that the offeree may withdraw the acceptance if the withdrawal reaches the offeror before or at the same time the acceptance would have become effective (Article 22).

Since the receipt of an acceptance concludes the contract,[64] it is important to determine precisely when the communications in question "reaches" the offeror.[65]

Article 24 states that a declaration "reaches" the offeree when it is made orally to him or delivered by other means to him personally, to his place of business or mailing address, or if he does not have a place of business or mailing address, to his habitual residence.

Article 24 embodies the reception theory. According to this theory, the acceptance reaches the offeror when it enters the offeror's sphere of control in such a way that he or she is able to gain knowledge of its content.[66] The receipt of an acceptance under the CISG does not require that the offeree takes notice of the acceptance. It is not necessary that the offeree gains actual knowledge of the content of the declaration. There is therefore no scope under the CISG for the operation of the postal acceptance rule[67] or the information theory,[68]

[62] CLOUT case N. 1522 High Court of New Zealand, (3 June 2015).

[63] John Pierre/Vivica Pierre "A Comparison of the Rules on Formation of Sales Contracts Under the Louisiana Civil Code and the United Nations Convention on Contracts for the International Sale of Goods: What Buyers and Sellers Should Know" (1993) 20 Southern University Law Review 189, 192.

[64] Ulrich Schroeter in Peter Schlechtriem/Ingeborg Schwenzer (eds), *Kommentar zum Einheitlichen UN-Kaufrecht* (6th ed, Beck, Munich, 2013) Art 23 para. 1.

[65] Ingeborg Schwenzer & Florian Mohs "Old Habits Die Hard: Traditional Contract Formation in a Modern World" Internationales Handelsrecht 2006, 239-246.

[66] Peter Schlechtriem & Petra Butler, *UN Law on International Sales* (Springer, Berlin, 2009) para. 95; Siegfried Eiselen "Electronic Commerce and the U.N. Convention on Contracts for the International Sale of Goods (CISG)" (1999) 6 EDI Law Review, p. 29.

[67] The postal acceptance rule is an exception and stems from *Adams v Lindsell* (1818) 1 B & Ald 681, under it a contract is formed when a letter of acceptance is posted. *Henthorn v Fraser* [1892] 2 Ch 27; *British & American Telegraph Co Ltd v Colson* (1871) LR 6 Exch 108, 112. See also S Gardner "Trashing with Trollope: A Deconstruction of the Postal Rules in Contract" (1992) 12 Oxford J. of Legal Studies 170, 175.

[68] Under the Declaration Theory, the contract is concluded when the offeree writes his acceptance.

unless the parties themselves agree otherwise (Article 6) or they have established trade usage or custom between themselves to that effect (Article 9).[69]

Article 24 distinguishes between orally made acceptances and acceptances delivered by other means. The term "orally" includes electronically transmitted sound and other communications in real time, provided that the addressee expressly or impliedly has consented to receive electronic communications of that type, in that format, and to that address.[70]

The question arises when an acceptance which is made using electronic means reaches the sphere of the offeror. An acceptance becomes effective when an electronic indication of assent has entered the offeror's server, provided that the offeror has consented, expressly or impliedly, to receiving electronic communications of that type, in that format, and to that address.[71] That means that the offeror receives an email at the point the message enters the offeror's Internet Service Provider's (ISP) server and can be downloaded.[72] This aligns with Article 15 of the UNCITRAL Model Law on Electronic Commerce, which states that electronic data messages reach the offeror "at the time when the data message enters the designated information system".

Article 24 does not address whether an acceptance made in a language that is not usually used by the offeror "reaches" the offeror. In accordance with Article 8, whether the offeror has accepted in a language that the offeror does not normally use will depend on the common understanding between the parties, their prior dealings, or trade customs.[73]

[69] For a detailed discussion of the different theories see Siegfried Eiselen "Electronic Commerce and the U.N. Convention on Contracts for the International Sale of Goods (CISG)" (1999) 6 EDI Law Review, p. 21-46.

[70] Cour de Justice de Genève, Switzerland (13 September 2002) CISG-online 722; CISG-AC Opinion n. 1, *Electronic Communications under CISG* (15 August 2003), rapporteur: Christina Ramberg, Art. 24. Lisa Spagnolo in Peter Mankowksi, *Commercial Law* (Beck, Nomos & Hart, 2019) Art 24 CISG paras 5 et seq.

[71] Franco Ferrari in Stefan Kröll/Loukas Mistelis/Pilar Perales-Viscasillas (eds), *UN Convention on Contracts for the International Sale of Goods* (2nd ed, Beck/Hart/Nomos, Munich, 2018) Art 18 para. 4; Burt Leete "Contract Formation under the United Nations Convention on Contracts for the International Sale of Goods and the Uniform Commercial Code: Pitfalls for the Unwary", (1992) 6 Temple International and Comparative Law Journal, 193, 207.

[72] CISG-AC Opinion no 1, *Electronic Communications under CISG* (15 August 2003) rapporteur: Christina Ramberg, Art 24.

[73] See CLOUT case N. 132, Oberlandesgericht Hamm, Germany (8 February 1995), CISG-online 141.

Acceptance without notification

Generally, the offeree must communicate the acceptance to the offeror.[74] Article 18(3) provides an exception to the general rule that an acceptance must reach the offeror to be effective. Communication of acceptance is not necessary if the offer dispenses with the requirement. By merely performing an act, the offeree may render the acceptance effective, and thus conclude the contract without the acceptance reaching the offeror.[75] In such a case, the acceptance is effective the moment the act is performed.[76]

The acceptance by performance must either be expressly authorised in the offer or impliedly authorised "as a result of practices which the parties have established between themselves or of usage" (Article 18(3), Article 9).

Article 18(3) provides some guidance as to what kind of act will be considered sufficient to conclude the contract without the need to notify the offeror. The CISG refers to "the dispatch of the goods" or "payment of the price" as examples. However, the conduct does not have to be directly linked to the performance of the contract and therefore it may also include preparatory acts.[77]

Time for acceptance – Late Acceptance

Instantaneous modes of communication

Article 18(2) states that "an oral offer must be accepted immediately unless the circumstances indicate otherwise". The requirement that an oral offer must be accepted immediately indicates that oral offers are only binding during the immediate negotiations.[78] A period of time fixed by the offeror

[74] CISG, Art 18.

[75] Cecila Carrara and Joachim Kuckenburg "Remarks on the manner in which the Principles of European Contract Law may be used to interpret or supplement Article 18 of the CISG" " in *Commentary on Article 17 and Article 18 of the CISG* (February 2003) para. 4.

[76] Ingeborg Schwenzer & Florian Mohs "Old Habits Die Hard: Traditional Contract Formation in a Modern World" Internationales Handelsrecht 2006, 239-246.

[77] Peter Mankowski in Franco Ferrari, Eva-Maria Kieninger, Peter Mankowski, Karsten Otte, Ingo Saenger, Götz Schulze, Ansgar Staudinger (eds), *Internationales Vertragsrecht* (2nd ed, Beck, Munich, 2012) Art 18 para. 6.

[78] CISG-AC Opinion no 1, *Electronic Communications under CISG* (15 August 2003), rapporteur: Christina Ramberg, Art 18(2).

by telephone, telex of other means of instantaneous communication begins to run from the moment the offer reaches the offeree.[79]

The term "oral" includes real-time communication through electronically transmitted sound in real time and electronic communications in real time. Real time communications via the Internet may, for example, include phone calls via the Internet, tweeting or internet chat. The parties are both present at the same time and they may talk or write to each other just as if they were present in the same room. Such real time communications via the Internet are virtually instantaneous, and are therefore treated as oral communications, meaning they must be accepted immediately, unless the circumstances suggest otherwise.[80]

Non- instantaneous modes of communication

According to Article 20, an offer must be accepted within the time the offeror has fixed. If no time is fixed, it must be accepted within a reasonable time, having regard to the circumstances, including the rapidity of the means of communication employed by the offeror.[81] Therefore, an acceptance is only valid within certain time frames.

The offeror may stipulate a period of time within which the offeree must accept.[82]Article 20(1) contains the rules for non-instantaneous means of communications in cases where the offeror fixes a period of time for acceptance:

> "A period of time for acceptance fixed by the offeror in a telegram or a letter begins to run from the moment the telegram is handed in for dispatch or from the date shown on the letter or, if no such date is shown, from the date shown on the envelope."

The preference for the time of dispatch in cases of non-instantaneous modes of communications is an exception to the general rules contained

[79] CISG, Art 20(1).

[80] CISG-AC Opinion no 1, *Electronic Communications under CISG* (15 August 2003), rapporteur: Christina Ramberg, Art 18(2); Siegfried Eiselen "Electronic Commerce and the U.N. Convention on Article Contracts for the International Sale of Goods (CISG)" (1999) 6 EDI Law Review, p. 21-46.

[81] Giulio Giannini "The Formation of the Contract in the UN Convention on the International Sale of Goods: A Comparative Analysis" (2006) Nordic Journal of Commercial Law http://www.njcl.fi/1_2006/index.htm (last accessed 9 Aug 2014) para. 5.

[82] CISG, Art 18(2).

in Article 23, 18(1) of the CISG, which provide that a declaration must reach the addressee in order to be effective.

Article 20(2) concerns the effect of official holidays and non-business days on the calculation of the time period. As a general rule, official holidays or non-business days are treated as working days.[83] However, if a notice of acceptance cannot be delivered at the offeror's address on the last day of the period because that day falls on an official holiday or a non-business day at that place, the period is extended until the next business day.[84]

If the offeror has not fixed a time limit for acceptance, the acceptance must reach the offeror within a reasonable time. What is considered a 'reasonable time' will depend on the circumstances of the transaction, including the rapidity of the means of communication employed by the offeror.[85] A reasonable time is made up of three elements: the time taken by the offer to reach the offeree, the time required for the acceptance to reach the offeror, and a period for consideration.[86]

A purported acceptance that reaches the offeree too late is not effective.[87] Article 21 contains two exceptions to this rule. First, the offeror may decide to treat a late reply as having arrived on time. If the offeror wishes to be bound by the late acceptance, he/she must notify the offeree without delay that the acceptance is effective.[88] Second, if the acceptance has been dispatched in time but arrives late, due to transmission problems, a contract is formed upon the arrival of the late acceptance, unless the offeree notifies the offeror that he/she intends to treat the acceptance as ineffective.[89]

Resolving conflicts between offer and acceptance

A purported acceptance which does not exactly match the terms of the offer is deemed a rejection of the initial offer and will constitute a counter-offer.[90]

[83] CISG, Art 20(2).

[84] CISG, Art 20(2).

[85] CISG, Art 18 (2).

[86] Peter Schlechtriem & Petra Butler, *UN Law on International Sales* (Springer, Berlin, 2009) para. 88.

[87] CISG, Art 21 Art 18(2).

[88] CISG, Art 21(1). See also: Landgericht Hamburg, Germany, 21 December 2001; *Orica Australia Pty Ltd v Aston Evaporative Services LLC*, District Court, District of Colorado, United States (28 July 2015), CISG-online 2661.

[89] CISG, Art 21(2).

[90] CISG, Art 19(1); see for example: CLOUT case N. 232 Oberlandesgericht München (Germany, 11 March 1998) (buyer, by performing contract, accepted seller's standard terms that modified

Since the acceptance must be a mirror image of the offer, a purported acceptance cannot contain a variation of the terms of the offer, or more accurately, it cannot materially alter these terms.[91] Attempts by the offeree to modify or add new terms to the offer are treated as counter-offers, because they impliedly indicated an intent by the offeree to reject the offer, rather than being bound by its terms.

An exception is provided in Article 19(2), which states that "additional or different terms which do not materially alter the terms of the offer constitutes an acceptance unless the offeror, without undue delay, objects orally to the discrepancy or dispatches a notice to that effect".[92] Article 19(2) seeks to relax the "mirror image rule" by making a reply, which contains additional or different terms that do not materially alter the offer, a valid acceptance. Thus, it is crucial to distinguish between material and immaterial variations,[93] as "[t]he dividing line between a material and a non- material alteration can make or break an acceptance".[94]

This position departs from that of the common law, which requires acceptance to be unconditional. At common law, any alteration to the terms specified, even a commercially insignificant one, will amount to a counter-offer.[95]

A non-exhaustive list of terms that are deemed to alter the offer materially is contained in Article 19(3). This includes: additional or different terms relating to price, payment, quality and quantity of goods, place and time

buyer's offer); CLOUT case N. 227 Oberlandesgericht Hamm (Germany, 22 September 1992) (buyer accepted counter-offer when its reply did not object to counter-offer). CLOUT case N. 251 Handelsgericht des Kantons Zürich, Switzerland (30 November 1998); CLOUT case N. 173 Fovárosi Bíróság, Hungary (17 June 1997); CLOUT case N. 424 Oberster Gerichtshof, Austria (9 March 2000); CLOUT case N. 193 Handelsgericht des Kantons Zürich, Switzerland (10 July 1996); CLOUT case N. 291 Oberlandesgericht Frankfurt aM, Germany (23 May 1995); CLOUT case N. 1744 District Court for the Western District of Pennsylvania, United States (10 September 2013).

91 CISG, Art 19(1).

92 Kantonsgericht St. Gallen (15 June 2010) (Stencil Master Case) CISG-online 2159; CLOUT abstract no. 1340 Audiencia Provincial de Cantabria (9 July 2013) (Steel Cable).

93 Ingeborg Schwenzer & Florian Mohs in Ingeborg Schwenzer, Pascal Hachem, Christopher Kee *Global Sales and Contract Law* (OUP, Oxford, 2012), p. 395. Ingeborg Schwenzer & Florian Mohs "Old Habits Die Hard: Traditional Contract Formation in a Modern World" Internationales Handelsrecht 2006, 239-246.

94 Pilar Perales Viscasillas "Contract Conclusion under CISG" (1997) 16 Journal of Law and Commerce, p. 315-344.

95 Paul C. Blodgett "The U.N. Convention on the Sale of Goods and the "Battle of the Forms" (1989) 18 Colorado Lawyer, p. 423-430; John E. Murray "The Definitive "Battle of the Forms": Chaos Revisited" (2000) 20 Journal of Law and Commerce 1-48.

of delivery, extent of a party's liability.[96] However, modifications listed in Article 19(3) may be treated as non- material if the parties have established trade practices or usages between them in accordance with Article 9.[97]

An example of a material alteration of the terms of an offer is the *Shoe* case, where it was found that the delivery of a different quantity of goods (2,700 pairs of shoes instead of 3,240 pairs as per the order) materially altered the terms of the offer under article 19(3) CISG. Accordingly, the seller's delivery had to be interpreted as a rejection of the offer and amounted to a counter-offer under article 19(1) CISG.[98]

Immaterial modifications to the offer will consist of an offer, unless the offeror notifies the offeree without undue delay that the offeror objects to the immaterial modifications. If the offeror does not object, the contract is concluded with the modified terms proposed by the offeree.[99]

Examples of immaterial modifications include: a request to treat the contract confidential[100] a provision requiring that buyer reject delivered goods within a stated period[101] a modification of the transport costs[102] an adjustment of the quantity of the goods in each delivery without changing the total amount[103] and deletion of a liability clause for contract violations.[104]

[96] CISG, Art 19(3). See also OLG Köln 25 May 2012 (*Wafer Case*); Cour de Justice de Genève (15 January 2010); LG München (6 April 2000); *Meduri Farms, Inc. v. DutchTecSource B.V* District Court, District of Oregon, United States (5 December 2017), for a discussion of the *Meduri* decision see Kristen Adams and Candace Zierdt "CISG" (2021) 76 Business Lawyer 1407; "Die Voraussetzungen von Angebot und Annahme gem. CISG" (2018) 18 Internationales Handelsrecht 152–156.

[97] CLOUT case N. 189 Oberster Gerichtshof, Austria (20 March 1997).

[98] CLOUT case N. 291 Oberlandesgericht Frankfurt aM (23 May 1995).

[99] CISG, Art 19(2); see also China International Economic & Trade Arbitration Commission, People's Republic of China, 10 June 2002.

[100] CLOUT case N. 53 Legfelsóbb Biróság, Hungary (25 September 1992).

[101] CLOUT case N. 50 Landgericht Baden-Baden, Germany (14 August 1991).

[102] Oberlandesgericht Koblenz (Germany, 4 October 2002).

[103] China International Economic and Trade Arbitration Commission, People's Republic of China (17 September 2003) change from three deliveries with 500 tons, 700 tons, and 800 tons in each delivery, to four deliveries with 500 tons in each delivery; modifications considered to be immaterial because there was no change in total quantity.

[104] China International Economic and Trade Arbitration Commission, People's Republic of China (17 September 2003).

Conclusion

Having set out the rules pertaining to acceptance of an offer under the CISG, it becomes apparent that the rules are relatively clear and have not led to considerable controversy. The commentaries and the UNCITRAL digest on the acceptance provisions are relatively brief. Case law is primarily concerned with factual enquiries, for example, what the practice between the parties in regard to silence to an offer was[105] or what conduct amounts to acceptance.[106]

Electronic communication poses no problem in regard to the acceptance under the CISG. The acceptance rules set out in the CISG can be applied to modern electronic communication methods. With Portugal's access to the CISG, the conclusion and performance of electronic contracts based on the CISG will become an important tool to facilitate legal certainty with international trading partners. It has to be noted that Portugal is neither signatory to the United Nations Convention on the Use of Electronic Communications in International Contracts nor has it incorporated the *UNCITRAl Model Law on Electronic Commerce (1996)*. Whereas the latter is aimed to unifying e-commerce through unified domestic laws, the former is aimed to assist in international, inter alia, sale contracts.[107] The Electronic Communications Convention sets out criteria for establishing the functional equivalence between electronic communications and paper documents, as well as between electronic authentication methods and handwritten signatures.[108] Its provisions are supplementary to the CISG with regard to the use of electronic communications, supporting the interpretations that have been afforded in regard to acceptance by electronic means.[109] For example,

[105] See overview of case law in Franco Ferrari in Stefan Kröll/Loukas Mistelis/Pilar Perales-Viscasillas (eds), *UN Convention on Contracts for the International Sale of Goods* (2nd ed, Beck/Hart/Nomos, Munich, 2018) Art 18 para. 11.

[106] See overview of case law in Franco Ferrari in Stefan Kröll/Loukas Mistelis/Pilar Perales-Viscasillas (eds), *UN Convention on Contracts for the International Sale of Goods* (2nd ed, Beck/Hart/Nomos, Munich, 2018) Art 18 para. 8; Ulrich Schroeter in Peter Schlechtriem/Ingeborg Schwenzer (eds), *Kommentar zum Einheitlichen UN-Kaufrecht* (6th ed, Beck, Munich, 2013) Art 18 para. 7a.

[107] See a more comprehensive discussion in regard to the CISG and the Convention in Petra Butler "The Electronic Communications Convention and the CISG- Help or Window-Dressing?" in Schwenzer/Spagnolo (eds) *Liability under the CISG* (Eleven International Publishing, Den Haag, 2012) p 1; see also more general in regard to e-commerce Ingeborg Schwenzer, Pascal Hachem, Christopher Kee, *Global Sales and Contract Law* (OUP, Oxford, 2012) paras. 11.01 *et seq.*

[108] ECC, Art 9.

[109] CLOUT case No. 1902 Court of Cassation, Egypt (23 June 2020).

Article 10(2) of the Convention stipulates that an electronic communication "reaches" the addressee when it becomes capable of being retrieved by the addressee at an electronic address designated by the addressee.[110] Importantly, the Convention establishes the general principle that communications are not to be denied legal validity solely on the grounds that they were made in electronic form.[111] The Convention clarifies that a proposal to conclude a contract made through electronic means and not addressed to specific parties amounts to an invitation to deal, rather than an offer whose acceptance binds the offering party, in line with the corresponding provision of Article 11 CISG.

[110] See above in regard to electronic communications and Art 24 CISG, p. X.

[111] EEC, Art 8.

17. CONTRATO SEM PREÇO (ART. 55)*

Diego Franzoni

Introdução

Quando se fala em contrato de compra e venda sem preço, evidentemente não se quer contrariar o famoso brocardo de Ulpiano segundo o qual não há venda sem preço. O preço, como se sabe, é reconhecido universalmente como elemento essencial do contrato de compra e venda, até pela própria lógica desse tipo de contrato. O objeto do presente artigo é precisamente aqueles contratos de compra e venda (internacional) em que o preço ou os critérios para sua determinação não foram estipulados pelas partes.

O art. 55 da Convenção de Viena para Compra e Venda Internacional de Mercadorias estabelece que:

> "Se o contrato tiver sido validamente concluído sem que, expressa ou implicitamente, tenha sido nele fixado o preço, ou o modo de determiná-lo, entender-se-á, salvo disposição em contrário, que as partes tenham implicitamente se referido ao preço geralmente cobrado por tais mercadorias no momento da conclusão do contrato, vendidas em circunstâncias semelhantes no mesmo ramo de comércio."[1]

No âmbito da Convenção, esse dispositivo é alvo de grande discussão em razão de o art. 14(1) determinar que uma proposta se constitui como oferta

* Texto publicado anteriormente em: "SCHWENZER, Ingeborg; PEREIRA, Cesar. A. Guimarães; TRIPODI, Leandro. A CISG e o Brasil: Convenção das Nações Unidas para os Contratos de Compra e Venda Internacional de Mercadorias. 1. ed. São Paulo: Marial Pons; Curitiba: Federação das Indústrias do Estado do Paraná, 2015".

[1] Tradução de Eduardo Grebler e Gisely Radael. Disponível em: http://www.cisg-brasil.net/doc/egrebler2.pdf, acesso em 30.06.2014.

na medida em que estabeleça expressa ou implicitamente o preço ou preveja meios para determiná-lo.[2]

No direito interno dos países signatários da Convenção e daqueles que estiveram presentes na sua elaboração encontram-se concepções muito diferentes a respeito dessa questão. Essa diversidade não se exprime apenas em relação à aceitação ou não de *open price terms*, mas também em relação às formas de determinação do preço nos casos em que as partes não o tenham estipulado.

No presente artigo pretendemos traçar um breve panorama a respeito da interpretação do art. 55 da Convenção de Viena no que diz respeito à sua relação com o art. 14(1) e aos critérios para determinação do preço em contratos com preço em aberto.

1. Diversidade de tratamento da questão no âmbito do direito interno

Em geral, países de *common law* possuem um entendimento mais liberal a respeito dos *open price contracts*. O direito inglês e o estadunidense permitem contratos sem a definição do elemento preço.[3]

Comparando os sistemas norte-americano, mexicano e da Convenção, Carlos Gabuardi conclui que o Código Comercial Uniforme norte-americano é o mais desenvolvido e liberal no que diz respeito aos *open price contracts*, porque dá ênfase à intenção das partes de se obrigar num contrato. Assim, se for possível provar que as partes tinham a intenção de celebrar um contrato válido e mutuamente vinculante, elas estarão obrigadas aos termos acordados, mesmo que não tenham estipulado nada sobre o preço. Segundo anota Gabuardi, a jurisprudência majoritária chegou a ponto de reconhecer a possibilidade de que as partes tenham estipulado que deverão acordar o preço num contrato.[4]

[2] "Para que possa constituir uma proposta, a oferta de contrato feita a pessoa ou pessoas determinadas deve ser suficientemente precisa e indicar a intenção do proponente de obrigar-se em caso de aceitação. A oferta é considerada suficientemente precisa quando designa as mercadorias e, expressa ou implicitamente, fixa a quantidade e o preço, ou prevê meio para determiná-los". Tradução de Eduardo Grebler e Gisely Radael.

[3] Viscasillas, Maria del Pilar Perales. *El contrato de compaventa internacional de mercancias (Convención de Viena de 1980)*, 2001. Disponível em: http://www.cisg.law.pace.edu/cisg/biblio/perales1-55.html#iv11, acesso em 30.06.2014. Capítulo IV, item 152.

[4] Gabuardi, Carlos A. *Open Price Terms in the CISG, the UCC and Mexican Commercial Law*, 2001. Disponível em: http://www.cisg.law.pace.edu/cisg/biblio/gabuardi.html, acesso em 30.6.2014. Item VII.

Na Alemanha, a questão recebeu tratamento bastante semelhante aos Estados Unidos. O direito alemão considera como determinada uma oferta que contenha forma de remediar o que não estiver nela definido, desde que esse método possa ser aplicado de forma bem sucedida. Basicamente, o método para preenchimento de indefinições de uma oferta no direito alemão é a aplicação de normas legais, (i) pelo poder do juiz de interpretar os termos indefinidos de acordo com a intenção razoável das partes ou, (ii) quando a lei autorizar, pelo próprio acordo entre elas. As partes também podem estabelecer que o preço será determinado por dados objetivos externos ao contrato, como o valor de mercado do produto ou serviço, o que é presumido no caso de elas nada terem estabelecido a respeito. Caso não possa ser determinado preço de mercado para o produto ou serviço, presume-se que as partes acordaram a aplicação do preço corrente praticado para o mesmo produto ou serviço no local e época da execução da prestação.[5] Como se vê, essa sistemática é bastante semelhante ao previsto no art. 55 da Convenção de Viena.

Em sentido oposto, a maioria dos outros países de *civil law* que seguiram a tradição francesa não admitem a validade de contratos sem a estipulação do preço.

Na França, o Código Civil não admite a validade de contrato de compra e venda sem preço determinado. O art. 1.583 estabelece que o contrato se aperfeiçoa no momento em que as partes concordam sobre a coisa a ser vendida e o preço.[6] O art. 1.589 determina que a promessa de venda vale como venda na medida em que haja consentimento mútuo das partes sobre a coisa e o preço.[7] Especialmente, o art. 1.591 determina expressamente que: "O preço da venda deve ser determinado e designado pelas partes".[8] No máximo, segundo o art. 1.592, podem as partes deixar a estipulação a cargo de terceiro, mas se o terceiro não quiser ou não puder estipular o preço, não há contrato válido.[9]

[5] Amato, Paul. *U.N. Convention on Contracts for the International Sale of Goods – The Open Price Term and Uniform Application:* An Early Interpretation by the Hungarian Courts, Journal of Law and Commerce, 1993. Disponível em: http://www.cisg.law.pace.edu/cisg/biblio/amato.html, acesso em 30.6.2014. Item VI, B.

[6] "Elle est parfaite entre les parties, et la propriété est acquise de droit à l'acheteur à l'égard du vendeur, dès qu'on est convenu de la chose et du prix, quoique la chose n'ait pas encore été livrée ni le prix payé".

[7] "La promesse de vente vaut vente, lorsqu'il y a consentement réciproque des deux parties sur la chose et sur le prix".

[8] "Le prix de la vente doit être déterminé et désigné par les parties".

[9] "Il peut cependant être laissé à l'arbitrage d'un tiers ; si le tiers ne veut ou ne peut faire l'estimation, il n'y a point de vente".

Ademais, não se concede grande poder ao juiz para suprimento de condições indefinidas de contratos, e particularmente em relação ao preço, mesmo que em atenção às circunstâncias do caso. No máximo, isso poderá acontecer se for possível a aplicação de parâmetros objetivos. Por exemplo, uma referência a "preço razoável" não será considerada suficientemente definitiva para o elemento preço.[10]

No direito espanhol adota-se esse mesmo entendimento.[11]

O direito brasileiro prevê que a fixação do preço pode ser deixada ao arbítrio de terceiro designado pelos contratantes (Código Civil, art. 485[12]); que poderá ser deixada à taxa de mercado ou de bolsa em data e local determinado (art. 486[13]); que é lícito às partes fixar o preço em função de índices ou parâmetros suscetíveis de determinação objetiva (art. 487[14]). Em especial, o art. 488 do CC prevê que se as partes não fixarem o preço ou critérios para a sua determinação, entende-se que elas se sujeitaram ao preço habitualmente praticado pelo vendedor.[15]

Esse dispositivo neutraliza o art. 482 que – a semelhança do art. 1.583 do *Code Civil* – estabelece que: "A compra e venda, quanto pura, considerar-se-á obrigatória e perfeita, desde que as partes acordarem no objeto e no preço", aparentemente negando validade aos contratos de compra e venda sem preço estipulado.[16] Em referência ao art. 488, Sílvio de Salvo Venosa comenta que "Pode

[10] Amato, *U.N. Convention on Contracts for the International Sale of Goods – The Open Price Term and Uniform Application*. Item VI, C.

[11] Viscasillas, *El contrato de compaventa internacional de mercancias*, capítulo VI, item 152.

[12] "A fixação do preço pode ser deixada ao arbítrio de terceiro, que os contratantes logo designarem ou prometerem designar. Se o terceiro não aceitar a incumbência, ficará sem efeito o contrato, salvo quando acordarem os contratantes designar outra pessoa".

[13] "Também se poderá deixar a fixação do preço à taxa de mercado ou de bolsa, em certo e determinado dia e lugar".

[14] "É lícito às partes fixar o preço em função de índices ou parâmetros, desde que suscetíveis de objetiva determinação".

[15] "Convencionada a venda sem fixação de preço ou de critérios para a sua determinação, se não houver tabelamento oficial, entende-se que as partes se sujeitaram ao preço corrente nas vendas habituais do vendedor. Parágrafo único. Na falta de acordo, por ter havido diversidade de preço, prevalecerá o termo médio".

[16] Com a ressalva de Caio Mário, segundo quem "Essa interpretação somente pode ser admitida nas hipóteses em que o vendedor habitualmente exerce o comércio e ainda assim o faz tendo por objeto coisas cujo preço não é fixado em razão de uma qualidade especial, ou seja, bens fungíveis por natureza. A prova da habitualidade e do preço de mercado do objeto do contrato é essencial para a aplicação desta regra legal". Pereira, Caio Mário da Silva. *Instituições de Direito Civil*, vol. III, Contratos. 17. ed. Rio de Janeiro: Forense, 2013. p. 162-163.

ocorrer que as partes não se preocupem em fixar preços, pois estes serão os usuais de seus negócios. Afora essa situação, será mais raro que não estabeleçam o preço. Para isso vem em socorro o artigo citado: a venda se sujeitará aos preços habitualmente praticados pelo vendedor".[17] Para Orlando Gomes, "Trata-se de norma que busca integrar ao contrato o elemento faltante (preço), com o escopo de conservá-lo (princípio da conservação dos negócios jurídicos)".[18]

Em geral, portanto, pode-se dizer que o direito brasileiro aceita o contrato sem preço – ou seja, que é possível reputar-se válido um contrato sem preço, aplicando-se o art. 488 do CC caso as partes nada tenham estipulado a respeito do preço da compra e venda.

Assim, é possível concluir que a disciplina introduzida pela Convenção de Viena sobre o tema do contrato sem preço não representa grande inovação em relação ao direito interno brasileiro. O próprio Código Comercial de 1850, na parte que foi revogada pelo Código Civil de 2002, já trazia dispositivo no mesmo sentido, aplicável à compra e venda mercantil.[19] A diferença em relação à Convenção de Viena é que, enquanto o Código Civil brasileiro estabelece como parâmetro de suprimento o "preço corrente nas vendas habituais do vendedor",[20] a Convenção remete ao "preço geralmente cobrado por tais mercadorias no momento da conclusão do contrato".[21] Segundo Honnold, a escolha da Convenção resultou da consideração de que não se poderia dar ao vendedor uma posição de injusta vantagem sobre o comprador.[22]

[17] Venosa, Sílvio de Salvo. *Direito Civil*, v. III, Contratos em Espécie. 7. ed. São Paulo: Atlas, 2007. p. 16.

[18] Gomes, Orlando. *Contratos*. 26. ed. Rio de Janeiro: Forense, 2007. p. 277.

[19] O art. 193 estabelecia que "Quando se faz entrega da coisa vendida sem que pelo instrumento do contrato conste preço, entende-se que as partes se sujeitaram ao que fosse corrente no dia e lugar da entrega; na falta de acordo por ter havido diversidade de preço no mesmo dia e lugar, prevalecerá o termo médio".

[20] Esse era o critério estabelecido pela ULIS (Lei Uniforme sobre Venda Internacional de Mercadorias, Haia, 1964) no art. 57 ("Where a contract has been concluded but does not state a price or make provision for the determination of the price, the buyer shall be bound to pay the price generally charged by the seller at the time of the conclusion of the contract").

[21] Como fazem os Princípios Unidroit (2010) no art. 5.1.7(1), acrescentando que se tal preço não for aferível, deve-se aplicar "preço razoável" ("the price generally charged at the time of the conclusion of the contract for such performance in comparable circumstances in the trade concerned or, if no such price is available, to a reasonable price"). Já os Princípios do Direito Europeu dos Contratos (PECL) adotam somente o critério do preço razoável ("Where a contract does not fix the price or the method of determining it, the parties are to be treated as having agreed on a reasonable price").

[22] Honnold, John. *Uniform Law for International Sales under the 1980 United Nations Convention*. 3. ed. Kluwer Law International, 1999. Disponível em: http://cisgw3.law.pace.edu/cisg/biblio/honnold.html, acesso em 30.6.2014. §137.6 (c).

De todo modo, deve-se sempre ter em conta a aplicação uniforme da Convenção, nos termos do art. 7(1).[23] Assim, a concepção adotada pelo direito nacional a respeito do tema deve ser deixada em segundo plano, servindo apenas subsidiariamente. Consoante esse entendimento, convém verificar a forma como o tema é tratado pela doutrina e pela jurisprudência no âmbito da própria Convenção.

2. Interpretação do art. 55 da Convenção

Uma das maiores discussões no âmbito da Convenção diz respeito à conciliação entre os arts. 14(1) e 55. A doutrina sobre a Convenção deu diversas interpretações a respeito da possível contradição entre os dispositivos. Conforme Schlechtriem e Schwenzer, "Em cada um dos lados desse espectro dos diferentes pontos de vista, encontra-se uma posição clara. De um lado, sustenta-se que o art. 14 prevalece sobre o art. 55. De outro lado, sustenta-se que o art. 55 normalmente prevalece sobre o art. 14. Entre esses dois polos, a variedade de pontos de vista é enorme, e é praticamente impossível descrevê-los adequadamente de modo genérico. Na prática, a decisão deve ser tomada caso a caso".[24]

Com essas ressalvas, pretendemos expor resumidamente as principais ideias encontradas na doutrina a respeito do tema.

2.1. A aplicação dos arts. 55 e 14 não poderia ser conciliada

Dando ênfase à primeira parte do art. 55, Allan Farnsworth o interpreta literalmente. Na sua visão, o dispositivo se aplicaria apenas a "contratos validamente concluídos", ou seja, seria preciso que o contrato fosse previamente considerado válido para que se pudesse cogitar da aplicação do dispositivo. Até aí, o posicionamento não destoa da maior parte dos autores que trataram sobre o tema.

[23] "Na interpretação desta Convenção ter-se-ão em conta seu caráter internacional e a necessidade de promover a uniformidade de sua aplicação, bem como de assegurar o respeito à boa fé no comércio internacional". Tradução de Eduardo Grebler e Gisely Radael.

[24] SCHWENZER, Ingeborg e outros (org.). *Schlechtriem & Schwenzer Comentários à Convenção das Nações Unidas sobre Contratos de Compra e Venda Internacional de Mercadorias*. São Paulo: Revista dos Tribunais, 2014. p. 933.

Ocorre que, para Farnsworth, o art. 55 somente se aplicaria a partes contratantes de países não signatários da Parte II da Convenção (em que está o art. 14), e nos quais o direito interno admitir a validade de contratos sem preço previamente estipulado (como os Estados Unidos). Isso porque o art. 92(1) da Convenção estabelece que "Qualquer Estado Contratante pode declarar, no momento da assinatura, ratificação, aceitação ou acessão, que não adotará a Parte II ou a Parte III da presente Convenção".[25]

Um dos argumentos utilizados por Farnsworth para sustentar esse posicionamento seria a dúvida sobre se o art. 55 poderia prevalecer em países pouco receptivos aos contratos sem estipulação do preço, especialmente em períodos de rápida flutuação de preços.[26]

Em seus comentários sobre o projeto que resultou na Convenção de Viena, a Secretaria da Uncitral aparentemente endossa esse posicionamento.[27]

Segundo o Digesto da Uncitral de Precedentes a respeito da Convenção de Viena, organizado em 2012, "algumas decisões deram precedência ao art. 14 sobre o art. 55, concluindo que o contrato não havia sido formado por não ter sido estabelecido preço pelas partes. Num caso famoso, um tribunal decidiu que uma proposta para venda de peças de aeronaves não atendeu aos requisitos do art. 14 da Convenção porque não incluiu o preço de todos os tipos de peças de escolhidas pelo comprador, e que o contrato supostamente resultante de tal proposta não poderia ter se tornado efetivo".[28]

Argumenta-se ainda que, se o art. 55 por um lado demanda que se recorra ao direito interno para verificar a validade de um contrato em que não tenha sido estabelecido o preço, o art. 14(1) elevou ao nível da lei uniforme internacional a ideia de que não pode haver compra e venda sem preço no âmbito internacional. Assim, a própria Convenção imporia a impossibilidade de reconhecimento da validade de *open price terms*.[29]

[25] Tradução de Eduardo Grebler e Gisely Radael.

[26] Farnsworth, Allan. *Formation of Contract. In:* International Sales: The United Nations Convention on Contracts for the International Sale of Goods, Galston & Smit ed., Matthew Bander, 1984. Disponível em: http://www.cisg.law.pace.edu/cisg/biblio/farnsworth1.html, acesso em 30.6.2014. §3.04[1].

[27] Uncitral. *Guide to CISG Article 55.* Secretariat Commentary. Disponível em: http://www.cisg.law.pace.edu/cisg/text/secomm/secomm-55.html, acesso em 30.6.2014. §2.

[28] Digest of Article 55 case law. *In: 2012 Uncitral Digest of case law on the United Nations Convention on the International Sale of Goods.* Disponível em: http://www.cisg.law.pace.edu/cisg/text/digest-2012-55.html, acesso em 30.6.2014. §7, tradução livre.

[29] Hartnell, Helen Elizabeth. *Rousing the Sleeping Dog: The Validity Exception to the Convention on Contracts for the International Sale of Goods,* Yale Journal of International Law, 1993. Disponível em: http://cisgw3.law.pace.edu/cisg/biblio/hartnell.html, acesso em 30.6.2014. Item IV, A, 3.

2.2. O art. 14(1) não impede que as partes celebrem uma compra e venda sem definir o preço (Honnold)

Em contraposição a essa interpretação, o celebrado Professor John Honnold, conhecido como um dos pais da Convenção de Viena, tinha inicialmente a opinião de que um contrato poderia ser validamente concluído mesmo sem a definição do preço, porque a menção à validade contida no art. 55 se referiria somente a outros requisitos de validade, e não ao preço.[30]

Posteriormente, em seus Comentários à Convenção, Honnold explicitou outras razões pelas quais seria possível conciliar a aplicação do art. 14(1) com o art. 55. Para Honnold, é necessário distinguir duas situações relacionadas à formação de contratos no âmbito da Convenção.

A primeira é aquela em que as partes trocam comunicações sem chegar a um acordo a respeito do preço da compra e venda. Nesse caso, os arts. 14 e seguintes da Convenção têm relevância para a verificação da formação de um contrato válido entre as partes.

A segunda situação é aquela em que as partes assinam um contrato, aceitando se obrigar mesmo sem que tenha sido estipulado um preço. Nesse caso, não há discussão sobre a formação de um contrato válido entre as partes, já que elas formalizaram o acordo expressamente. Não há que se discutir se a proposta pode ser considerada como oferta ou se a oferta foi suficientemente precisa, nos termos do art. 14 da Convenção. Exatamente nesses casos, aplica-se o art. 55.

Em síntese, o art. 14 se relaciona apenas à verificação sobre se uma troca de comunicações que não estabeleça o preço e sem menção explícita à intenção de se obrigar pode ser considerada como uma oferta no âmbito da Convenção, e não sobre a validade de um acordo que não verse sobre o preço. Por outro lado, o art. 55 se relacionaria a contratos válidos nos quais as partes expressaram a intenção de se obrigar, porém sem fixar implicitamente ou expressamente o preço.[31]

Segundo Honnold, seria difícil sustentar que o art. 14 diz respeito não apenas à determinação de se uma determinada comunicação pode ser considerada como uma oferta, mas também à validade de um contrato firmado sem a determinação do preço. Essa construção seria obstada pelo art. 4, que

[30] Vincze, Andrea. Remarks on whether and the extent to which the Principles of European Contract Law (PECL) may be used to help interpret Article 55 of the CISG, 2004. Disponível em: http://www.cisg.law.pace.edu/cisg/biblio/vincze2.html#av9, acesso em 30.6.2014. Item 2.

[31] Honnold, *Uniform Law for International Sales under the 1980 United Nations Convention*, §137.5(b).

exclui do âmbito da Convenção as questões de validade do contrato ou de qualquer das suas previsões.[32] O histórico legislativo do art. 55 demonstra que ao incluir em sua redação a expressão "validamente concluído", pretendeu-se restringir a aplicação do dispositivo a contratos válidos segundo o direito aplicável de acordo com as regras de direito internacional privado – art. 7(2) da Convenção[33] –, excluindo o art. 14 da aferição da validade do acordo.[34]

Há ainda outras razões pelas quais Honnold sustenta que o art. 55 pode ser aplicado de forma harmoniosa com o art. 14(1): (i) o art. 6 permite que as partes derroguem ou modifiquem o efeito de regras da Convenção;[35] (ii) a aplicação da Parte III da Convenção (na qual se encontra o art. 55) tem como premissa a validade do contrato, de modo que a negação da sua validade em razão do art. 14 retiraria diversos remédios ali previstos para as partes em diversas circunstâncias – por exemplo, o vendedor pode ter efetuado a entrega das mercadorias confiando na validade do pacto, e ainda assim não poderia recuperá-las, conforme previsto no art. 81(2);[36] – (iii) em muitas dessas circunstâncias – como em caso de desconformidade das mercadorias – o preço é completamente irrelevante.[37]

[32] "Esta Convenção regula apenas a formação do contrato de compra e venda e os direitos e obrigações do vendedor e comprador dele emergentes. Salvo disposição expressa em contrário da presente Convenção, esta não diz respeito, especialmente: (a) à validade do contrato ou de qualquer das suas cláusulas, bem como à validade de qualquer uso ou costume (...)". Tradução de Eduardo Grebler e Gisely Radael.

[33] "As questões referentes às matérias reguladas por esta Convenção que não forem por ela expressamente resolvidas serão dirimidas segundo os princípios gerais que a inspiram ou, à falta destes, de acordo com a lei aplicável segundo as regras de direito internacional privado". Tradução de Eduardo Grebler e Gisely Radael.

[34] HONNOLD, John. *Uniform Law for International Sales under the 1980 United Nations Convention*, §137.5(b).

[35] "As partes podem excluir a aplicação desta Convenção, derrogar qualquer de suas disposições ou modificar-lhes os efeitos, observando-se o disposto no Artigo 12". Tradução de Eduardo Grebler e Gisely Radael.

[36] "A parte que tiver cumprido total ou parcialmente o contrato poderá reclamar da outra parte a restituição daquilo que houver fornecido ou pago nos termos do contrato. Se ambas as partes estiverem obrigadas a restituir, deverão fazê-lo simultaneamente". Tradução de Eduardo Grebler e Gisely Radael.

[37] HONNOLD, John. *Uniform Law for International Sales under the 1980 United Nations Convention*, §137.6(c).

2.3. A posição predominante

A posição de Honnold parece ser acolhida pela maior parte da doutrina,[38] ainda que com diferentes temperamentos.

Alexandro Garro adiciona duas razões que reforçariam o posicionamento demonstrado acima. Primeiramente, pela necessidade de compatibilizar ao máximo as disposições da Convenção, visto tratar-se de um sistema codificado. Em segundo lugar, porque, ao estipular que nos contratos com preço em aberto deve-se aplicar o preço "geralmente cobrado por tais mercadorias no momento da conclusão do contrato, vendidas em circunstâncias semelhantes no mesmo ramo de comércio", o art. 55 está desde logo suprindo o elemento preço nos contratos aos quais se aplica, tornando-os contratos com preço implicitamente estipulado. Desse modo, estaria atendida a exigência do art. 14(1) no sentido de que o preço deve ser fixado ao menos implicitamente entre as partes, tornando a contradição entre os dispositivos apenas aparente.[39]

Para Schlechtriem e Schwenzer, "o art. 6 permite que as partes realizem exceções com relação à segunda frase do art. 14(1). As partes podem, desta forma, por exemplo, concordar que uma proposta que deixa o valor em aberto é uma oferta válida; a lacuna será então preenchida por meio do art. 55".[40]

Joseph Lookofsky defende que se deve verificar a efetiva intenção das partes no caso concreto, a fim de determinar se elas efetivamente pretenderam se obrigar mesmo sem definir o preço. Segundo esse autor, "a autonomia das partes deve, portanto, ser a primeira consideração em relação aos termos de preço em aberto". A intenção das partes deve ser interpretada em acordo com

[38] Ruangvichathorn, Jumpita. *Commentary on Whether The Unidroit Principles of International Commercial Contracts May Be Used to Interpret or Supplement Article 55 of the CISG*, 2004. Disponível em: http://www.cisg.law.pace.edu/cisg/biblio/ruangvichathorn.html, acesso em 30.6.2014. Item 2. Além dos autores mencionados neste artigo, há diversos outros que se filiam a essa posição, como Enderlein e Maskow (*International Sales Law*, Oceana Publications, 1992. Disponível em http://www.cisg.law.pace.edu/cisg/biblio/enderlein.html, acesso em 30.6.2014. Article 55, itens 1.1, 2 e 6) e Gyula Eörsi (*Bianca-Bonnel Commentary on the International Sales Law*. Milão: Giuffrè, 1987. Disponível em: http://www.cisg.law.pace.edu/cisg/biblio/preamble-bb.html, acesso em 30.6.2014. Article 2, item 2.2.4.3).

[39] Garro, Alexandro M. *Reconciliation of Legal Traditions in the U.N. Convention on Contracts for the International Sale of Goods*, International Lawyer, 1989. Disponível em: http://www.cisg.law.pace.edu/cisg/biblio/garro1.html, acesso em 30.6.2014. Item II, B, 3.

[40] Schlechtriem & Schwenzer. *Comentários à Convenção das Nações Unidas sobre Contratos de Compra e Venda Internacional de Mercadorias*, p. 389.

o art. 8 da Convenção,[41] devendo prevalecer mesmo que as partes tenham se obrigado sem fixar o preço.[42]

No mesmo sentido, Loukas Mistelis afirma que o art. 55 representa um triunfo da autonomia das partes, na medida em que funciona como uma forma de preservação do contrato mesmo quando elas não tenham estabelecido o preço – caso em que isso poderá se suprido pelos métodos previstos no próprio dispositivo.[43]

Carlos Gabuardi segue a posição de Honnold, destacando que não parece correto o argumento de que, devido à contradição entre os arts. 14 e 55, os países escandinavos teriam solicitado a opção de que os signatários da Convenção pudessem escolher entre a aplicação das Partes II ou III – art. 92(1). Para Gabuardi, é difícil crer que essa regra tenha sido introduzida para ser utilizada por apenas quatro dentre todos os signatários da Convenção.[44]

Schwenzer e Mohs exprimem a opinião de que não há dúvida de que uma oferta deve ser considerada válida se o preço possa ser determinado pelas circunstâncias. Segundo eles, isso fica atualmente reforçado pelo fato de que até mesmo a Suprema Corte Francesa já teria abandonado o princípio do *pretium certum* não apenas no âmbito da Convenção, mas também no âmbito da lei doméstica francesa.[45]

Há decisões, no entanto, em que se reputou que um tribunal estatal ou arbitral não teria poder para aplicar o art. 55 da Convenção quando as partes

[41] "(1) Para os fins desta Convenção, as declarações e a conduta de uma parte devem ser interpretadas segundo a intenção desta, desde que a outra parte tenha tomado conhecimento dessa intenção, ou não pudesse ignorá-la.
(2) Não sendo caso de aplicação do parágrafo anterior, as declarações e a conduta de uma parte devem ser interpretadas segundo o sentido que lhes teria dado uma pessoa razoável, com a mesma qualificação e nas mesmas circunstâncias da outra parte.
(3) Para determinar a intenção de uma parte, ou o sentido que teria dado uma pessoa razoável, devem ser consideradas todas as circunstâncias pertinentes ao caso, especialmente negociações, práticas adotadas pelas partes entre si, usos e costumes e qualquer conduta subsequente das partes". Tradução de Eduardo Grebler e Gisely Radael.

[42] LOOKOFSKY, Joseph. *Undestanding the CISG*. 3. ed. Kluwer Law International: Copenhagen, 2008. p. 51, tradução livre.

[43] MISTELIS, Loukas. *Article 55 CISG:* The Unknown Factor, Journal of Law and Commerce, 2005. Disponível em: http://www.cisg.law.pace.edu/cisg/biblio/mistelis4.html, acesso em 30.06.2014. Item VI.

[44] GABUARDI, *Open Price Terms in the CISG, the UCC and Mexican Commercial Law*, item III.

[45] SCHWENZER, Ingeborg; MOHS, Florian. *Old Habits Die Hard:* Traditional Contract Formation in Modern World, Internationales Handelsrecht, 2006. Disponível em: http://www.cisg.law.pace.edu/cisg/biblio/schwenzer-mohs.html, acesso em 30.6.2014. Item B, I.

tenham acordado que a fixação do preço estaria sujeita a estipulação futura entre elas.[46]

Além disso, é preciso notar que a conciliação entre os arts. 14 e 55 não afasta a hipótese descrita por Farnsworth, de que o art. 55 seja aplicado nos casos em que não se aplica a Parte II da Convenção e os *open price terms* sejam admitidos pelo direito aplicável. Essa hipótese de aplicação do art. 55 não é a única, mas é uma das possíveis.[47]

3. Determinação do preço – Possibilidade de utilização de outros sistemas como parâmetro

Como anota Gabuardi, são diversas as questões que decorrem da admissão de termos abertos em contratos de compra e venda: "(a) o caso em que as partes são silentes sobre o método pelo qual o termo será determinado em algum momento: Como e quem vai estabelecer o significado concreto do termo aberto? (b) o caso em que as partes acordaram que a determinação desse elemento deixado em aberto estará sujeita à discrição (não irrestrita) de uma das partes: Quais são os parâmetros para esse poder discricionário? e (c) o caso em que as partes acordaram que a determinação desse termo aberto estará sujeita a elementos, fatores ou agentes extrínsecos às partes: Como esses elementos, fatores ou agentes deverão ser identificados? O que ocorre se, ao longo da execução do contrato, algum deles desaparece ou se modifica substancialmente?".[48]

Essas indagações são reforçadas pelo fato de que a Convenção de Viena não chegou a detalhar vários desses aspectos. Limitou-se a dizer que o preço deve ser determinado de acordo com o que em geral era praticado no mercado à época da formação do contrato, sem especificar, por exemplo, quem deve fazer essa determinação em dadas circunstâncias.

Comparando o art. 55 da Convenção com os Princípios Unidroit e com os Princípios do Direito Europeu dos Contratos (PECL), verifica-se que esses

[46] Digest of Article 55 case law, *2012 Uncitral Digest of case law on the United Nations Convention on the International Sale of Goods*, § 3.

[47] *Schlechtriem & Schwenzer Comentários à Convenção das Nações Unidas sobre Contratos de Compra e Venda Internacional de Mercadorias*, p. 935.

[48] Gabuardi, *Open Price Terms in the CISG, the UCC and Mexican Commercial Law*, item II, tradução livre.

dois últimos trazem um maior grau de detalhamento para a questão da determinação do preço.

O art. 5.1.7 dos Princípios Unidroit estabelece o seguinte:

> "(1) Quando um contrato não estabelecer o preço ou prever meios para determiná-lo, salvo indicação em contrário, considera-se que as partes fizeram referência ao preço corrente ao tempo da conclusão do contrato, para a obrigações e circunstâncias semelhantes no segmento de mercado respectivo ou, se tal preço não é determinável, a um preço razoável.
>
> (2) Quando o preço dever ser determinado por uma parte e essa determinação é manifestamente não razoável, deve ser estabelecido um preço razoável, em que pese qualquer estipulação das partes em contrario.
>
> (3) Quando o preço dever ser fixado por terceiro, e o terceiro não puder ou não quiser fazê-lo, o preço deve ser estabelecido em bases razoáveis.
>
> (4) Quanto o preço dever ser fixado com base em fatores que não existem ou deixaram de existir ou de serem acessíveis às partes, deve-se adotar o fator que se mostrar mais próximo ao previamente estipulado."[49]

Como se vê, os Princípios Unidroit cobrem situações que a Convenção de Viena deixa em aberto, sempre fazendo referência a um "preço razoável" a ser buscado pelas partes em caso de necessidade de substituição dos critérios predeterminados.

Para Jumpita Ruangvichathorn, os critérios trazidos pelos Princípios Unidroit podem servir de parâmetro para interpretação e suplementação do art. 55 da Convenção. No seu entender, assim como os Princípios, o sistema da Convenção também se apoia na ideia de razoabilidade, o que permite dizer que ambos os sistemas possuem uma mesma diretriz para a determinação de preços deixados em aberto.[50]

Andrea Vincze defende a mesma ideia em relação aos Princípios do Direito Europeu dos Contratos, sugerindo que ao menos os arts. 6:104, 6:105

[49] Tradução livre.

[50] Ruangvichathorn, *Commentary on Whether The Unidroit Principles of International Commercial Contracts May Be Used to Interpret or Supplement Article 55 of the CISG*, itens 4 e 5.

e 6:102(2)[51] poderiam ser utilizados como guias interpretativos do art. 55 da Convenção de Viena.[52]

Schlechtriem e Schwenzer concordam com essa solução. Para eles, não se pode recorrer, na aplicação do art. 55, a parâmetros domésticos para a determinação do preço, sob pena de enfraquecer o sistema da Convenção. Por outro lado, é possível utilizar como *standard* uniforme o mandamento de razoabilidade adotado pelos Princípios Unidroit. Nesse sentido, o preço razoável em geral será um "preço médio".[53]

É preciso ter em conta a ressalva de que a vontade autonomamente manifestada pelas partes deve ser preservada ao máximo antes de qualquer operação desse tipo. Assim, por exemplo, se as partes desejaram que o preço fosse determinado por um terceiro neutro (normalmente um perito, por exemplo), essa opção deve ser privilegiada ao máximo. Apenas no caso de uma das partes ou ambas não concordarem com o resultado dessa operação, poderá uma corte ou tribunal arbitral determinar o preço, caso considere que a estipulação feita pelo terceiro designado pelas partes foi manifestamente equivocada.[54]

Entretanto, quando a vontade das partes não der pistas sobre os critérios a serem utilizados na determinação do preço, a redação pouco detalhada do art. 55 permite, em nossa opinião, que sejam utilizados como parâmetros os critérios presentes em outros sistemas – como os Princípios Unidroit e os PECL, entre outros.

[51] "Article 6:104: Determination of Price
Where the contract does not fix the price or the method of determining it, the parties are to be treated as having agreed on a reasonable price.
Article 6:105: Unilateral Determination by a Party
Where the price or any other contractual term is to be determined by one party whose determination is grossly unreasonable, then notwithstanding any provision to the contrary, a reasonable price or other term shall be substituted.
Article 6:106: Determination by a Third Person
(1) Where the price or any other contractual term is to be determined by a third person, and it cannot or will not do so, the parties are presumed to have empowered the court to appoint another person to determine it.
(2) If a price or other term fixed by a third person is grossly unreasonable, a reasonable price or term shall be substituted.
Article 6:107: Reference to a Non Existent Factor
Where the price or any other contractual term is to be determined by reference to a factor which does not exist or has ceased to exist or to be accessible, the nearest equivalent factor shall be substituted".

[52] VINCZE, *Remarks on whether and the extent to which the Principles of European Contract Law (PECL) may be used to help interpret Article 55 of the CISG*, itens 6 e 7.

[53] *Schlechtriem & Schwenzer Comentários à Convenção das Nações Unidas sobre Contratos de Compra e Venda Internacional de Mercadorias*, p. 937-938.

[54] MISTELIS, *Article 55 CISG*, Item V.

Conclusões

A visão de Honnold sobre a conciliação entre os arts. 14 e 55 da Convenção de Viena nos parece a mais razoável, porque condizente com a ideia de que os dispositivos da Convenção, enquanto sistema codificado, devem ser interpretados de maneira harmoniosa (Garro). Esse entendimento foi adotado pela maior parte da doutrina, ainda que apoiada em razões das mais diversas.

Como dissemos, o comando do art. 14(1) no sentido de que uma proposta constitui uma oferta apenas na medida em que indique o preço não pode servir para afastar a admissibilidade de *open price terms* no âmbito da Convenção. A intenção das partes de se obrigarem reciprocamente acaba tendo mais peso do que a falta de estipulação de preço, que pode ser posteriormente suprida.

Até mesmo no Brasil há uma tendência de flexibilização do regime da oferta que aponta nesse mesmo sentido. O art. 334 do Projeto do Novo Código Comercial (Projeto de Lei 1.572/2011), modificado pela Emenda 59, prevê que "Constitui oferta a proposta suficientemente precisa de celebrar contrato de compra e venda mercantil, dirigida a uma ou mais pessoas determinadas, que indique a intenção do emitente de obrigar-se em caso de aceitação".

Como se vê, independentemente de discordarmos do cabimento de um novo Código Comercial, devemos reconhecer que, nesse ponto, o Projeto reflete entendimento bastante avançado. A disciplina da oferta estabelecida no Projeto é muito mais flexível, mesmo se comparada àquela prevista no art. 14(1) da Convenção de Viena, que acaba de entrar em vigor no Brasil.

No que diz respeito à determinação do preço, acreditamos que é possível valer-se de outros sistemas uniformes como os Princípios Unidroit e os PECL para integrar pontos não cobertos pela redação do art. 55 da Convenção de Viena. Entretanto, é necessário sempre afastar a tentação de recorrer ao direito interno, tendo em vista a previsão de interpretação uniforme do art. 7 da Convenção.

18. A ACEITAÇÃO PELO SILÊNCIO NA CONVENÇÃO DE VIENA DAS NAÇÕES UNIDAS SOBRE CONTRATOS DE COMPRA E VENDA INTERNACIONAL DE MERCADORIAS (CISG) E NO CÓDIGO CIVIL BRASILEIRO*

Giovana Benetti

Introdução[1]

O estudo da Convenção de Viena das Nações Unidas sobre Contratos de Compra e Venda Internacional de Mercadorias de 1980 ("CISG" ou "Convenção"), que já vinha sendo desenvolvido no Brasil ao longo dos anos, deve ser intensificado diante da ratificação da Convenção pelo país e de sua entrada em vigor.[2]

Por meio da CISG, construiu-se um "novo modelo de contrato de venda internacional de mercadorias", sendo este, como bem afirma Véra Fradera, "voltado para o mundo do comércio internacional, muito técnico, muito pragmático e visando à eficiência nessas relações".[3] A autora prossegue, afirmando que a "CISG logrou criar algo novo [...], tornando-se um exemplo perfeito de aplicação bem sucedida do direito comparado".[4]

* Trata-se de versão atualizada de texto publicado anteriormente em: "SCHWENZER, Ingeborg; PEREIRA, Cesar. A. Guimarães; TRIPODI, Leandro (coordenadores). A CISG e o Brasil: Convenção das Nações Unidas para os Contratos de Compra e Venda Internacional de Mercadorias. 1. ed. São Paulo: Marial Pons; Curitiba: Federação das Indústrias do Estado do Paraná, 2015".

[1] A ideia preliminar para o presente artigo originou-se do seminário apresentado na disciplina "Fronteiras do Direito Comercial I" ministrada pelo Prof. Dr. Cristiano Zanetti junto ao Programa de Pós-Graduação da Faculdade de Direito da USP.

[2] Conforme mencionado em seu artigo 1(1), a Convenção aplica-se aos "contratos de compra e venda de mercadorias entre partes que tenham seus estabelecimentos em Estados distintos: (a) quando tais Estados forem Estados Contratantes; ou (b) quando as regras de direito internacional privado levarem à aplicação da lei de um Estado Contratante" O campo de aplicação da Convenção está descrito em seus artigos 1 a 6. Observe-se, desde logo, que todas as traduções do texto da CISG (foram transcritas em conformidade com a tradução de Eduardo Grebler e Gisely Radael, disponível em <http://www.cisg-brasil.net/doc/egrebler2.pdf>, acesso em 12 abr. 2013.

[3] Fradera, Véra. *A noção de contrato na Convenção de Viena de 1980 sobre Venda Internacional de Mercadorias.* Disponível em: <http://www.cisg-brasil.net/doc/vfradera1.pdf>. Acesso em: 01.05.2014.

[4] Fradera, Véra. *A noção de contrato na Convenção de Viena de 1980 sobre Venda Internacional de Mercadorias.* Disponível em: <http://www.cisg-brasil.net/doc/vfradera1.pdf>. Acesso em: 01.05.2014.

Assim sendo, afigura-se relevante o estudo da formação dos contratos na Convenção, visto que esta apresenta uma lógica própria em sua disciplina da matéria. Para os fins do presente artigo, entendeu-se por restringir o tema e enfocar uma das formas de externalização da vontade dos figurantes, qual seja a problemática da aceitação pelo silêncio na CISG. Tal escolha se deve, em grande medida, às discussões e às controvérsias suscitadas diante desta modalidade excepcional de aceitação.

O objetivo deste estudo consiste, portanto, na identificação dos elementos necessários para a configuração da aceitação pelo silêncio à luz dos dispositivos da CISG. Para tanto, apesar de não ser possível recorrer-se às disposições domésticas quando à matéria for aplicável a Convenção,[5] julgou-se importante tecer considerações sobre o silêncio como aceitação segundo o Código Civil brasileiro a fim de, por meio da comparação entre as semelhanças e as diferenças de tais diplomas, fornecer subsídios que melhor auxiliem na compreensão da disciplina específica da Convenção.

Tendo em vista as considerações expostas, no presente artigo analisar-se-á, inicialmente, a formação dos contratos em breves linhas (Parte I), passando-se para o exame da aceitação pelo silêncio à luz do Código Civil brasileiro (Parte II), e, em seguida, para a abordagem dada ao tema pela CISG (Parte III). Por meio do panorama que será traçado, acredita-se ser possível, por meio das conclusões ao final alcançadas, contribuir com o oferecimento do instrumental necessário para a aplicação da CISG pelos operadores do Direito no que se refere ao tema da aceitação pelo silêncio.

[5] A CISG é dotada de peculiaridades e, quando de seu exame e interpretação, deve-se ter presente a necessidade de apreciá-la à luz de suas próprias disposições sem a invocação dos dispositivos da lei doméstica. Em outras palavras, deve-se considerar o caráter internacional da Convenção e, para tanto, como afirma Franco Ferrari, "To have regard for the Convention's international character means that the interpreter should not apply domestic law to solve interpretive problems, i.e., he should not read the Convention through the lenses of domestic law, but should project the interpretive problems against an international background". (Ferrari, Franco. *Uniform Interpretation of The 1980 Uniform Sales Law.* Disponível em: <http://www.cisg.law.pace.edu/cisg/biblio/franco.html>. Acesso em: 01.05.2014. Observe-se, desde já, que as traduções de passagens em idioma estrangeiro à língua portuguesa são livres.

1. A formação dos contratos no Direito brasileiro e na CISG

A formação dos contratos realiza-se por meio do encontro da proposta e da aceitação,[6] momento em que se verifica o consenso dos contratantes para a formação do negócio jurídico. A proposta, primeiro ato lógico do processo de formação contratual, pode ser sucessiva à aceitação ou simultânea.[7] Nesta última hipótese, verificada, exemplificativamente, nos contratos instantâneos, não é tarefa fácil distinguir de modo exato os momentos da proposta e da aceitação.[8] Assim, para melhor compreender os contornos específicos da aceitação no âmbito da CISG e do Direito brasileiro, a proposta e a aceitação serão aqui consideradas como individualizadas de modo sucessivo.

(i) A Formação dos Contratos segundo o Direito brasileiro

No Brasil, a formação dos contratos, disciplinada nos artigos 427 a 435 do Código Civil, opera-se quando da integração entre a proposta e a aceitação.[9] A proposta consiste no primeiro ato que visa à conclusão do contrato, sendo necessário para a efetiva criação do vínculo contratual o surgimento do consenso, resultante da manifestação de vontade do destinatário,[10] que se consubstancia na aceitação.

No Direito brasileiro, discute-se sobre a adoção da teoria da expedição ou da recepção pelo Código Civil para a formação de contratos,[11] porém, aqui

[6] Roppo, Enzo. *O Contrato*. Tradução de Ana Coimbra e M. Januário C. Gomes. Coimbra: Almedina, 2009, p. 73.

[7] Assis, Araken de *et alii*. *Comentários ao Código Civil brasileiro*. Coordenadores Arruda Alvim e Thereza Alvim. Rio de Janeiro: Forense, 2007. V. 5 (artigos 421 a 480), p. 158.

[8] Assis, Araken de *et alii*. *Comentários ao Código Civil brasileiro*. Coordenadores Arruda Alvim e Thereza Alvim. Rio de Janeiro: Forense, 2007. V. 5 (artigos 421 a 480), p. 158.

[9] Gomes, Orlando. *Contratos*. 26ª ed. rev., atual. e aum. por Antonio Junqueira de Azevedo e Francisco Paulo De Crescenzo Marino. Rio de Janeiro: Forense, 2007, p. 68, §37 ("O vínculo contratual nasce quando *proposta* e *aceitação* se integram").

[10] Assis, Araken de *et alii*. *Comentários ao Código Civil brasileiro*. Coordenadores Arruda Alvim e Thereza Alvim. Rio de Janeiro: Forense, 2007. vol. 5 (artigos 421 a 480), p. 160.

[11] Segundo Araken de Assis, pela teoria da expedição, o contrato se conclui no momento em que o destinatário expede a sua manifestação de vontade para o proponente; enquanto na teoria da recepção o momento da conclusão do contrato se dá na chegada da aceitação ao proponente (a chegada significa a possibilidade de o proponente conhecer a manifestação de vontade do destinatário). Assis, Araken de *et alii*. *Comentários ao Código Civil brasileiro*. Coordenadores Arruda Alvim e Thereza Alvim. Rio de Janeiro: Forense, 2007. V. 5 (artigos 421 a 480), p. 226-231. Para o autor, o artigo 434, *caput* teria acolhido a teoria da expedição, abrindo, contudo, amplas exceções para a aplicação da teoria

não se discorrerá sobre o assunto, tendo em vista a delimitação do tema do presente artigo.

A aceitação pode se dar de maneira expressa, tácita ou pelo silêncio,[12] havendo, contudo, entendimentos que adotam classificação diferenciada.[13] Expressa é a manifestação de vontade "que se faz oralmente, ou por meio de sinais inteligíveis, dos quais os da escrita são os mais encontráveis",[14] como a palavra escrita ou falada e o aperto de mão.[15] Em outros termos, a aceitação

da recepção ao empregar o verbo "chegar" em diversos artigos (*v.g.*, artigo 428, II, 430 e 433) (*Idem*, p. 231). Já Orlando Gomes parece inclinar-se pela adoção da recepção (GOMES, Orlando. *Contratos.* 26ª ed. rev., atual. e aum. por Antonio Junqueira de Azevedo e Francisco Paulo De Crescenzo Marino. Rio de Janeiro: Forense, 2007, p. 81-82, § 50). Cumpre salientar que, no âmbito da aceitação pelo silêncio, o tema suscita mais dificuldades: o artigo 434 prevê que o contrato se considera formado desde que a aceitação é expedida, contudo, a regra da expedição não pode ser aplicada à aceitação pelo silêncio. Neste sentido, a doutrina entende que o momento da formação do contrato terá de ser averiguado conforme as circunstâncias do caso e os usos (TUTIKIAN, Priscila. *O silêncio na formação dos contratos. Proposta Aceitação e Elementos da Declaração Negocial.* Porto Alegre: Livraria do Advogado Editora, 2009, p. 119). Segundo Véra Fradera, o espaço de tempo aceitável para considerar-se o silêncio como aceitação apta a concluir o contrato, "incumbirá ao juiz decidir, caso a caso, qual prazo pode ser reputado como razoável" (FRADERA, Véra. O valor do silêncio no novo Código Civil. In: *Aspectos Controvertidos do Novo Código Civil.* In: Arruda Alvim; Joaquim Portes de Cerqueira César; Roberto Rosas (Coord.). São Paulo: Revista dos Tribunais, 2003, p. 579).

12 PONTES DE MIRANDA, Francisco Cavalcanti. *Tratado de Direito Privado: Parte Especial.* Tomo XXXVIII. Rio de Janeiro: Editor Borsoi, 1962, § 4.188, p. 23-29. Segundo o autor, nas palavras "expressa", "expressão", há dois sentidos: "no sentido estrito, *ou* a manifestação de vontade é expressa, *ou* é tácita, *ou* pelo silêncio; no sentido largo, a tacitude e o silêncio são também expressões" (p. 23).

13 Há autores que não parecem diferenciar entre silêncio e aceitação tácita: "A norma institui presunção legal de aceitação tácita, dispensando, para a conclusão do contrato, formalidades expressas, seja em razão da natureza do negócio em face ao próprio costume, seja em virtude da dispensa, pelo proponente, da aceitação expressa. [...]" (ALVES, Jones Figueirêdo. Comentário ao art. 432. In: SILVA, Regina Beatriz Tavares da. (Coord. a partir da 6ª ed.) Código Civil Comentado. 8ª ed. São Paulo: Saraiva, 2012, p. 502); "[a aceitação] [p]ode ser expressa, se o aceitante declarar a sua anuência; ou ser tácita, se uma atitude inequívoca, autoriza concluir pela integração de sua vontade na declaração contida na proposta [...]. Pode ser *presumida*, quando a conduta do aceitante, nos termos da lei, induz anuência, como se o proponente marca prazo ao oblato para que este declare se aceita, e o tempo decorra sem resposta negativa naqueles casos em que se não costuma aceitação expressa (Código Civil, art. 432) (PEREIRA, Caio Mário da Silva. *Instituições de Direito Civil.* Vol. III. Contratos. Declaração unilateral de vontade. Responsabilidade civil. Atualizado por Regis Fichtner. 12ª ed. Rio de Janeiro: Forense, 2009, p. 44).

14 PONTES DE MIRANDA, Francisco Cavalcanti. *Tratado de Direito Privado: Parte Especial.* Tomo XXXVIII. Rio de Janeiro: Editor Borsoi, 1962, § 4.187, p. 22.

15 Os exemplos são trazidos por Vicente Ráo, que os complementa com as hipóteses de inclinação da cabeça; a votação simbólica em assembleias, erguendo-se a mão, permanecendo sentado ou levantando-se etc. (RÁO, Vicente. *Ato Jurídico.* Noção, pressupostos, elementos essenciais e acidentais. O problema do conflito entre os elementos volitivos e a declaração. 4ª ed. São Paulo: Revista dos Tribunais, 1997, p. 120).

expressa envolve o emprego de palavras ou de sinais que a exprimam.[16] Já as manifestações de vontade tácitas supõem atos, positivos ou negativos, que não se considerem suficientemente expressivos,[17] *v.g.*, a apropriação da coisa oferecida e o início da execução do contrato.[18] O silêncio, por seu turno, não envolve manifestações por meio de atos, mas o calar-se,[19] traduzindo-se em aceitação à proposta contratual, desde que preenchidos determinados requisitos, como se examinará na Parte II deste estudo. A título exemplificativo, a aceitação pelo silêncio pode ser configurada no caso de o destinatário que solicitou a proposta, sendo esta recebida no seu interesse exclusivo, ter restado silente.[20]

Com efeito, não se pode confundir a manifestação de vontade pelo silêncio com a manifestação tácita no Direito Civil brasileiro. Para que o silêncio importe em manifestação de vontade, o calar-se não é conjugado a outros atos[21] do aceitante; trata-se, em verdade, de inação, o que justifica a importância do papel assumido pelas circunstâncias e pelos usos em sua configuração,[22] conforme será exposto adiante.

(ii) A Formação dos Contratos segundo a CISG

A CISG, igualmente, adota a teoria tradicional do binômio proposta (ou oferta)[23] e aceitação como os elementos do acordo entre as partes.[24] A doutrina,

16 Pontes de Miranda, Francisco Cavalcanti. *Tratado de Direito Privado: Parte Especial.* Tomo XXXVIII. Rio de Janeiro: Editor Borsoi, 1962, § 4.190, p. 28.

17 Pontes de Miranda, Francisco Cavalcanti. *Tratado de Direito Privado: Parte Especial.* Tomo XXXVIII. Rio de Janeiro: Editor Borsoi, 1962, § 4.188, p. 23 e § 4.190, p. 28.

18 Assis, Araken de *et alii. Comentários ao Código Civil Brasileiro.* Coordenadores Arruda Alvim e Thereza Alvim. Rio de Janeiro: Forense, 2007. V. 5 (artigos 421 a 480), p. 210.

19 Pontes de Miranda, Francisco Cavalcanti. *Tratado de Direito Privado: Parte Especial.* Tomo XXXVIII. Rio de Janeiro: Editor Borsoi, 1962, § 4.188, p. 24.

20 Assis, Araken de *et alii. Comentários ao Código Civil Brasileiro.* Coordenadores Arruda Alvim e Thereza Alvim. Rio de Janeiro: Forense, 2007. V. 5 (artigos 421 a 480), p. 213.

21 Como observa Pontes de Miranda, "[s]e não se trata de silêncio que se enquadre no art. 1.084 [atual art. 432] do Código Civil, o calar-se é apenas um dos elementos de fato para saber se houve uma manifestação de vontade tácita". Pontes de Miranda, Francisco Cavalcanti. *Tratado de Direito Privado: Parte Especial.* Tomo XXXVIII. Rio de Janeiro: Editor Borsoi, 1962, § 4.190, p. 29.

22 Tutikian, Priscila. *O silêncio na formação dos contratos. Proposta Aceitação e Elementos da Declaração Negocial.* Porto Alegre: Livraria do Advogado Editora, 2009, p. 108, nota de rodapé n. 343.

23 No Direito Civil brasileiro, costuma-se distinguir os conceitos de proposta e de oferta. Todavia, como o presente artigo também versará sobre a CISG, optou-se por adotar os termos indistintamente.

24 Schroeter, Ulrich. *Part II. Formation of the Contract: arts. 14-24.* In: Schlechtriem & Schwenzer (org.), Commentary on the UN Convention on the International Sale of Goods (CISG). 3ª ed. Nova Iorque: Oxford University Press, 2010, p. 233.

no entanto, indica a existência de métodos para a conclusão de contratos que não se enquadram em tal binômio, como as ofertas cruzadas[25] e a ausência de objeção a cartas comerciais de confirmação[26] (*"commercial letter of confirmation"*).[27] Discute-se, consequentemente, se a CISG poderia, quando não observado tal binômio, ser complementada pela lei doméstica no tocante às hipóteses por ela não abrangidas, ou, contrariamente, se o artigo 7(2) permitiria a busca de uma solução nos princípios que regem a Convenção.[28] A esse respeito, a posição majoritária acolhe a segunda corrente, entendendo pela disciplina exclusiva da matéria pela CISG, compreendendo as outras formas de conclusão dos contratos como lacunas a serem integradas pelos princípios da Convenção.[29]

A CISG trata da formação dos contratos em seus artigos 14 a 24. Cabe salientar a importância da conjugação de tais artigos com as disposições

[25] Sobre o tema, vide SCHROETER, Ulrich. *Part II. Formation of the Contract: arts. 14-24.* In: Schlechtriem & Schwenzer (org.), Commentary on the UN Convention on the International Sale of Goods (CISG). 3ª ed. Nova Iorque: Oxford University Press, 2010, p. 324.

[26] A formação de contratos na CISG por meio do silêncio diante de uma *"letter of confirmation"* suscita discussões acerca da possibilidade ou não de enquadrá-lo como aceitação: "The formation of a contract through silence after a commercial letter of confirmation can only be brought about if the silence is in accordance with the parties' usual practices or if the silence is in accordance with international practices or usages; only in exceptional circumstances will one party's commercial letter followed by silence of the other party amount to a contract formation." (SCHLECHTRIEM, Peter; BUTLER, Petra. *UN Law on International Sales: The UN Convention on International Sale of Goods.* Berlin, Heidelber: Springer Verlag, 2009, p. 77-78).

[27] SCHROETER, Ulrich. *Part II. Formation of the Contract: arts. 14-24.* In: Schlechtriem & Schwenzer (org.), Commentary on the UN Convention on the International Sale of Goods (CISG). 3ª ed. Nova Iorque: Oxford University Press, 2010, p. 233-234.

[28] SCHROETER, Ulrich. *Part II. Formation of the Contract: arts. 14-24.* In: Schlechtriem & Schwenzer (org.), Commentary on the UN Convention on the International Sale of Goods (CISG). 3ª ed. Nova Iorque: Oxford University Press, 2010, p. 234-235.

[29] SCHROETER, Ulrich. *Part II. Formation of the Contract: arts. 14-24.* In: Schlechtriem & Schwenzer (org.), Commentary on the UN Convention on the International Sale of Goods (CISG). 3ª ed. Nova Iorque: Oxford University Press, 2010, p. 234-235. Peter Schelechtriem bem sintetiza a problemática: "[...] it cannot be assumed that the Uniform Law for International Sales, by limiting the formation of contracts to those created by an offer followed by an acceptance, has left other possibilities, such as the German laws on letters of confirmation, to the discretion of domestic laws applicable by virtue of conflict rules. Otherwise other domestic formation provisions, unrelated to offer and acceptance would also be applicable, and the desired unification and legal certainty would be endangered. In my opinion, Article 7(1) forbids such a 'fragmentation' of the law governing the formation of the contract. The entire process of contract formation is governed by CISG." SCHLECHTRIEM, Peter. *Uniform Sales Law – The UN-Convention on Contracts for the International Sale of Goods.* Viena: Manz, 1986, p. 57.

gerais contidas nos artigos 7 a 13 e, em especial ao disciplinado nos artigos 6 (que permite às partes derrogarem ou modificarem os efeitos das disposições da Convenção), 8 (relativo à interpretação das declarações proferidas pelas partes), 9 (referente às práticas estabelecidas entre as partes) e 11 (sobre a liberdade acerca de requisitos formais).[30]

Cumpre observar que na CISG, a regra geral, é a de que a aceitação se torna efetiva com a recepção pelo oferente (artigo 18(2)).[31] Excepcionalmente, admite-se que a conduta do oblato[32] possa indicar anuência e ser, consequentemente, considerada como aceitação (conforme previsto no artigo 18(3)).[33-34]

Assim, ao compararmos a disciplina do momento da aceitação na Convenção e no Direito Civil brasileiro neste aspecto, temos que, enquanto ainda discutimos qual a teoria adotada pelo Código Civil de 2002, encontrando-se diferentes opiniões doutrinárias a respeito, a matéria parece mais assentada na CISG, na qual a regra geral é a teoria da recepção.

30 Schroeter, Ulrich. *Part II. Formation of the Contract: arts. 14-24*. In: Schlechtriem & Schwenzer (org.), Commentary on the UN Convention on the International Sale of Goods (CISG). 3ª ed. Nova Iorque: Oxford University Press, 2010, p. 222.

31 Artigo 18(2): "Tornar-se-á eficaz a aceitação da proposta no momento em que chegar ao proponente a manifestação de consentimento do destinatário. [...]".

32 Considera-se oblato como o destinatário da proposta.

33 "Ordinarily an acceptance is not effective until it reaches the offeror (Article 18(2) sentence 2). (...)As an exception to the rule, conduct by the offeree may indicate assent and thereby be considered an effective acceptance (Article 18(3)) if the offer himself waives a verbal statement or if his conduct is assumed to have this meaning by practices established between the parties or usages." (Schlechtriem, Peter. Uniform Sales Law – The UN-Convention on Contracts for the International Sale of Goods. Viena: Manz, 1986, p. 53). Cabe mencionar o texto integral do artigo 18(3): "Se, todavia, em decorrência da proposta, ou de práticas estabelecidas entre as partes, ou ainda dos usos e costumes, o destinatário da proposta puder manifestar seu consentimento através da prática de ato relacionado, por exemplo, com a remessa das mercadorias ou com o pagamento do preço, ainda que sem comunicação ao proponente, a aceitação produzirá efeitos no momento em que esse ato for praticado, desde que observados os prazos previstos no parágrafo anterior".

34 Excepcionalmente, o ofertado pode manifestar aceitação através da performance de um ato (art. 18(3)) (Schlechtriem, Peter; Butler, Petra. *UN Law on International Sales: The UN Convention on International Sale of Goods*. Berlin, Heidelber: Springer Verlag, 2009, p. 77). Ademais, segundo Ulrich Schroeter, "[...] a contract is formed under Article 18(3) by conduct amounting to acceptance even where it is not communicated to the offeror. The offeror can therefore be contractually bound without being aware of it. (Schroeter, Ulrich. *Part II. Formation of the Contract: arts. 14-24*. in: Schlechtriem & Schwenzer (org.), Commentary on the UN Convention on the International Sale of Goods (CISG). 3rd ed. Oxford University Press, 2010, p. 332).

No tocante à aceitação,[35] tem-se que a formação de contratos pode se dar, segundo Ulrich Schroeter, por meio de três formas: *(i)* a aceitação declarada expressamente, a qual deve chegar ao conhecimento do proponente; *(ii)* a "declaração implícita" da aceitação,[36] também devendo chegar ao conhecimento do proponente; e *(iii)* a aceitação implícita que se torna eficaz a partir da conduta que a exterioriza.[37] No que concerne ao silêncio, o autor elenca-o como modalidade de aceitação por meio da conduta, aduzindo que "para tal conduta indicar anuência, devem existir fatores adicionais combinados com o silêncio ou a inação".[38]

Já Maria Del Pilar Perales Viscasillas entende pela autonomia do silêncio em relação às formas de aceitação derivadas da conduta, as quais a autora denomina de declarações tácitas.[39] Para a autora, o silêncio jurídico caracteriza-se

> "(...) por responder a una actitud abstencionista, pasiva u omisiva del sujeto ante una declaración de voluntad, diferenciándose de las manifestaciones de voluntad tácitas, esto es, de aquellas conductas que no expresan

[35] Cabe salientar que os requisitos para a aceitação ser válida e eficaz, conforme determinados pela lei doméstica aplicável, devem ser observados (*i.e.*, a capacidade das partes, a ausência de vícios da vontade, etc) (Schroeter, Ulrich. *Part II. Formation of the Contract: arts. 14-24.* In: Schlechtriem & Schwenzer (org.), Commentary on the UN Convention on the International Sale of Goods (CISG). 3ª ed. Nova Iorque: Oxford University Press, 2010, p. 316).

[36] O autor traz os seguintes exemplos de aceitação por meio de condutas equivalentes à aceitação o envio das mercadorias (mesmo que o envio seja parcial), o empacotamento das mercadorias para o envio ao comprador, entre outros (Schroeter, Ulrich. *Part II. Formation of the Contract: arts. 14-24.* In: Schlechtriem & Schwenzer (org.), Commentary on the UN Convention on the International Sale of Goods (CISG). 3ª ed. Nova Iorque: Oxford University Press, 2010, p. 320).

[37] Já como exemplo de aceitação por meio de conduta o autor oferece o exemplo do artigo 19(1) da CISG: "acceptance by conduct indicating assent will frequently occur where the parties' roles have changed pursuant to Article 19(1), that is to say, where, in response to a modifying offer constituting a counter- offer, the original offeror replies as acceptor by performing services or other conduct amounting to acceptance, or in similar situations" (Schroeter, Ulrich. *Part II. Formation of the Contract: arts. 14-24.* In: Schlechtriem & Schwenzer (org.), Commentary on the UN Convention on the International Sale of Goods (CISG). 3ª ed. Nova Iorque: Oxford University Press, 2010, p. 316).

[38] No original: "for such conduct to indicate assent, there must be additional factors associated with the silence or inactivity". (Schroeter, Ulrich. *Part II. Formation of the Contract: arts. 14-24.* In: Schlechtriem & Schwenzer (org.), Commentary on the UN Convention on the International Sale of Goods (CISG). 3ª ed. Nova Iorque: Oxford University Press, 2010, p. 323-323).

[39] Tal entendimento justificaria-se "no sólo de la distinción en las formas de exteriorizar la voluntad que el artículo 18.1 CNUCCIM [CISG] realiza, sino también de un correcto entendimiento de esa figura". (Viscasillas, Maria del Pilar Perales. *La aceptación por silencio en la Convención de Viena de 1980 sobre compraventa internacional de mercaderías: primera aplicación jurisprudencial.* Disponível em: <http://www.cisg.law.pace.edu/cisg/biblio/filanto.html>. Acesso em: 01.05.2014.)

> directamente una intención de aceptar pero de las que se infiere la misma por la inequivocidad y determinación con que se realizan."[40]

Há quem entenda, todavia, que o silêncio na CISG deve ser acompanhado de atos de execução contratual: "o mero silêncio ou inação das partes não é suficiente para concluir um contrato, mas o será quando acompanhado dos chamados atos inequívocos de execução contratual [...]".[41]

De início, percebe-se a diferença no tratamento dado à aceitação pelo silêncio pela doutrina brasileira e pela especializada na CISG: a primeira distingue de modo bem definido a aceitação tácita do silêncio, já a segunda não aborda tal diferenciação de modo tão claro, havendo quem conecte o silêncio à aceitação implícita (ou pela conduta) e quem os separe. A discussão sobre a sua classificação não significa, contudo, não ser possível a aceitação pelo silêncio no âmbito de incidência da CISG, tema a ser desenvolvido na Parte III.

Tendo em vista os diferentes reflexos práticos que podem repercutir no momento da formação do vínculo contratual,[42-43] afigura-se importante, portanto, a compreensão das formas de aceitação e das suas distinções.

[40] VISCASILLAS, Maria del Pilar Perales. *La aceptación por silencio en la Convención de Viena de 1980 sobre compraventa internacional de mercaderías: primera aplicación jurisprudencial.* Disponível em: <http://www.cisg.law.pace.edu/cisg/biblio/filanto.html>. Acesso em: 01.05.2014.

[41] No original: "the mere silence or inactivity of the parties is not sufficient to conclude a contract, but when it is accompanied by what are denominated unequivocal acts of contractual execution, all those acts that entail execution of the contractual benefits or preparation of the same, it is effective." (ALBÁN, Jorge Oviedo. *Commentary on the manner in which the Unidroit Principles Arts. 2.6 and 2.7 may be used to interpret or supplement CISG Art. 18.* Fevereiro de 2005, disponível em <http://www.cisg.law.pace.edu/cisg/biblio/oviedoalban18.html>. Acesso em: 01.05.2014.)

[42] Dentre tais reflexos práticos, podemos citar a distinção nos regimes da responsabilidade, que depende de o contrato já ter sido formado ou não. Em relação à CISG, os danos causados por uma parte à outra no curso das negociações estão sujeitos ao Direito doméstico aplicável segundo as regras de conflito de leis, ou seja, a matéria está fora do âmbito de aplicação da Convenção. (SCHLECHTRIEM, Peter. *Uniform Sales Law*: The UN-Convention on Contracts for the International Sale of Goods. Viena: Manz, 1986, p. 58). No direito brasileiro, diferencia-se a responsabilidade pré-contratual, contratual propriamente dita e a extracontratual. O entendimento dominante no Direito civil brasileiro parece ser o de que o fundamento da responsabilidade pré-contratual seria a responsabilidade extracontratual. Contudo, Antonio Junqueira de Azevedo, após discorrer no sentido de que o fundamento não parece ser contratual nem extracontratual, conclui que a "responsabilidade pré-contratual, por se tratar de descumprimento de deveres específicos, gerados pela boa-fé objetiva, deva se submeter ao tratamento da responsabilidade contratual" (JUNQUEIRA, Antonio. Responsabilidade pré-contratual no Código de Defesa do Consumidor: estudo comparativo com a Responsabilidade Pré-contratual no Direito Comum. In: *Estudos e Pareceres de Direito Privado.* São Paulo, Saraiva, 2004, p. 175).

[43] Outro reflexo prático diz respeito à configuração da aceitação pelo silêncio e a formação do

Assim sendo, a análise dos elementos da aceitação pelo silêncio (modalidade de caráter excepcional de formação de contratos tanto na CISG quanto no Direito civil brasileiro), é dotada de grande relevância, especialmente em razão das controvérsias que podem ser verificadas no caso concreto acerca da possibilidade ou não de sua incidência na espécie.

2. A aceitação pelo silêncio à luz do Código Civil brasileiro

Com o intuito de fornecer um panorama detalhado sobre a aceitação pelo silêncio no Direito civil brasileiro, esta Segunda Parte apresentará três subdivisões, quais sejam: (*i*) conceito e elementos da aceitação pelo silêncio; (*ii*) análise de casos concretos; e (*iii*) conclusões preliminares.

(i) Conceito e elementos da aceitação pelo silêncio

O silêncio consiste em forma de manifestação da vontade verificada na conclusão dos negócios jurídicos, "quando o tipo de negócio estiver submetido a um regime jurídico específico, quer pela lei, quer pelas circunstâncias ou usos, que não exija a declaração expressa".[44]

No direito brasileiro, o silêncio adquire valor jurídico tão somente quando presentes circunstâncias que o autorizem, adotando-se a teoria do silêncio qualificado (ou circunstanciado) como forma de anuência,[45] como disposto no artigo 111[46] do Código Civil. Assim, a expressão corrente "quem cala, consente" não pode ser simplesmente transposta ao universo jurídico, visto

contrato: quando a aceitação se dá pelo silêncio, não há falar em a manifestação de vontade chegar ao conhecimento do proponente (Schroeter, Ulrich. *Part II. Formation of the Contract: arts. 14-24.* in: Schlechtriem & Schwenzer (org.), Commentary on the UN Convention on the International Sale of Goods (CISG). 3rd ed. Oxford University Press, 2010, p. 322-323), sendo uma questão de difícil solução a definição de qual seria o momento de sua efetiva configuração e da formação do contrato.

[44] Lotufo, Renan. *Código Civil comentado: parte geral.* Vol. 1. São Paulo: Saraiva, 2003, p. 305.

[45] Tutikian, Priscila. *O silêncio na formação dos contratos. Proposta Aceitação e Elementos da Declaração Negocial.* Porto Alegre: Livraria do Advogado Editora, 2009, p. 112. Existem, ainda, duas correntes sobre o silêncio: em breves linhas, a primeira, mais restritiva, entende que não haveria valor jurídico no silêncio, em razão de este ter de ser conjugado com as circunstâncias que o acompanham; já a segunda, somente acolhe o silêncio como aceitação se o proponente assim indicar na proposta ou se houver previsão legal neste sentido (*Idem*, , p. 82-87.

[46] Código Civil, Artigo 111: "O silêncio importa anuência, quando as circunstâncias ou os usos o autorizarem, e não for necessária a declaração de vontade expressa".

que somente em casos excepcionais o silêncio pode ser interpretado como manifestação de vontade apta a concluir contratos.[47]

Serpa Lopes, em monografia dedicada ao tema, conceitua o silêncio, chamando a atenção para a importância das "circunstâncias concludentes" na qualificação deste como manifestação de vontade, a qual se daria

> "(...) por meio de um comportamento negativo, deduzida de circunstâncias concludentes, caracterizadas pelo dever e possibilidade de falar quanto ao silente e pela convicção da outra parte, indicando uma inequívoca direção da vontade incompatível com a expressão de uma vontade oposta."[48]

No âmbito da formação dos contratos, caso o oblato reste em silêncio diante de uma proposta, via de regra, não se pode concluir que a aceitou,[49] uma vez que, em princípio, não há dever de responder as ofertas que receba.[50] Conforme Pontes de Miranda, pode haver situações, porém, em que, "anteriores entendimentos, os usos do tráfico e as cláusulas especiais insertas na oferta podem preestabelecer que se tenha como aceita a oferta que se seguiu inatividade, silêncio, do destinatário".[51]

Com efeito, na hipótese de não ser costume a aceitação de modo expresso ou de dispensa pelo proponente de resposta à sua proposta, o Código Civil reconhece a possibilidade de o silêncio do oblato ser interpretado como manifestação de vontade apta à conclusão do contrato,[52] caso não chegue a tempo

[47] RODRIGUES, Silvio. Direito Civil. *Dos Contratos e das Declarações Unilaterais da Vontade*. Vol. 3. 30ª ed. São Paulo: Saraiva, 2007, 67. No mesmo sentido, FRADERA, Véra. O valor do silêncio no novo Código Civil. In: *Aspectos Controvertidos do Novo Código Civil*. In: ARRUDA ALVIM; Joaquim Portes de Cerqueira César; Roberto Rosas (Coord.). São Paulo: Revista dos Tribunais, 2003, p. 574.

[48] SERPA LOPES, Miguel Maria de. O *silêncio como manifestação de vontade*. 3ª ed. Rio de Janeiro: Livraria Freita Bastos, 1961, p. 165-166.

[49] BEVILAQUA, Clovis. *Codigo Civil dos Estados Unidos do Brasil Commentado*. Vol. IV. Rio de Janeiro: Livraria Francisco Alves Editora, 1938, p. 251.

[50] PONTES DE MIRANDA, Francisco Cavalcanti. *Tratado de Direito Privado: Parte Especial*. Tomo XXXVIII. Rio de Janeiro: Editor Borsoi, 1962, § 4.188, p. 24.

[51] *Idem, ibidem*, § 4.188, p. 24-25.

[52] *Idem, ibidem*, § 4.188, p. 24. Em sentido contrário, Orlando Gomes entende que o silêncio não pode ser considerado uma declaração, mas somente equivalerá a uma declaração de vontade em certas circunstâncias em que valer como vontade positiva (GOMES, Orlando. *Contratos*. 26ª ed. rev., atual. e aum. por Antonio Junqueira de Azevedo e Francisco Paulo De Crescenzo Marino. Rio de Janeiro: Forense, 2007, p. 57).

a recusa, conforme o teor do artigo 432.[53] Tal dispositivo não prevê, então, hipótese de aceitação tácita, mas sim pelo silêncio, visto que a norma diz com a passividade do destinatário, prescindindo de comportamentos do oblato.[54] Nesta hipótese, o contrato se forma sem outra comunicação da vontade do destinatário.[55]

Portanto, para fins de saber se o silêncio importará ou não em aceitação da proposta na situação concreta, é necessária a leitura conjunta[56] do artigo 432 com o artigo 111[57] do Código Civil. Dito de outro modo: as hipóteses de aceitação pelo silêncio previstas no artigo 432 somente seriam possíveis quando cumpridos os requisitos do artigo 111 da Parte Geral do Código Civil. Neste sentido, pode-se concluir que:

[53] Código Civil, Artigo 432: "Se o negócio for daqueles em que não seja costume a aceitação expressa, ou o proponente a tiver dispensado, reputar-se-á concluído o contrato, não chegando a tempo a recusa". Segundo apontado pela doutrina, o artigo 432 tem como fontes o art. 151 do Código Civil Alemão (BGB) e o art. 6.º do Código Suíço das Obrigações (Bevilaqua, Clovis. *Codigo Civil dos Estados Unidos do Brasil Commentado.* Vol. IV. Rio de Janeiro: Livraria Francisco Alves, 1938, p. 251; Pontes de Miranda, Francisco Cavalcanti. *Fontes e Evolução do direito civil brasileiro.* 2ª ed. Rio de Janeiro: Forense, 1981, p. 255. Zanetti, Cristiano de Souza; Robert, Bruno. Zanetti, Cristiano de Souza; Robert, Bruno. A conclusão do contrato pelo silêncio. In: Flávio Tartuce; Ricardo Castilho (Org.). *Direito Civil: Direito Patrimonial, Direito Existencial – Estudos em homenagem à Professora Giselda Maria Fernandes Novaes Hironaka.* 1ª ed. São Paulo: Método, 2006, p. 261-268).

[54] Assis, Araken de *et alii. Comentários ao Código Civil Brasileiro.* Coordenadores Arruda Alvim e Thereza Alvim. Rio de Janeiro: Forense, 2007. V. 5 (artigos 421 a 480), p. 219.

[55] Assis, Araken de *et alii. Comentários ao Código Civil Brasileiro.* Coordenadores Arruda Alvim e Thereza Alvim. Rio de Janeiro: Forense, 2007. V. 5 (artigos 421 a 480), p. 219. Dizia Pontes de Miranda que o art. 1.084 [atual art. 432] cogitava das declarações não-receptícias, mencionando a título de exemplo, entre outros, o caso de o oferente exigir a execução imediata do negócio jurídico bilateral (e.g., operações de bolsa ordenadas por telegrama, ou telefone), ou as circunstâncias mostrarem que houve dispensa da recepção, como se foi enviada com a oferta a coisa. (Pontes de Miranda, Francisco Cavalcanti. *Tratado de Direito Privado: Parte Especial* (Negócios Jurídicos. Representação. Conteúdo. Forma. Prova.). Atualização por Marcos Bernardes de Mello *et alii.* São Paulo: Revista dos Tribunais, 2012, p. 227-228).

[56] Zanetti, Cristiano de Souza; Robert, Bruno. A conclusão do contrato pelo silêncio. In: Flávio Tartuce; Ricardo Castilho (Org.). *Direito Civil: Direito Patrimonial, Direito Existencial – Estudos em homenagem à Professora Giselda Maria Fernandes Novaes Hironaka.* São Paulo: Método, 2006, p. 268-269.

[57] Enquanto o art. 111 não tem correspondência no Código Civil de 1916, o teor do art. 432 do diploma atual corresponde ao art. 1.084 da antiga lei. No direito projetado, em relação ao atual art. 111, tem-se o seguinte panorama: no Anteprojeto de Código das Obrigações de 1941, o artigo 2.º não previa a ressalva à não-configuração do silêncio diante da exigência de declaração expressa. Já o Anteprojeto de Código das Obrigações de 1963, no artigo 2.º e o Projeto de Código de Obrigações de 1965, também no artigo 2.º, previam a exceção ao silêncio quando a lei exigisse consentimento explícito ou declaração expressa.

> "(...) nos negócios em que a aceitação expressa não for exigida pela lei ou pelo costume, assim como naqueles em que tiver sido dispensada pelo proponente, o contrato será concluído se o oblato não apresentar recusa tempestivamente, desde que as circunstâncias ou os usos permitam interpretar seu silêncio como aceitação."[58]

Assim sendo, a previsão de aceitação expressa é hipótese que afasta, de início, a possibilidade de aceitação de um contrato pelo silêncio. Como consequência, independentemente do tipo de exigência da declaração expressa mencionada pelo artigo 111 do Código Civil –legal, convencional ou pelos usos e circunstâncias – o silêncio, de todo o modo, não será passível de configurar aceitação.[59] E, em sendo exigida a declaração expressa, como ocorre nos contratos formais,[60-61] o encontro da proposta e da aceitação na forma prescrita não ocorrerá, visto que não há falar em aceitação pelo silêncio neste caso.

Contudo, conforme mencionado pelo próprio artigo 432, pode ocorrer de o proponente ter dispensado a aceitação pelo destinatário, situação que também terá de ser conjugada com as circunstâncias ou os usos a fim de configurar-se a aceitação pelo silêncio e, caso estejam presentes elementos

[58] Zanetti, Cristiano de Souza; Robert, Bruno. A conclusão do contrato pelo silêncio. In: Flávio Tartuce; Ricardo Castilho. (Org.). *Direito Civil: Direito Patrimonial, Direito Existencial – Estudos em homenagem à Professora Giselda Maria Fernandes Novaes Hironaka.* 1. ed. São Paulo: Método, 2006, p. 268-269.

[59] Tutikian, Priscila. Silêncio como Declaração Negocial na Formação dos Contratos (sob a perspectiva dos modelos hermenêuticos de Miguel Reale). In: MARTINS-COSTA, Judith. *Modelos de Direito Privado.* 1 d. São Paulo: Marcial Pons, 2014, p. 168.

[60] No direito brasileiro, prevalece o princípio da liberdade de forma, de modo que os contratos, em regra, se concluem independentemente da forma assumida pelas manifestações de vontade, sendo informais, portanto (Assis, Araken de *et alii. Comentários ao Código Civil Brasileiro.* Coordenadores Arruda Alvim e Thereza Alvim. Rio de Janeiro: Forense, 2007. V. 5 (artigos 421 a 480), p. 43). Contudo, há contratos formais ou solenes, nos quais a forma integra a substância do negócio, aperfeiçoando-se pela forma prescrita na lei (Gomes, Orlando. *Contratos.* 26ª ed. rev., atual. e aum. por Antonio Junqueira de Azevedo e Francisco Paulo de Crescenzo Marino. Rio de Janeiro: Forense, 2007, p. 92).

[61] A forma do negócio jurídico consiste no meio pelo qual a declaração de vontade do agente é expressada (Azevedo, Antônio Junqueira de. *Negócio Jurídico. Existência, Validade e Eficácia.* 4ª ed. São Paulo: Saraiva, 2008, p. 126.). Assim, não há negócio jurídico sem forma, o que há são negócios sem forma especial (Pontes de Miranda, Francisco Cavalcanti. *Tratado de Direito Privado: Parte Especial.* Tomo XXXVIII. Rio de Janeiro: Editor Borsoi, 1962, § 4.204, p. 105-106. A forma pode ser oral, escrita, mímica, além de consistir no silêncio ou em atos dos quais se deduz a declaração de vontade (Azevedo, Antônio Junqueira de. *Negócio Jurídico. Existência, Validade e Eficácia.* 4ª ed. São Paulo: Saraiva, 2008, p. 126).

autorizadores de sua qualificação, surgirá para o destinatário da proposta o dever de respondê-la de modo negativo a fim de evitar a formação do contrato.[62] Em outras palavras, não se pense que nesta hipótese de aceitação pelo silêncio a dispensa do proponente seria suficiente, devendo ser combinada com as circunstâncias e os usos. Consequentemente, não se admite a possibilidade de o proponente fixar em sua proposta a previsão de que o contrato aperfeiçoar-se-á não havendo recusa.[63] A disposição do proponente neste sentido carecerá, pois, de efeitos.[64]

No tocante às circunstâncias e aos usos que permitam identificar o silêncio como aceitação, cabe aqui mencionar as hipóteses de verificação prática mais comuns, identificadas por Cristiano Zanetti: *(i)* oferta realizada no interesse exclusivo do oblato; *(ii)* oferta solicitada pelo oblato; e *(iii)* relações comerciais entre as partes.[65] Em relação à primeira hipótese, não haveria, em princípio, razão para recusar-se a qualificação do silêncio como aceitação quando a oferta é realizada no interesse exclusivo do destinatário, podendo, todavia, restar demonstrado pelo oblato que a oferta lhe traria desvantagens e não seria no seu interesse.[66]

Já no que tange ao segundo exemplo, *i.e.*, a oferta solicitada pelo oblato, é possível presumir-se que a contratação do negócio é de seu interesse, especialmente quando declarou equivaler o seu silêncio à aceitação. Todavia, caso o oblato não tenha realizado tal declaração, será necessário recorrer à interpretação por via do exame das circunstâncias e dos usos.[67]

[62] ZANETTI, Cristiano de Souza; ROBERT, Bruno. A conclusão do contrato pelo silêncio. In: Flávio Tartuce; Ricardo Castilho. (Org.). *Direito Civil: Direito Patrimonial, Direito Existencial – Estudos em homenagem à Professora Giselda Maria Fernandes Novaes Hironaka.* 1 ed. São Paulo: Método, 2006, p. 270.

[63] ASSIS, Araken de *et alii. Comentários ao Código Civil Brasileiro.* Coordenadores Arruda Alvim e Thereza Alvim. Rio de Janeiro: Forense, 2007. V. 5 (artigos 421 a 480), p. 219.

[64] ASSIS, Araken de *et alii. Comentários ao Código Civil Brasileiro.* Coordenadores Arruda Alvim e Thereza Alvim. Rio de Janeiro: Forense, 2007. V. 5 (artigos 421 a 480), p. 43), p. 219. Para Clovis Bevilaqua, "[...] Tal expediente não tem base jurídica. O pollicitante não póde violentar a vontade daquele a quem propõe a conclusão de um contracto. Contracto é acordo de vontades" (BEVILAQUA, Clovis. *Codigo Civil dos Estados Unidos do Brasil Commentado.* Vol. IV. Rio de Janeiro: Livraria Francisco Alves, 1938, p. 252).

[65] Os exemplos são mencionados por ZANETTI, Cristiano de Souza; ROBERT, Bruno. A conclusão do contrato pelo silêncio. In: Flávio Tartuce; Ricardo Castilho (Org.). *Direito Civil: Direito Patrimonial, Direito Existencial – Estudos em homenagem à Professora Giselda Maria Fernandes Novaes Hironaka.* São Paulo: Método, 2006, p. 273-283.

[66] ZANETTI, Cristiano de Souza; ROBERT, Bruno. A conclusão do contrato pelo silêncio. In: Flávio Tartuce; Ricardo Castilho (Org.). *Direito Civil: Direito Patrimonial, Direito Existencial – Estudos em homenagem à Professora Giselda Maria Fernandes Novaes Hironaka.* São Paulo: Método, 2006, p. 273-274.

[67] *Idem, ibidem*, p. 273-274.

Finalmente, no que concerne à terceira hipótese, *i.e.*, a existência de relações comerciais entre as partes, tem-se que a adoção de determinada prática entre os parceiros comerciais pode permitir a qualificação do silêncio como aceitação, *v.g.*, a execução de contratos anteriores sem aceitação expressa leva à configuração da inadimplência da parte que não respondeu as solicitações do comprador nem entregou as mercadorias na data estabelecida.[68]

Neste sentido, estando ciente o oblato de que, diante dos usos e das circunstâncias do caso concreto, o silêncio frente à proposta pode importar em aceitação, o princípio da boa-fé objetiva impõe a sua resposta negativa à contratação.[69] Permite-se, ao destinatário, todavia, demonstrar que, em verdade, não estavam presentes no caso as circunstâncias ou os usos autorizadores da configuração do silêncio como aceitação, afastando-se a conclusão do contrato.[70]

A problemática da aceitação pelo silêncio, para além de debates doutrinários, também apresenta importantes reflexos práticos na formação dos contratos, sendo enfrentada pela jurisprudência em diferentes oportunidades.[71]

(ii) Análise de Casos Concretos

Para ilustrar as possíveis discussões a serem travadas pelos figurantes de um negócio, mencione-se os exemplos do "Caso do Patrocínio", do "Caso do Sítio Enseada", e do "Caso do Arrendamento Mercantil".

[68] *Idem, ibidem*, p. 276.

[69] *Idem, ibidem*, p. 276.

[70] Zanetti, Cristiano de Souza; Robert, Bruno. A conclusão do contrato pelo silêncio. In: Flávio Tartuce; Ricardo Castilho (Org.). *Direito Civil: Direito Patrimonial, Direito Existencial – Estudos em homenagem à Professora Giselda Maria Fernandes Novaes Hironaka*. 1ª ed. São Paulo: Método, 2006, p. 285. Cabe salientar que se admite o afastamento da conclusão contratual ainda que o oblato não tenha apresentado resposta em momento anterior em sentido negativo (*Idem*, p. 285). Segundo Araken de Assis, aplica-se à recusa, nesta hipótese, as diretrizes da teoria da recepção, (Assis, Araken de *et alii*. *Comentários ao Código Civil brasileiro*. Coordenadores Arruda Alvim e Thereza Alvim. Rio de Janeiro: Forense, 2007. vol. 5 (artigos 421 a 480), p. 220).

[71] A título exemplificativo, pode-se citar as seguintes decisões, que, por vezes confundem os conceitos de silêncio e de aceitação tácita: TJSP. Apelação Cível 0049486-89.2011.8.26.0576. 31ª Câmara de Direito Privado, rel. Des. Paulo Ayrosa. Julgado em 05.06.2012; TJSP. Apelação Cível com Revisão 1065847-0/2. 31ª Câmara de Direito Privado, rel. Des. Antonio Rigolin. Julgado em 04.03.2008; TJSP. Apelação Cível com Revisão 163.674-4/0-00. 31ª Câmara de Direito Privado, rel. Des. Ariovaldo Santini Teodoro. Julgado em 16.09.2006; TJSP. Apelação Cível 992.06.014569-1. 25ª Câmara de Direito Privado, rel. Des. Amorim Cantuária. Julgado em 01.06.2010.

O primeiro caso envolve a alegação, por parte de Mogi das Cruzes Basketball Clube ("Mogi"),[72] de que teria sido formado – por meio do silêncio – um contrato de patrocínio com International Restaurantes do Brasil Ltda. ("International Restaurantes"). Segundo o "contrato", Mogi divulgaria a marca "Pizza Hut" durante um campeonato de basquetebol, mediante a contraprestação de pagamento de R$ 30.000,00. Como não houve o pagamento pela International Restaurantes após já ter sido realizada a divulgação da marca no referido campeonato, Mogi moveu ação de cobrança.

Na primeira instância, a ação foi julgada improcedente. Mogi apelou, então, ao Tribunal de Justiça de São Paulo (TJSP), que manteve a decisão. No caso, entendeu-se que contratos de patrocínio são usualmente formalizados por escrito, devido à complexidade da matéria envolvida, devendo estabelecer de modo pormenorizado os meios de divulgação da marca, o número de eventos, etc. Consequentemente, diante da falta de anuência à proposta feita por Mogi, o Tribunal decidiu pela improcedência da apelação não se configurando, pois, a aceitação pelo silêncio. Como se pode perceber, os Desembargadores entenderam pela necessidade de manifestação expressa da aceitação para que o contrato de patrocínio fosse formado, por sua complexidade em vista da prática, o que afastou, pois, a possibilidade de conclui-lo por meio do silêncio.

No "Caso do Arrendamento Mercantil",[73] o arrendatário, celebrou com Pontual Leasing S.A. Arrendamento Mercantil ("Pontual Leasing") contrato de arrendamento mercantil relativo a um veículo. O arrendatário quitou todos os valores por ele devidos contratualmente e restou em silêncio quanto à opção pela prorrogação ou renovação do contrato, o que, segundo cláusula contratual,[74] implicaria considerar o seu silêncio como aceitação da opção de compra. Consequentemente, o silêncio do arrendatário, à luz dos termos do contrato, deveria ser interpretado como aceitação da opção de compra, devendo a arrendadora providenciar a documentação necessária para a transferência do veículo para o arrendatário.

[72] TJSP. Apelação Cível 532.971-4/0-00. 8ª Câmara de Direito Privado, rel. Des. Salles Rossi. Julgado em 16.09.2009.

[73] TJSP. Apelação 723714-0/9. 32ª Câmara de Direito Privado, rel. Des. Mário A. Silveira. Julgado em 18.05.2006.

[74] O teor do parágrafo único da cláusula do Contrato era o seguinte: "vencido o prazo de arrendamento, se o arrendatário não tiver efetuado a devolução dos bens, e não tiver optado pela prorrogação ou renovação do arrendamento, no prazo acima estipulado, o seu silêncio importará aceitação tácita da opção de compra, pelo valor estipulado no item 5.7 do preâmbulo, reajustado da mesma forma que as obrigações pecuniárias pactuadas neste contrato, ficando, ainda, obrigado ao pagamento de quaisquer outras obrigações pecuniárias ainda devidas".

O arrendatário ajuizou ação buscando execução de obrigação de fazer contra Pontual Leasing a fim de que esta providenciasse a documentação necessária para a transferência do veículo para o seu nome. Foi julgado procedente o pedido do arrendatário em primeira instância. Inconformada, Pontual Leasing apelou, sustentando não ter ocorrido a formação do contrato de arrendamento mercantil. A 32ª Câmara de Direito Privado do TJSP manteve o entendimento da decisão de primeiro grau, decidindo ter havido aceitação pelo silêncio, devido aos termos da cláusula contratual e ao cumprimento da obrigação contratual do arrendatário. No caso, foi reconhecida, então, a possibilidade de acordo prévio entre as partes reconhecendo o silêncio como aceitação.

No tocante ao "Caso do Arrendamento Mercantil", verifica-se que já existia um contrato entre as partes, o qual previa, de antemão, a possibilidade de o silêncio do arrendatário configurar aceitação à opção de compra do veículo. Neste sentido, cabe aqui suscitar a seguinte reflexão: existindo acordo prévio e expresso entre as partes a respeito do valor que atribuirão ao silêncio na sua relação, estar-se-ia ainda assim diante do silêncio, considerado este como o calar-se conjugado com circunstâncias? No caso em tela, o fato de haver acordo prévio foi considerado como uma circunstância, cujo peso, conforme verificado, foi suficiente para configurar o silêncio e, conseguintemente, a aceitação. Esta discussão também será desenvolvida a seguir quando da análise da aceitação pelo silêncio na CISG (Parte III).

Mais recentemente, foi julgado o "Caso do Sítio Enseada"[75]. Os proprietários de gleba localizada no Sítio Enseada receberam proposta de terceiro para aquisição do imóvel, tendo os donos da maior fração manifestado interesse no negócio. O banco, proprietário da menor fração, não respondeu à notificação enviada pelos co-proprietários, os quais pretendiam ver o silêncio daquele reconhecido como aceitação à proposta recebida.

Na primeira instância, a ação foi julgada improcedente. Os proprietários da maior fração apelaram ao TJSP, mas não obtiveram êxito. Entendeu-se que a ausência de resposta do banco deveria ser interpretada como ausência de interesse na venda, e não como aceitação. Ao invocar o artigo 111 do Código Civil, a Desembargadora Relatora entendeu existir óbice ao reconhecimento da anuência, pois "a venda de imóvel, ou parte dele, exige a lavratura de escritura pública, ou seja, trata-se de ato formal, em que a forma faz parte da substância do ato, e não pode ser assim suprida".

[75] TJSP. Apelação Cível 1009932-36.2015.8.26.0562. 8ª Câmara de Direito Privado. Rel. Desa. Mônica de Carvalho, Julgado em 19/09/2018.

A exigência de forma especial para negócios envolvendo imóveis está prevista no artigo 108 do Código Civil, segundo o qual "Não dispondo a lei em contrário, a escritura pública é essencial à validade dos negócios jurídicos que visem à constituição, transferência, modificação ou renúncia de direitos reais sobre imóveis de valor superior a trinta vezes o maior salário mínimo vigente no País". Assim, nessa hipótese, exige-se o consentimento expresso do oblato, afastando-se a possibilidade de se reconhecer a aceitação pelo silêncio.

(iii) Conclusões preliminares

Diante do exposto, pode-se concluir que o silêncio no Direito civil brasileiro importará em aceitação quando as circunstâncias ou os usos o autorizem, e não seja necessária a exteriorização da vontade de forma expressa ou o proponente tiver dispensado a aceitação pelo oblato, não chegando a tempo a recusa à proposta, conforme verificado da conjugação entre os artigos 432 e 111 do Código Civil. Os precedentes acima analisados também apontam no sentido de atentar-se às circunstâncias do caso para a qualificação do silêncio.

Por fim, cabe, analisar como a CISG atribui valor jurídico ao silêncio enquanto aceitação, identificando-se os pontos de convergência ou de divergência em relação ao Direito civil brasileiro.

3. A aceitação pelo silêncio na CISG

Para examinar-se com profundidade a aceitação pelo silêncio na CISG, esta Terceira Parte apresentará três subdivisões, correlatas ao exame no Direito civil brasileiro, quais sejam: (*i*) conceito e elementos constitutivos da aceitação pelo silêncio; (*ii*) análise de casos concretos; e (*iii*) conclusões preliminares.

(i) Conceito e Elementos Constitutivos da Aceitação pelo Silêncio

O artigo 18 da CISG trata da aceitação. O primeiro parágrafo refere-se à determinação do que constitui a aceitação para fins da Convenção, cuidando os parágrafos 2 e 3 de definir quando esta se dá.[76]

[76] SCHWENZER, Ingeborg e FONTOULAKIS, Christiana. *International Sales Law.* Abingdon: Routledge-Cavendish, 2006, p. 153. Artigo 18: "(1) Constituirá aceitação a declaração, ou outra conduta do destinatário, manifestando seu consentimento à proposta. O silêncio ou a inércia deste, por si só, não importa aceitação. (2) Tornar-se-á eficaz a aceitação da proposta no momento em que

Cumpre distinguir, desde logo, entre as hipóteses previstas no artigo 18(1)[77] primeira e segunda partes: "Constituirá aceitação a declaração, ou outra conduta do destinatário, manifestando seu consentimento à proposta. O silêncio ou a inércia deste, por si só, não importa aceitação".

A primeira parte do artigo 18(1) leva em consideração a possibilidade de o destinatário aceitar a proposta *por meio de uma declaração ou de outra conduta equivalente*. Para Ulrich Schroeter, tal dispositivo está em linha com o reconhecimento de que palavras ou conduta equivalente importam em aceitação. Como reflexo disso, pode-se reconhecer o princípio segundo o qual os contratos submetidos às disposições da Convenção também podem ser formados por meio de condutas implícitas.[78]

Já a segunda parte do artigo 18(1) da CISG dispõe sobre a possibilidade ou não de o silêncio implicar a aceitação da proposta no caso concreto, estabelecendo que "[o] silêncio ou a inércia, por si só, não importa aceitação". Assim, o silêncio ou a inatividade, quando ausentes outros fatores, não podem ser considerados como aceitação nem como recusa da proposta.[79] Nesta hipótese, considera-se o silêncio como detentor de um valor neutro.[80]

chegar ao proponente a manifestação de consentimento do destinatário. A aceitação não produzirá efeito, entretanto, se a respectiva manifestação não chegar ao proponente dentro do prazo por ele estipulado ou, à falta de tal estipulação, dentro de um prazo razoável, tendo em vista as circunstâncias da transação, especialmente a velocidade dos meios de comunicação utilizados pelo proponente. A aceitação da proposta verbal deve ser imediata, salvo se de outro modo as circunstâncias indicarem. (3) Se, todavia, em decorrência da proposta, ou de práticas estabelecidas entre as partes, ou ainda dos usos e costumes, o destinatário da proposta puder manifestar seu consentimento através da prática de ato relacionado, por exemplo, com a remessa das mercadorias ou com o pagamento do preço, ainda que sem comunicação ao proponente, a aceitação produzirá efeitos no momento em que esse ato for praticado, desde que observados os prazos previstos no parágrafo anterior".

77 É interessante notar que a CISG, os Princípios Unidroit e os Princípios Europeus do Direito dos Contratos ("PECL") contêm regramentos substancialmente semelhantes no que toca à aceitação por meio do silêncio. Em relação aos Princípios Unidroit, deve-se considerar o disposto no artigo 2.1.6 em conjunto com os seus comentários, resultando em que o silêncio ou a inércia, por si só, não importam aceitação. Em relação aos PECL, o artigo 2:204, segunda parte, corresponde ao artigo 18(1) da CISG e também determina que o silêncio ou a inércia, por si só, não importam em aceitação.

78 SCHROETER, Ulrich. *Part II. Formation of the Contract: arts. 14-24*. In: Schlechtriem & Schwenzer (org.), Commentary on the UN Convention on the International Sale of Goods (CISG). 3ª ed. Nova Iorque: Oxford University Press, 2010, p. 316.

79 FERRARI, Franco. *Art. 18*. In: KRÖLL, Stefan; MISTELIS, Loukas; PERALES VISCASILLAS, Maria del Pilar (Orgs.). *UN Convention on Contracts for the International Sale of Goods*: Commentary. Munique: Verlag C. H. Beck, 2011, p. 268, §11.

80 VISCASILLAS, Maria del Pilar Perales. *La aceptación por silencio en la Convención de Viena de 1980 sobre compraventa internacional de mercaderías: primera aplicación jurisprudencial*. Disponível em: <http://www.cisg.law.pace.edu/cisg/biblio/filanto.html>. Acesso em: 01.05.2014.

Considerando-se que a CISG, a princípio, não impõe um dever geral de o destinatário responder às propostas recebida,[81] a regra do artigo 18(1) visa evitar a surpresa do oblato com a determinação pelo proponente de a ausência de resposta em determinado prazo significar aceitação ou, ainda, de a falta de devolução das mercadorias recebidas implicar a anuência[82] com o negócio.

No âmbito da Convenção, diferentes são as hipóteses mencionadas na doutrina no que concerne aos fatores e às circunstâncias que ensejariam a atribuição de valor jurídico ao silêncio do oblato como aceitação. Assim, para bem compreender a disciplina do tema na CISG, propõe-se a divisão,[83] de modo congruente e sistemático, das hipóteses que confeririam valor jurídico ao silêncio em quatro categorias, quais sejam: *(i)* a incidência de regras legais que conferem a este um valor preestabelecido; bem como a existência de *(ii)* acordo expresso entre as partes (em momento anterior à formação do contrato) no sentido de conferir ao silêncio o valor de aceitação; *(iii)* acordo implícito entre as partes, deduzido das práticas entre elas estabelecidas e dos usos do comércio internacional (artigo 9); e *(iv)* circunstâncias interpretadas

[81] Lookofsky, Joseph, M. The 1980 United Nations Convention on Contracts for the International Sale of Goods. In: J. Herbots; R. Blanplain general (Orgs.). *International Encyclopaedia of Laws*: Contracts, Suppl. 29. Haia: Kluwer Law International, 2000, § 113. Em sentido semelhante, BUTLER, Petra; MUELLER, Bianca Maria. Acceptance of an Offer Under the CISG. In: SCHWENZER, Ingenborg; PEREIRA, Cesar; TRIPODI, Leandro (eds). *CISG and Latin America*: Regional and Global Perspectives. The Hague: Eleven International Publishing, 2016, p. 305.

[82] Schlechtriem, Peter. *Uniform Sales Law – The UN-Convention on Contracts for the International Sale of Goods.* Viena: Manz, 1986, p. 53; Schroeter, Ulrich. *Part II. Formation of the Contract: arts. 14-24.* In: Schlechtriem & Schwenzer (org.), Commentary on the UN Convention on the International Sale of Goods (CISG). 3ª ed. Nova Iorque: Oxford University Press, 2010, p. 323; Schlechtriem, Peter. *Uniform Sales Law – The UN-Convention on Contracts for the International Sale of Goods.* Viena: Manz, 1986, p. 53. Para Kazuaki Sono, a regra geral da não-aceitação pelo silêncio também pode ser associada com a necessidade de se proteger o proponente contra a confusão que poderia incorrer em virtude do silêncio do destinatário (Sono, Kazuaki. *Formation of International Contracts under the Vienna Convention: A Shift above the Comparative Law.* in: Petar Sarcevic & Paul Volken (orgs.), International Sale of Goods: Dubrovnik Lectures. Dobbs Ferry: Oceana Publications, 1986, p. 123-124. Disponível em: <http://www.cisg.law.pace.edu/cisg/biblio/sono2.html>. Acesso em: 01.05.2014).

[83] Tal divisão foi baseada nos critérios propostos por Maria Del Pilar Peralles Viscasillas, a qual distingue três hipóteses: (i) disposições legais; (ii) usos e práticas; e (iii) circunstâncias. A autora inclui a existência de acordo implícito ou explícito entre as partes no âmbito da segunda hipótese. Assim, a autora considera que o silêncio pode implicar aceitação quando conjugado com determinados fatores, como as disposições legais (*v.g.*, artigo 19(2) da CISG), os usos e práticas estabelecidas entre as partes ou a existência de um dever de se manifestar ou contestar (Viscasillas, Maria Del Pilar Perales. *El contrato de compraventa internacional de mercancias (convención de viena de 1980).* 2001, disponível em <http://www.cisg.law.pace.edu/cisg/biblio/perales1.html#civ>. Acesso em: 01.05.2014).

segundo o artigo 8 e que, combinadas ao silêncio, conferem a este o valor de aceitação.

No que se refere à primeira hipótese (*i.e.*, a *incidência de regras legais*), há dispositivos que impõem ou excepcionam o dever de responder ou de atuar e, por via de consequência, conferem valor preestabelecido ao silêncio ou à inação.[84] O artigo 19(2) da CISG,[85] por exemplo, trata dos casos em que a resposta à proposta contém termos adicionais ou diferenciados, os quais, todavia, não a alteram substancialmente. O dispositivo considera tal resposta como uma aceitação, exceto se o proponente apresentar, sem demora, objeções às modificações oralmente ou por meio de notificação enviada a este respeito. Presume-se, portanto, que a não objeção das modificações, diante do silêncio do proponente, implicará aceitação às modificações não substanciais efetuadas pelo oblato.[86]

Traçando-se aqui um paralelo com o Direito brasileiro, podemos invocar o exemplo mencionado pela doutrina[87] consistente no artigo 539 do Código Civil, guardadas, é claro, as peculiaridades do contrato de doação. Segundo o artigo 539, o doador poderia fixar prazo ao donatário, para declarar se aceita ou não a liberalidade, e caso o donatário, ciente do prazo, não emita a declaração, entende-se que aceitou a doação, se esta não for sujeita a encargo.

Já de acordo com a segunda hipótese, as *partes poderiam acordar expressamente* que o silêncio configura aceitação, situação na qual devem fazer uso da previsão contida no artigo 6 da CISG,[88] que permite serem derrogadas as disposições da Convenção, bem como a modificação de seus efeitos.[89]

[84] Viscasillas, Maria del Pilar Perales. *La aceptación por silencio en la Convención de Viena de 1980 sobre compraventa internacional de mercaderías: primera aplicación jurisprudencial.* Disponível em: <http://www.cisg.law.pace.edu/cisg/biblio/filanto.html>. Acesso em: 01.05.2014.

[85] Artigo 19(2): Se, todavia, a resposta que pretender constituir aceitação contiver elementos complementares ou diferentes mas que não alterem substancialmente as condições da proposta, tal resposta constituirá aceitação, salvo se o proponente, sem demora injustificada, objetar verbalmente às diferenças ou envie uma comunicação a respeito delas. Não o fazendo, as condições do contrato serão as constantes da proposta, com as modificações contidas na aceitação.

[86] Viscasillas, Maria del Pilar Perales. *La aceptación por silencio en la Convención de Viena de 1980 sobre compraventa internacional de mercaderías: primera aplicación jurisprudencial.* Disponível em: <http://www.cisg.law.pace.edu/cisg/biblio/filanto.html>. Acesso em: 01.05.2014.

[87] Assis, Araken de *et alii. Comentários ao Código Civil Brasileiro.* Coordenadores Arruda Alvim e Thereza Alvim. Rio de Janeiro: Forense, 2007. vol. 5 (artigos 421 a 480), p. 218.

[88] Artigo 6: "As partes podem excluir a aplicação desta Convenção, derrogar qualquer de suas disposições ou modificar-lhes os efeitos, observando-se o disposto no Artigo 12".

[89] Farnsworth, Allan. Article 18. In: Bianca-Bonell (org.) *Commentary on the International Sales Law.* Milão: Giuffrè, 1987, p. 166. Disponível em <http://www.cisg.law.pace.edu/cisg/biblio/

Tal acordo poderia dizer respeito a futuras relações entre as partes ou a uma determinada operação.[90] Para exemplificar a hipótese, Allan Farnsworth cita um contrato de franquia de longa duração, no qual podem as partes pactuar que as encomendas de mercadorias realizadas pelo franqueado devem ser consideradas aceitas caso o franqueador não responda em 10 dias. No exemplo, o silêncio do franqueador no período fixado importará em aceitação.[91]

Neste ponto, cabe retomarmos a reflexão trazida quando da análise do "Caso do Arrendamento Mercantil" à luz do Direito civil brasileiro e que também se aplica à hipótese em comento ofertada pela doutrina especializada na CISG: se as partes manifestaram-se expressamente, pactuando que o silêncio do oblato equivaleria à aceitação da proposta, não seria caso de aceitação por meio da declaração, ao invés da modalidade pelo silêncio?

Os Comentários sobre a versão projetada da CISG ("*Commentary on the Draft Convention on Contracts for the International Sale of Goods prepared by the Secretariat*") apontam no mesmo sentido do exemplo do contrato de franquia, mencionando que o silêncio pode constituir aceitação caso as partes tenham assim acordado previamente, o que pode se dar de modo expresso – utilizando-se da prerrogativa do artigo 6 da CISG – ou por meio da interpretação da intenção das partes em vista das negociações, das práticas entre elas estabelecidas, dos usos e de condutas subsequentes,[92] como estabelecido no artigo 8 da CISG. Ocorre que, no tocante à interpretação à luz de negociações e circunstâncias, já se estaria diante das demais hipóteses de aceitação pelo silêncio (acordo implícito e circunstâncias).

farnsworth-bb18.html>. Acesso em: 01.05.2014. Há quem entenda que o proponente também pode dispensar que a aceitação chegue ao seu conhecimento (por exemplo, por meio do uso da expressão "embarcar imediatamente"). Tal hipótese seria possível à luz da liberdade que as partes dispõem para derrogar dos termos da CISG. (Schroeter, Ulrich. *Part II. Formation of the Contract: arts. 14-24.* In: Schlechtriem & Schwenzer (org.), Commentary on the UN Convention on the International Sale of Goods (CISG). 3ª ed. Nova Iorque: Oxford University Press, 2010, p. 331-332).

[90] Viscasillas, Maria del Pilar Perales. *La aceptación por silencio en la Convención de Viena de 1980 sobre compraventa internacional de mercaderías: primera aplicación jurisprudencial.* Disponível em: <http://www.cisg.law.pace.edu/cisg/biblio/filanto.html>. Acesso em: 01.05.2014.

[91] Farnsworth, Allan. Article 18. In: Bianca-Bonell (org.) *Commentary on the International Sales Law.* Milão: Giuffrè, 1987, p. 166. Disponível em <http://www.cisg.law.pace.edu/cisg/biblio/farnsworth-bb18.html>. Acesso em: 01.05.2014.

[92] Commentary on the Draft Convention on Contracts for the International Sale of Goods prepared by the Secretariat ("Comentário da Secretaria")/UN DOC. A/CONF. 97/5. p. 23, § 4. Disponível em: <http://www.uncitral.org/pdf/english/texts/sales/cisg/a-conf-97-19-ocred-e.pdf>. Acesso em: 01.05.2014.

A terceira hipótese de atribuição de valor jurídico ao silêncio como aceitação na CISG é, como adiantado, a existência de *acordo implícito entre as partes*, deduzido das práticas entre elas estabelecidas e dos usos do comércio internacional (artigo 9).

Segundo a compilação de casos sobre a CISG, o *"Uncitral Digest of Case Law on the United Nations Convention on Contracts for the Internacional Sale of Goods"*, as práticas estabelecidas entre as partes vinculam-nas (conforme o disposto no artigo 9(1)) e podem indicar a anuência com a proposta, não obstante o silêncio do destinatário.[93] Além disso, os usos mencionados nos parágrafos (1) e (2) do artigo 9, também podem implicar a aceitação da proposta, a despeito do silêncio do destinatário.[94]

Aqui é importante atentar para a diferença existente entre os usos descritos nos artigos 8(3)[95] e 9(2)[96-97] da CISG: os usos são invocados para fins de interpretação das declarações das partes no artigo 8(3), enquanto no artigo 9 servem para a integração do contrato.[98]

[93] FLECHTNER, Harry *et alii*. *Uncitral Digest of Case Law on the United Nations Convention on Contracts for the International Sale of Goods*. The Journal of Law and Commerce, vol. 30, Special Issue, 2012, p. 99, § 7. Para Peter Schlechtriem, "it seems possible, in principle, to recognize usages in which silence means approval, if they meet the requirements of Article 9(2)". SCHLECHTRIEM, Peter. *Uniform Sales Law*: The UN-Convention on Contracts for the International Sale of Goods. Viena: Manz, 1986, p. 42.

[94] FLECHTNER, Harry., *et alii Uncitral Digest of Case Law on the United Nations Convention on Contracts for the International Sale of Goods*. The Journal of Law and Commerce, vol. 30, Special Issue, 2012, p. 99, § 7.

[95] Artigo 8(3): "Para determinar a intenção de uma parte, ou o sentido que teria dado uma pessoa razoável, devem ser consideradas todas as circunstâncias pertinentes ao caso, especialmente negociações, práticas adotadas pelas partes entre si, *usos* e costumes e qualquer conduta subsequente das partes".

[96] Artigo 9(2): "Salvo acordo em contrário, presume-se que as partes consideraram tacitamente aplicáveis ao contrato, ou à sua formação, todo e *qualquer uso* ou costume geralmente reconhecido e regularmente observado no comércio internacional, em contratos de mesmo tipo no mesmo ramo de comércio, de que tinham ou devessem ter conhecimento" (grifou-se).

[97] Aqui cumpre observar que, como afirmam Peter Schlechtriem e Petra Butler: "because trade usages and practices between the parties have to be taken into account according to Article 9 CISG, silence can amount to acceptance as an exception. The necessary interpretation, however, is only valid in regard to the individual case and cannot be generalised." (SCHLECHTRIEM, Peter; BUTLER, Petra. *UN Law on International Sales: The UN Convention on International Sale of Goods*. Berlin, Heidelber: Springer Verlag, 2009, p. 77-78).

[98] "It is important to note that the function of Article 8(3) is different from that of Article 9(2): It does not address gap-filling of the contract, but rather the interpretation of a party's statements. For the latter, according to Article 8(3), the particular circumstances are important, including usages that are possibly significant only to a party making the statements or to a reasonable person in the rule of the addressee." (SCHLECHTRIEM, Peter. *Uniform Sales Law*: The UN-Convention on Contracts for the International Sale of Goods. Viena: Manz, 1986, p. 40).

Assim, quando diante das práticas estabelecidas entre as partes, em vista das considerações doutrinárias expostas, concluímos que a aceitação se configurará não pelo silêncio diretamente, mas por meio do caráter vinculativo e integrativo das práticas e dos usos na Convenção. Dito de outro modo: a formação reiterada de contratos pelo silêncio configura prática estabelecida entre as partes e daí surge a sua vinculação.

Por fim, a quarta hipótese aplica-se diante da ausência de disposição legal, de usos ou de práticas entre as partes, podendo surgir dúvidas a respeito da equiparação entre o silêncio e a aceitação. Trata-se da hipótese em que o silêncio se tornará passível de configuração como aceitação somente quando existirem *circunstâncias interpretadas segundo o artigo 8(3)* [99] e que, combinadas ao silêncio, conferem a este o valor de aceitação.

Tal ocorrerá se "el complejo de las circunstancias sean lo suficientemente expresivas para conducir a ese significado en el contexto social y económico donde se desenvuelve la particular transacción".[100] No mesmo sentido, apontam os comentários sobre a versão projetada da CISG, mencionando que "se o silêncio é conjugado com fatores que o asseguram suficientemente como demonstração da aceitação do destinatário, consistirá, então, em aceitação da proposta".[101]

As circunstâncias presentes no caso devem ensejar a interpretação de que houve a contratação pelo silêncio. Como exemplo de tais circunstâncias, refere-se o caso no qual o próprio oblato solicita a proposta, o que pode justificar a possibilidade de o proponente inferir razoavelmente que a proposta, requerida à luz das circunstâncias específicas da operação, terá sido aceita, ainda que diante do silêncio do destinatário.[102] Tal exemplo, como visto, também é invocado pela doutrina brasileira a fim de ilustrar as circunstâncias que qualificam o silêncio.

[99] SCHROETER, Ulrich. *Part II. Formation of the Contract: arts. 14-24.* In: Schlechtriem & Schwenzer (org.), Commentary on the UN Convention on the International Sale of Goods (CISG). 3ª ed. Nova Iorque: Oxford University Press, 2010, p. 323.

[100] VISCASILLAS, Maria del Pilar Perales. *La aceptación por silencio en la Convención de Viena de 1980 sobre compraventa internacional de mercaderías: primera aplicación jurisprudencial.* Disponível em: <http://www.cisg.law.pace.edu/cisg/biblio/filanto.html>. Acesso em: 01.05.2014.

[101] No original: "if the silence is coupled with other factors which give sufficient assurance that the silence of the offeree is an indication of assent, the silence can constitute acceptance". Commentary on the Draft Convention on Contracts for the International Sale of Goods prepared by the Secretariat ("Comentário da Secretaria") / UN DOC. A/CONF. 97/5. p. 23, § 3. Disponível em: <http://www.uncitral.org/pdf/english/texts/sales/cisg/a-conf-97-19-ocred-e.pdf>. Acesso em: 01.05.2014.

[102] VISCASILLAS, Maria del Pilar Perales. *La aceptación por silencio en la Convención de Viena de 1980 sobre compraventa internacional de mercaderías: primera aplicación jurisprudencial.* Disponível em: <http://www.cisg.law.pace.edu/cisg/biblio/filanto.html>. Acesso em: 01.05.2014.

Cabe salientar que, quando da análise das circunstâncias pelas quais o silêncio ou a inação equivalem à aceitação, é preciso ter em mente tratar-se de uma exceção à regra geral (*i.e.*, a de que o silêncio, por si só, não importa aceitação), sendo importante examinar a situação com cautela, pois haverá "una carga extra para el intérprete que queda consteñido al examen detallado de los hechos particulares del negocio en cuestión".[103]

Tecidas estas considerações, é preciso ter em mente que, para a qualificação do silêncio como aceitação na CISG, é necessária, portanto, a incidência no caso de elementos como práticas estabelecidas entre as partes, em vista do artigo 9(1), de usos do comércio internacional (artigo 9(2)), bem como das circunstâncias do caso interpretadas segundo o Artigo 8(3)[104]. Assim, para a compreensão da aceitação pelo silêncio na CISG é necessário conjugar-se o disposto nos artigos 18(1), 8 e 9, além do artigo 6 (que permite a derrogação das disposições da Convenção ou a modificação de seus efeitos).

Cabe mencionar, ainda, que nem todos os problemas relativos à aceitação pelo silêncio na CISG já foram objeto de solução,[105] carecendo de definição, por exemplo, uma importante questão atrelada à reserva do artigo 96[106] da Convenção.

No âmbito da CISG, verifica-se uma possível tensão existente entre *(i)* o fato de um Estado ter realizado a reserva do artigo 96 da Convenção (a qual

[103] Viscasillas, Maria del Pilar Perales. *La aceptación por silencio en la Convención de Viena de 1980 sobre compraventa internacional de mercaderías: primera aplicación jurisprudencial*. Disponível em: <http://www.cisg.law.pace.edu/cisg/biblio/filanto.html>. Acesso em: 01.05.2014.

[104] Também concluem neste sentido STEINER, Renata C.; RUZYK, Carlos Eduardo Pianovski. Ensaio sobre a formação do contrato na CISG. In: SCHWENZER, Ingebog; PEREIRA, Cesar Guimarães A.; TRIPODI, Leandro (Coord.). A CISG e o Brasil: Convenção das Nações Unidas para os Contratos de Compra e Venda Internacional de Mercadorias. 1 ed. São Paulo: Marcial Pons, 2015, p. 189.

[105] Farnsworth, Allan. Article 18. In: Bianca-Bonell (org.) *Commentary on the International Sales Law*. Milão: Giuffrè, 1987, p. 171-172. Disponível em <http://www.cisg.law.pace.edu/cisg/biblio/farnsworth-bb18.html>. Acesso em: 01.05.2014.

[106] Artigo 96: O Estado Contratante cuja legislação exigir que os contratos de compra e venda sejam concluídos ou provados por escrito poderá, a qualquer momento, fazer a declaração prevista no artigo 12, no sentido de que, caso qualquer das partes tenha seu estabelecimento comercial nesse Estado, não se aplicarão as disposições dos artigos 11 e 29, ou da Parte II da presente Convenção, que permitirem a conclusão, modificação ou resolução do contrato de compra e venda, ou a proposta, aceitação ou qualquer outra manifestação de intenção por qualquer forma que não a escrita. A lista dos Estados que realizaram a reserva do artigo 96 pode ser consultada em: <http://www.uncitral.org/uncitral/en/uncitral_texts/sale_goods/1980CISG_status.html>. Acesso em: 01.05.2014.

pode criar, nos termos do artigo 12,[107] o requisito de forma escrita para a formação e para a modificação do contrato), preservando as suas normas domésticas sobre a forma escrita, e *(ii)* a produção de efeitos jurídicos pelo silêncio.[108] Neste caso, caberia indagar-se como seria possível resolver o impasse entre a necessidade de observância da forma escrita e o silêncio. Ademais, na hipótese de o Estado não ter declarado a reserva do artigo 96, importa perquirir se haveria algum impacto das normas domésticas sobre a forma escrita em relação à disposição relativa à liberdade de forma na CISG (artigo 11).[109] Este tema é de difícil solução e merece estudo específico para sua elucidação, não se pretendendo, neste momento, examiná-lo. Entendeu-se, assim, por apresentá-lo a título de notícia e de reflexão ao leitor.[110]

Para além da discussão teórica acerca da aceitação por meio do silêncio na CISG, é igualmente importante voltarmos o exame, a título exemplificativo, para casos concretos.

(ii) Análise de Casos Concretos envolvendo a aplicação da CISG

Com o intuito de ilustrar as possíveis discussões a serem travadas pelos figurantes de um contrato de compra e venda internacional de mercadorias regido pela CISG, mencionaremos os exemplos do "Caso Filanto",do "Caso dos Calçados Magnanni" e do "Caso VLM *v* Illinois Trading".

[107] Artigo 12: "Não se aplicará qualquer das disposições dos artigos 11 e 29, ou da Parte II desta Convenção, que permita a celebração, alteração ou rescisão do contrato de compra e venda, ou a proposta, aceitação ou qualquer manifestação de intenção, por outra forma que não a escrita, quando uma das partes tiver seu estabelecimento comercial em Estado Contratante que tenha feito a declaração prevista no artigo 96 desta Convenção. As partes não poderão derrogar nem modificar o efeito do presente artigo".

[108] Farnsworth, Allan. Article 18. In: Bianca-Bonell (org.) *Commentary on the International Sales Law.* Milão: Giuffrè, 1987, p. 171-172. Disponível em <http://www.cisg.law.pace.edu/cisg/biblio/farnsworth-bb18.html>. Acesso em: 01.05.2014.

[109] Artigo 11: "O contrato de compra e venda não requer instrumento escrito nem está sujeito a qualquer requisito de forma. Poderá ele ser provado por qualquer meio, inclusive por testemunhas".

[110] Para uma análise acerca da reserva do artigo 96 da CISG, vide Winship, Peter. Harmonizing formal requirements for cross-border sales contracts, International Review of Law, 2012. Disponível em: <http://www.qscience.com/doi/pdf/10.5339/irl.2012.6>. Acesso em: 01.05.2014; Schroeter, Ulrich G., The Cross-Border Freedom of Form Principle Under Reservation: The Role of Articles 12 and 96 CISG in Theory and Practice (October 31, 2012). Journal of Law and Commerce, Forthcoming. Disponível em: <http://ssrn.com/abstract=2169834>. Acesso em: 01.05.2014.

O primeiro caso a ser analisado é conhecido como "Caso Filanto",[111] sendo considerada a "primera decisión jurisprudencial que se enfrenta al delicado problema de la significación jurídica del silencio como aceptación en el marco diseñado por la CISG".[112]

O agente da empresa Ré Chilewich celebrou um contrato principal (*master agreement*) com Raznoexport para a compra e venda de sapatos. Por meio deste contrato (o "contrato russo"), a Chilewich obrigava-se a fornecer calçados à Raznoexport. A cláusula 10 do contrato russo continha uma cláusula compromissória, segundo a qual eventuais disputas seriam submetidas à arbitragem.

Posteriormente, Chilewich contatou Filanto, uma fabricante italiana de calçados, para ajustar o fornecimento de peças em vista de adimplir o contrato russo. Dentre as comunicações trocadas entre as partes, discutiu-se que o contrato de fornecimento dos sapatos com Filanto seria regido pelas regras do contrato russo. Filanto aduziu entender que apenas determinadas cláusulas do contrato russo seriam aplicáveis à sua relação com Chilewich, excluindo, na sua visão, a cláusula compromissória. Solicitou que Chilewich confirmasse tal entendimento, a qual alegou jamais ter recebido uma carta neste sentido.

Chilewich enviou à Filanto um memorando (*memorandum agreement*), que, na visão da primeira, consistia em uma oferta. O memorando continha cláusula expressa no sentido de incorporação das regras do contrato russo. Filanto não apresentou objeção imediata ao conteúdo do memorando, tendo demorado meses para responder. Filanto apenas manifestou-seapós Chilewich ter lhe fornecido uma carta de crédito.

Como Filanto recebeu apenas parte do pagamento referente aos sapatos entregues, ingressou com ação judicial. Chilewich objetou a existência de convenção de arbitragem e requereu a suspensão do processo. Diante de tal panorama, a Corte americana delimitou a questão como uma controvérsia relativa à existência de cláusula compromissória escrita. Considerando as extensas negociações entre as partes, Filanto tinha o dever de manifestar-se

[111] Filanto Case (92 Civ. 3253 (CLB) United States 14 April 1992 Federal District Court [New York], Filanto v. Chilewich). Disponível em: <http://www.cisg.law.pace.edu/cisg/wais/db/cases2/920414u1.html>. Acesso em: 01.05.2014. Cabe salientar ter a Corte entendido que: "An offeree who, knowing that the offeror has commenced performance, fails to notify the offeror of its objection to the terms of the contract within a reasonable time will, under certain circumstances, be deemed to have assented to those terms."

[112] Viscasillas, Maria del Pilar Perales. *La aceptación por silencio en la Convención de Viena de 1980 sobre compraventa internacional de mercaderías: primera aplicación jurisprudencial.* Disponível em: <http://www.cisg.law.pace.edu/cisg/biblio/filanto.html>. Acesso em: 01.05.2014.

contrariamente à inclusão dos termos do contrato russo de modo tempestivo.[113] Assim, a Corte entendeu ter ocorrido aceitação pelo silêncio dos termos do contrato russo por Filanto, inclusive, da cláusula compromissória e remeteu as partes à arbitragem em Moscou.

No caso, é interessante notar ter a Corte se utilizado da combinação do disposto nos artigos 18(1) e 8(3) da CISG, entendendo que, durante as negociações pode surgir o dever de objetar a incorporação de determinadas cláusulas ao contrato. Caso a parte falhe em objetá-las, o silêncio pode ser valorado como aceitação a depender das circunstâncias, dentre elas, as negociações entre as partes. Cabe ressalvar aqui o fato de o caso versar sobre a aceitação de cláusulas contratuais específicas, e não sobre a formação do contrato em si.

A segunda decisão diz respeito ao "Caso dos Calçados Magnanni".[114] O caso envolvia um comprador francês (*Shoes General International*) que realizou várias ordens de compra de pares de sapatos a serem comercializados sob a marca *Pierre Cardin*. O comprador pretendia comercializar os sapatos na coleção de verão, contudo, o vendedor acabou informando posteriormente que não entregaria os sapatos, o que levou o comprador a ter de buscar mercadorias junto a outros fornecedores. Consequentemente, houve atraso na entrega dos sapatos às lojas de varejo, acarretando a devolução de diversos pares de sapatos ao comprador, fato este que lhe causou prejuízos.

O vendedor alegou ter permanecido silente quanto às ordens emitidas pelo comprador, o que não importaria em aceitação na forma do artigo 18(1) da CISG. Assim, defende o vendedor que o contrato não teria sido formado. Contudo, o Tribunal Comercial de Viena entendeu pela improcedência do

[113] Neste sentido, é relevante o seguinte trecho da decisão: "Although mere 'silence or inactivity' does not constitute acceptance, Sale of Goods Convention Article 18(1), the Court may consider previous relations between the parties in assessing whether a party's conduct constituted acceptance, Sale of Goods Convention Article 8(3). In this case, in light of the extensive course of prior dealing between these parties, Filanto was certainly under a duty to alert Chilewich in timely fashion to its objections to the terms of the March 13 Memorandum Agreement--particularly since Chilewich had repeatedly referred it to the Russian Contract and Filanto had had a copy of that document for some time." (Filanto Case (92 Civ. 3253 (CLB) United States 14 April 1992 Federal District Court [New York], Filanto v. Chilewich). Disponível em: <http://www.cisg.law.pace.edu/cisg/wais/db/cases2/920414u1.html>. Acesso em: 01.05.2014).

[114] Calzados Magnanni Case (97/03974 France 21 October 1999 Appellate Court Grenoble (Calzados Magnanni V. Shoes General International). Disponível em: <http://cisgw3.law.pace.edu/cases/991021f1.html>. Acesso em: 01.05.2014. O Tribunal entendeu que: resultaria "from practices followed by the parties, in 1993 and the beginning of 1994, that the [seller] executed the orders without expressing its acceptance; [seller]'s reliance on the provisions of Article 18(1) of the Vienna Convention [CISG] is thus ineffective".

argumento, pois, em anos anteriores, o vendedor já executara pedidos advindos do comprador sem tê-los aceitado expressamente. Assim, as práticas adotadas pelas Partes demonstravam, no caso, que o silêncio poderia, sim, implicar aceitação. O vendedor foi condenado, então, ao pagamento de danos patrimoniais decorrentes da inexecução contratual.

Este caso bem traduz, portanto, a possibilidade de as práticas anteriores verificadas na relação comercial poderem elevar o silêncio à categoria de aceitação. Trata-se, segundo a sistematização antes realizada, da hipótese de acordo implícito entre as partes, o qual decorre das práticas entre elas estabelecidas nos termos do artigo 9(1) da CISG.

Já o "Caso VLM *v* Illinois Trading"[115] envolve um fornecedor canadense de produtos agrícolas (*VLM Food Trading International, Inc.*) e um revendedor norte-americano (*Illinois Trading Company*). Em 2012, VLM forneceu, em nove oportunidades, batatas congeladas para Illinois Trading, sem enfrentar qualquer incidente.

As Partes haviam acordado que as operações seriam realizadas do mesmo modo: Illinois Trading enviava ordem de compra especificando o item, a quantidade, o preço e o local de entrega, na sequência, VLM enviava resposta por *e-mail*, confirmando os termos da venda. Posteriormente, VLM encaminhava o pedido e Illinois Trading o aceitava. Por fim, VLM enviava novo *e-mail*, contendo a fatura. Tais faturas previam que Illinois Trading se tornaria responsável, caso inadimplisse o contrato, por arcar com os custos referentes a juros e a honorários advocatícios.

Posteriormente, Illinois Trading sofreu dificuldades financeiras e não pagou o preço referente a nove carregamentos novos, razão pela qual VLM ajuizou ação para cobrar o débito. A discussão, para o que ora importa, girou em torno de saber se a cláusula que previa o pagamento dos honorários advocatícios foi ou não incorporada aos contratos concluídos em cada uma das operações.

A Corte de Apelação do Sétimo Circuito entendeu que, para VLM obter êxito em seu pedido, deveria demonstrar ter Illinois Trading aceitado expressamente ser responsabilizada por honorários advocatícios incorridos pela contraparte. Após examinar certas regras contidas na CISG, os julgadores decidiram não integrar a cláusula acerca do pagamento de honorários

[115] VLM Food Trading International, Inc. v. Illinois Trading Co. United States Court of Appeals For the Seventh Circuit. 21.01.2016. 811 F.3d 247 (7th Cir. 2016). Disponível em: <https://casetext.com/case/vlm-food-trading-intl-inc-v-ill-trading-co?__cf_chl_jschl_tk__=pmd_220b48616409b9a6a2e7563ab149c79ce5baa3d1-1632150982-0-gqNtZGzNAk2jcnBszQe6>. Acesso em: 20.09.2021.

advocatício os contratos, pois fora inserida após as Partes terem concluído os ajustes. Os contratos haviam sido formados quando Illinois Trading recebeu os *e-mails* de confirmação enviados por VLM e a questão relativa aos honorários advocatícios surgiu apenas quando da emissão das faturas por VLM. Além disso, levou-se consideração o fato de Illinois Trading nunca ter declarado a sua concordância com o pagamento dos honorários advocatícios incorridos pela contraparte nem ter assinado as faturas emitidas por VLM.

Cabe destacar ter a Corte de Apelação do Sétimo Circuito adotado entendimento bastante restritivo em relação à aceitação pelo silêncio na CISG, registrando apenas ser possível a aceitação de uma oferta por meio da emissão de declarações ou da adoção de condutas, mas não pelo silêncio ou inércia[116]. Tal conclusão parece, contudo, demasiado restrita, já que se admite a aceitação pelo silêncio em determinadas hipóteses, como antes referido.

(iii) Conclusões preliminares

À luz de todo o exposto, parece possível o alcance das seguintes conclusões: *(i)* em regra, a CISG não impõe ao oblato o dever de responder às propostas que recebe; *(ii)* tal dever surgirá quando, em função de regras legais, de acordo expresso entre as partes, dos usos ou das práticas estabelecidas entre as partes ou, ainda, de circunstâncias presentes no caso (artigo 8(3)), o silêncio do oblato puder ser caracterizado como aceitação; *(iii)* a análise e a interpretação das circunstâncias aptas a tornar o silêncio qualificado deve se dar com cautela; consequentemente, *(iv)* quando verificados os fatores e as circunstâncias e incidente o dever de responder na situação concreta, caso permaneça silente o oblato, estar-se-á diante da hipótese de formação do vínculo contratual por meio da aceitação pelo silêncio. Ademais, tal modalidade de aceitação pode ser verificada diante de quatro hipóteses antes sistematizadas: *(i)* a incidência de regras legais; *(ii)* a existência de acordo expresso das

[116] "Contracts can only be modified by agreement of the parties, Convention art. 29(1), and a party cannot accept an offer (including one for modification) by silence or inactivity, id. art. 18(1). Rather, a party can only accept an offer through statements or conduct (if the parties' course of dealings allow for it)". VLM Food Trading International, Inc. v. Illinois Trading Co. United States Court of Appeals For the Seventh Circuit. 21.01.2016. 811 F.3d 247 (7th Cir. 2016). Disponível em: <https://casetext.com/case/vlm-food-trading-intl-inc-v-ill-trading-co?__cf_chl_jschl_tk__=pmd_220b48616409b9a6a2e7563ab149c79ce5baa3d1-1632150982-0-gqNtZGzNAk2jcnBszQe6>. Acesso em: 20.09.2021.

partes; *(iii)* a existência de acordo implícito entre as partes; e *(iv)* a existência de circunstâncias interpretadas segundo o artigo 8.

Traçando-se um paralelo com o Direito civil brasileiro, é importante notar que, assim, como na CISG, o oblato não tem, via de regra, o dever de responder às propostas por ele recebidas. Incidirá tal dever no caso se o silêncio do oblato puder configurar aceitação, o que se dá quando *(i)* não se exigir a aceitação expressa ou sendo esta dispensada pelo proponente não chegar a tempo a recusa à proposta e *(ii)* as circunstâncias ou os usos tornarem o silêncio qualificado. Em relação às circunstâncias em que o silêncio pode importar aceitação, temos como exemplos mais comumente verificados prática *(i)* a oferta realizada no interesse exclusivo do oblato; *(ii)* a oferta solicitada pelo oblato; e *(iii)* as relações comerciais entre as partes, que se aproximariam das práticas entre elas estabelecidas, conforme previsto na CISG.

Conclusões

O tema da formação dos contratos por meio da aceitação pelo silêncio suscita discussões tanto no âmbito da CISG quanto no Direito brasileiro por se tratar, em ambos os casos, de uma situação excepcional de criação do vínculo contratual.

Sendo a Convenção aplicável a determinado contrato de compra e venda internacional de mercadorias, a sua disciplina regerá de modo exclusivo a formação de tal contrato, e, consequentemente, a aceitação pelo silêncio. Em outras palavras, as partes não devem invocar regras do Direito civil brasileiro para interpretar a situação concreta quando as normas da Convenção forem aplicáveis a contrato internacional de venda de mercadorias.

Apesar disso, entendeu-se relevante a abordagem do tema da aceitação pelo silêncio no Código Civil brasileiro no presente artigo como uma ferramenta a auxiliar a melhor elucidação dos conceitos da Convenção, referindo-se, para tanto, as semelhanças e diferenças entre os dois diplomas.

Como visto, no Direito civil brasileiro, o silêncio é passível de ser qualificado como aceitação em casos excepcionais, quando estejam presentes circunstâncias autorizadoras para tanto. Assim, a partir da leitura combinada dos artigos 432 e 111 do Código Civil, é possível afirmar que adotamos o denominado silêncio circunstanciado como modalidade de aceitação. E, para que seja possível a configuração da aceitação pelo silêncio, será preciso que: *(i)* a aceitação expressa não seja exigida ou *(ii)* a aceitação tenha sido dispensada pelo proponente, somando-se a isso a ausência de recusa à proposta em tempo razoável e a necessidade de as circunstâncias concretas permitirem que se conclua ter havido aceitação no caso. Diferente do silêncio é a aceitação tácita, a qual demanda comportamentos positivos ou negativos e por meio da interpretação da conduta adotada é possível o seu enquadramento como aceitação.

Na CISG, a aceitação pelo silêncio é dotada de peculiaridades: não só pelo fato de seu âmbito de aplicação ser mais restrito, disciplinando apenas contratos de compra e venda internacional de mercadorias, mas também pela necessidade de, ao interpretar as regras da Convenção, se atentar ao caráter seu internacional. Ademais, cumpre destacar outra peculiaridade: a necessária observância do disposto no artigo 18(1), segunda parte, conjuntamente com os artigos 8 e 9.

Ainda no tocante à CISG, o silêncio ou a inação, por si só, não podem ser qualificados como aceitação, o que significa a necessidade de combiná-los com outros fatores e circunstâncias. Sobre o tema, a doutrina especializada na Convenção apresenta diferentes classificações para a aceitação pelo silêncio, havendo quem entenda pela sua configuração por meio da adoção de determinada conduta. Neste ponto, comparando-se com o Direito civil brasileiro, verifica-se a opinião de alguns autores brasileiros que parecem não diferenciar entre silêncio e aceitação tácita, mas a corrente mais acertada distingue-os claramente, sendo a aceitação tácita, como mencionado, caracterizada pela conduta passível de ser interpretada como aceitação. Assim, poderíamos concluir que, no Direito civil brasileiro, a distinção entre as duas figuras dar-se-ia de modo mais claro.

Tendo em vista as considerações antes expostas acerca da CISG e do Direito brasileiro, conclui-se haver uma importante diferença verificada no papel atribuído às circunstâncias para a qualificação da aceitação pelo silêncio. No Direito brasileiro, em razão de o artigo 111 do Código Civil dever ser conjugado com o artigo 432, não bastam as circunstâncias para que seja atribuído o valor jurídico de aceitação ao silêncio, pois incidem outros requisitos: a não exigência de aceitação expressa ou a dispensa de aceitação expressa pelo proponente, além da ausência de recusa à proposta em tempo razoável. Na CISG, as próprias circunstâncias podem ser classificadas como uma hipótese de atribuição de valor ao silêncio, ainda que se exija muita cautela do intérprete ao examiná-las à luz do artigo 8(3)[117].

[117] Cumpre salientar que aqui não se está pensando na existência de declaração da reserva do artigo 96 pelo Estado Contratante da CISG, uma vez que, tal reserva pode consistir em um fator de tensão com a aceitação pelo silêncio, como referido anteriormente.

19. A TRANSFERÊNCIA DO RISCO NA CISG

Alexandre de Soveral Martins*

Introdução. Os art. 66.º-70.º da CISG

Na compra e venda internacional de mercadorias os bens vendidos terão, muitas vezes, de percorrer grandes distâncias com a utilização de dois ou mais meios de transporte[1], sendo a mercadoria carregada e descarregada várias vezes e verificando-se a intervenção de diversas entidades[2]. As cadeias logísticas têm muitos elos[3] e não são invioláveis. Saber em que momento se dá a transferência do risco do vendedor da mercadoria para o seu comprador ganha ali especial importância. A esse tema são dedicados os arts. 66.º-70.º da CISG.

Uma vez verificada a transferência do risco para o comprador, a perda ou deterioração das mercadorias que ocorra após esse momento não exonera aquele da obrigação de pagar o preço. Este é, fundamentalmente, o risco (*risk, risque, Gefahr*) de cuja transferência se ocupa o art. 66.º. De acordo com este preceito, a «perda ou deterioração das mercadorias após a transferência do risco para o comprador não o exonera da obrigação de pagar o preço, salvo em caso de perda ou deterioração devidas a ato ou omissão do devedor».

* Professor Associado, Univ Coimbra, IJ, FDUC ORCID ID 0000-0001-6480-3492 soveralm@fd.uc.pt

1 V. Michael Bridge, «Chapter 21: Risk of Loss», in Larry DiMatteo/André Janssen/Ulrich Magnus, Reiner Schulz (ed.), *International Sales Law. Contract, Principles & Practice*, Beck-Hart--Nomos, München/Osford/Baden-Baden, 2016, p. 636.

2 Clayton Gillette/Steven Walt, *The UN Convention on Contracts for the International Sale of Goods: Theory and Practice*, CUP, New York, 2016, p. 269. Para o transporte marítimo, Peter Chalk, 'Maritime Terrorism: Threat to Container Ships, Cruise Liners, and Passenger Ferries', in Rupert Herbert-Burns/Sam Bateman/Peter Lehr (ed.), *Lloyd's MIU Handbook of Maritime Security*, 119: "For even a standard consignment, numerous agents and parties would be involved, including the exporter, the importer, the freight forwarder, a customs broker, excise inspectors, commercial trucking firms, railroad, dockworkers, and possibly harbour feeder craft and the ocean carrier itself".

3 V., para o transporte marítimo, Louis B. Sohn et al., *Cases and Materials on the Law of the Sea*, 2nd. ed., Brill Nijhoff, Leiden/Boston, 2014, p. 726.

Assim, para a compreensão do art. 66.º torna-se essencial saber em que consiste a perda ou deterioração, em que momento se transfere aquele risco para o comprador e em que casos se pode dizer que a perda ou deterioração são devidas a ato ou omissão do devedor. Esses são os assuntos que nos ocuparão em seguida. Nos arts. 67.º a 69.º a CISG trata dos critérios para se identificar o momento em que ocorre a transferência do risco para o comprador e, por isso, cada um deles será analisado individualmente.

Por seu lado, o art. 70.º versa sobre a articulação entre os arts. 67.º a 69.º e os meios ao dispor do comprador no caso de incumprimento contratual fundamental em que tenha incorrido o vendedor. A ele dedicaremos também a nossa atenção.

Na análise dos preceitos referidos estará presente o disposto no art. 7.º, 1, da CISG, que manda ter em conta o caráter internacional da Convenção e a «necessidade de promover a uniformidade da sua aplicação e de assegurar o respeito da boa-fé no comércio internacional».

Deve, ainda, lembrar-se que o art. 6.º permite às partes excluir a aplicação da Convenção (sem necessidade de escolherem outro regime aplicável[4]) e derrogar ou modificar os efeitos de qualquer uma das respetivas disposições[5], ali se excecionando apenas o art. 12.º[6]. Assim, também as normas sobre transferência do risco de que vamos tratar poderão ser afastadas pelas partes, o que acontece frequentemente através do uso de Incoterms®[7]. Outras

[4] Peter Mankowski, «Artikel 6 CISG und Abbedingung der CISG», in Peter Mankowski/Wolfgang Wurmnest (her.), *Festschrift für Ulrich Magnus*, Sellier, München, 2014, p. 255-271, a p. 255.

[5] No entanto, no *Digest of Case Law on the United Nations Convention on the International Sale of Goods*, United Nations Publications, New York, 2012, p. 33, dá-se conta de que já se decidiu que as partes não podem afastar o regime do art. 28.º e lembra-se que as partes não podem afastar a vigência de normas de direito internacional público. Sieg Eiselen, «Scope of CISG», in Larry DiMatteo/André Janssen/Ulrich Magnus, Reiner Schulz (ed.), *International Sales Law. Contract, Principles & Practice*, cit., p. 91 e ss., a p. 93, informa igualmente que já foram tomadas decisões em que se entendeu que a escolha das partes não seria relevante «where there is no connection between the choice and the parties or contract itself».

[6] Sobre alguns cuidados a ter, v. Alexandre de Soveral Martins, *Compra e venda internacional de mercadorias: a CISG*, Almedina, Coimbra, 2021, p. 12.

[7] V., p. ex., Ulrich Magnus, «Artikel 66», in J. *von Staudingers Kommentar zum Bürgerlichen Gesetzbuch mir Einführungsgesetz und Nebengesetzen. Wiener UN-Kaufrecht*, Sellier-de Gruyter, Berlin, 2013, Rn. 1. Mas é discutido se a simples utilização de um Incoterm® significa o afastamento das regras da CISG sobre transferência do risco: v. Michael Bridge, «Chapter 21: Risk of Loss», in Larry DiMatteo/André Janssen/Ulrich Magnus, Reiner Schulz (ed.), *International Sales Law. Contract, Principles & Practice*, cit., p. 658, Johan Erauw, «Article 67», in Stefan Kröll/Loukas Mistelis/Pilar Perales Viscasillas (ed.), *UNConvention on Contracts for the International Sale of Goods (CISG)*, cit., Rn. 23. Dando conta da polémica na Itália a propósito dos termos CIF e FOB, Valentina Cuocci/Alessia Mangiacotti, «Vendita internazionale di beni e Incoterms® 2020:

cláusulas poderão surgir, sendo então necessário dar uma redação que permita esclarecer se dizem respeito à transferência do risco ou apenas à determinação de quem deve suportar certas despesas[8]. O disposto no art. 9.º quanto aos usos e práticas tem também que ser ponderado[9].

Por outro lado, deve ser tido em conta que a CISG não se aplica aos «efeitos que o contrato possa produzir sobre a propriedade das mercadorias vendidas» (art. 4.º, b)), sendo de convocar as regras de direito internacional privado para determinar o regime aplicável[10]. No entanto, o art. 30.º acrescenta que o vendedor tem, designadamente, que transferir a propriedade das mercadorias vendidas «conforme exigido pelo contrato» e pela CISG.

1. O risco transferido

Os arts. 66.º a 70.º tratam da transferência do risco. No entanto, nem todos veem da mesma forma o risco transferido. Escreve Michael Bridge que «the

osservazioni a margine della clausola CIF», in. M. JANUÁRIO DA COSTA GOMES (coord.), *Temas de Direito dos Transportes*, V, Almedina, Coimbra, 2020, p. 687-721, a p. 703. Considerando que o uso de um Incoterm® pode ser visto como exclusão implícita dos arts. 66.º a 70.º «and possibly, therefore, the entire Convention», HARRY BERMAN/MICHAEL LADD, «Risk of Loss or Damage in Documentary Transactions Under the Convention on the International Sale of Goods», », 21 *CornellInt'LLJ*,, 1988, p. 423-437, a p. 431.

[8] ULRICH MAGNUS, «Vorbemerkungen zu Art. 66 ff CISG», in J. *von Staudingers Kommentar zum Bürgerlichen Gesetzbuch mir Einführungsgesetz und Nebengesetzen. Wiener UN-Kaufrecht*, cit., Rn. 7. Para um caso em que se entendeu que o termo CFFO dizia respeito apenas a custos e não à passagem do risco, Audiencia Provincial de Córdoba, 31.10.1997, CLOUT Case 247; para um caso em que se entendeu que a expressão «free delivery» não se limitava a regular os custos do transporte, mas também a transferência do risco, Oberlandsgericht Karlsruhe, 15 U 29/92, de 20.11.1992, CLOUT Case 317..

[9] V., p. ex., JOHAN ERAUW, «Article 66», in STEFAN KRÖLL/LOUKAS MISTELIS/PILAR PERALES VISCASILLAS (ed.), *UNConvention on Contracts for the International Sale of Goods (CISG)*, cit., Rn. 31 ss., lembrando a posição de autores para quem pode ter-se formado o uso entre as partes no sentido do recurso aos Incoterms®, assim se dispensando uma referência expressa aos mesmos, e bem assim a possibilidade de formação de um uso internacional que as partes «conhecessem ou devessem ter conhecimento» (art. 8.º, 2). Mais discutível é a questão de saber se os Incoterms® são, só por si, manifestação de um uso (nomeadamente, para efeitos da aplicação do art. 9.º, 2).

[10] Com perspectiva crítica acerca da solução, NUNO AURELIANO, *O Risco nos Contratos de Alienação*, Almedina, Coimbra, 2009, p. 248. Sobre o regime da propriedade, v. o art. 46.º do CCiv.. Mas, como lembra DÁRIO MOURA VICENTE, «Artigo 46.º», in ANTÓNIO MENEZES CORDEIRO (coord.), *Código Civil Comentado. I – Parte Geral* , Almedina, Coimbra, 2020, p 207, quando «a transferência de um direito real tenha origem num contrato, podem suscitar-se problemas de delimitação entre o estatuto real e o estatuto contratual».

transfer of risk to buyer means that the seller is deemed to have performed its delivery obligations for the purpose of securing its right to the price»[11]. Assim, pode dizer-se que o risco em causa é o risco do preço[12]: o risco de não receber o preço (vendedor)/o risco de ter de pagar o preço (comprador) em caso de perda ou deterioração das mercadorias[13].

O momento da transferência do risco na CISG não equivale necessariamente ao momento em que tem lugar a entrega: o art. 69.º, 1 e 2, refere-se à tomada de posse das mercadorias pelo comprador. Mas também se pode dar o caso de as partes entenderem regular no contrato da mesma forma ambas as questões: de acordo com o contrato (nomeadamente, devido ao Incoterm®usado), o momento da entrega é considerado o momento da transferência do risco.

[11] Desenvolvidamente, MICHAEL BRIDGE, «Chapter 21: Risk of Loss», in LARRY DIMATTEO/ANDRÉ JANSSEN/ULRICH MAGNUS, REINER SCHULZ (ed.), *International Sales Law. Contract, Principles & Practice*, cit., p. 642 e s..

[12] V. tb., p. ex., NUNO AURELIANO, *O Risco nos Contratos de Alienação*, cit., p. 250 (mas dando conta de quem considera que se trata do *risk of loss* ou de perda do valor patrimonial do bem). Há quem considere que, em princípio, o risco de *prestação* também se transfere com o risco do preço, p. ex., WILHELM-ALBRECHT ACHILLES, «Artikel 69», in JÜRGEN ENSTHALER (her.), *Gemeinschaftskommentar zum Handelsgesetzbuch mit UN-Kaufrecht*, cit., p. 1879, ULRICH MAGNUS, «Artikel 66», in J. *von Staudingers Kommentar zum Bürgerlichen Gesetzbuch mir Einführungsgesetz und Nebengesetzen. Wiener UN-Kaufrecht*, cit., Rn. 9, PETER HUBER, «CISG Artikel 66», in FRANZ JÜRGEN SÄCKER/ROLAND RIXECKER/HARTMUT OETKER/BETTINA LIMPERG (her.), *Münchener Kommentar zum Bürgerliches Gesetzbuch*, Bd. 4, 8. Aufl., Beck (Beck-online), München, 2019, Rn. 15 (dando conta de opinião contrária). O risco de *prestação* consiste no risco de o vendedor ter de entregar a mercadoria segunda vez se a que foi primeiro entregue se perder ou danificar antes da transferência do risco: FLORIAN MOHS, «Introduction to Articles 66-70», in INGEBORG SCHWENZER (ed.), *Schlechtriem & Schwenzer: Commentary on the UN Convention on the International Sale of Goods*, 4th. ed., OUP, Oxford, 2016, p. 955 («Performance risk means that Zeller must deliver the required a second quantity of the goods, if the first is lost or damaged»), embora sem manifestar uma opinião clara acerca do problema. Vendo o risco de prestação abrangido pelas regras sobre exoneração (art. 79.º, 1), p. ex., NUNO AURELIANO, *últ. ob. cit.*, p. 251.

[13] Como se lê no *UNCITRAL Digest of Case Law on the United Nations Convention on Contracts for the International Sale of Goods*, 2016 Edition, p. 303, as normas sobre transferência do risco não se preocupam com a propriedade das mercadorias, substituindo «domestic sales law that allocates risk to the "owner" of the goods». Recordando o art. 796.º, 1, do CCiv. («Nos contratos que importem a transferência do domínio sobre certa coisa ou que constituam ou transfiram um direito real sobre ela, o perecimento ou deterioração da coisa por causa não imputável ao alienante corre por conta do adquirente»), MARIA ÂNGELA COELHO BENTO SOARES/RUI DE MOURA RAMOS, «Do contrato de compra e venda internacional», DDC, 1981, 6, p. 208. Embora não surja identificado expressamente no art. 796.º, 1, do CCiv. o momento da transferência do risco, parece ser o do momento da aquisição da propriedade. Sobre a justificação do regime, PIRES DE LIMA/ANTUNES VARELA, *Código Civil Anotado*, vol. II, 3.ª ed., Coimbra Editora, Coimbra, 1986, p. 51 e s..

Do exposto decorre que o art. 66.º só pode ser bem entendido se, primeiro, forem lidas as disposições acerca da obrigação de entrega que recai sobre o vendedor (arts. 31.º-34.º)[14]. E há que contar ainda com o que possa resultar dos preceitos que se ocupam com os efeitos da resolução (arts. 81.º-84.º)[15], bem como com o art. 70.º (que analisaremos adiante)[16].

Como vimos, o risco transferido é o de ter de pagar o preço apesar da perda ou deterioração das mercadorias que ocorreu após aquela transferência. O art. 66.º não se ocupa, assim, de danos causados a outros bens ou a terceiros[17]. A obrigação de pagamento do preço, por sua vez, está regulada nos arts. 53.º-59.º.

Se o risco ainda não se transferiu quando a perda ou deterioração ocorre, o vendedor continuará a ter de cumprir, em princípio, a obrigação de entrega, sendo ainda necessário verificar se pode invocar o regime de exoneração previsto no art. 79.º[18]. Ocorrendo uma falta de conformidade após a transferência do risco que, no entanto, resulte do incumprimento de alguma das obrigações do vendedor, este último é responsável nos termos do art. 36.º, 2[19]. A responsabilidade contratual fica, assim, separada, em regra, da transferência do risco[20].

Um outro problema que deve ser mencionado é o que diz respeito a um eventual aumento dos custos com o transporte de mercadorias que resulte de uma qualquer alteração introduzida nesse transporte após o momento da transferência do risco (por exemplo, com desvios ou armazenamentos[21]). Quem deve suportar esse aumento? O vendedor ou o comprador? O problema

[14] V. Johan Erauw, «Article 66», in Stefan Kröll/Loukas Mistelis/Pilar Perales Viscasillas (ed.), *UNConvention on Contracts for the International Sale of Goods (CISG)*, cit., Rn. 1.

[15] Florian Mohs, «Introduction to Articles 66-70», in Ingeborg Schwenzer (ed.), *Schlechtriem & Schwenzer: Commentary on the UN Convention on the International Sale of Goods*, cit., p. 954, Peter Huber, «CISG Artikel 66», in Franz Jürgen Säcker/Roland Rixecker/Hartmut Oetker/Bettina Limperg (her.), *Münchener Kommentar zum Bürgerliches Gesetzbuch*, cit., Rn. 4.

[16] Johan Erauw, «Article 66», in Stefan Kröll/Loukas Mistelis/Pilar Perales Viscasillas (ed.), *UNConvention on Contracts for the International Sale of Goods (CISG)*, cit., Rn. 3.

[17] Johan Erauw, «Article 66», in Stefan Kröll/Loukas Mistelis/Pilar Perales Viscasillas (ed.), *UNConvention on Contracts for the International Sale of Goods (CISG)*, cit., Rn. 4.

[18] Johan Erauw, «Article 66», in Stefan Kröll/Loukas Mistelis/Pilar Perales Viscasillas (ed.), *UNConvention on Contracts for the International Sale of Goods (CISG)*, cit., Rn. 9.

[19] Johan Erauw, «Article 66», in Stefan Kröll/Loukas Mistelis/Pilar Perales Viscasillas (ed.), *UNConvention on Contracts for the International Sale of Goods (CISG)*, cit., Rn. 11.

[20] V., p. ex., Nuno Aureliano, *O Risco nos Contratos de Alienação*, cit., p. 249, mas dando conta da discussão em torno dos casos de entrega de *mercadoria diferente da contratada*.

[21] Peter Huber, «CISG Artikel 66», in Franz Jürgen Säcker/Roland Rixecker/Hartmut Oetker/Bettina Limperg (her.), *Münchener Kommentar zum Bürgerliches Gesetzbuch*, cit., Rn. 6

é sobretudo relevante quando o vendedor estava obrigado a tratar do transporte. A leitura que nos parece mais correta é a seguinte: a) As regras sobre transferência do risco devem aplicar-se também aos aumentos dos custos com o transporte mencionados (art. 7.º, 2)[22]; b) Se, porém, o vendedor tiver violado alguma das suas obrigações contratuais ao tratar do transporte, é necessário verificar se pode aplicar-se a parte final do art. 66.º: «perda ou deterioração devidas a ato ou omissão do vendedor»[23].

2. Perda ou deterioração da mercadoria

Nem sempre é fácil determinar se um determinado evento pode ser considerado perda ou deterioração da mercadoria[24]. A própria CISG não mantém a mesma terminologia ao longo de todo o seu texto: no art. 82.º, 2, b), é de mercadorias que tenham «perecido ou se tiverem deteriorado» que se fala, colocando assim o problema de saber se perda é o mesmo que perecimento[25].

Haverá perda se a mercadoria é completamente destruída ou, no caso de seres vivos, se estes morrem[26]. Mas também se pode considerar que existe

[22] V., invocando expressamente o art. 7.º, 2, Peter Huber, «CISG Artikel 66», in Franz Jürgen Säcker/Roland Rixecker/Hartmut Oetker/Bettina Limperg (her.), *Münchener Kommentar zum Bürgerliches Gesetzbuch*, cit., Rn. 6 (e recordando também o interesse em regular contratualmente a matéria); sem invocar expressamente o art. 7.º, 2, Pascal Hachem, «Article 66», in Ingeborg Schwenzer (ed.), *Schlechtriem & Schwenzer: Commentary on the UN Convention on the International Sale of Goods*, cit., p. 962 e s..

[23] V. Pascal Hachem, «Article 66», in Ingeborg Schwenzer (ed.), *Schlechtriem & Schwenzer: Commentary on the UN Convention on the International Sale of Goods*, cit., p. 962 e s..

[24] Sobre o que pode ser considerado perda ou deterioração, Michael Bridge, «Chapter 21: Risk of Loss», in Larry DiMatteo/André Janssen/Ulrich Magnus, Reiner Schulz (ed.), *International Sales Law. Contract, Principles & Practice*, cit., p. 644 e s., Johan Erauw, «Article 66», in Stefan Kröll/Loukas Mistelis/Pilar Perales Viscasillas (ed.), *UNConvention on Contracts for the International Sale of Goods (CISG)*, cit., p. 855 e s.; Florian Mohs, «Introduction to Articles 66-70», in Ingeborg Schwenzer (ed.), *Schlechtriem & Schwenzer: Commentary on the UN Convention on the International Sale of Goods*, cit., p. 950 (recordando casos de furto e vandalismo); Pascal Hachem, «Article 66», in Ingeborg Schwenzer (ed.), *Schlechtriem & Schwenzer: Commentary on the UN Convention on the International Sale of Goods*, cit., p..

[25] Curiosamente, a versão em língua inglesa («loss or damage») levanta a questão de saber se a «deterioriation» é «damage»: v. Michael Bridge, «Chapter 21: Risk of Loss», cit., p. 648, que considera estar a «deterioration [...] implicit in 'loss or damage'».

[26] Johan Erauw, «Article 66», in Stefan Kröll/Loukas Mistelis/Pilar Perales Viscasillas (ed.), *UNConvention on Contracts for the International Sale of Goods (CISG)*, 2nd. ed., Beck-Hart-Nomos, München/Oxford/Baden-Baden, 2018, Rn. 29.

perda se a mercadoria desaparece devido a furto ou porque é entregue em local errado ou a pessoa errada[27].

Haverá deterioração se, por exemplo, a mercadoria derrete, encolhe, fica mole, perde peso, sabor, resistência, ou fica com pior aspeto, daí resultando menor qualidade[28].

Não será perda ou deterioração o simples atraso depois da entrega da mercadoria ao transportador[29]. No entanto, o atraso pode acabar por provocar a perda ou deterioração, sendo então necessário verificar se o risco se transferiu para o comprador.

O risco pode não se transferir nos termos do art. 66.º se ainda se puder dizer que a perda ou deterioração ficou a dever-se a ato ou omissão do vendedor[30]. Assim, a primeira parte do art. 66.º aplica-se quando a perda ou deterioração não se ficou a dever a ato ou omissão do devedor[31].

Também não se poderá falar de perda ou deterioração se o comprador não consegue, por sua vez, vender as mercadorias apenas devido a alterações no mercado ou se há flutuações no valor das moedas[32].

[27] Pascal Hachem, «Article 66», in Ingeborg Schwenzer (ed.), *Schlechtriem & Schwenzer: Commentary on the UN Convention on the International Sale of Goods*, cit., p. 959, Johan Erauw, «Article 66», in Stefan Kröll/Loukas Mistelis/Pilar Perales Viscasillas (ed.), *UNConvention on Contracts for the International Sale of Goods (CISG)*, cit., Rn. 30, Peter Huber, «CISG Artikel 66», in Franz Jürgen Säcker/Roland Rixecker/Hartmut Oetker/Bettina Limperg (her.), *Münchener Kommentar zum Bürgerliches Gesetzbuch*, cit., Rn. 6 (quanto a casos de furto).

[28] Johan Erauw, «Article 66», in Stefan Kröll/Loukas Mistelis/Pilar Perales Viscasillas (ed.), *UNConvention on Contracts for the International Sale of Goods (CISG)*, cit., Rn. 30. Sobre a perda de peso v. tb. Pascal Hachem, «Article 66», in Ingeborg Schwenzer (ed.), *Schlechtriem & Schwenzer: Commentary on the UN Convention on the International Sale of Goods*, cit., p. 959, Peter Huber, «CISG Artikel 66», in Franz Jürgen Säcker/Roland Rixecker/Hartmut Oetker/Bettina Limperg (her.), *Münchener Kommentar zum Bürgerliches Gesetzbuch*, Bd. 4, 8. Aufl., cit., Rn. 6.

[29] Johan Erauw, «Article 66», in Stefan Kröll/Loukas Mistelis/Pilar Perales Viscasillas (ed.), *UNConvention on Contracts for the International Sale of Goods (CISG)*, cit., Rn. 28.

[30] Para desenvolvimentos, Johan Erauw, «Article 66», in Stefan Kröll/Loukas Mistelis/Pilar Perales Viscasillas (ed.), *UNConvention on Contracts for the International Sale of Goods (CISG)*, cit., Rn.40.

[31] Referindo-se a «loss or damage» que ocorreram «by coincidence», Pascal Hachem, «Article 66», in Ingeborg Schwenzer (ed.), *Schlechtriem & Schwenzer: Commentary on the UN Convention on the International Sale of Goods*, cit., p. 958; Florian Mohs, «Introduction to Articles 66-70», in Ingeborg Schwenzer (ed.), *Schlechtriem & Schwenzer: Commentary on the UN Convention on the International Sale of Goods*, cit., p. 951, escreve que se trata de risco que «has materialized as a matter of coincidence».

[32] Johan Erauw, «Article 66», in Stefan Kröll/Loukas Mistelis/Pilar Perales Viscasillas (ed.), *UNConvention on Contracts for the International Sale of Goods (CISG)*, cit., Rn. 41, Florian Mohs, «Introduction to Articles 66-70», in Ingeborg Schwenzer (ed.), *Schlechtriem & Schwenzer: Commentary on the UN Convention on the International Sale of Goods*, cit., p. 951.

Muito mais discutível é saber se há perda ou deterioração quando, por exemplo, a mercadoria não chega ao comprador por ter havido intervenção governamental (v.g. confisco, proibições, embargos e situações equivalentes)[33] – o chamado «legal risk»[34]. Na nossa opinião, «perda ou deterioração» abrange esses casos[35]. Não faria, por exemplo, sentido dar tratamento diferente ao desaparecimento da mercadoria por furto ou à sua apreensão por «ato do Príncipe»[36].

A perda ou deterioração que permite aplicar o art. 66.º é a que ocorre após a transferência do risco. Se já existe falta de conformidade no momento da transferência do risco para o comprador, o vendedor é responsável de acordo com o contrato e a CISG (art. 36.º, 1). A prova de que a perda ou deterioração já tinha ocorrido antes da transferência do risco nem sempre é fácil[37].

[33] V. Michael Bridge, «Chapter 21: Risk of Loss», in Larry DiMatteo/André Janssen/Ulrich Magnus, Reiner Schulz (ed.), *International Sales Law. Contract, Principles & Practice*, cit., p. 644 e s. (lembrando que a intervenção governamental pode ser por vezes imputável ao vendedor), Johan Erauw, «Article 66», in Stefan Kröll/Loukas Mistelis/Pilar Perales Viscasillas (ed.), *UNConvention on Contracts for the International Sale of Goods (CISG)*, cit., Rn. 34-37. Para um caso de carne de porco apreendida por suspeita de contaminação com dioxinas, v., BGH, VIII ZR 67/04, de 2.3.2005 (CLOUT Case 774), resolvendo o problema com base nas regras sobre falta de conformidade porque esta se verificava ainda antes da transferência do risco.

[34] Johan Erauw, «Article 66», in Stefan Kröll/Loukas Mistelis/Pilar Perales Viscasillas (ed.), *UNConvention on Contracts for the International Sale of Goods (CISG)*, cit., Rn. 34.

[35] Discordamos, assim, da opinião (minoritária) de Ingo Saenger, «CISG Artikel 66 [Wirkung des Gefahrübergang]», in Wolfgang Hau/Roman Poseck, *Beck'scher Online-Kommentar BGB*, 59. Edition, Stand: 01.08.2021, Beck (Beck-online), München, 2021, Rn. 2, e de Johannes Wertenbruch, «CISG Artikel 66 [Gefahrübergang]», in Ingo Drescher/Holger Fleischer/Karsten Schmidt (her.), *Münchener Kommentar zum Handelsgesetzbuch*, Bd. 5, 5. Aufl, Beck (Beck-online), München, 2021, Rn. 4. Defendendo que «[t]he wording of the CISG seems to exclude the literal application of its risk of loss rules to legal risk», mas que «it is rational to allocate legal risks along the tiven line of the CISG», Johan Erauw, «Article 66», in Stefan Kröll/Loukas Mistelis/Pilar Perales Viscasillas (ed.), *UNConvention on Contracts for the International Sale of Goods (CISG)*, cit., Rn. 35. Sujeitando os casos de intervenção governamental aos arts. 66.º e ss., Pascal Hachem, «Article 66», in Ingeborg Schwenzer (ed.), *Schlechtriem & Schwenzer: Commentary on the UN Convention on the International Sale of Goods*, cit., p. 959 e ss., Peter Huber, «CISG Artikel 66», in Franz Jürgen Säcker/Roland Rixecker/Hartmut Oetker/Bettina Limperg (her.), *Münchener Kommentar zum Bürgerliches Gesetzbuch*, Bd. 4, 8. Aufl., cit., Rn. 7; com a mesma leitura, Peter Mankowski, «UN-Kaufsrechts-Übereinkommen Art. 66 (Gefahrübergang)», in Franco Ferrari/Eva-Maria Kieninger/Peter Mankowski/Karsten Otte/Ingo Saenger/Götz Xhulze/Ansgar Staudinger (her.), *Internationales Vertragsrecht*, 3. Aufl., Beck (Beck-online), München, 2018, Rn. 5.

[36] Como escreve Pascal Hachem, «Article 66», in Ingeborg Schwenzer (ed.), *Schlechtriem & Schwenzer: Commentary on the UN Convention on the International Sale of Goods*, cit., p. 960, «the – factually simple – event of goods being taken away should not be burdened with political dimensions».

[37] Johan Erauw, «Article 66», in Stefan Kröll/Loukas Mistelis/Pilar Perales Viscasillas (ed.), *UNConvention on Contracts for the International Sale of Goods (CISG)*, cit., Rn. 24 e ss..

3. O momento da transferência do risco para o comprador

3.1. O art. 69.º. Casos em que o comprador está obrigado a tomar posse das mercadorias num estabelecimento do vendedor/casos em que o comprador está obrigado a tomar posse das mercadorias num local que não é um estabelecimento do vendedor

3.1.1. Casos em que o comprador está obrigado a tomar posse das mercadorias num estabelecimento do vendedor.

O regime geral quanto à transferência do risco encontra-se no art. 69.º, 1[38]: se não for aplicável o art. 67.º ou o art. 68.º (e, acrescentaríamos nós, o art. 69.º, 2[39]), «o risco transfere-se para o comprador quando ele toma posse das mercadorias ou, se não o fizer no tempo devido, no momento em que as mercadorias são colocadas à sua disposição e incorre em incumprimento contratual ao recusar a entrega».

Assim, o regime aplica-se a contratos de que não faz parte o transporte de mercadorias e que não dizem respeito a mercadorias em trânsito[40]. Como já foi destacado, do preceito reproduzido resulta que o momento da passagem do risco (tomada de posse pelo comprador) e o momento em que se considere

[38] Considerando que o art 69.º contém uma «Grundregel», PETER HUBER, «CISG Artikel 69», in FRANZ JÜRGEN SÄCKER/ROLAND RIXECKER/HARTMUT OETKER/BETTINA LIMPERG (her.), *Münchener Kommentar zum Bürgerliches Gesetzbuch*, Bd. 4, 8. Aufl., cit., Rn. 3. Para comparações com o art. 796.º do CCiv., MARIA ÂNGELA COELHO BENTO SOARES/RUI DE MOURA RAMOS, «Do contrato de compra e venda internacional», cit., p. 219 e s.. A p. 220, os autores referidos lembram que do referido preceito resulta que o risco se transfere, em regra, com a celebração do contrato, o que não coincide com a solução que encontramos no art. 69.º, 1, da CISG

[39] V. PETER HUBER, «CISG Artikel 69», in FRANZ JÜRGEN SÄCKER/ROLAND RIXECKER/HARTMUT OETKER/BETTINA LIMPERG (her.), *Münchener Kommentar zum Bürgerliches Gesetzbuch*, Bd. 4, 8. Aufl., cit., Rn. 3.

[40] PASCAL HACHEM, «Article 69», in INGEBORG SCHWENZER (ed.), *Schlechtriem & Schwenzer: Commentary on the UN Convention on the International Sale of Goods*, cit., p. 989, PETER HUBER, «CISG Artikel 69», in FRANZ JÜRGEN SÄCKER/ROLAND RIXECKER/HARTMUT OETKER/BETTINA LIMPERG (her.), *Münchener Kommentar zum Bürgerliches Gesetzbuch*, Bd. 4, 8. Aufl., cit., Rn. 1. Pode ainda dar-se o caso de se tratar de uma compra e venda abrangida pelos arts. 67.º ou 68.º, mas em que o risco não se transfere nos respetivos termos por não estarem preenchidos os pressupostos constantes daqueles preceitos. Suponha-se que do contrato de compra e venda faz parte o transporte de mercadorias e o vendedor não está obrigado a entregá-las num local determinado, mas a entrega ao primeiro transportador não é efetuada de acordo com o contrato de compra e venda (art. 67.º, 1, primeira parte). Ainda se trata de um caso que conduz à aplicação do art. 69.º? Sobre a questão, JUAN ANTONIO TAMAYO CARMONA, *Responsabilidad y riesgo contractual: normas de la Convención de Viena, sobre venta internacional de mercaderías e Incoterms 2000*, cit., p. 76 e ss..

efetuada a entrega são considerados separadamente[41]. Veja-se que o art. 31.º, c), estabelece que, para os casos a que diz respeito (o vendedor não está obrigado a entregar a mercadoria noutro local determinado e não se aplicam as als. a) e b) do art. 31.º), o vendedor cumpre a obrigação de entrega quando coloca as mercadorias à disposição do comprador no local onde o vendedor tinha o seu estabelecimento no momento da conclusão do contrato. Mas o cumprimento da obrigação de entrega não significa que o risco se transfira para o comprador nos casos previstos no art. 69.º, 1, pois este exige a tomada de posse pelo comprador ou que, para além da colocação da mercadoria à disposição do comprador, este incorra «em incumprimento contratual ao recusar a entrega»[42].

O art. 69.º, 1, está pensado para situações em que ambas as partes estão no mesmo local[43]. A comparação com o art. 69.º, 2, mostra que o art. 69.º, 1, tem em vista os casos em que o *local em que o comprador toma posse* das mercadorias é um *estabelecimento do vendedor*[44]. Estando o comprador obrigado a tomar posse (*take over*) das mercadorias *no estabelecimento do vendedor*, o risco transfere-se para o comprador quando ele toma posse das mercadorias[45] ou,

[41] V., p. ex., Pascal Hachem, «Article 69», in Ingeborg Schwenzer (ed.), *Schlechtriem & Schwenzer: Commentary on the UN Convention on the International Sale of Goods*, cit., p. 988.

[42] Salientando isso mesmo, Juan Antonio Tamayo Carmona, *Responsabilidad y riesgo contractual: normas de la Convención de Viena, sobre venta internacional de mercaderías e Incoterms 2000*, cit., p. 92.

[43] Pascal Hachem, «Article 69», in Ingeborg Schwenzer (ed.), *Schlechtriem & Schwenzer: Commentary on the UN Convention on the International Sale of Goods*, cit., p. 989, salientando a possibilidade de articulação com o termo EXW.

[44] Pascal Hachem, «Article 69», in Ingeborg Schwenzer (ed.), *Schlechtriem & Schwenzer: Commentary on the UN Convention on the International Sale of Goods*, cit., p. 989 e s. («the seller's place»), Anjanette Raymond, «Article 69», in Stefan Kröll/Loukas Mistelis/Pilar Perales Viscasillas (ed.), *UNConvention on Contracts for the International Sale of Goods (CISG)*, cit., Rn. 2, Peter Mankowski, «UN-Kaufrechts-Übereinkommen Artikel 69», in Franco Ferrari/Eva-Maria Kieininger/Peter Mankowski/Karsten Otte/Ingo Saenger/Götz Schulze/Ansgar Staudinger, *Internationales Vertragsrecht*, 3. Aufl., cit., Rn. 5, Peter Huber, «CISG Artikel 69», in Franz Jürgen Säcker/Roland Rixecker/Hartmut Oetker/Bettina Limperg (her.), *Münchener Kommentar zum Bürgerliches Gesetzbuch*, Bd. 4, 8. Aufl., cit., Rn. 3 («Niederlassung des Verkäufers»; mas o autor dá conta de opinião divergente), Johannes Wertenbruch, «CISG Artikel 69», in Karsten Schmidt/Werner Ebke (her.), *Münchener Kommentar zum Handelsgesetzbuch*, Bd. 5, 5. Aufl., cit., Rn. 2.

[45] Defendendo que o risco corre por conta do vendedor enquanto este «retains an active role in the process of delivery», Michael Bridge, «Chapter 21: Risk of Loss», in Larry DiMatteo/André Janssen/Ulrich Magnus, Reiner Schulz (ed.), *International Sales Law. Contract, Principles & Practice*, cit., p. 661. Ligando a transferência do risco na tomada de posse com a importância de ter a melhor posição para impedir a perda ou deterioração ou, pelo menos, para contratar o seguro, Pascal Hachem, «Article 69», in Ingeborg Schwenzer (ed.), *Schlechtriem & Schwenzer: Commentary on the UN Convention on the International Sale of Goods*, cit., p. 988.

se não o fizer no tempo devido[46], no momento em que as mercadorias são colocadas à sua disposição e em que ele incorre em incumprimento contratual ao recusar a entrega[47]. Assim, nos casos abrangidos pelo art. 69.º, 1, a transferência do risco não se dá pela simples colocação das mercadorias à disposição do comprador no estabelecimento do vendedor[48].

«Tomar posse» significa, designadamente, o início do carregamento pelo comprador ou pelo transportador por este enviado[49], correndo o risco por conta do comprador pelo menos com o início desse processo de carregamento[50]. Assim, a regra será a de que o risco já corre por conta do comprador com a realização desse carregamento[51]. «Tomar posse» não é, pois, o mesmo que aceitar a entrega realizada nos termos contratuais[52]. No entanto, parece razoável aceitar que a tomada de posse ocorra antes do início do processo de carregamento quando seja possível afirmar que a mercadoria passou para

[46] E sem necessidade de fixar prazo suplementar: PASCAL HACHEM, «Article 69», in INGEBORG SCHWENZER (ed.), *Schlechtriem & Schwenzer: Commentary on the UN Convention on the International Sale of Goods*, cit., p. 990 e s..

[47] Convém lembrar aqui que o art. 31.º, c), estabelece que a regra, quando o vendedor não está obrigado a entregar as mercadorias em qualquer outro local determinado, é a de que a sua obrigação de entrega consiste «em colocar as mercadorias à disposição do comprador no local onde o vendedor tinha o seu estabelecimento no momento da conclusão do contrato».

[48] JUAN ANTONIO TAMAYO CARMONA, *Responsabilidad y riesgo contractual: normas de la Convención de Viena, sobre venta internacional de mercaderías e Incoterms 2000*, cit., p. 92.

[49] HUBER, «CISG Artikel 69», in FRANZ JÜRGEN SÄCKER/ROLAND RIXECKER/HARTMUT OETKER/BETTINA LIMPERG (her.), *Münchener Kommentar zum Bürgerliches Gesetzbuch*, Bd. 4, 8. Aufl., cit., Rn. 3, PASCAL HACHEM, «Article 69», in INGEBORG SCHWENZER (ed.), *Schlechtriem & Schwenzer: Commentary on the UN Convention on the International Sale of Goods*, cit., p. 990.

[50] PASCAL HACHEM, «Article 69», in INGEBORG SCHWENZER (ed.), *Schlechtriem & Schwenzer: Commentary on the UN Convention on the International Sale of Goods*, cit., p. 990, PETER HUBER, «CISG Artikel 69», in FRANZ JÜRGEN SÄCKER/ROLAND RIXECKER/HARTMUT OETKER/BETTINA LIMPERG (her.), *Münchener Kommentar zum Bürgerliches Gesetzbuch*, Bd. 4, 8. Aufl., cit., Rn. 4.

[51] PASCAL HACHEM, «Article 69», in INGEBORG SCHWENZER (ed.), *Schlechtriem & Schwenzer: Commentary on the UN Convention on the International Sale of Goods*, cit., p. 990, PETER MANKOWSKI, «UN-Kaufrechts-Übereinkommen Artikel 69», in FRANCO FERRARI/EVA-MARIA KIEININGER/PETER MANKOWSKI/KARSTEN OTTE/INGO SAENGER/GÖTZ SCHULZE/ANSGAR STAUDINGER, *Internationales Vertragsrecht*, 3. Aufl., cit., Rn. 9, PETER HUBER, «CISG Artikel 69», in FRANZ JÜRGEN SÄCKER/ROLAND RIXECKER/HARTMUT OETKER/BETTINA LIMPERG (her.), *Münchener Kommentar zum Bürgerliches Gesetzbuch*, Bd. 4, 8. Aufl., cit., Rn. 4 (embora dando a entender que a tomada de posse pode verificar-se quando o transportador contratado pelo comprador dá conhecimento de que que quer tomar posse)

[52] ANJANETTE RAYMOND, «Article 69», in STEFAN KRÖLL/LOUKAS MISTELIS/PILAR PERALES VISCASILLAS (ed.), *UNConvention on Contracts for the International Sale of Goods (CISG)*, cit., Rn. 8, lembrando o que resulta dos Incoterms® quanto à obrigação de entrega e de aceitar a entrega.

a esfera de controlo do comprador, direta ou indiretamente[53]. E não haverá tomada de posse pelo comprador se este apenas tem as mercadorias consigo para as conservar depois de as recusar, nos termos do art. 86.º, 1[54].

Por outro lado, se o comprador recusa a entrega e com isso incorre em incumprimento contratual, não pode apoiar-se no seu próprio comportamento para impedir a transferência do risco[55].

«Tomar posse» também não significa tornar-se proprietário e não equivale ao momento da celebração do contrato[56]. A comparação com a segunda parte do art. 69.º, 1, mostra igualmente que tomar posse não equivale a ter a mercadoria colocada à disposição[57].

Se o comprador não toma posse das mercadorias no tempo devido, o risco transfere-se para aquele «no momento em que as mercadorias são colocadas à sua disposição e incorre em incumprimento contratual ao recusar a entrega». Daí a importância de estabelecer no contrato *qual é o tempo de que dispõe o comprador para tomar posse das mercadorias*, pois se assim não for o apelo a critérios de razoabilidade[58] gera alguma incerteza.

A solução prevista para os casos em que o comprador não toma posse das mercadorias no tempo devido compreende-se. Evita-se que o comprador atrase a transferência do risco ao demorar a tomada de posse[59]. Se o comprador não tomou posse das mercadorias no tempo devido, o risco transfere-se

[53] Peter Mankowski, «UN-Kaufrechts-Übereinkommen Artikel 69», in Franco Ferrari/Eva-Maria Kieininger/Peter Mankowski/Karsten Otte/Ingo Saenger/Götz Schulze/Ansgar Staudinger, *Internationales Vertragsrecht*, 3. Aufl., cit., Rn. 6 («Übergang in den Herrschaftsbereich des Käufers»), embora também diga que isso acontece normalmente quando ocorre uma tomada de posse corpórea, física.

[54] Ulrich Magnus, «Artikel 69», in J. *von Staudingers Kommentar zum Bürgerlichen Gesetzbuch mir Einführungsgesetz und Nebengesetzen. Wiener UN-Kaufrecht*, cit., Rn. 10, refere-se à necessidade de uma tomada de posse como prestação de cumprimento («Erfüllungsleistung»), que não ocorrerá quando se trata apenas de conservar a mercadoria nos termos do art. 86.º.

[55] Peter Mankowski, «UN-Kaufrechts-Übereinkommen Artikel 69», in Franco Ferrari/Eva-Maria Kieininger/Peter Mankowski/Karsten Otte/Ingo Saenger/Götz Schulze/Ansgar Staudinger, *Internationales Vertragsrecht*, 3. Aufl., cit., Rn. 4. Note-se, porém, que a CISG exige que a recusa de entrega constitua incumprimento contratual.

[56] Florian Mohs, «Introduction to Articles 66-70», », in Ingeborg Schwenzer (ed.), *Schlechtriem & Schwenzer: Commentary on the UN Convention on the International Sale of Goods*, cit., p. 954.

[57] V., p. ex., Pascal Hachem, «Article 69», in Ingeborg Schwenzer (ed.), *Schlechtriem & Schwenzer: Commentary on the UN Convention on the International Sale of Goods*, cit., p. 990.

[58] Anjanette Raymond, «Article 69», in Stefan Kröll/Loukas Mistelis/Pilar Perales Viscasillas (ed.), *UNConvention on Contracts for the International Sale of Goods (CISG)*, cit., Rn. 4.

[59] Pascal Hachem, «Article 69», in Ingeborg Schwenzer (ed.), *Schlechtriem & Schwenzer: Commentary on the UN Convention on the International Sale of Goods*, cit., p. 990.

para o comprador se as mercadorias foram colocadas à sua disposição e, ao recusar a entrega, incorre em incumprimento contratual.

O art. 69.º, 1, segunda parte, não obriga o vendedor a notificar o comprador para que se possa dizer que colocou a mercadoria à disposição do comprador[60], mas certamente tornará mais fácil a prova se realizar aquela notificação[61]. A notificação pode, porém, ser a única forma possível de proceder à individualização da mercadoria quando se trata de uma parte de mercadoria transportada a granel[62]. Como adiante se verá, o art. 69.º, 3, apenas vem exigir a individualização da mercadoria para se considerar que esta foi colocada à disposição do comprador no que diz respeito a «mercadorias que ainda não foram identificadas».

Nem sempre será fácil saber quando há incumprimento do comprador ao recusar a entrega[63]. As dúvidas são ainda maiores quanto aos casos em que as mercadorias não puderam ser entregues devido a outras violações do contrato pelo comprador (isto é, quando o incumprimento contratual resulta da violação de outras obrigações contratuais). A opinião maioritária parece ser no sentido de que *tais hipóteses também merecerão o tratamento dado aos casos em que o incumprimento reside na recusa da entrega*, e o elemento histórico dá forte apoio a essa leitura[64].

[60] Considerando que se trata da leitura prevalecente (embora não única), Pascal Hachem, «Article 69», in Ingeborg Schwenzer (ed.), *Schlechtriem & Schwenzer: Commentary on the UN Convention on the International Sale of Goods*, cit., p. 991. V. tb. Nuno Aureliano, *O Risco nos Contratos de Alienação*, cit., p. 259.

[61] Pascal Hachem, «Article 69», in Ingeborg Schwenzer (ed.), *Schlechtriem & Schwenzer: Commentary on the UN Convention on the International Sale of Goods*, cit., p. 992.

[62] A notificação pode também ser necessária para que o comprador tome posse da mercadoria: lembrando os casos em que o contrato deixou em aberto o momento exato da entrega, p. ex., Peter Mankowski, «UN-Kaufrechts-Übereinkommen Artikel 69», in Franco Ferrari/Eva-Maria Kieininger/Peter Mankowski/Karsten Otte/Ingo Saenger/Götz Schulze/Ansgar Staudinger, *Internationales Vertragsrecht*, 3. Aufl., cit., Rn. 13, Peter Huber, «CISG Artikel 69», in Franz Jürgen Säcker/Roland Rixecker/Hartmut Oetker/Bettina Limperg (her.), *Münchener Kommentar zum Bürgerliches Gesetzbuch*, Bd. 4, 8. Aufl., cit., Rn. 5. Referindo a eventual necessidade de proceder à individualização quanto a mercadorias dentro de um contentor, Nuno Aureliano, *O Risco nos Contratos de Alienação*, cit., p. 253.

[63] V. Anjanette Raymond, «Article 69», in Stefan Kröll/Loukas Mistelis/Pilar Perales Viscasillas (ed.), *UNConvention on Contracts for the International Sale of Goods (CISG)*, cit., Rn. 5, Pascal Hachem, «Article 69», in Ingeborg Schwenzer (ed.), *Schlechtriem & Schwenzer: Commentary on the UN Convention on the International Sale of Goods*, cit., p. 991. Não há incumprimento contratual se a recusa da entrega é lícita: v., p. ex., o art. 52.º.

[64] V. Pascal Hachem, «Article 69», in Ingeborg Schwenzer (ed.), *Schlechtriem & Schwenzer: Commentary on the UN Convention on the International Sale of Goods*, cit., p. 989 e p. 992 e s. (lembrando que a proposta alemã no sentido de que o risco passasse sempre para o comprador se este

Como vimos, se o comprador não tomou posse da mercadoria no tempo devido e o vendedor colocou a mercadoria à disposição do comprador, o risco transfere-se para o comprador quando este «incorre em incumprimento contratual ao recusar a entrega». Essa transferência do risco não pode ser impedida pela invocação do disposto no art. 79.º (exoneração), pois este último apenas diz respeito à indemnização por perdas e danos[65].

3.1.2. Casos em que o comprador está obrigado a tomar posse das mercadorias num local que não é um estabelecimento do vendedor

Se o comprador estiver *obrigado a tomar posse das mercadorias num local diferente do estabelecimento do vendedor* (por exemplo, um armazém[66]), o risco transfere-se para o comprador quando *a entrega é devida* e o comprador *tem conhecimento* de que as mercadorias foram *colocadas à sua disposição* naquele local (art. 69.º, 2, repetindo a expressão usada no n.º 1)[67].

impedia a passagem do mesmo com uma violação das suas obrigações foi rejeitada com fundamento na desnecessidade de expressa referência). Aceitando a equiparação, v., p. ex., Wilhelm-Albrecht Achilles, «Artikel 69», in Jürgen Ensthaler (her.), *Gemeinschaftskommentar zum Handelsgesetzbuch mit UN-Kaufrecht*, cit., p. 1885, Anjanette Raymond, «Article 69», in Stefan Kröll/Loukas Mistelis/Pilar Perales Viscasillas (ed.), *UNConvention on Contracts for the International Sale of Goods (CISG)*, cit., Rn. 5, Peter Huber, «CISG Artikel 69», in Franz Jürgen Säcker/Roland Rixecker/Hartmut Oetker/Bettina Limperg (her.), *Münchener Kommentar zum Bürgerliches Gesetzbuch*, Bd. 4, 8. Aufl., cit., Rn. 7 (referindo-se a um princípio geral da CISG, mas mencionando opiniões diferentes), Johannes Wertenbruch, «CISG Artikel 69», in Karsten Schmidt/Werner Ebke (her.), *Münchener Kommentar zum Handelsgesetzbuch*, Bd.5, 5. Aufl., cit., Rn. 4 (invocando a analogia). Afirmando que a «violação do contrato abrange não apenas a recusa das mercadorias pelo comprador, mas qualquer outra conduta deste que impeça o vendedor de transmitir o risco, mesmo no âmbito de um contrato de transporte», Nuno Aureliano, *O Risco nos Contratos de Alienação*, cit., p. 259.

[65] V., p. ex., Juan Antonio Tamayo Carmona, *Responsabilidad y riesgo contractual: normas de la Convención de Viena, sobre venta internacional de mercaderías e Incoterms 2000*, cit., p. 94 e s..

[66] Anjanette Raymond, «Article 69», in Stefan Kröll/Loukas Mistelis/Pilar Perales Viscasillas (ed.), *UNConvention on Contracts for the International Sale of Goods (CISG)*, cit., p. Rn. 6.

[67] Para um caso em que essa entrega ao comprador alemão não se deu porque as mercadorias (mobílias) desapareceram do armazém na Hungria, pertencente a uma outra entidade que, entretanto, ficou insolvente, armazém esse onde tinham sido colocadas pelos vendedores austríacos, cfr. CLOUT case n.º 338 (o «Caso das Mobílias»), *Oberlandesgericht* Hamm, 23.6.1998. Nem sempre é claro quando é que a mercadoria foi colocada à disposição do comprador. Referindo casos em que o vendedor tem de instalar ou montar a mercadoria, p. ex., Wilhelm-Albrecht Achilles, «Artikel 69», in Jürgen Ensthaler (her.), *Gemeinschaftskommentar zum Handelsgesetzbuch mit UN-Kaufrecht*, cit., p. 1886, Pascal Hachem, «Article 69», in Ingeborg Schwenzer (ed.), *Schlechtriem & Schwenzer: Commentary on the UN Convention on the International Sale of Goods*, cit., p. 994, Peter Mankowski, «UN-Kaufrechts-Übereinkommen Artikel 69», in Franco Ferrari/

Quer isto dizer que a transferência do risco ocorre se a *entrega é devida*, se as mercadorias são *colocadas à disposição* do comprador no *local diferente do estabelecimento do vendedor*, local esse *em que o comprador está obrigado a tomar posse* delas, e se o comprador tiver *conhecimento* dessa colocação das mercadorias ao seu dispor no mencionado local. Quanto a este último requisito, é de exigir, em regra, o conhecimento efetivo[68], não sendo de afastar a possibilidade de invocar que o comprador não podia deixar de conhecer (v.g. se foi efetuada uma comunicação ao comprador em condições que permitam concluir que o conhecimento ocorreu[69]).

Eva-Maria Kieininger/Peter Mankowski/Karsten Otte/Ingo Saenger/Götz Schulze/Ansgar Staudinger, *Internationales Vertragsrecht*, 3. Aufl., cit., Rn. 23, Peter Huber, «CISG Artikel 69», in Franz Jürgen Säcker/Roland Rixecker/Hartmut Oetker/Bettina Limperg (her.), *Münchener Kommentar zum Bürgerliches Gesetzbuch*, Bd. 4, 8. Aufl., cit., Rn. 12. Para o caso de mercadorias em terminais de contentores, bastando-se com a transmissão pelo vendedor ao comprador de documento que permita a este exigir a entrega (v.g., conhecimento de carga, conhecimento de depósito), Johannes Wertenbruch, «CISG Artikel 69», in Karsten Schmidt/Werner Ebke (her.), *Münchener Kommentar zum Handelsgesetzbuch*, Bd. 5, 5. Aufl., cit., Rn. 9; para os casos de mercadorias em armazém, referindo também a entrega ao comprador de título de crédito que permita àquele exigir a entrega da mercadoria, Pascal Hachem, «Article 69», cit., p. 994.

[68] Ulrich Magnus, «Artikel 69», in J. *von Staudingers Kommentar zum Bürgerlichen Gesetzbuch mir Einführungsgesetz und Nebengesetzen. Wiener UN-Kaufrecht*, cit., Rn. 23 («Im Übrigen reicht – auch groβ – fahrlässinge Unkenntis nicht aus»). V. tb. Pascal Hachem, «Article 69», in Ingeborg Schwenzer (ed.), *Schlechtriem & Schwenzer: Commentary on the UN Convention on the International Sale of Goods*, cit., p. 994, Peter Huber, «CISG Artikel 69», in Franz Jürgen Säcker/Roland Rixecker/Hartmut Oetker/Bettina Limperg (her.), *Münchener Kommentar, zum Bürgerliches Gesetzbuch*, Bd. 4, 8. Aufl., cit., Rn. 13 («positives kenntnis»), Juan Antonio Tamayo Carmona, *Responsabilidad y riesgo contractual: normas de la Convención de Viena, sobre venta internacional de mercaderías e Incoterms 2000*, cit., p. 97.

[69] Pascal Hachem, «Article 69», in Ingeborg Schwenzer (ed.), *Schlechtriem & Schwenzer: Commentary on the UN Convention on the International Sale of Goods*, cit., p. 995, admite ser suficiente que «the notice enters the sphere of control of the buyer in a way that under usual circumstances it could reasonably be expected that the buyer would take notice and hence gain actual knowledge». Por sua vez, Wilhelm-Albrecht Achilles, «Artikel 69», in Jürgen Ensthaler (her.), *Gemeinschaftskommentar zum Handelsgesetzbuch mit UN-Kaufrecht*, cit., p. 1886, considera suficiente que uma comunicação escrita chegue à esfera de poder do comprador e que daí se possa esperar a tomada de conhecimento; em sentido próximo, Ulrich Magnus, «Artikel 69», in J. *von Staudingers Kommentar zum Bürgerlichen Gesetzbuch mir Einführungsgesetz und Nebengesetzen. Wiener UN-Kaufrecht*, cit., Rn. 23 («Kenntnisnahme bei einer zugegangenen Erklärung genügen»), bem como, invocando um critério de razoabilidade («vernünftigerweise»), Peter Huber, «CISG Artikel 69», in Franz Jürgen Säcker/Roland Rixecker/Hartmut Oetker/Bettina Limperg (her.), *Münchener Kommentar, zum Bürgerliches Gesetzbuch*, Bd. 4, 8. Aufl., cit., Rn. 13. Os mencionados autores aceitam que uma comunicação escrita que chegou à esfera de controlo do comprador permite concluir que tomou conhecimento. Referindo-se, nesses casos, a uma presunção de conhecimento efetivo («ist die positive Kenntnis des Käufers zu vermuten»), Johannes Wertenbruch, «CISG Artikel

Assim, a transferência do risco dá-se antes de o comprador tomar posse da mercadoria[70]. O local diferente do estabelecimento do vendedor pode mesmo ser o estabelecimento do comprador[71].

Se o comprador recusa a entrega e isso constitui incumprimento contratual, podem as circunstâncias permitir-lhe invocar o disposto no art. 79.º (exoneração) para afastar o direito de pedir indemnização por perdas e danos. O art. 79.º, 5, estabelece, com efeito, que o vendedor, se for o caso, só fica impedido de exercer aquele direito se o regime do artigo for aplicável. Parece de aceitar a leitura que defende manter-se a transferência do risco prevista no art. 69.º, 1, segunda parte, ainda que o incumprimento contratual verificado com a recusa de entrega permita também convocar o referido regime da exoneração[72].

A entrega será devida em função do que tiver sido acordado pelas partes ou dos costumes, ou, não sendo possível encontrar aí apoio, a partir do disposto no art. 33.º[73], que trata, precisamente, da obrigação de entrega pelo vendedor. Agora, não será necessário que tenha esgotado o prazo para que o comprador tome posse das mercadorias[74].

69», in Karsten Schmidt/Werner Ebke (her.), *Münchener Kommentar zum Handelsgesetzbuch*, Bd. 5, 5. Aufl., cit., Rn. 11. Comparando o regime do art. 69.º com as obrigações de notificação dos Incoterms®, Anjanette Raymond, «Article 69», in Stefan Kröll/Loukas Mistelis/Pilar Perales Viscasillas (ed.), *UNConvention on Contracts for the International Sale of Goods (CISG)*, cit., Rn. 8.

[70] Pascal Hachem, «Article 69», in Ingeborg Schwenzer (ed.), *Schlechtriem & Schwenzer: Commentary on the UN Convention on the International Sale of Goods*, cit., p. 994 (mas dando conta da posição de quem entende que o risco só se transfere quando o comprador teve possibilidade de celebrar contrato de seguro relativo a mercadorias armazenadas junto de terceiro). Afastando também a necessidade de efetiva apreensão física pelo comprador, Nuno Aureliano, *O Risco nos Contratos de Alienação*, cit., p. 261.

[71] Pascal Hachem, «Article 69», in Ingeborg Schwenzer (ed.), *Schlechtriem & Schwenzer: Commentary on the UN Convention on the International Sale of Goods*, cit., p. 993, considera este regime compatível com os D-terms e com o termo EXW se neste caso o comprador não estiver obrigado a tomar posse das mercadorias num estabelecimento do vendedor (mas não se referindo à versão de 2020).

[72] V., p. ex., Pascal Hachem, «Article 69», in Ingeborg Schwenzer (ed.), *Schlechtriem & Schwenzer: Commentary on the UN Convention on the International Sale of Goods*, cit., p. 992.

[73] No mesmo sentido, Peter Huber, «CISG Artikel 69», in Franz Jürgen Säcker/Roland Rixecker/Hartmut Oetker/Bettina Limperg (her.), *Münchener Kommentar zum Bürgerliches Gesetzbuch*, Bd. 4, 8. Aufl., cit., Rn. 11.

[74] Johannes Wertenbruch, «CISG Artikel 69», in Karsten Schmidt/Werner Ebke (her.), *Münchener Kommentar zum Handelsgesetzbuch*, Bd. 5, 5. Aufl., cit., Rn. 10, justificando a solução com a perda da posse das mercadorias pelo vendedor e com o facto de, frequentemente, o seguro contratado já não dar cobertura ao período em causa. Mais discutível é o tratamento a dar aos casos em que houve entrega antecipada (art. 52.º, 1) aceite pelo comprador, que dela tomou posse. Poderá dizer-se que o risco não se transferiu porque a entrega não era devida? Sobre o tema, v. Juan Antonio Tamayo Carmona, *Responsabilidad y riesgo contractual: normas de la Convención de Viena, sobre venta internacional de mercaderías e Incoterms 2000*, cit., p. 97, nt. 261.

As mercadorias só se consideram colocadas à disposição do comprador se estão claramente identificadas como sendo as mercadorias a que se refere o contrato, o que é relevante nos casos em que o contrato diz respeito a mercadorias ainda não identificadas (art. 69.º, 3). O art. 67.º, 2, com as referências que contém à marcação com sinais distintivos[75], documentos de transporte, notificação ao comprador ou outro meio, auxiliará o intérprete na tarefa de verificar se é possível dizer que a identificação ocorreu[76], não bastando que o vendedor saiba quais são as mercadorias[77]. De qualquer modo, deve admitir-se a leitura de quem defende que na carga a granel a mercadoria está à disposição do comprador se está disponível a devida quantidade da mesma e o comprador pode tomar posse dela[78].

[75] Por exemplo, identificando o comprador como destinatário: FLORIAN MOHS, «Introduction to Articles 66-70», in INGEBORG SCHWENZER (ed.), *Schlechtriem & Schwenzer: Commentary on the UN Convention on the International Sale of Goods*, cit., p. 955.

[76] Remetendo também para o art. 67.º, 2, WILHELM-ALBRECHT ACHILLES, «Artikel 69», in JÜRGEN ENSTHALER (her.), *Gemeinschaftskommentar zum Handelsgesetzbuch mit UN-Kaufrecht*, cit., p. 1886, PETER MANKOWSKI, «UN-Kaufrechts-Übereinkommen Artikel 69», in FRANCO FERRARI/EVA-MARIA KIEININGER/PETER MANKOWSKI/KARSTEN OTTE/INGO SAENGER/GÖTZ SCHULZE/ANSGAR STAUDINGER, *Internationales Vertragsrecht*, 3. Aufl., cit., Rn. 27, ANJANETTE RAYMOND, «Article 69», in STEFAN KRÖLL/LOUKAS MISTELIS/PILAR PERALES VISCASILLAS (ed.), *UNConvention on Contracts for the International Sale of Goods (CISG)*, cit., Rn. 7, JOHANNES WERTENBRUCH, «CISG Artikel 69», in KARSTEN SCHMIDT/WERNER EBKE (her.), *Münchener Kommentar zum Handelsgesetzbuch*, Bd. 5, 5. Aufl., cit., Rn. 12, PASCAL HACHEM, «Article 69», in INGEBORG SCHWENZER (ed.), *Schlechtriem & Schwenzer: Commentary on the UN Convention on the International Sale of Goods*, cit., p. 989 e 995. Para mercadorias vendidas por conta, peso ou medida, v. o art. 472.º do CCom..

[77] PETER MANKOWSKI, «UN-Kaufrechts-Übereinkommen Artikel 69», in FRANCO FERRARI/EVA-MARIA KIEININGER/PETER MANKOWSKI/KARSTEN OTTE/INGO SAENGER/GÖTZ SCHULZE/ANSGAR STAUDINGER, *Internationales Vertragsrecht*, 3. Aufl., cit., Rn. 29.

[78] V., p. ex., JOHANNES WERTENBRUCH, «CISG Artikel 69», in KARSTEN SCHMIDT/WERNER EBKE (her.), *Münchener Kommentar zum Handelsgesetzbuch*, Bd.5, 5. Aufl., cit., Rn. 12 (exigindo que a quantidade total – Gesamtmenge des Bestands – e a parte do comprador estejam determinadas e que isso seja objetivamente reconhecível, embora indicando diferente opinião), PASCAL HACHEM, «Article 69», in INGEBORG SCHWENZER (ed.), *Schlechtriem & Schwenzer: Commentary on the UN Convention on the International Sale of Goods*, cit., p. 991. PETER MANKOWSKI, «UN-Kaufrechts-Übereinkommen Artikel 69», in FRANCO FERRARI/EVA-MARIA KIEININGER/PETER MANKOWSKI/KARSTEN OTTE/INGO SAENGER/GÖTZ SCHULZE/ANSGAR STAUDINGER, *Internationales Vertragsrecht*, 3. Aufl., cit., Rn. 29, refere as dificuldades que podem sentir-se quando se trata de óleo num tanque que contém também mercadoria misturada para outro ou outros compradores, defendendo que a individualização ocorrerá com a bombagem pelo comprador. Se isso não ocorre, sustenta que poderá verificar-se a individualização se o vendedor identifica o tanque em que a mercadoria está colocada à disposição. PETER HUBER, «CISG Artikel 69», in FRANZ JÜRGEN SÄCKER/ROLAND RIXECKER/HARTMUT OETKER/BETTINA LIMPERG (her.), *Münchener Kommentar zum Bürgerliches Gesetzbuch*, Bd. 4, 8. Aufl., cit., Rn. 15, segue em sentido próximo, distinguindo os casos em que o comprador colabora

3.2. Contrato de compra e venda com transporte de mercadorias. O art. 67.º

3.2.1. Contratos em que o vendedor não está obrigado a entregar a mercadoria em local determinado

No art. 67.º surgem referidos os contratos de compra e venda de que faça parte *um transporte de mercadorias*, independentemente de quem tenha de celebrar o contrato de transporte[79]. Estamos, assim, perante contratos de compra e venda que preveem a realização de transporte da mercadoria negociada, o que pode não ser sempre fácil de determinar[80]. Quando a mercadoria é vendida em trânsito, há que contar com o art. 68.º. Se não há transporte envolvido, o regime aplicável consta do art. 69.º[81].

A CISG distingue, de um lado, os casos em que o vendedor *não está obrigado a entregar as mercadorias a um transportador num local determinado* (*hand them over at a particular place*) e, do outro, aqueles em que *está obrigado* a fazê-lo[82].

Se o vendedor *não está obrigado a entregar as mercadorias num local determinado*, o risco transfere-se para o comprador a partir do momento em que as mercadorias são entregues ao primeiro transportador para serem enviadas ao comprador em conformidade com o contrato de compra e venda (*first carrier rule*[83]). Esta solução articula-se bem com o que resulta do art. 31.º,

na individualização tomando posse da mercadoria e aqueles em que isso não acontece. Para estes últimos, defende a aplicação do regime de incumprimento da obrigação de aceitação da entrega.

[79] *Digest of Case Law on the United Nations Convention on the International Sale of Goods*, cit., p. 322, Johan Erauw, «Article 67», in Stefan Kröll/Loukas Mistelis/Pilar Perales Viscasillas (ed.), *UNConvention on Contracts for the International Sale of Goods (CISG)*, cit., Rn. 6. No entanto, o regime do art. 67.º, 1, acaba por ser muito mais adequado aos casos em que o comprador trata do transporte, pois a entrega ao primeiro transportador ou a um transportador, consoante a parte do preceito que seja aplicável, retira ao vendedor o controlo sobre as mercadorias e o comprador terá maior facilidade em procurar resolver o assunto com o transportador. Sobre a questão, lembrando a referida perda de controlo, Pascal Hachem, «Article 67», in Ingeborg Schwenzer (ed.), *Schlechtriem & Schwenzer: Commentary on the UN Convention on the International Sale of Goods*, cit., p. 969

[80] Lembrando dificuldades relacionadas com cláusulas sobre custos a suportar, Pascal Hachem, «Article 67», in Ingeborg Schwenzer (ed.), *Schlechtriem & Schwenzer: Commentary on the UN Convention on the International Sale of Goods*, cit., p. 970 e s..

[81] Johan Erauw, «Article 67», in Stefan Kröll/Loukas Mistelis/Pilar Perales Viscasillas (ed.), *UNConvention on Contracts for the International Sale of Goods (CISG)*, cit., Rn. 1

[82] Cfr. tb. o art. 31.º.

[83] Michael Bridge, «Chapter 21: Risk of Loss», in Larry DiMatteo/André Janssen/Ulrich Magnus, Reiner Schulz (ed.), *International Sales Law. Contract, Principles & Practice*, cit., p. 652. Para uma comparação com o art. 797.º do CCiv., Maria Ângela Coelho Bento Soares/Rui de Moura Ramos, «Do contrato de compra e venda internacional», cit., p. 211.

a): «Se o vendedor não estiver obrigado a entregar as mercadorias em qualquer outro local determinado, a sua obrigação de entrega consiste: a) Quando o contrato de compra e venda implica o transporte de mercadorias, em entregar as mercadorias ao primeiro transportador para envio ao comprador»[84].

A entrega ao primeiro transportador para envio ao comprador deve efetuar-se «de acordo com o contrato de compra e venda». Não se trata de uma exigência relativa à conformidade da mercadoria, mas ao respeito do que consta do contrato de compra e venda quanto ao transporte[85].

No art. 67.º, 1, usa-se o verbo «entregar» na versão em português de Portugal publicada no DRE. Na versão em inglês, surge *handed over* ou *hand over*. A expressão «hand over» tem sido por vezes lida como significando «physical custody»[86], mas também há quem inclua nessa entrega a aquisição do «legal control»[87]. Se, de um lado, é necessário que o vendedor deixe de controlar a mercadoria («the seller must give up control over the goods»[88]), por outro, é preciso que o primeiro carregador fique com a mercadoria sob a sua custódia[89].

Comparando o regime da CISG com o resultante dos arts. 798.º, 801.º, 804.º e 816.º do CCiv., MARIA ÂNGELA COELHO BENTO SOARES/RUI DE MOURA RAMOS, «Do contrato de compra e venda internacional», cit., p. 211 e ss.. Para um caso em que o tribunal entendeu que não tinha sido feita prova de entrega ao primeiro transportador porque o conhecimento de carga emitido não indicava o nome do comprador como destinatário, v. Oberlandsgericht Köln, 2 U 175/95, de 9.7.1997, CLOUT Case 283. Por sua vez, no caso apreciado pela Audiencia Provincial de Córdoba em decisão de 31.10.1997, Autos 988/93, CLOUT Case 247, a mercadoria tinha sido carregada a bordo de um navio em Itália e foi emitido um conhecimento de carga em que o capitão colocou a expressão «clean on board», não tendo sido feita prova do contrário. Assim, a deterioração teria ocorrido após a transferência do risco para o comprador, que ocorrera com a entrega ao primeiro transportador.

[84] Lembrando isso mesmo, JOHAN ERAUW, «Article 67», in STEFAN KRÖLL/LOUKAS MISTELIS/PILAR PERALES VISCASILLAS (ed.), *UNConvention on Contracts for the International Sale of Goods (CISG)*, cit., Rn. 8. Para um caso de aplicação dos arts. 31.º, a), e 67.º, 1, v. Amtsgericht Duisburg, 49 C 502/00, de 13.4.2000, CLOUT Case 360.

[85] Considerando ser essa a leitura maioritária, JUAN ANTONIO TAMAYO CARMONA, *Responsabilidad y riesgo contractual: normas de la Convención de Viena, sobre venta internacional de mercaderías e Incoterms 2000*, cit., p. 76.

[86] *Digest of Case Law on the United Nations Convention on the International Sale of Goods*, cit., p. 322.

[87] JOHAN ERAUW, «Article 67», in STEFAN KRÖLL/LOUKAS MISTELIS/PILAR PERALES VISCASILLAS (ed.), *UNConvention on Contracts for the International Sale of Goods (CISG)*, cit., Rn. 10.

[88] PASCAL HACHEM, «Article 67», in INGEBORG SCHWENZER (ed.), *Schlechtriem & Schwenzer: Commentary on the UN Convention on the International Sale of Goods*, cit., p. 973.

[89] PETER HUBER, «CISG Artikel 67», in FRANZ JÜRGEN SÄCKER/ROLAND RIXECKER/HARTMUT OETKER/BETTINA LIMPERG (her.), *Münchener Kommentar zum Bürgerliches Gesetzbuch*, Bd. 4, 8. Aufl., cit., Rn. 9 («Obhut des Beförderers»), PASCAL HACHEM, «Article 67», in INGEBORG SCHWENZER (ed.), *Schlechtriem & Schwenzer: Commentary on the UN Convention on the International Sale of Goods*,

Tem sido destacado que o regime da primeira parte do art. 67.º, 1, se apoia na prova que pode resultar do conteúdo do conhecimento de carga ou de verificações realizadas na entrega[90]. Isso torna mais fácil ao comprador demonstrar que foi durante o transporte que a perda ou deterioração ocorreu, assim lhe permitindo resolver o litígio com o transportador[91] (ou com a sua seguradora)[92]. Tanto mais que o vendedor já perdeu o controlo direto sobre as mercadorias[93]. Acresce a vantagem de evitar que o comprador tenha uma atuação motivada por intuitos especulativos (se o preço da mercadoria descer, pode querer fazer cessar o contrato)[94].

A transferência do risco nos termos descritos não é afetada pelo facto de o vendedor estar autorizado a conservar os documentos representativos das mercadorias (por exemplo, um conhecimento de carga recebido de um transportador marítimo). É o que resulta da parte final do art. 67.º, 1[95].

cit., p. 973 («custody»; mas o autor, a p. 974 dá conta da discussão acerca de uma presunção de que, no caso de transporte marítimo, a entrega ocorre quando a mercadoria é *colocada a bordo*, pronunciando-se favoravelmente; v. tb., no sentido de que a perda ou deterioração ocorrida durante a carga ou descarga para realizar a entrega ao primeiro transportador ainda tem lugar antes da transferência do risco, Adriana Lista, *International Sale of Goods in Shipment Terms*, Routledge, London/New York, 2018, p. 366. Lembrando que não basta colocar as mercadorias à disposição do transportador, Nuno Aureliano, *O Risco nos Contratos de Alienação*, cit., p. 254.

90 Michael Bridge, «Chapter 21: Risk of Loss», in Larry DiMatteo/André Janssen/Ulrich Magnus, Reiner Schulz (ed.), *International Sales Law. Contract, Principles & Practice*, cit., p. 652.

91 Pascal Hachem, «Article 67», in Ingeborg Schwenzer (ed.), *Schlechtriem & Schwenzer: Commentary on the UN Convention on the International Sale of Goods*, cit., p. 969.

92 Mas, como lembram, p. ex., Juan Antonio Tamayo Carmona, *Responsabilidad y riesgo contractual: normas de la Convención de Viena, sobre venta internacional de mercaderías e Incoterms 2000*, cit., p. 73, nt. 193, e Nuno Aureliano, *O Risco nos Contratos de Alienação*, cit., p. 255, nt. 751, podem surgir problemas se o vendedor tem direito a dar instruções ao transportador (por força, desde logo, do contrato de transporte que tenha celebrado com ele).

93 V., p. ex., Juan Antonio Tamayo Carmona, *Responsabilidad y riesgo contractual: normas de la Convención de Viena, sobre venta internacional de mercaderías e Incoterms 2000*, cit., p. 73.

94 Juan Antonio Tamayo Carmona, *Responsabilidad y riesgo contractual: normas de la Convención de Viena, sobre venta internacional de mercaderías e Incoterms 2000*, cit., p. 73, entre outros.

95 Como lembra Nuno Aureliano, *O Risco nos Contratos de Alienação*, cit., p. 254, essa conservação está frequentemente associada «a uma finalidade de garantia do preço das mercadorias».

O primeiro transportador a que o art. 67.º, 1, faz referência não pode ser o próprio vendedor[96] nem o comprador[97]. A opinião predominante é a de que terá de tratar-se de um transportador independente[98], pois será a forma de conseguir que o risco permaneça do lado do vendedor enquanto este tiver controlo sobre a mercadoria: «It is logical that the risk remains with the seller as long as the goods are under his supervision»[99]. Daí que mesmo o simples controlo de facto sobre o transportador leve a considerar que esse não deve ser visto como um «primeiro transportador»[100].

[96] Michael Bridge, «Chapter 21: Risk of Loss», in Larry DiMatteo/André Janssen/Ulrich Magnus, Reiner Schulz (ed.), *International Sales Law. Contract, Principles & Practice*, cit., p. 653 (a p. 654, o autor lembra que o termo FOB implica que o risco se transfere em momento que não coincidirá com a entrega ao transportador, sendo muitas vezes pouco claro a que título atuam os que recebem a mercadoria no porto de embarque - autoridades portuárias ou outras entidades); Johan Erauw, «Article 67», in Stefan Kröll/Loukas Mistelis/Pilar Perales Viscasillas (ed.), *UNConvention on Contracts for the International Sale of Goods (CISG)*, cit., p. 862, Pascal Hachem, «Article 67», in Ingeborg Schwenzer (ed.), *Schlechtriem & Schwenzer: Commentary on the UN Convention on the International Sale of Goods*, cit., p. 972 (considerando necessário que a mercadoria abandone a esfera de controlo do vendedor e alertando para casos de abuso – quando, depois do primeiro transportador, volta a ser o vendedor a efetuar o transporte noutras fases do transporte –, bem como para discussões acerca dos *freight forwarders*), Johannes Wertenbruch, «CISG Artikel 67», in Karsten Schmidt/Werner Ebke (her.), *Münchener Kommentar zum Handelsgesetzbuch*, Bd. 5, 5. Aufl., cit., Rn. 2, Peter Huber, «CISG Artikel 67», in Franz Jürgen Säcker/Roland Rixecker/Hartmut Oetker/Bettina Limperg (her.), *Münchener Kommentar zum Bürgerlichen Gesetzbuch*, Bd. 4, cit., Rn. 10.

[97] Pascal Hachem, «Article 67», in Ingeborg Schwenzer (ed.), *Schlechtriem & Schwenzer: Commentary on the UN Convention on the International Sale of Goods*, cit., p. 970, Johan Erauw, «Article 67», in Stefan Kröll/Loukas Mistelis/Pilar Perales Viscasillas (ed.), *UNConvention on Contracts for the International Sale of Goods (CISG)*, cit., Rn. 6.

[98] Indicando uma opinião contrária, Johan Erauw, «Article 67», in Stefan Kröll/Loukas Mistelis/Pilar Perales Viscasillas (ed.), *UNConvention on Contracts for the International Sale of Goods (CISG)*, cit., Rn. 9, nt. 8.

[99] Johan Erauw, «Article 67», in Stefan Kröll/Loukas Mistelis/Pilar Perales Viscasillas (ed.), *UNConvention on Contracts for the International Sale of Goods (CISG)*, cit., Rn. 9. Lembrando também a parte final do art. 66.º («salvo em caso de perda ou deterioração devidas a ato ou omissão do vendedor»), p. ex., Juan Antonio Tamayo Carmona, *Responsabilidad y riesgo contractual: normas de la Convención de Viena, sobre venta internacional de mercaderías e Incoterms 2000*, tirant lo blanch, Valencia, 2002, p. 20.

[100] Pascal Hachem, «Article 67», in Ingeborg Schwenzer (ed.), *Schlechtriem & Schwenzer: Commentary on the UN Convention on the International Sale of Goods*, cit., p. (Rn. 11). Recorrendo ao critério da esfera de organização do vendedor (só será transportador o que está fora da «Organisationssphäre des Verkäufers»), Peter Mankowski, «UN-Kaufrechts-Übereinkommen Artikel 67», in Franco Ferrari/Eva-Maria Kieininger/Peter Mankowski/Karsten Otte/Ingo Saenger/Götz Schulze/Ansgar Staudinger, *Internationales Vertragsrecht*, 3. Aufl., cit., Rn. 7.

Não é necessário que esse transportador atravesse qualquer fronteira com as mercadorias[101] ou que utilize um específico meio de transporte. Assim, o regime adapta-se bem à utilização de transporte multimodal ou de transporte sucessivo.

3.2.2. Com obrigação de entregar em local determinado

Estando o vendedor obrigado a entregar as mercadorias a um transportador num local determinado (estação de caminho de ferro, porto, aeroporto – mas não as instalações de vendedor ou comprador[102]), os riscos não se transferem para o comprador enquanto as mercadorias não forem entregues ao transportador nesse local.

Assim, pode a mercadoria ter sido entregue a outro transportador num momento anterior sem que daí resulte a transferência do risco[103]. Agora, o transportador a quem as mercadorias devem ser entregues no local determinado não tem de ser o primeiro transportador[104].

A solução contida na segunda parte do art. 67.º, 1, não se aplica se o local determinado em que a obrigação de entrega a um transportador deve ter lugar é o estabelecimento do vendedor ou o estabelecimento do comprador[105].

Também aqui, a transferência do risco nos termos descritos não é afetada pelo facto de o vendedor estar autorizado a conservar os documentos representativos das mercadorias.

[101] Pascal Hachem, «Article 67», in Ingeborg Schwenzer (ed.), *Schlechtriem & Schwenzer: Commentary on the UN Convention on the International Sale of Goods*, cit., p. 973, Johan Erauw, «Article 67», in Stefan Kröll/Loukas Mistelis/Pilar Perales Viscasillas (ed.), *UNConvention on Contracts for the International Sale of Goods (CISG)*, cit., Rn. 9, Johannes Wertenbruch, «CISG Artikel 67», in Karsten Schmidt/Werner Ebke (her.), *Münchener Kommentar zum Handelsgesetzbuch*, Bd. 5, 5. Aufl., cit., Rn. 7.

[102] Pascal Hachem, «Article 67», in Ingeborg Schwenzer (ed.), *Schlechtriem & Schwenzer: Commentary on the UN Convention on the International Sale of Goods*, cit., p. 974, chamando a atenção para os riscos que podem envolver os transportes em contentores selados tendo em conta a fase anterior à entrega ao transportador.

[103] Michael Bridge, «Chapter 21: Risk of Loss», in Larry DiMatteo/André Janssen/Ulrich Magnus, Reiner Schulz (ed.), *International Sales Law. Contract, Principles & Practice*, cit., p. 655.

[104] Pascal Hachem, «Article 67», in Ingeborg Schwenzer (ed.), *Schlechtriem & Schwenzer: Commentary on the UN Convention on the International Sale of Goods*, cit., p. 975, Johan Erauw, «Article 67», in Stefan Kröll/Loukas Mistelis/Pilar Perales Viscasillas (ed.), *UNConvention on Contracts for the International Sale of Goods (CISG)*, cit., Rn. 18.

[105] Johan Erauw, «Article 67», in Stefan Kröll/Loukas Mistelis/Pilar Perales Viscasillas (ed.), *UNConvention on Contracts for the International Sale of Goods (CISG)*, cit., Rn. 17.

3.2.3. A clara identificação das mercadorias

O regime do art. 67.º, 2, é fácil de compreender. De acordo com este preceito, o risco apenas é transferido para o comprador se as mercadorias estiverem claramente identificadas como sendo as referidas no contrato. Enquanto a identificação não tiver lugar, o risco não se transfere («até»). Essa identificação pode ser efetuada através da aposição de um sinal distintivo nas mercadorias, por documentos de transporte, por notificação ao comprador[106] ou por qualquer outro meio[107]. A identificação não produz efeitos retroativos quanto à transmissão do risco[108] e a falta dessa identificação impede a transferência do risco[109].

Estamos perante uma solução que permite eliminar dúvidas que podem surgir quando se procura saber quais são as mercadorias destinadas ao comprador[110], embora seja de difícil aplicação quando se trata, por exemplo, de mercadoria que está em tanques ou silos[111] e, em geral, carregada a granel[112].

[106] V., a propósito, o art. 27.º: chamando a atenção para isso mesmo, PASCAL HACHEM, «Article 67», in INGEBORG SCHWENZER (ed.), *Schlechtriem & Schwenzer: Commentary on the UN Convention on the International Sale of Goods*, cit., p. 976, e PETER HUBER, «CISG Artikel 67», in FRANZ JÜRGEN SÄCKER/ROLAND RIXECKER/HARTMUT OETKER/BETTINA LIMPERG (her.), *Münchener Kommentar zum Bürgerlichen Gesetzbuch*, Bd. 4, cit., Rn. 17.

[107] Cfr. tb. o art. 32.º, 1.

[108] JOHAN ERAUW, «Article 67», in STEFAN KRÖLL/LOUKAS MISTELIS/PILAR PERALES VISCASILLAS (ed.), *UNConvention on Contracts for the International Sale of Goods (CISG)*, cit., Rn. 20

[109] Criticando a solução, ADRIANA LISTA, *International Sale of Goods in Shipment Terms*, cit., p. 368.

[110] Sobre a importância da identificação para a celebração de contratos de seguro, MICHAEL BRIDGE, «Chapter 21: Risk of Loss», in LARRY DIMATTEO/ANDRÉ JANSSEN/ULRICH MAGNUS, REINER SCHULZ (ed.), *International Sales Law. Contract, Principles & Practice*, cit., p. 656.

[111] JOHAN ERAUW, «Article 67», in STEFAN KRÖLL/LOUKAS MISTELIS/PILAR PERALES VISCASILLAS (ed.), *UNConvention on Contracts for the International Sale of Goods (CISG)*, cit., Rn. 22, PASCAL HACHEM, «Article 67», in INGEBORG SCHWENZER (ed.), *Schlechtriem & Schwenzer: Commentary on the UN Convention on the International Sale of Goods*, cit., p. 976.

[112] Discute-se também se é possível falar de uma «comunidade de risco»: que não, PASCAL HACHEM, «Article 67», in INGEBORG SCHWENZER (ed.), *Schlechtriem & Schwenzer: Commentary on the UN Convention on the International Sale of Goods*, cit., p. 976 e ss.; aderindo à tese da formação de uma «comunidade de risco», PETER MANKOWSKI, «UN-Kaufrechts-Übereinkommen Artikel 67», in FRANCO FERRARI/EVA-MARIA KIEININGER/PETER MANKOWSKI/KARSTEN OTTE/INGO SAENGER/GÖTZ SCHULZE/ANSGAR STAUDINGER, *Internationales Vertragsrecht*, 3. Aufl., cit., Rn. 38 («Gefahrengemeinschaft»), e, aparentemente, PETER HUBER, «CISG Artikel 67», in FRANZ JÜRGEN SÄCKER/ROLAND RIXECKER/HARTMUT OETKER/BETTINA LIMPERG (her.), *Münchener Kommentar zum Bürgerlichen Gesetzbuch*, Bd. 4, cit., Rn. 18, entre outros. Entre nós, admitindo que se possa identificar uma *societas periculi* entre compradores, NUNO AURELIANO, *O Risco nos Contratos de Alienação*, cit., p. 253 (o que não parece significar que o autor considere ser essa a solução da CISG).

As opiniões dividem-se[113], nestes últimos casos, entre os que entendem que, para a passagem do risco, não é necessária notificação do comprador, os que entendem que basta a notificação e quem defenda que a notificação, sendo necessária, não basta. Pela nossa parte, julgamos que a solução que tem acolhimento na CISG é a de considerar que a notificação é suficiente[114], mas desde que proceda à clara identificação das mercadorias a que se refere o contrato[115].

3.3. Mercadorias vendidas em trânsito. O art. 68.º

O art. 68.º da CISG ocupa-se da transferência do risco na compra e venda internacional de mercadorias que se encontram em trânsito (*string sales*)[116]. Isso ocorre, sobretudo, quando as mercadorias são transportadas por via marítima, uma vez que o transporte assim realizado costuma ser mais demorado. No entanto, o preceito não se limita a regular essas situações, podendo aplicar-se independentemente do meio de transporte utilizado[117].

O art. 68.º não identifica o momento em que se pode dizer que a mercadoria se encontra em trânsito. A solução preferível é a de considerar que a mercadoria se encontra em trânsito a partir do momento em que foi entregue ao transportador[118].

[113] V. o panorama em PETER MANKOWSKI, «UN-Kaufrechts-Übereinkommen Artikel 67», in FRANCO FERRARI/EVA-MARIA KIEININGER/PETER MANKOWSKI/KARSTEN OTTE/INGO SAENGER/GÖTZ SCHULZE/ANSGAR STAUDINGER, *Internationales Vertragsrecht*, 3. Aufl., cit., Rn. 37.

[114] Considerando que esta é a «apparently prevailing view», embora a ela não adira, PASCAL HACHEM, «Article 68», in INGEBORG SCHWENZER (ed.), *Schlechtriem & Schwenzer: Commentary on the UN Convention on the International Sale of Goods*, cit., p. 977.

[115] ADRIANA LISTA, *International Sale of Goods in Shipment Terms*, cit., p. 367, recomenda que, na venda a granel, o vendedor não só indique o navio em que a mercadoria é enviada, mas também, na medida do possível, a parte ou secção do navio em que o lote das mercadorias está armazenado.

[116] No art. 938.º do CCiv. está igualmente prevista a venda de coisa em viagem, mas o regime aplica-se aos casos em que aquela circunstância é mencionada no contrato e entre os documentos entregues se encontra a apólice de seguro contra os riscos do transporte.

[117] V., p. ex., PETER HUBER, «CISG Artikel 68», in FRANZ JÜRGEN SÄCKER/ROLAND RIXECKER/HARTMUT OETKER/BETTINA LIMPERG (her.), *Münchener Kommentar zum Bürgerlichen Gesetzbuch*, Bd. 4, cit., Rn. 3.

[118] V., p. ex., PASCAL HACHEM, «Article 68», in INGEBORG SCHWENZER (ed.), *Schlechtriem & Schwenzer: Commentary on the UN Convention on the International Sale of Goods*, cit., p. 980 e s., PETER HUBER, «CISG Artikel 68», in FRANZ JÜRGEN SÄCKER/ROLAND RIXECKER/HARTMUT OETKER/BETTINA LIMPERG (her.), *Münchener Kommentar zum Bürgerlichen Gesetzbuch*, Bd. 4, cit., Rn. 3, ., INGO SAENGER, «CISG Artikel 68», in WOLFGANG HAU/ROMAN POSECK (her.), *BeckOK BGB*, 59. Ed., Beck (Beck-online), München, 2021, Rn. 1. JOHANNES WERTENBRUCH, «CISG Artikel 69», in KARSTEN

Encontrando-se a mercadoria em trânsito, o risco transfere-se para o comprador, *em regra*, a partir do momento da conclusão do contrato de compra e venda (v. art. 23.º)[119], correndo até aí por conta do vendedor. Isto, evidentemente, sem prejuízo do disposto no art. 6.º e do relevo que é aí dado à vontade das partes[120]. A identificação da mercadoria também deve ser, *em regra*, considerada necessária, embora isso não se encontre dito no art. 68.º[121].

Tratando-se de venda de mercadorias já em trânsito, *o contrato de compra e venda não teve de se ocupar daquele transporte* (art. 67.º, 1). Conseguiu-se, assim, uma solução de compromisso, em que a celebração do contrato de compra e venda não vai implicar normalmente uma passagem do risco para o comprador com efeitos retroativos ao início do transporte[122]. No entanto, o regime que resulta da primeira parte do art. 68.º tem sido criticado por quem entende que o risco deveria considerar-se retroativamente transferido desde a entrega ao transportador mesmo quanto a mercadorias vendidas em trânsito para

Schmidt/Werner Ebke (her.), *Münchener Kommentar zum Handelsgesetzbuch*, Bd., 5. Aufl., cit., Rn. 3, refere-se à aquisição da posse («in Besitz genommen hat») pelo transportador.

[119] Considerando que o art. 68.º, 1, é uma exceção na CISG ao estabelecer a transferência do risco no momento da celebração do contrato, Clayton Gillette/Steven Walt, *The UN Convention on Contracts for the International Sale of Goods: Theory and Practice*, cit., p. 270. No art. 938.º do CCiv., o n.º 1, a), estabelece, para a venda de coisa em viagem, que o «preço deve ser pago, ainda que a coisa já não existisse quando o contrato foi celebrado, por se haver perdido casualmente depois de ter sido entregue ao transportador». No entanto, o n.º 1, c), acrescenta que o «risco fica a cargo do comprador desde a data da compra».

[120] Lembrando a importância dos Incoterms®, Anjanette Raymond, «Article 68», in Stefan Kröll/Loukas Mistelis/Pilar Perales Viscasillas (ed.), *UNConvention on Contracts for the International Sale of Goods (CISG)*, cit., Rn. 9 e 10.

[121] V., de forma clara, Peter Huber, «CISG Artikel 68», in Franz Jürgen Säcker/Roland Rixecker/Hartmut Oetker/Bettina Limperg (her.), *Münchener Kommentar zum Bürgerlichen Gesetzbuch*, Bd. 4, cit., Rn. 5 (considerando tratar-se de um princípio geral da CISG que se extrai dos arts. 67.º, 2, e 69.º, 3): «Weitere Voraussetzung für den Gefahrübergang ist, obwohl in Art. 68 nicht ausdrücklich genannt, die Individualisierung (Konkretisierung) der Ware». Aparentemente no mesmo sentido, Pascal Hachem, «Article 68», in Ingeborg Schwenzer (ed.), *Schlechtriem & Schwenzer: Commentary on the UN Convention on the International Sale of Goods*, cit., p. 986. No caso de transporte a granel (*bulk cargo*, *Sammelladung*), e para os casos em que o contrato ou os usos do comércio não estabelecem regime diferente, Pascal Hachem, «Article 68», cit., p. 986, lembrando o art. 67.º, 2, exige também a identificação da mercadoria para a passagem do risco; Peter Mankowski, «UN-Kaufrechts-Übereinkommen Artikel 68», in Franco Ferrari/Eva-Maria Kieininger/Peter Mankowski/Karsten Otte/Ingo Saenger/Götz Schulze/Ansgar Staudinger, *Internationales Vertragsrecht*, 3.Aufl., cit., Rn. 26, também faz depender a solução do que resultar do contrato ou dos usos do comércio.

[122] Johannes Wertenbruch, «CISG Artikel 68», in Karsten Schmidt/Werner Ebke (her.), *Münchener Kommentar zum Handelsgesetzbuch*, Bd. 5, 5. Aufl., cit., Rn. 1 e 2.

evitar situações complexas do ponto de vista da prova, porque o vendedor não estará preparado para suportar o risco das mercadorias em trânsito e porque o comprador beneficiará do regime associado aos documentos de transporte e seguro[123].

Como vimos, a regra quanto às mercadorias vendidas em trânsito é a de que o risco se transfere para o comprador no momento da conclusão do contrato. Porém, também resulta do art. 68.º que, se as circunstâncias assim o indicarem, o risco é assumido pelo comprador a partir do *momento em que as mercadorias foram entregues ao transportador* que emitiu os documentos que comprovam (*embodying*) o contrato de transporte. O que, na prática, se traduz agora numa passagem do risco para o comprador com caráter retroativo[124].

Relevante será o momento da entrega ao transportador que emitiu os documentos que comprovam o contrato de transporte (p. ex., um conhecimento de carga ou uma carta de porte)[125], parecendo de aceitar que se trate de documentos em suporte eletrónico[126]. Não é, porém, necessário que se trate de um documento que constitua um título de crédito, bastando que comprove o contrato de transporte[127]. Existindo um transporte multimodal com vários

[123] Adriana Lista, *International Sale of Goods in Shipment Terms*, cit., p. 368.

[124] Pascal Hachem, «Article 68», in Ingeborg Schwenzer (ed.), *Schlechtriem & Schwenzer: Commentary on the UN Convention on the International Sale of Goods*, cit., p. 982, embora mostrando que se discute se a segunda parte do art. 68.º é aplicável quando se sabe em que momento se perderam ou danificaram os bens.

[125] Pascal Hachem, «Article 68», in Ingeborg Schwenzer (ed.), *Schlechtriem & Schwenzer: Commentary on the UN Convention on the International Sale of Goods*, cit., p. 983, exigindo também, a p. 980, que se trate de transportador independente; referindo-se à *entrega* a um transportador independente, Peter Huber, «CISG Artikel 68», in Franz Jürgen Säcker/Roland Rixecker/Hartmut Oetker/Bettina Limperg (her.), *Münchener Kommentar zum Bürgerlichen Gesetzbuch*, Bd. 4, cit., Rn. 3; exigindo que as mercadorias estejam na posse (*Besitz*) de um transportador independente, Johannes Wertenbruch, «CISG Artikel 68», in Karsten Schmidt/Werner Ebke (her.), *Münchener Kommentar zum Handelsgesetzbuch*, Bd., 5. Aufl., cit., Rn. 3.

[126] V., p. ex., Johannes Wertenbruch, «CISG Artikel 68», in Karsten Schmidt/Werner Ebke (her.), *Münchener Kommentar zum Handelsgesetzbuch*, Bd., 5. Aufl., cit., Rn. 8, Ingo Saenger, «CISG Artikel 68», in Wolfgang Hau/Roman Poseck (her.), *BeckOK BGB*, 59. Ed., Beck (Beck-online), München, 2021, Rn. 8. Contra, p. ex., Pascal Hachem, «Article 68», in Ingeborg Schwenzer (ed.), *Schlechtriem & Schwenzer: Commentary on the UN Convention on the International Sale of Goods*, cit., p. 983 e s.. O problema poderia parecer sem interesse, mas a verdade é que a versão em língua inglesa da CISG faz referência a «documents embodying the contract of carriage».

[127] Considerando que não é necessário que se trate de um «negotiable document», Anjanette Raymond, «Article 68», in Stefan Kröll/Loukas Mistelis/Pilar Perales Viscasillas (ed.), *UNConvention on Contracts for the International Sale of Goods (CISG)*, cit., Rn. 3, nt. 3.

transportadores a intervirem ao longo da cadeia, o que conta para o efeito é o momento da entrega ao transportador que emite aqueles documentos[128].

Mas que circunstâncias é que podem indicar o quê? Serão as circunstâncias de que se pode extrair a vontade de considerar que o risco se transfere no momento da entrega das mercadorias ao transportador[129]. Geralmente, serão circunstâncias em que já havia contrato de seguro com cobertura a iniciar-se com a entrega das mercadorias ao transportador[130], cobertura essa que beneficiará o comprador.

Porém, se o vendedor conhecia ou devia conhecer, no momento da conclusão do contrato de compra e venda, que as mercadorias já tinham sido perdidas ou sofrido a deterioração, e disso não informa o comprador, então a perda ou deterioração fica a cargo do vendedor[131]. Não parece que devam ser

[128] Pascal Hachem, «Article 68», in Ingeborg Schwenzer (ed.), *Schlechtriem & Schwenzer: Commentary on the UN Convention on the International Sale of Goods*, cit., p. 983.

[129] Referindo-se a um «Konkludente Vereinbarung», Johannes Wertenbruch, «CISG Artikel 68», in Karsten Schmidt/Werner Ebke (her.), *Münchener Kommentar zum Handelsgesetzbuch*, Bd., 4. Aufl., cit., Rn. 4-6. Criticando a falta de clareza do regime, Adriana Lista, *International Sale of Goods in Shipment Terms*, cit., p. 369.

[130] Pascal Hachem, «Article 68», in Ingeborg Schwenzer (ed.), *Schlechtriem & Schwenzer: Commentary on the UN Convention on the International Sale of Goods*, cit., p. 981 e s., embora admita, a p. 982, que também pode tratar-se de casos em que, não havendo seguro, se pode considerar que o vendedor assume a obrigação de executar o contrato em local diferente do seu («at a place diferente from its own» - p. 983). Por sua vez, Anjanette Raymond, «Article 68», in Stefan Kröll/Loukas Mistelis/Pilar Perales Viscasillas (ed.), *UNConvention on Contracts for the International Sale of Goods (CISG)*, cit., Rn 4, lembra que contratos com o Incoterm® CIF «traditionally include retroactive risk allocation because of the transferability of insurance that traditionally contains detailed provisions specific to risk allocation»; no mesmo sentido (embora ressalvando as opiniões segundo as quais o termo CIF visa as vendas em trânsito), Pascal Hachem, «Article 68», in Ingeborg Schwenzer (ed.), *Schlechtriem & Schwenzer: Commentary on the UN Convention on the International Sale of Goods*, cit., p. 982. Anjanette Raymond, «Article 68», cit., Rn 4, citando Honnold, em obra que não consultámos, atribui a este a afirmação de que «transfer of the insurance policy implies that the buyer takes over responsibility for the entire shipment, including unknown transit damage that occurred before the sale»; Maria Ângela Coelho/Rui de Moura Ramos, «Do contrato de compra e venda internacional», cit., p. 216, também exemplificam com o caso em que o vendedor tinha celebrado um contrato de seguro das mercadorias e transmite para o comprador a apólice respetiva. Com efeito, se essa apólice cobre o risco desde o momento em que a mercadoria foi entregue ao transportador, a transmissão da apólice para o comprador será uma circunstância que impõe que se considere transferido o risco a contar daquela entrega.

[131] Não é, porém, claro se o mesmo regime deve valer quando o vendedor só soube da perda ou deterioração depois da celebração do contrato, mas antes de afetar as mercadorias àquele contrato: v., sobre as dúvidas, Anjanette Raymond, «Article 68», in Stefan Kröll/Loukas Mistelis/Pilar Perales Viscasillas (ed.), *UNConvention on Contracts for the International Sale of Goods (CISG)*, cit., Rn. 5 e 6.

agora relevantes as consequências, perante a lei aplicável, da celebração de um contrato de compra e venda de mercadorias perdidas[132].

É igualmente discutível se o risco de perda ou deterioração corre por conta do vendedor apenas em relação aos *danos de que tivesse conhecimento ou devesse ter conhecimento*[133]. Parece-nos mais adequada a leitura segundo a qual também deve ficar a cargo do vendedor o risco da *perda ou deterioração que resulta de o vendedor não ter revelado os danos que já conhecia ou devia conhecer*[134].

[132] Anjanette Raymond, «Article 68», in Stefan Kröll/Loukas Mistelis/Pilar Perales Viscasillas (ed.), *UNConvention on Contracts for the International Sale of Goods (CISG)*, cit., Rn 8 («Under Art. 68, it remains possible for the sale to be valid even though the goods had already been destroyed at the time the contract was concluded»). Como resulta do art. 4.º, a), *salvo disposição expressa em contrário da própria Convenção*, não é por ela abrangida a validade do contrato, sendo o art. 68.º considerado «disposição expressa em contrário» para casos de impossibilidade inicial objetiva («at least where the contract is for specific goods»): v. Pascal Hachem, «Article 68», in Ingeborg Schwenzer (ed.), *Schlechtriem & Schwenzer: Commentary on the UN Convention on the International Sale of Goods*, cit., p. 980; no mesmo sentido, Peter Huber, «CISG Artikel 68», in Franz Jürgen Säcker/Roland Rixecker/Hartmut Oetker/Bettina Limperg (her.), *Münchener Kommentar zum Bürgerliches Gesetzbuch*, Bd. 4, 8. Aufl., cit., Rn. 4. Defendendo que o art. 68.º não é «disposição expressa» para efeitos do art. 4.º, a), e que «a questão da validade de um contrato celebrado em trânsito e cuja toda mercadoria esteja deteriorada é matéria a ser resolvida pelo direito nacional aplicável», Fernando Kuyven/Francisco Augusto Pignatta, *Comentários à Convenção de* Viena, Saraiva, São Paulo, 2015, p. 666. Mas, por outro lado, a passagem do risco só ocorrerá se o contrato for válido: Oberlandesgericht Schleswig-Holstein, 29.10. 2002, www.cisg.law.pace.edu..

[133] Nesse sentido, p. ex., Wilhelm-Albrecht Achilles, «Artikel 68», in Jürgen Ensthaler (her.), *Gemeinschaftskommentar zum Handelsgesetzbuch mit UN-Kaufrecht*, cit., Rn. 5, Pascal Hachem, «Article 68», in Ingeborg Schwenzer (ed.), *Schlechtriem & Schwenzer: Commentary on the UN Convention on the International Sale of Goods*, cit., p. 985, Peter Huber, «CISG Artikel 68», in Franz Jürgen Säcker/Roland Rixecker/Hartmut Oetker/Bettina Limperg (her.), *Münchener Kommentar zum Bürgerliches Gesetzbuch*, Bd. 4, 8. Aufl., cit., Rn. 11, Johannes Wertenbruch, «CISG Artikel 68», in Karsten Schmidt/Werner Ebke (her.), *Münchener Kommentar zum Handelsgesetzbuch*, Bd. 5, 5. Aufl., cit., Rn. 10 (de forma muito clara – «nur die Gefahr für diejenige Beschädigung, die er kannte oder kennen musste, nicht aber für jeden anderen Schaden, der vor dem Vertragsschluss bereits eingetreten war»). Anjanette Raymond, «Article 68», in Stefan Kröll/Loukas Mistelis/Pilar Perales Viscasillas (ed.), *UNConvention on Contracts for the International Sale of Goods (CISG)*, cit., Rn. 7, considera maioritária a opinião que apenas abrange na frase os danos que o vendedor conhecia ou devia ter tido conhecimento na altura da celebração do contrato, sem extensão aos que lhes estejam ligados causalmente («without extension into the causally connect realm»).

[134] V., p. ex., Ingo Saenger, in Wolfgang Hau/Roman Poseck (her.), *BeckOK BGB*, 56. Ed., Beck (Beck-online), München, 2020, Rn. 4, considerando o objetivo de afastar dificuldades na divisão da responsabilidade pelo risco. Sobre a questão, v. tb. Nuno Aureliano, *O Risco nos Contratos de Alienação*, cit., p. 258, nt. 760.

No que diz respeito aos casos em que o vendedor devia conhecer que as mercadorias se tinham perdido ou deteriorado, poderá também suscitar-se a questão de saber o que significa aquele dever. O dever existe, parece, quando o vendedor atuou com negligência, não sendo necessário que se verifique negligência grosseira[135].

De qualquer modo, também não é claro qual é o âmbito de aplicação da última parte do art. 68.º. Discute-se se o regime ali previsto vale para os casos da primeira parte do art. 68.º e para os da segunda[136], ou só para uma delas[137]. A sequência das frases («Todavia», «No entanto») faz-nos entender que a última parte apenas se relaciona com a segunda parte[138].

Aplicando-se a última parte do art. 68.º, a segunda não se aplica. E estamos a falar de casos em que a perda ou deterioração era anterior à conclusão do contrato de compra e venda em trânsito. Assim, o risco corre por conta do

[135] Parece ser essa a opinião maioritária: v., p. ex., de WILHELM-ALBRECHT ACHILLES, «Artikel 68», in JÜRGEN ENSTHALER (her.), *Gemeinschaftskommentar zum Handelsgesetzbuch mit UN-Kaufrecht*, cit., Rn. 5 (lembrando os arts. 39.º, 1, e 43.º, 1, que compara com os arts. 35.º, 3, e 40.º), PETER MANKOWSKI, «UN-Kaufrechts-Übereinkommen Artikel 68», in FRANCO FERRARI/EVA-MARIA KIEININGER/PETER MANKOWSKI/KARSTEN OTTE/INGO SAENGER/GÖTZ SCHULZE/ANSGAR STAUDINGER, *Internationales Vertragsrecht*, 3. Aufl., cit., Rn. 20 (lembrando ainda a necessidade de comparação com o art. 42.º) PETER HUBER, «CISG Artikel 68», in FRANZ JÜRGEN SÄCKER/ROLAND RIXECKER/HARTMUT OETKER/BETTINA LIMPERG (her.), *Münchener Kommentar zum Bürgerliches Gesetzbuch*, Bd. 4, 8. Aufl., cit., Rn. 10, , JOHANNES WERTENBRUCH, «CISG Artikel 68», in KARSTEN SCHMIDT/WERNER EBKE (her.), *Münchener Kommentar zum Handelsgesetzbuch*, Bd. 5, 5. Aufl., cit., Rn. 10. No entanto, todos os mencionados autores referem estudos em que se defende posição diferente, mas não nos foi possível ter acesso às mesmas em tempo útil.

[136] Parece ser a posição de ADRIANA LISTA, *International Sale of Goods in Shipment Terms*, cit., p. 368.

[137] PETER HUBER, «CISG Artikel 68», in FRANZ JÜRGEN SÄCKER/ROLAND RIXECKER/HARTMUT OETKER/BETTINA LIMPERG (her.), *Münchener Kommentar zum Bürgerliches Gesetzbuch*, Bd. 4, 8. Aufl., cit., Rn. 10, sem tomar posição. WILHELM-ALBRECHT ACHILLES, «Artikel 68», in JÜRGEN ENSTHALER (her.), *Gemeinschaftskommentar zum Handelsgesetzbuch mit UN-Kaufrecht*, cit., Rn. 5, JOHANNES WERTENBRUCH, «CISG Artikel 68», in KARSTEN SCHMIDT/WERNER EBKE (her.), *Münchener Kommentar zum Handelsgesetzbuch*, Bd. 5, 5. Aufl., cit., Rn. 11, PASCAL HACHEM, «Article 68», in INGEBORG SCHWENZER (ed.), *Schlechtriem & Schwenzer: Commentary on the UN Convention on the International Sale of Goods*, cit., p. 984, e PETER MANKOWSKI, «UN-Kaufrechts-Übereinkommen Artikel 68», in FRANCO FERRARI/EVA-MARIA KIEININGER/PETER MANKOWSKI/KARSTEN OTTE/INGO SAENGER/GÖTZ SCHULZE/ANSGAR STAUDINGER, *Internationales Vertragsrecht*, 3. Aufl., cit., Rn. 21, entendem só valer para a segunda parte.

[138] Com igual argumento, p. ex., PETER MANKOWSKI, «UN-Kaufrechts-Übereinkommen Artikel 68», in FRANCO FERRARI/EVA-MARIA KIEININGER/PETER MANKOWSKI/KARSTEN OTTE/INGO SAENGER/GÖTZ SCHULZE/ANSGAR STAUDINGER, *Internationales Vertragsrecht*, 3. Aufl., cit., Rn. 21, e PASCAL HACHEM, «Article 68», in INGEBORG SCHWENZER (ed.), *Schlechtriem & Schwenzer: Commentary on the UN Convention on the International Sale of Goods*, cit., p. 984.

vendedor também porque, não se aplicando a segunda parte, vale a primeira parte: o risco só se transfere no momento da conclusão do contrato[139]. Se apenas a primeira parte do art. 68.º é aplicável, a venda da mercadoria deteriorada deverá ser tratada como um caso de falta de conformidade[140].

4. Perda ou deterioração devidas a ato ou omissão do vendedor

O art. 66.º obriga o comprador a pagar o preço quando a mercadoria se perdeu ou deteriorou depois do momento da passagem do risco para aquele. Não será assim, porém, se a perda ou deterioração forem devidos a um *ato ou omissão do próprio vendedor* (como, por exemplo, se deu erradas informações acerca da forma de transportar a mercadoria e daí resultou a perda ou deterioração). Isso é o que resulta da parte final do art. 66.º, que já foi considerada como contendo «a complex or "disturbing" exception»[141].

Pode, efetivamente, dar-se o caso de a perda ou deterioração ocorrida após a transferência do risco ser o resultado dos atos ou omissões do vendedor[142].

[139] Peter Mankowski, «UN-Kaufrechts-Übereinkommen Artikel 68», in Franco Ferrari/Eva-Maria Kieininger/Peter Mankowski/Karsten Otte/Ingo Saenger/Götz Schulze/Ansgar Staudinger, *Internationales Vertragsrecht*, 3. Aufl., cit., Rn. 21, escreve que, nos casos da última parte do art. 68.º, volta a ser aplicável a regra da primeira parte e o risco transfere-se no momento da conclusão do contrato («wird die Grundregel des S. 1 wieder anwendbar und erfolgt der Gefahrubergang mit Vetragsschluss»).

[140] V., p. ex., Pascal Hachem, «Article 68», in Ingeborg Schwenzer (ed.), *Schlechtriem & Schwenzer: Commentary on the UN Convention on the International Sale of Goods*, cit., p. 984.

[141] Johan Erauw, «Article 66», in Stefan Kröll/Loukas Mistelis/Pilar Perales Viscasillas (ed.), *UNConvention on Contracts for the International Sale of Goods (CISG)*, cit., Rn. 20. Maria Ângela Coelho Bento Soares/Rui de Moura Ramos, «Do contrato de compra e venda internacional», cit., p. 209, lembram que o art. 796.º, 1, do CCiv. não contém a restrição porque «os casos em que a perda ou deterioração das mercadorias se fique a dever a facto do vendedor não integram propriamente uma hipótese de risco, devendo antes ser tratados em sede de responsabilidade do vendedor».

[142] Michael Bridge, «Chapter 21: Risk of Loss», in Larry DiMatteo/André Janssen/Ulrich Magnus, Reiner Schulz (ed.), *International Sales Law. Contract, Principles & Practice*, cit., p. 645, dá o exemplo de mercadoria que não seja adequada para a viagem que tem de ser realizada, chamando também a atenção para a importância de verificações anteriores à entrega da mercadoria ao transportador; Johan Erauw, «Article 66», in Stefan Kröll/Loukas Mistelis/Pilar Perales Viscasillas (ed.), *UNConvention on Contracts for the International Sale of Goods (CISG)*, cit., Rn. 18, recorda a necessidade de providenciar transporte adequado ("qualitative transportation"); o mesmo autor, em «Article 67», in Stefan Kröll/Loukas Mistelis/Pilar Perales Viscasillas (ed.), *UNConvention on Contracts for the International Sale of Goods (CISG)*, cit., Rn. 43, admite a possibilidade de aplicar a última parte do art. 66.º a casos em que, após o momento em que se daria

Esses atos ou omissões não têm de constituir incumprimento contratual[143]. Tanto mais que no art. 69.º, 1, segunda parte, já é de incumprimento contratual que se trata. Perante aqueles atos ou omissões, deverá ter lugar a aplicação dos preceitos relativos aos meios de defesa do comprador em caso de incumprimento contratual pelo vendedor[144].

Se a perda ou deterioração que tem lugar após a transferência do risco não resulta de atos ou omissões do vendedor, aplica-se a primeira parte do art. 66.º e o comprador não fica exonerado da obrigação de pagar o preço.

5. O incumprimento contratual fundamental em que incorreu o vendedor, a transferência do risco e os meios de defesa do comprador

De acordo com o art. 70.º da CISG, as regras constantes dos arts. 67.º, 68.º e 69.º não afetam os meios de que o comprador pode lançar mão em caso de incumprimento contratual fundamental pelo vendedor. Assim, mesmo que o risco se tenha transferido para o comprador de acordo com as regras mencionadas, isso não impede que este último lance mão dos meios de defesa que

a transferência do risco, a mercadoria não foi mantida a uma temperatura suficientemente baixa num porto intermédio apesar das obrigações assumidas pelo vendedor, que também não tomou as medidas devidas para que o transporte fosse direto entre a China e Nova Iorque.

143 Pascal Hachem, «Article 66», », in Ingeborg Schwenzer (ed.), *Schlechtriem & Schwenzer: Commentary on the UN Convention on the International Sale of Goods*, cit., p. 963, dando porém conta de discussões sobre a questão; Peter Huber, «CISG Artikel 66», in Franz Jürgen Säcker/Roland Rixecker/Hartmut Oetker/Bettina Limperg (her.), *Münchener Kommentar zum Bürgerliches Gesetzbuch*, Bd. 4, 8. Aufl., cit., Rn. 12 (lembrando que uma leitura que vá além do incumprimento contratual torna mais fácil abordar casos em que se poderia discutir se ainda estamos perante violação de deveres contratuais). Johan Erauw, «Article 66», in Stefan Kröll/Loukas Mistelis/Pilar Perales Viscasillas (ed.), *UNConvention on Contracts for the International Sale of Goods (CISG)*, cit., Rn. 20, considera possível ou até provável que seja necessária a existência de violação de uma obrigação do vendedor (ainda que não incumprimento do contrato). No sentido de que o ato ou omissão do vendedor «has to be in breach of contract or at least in breach of obligation», Adriana Lista, *International Sale of Goods in Shipment Terms*, cit., p. 365; admitindo que o ato ou omissão possa constituir não apenas violação do contrato («breach of contract»), mas também «tort», v. o *Article 666: Secretariat Commentary*, in https://iicl.law.pace.edu/cisg/page/article-66-secretariat-commentary-closest-counterpart-official-commentary. Levantando a hipótese de se tratar de exercício de um direito, Juan Antonio Tamayo Carmona, *Responsabilidad y riesgo contractual: normas de la Convención de Viena, sobre venta internacional de marcaderías e Incoterms 2000*, cit., p.71.

144 Johan Erauw, «Article 66», in Stefan Kröll/Loukas Mistelis/Pilar Perales Viscasillas (ed.), *UNConvention on Contracts for the International Sale of Goods (CISG)*, cit., Rn. 19.

lhe são reconhecidos para reagir perante o incumprimento contratual fundamental, surgindo este caracterizado no art. 25.º[145]. Como explica Pascal Hachem, trata-se de evitar que o vendedor se livre das consequências do seu incumprimento contratual fundamental pelo que depois sucedeu às mercadorias e que não foi consequência daquele incumprimento[146].

Vejamos melhor o que resulta do art. 70.º. Tendo ocorrido a transferência do risco para o comprador nos termos dos arts. 67.º, 68.º ou 69.º, e tendo-se verificado a perda ou deterioração da mercadoria após esse momento, pode dar-se o caso de ter ocorrido um incumprimento contratual fundamental por parte do vendedor. Quando assim seja, o comprador pode declarar a resolução do contrato (art. 49.º, 1, a)[147]), exigir a entrega de mercadorias de substituição (art. 48.º, 2), exigir a reparação da falta de conformidade se isso não for irrazoável (art. 46.º, 3), reduzir o preço (art. 50.º) e pedir uma indemnização (arts. 74.º e ss.)[148].

Pense-se, por exemplo, nos casos em que a falta de conformidade anterior ao momento da passagem do risco constitui um incumprimento contratual fundamental e, depois dessa passagem, a mercadoria se perde[149]. Em caso de resolução total do contrato, aplicam-se as consequências previstas nos

[145] «O incumprimento contratual por uma das partes é fundamental quando causa à outra parte um prejuízo tal que a prive substancialmente daquilo que lhe era legítimo esperar do contrato, salvo se a parte em incumprimento não previu esse resultado e uma pessoa razoável do mesmo tipo perante as mesmas circunstâncias, também não o tivesse previsto».

[146] Pascal Hachem, «Article 70», », in Ingeborg Schwenzer (ed.), *Schlechtriem & Schwenzer: Commentary on the UN Convention on the International Sale of Goods*, cit., p. 997.

[147] Mas v., admitindo também o recurso ao art. 49.º, 1, b), no quadro da aplicação do art. 70.º, p. ex., Ulrich Magnus, «Artikel 69», in J. *von Staudingers Kommentar zum Bürgerlichen Gesetzbuch mir Einführungsgesetz und Nebengesetzen. Wiener UN-Kaufrecht*, cit., Rn. 14, Pascal Hachem, «Article 70», in Ingeborg Schwenzer (ed.), *Schlechtriem & Schwenzer: Commentary on the UN Convention on the International Sale of Goods*, cit., p. 998.

[148] Johan Erauw, «Article 70», in Stefan Kröll/Loukas Mistelis/Pilar Perales Viscasillas (ed.), *UNConvention on Contracts for the International Sale of Goods (CISG)*, cit., Rn. 2. No entanto, nem todos os remédios mencionados serão convenientes. Se a mercadoria se perdeu, a reparação ou a redução do preço não são adequadas para o comprador: v., p. ex., Pascal Hachem, «Article 70», in Ingeborg Schwenzer (ed.), *Schlechtriem & Schwenzer: Commentary on the UN Convention on the International Sale of Goods*, cit., p. 998, que também sustenta a desadequação do pedido de indemnização atendendo à necessidade de olhar para o nexo causal entre o incumprimento contratual fundamental e o dano.

[149] Desenvolvidamente, Johan Erauw, «Article 70», in Stefan Kröll/Loukas Mistelis/Pilar Perales Viscasillas (ed.), *UNConvention on Contracts for the International Sale of Goods (CISG)*, cit., Rn. 7.

arts. 81.º e ss.[150]. Desde logo, o comprador que resolve o contrato liberta-se «das obrigações que lhe incumbem ao abrigo do contrato, sem prejuízo de qualquer indemnização por perdas e danos que possa ser devida» (art. 81.º, 1). Assim, o comprador que resolve o contrato e que ainda não pagou o preço ficará também liberto dessa obrigação[151].

A resolução do contrato coloca interessantes problemas quanto à restituição das mercadorias e à articulação com o regime da transferência do risco. O art. 82.º, 1, estabelece que o comprador «perde o direito de declarar o contrato resolvido, ou de exigir do vendedor a entrega de mercadorias de substituição, se lhe é impossível restituir as mercadorias num estado substancialmente idêntico àquele em que as recebeu».

Sucede, porém, que os arts. 66.º a 69.º ocupam-se de casos em que a mercadoria se perdeu ou ficou deteriorada. Nos casos em que a perda ou deterioração se deu após a transferência do risco para o comprador, como é que este pode resolver o contrato se a mercadoria se perdeu ou está deteriorada?[152] Contudo, o art. 82.º, 2, a), também estabelece que o n.º 1 não se aplica (e, portanto, o direito de resolução não é excluído por ser impossível restituir as mercadorias ou ser impossível restituí-las num estado substancialmente idêntico àquele em que foram recebidas) se «a impossibilidade de restituir as mercadorias, ou de as restituir num estado substancialmente idêntico àquele em que o comprador as recebeu, não se dever a um ato ou omissão seus» (o que cobre, naturalmente, a perda ou deterioração decorrente de caso fortuito[153]).

[150] Johan Erauw, «Article 66», in Stefan Kröll/Loukas Mistelis/Pilar Perales Viscasillas (ed.), *UNConvention on Contracts for the International Sale of Goods (CISG)*, cit., Rn. 12, considerando que no caso de resolução integral o art. 66.º não se aplicará.

[151] Referindo-se ao art. 70.º como uma limitação ao art. 66.º, Ulrich Magnus, «Artikel 66», in J. *von Staudingers Kommentar zum Bürgerlichen Gesetzbuch mir Einführungsgesetz und Nebengesetzen. Wiener UN-Kaufrecht*, cit., Rn. 11.

[152] A restituição das mercadorias no âmbito da resolução do contrato suscita ainda muitas dificuldades no que diz respeito à transferência do risco para o vendedor no âmbito daquela restituição. Com efeito, na realização das operações de restituição a mercadoria pode sofrer deteriorações ou perder-se. V., p. ex., Oberster Gerichtshof, 1 OB 74/99k, de 29.6.1999, CLOUT Case 422, e Oberlandsgericht Karlsruhe, 19 U 8/02, de 19.12.2002, CLOUT Case 594.

[153] Maria Ângela Coelho Bento Soares/Rui de Moura Ramos, «Do contrato de compra e venda internacional», cit., p. 221, e Nuno Aureliano, *O Risco nos Contratos de Alienação*, cit., p. 262, para quem a exceção do art. 82.º, 2, a), pode ser considerada «como regra na hipótese de impossibilidade não imputável de restituição». Maria Ângela Coelho Bento Soares/Rui de Moura Ramos, *últ. ob. cit.*, analisando as diferenças perante o art. 436.º, 2, do CCiv, afirmam que deste último preceito decorre que, «a menos que tal perda seja devida a facto do vendedor, o comprador deixa de poder exercer o direito de resolução».

O art. 70.º não é de fácil interpretação, tendo já sido considerado «treacherous»[154]. Pode ter existido um incumprimento contratual fundamental *antes* da perda ou deterioração ocorrida após a transferência do risco. Mas o art. 70.º não está pensado para os casos em que a perda ou deterioração foi *causada* pelo incumprimento contratual fundamental[155]. Isso é comprovado pela parte final do art. 66.º, pois daí resulta que a perda ou deterioração *devidas a ato ou omissão do vendedor* exonera o comprador da obrigação de pagar o preço[156].

Do art. 70.º resulta, pois, que o comprador não perde direitos adquiridos antes da transferência do risco[157]. Isso assume especial importância quando o comprador pretenda resolver o contrato ou exigir mercadorias de substituição (v. arts. 49.º, 46.º, 2, e 82.º) e não possa restituir as mercadorias porque as mesmas se perderam após a transferência do risco, parecendo existir aqui uma confirmação do disposto no art. 82.º, 2, a)[158].

A redação do art. 70.º não parece afastar a possibilidade de o comprador recorrer aos meios ao seu dispor quando tenha havido incumprimento contratual anterior à passagem do risco e que *não seja fundamental*, embora tendo em conta as circunstâncias e os demais enquadramentos juridicamente relevantes[159]. Mas isso não significa que o art 70.º se aplique a esses casos

[154] Pascal Hachem, «Article 70», in Ingeborg Schwenzer (ed.), *Schlechtriem & Schwenzer: Commentary on the UN Convention on the International Sale of Goods*, cit., p. 996.

[155] Pascal Hachem, «Article 70», in Ingeborg Schwenzer (ed.), *Schlechtriem & Schwenzer: Commentary on the UN Convention on the International Sale of Goods*, cit., p. 996, Peter Mankowski, «UN-Kaufsrechts-Übereinkommen Artikel 70», in Franco Ferrari/Eva-Maria Kieininger/Peter Mankowski/Karsten Otte/Ingo Saenger/Götz Schulze/Ansgar Staudinger, *Internationales Vertragsrecht*, 3. Aufl., Beck (Beck-online), München, 2019, Rn. 4, Peter Huber, «CISG Artikel 70», in Franz Jürgen Säcker/Roland Rixecker/Hartmut Oetker/Bettina Limperg (her.), *Münchener Kommentar zum Bürgerlichen Gesetzbuch*, Bd. 4, cit., Rn. 2.

[156] Pascal Hachem, «Article 70», in Ingeborg Schwenzer (ed.), *Schlechtriem & Schwenzer: Commentary on the UN Convention on the International Sale of Goods*, cit., p. 996.

[157] Ulrich Magnus, «Artikel 69», in J. *von Staudingers Kommentar zum Bürgerlichen Gesetzbuch mir Einführungsgesetz und Nebengesetzen. Wiener UN-Kaufrecht*, cit., Rn. 5. Para um caso de vinho adulterado que também foi danificado no transporte marítimo, v. CLOUT Case 150, *Cour de Cassation*, 23 de janeiro de 1996, Société Sacovini v. S.A.R.L. Les Fils de Henri Ramel.

[158] Pascal Hachem, «Article 70», in Ingeborg Schwenzer (ed.), *Schlechtriem & Schwenzer: Commentary on the UN Convention on the International Sale of Goods*, cit., p. 997, Ulrich Magnus, «Artikel 69», in J. *von Staudingers Kommentar zum Bürgerlichen Gesetzbuch mir Einführungsgesetz und Nebengesetzen. Wiener UN-Kaufrecht*, cit., Rn. 5, Peter Huber, «CISG Artikel 70», in Franz Jürgen Säcker/Roland Rixecker/Hartmut Oetker/Bettina Limperg (her.), *Münchener Kommentar zum Bürgerlichen Gesetzbuch*, Bd. 4, cit., Rn. 3.

[159] Michael Bridge, «Chapter 21: Risk of Loss», in Larry DiMatteo/André Janssen/Ulrich Magnus/Reiner Schulz (ed.), *International Sales Law. Contract, Principles & Practice*, cit., a p. 648,

de incumprimento contratual não fundamental[160]. Lembre-se, ainda, que os arts. 49.º, 1, a) (resolução) e 46.º, 2 (entrega de mercadorias de substituição) exigem incumprimento contratual fundamental[161].

Há ainda que contar com o regime aplicável aos casos de falta de conformidade previstos no art. 36.º. Florian Mohs escreve, de forma clara, que as regras sobre a transferência do risco limitam-se a estabelecer o momento «at which the goods had to conform to the contract»[162].

Conclusões

Como resulta das páginas anteriores, os preceitos da CISG sobre a transferência do risco na compra e venda internacional de mercadorias apresentam

escrevia: «[s]ince the buyer's remedies for breach survive even if the breach is not fundamental, the only significance of Article 70 lies in its preservation of the right of avoidance». Afastando também uma interpretação *a contrario*, p. ex., ULRICH MAGNUS, «Artikel 70», in J. *von Staudingers Kommentar zum Bürgerlichen Gesetzbuch mir Einführungsgesetz und Nebengesetzen. Wiener UN-Kaufrecht*, cit., Rn. 6, PASCAL HACHEM, «Article 70», in INGEBORG SCHWENZER (ed.), *Schlechtriem & Schwenzer: Commentary on the UN Convention on the International Sale of Goods*, cit., p. 998, PETER HUBER, «CISG Artikel 70», in FRANZ JÜRGEN SÄCKER/ROLAND RIXECKER/HARTMUT OETKER/BETTINA LIMPERG (her.), *Münchener Kommentar zum Bürgerlichen Gesetzbuch*, Bd. 4, cit., Rn. 11, JOHANNES WERTENBRUCH, «CISG Artikel 70», in KARSTEN SCHMIDT/WERNER EBKE (her.), *Münchener Kommentar zum Handelsgesetzbuch*, Bd. 5, 5. Aufl., cit., Rn. 8, JUAN ANTONIO TAMAYO CARMONA, *Responsabilidad y riesgo contractual: normas de la Convención de Viena, sobre venta internacional de mercaderías e Incoterms 2000*, cit., p. 98.

[160] Afastando aquela aplicação, WILHELM-ALBRECHT ACHILLES, «Artikel 70», in JÜRGEN ENSTHALER (her.), *Gemeinschaftskommentar zum Handelsgesetzbuch mit UN-Kaufrecht*, cit., Rn. 3, ULRICH MAGNUS, «Artikel 70», in J. *von Staudingers Kommentar zum Bürgerlichen Gesetzbuch mir Einführungsgesetz und Nebengesetzen. Wiener UN-Kaufrecht*, cit., Rn. 6, PETER HUBER, «CISG Artikel 70», in FRANZ JÜRGEN SÄCKER/ROLAND RIXECKER/HARTMUT OETKER/BETTINA LIMPERG (her.), *Münchener Kommentar zum Bürgerlichen Gesetzbuch*, Bd. 4, cit., Rn. 11.

[161] Considerando que no caso referido no texto os meios ao dispor do comprador não abrangerão o direito de resolução (em caso de perda) ou de substituição (em caso de deterioração), PASCAL HACHEM, «Article 70», in INGEBORG SCHWENZER (ed.), *Schlechtriem & Schwenzer: Commentary on the UN Convention on the International Sale of Goods*, cit., p. 998. O autor referido considera também que normalmente o comprador não terá interesse na reparação da mercadoria, mas sim na redução do preço ou numa indemnização.

[162] FLORIAN MOHS, «Introduction to Articles 66-70», in INGEBORG SCHWENZER (ed.), *Schlechtriem & Schwenzer: Commentary on the UN Convention on the International Sale of Goods*, cit., p. 951, mostrando também, a p. 964, a diferença entre transferência do risco e não conformidade das mercadorias.. O autor acrescenta, a p. 955: «it is self-understood that the seller's obligation to procure goods does not extend beyond the point in time when its liability for defects ends».

diferenças importantes em relação ao regime interno da compra e venda, civil ou comercial. Por outro lado, o regime da transferência do risco obriga a olhar também, com especial atenção, para a obrigação de entrega.

Além disso, a interpretação da CISG deve ser realizada tendo em conta o disposto no art. 7.º, o que mostra igualmente que o intérprete nacional terá de procurar obter essa visão que ultrapassa fronteiras. Isso exigirá um estudo da doutrina e, especialmente, da jurisprudência de outros países. Esperamos que este texto ajude os leitores interessados no esforço que terão de realizar nesse sentido.

20. DESVIOS AO MODELO DA "*MIRROR-IMAGE RULE*" NA FORMAÇÃO DO CONTRATO À LUZ DA CISG

Mariana Fontes da Costa*

1. Considerações introdutórias: O artigo 19.º, n.º 1 CISG e a adoção do modelo da "*mirror-image rule*"

Em matéria de formação do contrato, e à semelhança da generalidade dos ordenamentos jurídicos[1], o artigo 19.º, n.º 1 da Convenção das Nações Unidas sobre Contratos para Venda Internacional de Mercadorias (doravante identificada pelo seu acrónimo inglês: CISG)[2] adota o modelo puro da teoria designada pela doutrina anglo-saxónica como "*mirror-image rule*".

Nos termos deste modelo clássico de formação do contrato, da aceitação tem de resultar uma concordância total e absoluta à proposta, não implicando qualquer aditamento, modificação ou exclusão aos termos desta, sob pena de o contrato não se considerar concluído. Tradicionalmente, nestes casos em que a declaração que pretendia ser uma aceitação contém aditamentos, limitações ou outras modificações da proposta, a mesma equivale a uma rejeição desta, sem prejuízo de, quando suficientemente precisa, poder equivaler a uma nova proposta (contraproposta), dependendo a conclusão do contrato da sua aceitação.

* Professora Auxiliar da Faculdade de Direito da Universidade do Porto/ Investigadora do CIJE

1 Citem-se, a título meramente exemplificativo, os artigos 233.º do Código Civil português e 431.º do Código Civil brasileiro, assim como, ao nível internacional, os artigos 2.1.11 (1) UPICC 2016; 2:208 (1) PECL e II.-4:208 (1) DCFR. Com extensa exemplificação da consagração desta regra em inúmeros ordenamentos jurídicos nacionais, INGEBORG SCHWENZER, PASCAL HACHEM e CHRISTOPHER KEE, *Global sales and contract law*, Oxford University Press, Oxford, 2012, pp. 151-152, nota 181.

2 As disposições legais citadas sem outra indicação pertencem à Convenção das Nações Unidas sobre Contratos para Venda Internacional de Mercadorias, exceto se for outra a inferência que resulte do contexto.

Esta solução, que como mencionámos *supra* constitui a regra por excelência no modelo de formação contratual por proposta e aceitação, encontra pleno cabimento no texto do artigo 19.º, n.º 1 CISG, nos termos do qual: *"[u]ma resposta que pretenda ser a aceitação a uma proposta contratual, mas que contenha aditamentos, limitações ou outras modificações, é uma rejeição da proposta contratual e constitui uma contraproposta"*[3].

Não obstante a sua disseminação, a teoria da *"mirror-image rule"* tem vindo crescentemente a ser objeto de fortes críticas, por se entender que a exigência desta coincidência total e absoluta entre a proposta e a aceitação impõe, sobretudo no segmento *business-to-business* – e, dentro deste, em especial na contratação transfronteiriça -, uma rigidez contrária à efetiva realidade da vida negocial, podendo mesmo propiciar distorções face à real vontade e convicção das partes à data do que contavam ser a formação do contrato[4].

No limite, a aplicação desta teoria ao processo de formação do contrato pode mesmo incentivar comportamentos oportunísticos, permitindo a uma das partes contratantes aproveitar a divergência de algum aspeto sem relevo determinante, entre a proposta e a pretensa aceitação, para invocar a seu favor a inexistência de um contrato a que ambas as partes se consideravam vinculadas: por exemplo, porque uma desvalorização do produto negociado tornou o negócio menos atrativo à data do cumprimento[5].

[3] Utilizaremos para efeitos do presente texto, e sempre que adequado, a versão da CISG traduzida em língua portuguesa que se encontra em anexo no Decreto n.º 5/2020, de 7 de agosto, que aprova em Portugal, para adesão, a CISG. Não obstante, deve ter-se presente que na CISG apenas são considerados "autênticos" os textos em árabe, chinês, espanhol, francês, inglês e russo, não tendo, portanto, a tradução aqui usada força normativa, como reconhece o próprio Decreto n.º 5/2020. Sempre que se justifique por razões hermenêuticas recorreremos à versão autenticada em inglês.

[4] Nas palavras de I. Schwenzer, P. Hachem e C. Kee, na prática comercial, assim que as partes chegam a acordo sobre os *essentialia negotii* ficam menos preocupadas sobre se foi ou não alcançado acordo sobre os restantes termos contratuais. - INGEBORG SCHWENZER, PASCAL HACHEM e CHRISTOPHER KEE, *Global sales and contract law* cit., p. 152.

[5] Procurando ilustrar, recorramos a um exemplo, inspirado no comentário ao artigo 2.1.11 UPICC 2016. Suponha-se que uma sociedade comercial com sede em Portugal encomenda a uma sociedade comercial com sede no Reino Unido uma máquina de corte de tecido para as suas instalações. Entre as várias condições estabelecidas na proposta constam especificamente que a aquisição fica dependente da apreciação favorável da sociedade portuguesa ao desempenho da máquina, a testar nas suas instalações, bem como que a lei aplicável é a lei inglesa. A sociedade comercial do Reino Unido respondeu favoravelmente à encomenda realizada, confirmando nomeadamente data e condições de entrega, mas acrescentando, porém, que o teste à máquina seria feito na presença de um seu funcionário, que acompanharia o transporte e entrega nas instalações do comprador. A sociedade portuguesa nada responde, na convicção de estar tudo tratado.
Imagine-se agora que, entretanto, a sociedade comercial portuguesa vem a descobrir que uma

Em resposta à específica crítica de que uma modificação sem relevo substancial não deveria implicar, sem mais, uma rejeição da proposta, forçando o proponente originário a uma nova manifestação de assentimento, que, segundo as regras da experiência, se presumirá existir, a CISG consagra expressamente, no artigo 19.º, n.º 2, o primeiro desvio ao modelo da "*mirror-image rule*". Trata-se de um desvio de grande relevância simbólica, que encontrou eco nos instrumentos internacionais posteriores e, inclusivamente, em algumas legislações nacionais[6].

Importará, porém, questionar qual a sua efetiva relevância prática, ou, de forma mais rigorosa, dúvidas se levantam a respeito da suficiência da solução consagrada no artigo 19.º, n.º 2 CISG para dar resposta satisfatória às distorções geradas pela aplicação da teoria da *imagem de espelho* a modalidades e práticas generalizadamente disseminadas na contratação comercial, em especial no contexto internacional; dentre estas questões, assume especial destaque a contratação com recurso a cláusulas estandardizadas, na origem do famoso problema da "*battle of forms*"[7].

sociedade concorrente está a promover a venda de máquinas de corte de tecido equivalentes à encomendada, por um preço significativamente inferior ao praticado pela sociedade comercial do Reino Unido. Ao abrigo da teoria da *mirror-image rule*, a compradora poderá rejeitar a receção da máquina, invocando que a exigência da presença de um funcionário da vendedora durante o teste à máquina constituiu um aditamento aos termos da proposta e logo, uma rejeição da mesma, consubstanciando antes uma contraproposta dependente de uma aceitação que não se verificou.

[6] Nomeie-se, a título de exemplo, os artigos 2.1.11 (2) UPICC 2016; 2:208 (2) PECL e II.-4:208 (2) DCFR, assim como o §2-207 do *Uniform Commercial Code* norte-americano, e os artigos 31.º da Lei dos Contratos da República Popular da China, 21 (2) da Lei das Obrigações da Estónia e 6.178 do Código Civil da Lituânia, os quais foram, aliás, profundamente inspirados na CISG.

[7] Como alerta U. Schroeter existem outros problemas relacionados com a contratação comercial internacional para que o artigo 19.º não fornece resposta adequada. Mencionemos, exemplificativamente, os problemas relacionados com o valor do silêncio perante uma carta de confirmação do acordo comercial («*commercial letter of confirmation*») que contenha alterações aos termos negociados (tema que abordaremos *infra*, em §2.1) e o enquadramento da relação comercial sob a figura de um contrato-quadro, operacionalizado com recurso a contratos de segundo grau. – ULRICH SCHROETER, *Article 19*, in Schlechtriem § Schwenzer Commentary on the UN Convention on the International Sale of Goods (CISG), 4ª ed., org. de I. Schwenzer, Oxford University Press, Oxford, 2016, p. 351. Sobre a figura do contrato-quadro e os contornos do seu funcionamento, por todos, desenvolvidamente, MARIA RAQUEL GUIMARÃES, *O contrato-quadro no âmbito da utilização de meios de pagamento electrónicos*, Coimbra Editora, Coimbra, 2011, pp. 131 ss. e *passim*. A expressão "contratos de segundo grau" é utilizada por L. Miguel Pestana de Vasconcelos, para reforçar a natureza subsidiária, ainda que autónoma, dos contratos posteriores de compra e venda. – L. MIGUEL PESTANA DE VASCONCELOS, *Dos contratos de cessão financeira (Factoring)*, Boletim da Faculdade de Direito da Universidade de Coimbra, Studia Iuridica 43, Coimbra Editora, Coimbra, 1999, p. 162, nota 432 e *O contrato de franquia (franchising)*, 2.ª ed., Almedina, Coimbra, 2010, p. 74.

2. Um primeiro desvio ao modelo da "imagem de espelho" no artigo 19.º, n.º 2

O artigo 19.º, n.º 2 CISG estatui que "*...[u]ma resposta que pretenda ser a aceitação de uma proposta contratual, mas que contenha termos adicionais ou diferentes que não alteram substancialmente os termos da proposta contratual, constitui uma aceitação, salvo se o proponente, sem atraso injustificado, manifestar verbalmente a sua oposição às diferenças ou enviar uma comunicação para o efeito. Se não o fizer, os termos do contrato são os da proposta contratual, com as modificações constantes da aceitação.*"

Conforme sublinham Maria Ângela Bento Soares e Rui Manuel Moura Ramos, a inclusão na CISG da disposição constante do artigo 19.º, n.º 2 não foi pacífica, sendo que durante os trabalhos preparatórios foram suscitadas dúvidas e reservas quanto ao potencial aumento de incerteza que esta norma poderia acarretar em matéria de formação do contrato[8].

Não obstante, a maioria dos representantes pronunciou-se favoravelmente à adoção desta solução de mitigação do princípio da "*mirror-image rule*", na medida em que a mesma restringe o seu âmbito de aplicação a alterações de pequeno relevo e considerando que a enumeração constante do artigo 19.º, n.º 3, ainda que exemplificativa, contribuiria decisivamente para a redução da incerteza associada à indeterminação da noção de "*material alterations*"[9].

Densificação normativa do princípio da boa-fé na formação dos contratos[10], a norma constante do artigo 19.º, n.º 2 constitui ainda concretização dos princípios da desburocratização e fluidez do comércio internacional, evitando a necessidade de nova intervenção da parte do proponente inicial para que o contrato se celebre, sem implicar um sacrifício irrazoável deste, que tem o direito de se opor, caso não deseje que o contrato se conclua com a modificação introduzida pela aceitação[11]. Acresce que, na senda do que mencionámos *supra* (§1), esta solução atenua também o risco de comportamentos

[8] MARIA ÂNGELA BENTO SOARES e RUI MANUEL MOURA RAMOS, *Contratos Internacionais: compra e venda, cláusulas penais, arbitragem*, reimpressão, Almedina, Coimbra, 1995, pp. 61-62.

[9] IDEM, *ibidem*.

[10] ULRICH MAGNUS, *Art. 19 CISG*, in J. von Staudingers Kommentar zum Bürgerlichen Gesetzbuch mit Einführungsgesetz und Nebengesetzen. Wiener UN-Kaufrecht (CISG), Sellier – de Gruyter, Berlim, 2018, p. 303.

[11] No mesmo sentido, MARIA ÂNGELA BENTO SOARES e RUI MANUEL MOURA RAMOS, *Contratos Internacionais* cit., pp. 62-63, em especial nota 78; LUÍS DE LIMA PINHEIRO, *Direito comercial internacional: Contratos comerciais internacionais; Convenção de Viena sobre a Venda Internacional de Mercadorias; Arbitragem internacional*, Almedina, Coimbra, 2005, p. 274 e ULRICH MAGNUS, *ibidem*.

oportunísticos pelo proponente inicial, caso o negócio se torne, findo o período de objeção, menos vantajoso.

Se de alguma falha sofre o artigo 19.º CISG em matéria de desvios ao princípio da "*mirror-image rule*", atrever-nos-íamos a antecipar que a história recente aponta que a mesma será por defeito e não por excesso[12].

2.1. Pressupostos do artigo 19.º, n.º 2

Resulta da redação do artigo 19.º, n.º 2 que são pressupostos da sua aplicação, cumulativamente: i) a existência de uma resposta que pretenda ser a aceitação da proposta contratual; ii) a inclusão, nessa resposta, de cláusulas que impactem, efetivamente, o conteúdo contratual constante da proposta, alterando-o.

A verificação destes dois elementos, de natureza fáctico-jurídica, corporiza – entendemos – a "realidade factual *anterior*"[13] que é objeto de tratamento jurídico no artigo 19.º, n.º 2, sendo sobre eles que irá incidir a avaliação do preenchimento ou não preenchimento do requisito negativo de que a alteração não seja substancial.

O primeiro pressuposto - existência de uma resposta que pretenda ser a aceitação da proposta contratual - remete o intérprete para a parte II da Convenção de Viena de 1980, relativa à matéria da formação do contrato, em especial para os artigos 18.º a 24.º CISG.

Adquire aqui especial relevância a exigência de que, da resposta, resulte uma intenção firme e séria de o declarante se vincular contratualmente aos termos da proposta, com as alterações que introduziu na resposta,[14] e não apenas de promover a abertura de um processo de negociações que tenha

[12] Em texto reflexivo sobre a Convenção trinta e cinco anos depois, Rui Manuel Moura Ramos aponta o artigo 19.º como uma das disposições da CISG que mereceria ser repensada em caso de reconsideração das disposições convencionais, dado que não reflete adequadamente realidades contratuais relativamente recentes à data da sua aprovação, em 1980, como é o caso da celebração do contrato pela troca de clausulados estandardizados. – RUI MANUEL MOURA RAMOS, *A Convenção de Viena de 1980 sobre o contrato de compra e venda internacional de mercadorias trinta e cinco anos depois*, Boletim da Faculdade de Direito da Universidade de Coimbra, Vol. XCII, Tomo I, 2016, pp. 9-10.

[13] LUÍS A. CARVALHO FERNANDES, *A teoria da imprevisão no direito civil português*, reimpressão com nota de actualização, Quid Juris, Lisboa, 2001, p. 281, nota 52.

[14] Sobre a relevância da revelação de uma intenção de vinculação em sede de aceitação da proposta, por todos, ULRICH SCHROETER, *Article 18*, in Schlechtriem § Schwenzer Commentary cit., p. 333.

como ponto de partida os termos constantes da proposta inicial. Esta análise terá de ser feita à luz do artigo 8.º da CISG.

Outra questão relevante que se pode colocar neste contexto é a da natureza jurídica de uma resposta que confirma a celebração do contrato, introduzindo, porém, alterações aos termos anteriormente negociados pelas partes. Neste caso, será necessário avaliar, à luz do referido artigo 8.º, se já existe ou não vínculo contratual à data da referida declaração.

Em caso de resposta negativa, importa analisar se a referida resposta constitui a proposta contratual originária (situação provavelmente mais comum no caso de minutas elaboradas no término de processos negociais prolongados), ou se é, de facto, uma "resposta que pretenda ser a aceitação", caso em que, em princípio, caberá no âmbito do artigo 19.º, n.º 2 e da aceitação com modificações. Diferentemente, se a declaração é emitida em confirmação de um contrato previamente celebrado, então estaremos já em matéria de modificação do contrato, regulada, genericamente, no artigo 29.º CISG.

Esta temática entronca na problemática do tratamento a dar às cartas de confirmação do acordo comercial («*commercial letter of confirmation*») em sede da CISG.

Recorrendo à definição de Michael Esser[15], na senda de Larenz, as cartas de confirmação do acordo comercial são documentos escritos que reproduzem os termos do contrato, ou contêm o sumário dos termos do contrato. Estas cartas são enviadas por uma das partes à outra, podendo dizer respeito a um contrato previamente concluído, ou a um contrato ainda em fase de negociações.

Não é atípico que, no contexto de uma carta de confirmação, o seu autor introduza alterações ao conteúdo previamente negociado, ou inclua, por iniciativa unilateral, as suas cláusulas contratuais gerais, sendo que, em alguns ordenamentos jurídicos, o silêncio da parte que recebeu a carta de confirmação tem sido considerado equivalente, em determinadas circunstâncias (nomeadamente quando estejam em causa alterações não substanciais), à aceitação dos termos desta: é o caso paradigmático do ordenamento jurídico alemão. Esta solução foi adotada recentemente por diversos instrumentos internacionais, de que se destacam os artigos 2.1.12 UPICC 2016; 2:210 PECL e II.-4:210 DCFR.

[15] MICHAEL ESSER, *Commercial letters of confirmation in international trade: Austrian, French, German and Swiss Law and Uniform Law under the 1980 Sales Convention*, Georgia Journal of International and Comparative Law, Vol. 18, 1988, p. 428.

A doutrina e a jurisprudência não são unânimes quanto ao tratamento a dar às cartas de confirmação do acordo comercial em sede do artigo 19.º CISG[16].

Parece-nos que, nos casos em que a carta de confirmação constitui, nos termos que analisámos *supra*, uma verdadeira resposta que pretende ser a aceitação de uma proposta contratual (situação que será, diríamos, a menos comum no comércio internacional, pela natureza e função habitualmente atribuída a este instrumento), nada obsta à sua sujeição ao regime do artigo 19.º, n.º 2 CISG.

Nos casos em que a carta de confirmação constitui a proposta contratual originária, poucas dúvidas restam de que o silêncio do recetor terá de ser analisado à luz do artigo 18.º e das regras relativas ao valor declarativo do silêncio[17].

Finalmente, nos casos em que a carta de confirmação se refere a um contrato previamente celebrado (casos em que a expressão é mais comummente utilizada e a que normalmente se refere), a tendência maioritária tem sido a de rejeitar o seu enquadramento à luz do artigo 19.º, n.º 2[18], apenas atribuindo

[16] Sobre o problema da aplicação do artigo 19.º, n.º 2 às cartas de confirmação do acordo comercial quando as mesmas introduzam alterações não substanciais aos termos do contrato, por todos, em sentidos não necessariamente coincidentes, MICHAEL ESSER, *ibidem*, pp. 454 ss.; MARIA DEL PILAR PERALES VISCASILLAS, *Battle of the forms, modification of contract, commercial letters of confirmation: comparison of the United Nations Convention on Contracts for the International Sale of Goods (CISG) with the Principles of European Contract Law (PECL)*, Pace International Law Review, Vol. 14, n.º 1, 2002, pp. 159 ss.; INGEBORG SCHWENZER, PASCAL HACHEM e CHRISTOPHER KEE, *Global sales and contract law* cit., pp. 152-153; REINER SCHULZE, *Formation of contract*, in International Sales Law: contract; principles § practice, org. de Larry A. DiMatteo, André Janssen, Ulrich Magnus e Reiner Schulze, C.H.Beck/Hart/Nomos, Baden-Baden, 2016, pp. 232 e 235-236; ULRICH SCHROETER, *Article 19*, in Schlechtriem § Schwenzer Commentary cit., p. 352; PETER SCHLECHTRIEM e ULRICH G. SCHROETER, *Internationales UN-Kaufrecht. Ein Studien- und Erläuterungsbuch zum Übereinkommen der Vereinten Nationen über Verträge über den internationalen Warenkauf (CISG)*, 6ª ed., Mohr Siebeck, Tübingen, 2016, p. 141; FRANCO FERRARI, *CISG Article 19*, in Kröll/Mistelis/Perales Viscasillas, UN Convention on Contracts for the International Sales of Goods (CISG), 2ª ed., C.H.Beck/Hart/Nomos, Baden-Baden, 2018, §17 e ULRICH MAGNUS, *Art. 19 CISG*, in J. von Staudingers Kommentar cit., p. 310.

[17] Sobre o valor declarativo do silêncio na CISG, por todos, GIOVANA BENETTI, *A aceitação pelo silêncio na Convenção de Viena das Nações Unidas sobre Contratos de Compra e Venda Internacional de Mercadorias (CISG) e no Código Civil brasileiro*, in A CISG e o Brasil: Convenção das Nações Unidas para os Contratos de Compra e Venda Internacional de Mercadorias, org. de I. Schwenzer, C. A. Guimarães Pereira e L. Tripodi, Marcial Pons, Madrid/Barcelona/Buenos Aires/São Paulo, 2015, pp. 261 ss.

[18] Assim, por exemplo, de forma perentória, ULRICH SCHROETER, *Article 19*, in Schlechtriem § Schwenzer Commentary cit., p. 352, invocando um argumento histórico (a rejeição da solução em sede de trabalhos preparatórios); o Autor defende ainda que a relevância das alterações não substanciais introduzidas numa carta de confirmação da celebração do acordo contratual tem de ser avaliada à luz dos artigos 18.º e 9.º, seja como uso entre as partes, seja como uso do

relevância às alterações não substanciais nos casos em que é reconhecida a existência de um uso nesse sentido, ao abrigo do artigo 9.º. No fundo, e na senda de M. Perales Viscasillas, subjacente a este raciocínio está a qualificação da carta de confirmação do acordo comercial como uma proposta de modificação do contrato, cuja aceitação pelo silêncio do recetor fica sujeita às regras gerais dos artigos 18.º, n.º 1, segunda parte e 9.º[19]/[20].

Admitindo preenchido o pressuposto da existência de uma resposta que pretenda ser a aceitação da proposta contratual em sede de um processo em curso de formação do contrato, para que esteja verificada a realidade fáctico-jurídica que o artigo 19.º, n.º 2 é chamado a regular é ainda necessário que

comércio internacional. - PETER SCHLECHTRIEM e ULRICH G. SCHROETER, *Internationales UN-Kaufrecht* cit., p. 141. No mesmo sentido, U. Magnus sublinha que, apesar de a Convenção não interferir no valor probatório de uma carta de confirmação, dificilmente à sua luz se poderá atribuir valor constitutivo ao silêncio do recetor perante uma carta de confirmação que contenha modificações ao contrato previamente celebrado; tal apenas se poderá conceber à luz do já referido artigo 9.º CISG. - ULRICH MAGNUS, *Art. 19 CISG*, in J. von Staudingers Kommentar cit., p. 310. Em sentido distinto, defendendo a aplicação analógica do artigo 19.º, n.º 2 CISG a estes casos, MICHAEL ESSER, *Commercial letters of confirmation in international trade* cit., pp. 454 ss.

[19] MARIA DEL PILAR PERALES VISCASILLAS, *Battle of the forms* cit., p. 160. Em sentido próximo, exemplificativamente, PETER SCHLECHTRIEM e ULRICH G. SCHROETER, *ibidem* e ULRICH MAGNUS, *ibidem*. A jurisprudência tem também, maioritariamente, adotado a perspetiva apresentada no texto principal, encarando a possibilidade de o silêncio perante uma carta de confirmação com alterações não substanciais equivaler a uma aceitação, sobretudo, como um uso regional no triângulo Alemanha, Suíça e Áustria. - Veja-se, a título de exemplo, a decisão do Zivilgericht Basel (Suíça), de 21 de dezembro de 1992, que opunha um vendedor austríaco a um comprador suíço (CLOUT n.º 95) e a decisão do Oberlandesgericht Dresden, de 9 de julho de 1998, que opunha um vendedor turco a um comprador alemão (CLOUT n.º 347), a primeira reconhecendo e a segunda negando relevância à modificação de termos constantes da carta de confirmação. Em sentido distinto, porém, o acórdão do Oberlandesgericht Saarbrücken, de 14 de fevereiro de 2001 (CISG-online n.º 610), no qual o tribunal invocou a existência de um uso relativamente ao silêncio perante uma carta de confirmação, num caso que opunha um vendedor italiano a um comprador alemão.

[20] Não obstante reconhecermos que este é o resultado interpretativo mais consentâneo com os elementos literal e histórico de interpretação da CISG e aquele que melhor respeita o princípio da interpretação uniforme do artigo 7.º à luz da atualidade, não podemos deixar de subscrever o comentário ao artigo II.-4:210 DCFR (disponível em <https://www.law.kuleuven.be/personal/mstorme/european-private-law_en.pdf>), quando refere que, nos casos em que a carta de confirmação constitui verdadeiramente um documento de agregação e consolidação do conteúdo contratual num elemento escrito unitário, com funções essencialmente de clarificação e certeza, e é enviada no seguimento normal da conclusão do contrato, sem atrasos injustificados, a aplicação à mesma de um regime paralelo ao constante do artigo 19.º, n.º 2 CISG constitui uma regra que, embora ainda não elevada à categoria de uso internacional, colhe uma ampla aceitação ao nível das boas práticas comerciais.

dessa resposta constem cláusulas que alterem efetivamente o conteúdo da proposta, de tal modo que, caso o contrato venha a ser celebrado nesses termos, o seu conteúdo não será coincidente com o que constava da proposta.

Assim não será – entendemos –, por exemplo, nos casos em que, apesar de uma diferença na formulação das cláusulas entre a proposta e a aceitação, da aplicação ao caso do artigo 8.º resulta que as declarações coincidem na sua substância, contendo a mesma solução regulatória[21]. Ou seja, a identificação da existência de discrepâncias de conteúdo entre a proposta e a aceitação não pode dispensar o exercício, lógica e cronologicamente anterior, de interpretação dessas declarações, de acordo com as regras para tal fixadas no artigo 8.º. Note-se que este exercício adquire especial relevância em sede de contratação internacional, pela barreira linguística e o potencial de distorção que a mesma apresenta.

Também não deverá considerar-se haver alteração aos termos da proposta para efeitos do artigo 19.º, n.º 2 se esta contém mais do que uma alternativa de regulamentação de uma dada matéria, deixando ao critério do aceitante a escolha da opção a incluir no contrato, dentre as opções indicadas; ou, mais amplamente, se o proponente declara deixar à liberdade do aceitante a regulamentação de determinados aspetos, que para si não são essenciais à celebração do contrato[22]. Solução idêntica entendemos, aliás, aplicar-se no (mais restritivo) direito interno português, onde nos parece que uma aceitação que contenha aditamentos dentro de uma liberdade de escolha que lhe é atribuída pela proposta não caberá no artigo 233.º do Código Civil, desde logo por força do artigo 232.º, nos termos do qual a conclusão do contrato apenas é impedida pela falta de acordo nas cláusulas sobre as quais qualquer das partes tenha considerado necessário esse acordo, o que não se verifica no caso aqui retratado[23].

Ainda neste ponto, não haverá igualmente alteração aos termos da proposta (e, portanto, não se suscitará a aplicação do artigo 19.º) nos casos em que, sendo a proposta omissa a respeito de uma determinada matéria, a aceitação inclui como parte do seu clausulado a assunção da solução que resulta das normas supletivas aplicáveis, dado que é defensável que, por omissão, essa

[21] Por todos, ULRICH SCHROETER, *ibidem*, p. 353; FRANCO FERRARI, *CISG Article 19*, in Kröll/Mistelis/Perales Viscasillas cit., §7 e ULRICH MAGNUS, *ibidem*, p. 302.

[22] ULRICH SCHROETER, *ibidem*; ULRICH MAGNUS, *ibidem*, p. 303.

[23] Sobre a relevância do artigo 232.º do Código Civil português na delimitação da fronteira entre a fase negocial e a celebração do contrato, *vide* o nosso *Ruptura de negociações pré-contratuais e cartas de intenção*, Coimbra Editora, Coimbra, 2011, pp. 160 e *passim*.

era já a solução que resultava do conteúdo da proposta. Raciocínio paralelo deve ser defendido quando a cláusula aditada na aceitação constitui um uso a que as partes, perante o silêncio da proposta, sempre deveriam considerar-se vinculadas ao abrigo do artigo 9.º[24].

Por fim, será ainda de mencionar a diferença de tratamento a dar aos casos em que o aceitante emite uma única declaração de vontade, consubstanciada numa aceitação com alterações aos termos da proposta, dos casos em que é possível identificar da atuação do aceitante, por via do artigo 18.º, a existência de duas declarações de vontade, sendo uma a aceitação incondicional aos termos da proposta e outra uma nova proposta adicional[25]: esta situação manifesta-se especialmente quando o que está em causa é um aumento na quantidade de mercadorias associada à compra e venda, sendo o aceitante o vendedor[26].

2.2. A natureza não substancial da alteração como requisito negativo do artigo 19.º, n.º 2

Resulta da previsão da norma constante do artigo 19.º, n.º 2 que, para efeitos de aplicação do desvio à regra da "*mirror-image rule*" contido na parte final do artigo, é necessário que os *termos adicionais ou diferentes* ao conteúdo da proposta contidos na *resposta que pretenda ser a sua aceitação* (pressupostos identificados e analisados em §2.1) não alterem substancialmente os termos da proposta contratual.

Trata-se de um requisito negativo que limita muito significativamente o âmbito de aplicação do regime consagrado na parte final do artigo 19.º, n. 2, tendo como principal consequência a não aplicação deste desvio à regra da imagem de espelho sempre que a alteração aos termos da proposta seja substancial; ou, de forma mais rigorosa, com impacto na conformação do ónus

[24] Por todos, ULRICH SCHROETER, *Article 19*, in Schlechtriem § Schwenzer Commentary cit., p. 353; FRANCO FERRARI, *CISG Article 19*, in Kröll/Mistelis/Perales Viscasillas cit., §6 e ULRICH MAGNUS, *Art. 19 CISG*, in J. von Staudingers Kommentar cit., p. 302.

[25] ULRICH SCHROETER, *ibidem*, p. 354 e FRANCO FERRARI, *ibidem*, §8.

[26] Exemplo desta questão - assim como da problemática do impacto da atribuição ao vendedor da liberdade de determinação unilateral do local de carregamento da mercadoria na existência do contrato – encontra-se no acórdão do Supremo Tribunal Austríaco de 06 de fevereiro de 1996 (CISG-online n.º 224), onde, a propósito de um contrato de compra e venda de gás propano o vendedor responde que a mercadoria está pronta a ser entregue, embora tivesse interesse na venda de uma quantidade superior à mencionada.

da prova, sempre que a alteração aos termos da proposta não seja qualificada como não substancial.

Não existe um critério que permita distinguir, em abstrato, as alterações substanciais das alterações não substanciais aos termos da proposta; aliás, e como mencionámos *supra* (§2), a incerteza potenciada pela natureza indeterminada do conceito foi um dos principais motivos de crítica ao preceito em sede de trabalhos preparatórios.

A distinção entre estes dois tipos de alterações dependerá, necessariamente, de um exercício casuístico, que tenha em consideração as características do contrato concreto em formação; o decurso do processo de negociações e comportamentos relevantes das partes nesse contexto; as relações comerciais anteriores das partes e eventuais usos que entre elas se tenham estabelecido; usos específicos do setor em que o contrato em negociação se insere, bem como usos gerais do comércio internacional; o impacto da alteração nas obrigações e satisfação do interesse do proponente, assim como todos os outros elementos que o intérprete tenha por relevantes no caso *sub judice*[27].

Procurando servir de quadrante a este difícil exercício de qualificação e reduzir a incerteza associada ao conceito, o artigo 19.º, n.º 3 CISG estatui que: "[*o*]*s termos adicionais ou diferentes relativos, nomeadamente, ao preço, ao pagamento, à qualidade e quantidade das mercadorias, ao local e prazo de entrega, ao âmbito da responsabilidade de uma parte para com a outra ou à resolução de diferendos, são considerados como alterações substanciais aos termos da proposta contratual*".

Trata-se, e quanto a este aspeto não parecem subsistir dúvidas (a tal conclusão conduz o termo "nomeadamente", entendido no seu sentido corrente e abstraindo da querela relativa ao seu sentido etimológico, ao que sempre seríamos obrigados pela comparação com os textos nas línguas oficiais da Convenção, sendo que a versão inglesa recorre à indubitável expressão "*among other things*"), de uma enumeração meramente exemplificativa, que não exclui a qualificação de alterações a outros elementos da proposta contratual como alterações substanciais, se as circunstâncias do caso a tal conclusão conduzirem.

Questão mais controvertida é, porém, a de saber se esta enumeração do artigo 19.º, n.º 3 constitui uma mera presunção ilidível, ou se, pelo contrário, constitui um comando normativo de substancialidade das alterações que incidam sobre os elementos aí enumerados.

[27] Mencionando alguns destes elementos neste contexto, ULRICH SCHROETER, *Article 19*, in Schlechtriem § Schwenzer Commentary cit., p. 356 e FRANCO FERRARI, *CISG Article 19*, in Kröll/Mistelis/Perales Viscasillas cit., §13.

Na senda da posição doutrinal maioritária[28], parece-nos que a resposta tem necessariamente de ser a primeira, sob pena de se subverter o propósito do requisito da não substancialidade consagrado no artigo 19.º, n.º 2 (de que o n.º 3 é subsidiário), que é o de restringir o desvio nele previsto a aditamentos ou modificações de reduzida relevância para o proponente no contexto da relação negocial, combatendo – de modo cauteloso, mas substantivamente fundamentado – algumas das distorções propiciadas pela regra da imagem de espelho a que fizemos referência em §1.

Assim, foi entendido, por exemplo, em acórdão do Supremo Tribunal Austríaco de 20 de março de 1997 (CISG-online n.º 269) que uma alteração em benefício do proponente consubstanciaria, em regra, uma alteração não substancial, ainda que respeitante a elementos constantes do artigo 19.º, n.º 3 (no caso a determinação da quantidade de mercadorias). No mesmo sentido encontra-se ainda o acórdão do Gerechthof 's-Hertogenbosch, de 25 de fevereiro de 2003 (CISG-online n.º 1834), a propósito de um alargamento do prazo de pagamento em 14 dias. Para além deste critério, encontram-se igualmente outros exemplos de decisões em que o tribunal entendeu que, apesar de a alteração incidir sobre um elemento constante da enumeração do artigo 19.º, n.º 3, carecia de relevância para ser qualificada como substancial: assim aconteceu no acórdão da Cour de Cassation de France de 27 de maio de 2014 (CLOUT n.º 1502), também a propósito de uma alteração da quantidade de mercadoria encomendada.

Ainda que encarado como enumeração meramente exemplificativa e ilidível, o artigo 19.º, n.º 3 (sem equivalente nos instrumentos internacionais posteriores que adotaram a solução do artigo 19.º, n.º 2) apresenta a virtualidade de servir de orientação ao intérprete sobre o sentido a dar à noção de "alteração não substancial" e revela a natureza restritiva que o legislador pretendeu atribuir a esta qualificação[29]. Este n.º 3 apresenta ainda reflexos ao nível do ónus da prova, não ao nível da sua atribuição – dado que o ónus da prova da natureza não substancial da alteração sempre pertencerá a quem dessa natureza pretende beneficiar para efeitos de aplicação do regime consagrado no artigo 19.º, n.º 2, e que, em princípio, corresponderá ao aceitante –, mas ao nível do grau de intensidade da prova exigido para efeitos de afastamento da

[28] Por todos, INGEBORG SCHWENZER e FLORIAN MOHS, *Old habits die hard: Traditional contract formation in a modern world*, Internationales Handelsrecht, ano 6, 2006, p. 243; REINER SCHULZE, *Formation of contract* cit., p. 234; ULRICH SCHROETER, *ibidem*, pp. 356-357; PETER SCHLECHTRIEM e ULRICH G. SCHROETER, *Internationales UN-Kaufrecht* cit., p. 135; e FRANCO FERRARI, *ibidem*, §10.

[29] Sublinhando este facto, PETER SCHLECHTRIEM e ULRICH G. SCHROETER, *ibidem*, p. 135.

qualificação como substancial da alteração a um dos elementos nele enumerados, que sempre se terá de entender como acrescido[30].

Quando não esteja em causa na alteração um elemento enumerado no artigo 19.º, n.º 3, a doutrina tem avançado com alguns critérios tendenciais. Assim, por exemplo: uma alteração da lei aplicável, se não se entender estar abrangida pela referência do artigo 19.º, n.º 3 à resolução de diferendos, constituirá, em regra, uma alteração substancial; em termos paralelos, também uma cláusula de exclusão da aplicação da CISG ao contrato constituirá em princípio uma alteração substancial; também aqui se enquadrarão normalmente cláusulas que afastem a validade de acordos verbais de celebração ou modificação do contrato, bem como cláusulas que alterem o sentido da norma supletiva que seria aplicável ao caso por silêncio da proposta[31]. Com especial impacto no tema da "*battle of forms*", que abordaremos *infra*, em §3, e na possibilidade de resposta – ainda que parcial – ao mesmo com recurso ao artigo 19.º, n.º 2, sublinhamos aqui a posição defendida por U. Schroeter, no sentido de que a remissão para clausulados estandardizados será, em regra, considerada uma alteração substancial, independentemente de os mesmos dizerem ou não respeito aos elementos enumerados no artigo 19.º, n.º 3[32].

Exemplos de alterações qualificadas pela jurisprudência como não substanciais foram: a inclusão de uma cláusula de confidencialidade até ao anúncio conjunto da celebração do contrato, uma alteração da data de envio sem efeito na data de entrega da mercadoria, uma alteração da quantidade de mercadoria a enviar em cada entrega parcial sem alterar a quantidade total, uma alteração numa garantia bancária, a exigência de que o comprador minutasse um acordo formal de extinção do contrato e a inclusão de uma cláusula a estabelecer um prazo para o comprador rejeitar os bens[33].

[30] Mencionando também que o artigo 19.º, n.º 3 impacta no ónus da prova, embora não estabelecendo o raciocínio apresentado no texto, ULRICH SCHROETER, *Article 19*, in Schlechtriem § Schwenzer Commentary cit., p. 357 e FRANCO FERRARI, *CISG Article 19*, in Kröll/Mistelis/Perales Viscasillas cit., §§10 e 26.

[31] Apontando alguns destes critérios, ULRICH SCHROETER, *ibidem* e FRANCO FERRARI, *ibidem*, §§11 e 13.

[32] ULRICH SCHROETER, *ibidem*, p. 359. Em sentido distinto, por todos, ULRICH MAGNUS, *Art. 19 CISG*, in J. von Staudingers Kommentar cit., p. 307. Voltaremos a este ponto *infra*, em §3, a propósito da possibilidade de aplicação do artigo 19.º, n.º 2 para dar resposta a uma situação de conflito de cláusulas estandardizadas.

[33] Estes exemplos e as decisões judiciais de onde os mesmos resultam encontram-se disponíveis no *UNCITRAL Digest of Case Law* da CISG, de 2016 (<https://uncitral.un.org/sites/uncitral.un.org/files/media-documents/uncitral/en/cisg_digest_2016.pdf>), no comentário relativo ao artigo 19.º.

Se a alteração for qualificada como substancial, então ficará automaticamente afastada a aplicação da solução constante da estatuição do artigo 19.º, n.º 2, sendo que, em princípio (*vide*, contudo, *infra* §3), a situação caberá na regra geral do nº 1, segundo a qual a proposta se considera rejeitada e à resposta é reconhecida a natureza de contraproposta.

2.3. Consequências da aplicação do artigo 19.º, n.º 2

Nos termos do artigo 19.º, n.º 2, segunda parte, se as alterações constantes da resposta que pretende ser a aceitação forem qualificadas como não substanciais e o proponente a tal se não opuser sem atraso injustificado, o contrato considera-se celebrado com o conteúdo da proposta e as modificações constantes da aceitação.

Entendemos que, nestes casos, o contrato se considera celebrado no momento em que a declaração de aceitação chega à esfera do proponente, nos termos gerais, ficando esse contrato, porém, sujeito à condição resolutiva de que o proponente se não oponha às modificações dentro do prazo de que para tal dispõe[34].

Conforme resulta da letra do artigo 19.º, n.º 2, ao contrário da regra geral em matéria de proposta e aceitação, a eficácia da objeção não depende da sua chegada ao poder do aceitante, bastando o seu envio em termos adequados ("*... ou enviar uma comunicação para o efeito*"). Esta diferença de regime encontrará a sua justificação no facto de, cabendo a iniciativa das modificações aos termos da proposta ao aceitante e sendo este um processo excecional de

Recorrendo a alguns destes exemplos, ALEXANDRE DE SOVERAL MARTINS, *Compra e venda internacional de mercadorias: a CISG. Primeiros comentários*, Almedina, Coimbra, 2021, p. 41.

[34] Neste sentido, igualmente, ULRICH SCHROETER, *Article 19*, in Schlechtriem § Schwenzer Commentary cit., p. 362; FRANCO FERRARI, *CISG Article 19*, in Kröll/Mistelis/Perales Viscasillas cit., §§§18, 24 e 20 e ULRICH MAGNUS, *Art. 19 CISG*, in J. von Staudingers Kommentar cit., p. 304. Embora de escasso relevo prático, existe divergência na doutrina sobre o momento da celebração do contrato nos termos do artigo 19.º, n.º 2, havendo autores que, diferentemente do que é propugnado no texto, entendem que a celebração do contrato apenas ocorre após o decurso do prazo de objeção sem que a mesma seja efetuada, constituindo assim o artigo 19.º, n.º 2 um verdadeiro exemplo de atribuição de força declarativa ao silêncio do proponente. – Por todos, RENATA C. STEINER e CARLOS EDUARDO PIANOVSKI RUZYK, *Ensaio sobre a formação do contrato na CISG*, in A CISG e o Brasil: Convenção das Nações Unidas para os Contratos de Compra e Venda Internacional de Mercadorias, org. de I. Schwenzer, C. A. Guimarães Pereira e L. Tripodi, Marcial Pons, Madrid/Barcelona/Buenos Aires/São Paulo, 2015, p. 192.

formação do contrato que apresenta um desvio à regra da imagem de espelho consagrada no artigo 19.º, n.º 1, justificar-se-á que o risco de perda ou extravio da objeção corra por conta do aceitante e não do proponente[35].

Note-se que, para se considerar verificada a condição resolutiva, a oposição do proponente tem de incidir especificamente sobre os pontos em que a resposta que pretende ser uma aceitação altera os termos da proposta[36] e tem de ser comunicada sem atraso injustificado ao aceitante.

Daqui resulta que o período de objeção deve ser curto, sendo frequentemente apontados períodos entre um e três dias[37]. Não obstante, a Convenção não fixa, propositadamente, um intervalo objetivo de tempo, de modo a permitir a adequação deste período de oposição às circunstâncias do caso, à complexidade das condições e do próprio negócio. Sublinhe-se que não se trata de um exercício desconhecido para os operadores jurídicos portugueses, que se deparam com preocupações similares do legislador nacional no artigo 228.º, n.º 1, b) do Código Civil que, a propósito da duração da proposta contratual, refere o período para que "em condições normais" a proposta e a aceitação cheguem ao seu destino. Seguimos aqui o raciocínio exposto por Pedro Pais de Vasconcelos e Pedro Leitão Pais de Vasconcelos, quando referem que estas "condições normais" não podem ser alheias às específicas circunstâncias e complexidade do negócio, devendo a questão ser apreciada em conjugação com o dever de boa fé nas negociações[38].

A menção à justificação do atraso permite concluir que a ausência de culpa do proponente no envio de uma objeção tardia não afasta a verificação da condição[39].

Comunicada ou enviada devidamente, sem atraso injustificado, a objeção do proponente, então o contrato não se conclui por rejeição deste. Porém, nada obsta a que a oposição constitua na prática, se tal resultar da sua interpretação, uma rejeição das alterações incluídas na aceitação com reposição

[35] ULRICH SCHROETER, *ibidem*, p. 363 e FRANCO FERRARI, *ibidem*, §21.

[36] ULRICH MAGNUS, *Art. 19 CISG*, in J. von Staudingers Kommentar cit., p. 303.

[37] ULRICH SCHROETER, *Article 19*, in Schlechtriem § Schwenzer Commentary cit., p. 362 e ULRICH MAGNUS, *ibidem*. Em decisão de 10 de junho de 2002, a China International Economic & Trade Arbitration Commission (CIETAC) considerou que um período de cinco dias entre a receção da aceitação com alterações e o exercício do direito de oposição, em comunicações ocorridas via fax, era excessivamente longo, correspondendo a um atraso injustificado (CISG-online n.º 1528).

[38] PEDRO PAIS DE VASCONCELOS e PEDRO LEITÃO PAIS DE VASCONCELOS, *Teoria geral do direito civil*, 9ª ed., Almedina, Coimbra, 2019, p. 475.

[39] FRANCO FERRARI, *CISG Article 19*, in Kröll/Mistelis/Perales Viscasillas cit., §23.

da proposta original. Neste caso, a objeção constituirá uma contraproposta, que o recetor poderá ou não aceitar[40].

Questão controvertida é a de saber qual o efeito da inclusão, na proposta inicial, de uma cláusula de salvaguarda que constitua uma oposição antecipada a qualquer alteração aos termos da proposta feita pelo aceitante. Nesta matéria, e embora tenhamos algumas dúvidas, parece-nos que a solução mais adequada é a de rejeitar a admissibilidade de uma oposição antecipada em sede do artigo 19.º, n.º 2[41].

Julgamos, desde logo, que esta é a solução mais consentânea com a letra do artigo 19.º, n.º 2, quando se refere a uma "oposição às diferenças" (no texto em inglês "*to the discrepancy*") e não a uma oposição às modificações ou alterações; esta redação, parece-nos, aponta no sentido de que não se trata de um direito geral de objeção a modificações pela aceitação, mas um direito de oposição àquelas discrepâncias específicas. Acresce que a letra do artigo identifica claramente o direito de objeção do proponente com uma nova declaração de vontade, sendo que, com exceção da oposição verbal (que é autonomizada na letra do artigo), a norma se refere expressamente ao "*envio* de uma comunicação *para o efeito*" (itálico nosso).

Mais, julgamos que esta é a solução mais consentânea com o espírito da norma, que é o de combater as distorções propiciadas pela aplicação rígida da "*mirror-image rule*" à formação de contratos bilateralmente comerciais, aproximando a solução legal da regra da realidade comercial. Permitir uma oposição unilateral antecipada à inclusão de alterações à proposta na aceitação esvaziaria, em grande medida, a norma da sua missão, constituindo um revês no combate que esta promove a condutas oportunísticas em sede negocial[42]; este argumento é especialmente válido nos casos em que uma cláusula com este conteúdo fosse incluída, como prática corrente, nas cláusulas contratuais gerais do proponente.

Não obstante, e sempre que os indícios do caso concreto para tal apontem (e aqui, sublinhamos, parece-nos ter especial relevância a natureza individual ou estandardizada da cláusula), nada parece obstar a que a inserção de uma

[40] ULRICH SCHROETER, *Article 19*, in Schlechtriem § Schwenzer Commentary cit., p. 363 e ULRICH MAGNUS, *Art. 19 CISG*, in J. von Staudingers Kommentar cit., p. 304.

[41] Em sentido contrário, ULRICH MAGNUS, *ibidem* e, parece-nos, ULRICH SCHROETER, *ibidem*, p. 371.

[42] Situação diferente é a de as partes, por acordo, afastarem antecipadamente a aplicação da regra do artigo 19.º, n.º 2 ao contrato em negociações, ao abrigo do artigo 6.º, o que é permitido, dada a natureza supletiva daquela.

cláusula de salvaguarda com este teor seja ponderada pelo intérprete, em conjunto com os restantes elementos disponíveis, em sede de determinação da natureza substancial ou não substancial da alteração.

3. Um novo desvio ao modelo da "imagem de espelho" na contratação com troca de cláusulas estandardizadas

Conforme mencionámos *supra*, em §1, o artigo 19.º tem sido objeto de críticas pela assimilação do processo de formação do contrato de compra e venda internacional de mercadorias ao modelo tradicional da proposta e aceitação e pela sua insuficiente (*rectius*, inadequada) resposta a fenómenos negociais de prática generalizada entre os operadores comerciais.

Para além do já mencionado problema do valor do silêncio perante uma carta de confirmação com alterações (*vide* §2.1), o problema que maior destaque nesta matéria tem merecido, e que foi inclusivamente objeto de reflexão pelo grupo de trabalho nos trabalhos preparatórios de elaboração da CISG, é o da contratação pela troca de formulários estandardizados, mais conhecido pela paradigmática expressão inglesa "*battle of forms*".

3.1. Conflito de clausulados na contratação comercial pura

O fenómeno da contratação em massa e do recurso, para o efeito, a contratos de adesão e cláusulas contratuais gerais é, com frequência, estudado no contexto das relações de consumo e, maioritariamente, na perspetiva da apresentação unilateral das cláusulas estandardizadas por uma das partes à outra, que se limita a aceitar ou rejeitar.

Sucede, porém, que na contratação bilateralmente comercial este fenómeno adquire, por vezes, uma conformação distinta da acima referida, fruto da natureza profissional e da especialização no setor de ambas as partes contratantes.

Quando ambas as partes intervêm no processo negocial na posição contratual que corresponde à sua atividade económica característica, ou numa posição contratual que ocupam com frequência no contexto dessa atividade económica não é atípico que cada uma delas disponha de cláusulas contratuais gerais próprias para regular essa mesma posição contratual e que pretenda integrá-las no contrato em negociações[43]. Isto é especialmente comum no âmbito do contrato de compra e venda, onde se encontram, com frequência, operadores comerciais que se dedicam profissionalmente ao fornecimento de mercadorias (ocupando, portanto, com frequência o papel de vendedores) e operadores comerciais que se dedicam profissionalmente à distribuição de mercadorias (ocupando, portanto, com frequência o papel de compradores)[44].

Nestes casos, as partes focam o processo negocial num conjunto de elementos que entendem merecedor de maior atenção e sobre os quais centram o seu consenso negociado, procurando complementar o conteúdo contratual com as respetivas cláusulas contratuais gerais, sob a forma de formulários estandardizados para os quais remetem cláusulas de inserção introduzidas nas declarações de vontade trocadas[45].

Ora, muito dificilmente se verificará uma total coincidência entre o conteúdo dos clausulados estandardizados incluídos por cada uma das partes, respetivamente, na proposta e aceitação[46], o que nos remete novamente para o problema da *mirror-image rule* em sede de formação do contrato e para a ocorrência de *"aditamentos, limitações ou outras modificações"* (texto do artigo 19.º, n.º 1 CISG) à proposta por uma resposta que pretende ser uma aceitação[47].

Perante a regra clássica de que uma resposta que pretenda ser uma aceitação, mas que introduza alterações aos termos da proposta constitui uma contraproposta, e sob a constatação de que na maioria avassaladora dos casos a resposta do artigo 19.º, n.º 2 CISG é insuficiente, as partes procuram forçar

[43] CARLOS FERREIRA DE ALMEIDA, *Contratos I. Conceito. Fontes. Formação*, Almedina, Coimbra, 6ª ed., 2017, p. 207.

[44] Referindo a especial prevalência deste fenómeno no contrato de compra e venda, ANTÓNIO FRADA DE SOUSA, *Conflito de clausulados e consenso nos contratos internacionais*, Universidade Católica Portuguesa Editora, Porto, 1999, p. 34.

[45] Como refere K. Wildner, os comerciantes focam a sua atenção em fazer negócio, não prestando tanta atenção às cláusulas contratuais gerais como os advogados; acordando no preço, mercadorias, entrega e pagamento, as partes frequentemente assumem "ter um negócio", sem atenderem às divergências nas cláusulas estandardizadas. – KAIA WILDNER, *Art. 19 CISG: The German approach to the battle of the forms in International Contract Law: The decision of the Federal Supreme Court of Germany of 9 January 2002*, Pace International Law Review, Vol. 20, n.º 1, 2008, p. 28.

[46] Poderíamos, eventualmente, conceber esta situação quando ambos os formulários transcrevem as cláusulas contratuais gerais sugeridas como modelo por organizações profissionais do setor, mas ainda aí, em regra, existem opções distintas que as partes tomam quanto à inclusão ou exclusão de certas cláusulas.

[47] Conforme sublinham I. Schwenzer e F. Mohs, as diferenças entre o conteúdo da proposta e da aceitação são " (...) *quase sempre o resultado da incorporação, ou tentativa de incorporação, de cláusulas estandardizadas.*" - INGEBORG SCHWENZER e FLORIAN MOHS, *Old habits die hard* cit., p. 244.

à prevalência das suas cláusulas contratuais gerais sobre as da contraparte, com recurso a cláusulas de salvaguarda que rejeitam qualquer alteração ao conteúdo do seu clausulado e com recurso à insistente submissão do seu formulário à contraparte, na expectativa de que uma conduta desta seja interpretada como aceitação ao conteúdo submetido como última contraproposta. Este fenómeno é descrito na literatura sob a emblemática designação anglo-saxónica de "*battle of forms*"[48].

À contratação comercial com recurso à troca de formulários estandardizados surgem associadas duas problemáticas jurídicas fundamentais: a primeira prende-se com a própria existência do contrato, dadas as divergências entre o conteúdo contratual da proposta e da pretensa aceitação; caso se conclua pela efetiva existência de um contrato, a segunda problemática prende-se com a identificação do efetivo conteúdo deste[49].

3.2. A "batalha de formulários" na formação do contrato à luz da CISG

O problema da formação dos contratos comerciais com recurso à troca de formulários estandardizados não era desconhecido à data dos trabalhos preparatórios da CISG, embora fosse ainda relativamente recente e pouco explorado pela doutrina e jurisprudência[50]. Possivelmente por esse motivo, e apesar de uma proposta em sentido distinto da delegação belga, foi decidido não incluir na Convenção nenhuma norma especificamente dedicada à

[48] António Frada de Sousa descreve o fenómeno da "*battle of forms*" como aquele que ocorre " (...) quando, num processo negocial, ambos os contraentes enviam um ao outro as condições gerais do contrato, manifestando cada um deles, por escrito, a intenção de que as suas próprias cláusulas gerais se incorporem nesse contrato, com a consequente exclusão do clausulado da contraparte". - ANTÓNIO FRADA DE SOUSA, *Conflito de clausulados* cit., pp. 33-34. Em sentido próximo, na doutrina portuguesa, LUÍS DE LIMA PINHEIRO, *Direito comercial internacional* cit., p. 274 e JOSÉ A. ENGRÁCIA ANTUNES, *Direito dos Contratos Comerciais*, Almedina, Coimbra, 2009, p. 134. Note-se que, como sublinha U. Schroeter, não estamos perante um problema de conflito de clausulados quando apenas uma das partes procura incorporar no conteúdo do contrato as suas cláusulas contratuais gerais. - ULRICH SCHROETER, *Article 19*, in Schlechtriem § Schwenzer Commentary cit., p. 365.

[49] ANTÓNIO FRADA DE SOUSA, *ibidem*, pp. 35-36; INGEBORG SCHWENZER e FLORIAN MOHS, *Old habits die hard* cit., p. 244 e MARIA DEL PILAR PERALES VISCASILLAS, *Battle of the forms, modification of contract* cit., p. 157.

[50] RUI MANUEL MOURA RAMOS, *A Convenção de Viena de 1980* cit., pp. 9-10.

formação do contrato com recurso à troca de cláusulas estandardizadas, por se entender que o assunto merecia maior reflexão e aprofundamento[51].

Partindo da premissa que a resposta ao problema da formação do contrato por via da troca de formulários estandardizados deve ser encontrada à luz do regime jurídico da CISG, cabendo no seu âmbito material de aplicação[52], a solução que parece mais consonante com a letra do artigo 19.º é a de reconhecer que a Convenção adotou a designada teoria do "*last shot*", ou "último tiro"[53], de acordo com a qual uma resposta que pretenda ser uma aceitação, mas contenha alterações substanciais aos termos da proposta, constitui uma rejeição e, como tal, impede a efetiva celebração do contrato. Porém, e na medida em que essa resposta constitua uma contraproposta, a mesma pode ser aceite pelo proponente inicial, seja através de uma declaração de vontade nesse sentido, seja – situação que aqui mais importa – através de uma aceitação sem declaração, nos termos do artigo 18.º, n.º 3, de que é exemplo mais comum o início da execução do contrato. Neste caso, prevalecerão os termos contratuais constantes do último formulário recebido, dado ter sido sobre este que incidiu o pretenso consenso manifestado por via da aceitação sem declaração da contraparte[54].

[51] Note-se que a opção foi diferente na elaboração da primeira edição dos UPICC, em 1994, tendo à data sido incluída uma norma especificamente dedicada a esta matéria – o artigo 2.1.22 - e que foi mantida nas edições subsequentes, até à data de hoje.

[52] Sobre esta problemática e a rejeição de que esteja em causa um problema de validade do contrato, por todos, ANTÓNIO FRADA DE SOUSA, *Conflito de clausulados* cit., pp. 289 ss.; ULRICH MAGNUS, *Art. 19 CISG*, in J. von Staudingers Kommentar cit., p. 307; KAIA WILDNER, *Art. 19 CISG* cit., pp. 4-5 e ANA TERESA DE ABREU COUTINHO BOSCOLO, *A necessidade de interpretação uniforme da CISG: o exemplo da batalha dos formulários*, in A CISG e o Brasil: Convenção das Nações Unidas para os Contratos de Compra e Venda Internacional de Mercadorias, org. de I. Schwenzer, C. A. Guimarães Pereira e L. Tripodi, Marcial Pons, Madrid/Barcelona/Buenos Aires/São Paulo, 2015, pp. 81 ss.

[53] Esta teoria é também conhecida, em Portugal, como teoria da "última palavra". – *Vide*, por todos, LUÍS DE LIMA PINHEIRO, *Direito comercial internacional* cit., p. 275; JOSÉ A. ENGRÁCIA ANTUNES, *Direito dos Contratos Comerciais* cit., p. 136 e ANTÓNIO FRADA DE SOUSA, *ibidem*, pp. 50 ss.

[54] Defendendo que a CISG consagra a teoria da "última palavra" em matéria de conflito de clausulados, por todos, MARIA DEL PILAR PERALES VISCASILLAS, *"Battle of the Forms" under the 1980 United Nations Convention on Contracts for the International Sale of Goods: A Comparison with Section 2-207 UCC and the UNIDROIT Principles*, Pace International Law Review, Vol. 10, n.º 1, 1998, pp. 148-149 e FRANCO FERRARI, *CISG Article 19*, in Kröll/Mistelis/Perales Viscasillas cit., §15. Na jurisprudência, vejam-se, por exemplo, os acórdãos de 25 de julho de 2008 do U.S. District Court for the Western District of Pennsylvania (CISG-Online n.º 1776: *Norfolk Southern Railway Co. v. Power Source Supply, Inc.*) e de 04 de outubro de 2002, do Oberlandesgericht Koblenz (CISG-online n.º 716).

Apesar de ser a solução mais consonante com a letra do artigo 19.º e com o modelo tradicional de formação do contrato por via da proposta e aceitação que lhe serviu de base, a aplicação da teoria da "última palavra" em resposta a um conflito de clausulados conduz, frequentemente, a resultados casuísticos e injustos, não sendo atípico que a parte que aceitou sem declaração não esteja consciente da existência de incompatibilidade entre os termos negociais trocados, por se ter concentrado no acordo sobre os aspetos mais relevantes do negócio[55]. É, assim, inegável o caráter muitas vezes fictício do pretenso acordo implícito aos termos do último formulário, consubstanciado no início da execução; ficção essa ainda mais dificilmente sustentável quando a parte que aceitou pelo seu comportamento incluiu no seu próprio formulário uma cláusula de salvaguarda a rejeitar qualquer alteração ou aditamento às suas cláusulas contratuais gerais. Acresce que, por vezes, é difícil identificar qual foi o último formulário recebido antes da aceitação, tornando, consequentemente, difícil a identificação do concreto conteúdo contratual[56].

A teoria da "última palavra" tem vindo, progressiva e crescentemente, a ser substituída por uma outra teoria, identificada como "*knock out rule*" (em português, "teoria da neutralização"[57]; "teoria da anulação mútua"[58]; ou, em expressão mais afastada do original, mas que nos parece mais indicativa, "teoria do conteúdo concordante"[59]).

De acordo com esta teoria, verificando-se a efetiva existência de um contrato cujo processo de formação incluiu a troca de clausulados estandardizados não integralmente coincidentes, o conteúdo contratual abrange os pontos que foram objeto específico de negociação e sobre os quais incidiu o acordo das partes, acrescido das condições gerais que sejam substancialmente comuns a ambos os formulários. Quanto aos termos conflituantes – seja porque os formulários consagram para eles soluções distintas, seja porque, apesar do

[55] Este comportamento explica-se e justifica-se, em larga medida, pelos custos de transação associados à negociação e celebração de contratos, sobretudo quando estão em causa contratos que operacionalizam a atividade económica principal dos agentes envolvidos. Sobre esta matéria, *vide*, com amplas referências bibliográficas, o nosso *Da alteração superveniente das circunstâncias: em especial à luz dos contratos bilateralmente comerciais*, Almedina, Coimbra, 2017, pp. 50 ss.

[56] Por todos, MARIA DEL PILAR PERALES VISCASILLAS, *"Battle of the Forms" under the 1980 United Nations Convention* cit., pp. 116 ss. e KAIA WILDNER, *Art. 19 CISG* cit., pp.6-7.

[57] LUÍS DE LIMA PINHEIRO, *Direito comercial internacional* cit., p. 275.

[58] JOSÉ A. ENGRÁCIA ANTUNES, *Direito dos Contratos Comerciais* cit., p. 137.

[59] Em sentido próximo, A. Frada de Sousa refere-se à tese do "*dissenso parcial* e da validade da parte concordante dos clausulados" (itálico do Autor), fazendo uso da designação alemã «*Restgültigkeitslösung*». - ANTÓNIO FRADA DE SOUSA, *Conflito de clausulados* cit., pp. 295-296.

silêncio de um dos formulários quanto a essa matéria, a solução consagrada pelo outro difere da que resulta da aplicação das regras supletivas quanto a esse ponto[60] - defende a teoria da "*knock out*", como o próprio nome sugestivamente indica, que os mesmos se anulam reciprocamente, sendo substituídos pelas correspetivas normas da Convenção.

Esta teoria encontrou eco na solução consagrada na secção *2-207* do *Uniform Commercial Code* dos EUA e tem vindo a ser crescentemente aplicada noutros ordenamentos jurídicos nacionais, como é o caso da Alemanha, seja por via da integração de lacunas, seja por via da cláusula geral da boa fé [61].

Em Portugal, e apesar da escassa literatura sobre o tema, a teoria do conteúdo concordante encontrou acolhimento ao nível da sua aplicação à luz do ordenamento jurídico nacional na obra paradigmática sobre o assunto de A. Frada de Sousa, por via da cláusula geral de boa fé [62]. Após ter defendido, num momento inicial, que o problema do conflito de clausulados apenas encontrava solução no direito português à luz da teoria da "última palavra"[63], Carlos Ferreira de Almeida alterou a sua posição, defendendo mais recentemente que os artigos 232.º e 233.º são inaplicáveis, diretamente ou por analogia, à inserção de cláusulas contratuais gerais, havendo como tal uma lacuna a preencher nos termos do artigo 10.º, n.º 3 do Código Civil português, por via da criação de uma norma "ad hoc". Considerando o espírito unitário do sistema, essa norma "ad hoc" não pode deixar de atender à prática internacional e às mais recentes regras sobre a matéria que vigoram na "*lex mercatoria*", destacando-se, nesse contexto, os artigos 2.1.22 UPICC e 2:209 PECL, ambos consagrando manifestações da teoria do conteúdo concordante[64].

Partilhando da posição defendida por Carlos Ferreira de Almeida quanto à existência de uma lacuna no direito interno português relativamente à formação do contrato com base em troca de formulários estandardizados, e considerando

[60] ULRICH SCHROETER, *Article 19*, in Schlechtriem § Schwenzer Commentary cit., p. 372 e ANA TERESA DE ABREU COUTINHO BOSCOLO, *A necessidade de interpretação uniforme da CISG* cit., p. 79, nota 43.

[61] Identificando os autores alemães que primeiramente acolheram a teoria da anulação mútua à luz do ordenamento jurídico germânico, CARLOS FERREIRA DE ALMEIDA, *Texto e enunciado na teoria do negócio jurídico*, Vol. II, Almedina, Coimbra, 1992, p. 886, nota 23.

[62] ANTÓNIO FRADA DE SOUSA, *Conflito de clausulados* cit., pp. 140 ss. (em especial, pp. 142 ss., nota 262).

[63] CARLOS FERREIRA DE ALMEIDA, *Texto e enunciado* cit., p. 886, nota 23.

[64] IDEM, *Contratos I* cit., pp. 209-210. Defendendo também a aplicação da teoria do conteúdo concordante à luz do direito nacional de fonte interna, LUÍS DE LIMA PINHEIRO, *Direito comercial internacional* cit., p. 276.

a proximidade de redação entre os artigos 233.º do Código Civil português e 19.º, n .º 1 CISG, parece-nos, em coerência, que a solução mais adequada para a problemática da "*battle of forms*" em sede da CISG seria a de reconhecer a existência de uma lacuna, a preencher nos termos do artigo 7.º, n.º 2[65].

Esta parece-nos ser a solução que melhor promove a certeza e a segurança jurídicas e aquela a que conduz a efetiva constatação de que a solução preconizada no texto do artigo 19.º para a formação do contrato se revela desadequada quando estão em causa trocas de cláusulas contratuais gerais, promovendo soluções injustas, arbitrárias e desconexas da realidade comercial e da intenção típica das partes. A alternativa de afastar a aplicação do artigo 19.º com base no artigo 6.º (solução maioritária, a que nos referiremos mais desenvolvidamente *infra*), para além da sua complexidade sistemático-interpretativa, depara-se com a exigência de justificar o afastamento pela vontade das partes em alguma declaração ou comportamento que concludentemente o indicie[66].

A posição maioritária entre os defensores da aplicação da teoria do conteúdo concordante à luz da CISG tem assentado, porém, como referimos, em argumentação distinta, ainda que conduzindo a resultados que, nos parece, serão em grande medida coincidentes com os que resultariam da aceitação de uma lacuna nesta matéria[67]. Ressalvamos ainda que sempre admitiríamos

[65] Defendendo igualmente a existência de uma lacuna na CISG em matéria de conflito de clausulados, por todos, LOUIS F. DEL DUCA, *Implementation of contract formation statute of frauds, parol evidence, and battle of forms. CISG provisions in civil and common law countries*, Journal of Law and Commerce, vol. 25, 2005, p. 146 e ANTÓNIO FRADA DE SOUSA, *Conflito de clausulados* cit., pp. 296 ss. Neste sentido parece também inclinar-se a posição de ANA TERESA DE ABREU COUTINHO BOSCOLO, *A necessidade de interpretação uniforme da CISG* cit., pp. 83 ss.

Apesar da dificuldade em determinar o que cabe nos "princípios gerais subjacentes à Convenção" (redação do artigo 7.º, n.º 2 CISG), parece dever admitir-se que estes são, em grande medida, subsidiários da *"lex mercatoria"* e das boas práticas do comércio internacional, de que nos parece fazer parte, à luz da realidade atual, a aplicação da *"knock out rule"*, tal como conformada pelos Princípios UNIDROIT (artigo 2.1.22 UPICC 2016). – Neste sentido, também, ANA TERESA DE ABREU COUTINHO BOSCOLO, *ibidem*, pp. 84 e 88 e bibliografia aí indicada.

[66] Sublinhando esta dificuldade, INGEBORG SCHWENZER, PASCAL HACHEM e CHRISTOPHER KEE, *Global sales and contract law* cit., p. 173.

Acresce que nos parece não ser decisivo o argumento de que a matéria da "*battle of forms*" foi ponderada em sede de trabalhos preparatórios, tendo sido rejeitada a consagração de uma solução específica sobre a problemática. Em sentido distinto, precisamente recorrendo ao argumento histórico dos trabalhos preparatórios para afastar a existência de lacuna, ULRICH SCHROETER, *Article 19*, in Schlechtriem § Schwenzer Commentary cit., p. 365.

[67] Ver, por todos, INGEBORG SCHWENZER e FLORIAN MOHS, *Old habits die hard* cit., p. 244; KAIA WILDNER, *Art. 19 CISG* cit., pp. 9-10; ULRICH SCHROETER, *ibidem*, pp. 367 ss.; PETER SCHLECHTRIEM e ULRICH G. SCHROETER, *Internationales UN-Kaufrecht* cit., p. 140

subsidiariamente esta solução, que nos parece compatível com as regras da Convenção de Viena, mas que parte da necessidade de afastamento por acordo das partes, em cada caso concreto, de uma solução que entendemos não ser de todo aplicável à situação de cuja regulação é casuisticamente afastada, por clara desadequação.

De forma sucinta, e seguindo de perto a posição de U. Schroeter[68], que subscrevemos com a ressalva de subsidiariedade acima apresentada, a compatibilidade da teoria da "*knock out rule*" com o texto da CISG resulta da necessidade de destrinçar duas realidades distintas, que o artigo 19.º mistura e às quais confere uma solução unitária: o problema da existência efetiva de contrato, por um lado; e o problema do seu conteúdo, por outro.

Começando pela análise da existência efetiva do contrato, têm aqui especial relevância as regras dos artigos 6.º e 8.º da Convenção, de cuja conjugação resulta que as partes podem tacitamente derrogar a aplicação ao seu contrato da solução consagrada no artigo 19.º. Ora, a prática comercial apoia a convicção de que quando as partes recorrem a cláusulas contratuais gerais divergentes na formação do contrato, a sua vontade comum não é a de que tal impeça o contrato de se concluir, sendo este um elemento determinante na identificação da sua intenção à luz do artigo 8.º, n.º 3.

Esta vontade comum de derrogação do artigo 19.º pode resultar de práticas anteriores das partes, à luz do artigo 9.º; da interpretação de declarações de vontade, à luz do artigo 8.º, n.º 2 e 3, assumindo aqui especial relevância o critério do comerciante razoável perante as mesmas circunstâncias; e/ou da conduta subsequente das partes, relevante para a identificação da sua intenção aquando da troca de proposta e aceitação com incorporação das respetivas cláusulas contratuais gerais, ao abrigo do artigo 8.º, n.º 3 (assumindo aqui claro destaque o início da execução do contrato)[69].

e ULRICH MAGNUS, *Art. 19 CISG*, in J. von Staudingers Kommentar cit., p. 309. Na jurisprudência, destaque-se o acórdão do Amtsgericht Kehl, de 06 de outubro de 1995 (CISG-online n.º 162) e o acórdão paradigmático do Bundesgerichtshof, de 9 de janeiro de 2002 (CISG-online n.º 651), sendo que neste último caso, apesar de invocar a aplicação ao caso concreto da "*knock out rule*", o Tribunal entendeu que à mesma solução conduziria a aplicação da regra da "última palavra", levantando inúmeras vozes de discordância a esta afirmação. – Sobre esta decisão e os seus contornos, de forma desenvolvida, KAIA WILDNER, *ibidem*, pp. 13 ss. Em sentido não inteiramente coincidente, fazendo assentar a aplicação da teoria do conteúdo concordante no artigo 8.º CISG e não no artigo 6.º, INGEBORG SCHWENZER, PASCAL HACHEM e CHRISTOPHER KEE, *ibidem*, p. 173.

[68] ULRICH SCHROETER, *ibidem*.

[69] IDEM, *ibidem*, pp. 368 ss.

Defende U. Schroeter, em consonância com a posição propugnada, que, nos casos excecionais em que não é possível identificar uma derrogação do artigo 19.º por acordo tácito das partes à luz dos critérios acima identificados, então não restará outra possibilidade que não seja a de aplicar a solução consagrada no referido artigo 19.º, sendo impedida a formação do contrato sempre que a divergência entre os termos dos formulários consubstancie uma alteração substancial (o que, de facto, ocorre na grande maioria dos casos)[70].

Verificada a existência de um contrato por afastamento da regra do artigo 19.º, n.º 1, então o seu conteúdo tem de se restringir aos aspetos sobre os quais existe um efetivo acordo das partes, não se podendo elevar à categoria de cláusula contratual conteúdo sobre o qual existe dissenso. Para o efeito, entende-se que, ao concluírem o contrato, as partes abdicam da essencialidade dos termos sobre os quais não existe consenso, correspondendo os mesmos a lacunas a preencher de acordo com as disposições supletivas da Convenção ou da lei doméstica aplicável[71].

Nesta matéria do conteúdo do contrato adquire especial relevância o argumento utilizado pelo Supremo Tribunal Alemão, no paradigmático acórdão de 9 de janeiro de 2002 (CISG-online n.º 651), de que o juízo sobre a compatibilidade ou incompatibilidade dos termos constantes das cláusulas contratuais gerais de cada uma das partes não pode incidir sobre cada cláusula individualmente considerada, mas tem de atender ao papel e equilíbrio dessa cláusula no conjunto em que está inserida[72].

[70] Tal como resulta da posição defendida por U. Schroeter, entendemos também que não é possível compatibilizar a aplicação da teoria do conteúdo concordante com o desvio consagrado no artigo 19.º, n.º 2, no sentido de primeiro procurar uma solução para o problema do conflito de clausulados à luz do artigo 19.º, n.º 2 e da natureza substancial ou não substancial da alteração, recorrendo à teoria do conteúdo concordante apenas nos casos em que a solução do artigo 19.º, n.º 2 não é aplicável, por a modificação ser substancial. A aplicação da teoria do conteúdo concordante à luz da CISG resulta do reconhecimento da existência de uma lacuna, por inaplicabilidade ao caso do artigo 19.º, necessariamente na sua totalidade, ou do reconhecimento do afastamento do artigo 19.º pela sua derrogação ao abrigo do artigo 6.º. Em qualquer dos casos, não nos parece ser defensável a aplicação de uma solução normativa que, no fundo, consagra, em termos de conteúdo contratual, uma manifestação da teoria da "última palavra" em caso de alteração não substancial e a rejeição dessa mesma teoria em caso de alteração substancial, por se entender contrária à prática comercial e à intenção das partes. Neste sentido, ULRICH SCHROETER, *ibidem*, p. 371 e KAIA WILDNER, *Art. 19 CISG* cit., p. 8. Em sentido distinto, LUÍS DE LIMA PINHEIRO, *Direito comercial internacional* cit., p. 275 e ULRICH MAGNUS, *Art. 19 CISG*, in J. von Staudingers Kommentar cit., p. 307.

[71] INGEBORG SCHWENZER, PASCAL HACHEM e CHRISTOPHER KEE, *Global sales and contract law* cit., p. 173 e KAIA WILDNER, *ibidem*.

[72] Sublinhando a mesma nota, ULRICH SCHROETER, *Article 19*, in Schlechtriem § Schwenzer Commentary cit., p. 372.

A posição que acabamos de descrever relativamente à sustentabilidade da aplicação da teoria do conteúdo concordante à luz da CISG, por derrogação do artigo 19.º pela via do artigo 6.º, foi, em termos gerais, adotada pelo CISG-Advisory Council, na Opinion n.º 13, cujo ponto 10, aprovado com um voto contra, fixa que: "[*q*]*uando ambas as partes procuram incorporar cláusulas estandardizadas e chegam a acordo exceto quanto a essas cláusulas, o contrato conclui-se tendo por conteúdo as cláusulas negociadas e as cláusulas estandardizadas que sejam comuns na sua substância, salvo se alguma das partes, antecipadamente, ou sem atraso injustificado, se opuser à celebração do contrato nesses termos*" (tradução nossa)[73/74].

[73] "*Where both parties seek to incorporate standard terms and reach agreement except on those terms, a contract is concluded on the basis of the negotiated terms and of any standard terms which are common in substance unless one party clearly indicates in advance, or later on but without undue delay objects to the conclusion of the contract on that basis*". - CISG -AC Opinion No. 13 Inclusion of Standard Terms under the CISG, Rapporteur: Professor Sieg Eiselen, College of Law, University of South Africa, Pretoria, South Africa. Adopted by the CISG Advisory Council following its 17th meeting, in Villanova, Pennsylvania, USA, on 20 January 2013.
Conforme assinala A. Soveral Martins, estas opiniões têm natureza privada e não dispõem de qualquer força vinculativa, não tendo de ser seguidas pelos aplicadores do direito. - ALEXANDRE DE SOVERAL MARTINS, *Compra e venda internacional de mercadorias* cit., p. 12, nota 16. Não obstante, não deve ser diminuído o importante papel que têm na análise das matérias de maior fratura doutrinal e jurisprudencial da CISG e na proposta de orientações de interpretação uniforme nessas matérias.

[74] É de sublinhar que no comentário a este ponto 10, o CISG-Advisory Council ressalva que esta oposição antecipada não pode resultar, ela própria, de uma cláusula estandardizada incluída no formulário do objetor. Neste sentido vai, aliás, igualmente, o comentário 3 ao artigo 2.1.22 UPICC 2016.

PARTE III

OBRIGAÇÕES DO VENDEDOR E DO COMPRADOR

21. AS OBRIGAÇÕES DO VENDEDOR NO CONTRATO DE COMPRA E VENDA INTERNACIONAL DE MERCADORIAS REGIDO PELA CISG*

Judith Martins-Costa

Introdução

A CISG é hoje, incontestavelmente, o principal instrumento da regulamentação das vendas internacionais de mercadorias[1], tendo sido incorporada ao Ordenamento jurídico brasileiro em 2014[2]. Dentre as razões do extraordinário sucesso está o fato de seu texto plasmar "um novo modelo de contrato de venda internacional de mercadorias", muito técnico e pragmático, "afastando elementos que comumente estão presentes nas regras jurídicas, tais a tradição, a história, as peculiaridades de certas famílias de direito".[3]

Para compreender em que consiste esse *novo modelo*, o primeiro passo para o intérprete está em averiguar sua própria tradição – mas para dela tomar crítica distância, inserindo-se mentalmente no sistema da CISG. Não podemos esquecer a regra hermenêutica fundamental da Convenção – verdadeiro

* Trata-se de versão atualizada de texto publicado anteriormente em: "SCHWENZER, Ingeborg; PEREIRA, Cesar. A. Guimarães; TRIPODI, Leandro (coordenadores). A CISG e o Brasil: Convenção das Nações Unidas para os Contratos de Compra e Venda Internacional de Mercadorias. 1. ed. São Paulo: Marial Pons; Curitiba: Federação das Indústrias do Estado do Paraná, 2015".

[1] A afirmativa é comum aos vários autores. Vide, exemplificativamente, Heuzé, Vincent. La vente internationale de marchandises. Droit uniforme. In: Ghestin, Jacques (org.). *Traité des Contrats*. Paris, L.G.D.J, 2000, p. 74.

[2] Decreto n. 8.327, de 16 de outubro de 2014.

[3] As expressões entre aspas estão em: Fradera, Véra Maria Jacob de. A noção de Contrato na Convenção de Viena de 1980 sobre Venda Internacional de Mercadorias. In: Jobim, Geraldo Cordeiro; Jobim, Marco Félix; Telline, Deise Estrela (Orgs.). *Tempestividade e Efetividade Processual*: Novos rumos do Processo Civil Brasileiro. Caxias do Sul: Plenum, 2010, p. 659. Da mesma autora: Les Rapports entre le Droit Privé Européen et la Convention de Viene de 1980 sur la Vente Internationale de Marchandises. *Revista Brasileira de Arbitragem*. Ano V – n. 23, Porto Alegre/Curitiba, Síntese/CBAr, jul/ago/set, 2009, p. 54-69.

postulado normativo[4] para a sua interpretação e aplicação – que está no art. 7 (1) ao determinar: "*Na interpretação desta Convenção ter-se-ão em conta seu caráter internacional e a necessidade de promover a uniformidade de sua aplicação, bem como de assegurar o respeito à boa fé no comércio internacional*".[5]

Não se pense como de fácil compreensão e operação essa atitude mental de distanciamento crítico (dito, na Teoria da Arte, "estranhamento"), nem esse verdadeiro axioma de método na interpretação e aplicação da CISG. Tanto mais difícil é esta tarefa porque, como bem disse Mikhaïl Bakthin a propósito da Teoria da Linguagem, as palavras que usamos são "palavras habitadas",[6] são palavras povoadas por imagens, significados e percepções que nelas incrustam cada cultura. O estranhamento consiste, pois, em tentar afastar essas percepções e nelas encontrar outros possíveis significados, o que é tanto mais importante no âmbito da CISG porque seus autores tentaram, em vários enunciados, criar uma "nova linguagem" relativamente a dos sistemas jurídicos nacionais.[7]

Segundo o art. 30 da CISG, "[o] vendedor estará obrigado, nas condições previstas no contrato e na presente Convenção, a *entregar* as *mercadorias*, a *transmitir* a propriedade sobre elas e, sendo o caso, a remeter os respectivos *documentos*". Aí estão "palavras habitadas" que podem "soar" diversamente conforme a tradição jurídica de onde provém o intérprete, seja o advogado, ao postular em juízo, seja o juiz estatal ou o árbitro. Por isto, cabe a pergunta: para os efeitos da CISG o que, exatamente, significam os termos: *entregar; mercadorias; transferir; e propriedade?*

A questão, obviamente, não está cingida ao texto do art. 30. Pressupõe, de início, a compreensão, basilar, de o verbo "entregar" ("*livrer*" *ou* "*delivery*") quando referido à transmissão da propriedade, não se esgotar na transmissão

[4] Filio-me, aqui à classificação proposta por Ávila, Humberto. *Teoria dos Princípios*: da definição à aplicação dos princípios jurídicos. 16 ed.. São Paulo: Malheiros, 2015, p. 163-165.

[5] Todas as traduções do texto da Convenção de Viena a seguir mencionadas levam em consideração a tradução de Eduardo Grebler e Gisely Radael, disponível em http://www.cisg-brasil.net/doc/egrebler2.pdf. Último Acesso em 23 de junho de 2021.

[6] Bakthin, Mikhaïl. *Problemas da poética de Dostoievski*. Rio de Janeiro: Forense-Universitária, 1981, p. 263. Trabalhei essa categoria sob a perspectiva das relações entre direito e literatura em Martins-Costa, Judith. A Concha do Marisco abandonado e o *Nomos*: ou os nexos entrar narrar e normatizar. In: Martins-Costa, Judith (Org.). *Narração e Normatividade*: Ensaios de Direito e Literatura. Rio de Janeiro: GZ Editora, 2013, p. 8 e ss.

[7] Exemplifica Véra Fradera com a noção de *fundamental breach*, diversa da noção de "resolução contractual" conhecida, por exemplo, nos Direitos francês, italiano, alemão, português, brasileiro. (Ver, da mesma autora: Les Rapports entre le Droit Privé Européen et la Convention de Viene de 1980 sur la Vente Internationale de Marchandises. *Revista Brasileira de Arbitragem*. Ano V – n. 23, Porto Alegre/Curitiba, Síntese/CBAr, jul/ago/set, 2009, p. 64).

física ("naturalista" ou "material") da mercadoria. Essa compreensão não é estranha ao jurista do Direito Privado brasileiro. Como já vinha secularmente da praxe portuguesa e estava no Código Comercial de 1850 (art. 199), a tradição de mercadorias pode "operar pelo fato da entrega real ou simbólica, ou pelo título, ou pelo modo que estiver em uso comercial onde deva verificar-se". E o art. 200, alínea (3) do mesmo Código Comercial, acrescentava reputar-se "mercantilmente tradição simbólica (...) a remessa e aceitação da fatura, sem oposição imediata do comprador", dentre outras hipóteses. O próprio Código Civil de 1916 já abstraíra do *animus* e do *corpus*. Assim, conquanto tivesse superado as disposições da legislação anterior, restou induvidosa no Direito brasileiro a possibilidade de tradição simbólica ou por outros meios que não a entrega material da coisa[8] para haver a eficácia de transmissão do domínio. Pode haver a tradição material, ou simbólica, ou ficta ou por documentos, inclusive do título.

Em segundo lugar, o entendimento do art. 30 da CISG pressupõe, ademais, a compreensão de a relação obrigacional configurar-se como uma *relação complexa*[9], não cingida às obrigações principais. Embora no mencionado dispositivo estejam pontuadas as obrigações principais do vendedor, em dispositivos subsequentes serão encontrados outros deveres do vendedor, secundários e/ou acessórios à obrigação principal de entrega da mercadoria.

Em terceiro lugar, a exata compreensão do tema também implica em ter dialeticamente presentes as obrigações legais do *comprador* – pois todo contrato é inter-relação, as obrigações do vendedor iluminando as do comprador, e vice-versa.[10] E abarca, ainda, a interpretação do art. 35[11] (sobre a conformidade

[8] Consulte-se, por todos: PONTES DE MIRANDA, Francisco Cavalcanti. *Tratado de Direito Privado.* Tomo X. 3ª ed. São Paulo: Revista dos Tribunais, 1984, § 1.084. E ainda: Tomo XV, 3ª ed. Rio de Janeiro: Borsói, § 1.821, p. 400.

[9] Não mais se discute, em foros da ciência jurídica, que a relação jurídica obrigacional "alberga, sem prejuízo da sua unidade, uma pluralidade de elementos autonomizáveis com utilidade para a captação do seu regime, constituindo, por isto, uma realidade complexa" (CARNEIRO DA FRADA, Manuel. "Contrato e Deveres de Proteção", Coimbra, 1994, Separata do vol. 38 do Suplemento ao *Boletim da Faculdade de Direito da Universidade de Coimbra*, p. 36 e ainda MARTINS-COSTA, Judith. *Comentários ao Novo Código Civil.* Do Direito das Obrigações. Do Adimplemento e da Extinção das Obrigações. Vol. V, Tomo I, 2ª ed. Rio de Janeiro: Forense, 2005, p. 45-51 e, ainda, adiante, nota 12).

[10] Tanto quanto num contrato "uma cláusula se interpreta pelas outras", assim também nas leis e nas Convenções cada artigo deve ser interpretado à luz dos que lhe antecedem e dos que lhe sucedem, bem como de seu lugar no conjunto normativo em causa (vide, nesse sentido, o art. 31 da Convenção de Viena sobre o Direito dos Tratados, celebrada em 23 de maio de 1969).

[11] Primeiro Artigo da Seção II – Conformidade das mercadorias e reclamações de terceiros
Artigo 35.
(1) O vendedor deverá entregar mercadorias na quantidade, qualidade e tipo previstos no contrato, acondicionadas ou embaladas na forma nele estabelecida.

das mercadorias) e suas alíneas, que estatuem deverem ser as mercadorias vendidas *adequadas* ou *conformes* ou ao contrato, ou *ao uso para o qual se destinam* mercadorias do mesmo tipo; ou a *uso especial*, expresso ou implícito; podendo a falta de adequação ou conformidade residir não na própria mercadoria, mas na *embalagem que a reveste.*

A primeira pergunta do intérprete, em vista desses enunciados normativos, há de ser: como se interpretam essas expressões, ou melhor, em referência a qual critério de conotação deve o seu sentido ser apreendido?

Proponho, para tanto, compreender alguns desses termos a partir dos comandos abstratos da CISG concernentes à obrigação principal de entrega (Primeira Parte); averiguando, em seguida, sentidos concretos conferidos a algumas das expressões relativas aos deveres secundários e anexos do vendedor (Segunda Parte).

Parte I. Obrigação principal de *entregar* e *transferir*

A CISG regula a *compra e venda* de *mercadorias*; portanto, exclui as hipóteses que não impliquem a transferência do domínio de bens móveis.[12] Centre-se a atenção no comando do art. 30, segundo o qual "[o] vendedor estará obrigado, nas condições previstas no contrato e na presente Convenção, (i) a *entregar* as *mercadorias*, (ii) a *transmitir* a propriedade sobre elas e, sendo o caso, (iii) a remeter os respectivos *documentos*".[13]

(2) Salvo se as partes houverem acordado de outro modo, as mercadorias não serão consideradas conformes ao contrato salvo se:
(a) forem adequadas ao uso para o qual mercadorias do mesmo tipo normalmente se destinam;
(b) forem adequadas a algum uso especial que, expressa ou implicitamente, tenha sido informado ao vendedor no momento da conclusão do contrato, salvo se das circunstâncias resultar que o comprador não confiou na competência e julgamento do vendedor, ou que não era razoável fazê-lo;
(c) possuírem as qualidades das amostras ou modelos de mercadorias que o vendedor tiver apresentado ao comprador;
(d) estiverem embaladas ou acondicionadas na forma habitual para tais mercadorias ou, à falta desta, de modo apropriado à sua conservação e proteção.
(3) O vendedor não será responsável por qualquer desconformidade das mercadorias em virtude do disposto nas alíneas (a) a (d) do parágrafo anterior, se, no momento da conclusão do contrato, o comprador sabia ou não podia ignorar tal desconformidade.

[12] Analisando as exclusões segundo a natureza do contrato, v. HEUZÉ, Vincent. La vente internationale de marchandises. Droit uniforme. In: GHESTIN, Jacques (Org.). *Traité des Contrats*. Paris, L.G.D.J, 2000, p. 75-82, e indicações de jurisprudência.

[13] As enumerações aqui apontadas foram inseridas pela autora, não constando do artigo. As palavras em itálico foram igualmente grifadas pela autora.

Aí encontra-se plasmada o que, em termos de Teoria Geral dos Contratos, denomina-se *obrigação principal*.[14] No âmbito da CISG, a obrigação principal do vendedor de entregar a coisa, transferindo o seu domínio ao comprador ou a quem este indicar, não encerra o conteúdo dos deveres de prestação a cargo do vendedor, mas está incontroversamente no seu núcleo. Assim, para bem analisar o seu conteúdo, é preciso estabelecer o significado das noções de "entregar" e "transferir", sendo a transferência do domínio (efeito jurídico) a consequência da entrega.[15]

Averigue-se, primeiramente, (1) os diferentes sistemas de transmissão de domínio, pois *prometer transmitir a propriedade* pode – conforme o sistema

[14] Seja-me permitido reiterar o que escrevi de outra feita acerca da distinção entre obrigações principais, secundárias e anexas exsurgentes do vínculo contratual: cada relação obrigacional surge, normalmente, polarizada em torno de uma ou mais prestações que definem a sua configuração típica e que se denominam *deveres principais* ou *deveres primários de prestação*, ou, ainda, "*obrigação principal de prestação*". Estas constituem o núcleo, a "alma da relação obrigacional" (Almeida Costa, Mário Julio. *Direito das Obrigações*. 9ª ed. Coimbra: Almedina, p. 65). Sua qualificação como "principal" tem em conta o critério do atingimento do fim em vista do qual foi concluído o contrato. Por esta razão, são eles que definem o tipo do contrato, se a relação obrigacional for contratual, sendo sempre os mesmos se for o mesmo tipo contratual. Porém, as obrigações principais não esgotam o conteúdo da relação obrigacional. Os deveres de prestação podem ainda ser secundários ou acidentais, o que comporta, por sua vez, outra subdivisão. Distinguem-se os deveres de prestação *acessórios* ou *anexos* da obrigação principal dos *deveres secundários com prestação autônoma*. Os primeiros se destinam a preparar o cumprimento ou assegurar a sua perfeita realização, como, na compra-e-venda de coisa que deva ser transportada, o dever de bem embalar a coisa e transportá-la, com segurança, ao local de destino. Os segundos, por sua vez, se apresentam como um sucedâneo da obrigação principal (como o dever de indenização, que surge diante da impossibilidade de prestar o prometido) ou de maneira coexistente com o dever principal (o caso de indenização por mora, que coexiste com o dever principal). Todos estes deveres de prestação, principais ou secundários (também ditos "anexos" ou "acessórios"), visam conferir ao credor determinado benefício por meio de um *direito à prestação*, ao qual corresponde o *dever de prestar*. Porém, o conteúdo da relação obrigacional não se esgota nos deveres de prestação principais, secundários e acessórios. Coenvolve a relação obrigacional "uma outra série de deveres essenciais ao seu correto processamento" (Carneiro da Frada, Manuel. "Contrato e Deveres de Proteção", Coimbra, 1994, Separata do vol. 38 do Suplemento ao Boletim da Faculdade de Direito da Universidade de Coimbra, p. 39). São os chamados deveres instrumentais, entre os quais se inserem os deveres de proteção, também ditos "deveres laterais", cuja fonte está no princípio da boa-fé objetiva. (Para essas notas: Martins-Costa, Judith. *Comentários ao Novo Código Civil*. Do Direito das Obrigações. Do Adimplemento e da Extinção das Obrigações. Vol. V, Tomo I, 2ª ed. Rio de Janeiro: Forense, 2005, p. 45-47).

[15] "'Delivery' relates to the act which the seller is obliged to perform in order to give the buyer possession of the goods, whereas the consequence of such an act, namely the actual acquisition of possession by the buyer, is not covered". Schwenzer, Ingeborg; Schlechtriem, Peter. *Commentary on The UN Convention on The International Sale of Goods*. New York: Oxford University Press, 3rd ed., 2010, p. 491.

– não ser o mesmo que *transmitir a propriedade*, e *entregar* a mercadoria pode não ser exatamente o mesmo que *transmitir* a propriedade da mercadoria. Na sequência, (2) examinarei o sistema brasileiro.

1. Os dois modelos paradigmáticos da transmissão do domínio de bens móveis

No âmbito da CISG, a transferência da propriedade depende determinação da regra aplicável por via do direito internacional privado. Consoante o seu art. 4, a Convenção não diz respeito – salvo disposição expressa em contrário – *(a)* à validade do contrato ou de qualquer das suas cláusulas, bem como à validade de qualquer uso ou costume; *(b)* aos efeitos que o contrato possa ter sobre a propriedade das mercadorias vendidas.[16] Consequentemente, será preciso examinar, em vista da regra nacional aplicável, quando e como o vendedor transfere a propriedade das mercadorias.[17]

Em termos de Direito Comparado, *grosso modo*, dois são os modelos ou "sistemas" pelos quais o domínio de certo bem é transmitido de seu titular – o vendedor – para outrem – o comprador. Tais modelos, estão, expressos, paradigmaticamente, no sistema francês e no alemão.

(i) o modelo francês (*le contrat vaut vendre*[18]) acolhe a transmissão *solo consensu*, isto é, pelo simples consentimento, por meio de contrato de compra e venda, de modo que o contrato por si só, via de regra tem efeitos translativos, isto é, tem efeitos reais. Trata-se de sistema regido pelo princípio do consensualismo, é dizer: o mero contrato transmite a propriedade.

[16] Grifei.

[17] "The transfer of the property in the goods is not as such governed by the Convention (Article 4, sentence 2(b)). Therefore, the question whether the seller has transferred the property to the buyer must be determined by applying the law governing the transfer of property under the rules of private international law of the place in which the court seized of the matter is located." (SCHWENZER, Ingeborg; SCHLECHTRIEM, Peter. *Commentary on The UN Convention on The International Sale of Goods*. New York: Oxford University Press, 3rd edition, 2010, p. 492).

[18] Code Civil, art. 1196: "Dans les contrats ayant pour objet l'aliénation de la propriété ou la cession d'un autre droit, le transfert s'opère lors de la conclusion du contrat. Ce transfert peut être différé par la volonté des parties, la nature des choses ou par l'effet de la loi". O art. 1583 do Código Civil francês determina que o contrato de Compra e Venda se realiza, adquirindo o credor a propriedade sobre a coisa comprada, tão logo as partes tenham acordado sobre a coisa e o preço, ainda que a coisa não tenha sido entregue e o preço pago. (*Elle est parfaite entre les parties, et la propriété est acquise de droit à l'acheteur à l'égard du vendeur, dès qu'on est convenu de la chose et du prix, quoique la chose n'ait pas encore été livrée ni le prix payé*).

(ii) o modelo alemão, mais próximo das raízes romanas, exige a conjugação entre dois planos, o do direito obrigacional (quando se cria a obrigação de transferir) e o do direito das coisas (quando ocorre a efetiva transmissão da propriedade, pela tradição ou entrega). Portanto, a transmissão do domínio é exigente de ao menos duas manifestações volitivas, em dois distintos planos, o do Direito das Obrigações e o dos Direitos Reais: quanto à propriedade de coisas móveis (como mercadorias), é necessário o *consenso* (contrato) mais um *ato-fato* (segundo a classificação ponteana, ou *ato real*, segundo a denominação da doutrina germânica[19]), chamado *tradição* (*tradictio*), que é o ato da entrega. Esta pode ser física ou ficta e, nas vendas internacionais, comumente é ficta.

O sistema brasileiro segue o paradigma germânico, embora com algumas distinções e modificações importantes.

2. O sistema brasileiro

Segundo o nosso Direito, a finalidade do contrato de compra e venda é a transferência da propriedade. Mas o contrato não a transfere de *per se*; apenas *tem por fim* transferir, isto é: cria a obrigação de transferir o domínio. Grife-se esta distinção: não se pode confundir "transferir" e "prometer transferir".[20] No Direito brasileiro, o contrato de compra e venda, contrato consensual, só gera *eficácia obrigacional*, como está no art. 481 do Código Civil.[21] Os chamados efeitos reais do contrato de compra e venda são efeitos do adimplemento.[22] A eficácia de transmissão não é imediata ao contrato. A regra é: *compra e venda não aliena, mas obriga a alienar.*

Para que o domínio se transfira, é necessário conjugar o (i) *titulus adquirendi* (contrato de compra e venda, a causa de ser da aquisição ou transmissão do direito); e o (ii) *modus aquisicionis* (tradição, no caso de bens móveis).

[19] LARENZ, Karl. *Derecho de Obligaciones*. Tomo I. Tradução espanhola de Jaime Santos Briz. Madrid: Editorial Revista de Derecho Privado, 1958, p. 90.

[20] PONTES DE MIRANDA, Francisco Cavalcanti. *Tratado de Direito Privado*. Tomo XXXIX. 3ª ed. São Paulo: Revista dos Tribunais, 1984, § 4.265, p. 11.

[21] CC, art. 481. *In verbis*: Pelo contrato de compra e venda, um dos contratantes se obriga a transferir o domínio de certa coisa, e o outro, a pagar-lhe certo preço em dinheiro.

[22] PONTES DE MIRANDA, Francisco Cavalcanti. *Tratado de direito privado*. Tomo XXXIX. 3ª ed. São Paulo: Revista dos Tribunais, 1984. § 4.272, 1, p. 59. "*Os efeitos da compra-e-venda, contrato consensual, são obrigacionais, são pessoais.*"

A propriedade se transfere quando o vendedor, por intermédio de um ato ou declaração de vontade subsequente ao contrato de compra e venda ("acordo de transmissão", subentendida à entrega), a transmite ao comprador.[23] Esse ato ou declaração de vontade não se confunde – *analiticamente* – com a compra e venda, embora possam ambos ser *temporalmente* simultâneos.[24] No comum dos casos, esses atos estarão temporalmente concentrados, considerando-se codeclarada a vontade de adimplir (de transmitir a propriedade) no negócio de compra e venda.[25]

Estas distinções dogmáticas não são de valia apenas acadêmica. Tem importância prática, pois atinem, por sua repercussão, no sistema de riscos, uma vez que, normalmente, o risco de perecimento fortuito da coisa antes da tradição é, em regra, suportado pelo proprietário (*res perit domino*). Se há contrato e ainda não houve a entrega, o risco é do vendedor (em nosso sistema – Código Civil, art. 237)[26]. No sistema consensualista francês, diversamente, o risco seria do comprador, que poderia ser obrigado a pagar a coisa embora não a tenha recebido. No direito brasileiro, vigora o sistema da separação apenas relativa entre os planos do Direito obrigacional (contrato) e real (tradição).[27]

A CISG expressamente atribui ao vendedor a obrigação de entregar e de transferir a propriedade, referindo-se no art. 30, na abalizada opinião de Peter Schlechtriem e Claude Witz, "à obrigação clássica de transferir a propriedade

[23] Pontes de Miranda, Francisco Cavalcanti. *Tratado de direito privado*. Tomo XXXIX. 3ª ed. São Paulo: Revista dos Tribunais, 1984. § 4.272, 1, p. 59. "*Os chamados efeitos reais do contrato de compra-e-venda são efeitos do adimplemento, efeitos do acordo de transmissão, e do respeito que o acordo teve, ou que os acordos tiveram*". Confira-se, no Código Civil de 2002: "Art. 1.226. Os direitos reais sobre coisas móveis, quando constituídos, ou transmitidos por atos entre vivos, só se adquirem com a tradição"; e Art. 1.245. "Transfere-se entre vivos a propriedade mediante o registro do título translativo no Registro de Imóveis".

[24] Por todos: Couto e Silva, Clóvis. *A Obrigação como Processo*. Rio de Janeiro: Editora FGV, 2006, especialmente p. 49-61.

[25] Couto e Silva, Clóvis. *A Obrigação como Processo*. Rio de Janeiro: Editora FGV, 2006, p. 60.

[26] *In verbis*: "Art. 237. Até a tradição pertence ao devedor a coisa, com os seus melhoramentos e acrescidos, pelos quais poderá exigir aumento no preço; se o credor não anuir, poderá o devedor resolver a obrigação".

[27] Porém, como percebeu Clóvis do Couto e Silva, embora no Direito brasileiro haja a separação entre os planos do Direito obrigacional (contrato) e real (tradição), tal qual no modelo germânico, essa separação não é absoluta, é apenas relativa. Isto significa dizer que não estão absolutamente seccionados os planos do nascimento e adimplemento da relação obrigacional. O acordo de transmissão não tem vida absolutamente própria e separada do negócio obrigacional. Logo, defeito que contamine o negócio de direito obrigacional pode se projetar no plano dos direitos reais (Couto e Silva, Clóvis. *A Obrigação como Processo*. Rio de Janeiro: Editora FGV, 2006, p. 56-61).

à cargo do vendedor".[28] E no art. 66 regra-se o efeito da transferência de riscos, ao estabelecer-se que a perda ou deterioração das mercadorias sobrevinda à transferência de riscos ao comprador não o libera da obrigação de pagar o preço, salvo se os eventos danosos forem atribuíveis a um fato do vendedor.[29] Todavia, advertem os especialistas, "as modalidades segundo as quais se opera a transferência estão fora do campo de aplicação da Convenção e concernem ao direito nacional designado pelas regras de conflito de leis. Trata-se, em regra geral, da *lex rei sitae*".[30]

É preciso, no entanto, atenção redobrada à noção de *entrega*, tal qual posta no art. 30. No idioma francês, dois termos diversos – *délivrance* e *livraison* – indicam dois fenômenos com nuances distintas: pela palavra *délivrance* indica-se o ato de "colocar a mercadoria *sob a posse* do comprador";[31] já o ato enunciado no art. 30 da CISG como *livraison* mais aproxima-se da ideia de "colocar as mercadorias *à disposição* do comprador". No idioma português, um mesmo termo – entrega – apanha os dois fenômenos. Portanto, é necessário não resumir "entrega" à "entrega física e colocação material sob a posse do comprador" – pois *entregar* pode significar também na língua portuguesa, "colocar à disposição de", ainda que simbolicamente, ou por meio de documentos.

Além do mais, vigorando no âmbito da CISG o princípio da liberdade contratual,[32] certo é que as partes podem, no contrato, minudenciar as condições em que o comprador adquirirá concretamente a propriedade, por exemplo: por vezes o vendedor deve colocar a coisa à disposição do comprador, este último devendo retirá-la ou fazê-la retirar por um terceiro em um depósito; por outras, o vendedor remeterá as mercadorias por um transportador, escolhido pelo vendedor; ou, diversamente, será o próprio vendedor que se encarregará

[28] Schlechtriem, Peter; Witz, Claude. *Convention de Vienne sur les Contrats de Vente Internationale de Marchandises.* Paris: Dalloz, 2008, p. 184.

[29] Artigo 66: A perda ou a deterioração das mercadorias ocorrida após a transferência de risco ao comprador não o libera da obrigação de pagar o preço, salvo se for decorrente de ato ou omissão do vendedor.

[30] Schlechtriem, Peter; Witz, Claude. *Convention de Vienne sur les Contrats de Vente Internationale de Marchandises.* Paris: Dalloz, 2008.

[31] Vide: Heuzé, Vincent. La vente internationale de marchandises. Droit uniforme. In: Ghestin, Jacques (Org.). *Traité des Contrats.* Paris, L.G.D.J., 2000, p. 83. Também: Schlechtriem, Peter; Witz, Claude. *Convention de Vienne sur les Contrats de Vente Internationale de Marchandises.* Paris: Dalloz, 2008, p. 184.

[32] O próprio art. 30 da CISG enuncia que o vendedor se obriga "nas condições previstas no contrato (...)". Vigora, pois, plenamente, o princípio da autonomia privada, do qual a liberdade contratual é consequência.

de providenciar o transporte, concluindo os contratos necessários para tanto. Conforme o caso, deverão ser estabelecidas garantias contra riscos de perda, ou de danos advindos do transporte, ou do depósito, etc., cabendo atentar para a relevância – e as distintas eficácias – das cláusulas conhecidas como Incoterms, que podem inclusive ser consideradas tacitamente incluídas nos contratos de compra e venda internacional de mercadorias.[33]

Quanto ao estabelecimento do local da entrega, a norma geral está no art. 31 da Convenção que situa regras atinentes *grosso modo* a três hipóteses: (a) contratos de venda que impliquem a expedição de mercadorias; (b) dívidas portáveis; (c) dívidas quesíveis.[34]

A primeira expressão a esclarecer está na disposição do art. 31 (a) da Convenção. Segundo esse enunciado, quando o contrato implicar um transporte de mercadorias, a obrigação de entrega consiste em enviar as mercadorias ao primeiro transportador para transmissão ao comprador. Como dificilmente se poderia imaginar uma hipótese que não implicasse o transporte das mercadorias[35] deve-se entender que a regra diz respeito aos casos em que a venda for concluída sob condição de expedição.[36] Nesse caso, o vendedor adimple a obrigação principal de entrega enviando as mercadorias ao primeiro transportador para a sua transmissão ao vendedor. O local para onde devem ser

[33] A respeito, Schwenzer, Ingeborg; Schlechtriem, Peter. *Commentary on The UN Convention on The International Sale of Goods*. New York: Oxford University Press, 3rd edition, 2010, p. 491, que explicitam: "The meanings of the most important and common delivery clauses are laid down in the 'Incoterms' issued by the International Chamber of Commerce. Incoterms are not law, but rather merely constitute a private set of rules. Consequently, they have direct, binding effect only if the parties have referred to them in the contract. However, even where there is no express reference to Incoterms in the contract, in case of doubt the parties may be deemed to have tacitly included Incoterms by virtue of Article 9(2)".

[34] Os termos franceses *quérable* e *portable* são traduzidos, no idioma português, em "dívidas quesíveis" e "dívidas portáveis", também ditas "dívidas de buscar" e "dívidas de levar". Quesíveis são as dívidas em que o credor tem de buscar a prestação junto ao devedor e portáveis são as dívidas em que o devedor leva o pagamento ao credor. (Para o exame do art. 327 do Código Civil: Martins-Costa, Judith. *Comentários ao Novo Código Civil*. Do Direito das Obrigações. Do Adimplemento e da Extinção das Obrigações. Vol. V, Tomo I, 2ª ed. Rio de Janeiro: Forense, 2005, p. 347-365; Ferreira da Silva, Jorge Cesa. *Adimplemento e Extinção das Obrigações*. São Paulo: Revista dos Tribunais: 2007, p. 220-228. Vide, ainda, nota 38, *infra*).

[35] Por exemplo, Vincent Heuzé, que a tem por uma hipótese de formulação "maladroit", na medida em que seria difícil imaginar que o comprador possa utilizar, consumir ou transformar as mercadorias vendidas no próprio local do vendedor. (La vente internationale de marchandises. Droit uniforme. In: Ghestin, Jacques (Org.). *Traité des Contrats*. Paris, L.G.D.J, 2000, p. 217).

[36] Assim, Heuzé, Vincent. La vente internationale de marchandises. Droit uniforme. In: Ghestin, Jacques (Org.). *Traité des Contrats*. Paris, L.G.D.J, 2000, p. 217.

expedidas as mercadorias é determinado segundo o contrato, ou os usos. Na sua falta, cabe ao vendedor estabelecê-lo com liberdade.[37]

O art. 67 da CISG complementa a interpretação indicando que, quando o contrato determinar a expedição e o vendedor *não estiver obrigado* a remeter as mercadorias a um lugar determinado, os riscos são transferidos ao comprador a partir da expedição ao primeiro transportador, conforme ao contrato. Todavia, se o ajuste houver previsto a expedição *para local determinado*, os riscos só são transferidos ao comprador quando as mercadorias forem expedidas pelo vendedor para aquele local determinado.

Quando a entrega das mercadorias implicar o transporte, ademais, as partes podem pactuar que o vendedor fará a entrega no estabelecimento do comprador ou em outro local. Essa pactuação pode resultar de uma cláusula Incoterm ou de obrigação atribuída ao vendedor de assegurar o transporte por si próprio, não envolvendo um transportador independente. Nesses casos estará configurada uma dívida portável.[38]

Quando a venda não implicar a expedição da mercadoria, na forma do art. 31(a), as mercadorias têm, em linha de princípio, caráter *quesível*,[39] isto é: salvo acordo ou salvo usos em contrário, cabe ao comprador retirar as mercadorias, ou fazê-las retirar, e proceder o seu encaminhamento até o local de sua destinação.[40] A obrigação principal do vendedor consiste, pois, em colocar as mercadorias à disposição do comprador em local determinado.[41]

[37] Schlechtriem, Peter; Witz, Claude. *Convention de Vienne sur les Contrats de Vente Internationale de Marchandises*. Paris: Dalloz, 2008, p. 189.

[38] Schlechtriem, Peter; Witz, Claude. *Convention de Vienne sur les Contrats de Vente Internationale de Marchandises*. Paris: Dalloz, 2008, p. 133.

[39] Segundo regra tradicional no Direito brasileiro, as partes podem convencionar o lugar onde há de cumprir-se a prestação, mas, se não convencionarem, presume-se ser o local do domicílio do devedor (Código Civil, art. 327), salvo se, contrariamente, indicarem os usos e costumes, a lei, a natureza da obrigação ou as circunstâncias do caso. A regra é ainda excepcionada nos arts. 329 e 330 do Código Civil. Entende-se por "lugar da prestação" ou "local do adimplemento", o lugar onde deve ser realizada, pelo devedor, a atividade dirigida ao adimplemento. (Assim escrevi em: *Comentários ao Novo Código Civil*. Do Direito das Obrigações. Do Adimplemento e da Extinção das Obrigações. Vol. V, Tomo I, 2ª ed. Rio de Janeiro: Forense, 2005, p.358).

[40] Heuzé, Vincent. La vente internationale de marchandises. Droit uniforme. In: Ghestin, Jacques (Org.). *Traité des Contrats*. Paris, L.G.D.J., 2000, p. 216.

[41] Segundo Schlechtriem e Witz, o art. 31 visa regrar quatro hipóteses, a saber: (i) entrega de mercadorias consistentes em corpo certo e que se encontra em local determinado, de prévio conhecimento das partes; (ii) entrega de mercadorias integrantes de um stock determinado, cuja localização é conhecida pelas partes; (iii) entrega de mercadorias que devem ser fabricadas, sabendo as partes onde essa fabricação terá lugar; e (iv) em linha de princípio, incide ainda quando as mercadorias são

Portanto, se for o Direito brasileiro o aplicável, para determinar se a obrigação principal do vendedor – entregar a mercadoria vendida – foi ou não cumprida, os advogados e os intérpretes (juízes ou árbitros), deverão estar atentos a todas essas peculiaridades determinativas de um juízo de qualificação de determinando ato como efetiva "entrega", para os efeitos da CISG. Só então poderão averiguar se ocorreu, ou não, inadimplemento imputável ao vendedor.

Em linha de princípio, o inadimplemento do contrato de compra e venda, se imputável ao vendedor, resolve-se por meio de ação pessoal para a entrega da coisa (obrigação de dar coisa certa ou incerta, Código Civil, arts. 233 a 246). A prestação de indenização, pelo inadimplemento, é substitutiva. Ou seja, indenizar pelo equivalente pecuniário apresenta-se como obrigação substitutiva da entrega da coisa efetivamente prometida, tendo o lesado, ainda, outros meios para sancionar a violação ao pactuado.[42]

Em suma: segundo o Direito brasileiro, prometer entregar não é transferir a propriedade; e o entregar pode não transferir, pois, embora normalmente a transferência do domínio seja efeito da entrega, se a promessa de entregar estiver contaminada por defeito que a invalide, a entrega não transferirá o domínio. E assim será em razão do sistema de riscos coligado ao sistema de transmissão do domínio adotado na lei brasileira, sendo essa aplicável se assim determinarem as regras de Direito Internacional Privado.

Tanto no Direito interno brasileiro quanto no âmbito da CISG, o cumprimento do dever principal de entrega não exaure o conteúdo do dever de prestação. Isto porque a entrega da mercadoria não exclui outros deveres, cuja satisfação também é necessária para que seja alcançado o adimplemento satisfativo. É o que passo a analisar na segunda Parte destes breves apontamentos.

vendidas no curso de um transporte. (Schlechtriem, Peter; Witz, Claude. *Convention de Vienne sur les Contrats de Vente Internationale de Marchandises*. Paris: Dalloz, 2008, p. 189-190).

42 No Direito brasileiro há, dentre outras soluções previstas para o caso de inadimplemento, como a atuação de uma cláusula penal, em vista de inadimplemento absoluto, direito à resolução (*lato sensu*) do contrato, acrescida de perdas e danos (Código Civil, art. 475). No caso de mora, cabe indenização também pelas perdas e danos (Código Civil, art. 389; e 395). Já no âmbito da CISG o art. 45 inaugura a "Seção III – Direitos e ações do comprador em caso de violação do contrato pelo vendedor", como segue:
(1) Se o vendedor não cumprir qualquer das obrigações que lhe couberem de acordo com o contrato ou com a presente Convenção, o comprador poderá:
(a) exercer os direitos previstos nos artigos 46 a 52;
(b) exigir a indenização das perdas e danos prevista nos artigos 74 a 77.
(2) O comprador não perde o direito à indenização das perdas e danos por exercer seu direito a outras ações.
(3) Não poderá o juiz ou tribunal arbitral conceder ao vendedor qualquer período de graça, quando o comprador exercer ação contra a violação de contrato.

Parte II. Deveres secundários e anexos do vendedor

O fato de a entrega da mercadoria consistir na obrigação principal do vendedor – sendo essa uma obrigação estruturante do contrato de compra e venda –, não significa que seja a única, nem que se esgote apenas no ato de entrega. É preciso saber o *que, onde, como, quando,* e *em que condições entregar.* Para compreender essas ideias, deve-se iniciar pelo (1) exame da relação obrigacional complexa, e na sequência, (2) apontar-se no texto da CISG às fontes explícitas e implícitas dos deveres secundários e anexos do vendedor.

1. A relação obrigacional complexa

Embora o texto da CISG não tenha definido a noção de "contrato de compra e venda de mercadorias", está ali presente uma noção implícita, dedutível, justamente, do regime das obrigações do vendedor e do comprador. Como percebeu com acuidade Véra Fradera,[43] essa noção subjacente deixa entrever a forte influência da concepção germânica da compra e venda, tributária não apenas do seu sistema legal, mas, igualmente, da doutrina civilista que, ao longo do séc. XX, ocupou-se em proceder à *análise interna* do fenômeno obrigacional, elaborando a noção de "relação obrigacional dinâmica e complexa". Esta engloba, além das obrigações principais, outros deveres, faculdades, ônus, exceções de direito material, poderes formativos e estados de sujeição, que se põem dinamicamente no tempo em que se desenvolve a relação.[44] Segundo

[43] FRADERA, Véra Maria Jacob de. A noção de Contrato na Convenção de Viena de 1980 sobre Venda Internacional de Mercadorias. In: JOBIM, Geraldo Cordeiro; JOBIM, Marco Félix; TELLINE, Deise Estrela (Orgs.). *Tempestividade e Efetividade Processual*: Novos rumos do Processo Civil Brasileiro. Caxias do Sul: Plenum, 2010, p. 660-661.

[44] Menciono essa temática em: MARTINS-COSTA, Judith. *Comentários ao Novo Código Civil.* Do Direito das Obrigações. Do Adimplemento e da Extinção das Obrigações. Vol. V, Tomo I, 2ª ed. Rio de Janeiro: Forense, 2005, p. 5-51. Sinteticamente: enquanto a análise externa, ou classificação extrínseca das relações obrigacionais, ocupa-se em descrever os "elementos constitutivos" da relação obrigacional, visualizados *in abstracto* (ou seja: os sujeitos (credor e devedor), o objeto (a prestação, o dar, fazer ou não-fazer), os requisitos legais e os elementos acidentais, quando ocorrentes), a análise interna está centrada na noção de adimplemento como atuação concreta do programa obrigacional. Considera que em torno de cada um dos intervenientes da relação se compõe um feixe de direitos, obrigações, deveres secundários, anexos, poderes formativos, ônus etc., articulados dinamicamente. Portanto, se ocupa em visualizar como os direitos e deveres se estruturam, em cada caso muitas vezes em diferentes graus de intensidade, visualizado-os em seu dinamismo, pois podem, alguns deles, nascer depois de criada a relação, ou como se desenvolvem no tempo;

essa concepção, a relação jurídica entre credor e devedor, "porque dotada de natureza dinâmica, desdobra-se em vários tipos de deveres, tais os de entregar a mercadoria bem embalada e bem protegida (...)".[45]

O interesse do credor à prestação, contempla, muito sinteticamente, o interesse nos (*i*) *deveres principais de prestação* – também ditos "obrigações principais" –, assim se qualificando aqueles que caracterizam o tipo contratual (legal ou social) em causa; (*ii*) *deveres secundários,* que secundam o dever principal de prestação, como, exemplificativamente o de conservar em bom estado a coisa dada em comodato, entre tantos outros que complementam a obrigação principal ou mesmo a substituem, quando do inadimplemento; e, finalmente, (*iii*) os *deveres anexos ou instrumentais,* também insertos nos interesses de prestação com grau de vinculação *imediata*[46] aos deveres principal e secundário, como o dever implícito de cooperação para que a obrigação principal seja eficientemente colimada[47]. Acresce-se, ainda, os deveres de proteção (ou "laterais"), os quais não se relacionam com o interesse de prestação senão de modo mediato, pois estão vinculados ao interesse de proteção que também emana da relação obrigacional, lateralmente ao interesse de prestação. Seu escopo é o de implementar uma "ordem de proteção" entre as partes, atuando, via de regra, de forma negativa[48].

Esses deveres decorrem ou de explicitação pontual no texto da CISG, ou estão implícitos, sua gênese radicando ou nos usos ou no princípio da boa-fé

ou parcialmente cessar, ou subsistir, ou modificar-se, consoante as vicissitudes da realidade, sem que se perca, por isso, a unidade finalista da relação. Em breves palavras: a análise externa prende-se exclusivamente ao ato criador da relação obrigacional; já a análise interna – diferentemente do que objetiva a análise externa – tem em mira justamente a dinâmica atividade pela qual os sujeitos se relacionam e estruturam, no tempo e no espaço, os seus interesses, considerando o fenômeno obrigacional em sua totalidade concreta, isto é, como aquela composta por um dinâmico "todo" de direitos, deveres, faculdades, ônus, expectativas legítimas, etc., finalísticamente interligados ou coligados.

[45] Fradera, Véra Maria Jacob de. A noção de Contrato na Convenção de Viena de 1980 sobre Venda Internacional de Mercadorias. In: Jobim, Geraldo Cordeiro; Jobim, Marco Félix; Telline, Deise Estrela (Orgs.). *Tempestividade e Efetividade Processual*: Novos rumos do Processo Civil Brasileiro. Caxias do Sul: Plenum, 2010, p. 660-661.

[46] Haical, Gustavo. O inadimplemento pelo descumprimento exclusivo de dever lateral advindo da boa-fé objetiva. *Revista dos Tribunais,* v. 900, out./2010, p. 62-63.

[47] Para uma explanação, reenvio ao que já escrevi em Martins-Costa, Judith. *A Boa-Fé no Direito Privado*: critérios para a sua aplicação. 2ª ed. São Paulo: Saraiva, 2018, § 20, p. 238-243.

[48] Carneiro da Frada, Manuel António de Castro Portugal. *Contrato e Deveres de Protecção.* Coimbra: Almedina, 1994, p. 43-44. Assim também se referiu em Martins-Costa, Judith. *A Boa-Fé no Direito Privado*: critérios para a sua aplicação. 2. ed. São Paulo: Saraiva, 2018, § 20, 5, p. 243-248.

objetiva.[49] Como pontua Véra Fradera, "ainda sem terem sido tais deveres pactuados pelas partes, elas estariam sujeitas a sua observância".[50] Até ser alcançado o fim da relação contratual – isto é, o adimplemento, com satisfação do credor, ultrapassando-se, então, o plano do Direito obrigacional e se alcançando o plano dos Direitos Reais, com o cumprimento da obrigação de entrega e consequente transmissão da propriedade –, os deveres secundários e anexos estarão presentes, bem como os deveres laterais, ou de proteção. Os deveres do vendedor não se encerram, de modo algum, com a entrega da mercadoria.

Examine-se, portanto, os principais deveres secundários e anexos do vendedor, conforme a CISG.

2. Exemplos de deveres secundários e anexos do vendedor

A CISG expressa em seu texto outros deveres de prestação do vendedor, secundários e anexos ao seu dever principal. Três são os principais temas ora a merecer destaque: (*i*) a conformidade das mercadorias (arts. 35 e 36); (*ii*) a inexistência de "direito ou reinvindicação de terceiros" (arts. 41 e 42); e (*iii*) a entrega de documentos (art. 34).

[49] Esse dispositivo remete às fontes de interpretação e integração da Convenção. Não há dúvidas sobre ser a boa-fé um dos "princípios gerais" do comércio internacional. Porém, não por acaso o art. 7 é tido como "o mais controverso de toda a Convenção". A questão está em saber se, no âmbito da Convenção, poderá ser invocada a boa-fé com caráter autônomo ou se apenas atuará acoplada a outros princípios, diretrizes e regras da própria CISG, como os consagrados pelos usos e costumes, segundo o art. 9 da mesma Convenção , relativo ao caráter vinculante das práticas das partes e dos usos de tráfego. Para autorizados comentaristas, o juiz não pode "misturar" o comando da alínea (1) com o da alínea (2) do art. 7, aplicando a boa-fé em matérias e para funções relativamente às quais não foi prevista a sua incidência. E em linha de princípio o entendimento é correto, pois atado à distinção funcional entre interpretar e integrar. Ainda assim, transparece a boa-fé na hermenêutica contratual. (Assim escrevi em: Martins-Costa, Judith. O princípio da boa-fé objetiva: notas comparativas entre as perspectivas da CISG e do Direito Civil Brasileiro. In: Venosa, Sílvio de Salvo; Gagliardi, Rafael Villar; Terashima, Eduardo Ono (Orgs.). *A Convenção de Viena sobre Contratos de Compra e Venda Internacional de Mercadorias*: Desafios e Perspectivas. São Paulo: Atlas, 2015, p. 118-148).

[50] Fradera, Véra Maria Jacob de. A noção de Contrato na Convenção de Viena de 1980 sobre Venda Internacional de Mercadorias. In: Jobim, Geraldo Cordeiro; Jobim, Marco Félix; Telline, Deise Estrela (Orgs.). *Tempestividade e Efetividade Processual*: Novos rumos do Processo Civil Brasileiro. Caxias do Sul: Plenum, 2010, p. 662. Sobre a concepção da obrigação como processo: Couto e Silva, Clóvis do. *A Obrigação como Processo*. Rio de Janeiro: Editora FGV, 2006, p. 63 e ss.; Martins-Costa, Judith. *Comentários ao Novo Código Civil*: do direito das obrigações, do adimplemento e da extinção das obrigações. Vol. V, Tomo I. 2ª ed. Rio de Janeiro: Forense, 2006, p. 60 e ss.

Em relação ao *princípio da conformidade*, a perspectiva é finalista: o dever de entregar inclui a mercadoria certa, no lugar certo, no momento certo e pelo período acordado.[51] E complementa o art. 36 estabelecendo a responsabilidade do vendedor conformemente ao contrato e à Convenção por todo o defeito de conformidade existente no momento da transferência dos riscos ao comprador, mesmo que o defeito só transpareça posteriormente.[52]

O art. 35 alude à conformidade com a "quantidade" e "qualidade" da mercadoria, tendo-se em conta a "descrição constante do contrato". A *quantidade* é elemento de mais fácil detecção, em vista do descrito no contrato; porém, quanto à *qualidade* mencionada na regra, cabe perguntar se atine apenas às características físicas do bem ou inclui suas características incorpóreas, por exemplo: as condições em que o bem foi produzido, o modo como foi embalado? Além disso, tal qualidade pode compreender o modo em que a mercadoria deve ser embalada e transportada?

Um bom exemplo de concretização dos deveres secundários e anexos à obrigação principal de entrega está em caso julgado pela Suprema Corte da Espanha, em 9 de Dezembro de 2008:[53] o "caso do suco de uva". Um vendedor espanhol e um comprador norte-americano discutiram para saber quem havia violado o contrato de compra e venda de suco de uva. No caso em litígio, havia um defeito na cor – tonalidade – do suco de uva espanhol. De um lado, o comprador alegava que tinha a opção de coletar o suco a qualquer momento, no intervalo de 4 meses.[54] De outro lado, o vendedor espanhol

[51] No direito brasileiro interno, denomina-se "princípio da exatidão ao prestar", deduzido doutrinariamente dos arts. 313 e 314 do Código Civil.

[52] Art. 36, *in verbis:* (1) O vendedor será responsável, de acordo com o contrato e com a presente Convenção, por qualquer desconformidade que existir no momento da transferência do risco ao comprador, ainda que esta desconformidade só venha a se evidenciar posteriormente; (2) O vendedor será igualmente responsável por qualquer desconformidade que ocorrer após o momento referido no parágrafo anterior, que seja imputável ao descumprimento de qualquer de suas obrigações, inclusive quanto à garantia de que, durante certo período, as mercadorias permanecerão adequadas a seu uso normal ou a determinado uso especial, ou que conservarão as qualidades ou características especificadas.

[53] Na Suprema Corte da Espanha: http://cisgw3.law.pace.edu/cases/081209s4.html; Na Corte de Apelação de Valência, em 2003: http://cisgw3.law.pace.edu/cases/030607s4.html.

[54] "The buyer claimed that it was entitled to collect the goods at any time between the end of October 1997 and February 1998. The court, however, pointed out that period was not intended to benefit the buyer, such a contention not being provided for under article 33 or article 7 CISG (principle of good faith)." Abstract de María del Pilar Perales Viscasillas da Sentença da Corte de Valência, disponível em: http://cisgw3.law.pace.edu/cases/030607s4.html.

atribuía a perda de tonalidade à demora do comprador em receber o suco e às más condições de transporte, ambas imputáveis ao comprador.

De fato, o comprador atrasara o recebimento das mercadorias (o suco de uva estava disponível há mais tempo), e não havia transportado o suco em um *container* adequado de modo a prevenir a deterioração da cor. A Suprema Corte Espanhola interpretou o Artigo 33(b)[55] da CISG no seguinte sentido: estando as mercadorias disponíveis, o comprador poderia escolher quando recebê-las, porque a entrega era *ex factory*[56] – o comprador faria todo o transporte. A transferência dos riscos se operaria no momento em que o suco estivesse à disposição do comprador.

Todavia, tal escolha deveria ser efetuada com limitações pautadas pela boa-fé, isto é: o comprador não poderia decidir *quando* e *como* receber e, ainda assim, imputar responsabilidade ao vendedor pelo estado do suco. Consequentemente, decidiu-se por rejeitar a demanda do comprador, por duas principais razões: (i) era o comprador um comerciante *experiente na área*. Portanto, teria conhecimento da necessidade de receber esse tipo de mercadoria no termo; (ii) o comprador não utilizara o *meio de transporte adequado* para esse tipo de mercadoria (Art. 32(2)), contribuindo para a sua deterioração, mesmo sendo um comerciante experiente na área, com o conhecimento de qual seria o meio de transporte devido. A qualidade da mercadoria fora afetada, implicando a não-conformidade com o prometido.

Em uma interpretação ampla, o dever de conformidade também atine ao *modo como produzida* a mercadoria. Releva, então, a noção de "boas práticas de produção". Defende-se ser vedado ao vendedor entregar mercadoria produzida, exemplificativamente, com o emprego de trabalho escravo, ou trabalho infantil; ou então mediante certificados falsos atestando que o produto seria "sustentável".[57] Surge então a questão de saber se essas circunstâncias afetam

[55] O vendedor deverá entregar as mercadorias: em qualquer momento durante o prazo que houver sido fixado ou que possa ser determinado de acordo com o contrato, salvo se das circunstâncias resultar que caiba ao comprador a escolha da data.

[56] "The Court also considered that the parties had agreed an 'ex factory' clause, as a result of which risk was transferred from the time when the goods were made available by the seller to the buyer, and their being made available did not constitute actual handover". Abstract de María del Pilar Perales Viscasillas da Sentença da Corte de Valência, disponível em: http://cisgw3.law.pace.edu/cases/030607s4.html. Grifei.

[57] Assim as hipóteses discutidas nos XX Vis Moot, ano de 2013 (caso das camisetas produzidas com o trabalho infantil) e XXV Vis Moot, em 2018 (produção de bolos de chocolate utilizando cacau produzido de forma não-sustentável).

a "*usabilidade*" do bem – o que levaria à consequência do art. 25[58] – ou apenas a "*desconformidade*", podendo então recair na esfera do art. 35 da mesma CISG?

Para quem sustenta que o dever de conformidade atine apenas às características físicas da mercadoria a ser entregue, a resposta é negativa. Para quem amplia esse dever aos elementos incorpóreos do bem transmitido, a resposta é positiva. E esta última parece ser a tendência a privilegiar, seja em razão da superação de uma noção naturalista de "coisa",[59] seja em atenção ao princípio da boa-fé como mandamento de probidade na relação contratual.

Recentemente, tem-se atribuído importância cada vez maior aos elementos não-físicos das mercadorias[60]. Há relevantes opiniões doutrinárias que admitem a incorporação desse dever secundário do vendedor em razão dos usos do setor[61], especialmente quando as partes tiverem previamente aderido a iniciativas de produção ética e/ou sustentável[62], a sublinhar a importância crescente das chamadas "cláusulas ESG"[63], ou quando o comprador adotar código de conduta aplicável a seus fornecedores[64].

Não é apenas em relação à conformidade que o texto da CISG expressa deveres do vendedor. Este deve, de acordo com os arts. 41 e 42, entregar as

[58] Exemplos da ocorrência de "fundamental breach" pelo vendedor estão em Delamuta, Maria Beatriz Rizzo Cortiñas. *Resolução do contrato de compra e venda de mercadorias por inadimplemento*: uma análise comparativa entre a Convenção de Viena e o direito brasileiro. Dissertação de Mestrado. Orientador Prof. Dr. Cristiano de Sousa Zanetti. São Paulo: Faculdade de Direito da Universidade de São Paulo (USP), 2017, p. 48-111.

[59] Examinei o tema em: Martins-Costa, Judith. Usucapião de coisa incorpórea: breves notas sobre um velho tema sempre novo. In: Gustavo Tepedino; Luiz Edson Fachin. (Orgs.). *O Direito e o Tempo:* embates jurídicos e utopias contemporâneas. Estudos em homenagem ao Professor Ricardo Pereira Lira. Rio de Janeiro: Renovar, 2008, p. 631-653.

[60] Para uma síntese das principais iniciativas adotadas para promover a produção ética e sustentável, vide Weingartner, Frederico. *A conformidade das mercadorias no comércio internacional*: características não-físicas como balizas de conformidade na Convenção das Nações Unidas sobre Contratos de Compra e Venda Internacional de Mercadorias (CISG). In: Ody, Lisiane Feiten Wingert. *Estudos de Direito Comparado e de Propriedade Intelectual.* Vol. II. Porto Alegre: UFRGS, 2021, p. 25-31.

[61] *E.g.*, Schwenzer, Ingeborg. Ethical standards in CISG contracts. *Uniform Law Review*, v. 22, n. 1, 2017, p. 124.

[62] Schwenzer, Ingeborg; Leisinger, Benjamin. Ethical values and international sales contracts. In: Cranston, Ross et al. *Commercial law challenges in the 21st century*: Jan Hellner in memorium. Stockholm: Iustus Forlang, 2007, p. 265.

[63] Acrônimo para "Environmental, Social andnGovernance" a indicar cláusulas de comprometimento com boas práticas de governança, respeito aos Direitos Humanos e Sociais, ao Meio Ambiente e remissão a políticas empresariais de *compliance*.

[64] Butler, Petra. The CISG: a secret weapon in the fight for a fairer world? Victoria University of Wellington Legal Research Papers, v. 7, n. 2, 2017, p. 305.

mercadorias, via de regra, "livres de qualquer direito ou reinvindicação de terceiros". O suporte fático dessas regras é preenchido até mesmo se a reivindicação do terceiro for infundada[65]. Ademais, o conhecimento prévio do vendedor sobre tais circunstâncias somente é relevante caso o direito do terceiro se relacione com matéria de propriedade industrial ou intelectual[66].

A esse respeito, destaca-se decisão exarada pela Suprema Corte da Áustria[67]. Um vendedor alemão e um comprador austríaco celebraram contrato para a compra de CDs (discos compactos). As mercadorias haviam sido previamente adquiridas pelo contraente alemão de uma companhia de Taiwan, licenciada para a sua produção e revenda na Alemanha. A licença, no entanto, era silente a respeito da possibilidade de revenda da mercadoria na Áustria, o que motivou o litígio entre a empresa de Taiwan e o vendedor alemão. Ao ter ciência da disputa, o comprador austríaco reteve o pagamento e sustentou a ocorrência de desconformidade da mercadoria, a qual não estaria "livre de reinvindicações de terceiros", como previsto pelo art. 42 (1). A decisão lhe foi favorável, registrando-se caber ao vendedor o risco de surgir pretensões de terceiros.

Outros deveres secundários e anexos atribuídos ao vendedor derivarão do contrato, ou poderão ser gerados pelos usos do comércio internacional, pelas práticas que as partes eventualmente tiverem estabelecidos entre si (art. 9), pelas circunstâncias pertinentes ao caso – art. 8 (3). E o modo de exercício desses deveres será balizado pela razoabilidade – art. 8 (2) e (3) – e pelo princípio da boa-fé, art. 7 (1) e (2).[68]

Por exemplo, o art. 34 indica dever o vendedor remeter os documentos relativos às mercadorias, se assim estiver previsto contratualmente. Entende a doutrina que "o contrato é dominante", tendo em vista que a CISG não

[65] Schwenzer, Ingeborg; Schlechtriem, Peter. *Commentary on The UN Convention on The International Sale of Goods.* New York: Oxford University Press, 3rd edition, 2010, p. 653.

[66] Honnold, John. *Uniform Law for International Sales Under the 1980 United Nations Convention.* 3rd ed. Kluwer Law International, 1999, p. 294.

[67] Suprema Corte da Áustria. *CD Media Case* [10 Ob 122/05x]. J. em 12.09.2006.

[68] Schwenzer, Ingeborg; Schlechtriem, Peter. *Commentary on The UN Convention on The International Sale of Goods.* New York: Oxford University Press, 3rd edition, 2010, p. 493: "Additional obligations of the seller, going beyond the scope of Article 30, may arise from the contract, from usages affecting the contract (Article 9), or from the principle of good faith (as a general principle under Article 7(2)). Where the contract as a whole falls within the scope of application of the Convention, such additional obligations will also be subject to the Convention's rules since they are obligations arising from the contract (Article 4, sentence 1). The consequences of a failure to perform them are therefore governed by Article 45 *et seq*".

obriga o vendedor a entregar os documentos.[69] Caso o contrato seja silente a esse respeito, admite-se que esse dever anexo decorra da sua interpretação, dos usos e práticas, ou dos princípios gerais da Convenção.[70]

No mesmo sentido, está o exame do dever de entrega da mercadoria *no lugar certo*: não contendo a Convenção regras relativas ao local de remessa (ou envio) das mercadorias, e sendo o contrato silente, como determinar o que é o "lugar certo"[71]? A resposta adequada apontará: o vendedor deve despachar a mercadoria para o lugar compatível com o cumprimento satisfatório de suas obrigações, *segundo a boa-fé e os usos*. Seria contrário à boa-fé escolher um local inusitado, remoto, que encarecesse ou aumentasse o prazo de entrega ao comprador,[72] ou que fosse esdrúxulo segundo as práticas habitualmente seguidas pelas partes ou aos usos do setor.

[69] ENDERLEIN, Fritz. Rights and Obligations of the Seller under the UN Convention on Contracts for the International Sale of Goods. In: SARCEVIC, Petar, VOLKEN, Paul. *International Sale of Goods: Dubrovnik Lectures*. New York: Oceana Publications, 1996, p. 153.

[70] WIDMER, Corinne. In: SCHLECHTRIEM, Peter; SCHWENZER, Ingeborg. *Commentary on the UN Convention on the International Sale of Goods (CISG)*. 3rd ed. New York: Oxford University Press, 2010, p. 561.

[71] Veja-se a dicção do art. 31, *verbis*: "Se o vendedor não estiver obrigado a entregar as mercadorias em determinado lugar, sua obrigação de entrega consistirá em:
(a) remeter as mercadorias ao primeiro transportador para traslado ao comprador, quando o contrato de compra e venda implicar também o transporte das mercadorias;
(b) fora dos casos previstos na alínea anterior, colocar as mercadorias à disposição do comprador no lugar em que se encontrarem, quando o contrato se referir a mercadorias específicas ou a mercadorias não identificadas que devam ser retiradas de um conjunto determinado ou devam ser fabricadas ou produzidas, e, no momento da conclusão do contrato, as partes souberem que as mercadorias se encontram, devem ser fabricadas ou produzidas em lugar determinado;
(c) pôr as mercadorias à disposição do comprador no lugar do estabelecimento comercial do vendedor no momento de conclusão do contrato, nos demais casos".

[72] SCHWENZER, Ingeborg; SCHLECHTRIEM, Peter. *Commentary on The UN Convention on The International Sale of Goods*. New York: Oxford University Press, 3rd edition, 2010, p. 504-505: "The Convention does not contain any rules regarding the place of dispatch. If the contract is silent, the seller may dispatch the goods from any place suitable to perform his delivery obligation. The principle of good faith (Article 7(2)) clearly precludes the seller from choosing a wholly unusual and remote place of dispatch leading to considerable delay in transport to the buyer; there is no need for any specific provision in the Convention to that effect. If the contract of sale lays down a particular place of dispatch, the seller must, of course, comply".

Conclusões

Ao modo de conclusão, cabem brevíssimas referências a diretrizes gerais da recepção cultural da CISG no Direito brasileiro.

Para tanto, nunca é demais lembrar que a compreensibilidade da Convenção é estruturada na diretriz da uniformidade hermenêutica e no postulado do caráter internacional do contrato. Ambos atuam como verdadeiros horizontes hermenêuticos condicionantes do âmbito normativo dos princípios jurídicos incidentes nos contratos sujeitos à sua regência. Tendo a CISG ingressado no Ordenamento brasileiro há sete anos, um imenso cuidado há de ser tido na concretização das obrigações das partes e, especificamente, das obrigações do vendedor enucleadas na obrigação principal de entregar a mercadoria vendida.

Evidentemente, há de ser dada atenção à norma de Direito Internacional Privado do art. 4 (b) da Convenção para determinar o direito aplicável aos efeitos da compra e venda, nos quais se incluem os deveres das partes. Sendo aplicável o Direito brasileiro, não é lícito o vício do anacronismo no preenchimento do *significado dos princípios* e da concreção dos deveres, pois esse anacronismo significará emprestar às normas da CISG interpretação divorciada de seu contexto.

Na interpretação dos princípios e regras da CISG, bem como do alcance das obrigações das partes contratantes, o contexto será demarcado pelo caráter internacional do contrato e no propósito de unificar a interpretação de seu texto, o que atende à garantia maior da segurança jurídica. Sua interpretação o mais possivelmente uniforme é um desafio para os juristas, mas deve ser enfrentado, pois do sucesso em seu enfrentamento depende muito fortemente a consolidação do sucesso da Convenção[73] – hoje o principal instrumento para a regulamentação das vendas internacionais de mercadorias – também em solo brasileiro. Um papel importante cabe à doutrina, seja averiguando as fontes da Convenção, em interpretação genética, seja atentando aos seus fins, em hermenêutica teleológica, seja refletindo sobre as soluções já alcançadas pela jurisprudência estatal e arbitral quando da concretização de suas regras e princípios.[74] Um especialíssimo papel há de ser reservado ao

[73] Assim adverte Fradera, Véra. Les Rapports entre le Droit Privé Européen et la Convention de Viene de 1980 sur la Vente Internationale de Marchandises. *Revista Brasileira de Arbitragem*. Ano V – n. 23, Porto Alegre/Curitiba, Síntese/CBAr, jul/ago/set, 2009, p. 66.

[74] Sobre essa temática ver: Ferrari, Franco. Interpretation uniforme de la Convention de 1980 sur la vente internationale. *Revue Internationale de Droit Comparé*. Vol. 48, Número 4, oct./dec.,1996,

Direito Comparado. Como observa um estudioso, para concretizar o princípio da uniformização e respeitar o caráter internacional da Convenção, melhor será buscar inspiração no Direito Comparado, para examinar a solução mais geralmente observada do que, mecânica e acriticamente, adotar a solução decalcada das concepções vigorantes na *lex fori*.[75]

Os intérpretes devem, primeiramente, ter em conta esse caráter internacional. Devem, por igual, estar cientes da necessidade de promover a uniformidade de sua aplicação, bem como de assegurar o respeito à boa-fé no comércio internacional. Estas duas remissões pautam o contexto de entendimento (e, consequentemente, de aplicação) dos princípios reitores dos deveres secundários e anexos do vendedor no âmbito dos contratos aos quais a CISG incide.

p. 813; Heuzé, Vincent. La vente internationale de marchandises. Droit uniforme. In: Ghestin, Jacques (org.). *Traité des Contrats*. Paris, L.G.D.J., 2000, p. 87; Fradera, Véra. Les Rapports entre le Droit Privé Européen et la Convention de Viene de 1980 sur la Vente Internationale de Marchandises. *Revista Brasileira de Arbitragem*. Ano V – n. 23, Porto Alegre/Curitiba, Síntese/CBAr, jul/ago/set, 2009, p. 66 e ss, com indicações de doutrina. Assinala-se que o secretariado da CNUDCI coloca à disposição dos interessados um sistema de coleta de decisões nacionais exaradas na aplicação da CISG e cujos sumários são regularmente publicados no Recueil de jurisprudence concernant les textes de la CNUDCI (também dito: Case law on Uncitral texts).

[75] Heuzé, Vincent. La vente internationale de marchandises. Droit uniforme. In: Ghestin, Jacques (org.). *Traité des Contrats*. Paris, L.G.D.J., 2000.p. 87.

22. OBRIGAÇÕES DO VENDEDOR E DO COMPRADOR E A CONFORMIDADE DA MERCADORIA – NOTAS SOBRE O *NEW ZEALAND MUSSELS CASE*

Thiago Rodovalho

Introdução

O intercâmbio comercial, em larga escala, seria impossível, numa economia cada vez mais globalizada,[1] com tantos e tão variados países, de sistemas legais muitas vezes distintos (*common law* e *civil law*, *v.g.*), entabulada no mais das vezes de forma cada vez mais célere,[2] sem que houvesse uma certa *padronização comercial*.[3]

Há, por exemplo, uma *tendência* à «uniformidade da prática contratual», que tem se tornado absolutamente imanente à própria natureza do comércio internacional.

Assim, os contratos internacionais têm sido marcados por essa tendência à estandardização ou padronização [contratos de adesão, contratos-tipo (*contracts-type*), contratos-padrão, condições ou cláusulas contratuais gerais (*general conditions of sale and standard clauses*), contratos-standard (*standard contract*), modelos jurídicos etc.], que foram e são consolidados pela própria prática do comércio internacional, inclusive a partir de entidades e instituições não-estatais, como, *v.g.*, a *United Nations Comission on International Trade Law*

* Texto publicado anteriormente em: "SCHWENZER, Ingeborg; PEREIRA, Cesar. A. Guimarães; TRIPODI, Leandro (coordenadores). A CISG e o Brasil: Convenção das Nações Unidas para os Contratos de Compra e Venda Internacional de Mercadorias. 1. ed. São Paulo: Marial Pons; Curitiba: Federação das Indústrias do Estado do Paraná, 2015".

[1] V. Luiz Olavo Baptista. *Lex mercatoria*, in Rafaella Ferraz e Joaquim de Paiva Muniz. *Arbitragem doméstica e internacional – estudos em homenagem ao Prof. Theóphilo de Azeredo Santos*, Rio de Janeiro: Forense, 2008, p. 281.

[2] Lauro Gama e Souza Junior. *Contratos internacionais à luz dos princípios do Unidroit 2004 – Soft law, Arbitragem e Jurisdição*, Rio de Janeiro: Renovar, 2006, p. 230.

[3] Thiago Rodovalho. *Cláusula compromissória nos contratos de adesão empresariais*, Tese de Doutorado, São Paulo: Pontifícia Universidade Católica de São Paulo – Faculdade Paulista de Direito/Departamento de Direito Civil, 2014, p. 155/156.

– Uncitral, The Internacional Institute for the Unification of Private Law – Unidroit, Internacional Chamber of Commerce – ICC, entre outras.[4]

Nesse contexto, a *Convenção das Nações Unidas sobre Contratos de Compra e Venda Internacional de Mercadorias* (ou, como mundialmente conhecida, *CISG – Convention on the International Sale of Goods*) – Uncitral, Viena, 1980 –, também conhecida no Brasil como simplesmente "*Convenção de Viena*", consubstancia-se justamente num instrumento jurídico – internacionalmente concebido, após intensas negociações entre múltiplos países –,[5] que tem como *ratio essendi* realizar uma *aproximação* entre esses diversos sistemas jurídicos, promovendo *padrões comerciais uniformes*,[6] de modo a criar um «ambiente mais previsível e seguro» para as relações comerciais internacionais.

[4] José Alexandre Tavares Guerreiro. *Fundamentos da arbitragem do comércio internacional*, São Paulo: Saraiva, 1993, p. 70/71, em especial: "*Como seus congêneres de outros países, o empresário, nos negócios que vier a realizar, adotará decerto contratos-padrão* (contrats-type, standard contracts), *formulados ou consolidados pelas associações profissionais internacionais, submetendo-se, outrossim, à codificação de usos e costumes ou praxes observadas reiteradamente no respectivo campo de atividade econômica. Essa realidade indica a tendência à harmonização de práticas comerciais, vocacionadas, aliás, à facilitação dos próprios negócios*" (p. 70); Hermes Marcelo Huck. *Sentença estrangeira e lex mercatoria – horizontes e fronteiras do comércio internacional*, São Paulo: Saraiva, 1994, p. 102 e 106, em especial: "*Tal relação supranacional, estabelecida no seio da grande sociedade dos comerciantes internacionais, busca uniformizar as regras jurídicas e contratuais de sua própria e específica atividade, harmonizando suas práticas de comércio, simplificando e agilizando o sistema mercantil transfronteiras. Inúmeros e notáveis são os esforços no sentido de uma padronização dos costumes comerciais internacionais*" (p. 102); e Luiz Olavo Baptista. *Lex mercatoria*, in Rafaella Ferraz e Joaquim de Paiva Muniz. *Arbitragem doméstica e internacional – estudos em homenagem ao Prof. Theóphilo de Azeredo Santos*, Rio de Janeiro: Forense, 2008, p. 283: "*Os modelos jurídicos aparecem, sobretudo, na criação dos contratos, e os usos e costumes codificaram-se, na maior parte das vezes, setorialmente* [...] *Em relação aos contratos, o procedimento é similar: buscam-se cláusulas, a estrutura e outros elementos dos contratos e cria-se um contrato cujo uso repetido torna-o um modelo, similar aos contratos nominados das legislações estatais*". V., também, Lauro Gama e Souza Junior. *Contratos internacionais à luz dos princípios do Unidroit 2004 – Soft law, Arbitragem e Jurisdição*, Rio de Janeiro: Renovar, 2006, p. 229/230; e Thiago Rodovalho. *Cláusula compromissória nos contratos de adesão empresariais*, Tese de Doutorado, São Paulo: Pontifícia Universidade Católica de São Paulo – Faculdade Paulista de Direito/Departamento de Direito Civil, 2014, p. 155/156.

[5] Cfr., entre outros, Leandro Tripodi. *Aspectos da tutela à boa-fé na Convenção de Viena sobre a Compra e Venda Internacional de Mercadorias*, in Umberto Celli Junior, Maristela Basso e Alberto do Amaral Junior (coords.). *Arbitragem e comércio internacional – estudos em homenagem a Luiz Olavo Baptista*, São Paulo: Quartier Latin, 2013, p. 386/387; e Arnoldo Wald, José Augusto Fontoura Costa e Maíra de Melo Vieira. *O impacto da Convenção de Viena sobre a Compra e Venda Internacional de Mercadorias no direito brasileiro: visão geral*, in Arnoldo Wald (coord.). *Revista de Arbitragem e Mediação*, vol. 37, São Paulo: Revista dos Tribunais, Abril/Junho de 2013, p. 18/19.

[6] Eduardo Grebler. *Não conformidades e exceções à responsabilidade do vendedor na Convenção das Nações Unidas sobre Venda Internacional de Mercadorias*, in Arnoldo Wald (coord.). *Revista de Arbitragem e Mediação*, vol. 37, São Paulo: Revista dos Tribunais, Abril/Junho de 2013, p. 126. V., também, Peter

Nesse contexto, a *CISG* adotou, como *cânone fundamental* para essa harmonização internacional do intercâmbio comercial de venda e compra e mercadorias a «boa-fé objetiva»,[7] nos termos de seu artigo 7.º, *verbis*:

> "*(1) Na interpretação desta Convenção ter-se-ão em conta seu caráter internacional e a necessidade de promover a uniformidade de sua aplicação, bem como de assegurar o respeito à boa fé no comércio internacional.*
>
> *(2) As questões referentes às matérias reguladas por esta Convenção que não forem por ela expressamente resolvidas serão dirimidas segundo os princípios gerais que a inspiram ou, à falta destes, de acordo com a lei aplicável segundo as regras de direito internacional privado.*"

Deste modo, a *boa-fé objetiva*[8] permeia a *CISG*, como *standard de comportamento*,[9] de sorte a que esse seja efetivamente o «*clima* e o *ambiente* dentro do qual a relação comercial deve se desenvolver».[10]

Assim, a boa-fé objetiva passa a se traduzir em *pauta interpretativa*,[11] que permitirá ao intérprete valorar o *comportamento* e a *conduta das partes*, visando justamente à proteção das «legítimas expectativas» de cada um,[12] numa

Schlechtriem e Ingeborg Schwenzer. *Comentários à convenção das Nações Unidas sobre Contratos de Compra e Venda Internacional de Mercadorias* (coordenação de tradução: Eduardo Grebler, Véra Fradera e Cesar A. Guimarães Pereira), São Paulo: Revista dos Tribunais, 2014, p. 695/696.

[7] Ana Tereza Basilio. *Aplicação e interpretação da Convenção de Viena sob a perspectiva do direito brasileiro*, in Arnoldo Wald (coord.). *Revista de Arbitragem e Mediação*, vol. 37, São Paulo: Revista dos Tribunais, Abril/Junho de 2013, p. 41; e Leandro Tripodi. *Aspectos da tutela à boa-fé na Convenção de Viena sobre a Compra e Venda Internacional de Mercadorias*, in Umberto Celli Junior, Maristela Basso e Alberto do Amaral Junior (coords.). *Arbitragem e comércio internacional – estudos em homenagem a Luiz Olavo Baptista*, São Paulo: Quartier Latin, 2013, p. 388.

[8] Cfr. Judith Martins-Costa. *A boa-fé no direito privado*, São Paulo: Revista dos Tribunais, 1999, p. 411: "[a boa-fé objetiva quer significar] *modelo de conduta social, arquétipo ou* standard *jurídico, segundo o qual 'cada pessoa deve ajustar a própria conduta a esse arquétipo, obrando como obraria um homem reto: com honestidade, lealdade, probidade'*".

[9] Sobre a boa-fé objetiva como "bitola de comportamento", cfr., entre outros, António Manuel da Rocha e Menezes Cordeiro. *Da boa fé no direito civil*, 3ª. reimpressão, Coimbra: Almedina, 2007, p. 162/170.

[10] Luis Diez-Picazo. *Fundamentos del derecho civil patrimonial – introducción, teoría del contrato, las relaciones obligatorias*, 1.º vol., Madrid: Tecnos, 1972, p. 46. A esse respeito, v. amplamente Thiago Rodovalho. *Abuso de direito e direitos subjetivos*, São Paulo: Revista dos Tribunais, 2011, p. 71/75.

[11] Cfr. Lidia María Rosa Garrido Cordobera. *La buena fe como pauta interpretación en los contratos*, in Marcos M. Córdoba (director). *Tratado de la buena fe en el derecho*, Buenos Aires: La Ley, 2005 (1.ª reimpressão), tomo I, Cap. XXII, p. 336/349.

[12] Thiago Rodovalho. *Abuso de direito e direitos subjetivos*, São Paulo: Revista dos Tribunais, 2011, p. 71/75.

relação de cooperação e de confiança recíproca entre as partes,[13] especialmente quando não se puder depreender, com precisão, do contrato ou da *CISG*, os direitos e deveres do vendedor e do comprador [v. *CISG* art. 7.º (2)].

1. O caso: *New Zealand Mussels Case*

Quando se trata de *direitos* e *deveres* do vendedor e comprador, relativamente à conformidade ou não de mercadorias – se com base no regramento de direito público do Estado do comprador ou se com base no regramento de direito público do Estado do vendedor –,[14] uma decisão que é sempre citada é a do caso *New Zealand Mussels Case,*[15] decidido, em 8 de março de 1995, pelo *Bundesgerichtshof* (*BGH*), que podemos traduzir por *Supremo Tribunal Federal* (alemão),[16]

[13] Nesse sentido, v. Emilio Betti. *Teoría general de las obligaciones* (trad. de José Luis de Los Mozos), t. I, Madrid: Revista de Derecho Privado, 1969, p. 2 *et seq.*; Judith Martins-Costa. *A boa-fé no direito privado*, São Paulo: Revista dos Tribunais, 1999, p. 470; Judith Martins-Costa. *Comentários ao novo código civil – do inadimplemento das obrigações (arts. 389 a 420)*, Coord. Sálvio de Figueiredo Teixeira, vol. V, t. II, Rio de Janeiro: Forense, 2003, p. 20/30; Thiago Rodovalho. *Algumas considerações sobre o perfil atual do direito das obrigações*, in Revista de Direito Privado, n. 37, São Paulo: Revista dos Tribunais, jan./mar. de 2009, p. 261; e Thiago Rodovalho. *Obrigações e riscos*, in José Horácio Halfeld Rezende Ribeiro (coord.). *Revista de Direito Bancário e do Mercado de Capitais*, n. 62, São Paulo: Revista dos Tribunais/IASP, out./dez de 2013, p. 165/196.

[14] Sobre o tema, v., amplamente, Peter Schlechtriem e Ingeborg Schwenzer. *Comentários à convenção das Nações Unidas sobre Contratos de Compra e Venda Internacional de Mercadorias* (coordenação de tradução: Eduardo Grebler, Véra Fradera e Cesar A. Guimarães Pereira), São Paulo: Revista dos Tribunais, 2014, p. 704/706.

[15] Esse caso encontra-se disponível no seguinte sítio eletrônico: http://cisgw3.law.pace.edu/cases/950308g3.html, acessado em 28.7.2014, com excertos de comentários de Peter Schlechtriem [extraídos de Peter Schlechtriem. *Commentary on CISG issues considered by the BGH*, in *50 Years of the Bundesgerichtshof (Federal Supreme Court of Germany): A Celebration Anthology from the Academic Community*, disponível em: http://www.cisg.law.pace.edu/cisg/biblio/schlechtriem3.html, acessado em 28.7.2014]. Essa decisão também citada e comentada, entre outros, em Peter Schlechtriem e Ingeborg Schwenzer. *Comentários à convenção das Nações Unidas sobre Contratos de Compra e Venda Internacional de Mercadorias* (coordenação de tradução: Eduardo Grebler, Véra Fradera e Cesar A. Guimarães Pereira), São Paulo: Revista dos Tribunais, 2014, p. 705/706; e Eduardo Grebler. *Não conformidades e exceções à responsabilidade do vendedor na Convenção das Nações Unidas sobre Venda Internacional de Mercadorias*, in Arnoldo Wald (coord.). *Revista de Arbitragem e Mediação*, vol. 37, São Paulo: Revista dos Tribunais, Abril/Junho de 2013, p. 128/129.

[16] António Francisco de Sousa. *Fundamentos da tradução jurídica alemão-português*, São Paulo: Saraiva, 2014, p. 314; Howard D. Fisher. *O sistema alemão e sua terminologia*, Rio de Janeiro: Forense, 2013, p. 530; e Ina Warncke Ashton. *Curso de alemão para juristas – Deutschkurs für Juristen*, vol. 1, Porto Alegre: SAFE, 1990, p. 161 e 187. Embora haja referência também a *Tribunal Federal de Justiça* (cfr. António Francisco de Sousa. *Fundamentos da tradução jurídica alemão-português*, São Paulo: Saraiva, 2014, p. 324).

mas que, a despeito da nomenclatura, não guarda identidade com o nosso STF.[17] O *BGH* corresponde à mais alta instância de *jurisdição ordinária* (*ordentliche Gerichtsbarkeit*),[18] e que tem competência (*Zuständigkeit*) para dirimir as questões *cíveis* e *criminais* (*Zivil und Strafrechtspflege*)[19] em última instância, e cujas decisões somente podem ser reformadas, *se envolverem questão constitucional*, pelo Tribunal Federal Constitucional (*Bundesverfassungsgericht*).

Tratava-se de venda e compra internacional de mexilhões, em que o vendedor era da Suíça e o comprador, da Alemanha. A discussão se deu em torno do nível de concentração de cádmio. Os mexilhões continham cádmio dentro dos níveis admitidos pelo Poder Público suíço; contudo, excediam os limites tolerados pelo Poder Público alemão.

O comprador, então, alegou *incumprimento contratual* (*breach of contract*), e a discussão foi parar no judiciário alemão.

Nesse contexto – sem adentrar aqui na discussão sobre o *prazo razoável para alegação da desconformidade* (v. *CISG* art. 39) –,[20] o *BGH* confirmou a decisão da instância inferior, que havia decidido que o vendedor «*não*» havia descumprido o contrato, pois a concentração de cádmio, por si só, não significaria *desconformidade*, haja vista que os mexilhões ainda seriam comestíveis, e que

[17] O nosso STF corresponde, *em certa medida*, com algumas diferenças de acesso e funcionamento, à Corte Constitucional alemã (o *Tribunal Federal Constitucional* ou *Bundesverfassungsgericht*), que é a mais alta instância de *jurisdição constitucional* (*Verfassungsgerichtsbarkeit*): cfr. António Francisco de Sousa. *Fundamentos da tradução jurídica alemão-português*, São Paulo: Saraiva, 2014, p. 313/326 e, especialmente, 353/356; Howard D. Fisher. *O sistema alemão e sua terminologia*, Rio de Janeiro: Forense, 2013, p. 14 e 528/530; e Ina Warncke Ashton. *Curso de alemão para juristas – Deutschkurs für Juristen*, vol. 1, Porto Alegre: Safe, 1990, p. 161.

[18] António Francisco de Sousa. *Fundamentos da tradução jurídica alemão-português*, São Paulo: Saraiva, 2014, p. 313/314; Howard D. Fisher. *O sistema alemão e sua terminologia*, Rio de Janeiro: Forense, 2013, p. 14 e 529/530; e Ina Warncke Ashton. *Curso de alemão para juristas – Deutschkurs für Juristen*, vol. 1, Porto Alegre: SAFE, 1990, p. 161 e 187.

[19] Abrangendo também a *jurisdição voluntária* (*freiwillige Gerichtsbarkeit*): v. António Francisco de Sousa. *Fundamentos da tradução jurídica alemão-português*, São Paulo: Saraiva, 2014, p. 314; e Howard D. Fisher. *O sistema alemão e sua terminologia*, Rio de Janeiro: Forense, 2013, p. 530.

[20] *CISG* art. 39:

"*Artigo 39*

(1) O comprador perderá o direito de alegar a desconformidade se não comunicá-la ao vendedor, precisando sua natureza, em prazo razoável a partir do momento em que a constatar, ou em que deveria tê-la constatado.

(2) Em qualquer caso, o comprador perderá o direito de alegar a desconformidade se não comunicá-la ao vendedor no prazo máximo de dois anos a partir da data em que as mercadorias efetivamente passarem à sua posse, salvo se tal prazo for incompatível com a duração da garantia contratual".

o art. 35 (2 *a* e *b*) da *CISG*[21] ***não*** obrigaria o vendedor (*exportador*) a fornecer bens em conformidade com todas as disposições impostas pelo Poder Público do Estado do comprador (*importador*), a menos que as mesmas disposições existam no Estado do vendedor, *ou o comprador tenha informado o vendedor acerca de tais disposições ou que o vendedor tivesse conhecimento de tais disposições devido a circunstâncias especiais.*

Interessam-nos, aqui, de perto, essas assertivas finais do *BGH*, que passaremos a comentar abaixo: (i) *o comprador tenha informado o vendedor acerca de tais disposições impostas pelo Poder Público de seu Estado*; ou (ii) *que o vendedor tivesse conhecimento de tais disposições devido a circunstâncias especiais.*

2. Notas sobre a decisão do *Bundesgerichtshof*

A decisão proferida pelo *Bundesgerichtshof* no *New Zealand Mussels Case* fixou um bom parâmetro para interpretação da *conformidade ou não de mercadorias **à luz do art. 35 da** CISG* – entendimento esse que não é isolado *BGH*, sendo comungado pelos Tribunais na Áustria e na Holanda.[22]

Primeiramente, não se pode perder de vista, como adverte Schlechtriem, que a disciplina dada pela *CISG* à *conformidade da mercadoria* é baseada numa «*compreensão subjetiva de defeito*» (*subjektiver Fehlerbegriff*).[23]

[21] *CISG* art. 35 (1) e (2 *a* e *b*):
"(1) O vendedor deverá entregar mercadorias na quantidade, qualidade e tipo previstos no contrato, acondicionadas ou embaladas na forma nele estabelecida.
(2) Salvo se as partes houverem acordado de outro modo, as mercadorias não serão consideradas conformes ao contrato salvo se:
(a) forem adequadas ao uso para o qual mercadorias do mesmo tipo normalmente se destinam;
(b) forem adequadas a algum uso especial que, expressa ou implicitamente, tenha sido informado ao vendedor no momento da conclusão do contrato, salvo se das circunstâncias resultar que o comprador não confiou na competência e julgamento do vendedor, ou que não era razoável fazê-lo".

[22] Peter Schlechtriem e Ingeborg Schwenzer. *Comentários à convenção das Nações Unidas sobre Contratos de Compra e Venda Internacional de Mercadorias* (coordenação de tradução: Eduardo Grebler, Véra Fradera e Cesar A. Guimarães Pereira), São Paulo: Revista dos Tribunais, 2014, p. 705/706. Embora, evidentemente, haja entendimentos jurisprudenciais em contrário em outros Estados, como, por exemplo, Estados Unidos e França (v. Eduardo Grebler. *Não conformidades e exceções à responsabilidade do vendedor na Convenção das Nações Unidas sobre Venda Internacional de Mercadorias*, in Arnoldo Wald (coord.). *Revista de Arbitragem e Mediação*, vol. 37, São Paulo: Revista dos Tribunais, Abril/Junho de 2013, p. 128/129).

[23] Disponível em: http://cisgw3.law.pace.edu/cases/950308g3.html, acessado em 28.7.2014, com excertos de comentários de Peter Schlechtriem [extraídos de Peter Schlechtriem. *Commentary on*

Assim, no referido art. 35, a *CISG*, num primeiro momento, remete ao contrato para saber-se se a mercadoria está conforme ou não [*CISG* art. 35 (1)] – *teste primário* –,[24] ou, quando o contrato é insuficiente para essa aferição, a *CISG* nos dá alguns parâmetros e «*critérios objetivos*» para que essa análise seja feita [*CISG* art. 35 (2)] – definição (e aplicação) *subsidiária* de conformidade.[25]

No caso concreto, se o contrato previsse que os mexilhões deveriam observar certo limite de concentração de cádmio, nenhum problema se apresentaria. A mercadoria estaria em conformidade ou não se atendesse especificamente e exatamente a esse parâmetro contratualmente estabelecido [*CISG* art. 35 (2)].

Contudo, é justamente no silêncio ou ambiguidade do contrato que o problema se apresenta, como se passou no caso concreto ora analisado.

No *New Zealand Mussels Case*, o contrato não especificava o limite de concentração de cádmio a ser observado. Como o vendedor, suíço, sabia que a venda era feita a um comprador alemão, a questão que se coloca é se essa informação era suficiente para que o comprador soubesse ou devesse saber o limite de cádmio a ser observado?

O *BGH* respondeu negativamente, e essa nos parece ser, *como regra*, a melhor resposta, no *ambiente de boa-fé em que as relações comerciais devem se realizar.*

A *CISG*, como dito, tem por objetivo *harmonizar* e *facilitar* a venda e compra internacional de mercadorias.

Nesse sentido, num mundo altamente globalizado e com relações entabuladas de forma cada vez mais pulverizada e célere, não é dado ao vendedor, que exporta seus produtos a uma diversidade enorme de países e culturas, conhecer todos os meandros internos de cada Estado importador, a menos que rotineiramente já realize vendas do mesmo produto a esse Estado importador.

Quem melhor detém essas informações (exigências do Poder Público), é justamente o comprador, que sabe ou deveria saber quais são as especificações e exigências feitas pelo Poder Público do seu Estado.

CISG issues considered by the BGH, in *50 Years of the Bundesgerichtshof (Federal Supreme Court of Germany): A Celebration Anthology from the Academic Community*, disponível em: http://www.cisg.law.pace.edu/cisg/biblio/schlechtriem3.html, acessado em 28.7.2014]. Cfr., também, Peter Schlechtriem e Ingeborg Schwenzer. *Comentários à convenção das Nações Unidas sobre Contratos de Compra e Venda Internacional de Mercadorias* (coordenação de tradução: Eduardo Grebler, Véra Fradera e Cesar A. Guimarães Pereira), São Paulo: Revista dos Tribunais, 2014, p. 697.

[24] Peter Schlechtriem e Ingeborg Schwenzer. *Comentários à convenção das Nações Unidas sobre Contratos de Compra e Venda Internacional de Mercadorias* (coordenação de tradução: Eduardo Grebler, Véra Fradera e Cesar A. Guimarães Pereira), São Paulo: Revista dos Tribunais, 2014, p. 697.

[25] *Idem, ibidem*, p. 701.

Assim, sendo quem melhor detém essas informações, caberia franqueá-las ao vendedor, não podendo, por omissão ou desídia sua, imputar essa responsabilidade ao vendedor, para ter a mercadoria como não-conforme.

O simples fato de franquear o *país* para o qual a compra é feita é «insuficiente» para que incida o art. 35 (2 *a* e *b*) da *CISG* [*(a) forem adequadas ao uso para o qual mercadorias do mesmo tipo normalmente se destinam*; e *(b) forem adequadas a algum uso especial que, expressa ou implicitamente, tenha sido informado ao vendedor no momento da conclusão do contrato, salvo se das circunstâncias resultar que o comprador não confiou na competência e julgamento do vendedor, ou que não era razoável fazê-lo*]. Informar apenas e tão somente o *país* (importador) não é o mesmo que informar *algum uso especial* para a mercadoria, ou para que se entenda que o *tipo a que normalmente se destinam* seja necessariamente o do Estado importador, que pode ser mais ou menos rigoroso do que o de outros países.

Ou seja, apenas com essa informação (*país da importação*), não é dado ao vendedor saber todas as especificações e exigências «*particularmente*» feitas pelo Poder Público do Estado do comprador, até porque, o próprio levantamento dessas informações nem sempre é tão simples e acessível, justamente por isso, quem melhor as detém é justamente o comprador, cujos direitos e obrigações, de ambas as partes, são orientados pela ideia de *cooperação* e de *boa-fé*.

É natural, portanto, que o *vendedor* se oriente através das exigências regulamentares de seu próprio país, a menos que seja avisado pelo comprador.[26]

Cabe, portanto, ao *comprador* fazer constarem do contrato essas informações específicas, ou, ao menos, franqueá-las inequivocamente ao vendedor.[27]

3. Exceções – situações específicas: a experiência do vendedor

O entendimento que vimos expondo consubstancia-se na *regra*, o que não significa que não possa haver *exceções* a situações particulares.

[26] Eduardo GREBLER. *Não conformidades e exceções à responsabilidade do vendedor na Convenção das Nações Unidas sobre Venda Internacional de Mercadorias*, in Arnoldo WALD (coord.). *Revista de Arbitragem e Mediação*, vol. 37, São Paulo: Revista dos Tribunais, Abril/Junho de 2013, p. 129.

[27] Cfr. Peter SCHLECHTRIEM e Ingeborg SCHWENZER. *Comentários à convenção das Nações Unidas sobre Contratos de Compra e Venda Internacional de Mercadorias* (coordenação de tradução: Eduardo Grebler, Véra Fradera e Cesar A. Guimarães Pereira), São Paulo: Revista dos Tribunais, 2014, p. 705 (*nesse sentido*) e p. 706 (*contra*).

É a *regra*, pois «*ordinariamente*» não é dado exigir que o *vendedor* tenha conhecimento de exigências *particulares* do Estado do comprador que não lhe tenham sido franqueadas previamente.

Contudo, pode haver situações que *excepcionem essa regra geral*. Assim o é, por exemplo, quando se puder extrair ou presumir esse *conhecimento prévio do vendedor*.

Nesse sentido, se o vendedor, por exemplo, comerciar *regularmente* o mesmo produto para o Estado do comprador, é possível demonstrar ou presumir que tenha conhecimento – ou ao menos deveria ter –, assim como se porventura ele tiver *filial* no Estado do comprador. Em igual sentir, se, a partir de negócios anteriores com o comprador, se puder presumir inequivocamente a ciência do vendedor das exigências *particulares* do Estado.[28]

A própria *experiência* exportadora do vendedor, bem como seu porte econômico [= *empresa sofisticada (sophisticated party)*,[29] ou seja, empresa estrutura e acostumada ao tráfego internacional], podem ser critérios para – *diante das especificidades do caso concreto* –, afastar-se a *regra geral*.

Conclusões

A decisão proferida pelo *Bundesgerichtshof* não é a única nem significa a palavra final sobre o tema, como bem adverte Schlechtriem,[30] pois outros Estados podem vir a entender em sentido diverso.

Contudo, quer nos parecer que essa decisão do *BGH* apresenta parâmetros adequados e equilibrados para as relações comerciais internacionais,

[28] Nesse sentido, v. Peter Schlechtriem e Ingeborg Schwenzer. *Comentários à convenção das Nações Unidas sobre Contratos de Compra e Venda Internacional de Mercadorias* (coordenação de tradução: Eduardo Grebler, Véra Fradera e Cesar A. Guimarães Pereira), São Paulo: Revista dos Tribunais, 2014, p. 705.

[29] Sobre o tema, v. amplamente Meredith R. Miller. *Contract Law, Party Sophistication and the New Formalism*, in Missouri Law Review, vol. 75, Issue 2, Spring/2010, p. 493/536. V., também, Thiago Rodovalho. *Cláusula compromissória nos contratos de adesão empresariais*, Tese de Doutorado, São Paulo: Pontifícia Universidade Católica de São Paulo – Faculdade Paulista de Direito/Departamento de Direito Civil, 2014, p. 155/158.

[30] Disponível em: http://cisgw3.law.pace.edu/cases/950308g3.html, acessado em 28.7.2014, com excertos de comentários de Peter Schlechtriem [extraídos de Peter Schlechtriem. *Commentary on CISG issues considered by the BGH*, in *50 Years of the Bundesgerichtshof (Federal Supreme Court of Germany): A Celebration Anthology from the Academic Community*, disponível em: http://www.cisg.law.pace.edu/cisg/biblio/schlechtriem3.html, acessado em 28.07.2014].

consentâneos com a boa-fé e a cooperação que devem nortear as partes contratantes.

Demais disso, em nosso sentir, ela fixa uma *regra geral*, que pode vir a ser excepcionada no caso concreto, a depender de suas circunstâncias específicas.

23. A CONCESSÃO DE PRAZO SUPLEMENTAR PELO COMPRADOR PARA CUMPRIMENTO DE OBRIGAÇÕES DO VENDEDOR NA PERSPECTIVA DA CISG

Pedro Silveira Campos Soares

Introdução

Dentre os reflexos do princípio *favor contractus* que permeia a Convenção das Nações Unidas sobre Contratos de Compra e Venda Internacional de Mercadorias[1] está a faculdade outorgada à parte adimplente de conceder à parte inadimplente prazo suplementar para cumprir suas obrigações, nos termos dos artigos 47 e 63 da Convenção.[2]

Este trabalho busca analisar tal direito sob a perspectiva do comprador, traçando inicialmente sua origem histórica (capítulo II), passando pela análise de sua função e seus efeitos (capítulo III) e, finalmente, de suas implicações para o comprador (capítulo IV).

* Texto publicado anteriormente em: "SCHWENZER, Ingeborg; PEREIRA, Cesar. A. Guimarães; TRIPODI, Leandro (coordenadores). A CISG e o Brasil: Convenção das Nações Unidas para os Contratos de Compra e Venda Internacional de Mercadorias. 1. ed. São Paulo: Marial Pons; Curitiba: Federação das Indústrias do Estado do Paraná, 2015".

1 Doravante referida como "Convenção" ou "CISG".

2 Artigo 47 (1) O comprador poderá conceder ao vendedor prazo suplementar razoável para o cumprimento de suas obrigações. (2) Salvo se tiver recebido a comunicação do vendedor de que não cumprirá suas obrigações no prazo fixado conforme o parágrafo anterior, o comprador não poderá exercer qualquer ação por descumprimento do contrato, durante o prazo suplementar. Todavia, o comprador não perderá, por este fato, o direito de exigir indenização das perdas e danos decorrentes do atraso no cumprimento do contrato. Artigo 63 (1) O vendedor poderá conceder prazo suplementar razoável para cumprimento das obrigações que incumbirem ao comprador. (2) O vendedor não pode, antes de vencido o prazo concedido conforme o parágrafo precedente, recorrer a qualquer ação por descumprimento do contrato, salvo se houver recebido comunicação do comprador de que não cumprirá suas obrigações neste prazo. Todavia, o vendedor não perderá, por isto, qualquer direito que possa ter de exigir perdas e danos pela mora no cumprimento pelo comprador.

1. Origem histórica

A autorização para que o comprador possa conceder prazo adicional para cumprimento de obrigações origina-se do direito alemão que, conforme observa Manfred Pieck, permite à parte adimplente conceder à inadimplente prazo suplementar, lá denominado *Nachfrist*, nos casos em que a parte inadimplente atrase o cumprimento de suas obrigações (*Verzug*).[3]

O direito francês, de seu turno, também serviu de inspiração para a Convenção, particularmente no *mise em demeure* conforme esclarece Bruno Zeller.[4]

Na perspectiva do direito internacional dos tratados, a Lei Uniforme de Compra e Venda Internacional[5] previu tal possibilidade nos artigos 27(2), 31(2), 44(2).[6] De outro lado, os Princípios Relativos aos Contratos Comerciais Internacionais, de 2010, em seu artigo 7.1.5,[7] e os Princípios de Direito

[3] Pieck, Manfred. A Study of the Significant Aspects of German Contract Law. Annual Survey of International and Comparative Law, vol. 3, 1996, p. 122.

[4] Cf. Zeller, Bruno. Guide to Articles 47 & 49(1)(b): Comparison with Principles of European Contract Law (PECL), disponível em: http://www.cisg.law.pace.edu/cisg/text/peclcomp47.html. Em particular, diz o autor que: "*o princípio foi tomado por empréstimo principalmente da legislação interna alemã, bem como do procedimento francês da 'mise em demeure'*". Tradução livre de "*The principle has been mainly borrowed from German domestic law as well as from the French procedure of mise en demeure*". Acesso em 13.07.2014.

[5] *Uniform Law of International Sale of Goods*, de 1964, doravante referida como "ULIS" e disponível em http://www.unidroit.org/instruments/international-sales/international-sales-ulis-1964. Cf. a esse respeito interessante texto de John Honnold: The Uniform Law for the International Sale of Goods: The Hague Convention of 1964. Disponível em: http://scholarship.law.duke.edu/cgi/viewcontent.cgi?article=3058&context=lcp. Acesso em 13.07.2014.

[6] Embora a ULIS não seja objeto central deste trabalho, cabe ressaltar que a neste instrumento normativo, diferentemente da Convenção, a expiração do prazo adicional levava à automática rescisão do contrato, conforme esclarece Enderlein, Fritz e Maskow, Dietrich. International Sales Law. Oceana Publications, 1992, p. 181.

[7] Artigo 7.1.5: (1) Em caso de inadimplemento, a parte prejudicada pode, mediante notificação, conceder à parte contrária prazo adicional para o adimplemento. (2) Durante o prazo adicional, a parte prejudicada pode suspender o adimplemento de suas próprias e recíprocas obrigações e pode perseguir indenização por perdas e danos, mas não pode recorrer a nenhuma outra medida jurídica. Caso receba aviso da parte contrária de que esta não irá adimplir suas obrigações naquele prazo, ou, se expirado o prazo, a prestação devida não tiver sido realizada, pode a parte prejudicada recorrer a quaisquer das medidas jurídicas que estejam disponíveis, nos termos deste Capítulo. (3) No caso em que o atraso no adimplemento não seja essencial, a parte prejudicada que tiver notificado o inadimplente, concedendo-lhe prazo de duração razoável, pode extinguir o contrato ao fim deste prazo. Se o prazo concedido não for de duração razoável, deverá ser estendido para uma duração razoável. A parte prejudicada pode, em sua notificação, determinar que, se a parte contrária não adimplir no prazo concedido, o contrato extinguir-se-á automaticamente. (4) O inciso anterior não se aplica aos casos em que a obrigação não adimplida corresponda a uma mínima parte das obrigações contratuais da parte inadimplente.

Europeu dos Contratos (PDEC), em seu artigo 8:106,[8] contemplam igual faculdade.

A concessão de prazo adicional pelo comprador ao vendedor para cumprimento de suas obrigações[9] se trata de prática internacionalmente aceita refletida na Convenção e, como tal, merece ser analisada a fundo para se evitar interpretações equivocadas, em descompasso com o direito dos contratos internacionais e, principalmente, com o objetivo primordial da Convenção, de promover uniformidade na sua aplicação e interpretação em diferentes jurisdições.[10]

2. Função e efeitos do *Nachfrist*

O *Nachfrist* se trata de faculdade da parte adimplente, que pode, a seu exclusivo critério, conceder à parte inadimplente prazo adicional para cumprimento de qualquer obrigação contratualmente assumida pela última, seja ela principal ou acessória.[11] O instituto, portanto, não contém qualquer traço de

[8] Artigo 8:106. (1) In any case of non-performance the aggrieved party may by notice to the other party allow an additional period of time for performance. (2) During the additional period the aggrieved party may withhold performance of its own reciprocal obligations and may claim damages, but it may not resort to any other remedy. If it receives notice from the other party that the latter will not perform within that period, or if upon expiry of that period due performance has not been made, the aggrieved party may resort to any of the remedies that may be available under chapter 9. (3) If in a case of delay in performance which is not fundamental the aggrieved party has given a notice fixing an additional period of time of reasonable length, it may terminate the contract at the end of the period of notice. The aggrieved party may in its notice provide that if the other party does not perform within the period fixed by the notice the contract shall terminate automatically. If the period stated is too short, the aggrieved party may terminate, or, as the case may be, the contract shall terminate automatically, only after a reasonable period from the time of the notice.

[9] O direito previsto no artigo 47 da Convenção, objeto central do presente estudo, será adiante identificado como *Nachfrist*. Como já visto, trata-se de vocábulo de origem alemã, que representa instituto similar previsto no direito alemão, que serviu de base para o estipulado no referido artigo da Convenção.

[10] Conforme prevê o artigo 7 (1) da Convenção: "*na interpretação desta Convenção ter-se-ão em conta seu caráter internacional e a necessidade de promover a uniformidade de sua aplicação, bem como de assegurar o respeito à boa fé no comércio internacional*".

[11] Cf. MÜLLER-CHEN, Markus. Artigo 47. In: SCHWENZER, Ingeborg *et alii*. (eds.). Schlechtriem & Schwenzer – Comentários à Convenção das Nações Unidas sobre Contratos de Compra e Venda Internacional de Mercadorias. São Paulo: Editora Revista dos Tribunais, 2014 (tradução de Pedro C. de Castro e Martini), *p.* 844-845, *para.* 1: "[o] *comprador pode conceder um ou mais prazos suplementares para cumprimento pelo vendedor de qualquer de suas obrigações independentemente se a obrigação for primária ou secundária*".

obrigatoriedade, conforme afirma Chegwei Liu, esclarecendo que o *Nachfrist* "é direito que recai na discricionariedade da parte adimplente e, portanto, não contempl[a] *qualquer extensão automática ou obrigatória*".[12]

Assim, diante do inadimplemento contratual do vendedor, cabe ao comprador decidir se concede prazo suplementar ao vendedor ou se, de outro lado, adota outras ações previstas na Convenção, a saber: a execução específica da obrigação (artigos 46(1) e 28), a entrega de mercadorias substitutivas (artigo 46(2)), a reparação das mercadorias defeituosas, seja pelo vendedor (artigo 46(3)) ou pelo próprio comprador (artigo 48), ou o abatimento do preço contratual (artigos 50 e 51). Em casos específicos, o comprador pode, até mesmo, rescindir o contrato, desde que se trate de violação essencial (artigo 25) ou, no caso em que o comprador conceda *Nachfrist* ao vendedor por conta de falta de entrega, este último deixe de cumprir a obrigação no prazo suplementar.[13]

Referida faculdade busca primordialmente superar problemas derivados da rescisão de um contrato internacional, quando for ainda possível remediar o inadimplemento. Atua, pois, como instrumento que auxilia a preservação da relação contratual, em benefício de ambas as partes, conforme esclarece Bruno Zeller:

> "O propósito subjacente ao direito flexível do *Nachfrist* é que a Convenção, como um de seus princípios, busca manter o contrato em vigor, desde que haja a possibilidade de cumprimento de obrigações contratuais. Tal fato está em consonância com a tentativa de superar os problemas de distância, custo e tempo ao ter o contrato rescindido, quando, com base em outro princípio geral da Convenção, nomeadamente a boa-fé, fosse ainda possível alguma ação que remedeie [o descumprimento]."[14]

[12] Liu, Chengwei. Additional Period (Nachfrist) for Late Performance: Perspectives from the CISG, Unidroit Principles, PECL and Case Law. 2ª ed., 2005, para. 2.1, disponível em: http://www.cisg.law.pace.edu/cisg/biblio/liu4.html. Acesso em 13/7/2014. Tradução livre de: "*it is a right falling within the discretion of the aggrieved party and thereby no automatic or mandatory extension has been contemplated*".

[13] Cf. Müller-Chen, Markus. *Op. cit.* para. 2, p. 845: "*As outras ações disponíveis ao comprador (além da rescisão do contrato) não dependem da providência formal de conceder prazo suplementar, isto é, em especial, o direito de exigir o cumprimento (Artigo 46), a redução do preço (Artigo 50) e, de forma geral, o direito de buscar ressarcimento por perdas e danos (Artigo 45(1)(b)), desde que tal direito não pressuponha a rescisão do contrato*".

[14] Zeller, Bruno. *Op. cit.* Tradução livre de: "[t]*he purpose behind the flexible remedy of Nachfrist is that the CISG, as one of its principles, attempts to keep the contract afoot as long as there is a possibility to perform contractual obligations. This is in line with the attempt to overcome some of the problems of distance, expense and time in having an international contract terminated where, operating under another general principle of the CISG, namely good faith, remedial action could have been possible*".

Nesse sentido, interessa relembrar os comentários feitos pelo Secretariado da Comissão das Nações Unidas para o Direito do Comércio Internacional,[15] enquanto se discutia o projeto da Convenção, de 1978. Segundo o Secretariado, o direito do comprador de fixar prazo adicional foi concebido para os casos em que este previr que a execução específica por parte do vendedor não será vantajosa ou que o inadimplemento possa não ser essencial.[16]

Desse modo, o *Nachfrist* significa a aceitação de cumprimento tardio da obrigação do vendedor pelo comprador, e, nos casos de falta de entrega, representa, igualmente, a ressalva do comprador de que o descumprimento da obrigação no prazo suplementar ensejará violação essencial do contrato. Enfim, conforme esclarece Chengwei Liu, a concessão de prazo adicional remove uma dupla dúvida. Primeiro, acerca do momento em que a obrigação atrasada será desempenhada e, segundo, sobre a essencialidade da obrigação descumprida.[17]

3. Requisitos e limitações

O artigo 47 da Convenção estabeleceu pré-requisitos para o *Nachfrist*: este direito deve ser exercido pelo comprador adimplente em favor do vendedor inadimplente, deve ser fixado de maneira determinada e deve ser razoável. Ademais concedido o prazo fica o comprador impedido de recorrer às outras ações previstas na Convenção para o caso de violação contratual.

3.1. Direito exclusivo da parte adimplente

Em primeiro lugar, cabe esclarecer que o direito previsto no artigo 47 da Convenção é exclusivo do comprador adimplente e não pode ser exercido diretamente pelo vendedor inadimplente, mediante eventual solicitação judicial de concessão de prazo suplementar para cumprimento de obrigação inadimplida. Ao vendedor cabe, sim, conceder *Nachfrist* ao comprador inadimplente, mas com base no artigo 63. A esse respeito, merece destaque o comentário do Secretariado da Uncitral:

15 Doravante referida como "Uncitral".

16 Uncitral. Comentários do Secretariado à Minuta de 1978 da Convenção, *para.* 2, disponível em: http://www.cisg.law.pace.edu/cisg/text/secomm/secomm-47.html. Acesso em 13.07.2014.

17 Liu, Chengwei. *Op. cit.*, para. 2.2.

> "[i]nexistiu razão para permitir ao vendedor que solicitasse à tribunais a concessão de prazo suplementar, como é permitido em alguns sistemas jurídicos. Além disto, o procedimento de recorrer a tribunais para concessão de prazo adicional é particularmente inapropriado no contexto do comércio internacional, especialmente porque isto exporia as partes à ampla discricionariedade do juiz que seria usualmente da mesma nacionalidade de uma das partes."[18]

É o que também esclarece a professora Maria del Pilar Perales Viscasillas, notando que a norma em comento não é "dirigida aos tribunais, que muito ao contrário, tem vedada a possibilidade conceder prazo suplementar ao comprador ou ao vendedor quando se desempenhar uma ação por descumprimento contratual [...]".[19]

3.2. Falta de entrega, entrega desconforme e violação essencial

Ultrapassado o prazo suplementar concedido em conformidade com o artigo 47 da Convenção, o descumprimento, pelo vendedor, da sua obrigação, somente ensejará automaticamente violação essencial, caso a obrigação descumprida seja de entrega de mercadorias.

Não se quer dizer que a entrega de mercadorias desconformes não enseje violação essencial, mas sim que o artigo 47 da Convenção não se presta a configurar violação essencial nestes casos, ainda que o vendedor tenha entregado mercadorias erradas, ou *aliud*. Para tais circunstâncias, cabe ao comprador

[18] Uncitral, *op. cit. para.* 5. Tradução livre de: "[t]*here was no reason to allow the seller to apply to a court for a delay of grace, as it is permitted in some legal systems. Moreover, the procedure of applying to a court for a delay of grace is particularly inappropriate in the context of international commerce, especially since this would expose the parties to the broad discretion of a judge who would usually be of the same nationality as one of the parties*".

[19] VISCASILLAS, Mª del Pilar Perales. El Contrato de Compraventa Internacional de Mercancias (Convención de Viena de 1980), 2001, *para.* 172, disponível em: http://www.cisg.law.pace.edu/cisg/biblio/perales1.html. Acesso em 13.07.2014. Tradução livre de: "[...] *dirigida a los tribunales, quines muy al contrario, tienen vedada la possibilidad de conceder um plazo de gracia al comprador o al vendedor cuando se ejercite una acción por incumplimiento del contrato* [...]". Cf., ainda, ZELLER, Bruno, *op. cit.*, esclarecendo que os PEDC não devem ser utilizado, neste ponto, como recurso interpretativo suplementar da Convenção, pois tais princípios permitem ao vendedor que estabeleça prazo adicional para cumprimento das suas próprias obrigações. A razão para tanto é que, diferentemente da Convenção, os PECL abrangem contratos de prestação de serviços e, não somente, contratos de compra e venda: "[s]*uch a variance makes sense as unlike the CISG, PECL also covers contracts of service*".

comprovar, exclusivamente com base no artigo 25, que o vendedor cometeu violação essencial do contrato.[20] Assim esclarece o Digesto preparado pela Uncitral sobre o artigo, que "[a] *concessão de período suplementar segundo o artigo 47 atua como um passo em direção à rescisão contratual, contudo, somente se o vendedor tiver violado sua obrigação de entregar as mercadorias*".[21]

A razão para tanto reside no fato de que, para a Convenção, a entrega de mercadorias desconformes se traduz em inadimplemento menos relevante do que a completa falta de entrega. Por conseguinte, a Convenção limita o comprador a adotar as outras providências permitidas nos artigos 46 e seguintes.[22] Tal fato foi objeto de debates durante a Conferência Diplomática em que a Convenção foi adotada. Ao final, decidiu-se que a violação essencial por conta de descumprimento de prazo suplementar não deveria ser utilizada abusivamente, de modo a abranger circunstâncias triviais na prática do comércio internacional, como a entrega de mercadorias desconformes. Em outras palavras, disse John Honnold que:

> "O procedimento notificação-rescisão poderia ser abusivo ao converter uma violação trivial em uma hipótese de rescisão. Por exemplo, o comprador que desejar fugir de suas obrigações contratuais – *e.g.* após o aumento do preço da mercadoria – poderia notificar o vendedor que este último tenha prazo específico para correção de defeitos mínimos nas mercadorias,

[20] Neste particular, merece destaque a decisão proferida pela Suprema Corte Alemã (Bundesgerichtshof), de 3 de abril de 1996, esclarecendo não haver necessidade de se buscar configurar como "falta de entrega", a entrega de mercadorias erradas (*aliud*), já que, neste caso, muito provavelmente se estaria diante de violação essencial. Em outras palavras, conforme esclareceu a Suprema Corte: "[t]*he more extreme the deviation, the easier it will be to classify it as a fundamental breach of contract, since it will be that much less expected of the buyer that it attempt to use the unsuitable goods*". Disponível em: http://cisgw3.law.pace.edu/cases/960403g1.html. Acesso em 13/7/2014.

[21] Uncitral. 2012 Digest of Case Law on the CISG., art. 47, para. 3, disponível em: http://www.cisg.law.pace.edu/cisg/text/digest-2012-47.html. Acesso em: 13/7/2014. Tradução livre de: "[t]*he granting of an additional period under article 47 functions as a step toward avoidance of the contract, however, only if the seller has violated its duty to deliver the goods*".

[22] Cf. Viscasillas, Mª del Pilar Perales, *Op. cit.*"[e]*n este caso, si el incumplimiento no es esencial, se haya o no concedido un plazo suplementario de duración razonable, el comprador habrá de conformarse con las mercancías, aun cuando, claro es, podrá solicitar otro tipo de acciones por incumplimiento (reducción del precio, reparación, y/o daños y perjuicios). Nótese como en la relación entre los artículos 47 (nachfrist) y 49.2 (resolución del contrato pasado el nachfrist) se trasluce la filosofía básica de la Convención al diseñar la resolución del contrato como último remedio, y además como último remedio que sólo es posible cuando el incumplimiento es esencial. No se permite, pues, que defectos mínimos o poco importantes de las mercancías se transformen en esenciales -abriendo la puerta a la resolución del contrato- por virtud de la concesión del nachfrist*".

> embora a distância entre as partes torne impraticável ao vendedor cumprir a notificação. Este entendimento das decisões tomadas pela Uncitral foi confirmado pela Conferência Diplomática mediante rejeição da proposta de ampliar o escopo [do procedimento] notificação-rescisão para incluir a desconformidade; além disto, a Conferência Diplomática incluiu as palavras 'no caso de falta de entrega' no início do [...] artigo 49(1)(b)."[23]

Tribunais estrangeiros já enfrentaram tal matéria. Em 21 de novembro de 2007, o Tribunal de Apelação de Koblenz, na Alemanha, decidiu caso envolvendo a entrega de sapatos desconformes, por um vendedor italiano a um comprador alemão. Após diversas reclamações de seus clientes, o comprador encaminhou notificação de rescisão do contrato. O vendedor se opôs a isto, alegando que o comprador deveria ter concedido prazo adicional para que o vendedor pudesse reparar ou substituir os sapatos desconformes. O Tribunal, corretamente, afastou a alegação do vendedor, esclarecendo que:

> "Em contraste às alegações do [vendedor], o [comprador] não precise fixar prazo suplementar razoável para o cumprimento, pelo vendedor, das suas obrigações, Segundo o artigo 47 da Convenção. Se as mercadorias mostrarem desconformidade, o direito do comprador de declarar o contrato rescindido depende somente de [se aferir] se a desconformidade pode ser vista como violação essencial do contrato. [...] A fixação de prazo adicional razoável não constitui um requisite se a violação essencial estiver presente."[24]

[23] HONNOLD, John. Uniform Law for International Sales under the 1980 United Nations Convention, 3ª ed. Kluwer Law: Haia, 1999, p. 313. Tradução livre de: "*The notice-avoidance procedure could be abused to convert a trivial breach into a ground for avoidance. For instance, a buyer who wishes to escape from his contractual obligations – e.g., after a price-collapse – might notify the seller that it has a specified time to correct specified minor defects in the goods although the distance separating the parties makes it impractical for the seller to comply with the notice. This understanding of the decisions taken by Uncitral was confirmed at the Diplomatic Conference by the rejection of proposals to broaden the scope of notice-avoidance to include non-conformity; in addition, to avoid any possible misunderstanding, the Diplomatic Conference added the words "in case of non-delivery" at the beginning of the [...] Article 49(1)(b)*".

[24] ALEMANHA, *Oberlandesgericht Koblenz*, j. 21.11.2007. Disponível em: http://cisgw3.law.pace.edu/cases/071121g1.html. Acesso em 13/7/2014. Tradução livre de: "*In contrast to the allegations of the [Seller], the [Buyer] did not have to fix an additional period of time of reasonable length for performance by the seller of his obligations according to Article 47 CISG. If goods are delivered that show a lack of conformity the right of the buyer to declare the contract avoided only depends on whether the lack of conformity can be seen as a fundamental breach of contract. [...] The fixing of an additional period of time of reasonable length does not constitute a requirement if a fundamental breach of contract is present*".

A ressalva é relevante e diz muito sobre a perspectiva adotada pelos redatores do artigo 47 da Convenção. De fato, quis o redator, em primeiro lugar, estimular o cumprimento do contrato, ainda que diante de inadimplemento contratual do vendedor. Contudo, sabedor que muitas das vezes nem mesmo o cumprimento tardio é possível, notadamente nos casos em que tal cumprimento não interessa mais ao vendedor, o redator consignou ao comprador o direito de rescindir o contrato, com base no artigo 25 da Convenção, estabelecendo que, além do quanto previsto no referido artigo, a falta de entrega no prazo suplementar – e tão somente a falta de entrega – ensejaria também violação essencial do contrato, nos termos do artigo 49(1)(b) da Convenção. É o que esclarece Markus Müller-Chen, analisando a relação entre os artigos 47 e 49(1)(b), sustentando que:

> "Em caso de falta entrega, o comprador será liberado do ônus de provar a violação essencial do contrato. O mesmo se aplica nos termos da segunda parte do Artigo 49(1)(b), para o caso em que, antes do término do prazo suplementar fixado sob o Artigo 47, o vendedor se recuse a cumprir, dentro desse prazo, ou em qualquer outro."[25]

Por óbvio, caso o comprador tenha deixado claro, no momento de celebração do contrato, que o cumprimento do prazo seria fator essencial à celebração do contrato, torna-se desnecessário conceder prazo suplementar para o cumprimento da obrigação inadimplida. No entanto, há casos em que ao comprador interessa conceder período suplementar para cumprimento, mesmo nos casos em que o descumprimento do prazo contratual original já ensejasse violação essencial do contrato. Assim, esclarece Michael Will que: "[q]uando o atraso constituir violação essencial, o comprador pode ainda ter razões para preferir – e não está, por qualquer motivo, impedido – de fixar

[25] MÜLLER-CHEN, Markus. Artigo 49. In: SCHWENZER, Ingeborg *et alii* (eds.). Schlechtriem & Schwenzer – Comentários à Convenção das Nações Unidas sobre Contratos de Compra e Venda Internacional de Mercadorias. São Paulo: Editora Revista dos Tribunais, 2014 (tradução de Rafael Bittencourt Silva), p. 871, *para.* 15. Cf., ainda, VISCASILLAS, Mª del Pilar Perales, *Op. cit.*:"[p]*or ello mediante la concesión de un plazo suplementario de duración razonable para cumplir, la parte que con posterioridad desee ejercitar la acción por resolución del contrato se habrá asegurado que el incumplimiento inicial (sea o no esencial) se habrá transformado en esencial, en el sentido que posibilita el ejercicio de la acción de resolución del contrato".*

prazo suplementar para cumprimento de obrigação. Em nenhum caso a rescisão constituirá sanção automática".[26]

Em vista disto, não deve o intérprete da Convenção buscar ampliar o escopo dos artigos 47 e 49(1)(b), por meio de interpretação por analogia, pois, conforme assevera Robert Koch, inexiste lacuna nos referidos artigos que deva ser preenchida.[27]

Conclui-se que o comprador somente terá direito de rescindir o contrato se ficar configurada a violação essencial do vendedor nos termos do artigo 25 ou se, concedido o prazo suplementar, conforme autoriza o artigo 47, o vendedor deixar de entregar as mercadorias contratadas.

3.3. Critérios para fixação do prazo adicional

A Convenção estabelece dois critérios para a fixação do prazo suplementar. Primeiro, que deve ser determinado e razoável. Tais critérios foram amplamente discutidos tanto por tribunais quanto por doutrinadores, como se verá adiante.

3.3.1. Prazo determinado

A determinação do prazo suplementar pelo comprador deve levar em conta todas as circunstâncias do caso concreto, incluindo a conduta das partes ao longo das negociações, as práticas anteriormente adotadas por elas, e os usos do mercado envolvido.

No tocante ao prazo, a doutrina majoritária estabelece que este deva ser fixo. Cite-se, como exemplo, a professora Maria del Pilar Perales Viscasillas, segundo a qual:

[26] WILL, Michael. Article 47. In Bianca-Bonnel Commentary on the International Sales Law, Milão: Giuffrè, 1987, p. 343. Tradução livre de: "[w]*hen the delay does constitute a fundamental breach, the buyer may still have reasons to prefer, and is by no means prevented from fixing an additional period for performance. In neither case does avoidance fall as an automatic sanction*".

[27] KOCH, Robert. Use of the Unidroit Principles to help interpret CISG Articles 47 and 49, 2004. Disponível em: http://www.cisg.law.pace.edu/cisg/principles/uni47,49.html: "[l]*eaving aside the question of whether such interpretative technique is admitted under the CISG, from the present writer's Civil Law perspective, in order to apply a rule of law by analogy there must a gap to be filled. Legislative history shows, however, that it was the conscious decision of the drafters not to broaden the scope of Article 49(1)(b) CISG to defective performance. There is thus no room under the CISG for an analogy*".

> "A linguagem de como estão redigidos os artigos 47 e 63 da Convenção dá a entender que para sua operacionalização é necessário que o comprador ou o vendedor estabeleçam um período fixo de duração razoável para que a contraparte passa cumprir (por exemplo, 13 de abril). Período este que deve estar, pois, expressamente fixado, o que é fundamental para que o inadimplemento não essencial se converta em inadimplemento essencial, permitindo, por conseguinte, a rescisão do contrato. De tal forma que, muito provavelmente, não se entenderá cumprido os requisitos dos artigos 47 e 63 nem com linguagem indeterminada (pague o quanto antes ou necessito das mercadorias, envie sem atraso), nem de forma implícita (pelo mero transcurso de um mês do descumprimento)."[28]

Não basta, pois, uma simples notificação com intuito de relembrar o vendedor de sua obrigação de entregar as mercadorias, ou de reiterar a necessidade de receber as mercadorias no prazo contratual.[29] Tal situação foi vivenciada em um caso analisado pelo Tribunal de Apelação de Düsseldorf, esclarecendo que: "*tal prorrogação de prazo deve conter a solicitação precisa de cumprimento contratual combinada com a fixação de um prazo suplementar determinado. Lembretes sem fixação de data final do prazo, entretanto, não é suficiente*".[30]

[28] Cf. VISCASILLAS, Mª del Pilar Perales. *Op. cit.* Tradução livre de: "[e]*l lenguaje con el que están redactados los artículos 47 y 63 CNUCCIM da a entender que para su operatividad es necesario que el comprador o el vendedor establezcan un período fijo de duración razonable para que pueda producirse el cumplimiento de su contraparte (por ejemplo, el 13 de abril). Período, que ha de estar, pues, expresamente fijado, ya que es fundamental para que el incumplimiento no esencial se transforme en incumplimiento esencial, que permita, en consecuencia, la resolución del contrato. De tal forma que muy probablemente no se entenderán cumplidos los requisitos de los artículos 47 y 63 ni con un lenguaje indeterminado (pague cuanto antes, necesito las mercancías, envíe sin retraso) ni de forma implícita (por el simple transcurso de unos meses tras el incumplimiento)*".

[29] Cf. WILL, Michael, *Op. cit. para.* 2.1.3.1: "[t]*he warning will have to be as unequivocal as the deadline. Strong invitations expressing something like «hope to receive the goods soon» would certainly not suffice*". Cf., ainda, MÜLLER-CHEN, Markus. Artigo 47, *op. cit.*, para. 5, p. 846: "É suficiente que o comprador declare, por exemplo, 'Você terá até 31 de outubro para entregar as mercadorias' ou 'Solicitamos entrega até 31 de outubro'. As palavras prazo suplementar ('Nachfrist', 'délai supplémentaire') não precisam ser utilizadas, apesar de ser aconselhável fazê-lo para garantir clareza. Palavras excessivamente delicadas (como 'Esperamos muito que as mercadorias cheguem até 1º de julho') são insuficientes e, portanto, devem ser evitadas".

[30] ALEMANHA, Oberlandesgericht Düsseldorf, j. 24/4/1997. Disponível em: http://cisgw3.law.pace.edu/cases/970424g1.html. Acesso em 13/7/2014. Tradução livre de: "[s]*uch an extension of delay must contain a precise request for performance that is combined with the fixing of a specific deadline. A reminder without fixing a deadline, however, does not suffice*".

O comprador deve também evidenciar em seu comunicado que tal período suplementar configura o prazo limite para cumprimento de obrigações, conforme já esclareceu a própria Uncitral em seu Digesto sobre a Convenção.[31]

Feita estas considerações, resta aferir os efeitos da comunicação do comprador realizada em desconformidade com os requisitos acima citados. Neste ponto, há divergência doutrinária e na jurisprudência. Para Michael Will,[32] John Honnold,[33] e Fritz Enderlein,[34] o comunicado perderá seus efeitos e o comprador não poderá se valer disto para rescindir o contrato, com base no artigo 49(1)(b).

Maria del Pilar Perales Viscasillas adota outra perspectiva autorizando a concessão implícita de prazo suplementar. Segundo a autora:

> "Contudo, em certos casos, a demanda implícita de cumprimento contratual seria suficiente, por exemplo, se o comprador não tiver cumprido tempestivamente sua obrigação de pagar, a fixação de outra data na fatura enviada pelo vendedor poderia ser entendida como uma notificação de *Nachfrist*, se a fatura for enviada juntamente com o carregamento das mercadorias para o comprador e não depois do seu recebimento."[35]

[31] Uncitral. 2012 Digest of Case Law on the CISG. *Op. cit. para.* 6: "[t]*he buyer must make clear that the seller has to perform within the additional time fixed in order to properly invoke article 47 and be entitled to avoid the contract if the seller does not deliver with the additional time. A clear expression that the buyer is granting a final deadline is necessary (e.g. 'final delivery date: 30 September 2002')*".

[32] Will, Michael, *Op. cit. para.* 2.1.3.1: "[t]he *notice must warn the seller that a deadline has been fixed* [...] *The warning has to be expressed so clearly that no reasonable seller would need any further interpretation or explication in order to realize that the date indicated constitutes his final chance to deliver, and that the buyer is not prepared to go beyond this deadline.*[...] *Vague terms (soon, promptly, immediately, without delay) would not be proper 'fixing' and therefore would not trigger the notice-avoidance remedy*".

[33] Honnold, John, op. cit, p. 314: "*a notice like that* [...] *should not provide the basis of avoidance under Article 49(1)(b)*".

[34] Enderlein, Fritz. Rights and Obligations of the Seller under the UM Convention on Contracts for the International Sale of Goods. In Sarcevic, Petar e Volken, Paul. International Sale of Goods. Oceana Publications, 1996, p. 193. O autor implicitamente coaduna tal posição, ao afirmar que "[t]*he additional period has to be specified – it does not suffice to ask for prompt delivery – and has to be made known to the seller*".

[35] Viscasillas, Mª Del Pilar Perales. The Nachfrist Remedy. In: SIAC (ed.) Collation of Papers at Uncitral – SIAC Conference 22-23 September 2005, p. 96. Disponível em: http://cisgw3.law.pace.edu/cisg/biblio/perales6.html. Acesso em 13.07.2014. Tradução livre de: [h]*owever, in certain circumstances, an implicit demand of performance would suffice, for example, if the buyer has not fulfilled his obligation to pay on time, a later payment date in the invoice sent by the seller would be understood as a Nachfrist notice, if the invoice was sent concurrently with the shipment of the merchandise to the buyer, and not at a time after its receipt*".

Neste particular, é relevante mencionar decisão da Audiência Provincial de Barcelona, de 3 de novembro de 1997, em caso envolvendo comprador espanhol e vendedor alemão. Neste caso, o comprador tolerou a entrega atrasada por parte do vendedor em diversas ocasiões, o que levou o tribunal a declarar que tal tolerância "*equivale* à concessão do 'prazo suplementar' previsto no artigo 47 da Convenção".[36]

Em síntese, o comprador interessado em utilizar o mecanismo previsto no artigo 47 da Convenção deve encaminhar comunicado claro e específico ao vendedor, dando-lhe ciência de que a entrega das mercadorias deve ser feita dentro de período determinado,[37] alertando-o, ainda, que o descumprimento da obrigação no prazo suplementar ensejará violação essencial do contrato.

3.3.2. Prazo razoável

Além de determinado, o prazo fixado pelo comprador deve ser razoável diante das circunstâncias do caso concreto.[38] Não deve, portanto, o comprador, se valer de tal direito de maneira abusiva, fixando prazo exíguo, com o exclusivo propósito de criar um cenário que possibilite, forçadamente, o rompimento do contrato por conta de violação essencial.[39]

O alcance do conceito de razoabilidade é esclarecido por Michael Will, ao consignar que este depende "das circunstâncias particulares de cada caso. Dentre os elementos a serem considerados estão a natureza, extensão

[36] Espanha, Audiencia Provincial de Barcelona, j. 03.11.1997, disponível em http://www.unilex.info/case.cfm?pid=1&do=case&id=313&step=FullText. Acesso em 13.07.2014. Tradução livre de: "*equivale a la concesión del 'plazo suplementario' previsto en el art.47 del Convenio*". Note que a referida decisão não parece se adequar firmemente no propósito da Convenção. De fato, ao se adotar tal perspectiva, estar-se-ia minando o objetivo principal do artigo 47 que é, nas palavras de Jacob Ziegel: "[to] *enable the buyer to fix a terminal date for the delivery of the goods where the contract has failed to make the time of delivery an essential condition of the seller's obligations*". Ziegel, Jacob S. The Remedial Provisions in the Vienna Sales Convention: Some Common Law Perspectives. p. 9-16, disponível em: http://www.cisg.law.pace.edu/cisg/biblio/ziegel6.html. Acesso em: 13.07.2014.

[37] Ressalte-se que por prazo determinado inclui-se não somente datas fixas, como períodos específicos, como: "4 semanas contadas da data da notificação", "até o final do mês", "ainda na primeira quinzena", etc.

[38] Cf. Liu, Chengwei, *op. cit.* para. 4.2: "*whether the additional period of time is reasonable is to be evaluated objectively, with regard given to the commercial interests of both parties*".

[39] É o que esclarece John Honnold (*op. cit.*, p. 314) enfatizando que: "since the seller's failure to comply with the period fixed by the buyer empowers the buyer to avoid the contract (Art. 49(1)(a), §305 infra), the reasonableness of this period should be considered in the light of the basic policy decision, embodied in Articles 25, 49 and 64, that contracts should not be avoided on insubstantial grounds".

e consequências do atraso, as possibilidades do vendedor de entregar as mercadorias, o prazo necessário para tal entrega e o interesse particular do comprador no rápido cumprimento desta obrigação".[40]

Maria del Pilar Perales Viscasillas ainda nota que o prazo deve também levar em conta a natureza da violação contratual cometida pelo vendedor. Assim, diz a autora: "*se, por exemplo, as mercadorias não tiverem sido ainda entregues, para que o prazo de 'Nachfrist' tenha duração razoável, ele deve consistir no tempo mínimo necessário para o transporte das mercadorias do estabelecimento do vendedor para o local de entrega*".[41]

Neste ponto, cabe citar outros instrumentos de direito internacional que servem de suporte interpretativo para a Convenção. Segundo Richard Köch, em interessante texto comparativo do artigo 47 da Convenção com o artigo 7.1.5. dos Princípios Unidroit:

> "O *Nachfrist* deve ser 'de razoável duração'. Na ausência de acordo expresso entre as partes, a determinação sobre se o *Nachfrist* é 'razoável' deve ser feita à luz das circunstâncias do caso concreto. Em especial, deve ser considerado o prazo originalmente fixado para entrega, a necessidade do comprador em uma rápida entrega, a natureza das mercadorias a serem entregues e a causa do atraso."[42]

[40] WILL, Michael, *op. cit.*, para. 2.1.3.2. Tradução livre de: "[...] *on the particular circumstances of each case. Among the elements to be taken into account are the nature, extent and consequences of the delay, the seller's possibilities of and time needed for delivery, and the buyer's special interest in speedy performance*". Cf., ainda, Markus Müller-Chen. Artigo 47, *op. cit.* para. 6, p. 847: "[s]*e o prazo é ou não razoável é uma questão a ser decidida não pela regra geral, mas somente considerando as circunstâncias de cada caso individual. As seguintes matérias devem ser levadas em conta: a duração do prazo contratual para entrega (transações com prazos para entrega curtos justificam um prazo suplementar mais curto, prazos para entrega longos requerem prazos suplementares mais longos); o interesse do comprador na entrega rápida, se tal interesse for aparente quando da conclusão do contrato; o escopo e a natureza da obrigação do vendedor (um prazo mais longo é razoável se o vendedor tiver de entregar máquinas e equipamentos complexos de sua própria fabricação ao invés de mercadorias fungíveis, no caso em que ele seja um atacadista); a causa do inadimplemento (se o vendedor for afetado por um incêndio ou uma greve, pode-se esperar que um comprador aguarde por um determinado período se a entrega não for particularmente urgente). Finalmente, o período para a transmissão da declaração concedendo um prazo suplementar e as próprias circunstâncias da entrega devem ser consideradas para a determinação da duração de um prazo suplementar*".

[41] VISCASILLAS, Mª del Pilar Perales. The Nachfrist Remedy. *Op. cit.*, p. 99. Tradução livre de: "[i]f, for example, the goods have not yet been delivered, in order for the Nachfrist period to be of reasonable length it would have to consist, as a minimum, of the time needed for the transportation of the goods from the seller's facilities to the delivery point".

[42] KOCH, Richard. *Op. cit.*, para. 2(a). Tradução livre de: "[t]*he Nachfrist must be "of reasonable length". In the absence of an express agreement between the parties, the determination of whether the Nachfrist is*

Diversos tribunais lidaram com este tema, cabendo citar o importante trabalho de compilação feito pela Uncitral, localizando casos relevantes, das mais diversas naturezas, que são ora referidos, em conjunto, para maior facilidade do leitor.[43] Da mesma forma, merece destaque a seleção de casos feita por Chengwei Liu.[44]

Ponto que merece especial atenção envolve caso em que o comprador fixe prazo não razoável. Nestas circunstâncias, alguns tribunais aceitaram que tal comprador meramente aguarde o período tornar-se razoável para, então, despachar a notificação de rescisão contratual por conta de violação essencial. Esta situação foi decidida por tribunais alemães em, ao menos, duas oportunidades. A primeira, em decisão de 21 de agosto de 1995, do Tribunal Distrital de Ellwangen, envolvendo a compra de páprica por comprador alemão de vendedor espanhol, na qual o tribunal concluiu que o período suplementar fixado segundo o artigo 47 da Convenção e o prazo que o comprador aguardou para enviar a notificação de rescisão poderiam ser considerados, em conjunto, como de "razoável duração".[45]

A segunda ocasião se deu com o julgamento, pelo Tribunal de Apelação de Naumburg, de caso envolvendo a compra de automóveis por alemão de vendedor dinamarquês, no qual os julgadores consideraram como prazo razoável o período compreendido entre o envio da notificação de concessão de prazo

"reasonable" must be made in light of the circumstances of the case at hand. Special consideration may be given to the period of time originally set for delivery, the buyer's need for quick delivery of the goods, the nature of the goods to be delivered, and the event which caused the delay".

[43] Uncitral. 2012 Digest of Case Law on the CISG. *Op. cit. para.* 5 (e notas de rodapé): "[t]*he additional period of time fixed by the buyer must be of reasonable length to satisfy the requirements of article 47(1). An additional period of two weeks for the delivery of three printing machines from Germany to Egypt was deemed to be too short, whereas a period of seven weeks was regarded as reasonable. In a Danish-German car sale an additional period of three to four weeks for delivery was found to be reasonable. With respect to the reasonable time, all relevant circumstances of the case have to be taken into account (including the conduct of the parties, negotiations and practices between them, and usages (article 8(3)). If the buyer fixes an unreasonably short period for delivery courts have substituted a reasonable period. Courts have also found the reasonableness requirement satisfied if the buyer, having previously fixed an unreasonably short period, thereafter waits for delivery until a reasonable period of time has expired before dispatching its notice of avoidance".*

[44] Liu, Chengwei, *op. cit.*, para. 4.2.

[45] Alemanha, Landgericht Elwangen, j. 21 de agosto de 1995. Disponível em: http://cisgw3.law.pace.edu/cases/950821g2.html. Acesso em 13.07.2014. *"It is irrelevant whether this period was unreasonably short, because [buyer] waited with its declaration of avoidance under Art. 49 CISG until its letter of 18 January 1995. The additional period of time fixed for performance under Art. 47 CISG and the further time created by the waiting period can together be rated as a "period of reasonable length" in the meaning of Art. 47(1) CISG".*

suplementar e o da notificação de rescisão, não se importando em efetivamente aferir se o prazo suplementar, individualmente, seria razoável.[46]

Em síntese, cabe ao comprador fixar um prazo que coadune com os interesses das partes contratantes, com as práticas anteriormente adotadas por elas, com a natureza das mercadorias e o impacto do atraso e com os usos e costumes do mercado em análise. Tribunais devem se manter atentos a tais fatores quando incitados a se manifestarem, obstando qualquer tentativa de compradores que concedam ao vendedor em atraso prazo suplementar de impossível consecução com o exclusivo fim de se valer do seu descumprimento para a rescisão contratual com base no artigo 49(1)(b).

3.4. Restrições ao comprador

Concedido o período suplementar pelo comprador em conformidade com os requisitos previstos no artigo 47(1), abrem-se dois caminhos ao vendedor: recusar-se a cumprir a obrigação no referido prazo ou, ao contrário, acatar a notificação e se preparar para cumprir a obrigação no prazo adicional. Ocorrendo a primeira hipótese, fica o comprador livre para adotar as demais ações previstas na Convenção para o caso de inadimplemento contratual ou, até mesmo, rescindir o contrato, com supedâneo no artigo 49(1)(b). Markus Müller-Chen é esclarecedor a este respeito:

> "O comprador deixará de estar vinculado mesmo antes do término do prazo suplementar, no momento em que receber uma comunicação do vendedor declarando que não cumprirá a obrigação dentro de tal prazo (Artigo 47(2), primeiro período). É irrelevante se o vendedor declara que definitivamente não cumprirá, que está impossibilitado de cumprir ou que não conseguirá cumprir dentro do prazo concedido.[47] Se o vendedor

[46] Alemanha, Oberlandesgericht Naumburg, j. 27 de abril de 1999. Disponível em: http://cisgw3.law.pace.edu/cases/990427g1.html. Acesso em 13.07.2014. *"[t]he Court does not need to decide whether the additional period of time set by the [buyer] until 24 March 1997 was too short, as in that instance a reasonable period of time would have started to run. Such a reasonable period of time would have elapsed at the latest by 11 April 1997, the day on which the [buyer] sent a further communication to the [seller]".*

[47] Ver *Oberlandesgericht* Düsseldorf, j. 10 de fevereiro de 1994. Disponível em: http://cisgw3.law.pace.edu/cases/940210g2.html. Acesso em 13.07.2014: a explicação "não ser capaz de entregar no prazo" não é ainda uma recusa em cumprir uma vez que carece de finalidade. No entanto, se o vendedor se recusar a cumprir até que uma pretensão surgindo de uma entrega anterior tenha sido resolvida, isto pode ser considerado uma recusa em cumprir.

> declarar um prazo mais longo dentro do qual conseguirá ou estará disposto a cumprir, o Artigo 48(2) e (3) se aplicará a respeito desta contraproposta de prazo. A recusa do vendedor em cumprir não será efetiva até que tenha chegado ao comprador; o vendedor poderá retirá-la por meio de uma declaração contrária antes disso."[48]

O vendedor pode aceitar a concessão feita pelo comprador. Neste caso, este último não poderá adotar qualquer medida incongruente ou contraditória a tal concessão que, portanto, possui efeito vinculante para esta parte. Assim, durante o transcurso do prazo suplementar, o comprador fica impedido de promover a execução específica da obrigação cujo prazo para cumprimento fora prorrogado.

Ademais, no caso de entrega de mercadorias em desconformidade ou parcial, não pode o comprador, no transcurso do prazo suplementar concedido para reparação das mesmas, solicitar a entrega de mercadorias substitutivas – conforme o artigo 46(2) da Convenção – ou pleitear a redução do preço (artigo 50 da Convenção).[49]

Mais do que isto, conforme esclarece Markus Müller-Chen, o comprador que, no transcurso do prazo suplementar, reparar as mercadorias defeituosas por conta própria não pode "*sanar o defeito por si próprio, durante o prazo suplementar e depois buscar ressarcimento destes custos como indenização por perdas e danos segundo o art. 45(1)(b), devendo arcar com os custos ele mesmo*".[50]

Trata-se, portanto, de verdadeira suspensão do direito do comprado de adotar as ações previstas na Convenção, particularmente no artigo 45. Significa, também, que o comprador tem o direito de suspender o cumprimento de suas obrigações contratuais, com base no descumprimento anterior do vendedor, nos termos do artigo 58 da Convenção.[51]

[48] MÜLLER-CHEN, Markus. Artigo 47. *Op. cit.*, para. 14, p. 850.

[49] Cf. VISCASILLAS, Mª del Pilar Perales. El Contrato de Compraventa Internacional de Mercancias (Convención de Viena de 1980), *para.* 172: "[...] *ni el comprador ni el vendedor durante el plazo concedido podrán ejercitar acción alguna por incumplimiento del contrato, salvo que la parte beneficiaria del plazo rechace realizar el cumplimiento*".

[50] MÜLLER-CHEN, Markus. *Op. cit.*, p. 851.

[51] Cf. KOCH, Richard, *op. cit.*: "[e]*xcept for the right to withhold performance, Article 7.1.5(2) Unidroit Principles is substantively identical to Article 47(2) CISG. The right to withhold performance of its own reciprocal obligations during the Nachfrist, however, follows under the Convention from Article 58 CISG. According to Article 58(1) CISG the buyer, in the absent of any stipulation to the contrary, is not obliged to pay the price until the seller places the goods at the buyer's disposal.[36] Moreover, according to Article 58(3) CISG, the buyer in general is not bound to pay the price until he has had an opportunity to examine the goods. If the*

Da mesma forma, o comprador permanece no direito de pleitear indenização pelos prejuízos sofridos em decorrência do atraso do vendedor no cumprimento de suas obrigações, entre o prazo contratado e o período suplementar. Tal direito subsiste ainda que a parte originalmente inadimplente tenha, posteriormente cumprido o contrato, conforme esclarece a Uncitral.[52]

Conclusões

Pretendeu-se com este trabalho, discorrer sobre os principais pontos que devem ser levados em consideração pelo comprador que, em face de inadimplemento do vendedor de obrigação contratual regida pela Convenção, pretenda conceder a este último prazo suplementar para cumprimento.

Viu-se que tal direito constitui prática do comércio internacional e provém da legislação alemã e francesa, apesar de não se confundir com elas. Em síntese, deve o comprador adimplente estar ciente de que a concessão do *Nachfrist* é prática estimulada pela Convenção, eis que em sintonia com o princípio da preservação dos contratos, mas não se trata de prática obrigatória ao comprador. Ao contrário, a Convenção apresenta diversas outras ações que permitem ao comprador remediar o inadimplemento do vendedor.

Ao fixar o período suplementar, cabe ao comprador, em face das circunstâncias do caso concreto, fixar prazo, ao mesmo tempo, determinado e razoável, sabendo que, caso assim não o faça, poderá correr o risco de sua concessão perder os efeitos legais previstos na Convenção.

Procurou-se, também, identificar, precisamente, os efeitos da concessão de *Nachfrist* pelo comprador, diferenciando a hipótese em que o descumprimento do prazo adicional pelo comprador enseja violação essencial do contrato (falta de entrega), dos demais casos.

Num momento em que o Brasil se ajusta para a recém entrada em vigor da Convenção, devem os participantes do comércio internacional e o operador do direito levar em consideração os alertas acima expostos, para que a Convenção seja aplicada sob a ótica internacional e de maneira uniforme, conforme consta de seu preâmbulo e do artigo 7. Este foi o propósito deste trabalho.

buyer has agreed to pay before receiving in the goods but, prior to the time for payment, it becomes apparent that the seller will not deliver the goods, the buyer is entitled to suspend payment pursuant to Article 71(1) CISG".

[52] Uncitral. Comentários do Secretariado à Minuta de 1978 da Convenção, *op. cit.* para. 10: "[s]*uch damages may arise even though the seller has performed his obligations within the additional period of time fixed by the buyer".*

24. A INCORPORAÇÃO DE CARACTERÍSTICAS IMATERIAIS COMO REQUISITOS DE CONFORMIDADE NOS CONTRATOS DE COMPRA E VENDA INTERNACIONAL*: *STANDARDS* ÉTICOS COMO REQUISITOS DE CONFORMIDADE DAS MERCADORIAS À LUZ DO ARTIGO 35 DA CISG**

Camila Emi Tomimatsu

Introdução

A Convenção das Nações Unidas sobre os Contratos de Compra e Venda Internacional de Mercadorias de 1980 (doravante, CISG ou Convenção) firmou-se como a mais bem-sucedida lei uniforme sobre trocas mercantis. Os responsáveis pela sua redação envidaram esforços para que a Convenção se afastasse de termos legais e de conceitos domésticos. Nesse sentido, buscaram usar uma linguagem legal independente[1] – empreitada em grande medida bem sucedida, o que tornou a CISG verdadeiramente adequada ao contexto internacional.[2]

Um dos principais temas regulados pela CISG refere-se à conformidade das mercadorias ao contrato, visto que a maioria das controvérsias que surgem em transações de compra e venda internacional relaciona-se justamente a essa questão.[3] A verificação da conformidade dos bens aos respectivos contratos de compra e venda internacional foi, por muitos anos, uma tarefa

* Texto publicado anteriormente em: "SCHWENZER, Ingeborg; PEREIRA, Cesar. A. Guimarães; TRIPODI, Leandro (coordenadores). A CISG e o Brasil: Convenção das Nações Unidas para os Contratos de Compra e Venda Internacional de Mercadorias. 1. ed. São Paulo: Marial Pons; Curitiba: Federação das Indústrias do Estado do Paraná, 2015".

** O presente artigo é uma breve síntese da monografia de mesmo título, classificada em 1.º lugar no III Concurso de Monografias Prof. Albert H. Kritzer sobre a CISG.

1 Cf. Ferrari, Franco in Schlechtriem, Peter, Schwenzer. Ingeborg. Commentary on the UN Convention on the International Sale of Goods (CISG), Oxford, Oxford University Press, 3ª ed., Art. 7, 2010.

2 Hachem, Pascal, Schwenzer, Ingeborg. The CISG – Successes and Pitfalls. Disponível em: <http://www.cisg.law.pace.edu/cisg/biblio/schwenzer-hachem.html>. Acesso em: 10 Junho 2014.

3 Kröll, Stefan in Kröll, Stefan M., Mistelis, Loukas A. e Viscasillas, Pilar P. (editores), UN Convention on Contracts for the International Sale of Goods (CISG), Munchen, C.H. Beck-Hart-Nomos, p. 489, 2011.

relativamente simples, uma vez que costumava ser adstrita às características físicas das mercadorias. É inegável que, ainda hoje, muitos dos casos de desconformidade decididos pelas cortes e por tribunais arbitrais com fulcro em contratos regidos pela CISG ainda se devem à falta de conformidade a requisitos físicos dos bens.

Há, no entanto, um número crescente de casos que demandam uma análise da conformidade centrada em características não-físicas[4] dos bens. Como exemplo, poder-se-ia mencionar o aumento da demanda dos consumidores por mercadorias sustentavelmente e/ou eticamente produzidas, ou organicamente cultivadas. Nesses casos, a despeito de os bens não apresentarem diferenças fisicamente notáveis em relação a outros de mesmo tipo, há consumidores dispostos a pagar um preço superior por mercadorias produzidas e comercializadas de uma dada maneira.

Neste ponto, o artigo 35 da CISG regula de modo específico a questão da conformidade dos bens ao contrato. A análise da interpretação e da aplicação deste artigo por diversos tribunais arbitrais revela diferentes posições e entendimentos, que se refletem na doutrina pertinente ao tema. Muitos autores têm se posicionado no sentido de que houve uma ampliação dos requisitos de conformidade dos bens, que não mais se restringiriam a seus elementos fisicamente aferíveis, mas que envolveriam também características não-físicas incorporadas como parte do contrato.

Assim, quanto a esta incorporação, podem surgir problemas específicos quando da determinação da conformidade ou da desconformidade das mercadorias em relação ao disposto contratualmente. Um caso em especial será brevemente problematizado no presente artigo: o da incorporação de padrões éticos como requisito de conformidade de contratos de compra e venda internacional, e como essa questão é tratada à luz dos dispositivos da CISG, principalmente quanto ao artigo 35.

Tendo em vista que a CISG entrou em vigor no Brasil em 1.º de abril de 2014,[5] o presente estudo tem por objetivo contribuir, na medida do possível, com os debates acerca de temas que já se mostraram recorrentes no cenário internacional, e que em breve poderão ter aplicação concreta no Brasil sob o regramento da CISG.

[4] Ou características não-incorpóreas, ou imateriais. Cabe esclarecer que esses termos foram utilizados como sinônimos ao longo deste artigo.

[5] Notificação da acessão do Brasil à Convenção disponível em: <http://www.cisg-brasil.net/doc/cn1772013.pdf>. Acesso em: 10.06.2014.

I. Da conformidade das mercadorias ao contrato

O Artigo 35 da CISG – que será doravante analisado – encontra-se inserido na Parte III da Convenção (dos direitos e dos deveres contratuais básicos do comprador e do vendedor), mais especificamente, no Capítulo II – Obrigações do Vendedor. Adota um conceito amplo e em boa medida uniforme de conformidade:[6]

> "Artigo 35 – Conformidade dos bens[7]
>
> (1) O vendedor deverá entregar mercadorias na quantidade, qualidade e tipos previstos no contrato, acondicionadas ou embaladas na forma nele estabelecida.
>
> (2) Salvo se as partes houverem de outro modo, as mercadorias não serão consideradas conformes ao contrato salvo se:
>
> (a) forem adequadas ao uso para o qual mercadorias do mesmo tipo normalmente se destinam;
>
> (b) forem adequadas a algum uso especial que, expressa ou implicitamente, tenha sido informado ao vendedor no momento da conclusão do contrato, salvo se das circunstâncias resultar que o comprador não confiou na competência e julgamento do vendedor, ou que não era razoável fazê-lo;
>
> (c) possuírem as qualidades das amostras ou modelos de mercadorias que o vendedor tiver apresentado ao comprador;
>
> (d) estiverem embaladas ou acondicionadas na forma habitual para tais mercadorias ou, à falta desta, de modo apropriado à sua conservação e proteção.
>
> (3) O vendedor não será responsável por qualquer desconformidade das mercadorias em virtude do disposto nas alíneas (a) a (d) do parágrafo anterior, se, no momento da conclusão do contrato, o comprador sabia ou não podia ignorar tal desconformidade."

[6] KRÖLL, Stefan in KRÖLL, Stefan M., MISTELIS, Loukas A. e VISCASILLAS, Pilar P. (editores), UN Convention on Contracts for the International Sale of Goods (CISG), *op. cit.*, p. 489; HONNOLD, John O.. Uniform Law for International Sales Under the 1980 United Nations Convention, 4ª ed., editado e atualizado por Harry M. Flechtner, The Hague, Kluwer Law International, Art. 35, § 223, 2009; SCHLECHTRIEM, Peter; SCHWENZER, Ingeborg. Commentary on the UN Convention on the International Sale of Goods (CISG), *op. cit.*, Art. 35, § 4.

[7] Tradução de Iacyr de Aguilar Vieira, disponível em: <http://www.cisg-brasil.net/doc/iacyr1.pdf>. Acesso em: 10.06.2014. Cabe esclarecer que foi esta a tradução utilizada ao longo deste artigo.

Nos contratos regidos pela CISG, os principais deveres do vendedor são entregar "as *mercadorias certas*, no *lugar certo*, no *momento certo* e pelo *preço acordado*".[8] O primeiro desses deveres pode ser considerado como "o cerne das obrigações contratuais do vendedor",[9] sendo definido primariamente no Artigo 35 da CISG.[10] A noção de conformidade respalda o princípio da autonomia da vontade expresso no Artigo 6º da Convenção, uma vez que a conformidade é essencialmente uma descrição da extensão a que as mercadorias concordam com a real intenção e a intenção presumida das partes.[11] Assim, a Convenção fornece uma série de normas que determinam as obrigações do vendedor em relação à qualidade das mercadorias.

A importância prática do Artigo 35 da CISG resulta do fato de que a maioria das controvérsias que surgem em transações de compra e venda internacional relaciona-se com a conformidade dos bens.[12] A entrega de bens desconformes é de longe a violação contratual mais frequente na prática.[13] São raros os casos de completa falha na entrega de quaisquer mercadorias.[14]

1. Requisitos de conformidade

1.1. Requisitos contratuais (Artigo 35(1) da CISG)

Primeiramente, poder-se-ia afirmar que o Artigo 35, § 1.º, da CISG é uma reafirmação específica do princípio segundo o qual as obrigações das partes em um contrato regido pela CISG são, em primeira instância, definidas pelo

[8] Henschel, René Franz. The Conformity of Goods in International Sales, Thomson, Gad Jura, Copenhagen, 2005.

[9] DiMatteo, Larry A. *et alii*. The Interpretative Turn in International Sales Law: An Analysis of Fifteen Years of CISG Jurisprudence, 24 Northwest Journal of International Law and Business 299, 2004, 392. Disponível em: <http://www.cisg.law.pace.edu/cisg/biblio/dimatteo3.html>. Acesso em: 10.06.2014.

[10] Maley, Kristian. The Limits to the Conformity of Goods in the United Nations Convention on Contracts for the International Sale of Goods (CISG), 12 International Trade & Business Law Review, p. 83, 2009. Disponível em: <http://cisgw3.law.pace.edu/cisg/biblio/maley.html>. Acesso em: 10.06.2014.

[11] *Idem*.

[12] Kröll, Stefan in Kröll, Stefan M., Mistelis, Loukas A. e Viscasillas, Pilar P. (editores), UN Convention on Contracts for the International Sale of Goods (CISG), *op. cit.*, p. 489.

[13] Honnold, John O. Uniform Law for International Sales Under the 1980 United Nations Convention, *op. cit.*, Art. 35, § 222.

[14] Kröll, Stefan in Kröll, Stefan M., Mistelis, Loukas A. e Viscasillas, Pilar P. (editores), UN Convention on Contracts for the International Sale of Goods (CISG), *op. cit.*, p. 489.

próprio acordo entre essas partes.[15] O teste primário é, portanto, saber quais características das mercadorias estão previstas no contrato por meio de descrições qualitativas e quantitativas.

Importante ressaltar que tais requisitos contratuais devem ser determinados tendo como referência o disposto no Artigo 8.º da CISG, e podem ser expressamente ou mesmo implicitamente determinados. Além disso, os requisitos contratuais sob o Artigo 35(1) da CISG podem ser negociados individualmente, como também podem resultar de *standard business terms* do vendedor ou do comprador.

a. Discrepância na quantidade de mercadorias

A quantidade de mercadorias entregues pelo vendedor ao comprador deve ser conforme ao que fora contratualmente acordado. Entretanto, a existência de discrepâncias aceitáveis em certos setores comerciais, e que são usuais em determinado ramo, não deve ser vista como constituindo uma falta de conformidade.[16] Isso porque os compradores e/ou vendedores em contratos de compra e venda internacionais frequentemente declaram a quantidade das mercadorias a serem entregues de forma aproximada. Por tal estipulação, o vendedor ganha certa latitude sobre a quantidade que ele pode entregar, e ainda assim cumprir sua obrigação sem desrespeitar o previsto no Artigo 35 da CISG.[17]

Poder-se-ia ainda indicar os contratos que envolvam o adimplemento de prestações (*installments contracts*) como exemplos de casos em que ocorre uma discrepância temporária na quantidade de mercadorias que pode não constituir uma desconformidade contratual. A princípio, cada prestação deve ser analisada separadamente e também entra na análise da conformidade. Porém, a não ser que o comprador necessite de uma quantidade em especial das mercadorias em uma data específica, a entrega de uma quantidade menor

[15] LOOKOFSKY, Joseph. The 1980 United Nations Convention on Contracts for the International Sale of Goods, in International Enclyclopaedia of Laws – Contracts, J. Herbots editor/ R. Blanpain editor geral, The Hague, Kluwer Law International Suppl. 29, p. 89, § 163, Dezembro 2000. Disponível em: <http://www.cisg.law.pace.edu/cisg/biblio/lookofsky.html>. Acesso em: 10.06.2014.

[16] SCHWENZER, Ingeborg in SCHLECHTRIEM, Peter, SCHWENZER. Ingeborg. Commentary on the UN Convention on the International Sale of Goods (CISG), *op. cit.*, Art. 35, § 8, p. 572.

[17] HUBER, Peter, MULLIS, Alastair. The CISG – a New Textbook for Students and Practitioners, Sellier European Law Publishers, p. 131, 2007.

de bens nas primeiras prestações pode ser remediada pela entrega de uma quantidade maior nas prestações subsequentes.[18]

Assim, excetuando-se os casos acima referidos, qualquer discrepância na quantidade de mercadorias, seja para mais ou para menos em relação ao acordado, constitui uma desconformidade para os fins do Artigo 35(1) da CISG (e não uma entrega atrasada parcial), e o comprador deve notificar o vendedor sobre a desconformidade por força do Artigo 39 da CISG.[19]

Sobre este ponto, um caso simples, porém ilustrativo é o *Tinned cucumbers case*.[20] Neste, uma empresa da Turquia havia se comprometido a entregar um mil toneladas de pepinos frescos a um comprador estabelecido e ativo na Alemanha. No entanto, a alegação do comprador foi de que o vendedor teria entregado quantidade inferior ao acordado. Uma vez que a CISG era aplicável ao caso, o vendedor estava obrigado a entregar mercadorias na quantidade exigida pelo contrato, por conseguinte a entrega de menos de mil toneladas constituiu uma violação contratual.[21]

b. Discrepância na qualidade das mercadorias

O vendedor tem a obrigação de garantir que as disposições contratuais relativas à qualidade das mercadorias sejam respeitadas. Ao se aferir a conformidade das mercadorias à luz do Artigo 35(1) da CISG, é irrelevante se as referidas circunstâncias afetam a usabilidade ou o valor dos bens em face à sua natureza e duração. Essa questão é relevante apenas quando se averigua se uma eventual violação do contrato foi essencial (*a fundamental breach of contract*) – visto que esta confere o direito à resolução do contrato, ou para se verificar a eventual perda sofrida pelo comprador para o fim de se calcular os danos sofridos.

Qualquer discrepância na qualidade das mercadorias – seja para melhor ou para pior em relação ao estipulado contratualmente – representa uma falta

[18] Kröll, Stefan in Kröll, Stefan M., Mistelis, Loukas A. e Viscasillas, Pilar P. (editores), UN Convention on Contracts for the International Sale of Goods (CISG), *op. cit.*, p. 495.

[19] Enderlein, Fritz, Maskow, Dietrich. International Sales Law, Oceana Publications, p. 141, 1992. Disponível em: <http://www.cisg.law.pace.edu/cisg/biblio/enderlein.html#art35>. Acesso em: 10.06.2014.

[20] Cf. a decisão do Tribunal de Düsseldorf (*Oberlandesgericht Düsseldorf*), na Alemanha, em julgamento de 08 de Janeiro de 1993, publicada em alemão e disponível em inglês em: <http://cisgw3.law.pace.edu/cases/930108g1.html>. Acesso em: 10.06.2014.

[21] Entretanto, cabe a seguinte ressalva: no caso referido, uma vez que não se notificou em tempo sobre a falta de conformidade de acordo com os Artigos 38(1) e 39(1) da CISG, o comprador acabou perdendo o direito de se apoiar na alegada violação.

de conformidade e o comprador deve notificar o vendedor sobre tal desconformidade consoante o Artigo 39 da CISG. Cabe ressaltar, conforme já visto, que a existência de certas discrepâncias aceitas em alguns setores comerciais e que são usuais no negócio em questão pode não ser vista como constituindo uma falta de conformidade.

c. Discrepâncias na natureza e na descrição das mercadorias

À luz da CISG, qualquer diferença na natureza das mercadorias representa, por óbvio, uma violação contratual para os fins do Artigo 35 da CISG. Por exemplo, se o vendedor acorda vender açúcar, mas acaba entregando sal, trata-se de uma violação do contrato, devendo o comprador notificar o vendedor sobre essa desconformidade consoante o Artigo 39 da CISG.

Tratar a entrega de um *"aliud"*, *i.e.* bens que são totalmente diferentes da descrição contratual, como uma violação contratual em vez de uma falha para entregar é também factualmente justificado. Por força do Artigo 40 da CISG, o vendedor não poderá apoiar-se na falha do comprador em notificar sobre a desconformidade nos casos em que as mercadorias entregues eram obviamente as mercadorias erradas; porém, excepcionalmente, se o vendedor estiver agindo de boa-fé, deve ser protegido. Particularmente quando os bens entregues forem manifestamente errados, deveria ser facilmente possível ao comprador reconhecer essa falha e objetar contra ela.

d. Embalagem ou acondicionamento

Tendo em vista as particularidades das transações internacionais, que geralmente exigem transporte por longas distâncias e cruzando diversas fronteiras, a embalagem das mercadorias pode adquirir importância considerável.[22] Se as partes chegaram a um acordo quanto ao acondicionamento a ser usado, as mercadorias não são conformes ao contrato a não ser que cumpram com os termos acordados. Isso difere a CISG de diversos sistemas legais domésticos, pois a Convenção caracteriza isso como uma violação a um dever acessório. Ademais, um acordo implícito sobre o modo de embalar ou acondicionar as mercadorias não pode ser deduzido do mero fato de que entregas anteriores foram embaladas de determinada maneira.

[22] KRÖLL, Stefan in KRÖLL, Stefan M., MISTELIS, Loukas A. e VISCASILLAS, Pilar P. (editores), UN Convention on Contracts for the International Sale of Goods (CISG), *op. cit.*, p. 498.

Importa acrescentar que a embalagem não estará em conformidade meramente pelo fato de ser capaz de manter as mercadorias em segurança: se o contrato especifica um tipo particular de embalagem, e esse tipo não é o usado, há uma violação contratual.[23]

1.2. Definição subsidiária de conformidade (Artigo 35(2) da CISG)

O Artigo 35(2) da CISG aplica-se na hipótese de o contrato não conter nenhum ou insuficiente detalhamento sobre os requisitos a serem satisfeitos pelas mercadorias para os fins do Artigo 35(1) da CISG. Nesse caso, o fim pretendido para os bens é de particular importância. É, então, uma questão de se assumir o que partes razoáveis teriam acordado como qualidades conformes ao contrato, se elas tivessem considerado a necessidade de um acordo específico sobre isso.

Afinal, o Artigo 35(2) da Convenção leva em consideração o fato de que, na prática, as partes em geral não articulam todas as suas expectativas com relação à qualidade das mercadorias associada com uma dada transação. Pode-se atribuir isso a razões como limitação de tempo, altos custos de transação, ou ainda ao fato de as partes assumirem que essas expectativas básicas são tão óbvias que nem haveria necessidade de expressá-las.

Sistematicamente, as disposições do Artigo 35(2)(b) da CISG têm prioridade sobre aquelas do Artigo 35(2)(a).[24] Quando um uso especial pretendido é levado ao conhecimento público, as mercadorias devem possuir as qualidades exigidas por tal uso especial. Apenas nos casos em que o uso especial pretendido não é conhecido é que as qualidades exigidas para o uso ordinário dos bens tornam-se relevantes.

a. Adequação ao uso para o qual mercadorias do mesmo tipo normalmente se destinam (Artigo 35(2)(a) da CISG)

Consoante o Artigo 35(2)(a) da CISG, na ausência de acordo em contrário, os bens devem adequar-se ao uso para o qual mercadorias do mesmo tipo normalmente se destinam – o chamado 'uso ordinário'. Se as mercadorias não são adequadas para todos os usos para os quais bens do mesmo tipo normalmente se destinam, mas apenas para alguns, o vendedor deve informar

[23] HUBER, Peter, MULLIS, Alastair. The CISG – a New Textbook for Students and Practitioners, *op. cit.*, p. 134.

[24] SCHWENZER, Ingeborg in SCHLECHTRIEM, Peter, SCHWENZER. Ingeborg. Commentary on the UN Convention on the International Sale of Goods (CISG), *op. cit.*, Art. 35, § 12, p. 575.

o comprador sobre esse fato. Por outro lado, se os bens não são adequados para os usos a que eles ocasionalmente, mas não normalmente, se destinam, o vendedor é responsável apenas se as condições restritivas do Artigo 35(2)(b) da CISG forem satisfeitas.

As mercadorias devem, primariamente, ser adequadas aos seus usos comerciais. Isso significa dizer, primeiramente, que deve ser possível revendê-las. A possibilidade de revenda depende em crescente medida do cumprimento de certos padrões e de determinadas práticas de produção.

Se as partes tiverem um entendimento diferente sobre a conotação da descrição acordada entre elas, o problema deve ser resolvido de acordo com as regras de interpretação da própria Convenção, dispostas no seu Artigo 8.º, suplementado pelas práticas das partes e pelos usos do comércio – conforme versa o Artigo 9.º.

Sob essas regras, os fatos relevantes que devem ser analisados são: a) Qual das partes elaborou a descrição?; e b) Qual seria "o entendimento que uma pessoa razoável do mesmo ramo da outra parte teria nas mesmas circunstâncias", à luz do Artigo 8(2)? No intuito de se averiguar esse entendimento, o Artigo 8(3) da CISG chama a atenção para todas as circunstâncias relevantes, incluindo *"as negociações, quaisquer práticas que as partes tenham estabelecido entre si, os usos e qualquer conduta subsequente das partes"*.[25] Em suma, os problemas de interpretação contratual devem ser resolvidos à luz dos fatos de cada transação.

Tal postura pode ser adotada para resolver a seguinte questão, que já foi objeto de farta discussão na doutrina: o Artigo 35(2) da CISG exige que o vendedor forneça mercadorias que respeitem os padrões de direito público da jurisdição do comprador? A Corte Federal de Justiça Alemã (*Bundesgerichtshof* – BGH) foi confrontada com essa questão no *New Zealand Mussels case.*[26] Este caso envolveu uma entrega por um vendedor Suíço de mexilhões com nível de cádmio que excedia as recomendações do governo do Estado do comprador – a Alemanha.

A Corte Alemã decidiu, em termos gerais, que nem o Artigo 35(2)(a) tampouco o 35(2)(b) da CISG exigem que o vendedor forneça mercadorias que estejam de acordo com a regulação da jurisdição do comprador, pois era mais provável que o comprador conhecesse tais regulações e, mediante a aplicação

[25] Honnold, John O. Uniform Law for International Sales Under the 1980 United Nations Convention, *op. cit.*, p. 333.

[26] Cf. CLOUT case n. 123, julgado em 08 de março de 1995. Disponível em inglês em: <http://cisgw3.law.pace.edu/cases/950308g3.html>. Acesso em: 10.06.2014.

do Artigo 35(1), poderia exigir como um requisito contratual expresso que os bens estivessem de acordo com tais regulações. A Corte declarou que tal cumprimento sob o Artigo 35(2) só seria exigido: quando a própria jurisdição do vendedor impusesse os mesmos padrões; se o comprador chamou a atenção do vendedor para as ditas regulações; ou se o vendedor sabia ou deveria saber dos padrões por causa de "circunstâncias especiais". O BGH sugeriu que tais "circunstâncias especiais" poderiam existir se o vendedor mantivesse uma filial no Estado do comprador, se tivesse uma relação comercial de longo prazo com o este, ou se regularmente exportasse para ou promovesse seus produtos na jurisdição do comprador.[27]

Esse entendimento da Corte Alemã foi, por um lado, elogiado por ter trazido uma perspectiva internacional sofisticada à questão;[28] por outro lado, Schlechtriem sustentou que o Artigo 35(2)(b) (e não o Artigo 35(2)(a)) determina se o vendedor está submetido a uma obrigação implícita de entregar mercadorias que cumpram com as regulações da jurisdição do comprador, e que (em oposição à abordagem da BGH) "se o vendedor sabe onde se pretende usar os bens, então em geral se esperará que ele tenha tomado em consideração os fatores que influenciam a possibilidade de seu uso naquele país".[29]

b. Adequação a um uso especial (Artigo 35(2)(b) da CISG)

O Artigo 35(2)(b) da CISG impõe um requisito adicional, aplicável em circunstâncias mais específicas que o Artigo 35(2)(a).[30] Dispõe que o vendedor é apenas responsável pela adequação das mercadorias a um uso diferente daquele que eles normalmente teriam, se tal uso foi expressamente ou implicitamente informado a ele, se o comprador confiou na competência e no julgamento do vendedor, e se era razoável para ele tê-lo feito.

[27] HONNOLD, John O. Uniform Law for International Sales Under the 1980 United Nations Convention, *op. cit.*, Art. 35, p. 334.

[28] *Idem*; no mesmo sentido: SCHLECHTRIEM, Peter. Uniform Sales Law in the Decisions of the Bundesgerichtshof. Tradução para o inglês de Todd J. Fox. Disponível em: <http://www.cisg.law.pace.edu/cisg/biblio/schlechtriem3.html>. Acesso em: 10.06.2014; FLECHTNER, Harry M.. Funky Mussels, a Stolen Car, and Decrepit Used Shoes: Non-Conforming Goods and Notice Thereof under the United Nations Sales Convention ('CISG'), Boston University International Law Journal, 2008. Disponível em: <http://www.cisg.law.pace.edu/cisg/biblio/flechtner8.html>. Acesso em: 10.06.2014.

[29] SCHLECHTRIEM, Peter. Uniform Sales Law in the Decisions of the Bundesgerichtshof, *op. cit.*

[30] HUBER, Peter; MULLIS, Alastair. The CISG – a New Textbook for Students and Practitioners, *op. cit.*, p. 138.

Dois elementos merecem destaque: primeiramente, esta disposição só se aplica quando o comprador informou o vendedor sobre o uso específico para o qual pretende usar as mercadorias. O termo "específico" nesse contexto significa apenas "especificado", e a especificação pode ser ampla ou restrita.[31] Além disso, não se exige que o uso especial tenha sido contratualmente acordado, pode ter sido informado de maneira expressa ao vendedor, ou é suficiente que tenha sido a ele implicitamente informado. A letra do Artigo 35(2)(b) da CISG – que foca no ato de se informar o uso ao vendedor – também indica que deve ser suficiente se um vendedor médio poderia ter reconhecido o uso especial a partir das circunstâncias.[32] Ademais, o uso especial deve ser informado ao vendedor no momento da conclusão do contrato. Notificação subsequente é, portanto, insuficiente.

O segundo elemento a ser ressaltado é aquele da "confiança", ou seja, o requisito de que o comprador tenha confiado na competência e no julgamento do vendedor. É o comprador quem deve provar que ele informou o vendedor sobre o uso específico. Tendo ele o feito, o vendedor será responsável, a não ser que ele demonstre que o comprador não confiou ou que não era razoável para ele confiar na competência e no julgamento do próprio vendedor.[33]

Como exemplo levantado pela doutrina, se o comprador cria pássaros especialmente raros e delicados, e informa isso a um vendedor especialista em rações para animais, e que ele precisa alimentar esses pássaros, o vendedor recairá em uma violação do Artigo 35(2)(b) da CISG se a ração prejudicar esses pássaros, mesmo se esta ração não tivesse sido prejudicial para a maioria de outros pássaros quaisquer.[34]

c. Amostra ou modelo de mercadoria (Artigo 35(2)(c) da CISG)

De acordo com a CISG, o vendedor também garante que as mercadorias possuam as qualidades dos bens que ele apresentou como amostra ou modelo. O propósito de se ter uma amostra ou um modelo nesse caso é para identificar

[31] *Idem*, p. 138.

[32] SCHWENZER, Ingeborg in SCHLECHTRIEM, Peter, SCHWENZER. Ingeborg. Commentary on the UN Convention on the International Sale of Goods (CISG), *op. cit.*, Art. 35, § 20, p. 580.

[33] *Idem*, § 50, p. 592; no mesmo sentido: HONNOLD, John O. Uniform Law for International Sales Under the 1980 United Nations Convention, *op. cit.*, Art. 35, p. 226.

[34] HUBER, Peter, MULLIS, Alastair. The CISG – a New Textbook for Students and Practitioners, *op. cit.*, p. 138.

e descrever o objeto do contrato.[35] Não é necessário um acordo implícito, basta manter as tais amostras ou modelos no portfólio. Porém, é claro que se o próprio vendedor indicar que a amostra ou o modelo é diferente das mercadorias que serão entregues com relação a certos aspectos, ele não será responsabilizado por aquelas qualidades que indicou serem possuídas pelos bens a serem entregues.[36]

Por virtude desta disposição, por exemplo, se o vendedor de um software de computador fornece ao comprador uma amostra daquele, o vendedor é (implicitamente) obrigado a entregar mercadorias de acordo com aquela amostra – como ocorreu no *'Standard software case'*.[37]

d. Embalagem habitual ou adequada (Artigo 35(2)(d) da CISG)

Segundo o Artigo 35(2)(d) da CISG, a definição da conformidade das mercadorias inclui a sua embalagem: em geral, devem ser embaladas na forma habitual para cada mercadoria. A habitualidade da embalagem deve ser determinada, primeiramente, de acordo com os usos aplicáveis em determinado setor comercial; eventuais tentativas de se verificar os padrões no Estado do local de negócios de uma das partes, no intuito de definir o padrão relevante não parece ser apropriado.

Quanto ao fator "adequação" da embalagem, deve-se atentar para: o tipo de mercadoria, o meio e a duração do transporte, as condições climáticas que poderão ser encontradas tanto durante quanto após o trânsito, e o prazo de validade das mercadorias contratualmente exigido.[38] É importante ter em vista a finalidade da embalagem, i.e. a proteção apropriada para as mercadorias durante seu transporte.

Em um caso perante a Compromex (*Comisión para la Protección del Comercio Exterior de Mexico*), o "Caso *Conservas La Costeña S.A. de C.V. v. Lanín San Luis S.A. & Agroindustrial Santa Adela S.A.*",[39] foi decidido que um vendedor de

[35] *Idem*, p. 139.

[36] Secretariat Commentary to on Article 33 of the 1978 Draft [draft counterpart of CISG article 35]. Disponível em: <http://cisgw3.law.pace.edu/cisg/text/secomm/secomm-35.html>. Acesso em: 10.06.2014.

[37] Veja decisão da Corte Distrital de Munique, na Alemanha, de 08 de fevereiro de 1995, disponível em inglês em: <http://cisgw3.law.pace.edu/cases/950208g4.html>. Acesso em: 10.06.2014.

[38] Huber, Peter, Mullis, Alastair. The CISG – a New Textbook for Students and Practitioners, *op. cit.*, p. 141.

[39] Procedimento Arbitral do Compromex julgado em 29 de Abril de 1996, disponível em: <http://cisgw3.law.pace.edu/cases/960429m1.html>. Acesso em: 10.06.2014.

frutas enlatadas violara o Artigo 35 da CISG, quanto às embalagens que não eram adequadas para evitar que o seu conteúdo se deteriorasse após o seu embarque. A referida Comissão declarou que, na ausência de especificações quanto à qualidade das mercadorias, exige-se, por força dos Artigos 35 e 36 da CISG, que o vendedor remeta os bens com uma embalagem adequada, para preservá-los e para protegê-los durante o transporte. Em suma, a Crompromex decidiu que o dano sofrido por causa das frutas enlatadas foi devido ao fato de as caixas, as embalagens e o transporte das latas terem sido inapropriados para suportar o transporte marítimo.[40]

Cabe ressalvar que essa disposição, a qual estabelece padrões mínimos, não pretendia desencorajar o vendedor de embalar as mercadorias de maneira a dar a elas uma melhor proteção contra danos em relação à maneira habitual de embalá-las.[41]

1.3. Artigo 35(3) da CISG

O Artigo 35(3) da CISG isenta o vendedor da responsabilidade pela desconformidade sob o Artigo 35(2) quando o comprador sabia ou não podia ignorar tal desconformidade no momento em que o contrato foi concluído.[42] A expressão "não podia ignorar" (*'could not have been unaware'*) denota mais do que uma negligência grosseira. A responsabilidade só é excluída no caso de a desconformidade ser óbvia.[43] O modo como este inciso foi escrito denota uma redução do ônus de provar o real conhecimento do comprador, o qual seria de difícil aferição.[44] Além disso, a desconformidade que deveria ter sido evidente ao comprador não deve ser determinada de modo puramente objetivo, já que se deve levar em consideração a posição do comprador.

O texto deste dispositivo deixa claro que ele só se aplica a desconformidades que forem aferidas à luz do Artigo 35(2), mas não àquelas que forem verificadas sob o Artigo 35(1) da Convenção. Há certo debate, no entanto,

[40] Huber, Peter, Mullis, Alastair. The CISG – a New Textbook for Students and Practitioners, *op. cit.*, p. 142.

[41] Secretariat Commentary to on Article 33 of the 1978 Draft [draft counterpart of CISG article 35]. *op. cit.*.

[42] Digest of Article 35 case law, in: 2008 Uncitral Digest of case law on the United Nations Convention on the International Sale of Goods (CISG). Disponível em: <http://www.cisg.law.pace.edu/cisg/text/digest-art-35.html>. Acesso em: 10.06.2014.

[43] Schwenzer, Ingeborg in Schlechtriem, Peter, Schwenzer. Ingeborg. Commentary on the UN Convention on the International Sale of Goods (CISG), *op. cit.*, Art. 35, § 35, p. 586.

[44] Honnold, John O. Uniform Law for International Sales Under the 1980 United Nations Convention, *op. cit.*, Art. 35, § 229, p. 338-339.

sobre se o Artigo 35(3) da CISG deve ser aplicado por analogia a desconformidades sob o Artigo 35(1). Huber e Schwenzer sustentam que não se deve fazer tal aplicação[45]; se o comprador tem conhecimento positivo da falta de conformidade quando ele conclui o contrato, será, na verdade, uma questão de interpretação contratual se as qualidades relevantes foram ou não acordadas sob o Artigo 35(1) da CISG.

À luz deste breve panorama sobre o Artigo 35 da CISG, passemos agora à análise da incorporação de características imateriais como requisito contratual, aqui ilustrada pela incorporação de padrões éticos nos contratos de compra e venda internacional.

II. Da incorporação de padrões éticos como requisito de conformidade do contrato

O que pode o comprador fazer se chegar ao seu conhecimento que as mercadorias a ele entregues pelo vendedor foram produzidas, por exemplo, com o uso de trabalho forçado de crianças? E o que pode o vendedor fazer se ele descobrir que um de seus compradores cometeu sérias violações de direitos humanos envolvendo o uso de um dos produtos a ele vendido? Algumas dessas situações podem ser resolvidas referindo-se ao direito público aplicável ao caso. Com relação a questões de direito privado, estas devem ser resolvidas pela aplicação da lei que reger o contrato. No contexto internacional, há chances de tal lei ser justamente a CISG.[46]

Se a CISG for de fato aplicável, é fundamental determinar, primeiramente, se os *standards* éticos tornaram-se parte do contrato e, em caso positivo, quais os remédios de que dispõe a parte prejudicada. Em um caso concreto, se houver algum regulamento de direito público condenando determinada conduta, cabe ao direito estatal definir as consequências legais de uma eventual violação de tal proibição. Já nos casos em que houver alguma forma de intervenção estatal que impeça a execução do contrato, como embargos à importação ou

[45] Huber, Peter, Mullis, Alastair. The CISG – a New Textbook for Students and Practitioners, *op. cit.*, p. 142; Schwenzer Art. 35 § 38.

[46] Leisinger, Benjamin, Schwenzer, Ingeborg. Ethical Values and International Sales Contracts, in: Ross Cranston, Jan Ramberg ad Jacob Ziegel (eds.), Commercial Law Challenges in the 21st Century – Jan Hellner *in memorium* (Stockholm Centre for Commercial Law Juridiska institutionen, 2007), p. 261. Disponível em: <http://cisgw3.law.pace.edu/cisg/biblio/schwenzer-leisinger.html>. Acesso em: 10.06.2014.

à exportação, tais intervenções podem estar além da esfera de controle das partes, o que geraria discussões acerca da isenção da responsabilidade pela inexecução de obrigações contratuais com base no Artigo 79(1) da CISG, quando esta inexecução se dever à dita intervenção estatal – discussões que o presente artigo não tem a pretensão de enfrentar.[47]

Há casos, entretanto, em que não há regulação de direito público sobre o tema. Surge então a questão sobre se e como *standards* éticos básicos podem tornar-se parte de contratos de compra e venda internacional de mercadorias. Afinal, tratam-se de características que não são fisicamente apreensíveis a partir de uma verificação dos bens em si, mas que se relacionam com as circunstâncias nas quais foram produzidos.

Em outras palavras, a questão da incorporação de padrões éticos como requisito de conformidade contratual insere-se também na discussão sobre a incorporação de características imateriais como parte do contrato.

A. Características imateriais como parte do Contrato

As partes podem acordar entre si que as mercadorias tenham determinadas características que não são fisicamente perceptíveis.[48] Assim, primeiramente, é importante analisar se e como os elementos não-físicos podem tornar-se parte do contrato. O contrato pode: (i) conter previsão explícita sobre isso; (ii) dispor de modo implícito; ou ainda (iii) não conter quaisquer ou apenas detalhes insuficientes sobre os requerimentos a serem satisfeitos ao se produzir as mercadorias.

1. Incorporação expressa por estipulação contratual

Cabe primariamente às próprias partes estipular nos seus contratos quais elementos não-físicos devem estar presentes como uma das características das mercadorias e como eles devem ser provados. Assim, as partes podem acordar contratualmente, de maneira expressa, sobre a quantidade, a qualidade, o tipo, a embalagem ou acondicionamento das mercadorias, conforme se depreende do Artigo 35(1) da CISG. Aqui, o termo 'qualidade' deve ser

[47] Para mais informações sobre o Artigo 79 da CISG, consulte a base de dados do *Pace Law School Institute of International Commercial Law*, disponível em: <http://cisgw3.law.pace.edu/cisg/text/e-text-79.html>. Acesso em: 10.06.2014.

[48] Henschel, René Franz. The Conformity of Goods in International Sales, *op. cit.*

interpretado de forma ampla, envolvendo também todas as circunstâncias factuais e legais que cercam os bens.[49]

A origem, por exemplo, não é um atributo físico das mercadorias, mas ainda assim pode ser relevante para a descrição contratual, quando tratar da conformidade. Um contrato de compra e venda pode especificar que as mercadorias devam ser produzidas em um determinado país ou por um produtor em específico, o que constituiria uma descrição contratual para os fins do Artigo 35 da CISG.[50]

No *Cobalt Sulphate Case*,[51] a entrega por navio de sulfato de cobalto produzido na África do Sul foi julgada como desconforme no contexto de um contrato de compra e venda com a seguinte descrição: "*origem: Inglaterra*". Neste caso, como se vê, as partes haviam acordado que o produto químico seria de origem inglesa. Entretanto, após a entrega, verificou-se que a origem da mercadoria entregue era a África do Sul, a qual, naquela época, ainda estava sob o regime do *Apartheid*. Acontece que o país para o qual o comprador regularmente entregava tais mercadorias havia baixado um embargo contra as mercadorias oriundas da África do Sul, de modo que o comprador alegou que não conseguiria revender aquele sulfato de cobalto. A Corte decidiu que o país de origem das mercadorias era de fato um elemento componente da qualidade daqueles bens, e, conseguintemente, que o sulfato de cobalto entregue não estava em conformidade com a qualidade prevista no contrato.

Da mesma forma, na decisão arbitral do *Weaving machines, tools and accessories case* perante a Cietac[52] (*China International Economic and Trade Arbitration Commission*), decidiu-se que a especificação em um contrato que dizia que "*o país de origem e de produção das mercadorias era a Suíça*" formava parte da sua descrição contratual. Certificados de origem, portanto, são usualmente mencionados de modo explícito no contrato ou na letra de crédito.[53]

[49] HUBER, Peter, SCHWENZER, Ingeborg. *Obligations of the seller* in SCHLECHTRIEM, Peter, SCHWENZER. Ingeborg. Commentary on the UN Convention on the International Sale of Goods (CISG), *op. cit.*, Art. 35, § 9.

[50] MALEY, Kristian. The Limits to the Conformity of Goods in the United Nations Convention on Contracts for the International Sale of Goods (CISG), *op. cit.*, p. 105.

[51] Decidido pela *Bundesgerichtshof* da Alemanha em 3 de Abril de 1996. Disponível em: <http://cisgw3.law.pace.edu/cases/960403g1.html>. Acesso em: 10.06.2014.

[52] Decidido em 5 de Setembro de 1994. Disponível em: <http://cisgw3.law.pace.edu/cases/940905c2.html>. Acesso em: 10 Junho 2014.

[53] SCHWENZER, Ingeborg. Conformity of the Goods – Physical Features on the Wane? in State of Play, The 3rd Annual MAA Peter Schlechtriem, Haia, Holanda, p. 15, 2012.

As partes podem ter acordado ainda que as mercadorias carregarão certa marca ou distinção, compondo a descrição contratual. Afinal, a marca possibilita a identificação da origem do produto. Por conseguinte, um requisito contratual de que as mercadorias carreguem determinada marca, marca registrada ou indicação similar (independente do fato de ser ou não reconhecida como propriedade intelectual) deveria ser considerado como uma descrição contratual da origem das mercadorias.[54]

Outra questão pertinente associada com a descrição prevista no contrato relaciona-se com a rotulação de determinados bens de consumo como social e ecologicamente corretos. Nos últimos anos, as decisões de compra dos consumidores têm sido cada vez mais influenciadas por considerações políticas, que se relacionam tipicamente com os processos empregados para produção das mercadorias. Por exemplo, muitos consumidores estão dispostos a pagar mais por mercadorias produzidas com métodos ecologicamente corretos,[55] socialmente responsáveis,[56] ou que não foram produzidas com o uso de técnicas da biotecnologia.[57]

A Corte de Apelação da Basileia (*Appellationsgericht Basel-Stadt*), no *Soyprotein products case*,[58] decidiu que a expressão "livre de organismos geneticamente modificados", uma vez inserida em um contrato, constitui uma descrição contratual para os fins do Artigo 35(1) da CISG, e a desconformidade com tal descrição resulta em uma violação essencial do contrato. Neste caso, a modificação genética era de fato uma característica física dos bens, porém tal característica só era detectável por meio de uma análise química.

Outro caso que vale ser mencionado tratava de cevada declarada "orgânica": o *Organic Barley case*.[59] As partes acordaram que "[t]*he goods will meet the requirements under Council Regulation N. 2092/91 on organic production of agricultural products*". Em determinado momento, surgiram suspeitas de que a cevada não era orgânica no sentido do referido Regulamento. A Corte considerou

[54] MALEY, Kristian. The Limits to the Conformity of Goods in the United Nations Convention on Contracts for the International Sale of Goods (CISG), *op. cit.*, p. 105.

[55] LOUREIRO, Maria L., MCCLUSKEY, Jill J., MITTELHAMMER, Ron C. Will Consumers Pay a Premium for Eco-labeled Apples?, 36(2) Journal of Consumer Affairs, 2002, p. 203-219.

[56] WARHUST, Alyson. Future roles of business in society: the expanding boundaries of corporate responsibility and a compelling case for partnership, 37(2-3) Futures, 2005, p. 151-168.

[57] BALASUBRAMANIAN, Siva K., MOON, Wanki. Willingness to Pay for Non-biotech Foods in the U.S. and U.K, 37(2) Journal of Consumer Affairs, 2003, p. 317-339.

[58] Disponível em: <http://cisgw3.law.pace.edu/cases/030822s1.html>. Acesso em: 10 Junho 2014.

[59] Cf. *Oberlandesgericht München* (Alemanha), 13 de Novembro de 2002. Disponível em: <http://cisgw3.law.pace.edu/cases/021113g1.html>. Acesso em: 10.06.2014.

que a descrição como "orgânico" constituía uma qualidade do contrato. No entanto, e conforme notou a própria Corte, "*organic barley cannot be distinguished from other barley, at least not by usual methods*". Os critérios do Regulamento do Conselho para a designação de uma mercadoria como 'orgânica' relacionavam-se com o processo produtivo, especificamente, "*a system of certification of companies at production, trade and processing*".

Apesar de a Corte ter considerado que "orgânico" constituía uma qualidade contratual, tratava-se de uma qualidade de natureza procedimental: os consumidores pagam um preço superior por produtos orgânicos "*not for a proven quality but for the observation of the inspection scheme at production, transport and processing*". Assim, considerou que "orgânico" descrevia uma qualidade do contrato que não era uma característica física das mercadorias, mas sim o histórico desses bens que não era fisicamente perceptível.[60]

Ademais, cabe ressaltar que quando o requisito da certificação compõe parte da descrição contratual, a obrigação do vendedor não é meramente de providenciar tais certificados. Ele também deve providenciar mercadorias que de fato estão em conformidade com as características listadas nesses certificados. Isso pôde ser verificado em um procedimento arbitral perante a Cietac envolvendo moedas de souvenir feitas em comemoração à reunificação da China e do Macau – o *Souvenir coins case*.[61] O tribunal deste caso decidiu que, apesar de não estar estipulado no contrato, havia um dever implícito de que o vendedor "*should make the goods consistent with the descriptions and certificates*".

Pode ainda haver referência explícita no contrato, por exemplo, aos chamados guias de "boas práticas de produção" (*good manufacturing practices – GMP guidelines*), que regulam a produção e o teste de produtos farmacêuticos e de aparelhos médicos ao exigirem, para controle de qualidade, um histórico estrito da produção. Também vale mencionar como exemplo a marcação compulsória da Comunidade Europeia (*mandatory CE marking*) para certos grupos de produtos, como equipamentos elétricos, maquinário, produtos domésticos, brinquedos e cosméticos. O fabricante dos produtos deve cumprir alguns passos obrigatórios – como a verificação de conformidade, o levantamento de um arquivo técnico etc. – antes que possa afixar a marca da CE nos seus produtos.

[60] Maley, Kristian. The Limits to the Conformity of Goods in the United Nations Convention on Contracts for the International Sale of Goods (CISG), *op. cit.*, p. 107-108.

[61] Cietac, China, 2000, disponível em: <http://cisgw3.law.pace.edu/cases/000000c1.html>. Acesso em: 10.06.2014.

Se tais termos expressos foram acordados pelas partes, eles circunscrevem a qualidade ou a descrição dos bens no sentido do Artigo 35(1) da CISG. Se as mercadorias não atendem a essas especificações, não haverá problemas em caracterizar a desconformidade no sentido do Artigo 35(1) da CISG.[62]

2. Incorporação por via dos usos do comércio

Mesmo nos casos em que tais termos expressos estão ausentes, a interpretação contratual e a suplementação podem levar a resultados similares àqueles alcançados com a incorporação expressa. Primeiramente, os usos do comércio podem exigir o respeito a características que não são fisicamente perceptíveis. De acordo com o Artigo 9(1) da CISG, as Partes são vinculadas por qualquer uso com o qual tenham concordado e por qualquer prática que tenham estabelecido entre elas. Ademais, de acordo com o Artigo 9(2) da CISG, considera-se que as Partes tenham implicitamente feito aplicável ao seu contrato quaisquer usos do comércio internacional, que podem ser encontrados em diversas instâncias.

Assim, como exemplo, o *Kimberly Process Certification Scheme*, um esquema cujos participantes devem assegurar que seus diamantes não sejam originados de um país que financie um grupo rebelde (os chamados "diamantes de sangue"), e que nenhum diamante seja importado de ou exportado para um país que não seja membro daquele esquema, hoje certamente constitui um desses usos no comércio de diamantes. Se uma parte oriunda de um país membro desse esquema contrata com uma parte de outro Estado membro, o referido uso do comércio exige os certificados de origem necessários mesmo que eles não estejam explicitamente referidos no contrato.

Em vários setores do comércio, há iniciativas privadas que demandam o respeito a padrões éticos mínimos – como a proibição de trabalho infantil e a definição de um número máximo de horas de trabalho por dia, sendo um exemplo o Código de Conduta da Indústria Eletrônica.[63] No nível internacional, o Pacto Global das Nações Unidas deve ser especialmente destacado como uma das iniciativas privadas de maior sucesso, conforme será demonstrado mais adiante. Apesar de as respectivas previsões desses Códigos de Conduta serem amplas e inespecíficas, não deve haver dúvidas de que padrões éticos mínimos devem ser resguardados, e que por conseguinte padrões

[62] Schwenzer, Ingeborg in Schlechtriem, Peter, Schwenzer. Ingeborg. Commentary on the UN Convention on the International Sale of Goods (CISG), *op. cit.*, p. 568, § 7.

[63] Disponível em: <http://www.eicc.info/eicc_code.shtml>. Acesso em: 10.06.2014.

éticos mínimos tornaram-se parte dos contratos entre partes que estimam essas iniciativas como um uso internacional.

Portanto, pela via do Artigo 9.º da CISG, características não-físicas das mercadorias podem implicitamente tornar-se parte do contrato no sentido do Artigo 35(1) CISG.

3. Adequação para o uso especial ou ordinário

No caso de o contrato não conter quaisquer ou apenas detalhes insuficientes para se determinar os requerimentos a serem satisfeitos especialmente ao se produzir as mercadorias, deve-se recorrer à determinação subsidiária de conformidade, disposta no Artigo 35(2) da CISG, conforme já explicado.

Primeiramente, as mercadorias devem ser adequadas a qualquer uso especial consoante o Artigo 35(2)(b) da CISG. Nesse contexto, poder-se-ia pensar primeiro na hipótese de um comprador adquirindo bens para vendê-los em mercados específicos – como em um mercado especializado em alimentos orgânicos, em agricultura biodinâmica, ou ainda uma comunidade religiosa. Entretanto, esse uso especial deve ser de conhecimento do comprador no momento da conclusão do contrato, seja expressamente ou implicitamente. Esse requisito pode ser preenchido em casos onde a firma do comprador, i.e., o nome da companhia, contém informação sobre isso, ou quando sua reputação é amplamente conhecida no setor comercial em questão.

Um uso especial pode também advir do simples fato de o comprador ter a intenção de comercializar as mercadorias em um certo país. Se as mercadorias serão vendidas na União Europeia, elas devem carregar a marca da CE (*the CE mark*); qualquer profissional no seu respectivo comércio deve ter consciência disso. Outro exemplo é relacionado à venda de equipamento médico aos Estados Unidos: o vendedor deve estar ciente desse uso especial, já que as mercadorias deverão cumprir com as boas práticas de fabricação emitidas pela *Food and Drug Administration*.

O segundo requisito disposto no Artigo 35(2)(b) da CISG, qual seja, que o comprador tenha razoavelmente confiado na competência e no julgamento do vendedor, não deve causar muitos problemas nesses casos.

Se um uso especial não puder ser estabelecido, poder-se-ia questionar se nessas circunstâncias as mercadorias não seriam ainda assim adequadas para o uso ordinário para o qual tais bens seriam usados (Art. 35(2)(a) da CISG). O uso ordinário primariamente significa que as mercadorias devem ser adequadas para propósitos comerciais. No mercado de revenda, isso simplesmente significa que deve ser possível revendê-las. Se nenhum país em especial ou setor comercial no qual eles deveriam ser revendidos puder ser discernido, será difícil para o comprador alegar a desconformidade se os bens puderem ser revendidos pelo menos em alguns mercados. Assim, é certamente de especial importância que o comprador seja capaz de estabelecer um uso especial no sentido do Artigo 35(2)(b) da Convenção.

III. A ética e os negócios – da contradição à conciliação?

Atualmente, é prática comum as empresas multinacionais investirem em responsabilidade social.[64] Essas companhias, em geral, tentarão transmitir a imagem de que apoiam e respeitam os direitos humanos, as normas ambientais e laborais nas suas atividades, especialmente se os Estados falharem em regulá-los ou em executá-los suficientemente.[65] Entretanto, não se pode negar que, até hoje, diversas empresas foram associadas a severas violações de direitos humanos e laborais, de normas ambientais e de outras questões de cunho social.[66]

Nesse contexto, além das diversas iniciativas da comunidade internacional em defesa do respeito aos padrões éticos por parte das companhias multinacionais[67] – como os Princípios Orientadores sobre Empresas e Direitos Humanos[68] e as Linhas Diretrizes da OCDE para Empresas Multinacionais,[69]

[64] Leisinger, Benjamin, Schwenzer, Ingeborg. Ethical Values and International Sales Contracts, in: Ross Cranston, Jan Ramberg ad Jacob Ziegel (eds.), Commercial Law Challenges in the 21st Century – Jan Hellner in memorium, *op. cit.*, p. 253.

[65] Robinson, Mary. Beyond Good Intentions: Corporate Citizenship for a New Century, Londres, 7 de maio de 2002. Discurso disponível em: <http://www.unglobalcompact.org/NewsAndEvents/speeches_and_statements/rsa_world_leaders_lecture.html>. Acesso em: 10.06.2014.

[66] Kell, Georg and Ruggie, John Gerard. Global Markets and Social Legitimacy: The Case of the 'Global Compact', § 8, 1999, disponível em: <http://www.unglobalcompact.org/NewsAndEvents/articles_and_papers/global_markets_social_legitimacy_york_university.html>. Acesso em: 10.06.2014; Leisinger, Klaus M.. On Corporate Responsibility for Human Rights, p. 3, 2006. Disponível em: <http://www.unglobalcompact.org/docs/news_events/9.6/corpresforhr_kl.pdf>. Acesso em: 10.06.2014.

[67] Leisinger, Benjamin, Schwenzer, Ingeborg. Ethical Values and International Sales Contracts, in: Ross Cranston, Jan Ramberg ad Jacob Ziegel (eds.), Commercial Law Challenges in the 21st Century – Jan Hellner in memorium, *op. cit.*, p. 254-256.

[68] Tradução não oficial para o Português disponível em: <http://www.conectas.org/arquivos-site/Conectas_Princ%C3%ADpiosOrientadoresRuggie_mar2012%281%29.pdf>. Acesso em: 10 Junho 2014.

[69] Disponíveis em português em: <http://www.pcn.fazenda.gov.br/diretrizes-da-ocde-para-empresas-multinacionais>. Acesso em: 10.06.2014.

atualmente há também importantes iniciativas privadas, a citar o Pacto Global das Nações Unidas, bem como o conhecimento pelas empresas de quem são e como atuam os seus parceiros comerciais.

Muitas empresas investem uma quantia considerável nas chamadas 'auditorias éticas' antes mesmo de iniciar uma parceria com outra empresa. Algumas chegam até a publicar uma lista como todos os seus fornecedores, para garantir maior transparência – como a Puma, a Adidas, dentre outras. A *Global Reporting Initiative* (GRI)[70] é exemplo de medida desenhada para garantir mais transparência nas relações comerciais. Além disso, foram criadas algumas normas-padrão, como a série ISO 14000 da Organização Internacional de Normalização, que tratam da ética – predominantemente ambiental – nos negócios.[71] Outro exemplo é o SA8000 da *Social Accountability International* (SAI), que opera como uma ferramenta das empresas para definir e para verificar o cumprimento de normas essenciais de direitos humanos.[72]

Quanto ao Pacto Global da Organização das Nações Unidas (ONU), trata-se da maior iniciativa de responsabilidade corporativa voluntária do mundo,[73] e uma das iniciativas privadas de maior sucesso no nível internacional,[74] com mais de 8.700 empresas participantes e partes interessadas em mais de 140 países. Por ser voluntária, não impõe sanções caso seus membros falhem em cumprir seus padrões. No entanto, como há obrigações de relatar associadas com a condição de membro da iniciativa, chamadas de *Communication on Progress* (COP), o comportamento dos membros acaba tornando-se transparente. As companhias que deixam de entregar o *Communication on Progress* por dois anos são taxadas como "inativas". De acordo com um estudo da McKinsey, 15% dos participantes do Pacto Global de fato mudaram seus fornecedores ou

[70] A *Global Reporting Initiative* é uma Organização Não-Governamental (ONG) composta por uma rede *multistakeholders* fundada em 1997 pela Ceres e pelo Programa das Nações Unidas para o Meio Ambiente (UNEP), que promove a elaboração de relatórios de sustentabilidade que pode ser adotada por todas as organizações. Para mais informações, consulte: <https://www.globalreporting.org/languages/Portuguesebrazil/Pages/default.aspx>. Acesso em: 10.06.2014.

[71] Cf. <http://www.iso.org/iso/home/standards/management-standards/iso14000.htm>. Acesso em: 10.06.2014.

[72] Cf. <http://www.sa-intl.org/index.cfm?fuseaction=Page.ViewPage&PageID=937>. Acesso em: 10.06.2014.

[73] Disponível em: <http://www.unglobalcompact.org/Languages/portuguese/>. Acesso em: 10.06.2014.

[74] Leisinger, Benjamin, Schwenzer, Ingeborg. Ethical Values and International Sales Contracts, in: Ross Cranston, Jan Ramberg ad Jacob Ziegel (eds.), Commercial Law Challenges in the 21st Century – Jan Hellner in memorium, *op. cit.*, p. 257.

outros parceiros de negócios devido a preocupações com direitos humanos, com o meio ambiente e com questões trabalhistas.[75]

O caráter voluntário e a falta de poder vinculante do Pacto, porém, foram alvo de duras críticas de diversas entidades da sociedade civil de relevância mundial, como o Greenpeace, a Anistia Internacional e a organização não-governamental *ActionAid*. Apesar das críticas, a analista de relações econômicas da Anistia Internacional, Audrey Gaughran, observou que algumas empresas estão tirando ensinamentos dos princípios do Pacto Global e "*aprendendo que os direitos humanos significam para os negócios*". "*Mas, temos de ser cautelosos e compreender o papel dos enfoques voluntários com relação aos negócios e aos direitos humanos, incluídas as limitações e fraquezas*", acrescentou.[76]

A. Escândalos recentes de destaque na mídia

Nos últimos anos, diversas multinacionais foram alvo de críticas, e, em certos casos, tiveram que assumir a responsabilidade pelo emprego de práticas de produção consideradas antiéticas. Exemplos notáveis que serão brevemente destacados abaixo foram: a Primark, a Zara e a Apple, junto a seu produtor Foxconn Technology.[77]

Em 2008, o canal BBC transmitiu um programa, alegadamente baseado em uma investigação de seis meses, que acusava a empresa de varejo de roupas Primark de contratar com fornecedores que empregavam trabalho infantil. O conteúdo veiculado motivou protestos organizados em frente a uma das lojas em Londres. A Primark, então, anunciou que havia dispensado três dos seus fornecedores de roupas na Índia após ter sido informada de que o programa tinha provas de que empregavam crianças na linha de produção. Diante das acusações, a Primark apresentou reclamação aos Executivos da BBC sobre o programa transmitido; passados dois anos de investigações internas, a BBC

[75] *Idem*, p. 259.

[76] Cf. <http://www.ipea.gov.br/acaosocial/articlebd92.html?id_article=435>. Acesso em: 10.06.2014.

[77] Richard, Beales. Apple needs good, not just better, supply chain, § 1 *et seq*. Disponível em: <http://blogs.reuters.com/breakingviews/2012/03/07/apple-needs-good-not-just-better-supply-chain >. Acesso em: 10.06.2014; cf. Maley, Kristian. The Limits to the Conformity of Goods in the United Nations Convention on Contracts for the International Sale of Goods (CISG), *op. cit.*, p. 88; Mitchiner, James. Intellectual Property in Image – a Mere Inconvenience? in Intellectual Property Quarterly, p. 182, 2003.

emitiu suas desculpas oficiais à Primark, afirmando que a filmagem "*não era genuína*" e que continha "*falhas sérias*".[78]

Outra companhia que recentemente sofreu acusações acerca do uso de trabalho escravo infantil nas suas fábricas do Brasil foi a rede espanhola Zara.[79] Em 2011, a Zara foi denunciada pelo Ministério do Trabalho e Emprego (MTE) por uso de mão de obra escrava em oficinas de costura "quarteirizadas". Embora as oficinas fossem contratadas por uma empresa intermediária da Zara no País, a AHA –, a multinacional foi responsabilizada pelas irregularidades. Segundo o auditor fiscal da Superintendência Regional do Trabalho em São Paulo, Luiz Alexandre de Faria, "*as ordens de costura, definição de peças piloto e até escolha de tecidos vinham diretamente da matriz, na Espanha*". Os auditores fiscais lavraram 48 autos de infração contra a rede espanhola e estipularam uma multa de R$ 1 milhão.

Quanto ao escândalo envolvendo a Apple e a Foxconn,[80] este envolveu denúncias acerca das condições de trabalho na fábrica de iPhones e iPads da Apple Inc.. A Apple sofreu críticas quando as denúncias de mortes nas suas empresas fornecedoras na China, em especial na Foxconn Technology Co. Ltd., foram a público. O Ministro do Trabalho da China na época afirmou que os setores do governo pertinentes e as uniões aumentariam sua supervisão e administração no tocante a essas questões. As companhias que fossem flagradas atuando contra a lei seriam severamente investigadas e responsabilizadas.

Esses foram apenas alguns dos casos recentes de destaque na mídia nacional e internacional em razão de questões envolvendo a relação entre a ética e os negócios. Se, por um lado, esta relação parece ser marcada de tensões e de contradições, por outro as iniciativas voluntárias e as não-voluntárias anteriormente analisadas podem ser um indicativo de que se abrem possibilidades – bem-sucedidas ou não – de construção de uma relação verdadeiramente conciliativa entre as empresas e o respeito a *standards* éticos.

Nesse cenário, muitas multinacionais, pelas mais diversas razões – seja por questões legais, tributárias, econômicas, éticas, de marketing, ou simplesmente com o fim de evitar problemas com seus contratados – já passaram a incorporar em seus contratos as chamadas "cláusulas éticas".

[78] Reportagem disponível em: <http://news.bbc.co.uk/2/hi/business/7456897.stm>. Acesso em: 10.06.2014.

[79] Disponível em: <http://economia.estadao.com.br/noticias/neg%C3%B3cios,zara-e-envolvida-em-denuncia-de-trabalho-escravo,80618,0.htm>. Acesso em: 10.06.2014.

[80] Disponível em: <http://www.huffingtonpost.com/2012/03/07/apple-foxconn-scandal_n_1325930.html>. Acesso em: 10.06.2014.

B. A Incorporação de Cláusulas "éticas" nos Contratos

Diversas empresas internacionalmente reconhecidas no setor de vestuário, como a H&M, a Puma, a Nike etc. fazem uso de cláusulas éticas em seus contratos comerciais.[81] Igualmente, empresas de outros setores – como a Novartis, do ramo farmacêutico[82] – também incluíram em seus contratos cláusulas semelhantes. Ou seja, são exemplos concretos de incorporação expressa de *standards* éticos nos contratos.

Há ainda companhias que incorporaram tais padrões em seu Código de Conduta. A H&M, uma das maiores cadeias de moda do mundo, por exemplo, incorporou em seu Código de Conduta (*Code of Conduct*) cláusulas "éticas".[83]

Em decorrência de todo o exposto, tais cláusulas podem constituir um requisito de qualidade expressamente previsto no contrato, o que ensejaria a incidência do Artigo 35(1) da CISG na hipótese de um conflito envolvendo essas empresas sob um contrato regido pela CISG.

IV. Dos possíveis remédios

A. Remédios usuais do comprador sob a CISG

Se o vendedor entregar mercadorias que não estejam em conformidade com o contrato nos termos do Artigo 35 da CISG, o comprador pode recorrer aos

[81] H&M Code of Conduct; Puma Sustainability Report, p. 133; Nike Ethics and Conduct Statement; confira também KOLK, Ans, VAN TULDER, Rob. The Effectiveness of Self-Regulation: Corporate Codes of Conduct and Child Labour in European Management Journal, p. 260 *et seq.*, 2002.

[82] Vide a seguinte cláusula: *"Novartis gives preference to third parties who share Novarties' societal and environmental values, as set forth in the Novartis Policy on Corporate Citizenship, Third Party Code:* <http://www.novartis.com/corporate_citizenship/en/10_2004_third_party_code.shtml>. *Accordingly, Seller represents and warrants this agreement will be performed in material compliance with all applicable laws and regulations, including, without limitation, laws and regulation relating to health, safety and the environment, fair labour practices and unlawful discrimination".*

[83] Vide, por exemplo, as seguintes cláusulas, disponíveis em: <http://about.hm.com/content/dam/hm/about/documents/en/CSR/codeofconduct/Code%20of%20Conduct_en.pdf>. Acesso em: 10.06.2014: *"This Code of Conduct specifies what we require from our suppliers, their subcontractors and other business partners in order to fulfill our commitment to our Board of Directors, to our employees, to our customers, to our shareholders and to other stakeholders.* 2. CHILD LABOUR IS NOT ACCEPTED
(Refer to ILO Conventions 138 and 182 and to the UN Convention on the Rights of the Child) 2.1 Child Labour H&M does not accept child labour. No person shall be employed at an age younger than 15 (or 14 where the national law so allows) or younger than the legal age for employment if this age is higher than 15. The company must take the necessary preventive measures to ensure that it does not employ anyone below the legal age of employment."

remédios ditos usuais, quais sejam: (i) a execução específica; (ii) a resolução do contrato; (iii) os danos e (iv) a redução do preço.

1. Exame e Notificação

Em primeiro lugar, se as mercadorias são desconformes ao contrato o comprador deve notificar o vendedor, conforme determinam os Artigos 38 e 39 da CISG. Isso será relativamente fácil no caso de ausência de documentos ou de documentos desconformes, necessários para rotular os bens de certa forma, para obter sua aprovação administrativa, ou apenas para revendê-los em um mercado específico.

Entretanto, quando a desconformidade simplesmente resultar do modo em que as mercadorias foram manufaturadas ou processadas, qualquer eventual exame dos bens em si provavelmente não revelará este fato[84]. Assim, a notificação somente pode ser exigida do comprador se ele realmente tiver tomado conhecimento sobre a violação de tais padrões. Tal conhecimento poderia, no entanto, ser inferido da mera ausência de certificados relacionados ao processo de fabricação ou à origem dos bens.

2. Execução específica

Uma vez comprovada a desconformidade das mercadorias entregues ao comprador, a execução específica pode ser requerida na forma de entrega de bens substitutos (Artigo 46(2) da CISG) ou na forma de reparos (Artigo 46(3) da CISG). Já no caso de ausência dos documentos necessários, como documentos de origem, eles podem vir a ser fornecidos pelo vendedor, por um terceiro, ou pelo comprador, se este for capaz de consegui-los por si mesmo. Poderá então reclamar os custos incorridos em razão dos danos sofridos.

3. Resolução do contrato

A resolução do contrato é considerada um remédio excepcional, a ser exercido restritivamente[85] – o que se harmoniza com o princípio que permeia

[84] E mesmo se um exame completo for conduzido, tais defeitos não podem ser detectados por um mero exame dos bens em si.

[85] HUBER, Peter, MULLIS, Alastair. The CISG – a New Textbook for Students and Practitioners, *op. cit.*, p. 209, 2007; LOOKOFSKY, *op. cit.*, p. 79; MAGNUS, Ulrich. The Remedy of Avoidance of Contract under the CISG – General Remarks and Special Cases, 25 Journal of Law and Commerce, 2005-06, p. 33. Disponível em: <http://www.cisg.law.pace.edu/cisg/biblio/magnus2.html>. Acesso em: 10 Junho 2014; VISCASILLAS, Maria del Pilar Perales. El Contrato de Compraventa Internacional de Mercancias (Convención de Viena de 1980), § 173, 2001. Disponível em: <http://www.cisg.law.pace.edu/cisg/biblio/perales1.html>. Acesso em: 10 Junho 2014.

a CISG segundo o qual a preservação do contrato é preferível à sua resolução.[86] Afinal, a resolução do contrato só é possível nos casos em que a desconformidade remontar a uma violação essencial do contrato (Artigo 49(1)(a) da CISG).[87] Isso pressupõe um prejuízo tal que prive substancialmente o comprador daquilo que teria o direito de esperar do contrato (Artigo 25 da CISG). Tal privação pode ser constatada, em primeiro lugar, dos termos do próprio contrato.[88] Se as partes estipularam certos padrões aos quais deverão aderir, deixaram suficientemente claro que o seu cumprimento é de especial interesse ao comprador e que tal privação poderá ser presumida no evento de uma violação.

Se está claro para ambas as partes que o comprador não poderá fazer o uso pretendido das mercadorias – por exemplo, quando um comprador europeu recebe mercadorias que não têm a marca da CE afixada, sendo que ele pretendia vender essas mercadorias em países que exigem tal marca – uma violação essencial poderá ser demonstrada. Em outros casos, fator decisivo a ser analisado é se seria razoavelmente possível esperar que o comprador use ou venda os bens em outro mercado onde sua mercantibilidade não esteja afetada. Em casos de compradores especiais, entretanto, como aqueles especializados em orgânicos, isso pode ser dificilmente esperado. Da mesma forma, esses compradores não devem ter que vender as mercadorias com desconto a seus consumidores usuais, já que isso pode ser prejudicial à sua reputação.[89]

4. Danos

Se as partes acordaram sobre uma cláusula de indenização (*liquidated damages clause*) ou uma penalidade contratual em caso de desconformidade envolvendo características não-físicas das mercadorias, pode ser mais fácil para o comprador obter alguma reparação financeira. Tal cláusula libera o comprador de sua

[86] FERRARI, Franco. Fundamental Breach of Contract under the UN Sales Convention – 25 Years of Article 25 CISG, 25 *Journal of Law and Commerce*, 2006, p. 501. Disponível em: <http://www.cisg.law.pace.edu/cisg/biblio/ferrari14.html>. Acesso em: 10.06.2014; VISCASILLAS, Maria del Pilar Perales. El Contrato de Compraventa Internacional de Mercancias (Convención de Viena de 1980), *op. cit.*, § 173.1.

[87] HUBER, Peter, MULLIS, Alastair. The CISG – a New Textbook for Students and Practitioners, *op. cit.*, p. 209.

[88] CISG ADVISORY COUNCIL. CISG-AC Opinion n. 5, The buyer's right to avoid the contract in case of non-conforming goods or documents, 7 de maio de 2005, Badenweiler (Alemanha). Relator: Professora Dra. Ingeborg Schwenzer, LL.M., Professora de Direito Privado, Universidade de Basel, Suíça, § 4.2. Disponível em: <http://www.cisg.law.pace.edu/cisg/CISG-AC-op5.html>. Acesso em: 10.06.2014.

[89] SCHWENZER, Ingeborg. Conformity of the Goods – Physical Features on the Wane? in State of Play, *op. cit.*, p. 110.

obrigação de provar se sofreu ou não perda e, em caso positivo, em que medida – o que poderia ser uma difícil empreitada. Entretanto, as partes podem não ter pensado em tal cláusula, ou ainda o comprador pode não estar em posição de impor aquela cláusula ao vendedor. Assim, é importante examinar o que poderia ser considerada uma perda recuperável no sentido da CISG.[90]

Em primeiro lugar, se as mercadorias não tiverem sido vendidas antes da descoberta da desconformidade, pode haver lucros cessantes. Isso pode ocorrer porque os bens podem não ser absolutamente revendáveis – como os bens sem os certificados necessários – ou porque o comprador decide não os revender e não se pode esperar que os revenda sob as circunstâncias em questão. O mesmo vale quando, uma vez descoberta uma desconformidade, o comprador é obrigado a tomar as mercadorias de volta de seus consumidores.[91]

Se os bens já tiverem sido revendidos antes da descoberta da violação, podem entrar em cena danos na forma de perda da reputação. Como a CISG reconhece o princípio da plena compensação, não há dúvida de que a perda de reputação poderá ser indenizada.[92] No entanto, quantificá-la financeiramente em um caso individual pode se mostrar uma difícil tarefa. Na avaliação desta quantia, deve-se dar a devida atenção à posição do comprador individual no mercado. Uma companhia firmemente dedicada a um determinado setor comercial sustentará grande perda de reputação comparada a uma que atua naquele setor ocasionalmente.

Problemas podem surgir, não obstante, se todas as mercadorias já tiverem sido revendidas e a desconformidade nunca vier a ser de conhecimento público. Apesar de, mesmo neste caso, poder-se arguir que há uma perda de reputação que poderia talvez se materializar em uma futura venda do negócio em si, por exemplo, durante procedimentos de auditoria, a perda torna-se mais e mais difícil de ser auferida.

A questão crucial então é como a perda pela inexecução do contrato pode ser verificada. Se há um mercado para as mercadorias contratadas – como alimentos *kosher* – bem como um mercado para aquelas mercadorias desconformes – no caso, os alimentos não-*kosher* – uma maneira fácil de o comprador calcular os danos é de acordo com a diferença de preços obtidos nos

[90] *Idem, ibidem*, p. 110.

[91] *Idem, ibidem*, p. 110.

[92] Cf. CISG Advisory Council. CISG-AC Opinion n. 6: Calculation of Damages under CISG Article 74. Relator: Professor J. Y. Gotanda, Villanova University School of Law, Villanova, Pennsylvania, § 7.1. Disponível em: <http://www.cisg.law.pace.edu/cisg/CISG-AC-op6.html#*>. Acesso em: 10.06.2014.

respectivos mercados. Contudo, podem surgir problemas se não houver mercado algum para os bens desconformes. Nesse caso, há uma demanda por outro método de cálculo dos danos, para evitar que o vendedor saia ileso quando deveria ser responsabilizado. Uma possibilidade poderia ser verificar a queda no valor dos bens em um nível abstrato. O preço de compra reflete os custos de produção dos bens e o lucro para o vendedor. Se o vendedor, ao violar os padrões éticos, reduz substancialmente os custos de produção e assim maximiza seu próprio lucro, o contrato torna-se desbalanceado.[93] Poder-se-ia arguir que o valor real das mercadorias é reduzido pela quantia dos custos reduzidos de produção. O comprador então poderia alegar essa margem como danos mínimos.

O vendedor não pode arguir que o comprador recebeu o valor total de revenda e que, ao fim, não sustentou nenhuma perda financeira, visto que isso violaria o princípio da plena compensação e o fim atualmente aceitável do direito dos danos, qual seja a sua prevenção, e não apenas a compensação. O mesmo resultado também pode ser obtido pelos danos baseados em um escoamento de lucros. Apesar de isso ao fim aparentar um lucro inesperado/aleatório para o comprador, qualquer outra solução daria o mesmo lucro inesperado ao vendedor que tenha violado o contrato.

5. Redução do preço

Por fim, existe a possibilidade de redução do preço das mercadorias prevista no artigo 50 da CISG. O mecanismo para se estabelecer o menor preço dos bens desconformes é equivalente àquele discutido em relação aos danos. Assim, o comprador pode reduzir o preço de compra na proporção da redução no valor das mercadorias quando estas foram efetivamente entregues.[94]

B. Remédios do Vendedor sob a CISG

Cabe esclarecer que não há regras expressas na CISG tratando da hipótese em que a falta de conformidade é atribuível ao próprio comprador, como, por exemplo, no caso de a desconformidade resultar da matéria-prima fornecida

[93] Partindo-se do pressuposto de que o comprador está de boa-fé e tem expectativa (mesmo que implícita) de receber uma mercadoria que, ao longo de sua cadeia produtiva, teve respeitados os padrões éticos de produção e de distribuição.

[94] Schwenzer, Ingeborg. Conformity of the Goods – Physical Features on the Wane? in State of Play, *op. cit.*, p. 105.

pelo comprador ao vendedor para que este fizesse as mercadorias. Porém, a isenção da responsabilidade do vendedor que desconhecia o defeito nos materiais fornecidos pelo comprador advém necessariamente do Artigo 80 da Convenção. Se o vendedor está ciente do defeito no material, a boa-fé exige que ele informe o comprador sobre este fato.[95]

A principal esfera de aplicação dos remédios para o vendedor quando constatada uma desconformidade é a venda das chamadas mercadorias de uso duplo, que podem ser usadas de modo indevido em violação a valores éticos básicos, como a produção de armas químicas, biológicas ou nucleares. Se a obediência a padrões éticos tornou-se parte do contrato, qualquer descumprimento remontaria a uma violação contratual. Se tal uso indevido torna-se aparente, surge a questão acerca dos remédios que o comprador tem à sua disposição nessas circunstâncias.

Em relação tanto à resolução do contrato quanto aos danos, aplicam-se as mesmas considerações já feitas acima, quando foram levantados os remédios do comprador. Assim, para que o remédio da resolução contratual possa ser usado, a violação do contrato pelo comprador deve ter sido essencial. A alegação de danos, por sua vez, dependerá predominantemente da questão de se os lucros cessantes e o dano à imagem estiveram presentes. Aqui, no entanto, qualquer cálculo abstrato dos danos baseado no equilíbrio das obrigações contratuais provavelmente será falho. O único modo de se determinar os danos seria especulando que as mercadorias, se não tivessem tido um uso antiético, teriam um valor superior no mercado internacional.

A perda do vendedor seria então atribuível ao fato de que ele confiara na promessa contratual do comprador de que respeitaria os padrões éticos. O preço de compra, consequentemente, pode não ter refletido o valor real das mercadorias.[96]

V. Dos limites da conformidade

Com o fim de promover a boa-fé no comércio internacional, a eficiência comercial e a autonomia das partes, as cortes e os tribunais devem tratar da questão dos limites da conformidade com uma mente aberta.

[95] Schwenzer, Ingeborg in Schlechtriem, Peter, Schwenzer. Ingeborg. Commentary on the UN Convention on the International Sale of Goods (CISG), *op. cit.*, Art. 35, § 34, p. 586.

[96] Leisinger, Benjamin, Schwenzer, Ingeborg. Ethical Values and International Sales Contracts, in: Ross Cranston, Jan Ramberg ad Jacob Ziegel (eds.), Commercial Law Challenges in the 21st Century – Jan Hellner in memorium, *op. cit.*, p. 271-272.

Sobre este tema, Kristian Maley[97] defende que é necessário analisar a extensão dos deveres do vendedor relacionados às mercadorias em um contrato de compra e venda regido pela CISG. Em especial, é importante tentar traçar os limites destes deveres – aparentemente expansivos – e identificar o ponto em que finda a mercadoria propriamente dita e começam as circunstâncias factuais que as cercam.[98] Nesse sentido, sustentou que a conformidade não deve ser guiada pela distinção entre características físicas e não-físicas das mercadorias. Esclareceu que a distinção entre bens tangíveis e intangíveis é significativa para se determinar se algo é uma "mercadoria" para os fins da CISG, o que reflete uma dicotomia mais ampla encontrada na prática do direito e dos negócios. Os opostos polares que constituem a dita dicotomia são descritos sob termos diversos, por exemplo, como: extrínseco/intrínseco; incorporado/não-incorporado; tangível/intangível; corpóreo/incorpóreo; objetivo/subjetivo; real/intelectual e físico/não-físico.

O núcleo de uma compra e venda internacional é a previsão de uma mercadoria com certas características físicas definidas. Envolvendo esse núcleo, as partes podem ter contemplado que a compra e venda envolvesse certas circunstâncias que são em certa medida conectadas com as mercadorias, mas que não são fisicamente parte destas. Em certos casos, essas circunstâncias podem ser tão inextricavelmente ligadas às mercadorias que chegam a ser "características não-físicas" desses bens.[99] Como o dever em questão é expansivo, impondo a responsabilidade por defeitos que existam quando o risco passa para o vendedor, é essencial que as partes articulem claramente os aspectos das mercadorias que deverão compor parte do dever de conformidade.

Uma vez rejeitada esta dicotomia entre características físicas e não-físicas das mercadorias, outras ferramentas conceituais para traçar os limites da conformidade poderiam ser exploradas. Em última análise, Maley sustenta que os limites da doutrina da conformidade são dinâmicos e amorfos, e devem ser decididos tendo em vista os fatos de cada caso, considerando-se a intenção das partes e a divisão geral de deveres encontrada na Convenção.[100]

[97] Maley, Kristian. The Limits to the Conformity of Goods in the United Nations Convention on Contracts for the International Sale of Goods (CISG), *op. cit.*, p. 82-126.

[98] *Idem*, p. 83.

[99] *Idem, ibidem*, p. 88.

[100] *Idem, ibidem*, p. 84.

Conclusões

Ano após ano, fica cada vez mais evidente que uma crescente gama de características não-físicas das mercadorias têm adquirido maior relevância no comércio internacional, seja por exigência das empresas, dos governos, ou até mesmo dos consumidores. Prova disso seria o fato de muitos contratos de compra e venda internacional já incorporarem características não-físicas das mercadorias como um de seus requisitos de conformidade – o que representou um enorme e provavelmente inesperado desenvolvimento desde a elaboração da CISG, há mais de 30 anos.

Nesse contexto, a CISG provou ser suficientemente flexível para adequadamente tratar desses novos desenvolvimentos. O Artigo 35 da Convenção, em conjunto com os demais dispositivos sobre interpretação da própria Convenção e da conduta das partes, bem como do sistema de remédios disponíveis, tem sido aplicado por tribunais arbitrais em disputas com fulcro em contratos regidos pela CISG quando alegada alguma desconformidade contratual. Inclusive, algumas dessas disputas envolveram características imateriais dos bens, e mais: houve casos em que o vendedor foi responsabilizado em razão de uma desconformidade atinente às características não-físicas das mercadorias que haviam sido acordadas, expressa ou implicitamente – o que demonstra a aplicabilidade dos mecanismos previstos na própria CISG para lidar com uma miríade de situações novas que possam surgir.

Como exemplo de uma dessas características imateriais, o presente artigo explorou a questão do respeito a *standards* éticos na produção das mercadorias. Este tema insere-se em uma discussão mais ampla e complexa: a relação entre a ética e o mundo corporativo (*Business and Ethics*). Há quem defenda que esta relação é irremediavelmente contraditória, visto que os interesses envolvidos parecem não ser plenamente conciliáveis; prova disso seriam os recentes escândalos envolvendo empresas de renome, que sofreram sérias acusações envolvendo o uso de mão-de-obra escrava em algum ponto de sua cadeia de produção.

Por outro lado, não se deve olvidar as iniciativas de diversas empresas no sentido de tentarem aproximar esses aparentes opostos, como a adesão ao Pacto Global das Nações Unidas, ou mesmo a incorporação de cláusulas "éticas" nos seus contratos com fornecedores, contratados e subcontratados. Tais iniciativas foram e ainda são alvos de constantes críticas, principalmente pelo seu caráter voluntário; há quem afirme se tratarem de medidas, com o perdão da expressão, "para inglês ver", e que acabam piorando a situação em vez de melhorá-la.

Além disso, uma constatação que foi recorrente dentre os autores sobre este tema foi sobre a importância da atuação dos governos, por meio de seus entes e dos regulamentos de direito público. Afinal, é dos governos a prerrogativa primária para regulamentar, fiscalizar e sancionar as condutas das pessoas físicas ou jurídicas sob sua jurisdição. Há quem sustente, inclusive, que houve um florescimento nos últimos anos de iniciativas variadas no setor privado e/ou de caráter voluntário justamente pelo fato de o poder público atuar em diversas esferas de modo falho, de modo que a própria sociedade civil, as organizações não-governamentais e mesmo as empresas buscam preencher essas falhas do modo como podem ou como lhes convêm.

Nesse cenário, então, fica evidente que mesmo as iniciativas privadas acima referidas não substituem a atuação estatal. Poderiam, porém, vir a complementá-la, mas, para isso, a prática parece indicar que há pontos teriam que ser aperfeiçoados. Por exemplo, há quem defenda ser vital acabar com o caráter voluntário das iniciativas, e torná-las de fato vinculantes, com um mecanismo sancionatório. No entanto, isso já foi tentado, sem sucesso – por colidir com interesses econômico-financeiros de diversas empresas.

Assim, diante desse panorama aparentemente pessimista, a flexibilidade da CISG para adaptar-se a diferentes situações que não foram nem aventadas quando da sua elaboração faz desta Convenção uma via interessante para se analisar toda essa discussão sobre a relação entre a ética e as empresas. Afinal, o fato de o respeito a *standards* éticos poder ser incorporado como requisito de conformidade de um contrato regido pela CISG conferiria a esse requisito maior poder de vinculação, já que, sob o manto da CISG, poder-se-ia aplicar um dos remédios previstos na própria Convenção em caso de eventual violação contratual.

25. O DANO RESSARCÍVEL NA CONVENÇÃO DAS NAÇÕES UNIDAS SOBRE CONTRATOS PARA VENDA INTERNACIONAL DE MERCADORIAS

Diogo Costa Gonçalves
Francisco Mendes Correia

1. Introdução e delimitação do objeto

A adesão de Portugal à Convenção das Nações Unidas sobre os Contratos para Venda Internacional de Mercadorias (de agora em diante, "Convenção"), e a entrada em vigor no ordenamento jurídico nacional deste importante instrumento de harmonização jurídica internacional – em 1 de outubro de 2021[1] -, é uma ocasião particularmente apropriada para analisar, ainda que de forma breve, as normas da Convenção relativas ao dano ressarcível, em caso de incumprimento contratual.

Nesta primeira abordagem, apenas vão ser analisadas as normas que disciplinam a delimitação e o cálculo do dano ressarcível, em caso de incumprimento contratual. Entre outras matérias relevantes, ficam de fora do âmbito da presente análise os danos resultantes de perturbações pré-contratuais ou de invalidades contratuais, bem como os demais pressupostos da obrigação de indemnizar.

A determinação do dano ressarcível segundo as regras da Convenção é, não só um tema de inegável relevância científica e prática, como uma problemática que evidencia as tensões existentes entre a necessária modernização da Convenção – confrontada com novos desenvolvimentos dogmáticos

[1] A Convenção foi aprovada, para adesão, pelo Decreto nº 5/2020, de 7 de agosto. O Aviso n.º 47/2020, de 21 de outubro de 2020 tornou público o depósito pela República Portuguesa do instrumento de adesão à Convenção, em 23 de setembro de 2020. Assim, nos termos do artigo 99.º/2 da Convenção, esta entrou em vigor no ordenamento jurídico português em 1 de outubro de 2021.

e interpelada por outros projetos de harmonização[2] –, e o imperativo de uma interpretação uniforme[3]. Justifica-se, por isso, esta escolha de tema.

2. Princípios gerais e sistema

O artigo 74.º da Convenção é a principal fonte de soluções normativas para a determinação do dano ressarcível, em caso de incumprimento contratual, estabelecendo os dois princípios vetoriais nesta matéria: o princípio da reparação integral do dano (*full compensation*) e o princípio da (sua necessária) previsibilidade (*foresseeability*).

A Convenção não prevê, assim, metodologias específicas, a empregar para a avaliação quantitativa dos danos[4], estabelecendo antes princípios que devem presidir à sua delimitação e determinação: o lesado deve ser ressarcido por *todos* os danos sofridos que tenham resultado do incumprimento contratual, e que a parte inadimplente tenha (ou devesse ter) previsto, como consequência possível da perturbação do programa contratual que lhe é imputável.

A obrigação de indemnizar tem sempre dinheiro por objeto, à luz da Convenção. Embora a versão portuguesa do artigo 74.º não o sugira de forma imediata (*«A indemnização por perdas e danos (...) cobre a perda que a outra parte tenha sofrido, bem como o lucro cessante»*), a versão inglesa é mais clara nesse sentido (*«Damages for breach of contract (...) consist of a sum equal to the loss»*), o que é confirmado pela generalidade da doutrina[5]. Está assim excluída a indemnização por reconstituição natural.

Têm óbvia relevância para a fundamentação do dever de indemnizar – mas, como referido, não constituem objeto da presente análise – as normas que preveem o direito à indemnização em caso de incumprimento do contrato (artigo 45.º/1/*b*) para o comprador; artigo 61.º/1/*b*) para o vendedor), bem como as que estabelecem a relação de cumulação com outros meios de defesa contratuais

[2] Os Principles of European Contract Law ("PECL") [Artigos 9:501 e ss.] e os UNIDROIT Principles of International Commercial Contracts ("PICC") [Artigos 7.4.1. e ss.] preveem normas de determinação do dano ressarcível, em termos comparáveis, mas não totalmente coincidentes, com os da Convenção.

[3] Ingeborg Schwenzer/Pascal Hachem, *The Scope of the CISG Provisions on Damages*, em Djakhongir Saidov/Ralph Cunnington (eds.), *Contract Damages – Domestic and International Perspectives*, 2008, OUP, 91-105 (91-93).

[4] CISG-AC Opinion n.º 6, Comentário 1.1.

[5] Ingebor Schwenzer (ed.), *Schlechtriem & Schwenzer Commentary on the UN Convention on the International Sale of Goods*, 4.ª ed., 2016, OUP, 1063; Kröll/Mistelis/Perales Viscasillas (eds.), *Commentary*, cit., 966.

(artigos 45.º/1/*a*), 45.º/2 e 46.º e ss. para o comprador; artigos 61.º/1/*a*), 61.º/2 e 62.º e ss. para o vendedor). São especialmente relevantes, a este propósito, como meios de defesa cumulativos, a execução específica (artigos 46.º/1 e 62.º), a redução do preço (artigo 50.º) ou a resolução do contrato (artigos 49.º/1 e 64.º/1).

A análise integrada do artigo 74.º e das normas que acabam de se enunciar permite concluir que a Convenção adotou um modelo de responsabilidade objetiva (*strict liability*), baseado nas opções prevalecentes nos sistemas anglo-saxónico e americano[6]. A opção estrutural da imputação de danos à parte inadimplente, independentemente de culpa, é, porém, atenuada através da regra da previsibilidade (artigo 74.º, 2.ª parte), através do dever de mitigação de danos e das consequências do seu incumprimento (ambos previstos no artigo 77.º) e pelas regras de exoneração, constantes dos artigos 79.º e 80.º (que não analisaremos nesta sede).

O sistema normativo relativo ao ressarcimento de danos é ainda composto pelos artigos 75.º e 76.º, que preveem normas especiais para determinação do dano em caso de resolução – consoante tenha ou não havido compra de substituição (ou revenda pelo vendedor, caso seja este o lesado) –, e por uma norma sobre juros (artigo 78.º).

Refira-se, ainda a este propósito, que o artigo 5.º exclui do âmbito da Convenção a responsabilidade do vendedor por morte ou lesões corporais causadas pelas mercadorias adquiridas a qualquer pessoa. Desta forma, o artigo 74.º – e as demais normas enunciadas – não se aplicam a estes danos, cujo ressarcimento é determinado pela lei nacional aplicável.

No entanto, a Convenção aplica-se aos danos em que o comprador tenha incorrido, correspondentes às indemnizações que tenha suportado perante terceiros (*maxime*, os seus clientes), por danos deste tipo (i.e., morte e lesões corporais), causados pelas mercadorias adquiridas: neste caso será um dano emergente, provocado por um incumprimento contratual, ao qual se aplica o artigo 74.º[7]. O mesmo se diga dos danos causados a bens do comprador, provocados pelas mercadorias (fora do âmbito da exclusão do artigo 5.º).

2.1. Princípio da reparação integral

O princípio da reparação integral, na sua simplicidade, estabelece a ressarcibilidade de *todo* o dano sofrido pela parte, resultante do incumprimento contratual.

6 *Schlechtriem & Schwenzer Commentary*, cit., 1058-1059.

7 *Schlechtriem & Schwenzer Commentary*, cit., 1063; Kröll/Mistelis/Perales Viscasillas (eds.), *Commentary*, cit., 980.

A Convenção recorre a termos amplos – como o de *damages* –, evitando incorporar nas soluções normativas delimitações conceptuais particulares a ordenamentos jurídicos ou sistemas jurídicos, e que pudessem dificultar a sua interpretação uniforme, no plano internacional (artigo 7.º)[8]. Assim, com as exceções que se elencam *infra*, a Convenção não prevê normas especiais para tipos específicos de danos, deixando uma ampla margem interpretativa para a concretização dos conceitos genéricos utilizados.

O único traço conceptual presente nas soluções normativas parece ser a distinção entre dano emergente (a perda que a outra parte tenha sofrido) e lucro cessante ("bem como o lucro cessante"), sendo certo que ambas as modalidades são cobertas pelo princípio da recuperação integral. A distinção parece ter assim um efeito exclusivamente elucidativo.

Não parece existir consenso sobre o papel que a teoria da diferença deve desempenhar na aplicação do artigo 74.º: enquanto alguns autores e decisões jurisprudenciais recorrem a esta teoria como modelo supletivo de decisão[9], outros contestam a sua aplicação, pelos perigos que coloca a uma interpretação e aplicação uniforme[10].

Independentemente do seu resultado final, a discussão sobre a teoria da diferença, considerada numa perspetiva puramente patrimonial, por referência à comparação entre a situação patrimonial real do lesado e a situação hipotética que existiria em caso de cumprimento, tem permitido identificar alguns tipos de danos, que merecem tutela à luz da Convenção, mas que poderiam ficar na sombra de uma *Differenzhypothese* estrita.

Com efeito, a este propósito, tem-se advogado o abandono de uma abordagem baseada apenas nos benefícios económicos do contrato (*economic benefits principle*), que qualificaria como não-pecuniários (excluindo o seu ressarcimento) os danos sem tradução imediata na situação patrimonial do lesado, e a

[8] Isso não quer dizer, porém, que a doutrina e alguma jurisprudência não recorram aos conceitos mais difundidos no correspondente sistema jurídico, para apresentar de forma mais sistemática o conteúdo das normas da Convenção. A este propósito, são frequentemente utilizadas as distinções entre *expectation* e *reliance loss*, ou de interesse contratual positivo e negativo (Djakhongir Saidov, *The Law of Damages in International Sales – This CISC and other International Instruments*, 2.ª ed., 2021, Hart, 25 e ss.; Kröll/Mistelis/Perales Viscasillas (eds.), *Commentary*, cit., 973). Sobre o *reliance interest*, entre nós, Maria de Lurdes Pereira, *A indemnização de despesas inutilizadas na responsabilidade obrigacional*, 2020, Gestlegal, 421 e ss.

[9] Kröll/Mistelis/Perales Viscasillas (eds.), *Commentary*, cit., 973-974; OLG Kblenz, 24-fev.-2011, CISG-Online 2301; *Landgericht Trier*, 12-out.-1995, CISG-Online 160; *Handelsgericht des Kantons St. Gallen*, 3-dez.-2002, CISG-Online 727.

[10] *Schlechtriem & Schwenzer Commentary*, cit., 1059.

transição para uma perspetiva baseada no interesse integral de cumprimento (*performance principle*)[11]. Segundo esta última perspetiva, defende-se o ressarcimento – à luz do artigo 74.º - do dano de privação de uso, de danos correspondentes ao sobre-preço pago por bens, por defeitos que não se tenham tornado públicos (e que, por isso, não tenham tido impacto no preço de revenda dos bens), ou de danos correspondentes à falta de qualidades contratadas das mercadorias, mas que não tenham impacto no valor de mercado[12]. Em todos estes casos, está em causa o interesse na integridade do cumprimento, sem que a perturbação verificada tenha um impacto patrimonial direto na situação do lesado: se por um lado é sugerido que ressarcir estes danos equivale a atribuir um ganho inesperado ao lesado, por outro lado deve assinalar-se que a hipótese contrária implica conceder um ganho inesperado e injustificado à parte inadimplente, que incumpre o contrato, não satisfaz integralmente o interesse da contraparte *e* não suporta quaisquer consequências da perturbação que lhe é imputável.

Tendo em conta a sistematização constante da *Section* 2-714 do *Uniform Commercial Code*, é por vezes utilizada para efeitos expositivos a distinção entre danos de incumprimento (*non-performance loss*), danos incidentais (*incidental loss*) e danos consequenciais (*consequential loss*)[13]. Esta distinção não tem valor interpretativo em relação à Convenção, mas permite expor com mais clareza alguns dos danos que a jurisprudência tem considerado, na aplicação do artigo 74.º. A propósito dos danos de incumprimento, *lato sensu*, tem-se afirmado que os custos de reparação – no cumprimento defeituoso – e as despesas com objetos de substituição – na mora – são ressarcíveis, desde que razoáveis, ainda que a reparação/substituição não tenha sido levada a cabo pelo credor[14]. Nos casos de mora, é também geralmente reconhecido ao credor o direito de recuperar o custo com financiamentos intercalares – até ao cumprimento pela parte inadimplente -, bem como lucros cessantes, correspondentes a oportunidades de investimento perdidas[15].

No que se refere a danos incidentais, são genericamente admitidos os custos adicionais ou desperdiçados, incorridos pela parte cumpridora com

[11] Ingeborg Schwenzer/Pascal Hachem, *The Scope of the CISG Provisions on Damages*, cit., 93 e ss.

[12] Ingeborg Schwenzer/Pascal Hachem, *The Scope of the CISG Provisions on Damages*, cit., 95-96; *Schlechtriem & Schwenzer Commentary*, cit., 1059-1060.

[13] Ingebor Schwenzer/Christiana Fountoulakis/Mariel Dimsey, *International Sales Law – A Guide to the CISG*, 2019, 3.ª ed., Hart, 585-587.-

[14] *Schlechtriem & Schwenzer Commentary*, cit., 1065.

[15] LG Stuttgart, 31-ago.-1989, CISG-online 11.

o oferecimento não aceite (sem justificação) ou decorrentes da falta de cumprimento pela contraparte: a título de exemplo, custos de armazenagem de bens[16], custos adicionais de transporte motivados pelo atraso na entrega de mercadorias pelo vendedor[17] ou custos com a identificação e separação de bens defeituosos e bens indemnes[18]. Como regra geral, os custos incorridos pelo comprador com a inspeção das mercadorias fornecidas apenas serão ressarcíveis, caso os bens sejam defeituosos e devam ser devolvidos, ou se trate da inspeção de bens fornecidos em substituição de bens defeituosos[19]. Um tema especialmente debatido em matéria de danos incidentais refere-se aos custos incorridos de litigância e aos custos extrajudiciais, decorrentes do exercício de direitos pelas partes. A opinião dominante parece ser a da inadmissibilidade do ressarcimento de custos judiciais/arbitrais, à luz do artigo 74.º da Convenção: os custos serão alocados segundo as regras nacionais ou de arbitragem aplicáveis ao caso, sublinhando-se que a opção contrária beneficiaria injustificadamente os autores que obtivessem procedência nos litígios, prejudicando os réus que fossem absolvidos (já que não conseguiriam imputar os custos a um incumprimento contratual da contraparte)[20].

Os danos consequenciais também têm sido objeto de discussão doutrinária e de atenção jurisprudencial, à luz do artigo 74.º da Convenção. Têm sido admitidos a este propósito os danos decorrentes da responsabilidade da parte cumpridora perante terceiros, consequente do incumprimento contratual, incluindo custos judiciais, arbitrais e extrajudiciais, decorrentes de litígios consequenciais com terceiros[21]. Os danos reputacionais e a perda de *goodwill* também são genericamente admitidos como danos, a este propósito, ainda que se chame a atenção para a necessidade de traçar com rigor as fronteiras entre estes danos e os lucros cessantes, correspondentes a negócios perdidos (para evitar uma duplicação)[22].

[16] OLG Braunschweig, 28-out.-1999, CISG-online 510; Kröll/Mistelis/Perales Viscasillas (eds.), *Commentary*, cit., 974.

[17] OLG Köln, 14-ago.-2006, CISG-online 1405.

[18] OLG Köln, 14-ago.-2006, CISG-online 1405; Kröll/Mistelis/Perales Viscasillas (eds.), *Commentary*, cit., 974.

[19] *Schlechtriem & Schwenzer Commentary*, cit., 1068.

[20] *Schlechtriem & Schwenzer Commentary*, cit., 1069-1070. A questão da ressarcibilidade de custos extra-judiciais é também muito discutida, não existindo consenso quanto à sua inclusão no escopo do artigo 74.º da Convenção.

[21] *Schlechtriem & Schwenzer Commentary*, cit., 1071.

[22] *Schlechtriem & Schwenzer Commentary*, cit., 1067; Kröll/Mistelis/Perales Viscasillas (eds.), *Commentary*, cit., 983-984. Para uma concretização da necessidade de evitar duplicação de tutela, e de traçar a fronteira entre dano reputacional e lucros cessantes: Landgericht Darmstadt, 9-mai.-2000, CISG-online 560.

Por último, refira-se a problemática emergente da qualificação, como dano ressarcível, das vantagens obtidas pela parte inadimplente, com o incumprimento contratual (*disgorgement of profits*). A discussão tem acompanhado, e é influenciada, pelo debate doutrinal mais amplo, nos ordenamentos jurídicos mais influentes. A favor de uma tal qualificação, que obrigaria a parte inadimplente a restituir à contraparte os benefícios que obteve com o incumprimento, invoca-se o princípio do *cumprimento,* a necessidade de evitar que uma perturbação do programa contratual possa ser benéfica para a parte incumpridora e a presunção de que os lucros em apreço correspondem a danos da contraparte[23]. Os argumentos contrários são, porém, ponderosos: a letra da Convenção não parece acolher uma tutela supra-ressarcitória, que vá além dos danos sofridos pela parte cumpridora, e incida já sobre os lucros da parte inadimplente (contestando-se também a ideia da presunção de uma correspondência)[24]. Acresce que a transposição das fronteiras incontestáveis do artigo 74.º – que desempenha inegavelmente uma função ressarcitória – para funções punitivas ou restitutórias ameaçaria a aplicação uniforme da Convenção[25].

2.2. Princípio da Previsibilidade

Nos termos da segunda parte do artigo 74.º da Convenção, a indemnização não pode exceder a perda que a parte inadimplente previu ou deveria ter previsto, como uma possível consequência do incumprimento contratual, no momento da conclusão do contrato, tendo em conta os factos que conhecia ou devia conhecer, e atendendo, entre outros elementos, ao programa e escopo do contrato. Como se disse, a regra da previsibilidade ameniza, em certa medida, as consequências no plano ressarcitório da responsabilidade objetiva (*strict liability*), adotada pela Convenção.

As origens desta regra são bastante debatidas, mas qualquer que seja o resultado desta discussão, não deve ter como consequência a transposição direta de enunciados colhidos na doutrina ou nas linhas jurisprudenciais dominantes do(s) ordenamento(s) jurídico(s) da sua fonte. A norma – como todas as demais da Convenção –, deve ser objeto de interpretação autónoma

[23] *Schlechtriem & Schwenzer Commentary,* cit., 1076.

[24] Kröll/Mistelis/Perales Viscasillas (eds.), *Commentary,* cit., 978.

[25] Kröll/Mistelis/Perales Viscasillas (eds.), *Commentary,* cit., 979-980.

(artigo 7.º), o que obriga a filtrar consideravelmente a ponderação de elementos oriundos de sistemas jurídicos nacionais[26].

O objeto do juízo de previsibilidade corresponde aos danos decorrentes do incumprimento, e não à modalidade ou aos contornos do incumprimento que lhes deu origem[27]. O artigo 74.º apenas exige que os danos sejam previsíveis, i.e., que sejam uma possível consequência da perturbação contratual, não sendo requerida uma particular probabilidade (ex. uma probabilidade superior a 50%)[28]. Discute-se, porém, se a previsibilidade deve abranger a extensão, ou apenas o tipo de danos sofridos. Em defesa da primeira alternativa, refere-se geralmente que a uma variação substancial na *extensão* dos danos pode converter um determinado dano em tipo diferente, e que nessa medida a ordem de grandeza dos danos deve considerar-se incluída no juízo de previsibilidade (excluindo-se, claro está, a necessidade de uma previsibilidade da extensão exata dos danos)[29]. Outros Autores, como se referiu, entendem que está apenas em causa a *natureza* dos danos, e não a sua extensão[30]. Uma constelação de casos em que tem sido discutida esta questão refere-se a lucros cessantes, decorrentes de contratos de revenda que deixaram de ser celebrados pelo comprador das mercadorias: se estiverem em causa lucros invulgarmente elevados, esta expectativa deve ser levada ao conhecimento do comprador, pois caso contrário será considerada imprevisível, e excluída, à luz do artigo 74.º[31].

A previsibilidade é aferida na perspetiva da parte inadimplente, não sendo necessária a convergência de representações das partes, quanto à antevisão das consequências do incumprimento[32]. A previsibilidade é aferida tendo

[26] Kröll/Mistelis/Perales Viscasillas (eds.), *Commentary*, cit., 968; *Schlechtriem & Schwenzer Commentary*, cit., 1077.

[27] *Schlechtriem & Schwenzer Commentary*, cit., 1079.

[28] Neste aspeto a regra da previsibilidade afasta-se do *standard* utilizado no direito inglês, quanto à *contemplation*, que recorre ao conceito de "probable result": *Hadley v Baxendale* (1854) 9 Exch 341. Kröll/Mistelis/Perales Viscasillas (eds.), *Commentary*, cit., 969.

[29] *Schlechtriem & Schwenzer Commentary*, cit., 1079; OGH 14-jan.-2002, CISG-online 643;

[30] Sobre esta discussão, por todos, Kröll/Mistelis/Perales Viscasillas (eds.), *Commentary*, cit., 970. Como se assinala no texto citado, a discussão pode ser mais aparente que real, uma vez que um dano de proporções inesperadas deverá ser qualificado como um dano de diferente *tipo*, quando comparado com o dano que decorre em circunstâncias normais do incumprimento de contratos internacionais com determinado escopo.

[31] Kröll/Mistelis/Perales Viscasillas (eds.), *Commentary*, cit., 975 e as decisões arbitrais aí citadas.

[32] Mesmo os Autores que aproximam a regra da previsibilidade da doutrina da *contemplation* anglo-saxómica assinalam esta importante diferença, que se refere à perspetiva assumida para aferir a previsibilidade (a parte inadimplente *vs.* as partes). Por todos, *Schlechtriem & Schwenzer Commentary*, cit., 1078. Para uma apresentação introdutória à doutrina, no direito inglês, Andre Burrows, *Remedies for Torts, Breach of Contract, and Equitable Wrongs*, 4.ª ed., 2019, OUP, 91 e ss.

em consideração os factos conhecidos pela parte inadimplente, bem como os que devesse conhecer.

Assim, o teste da previsibilidade assenta numa dupla perspectiva, subjetiva e objetiva. Segundo a perspectiva objetiva, o intérprete indagará se uma parte razoável, colocada nas circunstâncias do caso, teria previsto determinado dano como consequência possível do incumprimento[33]. A dimensão subjetiva, porém, tem um potencial expansivo considerável: caso a parte inadimplente conheça circunstâncias especiais, estas devem ser ponderadas na determinação da previsibilidade. Será o caso, por exemplo, de a contraparte ter chamado a atenção da parte inadimplente para determinados elementos especiais do programa contratual ou de esta última os conhecer, por qualquer motivo[34] (mesmo que imprevisíveis para uma contraparte razoável, objetivamente considerada[35]), bem como de relações de longa duração entre as partes, ou de partes especializadas em determinadas indústrias ou mercados.

O momento determinante para determinar a previsibilidade é o da celebração do contrato: são tendencialmente irrelevantes os elementos que tenham (ou devessem ter chegado) ao conhecimento da parte inadimplente após a celebração do contrato[36].

3. Regras especiais em caso de resolução

Em caso de resolução, pode o comprador ter procedido à aquisição de *«mercadorias de substituição»* a um preço superior. Nestes casos – e para além do direito à indemnização por (outras) perdas e danos, resultante do artigo 74.º –, o comprador pode pedir ainda a diferença entre o preço do novo contrato e o do contrato resolvido (artigo 75.º). A majoração do preço de aquisição das mercadorias de substituição configura, assim, um dano imputável à parte inadimplente, à luz da Convenção.

Do mesmo modo, e ainda em caso de resolução, pode o vendedor ter procedido à revenda das mercadorias em condições menos vantajosas. Também neste casos, a diferença de preços entre o contrato resolvido e o novo contrato configura um dano imputável à parte inadimplente (artigo 75.º).

[33] OGH 15-jan.-2013, CISG-online 2398.

[34] OGH 15-jan.-2013, CISG-online 2398.

[35] *Schlechtriem & Schwenzer Commentary*, cit., 1079.

[36] Estes elementos podem, no entanto, ser utilizados como elementos probatórios complementares, para demonstrar as consequências que *já* eram previsíveis na data da celebração do acordo: Kröll/ Mistelis/Perales Viscasillas (eds.), *Commentary*, cit., 969, nota 89.

O novo contrato deve, contudo, manter um nexo estreito com o contrato resolvido. As mercadorias adquiridas são *«de substituição»* (*«replacement»*) e a nova alienação configura uma *«revenda»* (*«resold»*). Não se tratam, portanto, de novos negócios jurídicos, mas negócios substitutivos do contrato resolvido, destinados a garantir as mesmas oportunidades económicas malogradas pela resolução. Nalguns casos, os negócios substitutivos são celebrados para os efeitos previstos no artigo 77.º, enquanto medidas destinadas a mitigar danos.

A celebração do negócio de substituição (*substitute transaction*[37]) ocorre *«num prazo razoável após a resolução»* (artigo 75.º), cuja eficácia depende da notificação à outra parte, nos termos do artigo 26.º[38]. Admite-se, no entanto, a celebração do negócio em momento anterior à notificação prevista no artigo 26.º se, ao tempo, era certo o fundamento da resolução (nomeadamente nos casos de recusa antecipada do cumprimento[39]).

O *prazo razoável* é um conceito indeterminado cuja concretização depende das circunstâncias dos negócios em presença. A *ratio* é, contudo, de fácil apreensão: a natureza substitutiva do negócio exige uma proximidade temporal entre o negócio resolvido e o negócio substitutivo, de tal modo que em causa esteja o aproveitamento da mesma oportunidade económica.

O artigo 75.º exige ainda que a *substitute transaction* seja celebrada *«de maneira razoável»*, isto é: com o cuidado e a prudência normais de um homem de negócios (*careful and prudent businessman*[40]) e de acordo com o que são havidas como as melhores práticas do comércio. Segundo alguns autores, a concretização deste critério exige que os termos da *substitute transaction* sejam os mais aproximados possíveis do contrato resolvido, tendo por objeto bens e mercadorias do mesmo tipo e qualidade[41]. As diferenças quanto ao objeto e conteúdo, quando existam, devem conhecer uma justificação objetiva e não proceder de uma exploração ou aproveitamento de oportunidades estranhas ao contexto negocial inicial.

Não tendo existindo uma *substitute transaction*, o artigo 76.º admite ainda a cumulação da indemnização por perdas e danos (art. 74.º) com a diferença entre o preço do contrato resolvido e o *preço corrente* das mercadorias, ao tempo da resolução.

37 *Schlechtriem & Schwenzer Commentary*, cit., 1087.

38 *Schlechtriem & Schwenzer Commentary*, cit., 1089. Antes estaríamos perante uma *self-help sale* (artigo 88.º). por exemplo.

39 *Schlechtriem & Schwenzer Commentary*, cit., 1089.

40 *Schlechtriem & Schwenzer Commentary*, cit., 1089.

41 *Schlechtriem & Schwenzer Commentary*, cit., 1090.

A aplicação do preceito pressupõe a existência de um *market price* para as mercadorias, tendo em conta o lugar da entrega ou outro que possa ser razoavelmente tomado como lugar de referência para determinação do preço (artigo 76.º/2). O *market price* corresponde ao preço médio normalmente praticado em negócios similares[42], sem que seja necessária a existência de regulação no mercado ou qualquer forma de *listing price*. O conceito deve ter em atenção o previsto, também, no artigo 55.º.

À luz do artigo 76.º, a diferença entre o preço do contrato resolvido e o *market price* das mercadorias no lugar da entrega e ao tempo da resolução corresponde um dano imputável à parte inadimplente. Traduz uma *perda de valor* objetivamente mensurável e cumulável com outras pretensões indenizatórias.

4. Ónus de mitigação de danos e limitação do dano ressarcível

Como se adiantou, o artigo 77.º da Convenção estabelece que a parte lesada *«tem que adotar as medidas que, tendo em conta as circunstâncias, se revelem razoáveis para limitar a perda, incluindo o lucro cessante, decorrente do incumprimento»*. A segunda parte da norma dispõe que, incumprido esse comando, a parte inadimplente pode obter a redução da indemnização devida, em montante equivalente à perda que teria sido evitada.

Apesar da sugestão da letra da lei, trata-se aqui de um ónus e não de um verdadeiro dever de mitigar danos: a mitigação de danos não é autonomamente exigível ao lesado, apenas podendo (a sua omissão) limitar a indemnização que lhe é devida[43].

Independentemente da sua qualificação, o princípio aqui subjacente é visto como uma expressão do princípio da boa fé no comércio internacional (artigo 7.º)[44], e nessa medida como um princípio geral a ter em conta na interpretação das normas da Convenção[45]. A favor deste princípio depõem razões de justiça: não se justifica atribuir uma indemnização ao lesado, e onerar a parte inadimplente com o dever de compensar perdas evitáveis, que poderiam ter sido afastadas com a assunção de diligências razoáveis[46].

42 *Schlechtriem & Schwenzer Commentary*, cit., 1090.

43 Djakhongir Saidov, *The Law of Damages in International Sales*, cit., 141-142; *Schlechtriem & Schwenzer Commentary*, cit., 1104-1105.

44 *Schlechtriem & Schwenzer Commentary*, cit., 1104.

45 Kröll/Mistelis/Perales Viscasillas (eds.), *Commentary*, cit., 1016.

46 *Schlechtriem & Schwenzer Commentary*, cit., 1104.

A extensão dos esforços de mitigação pelo lesado é determinada por juízos de razoabilidade («*as medidas que, tendo em conta as circunstâncias, se revelem razoáveis*»), estando excluídas medidas ou custos extraordinários[47]. A delimitação é feita, assim, por critérios objetivos: pergunta-se quais as diligências que adotaria uma pessoa razoável[48] naquelas circunstâncias, caso tomasse conhecimento de um incumprimento contratual (ou, para alguns autores, da forte probabilidade dessa perturbação[49]).

A aplicação jurisprudencial do princípio em apreço permite elencar já um conjunto substancial de concretizações, em que se considerou que a parte lesada estava obrigada a, entre outros comportamentos de mitigação: substituir uma máquina fornecida com defeito, para evitar paralisar a sua produção (e mitigar lucros cessantes)[50]; adotar medidas de eliminação do defeito das mercadorias, de modo a impedir que se alastrasse a outros bens[51]; suspender ou abandonar a utilização de bens defeituosos na produção de outros bens[52]; conceder descontos a terceiros, na revenda, para evitar que os defeitos nos bens adquiridos originem litígios com terceiros[53]; aceitar a proposta pelo comprador de compra meramente parcial dos bens, a um preço ainda assim superior ao que o vendedor obteria numa transação de substituição[54]; celebrar um negócio de substituição, vendendo a terceiros os bens que o comprador injustificadamente recusou[55].

Sublinhe-se que as despesas razoavelmente suportadas pela parte lesada com as diligências de mitigação de danos são, elas próprias, ressarcíveis à luz do artigo 74.º[56].

[47] *Schlechtriem & Schwenzer Commentary*, cit., 1107.

[48] Tem aqui relevância o artigo 8.º/3 da Convenção, que manda atender às circunstâncias do caso, incluindo as negociações, mas também a "quaisquer práticas que as partes tenham estabelecido entre si, os usos e quaisquer atos subsequentes das partes". Serão também relevantes, a este propósito, os usos do comércio internacional (artigo 9.º/2).

[49] Kröll/Mistelis/Perales Viscasillas (eds.), *Commentary*, cit., 1019.

[50] Ac. Tribunal de Rio Grande do Sul, 20-mai.-2009, CISG-online, 2368.

[51] *Schlechtriem & Schwenzer Commentary*, cit., 1107.

[52] BGH, 24-mar.-1999, CISG-online 396.

[53] OLG Köblenz, 19-out.-2006, CISG-online 1407.

[54] CA Rennes, 27-mai.-2008, CISG-online 1746.

[55] U.S Court of Appeals, 12-set.-2006, CISG-online 1278.

[56] ICC 7585/1992, CISG-online 105: o vendedor de maquinaria injustificadamente recusada pelo comprador levou a cabo algumas alterações, tendo-a depois vendido a terceiros. Considerou-se como dano não só a diferença entre o preço acordado e o preço da venda de substituição, mas também os custos de modificação da maquinaria, bem como os custos de transporte, armazenagem e conservação da maquinaria, consequentes da recusa injustificada do credor.

O ónus de mitigação de danos encontra-se igualmente consagrado no artigo 7.4.8. dos PICC e no artigo 9.505 dos PECL, com uma redação muito semelhante. Em ambas as disposições se prevê que a parte inadimplente não é responsável por danos sofridos pela parte prejudicada na medida em que esses danos pudessem ter sido reduzidos com a adoção de medidas razoáveis. O ressarcimento das despesas razoavelmente suportadas na mitigação dos danos encontra-se, também, expressamente assegurado.

Na ausência de uma disposição semelhante à que resulta do artigo 77.º da Convenção, vem-se debatendo, em Portugal, a admissibilidade de ónus de mitigação de danos em sede de responsabilidade contratual[57]. A discussão tem-se polarizado em torno do instituto da *culpa do lesado*: «*quando um facto culposo do lesado tiver concorrido para a produção ou agravamento dos danos* – prevê o artigo 570.º/1 do CC – , *cabe ao tribunal determinar, com base na gravidade das culpas de ambas as partes e nas consequências que delas resultaram, se a indemnização deve ser totalmente concedida, reduzida ou mesmo excluída*».

A maioria dos autores vê na mitigação da indemnização um problema de *concausalidade*: os danos em presença ter-se-iam ficado a dever *também* a facto imputável ao lesado. Sublinha-se ainda que a noção de culpa é, aqui, invocada em sentido impróprio: em causa está, na verdade, a imputação ao lesado de um processo causal.

Perante um comportamento comissivo do lesado que concorre para a causação do dano, não se colocam dúvidas quanto à mitigação do dever de indemnizar. A questão é mais complexa quando em causa está uma *concausalidade omissiva*, uma vez que é a abstenção de um determinado comportamento do lesado que concorre para o dano. E a omissão, à luz do artigo 486.º do Código Civil, só dá lugar à obrigação de reparar se existia, «*por força da lei ou de negócio jurídico, o dever de praticar o ato omitido*».

Ainda assim, a doutrina entende que mesmo perante um comportamento omissivo, em causa está um problema de causalidade: «*os danos que o lesado poderia evitar adoptando uma conduta razoável não são considerados causados pelo incumprimento da parte faltosa*»[58].

Temos, portanto, que a culpa do lesado prevista no artigo 570.º do Código Civil permite obter resultados tendencialmente equivalentes aos previstos no artigo 77.º da Convenção. Reconhece-se, assim, à luz do direito português, a

[57] Com desenvolvimento e referências, Eduardo Santos Júnior, "*Mitigation of damages*, redução de danos pela parte lesada e culpa do lesado", *Homenagem da Faculdade de Direito de Lisboa ao Professor Doutor Inocêncio Galvão Telles – 90 anos*, 2007, Almedina, 349-367.

[58] Eduardo Santos Júnior, "*Mitigation of damages*...", cit., 364.

impossibilidade de imputar, a título de responsabilidade contratual, aqueles danos que lesado podia razoavelmente evitar.

Se em causa está um problema de causalidade[59], de auto-responsabilização[60], de boa-fé[61] ou até de ónus fixados também no interesse do lesante[62] depende já das orientações dogmáticas que se venham a sufragar.

A prova de que o dano podia ter sido mitigado e o não foi cabe ao sujeito passivo da obrigação de indemnizar (*breaching party*), enquanto facto impeditivo da pretensão do lesado[63]. Esta repartição do *onus probandi* pode, contudo, ser excessivamente onerosa para a *breaching party* que nem sempre terá o domínio suficiente dos factos para demonstrar o que é que o lesado podia ter feito, em concreto, para mitigar o dano. A prova *prima facie* ou o recurso a presunções *hominis* podem aqui ser relevantes para obter uma moderação da distribuição do *onus probandi*.

Questão diversa é saber se o tribunal, perante a prova produzida, pode reduzir *ex officio* o *quantum* indenizatório, com fundamento no incumprimento do ónus de mitigação dos danos, sem que tal tenha sido pedido. A maioria da autores tende a aceitar essa possibilidade[64].

De sublinhar, no entanto, que a concretização do ónus da prova (e da sua eventual dinamicidade) depende também da *lex fori* e da cultura do foro (judicial ou arbitral) em que a causa vier a ser disputada[65].

5. Juros moratórios

Nos termos do artigo 78.º, o incumprimento de obrigações pecuniárias (preço e outros montantes em dívida) dá lugar ao pagamento de juros, sem prejuízo de uma indemnização por perdas e danos.

[59] Fernando Pessoa Jorge, *Ensaio sobre os pressupostos da responsabilidade civil*, 1999, Almedina, 360 e António Menezes Cordeiro / A. Barreto Menezes Cordeiro, *Código Civil Comentado*, II, 2021, Almedina, 585, por exemplo.

[60] João Brandão Proença, *A conduta do lesado como pressuposto e critério de imputação do dano extracontratual*, 1997, Almedina, 414 e ss.

[61] João Calvão da Silva, *A responsabilidade civil do produtor*, 1990, Almedina, 733 e ss.

[62] Com referências, Fernando Oliveira e Sá, *A influência de terceiros na formação do contrato – Do dolo de terceiro à responsabilidade de terceiros por informações*, 2020, UCP (edição policopiada), 299 e ss. (nota 1397).

[63] Kröll/Mistelis/Perales Viscasillas (eds.), *Commentary*, cit., 1024.

[64] Kröll/Mistelis/Perales Viscasillas (eds.), *Commentary*, cit., 1024.

[65] Sublinhando este ponto, Djakhongir Saidov, *The Law of Damages in International Sales*, cit., 164.

A possibilidade de cumulação do pagamento de juros com uma indemnização por perdas e danos aponta para a natureza indemnizatória dos juros[66]. Em causa está o ressarcimento dos danos causados pela mora do devedor, cumulável com a reparação de outros danos para além dos decorrentes do atraso na prestação.

Em Portugal, o entendimento clássico vê nos juros moratórios uma *presunção inilidível de dano*[67], justificando-se esta solução em atenção às *«dificuldades de prova da natureza e importância dos danos efectivamente sofridos pelo credor»*[68].

Daqui resulta que, perante a mora, a parte lesada com o incumprimento é dispensada de fazer prova dos (demais) pressupostos da responsabilidade civil, em particular do dano e do nexo de causalidade[69]. A solução assim gizada assume como certa a existência de danos decorrentes da mora, mas alivia o credor da prova (por vezes impossível) dos danos concretamente resultantes do atraso[70]. Ao mesmo tempo, constitui para o devedor um factor de (maior) segurança quanto à determinação do que lhe poderá ser imputável pelo atraso no cumprimento da prestação.

O artigo 78.º da Convenção não se afasta desta construção[71]. Não só dispensa a prova dos danos concretos resultantes da mora, como o pagamento de juros é cumulável com a indemnização por perdas e danos que possa ser devida ao abrigo do art. 74.º. Fica na dúvida saber se o lesado pode pedir o ressarcimento de danos decorrentes da mora em montante superior aos juros ou se, ao contrário, apenas pode cumular com os juros o pedido de indemnização por outros danos (não resultantes do atraso na realização da prestação). O princípio da reparação integral, a que já aludimos, parece depor em sentido favorável. Em qualquer dos casos, e no que excede o dano presumido, a prova cabe a lesado.

O artigo 78.º nada dispõe quanto ao cálculo dos juros. Não havendo previsão contratual, manda o artigo 7.º/2 da Convenção aplicar os princípios gerais

[66] Com desenvolvimento Diogo Costa Gonçalves / Diogo Tapada dos Santos, "Juros moratórios, indemnização e anatocismo potestativo", *RFDUL/LLR*, LXI (2020) 2, 205-230.

[67] João Antunes Varela, *Das Obrigações em Geral*, II, 7.ª ed., 1997, Almedina, 121.

[68] Adriano Vaz Serra, "Mora do Devedor", BMJ 48 (1955), 99-100.

[69] João Antunes Varela, *Das Obrigações em Geral*, II, cit., 121 (nota 3), sublinha que o que é característico da mora nas obrigações pecuniárias é precisamente o dispensar-se ao credor a prova do dano e do nexo de causalidade entre o dano e o facto ilícito (a mora), ao que acresce a presunção legal do *quantum* indemnizatório.

[70] Neste sentido, Fernando Pires de Lima / João Antunes Varela, *Código Civil Anotado*, II, 4.ª ed. 1997, Cimbra Editora, 67.

[71] Kröll/Mistelis/Perales Viscasillas (eds.), *Commentary*, cit., 1031 e ss.

da Convenção ou, na falta deles, a lei aplicável a contrato em virtude das regras de direito internacional privado.

Num primeiro momento, muitas jurisdições nacionais e tribunais arbitrais entenderam que o cálculo dos juros configurava uma *praeter legem lacuna*, a decidir de acordo com a lei nacional aplicável ao contrato. Esta posição tem merecido, contudo, algumas reservas. As diversas soluções resultantes do direito internacional de cada Estado parecem colidir com a almejada aplicação uniforme da convenção (artigo 7.º/1), levando a que a alguma jurisprudência tenha vindo a identificar nos cálculos dos juros uma *inter legem lacuna*, a decidir de acordo com os princípios gerais que regem a convenção.

Os princípios gerais têm consentido, porém, a concretização de critérios muito distintos para a determinação do cálculo dos juros: a taxa praticada no lugar da sede do credor, no lugar da sede do devedor, no lugar do pagamento (*lex monatae*), a Euribor ou a Libor, etc.[72]. O critério mais consensual parece ser, contudo, o do lugar da sede do credor.

Conclusões

Como dissemos, a determinação do dano ressarcível segundo as regras da Convenção é um tema de inegável relevância científica e prática. Os quadros dogmáticos de que parte a Convenção apresentam significativos desvios face à lição clássica da responsabilidade civil contratual em Portugal. Nem sempre conduzirá a soluções normativas diferentes, mas seguramente o *iter* decisório não é coincidente.

Ao aplicar a Convenção, o principal desafio para os tribunais nacionais será, justamente, conseguir superar as diferenças dogmáticas, garantindo a uniformidade almejada no artigo 7.º. Por outras palavras: procurar compreender o sistema da Convenção sem nela projetar, precipitadamente, modelos decisórios próprios do direito português.

Existe ainda um outro desafio: o anacronismo da Convenção. Em 2021, estreia-se em Portugal a aplicação de um texto normativo que conta já com 40 anos. É a aplicação nova de uma fonte envelhecida. Se a dogmática nacional nunca foi exatamente coincidente com o sistema da Convenção, os desenvolvimentos doutrinais e jurisprudenciais dos últimos 40 anos nem sempre tiveram no horizonte os contributos desta fonte normativa.

[72] Com referências, Kröll/Mistelis/Perales Viscasillas (eds.), *Commentary*, cit., 1035-1036.

26. RESPONSABILIDADE E PREVISIBILIDADE NO SEIO DA CONVENÇÃO DE VIENA

Mafalda Miranda Barbosa*

Introdução

A Convenção das Nações Unidas para os Contratos de Compra e Venda Internacional de Mercadorias (Convenção de Viena) surge como resultado da necessidade de unificação internacional do direito da compra e venda. O primeiro apelo nesse sentido partiu de Ernst Rabel[1] e daria origem à elaboração de um projeto de uma lei uniforme sobre a compra e venda, por parte do Instituto Internacional para a Unificação do Direito Privado (UNIDROIT). Mas seria só em 1980, numa conferência diplomática promovida pelas Nações Unidas, que seria aprovada a Convenção de Viena sobre contrato de compra e venda internacional de mercadorias, que entrou em vigor em 1988. Apesar de Portugal ter participado nos trabalhos preparatórios da Convenção de Viena de 1980 sobre os contratos de compra e venda internacional de mercadorias[2], apenas a ratificou em 2020[3].

* Univ Coimbra, Instituto Jurídico da Faculdade de Direito da Universidade de Coimbra, Faculdade de Direito da Universidade de Coimbra. Professora Associada. Orcid: 0000-0003-0578-4249

[1] Cf. Ernst Rabel, «Observations sur l'utilité d'une unification du droit de la vente au point de vue des besoins du commerce international», Rabels Zeitschrift für ausländisches und internationales Privatrecht, 1957, 117 s. Sobre o ponto, cf., ainda, Dário Moura Vicente, "A Convenção de Viena sobre a compra e venda internacional de mercadorias: características gerais e âmbito de aplicação", *Ensaios*, II, Almedina, 2005, 39 s.

[2] Cf. Rui Moura Ramos, "A Convenção de Viena de 1980 sobre o Contrato de Compra e Venda Internacional de Mercadorias Trinta e Cinco Anos Depois", *Boletim da Faculdade de Direito*, vol. 92, tomo I, 2016, 1-21; Rui Moura Ramos/Maria Ângela Coelho, "Os meios à disposição do comprador, no caso de violação do contrato pelo vendedor, na Convenção de Viena de 1980 sobre os contratos de compra e venda internacional de mercadorias", *Revista de Direito e Economia*, 8/1, 1982, 83 s.; Dário Moura Vicente, "A Convenção de Viena sobre a compra e venda internacional de mercadorias: características gerais e âmbito de aplicação", 39 s.; Joana Farrajota, "Why hasn't Portugal adopted the Convention on contracts for the international sale of goods", *Themis*, 34, 2018, 119 s.

[3] Através do Decreto nº5/2020, de 7 de agosto, Portugal aprovou, para adesão, a Convenção das Nações Unidas sobre Contratos para Venda Internacional de Mercadorias, adotada em Viena,

O seu principal objetivo é o de eliminar eventuais obstáculos jurídicos ao comércio internacional, designadamente no que respeita à incerteza quanto ao regime a aplicar aos diversos contratos que são celebrados, e a sua vocação é essencialmente internacional.

Não obstante a vocação não ser generalista, o diploma oferece importantes indicações no que respeita à responsabilidade civil que pode avultar em face do não cumprimento. Um dos tópicos a salientar prende-se com a interpretação que deve ser dada ao critério da previsibilidade.

1. O âmbito de aplicação da Convenção[4]

A Convenção de Viena aplica-se, nos termos do artigo 1º/1, aos *contratos de compra e venda*. De acordo com a posição defendida por Dário Moura Vicente, o âmbito material de aplicação restringe-se à venda de *bens corpóreos, ficando excluída a venda de bens incorpóreos*[5]. Não obstante inexistir um preceito que expressamente refira tal exclusão, de acordo com a posição do autor, ela parece resultar clara se nos confrontarmos com alguns aspetos da disciplina instituída pela Convenção: v.g. os artigos 2º/d); 35º/1; 46º/2 e 85º a 88º. Contudo, Dário Moura Vicente admite, numa posição partilhada por Bydlinski, que possa ser assimilada pelo âmbito de relevância material do diploma a venda de programas informáticos standard (*software*), incorporados em suportes materiais ou quando fornecidos por via *web*[6].

Sendo perceptível o posicionamento, cremos que ele deveria ser, atualmente, densificado à luz das precisões que as Diretivas 790/2019 e 791/2019 estabelecem. *Prima facie*, devemos entender que se incluem ao lado dos bens

em 11 de abril de 1980, só assim se tendo tornado parte da convenção. Em 23 de setembro, depositou o seu instrumento de adesão à Convenção das Nações Unidas sobre Contratos de Compra e Venda Internacional de Mercadorias.

[4] Para outros desenvolvimentos, designadamente no confronto com a variedade de regimes aplicáveis à compra e venda, no ordenamento jurídico português, cf. Mafalda Miranda Barbosa/Pedro Pimenta Mendes, "Convenção de Viena sobre a compra e venda internacional de mercadorias: algumas reflexões", *Revista de Direito Comercial*, 5-2021, 429-481, que aqui reproduzimos em alguns pontos, designadamente aqueles que resultaram do nosso contributo para a elaboração do estudo citado. O mesmo é válido para os capítulos subsequentes.

[5] Dário Moura Vicente, "A Convenção de Viena sobre a compra e venda internacional de mercadorias: características gerais e âmbito de aplicação", 39 s.

[6] Dário Moura Vicente, "A Convenção de Viena sobre a compra e venda internacional de mercadorias: características gerais e âmbito de aplicação", 41.

corpóreos os bens com elementos digitais, isto é, bens móveis tangíveis que incorporem ou estejam interligados com um conteúdo ou serviço digital, de tal modo que a falta desse conteúdo ou serviço digital impeça os bens de desempenharem as suas funções. Já naquela hipótese em que é celebrado um contrato de fornecimento de conteúdos ou serviços digitais que não faça parte de um contrato de compra e de bens com elementos digitais, esse contrato deverá considerar-se distinto do contrato de compra e venda dos bens, não devendo, por isso, ser abrangido pela Convenção, na medida em que não envolve bens corpóreos. No fundo, do mesmo modo que, ao nível dos contratos firmados com consumidores, se alarga a relevância dos regimes em face dos novos produtos que circulam no mercado, cremos que o mesmo raciocínio deve ser estabelecido por referência à venda internacional entre profissionais.

Pode mesmo ir-se mais longe e, em face das exigências de sentido da Convenção e da ausência, no tocante às encomendas internacionais, de um regime específico para profissionais, no que respeita aos contratos de fornecimento de conteúdos ou serviços digitais, perguntar se não se deverá também admitir uma extensão teleológica do regime, de forma a abranger estas hipóteses.

A proposta não nos parece descabida. Desde logo, a intencionalidade que preside à Convenção, não obstante a delimitação precisa do seu âmbito de relevância, não se opõe a ela. Ademais, não se afiguram absolutamente determinantes os argumentos tradicionalmente mobilizados para afastar do âmbito de relevância da disciplina os bens não corpóreos. No que respeita ao artigo 2º/d), contemplam-se aí os valores mobiliários, objeto de regulamentação específica, em si mesmo a justificar a exclusão que explicitamente se prevê.

Por seu turno, se os artigos 35º/1, 46º/2 e 85º a 88º indiciam, de facto, que o legislador levou pressuposta a corporeidade do objeto do contrato, sabemos que não só a interpretação não se pode quedar numa interpretação de tipo hermenêutica, que fique presa à descoberta da vontade do legislador histórico ou do sentido objetivamente incorporado pela norma, como, em termos práticos, a compreensão do problema interpretativo como um problema normativo viabiliza formas de interpretação corretiva, com base na consideração da teleologia das normas ou dos princípios, bem como formas de assimilação por correção diacrónica, que poderiam aqui ser chamadas a depor.

Exclui-se do âmbito de relevância material da Convenção *a venda de mercadorias compradas para uso pessoal, familiar ou doméstico*, a menos que o vendedor, em qualquer momento anterior à conclusão do contrato ou na altura da conclusão deste, *não soubesse nem devesse saber que as mercadorias eram compradas para tal uso*, de acordo com o artigo 2º/a). Se os bens se destinarem a fins mistos, privados e profissionais, é aplicável a Convenção, de acordo com a posição que tem vindo a ser defendida pela doutrina[7]. De facto, consoante explica Dário Moura Vicente, a Convenção só não se aplica quando o uso pessoal, familiar ou doméstico for exclusivo. Não cremos, porém, que este seja o melhor entendimento. Repare-se: subjacente à Convenção está uma intenção de uniformização do regime da compra e venda internacional. Tal desiderato alcança-se, também, pelo menos em termos parciais, através da aplicação da disciplina legal da compra e venda de bens a consumidores, por força dos instrumentos de harmonização comunitária. Se em causa estiver a compra de um produto para uso misto, poderá não se aplicar o regime consumerístico se a equidade justificar a não assimilação do âmbito de relevância do caso pela intencionalidade daquele. Pense-se na hipótese em que A, engenheiro informático, adquire um computador para uso doméstico e familiar e, simultaneamente, para uso profissional. Sendo um especialista naquela área, há determinadas medidas próprias do direito do consumo cuja aplicação pode não se justificar. Esta posição defendida por muitos na doutrina[8] determina a inexistência de um consumidor e, portanto, a não aplicação do regime das garantias associadas à venda de bens de consumo. Ao invés, se um advogado adquire um computador para seu uso profissional e, simultaneamente, pessoal, a qualificação de consumidor conduzir-nos-á a uma solução diametralmente oposta. No primeiro caso, estando em causa uma transação internacional, seria aplicável a Convenção, tal como no segundo caso, de acordo com a posição de Dário Moura Vicente.

Podemos, portanto, confrontar-nos com hipóteses em que ocorre sobreposição do âmbito de aplicação material dos dois regimes. Dário Moura Vicente fala-nos de duas situações a este propósito[9]: a) por um lado, refere-se às vendas

[7] Dário Moura Vicente, "A Convenção de Viena sobre a compra e venda internacional de mercadorias: características gerais e âmbito de aplicação", 43

[8] Sobre o ponto, cf. Cf. Mário Tenreiro, "Un Code de la Consommation ou un Code Autour du Consommateur ? Quelques réflexions critiques sur la codification et la notion du consommateur", *Law and Diffuse Interests in the European Legal Order – Recht und Diffuse Interessen in der Europäische Rechtordnung – Liber Amicorum Norbert Reich*, Nomos Verlagsgesellschaft, Baden-Baden, 1997, 354 s. ; Jorge Morais Carvalho, *Manual de direito do consumo*, 5ª edição, Almedina, Coimbra, 2018, 23 s.; Paulo Duarte, "O conceito jurídico de consumidor segundo o artigo 2º, nº1, da Lei de Defesa do Consumidor", *Boletim da Faculdade de Direito*, LXXV, 1999, 649 s.; António Pinto Monteiro/Mafalda Miranda Barbosa, "A imposição das obrigações decorrentes do DL nº67/2003, de 8 de Abril, ao intermediário na venda", *Revista de Legislação e de Jurisprudência*, ano 147º, nº4011, 2018, 368-386

[9] Dário Moura Vicente, "Desconformidade e garantias na venda de bens de consumo: a Diretiva 1999/44/CE e a Convenção de Viena de 1980", *Direito Internacional Privado – Ensaios*, I, Almedina, 2002, 35 s.

internacionais de mercadorias para uso privado, sempre que o vendedor não soubesse, nem devesse saber que as mercadorias eram compradas para tal uso. E dá o exemplo de uma venda de um computador a um advogado que pretende usá-lo só na sua residência, mas que o encomendou usando papel timbrado do escritório ou o correio eletrônico da sociedade onde trabalha, sem revelar no ato ou posteriormente o destino do bem; b) por outro lado, refere-se às vendas internacionais para fins mistos (uso privado e profissional), como, por exemplo, a venda de um automóvel a um advogado para este o utilizar na sua profissão e transportar a família, já que estas estariam abrangidas pela convenção, uma vez que só as vendas destinadas exclusivamente a uso privado cabem na exceção do artigo 2º/a). Consoante a explicação do autor, a estas situações também se aplica o regime da compra e venda de bens defeituosos contida na Diretiva (e transposta para o nosso ordenamento jurídico), "desde que se entenda que ela se aplica quando a pessoa atue com objetivos pelo menos em parte alheios à sua atividade comercial ou profissional", ou mesmo que se utilize o critério da destinação predominantemente privado.

Numa hipótese como essa, o autor entende que, se o concurso resultar de à mesma situação de facto serem *ex lege* aplicáveis as normas nacionais adotadas em transposição da Diretiva e as da Convenção, esses concursos hão de ser resolvidos mediante o reconhecimento da primazia das regras convencionais. Havendo concorrência entre as normas convencionais e as da Diretiva resultado de, numa compra e venda, as partes terem designado as normas convencionais como critério de regulação do contrato, hão de as normas imperativas dos direitos nacionais adotadas em transposição da diretiva prevalecer sobre a convenção.

Ora, é exatamente a primeira conclusão de Dário Moura Vicente que questionamos. De facto, se a Convenção conduzir – o que só se pode perceber através de uma análise comparativa dos dois regimes – a um nível de proteção inferior àquele de que o consumidor beneficia por força do regime consumerístico, não faz sentido, com base em regras formais atinentes à hierarquia normativa, afastá-lo. Com isto não queremos pôr em causa o disposto no artigo 8º CRP. Simplesmente pretendemos significar que, apesar de o uso ser misto, a prevalência dos interesses que estão na base da proteção do consumidor, a permitir a qualificação do sujeito como tal, justifica que o âmbito de relevância apto a assimilá-lo seja o que resulta da transposição das diretivas europeias.

No fundo, em caso de uso misto temos duas alternativas: ou o sujeito é qualificado como consumidor e aplica-se o regime correspondente; ou o sujeito não pode ser considerado como tal e abre-se a porta à aplicação da Convenção.

Esta pressupõe, na verdade, dois profissionais, titulares de estabelecimentos sediados em Estados diferentes.

Excluem-se, igualmente, as *vendas feitas em leilão* e no *âmbito de processos executivos* (artigo 2º/b) e c)). Do mesmo modo, estão excluídas as *vendas de valores mobiliários, títulos de crédito e moeda, navios, barcos, hovercrafts, aeronaves e eletricidade.*

Em contrapartida, a Convenção aplica-se aos contratos de fornecimento de mercadorias a fabricar ou a produzir, que, nos termos do artigo 3º/1, são considerados contratos de compra e venda. No exemplo oferecido por Dário Moura Vicente, A, um fabricante italiano de calçado, aceita produzir determinado número de pares de sapatos de acordo com as especificações fornecidas pelo comprador, que é alemão. Numa hipótese como esta, a Convenção seria aplicável, o que significa que, para este efeito, o contrato de compra e venda se equipara ao contrato de empreitada[10].

Não será assim, porém, se quem encomendou tiver de fornecer uma parte essencial dos elementos materiais necessários para o fabrico ou produção. Também não se aplica a Convenção aos contratos nos quais a parte preponderante da obrigação do contraente que fornece as mercadorias consiste num fornecimento de mão-de-obra ou de outros serviços. É o que resulta do artigo 3º/ 1 e 2 CV.

O *contrato tem de ter natureza internacional*, isto é, as partes têm de ter o seu estabelecimento em Estados diferentes.

Nos termos do artigo 10º, se uma parte tiver mais de um estabelecimento, o estabelecimento a tomar em consideração é aquele que tiver a relação mais estreita com o contrato e respetiva execução, tendo em vista as circunstâncias conhecidas das partes ou por elas consideradas em qualquer momento anterior à conclusão do contrato ou na altura da conclusão deste. Se uma parte não tiver estabelecimento, releva para este efeito a sua residência habitual. Já a nacionalidade das partes é irrelevante.

Repare-se, ademais, que a *internacionalização do contrato só é atendível se for cognoscível pelas partes.* Nos termos do artigo 1º CV, não é tido em conta o fato de as partes terem o seu estabelecimento em Estados diferentes quando tal não resulte nem do contrato, nem de transações anteriores entre as partes, nem das informações dadas por elas em qualquer momento anterior à conclusão do contrato ou na altura da conclusão deste.

[10] Dário Moura VICENTE, "A Convenção de Viena sobre a compra e venda internacional de mercadorias: características gerais e âmbito de aplicação", 45 s.

Quanto aos contratos de compra e venda internacional que são abrangidos pela Convenção, esta *regula exclusivamente a formação do contrato, os direitos e obrigações que esse contrato faz nascer entre o vendedor e o comprador*, não se aplicando à validade do contrato ou de qualquer das suas cláusulas, bem como à validade dos usos, nem aos efeitos que o contrato pode ter sobre a propriedade das mercadorias vendidas (artigo 4º). Também não se aplica à responsabilidade do vendedor pela morte ou lesões corporais causadas pelas mercadorias a quem quer que seja.

2. A disciplina protecionista dispensada pela Convenção

De acordo com o artigo 35º CV, o vendedor deve entregar mercadorias que pela quantidade, qualidade e tipo correspondam às previstas no contrato e que tenham sido embaladas ou acondicionadas de acordo com a forma prevista no contrato.

O princípio norteador é, tal como no regime da compra e venda de consumo, o da *conformidade ao contrato.*

Na falta de convenção das partes, os índices de conformidade determinam que as mercadorias só estão conformes ao contrato, se forem adequadas às finalidades para as quais seriam usadas habitualmente mercadorias do mesmo tipo; se forem adequadas a qualquer finalidade especial expressa ou tacitamente levada ao conhecimento do vendedor no momento da conclusão do contrato, a não ser que resulte das circunstâncias que o comprador não confiou na competência e apreciação do vendedor, ou que não era razoável da sua parte fazê-lo; se possuírem as qualidades de mercadorias que o vendedor apresentou ao comprador como amostra ou modelo; se forem embaladas ou acondicionadas na forma habitual para as mercadorias do mesmo tipo ou, na falta desta, de um modo adequado a conservá-las e a protegê-las.

Porém, o vendedor não é responsável por qualquer falta de conformidade das mercadorias que o comprador conhecia ou não podia ignorar no momento da conclusão do contrato.

O vendedor é responsável por qualquer falta de conformidade que exista no momento da transferência do risco para o comprador, ainda que esta falta apenas apareça ulteriormente, bem como por qualquer falta de conformidade que sobrevenha após o momento da transferência do risco e que seja imputável ao incumprimento de qualquer das suas obrigações.

Torna-se, por isso, fundamental determinar qual é o momento da transferência do risco. Esta opera nos termos dos artigos 67º e seguintes CV.

Se o contrato de compra e venda implicar o transporte das mercadorias e o vendedor não estiver obrigado a remetê-las para um lugar determinado, o risco transfere-se para o comprador a partir da remessa das mercadorias ao primeiro dos transportadores que as fará chegar ao comprador, de acordo com o contrato de compra e venda.

Se o vendedor estiver obrigado a remeter as mercadorias a um transportador para um local determinado, o risco não se transfere para o comprador enquanto as mercadorias não forem remetidas ao transportador para esse local. O fato de o vendedor estar autorizado a conservar os documentos representativos das mercadorias não afeta a transferência do risco.

No entanto, o risco não se transfere para o comprador enquanto as mercadorias não forem claramente identificadas para os fins do contrato, pela aposição de um sinal distintivo nas mercadorias, pelos documentos de transporte, por um aviso dado ao comprador, ou por qualquer outro meio.

Se as mercadorias forem vendidas em trânsito, o risco transfere-se para o comprador a partir do momento da conclusão do contrato. Contudo, se as circunstâncias assim o implicarem, o risco fica a cargo do comprador a partir do momento em que as mercadorias foram remetidas ao transportador que emitiu os documentos que constatam o contrato de transporte.

Ao invés, se, no momento da conclusão do contrato de compra e venda, o vendedor sabia ou deveria saber que as mercadorias tinham perecido ou se tinham deteriorado e disso não informou o comprador, a perda ou deterioração fica a cargo do vendedor.

Nos casos não abrangidos pelos artigos 67º e 68º, o risco transfere-se para o comprador quando ele tomar conta das mercadorias ou, se não o fizer na altura devida, a partir do momento em que as mercadorias são postas à sua disposição e em que ele comete uma violação do contrato não aceitando a entrega. Contudo, se o comprador estiver obrigado a tomar conta das mercadorias noutro lugar que não um estabelecimento do vendedor, o risco transfere-se quando a entrega se tiver de efetuar e o comprador souber que as mercadorias estão postas à sua disposição nesse lugar. Se o contrato recair sobre mercadorias ainda não individualizadas, não se considera que estas tenham sido colocadas à disposição do comprador até que sejam claramente identificadas para os fins do contrato.

O comprador deve examinar as mercadorias ou fazê-las examinar num prazo tão breve quanto possível, tendo em conta as circunstâncias. Se o contrato implicar um transporte daquelas, o exame pode ser diferido até a chegada destas ao seu destino. Se as mercadorias forem reenviadas em trânsito ou reexpedidas pelo comprador sem que este tenha tido razoavelmente a possibilidade de as examinar e se, no momento da conclusão do contrato, o vendedor conhecia ou deveria conhecer a possibilidade desse reenvio em trânsito ou dessa reexpedição, o exame pode ser diferido até a chegada das mercadorias ao seu novo destino.

O comprador perde o direito de se prevalecer de uma falta de conformidade das mercadorias se não a denunciar ao vendedor, precisando a natureza desta falta, num prazo razoável a partir do momento em que a constatou ou deveria ter constatado. Em qualquer caso, o comprador perde o direito de se prevalecer de uma falta de conformidade se não a denunciar ao vendedor até dois anos a partir da data em que as mercadorias lhe foram efetivamente remetidas, a não ser que este prazo seja incompatível com a duração de uma garantia contratual.

Em caso de não cumprimento das obrigações a que o vendedor se vinculou, o comprador pode exigir do vendedor a execução das suas obrigações, a não ser que se tenha prevalecido de um meio incompatível com esta exigência. Se as mercadorias não estiverem conformes ao contrato, o comprador apenas pode exigir do vendedor a entrega de mercadorias de substituição se a falta de conformidade constituir uma violação fundamental do contrato e se a substituição de mercadorias foi exigida no momento da denúncia da falta de conformidade ou num prazo razoável a contar desta denúncia. O comprador pode exigir, ainda, ao vendedor que repare a falta de conformidade, salvo se isso for irrazoável, tendo em conta todas as circunstâncias. De acordo com o artigo 49º CV, o comprador pode, também, resolver o contrato nas circunstâncias aí consideradas. Noutras hipóteses, o comprador tem direito à redução do preço proporcionalmente à diferença entre o valor que as mercadorias efetivamente entregues tinham no momento da entrega e o valor que mercadorias conformes teriam tido nesse momento. Contudo, se o vendedor reparar qualquer falta às suas obrigações, ou se o comprador se recusar a aceitar a execução pelo vendedor, o comprador não pode reduzir o preço.

Por último, o vendedor tem ainda lugar à indemnização por perdas e danos.

As perdas e danos decorrentes de uma violação do contrato cometida por uma das partes compreendem o prejuízo causado à outra parte, bem como os benefícios que esta deixou de receber em consequência da violação contratual. Tais perdas e danos não podem exceder o prejuízo sofrido e o lucro cessante que a parte faltosa previu ou deveria ter previsto no momento da conclusão do contrato como consequências possíveis da violação deste, tendo em conta os factos de que ela tinha ou deveria ter tido conhecimento, nos termos do artigo 74º CV.

Se o contrato for resolvido e se, por forma e num prazo razoáveis após a resolução, o comprador procedeu a uma compra de substituição ou o vendedor a uma venda compensatória, a parte que pede indemnização por perdas e danos pode obter a diferença entre o preço do contrato e o preço da compra de substituição ou da venda compensatória, bem como qualquer outra indemnização por perdas e danos que possa ser devida em virtude do artigo 74º.

Se o contrato for resolvido e as mercadorias tiverem um preço corrente, a parte que reclama a indemnização dos prejuízos, se não procedeu a uma compra de substituição ou a uma venda compensatória, pode obter a diferença entre o preço fixado no contrato e o preço corrente no momento da resolução, bem como qualquer outra indemnização por perdas e danos que seja devida em virtude do artigo 74º. No entanto, se a parte que pede indemnização por perdas e danos resolveu o contrato depois de ter tomado posse das mercadorias, é o preço corrente no momento em que tomou posse delas que é o aplicável e não o preço corrente no momento da resolução.

3. Responsabilidade civil

A Convenção de Viena sobre a compra e venda internacional de mercadorias estabelece regras especiais em matéria de responsabilidade civil, designadamente no que respeita aos montantes indenizatórios devidos.

A primeira ideia que ressalta da leitura do diploma é que, à semelhança do que constitui a regra no âmbito do direito interno, a indemnização cobre quer os danos emergentes, quer os lucros cessantes, isto é, o prejuízo causado e os benefícios que a parte lesada deixou de receber como consequência da violação contratual.

Contudo, de acordo com o artigo 74º CV, como referido *supra*, a indemnização não pode exceder o prejuízo sofrido e os lucros cessantes que a parte faltosa previu ou deveria ter previsto no momento da celebração do contrato como consequências possíveis da violação deste. Quer isto dizer que se introduz um *elemento de previsibilidade na delimitação dos danos ressarcíveis*[11].

[11] No ordenamento jurídico interno, o critério é fixado por referência aos danos futuros. Na verdade, dispõe o artigo 564º/2 CC que, "na fixação da indemnização, pode o tribunal atender aos

O dado remete-nos, obviamente, para o tópico da causalidade e motiva-nos algumas considerações[12].

Ao longo dos tempos, vários foram os argumentos aduzidos no sentido de defender a restrição da responsabilidade com base numa ideia de previsibilidade. Entre eles, saliente-se a coerência da proposta[13]. Esta alcançar-se-ia melhor se a extensão da responsabilidade fosse determinada pelo mesmo critério que permitiria fixar a sua existência. Além disso, haveria que pesar a relatividade da negligência. Um ato é negligente tendo em conta as circunstâncias, designadamente o tipo de dano e a maneira como ele eclode, donde só é negligente relativamente a esse tipo de danos, fazendo sentido que a partir do conceito se restrinja a indemnização[14]. Os autores salientam, ainda, a sua simplicidade: o critério evitaria inúmeros e complexos problemas a que o jurista aporta pela mobilização do critério da *conditio sine qua non*.

Não cremos, porém, que os argumentos sejam determinantes. Pelo contrário, entendemos não se poder resolver o dilema judicativo com apelo a uma ideia de previsibilidade, ancorada no que o sujeito concreto podia saber e efetivamente sabia. Desde logo, não é possível, na maioria das situações, falar de efetiva previsão, mas tão só de previsibilidade. Por outro lado, esta,

danos futuros, desde que sejam previsíveis; se não forem determináveis, a fixação da indemnização correspondente será remetida para decisão ulterior". Os autores distingam os lucros cessantes dos danos futuros, mostrando que as duas categorias correspondem a classificações autónomas (cf., nesse sentido, Paulo Mota Pinto, *Interesse contratual negativo e interesse contratual positivo*, Coimbra Editora, Coimbra, 2007, 1088 s.), mas, os mesmos podem coincidir, suscitando-se a dúvida acerca da referência da previsibilidade aos danos consequência ou não. Cremos que o melhor entendimento a derramar sobre o preceito terá de passar pela contemplação do ponto de referência temporal a que o mesmo nos conduz. Na verdade, a previsibilidade a que ali se alude ("...desde que sejam previsíveis...") parece não se referir à previsão devida do agente no momento da prática do facto, mas à possibilidade de se prever a emergência de tais danos no momento em que a sentença é proferida. Esse é, aliás, o critério mobilizado Paulo Mota Pinto quando distingue os dois tipos de danos. Vários são os argumentos que podemos mobilizar para defender a nossa posição: esta é a única via para garantir a unidade interna do sistema e única que se compadece com a justiça material que se almeja (porque verdadeiramente não é possível, a não ser que tudo se considere em abstrato previsível, exigir que a previsibilidade se derrame sobre os danos consequenciais). Ademais, a formulação do preceito, a apontar quer para a previsibilidade, quer para a determinabilidade, encaminha-nos para esse entendimento.

[12] Cf. Mafalda Miranda Barbosa/Pedro Pimenta Mendes, "Convenção de Viena sobre a compra e venda internacional de mercadorias: algumas reflexões", 429-481

[13] Sobre o ponto, cf. Mafalda Miranda Barbosa, *Do nexo de causalidade ao nexo de imputação. Contributo para a compreensão da natureza binária e personalística do requisito causal ao nível da responsabilidade civil extracontratual*, Princípia, 2013, 683 s., que aqui damos por reproduzido em alguns dos seus pontos.

[14] Hart e Honoré, *Causation in the law*, 2nd edition, Claredon Press, Oxford, 2002, 260 e ss

existindo, não nos responde à questão de saber por que razão é que o lesante vai ser obrigado a indemnizar um dano que pode não ter sido causado por si. Ademais, a simples referência à previsibilidade não nos permite fazer distinções consoante o tipo e a natureza do ato de terceiro que eventualmente possa intervir no *iter* causal conducente ao dano; nem nos permite valorar adequadamente outras eventuais causas que nele interfiram[15].

Em rigor, se entendermos que a previsibilidade é relevante para a determinação da extensão da obrigação de indemnização, deixa de se traçar a fronteira entre a culpa e a previsibilidade, já que o teste da negligência e o teste sobre se o agente é responsável pelo dano que se segue passam a ser, neste caso, os mesmos[16]. E se muitos autores veem no dado um argumento no sentido da prescindibilidade de um juízo atinente à causalidade fundamentadora da responsabilidade, sabemos de antemão – por já o termos defendido noutros locais – que este segmento dito causal é absolutamente imprescindível, quando lidamos com problemas de responsabilidade ancorada no resultado[17].

A recusa da previsibilidade não nos pode conduzir à adesão à doutrina da causalidade adequada[18]. Mesmo numa visão normativa da adequação, as inconcludências a que a doutrina aporta o jurista não são de pequena monta. Assim, colocam-se, desde logo, problemas ao nível da descrição dos *relatas*, isto é, dos termos a relacionar. Na verdade, se se perguntar "é normal e provável que um pequeno golpe na face provoque a morte de uma pessoa", a resposta será, em princípio, negativa. Mas, se se perguntar "é normal e provável que um pequeno golpe na face provoque a morte de um hemofílico em último grau", a resposta pode já ser afirmativa. Quer isto dizer que consoante a descrição que se faça dos eventos, assim a resposta já vai contida na indagação. E não será fácil optar por uma descrição dos *relata* em abstrato – porque se perde a necessária relevância do caso concreto – ou em concreto, porque a pormenorização pode, de facto, condicionar uma solução que, *a priori*, não deveria estar estabelecida. Isto quer dizer, no fundo, que – consoante afirmam

[15] Mafalda Miranda Barbosa, *Do nexo de causalidade ao nexo de imputação*,683 s.

[16] Hart/Honoré, *Causation*, 255

[17] Cf. Mafalda Miranda Barbosa, *Do nexo de causalidade ao nexo de imputação*, 2013; Mafalda Miranda Barbosa, "Haftungsbegründende kausalität e haftungsausfüllende kausalität Causalidade fundamentadora e causalidade preenchedora da responsabilidade", *Revista da Faculdade de Direito e Ciência Política da Universidade Lusófona do Porto*, 10, 2017, 14 s.

[18] Para um acompanhamento mais pormenorizado das diversas críticas que lançamos sobre a causalidade adequada, cf. Mafalda Miranda Barbosa, *Do nexo de causalidade ao nexo de imputação*, 99 s., bem como a demais bibliografia aí citada.

certos autores – a adequação é critério de coisa alguma, uma fórmula vazia (*Leeformel*)[19].

Por outro lado, coloca-se o problema de saber qual o ponto de vista que se deve adotar nesta indagação: o ponto de vista do sujeito que atuou, o ponto de vista do homem médio ou o ponto de vista do observador ótimo e experiente? E devem ou não ser tidos em conta os conhecimentos efetivos do lesante que, em concreto, podem alterar o juízo de prognose a encetar? Mas, ao considerarmos esta probabilidade corrigida por índices de subjetividade, não estamos a aproximar-nos da culpa e da previsibilidade, sendo certo que os autores a rejeitam – e bem – para estabelecer o nexo de causalidade? O mesmo não se poderá perguntar se o nosso juízo um juízo *ex ante*? Mas, por outro lado, se o juízo for absolutamente objetivo e formulado *ex post*, não estaremos a condenar-nos a uma resposta de tipo estatístico que quadra mal com a intencionalidade predicativa da juridicidade e nos afasta de soluções justas, como no exemplo apresentado anteriormente? E, *in fine*, qual o grau de probabilidade que deve ser requerido?[20]

Retomemos as nossas considerações no que respeita à previsibilidade. No campo extracontratual, o que está em causa é saber quais os limites da esfera de risco erigida a partir da conduta do pretenso lesante, em confronto com a esfera de risco do lesado, de um eventual terceiro que interfira na situação e com a esfera de risco geral da vida. A culpa, imprescindível na maioria das hipóteses de ressarcimento, tem como polo de referência o primeiro dano, segundo o ensinamento da doutrina[21]. O mais exato, porém, parece ser perspetivá-la na sua referência a uma esfera de risco que se erige a partir do comportamento do lesante. No mesmo sentido, Von Caemmerer[22], considera que, ao nível da *Verschuldenshaftung*, a culpa do primeiro agente não tem que ser referida à direta lesão do bem jurídico, mas à criação de uma fonte de perigo. Este pretere determinados deveres de conduta, essenciais em nome do respeito que o outro com quem se encontra lhe merece, e, por isso, no

[19] Menezes Cordeiro, *Da responsabilidade*, 534, ao afirmar que ela não é bitola de coisa nenhuma, mas "espaço que iremos preenchendo com base no senso comum e em juízos de tipo ético"; Menezes Leitão, *A responsabilidade do gestor perante o dono do negócio no direito civil português*, Almedina, Coimbra, 2005, 325; Günther Bernert, "Die Leeformel von der Adäquanz", *Archiv für die civilistische Praxis*, 169, 1969,421-442.

[20] Cf. Mafalda Miranda Barbosa, *Do nexo de causalidade ao nexo de imputação*, 286

[21] Mais uma vez, cf. Mafalda Miranda Barbosa, *Do nexo de causalidade ao nexo de imputação*, 99 s., bem como a demais bibliografia aí citada 287 s.

[22] Von Caemmerer, "Die Bedeutung des Schutzbereichs einer Rechtsnorm für die Geltendmachung von Schadensersatzansprüchen aus Verkehrsunfällen", *Deutsches Autorecht* 70, 290

afastamento do que seria exigível e razoável a um homem médio, a sua conduta pode ser chancelada de desvaliosa. É claro que o surgimento de tais deveres pode ter na sua base a previsibilidade de uma lesão, embora não se baste com ela (há que, na verdade, ponderar se, diante daquela possibilidade de avultar o dano, o homem medianamente prudente teria ou não adotado um outro comportamento). A partir do momento em que se constata esse defeito na conduta, o sujeito assume uma esfera de risco, importando, subsequentemente, investigar quais as potencialidades dela, ou seja, que danos-violação pode ou não abarcar. Repare-se que, com isto, não só resolvemos um problema (o de saber em que medida, havendo um segundo dano-lesão, é exigível que a culpa se derrame sobre ele[23]), como conseguimos cindir a culpa da causalidade. É que, embora elas se conectem, na investigação que a segunda viabiliza não atenderemos à previsibilidade, nem à probabilidade, mas orientar-nos-emos por critérios de imputação objetiva. Mais se diga, aliás, que a esfera de risco pode emergir antes da verificação de um comportamento culposo ou ser codeterminada por outros fatores. Note-se, não obstante, que a possível génese comum dos dois juízos pode implicar consequências judicativas de não pequena monta. Assim, a intensidade do desvalor de conduta pode refratar-se num diferente modo de solução do problema que tradicionalmente vem pensado em termos causais.

De outro modo, seria improcedente a referência à previsibilidade a este nível. De facto, ficando o dano subsequente dependente do impacto que a lesão do primeiro direito tem na esfera concreta do sujeito, ou teríamos de assumir que tudo seria previsível ou, ao invés, a responsabilidade restringir-se-ia em termos inadmissíveis.

Do ponto de vista contratual, as conclusões não são muito diversas. Entre nós, já Guilherme Moreira havia rejeitado a distinção francófona entre danos previsíveis e danos imprevisíveis, aduzindo que, quando o não cumprimento seja imputável ao devedor, este deve prever todas as consequências danosas que necessariamente resultarão do não cumprimento da obrigação[24].

[23] sobre o problema da referência da culpa, cf., não obstante, Deutsch, *Farhlässigkeit und erforderlich Sorgfalt*, 2. Aufl., Köln, 1995, 62 s., 113 s., 177 e 206 s., falando de um nexo de culpabilidade (*Verschuldenzusammenhang*) e defendendo que o conceito de cuidado não é abstrato, mas deve ser entendido em termos relativos, isto é, não existe o cuidado em si, emergindo o dever em relação com determinadas finalidades

[24] Guilherme Moreira, *Instituições do Direito Civil Português*, Vol. II, 2ª edição, Coimbra Editora, Coimbra, 1925, 145.

Como compreender, então, a referência à previsibilidade de que cura a Convenção de Viena a este nível? Vejamos[25].

O Código Civil, no artigo 563º CC, dispõe que "a obrigação de indemnização só existe em relação aos danos que o lesado provavelmente não teria sofrido se não fosse a lesão". A partir de uma enunciação aparentemente simples, suscita-se um intenso debate na doutrina nacional, a gerar evidentes clivagens entre os autores. A justificá-las, encontramos a complexidade do problema que o preceito trata e a formulação legal com que somos confrontados[26]É a própria consagração legal de uma doutrina que não colhe unanimidade. Antunes Varela[27] e Menezes Cordeiro[28] explicam que a teoria da causalidade adequada teria sido consagrada nos trabalhos preparatórios do Código Civil[29], mas não explicitamente no corpo normativo em que aqueles,

[25] Sobre o ponto, cf. Mafalda Miranda BARBOSA, "Sentido e intencionalidade do requisito causal: o antes e o depois do Código Civil de 1966", *Responsabilidade civil: Cinquenta anos em Portugal, Quinze anos no Brasil*, Instituto Jurídico, 2017, 61-154, que aqui damos por reproduzido em alguns pontos.

[26] A este propósito, cf. Antunes VARELA, *Das obrigações em geral*, vol. I, 10º edição, Almedina, Coimbra, 2003, 899 s.; ID., "Rasgos Inovadores do Código Civil Português em matéria de responsabilidade civil", *Boletim da Faculdade de Direito da Universidade de Coimbra*, vol. XLVIII, 1972, 98; Almeida COSTA, ""Reflexões sobre a obrigação de indemnização. Confrontos luso-brasileiros", *Revista de Legislação e de Jurisprudência*, nº3931 e 3932, 291; Pessoa JORGE, *Ensaio sobre os pressupostos da responsabilidade civil*, Almedina, Coimbra, 1999 (reimpressão), 410 s.; Paulo Mota PINTO, *Interesse contratual negativo e interesse contratual positivo*, volume I e II, Coimbra, Coimbra Editora, 2008, 641 e nota 1839 s.

[27] Antunes VARELA, *Das obrigações em geral*, I, Almedina, Coimbra, 2001, 916.

Consideram que o artigo 563º CC consagra a doutrina da causalidade adequada, *inter alia*, autores como Pereira COELHO, *Obrigações, sumários das lições ao curso de 1966-1967*, Coimbra, 1967, 163 s.; Calvão da SILVA, *Responsabilidade civil do produtor*, Almedina, Coimbra, 1990, 712; Rui de ALARCÃO, *Direito das Obrigações* (texto elaborado por J. Sousa Ribeiro, J. Sinde Monteiro, Almeno de Sá e J.C. Proença. Com base nas lições do Prof. Doutor Rui de Alarcão ao 3º ano jurídico), policopiado, Coimbra, 1983, 280; Almeida COSTA, "Reflexões sobre a obrigação de indemnização. Confrontos luso-brasileiros", *Revista de Legislação e de Jurisprudência*, nº3931 e 3932, 291; Pessoa JORGE, *Ensaio sobre os pressupostos da responsabilidade civil*, Almedina, Coimbra, 1999,412; Paulo Mota PINTO, *Interesse contratual negativo e interesse contratual positivo*, I, Coimbra, Coimbra Editora, 2008, , 641 s.; Menezes LEITÃO, *Direito das Obrigações*, vol. I, 9ª edição, Almedina, Coimbra, 2010, 343; Sinde MONTEIRO, "Rudimentos da responsabilidade civil", *Revista da Faculdade de Direito da Universidade do Porto*, ano 2º, 2005, 379; José Alberto GONZÁLEZ, *Responsabilidade civil*, 2ª edição, Quid Iuris, Lisboa, 2009, 79; Ribeiro de FARIA, *Direito das Obrigações*, vol. I, Almedina, Coimbra, 2003, 505 s.

Trata-se, pois, notoriamente da posição maioritária entre nós.

[28] Menezes CORDEIRO, *Da responsabilidade civil dos administradores das sociedades comerciais*, Lex, Lisboa, 1997, 533, nota 225.

[29] Vaz SERRA, "Obrigação de indemnização. Colocação. Fontes. Conceito e espécies de dano. Nexo causal. Extensão do dever de indemnizar. Espécies de indemnização. Direito de abstenção e de remoção", *Boletim do Ministério da Justiça*, nº84, Março 1959, 22, 123, 284. Veja-se, também, Pereira COELHO, "O nexo de causalidade". As formulações dos dois autores não são, porém, coincidentes.

posteriormente, foram vertidos. Assim, e desde que não aderíssemos cegamente a uma interpretação histórica de tipo subjetivista, abrir-se-ia um leque de possibilidades hermenêuticas ao jurista. Tanto mais que aquela interpretação há de ser vista como um problema prático-normativo e não orientado pela pressuposição de uma racionalidade do primeiro tipo. Talvez por isso, partindo da mesma constatação de base, os autores cheguem a conclusões diversas. Enquanto Antunes Varela – não obstante a introdução de elementos corretores do critério – permanece fiel à teoria; Menezes Cordeiro mostra-se muito crítico da mesma[30].

O último autor citado chega mesmo a defender que, "ao contrário do que se entende em decisões jurisdicionais", o artigo 563º CC "não impõe a causalidade adequada como direito vigente. De resto, nem faria sentido prescrever teorias obrigatórias. O artigo 563º em causa, como compete, aliás, a uma ação legislativa, apenas afasta, como princípio, a causalidade virtual, como fonte de imputação[31] (...) e, tão-só, arreda, como regra, a necessidade da absoluta confirmação do decurso causal: não há que provar tal decurso mas, simplesmente, a probabilidade razoável da sua existência"[32].

O teor literal do preceito em análise corresponde à proposta de Pereira Coelho, tendo Vaz Serra admitido, como texto alternativo, embora ligeiramente alterado, a formulação do primeiro. Cf. "Direito das obrigações – Anteprojecto (parte resumida)", *Boletim do Ministério da Justiça*, vol. 100, 127, nota 269.

[30] Menezes Cordeiro,*Da responsabilidade civil dos administradores*, 532 e ss. e Menezes Leitão, *Direito das Obrigações*, I, 362, advogam uma conceção normativa de causalidade e abrem a porta a outro tipo de considerações partilhadas recentemente por variados autores. Menezes Leitão afirma contundentemente que "a obrigação de reparar os danos causados constitui uma consequência jurídica de uma norma relativa à imputação de danos, o que implica que a averiguação do nexo de causalidade apenas se possa fazer a partir da determinação do fim específico e do âmbito de proteção da norma que determina essa consequência jurídica". Veja-se, quanto ao ponto, a crítica de Oliveira Ascensão a Menezes Cordeiro, centrada na responsabilidade contratual e vertida na arguição do curriculum apresentado pelo segundo no concurso a professor agregado – "Arguição do currículo apresentado pelo Doutor António Menezes Cordeiro nas provas para obtenção do título de professor agregado", *Revista da Faculdade de Direito de Lisboa*, 1998, 826). Para um novo posicionamento de Menezes Cordeiro, cf. *Tratado de Direito Civil Português*, II, *Direito das Obrigações*, III, 2010; *Tratado de Direito Civil*, VII, 2014

[31] Em causa, nas palavras de Menezes Cordeiro, parece estar mais a questão da relevância positiva da causa virtual: "não se responde, civilmente, por condutas que, embora ilícitas e culposas, não chegaram a provocar danos".

[32] A propósito do artigo 562º CC, cf. Antunes Varela, *Das obrigações em geral*, I, Almedina, Coimbra, 2001, 878, nota 3; Paulo Mota Pinto, *Interesse contratual*, 643, nota 1843. Segundo a posição dos autores, o artigo citado também não depõe em matéria de causalidade, estabelecendo, apenas, um princípio geral, nos termos do qual ressalta a finalidade essencialmente compensatória da

Torna-se, assim, problemática a própria relação entre a causalidade adequada e a doutrina da *conditio sine qua non*. Paulo Mota Pinto, a este propósito, considera que da formulação do artigo, "ao exigir a conclusão contrafactual (...) no sentido da provável falta de verificação dos danos, não resulta (...) o afastamento da exigência de uma (segura, e não apenas provável) condição *sine qua non* e a consequente possibilidade de resolução do problema da causalidade da causa virtual logo por esta via – até porque o critério da probabilidade não seria adequado para tanto"[33].

Com isto, parece ser a segurança da consagração da doutrina da causalidade adequada a este nível que é posta em causa. Na verdade, encontramos autores que, ora de forma assertiva, ora em jeito de possibilidade, nos alertam para a viabilidade de, numa dada interpretação da norma, podermos encontrar ali a consagração da doutrina da *conditio sine qua non*[34]. Acresce que, atentas as múltiplas explicitações da fórmula da causalidade adequada, emergem novas dificuldades quando ponderados os termos da putativa consagração da doutrina. Ou seja, e de modo mais direto, questiona-se, para quem aceite

responsabilidade civil. Nas palavras de Antunes Varela, "visa apenas definir a função genérica do dever de indemnizar". Paulo Mota Pinto adianta que o artigo 562º CC remete, ainda, para a primazia da reconstituição natural, "pois esta é que melhor (ou, mesmo, muitas vezes unicamente) corresponde a reconstituição da situação em que o lesado estaria se não se tivesse verificado o evento que obriga à reparação". Nas palavras do insigne civilista, há que sublinhar, também, que "deste artigo 562º não resulta (...) qualquer disposição relativa ao critério de causalidade entre o evento lesivo e os danos, nem quanto à exigência de adequação causal (o que é óbvio logo no plano literal, não existindo na disposição qualquer elemento que o inculque), nem quanto à exigência de condicionalidade, nos termos das doutrinas da equivalência das condições ou da conditio sine qua non (condição necessária) (...)".

[33] Paulo Mota PINTO, *Interesse contratual*, 641. Mais acrescenta o autor em nota (1839) que "não parece que o legislador tenha querido com tal formulação nem simplesmente consagrar a teoria da conditio sine qua non, nem, pelo contrário, afastar a exigência de uma relação de necessidade entre a lesão e os danos, como a que seria claramente exigida se se referisse simplesmente apenas "aos danos que o lesado não teria sofrido se não fosse a lesão – isto é, afastar a exigência de uma absolutamente segura conditio sine qua non, prevendo que basta uma condição sine qua provavelmente (e não com inteira certeza) non, podendo, pois, acontecer que sem se verificar a condição os danos tivessem igualmente ocorrido. Pela limitação à exigência de uma condição necessária, a ser procedente tal interpretação, ela poderia, aliás, ser aproveitada no sentido de se afirmar a irrelevância da causa virtual, nos casos em que a produção de danos pela causa real fosse de todo o modo provável".

[34] Cf., a este propósito, Antunes VARELA, *Das obrigações*, I, 899. Veja-se, também, Ribeiro de FARIA, *Direito das obrigações*, 505, considerando que o teor literal do preceito viabiliza a sua interpretação no sentido do acolhimento da doutrina da *conditio sine qua non*, embora resolvendo o problema hermenêutico no sentido da consagração da causalidade adequada, com fundamento no argumento histórico.

de forma inequívoca o dado, se o artigo 563º CC adotaria a formulação negativa ou positiva da teoria probabilística[35].

Para lá de toda a controvérsia, a jurisprudência nacional parece aderir maioritariamente à ideia de que o nosso Código Civil consagra *expressis verbis* a doutrina da causalidade adequada, da qual não se afasta sobremaneira.

Temos, porém, as maiores dúvidas que esta corresponda à melhor posição sobre a matéria e a justificá-lo podemos convocar uma série de argumentos mais ou menos concludentes. Desde logo, e fazendo eco do que já foi dito acerca da posição – nesse ponto convergente – de Antunes Varela e Menezes Cordeiro, é dubitativo que o legislador tenha querido cristalizar normativamente uma solução que deve ser encontrada pela doutrina. Se tivermos em conta a distância que separa a decisão judicativa da prescrição legislativa, percebemos que não é tarefa da segunda, personificada pelo legislador, a cristalização de conceitos, quadros operatórios ou categorias normativas que só poderão ser radicalmente compreendidas quando reportadas aos casos concretos e aos princípios informadores do sistema em que se louvam. O seu preenchimento compete, sobretudo e conjuntamente, à jurisprudência judicial e dogmática.

Claro que isso não obsta a que a norma legal funcione como um arrimo mobilizável na orientação da solução materialmente justa e normativamente adequada dos diversos casos *sub iudice*. Até porque, verdadeiramente, não só o legislador não está impedido de assumir o papel referido, como o fornecimento de dados operativos não se traduz na conceptualização em sentido estrito. Mas, se assim é, há que compreender que, afinal, a interpretação que se faça do preceito há de resultar não só da remissão para os casos concretos, mas ainda para os fundamentos suprapositivos e transsistemáticos que informam o sistema, e que o desenho concreto de uma doutrina ou categoria dogmática há de ir para além da mera imposição legiferante.

[35] Cf., novamente, Paulo Mota Pinto, *Interesse contratual*, 642 e nota 1840. Conclui, também, o autor que não se pode inferir do preceito qualquer solução em matéria de prova da causalidade virtual, sobretudo porque, mesmo se se aceitar a formulação negativa da adequação, esta só terá impacto em sede de prova da causalidade e não em matéria de prova dos danos.
Para o autor, "a boa compreensão do artigo 563º é facilitada pela relação, que se deve fazer, entre o seu teor e a parte final do preceito anterior – isto é, a reconstituição da situação que existiria, se não se tivesse verificado o evento que obriga à reparação". Diz-nos, portanto, que "a intenção do legislador foi a de limitar os danos relevantes para a (...) construção da situação hipotética em que o lesado se encontraria sem a lesão àqueles para os quais a lesão era causa adequada (...)" – cf. p. 644/645.

Talvez por isso se afigure, também, extremamente frágil o argumento histórico que, fazendo apelo aos trabalhos preparatórios do Código Civil e aos estudos que, direta ou indiretamente, os inspiraram, encontra ali o sustentáculo mais seguro para a defesa da tese da consagração da doutrina da causalidade adequada ao nível do artigo 563º CC.

A fragilidade a que se alude resulta, ademais, da impossibilidade de, em termos metodológicos, continuarmos a olhar para a norma como se de um simples enunciado linguístico se tratasse. A outrora norma-texto deu lugar, nos nossos dias, à norma-problema, com todas as consequências que a transformação acarreta, designadamente ao nível dos objetivos da interpretação: já não procuramos colher do texto a vontade subjetiva do legislador histórico ou o sentido objetivo incorporado pela norma, mas complementamos uma perspetiva dogmática e teleológica, o que não pode deixar de legitimar um desvio ao apego histórico se ulteriores argumentos concorrerem para a clivagem.

Impõe-se, por isso, um novo entendimento acerca da causalidade.

Se algumas conclusões podem ser extraídas do artigo 563º CC, elas são, por um lado, a primazia da função ressarcitória da responsabilidade civil (a implicar a exigência de um nexo de causalidade) e, por outro, o afastamento da relação de necessidade, pela substituição por uma relação de probabilidade, entre a lesão e os danos. Ora, se partirmos do princípio que o direito subjetivo absoluto define uma área de autonomia orientada para a prossecução de interesses definidores do seu conteúdo, a lesão daquele permite com toda a probabilidade considerar como dano a repercussão que a frustração das utilidades por ele asseguradas acarrete. Esta solução pressupõe que o problema imputacional fique resolvido a montante, de acordo com critérios objetivos, assentes na edificação e confronto de esferas de risco/responsabilidade. Dito de outro modo, o sentido da probabilidade a que se refere o artigo 563º CC, contendendo com a causalidade preenchedora da responsabilidade, não pode, ainda assim, ser entendido de acordo com uma ideia de causalidade adequada.

Do ponto de vista contratual – aquele que agora nos importa – as conclusões não serão muito diversas.

Considerando que, do ponto de vista metodológico, a interpretação de uma norma pressupõe, necessariamente, a sua remissão para os princípios fundamentais em que se alicerça, entende-se que, no domínio contratual, teríamos de considerar quer o princípio da responsabilidade, quer o princípio da boa-fé e a conformação contratual. Significa isto que, a partir do momento em que dois sujeitos celebram um contrato, *assumem uma esfera de risco* que é desenhada com base na *concreta conformação dos deveres que se integram no seu conteúdo*. Preterido um dos deveres em questão, estabelecer-se-á a causalidade se o *dano que se verificar for um daqueles que haviam de ser evitados com o cumprimento do dever*. A posição não dista da que, muito tempo antes, foi proposta – no específico domínio contratual, embora com posterior aproveitamento em sede delitual – por Rabel[36].

Em causa está, portanto, a imputação ao devedor de todos os danos que teriam sido evitados com o cumprimento do dever a que aquele se vinculou.

Significa isto que a previsibilidade a que alude a Convenção de Viena não pode ser senão compreendida no quadro deste sistema móvel de confronto de esferas de risco. E, do ponto de vista do dano, não é senão a previsibilidade referida à esfera de risco assumida pelos devedores, de tal sorte que, em termos de danos ressarcíveis, devemos atender ao interesse contratual que foi preterido em concreto, por ser exatamente aquele que deveria ser acautelado na situação concreta.

Note-se, porém, que se impõe, necessariamente, um *específico confronto de esferas de risco/responsabilidade* a que o próprio contrato não é alheio: uma esfera de risco geral da vida; uma esfera de risco do lesado e uma esfera de risco de um terceiro (um segundo lesante que pode intervir na situação concreta)[37]. Só ele, na verdade, nos garante quer o acerto da imputação da preterição do interesse contratual à violação do dever, quer, no caso de existirem danos subsequentes em que se refrate a lesão do referido interesse contratual, que este foi efetivamente violado por força do não cumprimento ou do cumprimento defeituoso do vendedor.

Imagine-se que A, empresário, compra a um fornecedor estrangeiro equipamentos de proteção para os seus operários fabris. O equipamento apresentava um defeito, não estando conforme às especificações técnicas que tinham sido acordadas pelas partes. Como consequência desse defeito, o operário B sofreu um acidente grave, durante o período de trabalho, o que não só determinou despesas acrescidas ao empresário A, pela necessidade de pagar uma indemnização de acordo com o regime dos acidentes de trabalho, mas também perda de lucros, uma vez que aquele funcionário, altamente especializado, não pôde ser substituído por outro durante os meses de convalescença, gerando-se enormes perdas. Gerou-se, ainda, um dano reputacional para a empresa de

[36] Rabel, *Das Recht des Warenkaufs*, Bd. I, De Gruyter, Berlin, 1936, 437 s.

[37] Mafalda Miranda Barbosa, *Do nexo de causalidade ao nexo de imputação*, 897 s.

A, uma vez que se criou a ideia de que o acidente teria tido a sua origem no não cumprimento de deveres de segurança por parte da entidade patronal.

Nenhum destes danos podia ter sido previsto concretamente, exceto se considerarmos que tudo é previsível. No mais, desconhecendo o fornecedor estrangeiro as contingências do funcionamento da unidade fabril titulada por A, dificilmente poderíamos considerar que era previsível antecipar todos os prejuízos e lucros cessantes.

Previsível será o dano correspondente à preterição do interesse contratual. Os autores têm-se, na verdade, preocupado, embora não por referência aos problemas colocados pela Convenção de Viena, em defender que o dano deve ser considerado em termos normativos. E o que a categoria do dano normativo nos comunica é a ideia de que a lesão de um bem, em si mesma, é um dano, a partir do qual se podem constatar outros danos, ditos consequenciais[38]. Donde, a preterição do interesse contratual – que não pode não se reconduzir ao núcleo de relevância negocial – corresponde, por si só, a um dano, que, posteriormente, se traduzirá patrimonialmente segundo a fórmula da diferença.

No fundo, as consequências possíveis da violação do contrato que o devedor deve prever, tendo em conta os factos de que tinha ou deveria ter tido conhecimento, não são outras senão aquelas que se reconduzam funcionalmente ao interesse contratual preterido. Dito de outro modo, se o fornecedor sabe que os equipamentos vendidos servem para garantir a segurança dos operários de uma unidade fabril deve responder por todas as consequências que se possam reconduzir à ocorrência de um acidente, não obviado pelo facto de o referido material apresentar um defeito.

O confronto de esferas de risco/responsabilidade a que aludimos cumpre a função de afastar eventuais danos que, aparentemente pertencentes à esfera de risco erigida pelo devedor, não lhe pertencem[39].

Contemplando, *prima facie*, a *esfera de risco geral da vida*, diremos que a imputação deveria ser recusada quando o facto do lesante, criando embora uma esfera de risco, apenas determina a presença do bem ou direito ofendido no tempo e lugar da lesão do mesmo. O cotejo com a esfera de risco natural

[38] Paulo Mota Pinto, *Interesse contratual negativo* e interesse contratual positivo, Coimbra Editora, Coimbra, 2007, 472; Walter Wilburg, "Zur Lehre von der Vorteilsausgleichung", *Jherings Jahrbüche*, 81, 1931, 132 s.; Robert Neuner ("Interesse und Vermögensschaden", *Archiv für die civilistische Praxis*, 133, 1931, 277 s.) e de Hans Stoll, *Begriff und Grenzen des Vermögensschädens*, C.F. Müller, Heidelberg, 1973, 14 s.,

[39] Nesse sentido, o modelo imputacional por nós delineado em *Do nexo de causalidade ao nexo de imputação*, cap. 8, que aqui damos por reproduzido.

permite antever que esta absorve o risco criado pelo agente, porquanto seja sempre presente e mais amplo que aquele. A pergunta que nos orienta é: um evento danoso do tipo do ocorrido distribui-se de modo substancialmente uniforme nesse tempo e nesse espaço, ou, de uma forma mais simplista, trata-se ou não de um risco a que todos – indiferenciadamente – estão expostos? É o que ocorre se, tendo por base o exemplo que nos orienta, a unidade fabril ficasse também impedida de laborar durante o período em questão.

O confronto com a *esfera de risco titulada pelo lesado* impõe-se de igual modo. São a este nível ponderadas as tradicionais hipóteses da existência de uma predisposição constitucional do lesado para sofrer o dano. Lidando-se com a questão das debilidades constitucionais do lesado, duas hipóteses são cogitáveis. Se elas forem conhecidas do lesante, afirma-se, em regra, a imputação, exceto se não for razoável considerar que ele fica, por esse especial conhecimento, investido numa posição de garante. Se não forem conhecidas, então a ponderação há de ser outra. Partindo da contemplação da esfera de risco edificada pelo devedor, dir-se-á que, ao agir em contravenção com os deveres de proteção que sobre ele impendem, assume a responsabilidade pelos danos que ali se inscrevam, pelo que haverá de suportar o risco de se cruzar com um lesado dotado de idiossincrasias que agravem a lesão perpetrada. Excluir-se-á, contudo, a imputação quando o lesado, em face de debilidades tão atípicas e tão profundas, devesse assumir especiais deveres para consigo mesmo.

A mesma estrutura valorativa se mobiliza quando em causa não esteja uma dimensão constitutiva do lesado, mas sim uma conduta dele que permita erigir uma esfera de responsabilidade, pelo que, também nos casos de um comportamento não condicionado pelo seu biopsiquismo, a solução alcançada pelo cotejo referido pode ser intuída, em termos sistemáticos, a partir da ponderação aqui posta a nu. Há que determinar nestes casos em que medida existe ou não uma atuação livre do lesado que convoque uma ideia de autorresponsabilidade pela lesão sofrida. Não é outro o raciocínio encetado a propósito das debilidades constitucionais dele, tanto que a imputação só é negada quando se verifique a omissão de determinados deveres que nos oneram enquanto pessoas para salvaguarda de nós mesmos.

Não se estranha, por isso, que o pensamento jurídico – mormente o pensamento jurídico transfronteiriço – tenha gizado como critério guia do decidente o *critério da provocação*. Tornam-se, também, operantes a este nível ideias como a autocolocação em risco ou a heterocolocação em risco consentido. Igualmente relevante serão os *critérios da autoridade* e do *défice informacional*.

Havendo essa atuação livre do lesado, temos que ver até que ponto os deveres que oneravam o lesante tinham ou não como objetivo obviar o comportamento do lesado. Tido isto em mente, bem como a gravidade da atuação de cada um, poderemos saber que esfera de risco absorve a outra ou, em alternativa, se se deve estabelecer um concurso entre ambas.

O juízo comparatístico encetado e justificado não dista sobremaneira pelo facto de a titularidade da segunda *esfera de risco*, concorrente com aquela, vir *encabeçada por um terceiro*. A triangular assunção problemática a que nos referimos leva implícita uma prévia alocação imputacional, posto que ela envolve que, a jusante, se determine que o comportamento dele não é simples meio ou instrumento de atuação do primeiro lesante. Donde, afinal, o que está em causa é a distinção entre uma autoria mediata e um verdadeiro concurso de esferas de risco e responsabilidade. O segundo agente, que causa efetivamente o dano sofrido pelo lesado, não tem o domínio absoluto da sua vontade, ou porque houve indução à prática do ato, ou porque não lhe era exigível outro tipo de comportamento, atento a conduta do primeiro agente (o nosso lesante, a quem queremos imputar a lesão). Neste caso, ou este último surge como um autor mediato e é responsável, ou a ulterior conduta lesiva se integra ainda na esfera de responsabilidade por ele erigida e a imputação também não pode ser negada.

Maiores problemas se colocam, portanto, quando existe uma atuação livre por parte do terceiro que conduz ao dano. Há, aí, que ter em conta alguns aspetos. Desde logo, temos de saber se os deveres que coloram a esfera de risco/responsabilidade encabeçada pelo lesante tinham ou não por finalidade imediata obviar o comportamento do terceiro, pois, nesse caso, torna-se líquida a resposta afirmativa à indagação imputacional. Não tendo tal finalidade, o juízo há de ser outro. O confronto entre o círculo de responsabilidade desenhado pelo lesante e o círculo titulado pelo terceiro – independentemente de, em concreto, se verificarem, quanto a ele, os restantes requisitos delituais – torna-se urgente e leva o jurista decidente a ponderar se há ou não consunção de um pelo outro. Dito de outro modo, a gravidade do comportamento do terceiro pode ser de molde a consumir a responsabilidade do primeiro lesante. Mas, ao invés, a obliteração dos deveres de respeito – deveres de evitar o resultado – pelo primeiro lesante, levando à atualização da esfera de responsabilidade a jusante, pode implicar que a lesão perpetrada pelo terceiro seja imputável àquele. Como fatores relevantes de ponderação de uma e outra hipótese encontramos a intencionalidade da intervenção dita interruptiva e o nível de risco que foi assumido ou incrementado pelo lesante. Entre ambas, pode também estabelecer-se o devido concurso[40].

No âmbito que nos orienta, as regras de repartição do risco a que a Convenção nos conduz afiguram-se ser de importância extrema, não obstante a intencionalidade diversa que subjaz, para delimitar as esferas de responsabilidade dos diversos sujeitos envolvidos.

Resolvido o problema imputacional, o dano que se indemnizar será todo o prejuízo ou todo o lucro cessante que se reconduza funcionalmente à preterição do interesse contratual, já que tal ligação funcional impede o afastamento da previsibilidade.

Mas a Convenção de Viena oferece-nos ainda outras pistas importantes em matéria de responsabilidade civil, dando resposta a uma querela que tem dividido a doutrina portuguesa ao longo dos tempos. Em causa está a possibilidade de cumulação da indemnização pelo interesse contratual positivo com a resolução do contrato[41].

Ainda por referência ao Código de Seabra, José Dias Ferreira que afirmava que "não é permittido cumular o pedido de rescisão do contracto com o de indemnisação de perdas e danmos, por ser incompativel a declaração de nullidade do contracto com a sua substistencia para a indemnisação,pois a disposição terminante do artigo 709.º é que faltando um dos contrahentes ao contracto, póde o outro ou desobrigar-se tambem pela sua parte, ou exigir do remisso uma de duas cousas – cumprimento do contracto – ou indemnisação de perdas e damnos"[42], numa posição que seria posta em causa por autores como Guilherme Moreira[43] e Galvão Telles, embora este último defendesse, depois de admitir a cumulação entre a resolução do contrato e a indemnização, que o contraente remisso, no caso de "rescisão" do contrato, não deveria ser obrigado a colocar o outro contraente na situação em que este se encontraria se ele, remisso, tivesse cumprido, porque "o dever de cumprir desapareceu juridicamente no passado, em consequência da retroatividade da rescisão". A indemnização deveria cingir-se, tal como nos casos de culpa *in contrahendo*, ao interesse contratual negativo[44].

[40] Para outros desenvolvimentos, cf. Mafalda Miranda Barbosa, *Do nexo de causalidade ao nexo de imputação*, cap. XVIII.

[41] Cf. Mafalda Miranda Barbosa/Pedro Pimenta Mendes, "Convenção de Viena sobre a compra e venda internacional de mercadorias: algumas reflexões", nota 49.

[42] José Dias Ferreira, *Codigo Civil Portuguez Annotado*, II, 2ª edição, 1895, 24

[43] Guilherme Moreira, *Instituições do Direito Civil Português*, II, 570 s

[44] Inocêncio Galvão Telles, "Não Cumprimento de Contratos Bilaterais (Interpretação dos Artigos 676.º e 709.º do Código Civil", *Revista da Ordem dos Advogados*, 5, 1945, 101 e 102 e *Manual de Direito das Obrigações*, I, Coimbra Editora, Coimbra, 1965, 248 e 249

A posição do autor seria partilhada por Vaz Serra. Não obstante, no plano do direito a constituir, o insigne civilista propugnava pela previsão da indemnização pelo interesse contratual positivo. Nas suas palavras, "a resolução do contrato pode significar que os contraentes ficam dispensados das prestações, sem que isso importe a consequência de que o faltoso não deva, quanto ao mais, colocar o outro contraente na situação que teria se o contrato tivesse sido cumprido. Esta é que era o fim tido em vista com o contrato e, por isso, parece que não deve dar-se a esse contraente uma situação diversa (melhor ou pior)"[45].

Já na vigência do Código Civil de 1966, Antunes Varela depôs no sentido da cumulação da resolução com o interesse contratual negativo. Consoante explica, "desde que o credor opte pela resolução do contrato, não faria sentido que pudesse exigir do devedor o ressarcimento do benefício que normalmente lhe traria a execução do contrato. O que ele pretende, com a opção feita, é antes a exoneração da obrigação que, por seu lado, assumiu (ou a restituição da prestação que efetuou) e a reposição do seu património no estado em que se encontraria, se o contrato não tivesse sido celebrado"[46].

Mas o entendimento não é unânime: Vaz Serra, em anotação a um acórdão do Supremo Tribunal de Justiça, sustenta a possibilidade de cumulação com o interesse contratual positivo[47], numa posição partilhada por outros autores como Batista Machado[48], Pedro Romano Martinez[49], Menezes Cordeiro[50] e Paulo Mota Pinto[51].

[45] Vaz Serra, "Impossibilidade Superveniente e Cumprimento Imperfeito Imputáveis ao Devedor", *Boletim do Ministerio da Ivstiça*, 47, 1955, 30 a 40

[46] Antunes Varela, *Das Obrigações em Geral*, II, 7ª edição (9ª reimpressão), Almedina, Coimbra, 2013, 109. Veja-se, igualmente, Almeida Costa, *Direito das Obrigações*, 12ª edição, Almedina, Coimbra, 2014, 1045

[47] Vaz Serra, "Anotação ao Acórdão STJ de 30 de Junho de 1970", *Revista de Legislação e Jurisprudência*, 104º ano, 1971-1972, 205 s.

[48] Baptista Machado, "Pressupostos da Resolução por Incumprimento", *Estudos em Homenagem ao Prof. Doutor J. J. Teixeira Ribeiro*, II, Coimbra, 1979, 393 s.

[49] Pedro Romano Martinez, *Da Cessação do Contrato*, 3ª edição, Almedina, Coimbra, 2015, 203 s. O autor sustenta a sua posição na distinção entre o dever de prestar e o dever de indemnizar.

[50] Menezes Cordeiro, *Tratado de Direito Civil*, Vol. IX, Almedina, Coimbra, 2014, 162 s.

[51] Paulo Mota Pinto, *Interesse Contratual Negativo e Interesse Contratual Positivo*, II, 1604 s., 1654 e 1655. Para o autor, "partindo do direito comparado, sem quaisquer óbices (e, antes, com alguns apoios), no plano do nosso direito positivo, e, decisivamente, considerando o sentido e alcance da retroatividade da resolução e a sua função e finalidade, como reação sinalagmática a uma situação de não cumprimento, que *nada obsta* entre nós (e já de *jure constituto*) a que o credor que resolve o contrato *reclame igualmente uma indemnização pelo interesse positivo, no cumprimento*, numa posição que constituiu também um incentivo à proteção do credor e à circulação, permitindo àquele *libertar-se*

Dispõe, a este propósito, o artigo 74º CV que, se o contrato for resolvido e se, por forma e num prazo razoáveis após a resolução, o comprador procedeu a uma compra de substituição ou o vendedor a uma venda compensatória, a parte que pede indemnização por perdas e danos pode obter a diferença entre o preço do contrato e o preço da compra de substituição ou da venda compensatória, bem como qualquer outra indemnização por perdas e danos que possa ser devida. Do mesmo modo, como referido anteriormente, se o contrato for resolvido e as mercadorias tiverem um preço corrente, a parte que pede indemnização por perdas e danos, se não procedeu a uma compra de substituição ou a uma venda compensatória, pode obter a diferença entre o preço fixado no contrato e o preço corrente no momento da resolução, bem como qualquer outra indenização por perdas e danos que seja devida.

O dado mostra-se particularmente relevante, podendo oferecer pistas de argumentação no quadro do ordenamento jurídico português. Nesse sentido, pense-se na posição consagrada no Acórdão STJ 10-12-2020 (Proc. nº15940/16.7T8LSB.L1.S1), de que foi relator Nuno Pinto de Oliveira[52],

do contrato sem ter para tal que *renunciar aos lucros* frustrados pelo não cumprimento".

[52] O Acórdão diz respeito a um litígio entre duas sociedades que celebraram um contrato de empreitada, através do qual a Ré se obrigou a executar uma obra, mediante pagamento faseado e num prazo estipulado. Acontece que a Autora procedeu à resolução unilateral do contrato de empreitada, com base em incumprimento, por parte da empreiteira, do prazo para conclusão da empreitada, no seu abandono da obra e também pelo facto de a Ré ter solicitado e recebido indevidamente quantias por conta do Contrato celebrado. O Tribunal de primeira instância julgou a ação parcialmente procedente (decidindo pela improcedência do pedido reconvencional da Ré). Inconformadas, as duas partes interpuseram recurso para o Tribunal da Relação de Lisboa. Este julgou totalmente procedente o recurso interposto pela Autora e totalmente improcedente o recurso interposto pela Ré. Ainda inconformada, a Ré interpôs recurso de revista. Foi, assim, o Supremo Tribunal de Justiça chamado a pronunciar-se sobre o problema do conteúdo da indemnização cumulável com a resolução do contrato, isto é, o problema de saber se a indemnização em causa diz respeito ao interesse contratual negativo ou ao interesse contratual positivo, tendo o Tribunal de segunda instância decidido segundo a doutrina do interesse contratual positivo. O Supremo Tribunal de Justiça afirmou que "a indemnização prevista no artigo. 801º, nº 1, do Código Civil será sempre a indemnização pelo interesse contratual positivo calculada de acordo com a *teoria da sub-rogação*; a indemnização prevista no artigo 801º, nº 2, essa, poderá ser uma de duas — ou uma indemnização pelo *interesse contratual negativo* ou uma indemnização pelo *interesse contratual positivo* calculada de acordo com a *teoria da diferença*". Para o Tribunal, os argumentos a favor de que a indemnização cumulável com a resolução do contrato é – sempre e só – uma indemnização pelo interesse contratual negativo devem considerar-se definitivamente superados. Para tanto é invocado o artigo 562º do Código Civil, que nos diz que "quem estiver obrigado a reparar um dano há de reconstituir a situação que existiria, se não se tivesse verificado o evento que obriga à reparação". Se o evento que obriga à reparação consiste no não cumprimento de uma obrigação, quem estiver obrigado a reparar o dano terá que reconstituir a situação que existiria se a obrigação tivesse sido

no qual se mobiliza a Convenção de Viena (bem como, aliás, a Diretiva 2019/771/UE) como argumento para sustentar a possível cumulação da resolução de um contrato com a indemnização pelo interesse contratual positivo.

A solução parece ser consentânea com a posição imputacional por nós defendida: se o devedor é responsável por todos os danos que se reconduzam à preterição do interesse contratual, ele deverá colocar o credor na posição em que estaria se o contrato tivesse sido cumprido, pelo que, não apagando a resolução, com a sua eficácia retroativa, todos os danos, não parece desvelar-se qualquer razão para a restrição da indemnização ao dano da confiança.

Conclusões

No que respeita à delimitação dos danos indemnizáveis, a Convenção de Viena oferece-nos um critério assente, aparentemente, na previsibilidade. Porém, uma adequada compreensão do problema leva-nos a perceber que esta não pode ser entendida como a efetiva previsão de todo e qualquer dano por parte dos contraentes no momento da celebração do contrato.

Assim sendo, haveremos de distinguir uma dimensão de fundamentação da responsabilidade de uma outra atinente ao seu preenchimento.

Tendo esta diferenciação em conta, há que entender que, se a previsibilidade a que alude a Convenção de Viena não pode ser senão compreendida no quadro deste sistema móvel de confronto de esferas de risco, do ponto de vista do dano, não é senão a previsibilidade referida à esfera de risco assumida pelos devedores, de tal sorte que, em termos de danos ressarcíveis, devemos atender ao interesse contratual que foi preterido em concreto, por ser exatamente aquele que deveria ser acautelado na situação concreta.

cumprida. O Tribunal, para sustentar a posição do cúmulo, recorre ainda a dois instrumentos recentes. O primeiro é a Convenção das Nações Unidas sobre a venda internacional de mercadorias que estabelece nos artigos 75º e 76º que a indemnização cumulável com a resolução do contrato é uma indemnização pelo interesse contratual positivo. O segundo é a Diretiva 2019/771/UE sobre a venda de bens de consumo cujo Considerando 61 diz que a indemnização deverá repor a situação em que o consumidor se encontraria se o bem estivesse em conformidade. Conclui o Tribunal que a resolução do contrato é compatível com a indemnização pelo interesse contratual positivo, que só não será admitida quando revele desequilíbrio grave na relação de liquidação ou se traduza em benefício injustificado para o credor, ponderado à luz do princípio da boa fé, hipótese em que se indemnizará antes pelo interesse contratual negativo. Contudo, a indemnização pelo interesse contratual positivo não é cumulável com a indemnização pelo interesse contratual negativo. O Tribunal negou o provimento ao recurso da Ré e confirmou o acórdão recorrido.

PARTE IV
DESCUMPRIMENTO CONTRATUAL E RESCISÃO

27. A EXECUÇÃO ESPECÍFICA E A RESCISÃO POR VIOLAÇÃO ESSENCIAL DO CONTRATO NA CONVENÇÃO DE VIENA*

Arnoldo Wald
Ana Gerdau de Borja Mercereau

Introdução

"The daily negotiations and property of merchants ought not to depend upon subtelties and niceties; but upon rules easily learned and easily retained, because they are dictates of common sense, drawn from the truth of the case."[1]
LORD MANSFIELD (1705-1793)

1. O comércio internacional tem crescido de acordo com PIB mundial, que aumentou em grandes proporções nas últimas décadas, em virtude das novas tecnologias, da globalização, dos tratados de livre comercio e da redução dos custos do transporte e das comunicações. O fluxo de investimentos internacionais também subiu muito e novos *players* passaram a desempenhar papel importante na produção e no comércio, como os BRICs e outros países emergentes. O custo do transporte diminuiu para mais da metade[2], em razão da utilização dos *containers* e das novas dimensões dos navios, facilitando assim o comércio internacional.

2. No Brasil, as exportações e importações sofreram grandes transformações quantitativas e qualitativas nas últimas décadas, passando o nosso país

* Trata-se de versão atualizada de texto publicado anteriormente em: "SCHWENZER, Ingeborg; PEREIRA, Cesar. A. Guimarães; TRIPODI, Leandro (coordenadores). A CISG e o Brasil: Convenção das Nações Unidas para os Contratos de Compra e Venda Internacional de Mercadorias. 1. ed. São Paulo: Marial Pons; Curitiba: Federação das Indústrias do Estado do Paraná, 2015".

1 Reino Unido, *Hamilton v. Mendes* [1761] 97 ER 787, p. 795.

2 Sobre a Convenção de Viena como ferramenta para a redução dos custos de transação e demais vantagens econômicas que ela proporciona, à luz da análise econômica do direito, vide: TIMM, Luciano Benetti; MOSER, Luiz Gustavo Meira. A Convenção de Viena sobre a Compra e Venda Internacional de Mercadorais (CISG) em perspectiva de uma análise econômica, *Revista de Arbitragem e Mediação*, n. 37, p. 239, abr./jun. 2013.

a ocupar um dos dez primeiros lugares no comércio internacional, enquanto nos tornávamos a sexta ou sétima potência econômica no *ranking* mundial, podendo alcançar nos próximos trinta anos (em 2050) a quinta posição, logo após a China, os Estados Unidos, a União Europeia e a Índia, de acordo com os levantamentos do Banco Mundial. Houve, pois, uma aceleração do nosso comércio exterior, que duplicou de 2004 a 2014 e poderá manter ritmo análogo nos próximos anos.

3. O principal contrato internacional que é utilizado nas exportações e importações é o de compra e venda, que se realiza muitas vezes entre empresas de países com legislações e culturas diferentes. Trata-se, aliás, do contrato que maior importância tem em nossa legislação, inaugurando em nosso Código Civil o Título VI, referente às várias espécies de contratos, com mais de 50 artigos que diretamente lhe são dedicados e tendo ensejado jurisprudência e doutrina relevantes.

4. Justificava-se, pois, e até era tardia a nossa adesão à Convenção de Viena, em relação à qual examinaremos, em seguida, as disposições referentes à execução específica e à rescisão, matérias que constituem, em certo sentido, o núcleo básico do tratado.

5. Em 18.10.2012, o Senado Federal brasileiro aprovou, mediante o Decreto Legislativo 538/2012, o texto da CISG. O instrumento de adesão foi depositado junto à Organização das Nações Unidas (ONU) pelo Brasil em 04.03.2013, tendo entrado em vigor, no país, sob a perspectiva internacional, em 01.04.2014, a despeito da ausência de decreto presidencial até o momento.[3]

6. A Convenção das Nações Unidas sobre Contratos de Compra e Venda Internacional de Mercadorias de 1980 ("*Convenção*" ou "*CISG*") é o mais importante tratado internacional para a uniformização do Direito Comercial, tendo sido adotada por 80 países,[4] incluindo o Brasil e as maiores potências mundiais, exceto o Reino Unido e a Índia. A adesão do Brasil corrobora os esforços de uniformização do direito do comércio internacional de mercadorias, promovendo maior segurança jurídica, previsibilidade quanto ao direito aplicável, e a redução nos custos de transação.

7. Os dispositivos desse tratado resultam de um esforço com o propósito de conciliar conceitos provenientes de diversas tradições de direito – *common law* e *civil law* – como também diferentes visões da sociedade e economia.

[3] Nota dos Coordenadores: "Com a publicação do Decreto Presidencial nº 8.327, em 17.10.2014, eliminou-se qualquer possível dúvida acerca da vigência da CISG no território brasileiro".

[4] Informação disponível em http://treaties.un.org/Pages/ViewDetails.aspx?src=TREATY&mtdsg_no=X-10&chapter=10&lang=en, acesso em 11.03.2014.

Foram o resultado de um trabalho árduo de harmonização de posições de países socialistas e capitalistas, industrializados e em desenvolvimento, tendo a delegação brasileira também participado da sua negociação.

8. Examinaremos, primeiramente, o remédio da execução específica, que é tipicamente de *civil law*, oferecido como alternativa ou inclusive combinado com o remédio típico da *common law*, que é a indenização, na hipótese de inadimplemento de uma das partes. Em segundo lugar, será analisado o regime jurídico da rescisão contratual e a possibilidade de cumulá-la com perdas e danos, embora tal regime esteja restrito à hipótese de violação essencial do contrato (*fundamental breach*).

1. A execução específica do contrato *(specific performance)*

9. A Convenção dispõe sobre o remédio da execução específica do contrato, que é conhecido no direito brasileiro[5] e comparado, sendo passível de cumulação com um pleito de indenização.[6]

10. Houve grande dificuldade entre os delegados dos países que negociaram a Convenção para atingir um consenso quanto à possibilidade de execução específica na compra e venda internacional.[7]

11. Na *common law*, a indenização é a regra e a execução específica a exceção, sendo um remédio tipicamente concedido por tribunais de *equity*, na hipótese de as perdas e danos (concedidas por tribunais de *common law*) constituírem uma forma de compensação inadequada.[8] Historicamente, o remédio da execução específica surgiu como uma ordem dos tribunais de *equity* e não

[5] Os arts. 632 e 633 do Código de Processo Civil dispõem que:
"Art. 632. Quando o objeto da execução for obrigação de fazer, o devedor será citado para satisfazê-la no prazo que o juiz lhe assinar, se outro não estiver determinado no título executivo.
Art. 633. Se, no prazo fixado, o devedor não satisfizer a obrigação, é lícito ao credor, nos próprios autos do processo, requerer que ela seja executada à custa do devedor, ou haver perdas e danos; caso em que ela se converte em indenização."

[6] *Vide*, por exemplo, uma decisão arbitral em que houve cumulação de condenação em execução específica e perdas e danos (no caso, *liquidated damages*): ICC Arbitration Case 12173 (partial award) [2004], para. 56, *Yearbook of Commercial Arbitration*, n. XXXIV, 2009, p. 111-129.

[7] John Fitzgerald, "CISG, Specific Performance and the Civil Law of Lousiana and Quebec", *Journal of Law and Commerce*, 1997, 16, p. 290.

[8] Peter Schlechtriem, *Uniform Sales Law – The UN-Convention on Contracts for the International Sale of Goods*, disponível em http://www.cisg.law.pace.edu/cisg/biblio/schlechtriem.html, acesso em 09.06.2014.

de tribunais de *common law*. Por sua vez, o conceito de "adequação das perdas e danos" surgiu justamente com o fim de minimizar o conflito entre os tribunais dos tribunais de *equity* e *common law*.

12. Nos países de *civil law*, o remédio mais comum para o inadimplemento contratual é a execução específica, por ser prevista pelas partes e por, nos países dessa tradição, inexistir separação entre *law* e *equity* – com algumas limitações. Por exemplo, na França, as obrigações de fazer são tratadas mais restritivamente do que as obrigações de dar algo mediante a compra e venda de uma coisa.[9] No direito brasileiro, o remédio da execução específica é previsto, com algumas restrições, em relação às obrigações de dar, fazer e não fazer, quando não se trata de débito ou prestação personalíssima.[10] Em especial, em caso de descumprimento contratual cabe ao credor decidir se prefere exigir o seu cumprimento.[11]

13. No direito espanhol, assim como nos direitos francês e brasileiro, também há a classificação das obrigações em obrigação de fazer, de não fazer e de dar. No caso de descumprimento da obrigação de dar ou entregar bens móveis, na Espanha, a execução específica da obrigação de entrega é o remédio principal (exceto em casos de onerosidade excessiva), ao passo que a indenização, o remédio subsidiário.[12]

14. A dificuldade das negociações da CISG em relação à execução específica é muito bem ilustrada com a proposta dos Estados Unidos de alteração da minuta de Convenção, a qual não foi bem sucedida. A ideia era restringir

[9] *Vide* arts. 1126, 1136 , 1142, 1610 e 1611 do Code Civil francês:
"Article 1126. Tout contrat a pour objet une chose qu'une partie s'oblige à donner, ou qu'une partie s'oblige à faire ou à ne pas faire."
"Article 1136. L'obligation de donner emporte celle de livrer la chose et de la conserver jusqu'à la livraison, à peine de dommages et intérêts envers le créancier."
"Article 1142. Toute obligation de faire ou de ne pas faire se résout en dommages et intérêts en cas d'inexécution de la part du débiteur."
"Article 1610. Si le vendeur manque à faire la délivrance dans le temps convenu entre les parties, l'acquéreur pourra, à son choix, demander la résolution de la vente, ou sa mise en possession, si le retard ne vient que du fait du vendeur."
"Article 1611. Dans tous les cas, le vendeur doit être condamné aux dommages et intérêts, s'il résulte un préjudice pour l'acquéreur, du défaut de délivrance au terme convenu."

[10] *Vide*, ilustrativamente, os arts. 233-251 do Código Civil.

[11] O art. 475 do Código Civil dispõe o seguinte: *"A parte lesada pelo inadimplemento pode pedir a resolução do contrato, se não preferir exigir-lhe o cumprimento, cabendo, em qualquer dos casos, indenização por perdas e danos."*

[12] Shael Herman, "Specifc Performance: a Comparative Analysis", *Edimburgh Law Review*, 2003, 1, p. 12.

o pedido de execução específica às hipóteses nas quais não fosse possível ao comprador adquirir diretamente mercadorias substitutivas sem incorrer em despesas adicionais e inconveniências não razoáveis, ainda que houvesse a possibilidade de indenização por custos adicionais.[13] A alteração visava a minimizar o impacto da execução específica, que, na visão dos juristas e magistrados dos Estados Unidos, era um remédio deveras rigoroso, especialmente à luz do fato de que as penalidades para o descumprimento de uma ordem judicial nesse sentido variavam muito em diferentes países.[14]

15. Na prática, contudo, é possível verificar que, mesmo em países da *common law*, há previsão inclusive estatutária de execução específica. Tal é o exemplo da Section 2-716[15] do *Uniform Commercial Code* dos Estados Unidos, a qual

[13] 1980 Vienna Diplomatic Conference, Summary Records of Meetings of the First Committee 18th meeting Friday, 21 March 1980, at 3 p.m, Consideration Of Articles 1-82 of The Draft Convention on Contracts for the International Sale of Goods and of Draft Article "Declarations Relating To Contracts In Writing" In The Draft Provisions Prepared By The Secretary-General, Concerning Implementation, Declarations, Reservations and Other Final Clauses For The Draft Convention (agenda item 3) (A/CONF.97/5 and A/CONF.97/6), para. 47, disponível em http://cisgw3.law.pace.edu/cisg/firstcommittee/Meeting18.html, acesso em 09.06.2014.

[14] *Idem*, paras. 47-48, disponível em http://cisgw3.law.pace.edu/cisg/firstcommittee/Meeting18.html, acesso em 09.06.2014, no original: "*47. The purpose of the proposed new paragraph (1 bis) was to rule out the remedy of specific performance in cases where the buyer could "purchase substitute goods without unreasonable additional expense or inconvenience". In that connection the replacement of the adjective "substantial" by "unreasonable" in document A/CONF.97/C.1/L.180 should he noted. 48. Unless that limitation was introduced, the buyer would be entitled to compel specific performance by the seller, although the position as to sanctions would vary according to the legal system involved. In the common law system, the sanction was both severe and effective, since specific performance was enforced by penalties such as fines (or, in some jurisdictions, even by imprisonment for contempt of court)*".
Nesse sentido, os Estados Unidos propuseram uma adaptação regra disposta na ULIS: "*49. It was in view of the undue harshness of that remedy (particularly in the context of international sales) that the drafters of the 1964 ULIS had rightly limited the role of specific performance in the operation of the Convention by stating in article 25 of ULIS: "The buyer shall not be entitled to require performance of the contract by the seller if it is in conformity with usage and reasonably possible for the buyer to purchase goods to replace those to which the contract relates...". 50. The United States draft amendment was similar in intent but left out the reference to "conformity with usage" which had given rise to objections. The principle put forward was thus that, if the buyer had substitute goods available, the sensible thing was to expect replacement and not to compel specific performance*".

[15] A Section 2-716 do *Uniform Commercial Code* dispõe que: "*§ 2-716. Buyer's Right to Specific Performance or Replevin. (1) Specific performance may be decreed if the goods are unique or in other proper circumstances. In a contract other than a consumer contract, specific performance may be decreed if the parties have agreed to that remedy. However, even if the parties agree to specific performance, specific performance may not be decreed if the breaching party's sole remaining contractual obligation is the payment of money. (2) The decree for specific performance may include such terms and conditions as to payment of the price, damages, or other relief as the court may deem just. (3) The buyer has a right of replevin or similar remedy for goods identified*

prevê a possibilidade de execução específica, no caso de as mercadorias serem únicas (*"unique"*). Por outro lado, na Europa continental e América Latina, um pedido de execução específica já não é mais tão frequente quanto um pleito de indenização.[16]

1.1. Execução específica exigida pelo comprador

16. Sob a perspectiva do comprador, entende-se por execução específica um pedido de: *(i)* entrega das mercadorias; *(ii)* entrega da documentação das mercadorias; *(iii)* entrega de mercadorias substitutivas; *(iv)* conserto das mercadorias; *(v)* montagem de itens.[17]

17. O art. 46 da Convenção regula o remédio de execução específica pelo comprador:

> *"Artigo 46*
>
> *(1) O comprador poderá exigir do vendedor o cumprimento de suas obrigações, salvo se tiver exercido ação incompatível com esta exigência.*
>
> *(2) Se as mercadorias não estiverem conforme ao contrato, o comprador poderá exigir a entrega de outras mercadorias em substituição, desde que a desconformidade constitua violação essencial do contrato e o pedido de substituição de mercadorias seja formulado no momento da comunicação da desconformidade a que se refere o artigo 39, ou dentro de um prazo razoável a contar desse momento.*
>
> *(3) Se as mercadorias não estiverem conformes ao contato, o comprador poderá exigir do vendedor que as repare para sanar a desconformidade, salvo quando não for isto razoável em vistas das circunstâncias. A solicitação de reparação das mercadorias deve ser feita no momento da comunicação a que refere o artigo 39, ou em prazo razoável a contar desse momento."*[18]

to the contract if after reasonable effort the buyer is unable to effect cover for such goods or the circumstances reasonably indicate that such effort will be unavailing or if the goods have been shipped under reservation and satisfaction of the security interest in them has been made or tendered. (4) The buyer's right under subsection (3) vests upon acquisition of a special property, even if the seller had not then repudiated or failed to deliver".

[16] Michael Will, *in* Bianca-Bonell, *Commentary on the International Sales Law*, Milão: Giuffrè, p. 333.

[17] Shael Herman, "Specifc Performance: a Comparative Analysis", *Edimburgh Law Review*, 2003, 2, p. 194.

[18] Os dispositivos em português da Convenção a seguir descritos foram extraídos do texto do Decreto Legislativo 538/2012, o qual aprova o texto da CISG.

18. De acordo com o art. 46(1), na hipótese em que as mercadorias ainda não tenham sido entregues, o comprador poderá exigir o cumprimento específico dessa obrigação. Por outro lado, caso a entrega já tenha ocorrido, os arts. 46(2) e 46(3) dispõem sobre duas variantes da execução específica, quais sejam, a obrigação de substituir as mercadorias ou consertá-las.

19. A substituição das mercadorias nos termos do art. 46(2) só pode ser exigida na hipótese de violação essencial do contrato, nos termos do art. 25 da Convenção.[19] Por exemplo, em uma arbitragem CIETAC, o tribunal arbitral entendeu que havia necessidade de substituição da máquina em questão, pois o defeito era tal que privava a parte substancialmente daquilo que esperava do contrato.[20] Outrossim, uma decisão da justiça suíça entendeu que, no caso de o reparo ou conserto ser ineficiente, o comprador poderia exigir a substituição da mercadoria, pois nesse caso a violação era considerada essencial.[21]

20. Ao contrário, caso inexista violação essencial e o conserto não seja viável ou razoável, nos termos do art. 46(3), o comprador poderá reivindicar uma redução do preço ou indenização.[22] Importante salientar que, em alguns casos, o reparo pode não ser considerado razoável à luz das circunstâncias do caso, o que pode ensejar a rescisão do contrato pelo comprador.[23]

21. Há algumas questões ainda na zona cinzenta em relação ao remédio da execução específica. Por exemplo, na hipótese de defeito em relação à titularidade das mercadorias, o texto mais amplo do art. 46(1) parece viabilizar um pleito de execução específica nesse sentido, muito embora a questão não tenha sido suscitada por ocasião da Conferência de Viena.[24]

22. Outro questionamento diz respeito à execução específica em relação a mercadorias infungíveis. Caso a execução específica não envolva terceiro,

[19] O art. 25 da CISG dispõe o seguinte: *"A violação ao contrato por uma das partes é considerada como essencial se causar à outra parte prejuízo de tal monta que substancialmente a prive do resultado que poderia esperar do contrato, salvo se a parte infratora não tiver previsto e uma pessoa razoável da mesma condição e nas mesmas circunstâncias não pudesse prever tal resultado"*.

[20] China Cietac Arbitration proceeding (*Flexo label printing machine case*), 24.07.2007, disponível em http://cisgw3.law.pace.edu/cases/070724c1.html, acesso em 18.06.2014.

[21] Suíça, Canton Appellate Court Valais (*Oven case*), 27.04.2007, disponível em http://cisgw3.law.pace.edu/cases/070427s1.html, acesso em 18.06.2014.

[22] Michael Will, *in* Bianca-Bonell, *Commentary on the International Sales Law*, Milão: Giuffrè, p. 333.

[23] *Vide*, nesse sentido Alemanha, Lower Court Landsberg (*Dust ventilator case*), 21.06.2006 http://cisgw3.law.pace.edu/cases/060621g1.html, acesso em 18.06.2014.

[24] Michael Will, *in* Bianca-Bonell, *Commentary on the International Sales Law*, Milão: Giuffrè, p. 338.

não haveria razão para não a permitir,[25] mas poderia implicar constrangimento pessoal cuja legalidade pode ser discutível. É o que aconteceria se se obrigasse um artista a entregar um quadro que se obrigara a pintar. Em tais casos, a execução específica pode ser convertida em perdas e danos.

1.2. Execução específica exigida pelo vendedor

23. Entende-se por execução específica exigida pelo vendedor um pedido de pagamento do preço,[26] recebimento das mercadorias ou ainda de performance de outras obrigações. É o que determina o art. 62 da Convenção:

> "Artigo 62
> O vendedor poderá exigir do comprador o pagamento do preço, o recebimento das mercadorias ou a execução de outras obrigações que a este incumbirem, salvo se o vendedor houver exercido algum direito ou ação incompatível com tal exigência."

24. É muito mais comum a utilização do remédio da execução específica pelo comprador, já que comumente o vendedor almeja receber pagamento do preço, o que normalmente é possível receber mediante indenização.

25. Por questões práticas, todavia, o vendedor pode preferir exigir o recebimento das mercadorias pelo comprador, em vez de vender as mercadorias em outro lugar, ou ainda preferir o pagamento do preço no caso de oscilações no preço de mercado, as quais poderiam vir a ser refletidas no montante de eventual indenização,[27] que, em certos casos, podem dar ensejo a divergências de solução difícil ou imprevisível.

[25] Nesse sentido, vide Michael Will, *in* Bianca-Bonell, *Commentary on the International Sales Law*, Milão: Giuffrè, p. 339.

[26] Shael Herman, "Specific Performance: a Comparative Analysis", *Edimburgh Law Review*, 2003, 2, p. 194.

[27] Peter A. Piliounis, "The Remedies of Specifc Performance, Price Reduction and Additional Time (*Nachfrist*) under the CISG: Are these worthwhile changes or additions to English Sales Law?", *Pace International Law Review*, 2000, 12, p. 6, disponível em http://www.cisg.law.pace.edu/biblio/piliounis, acesso em 09.06.2014.

1.3. A limitação constante do art. 28 da Convenção

26. O art. 28 da Convenção estabelece uma autorização aos tribunais nacionais para não concederem a execução específica, na hipótese de incompatibilidade com o direito nacional. O art. 28 limita, portanto, a importância do remédio da execução específica,[28] visando a conciliar os interesses dos países do *civil law* e *common law*, nos seguintes termos:

> "Se, de conformidade com as disposições da presente Convenção, uma das partes tiver o direito de exigir da outra o cumprimento de certa obrigação, o juiz não estará obrigado a ordenar sua execução especifica salvo se devesse fazê-lo segundo seu direito nacional, em relação a contratos de compra e venda semelhantes não regidos pela presente Convenção."

27. O art. 28 resultou da intervenção dos Estados Unidos e Reino Unido, que, ainda em fase de comentários e propostas à minuta da CISG, expressaram sua preocupação em relação ao remédio da execução específica, à luz das restrições dos respectivos direitos nacionais.[29]

28. Por conseguinte, em países de *common law*, nos quais o remédio mais natural são perdas e danos, será mais difícil convencer os tribunais nacionais a concederem uma ordem de execução específica. Ilustrativamente, no caso do direito inglês, o art. 52(1) do *Sale of Goods Act* estabelece que uma ordem de execução específica constitui uma discricionariedade do juiz, limitando esse remédio a casos em que as mercadorias sejam específicas e identificadas ("certas" ou "*ascertained*").[30]

[28] Franco Ferrari, "The Interaction between the United Nations Convention on Contracts for the International Sale of Goods and Domestic Remedies", *Rabels Zetschrift für ausländisches and unternationales Privatrecht*, 2007, 71, p. 54.

[29] A proposição dos Estados Unidos e Reino Unido ao art. 26, hoje o atual art. 28, foi a seguinte, no original: *"The United States and the United Kingdom recommend amending the article so that a court would be bound to order specific performance of a contract under the Convention only if the court "would" do so in relation to similar contracts under its own law, rather than whether it 'could' do so as is provided in the current text"*. Vide 1980 Vienna Diplomatic Conference, Analysis of Comments and Proposals by Governments and International Organizations on the Draft Convention on Contracts for the International Sale of Goods, and on Draft Provisions Concerning Implementation, Reservations and Other Final Clauses Prepared by the Secretary-General Document A/CONF.97/9, disponível em http://cisgw3.law.pace.edu/cisg/Fdraft.html, acesso em 09.06.2014.

[30] O art. 52(1) do *Sale of Goods Act* de 1979 reza que: *"In any action for breach of contract to deliver specific or ascertained goods the court may, if it thinks fit, on the plaintiff's application, by its judgment or decree direct that the contract shall be performed specifically, without giving the defendant the option of retaining the goods*

29. Alega-se que o fato de o art. 28 permitir a consideração e até a prevalência do direito nacional limitador de um pleito de execução específica fundado na Convenção poderia ocasionar insegurança jurídica e imprevisibilidade. Assim, esse dispositivo permitiria alcançar o objetivo de uniformização das regras do comércio internacional da Convenção.

30. Todavia, há formas através das quais as partes podem evitar incertezas, mediante disposição expressa no contrato prevendo a execução específica, ou ainda afastando a aplicação de dispositivos de direito nacional que regulem a execução específica,[31] se não forem de ordem pública. Outras formas de promover maior segurança jurídica são a inclusão de cláusula de escolha do foro, ou ainda, na dúvida, a possibilidade de apresentar pedido de indenização, cuja possibilidade de obtenção com base na Convenção é mais provável.[32]

2. A rescisão contratual na hipótese de violação essencial do contrato

31. O regime da rescisão contratual, conforme previsto na Convenção também revela o espírito conciliador do texto convencional.

32. A rescisão pelo comprador, conforme o art. 49(1)(a) da CISG, constitui a *ultima ratio* do sistema:

> "Artigo 49
>
> (1) O comprador poderá declarar o contrato rescindido:
>
> (a) se o descumprimento, pelo vendedor, de qualquer das obrigações que lhe atribui o contrato ou a presente Convenção constituir violação essencial do contrato; ou

on payment of damages". Vide, todavia, uma ordem de execução específica no caso de mercadorias não específicas e não identificadas ("incertas" ou "*unascertained*") no Reino Unido: *Sky Petroleum Ltd. v. VIP Petroleum Ltd.* [1974] 1 WLR 576, em que houve ordem judicial para execução específica da obrigação de fornecer petróleo, em virtude da impossibilidade de o comprador localizar um fornecedor alternativo das mercadorias contratadas, considerando a crise da OPEC em 1973. Nesse sentido, Ole Lando,in Bianca-Bonell, *Commenetary on the International Sales Law*, Milão: Giuffrè, 1987, p. 236.

[31] É o que o art. 6 da Convenção estabelece: *"As partes podem excluir a aplicação desta Convenção, derrogar qualquer de suas disposições ou modificar-lhes os efeitos, observando-se o disposto no Artigo 12"*. Vide também John Fitzgerald, "CISG, Specific Performance and the Civil Law of Lousiana and Quebec", *Journal of Law and Commerce*, 1997, 16, p. 291.

[32] *Idem, ibidem.*

(b) no caso de falta de energia, se o vendedor não entregar as mercadorias dentro do prazo suplementar concedido pelo comprador, conforme o parágrafo (1) do artigo 47, ou se declarar não efetuará a entrega dentro do prazo assim concedido.

(2) Todavia, se o vendedor tiver entregue as mercadorias, o comprador perderá o direito de declarar o contrato rescindido, se não o fizer:

(a) em caso de entrega tardia, em prazo razoável após ter tomado conhecimento de que a entrega foi efetuada;

(b) em caso de outro descumprimento que não a entrega tardia, dentro de prazo razoável:

(i) após o momento em que tiver ou dever ter tido conhecimento da violação;

(ii) após o vencimento do prazo suplementar fixado pelo comprado conforme o parágrafo (1) do artigo 47, ou após o vendedor declarar que não executará suas obrigações no referido prazo suplementar, ou

(iii) após o vencimento de qualquer prazo suplementar indicado pelo vendedor conforme o parágrafo (2) do artigo 48, ou após o comprador declarar que não aceitará o cumprimento."

33. O mesmo aplica-se ao vendedor, nos termos do art. 64(1)(a):

"Artigo 64

(1) O vendedor poderá declarar rescindido o contrato se:

(a) o descumprimento pelo comprador de qualquer das obrigações que lhe incumbem segundo o contrato ou a presente Convenção constituir violação essencial do contrato; ou

(b) o comprador não cumprir a obrigação de pagar o preço, ou não receber as mercadorias no prazo suplementar fixado pelo vendedor, de acordo com o parágrafo (1) do artigo 63, ou, ainda, declarar que não o fará no prazo assim fixado.

(2) Todavia, caso o comprador tenha pago o preço, o vendedor perderá o direito de declarar resolvido o contrato se não o fizer.

(a) antes que o vendedor tome conhecimento do cumprimento da obrigação, caso se trate de cumprimento tardio pelo comprador.

(b) caso se trate de descumprimento de outra natureza que não o cumprimento tardio pelo comprador, dentro de prazo razoável:

(i) após o momento em que teve ou deveria ter tido conhecimento do descumprimento; ou

(ii) após o vencimento do prazo suplementar fixado pelo vendedor de acordo com o parágrafo (1) do artigo 63, ou após o comprador ter declarado que não cumpriria suas obrigações dentro desse prazo."

34. Por sua vez, o art. 25 da Convenção define o conceito de "violação essencial", ao estabelecer que:

> "A violação ao contrato por uma das partes é considerada como essencial se causar à outra parte prejuízo de tal monta que substancialmente a prive do resultado que poderia esperar do contrato, salvo se a parte infratora não tiver previsto e uma pessoa razoável da mesma condição e nas mesmas circunstâncias não pudesse prever tal resultado."

35. Caso o descumprimento do contrato ou da Convenção constitua uma violação essencial no sentido dos arts. 49(1)(a) e 64(1)(a), o comprador ou o vendedor, conforme o caso, poderá declarar o contrato rescindido.

36. Todavia, a noção de violação essencial deve ser interpretada restritivamente, isto é, a violação deve dizer respeito a um elemento essencial do contrato, resultando em um prejuízo ao propósito econômico da transação que inviabilize a manutenção do contrato.

37. Portanto, se, por exemplo, o vendedor consertar os defeitos em tempo hábil, o comprador terá recebido o que havia contratado. Nesse caso, uma desconformidade inicial pode não resultar em uma violação essencial, o que significa que o comprador não mais poderá rescindir o contrato, mas poderá exigir uma indenização pela mora do alienante. Por outro lado, se o comprador inicialmente renunciar à rescisão ao solicitar o conserto ou substituição das mercadorias e isso não ocorrer no período adicional fixado, ou essas medidas forem insatisfatórias, ressurge o direito do comprador de rescindir o contrato.[33] De todo modo, o direito à rescisão deve ser exercido em tempo razoável – arts. 49(2) e 64(2).

38. O conceito de violação essencial do contrato não é previsto no direito brasileiro, o qual prevê outras formas de extinção da obrigação. Por exemplo, há previsão de resilição unilateral por qualquer uma das partes, em caso de autorização legal expressa ou implícita – art. 473[34], a não ser em caso de

[33] Suíça, 27.04.2007 Canton Appellate Court Valais (*Oven case*), disponível em http://cisgw3.law.pace.edu/cases/070427s1.html, acesso em 11.03.2014.

[34] O art. 473 do Código Civi dispõe que: *"A resilição unilateral, nos casos em que a lei expressa ou implicitamente o permita, opera mediante denúncia notificada à outra parte. Parágrafo único. Se, porém, dada a natureza*

investimentos significativos por uma das partes, hipótese em que a resilição só caberia depois de transcorrido prazo compatível com natureza e vulto do investimento. Igualmente, os arts. 474 e 475[35] preveem a resolução do contrato por inadimplemento da parte, o que ocorre automaticamente em caso de previsão de resolução expressa ou por decisão do juiz.

39. Outrossim, o art. 478 do Código Civil prevê a hipótese de resolução contratual por onerosidade excessiva, a qual restringe essa solução a circunstâncias especiais, *in verbis:*

> "Art. 478. Nos contratos de execução continuada ou diferida, se a prestação de uma das partes se tornar excessivamente onerosa, com extrema vantagem para a outra, em virtude de acontecimentos extraordinários e imprevisíveis, poderá o devedor pedir a resolução do contrato. Os efeitos da sentença que a decretar retroagirão à data da citação."

40. O art. 455[36] do Código Civil prevê também a rescisão do contrato no caso de evicção parcial da coisa, desde que considerável. A evicção total é igualmente causa de rescisão. Por seu turno, os vícios redibitórios podem ensejar a rescisão, conforme previsão do art. 441, que dispõe:

> "Art. 441. A coisa recebida em virtude de contrato comutativo pode ser enjeitada por vícios ou defeitos ocultos, que a tornem imprópria ao uso a que é destinada, ou lhe diminuam o valor (...)."

41. Acresce que, à luz da intenção das partes e da praxe do mercado em questão, a violação de cláusulas de declarações e garantias (*"representations and warranties"*) acerca da qualidade e quantidade da mercadoria podem resultar na rescisão. Isso porque as cláusulas contratuais de declarações e garantias,

do contrato, uma das partes houver feito investimentos consideráveis para a sua execução, a denúncia unilateral só produzirá efeito depois de transcorrido prazo compatível com a natureza e o vulto dos investimentos".

[35] O art. 474 do Código Civi estabelece que: *"A cláusula resolutiva expressa opera de pleno direito; a tácita depende de interpelação judicial"*; por sua vez, o art. 475 dispõe que: *"A parte lesada pelo inadimplemento pode pedir a resolução do contrato, se não preferir exigir-lhe o cumprimento, cabendo, em qualquer dos casos, indenização por perdas e danos".*

[36] O art. 455 do Código Civil dispõe que: *"Se parcial, mas considerável, for a evicção, poderá o evicto optar entre a rescisão do contrato e a restituição da parte do preço correspondente ao desfalque sofrido. Se não for considerável, caberá somente direito a indenização".*

em que o vendedor assegura determinadas características do objeto do negócio, têm por fim dar *"eficácia [à] responsabilidade do outorgante, mesmo sem culpa"*.[37]

42. Tanto é assim que o não atendimento da cláusula de declarações e garantias acerca da rentabilidade de determinadas terras comercializadas serviram, em caso em que atuamos, para justificar a rescisão do contrato. Esse exemplo ilustra muito bem a rescisão fundada na violação dessa modalidade de cláusulas, as quais também podem ser utilizadas em contratos de compra e venda de mercadorias.

2.1. Histórico e racional do conceito da violação essencial do contrato

43. Um dos principais objetivos do art. 25 da CISG é limitar a utilização de remédios drásticos a exemplo da rescisão contratual, assegurando, dessarte, a continuidade da execução do contrato, a despeito de uma violação não-essencial e evitando custos significativos, desnecessários e improdutivos, a exemplo daqueles oriundos da devolução ou armazenamento das mercadorias[38] e demora na solução dos litígios decorrentes. Adicionalmente, essa limitação reduz a possibilidade de a parte causadora da violação contratual revisar o acordo à luz de uma situação econômica específica ou ainda alocar o risco de eventual mudança no mercado para a outra parte.[39]

44. A Convenção de Viena não distingue entre violação de obrigações contratuais principais ou acessórias. Em outras palavras: a violação de uma obrigação acessória pode ser considerada essencial, desde que essa obrigação esteja intimamente associada ao intercâmbio de mercadorias ou ainda se as partes a tenham sujeitado às regras da Convenção. Ou seja, essencial deve ser a violação e não necessariamente a obrigação violada.

45. Franco Ferrari[40] ilustra muito bem essa questão, mediante o exemplo de tribunais alemães,[41] que consideraram *obiter dictum* a quebra de uma

[37] Pontes de Miranda, *Tratado de Direito Privado*, Rio de Janeiro: Borsoi, 1962, Parte Especial, t. XXXVIII, p. 284, 307 e 309.

[38] Franco Ferrari, "Fundamental Breach of Contract Under the UN Sales Convention – 25 Years of Article 25 CISG", *Journal of Law and Commerce*, 2006, 71, p. 489-490.

[39] *Idem, ibidem*, p. 490.

[40] Franco Ferrari, "Fundamental Breach of Contract Under the UN Sales Convention – 25 Years of Article 25 CISG", *Journal of Law and Commerce*, 2006, 71, p. 492-493.

[41] Alemanha, Oberlandesgericht Koblenz (*Acrylic blankets case*), 31.01.1997, disponível em http://cisgw3.law.pace.edu/cases/970131g1.html, acesso em 18.06.2014. Note-se que, neste caso, a possibilidade de violação essencial do contrato foi afastada pela conduta do vendedor, que ofereceu entregar novas mercadorias substitutivas.

obrigação acessória de exclusividade como uma possível violação essencial do contrato, e o de tribunais franceses,[42] em relação a uma obrigação de vedação à reimportação, considerada pelas partes como essencial.

46. Durante os trabalhos preparatórios da Convenção, houve acirrado debate sobre o texto proposto.[43] Em especial, os países da *civil law* avocavam a necessidade de maior objetividade no conceito de violação fundamental, ao passo que os países de *common law* admitiam a relativa subjetividade do dispositivo.

47. Antes da conferência diplomática, houve sugestões da Alemanha, da CCI e de Portugal, no sentido da necessidade de tornar o texto o mais objetivo possível, considerando dessarte os próprios termos do contrato.[44] De qualquer forma, o Secretário Executivo da Convenção, Willem C. Vis ressaltou que o conceito de violação essencial do contrato constante da minuta da Convenção se aproximava ao máximo do consenso possível entre os países de *civil law* e *common law*.[45]

[42] França, Cour d'appel de Grenoble (*BRI Production "Bonaventure" v. Pan African Export*), 22.02.1995, disponível em http://cisgw3.law.pace.edu/cases/950222f1.html, acesso em 18.06.2014.

[43] O texto original do art. 25 (*draft Article 23*) era o seguinte: *"A breach committed by one of the parties is fundamental if it results in substantial detriment to the other party unless the party in breach did not foresee and had no reason to foresee such a result"*. Text of [1978] Draft Convention on Contracts for the International Sale of Goods approved by the United Nations Commission on International Trade, disponível em http://www.cisg.law.pace.edu/cisg/1978draft.html, acesso em 26.06.2014.

[44] *Vide* 1980 Vienna Diplomatic Conference, Analysis of Comments and Proposals by Governments and International Organizations on the Draft Convention on Contracts for the International Sale of Goods, and on Draft Provisions Concerning Implementation, Reservations and Other Final Clauses Prepared by the Secretary-General Document A/CONF.97/9, disponível em http://cisgw3.law.pace.edu/cisg/Fdraft.html, acesso em 09.06.2014, no original: *"The Federal Republic of Germany, Portugal and ICC suggest amended versions of the text so that the test as to whether a breach is fundamental will depend more on the content of the contract"*.

[45] *Vide* 1980 Vienna Diplomatic Conference, Summary Records of Meetings of the First Committee 36th meeting Friday, 4 April 1980, at 3 p.m. Chairman: Mr. Loewe (Austria) Document A/CONF.97/5, 6, disponível em http://cisgw3.law.pace.edu/cisg/firstcommittee/Meeting36.html, acesso em 09.06.2014, no original: *"13. Mr. VIS (Executive Secretary of the Convention) explained that the Drafting Committee had taken the greatest care to ensure that the wording of the article corresponded to that of the amendments. The ad hoc working group had indeed agreed on the phrase "substantially impair his expectations under the contract", but that wording had proved unacceptable to the representatives of civil law countries. Those representatives had suggested that, rather than refer to expectations under the contract, the article might speak of the interests of one of the parties, but that solution had not proved acceptable to the representatives of common law countries. The text of article 23 [became CISG article 25] finally adopted by the Drafting Committee represented a compromise which was acceptable to everyone"*.

48. Durante as negociações da Convenção, houve uma proposta egípcia no sentido de tornar o critério de violação fundamental mais objetivo, em relação à parte que havia incorrido na violação. Segundo o delegado egípcio, seria importante deslocar o ônus da prova para que a parte violadora do contrato demonstrasse não só não haver previsto a violação essencial, mas também a impossibilidade de um terceiro razoável tê-la previsto (*reasonable person*).[46]

49. Os delegados do Brasil e da Espanha também externaram seu desconforto com a elevada subjetividade da minuta do dispositivo, o que, na sua opinião, favoreceria a parte descumpridora de suas obrigações.[47] O critério do terceiro razoável constante da proposta egípcia foi posteriormente adotado durante a Conferência e está refletido n texto atual do art. 25.[48]

[46] *Vide* 1980 Vienna Diplomatic Conference, Summary Records of Meetings of the First Committee 12th meeting Wednesday, 19 March 1980, at 10 a.m. Chairman: Mr. Loewe (Austria) Document A/CONF.97/9, disponível em http://cisgw3.law.pace.edu/cisg/firstcommittee/Meeting12.html, acesso em 09.06.2014, no original: *"3. Mr. Shafik (Egypt), introducing his delegations amendment (A/CONF.97/C.1/L.106), said that the criterion given to define fundamental breach in the existing text was too subjective in nature: the circumstances of the party in breach were taken as a basis of appreciation when the party stated that it had not foreseen and had no reason to foresee that substantial detriment to the other party would result. The Egyptian amendment was an attempt to introduce a more objective principle by indicating that the party in breach ought to provide proof that it had not foreseen such a result and that a reasonable person of the same kind in the same circumstances would not have foreseen it. In other words, the effect of the amendment was to place the burden of proof on the party in breach".*

[47] *Vide* 1980 Vienna Diplomatic Conference, Summary Records of Meetings of the First Committee 12th meeting Wednesday, 19 March 1980, at 10 a.m. Chairman: Mr. Loewe (Austria) Document A/CONF.97/9, disponível em http://cisgw3.law.pace.edu/cisg/firstcommittee/Meeting12.html, acesso em 09.06.2014, no original: *"7. Mr. Franchini-Netto (Brazil) said that article 23 [became CISG article 25] was related to article 70 [became CISG article 74], which established a general rule for the calculation of damages. The existing text awarded the party in breach certain privileges which had no legal basis by making it possible for that party to refer to purely personal criteria and to evade the liability incumbent upon him under article 70 [became CISG article 74] to remedy the resulting detriment. Consequently, he found it impossible to approve such a rule and reserved the right to take the floor again during consideration of article 70 [became CISG article 74] (...) 50. Mr. Olivencia Ruiz (Spain) said that the existing text of article 23 [became CISG article 25] contained a subjective element which should not enter directly into the qualification of a breach as fundamental. As the representative of Brazil had pointed out, that subjective element could have serious consequences with respect to remedy and, consequently, the decision as to whether the breach was or was not fundamental. For that reason, his delegation supported the Pakistan draft amendment, because it introduced a much more objective element by referring to the basic terms of the contract on which the consent of the parties was founded".*

[48] *Vide* 1980 Vienna Diplomatic Conference, Summary Records of Meetings of the First Committee 13th meeting Wednesday, 19 March 1980, at 3 p.m. Chairman: Mr. Loewe (Austria) Document A/CONF.97/9, disponível em http://cisgw3.law.pace.edu/cisg/firstcommittee/Meeting13.html, acesso em 09.06.2014, paras. 14-15.

2.2. Possibilidade de cumulação do pedido de rescisão e indenização

50. Segundo o art. 45(2) da CISG, o pleito de rescisão pelo comprador não preclui a possibilidade de requerer perdas e danos.[49]

51. Efetivamente, o art. 45(2) buscou conciliar as divergências entre diversos direitos nacionais, a exemplo da diferença ilustrada pelo direito francês,[50] que diverge do direito inglês, alemão e húngaro, em virtude de esses últimos não preverem a possibilidade de cumulação da ação de rescisão associada ao pleito de restituição do preço do contrato, com um pedido de indenização.

52. Note-se que o direito brasileiro compatibiliza-se com a Convenção[51], porquanto o art. 475[52] do Código Civil brasileiro determina que o pedido de resolução do contrato pode ser cumulado com o de indenização por perdas e danos, desde que envolvam "*os prejuízos efetivos e os lucros cessantes por efeito dela direto e imediato*", nos termos do art. 403.

53. Cumpre-se destacar, todavia, que só é possível reivindicar indenização caso realmente haja dano que supere os efeitos do outro pedido cumulado. No caso de um exemplo em que o comprador pleiteia a redução do preço com fundamento no art. 50, ele só poderá obter indenização fundada no art. 74

[49] "*Artigo 45*
(1) Se o vendedor no cumprir qualquer das obrigações que lhe couberem de acordo com o contrato ou com a presente Convenção, o comprador deverá:
(a) exercer os direitos previstos nos artigos 46 a 52;
(b) exigir a indenização das perdas e danos prevista nos artigos 74 a 77.
(2) O comprador não perde o direito à indenização das perdas e danos por exercer seu direito a outras ações.
(3) Não poderá o juiz ou tribunal arbitral conceder ao vendedor qualquer período de graça, quando o comprador exercer ação contra a violação de contrato".

[50] No original, o art. 1184 do Code Civil francês estabelece que: "*La condition résolutoire est toujours sous-entendue dans les contrats synallagmatiques, pour le cas où l'une des deux parties ne satisfera point à son engagement. Dans ce cas, le contrat n'est point résolu de plein droit. La partie envers laquelle l'engagement n'a point été exécuté, a le choix ou de forcer l'autre à l'exécution de la convention lorsqu'elle est possible, ou d'en demander la résolution avec dommages et intérêts.*
La résolution doit être demandée en justice, et il peut être accordé au défendeur un délai selon les circonstances".

[51] Nesse sentido, "a Convenção reproduz, estruturalmente, o regime jurídico vigente no Brasil, uma vez que, dentre seus princípios informadores, estão muitos daqueles que informam o Direito brasileiro. (...) Poucos são os pontos de verdadeiro conflito e, ainda assim, não absolutamente intransponíveis, tendo em vista o especial escopo de aplicação da Convenção (*lex specialis*)." (WALD, Arnoldo; COSTA, José Augusto Fontoura; VIEIRA, Maíra de Melo. O Impacto da Convenção de Viena sobre a Compra e Venda Internacional de Mercadorias no Direito Brasileiro: visão geral, *Revista de Arbitragem e Mediação*, n.37, p. 23 e 27, abr./jun. 2013).

[52] "*Art. 475. A parte lesada pelo inadimplemento pode pedir a resolução do contrato, se não preferir exigir-lhe o cumprimento, cabendo, em qualquer dos casos, indenização por perdas e danos*".

caso comprove que tenha sofrido dano que ultrapasse o benefício da redução do preço.[53]

54. Nesse sentido, saliente-se que os arts. 45 a 52 da CISG coadunam-se plenamente com o princípio da reparação integral[54] ("*restitutio in integrum*") do art. 944[55] do Código Civil, como também com a respectiva limitação fundada na vedação ao enriquecimento ilícito.[56]

Conclusões

55. Traçaram-se, portanto, no decorrer do texto, alguns paralelos com o ordenamento jurídico brasileiro, os quais demonstram que a execução específica já era muito comum no direito pátrio. No que tange à rescisão por violação essencial, é bem verdade que a resilição, resolução ou rescisão no direito nacional, que geralmente não são de ordem pública, não parecem se assemelhar ao conceito da CISG. De qualquer modo, a CISG respeita as cláusulas contratuais e a eventual remissão das mesmas ao direito nacional.

56. Conclui-se dessarte que, a despeito das diferenças entre a CISG e o ordenamento jurídico brasileiro, elas não ensejam qualquer incompatibilidade sistêmica ou contrária à ordem pública, não havendo qualquer razão para não se aplicarem, como *lex specialis*, aos contratos de compra e venda internacional de mercadorias, o que facilitará a resolução dos litígios comerciais.

[53] Harry M. FLECHTNER, "Buyers' Remedies in General and Buyers' Performance-Oriented Remedies", *Journal of Law and Commerce* (2005-06), vol. 25, p. 340.

[54] *Vide*, por exemplo, a decisão emblemática do STJ, REsp 171.506, Quarta Turma, rel. Min. Ruy Rosado de Aguiar Jr., j. 21.09.2000.

[55] O art. 944 estabelece que: *"Art. 944. A indenização mede-se pela extensão do dano. Parágrafo único. Se houver excessiva desproporção entre a gravidade da culpa e o dano, poderá o juiz reduzir, equitativamente, a indenização".* Vide também Arnoldo WALD, *Direito Civil: Responsabilidade Civil*, São Paulo: Saraiva, 2012, vol. 7; Agostinho ALVIM, *Da Inexecução das Obrigações e suas Consequências*, Rio de Janeiro-São Paulo: Editora Jurídica e Universitária, 1965; Álvaro Villaça AZEVEDO, *Teoria Geral das Obrigações e Responsabilidade Civil*, São Paulo: Atlas, 2011.

[56] *Vide* o art. 881 do Código Civil: *"Art. 884. Aquele que, sem justa causa, se enriquecer à custa de outrem, será obrigado a restituir o indevidamente auferido, feita a atualização dos valores monetários".* *Vide* também Humberto THEODORO JR., "Responsabilidade civil – danos morais e patrimoniais – acidente no trabalho – ato de preposto", in NELSON NERY JR.; Rosa Maria de Andrade NERY (Org.), *Doutrinas Essenciais: Responsabilidade Civil: Direito de Obrigações e Direito Negocial*, São Paulo: Revista dos Tribunais, 2010, vol. II, p. 574; Caio Mario da Silva PEREIRA, *Instituições de Direito Civil*, Rio de Janeiro: Forense, 2012, vol. II, p. 324; WASHINGTON DE BARROS MONTEIRO, *Curso de Direito Civil*, São Paulo: Saraiva, 2011, vol. 5, p. 621.

28. MITIGAÇÃO DE DANOS E EXECUÇÃO ESPECÍFICA: ATÉ ONDE VAI O DIREITO DO VENDEDOR DE EXIGIR O PAGAMENTO DO PREÇO? ANÁLISE À LUZ DO DIREITO BRASILEIRO*

Gustavo Santos Kulesza

Introdução

Imagine-se a seguinte hipótese: X, empresa siderúrgica chinesa, celebra um contrato de compra e venda com Y, empreiteira brasileira, segundo o qual X se compromete a produzir e entregar a Y dezenas de toneladas de chapas de aço. Y exige que as placas de aço sejam cortadas de acordo com as especificações contratuais para serem utilizadas na construção da obra de Z. Após a assinatura do contrato, antes que X tivesse iniciado a produção das chapas de aço, Z denuncia o contrato com Y, que imediatamente informa X e pede que não produza as chapas. Contudo, X decide ignorar o aviso, produz e corta as chapas de aço. Y se recusa a recebê-las e a pagar o preço. Diante da falta de demanda no mercado pelas chapas cortadas, X decide mover uma ação no Brasil exigindo que Y receba as chapas de aço e pague o preço acordado. Partindo do pressuposto que a Convenção de Viena sobre Compra e Venda Internacional de Mercadorias (CISG)[1] rege a disputa,[2] as cortes brasileiras

* Texto publicado anteriormente em: "SCHWENZER, Ingeborg; PEREIRA, Cesar. A. Guimarães; TRIPODI, Leandro (coordenadores). A CISG e o Brasil: Convenção das Nações Unidas para os Contratos de Compra e Venda Internacional de Mercadorias. 1. ed. São Paulo: Marial Pons; Curitiba: Federação das Indústrias do Estado do Paraná, 2015".

[1] Convenção das Nações Unidas Sobre Contratos de Compra e Venda Internacional de Mercadorias, estabelecida em Viena, em 11 de abril de 1980, no âmbito da Comissão das Nações Unidas para o Direito Mercantil Internacional (em inglês, United Nations Commission on International Trade Law – "Uncitral"), disponível *online*: www.uncitral.org/pdf/english/texts/sales/cisg/V1056997-CISG-e-book.pdf [acesso em 9.7.2014].

[2] A CISG foi internalizada no país por meio do decreto legislativo n. 538/2012, publicado em 19.10.2012. O Brasil foi o 79º país a aderir à CISG por meio do depósito do instrumento de adesão na sede das Organização das Nações Unidas (ONU) em 4.3.2013. Conforme previsto no tratado (CISG, art. 99(2)), o depósito do instrumento de adesão representa o termo inicial do prazo para

poderiam limitar o direito de X ao cumprimento específico das obrigações de Y com base no princípio da mitigação de danos?

A par de algumas modificações, o exemplo citado acima foi criado por Honnold,[3] representante dos Estados Unidos da América (EUA) na convenção diplomática em que a CISG foi promulgada. Esse caso fictício ilustra bem a complexa inter-relação entre o direito do vendedor de exigir a execução específica das obrigações do comprador (CISG, art. 62) e o princípio da mitigação de danos (CISG, art. 77) no âmbito da CISG. O ponto central aqui é saber um juiz brasileiro (ou um árbitro chamado a decidir a controvérsia com base no direito brasileiro) poderia, sob a égide da CISG, limitar o direito do vendedor de exigir a execução específica das obrigações do comprador com base no princípio da mitigação de danos.

Como será visto, a hipótese defendida neste artigo é a de que não existe uma resposta apriorística para essa questão: admite-se que o julgador possa limitar o direito do vendedor à tutela específica das obrigações do comprador com base no princípio da mitigação de danos, desde que conclua que o vendedor não agiu de forma *razoável*, à luz das circunstâncias do caso concreto, ao dar continuidade à sua prestação a despeito da quebra antecipada do contrato.

Antes de avançar no estudo do tema, é importante fixar algumas premissas. Em primeiro lugar, a análise aqui empreendida presume que a CISG é aplicável ao contrato citado no exemplo acima. Assume-se a que a empreiteira Y não forneceu nenhum material necessário à produção das placas de aço por X (CISG, art. 3(1)). Do mesmo modo, parte-se do pressuposto que X não tem interesse na resolução do contrato por quebra antecipada e condenação de Y a indenização por perdas e danos, embora a convenção lhe dê esse direito

a entrada em vigor da CISG para o Brasil no plano internacional. Dito prazo se encerrou em 1.4.2013. Contudo, segundo a jurisprudência do Supremo Tribunal Federal (STF) e do Superior Tribunal de Justiça (STJ), a vigência de um tratado internacional, como a CISG, no plano interno depende da promulgação de um decreto presidencial, o que não ocorreu até este momento. A despeito disso, para fins acadêmicos, esse artigo parte da premissa de que a CISG está em plena vigência no Brasil e, portanto, seria a lei de regência da disputa fictícia narrada acima, haja vista que a China também é signatária da convenção (CISG, art. 1(a)). A respeito da discussão sobre a entrada em vigor da CISG no Brasil, v. Lopes, C. S. B.; Polido, F. B. P. *Brasil e a CISG: mais uma pilhéria do 1.º de abril?* in Migalhas, abril de 2014, disponível *online*: http://www.migalhas.com.br/dePeso/16,MI199340,71043-Brasil+e+a+CISG+mais+uma+pilheria+do+1+de+abril [acesso em 9.7.2014].

"N. dos Coord. – Com a publicação do Decreto Presidencial 8.327, em 17.10.2013, eliminou-se qualquer possível dúvida acerca da vigência da CISG no território brasileiro".

[3] Honnold, O. J. *Uniform Law for International Sales under the 1980 United Nations Convention.* Flechtner, Harry M. (ed.), Amsterdã: Kluwer Law International, 2009, p. 596.

(CISG, arts. 64(1)(b), *in fine*, 72(1), 74). A premissa é que o único interesse de X reside na tutela específica das obrigações de Y.

Este artigo é dividido em duas partes. Na primeira (item I), analisam-se as disposições da CISG que regem a execução específica das obrigações do comprador (art. 62) e a mitigação de danos (art. 77). Na segunda (item II), examina-se a problemática inerente à inter-relação entre essas disposições e apresenta-se uma proposta de solução à luz do direito brasileiro.

1. Breve exame dos institutos no âmbito da CISG

1.1. Execução específica das obrigações do comprador (CISG, art. 62)

> "*O vendedor poderá exigir do comprador o pagamento do preço, o recebimento das mercadorias ou a execução de outras obrigações que a este incumbirem, salvo se o vendedor houver exercido algum direito ou ação incompatível com tal exigência.*" (CISG, art. 62)

A execução específica de obrigações contratuais (*specific performance*) deriva do princípio universal do *pacta sunt servanda*.[4] Na CISG, o direito do vendedor de exigir a execução específica das obrigações do comprador está previsto no art. 62. Dito dispositivo se espelha no art. 53 da convenção, que prevê as duas obrigações essenciais do comprador: (*i*) pagar o preço; e (*ii*) receber as mercadorias. O direito do vendedor não está limitado a essas obrigações, o vendedor pode exigir o cumprimento de qualquer obrigação contratual do comprador, inclusive obrigações não fazer.[5]

No art. 62 (e no 46(1)), a CISG deu prevalência à tendência dos países de tradição romano-germânica, que permitem a tutela específica das obrigações descumpridas (cumprimento *in natura*) como regra, ao contrário dos países de *common law*, que autorizam a execução específica apenas em situações excepcionais.[6] Apesar disso, como analisado a seguir, o direito à execução

[4] Schlechtriem, P. Schwenzer, I (ed.). *Commentary on the UN Convention on The International Sale of Goods (CISG)*. 3ª ed. Oxford: Oxford University Press, 2010, p. 876: "*The legal concept that the obligee has a right to require the obligor to perform the agreed obligation follows from the universal principle of* pacta sunt servanda, *which is known to all legal systems*".

[5] *Idem*, p. 878.

[6] Uncitral. *Digest of Case Law on the United Nations Convention on the International Sale of Goods*. Organização das Nações Unidas, Nova Iorque, 2008, p. 92; Kröll, S. Mistelis, L. Viscasillas Perales,

específica tem algumas limitações, em especial, o direito interno do país em que se busca a tutela (CISG, art. 28).[7]

O direito do vendedor de exigir que o comprador receba as mercadorias (ou preste qualquer outra obrigação) é independente do direito de exigir o pagamento do preço.[8] Contudo, o recurso ao cumprimento específico é pouco utilizado pelos vendedores para exigir que o comprador receba as mercadorias.[9] Os vendedores normalmente preferem revender os bens no mercado em vez de tentar exigir que o comprador os receba.[10] Por outro lado, há inúmeros casos em que o vendedor fez uso do direito à execução específica da obrigação do comprador de pagar o preço.[11]

O recurso à execução específica do preço é frequente, sobretudo quando o comprador recebe as mercadorias, mas se recusa a pagar o valor acordado.

P. (eds.). *UN Convention on Contracts for the International Sale of Goods (CISG)*. Munique: Verlag C.H. Beck oHG, 2011, p. 858. Basedow, J. *Towards a universal doctrine of breach of contract: the impact of the CISG*. in International Review of Law and Economics, n. 25, 2005, p. 492: "*The different attitude of civil law and common law countries in respect of specific performance of non-monetary obligations is a famous bone of contention among comparative scholars. It is well known that common law jurisdictions allow for specific performance only on a discretionary basis under the rules of equity and will usually reject pertinent applications since in most cases the recovery of losses by the creditor will be sufficient to protect his interests. On the other hand, civil law jurisdictions would consider specific performance as a natural consequence of the debtor's promise*" (disponível *online*: http://cisg.law.pace.edu/cisg/biblio/basedow.html [acesso em 9.7.2014]).

[7] Kröll, S. Mistelis, L. Viscasillas Perales, P. (eds.). *UN Convention on Contracts for the International Sale of Goods (CISG)*, p. 859.

[8] Schlechtriem, P. Schwenzer, I (ed.). *Commentary on the UN Convention on The International Sale of Goods (CISG)*, p. 879.

[9] Uncitral. *Digest of Case Law on the United Nations Convention on the International Sale of Goods*, p. 92. V. Alemanha. *Oberlandesgericht München* [Corte de Apelação de Munique], caso n. 7 U 1720/94 [CLOUT Case n. 133], j. 8.2.1995, disponível *online*: http://www.uncitral.org/clout/showDocument.do?documentUid=1336 [acesso em 12.7.2014].

[10] Kröll, S. Mistelis, L. Viscasillas Perales, P. (eds.). *UN Convention on Contracts for the International Sale of Goods (CISG)*, p. 860: "*The seller is also entitled to demand that the buyer take delivery of the goods (unless of course the buyer avoids the contract for cause, art. 49) There is however hardly any cases where a court has been asked to do this, again a reflection that in practice, the remedy of specific performance is not particularly attractive to traders who probably prefer avoidance and damages or recourses under Arts 85 and 88*".

[11] Uncitral. *Digest of Case Law on the United Nations Convention on the International Sale of Goods*, p. 92. V. Argentina. *Cámara Nacional de Apelaciones en 1º Comercial de Buenos Aires* [Corte de Apelação], j. 21.7.2002, disponível *online*: http://www.cisg.law.pace.edu/cisg/wais/db/cases2/020721a1.html [acesso em 12.7.2014]; Alemanha. *Landgericht Erfurt* [Corte Distrital], caso n. 3 HKO 43/98 [*Shoe soles case*; CLOUT Case n. 344], j. 29.7.1998, disponível *online*: http://cisgw3.law.pace.edu/cases/980729g1.html [acesso em 12.7.2014]; CCI, caso n. 7197 [CLOUT Case n. 104], j. 1993, disponível *online*: http://www.unilex.info/case.cfm?pid=1&do=case&id=37&step=Abstract [acesso em 12.7.2014].

Para que o vendedor possa perseguir o pagamento do preço, o valor deve (*i*) ter sido fixado no contrato ou ser aferível segundo as regras contratuais; e (*ii*) ser exigível (CISG, arts. 58 e 59). Caso o pagamento do preço dependa da entrega das mercadorias ou de documentos, o vendedor somente poderá forçar o comprador a pagá-lo após ter efetuado essa entrega.[12]

Breve histórico legislativo

A redação do art. 62 da CISG não sofreu nenhuma alteração durante os trabalhos preparatórios, embora algumas delegações tenham sugerido modificações ao texto. Em realidade, a principal alteração foi a decisão dos redatores de se afastarem do regime previsto no art. 61(1)(2) da Lei Uniforme sobre a Compra e Venda Internacional de Mercadorias[13] (ULIS), que precedeu a CISG.

A ULIS somente autorizava o vendedor a exigir o cumprimento específico da obrigação do comprador de pagar o preço quando a venda substitutiva dos bens não era razoavelmente possível. Caso a revenda fosse possível, o contrato era considerado automaticamente (*ipso facto*) resolvido na data em que o vendedor poderia (*rectius*: deveria) tê-la efetuado. A principal razão por trás desse regime de resolução automática residia na tentativa de evitar que o vendedor tivesse influência sobre o parâmetro de cálculo de sua indenização.[14] Assim, o vendedor somente poderia exigir o pagamento do preço, caso não pudesse revender as mercadorias no mercado.

O sistema da ULIS foi abandonado nos trabalhos preparatórios da CISG. "[I]*t was held that the* ipso facto *avoidance caused too many uncertainties and might*

[12] Schlechtriem, P. Schwenzer, I (ed.). *Commentary on the UN Convention on The International Sale of Goods (CISG)*, p. 879.

[13] *Convention relating to a Uniform Law on the International Sale of Goods*, celebrada em Haia, em 1º de julho de 1964, disponível *online* em:unidroit.org/english/conventions/c-ulis.htm [acesso em 12.7.2014].

[14] Schlechtriem, P. Schwenzer, I (ed.). *Commentary on the UN Convention on The International Sale of Goods (CISG)*, p. 878. Explica-se: a ULIS queria evitar que o vendedor pudesse especular sobre a evolução do preço de mercado do bem contratado à custa do comprador. Imagine-se que A assina contrato com B segundo o qual B deve vender laranjas para A. Se A descumpre o contrato e B pode escolher livremente entre a venda substitutiva e a execução específica, B pode aguardar a evolução do preço de mercado de laranjas para decidir qual opção seguir. Se o preço de mercado superar o preço contratual, B pode optar por revender as laranjas no mercado. Caso contrário, se o preço de mercado diminuir, B pode exigir que A pague o preço contratado. Nessa hipótese, B teria influência significativa sobre o montante a ser pago por A, seja a título de indenização, seja a título de preço.

work to the disadvantage of the seller who had already delivered the goods".[15] Assim, no regime instituído na CISG, independentemente da entrega das mercadorias, é permitido ao vendedor exigir que o comprador pague o preço. Por outro lado, caso a quebra do comprador configure inadimplemento substancial ou se o comprador não adimplir o contrato no prazo adicional que lhe for concedido ou declarar que não o fará, o vendedor pode resolver o contrato (CISG, art. 64(1)(a)(b)). A opção entre execução específica e resolução do contrato cabe exclusivamente ao vendedor.

A CISG impede que o vendedor seja prejudicado pela resolução *ipso facto* do contrato após a entrega das mercadorias, mas não resolve o problema que a ULIS pretendia evitar, porque permite que o vendedor escolha livremente entre a resolução do contrato ou a execução específica à custa do comprador. Schwenzer explica que a solução para esse problema está no princípio da *mitigação de danos.*

Nas situações em que o preço de mercado do bem contratado está em evidente queda, é *razoável* que o vendedor resolva o contrato e promova a imediata venda substitutiva a fim de reduzir os prejuízos decorrentes do inadimplemento do comprador (CISG, art. 77).[16] Essa conduta está em consonância com a boa-fé objetiva e com os usos do comércio internacional (CISG, arts. 7(1), *in fine*,[17] e 9(2)). Além disso, há situações em que o recurso à mitigação se torna desnecessário, porque o vendedor não pode exigir a tutela específica das obrigações do comprador por força do art. 28.[18] Nesses casos, somente resta

[15] *Idem.*

[16] Vê-se aqui exemplo claro da interação entre a execução específica e a mitigação de danos. No item II *infra*, essa inter-relação será estudada mais detidamente com foco na solução do caso fictício mencionado na introdução do artigo.

[17] CISG, art. 7(1): "*Na interpretação desta Convenção ter-se-ão em conta seu caráter internacional e a necessidade de promover a uniformidade de sua aplicação, bem como de assegurar o respeito à boa fé no comércio internacional*" (sem realce no original). Todos os dispositivos da CISG transcritos em português neste artigo foram extraídos da tradução elaborada por Eduardo Grebler e Gisely Radel, disponível *online*: http://www.cisg-brasil.net/doc/egrebler2.pdf [acesso em 11.7.2014]. O uso da boa-fé como parâmetro de comportamento dos contratos regidos pela CISG será analisado no item I.ii *infra*, ao se examinar o fundamento do princípio da mitigação de danos no âmbito do tratado.

[18] Schlechtriem, P. Schwenzer, I (ed.). *Commentary on the UN Convention on The International Sale of Goods (CISG)*, p. 910: "*During the time that the seller is entitled to exercise both remedies and choose between contract performance and contract avoidance, the seller can speculate on the development of prices for the contracted goods at the risk of the buyer.* [...] *The only discernible protection of the buyer is an application of Article 77 to the seller's right to require performance; which obliges the seller to avoid the contract at an early stage if the market prices are obviously falling in order to comply with his duty to mitigate loss. Alternatively, the buyer should be protected by application of the general principle that in extreme cases the seller's insistence on the*

ao vendedor promover a venda substitutiva em tempo e modo razoáveis, sob pena de ter sua indenização calculada de forma abstrata nos termos art. 76(1).

O art. 62 também tem raízes no art. 43 da *Draft Convention on the International Sale of Goods*, datada de 1977 ("*1977 Draft*").[19] Durante a revisão do art. 43 do *1977 Draft*, a Uncitral considerou a proposta de limitar a execução específica da obrigação do comprador de pagar o preço com base no princípio da mitigação de danos,[20] mas decidiu não acatá-la. Os debates em torno da limitação do direito do vendedor de exigir o preço com base no princípio da mitigação de danos durante as negociações do *1977 Draft* são analisados mais detalhadamente no item I.ii *infra*, tópico dedicado ao histórico legislativo do art. 77.

A tentativa de restringir a execução específica do preço com base na mitigação de danos resurgiu nas discussões da *Draft Convention on the International Sale of Goods*, datada de 1978 ("*NY Draft Convention*").[21] Durante os debates, "[t]*he United States propose*[d] *that the seller should not have the right to require payment of the price if the buyer has not taken delivery of the goods and the seller can resell the goods without [unreasonable] [substantial] additional expense or inconvenience*".[22]

Os norte-americanos pretendiam limitar a execução específica do preço nos casos em que o vendedor poderia razoavelmente promover a venda substitutiva dos bens contratados e, assim, mitigar seus prejuízos, a exemplo da

performance of the contract may infringe Article 7(1). International trade usages (Article 9) may oblige the seller to immediately avoid the contract and conduct a cover sale. Finally, Article 77 applies and the seller is obliged to mitigate his loss by performing a substitute transaction if the seller's right to require the buyer to perform the contract is unenforceable under domestic law applicable by virtue of Article 28" (sem realce no original).

19 Disponível *online*: www.cisg.law.pace.edu/cisg/legislative/B01-77.html [acesso em 12.7.2014].

20 *Report of Committee of the Whole I relating to the draft Convention on the International Sale of Goods* "*The Committee decided to consider a proposal that would make the right to require payment of the price subject to the principle of mitigation in conjunction with its examination of the principle of mitigation in article 59* [CISG, art. 77]" (disponível *online*: http://www.cisg.law.pace.edu/cisg/legislative/doc-B01.html [acesso em 13.7.2014]).

21 *Draft Convention on Contracts for the International Sale of Goods approved by the United Nations Commission on International Trade* [1978], disponível *online*: www.cisg.law.pace.edu/cisg/1978draft [acesso em 12.7.2014].

22 *Analysis of Comments and Proposals by Governments and International Organizations on the Draft Convention on Contracts for the International Sale of Goods, and on Draft Provisions Concerning Implementation, Reservations and Other Final Clauses* [Document A/CONF.97/9], 21.2.1980, disponível *online*: http://www.cisg.law.pace.edu/cisg/Fdraft.html [acesso em 13.7.2014].

regra prevista em seu direito interno e em outros países de tradição anglo-saxã.[23] Tratava-se de mais uma tentativa de restringir a execução específica com base no princípio da mitigação de danos. Contudo, a sugestão dos EUA foi rejeitada.[24]

Os trabalhos preparatórios do art. 62 levam à conclusão de que o vendedor tem o direito de exigir o pagamento do preço independentemente da possibilidade de revenda razoável dos bens contratados.

Contudo, na prática, quando o vendedor ainda tem a posse das mercadorias e há demanda no mercado, o vendedor normalmente procede à mitigação do seu prejuízo por meio da venda substitutiva (CISG, arts. 75, 77 e 88) em vez de buscar a execução específica do preço, que normalmente tem que ser perseguida perante as cortes do país do comprador, o que envolve inúmeros custos de transação.[25] No entanto, isso nem sempre acontece, há casos em que o vendedor prefere exigir o cumprimento específico das obrigações do comprador.[26] Nessas hipóteses, permanece a dúvida sobre a possível limitação do direito do vendedor com base no princípio da mitigação de danos.

Restrições à execução específica (CISG, art. 28)

A execução específica das obrigações do comprador encontra dois limites claros na CISG: (*i*) o recurso a outra ações (*remedies*) incompatíveis com a tutela específica – p. ex., se o vendedor conceder prazo adicional para o comprador

[23] Kröll, S. Mistelis, L. Viscasillas Perales, P. (eds.). *UN Convention on Contracts for the International Sale of Goods (CISG)*, p. 859. De acordo com comentário do Secretariado da Uncitral ao art. 58 da *NY Draft Convention* (CISG, art. 62): "*In those countries, even though the buyer may have a substantive obligation to pay under the contract, the general principle is that the seller must make a reasonable effort to resell the goods to a third party and recover as damages any difference between the contract price and the price he received in the substitute transaction. The seller may recover the price if resale to a third person is not reasonably possible*" (disponível *online*: http://www.cisg.law.pace.edu/cisg/text/secomm/secomm-62.html [acesso em 13.7.2014]).

[24] A dupla rejeição à proposta de limitação da execução específica da obrigação do comprador de pagar o preço é relevante para este artigo, porque indica que a ideia prevalecente nos trabalhos preparatórios é contrária ao que se defende neste texto. Contudo, como será visto no item II *infra*, entendemos que o histórico legislativo dos arts. 62 e 77, embora relevantes para interpretação desses dispositivos, não representa barreira intransponível à ideia de que a execução específica das obrigações do comprador encontra alguns limites no princípio da mitigação de danos.

[25] Kröll, S. Mistelis, L. Viscasillas Perales, P. (eds.). *UN Convention on Contracts for the International Sale of Goods (CISG)*, p. 859.

[26] A título de exemplo, CCI, caso n. 7197 [*Failure to open letter of credit and penalty clause case*], j. 1992, disponível *online*: cisgw3.law.pace.edu/cases/927197i1.html [acesso em 13.7.2014].

adimplir suas obrigações (CISG, art. 63(1)) ou resolver o contrato (CISG, art. 64); e (*ii*) a restrição prevista no art. 28.[27-28] Dito dispositivo representa a exceção mais relevante à execução específica no âmbito da CISG e tem especial interesse ao presente artigo, porque se aplica à hipótese aqui estudada.

De acordo com o art. 28, o juiz não estará obrigado a conceder a tutela específica perseguida pelo vendedor, ainda que o art. 62 assim o determine, se seu direito interno proibir a concessão da tutela específica das obrigações previstas em contratos de compra e venda não regidos pela CISG.[29] Essa disposição é fruto de um compromisso alcançado entre os países de *civil law* e *common law* durante os trabalhos preparatórios da CISG. Entendeu-se que a distância entre a (menor ou maior) relevância dada à execução específica nos dois sistemas era muito acentuada para ser vencida.[30] A solução encontrada está no art. 28, que abre espaço para particularidades locais e vai de encontro ao propósito de unificação da CISG.[31]

No âmbito da CISG, por força do art. 28, jurisdições de *common law* podem impedir a execução específica das obrigações do comprador e exigir que o vendedor mitigue seu prejuízo por meio da venda substitutiva do bem contratado, ao passo que os países da família romano-germânica podem conceder a tutela específica perseguida pelo vendedor a despeito da possibilidade de revenda razoável das mercadorias.[32]

Nesse contexto, a opção do vendedor sobre qual ação perseguir depende essencialmente da lei do foro (*lex fori*)[33] competente para ordenar que o comprador

[27] CISG, art. 28: "*Se, de conformidade com as disposições da presente Convenção, uma das partes tiver o direito de exigir da outra o cumprimento de certa obrigação, o juiz não estará obrigado a ordenar sua execução específica salvo se devesse fazê-lo segundo seu direito nacional, em relação a contratos de compra e venda semelhantes não regidos pela presente Convenção*".

[28] Uncitral. *Digest of Case Law on the United Nations Convention on the International Sale of Goods*, p. 87.

[29] Embora o art. 28 se refira apenas a cortes, entende-se que também se aplica a tribunais arbitrais. Nesse sentido, Schlechtriem, P. Schwenzer, I (ed.). *Commentary on the UN Convention on the International Sale of Goods (CISG)*, p. 463: "*In contrast to Article 45(3) and Article 61 (3), Article 28 mentions only the State courts. However, it is undisputed that the provision is to be applied analogously to arbitral tribunals, since there is no apparent reason to deny a promisor sued before an arbitral tribunal the privilege granted by Article 28*".

[30] Schlechtriem, P. Schwenzer, I (ed.). *Commentary on the UN Convention on the International Sale of Goods (CISG)*, p. 459.

[31] *Idem, ibidem*, p. 880.

[32] Kröll, S. Mistelis, L. Viscasillas Perales, P. (eds.). *UN Convention on Contracts for the International Sale of Goods (CISG)*, p. 861.

[33] Entende-se que a lei relevante para aplicação do art. 28 é o direito interno do país em que o vendedor persegue a execução específica, sem referência às regras de direito internacional privado. Nesse sentido: Schlechtriem, P. Schwenzer, I (ed.). *Commentary on the UN Convention on the International Sale of Goods (CISG)*, p. 464.

cumpra o contrato. Assim, no caso fictício citado na introdução, o juiz brasileiro poderia restringir o direito do vendedor X à execução específica das obrigações de Y se o direito interno brasileiro aplicável aos contratos de compra e venda não regidos pela CISG não permitisse a tutela específica das obrigações descumpridas. Contudo, como se sabe, a execução específica é plenamente admitida no Código Civil (CC, art. 475) e no Código de Processo Civil (CPC, art. 461) brasileiros. Logo, em princípio, X poderia perseguir a o cumprimento das obrigações de Y perante as cortes brasileiras.

1.2. Mitigação de danos (CISG, art. 77)

> *"A parte que invocar o inadimplemento do contrato deverá tomar as medidas que forem razoáveis, de acordo com as circunstâncias, para diminuir os prejuízos resultantes do descumprimento, incluídos os lucros cessantes. Caso não adote estas medidas, a outra parte poderá pedir redução na indenização das perdas e danos, no montante da perda que deveria ter sido mitigada."* (CISG, art. 77)

O *duty to mitigate losses* é instituto encontradiço no âmbito do comércio internacional.[34] A regra é aplicável em diversos ordenamentos jurídicos nacionais,[35] assim como em instrumentos internacionais,[36] além de seu reiterado emprego na jurisprudência arbitral.[37] O princípio é frequentemente

[34] Komarov, A. S. *Mitigation of damages*. in Evaluation of Damages in International Arbitration, Derains, Y.; Kreindler, R. H. (ed.). Dossiers ICC Institute of World Business, 2006, p. 37: *"It would not be a great exaggeration to say that the concept of mitigation of damages represents one of the basic notions of the law on contract damages well known to almost every lawyer practicing in the field of contract law, especially in international settings."*.

[35] Honnold, O. J. *Uniform Law for International Sales under the 1980 United Nations Convention*, p. 416. Apesar concebido de forma dissonante, o princípio da mitigação das perdas se faz presente em inúmeros ordenamentos nacionais. A título de exemplo: A título de exemplo: Código Civil austríaco (ABGB, § 1304); Código Civil alemão (§ 254(2)); Código Civil suíço (art. 44(1)); Código Civil grego (art. 300) Código Civil italiano (art. 1227(2)); Código Civil boliviano (art. 348); Código Civil peruano (art. 1327); *Restatment (Second) of Contracts* dos EUA (§ 350); Código Civil russo (art. 404(1)); Código Civil da Etiópia (art. 1802); Lei relativa aos contratos da China (art. 119); Código Civil da Hungria (art. 340(1)).

[36] Princípios Unidroit, art. 7.4.8; PECL, art. 9:505; Ato uniforme Ohada, art. 7/26; DCFR, art. 3:705; *European Common Sales Law*, art. 163.

[37] Fouchard, P.; Gaillard, E.; Goldman, B. *Fouchard Gaillard Goldman on International Commercial Arbitration*. Gaillard, E.; Savage, J. (eds.). Haia: Kluwer Law International, 1999, § 1491: *"One of the most well-established general principles in arbitral case law is the duty of the party to which the non-performed obligation is owed to mitigate its losses"*.

invocado como parte integrante do conjunto de princípios gerais que compõe a nova *lex mercatoria*.[38]

A regra está diretamente vinculada à quantificação de danos no âmbito da responsabilidade civil contratual.[39] Entende-se que diante do inadimplemento do devedor, não pode o credor manter-se inerte, literalmente cruzando os braços vendo seu prejuízo crescer, sem procurar evitar ou, ao menos, mitigar seu próprio prejuízo.[40] "*The principle of mitigation can be summarized in a simple formula: an aggrieved party must take steps to minimize his loss, on the one hand, and must abstain from doing anything to increase his loss on the other*".[41]

A mitigação de danos foi incorporada no art. 77 da CISG, que exige que o credor inadimplido que pretende ser indenizado adote medidas razoáveis para reduzir seu prejuízo, sob pena de não ser reparado pelos danos que poderiam ter sido razoavelmente evitados.[42] A seguir, analisa-se o histórico legislativo do artigo.

Breve histórico legislativo

O art. 77 tem raízes no art. 88 da ULIS.[43] Os redatores da CISG aprimoraram o texto do art. 88 da ULIS ao incluir a mitigação de danos no tratado. Evidenciou-se que o prejuízo a ser mitigado pelo credor também inclui os lucros cessantes e que o devedor inadimplente pode requerer a redução da indenização em valor equivalente ao dano que o credor poderia ter mitigado.[44]

[38] Derains, Y. *L'Obligation de minimiser le dommage dans la jurisprudence arbitral*. in Revue de droit et affaires internationals, 1987, p. 377.

[39] Este artigo será voltado ao estudo do princípio da mitigação no âmbito da responsabilidade civil contratual, apesar de alguns autores defenderem a extensão do instituto à responsabilidade civil aquiliana. A análise focada na responsabilidade civil contratual justifica-se no fato de que a regra na CISG aplica-se apenas aos casos de inadimplemento.

[40] Fradera, V. M. J. *Pode o credor ser instado a diminuir o próprio prejuízo?* in Revista Trimestral de Direito Civil, ano 5, vol. 19, 2004, p. 109.

[41] Komarov, A. S. *Mitigation of damages*, p. 41.

[42] Uncitral. *Digest of Case Law on the United Nations Convention on the International Sale of Goods*, p. 240.

[43] Reifegerste, S.; Weiszberg, G. *Obligation de minimiser le dommage et "raisonnable" en droit du commerce international*. in Revue du Droit des Affaires Internationaux, vol. 2, 2004, p. 188: "*The connection between this text and its predecessor – Article 88 of the Hague Convention – is clear*".

[44] Bianca, C. M. Bonell, M. J. (eds.). Bianca-Bonell. *Commentary on the International Sales Law*. Milão: Giuffrè, 1987, p. 559, disponível *online*: cisg.law.pace.edu/cisg/biblio/knapp-bb61.html [acesso em 13.7.2014]; Chengwei, L. *Remedies for non-performance: Perspectives from CISG, Unidroit Principles & PECL*. 2003, nota de rodapé n. 82, disponível *online*: cisg.law.pace.edu/cisg/biblio/chengwei.html#part5 [acesso em 13.7.2014].

O art. 59 do *1977 Draft* também serviu de inspiração ao art. 77 da CISG. No relatório da comissão responsável pela revisão dessa versão preliminar do tratado, faz-se menção aos debates sobre a extensão do escopo de aplicação da mitigação de danos justamente à tutela específica do preço (CISG, art. 62). A comissão discutiu a possibilidade de restringir o direito do vendedor de exigir o pagamento do preço do comprador inadimplente, nos casos em que o vendedor não realizasse a venda substitutiva das mercadorias, embora fosse razoável fazê-lo. Contudo, decidiu-se manter a mitigação de danos restrita ao pedido indenizatório.[45]

Essa proposta de expansão do art. 77 para abranger a execução específica do preço foi novamente cogitada nas discussões envolvendo a redação do art. 73 da *NY Draft Convention*, que deu origem ao art. 77. A delegação norte-americana foi responsável pela proposta de ampliação do escopo do art. 73 (atual art. 77). Na convenção diplomática que resultou na criação da CISG, a delegação dos EUA sugeriu que o texto do art. 73 da *NY Draft Convention* fosse alterado, pois, segundo entendia, a redação do dispositivo não estava muito clara e poderia conduzir a uma interpretação restritiva do princípio da mitigação de danos.[46]

A delegação norte-americana sugeriu uma emenda ao art. 77 para que também se aplicasse a outras ações (*remedies*) do credor diante do inadimplemento e não apenas ao pedido indenizatório. Essa proposta era voltada

[45] "*However, there was considerable opposition to this proposal which was considered to permit a defaulting buyer to prevent payment of the purchase price by showing that the seller could have sold goods elsewhere. This would destroy the distinction between an action for the price and an action for damages, a distinction which was fundamental in many legal systems. The price was agreed upon by the parties and if the contract was still in existence, the seller must have the right to sue for the price. There was no duty on the seller to seek, or accept, from a third party a price lower than that agreed upon with the buyer even if he might then recover the difference from the buyer*" (in Uncitral Yearbook VIII, A/32/17, 1977, p. 25-64, disponível *online*: www.cisg.law.pace.edu/cisg/legislative/B01-77.html [acesso em 13.7.2014]).

[46] Conferência diplomática de Viena, Resumo da ata das reuniões do Primeiro Comitê, 30ª reunião, 31.3.1980: "*Mr. Honnold (United States of America), introducing his delegation's amendment to article 73 [became CISG article 77] (A/CONF.97/C.1/L.228), said that the principle stated in article 73 [became CISG article 77], whereby the party who relied on a breach of contract was required to take such measures as were reasonable in the circumstances to mitigate the loss, was an important general principle. However, article 73 [became CISG article 77] was not very clear as it stood, for it might lead to the conclusion that if the injured party failed to take such measures, the party in breach could only claim a reduction in the damages and could not rely on such failure in connection with the other remedies open to him, for example, the right to reduce the price. That restrictive conception of the obligation to mitigate the loss might have very questionable results*" (disponível *online*: www.cisg.law.pace.edu/cisg/firstcommittee/Meeting30.html [acesso em 13.7.2014]).

especialmente à hipótese de quebra antecipada do contrato e à execução específica das obrigações do comprador.

Os representantes dos EUA mencionaram exemplo muito similar ao descrito na introdução deste artigo para fundamentar sua proposta de alteração. Para impedir abusos por parte do vendedor, a delegação norte-americana pretendia inserir, ao final do art. 77, a seguinte expressão "*the party in breach may claim* [...] *a corresponding modification or adjustment of any other remedy*".[47] Essa alteração garantiria a aplicação do princípio da mitigação de danos a outros remédios contratuais do credor, além do pedido de reparação (*claim for damages*). Assim, nos casos de quebra antecipada do contrato pelo comprador, o vendedor inadimplido que não interrompesse sua produção quando fosse razoável fazê-lo não poderia exigir a execução específica da obrigação de pagar, do mesmo modo que não poderia requerer a reparação dos danos que deveria ter razoavelmente evitado.

Nas palavras de Honnold, representante dos EUA nos trabalhos preparatórios, "*every care must be taken to avoid a narrow interpretation and to ensure that the principle of the mitigation of loss through reasonable measures had as broad a scope as possible*".[48] A proposta, contudo, não obteve a maioria necessária e foi rejeitada.[49] Nos comentários oficiais da Uncitral sobre a *NY Draft Convention* registrou-se expressamente que:

> "*The sanction provided by article 73* [CISG, art. 77] *against a party who fails to mitigate his loss only enables the other party to claim a reduction in the damages. It does not affect a claim for the price by the seller pursuant to article 58* [CISG, art. 62] *or a reduction in the price by the buyer pursuant to article 46* [CISG, art. 50]."[50]

[47] Honnold, O. J. *Uniform Law for International Sales under the 1980 United Nations Convention*, p. 598.

[48] Conferência Diplomática de Viena, Resumo da Ata das Reuniões do Primeiro Comitê, 30ª Reunião, 31.3.1980, disponível *online*: www.cisg.law.pace.edu/cisg/firstcommittee/Meeting30.html [acesso em 13.7.2014].

[49] Na 31ª reunião do Primeiro Comitê, realizada durante a Convenção de Viena, em 31.3.1980, a proposta dos EUA foi rejeitada por 24 votos a 8. Com relação aos países que se manifestaram durante a discussão da proposta, Reino Unido e Austrália posicionaram-se a favor, e Alemanha, Irlanda, Canadá, Suécia, México, Argentina, Holanda e Dinamarca, foram contrários à adoção (v. Conferência Diplomática de Viena, Resumo da Ata das Reuniões do Primeiro Comitê, 30ª Reunião, disponível *online*: www.cisg.law.pace.edu/cisg/firstcommittee/Meeting30.html [acesso em 13.7.2014]).

[50] *Secretariat Commentary on article 73 of the 1978 Draft*, disponível *online*: www.cisg.law.pace.edu/cisg/text/secomm/secomm-77.html [acesso em 12.7.2014].

Nas discussões que culminaram no voto contrário à adoção da proposta norte-americana, algumas diferenças entre os sistemas anglo-saxão e romano-germânico de reparação de danos foram evidenciadas, sobretudo no que diz respeito ao caráter preponderante (ou não) da execução específica da obrigação inadimplida sobre a conversão em perdas e danos.

A manifestação do representante do Canadá, Jacob Ziegel, contra a adoção da sugestão norte-americana tratou justamente do diferente peso que a execução específica tem na *common law*. Segundo Ziegel, a proposta dos EUA acabaria exigindo que o credor inadimplido sempre resolvesse o contrato e exigisse perdas e danos do devedor, em vez de se valer da execução específica da obrigação descumprida. Essa prática estaria de acordo com o sistema de *common law*, que não dá prevalência à execução específica. Contudo, não correspondia aos princípios em que a CISG se baseia, porque o tratado permite expressamente que o credor exija o cumprimento da obrigação descumprida (CISG, art. 62).[51]

Como já registrado, é verídica a manifestação de Ziegel no sentido de que o sistema da *common law* dá maior preponderância à conversão da obrigação em perdas e danos sobre a execução específica da obrigação quando comparado à CISG. Porém, a preocupação que reside por trás da proposta dos EUA é legítima. Conforme analisado no item II *infra*, o vendedor que toma notícia da quebra antecipada do contrato e, a despeito disso, dá continuidade à execução de sua prestação, deve ter motivos razoáveis para fazê-lo; caso contrário, é possível cogitar-se da redução do preço a que tem direito, com base no princípio da mitigação de danos.

[51] *"Mr. Ziegel (Canada) said that the wording of article 73 [became CISG article 77] and the relationship between that article and the provisions of the Convention dealing with specific performance created difficulties for him. Article 73 [became CISG article 77] only applied to cases where a party relied on a breach of contract; in those cases, and in those cases only, the party concerned was required to take measures to mitigate the loss. However, if the seller or the buyer wished to require performance of the contract, he did not rely on a breach, and the situation was reversed. According to the reasoning of the United States representative, if an innocent party was obliged to accept the repudiation of an obligation, it was not entitled to require specific performance. That point of view might, perhaps, be in line with the practice in common law countries, but it was not in line with the principles underlying the Convention, according to which the buyer and the seller had an absolute right to require specific performance so long as they had not had recourse to inconsistent remedies. In the case cited by the United States representative, the seller had not had recourse to such remedies; he simply wished to exercise his right to performance of the contract, which no provision in the Convention denied him. The United States amendment was liable to create difficult problems in connection with specific performance. If, on the other hand, it did not affect specific performance, it was difficult to see what it added to article 73 [became CISG article 77]"* (sem realce no original). No mesmo sentido, manifestou-se o representante da Suécia, Lars Hjerner. A respeito, v. Conferência Diplomática de Viena, Resumo da Ata das Reuniões do Primeiro Comitê, 30ª Reunião, 31.3.1980 (disponível *online*: www.cisg.law.pace.edu/cisg/firstcommittee/Meeting30.html [acesso em 13.7.2014]).

Fundamento e natureza jurídica

De acordo com o comentário do Secretariado da Uncitral ao art. 73 da *NY Draft Convention* (CISG, art. 77), o dispositivo estabelece um dever do credor inadimplido com relação à parte inadimplente.[52] No entanto, ainda que seja possível referir-se à mitigação de prejuízos no âmbito da CISG valendo-se do termo *dever*, sua natureza jurídica é outra.[53]

Em verdade, a regra se aproxima da concepção jurídica de ônus: ainda que não possa ser objeto de execução por quem quer que seja, seu cumprimento é essencial para a realização do interesse do sujeito onerado, no caso, o credor que pretende ser ressarcido dos danos que lhe foram causados pelo inadimplemento.[54] Nesse sentido, Saidov refere-se à mitigação "*as an act which the injured party should take in its own interest in order not to be precluded from recovering damages for the loss which could have been reduced or avoided*".[55]

Ainda que não se possa considerar a mitigação de danos como um dever, essa conclusão não afasta o instituto da boa-fé no âmbito da CISG. Partindo do pressuposto de que a boa-fé é um princípio que informa as relações contratuais regidas pela CISG, [56] além de ser um parâmetro interpretativo do tratado (CISG, art. 7(1)), entendemos que a mitigação de danos também se

[52] *Secretariat Commentary on article 73 of the 1978 Draft* (disponível *online*: www.cisg.law.pace.edu/cisg/text/secomm/secomm-77.html [acesso em 12.7.2014]).

[53] Kröll, S.; Mistelis, L.; Viscasillas Perales, P. (eds.). *UN Convention on Contracts for the International Sale of Goods (CISG)*, p. 1034; Saidov. D. *The law of damages in international sales, the CISG and other international instruments*, p. 130.

[54] Saidov. D. *The law of damages in international sales, the CISG and other international instruments*. Oxford: Hart Publishing, 2008, p. 131: "*Mitigation is an act which the injured party should take in its own interest in order not to be precluded from recovering damages for the loss which could have been reduced or avoided*"; Vieira. I. de A. V. . *L'applicabilitité et l'impact de la Convention des Nations Unies sur les Contrats de Vente Internationale de Merchandises au Brèsil*. Estrasburgo: Presses Universitaires de Strasbourg, 2010, p. 362; Schlechtriem, P.; Schwenzer, I. *Commentary on the UN Convention on the International Sale of Goods (CISG)*, p. 1043.

[55] Saidov. D. *The law of damages in international sales, the CISG and other international instruments*, p. 131.

[56] A respeito da discussão sobre o papel da boa-fé na CISG, v. Sim, D. *The scope and application of good faith in the Vienna Convention on Contracts for the International Sales of Goods*. disponível *online*: cisg.law.pace.edu/cisg/biblio/sim1.html [acesso em 13.7.2014].

funda na boa-fé no âmbito da convenção.[57] Nas palavras de Vieira: "*le principe de la bonne foi est à la base de cette 'obligation' de miniser les pertes*".[58]

Esse raciocínio baseia-se na ideia de que a mitigação de danos tem vínculo estreito com o padrão de comportamento esperado de um contratante de boa-fé, no cumprimento dos deveres de lealdade e cooperação subjacentes às regras da CISG.[59] Embora o princípio da mitigação de danos tenha sido recepcionado na convenção por influência da *common law* (que dá pouca relevância à boa-fé), isso não impede que a aproximação entre a boa-fé e a mitigação de danos, instituída nos países de tradição romano-germânica,[60] influencie a interpretação do art. 77 da CISG.

Razoabilidade

A principal regra extraída do art. 77 da CISG é a de que o credor deve adotar medidas para mitigar seus prejuízos após[61] tomar ciência do inadimplemento,

[57] Schlechtriem, P.; Schwenzer, I. *Commentary on the UN Convention on the International Sale of Goods (CISG)*, p. 1042: "*The duty resting on the aggrieved party to take all possible and appropriate measures to prevent the occurrence of loss or to mitigate its extent is an expression of the general principle of good faith in internacional commerce*".

[58] Vieira. I. de A. V. *L'applicabilitité et l'impact de la Convention des Nations Unies sur les Contrats de Vente Internationale de Merchandises au Brèsil*, p. 362. No mesmo sentido: Neumayer, K. H.; Ming, C. *Convention de Vienne sur les contrats de vente internationale de marchandises. Commentaire.* Lausanne: Cedidac, 1993, p. 507: "*Le principe de la bonne foi ne permet pas au lésé de prétendre à une indemnité pour un préjudice qu'il aurait lui-même pu éviter par un comportement approprié aux circonstances*"; Fernandez, M. R. *El deber de mitigar el daño en la Convención de Viena de 1980 sobre compraventa internacional de mercaderías: una breve aproximación al tema.* in Revista Mercatoria, vol. 6, n. 2, 2007, p. 4: "*En lo que se refiere al deber de mitigar el daño, debemos señalar que este se presenta como una derivación o una consecuencia natural del principio de la buena fe*".

[59] Martins-Costa, J. *Os princípios informadores do contrato de compra e venda internacional na Convenção de Viena de 1980.* Casella, P. B. (coord.). *Contratos internacionais e direito econômico no Mercosul.* São Paulo: LTr, 1996, p. 174-6.

[60] Hanotiau, B. *Régime juridique et portée de l'obligation de modérer le dommage dans les ordres juridiques nationaux et le droit du commerce internacional.* in International Business Law Journal, n. 393, 1987, p. 400: "*Dans la responsabilité contractuelle, le fondement de la règle est plus clair encore: l'obligation de modérer le dommage est un corollaire de l'obligation de bonne foi dans l'exécution des conventions, consacrée dans la plupart des droits romano-germaniques et notamment dans l'article 1134 du Code civil en Belgique et en France, et dans le paragraphe 242 BGB en République Fédérale d'Allemagne*".

[61] Fernandez, M. R. *El deber de mitigar el daño en la Convención de Viena de 1980 sobre compraventa internacional de mercaderías*, p. 15: "*No sería lógico pensar que dicha obligación surge con anterioridad al momento mismo del conocimiento acerca de un incumplimiento que genera, o pueda llegar a generar, un daño*". Nesse sentido, v. Alemanha. *Oberlandesgericht Hamburg* [Corte de Apelação de Hamburgo], caso n. 1 U 167/95 [*Iron molybdenum case*], j. 28.2.1997, disponível *online*: cisgw3.law.pace.edu/cases/970228g1.html [acesso em 12.7.2014].

ainda que antecipado (CISG, arts. 45 e 61). Contudo, o credor não é obrigado a empregar esforços que, apesar de aptos a mitigar seus prejuízos, sejam extraordinários ou excessivamente custosos.[62] Exige-se que o credor adote medidas mitigatórias *razoáveis* à luz das circunstâncias específicas em que o contrato se insere.[63]

A *razoabilidade* tem especial importância no âmbito de aplicação do art. 77.[64] O conceito de razoabilidade não é especificado na CISG, apesar de ser encontrado em trinta e sete de seus dispositivos. Entende-se que se trata de um dos princípios gerais em que a CISG se funda (art. 7(2)) e, como tal, tem papel fundamental na interpretação de todos os dispositivos do tratado.[65]

Entende-se que o credor inadimplido deve tomar medidas dentro de seu *ordinary course of business* para mitigação de seu próprio prejuízo. A razoabilidade não é um conceito definido e nem poderia sê-lo, justamente porque o que é razoável para um credor pode não ser para outro. A fluidez é essencial ao conceito de razoabilidade. Como ensina Aristóteles, "*for what is itself indefinite can only be measured by an indefinite standard*".[66]

Em geral, defende-se que uma medida é *razoável* (*i*) se diante das circunstâncias específicas do caso, uma parte contratante de boa-fé a tomaria; e (*ii*) levando-se em conta os usos comerciais aplicáveis.[67] O parâmetro da parte contratante de boa-fé no âmbito da CISG, foi expressamente citado pela Suprema Corte da Áustria: "*a possible measure to reduce damages is reasonable, if it could have been expected as* bona fides *(good faith) conduct from a reasonable*

[62] Chengwei, L. *Remedies for non-performance*: "*Thus it* [the promisee] *need not act in any way that will damage its commercial reputation just to reduce the non-performing party's liability*".

[63] Kröll, S.; Mistelis, L.; Viscasillas Perales, P. (eds.). *UN Convention on Contracts for the International Sale of Goods (CISG)*, p. 1037.

[64] Reifegerste, S.; Weiszberg, G. *Obligation de minimiser le dommage et "raisonnable" en droit du commerce international*, p. 188: "*It is only to the extent that it is reasonable that this obligation* [to mitigate losses] *exists*".

[65] Kritzer, A H. *Overview comments on reasonableness.* disponível *online*: cisg.law.pace.edu/cisg/text/reason.html#view [acesso em 11.7.2014].

[66] Aristóteles. *The nicomachean ethics*, H. Rackham (trad.), Harvard University Press, Cambridge, Mass., 1926, p. 315 (*Apud* Keily, T. *Good faith and the Vienna Convention on Contracts for the International Sale of Goods (CISG)*. in Vindobona Journal of International Commercial Law and Arbitration, n. 1, 1999, disponível *online*: cisg.law.pace.edu/cisg/biblio/keily.html [acesso em 13.7.2014]).

[67] Vieira. I. de A. V. *L'applicabilitité et l'impact de la Convention des Nations Unies sur les Contrats de Vente Internationale de Merchandises au Brèsil*, p. 362; Zeller, B. *Damagaes under the Convention of Contracts for the International Sale of Goods.* 2ª ed. Oxford: Oxford University Press, 2009, p. 105-6: "*Every case has different circumstances, but that does not mean that the measure circumstances cannot be elicited. The first consideration in interpretation must be article 7, and specifically the principle of good faith*".

person in the position of the claimant under the same circumstances".[68] Vê-se que a boa-fé serve de padrão de comportamento para fins de se analisar a razoabilidade da conduta do credor.

Há julgados que entendem que o fato de o credor não ter adotado medidas mitigatórias não o impede de ser ressarcido, porque não era *razoável* que o credor agisse de outra forma diante das circunstâncias específicas do caso concreto.[69] Por outro lado, não basta para cumprimento da mitigação de danos valer-se de medidas *ineficientes*. Se o credor adota medidas ineficazes para diminuir seu prejuízo e outras medidas mais eficientes poderiam ter sido razoavelmente levadas adotadas por ele, o devedor poderá pleitear a redução da indenização com base no art. 77.[70]

Escopo de aplicação

Em princípio, a mitigação de danos aplica-se somente aos casos de reparação de danos (*claim for damages*) derivados do inadimplemento do contrato pela CISG.[71] Nesse sentido, entende-se que "[i]*f an aggrieved party does not request damages, whether by way of an affirmative claim or by way of set-off, article 77 does not apply*".[72] O credor que pleiteia reparação pelos danos decorrentes do des-

[68] Áustria. *Oberster Gerichtshof* [Corte Suprema], caso n. 10 Ob 518/95 [*Propane case*], j. 6.2.1996, disponível *online*: cisgw3.law.pace.edu/cases/960206a3.html [acesso em 11.7.2014]: "*The claim of the breach of the duty to mitigate damages is an exception leading to the loss of the claim for damages. It requires the [sellers] to put forward detailed facts and the supporting evidence showing why the [buyer] has breached its duty to mitigate damages, the possibilities of alternative conduct and which part of the damages would have been prevented by this alternative conduct. The [sellers] did not bring forward any of these submissions.*"; Áustria. *Oberster Gerichtshof* [Corte Suprema], caso n. 7 Ob 301/01t [*Cooling system case*], j. 14.1.2002, disponível *online*: cisgw3.law.pace.edu/cases/020114a3.html [acesso em 11.7.2014]: "*A potential measure to mitigate damages is reasonable, if in good faith it could be expected under the circumstances*".

[69] V. Alemanha. Amtsgericht München [Corte Distrital de Munique], caso n. 271 C 18968/94 [*Tetracycline case*], j. 23.6.1995, disponível *online* em: cisgw3.law.pace.edu/cases/950623g1.html. [acesso em 11.7.2014]: "*The [buyer] cannot be accused of not taking all the measures reasonable in the circumstances to mitigate the loss resulting from the breach as provided under Art. 77 CISG. Firstly, the [buyer] cannot be held responsible for its failure to inform the [seller] before its faxes of 8 June 1993 that its customer needed the goods to commence production by 7 June 1993. It is not known whether the [buyer] itself had been given a fixed date for the start of production by its customer*".

[70] Bianca, C. M. Bonell, M. J. (eds.). Bianca-Bonell. *Commentary on the International Sales Law*, p. 559.

[71] Riznik, P. *Reasonableness of the measures undertaken to mitigate the loss.* 2009, § 3.1, disponível *online*: cisgw3.law.pace.edu/cisg/biblio/riznik.html [acesso em 13.7.2014].

[72] Uncitral. *Digest of Case Law on the United Nations Convention on the International Sale of Goods*, p. 240.

cumprimento (CISG, art. 74) terá sua compensação reduzida pelos prejuízos que poderia ter evitado ou mitigado.

Nesse sentido, em princípio, o art. 77 não se aplicaria a outras ações (*remedies*) do credor inadimplido, como a ação movida pelo vendedor para exigir o pagamento do preço (CISG, art. 62) ou a ação do comprador para exigir redução do preço (CISG, art. 50).[73] Essa conclusão deriva da redação, da posição topográfica do artigo no tratado e, principalmente do seu histórico legislativo.[74] Como visto, nos trabalhos preparatórios dos arts. 62 e 77, a delegação norte-americana tentou estender a mitigação de danos à execução específica da obrigação do comprador de pagar o preço, mas fracassou. Por conta disso, entende-se que a mitigação de danos limitaria somente o direito do credor de exigir a reparação por perdas e danos.[75]

A definição do escopo de aplicação da mitigação de danos ganha contornos mais complexos nos casos de quebra antecipada do contrato pelo comprador em contratos de compra de bens a serem manufaturados pelo vendedor, hipótese estudada neste artigo. Questiona-se se o credor deve interromper sua contraprestação assim que toma ciência de que o devedor não cumprirá o contrato ou se poderia dar continuidade à sua contraprestação e exigir o cumprimento forçado da obrigação descumprida pelo devedor na data acordada.[76] O próximo item é dedicado ao exame dessa hipótese.

Antes de avançar ao próximo tópico, repita-se que, nos casos em que o vendedor inadimplido não pretende exigir a execução específica das obrigações do comprador (CISG, art. 62), mas sim resolver o contrato por quebra

[73] Kröll, S.; Mistelis, L.; Viscasillas Perales, P. (eds.). *UN Convention on Contracts for the International Sale of Goods (CISG)*, p. 1035; Vieira. I. de A. V. *L'applicabilitité et l'impact de la Convention des Nations Unies sur les Contrats de Vente Internationale de Merchandises au Brèsil*, p. 363.

[74] Schlechtriem, P.; Schwenzer, I. *Commentary on the UN Convention on the International Sale of Goods*, p. 1043: "*Wording, systematic position, and drafting history of Article 77 show that the duty to mitigate damages only applies to claims for damages*".

[75] Opie, E. *Commentary on the manner in which the Unidroit Principles may be used to interpret or supplement Article 77 of the CISG*: "*Article 77 [...] applies only when a party is claiming damages for breach of contract and will not apply in relation to any other remedy sought (such as specific performance)*" (disponível *online*: cisg.law.pace.edu/cisg/principles/uni77.html [acesso em 11.7.2014]).

[76] Saidov. D. *The law of damages in international sales, the CISG and other international instruments*, p. 131: "*There is no doubt that where the contract is avoided for anticipatory breach, the party is entitled to claim damages and, therefore, from a purely positivist perspective, this claim, like other claim for damages, is subject to the mitigation rule*". A dúvida reside na aplicação da mitigação de danos aos casos em que o credor pretende exigir o cumprimento *in natura* da prestação antecipadamente inadimplida.

antecipada (CISG, arts. 64(b), *in fine*, e 72(1))[77] e exigir a condenação do devedor a pagar perdas e danos (CISG, art. 74), aplica-se a regra geral e o credor deve adotar medidas razoáveis para reduzir ou evitar seu prejuízo assim que toma ciência do inadimplemento, sob pena de não ser indenizado pelos danos que poderiam ter sido evitados.[78]

2. Inter-relação entre os institutos no âmbito da CISG

Retorna-se ao caso fictício descrito na introdução. As cortes brasileiras podem limitar o direito de X ao cumprimento específico das obrigações de Y com base no princípio da mitigação de danos? Antes demais, as cortes brasileiras têm que analisar se o vendedor X tem direito à execução específica das obrigações do comprador Y. A resposta parece positiva. X não adotou nenhuma medida inconsistente com a tutela específica que persegue, pois não declarou o contrato rescindido ou concedeu prazo adicional para que Y cumprisse suas obrigações. Do mesmo modo, o direito interno brasileiro autorizaria a execução específica das obrigações previstas em um contrato de compra e venda doméstico (CISG, art. 28; CCbr, art. 475; CPC, art. 461). Logo, em princípio, X teria direito à execução específica das obrigações de Y.

Nessa situação, o direito de X de exigir a execução específica da obrigação inadimplida por Y entra em choque frontal com o encargo de X de mitigar os danos causados pelo descumprimento de Y. Segundo defende Honnold, o princípio da mitigação de danos também deve sancionar o vendedor que dá continuidade à execução do contrato mesmo diante da quebra antecipada

[77] *Secretariat Commentary on article 73 of the 1978 Draft: "The duty to mitigate applies to an anticipatory breach of contract under article 63* [CISG, art. 72] *as well as to a breach in respect of an obligation the performance of which is currently due. If it is clear that one party will commit a fundamental breach of the contract, the other party cannot await the contract date of performance before he declares the contract avoided and takes measures to reduce the loss arising out of the breach by making a cover purchase, reselling the goods or otherwise. The use of the procedure set forth in article 62* [CISG, art. 71]*, if applicable, would be a reasonable measure even though it may delay the avoidance of the contract and the cover purchase, resale of the goods or otherwise, beyond the date on which such action would otherwise have been required"* (disponível *online*: www.cisg.law.pace.edu/cisg/text/secomm/secomm-77.html [acesso em 11.7.2014]); Zeller, B. *Damages under the Convention of Contracts for the International Sale of Goods*, p. 104: *"Avoidance of the contract can – or even must – be contemplated in cases of anticipatory breach"*.

[78] Schlechtriem, P.; Schwenzer, I. *Commentary on the UN Convention on the International Sale of Goods*, p. 1044: *"Whether the seller may insist on specific performance by the buyer in case the loss could be mitigated by avoidance of the contract is particularly problematic with respect to contracts for goods to be manufactured"*.

quando não tem motivos razoáveis para fazê-lo. "*Failing to give effect to Article 77 in such cases* [would] *nullif*[y] *the mitigation rule when it is specially appropriate*".[79] Schwenzer compartilha esse entendimento. Segundo afirma a autora:

> "[T]*wo approaches may be taken. Either Article 77 – despite its drafting history – is directly applied to the claim for specific performance and the insistence on this remedy is regarded as violation of the duty to mitigate damages; or the right of the seller to claim specific performance is recognized but reduced by his unnecessary production costs.*"[80]

Embora nos pareça acertada, essa proposta de expansão da mitigação de danos à execução específica do preço contraria o histórico legislativo do tratado. Como visto acima, todas as propostas de restrição do direito do vendedor à execução específica da obrigação do comprador de pagar o preço com base na mitigação de danos foram rejeitadas nos trabalhos preparatórios.

Ao defender a aplicação da mitigação de danos à hipótese aqui analisada, Honnold tenta diminuir o peso do histórico legislativo relembrando que as decisões tomadas pelos redatores da CISG no apagar das luzes da conferência diplomática provavelmente não levaram em consideração as consequências perniciosas da conduta adotada por vendedores como X. E conclui: "*if the verdict of history should be that the mitigation principle is inapplicable to cases like* [the one analyzed herein] *one may seek comfort in the hope that few will act like the seller in that case*".[81]

Não se pode ignorar a relevância dos trabalhos preparatórios para fins de interpretação de tratados, como prescreve o art. 32 da Convenção de Viena sobre o Direito dos Tratados.[82] Contudo, as decisões tomadas pelos representantes diplomáticos na Conferência de Viena não podem ser uma barreira intransponível à aplicação da mitigação de danos para limitar o direito do vendedor à tutela específica. Como defende Basedow, o contexto normativo

[79] Honnold, O. J. *Uniform Law for International Sales under the 1980 United Nations Convention*, p. 461.

[80] Schlechtriem, P.; Schwenzer, I. *Commentary on the UN Convention on the International Sale of Goods*. p. 1044.

[81] Honnold, O. J. *Uniform Law for International Sales under the 1980 United Nations Convention*, p. 600.

[82] A Convenção de Viena sobre o Direito dos Tratados foi concluída em 23 de maio de 1969 (disponível *online*: treaties.un.org/doc/Treaties/1980/01/19800127%2000-52%20AM/Ch_XXIII_01p.pdf [acesso em 11.7.2014]). O Brasil aderiu à convenção por meio do decreto legislativo n. 496/2009 e a internalizou por meio do decreto n. 7.030/2009 (disponível *online*: www.planalto.gov.br/ccivil_03/_Ato2007-2010/2009/Decreto/D7030.htm [acesso em 13.7.2014]).

relevante para a interpretação de convenções internacionais é aquele existente no momento da interpretação e não aquele vigente quando a convenção foi criada.[83] Esse entendimento foi inclusive confirmado em julgamento da Corte Internacional de Justiça (CIJ):[84-85]

Partindo desse pressuposto, este artigo filia-se à corrente favorável à aplicação da mitigação de danos como limite ao exercício irrazoável do direito à tutela específica das obrigações do comprador. Embora contrária ao histórico legislativo dos arts. 62 e 77, essa posição vai ao encontro da concepção de boa-fé objetiva e dos usos do direito do comércio internacional na atualidade (CISG, arts. 7(1) e 9(2)).

A fim de encontrar o modo mais apropriado de se limitar o exercício do art. 62 com base no art. 77, propõe-se analisar as soluções oferecidas em nível doméstico. Como lembra Schwenzer, os direitos domésticos não permitem que o vendedor dê continuidade à produção dos bens e force o comprador a pagar o preço, "*either by granting the buyer a right to cancel or avoid the contract or by excluding the right to specific performance*".[86]

Schwenzer tem razão. Na maioria dos países de direito romano-germânico (inclusive no Brasil), o caso fictício analisado neste artigo dificilmente ocorreria porque o comprador poderia simplesmente resilir antecipadamente o contrato e indenizar o vendedor pelos prejuízos sofridos até a extinção da avença somados a gastos com mão de obra e material (p. ex., BGB, § 649; CCfr, art. 1794, CCit, art. 1671; CCbr, art. 473 e 623, este por analogia). Contudo, a CISG não permite a resilição *unilateral* do contrato pelo comprador; apenas as partes em conjunto podem realizar o distrato (CISG, art. 29(1)).

[83] BASEDOW. J. *Uniform law conventions and the Unidroit Principles of International Commercial Contracts*, in Uniform Law Review, n. 1, 2000, p. 139.

[84] A CIJ é o principal órgão judicial das Nações Unidas. Foi instituído em 1945, em Haia. O objetivo da CIJ é julgar, de acordo com o direito internacional, disputas submetidas pelos Estados e opinar sobre questões jurídicas de interesse da ONU. Informações extraídas do sítio eletrônico da CIJ: www.icj-cij.org [acesso em 13.7.2014].

[85] CIJ, *Advisory Opinion. Legal Consequences for States of the Constituted Presence of South Africa in Namibia (South West Africa) notwithstanding Security Council Resolution 276 (1970)*. in ICJ Reports, 1971, p. 31, disponível *online*: www.icj-cij.org/docket/files/53/5595.pdf [acesso em 11.7.2014]: "*That is why, viewing the institutions of 1919, the Court must take into consideration the changes which have occurred in the supervening half-century, and its interpretation cannot remain unaffected by the subsequent development of law, through the Charter of the United Nations and by way of customary law. Moreover, an international instrument has to be interpreted and applied within the framework of the entire legal system prevailing at the time of the interpretation. In the domain to which the present proceedings relate, the last fifty years, as indicated above, have brought important developments*".

[86] SCHLECHTRIEM, P.; SCHWENZER, I. *Commentary on the UN Convention on the International Sale of Goods*. p. 1044.

O regime vigente nos países de *common law* parece oferecer soluções mais proveitosas ao intérprete da CISG. Nos países de tradição anglo-saxã, o vendedor somente pode promover a execução específica do preço se não puder mitigar seu prejuízo de outro modo mais razoável, em especial, por meio da venda substitutiva dos bens no mercado (p. ex., *Sale of Goods Act, Statutes of Singapore*, arts. 49 e 50; UCC,[87] § 2-709(1)(b)).[88]

No caso dos EUA, o UCC possui um regramento específico para a hipótese de quebra antecipada de contratos de compra e venda (UCC, § 2-610). Quando há inadimplemento do comprador, o UCC prevê que o vendedor pode optar por dar continuidade à produção das mercadorias apesar da quebra, se no exercício de seu julgamento comercial *razoável*, entender que terá menos prejuízos na conclusão da produção em comparação à interrupção imediata do contrato. Se o vendedor agir de forma razoável, os custos incorridos com a finalização da produção serão indenizáveis pelo comprador inadimplente. Na hipótese contrária (se entender que terá maiores prejuízos se der continuidade ao contrato), o vendedor tem a opção de interromper a produção e vender os bens como sucatas (UCC, §§ 2-703 e 2-704(2)).[89]

Não são todos os casos em que a interrupção da produção é a medida mais razoável para mitigação dos prejuízos decorrentes da quebra antecipada causada pelo comprador. Há hipóteses em que o vendedor sofrerá menos danos se concluir a produção das mercadorias, vendê-las a terceiros no mercado e exigir do comprador a diferença entre o preço contratual e o preço de revenda

[87] O *Uniform Commercial Code* (UCC) é resultado de uma iniciativa conjunta entre a Conferência Nacional dos Comissários sobre o Direito Uniforme Estatal (*National Conference of Commissioners on Uniform State Laws*) e o *American Law Institute* (ALI). A primeira versão oficial do UCC foi lançada em 1952. Desde então, o UCC foi revisado diversas vezes e permanece sob contínua adaptação. O UCC não representa uma norma uniforme aplicável em todos estados, trata-se de uma referência aos governos estaduais, que têm autoridade para legislar sobre a matéria. Atualmente, o UCC é a base de direito comercial de todos os estados da federação norte-americana, porque foi incorporado total ou parcialmente na legislação desses estados. Neste artigo, utiliza-se a versão mais recente da parte do UCC referente ao contrato de compra e vendas (2002), disponível *online*: www.law.cornell.edu/ucc/2 [acesso em 13.7.2014].

[88] Kröll, S.; Mistelis, L.; Viscasillas Perales, P. (eds.). *UN Convention on Contracts for the International Sale of Goods (CISG)*, p. 859.

[89] UCC, § 2-704(2): "*Where the goods are unfinished an aggrieved seller may in the exercise of reasonable commercial judgment for the purposes of avoiding loss and of effective realization either complete the manufacture and wholly identify the goods to the contractor cease manufacture and resell for scrap or salvage value or proceed in any other reasonable manner*".

(UCC, § 2-706(1)). Há ainda casos em que a interrupção da produção é simplesmente impossível.[90]

Diante do fato de que a CISG dá ao credor a opção de suspender (art. 71(b)) ou mesmo resolver (art. 72) o contrato em casos de quebra antecipada, entendemos que o conflito entre os art. 62 e 77 pode ser resolvido no âmbito da convenção utilizando-se o direito norte-americano como fonte de inspiração. A solução para tanto reside na *razoabilidade*, pilar central do princípio da mitigação de danos e de todo o sistema jurídico instituído pela CISG.

O vendedor deve pautar sua decisão entre a resolução do contrato ou a execução específica das obrigações do comprador na razoabilidade. Mesmo que o comprador lhe dê notícia de que irá cumprir o contrato, quando for razoável ao vendedor dar continuidade à produção dos bens (p. ex., quando a produção encontra-se quase finalizada e os bens produzidos não têm demanda no mercado), o vendedor não deveria ser sancionado por concluir a produção e perseguir a tutela específica das obrigações do comprador.

Na hipótese inversa (quando não for razoável continuar a produção das mercadorias), o direito do vendedor de exigir o pagamento do preço deve sofrer alguma restrição, por força do princípio da mitigação de danos. Da mesma forma que são excluídos do montante indenizatório os prejuízos que poderiam ter sido evitados pelo vendedor (CISG, art. 77), o valor a ser pago pelo comprador a título de preço também poderia ser reduzido com base no mesmo critério.

Voltando-se ao caso fictício analisado neste artigo, a questão central sobre a possibilidade de restringir o direito à execução das obrigações de Y está na razoabilidade da conduta de X. Pergunta-se: um contratante de boa-fé nas mesmas circunstâncias de X teria ignorado o aviso de Y e cortado as chapas de aço, mesmo ciente de que não haveria demanda para as chapas de aço cortadas segundo as especificações do contrato? A resposta é certamente negativa. X não agiu de forma razoável com vistas à mitigação dos prejuízos decorrentes do inadimplemento de Y. Logo, as cortes brasileiras deveriam limitar o direito de X à execução específica das obrigações de Y.

Imagine-se que as circunstâncias do caso são distintas. Z denuncia o contrato firmado com Y faltando poucos dias para o fim do prazo para entrega das chapas de aço por X. Y informa X e pede que não conclua a produção.

[90] Lopes, C. S. B. *Mitigação dos Prejuízos no Direito Contratual*. São Paulo: Saraiva, 2013, p. 28. Lopes sugere acertadamente que essa regra deve ser seguida pelas cortes brasileiras na aplicação do princípio da mitigação de danos no Brasil (p. 205).

Contudo, X já concluiu grande parte das chapas de aço e contratou mão de obra e adquiriu matéria-prima para conclusão da produção e corte das chapas restantes. Não há demanda de mercado pelas chapas de aço já cortadas. X decide concluir finalizar a produção. Y se recusa a receber as chapas de aço e a pagar preço. X decide mover uma ação perante as cortes brasileiras para exigir o cumprimento específico das obrigações Y. Pergunta-se: as cortes brasileiras poderiam limitar o direito de X à tutela específica nessa situação com base no princípio da mitigação de danos? Entendemos que não. Nessa segunda hipótese, era *razoável* que X concluísse a produção das mercadorias e, diante da impossibilidade de revendê-las no mercado, perseguisse a execução específica das obrigações de Y.

Como se vê, não existe uma resposta apriorística para o conflito entre a execução específica e a mitigação de danos nos casos de quebra antecipada do contrato de compra de bens a serem produzidos pelo vendedor. O julgador deve pautar sua decisão na *razoabilidade*. Admite-se que o direito do vendedor à tutela específica das obrigações do comprador pode ser limitado com base no princípio da mitigação de danos, desde que se conclua que o vendedor não agiu de forma razoável, à luz das circunstâncias do caso concreto, ao dar continuidade à sua prestação e exigir o cumprimento do contrato.

Conclusões

O aparente conflito entre a execução específica das obrigações do comprador (CISG, art. 62) e a mitigação de danos (CISG, art. 77) nos casos de quebra antecipada dos contratos de compra e venda de bens a serem manufaturados (CISG, art. 3(1)) tem solução. A chave está na *razoabilidade*. O intérprete deve estender o escopo da mitigação de danos para limitar o exercício do direito à execução específica quando o vendedor não age de forma razoável diante das circunstâncias do caso concreto. Nem sempre dar continuidade à produção das mercadorias a despeito da quebra antecipada pelo comprador é medida irrazoável, mas quando o é, o vendedor deve ser sancionado por não ter razoavelmente evitado os prejuízos decorrentes do descumprimento do comprador.

A solução não pode ser diferente sob a perspectiva do direito brasileiro. O juiz brasileiro chamado a decidir disputa oriunda de contrato *internacional* de compra e venda de mercadorias sob a égide do direito brasileiro (e, por consequência, com base na CISG) também deve sancionar o vendedor que dá continuidade ao contrato e busca o cumprimento forçado das obrigações do comprador de forma irrazoável. O princípio da boa-fé objetiva, tão caro ao direito brasileiro (CC, art. 422), certamente auxiliará o julgador a encontrar o parâmetro *razoável* de comportamento a ser exigido do vendedor.

29. SUSPENSÃO DE CUMPRIMENTO CONTRATUAL NA CONVENÇÃO DE VIENA DE 1980 SOBRE CONTRATOS DE COMPRA E VENDA INTERNACIONAL DE MERCADORIAS*

Rafael Villar Gagliardi

Introdução

Existe na CISG um direito geral à suspensão do contrato em razão do inadimplemento imputável à contraparte? Ou, pelo contrário, só se admite essa suspensão nas restritas hipóteses em que há previsão expressa? Essa é a investigação que se propõe no presente trabalho, a partir dessas duas propostas mutuamente excludentes. A Primeira evoca uma visão mais sistemática e menos calcada no rigor do texto escrito, ao enunciar que a suspensão do cumprimento contratual alinha-se aos princípios que informam a CISG e o direito do comércio internacional, além de ter guarida na Convenção, a partir de uma análise sistemática visando à sua necessária integração. A segunda, mais apegada ao texto convencional, preceitua que não se pode falar em suspensão do cumprimento contratual no âmbito da CISG, salvo aquela prevista no art. 71, que disciplina os remédios cabíveis na hipótese de inadimplemento antecipado (*anticipatory breach*).

A exceção de contrato não cumprido, como disciplinada nos países de tradição do direito codificado e herança romano-germânica (ou simplesmente *Civil Law*), e a suspensão do cumprimento do contrato (*suspension of performance*), como tratada nos países tributários do direito costumeiro ou *Common Law*, funda-se numa ideia tão simples quanto intuitiva: o contratante que não cumpre a sua parte desobriga o outro contratante.

Embora simples, a ideia de suspender a execução de uma obrigação contratual diante do inadimplemento da obrigação que cabe à contraparte gera

* Trata-se de versão atualizada de texto publicado anteriormente em: "SCHWENZER, Ingeborg; PEREIRA, Cesar. A. Guimarães; TRIPODI, Leandro (coordenadores). A CISG e o Brasil: Convenção das Nações Unidas para os Contratos de Compra e Venda Internacional de Mercadorias. 1. ed. São Paulo: Marial Pons; Curitiba: Federação das Indústrias do Estado do Paraná, 2015".

uma série de desavenças na doutrina e na jurisprudência, inclusive a ponto de gerar as proposições enumeradas no primeiro parágrafo deste trabalho, mas não só estas. Particularmente no âmbito da CISG, essa ideia simples pode estar em conflito com uma outra, não menos fundamental e igualmente simples: se a CISG contempla um direito geral à suspensão do cumprimento contratual, por que isso não foi previsto expressamente?

Em primeiro lugar, em cada um dos grandes sistemas jurídicos – direito codificado e *Common Law* – divergem os tratamentos dados à matéria, seja quanto aos requisitos, seja quanto ao seu âmbito de aplicação. É popular a ponto de ser tido até mesmo como regra pressuposta, na tradição do direito codificado. É aceito, embora com menor amplitude e sujeito a maiores controvérsias, nos países de *Common Law*.

As divergências não param por aí. Em cada um dos sistemas há diferenças, maiores ou menores, entre cada um dos ordenamentos domésticos. Assim, nos países de direito codificado, percebe-se ao menos uma grande divisão entre as disciplinas Germânica e Francesa do instituto da *exceptio non adimpleti contractus*. Dentro do *Common Law*, há nítida divisão entre Estados Unidos, mais abertos à noção de suspensão de cumprimento, e a Inglaterra, notoriamente arredia a tratar esse remédio como uma ferramenta de aplicação generalizada aos contratos bilaterais.

No campo internacional, há divergência mesmo sobre se, de fato, existiria um princípio geral fundante do direito de suspender o cumprimento do contrato diante do inadimplemento alheio. Mais especificamente, discute-se, em doutrina, se a Convenção de Viena de 1980 sobre Contratos de Compra e Venda Internacional de Mercadorias (CISG) encamparia esse direito. A essa investigação se propõe o presente artigo.

Vale destacar que, ao apontar a suspensão do cumprimento contratual na CISG como foco da análise que ora se inicia, não se está tratando da suspensão prevista em caso de *anticipatory breach*, mas sim de um remédio aplicável em âmbito geral, diante do inadimplemento contratual.

Mas, se existe tanta discórdia quanto a esse remédio, porque é que se insiste no seu estudo? A pergunta tem algumas respostas. A primeira, já foi dada acima. Apela à noção de justiça e de igualdade a ideia de que um contratante tenha o direito de não cumprir a sua parte num contrato se a outra parte não cumpriu ou não irá cumprir a sua. Diz-se, inclusive, que se trata de uma decorrência direta de um dever de atuação de boa-fé, conforme ensina Judith Martins-Costa. Com razão, a autora identifica na exceção de contrato não cumprido uma especificação da figura parcelar do *tu quoque*, censurável por representar o uso de dois pesos e duas medidas e vulnerar um imperativo acolhido pelo Direito, de não fazer a outrem o que não se quer para si[1].

Um segundo motivo: ao menos da forma como se apresenta no direito codificado, mediante a *exceptio*, o direito de suspender o cumprimento contratual diante do inadimplemento da parte contrária constitui uma saída intermediária que preserva o vínculo contratual, atendendo ao princípio do *favor contractus* ou de manutenção do negócio jurídico, ao passo em que evita riscos potencialmente irreparáveis e favorece o livre fluxo do tráfego comercial internacional, com todos os benefícios a ele inerentes.

Um terceiro motivo consiste em que essa postura – suspender o cumprimento – constitui a reação intuitiva de qualquer pessoa de negócios que se depara com o descumprimento da obrigação que espera ver cumprida. Seja para poder decidir com mais calma os próximos passos a adotar, seja para compelir a parte inadimplente ao cumprimento da obrigação pendente, a parte recorre automaticamente à suspensão diante do inadimplemento alheio.

Por fim, um quarto motivo consiste em que a suspensão constitui um remédio de autoajuda (*self-help*), o qual não requer planejamento, não implica majoração de gastos e ainda permite uma saída negociada, sem conturbar o relacionamento comercial, isso tudo num ambiente em que o apoio judicial ou arbitral possui eficácia duvidosa, além de ser caro e moroso, desatendendo às expectativas comerciais das partes.

Deve-se lembrar que o Direito do Comércio Internacional, como já se disse da *Lex Mercatoria* –, é um ramo marcado pela necessidade de pragmatismo. É um direito dos práticos, devendo estar sempre atento às necessidades dos agentes do comércio internacional. Daí o natural encaixe entre a suspensão da execução contratual e o regime jurídico dos Contratos Comerciais Internacionais.

Todo esse contexto justifica o objeto da investigação que ora se propõe, como maneira de fomentar o aprofundamento da discussão a respeito da suspensão do cumprimento dos contratos na CISG.

1 MARTINS-COSTA, Judith. A boa-fé no direito privado: critérios para a sua aplicação. 2ed. São Paulo: Saraiva, 2018, p. 702-704.

1. Proposições a serem analisadas: cabe ou não falar em suspensão contratual no âmbito da CISG?

Propõe-se a investigação sobre a possibilidade, ou não, de se falar em suspensão do cumprimento contratual no âmbito da CISG a partir da comparação de duas proposições excludentes, perfilando os argumentos utilizados para sustentar cada ponto de vista. Por razões metodológicas, inicia-se pela proposição negativa, isto é, por aquela que nega a existência do remédio contratual em questão que seja de aplicação geral.

1.1. Primeira proposição: não se pode falar em suspensão contratual no âmbito da CISG, salvo aquela prevista no art. 71

A primeira proposição apresenta-se de forma bastante direta: não existe um artigo que atribua a uma das partes de um contrato internacional de compra e venda de mercadorias o direito geral de suspender o cumprimento de sua prestação, em razão do inadimplemento da prestação objeto da obrigação assumida pelo outro contratante.

Dito de outro modo, dentre o arsenal de remédios contratuais posto à disposição da parte atingida pelo inadimplemento, não se adivinha o direito de suspender o cumprimento contratual, salvo nos limitados em que previsto na própria convenção.

De fato, o art. 71 da CISG prevê expressamente que se, após a celebração do contrato, sobrevier o evidente receio de inadimplemento substancial em razão de insolvência ou incapacidade econômica supervenientes ou, ainda, à forma de preparação para ou oferecimento da prestação, a parte poderá suspender o cumprimento de suas obrigações, nos seguintes termos:

> "Artigo 71
>
> (1) Uma parte poderá suspender o cumprimento de suas obrigações se, após a conclusão do contrato, tornar-se evidente que a outra parte não cumprirá parcela substancial de suas obrigações, devido:
>
> (a) a grave insuficiência em sua capacidade de cumpri-las, ou em sua solvência; ou
>
> (b) à maneira como se dispõe a cumprir ou como cumpre o contrato.
>
> (2) Se o vendedor houver expedido as mercadorias antes de se tornarem evidentes os motivos a que se refere o parágrafo anterior, poderá se

opor a que o comprador tome posse das mercadorias, ainda que este seja portador de documentos que lhe permita obtê-la. Este parágrafo refere-se somente aos direitos respectivos do comprador e do vendedor sobre as mercadorias.

(3) A parte que suspender o cumprimento de suas obrigações, antes ou depois da expedição das mercadorias, deverá comunicá-lo imediatamente à outra parte, mas deverá prosseguir no cumprimento se esta oferecer garantias suficientes do cumprimento de suas obrigações."

A disposição citada vem inserida na Parte III – Compra e Venda de Mercadorias, Capítulo V – Disposições Comuns às Obrigações do Vendedor e do Comprador, Seção I – Violação Antecipada e aos Contratos com Prestações Sucessivas. De modo que não se aplica senão às hipóteses que disciplina expressamente, isto é, inadimplemento antecipado (*anticipatory breach*) motivado pela superveniência de dificuldade financeira ou insolvência da parte contrária ou pela forma com que esta se prepara para cumprir ou oferece a prestação objeto de sua obrigação.

Portanto, para os defensores da primeira proposição, existe mais do que um silêncio eloquente da Convenção quanto ao remédio contratual em questão, com a amplitude que lhe atribuem os direitos domésticos. Existe, sim, a limitação expressa da incidência do remédio da suspensão do cumprimento contratual ao inadimplemento antecipado de que trata o art. 71 da Convenção.

Nesse sentido, seria desnecessário o recurso a mecanismos de preenchimento de lacunas – reais ou aparentes – sejam eles de alcance interno ou externo. Seria descabida a busca em outras disposições da Convenção ou à sua análise teleológica, como também aos princípios gerais que a informam. Por fim, seria também descabida a busca no direito aplicável segundo as regras de direito internacional privado.[2]

Argumenta-se que a Convenção trata expressamente da suspensão do cumprimento contratual, embora limite a sua aplicação aos casos específicos do art. 71. Utilizar um mecanismo de interpretação ou integração com

[2] "Artigo 7

(1) Na interpretação desta Convenção ter-se-ão e, conta seu caráter internacional e a necessidade de promover a uniformidade de sua aplicação, bem como de assegurar o respeito à boa fé no comércio internacional.

(2) As questões referentes às matérias reguladas por esta Convenção que não forem por ela expressamente resolvidas serão dirimidas segundo os princípios gerais que a inspiram ou, à falta destes, de acordo com alei aplicável segundo as regras de direito internacional privado."

recurso a outros dispositivos da Convenção ou aos princípios que a informam constituiria uma forma de contornar a disciplina expressamente delineada pelo art. 71.

Em suma, a proposição articula-se em torno da interpretação simples e direta da Convenção, para justificar a posição segundo a qual não existe apoio, no texto do diploma internacional, para defender a existência de um direito geral à suspensão do cumprimento do contrato à luz do inadimplemento da outra parte.

1.2. Segunda proposição: a suspensão do cumprimento contratual alinha-se perfeitamente aos princípios que informam a CISG e o direito do comércio internacional, além de ter guarida na Convenção

A segunda proposição traz em si o núcleo da investigação proposta neste artigo: fazendo parte da praxe comercial e alinhando-se aos princípios que informam a CISG, a suspensão do cumprimento contratual não pode ser ignorada no estudo da convenção, podendo ser justificada por um estudo aprofundado da matéria.

Para destrinchar a segunda proposição, estrutural e substancialmente mais complexa, iniciar-se-á por uma análise breve das mais importantes manifestações do remédio em questão (*exceptio non adimpleti contractus* e *withholding performance*), para passar, então, ao Direito Internacional. Em seguida, adentrando-se especificamente o estudo do remédio na CISG, considerar-se-ão os principais argumentos de suporte da proposição: o recurso à interpretação sistemática da Convenção, à integração por meio dos princípios que a informam e à extração do direito à suspensão como manifestação do direito à resolução contratual.

2. Desenvolvimento

A CISG foi o resultado de intensas negociações e de enorme vontade política voltada para se obter uma legislação verdadeiramente unificadora do Comércio Internacional. O texto final da Convenção revela, contudo, ter sido objeto de compromisso, no sentido de ceder para se atingir um meio termo – mais do que de consenso. Só assim tornou-se viável a aprovação de diversos dispositivos da convenção.

Tomando em conta as dezenas de nações representadas nas reuniões de trabalho, havia tensões decorrentes de diferenças entre sistema econômico (capitalista/socialista), tradição jurídica (*Civil Law/Common Law*); industrialização (desenvolvidos/em desenvolvimento).

2.1. Suspensão do cumprimento contratual no direito codificado e no *common law*

De todas essas tensões, entre os juristas de *Common Law* e *Civil Law*, os debates foram marcados muito mais por diferenças na visão quanto à melhor técnica jurídica do que diferenças ocultadoras de motivos políticos ou econômicos. E, dentre essas discussões, o campo em que as divergências tornaram-se mais evidentes foi o dos remédios contratuais (*remedies*).

Por isso, para compreender o conceito de suspensão de cumprimento na CISG, é necessário entender um pouco melhor a visão que o instituto tem nessas duas tradições.

Nos países de *Civil Law*, de tradição romana ou, ainda, de direito codificado, o remédio da suspensão do cumprimento contratual encontra-se de há muito sedimentado e, a despeito de distinções importantes, mas de caráter pontual, encontra tratamento bastante uniforme na figura da *exceptio non adimpleti contractus*.

Já nos países de *Common Law*, a figura vem tratada com muito mais controvérsia e merece pouquíssima atenção da doutrina que, em matéria de remédios, trata com muito mais fôlego de *termination* e *damages*. Sem embargo, é possível encontrar uma fundamentação e um tratamento dado à *suspension of performance* ou *withholding performance*, em especial nos Estados Unidos, mas também no Reino Unido, país de posição emblemática dentro da tradição jurídica consuetudinária.

2.1.1. Direito codificado: exceptio non adimpleti contractus

A suspensão de cumprimento contratual está inserida no Direito de todos os países da tradição do *Civil Law*, tributários do sistema romano, por meio da figura da *exceptio non adimpleti contractus*.

Há inúmeras razões que explicam essa grande aceitação do instituto nos países de tradição do direito codificado. Duas destacam-se. A primeira, a influência da doutrina Canonista, que traz em si a noção da santidade do contrato, como promessas interdependentes. A segunda: a *exceptio* atua como forma de incentivo ao cumprimento contratual, forma de coerção privada ao adimplemento, traduzindo, em certa medida, mecanismo de tutela específica (*specific performance*), o remédio contratual preferido na tradição do *Civil Law*, ao contrário do que ocorre nos países da tradição do *Common Law*.

Contudo, curiosamente, embora haja vozes dissonantes, prevalece o entendimento de que o instituto não foi desenvolvido em Roma como um princípio geral. Isso porque, como ocorreu até muito mais tarde no *Common Law*, os contratos no Direito Romano eram vistos como a junção de duas promessas independentes, justificando-se a sua força vinculante não pela causalidade entre as obrigações, mas sim pelas formalidades praticadas quando da celebração (*ex nudo pacto acto non nascitur*). Portanto, o sinalagma não estava presente.

Foi só com a releitura do Direito Romano pelos Glosadores, seguidos pelos Canonistas, que retomaram a noção de Fides e cunharam a ideia de que *soluns consensus obligat*, a partir da qual afasta-se a noção solene das promessas independentes (*ex nudo pacto acto non nascitur*) e surge a noção de que o cumprimento do contrato possui um aspecto moral e que, decorrendo ambas as promessas da força criadora e vinculante da vontade humana, existe entre elas um vínculo indissociável.

A partir daí, com o seu desenvolvimento na Europa, a *exceptio* é levada para todos os países de *Civil Law*, inclusive para aqueles países cujos Códigos Civis não a preveem expressamente.

A *exceptio non adimpleti contractus* ou exceção de contrato não cumprido pode ser definida como exceção substancial, dilatória, pessoal e dependente, por meio da qual o excipiente opõe-se à exigência do cumprimento de uma obrigação sinalagmática. Não nega a sua existência. Antes, afirma-a, mas nega-lhe a eficácia, com base no inadimplemento do excepto e sob o palio da simultaneidade do cumprimento ou no descumprimento passado, em relações de trato sucessivo.[3]

Em sentido propriamente estrito, como observa Giuseppe Chiovenda, exceção compreende a contraposição, ao fato constitutivo de quem invoca pretensão, de fatos impeditivos ou extintivos que conferem àquele que resiste o poder jurídico de anular a ação ou torná-la sem efeito, definitiva ou provisoriamente, mas que, de per si, não podem ser conhecidos de ofício pelo juiz.[4]

[3] Gagliardi, Rafael Villar. *Exceção de contrato não cumprido*. São Paulo: Saraiva, 2010, p. 34.

[4] Chiovenda, Giuseppe. *Instituições de direito processual civil*, vol. 1, Trad. J. Guimarães Menegale. São Paulo: Saraiva, 1965, p. 334-335.

Assim, tem-se no instituto sob análise verdadeira *exceptio*, na acepção técnica do termo. Trata-se de defesa caracterizada pela oposição de fatos impeditivos ou extintivos, àquele constitutivo alegado pelo demandante.

É substancial por agir no campo do direito material e não no plano processual. Não veicula matérias ligadas ao rito ou ao procedimento, mas sim ao próprio direito em que se funda a pretensão deduzida.

O caráter dilatório decorre do fato de que o seu efeito consiste primordialmente em suspender a eficácia e a exigibilidade da obrigação cuja contraprestação restou inadimplida, dilatando, assim, o seu termo final. A exceção não visa resolver o vínculo obrigacional, nem a isentar o excipiente do cumprimento da prestação demandada. Objetiva apenas o reconhecimento do direito do excipiente de recusar a exigência de cumprimento, impertinente enquanto durar a mora da parte contrária.

Trata-se, ainda, de exceção pessoal, em contraposição às exceções reais, dado que o alcance longitudinal de sua eficácia é limitado à qualificação do titular da situação jurídica contratual em questão. Ou seja, só a parte que deve cumprir simultaneamente ou que deve cumprir em segundo lugar e cuja contraparte está em mora é que pode opor a exceção de contrato não cumprido.

É também uma exceção dependente, pois decorre de pretensão ou direito sobre o qual se funda. Isto é, a exceção é dependente quando o exercício do direito invocado, que se pretende contrário ao direito de outrem, ocorre *in excipiendo* ou *in agendo*, comportando alegação também pela via de uma ação autônoma, justamente como ocorre com a exceção de contrato não cumprido, em que a pretensão de tutela específica ou de resolução contratual podem ser veiculadas mediante demanda autônoma.

A exceção de contrato não cumprido constitui, assim, uma forma de defesa. A parte pode simplesmente suspender o cumprimento da obrigação que lhe cabe, diante do inadimplemento da obrigação que cabe à parte contrária. Considera-se que esse inadimplemento suspende a exigibilidade da prestação da parte que usa a exceptio, prorrogando o seu vencimento até que a parte inadimplente cumpra ou demonstre estar apta a cumprir.

A defesa tem cabimento nos contratos bilaterais (a rigor, exige-se que possuam caráter sinalagmático) e serve a quem deva cumprir em segundo lugar ou quando deva haver cumprimento simultâneo. Não serve, assim, a quem deve cumprir em primeiro lugar (a quem cabe apenas a chamada exceção de insegurança, prevista, por exemplo, no art. 477, do Código Civil brasileiro).

A obrigação suspensa deve ter relação sinalagmática com a obrigação descumprida, embora essa relação possa ser indireta, como no caso de descumprimento de deveres acessórios que estejam ligados diretamente à prestação principal.

O excipiente, isto é, a parte que opõe a exceção, deve sempre agir de boa-fé, traduzindo-se esse requisito na observância de proporcionalidade entre obrigação suspensa e o inadimplemento que o motivou.

Quanto à proporcionalidade, há respostas distintas nos ordenamentos domésticos. Na França, exige-se que o inadimplemento motivador da *exceptio* seja suficientemente grave a ponto de que, tivesse a parte sabido da sua ocorrência antes, não teria celebrado o contrato. Trata-se, portanto, de um teste bastante próximo ao que se utiliza para autorizar a resolução contratual.

Já na Alemanha, o que se exige é que a obrigação descumprida não seja trivial, em atenção ao princípio *de minimis non curat lex*[5]. Portanto, há clara distinção entre o critério para autorizar a suspensão do cumprimento do contrato e o critério para autorizar a resolução do contrato.

Em qualquer dos casos, não se exige a presença de culpa da parte inadimplente para autorizar o uso da *exceptio*. A *exceptio* não constitui punição e nem visa extinguir o contrato. Portanto, basta que a obrigação tenha sido descumprida para que ela seja oponível. A análise possui de caráter objetivo.

Considerando o inadimplemento do comprador, o vendedor pode adotar duas condutas: uma ativa, em que exige judicialmente a contraprestação; outra reativa, em que aguarda uma eventual investida do comprador que exige a entrega da coisa e então opor a exceção analisada, condicionando, assim, a entrega da prestação ao cumprimento da contraprestação.

Por isso, João Calvão da Silva enquadra a exceção ora tratada na espécie das medidas de coerção defensiva, por meio da qual uma parte indiretamente compele a outra ao cumprimento. Segundo este professor:

> "Os meios de pressão de que o credor pode prover-se para decidir o devedor a cumprir são susceptíveis de revestir múltiplas e variadas formas.
>
> (...)
>
> A coerção defensiva é aquela em que o credor actua passivamente, limitando-se a responder, por omissão ou recusa de cumprir por sua parte, ao não cumprimento pontual do devedor, para defesa e garantia do seu direito. Face ao não cumprimento pontual do devedor, o credor recusa-se a cumprir a sua parte obrigacional, enquanto o devedor não cumprir

[5] Larenz, Karl. *Derecho de Obligaciones – Tomo I*. Madri: Editorial Revista de Derecho Privado, 1958, p. 271-272.

> a sua prestação. Aqui, o credor actua na forma defensiva e esta sua actuação pode revelar-se eficaz meio coercitivo que determine o devedor a cumprir. A fase cominatória resulta da sua passiva e defensiva recusa de não cumprir a prestação a que se encontra adstrito."[6]

Muito além de atuar como defesa, papel no qual visa à incolumidade do equilíbrio contratual, a exceção apresenta-se também como meio de coerção defensiva, como afirma João Calvão da Silva.[7] Tais funções mostram-se essenciais para o exame mais profundo do instituto.

Desta forma, a exceção carrega uma pretensão de cumprimento, ainda que indireta, traduzida na forma de coerção defensiva. Essa mesma pretensão pode ser perfeitamente deduzida na forma de demanda pelo cumprimento da parte inadimplente. São as palavras do jurista português:

> "A *exceptio non adimpleti contractus* desempenha dupla função: a função de garantia e a função coercitiva. A função de garantia, porque permite ao *excipiens* garantir-se contra as consequências, presentes ou futuras, do não cumprimento da(s) obrigações(ao) recíproca(s) do devedor. A função coercitiva porque constitui também um meio de pressão sobre o contratante inadimplente, para este cumprir."[8]

Eis as principais características da exceção de contrato não cumprido, tradução do remédio de suspensão de cumprimento contratual nos países de da tradição do *Civil Law*, ou seja, da tradição Romano-Germânica.

2.1.2 *Common law*: suspensão do cumprimento contratual (*suspension of performance*)

Embora reconhecida em certa medida no *Common Law*, a suspensão do cumprimento contratual é tratada sempre com algum desconforto no campo dos remédios contratuais pela doutrina dos países tributários dessa tradição jurídica. Mesmo quando cabível, a suspensão tem uma justificativa algo tortuosa e merecedora de demoradas explicações.

Dentre várias possíveis razões aptas a explicar essa dificuldade, adquire papel de destaque a influência dos danos (*damages*) como remédio contratual

[6] Calvão da Silva, João. *Cumprimento e sanção pecuniária compulsória*. 4ª ed. Coimbra: Almedina, 2002, p. 243-244.

[7] *Idem, ibidem*, p. 244.

[8] *Idem, ibidem*, p. 336.

preferido nesses nos países de *Common Law* e a sua reticência com o tratamento da tutela específica (*specific performance*).

Isso porque, consolidada a preferência pela resolução das obrigações em perdas e danos, quaisquer remédios que visem a compelir a parte contrária ao cumprimento ou que, de alguma maneira, evitem ou atrasem a extinção do contrato e o pedido de indenização, passam a ser tratados como exceções, não a regra. Basta uma leitura nas principais obras da doutrina inglesa sobre *Contract Law* e *Remedies* para perceber o pouco destaque que a suspensão recebe, quando é de fato mencionada. Seu tratamento, como dito, afigura-se difuso, inclusive na nomenclatura (além dos termos usados no presente trabalho, o instituto também vem tratado na forma e sob o nome de *self-help*, *order of performance* e *lien*).

Como visto, a suspensão do cumprimento contratual possui a característica de incentivo ou fomento ao cumprimento, a ponto de constituir uma forma indireta de tutela específica, com a qual mantém inegáveis pontos de contato e similaridade. Vale retomar a lição de João Calvão da Silva, para quem a suspensão do cumprimento contratual constitui uma forma de remédio exercitável pelo próprio titular (*self-help remedy*), com o efeito de reforçar o incentivo da parte recalcitrante ao cumprimento da obrigação em mora. Portanto, a reticência percebida no *Common Law* atinge também esse remédio contratual.

Essa reticência pode ser percebida mais na Inglaterra do que, por exemplo, nos Estados Unidos da América. Há um importante precedente da alta inglesa na qual Mustill afirma, com lastro em precedente arbitral da Câmara de Comércio Internacional, que "*Under English Law, an aggrieved party faced with a serious breach may terminate contract by may not suspend performance*".[9] No mesmo sentido, em 1992, a Court of Appeal afirmou, em precedente, que "there is not yet any established doctrine of English Law that [a creditor] may suspend performance, keeping the contract alive".[10]

Contudo, isso não quer dizer que não seja reconhecido, em nenhuma circunstância, o direito da parte inocente à suspensão do cumprimento do contrato diante da inadimplência da parte com quem contratou. Pelo contrário, a questão da suspensão do cumprimento contratual surge mediante a comprovação da existência de obrigações (promessas) independentes, concorrentes ou interdependentes e, desta forma, da ordem de performance (*order of performance*). Na tradição do *Common Law*, a suspensão do cumprimento

[9] Mustill, 1988 112 fn 96, citando a sentença arbitral do caso ICC n. 2.583, de 1976 [1977] JDI 950.

[10] *Channel Tunnel Group Ltd. vs. Balfour Beatty Construction Ltd.* [1992] 749 QB 656.

é avaliada, inicialmente, sob o prisma do tipificação da relação entre as obrigações, pela qual as obrigações previstas no contrato podem ser conditions precedent, concurrent conditions ou independent promisses. No primeiro caso, o cumprimento prévio da prestação é requisito para exibigilidade da contraprestação. No segundo, cada parte deve estar "*ready and willing*" para cumprir, sob pena de liberar temporariamente a contraparte da obrigação que lhe cabe. Na terceira, o cumprimento da prestação é irrelevante para a exigibilidade da contraprestação[11]. É o que lembra Edwin Peel, responsável pela monumental obra de Treitel:

> "If promises are 'independent' each party can enforce the other's promise although he has not performed his own. The remedy of the party sued is not to withhold performance, but to make a counterclaim to enforce the promise of the party suing. [...] A's failure to comply with a stipulation as to the order of performance which is a condition precedent or a concurrent condition justifies B's refusal to perform for as long as A's failure continues; but it does not, of itself, justify termination. It has the latter effect only where A's failure is... *either* sufficiently serious to justify termination *or* such that it falls within one of the exceptions to the requirement of serious failure."[12]

Aproximando-se mais do tratamento visto na doutrina dos países de tradição romana, Donald Harris, David Campbell e Roger Halson dedicam em sua obra sobre *remedies* um capítulo específico aos chamados *self-help remedies*, já mencionados como remédios passíveis de exercício diretamente pela parte, dispensado o recurso à autoridade jurisdicional constituída, ou mais simplesmente remédios de autotutela. Nesse capítulo, tratam especificamente do remédio chamado *wittholding performance*:

> "In many contracts, C's duty to perform an obligation is made dependent on D's having completed performance of one of his obligations (or on D's ability to perform contemporaneously with C). For example, under 'staged payment' clauses in standard construction contracts, the client comes under an obligation to pay an instalment of the price only

[11] PEEL, Edwin. *Treitel: The Law of Contract*. 12ed. Reimpr. Londres: Sweet & Maxwell, 2010, p. 813-817.

[12] Idem, p. 814-817.

> when the contractor has completed a specified stage of the building and this has been certified by a third party (usually an architecht). Until the contractor's completion of that stage is certified, the client's obligation to pay that instalment does not arise. He can withhold payment, which will act as a strong incentive to the contractor to complete that stage, and so amounts to a temporary 'remedy' for the contractor's breach (if that stage was to be completed by a certain date). Performance by the builder is not coerced by a court order, but by a type of extra-judicial, self-help remedy. The contractor knows that until he actually completes that stage he will receive no payment for any work done since the previous stage was completed. But by withholding performance, C is not terminating the contract. He merely is suspending his own performance."[13]

Os autores citados lembram, ainda, que outro exemplo do remédio chamado de *withholding performance* consiste justamente no direito de o vendedor retomar a posse das mercadorias vendidas, caso ainda não entregues, isto é, caso tais mercadorias ainda estejam em trânsito, na hipótese de não pagamento do preço, de o comprador cair em insolvência ou, ainda, na hipótese de perda de linha de crédito pelo comprador.[14] Tal direito, previsto no Sale of Goods Act de 1979, possui o mesmo efeito dilatório e temporário, embora, no caso específico de compra e venda de mercadorias, seja admitida a retomada com a venda para terceiros, inclusive para efeito de mitigação de prejuízos (*mitigation*).

Existe, ainda, a distinção a ser traçada entre *entire contract rule* (ou *entire obligations rule*) e a *severable contract rule* (ou *severable obligations rule*). Caso se entenda que a exigibilidade do cumprimento de uma dada obrigação (contraprestação) depende do cumprimento de obrigação assumida pela contraparte (prestação), tem cabimento a suspensão integral. Do contrário, estar-se-á no campo da *severable contract rule* (ou *severeable obligation rule*), desenvolvida em certos casos para mitigar o efeito draconiano decorrente da interpretação tradicional. Aos contratos sujeitos à *severable contract rule*, a suspensão deve ocorrer de forma proporcional ao descumprimento[15]. A discussão, ainda que sob outras vestes, é comum também nos países da tradição Romano-Germânica,

[13] Harris, Donald; Campbell, David; Halson, Roger. *Remedies in Contract & Tort.* 2ª ed. Nova York: Cambridge University Press, 2005, p. 45.

[14] *Idem*, p. 49-50.

[15] Harris, Donald; Campbell, David; Halson, Roger. *Remedies in Contract & Tort.* 2ª ed. Nova York: Cambridge University Press, 2005, p. 45-48.

em que muito se discute a medida da proporcionalidade incidente no exercício da *exceptio non adimpleti contractus*[16].

As lições acima transcritas deixam transparecer certa similaridade de tratamento escondida por trás da diversidade da abordagem do tema pela doutrina dos países de *Civil Law* e dos países de *Common Law*. A *suspension of performance* também vem calcada na ideia de sinalagma, isto é, na interdependência das obrigações, manifestando-se como *self-help remedy*, isto é, passível exercício direto pela parte, sem recurso à autoridade jurisdicional constituída, dotado de caráter dilatório e ao qual se reconhece o efeito de incentivo ao cumprimento.

Em síntese, admite-se a suspensão do cumprimento do contrato nos países de *Common Law* quando as obrigações forem consideradas interdependentes, isto é, quando forem condições precedentes umas das outras. Há, neste caso, condições concorrentes, cujo inadimplemento pode autorizar excepcionalmente a suspensão do contrato. A grande distinção entre Estados Unidos e Inglaterra, os grandes expoentes do *Common Law*, consiste em que, naqueles, a interdependência das obrigações em contratos bilaterais é presumida, o que não ocorre na Inglaterra.

Sem embargo da aparente simplicidade da doutrina de *conditions* e *order of performance*, condições, é possível verificar, na prática, certa dificuldade na aplicação da suspensão do cumprimento contratual nos países da tradição do *Common Law*, derivada da tentativa de distinção entre descumprimento de *contractual term*, isto é, descumprimento de *warranty* ou *breach*. Tal distinção, levava em conta a relevância do dispositivo contratual violado para o fim de determinar a consequência jurídica, ao contrário do que ocorre na tradição de *Civil Law*, em que, como regra, a consequência jurídica vem ditada pela seriedade das consequências do descumprimento para a parte por ele vitimada. Ela vem sendo abandonada a partir do precedente firmado com *Hong Kong Fir Shipping Co v Kawasaki Kisen Kaisha*,[17] em que a *Court of Appeal* preferiu tratar como inominados os dispositivos contratuais, salvo se de outra forma disciplinados no programa contratual. Levou-se, com isso, o foco da análise da seriedade do inadimplemento para as consequências da falta, avizinhando-se do que ocorre nos países de *Civil Law*.

16 GAGLIARDI, Rafael Villar. Op. cit., p. 116-122.

17 [1962] 2 QB 26 (CA).

2.1.3. Suspensão do cumprimento contratual no direito internacional

Como se pode ver, há considerável dissenso nos distintos sistemas jurídicos sobre as características de um princípio geral que autorize uma parte a suspender o cumprimento do contrato diante do inadimplemento da outra parte, embora tanto no *Civil Law* quanto na tradição de *Common Law* seja possível afirmar a existência do remédio dilatório em questão.

No âmbito internacional, a questão não é menos tormentosa, embora uma tendência pareça claramente estar se formando.

Embora a matéria estivesse ausente dos instrumentos internacionais ao tempo da finalização dos trabalhos de redação da Convenção de Viena, fato é que, desde então, diversos documentos de *soft law* passaram maciçamente a prever a suspensão de cumprimento do contrato em razão do inadimplemento da parte contrária.

A matéria está prevista no artigo 7.1.3[18] dos Princípios *Unidroit* para os Contratos Internacionais desde 1994. Ademais, está prevista no artigo 9:201 do *Principles of European Contract Law* (PECL).[19] Por fim, vem também tratada no art. III.-3:401 do *Draft Common Frame of Reference* (DCFR).[20]

[18] *"Art. 7.1.3. Withholding Performance.*
(1) Where the parties are to perform simultaneously, either party may withhold performance until the other party tenders its performance.
(2) Where the parties are to perform consecutively, the party that is to perform later may withhold its performance until the first party has performed."

[19] *(1) A party who is to perform simultaneously with or after the other party may withhold performance until the other has tendered performance or has performed. The first party may withhold the whole of its performance or a part of it as may be reasonable in the circumstances.*
(2) A party may similarly withhold performance for as long as it is clear that there will be a non-performance by the other party when the other party's performance becomes due."

[20] *"III. – 3:401: Right to withhold performance of reciprocal obligation*
(1) A creditor who is to perform a reciprocal obligation at the same time as, or after, the debtor performs has a right to withhold performance of the reciprocal obligation until the debtor has tendered performance or has performed.
(2) A creditor who is to perform a reciprocal obligation before the debtor performs and who reasonably believes that there will be non-performance by the debtor when the debtor's performance becomes due may withhold performance of the reciprocal obligation for as long as the reasonable belief continues. However, the right to withhold performance is lost if the debtor gives an adequate assurance of due performance.
(3) A creditor who withholds performance in the situation mentioned in paragraph (2) has a duty to give notice of that fact to the debtor as soon as is reasonably practicable and is liable for any loss caused to the debtor by a breach of that duty.
(4) The performance which may be withheld under this Article is the whole or part of the performance as may be reasonable in the circumstances."

Da mesma forma, precedentes arbitrais passaram a fazer referência a um princípio geral de direito internacional justificador da suspensão do cumprimento. A esse respeito, há um interessante estudo feito por Joshua Karton, que se transformou em seu livro "*The Culture of International Arbitration and the Evolution of Contract Law*".[21] Nesse estudo, o autor analisa doze precedentes de tribunais arbitrais em que a questão da suspensão do cumprimento foi levantada em alguma medida. Para a surpresa do autor, em cinco deles, o tribunal arbitral afirma a existência de um princípio geral que permite a suspensão do cumprimento do contrato.

Joshua Karton sustenta ser duvidosa a afirmativa de que haveria tal princípio internacional, dado que não haveria consenso sobre a existência e a forma de aplicação de tal princípio. Mas o autor acaba por admitir que, com a publicação dessas decisões é bastante provável que esse chamado princípio de fato venha a ser universalmente reconhecido.[22]

Essa possibilidade é ainda maior quando aliada à já mencionada tendência verificada nos instrumentos internacionais mais modernos de *soft law*, de prever o direito à suspensão do cumprimento do contrato em decorrente do inadimplemento da obrigação que cabe à parte contrária.

Dada a natureza do direito do comércio internacional, parece difícil, a esta altura, negar que ao menos existe uma tendência de admitir a suspensão do cumprimento contratual como um remédio calcado nos princípios gerais internacionais. Quer se admita ou não a utilização da expressão *Lex Mercatoria*, o campo em questão vem inegavelmente marcado pela força dos costumes internacionais, os quais revelam a crescente aceitação da suspensão do cumprimento contratual, embora com fundamentação ainda difusa.

2.2. Suspensão do cumprimento contratual na CISG: *gap filing*, os arts. 58; 71; 80; 81(2), 2; 85, 2; 86(1), 2 e a CISG-AC opinion n. 5

E, afinal, existe o direito à suspensão do cumprimento do contrato no âmbito da CISG?

Se se pensar em um dispositivo que preveja expressamente e com alcance geral a suspensão de comprimento do contrato como aqui tratada, é dizer,

[21] KARTON, Joshua. *The Culture of International Arbitration and the Evolution of Contract Law*. Oxford: Oxford University Press, 2013, *passim*, especialmente p. 178-191.

[22] *Idem*, p 190.

na forma de *exceptio* ou de *withholding performance*, a resposta é negativa. A CISG não possui um dispositivo equivalente ao §321 da BGB ou ao art. 476[23] do Código Civil Brasileiro, prevendo a *exceptio* ou o direito de suspensão do cumprimento contratual por inadimplemento já ocorrido.

A CISG trata da suspensão do cumprimento (*suspension of performance*), em seu art. 71. E o faz ao regular a violação antecipada (*anticipatory breach*). Contudo, essa suspensão do cumprimento contratual é distinta do remédio ora tratado, isto é, da exceção de contrato não cumprido ou de *wittholding performance*. A suspensão de que trata o art. 71 da CISG tem incidência quando existe a legítima expectativa de que a parte contrária irá descumprir obrigação vincenda, devido a (a) séria deficiência em sua capacidade de cumprimento ou em seu crédito; ou (b) conduta incompatível na preparação ou no cumprimento do contrato.

Esse direito não tem aplicação com relação a inadimplementos passados ou já consumados. Vem reservada, segundo o texto do art. 71, para os casos de inadimplementos prestes a ocorrer, os chamados inadimplementos antecipados. Assemelha-se, por isso e em certa medida, à chamada exceção de insegurança tratada no art. 477,[24] do Código Civil.

Isso não significa necessariamente que a resposta à questão formulada seja também negativa, isto é, não significa que de fato não exista espaço na CISG para que se admita a existência do remédio de suspensão do cumprimento contratual, fora das hipóteses previstas especificamente na Convenção.

Não obstante a ausência de um dispositivo expresso prevendo um direito geral de suspensão do contrato em razão de inadimplemento efetivo da parte contrária, para além dos casos previstos no art. 71, propõe-se a análise da segunda proposição apresentada no início deste trabalho a partir da necessidade de integração da convenção com recurso aos princípios gerais que a informam.

Os posicionamentos já citados, tanto de Schwenzer, Hachem e Kee, quanto de Huber e Mullis, sustentam a noção de que o direito à suspensão do cumprimento contratual existe na CISG na forma de um princípio geral, decorrente do Art. 7(2) [25] da Convenção.

[23] *"Art. 476. Nos contratos bilaterais, nenhum dos contratantes, antes de cumprida a sua obrigação, pode exigir o implemento da do outro."*

[24] *"Art. 477. Se, depois de concluído o contrato, sobrevier a uma das partes contratantes diminuição em seu patrimônio capaz de comprometer ou tornar duvidosa a prestação pela qual se obrigou, pode a outra recusar-se à prestação que lhe incumbe, até que aquela satisfaça a que lhe compete ou dê garantia bastante de satisfazê-la."*

[25] *"Article 7(2) Questions concerning matters governed by this Convention which are not expressly settled in it are to be settled in conformity with the general principles on which it is based or, in the absence of such principles, in conformity with the law applicable by virtue of the rules of private international law."*

Essa afirmação pode levantar uma primeira objeção: porque recorrer a mecanismos de integração, se a própria CISG já prevê expressamente a suspensão do cumprimento contratual em seu art. 71(1) a (3), reservando-a para situação específica, qual seja, *anticipatory breach*? Essa questão foi posta na primeira proposição colocada acima, como contrária ao cabimento da suspensão do cumprimento contratual no regime da CISG.

Essa pergunta talvez possa ser respondida quando voltamos os olhos novamente às tensões entre delegados oriundos de países de *Civil Law* e delegados oriundos de países de *Common Law*. A figura do *anticipatory breach* – inadimplemento antecipado ou violação antecipada – embora comum no *Common Law*, é novidade em países de tradição romana.

Apenas para citar o exemplo brasileiro, não existe dispositivo expresso que autorize o credor a considerar uma obrigação inadimplida antes de atingido o vencimento do prazo estipulado. A doutrina do inadimplemento antecipado – desenvolvimento recente de nossa dogmática – vem toda elaborada a partir do princípio da boa-fé objetiva.

Ademais, é forçoso admitir que a adoção de medidas contrárias a uma parte do contrato antes do seu vencimento – como se faz no art. 71 – constitui uma situação excepcional, não a regra.

Dadas essas situações, é possível concluir que o art. 71 não foi desenhado para exaurir as hipóteses em que pode haver a suspensão do cumprimento contratual, mas sim para tratar dos remédios cabíveis diante da excepcional situação de violação antecipada do contrato.

Nessa linha de ideias, não teria cabimento o argumento de que a intenção dos redatores – ou do legislador enquanto figura racional pressuposta – teria sido a de permitir a suspensão do cumprimento contratual apenas nestes casos de que trata o art. 71 e de vedá-la nos demais, numa espécie de silêncio eloquente.

Aliás, a esse respeito, vale lembrar que a suspensão de contrato não seria um caso único. Outros exemplos há de institutos sobre os quais a CISG aparentemente teria silenciado, mas que a doutrina aceita como compatíveis com a Convenção. É o caso da compensação, citado na obra seminal de Schlechtriem & Schwenzer, para quem a compensação é possível em relação a pretensões fundadas na Convenção, desde que dada ciência à parte, pois seria da essência do exercício dos direitos no âmbito da CISG a exigência de declaração de uma parte à outra, derivada dos arts. 26 e 88(3).[26]

[26] Schlechtriem, Peter e Schwenzer, Ingeborg. *Comentários à Convenção das Nações Unidas sobre Contratos de Compra e Venda Internacional de Mercadorias*. São Paulo: Revista dos Tribunais, 2014, p. 263.

Superado esse ponto, então, passa-se a analisar a possibilidade de se encontrar fundamento para o direito de suspender o cumprimento contratual ante o inadimplemento da parte contrária a partir dos mecanismos previstos no art. 7(2) da CISG.

Segundo a regra do art. 7(2) da CISG, matérias sujeitas à Convenção mas que não sejam expressamente resolvidas pelo seu texto, devem ser dirimidas de acordo com os princípios gerais que informam a própria CISG. A doutrina identifica, assim, um procedimento bifásico de interpretação baseado no art. 7(2) da CISG. Em primeiro lugar, busca-se uma solução mediante aplicação das próprias regras previstas na Convenção, isto é, as regras do direito uniforme, aplicando-se, naturalmente, apenas a matérias reguladas pela Convenção. Não sendo isso possível, deve-se identificar os princípios gerais de caráter internacional em que se funda a Convenção – de modo a garantir a sua uniformidade e respeitar a sua internacionalidade – para estabelecer soluções para preenchimento das lacunas que sejam minimamente satisfatórias e logrem oferecer às partes e a quem deve decidir um critério previsível de aplicação do direito. Somente superada essa etapa é que se deve, diante de lacunas externas e da necessidade de preenchê-las, recorrer ao direito nacional indicado pelas regras de direito internacional (*conflict of laws*) aplicável ao caso concreto.

Pois bem. Parte substancial da doutrina sustenta existir, no rol de princípios gerais de caráter internacional que informam a Convenção, estaria o princípio da suspensão do cumprimento do contrato em caso de inadimplemento da parte contrária, inclusive como desdobramento do princípio da boa-fé. É o caso de Peter Huber e Allastair Müllis, para quem «*there is a general principle (art. 7(2) CISG)*[27] *which allows one party (here: the buyer) to suspend or withhold his own performance (e.g. payment of the price) until the other party (here: the seller) has performed his duties. This general principle can be derived from the rules in Art. 58(1), 71, 85*".[28] (p. 181)

O mesmo afirma a Prof. Schwenzer, em obra editada com os Profs. Hachem e Kee, para quem "*it has become generally accepted that the CISG contains a general right to withhold performance. This is commonly based on Articles 58; 71; 80; 81(2), sentence 2; 85, sentence 2; 86(1), sentence 2, which are considered to embody a general principle under Article 7(2) CISG*".[29]

[27] *"Article 7(2) Questions concerning matters governed by this Convention which are not expressly settled in it are to be settled in conformity with the general principles on which it is based or, in the absence of such principles, in conformity with the law applicable by virtue of the rules of private international law."*

[28] "The CISG: a New Textbook for Students and Practitioners", Germany: Sellier, 2007, p. 181.

[29] Schwenzer, Ingeborg, Hachem, Pascal, Kee, Christopher. "Global Sales and Contract Law". Oxford: Oxford University Press, 2012, p. 550.

Da mesma forma, na *CISG Advisory Council Opinion N. 5*, de 2005,[30] afirma-se o direito do comprador de reter o preço em vendas não-documentárias, em caso de bens entregues em desconformidade quando, tecnicamente, o comprador teria a obrigação de aceitá-los, por não ter o direito de resolver o contrato (art. 49(1)(a) CISG).[31]

Tal entendimento encontra-se fundado na constatação de que a noção central subjacente à suspensão do cumprimento contratual, isto é, a dilação de uma obrigação pelo inadimplemento de outra – efetivo ou antecipado – encontra suporte em diversos dispositivos ao longo da CISG. Além do art. 71, de que já se tratou, pode-se citar:

> "Art. 58:[32] estipulação da regra segundo a qual, à falta de data para pagamento, (a) o comprador deve efetuar o pagamento do preço quando os bens ou documentos (transações documentárias) forem colocados à sua disposição; e (b) o vendedor pode fazer do pagamento condição para

[30] *"4.18 In non-documentary sales cases, if the non-conformity of the tendered goods does not amount to a fundamental breach, as a general rule, the buyer is obliged to accept the goods as a right to avoid the contract does not exist according to Art 49(1)(a) CISG. However, in this situation, a right to withhold performance can be advocated independent of the regular legal remedies. The buyer can at least temporarily refuse payment and even suspend his obligation to take delivery until he has decided on his next courses of action.*
4.19 The CISG recognizes a right to withhold performance in several provisions. Art 58 CISG embodies the principle of "payment against delivery" as concurrent conditions. According to Art 71 CISG, a party may also suspend its own performance if performance by the other party is insecure. Further rights to withhold performance are contained in Arts 81(2) second sentence CISG, 85 second sentence and 86(1) second sentence CISG. The prevailing literature derives a general principle of a right to withhold performance according to Art 7(2) CISG from such provisions.
4.20 As an initial consequence of that general right, the buyer may withhold the payment of the purchase price; however, this right must be limited to the extent of the non-conformity and the expected detriment. If the extent of the non-conformity cannot be easily ascertained, the buyer should be given the right to withhold the whole purchase price for a reasonable time that is necessary to inspect the goods and to estimate the extent of the expected detriment."

[31] *"Article 49 (1) The buyer may declare the contract avoided:*
(a) if the failure by the seller to perform any of his obligations under the contract or this Convention amounts to a fundamental breach of contract;"

[32] *"Article 58*
(1) If the buyer is not bound to pay the price at any other specific time, he must pay it when the seller places either the goods or documents controlling their disposition at the buyer's disposal in accordance with the contract and this Convention. The seller may make such payment a condition for handing over the goods or documents.
(2) If the contract involves carriage of the goods, the seller may dispatch the goods on terms whereby the goods, or documents controlling their disposition, will not be handed over to the buyer except against payment of the price.
(3) The buyer is not bound to pay the price until he has had an opportunity to examine the goods, unless the procedures for delivery or payment agreed upon by the parties are inconsistent with his having such an opportunity."

a entrega, ao comprador, das mercadorias ou dos respectivos documentos (transações documentárias);

Art. 80:[33] proibição à parte de alegar o inadimplemento da outra se este inadimplemento tiver sido causado por ato ou omissão imputável à primeira;

Art. 81(2), 2:[34] dever das partes de efetuar simultaneamente eventuais restituições devidas uma à outra;

Art. 85, 2[35]/86(1),2:[36] direito de retenção de bens até indenização com despesas para preservação;"

Não se pode deixar de considerar a presença maciça desse remédio contratual em instrumentos modernos, como PICC Unidroit, PECL, DCFR etc., bem como em precedentes internacionais, como aponta Joshua Karton.[37]

A afirmação de que instrumentos internacionais mais modernos auxiliam na interpretação da CISG que suporte a conclusão acima traçada vem corroborada por Schwenzer, Hachem e Kee, para quem

> *"The most recent development at the international level has attenuated some of the difficulties the drafters of the CISG had encountered. As early as 1994 the PICC established a general right to withhold performance. Maintained in the 2010 PICC, such a right was included also in Article 245 OHADA AUDCG as well as the PECL and the DCFR."*[38]

Além desse, há outro princípio que oferece sustentação à proposição segundo a qual a suspensão do cumprimento contratual é compatível com

[33] *"Article 80. A party may not rely on a failure of the other party to perform, to the extent that such failure was caused by the first party's act or omission."*

[34] *"Article 81 (2) A party who has performed the contract either wholly or in part may claim restitution from the other party of whatever the first party has supplied or paid under the contract. If both parties are bound to make restitution, they must do so concurrently."*

[35] *"Article 85. If the buyer is in delay in taking delivery of the goods or, where payment of the price and delivery of the goods are to be made concurrently, if he fails to pay the price, and the seller is either in possession of the goods or otherwise able to control their disposition, the seller must take such steps as are reasonable in the circumstances to preserve them. He is entitled to retain them until he has been reimbursed his reasonable expenses by the buyer."*

[36] *"Article 86. (1) If the buyer has received the goods and intends to exercise any right under the contract or this Convention to reject them, he must take such steps to preserve them as are reasonable in the circumstances. He is entitled to retain them until he has been reimbursed his reasonable expenses by the seller."*

[37] KARTON, Joshua, *op. cit.*, p. 178-190.

[38] *Op. cit.*, p. 550.

os termos da Convenção. Trata-se do princípio *favor contractus* sobre o qual Schlechtriem & Schwenzer, em obra já citada, escrevem:

> "Ademais, as regras restritivas sobre rescisão do contrato (arts. 25, 49 e 64) sugerem um princípio geral de manutenção dos contratos (*favor contractus*). Deduz-se ainda do art. 51 que, em caso de contratos e entregas divisíveis, a rescisão é limitada à parcela do contrato violada."[39]

O caráter internacional da CISG, ressaltado em diversas passagens da Convenção, inclusive em seu art. 7(2), pressupõe e exige a preservação de um grau mínimo de estabilidade das relações jurídicas. No âmbito do cumprimento contratual, essa estabilidade traduz-se no princípio da manutenção ou preservação dos contratos (*favor contractus*), admitido sem grandes discussões como princípio informados da CISG. O objetivo da CISG consiste em evitar, tanto quanto possível, a extinção do vínculo contratual por motivos triviais e, ao mesmo tempo, oferecer às partes um previsível direito à resolução (*avoidance*) do contrato, se e quando esse for o único remédio eficiente para solucionar a situação de crise no cumprimento da obrigação contratual.

A resolução (*avoidance*) vem reservada, no sistema da Convenção, para casos extremos, não só por gerar desestabilidade das relações jurídicas e comerciais, mas também e talvez principalmente, por ocasionar desperdício econômico. Com efeito, resolver um contrato e restabelecer as partes ao *status quo ante*, na medida do possível, implica custos adicionais com transporte de mercadorias, contratação de seguro, realização de transações substitutivas, pagamento de indenizações etc. Contraria, portanto, a eficiência econômica e não promove o comércio internacional, que constitui a finalidade última da Convenção e da qual nenhuma interpretação que pretenda ser harmoniosa com os princípios que a informam posse se distanciar.

Como visto acima, especificamente ao estudar a *exceptio*, mas em passagem também aplicável à *suspension of performance* do *Common Law*, a suspensão do cumprimento contratual constitui, ao mesmo tempo, uma alternativa à resolução e uma forma de incentivo ao cumprimento da obrigação inadimplida.

Ao recusar a pretensão de cumprimento deduzida pela parte inadimplente, ou ao simplesmente suspender os atos de cumprimento, a parte que não está em mora oferece à parte que está uma saída sem que o vínculo contratual seja rompido. Preservando íntegro o contrato, cria um incentivo a que

[39] *Op. cit.*, p. 266. Vide também HUBER, Peter e MÜLLIS, Allistair, *op. cit.*, p. 34.

o cumprimento por ambas partes ocorra, fomentando a estabilidade das relações e o incremento do comércio internacional e, na mesma toada, evitando todo o desperdício econômico inerente à resolução contratual.

Nesse sentido, não há como não reconhecer que a suspensão do cumprimento contratual alinha-se aos princípios gerais em que se baseia a CISG. Em primeiro lugar, constitui desdobramento do princípio da boa-fé. Em segundo lugar, ao promover a dilação das obrigações e propiciar à parte inocente um expediente que não implique a resolução (*avoidance*) do contrato, a suspensão do cumprimento contratual privilegia o princípio *favor contractus*.

Por fim, interessante notar que o entendimento contrário à existência do direito de suspensão do contrato ensejaria uma situação paradoxal. Estaria autorizada a parte inocente a suspender o cumprimento do contrato caso antevisse um risco de descumprimento ou, como diz a doutrina internacional, uma *prospective breach* (art. 71 da CISG), mas não se fosse efetivamente vitimada pelo inadimplemento dessa mesma parte. Parece paradoxal que um remédio esteja disponível para a hipótese menos grave e não para a mais grave, mesmo quando o remédio seja compatível com ambas as situações.

De modo que a integração aqui proposta está de acordo com o caráter internacional da Convenção e com os princípios gerais em que ela se baseia, oferecendo verdadeira consistência ao sistema de remédios contratuais estipulado pela CISG e permitindo que não se distancie da prática comercial.

2.2.1. A suspensão do cumprimento contratual como derivação do direito à resolução contratual

Além desses, que já por si só parecem justificar a existência de um direito à suspensão do cumprimento do contrato na CISG, há outro argumento em reforço dessa tese. Trata-se da derivação do direito de suspender o contrato a partir da previsão de um direito de resolvê-lo.

De fato, em França, a *exceptio* desenvolveu-se a partir da noção moderna de contrato bilateral e de sinalagma, isto é, de promessas interdependentes criadas pela força criadora da vontade e prosperou pela dificuldade inerente ao sistema de reconhecimento judicial da resolução contratual. Naturalmente, afigura-se muito mais fácil suspender o cumprimento de uma obrigação e, se e quando demandado, opor a *exceptio*, do que ter que demandar a parte contrária pretendendo a resolução contratual.

O sinalagma representa o nexo de reciprocidade e interdependência genética e funcional existente entre as obrigações derivadas de uma relação contratual bilateral, seja por força de lei, da natureza do negócio, seja pela vontade das partes. Trata-se de noção essencial dos contratos bilaterais, sem a qual estes perdem o seu traço distintivo. Para ser bilateral quanto aos efeitos, o contrato deve gerar obrigações recíprocas interdependentes.

A esse respeito, cumpre lembrar a lição de Francesco Camilletti, para quem:

> *"Il principio della sinallagmaticità impone la reciprocità delle prestazioni, e si sostanzia nel rapporto di corrispettività che intercorre tra le prestazioni stesse, trovando ciascuna la propria funzione nell'altra e ripetendo la propria validità dell'altra, e questo collegamento tra le prestazioni, per cui l'una si giustifica soltanto se esiste e viene adempiuta l'altra, è stato definito della dottrina, con termine sintetico, ma che esprime in modo sostanzialmente completo la fattispecie 'nesso di interdependenza'."*[40]

Nos contratos bilaterais, a peculiaridade do vínculo criado entre as partes requer uma compreensão dinâmica da relação, para apreender a existência e o funcionamento das obrigações atadas pelo sinalagma. Daí a afirmação de Juan Carlos Rezzónico, segundo a qual o sinalagma forma um complexo que acorrenta as prestações, criando entre elas um nexo muito particular.[41]

A força do sinalagma é tal, na análise dos contratos bilaterais, que Francesco Camilletti, com precisão, aponta quatro facetas para a correspectividade por ele instaurada: (a) a correspectividade imediata, segundo a qual a utilidade visada pela parte segue-se do simples recebimento da prestação devida ao contratante; (b) a correspectividade teleológica, ligada à questão da causa contratual, pois indica que o recebimento da prestação prometida por outrem leva a parte a se obrigar; (c) correspectividade temporal, que traduz a contemporaneidade do cumprimento, podendo ser, porém, dispensada ou alterada pelas partes. Finalmente, (d) a correspectividade econômica, que reflete a avaliação efetuada pelas partes mediante a apreciação da relação custo-benefício do valor das prestações respectivas, que, em termos microeconômicos,

[40] Camilletti, Francesco. *Profili del problema del equilibrio contrattuale.* Milano: Giuffrè, 2004, p. 21. Em tradução livre: "O princípio da sinalagmaticidade impõe a reciprocidade das prestações, e se substancia na relação de correspectividade que permeia entre as prestações mesmas, encontrando uma a própria função na outra e repetindo a própria validade da outra e esta coligação entre as prestações, pelo qual uma se justifica apenas se existe e é cumprida a outra, foi definida pela doutrina, com termo sintético, mas que exprime de modo substancialmente completo a *fattispecie* 'nexo de interdependência'".

[41] Rezzónico, Juan Carlos. *Principios fundamentales de los contratos.* Buenos Aires: Astrea, 1999, p. 325.

pode ser expresso mediante a determinação do "preço de reserva", isto é, o resultado do cotejo entre a diminuição patrimonial advinda do cumprimento da prestação e o aumento patrimonial decorrente do recebimento da contraprestação.[42]

A marca dos contratos bilaterais reside no sinalagma, entendido este como o vínculo entre as obrigações nascidas de uma relação contratual. Estabelecida essa premissa, resta investigar a importância do momento de formação do sinalagma, de modo a caracterizar a bilateralidade contratual. Em outras palavras, impõe-se definir se o momento em que a relação de interdependência se forma tem o poder de influenciar a classificação de um dado contrato, quanto à(s) obrigação(ões) por ele gerada(s).

Com efeito, entendendo-se que tal momento não tem qualquer relevância, será preciso concluir que os contratos ditos bilaterais imperfeitos poderiam enquadrar-se na categoria dos bilaterais ou sinalagmáticos. Tal se dá pois um dos argumentos que justifica a exclusão de tais contratos do âmbito de aplicação dos remédios sinalagmáticos consiste na ausência de duas obrigações interdependentes quando do nascimento do contrato.

Portanto, a única resposta coerente que se poderia dar a essa questão consiste em afirmar que o sinalagma, isto é, a relação de reciprocidade e interdependência entre as obrigações nascidas de um contrato, deve existir na sua formação, bem como durante a execução e até a extinção. É a isso que se refere Francesco Camilletti, ao escrever que o sinalagma envolve também a fase do recíproco adimplemento, em função dos interesses dos contratantes, interesses estes que, em última análise, levaram à celebração do negócio e que, por isso, estão intimamente ligados à causa contratual.[43]

Para enfrentar esse problema, a doutrina identificou o sinalagma genético e o sinalagma funcional. Prefere-se, no entanto, falar em aspectos genético e funcional do sinalagma, para evitar uma conclusão equivocada de que versam sobre realidades estanques.

Fala-se do aspecto genético do sinalagma quando se tem em mira a fase de formação do contrato. Nesta ocasião, é preciso identificar a existência de obrigações recíprocas e interdependentes. Nas palavras de Alberto Trabucchi, o aspecto genético do sinalagma "*sta a significare il recíproco rapporto di giustificazione causale che deve intercorrere tra le contrapposte obbligazzioni nascenti dal contratto*

[42] CAMILLETTI, *op. cit.*, p. 22-23.

[43] CAMILLETTI, *op. cit.*, p. 22.

nel momento della sua stipulazione".[44] No mesmo sentido, o *Code Napoléon*, a pretexto de definir os contratos sinalagmáticos, isolou apenas o aspecto genético do sinalagma em seu art. 1.102, segundo o qual *"le contrat est synallagmatique ou bilatèral lorsque les contractants s'obligent réciproquement les envers les autres"*.[45]

Assim, o aspecto genético do sinalagma indica a necessidade de duas obrigações recíprocas e interdependentes na celebração do contrato, de modo que uma seja considerada a contraprestação da outra. Ausente tal situação na gênese do contrato, ele será unilateral. A sua relevância prática manifesta-se, por exemplo, na desoneração do contratante diante da verificação da impossibilidade inicial da prestação objeto da obrigação do outro contratante, cujo efeito é a nulidade do contrato.

Alude-se, por outro lado, ao aspecto funcional do sinalagma quando se considera a fase de execução do contrato, em que as partes devem, supostamente, dar cumprimento às obrigações assumidas, realizando as prestações devidas à outra parte.

Essa relação equilibrada, estabelecida pelas partes entre prestação e contraprestação, não deve existir somente na gênese do contrato, mas sim ser mantida ao longo do desenvolvimento da relação contratual. Do contrário, seria impossível explicar tanto a cláusula resolutória tácita quanto a própria exceção de contrato não cumprido, já que ambos pressupõem a bilateralidade como fenômeno válido e eficaz.

Esta justificativa encontra-se no aspecto funcional do sinalagma, ou seja, na relação equilibrada que deve perdurar durante todo o trato entre as partes e que se rompe pelo inadimplemento. Donde, faltando a prestação, torna-se inexigível a contraprestação, podendo a parte não inadimplente optar pela resolução do contrato ou pela coerção, ativa ou passiva, do inadimplente ao cumprimento. Em síntese, sinalagma genético e sinalagma funcional não são duas realidades diferentes: são uma e a mesma realidade, vista em momentos diversos: no momento inicial da constituição (génese) da obrigação e na fase subsequente durante a qual ela vive e subsiste (funciona).

Assim, por repousarem ambos, resolução contratual e exceptio, na noção de sinalagma, e mais especificamente no seu aspecto funcional, buscou-se na resolução por inadimplemento fundamento para a exceção de contrato

[44] TRABUCCHI, Alberto. *Istituzioni di diritto civile*. 39ª ed. Padova: Cedam, 1999, p. 685. Em tradução livre: "... significa a recíproca relação de justificativa causal que deve intercorrer entre as obrigações contrapostas nascidas do contrato no momento da sua estipulação".

[45] Em tradução livre: "o contrato é sinalagmático ou bilateral quando os contratantes se obrigam reciprocamente uns contra os outros".

não cumprido, da qual constitui um *minus* e uma derivação. Se a lei outorga ao contratante lesado pelo inadimplemento o direito de resolver o contrato – e, no caso da CISG, o de fazê-lo sem a necessidade de recurso à autoridade jurisdicional competente, com mais razão ainda lhe facultaria simplesmente opor-se à demanda com a qual este pretenda exigir a prestação, até que a contraprestação seja cumprida ou, ao menos, oferecida de boa-fé.

Como dito, a teoria experimentou fértil desenvolvimento na doutrina francesa, pela necessidade de justificar a aplicação genérica da exceção de contrato não cumprido sob a égide do *Code Napoléon*, que previu o instituto apenas para casos específicos, como a compra e venda (arts. 1.612 e 1.613).

Na arena internacional, muito embora não haja uma situação idêntica de dificuldade, há outra que se assemelha, ao menos na prática. O apoio jurisdicional, seja ele buscado nas cortes estatais ou mediante arbitragem, é em regra caro e moroso, além de expor a parte a sistemas legais ou jurisdicionais com os quais não está familiarizada.

Tais obstáculos, aliados à simplicidade e à eficácia da suspensão contratual e do alinhamento dessa forma de defesa com os princípios do Comércio Internacional e do Direito que o disciplina, parecem justificar, a nosso ver, que se reconheça também a suspensão como derivação do direito à resolução contratual. Trata-se de reconhecer uma afirmação logica que, se bem teoricamente pode ser contestável, na realidade prática do comércio internacional, possui altíssimo grau de acerto: quem pode o mais, pode o menos.

Por fim, deve-se reconhecer que a suspensão do cumprimento constitui uma forma daquilo que a doutrina internacional chama de *self-help remedy*, isto é, remédio contratual passível de ser exercido diretamente pela parte, dispensando-se o recurso à autoridade constituída, seja ela um tribunal arbitral, seja o Poder Judiciário de algum país signatário. A fim de manter a coerência com o sistema de remédios da CISG, submete-se ser necessária apenas a notificação da suspensão do cumprimento contratual à parte morosa.

Esse tipo de remédio contratual não constitui nenhuma novidade no sistema de remédios da CISG, o qual prevê outros exemplos do mesmo tipo, justamente pelas características e necessidades do comércio internacional e pelos obstáculos acima referidos para lograr acesso eficiente à autoridade constituída. À guisa de ilustração, pode-se citar a própria resolução contratual (avoidance), que opera mediante simples notificação à parte inadimplente, ao contrário do que ocorre com a resolução contratual no direito francês. Também ilustra essa adequação o direito à redução proporcional do preço pelo comprador por entrega não-conforme pelo vendedor, na forma do art. 50, da CISG.

Conclusões

Ao fim e ao cabo de tudo o quanto se expôs nas linhas acima, afigura-se possível afirmar, à guisa de conclusão, que a suspensão do cumprimento do contrato por uma parte como decorrência do não cumprimento da obrigação assumida pela outra constitui uma prática comum na praxe contratual.

Trata-se de remédio absolutamente familiar nos ordenamentos jurídicos da tradição de *Civil Law*, onde se traduz com mais força na figura da *exceptio non adimpleti contractus*. Nos países de *Common Law*, seu tratamento encontra-se menos sedimentado e mais difuso, havendo reticência na doutrina e na jurisprudência, especialmente na Inglaterra. Contudo, mesmo nesses países, com nomenclaturas distintas (*suspension of performance, wittholding performance, lien, order of performance*) e de forma mais controversa, a suspensão do cumprimento do contrato aparece como um dos remédios admitidos à parte inocente.

No âmbito internacional, percebe-se que, embora ausente de diplomas importantes, aparece com força cada vez maior, especialmente em documentos de *soft law*, representantes dos esforços comuns de acadêmicos e especialistas internacionais. Sua presença é sentida, também, em precedentes arbitrais nos quais se alude mesmo à existência de um princípio de direito internacional que justifique ou autorize a suspensão do cumprimento contratual à vista do inadimplemento do outro contratante.

Nesse sentido, embora a CISG trate expressamente da suspensão do cumprimento contratual no artigo 71, ao tratar apenas do inadimplemento antecipado (*anticipatory breach*), a análise sistemática autorizada e exigida pelo art. 7(2), de outros dispositivos da própria convenção [arts. 58; 71; 80; 81(2), 2; 85, 2; 86(1), 2], dos princípios que a informam, em especial o princípio *favor contractus*, e a consideração da relação umbilical entre suspensão do cumprimento e resolução do contratual tornam verdadeira a segunda proposição: há espaço, na Convenção, para o exercício da suspensão do cumprimento contratual como aqui considerada.

30. JUROS NA CISG*

Fernando Kuyven

Introdução

Os artigos 78 e 84(1)[1] da CISG estabelecem o direito geral de perceber juros sobre qualquer quantia devida e não paga,[2]mesmo que ainda indeterminado seu exato valor[3]. É assim que incidem juros, no âmbito na CISG, não apenas sobre o preço de compra das mercadorias ou valores não restituídos,

* Trata-se de versão atualizada de texto publicado anteriormente em: "SCHWENZER, Ingeborg; PEREIRA, Cesar. A. Guimarães; TRIPODI, Leandro (coordenadores). A CISG e o Brasil: Convenção das Nações Unidas para os Contratos de Compra e Venda Internacional de Mercadorias. 1. ed. São Paulo: Marial Pons; Curitiba: Federação das Indústrias do Estado do Paraná, 2015".

[1] *"Artigo 78. Se uma das partes deixar de pagar o preço ou qualquer outro valor devido, a outra parte terá direito a receber os juros correspondentes, sem prejuízo de qualquer indenização das perdas e danos exigíveis de acordo com o artigo 74".*

"Artigo 84

(1) Se o vendedor estiver obrigado a restituir o preço, deverá também reconhecer os juros correspondentes, a partir da data em que tiver ocorrido o pagamento do preço.

(2) O comprador deverá reconhecer ao vendedor o valor de todo proveito que tiver auferido com as mercadorias ou com parte delas:

(a) quando tiver de restituí-las, no todo ou em parte;

(b) quando lhe for impossível restituir a totalidade ou parte das mercadorias, ou restituí-las, no todo ou em parte, em estado substancialmente idêntico àquele em que as houver recebido, mas tiver, não obstante, declarado rescindido o contrato, ou exigido do vendedor a entrega de outras mercadorias em substituição àquelas recebidas".

[2] Ferrari, Franco, *"Uniform Application and Intrest Rates Under the 1980 Vienna Sales Convention"*, Cornell Review on the Convention on Contracts for the International Sale of Goods (1995) 3 (Pace); Gotanda, *"When Recessions Create Windfalls: The Probelms of Using Domestic Law to Fix Interest Rates under Article 78 CISG"*, 13(1) Vindobona Journal International Commercial Law and Arbitration (2009) 229; Senechal/Gotanda, *"Interest as Damages", 2008, e* Garro, Alejandro e Zuppi, Alberto, *"El cómputo de intereses en la Convención de Viena de Compraventa Internacional de Mercaderías (CISG)"*, Revista de Derecho Comercial del Consumidor y de la Empresa, 2, Abril 2011, p. 196.

[3] Landgericht Landshut (Alemanha), 05-04-1995, CISG-online 193; U.S. District Court, N.D. of New York (EUA), 07.09.1994, CISG-online 113.

mas também sobre gastos do vendedor em razão da aplicação do artigo 85, perdas decorrentes da desconformidade das mercadorias ou qualquer outro valor devido contratualmente, inclusive proveitos que deixaram de ser auferidos, multas e outras penalidades[4].

No entanto, essa regra geral não regula alguns aspectos do exercício desse direito a juros, como o período de incidência, a moeda de pagamento, a taxa e a possibilidade de juros compostos, o que difere da normatização do Direito brasileiro na matéria.

Esses juros podem ser compensatórios quando devidos como remuneração pela utilização de capital pertencente a outrem, ou moratórios, quando decorrentes do inadimplemento de determinadas obrigações pecuniárias na data prevista para o pagamento. Essa dupla finalidade dos juros está refletia na CISG em ambos os dispositivos consagrados à matéria, sendo que enquanto o artigo 84 se baseia na ideia de restituição de benefícios indevidamente recebidos ou retidos, o artigo 78 visa refletir a perda sofrida pelo credor e recolocá-lo na posição em que estaria se o pagamento tivesse ocorrido tempestivamente. Com efeito, o artigo 84 se baseia na ideia de restituição de uma quantia que o devedor usou de boa fé durante algum tempo, sem saber que teria de devolver, transformando a relação contratual original em uma relação de restituição. Na medida em que o vendedor e o comprador fizeram uso, respectivamente, do dinheiro e dos bens em um período durante o qual não estavam sob o dever de restituí-los, o cálculo dos proveitos auferido das mercadorias e dos juros sob o valor pago concentra-se na análise do que as partes restituintes ganharam ou poderiam ter ganhado. A seu turno, no artigo 78 o sujeito determinante não é devedor, mas o credor, dentro da ideia de compensação pelos prejuízos decorrentes do não cumprimento da obrigação de pagamento do preço ou de outro valor devido.

Não obstante, independentemente da análise teleológica desses dispositivos, devemos entender por juro na CISG a importância paga por unidade de tempo pelo uso do capital de terceiro, ou seja, a remuneração ou rendimento do recurso financeiro que indevidamente deixou de ser disponibilizado ao credor e que, se tivesse sido cumprido fielmente o contrato, poderia ter sido empregado pelo credor em outra atividade ou investimento, aplicando-se o princípio da reparação integral dos danos de qualquer natureza, conforme previsto no artigo 74.

[4] Opinião 14/2013 do Conselho Consultivo da CISG.

Ainda que não seja um dispositivo completo, o artigo 78 foi o melhor compromisso que os delegados de diferentes sistemas jurídicos conseguiram alcançar. O principal objetivo foi criar uma regra mínima que protegesse os contratantes contra o atraso proposital no pagamento, impedindo que o devedor se beneficiasse da disponibilidade dos recursos e, consequentemente, de altas taxas nacionais de remuneração desse capital.

Vale lembrar que as diferenças culturais, jurídicas, políticas e religiosas sobre esta matéria quase impediram a concretização de um texto convencional mínimo.[5] Se representantes de Estados de cultura islâmica se opuseram à previsão de juros, proibidos por seus Direitos, representantes de países ocidentais ameaçaram não assinar a Convenção sem a proteção dos juros. Ainda, enquanto alguns Estados, principalmente de *common law*, entendiam que normas específicas eram supérfluas, pois as perdas decorrentes da mora já podiam ser indenizadas a título de perdas e danos, outros exigiam uma norma específica para evitar, justamente, que os juros se restringissem a perdas e danos ou pudessem, assim, ser percebidos mesmo em casos de exoneração pelo artigo 79.

Sobretudo, a divergência se mantinha sobre a questão das taxas de juros e dos juros compostos, para saber, afinal, quais regras seriam aplicáveis ao custo de crédito, se aquelas do Estado do credor ou do devedor. Nesse ponto, os países socialistas não queriam uma regra que determinasse a aplicação das taxas previstas em suas leis nacionais, que eram muito reduzidas em razão de sua regulação administrativa, mas sim as taxas aplicáveis nos Estados dos devedores, em geral ocidentais, muito mais elevadas, ainda mais porque os soviéticos já pagavam estas taxas na condição de tomadores de crédito.[6]

Atualmente, mesmo os Estados cujo Direito não prevê a incidência de juros por razões religiosas têm aceitado juros moratórios e compensatórios em transações internacionais, de forma que podemos considerar que já existe um princípio geral do comércio internacional segundo o qual as partes têm direito a perceber juros, como compensação pela utilização do capital por terceiro.

De acordo com a jurisprudência dominante, o direito de perceber juros sobre o preço de compra ou qualquer outro valor devido[7] deve incluir os juros

[5] Zoccolillo Jr., Alan, *"Determination of the Interest Rate under the 1980 United Nations Convention on Contracts for the International Sale of Goods: General Principles vs. National Law"*, Vindobona Journal of International Commercial Law and Arbitration, 1997, p. 3 e s.

[6] Schlechtriem, Peter, *"Uniform Sales Law – The UN Convention on Contracts for the International Sale of Goods"*, Viena, Ed. Manz, 1986, p. 100 e s.

[7] *Oberlandesgericht Graz* (Áustria), 13/06/2013, disponível em http://www.globalsaleslaw.org/content/api/cisg/urteile/2458.pdf; *Tribunal Municipal de Pazardzik* (Bulgária), 20/12/2012, disponível

sobre as despesas que uma parte custeou em nome da outra e os reembolsos na hipótese de redução do preço, bem como os juros sobre multa contratual que não tenha sido paga, apesar da CISG não regular a aplicação de penalidades contratuais.[8]

O direito previsto no artigo 78 deve englobar, ainda, os juros incidentes sobre verbas indenizatórias a título de perdas e danos.[9] Decerto, esse dispositivo se aplica aos juros sobre perdas e danos se a obrigação violada é a de pagamento de uma soma. Todavia, essa aplicação não é tão clara a respeito de obrigações ilíquidas, ou seja, quando o exato valor da dívida não pode ser determinado pelas partes ou pelo adjudicador.[10]

De qualquer forma, como o objetivo deste dispositivo é compensar os prejuízos causados pela indisponibilidade de uma soma de dinheiro, os juros devem incidir desde o momento em que a parte deixou de dispor da soma a que fazia jus, mesmo que não seja possível determinar exatamente o *quantum* da dívida nesse momento. Nesse caso, o devedor, para diminuir ou interromper a incidência de juros, pode realizar o pagamento que entender adequado, compensando-se os valores quando for determinável o valor exato da dívida.[11]

Nessa linha, os juros devem correr imediatamente, uma vez ocorrida a perda ou prejuízo, podendo incidir sobre perdas calculadas abstratamente com base no artigo 76, por exemplo entre o preço do contrato e o preço de mercado das mercadorias no momento do inadimplemento contratual. O momento dessa perda que gera a obrigação de pagar juros pode ocorrer antes do vencimento, em caso de inadimplemento antecipado; pode coincidir com o vencimento da obrigação; ou ainda ocorrer posteriormente ao vencimento, por exemplo, na hipótese de dano superveniente causado por defeito da mercadoria ou de penalidade paga pelo comprador a terceiro em decorrência do inadimplemento do vendedor.

em http://www.cisgnordic.net/121220BG.shtml; *Tribunale de Forli* (Itália), 03/06/2012; *Juzgado de primera instancia, Instrucción no. 1 de Fuenlabrada* (Espanha), 08/03/2012, disponível em http://www.cisgspanish.com/wp-content/uploads/2013/07/fuenlabrada11mayo2012.pdf.

8 *Oberlandesgericht Hamburg* (Alemanha), 25/01/2008, disponível em http://cisgw3.law.pace.edu/cases/080125g1.html.

9 *Kantonsgericht des Kantons Zug* (Suíça), 21/10/1999, CLOUT 328, CISG-online 491; e *Handelsgericht des Kantons Zürich* (Suíça), 05/02/1997, CLOUT 214, CISG-online 327.

10 Thiele, *"Interest on Damages and Rate of Interest Under Article 78 of the U.N. Convention on Contracts for the International Sale of Goods"*, 2 Vindobona Journal of International Commercial Law and Arbitration (1990)3, p. 24 e s.

11 CCI, caso 8962/1997, CISG-online 1300; CCI, caso 8786/1997, CISG-online 749

O mesmo direito a juros é reconhecido ao comprador, pelo artigo 84(1),[12] no caso do vendedor ser obrigado a restituir o preço pago ou os proveitos obtidos com mercadoria que deveria ser restituída. Trata-se de uma *lex specialis* que derroga a aplicação do artigo 78 nessa específica situação. Tais juros tornam-se exigíveis a partir da resolução do contrato ou da redução do preço e, caso não ocorra imediatamente a restituição do valor, o devedor torna-se inadimplente, incidindo sobre a dívida os juros do artigo 78. O artigo 84 complementa o 81, a fim de esclarecer a extensão das obrigações de restituição impostas às partes num contrato que foi validamente resolvido, bem como a obrigação de restituição do comprador que invoca seus direitos previstos no artigo 46(2), com o objetivo de exigir do vendedor uma entrega substitutiva.[13]

Desse modo, o artigo 84 impõe obrigações correlatas ao vendedor, de contabilizar no preço a ser restituído os juros correspondentes, e ao comprador, de garantir ao vendedor os benefícios auferidos com as mercadorias durante o período em que elas se encontravam em sua posse.

Tais obrigações se aplicam em favor de cada parte que seja obrigada a restituir, total ou parcialmente, o que recebeu em decorrência do contrato, independentemente de qual seja a parte inadimplente, ou se ela foi ou não exonerada de sua responsabilidade.[14] A jurisprudência é farta[15] no reconhecimento do direito do comprador a juros sobre valores que o vendedor deve lhe reembolsar, por força do artigo 84(1), seja nos casos em que o comprador resolveu o contrato,[16] seja quando o vendedor o fez.[17]

Vale destacar que os juros, de um modo geral, são devidos independentemente de eles terem efetivamente incidido sobre o valor em questão, devendo-se levar em consideração o uso que uma parte poderia ter feito da soma paga à outra, visando obter uma remuneração razoável para este dinheiro.[18]

12

13 Parecer n. 9 do CISG-AC sobre as "*Consequências da Resolução*", rel. Michael Bridge, 15/11/2008.

14 *Bezirksgericht Saane* (Suíça), 20/02/1997, disponível em http://cisgw3.law.pace.edu/cases/970220s1.html.

15 Uncitral Digest, 2012, artigo 84, p. 415.

16 CCI, caso 9978/1999 e caso 6653/1993, CLOUT 103; *Schiedsgericht der Hamburger freundschaftlichen Arbitrage* (Alemanha), 29/12/1998, CLOUT 293; Cietac (China), 30/10/1991, Unilex; e *Cantone del Ticino Tribunale d'appello* (Suíça), 15/01/1998, CLOUT 253

17 *Berzirksgericht der Sanne* (Suíça), 20/02/1997, CLOUT 261; *Oberlandesgericht München* (Alemanha), 08/02/1995, CLOUT 133.

18 CCI, caso 6653, 25/03/1993, disponível em http://cisgw3.law.pace.edu/cases/936653i1.html; e *Handelsgericht des Kantons Zürich* (Suíça), 05/02/1997, CLOUT 214.

Por isso mesmo, a responsabilidade pelo pagamento de juros é objetiva, como as demais obrigações decorrentes do não cumprimento específico do contrato previstas na CISG. A obrigação de pagar juros é baseada, portanto, em uma presunção absoluta de que o devedor investiu o dinheiro ou se beneficiou dele de alguma outra forma, pois um comerciante ponderado e diligente não deixaria o dinheiro se desvalorizar.

1. Responsabilidade objetiva e requisitos

Para que o direito aos juros possa ser exercido é necessário, tão-somente, que o devedor não tenha cumprido sua obrigação de pagamento na data estipulada no contrato[19] ou, ausente tal especificação, na data definida de acordo com a Convenção.[20]

O exercício do direito pelo credor independe de notificação formal ou mesmo de qualquer tipo de cobrança ou lembrança.[21] Como consequência, os juros começam a incidir, em princípio, imediatamente após o devedor estar em atraso, não sendo necessário constituí-lo em mora, ao contrário do que exigem alguns ordenamentos jurídicos, como o brasileiro. Da mesma forma, os juros sobre perdas e danos começam a incidir no momento em que eles são devidos, independentemente de sua cobrança.[22]

[19] *Kantongsgericht Zug*, (Suíça), 14/12/2009, disponível em http://globalsaleslaw.com/content/api/cisg/urteile/2026.pdf, e 27/11/ 2008, disponível em http://cisgw3.law.pace.edu/cases/081127s1.html; e *Landgericht München* (Alemanha), 18/05/2009, disponível em http://globalsaleslaw.com/content/api/cisg/urteile/1998.pdf.

[20] Aplicando o artigo 58 para determinar o momento em que o pagamento é devido: *Handelsgericht Bern* (Suíça), 17/08/2009, disponível em http://globalsaleslaw.com/content/api/cisg/urteile/1995.pdf; *District Court in Dolny Kubin* (Eslováquia), 17/07/2008, disponível em http://cisgw3.law.pace.edu/cases/080617k1.html; Corte Suprema da Eslováquia, 03/04/2008, disponível em http://cisgw3.law.pace.edu/cases/080403k1.html; e *Oberlandesgericht Hamburg* (Alemanha), 25/01/2008, disponível em http://cisgw3.law.pace.edu/cases/080125g1.html.

[21] *Polimeles Protodikio Athinon* (Grécia), 2009 (N. 4505/2009), disponível em http://cisgw3.law.pace.edu/cases/094505gr.html; *Handelsgericht Aargau* (Suíça), 26/11/2008, disponível em http://cisgw3.law.pace.edu/cases/081126s1.html; *Tribunal Cantonal du Valais* (Suíça), 27/04/2007, CLOUT 934; *Oberlandesgericht Köln* (Alemanha), 03/04/2006, disponível em http://cisgw3.law.pace.edu/cases/060403g1.html; *Rechtbank van Koophandel Hasselt* (Bélgica), 20/09/2005, disponível em http://cisgw3.law.pace.edu/cases/050920b1.html.

[22] *Kantonsgericht des Kantons Zug* (Suíça), 21/10/1999, CLOUT 328; e *Handelsgericht des Kantons Zürich* (Suíça), 05/02/1997, CLOUT 214.

Ademais, como referido, o direito a juros independe de qualquer prejuízo causado ao credor, podendo-se exercê-lo sem qualquer prova de que danos tenham sido causados pelo atraso no pagamento.[23] Importante ressaltar, por fim, que a obrigação de pagar juros não está sujeita à exoneração de responsabilidade prevista no artigo 79.[24] Com efeito, por não se tratar de uma indenização, o exercício do direito aos juros independe de saber se o devedor pode justificar o atraso no pagamento, de acordo com o artigo 79.[25]

2. Relação com as perdas e danos

Como dispõe expressamente o artigo 78, o direito a juros sobre os montantes em atraso não prejudica qualquer pretensão do credor de receber indenização por perdas e danos, nos termos do artigo 74.[26]

Desse modo, ao invés de fundamentar o pedido exclusivamente nos artigos 78 e 84(1),[27] as partes podem optar por reivindicar juros exclusivamente a título de perdas e danos, no sentido do artigo 74. Ou, ainda, reivindicar perdas e danos em acréscimo aos juros do artigo 78, no que concerne os danos que excederem a taxa de juros utilizada.[28] Para tanto, o credor deve provar que os juros moratórios não compensam toda sua perda decorrente do atraso no pagamento ou, ainda, que ele sofreu perda por custo de oportunidade em razão de não poder utilizar o recurso para um investimento ou atividade lucrativa. Pode o credor requerer a título de perdas e danos, ademais, a diferença entre os juros incidentes nos termos da CISG e os juros que teve que pagar a uma instituição financeira por empréstimo contraído para honrar seus

[23] *Polimeles Protodikio Athinon* (Grécia), nº 4505/2009, disponível em http://cisgw3.law.pace.edu/cases/094505gr.html; e *Oberlandesgericht Frankfurt a.M.* (Alemanha), 18/01/1994, CLOUT 79.

[24] *Cámara Nacional de Apelaciones en lo Comercial de Buenos Aires* (Argentina), 07/10/2010, disponível em http://turan.uc3m.es/uc3m/dpto/PR/dppr03/cisg/sargen18.htm.

[25] *Amtsgericht Willisau* (Suíça), 12/03/2004, CLOUT 893.

[26] *Cámara Nacional de Apelaciones en lo Comercial de Buenos Aires* (Argentina), 07/10/2010, disponível em http://turan.uc3m.es/uc3m/dpto/PR/dppr03/cisg/sargen18.htm.; *Kantongsgericht Zug* (Suíça), 14/12/2009, disponível em http://globalsaleslaw.com/content/api/cisg/urteile/2026.pdf; *Suprema Corte da Eslováquia*, 17/09/2008, disponível em http://cisgw3.law.pace.edu/cases/080917k1.html; *Congrád County Court* (Hungria), 06/06/2007, disponível em http://cisgw3.law.pace.edu/cases/070606h1.html; *Hof van Beroep Antwerpen* (Bélgica), 24/04/2006, disponível em http://cisgw3.law.pace.edu/cases/060424b1.html; CCI, caso 8962/1997, disponível em www.Unilex.info/case.cfm?pid=1&do=case&id=464&step=FullText.

[27] *Handelsgericht des Kantons Zürich* (Suíça), 10/07/1996, CISG-online 227.

[28] *Amtsgericht Oldenburg* (Alemanha), 24/04/1990, CISG-online 20.

compromissos ou refinanciar seu negócio, diante da indisponibilidade dos recursos causada pelo não pagamento do devedor.[29]Embora algumas decisões tenham aplicado juros como complemento às perdas e danos previstas nos artigos 74 e seguintes, a reivindicação de juros é absolutamente independente de qualquer pedido de indenização. Nesse sentido, não é necessário provar que a falta de pagamento causou um prejuízo separado para que possa se aplicar os artigos 78 ou 84(1).

Por conseguinte, a exoneração do artigo 79 não se aplica em relação aos juros. Contudo, se o atraso ou falta de pagamento forem causados por uma ação ou omissão do credor, o artigo 80 se aplicará para isentar o devedor de sua responsabilidade pelos juros. Isso levou um tribunal arbitral a afirmar que o objetivo do artigo 78 é introduzir a distinção entre juros e prejuízos.[30]

Desse modo, para que uma parte obtenha uma indenização por perdas e danos adicional aos juros, ela deverá preencher todas as exigências do artigo 74,[31] recaindo sobre ela o ônus de provar a satisfação de todos esses requisitos.[32]

A propósito, o Parecer n. 6 do Conselho Consultivo da CISG sustenta que o artigo 74 reflete o princípio geral da reparação integral, embora esse princípio esteja submetido à comprovação dos requisitos previstos no artigo 74, notadamente a previsibilidade das consequências da violação contratual e a adoção de medidas razoáveis para a mitigação das perdas, nos termos do artigo 77.

Na prática, diante das lacunas da CISG na matéria, muitas vezes é preferível fundamentar o pedido de juros, sejam eles moratórios ou compensatórios, no artigo 74, desde que o credor possa comprovar a satisfação dos requisitos exigidos por este dispositivo. Além dos juros, as perdas e danos podem incluir os encargos financeiros despendidos em razão da indisponibilidade dos recursos não pagos na data prevista, tendo o credor que recorrer a empréstimos

[29] *Bundesgericht (Suíça)*, 28/10/1998, CISG-online 413; CCI (No. 7197), 01/01/1992, CISG-online 36; *Handelsgericht Wien (Áustria)*, 03/05/2007, CISG-online 1783; *Oberlandesgericht Hamburg (Alemanda)*, 25/01/2008, CISG-online 1681; *Handelsgericht des Kantons Zürich* (Suíça), 10/07/1996, CISG-online 227.

[30] CCI caso 7585/1992, CLOUT 301.

[31] *Kantonsgericht des Kantons Zug* (Suíça), 25/02/1999, CLOUT 327; e *Landgericht Oldenburg* (Alemanha), 09/11/1994, *Recht der internationalen Wirtschaft*, 1996, 65.

[32] A parte lesada deve provar os danos causados pela indisponibilidade de seu capital: *Kantongsgericht Zug* (Suíça), 14/12/2009, disponível em http://globalsaleslaw.com/content/api/cisg/urteile/2026.pdf; *Oberlandesgericht Düsseldorf* (Alemanha), 22/07/2004, disponível em http://cisgw3.law.pace.edu/cases/040722g1.html; e *Landgericht Darmstadt* (Alemanha), 09/05/2000, CLOUT 343.

bancários ou outro tipo de recursos de terceiros,[33] bem como a perda da renda que o credor teria obtido com o investimento do valor em atraso.[34]

Fato é que a Convenção é silente sobre a forma de cálculo dos juros, principalmente sobre o período de incidência, a taxa, a possibilidade de juros compostos e a moeda de pagamento dos juros, o que levou a doutrina e a jurisprudência a adotar posições diversas sobre as regras aplicáveis a esse cálculo, alguns sustentando a aplicação ampliativa da CISG e outros do Direito interno competente segundo as regras de conflito, além de outros critérios excepcionais.

3. Período de incidência

Como o texto da Convenção não prevê o período no qual os juros incidem sobre a dívida em aberto, coube à jurisprudência estabelecer esse intervalo.

Alguns tribunais consideraram que a matéria devia ser regida pelo Direito interno aplicável segundo as regras de conflito. No entanto, isso poderia conduzir a soluções distintas e contraditórias, dependendo da lei aplicável, quando é, na realidade, perfeitamente possível estabelecer, com base nos princípios que inspiram a CISG, a obrigação de pagamento desde a ocorrência do prejuízo e sua adaptação a situações excepcionais.

Por exemplo, em Estados como a Inglaterra, os juros incidem desde o momento em que o pagamento é devido ou deveria ter sido efetuado.[35] Já nos Estados Unidos, podemos encontrar todos os tipos de soluções, dependendo do Estado federado envolvido, havendo, inclusive, legislações que concedem ao juiz a discricionariedade de determinar, caso a caso, quando os juros começam a incidir.

Em outros ordenamentos jurídicos de tradição civilista, como o alemão, o italiano e o suíço, há necessidade de constituição em mora do devedor para que os juros comecem a incidir sobre a dívida. Nesse caso, sem o requerimento de pagamento, o devedor pode entender que o credor não sofreu qualquer

[33] *Cámara Nacional de Apelaciones en lo Comercial de Buenos Aires* (Argentina), 07/10/2010, disponível em http://turan.uc3m.es/uc3m/dpto/PR/dppr03/cisg/sargen18.htm; *Kantongsgericht Zug* (Suíça), 14/12/2009, disponível em http://globalsaleslaw.com/content/api/cisg/urteile/2026.pdf; *Oberlandesgericht Hamburg* (Alemanha), 25/01/2008, disponível em http://cisgw3.law.pace.edu/cases/080125g1.html; e *Bundesgericht* (Suíça), 28/10/1998, CLOUT 248.

[34] *Amtsgericht Oldenburg in Holstein* (Alemanha), 24/04/1990, CLOUT 7.

[35] Law Reform, Miscellaneous Provisions, Act 1934 s3.

prejuízo com a demora ou que lhe concedeu a permissão para postergar o pagamento.

Nesse ponto, entendemos que o Direito brasileiro, no artigo 397 do Código Civil,[36] estabelece uma regra bastante justa e apropriada, inclusive para transações internacionais, distinguindo entre as obrigações cujos termos são definidos ou indefinidos.

Enfim, não podemos esquecer que a Convenção prevê no artigo 7º(2) que ela deve ser interpretada à luz de seu caráter internacional e da necessidade de se promover a uniformidade de sua aplicação. Assim, nos parece mais adequado resolver a questão com base nos princípios e dispositivos da CISG, considerada como um todo. Nesse ponto, os princípios gerais mais aplicados na determinação do período de incidência dos juros são os da reparação integral, da razoabilidade[37] e do enriquecimento indevido, nos termos do artigo 84. Essa solução permite manter a uniformidade da aplicação da Convenção em todos os Estados membros, com maior segurança jurídica e tratamento equitativo aos comerciantes de diferentes origens.

Por isso, tendo em vista o claro objetivo da CISG de compensar integralmente os prejuízos causados pela indisponibilidade de uma soma de dinheiro, os juros devem incidir desde o momento em que o contratante deixou de dispor da soma a que fazia jus, mesmo que não seja possível determinar exatamente o *quantum* da dívida nesse momento. Nesse caso, o devedor, para diminuir ou interromper a incidência de juros, pode realizar o pagamento que entender adequado, com apoio no artigo 76, compensando-se os valores quando for determinável o valor exato da dívida.[38] Essa solução deriva do princípio da reparação integral, previsto no artigo 74, e da exigência de pagamento na data prevista no contrato ou definida de acordo com a Convenção, por força do artigo 59. Desse modo, como regra geral, os juros incidem a partir da data em que o desembolso de qualquer quantia deveria ter sido efetuado, sem a necessidade de qualquer requerimento formal por parte do credor.

Assim, como referido, o momento da perda que gera a obrigação de pagar juros pode ocorrer antes do vencimento da obrigação contratual de pagamento, em caso de inadimplemento antecipado; pode coincidir com o vencimento da obrigação; ou ainda ocorrer posteriormente ao vencimento, como,

[36] *"Art. 397. O inadimplemento da obrigação, positiva e líquida, no seu termo, constitui de pleno direito em mora o devedor.*
Parágrafo único. Não havendo termo, a mora se constitui mediante interpelação judicial ou extrajudicial."

[37] Cietac (China), CISG 2002/02, CISG-online 1528.

[38] CCI, caso 8962/1997, CISG-online 1300; CCI, caso 8786/1997, CISG-online 749

por exemplo, na hipótese de dano superveniente causado por defeito da mercadoria ou de penalidade paga pelo comprador a terceiro em decorrência do inadimplemento do vendedor.

Se não há data de pagamento especificada no contrato, os juros moratórios devem incidir a partir do momento em que o pagamento torna-se devido, nos termos do artigo 58. Não prevendo a Convenção regra específica, como no caso de perdas e danos, o prazo de pagamento deve ser aquele em que o crédito torna-se exigível.

Esse descumprimento do prazo de pagamento é o único requisito para que os juros incidam. O próprio texto do artigo 78 dispõe que uma parte terá direito aos juros se a outra "deixar de pagar o preço ou qualquer outro valor devido", pressupondo-se que a partir desse inadimplemento os juros começam a incidir sobre o valor da dívida.

Igualmente, os juros incidem sobre créditos de restituição, com fundamento na redução do preço, a partir do momento em que o preço de compra foi pago, em conformidade com o disposto no artigo 84(1),[39] e não do momento da violação da obrigação de entrega das mercadorias.[40] O mesmo ocorre se o pagamento tiver sido efetuado por um garantidor, como um banco, em nome do vendedor, tendo o comprador direito de perceber juros a partir da data em que o garantidor realizou o pagamento.[41]

Embora a Convenção não defina quando o pagamento é considerado efetuado, devemos considerar que ele ocorreu no momento a partir do qual o vendedor pôde começar a receber juros sobre o valor pago pelo comprador. Ocorrendo transferência de recursos para uma conta escolhida pelo vendedor, o pagamento deve ser considerado como tendo sido efetuado quando o vendedor puder perceber remuneração sobre esses valores depositados em sua conta.

[39] Cietac (China), 18/04/2008, disponível em http://cisgw3.law.pace.edu/cases/080418c1.html; *Cantone del Ticino Tribunale d'appello* (Suíça), 15/01/1998, CLOUT 253; *Handelsgericht des Kantons Zürich* (Suíça), 05/02/1997, CLOUT 214; CCI, caso n° 7660/1994, CLOUT 302; *Schiedsgericht der Hamburger freundschaftlichen Arbitrage* (Alemanha), 29/12/1998, CLOUT 293; e *Cour d'appel Paris* (França), 14/01/1998, CLOUT 312.

[40] *Tribunal of International Commercial Arbitration at the Russian Federation Chamber of Commerce and Industry* (Rússia), n° 135/2002, 16/06/2003, disponível em http://cisgw3.law.pace.edu/cases/030616r1.html.

[41] *Cour d'appel Aix-en-Provence* (França), 21/11/1996, Unilex; e *Cour de Cassation* (França), 26/05/1999, CLOUT 315.

Na hipótese de uma resolução parcial do contrato, os juros são devidos desde o momento em que o comprador pagou pelas mercadorias objeto da parcela contratual resolvida.[42]

Vimos que o vendedor deve reconhecer o direito do comprador aos juros ainda que ele não os tenha efetivamente recebido, havendo uma presunção de que os valores pagos pelo comprador foram remunerados enquanto estiveram à disposição do vendedor. Porém, este não é obrigado a pagar juros ao comprador antes de ele próprio ter percebido tais valores, podendo demonstrar que ele somente se beneficiou da transferência algum tempo depois. Ele poderá provar, assim, que não poderia contabilizar tais valores até certa data sem pagar juros ao banco, ou que não era possível perceber juros sobre os mesmos valores antes de determinada data.[43]

Por outro lado, o artigo 84(1) não traz qualquer elemento para definir a data em que os juros cessam de incidir. Na ausência de regra convencional, a jurisprudência decidiu que os juros incidem até o momento em que o preço foi efetivamente restituído,[44] em conformidade com o caráter restituitório da obrigação prevista neste dispositivo. A propósito, um tribunal arbitral russo definiu, de forma equivocada, que os juros incidiam até a data de início do procedimento arbitral de cobrança da dívida do vendedor.[45]

Mais complexa é a hipótese em que a restituição simultânea é indevidamente retardada em razão da conduta do comprador. Entendemos que o vendedor deve reconhecer juros ao comprador também neste caso, uma vez que ele geralmente não sofrerá qualquer dano em decorrência do atraso do comprador. Todavia, se ele efetivamente sofrer prejuízos em razão do atraso do comprador, e perceber pouco ou nenhum juro durante o período de dito atraso, essas perdas poderão ser refletidas numa eventual redução do valor a restituído ao comprador, de acordo com o artigo 81, ou a título de perdas e danos, nos termos do artigo 74.

[42] CCI, caso 6653/1993, CLOUT 103; e *Cour d'appel de Paris* (França), 06/04/1995, Unilex.

[43] Bridge, in Kröll, Stefan, Mistelis, Loukas, Perales Viscasillas, Maria del Pilar (org), *UN Convention on Contracts for the International Sale of Goods (CISG)*, Ed. C.H. Beck – Hart – Nomos, 2011, p. 1145.

[44] *Tribunal of International Commercial Arbitration at the Russian Federation Chamber of Commerce and Industry* (Rússia), n. 1/1993, 15/04/1994, disponível em http://cisgw3.law.pace.edu/cases/940415r1.html; e *Pretura circondariale Parma* (Itália), 24/11/1989, disponível em http://cisgw3.law.pace.edu/cases/891124i3.html.

[45] *Tribunal of International Commercial Arbitration at the Russian Federation Chamber of Commerce and Industry* (Rússia), n. 100/2002, 19/05/2004, disponível em http://cisgw3.law.pace.edu/cases/040519r1.html.

4. Taxa de juros

Por óbvio, as partes podem livremente pactuar as questões relacionadas com a incidência de juros, inclusive a taxa aplicável, desde que não violem a ordem pública do direito nacional aplicável à matéria[46]. Podem, outrossim, prever o direito aplicável ao contrato, o qual naturalmente regerá também a incidência de juros. Ou prever um local perfeitamente determinável de pagamento, o que pode, diante das circunstâncias concretas, ser interpretado como a escolha do direito aplicável aos juros incidentes na hipótese de não pagamento. A taxa de juros pode ser regulada, ainda, por qualquer prática, uso ou costume (artigo 9º) aos quais as partes estejam vinculadas, expressa ou tacitamente, de acordo com os termos do contrato e sua conduta.[47]

A questão torna-se mais complexa na ausência de escolha pelas partes, ainda que tácita, da taxa de juros. Isso porque, ao mesmo tempo em que os artigos 78 e 84(1) previram um direito geral a juros,[48] eles propositalmente deixaram de regular a taxa a ser aplicada.[49] Por isso a doutrina considera esses dispositivos simplesmente como o melhor compromisso a que puderam chegar os redatores da Convenção entre os diferentes sistemas jurídicos ali representados,[50] não tendo sido possível alcançar um denominador comum sobre qualquer elemento referente à taxa de juros, atribuindo-se à jurisprudência a definição das regras que devem sanar essa lacuna.

[46] *Cámara Nacional de Apelaciones en lo Comercial de Buenos Aires* (Argentina), 07/10/2010, disponível em http://turan.uc3m.es/uc3m/dpto/PR/dppr03/cisg/sargen18.htm; *Hof van Beroep Antwerpen* (Bélgica), 24/04/2006, disponível em http://cisgw3.law.pace.edu/cases/060424b1.html; *Tribunal of International Commercial Arbitration at the Russian Federation Chamber of Commerce and Industry* (Rússia), 07/04/2006, disponível em http://cisgw3.law.pace.edu/cases/060407r1.html; e *Hof van beroep Antwerpen* (Bélgica),04/11/1998, CLOUT 1018;

[47] *Landgericht Bamberg* (Alemanha), 23/10/2006, disponível em http://cisgw3.law.pace.edu/cases/061023g1.html; e *Landgericht Saarbrücken* (Alemanha), 01/06/2004, CLOUT 590.

[48] *Landgericht München* (Alemanha), 15/03/2012, disponível em http://cisgw3.law.pace.edu/cases/120315g1.html; e Ningbo Intermediate People's Court (China) 29/07/2011, disponível em http://cisgw3.law.pace.edu/cases/110921c1.html; *Kantongsgericht Zug* (Suíça), 14/12/2009, disponível em http://globalsaleslaw.com/content/api/cisg/urteile/2026.pdf.

[49] *Oberlandesgericht Saarbrücken* (Alemanha), 12/05/2010, disponível em www.globalsaleslaw.org/content/api/cisg/urteile/2155.pdf; *U.S. District Court, New Jersey* (EUA), 15/04/2009, disponível em http://cisgw3.law.pace.edu/cases/090415u1.html; e CCI, caso 11849/2003, disponível em http://cisgw3.law.pace.edu/cases/031849i1.html.

[50] *Handelsgericht des Kantons Zürich* (Suíça), 09/09/1993, CLOUT 97; e CCI, caso 8128/1995, disponível em www.Unilex.info/case.cfm?pid=1&do=case&id= 207&step=FullText.

Contudo, os tribunais não conseguiram, até o momento, harmonizar seus entendimentos. Efetivamente, a falta de uma orientação específica para a definição da taxa de juros tem levado tribunais a adotarem critérios bastante diversos e desiguais, muitas vezes ignorando a CISG e o direito aplicável segundo as regras de direito internacional privado.

Por exemplo, em relação aos juros previstos no artigo 78, alguns tribunais têm aplicado o Direito interno do Estado do credor, independentemente de qual Direito é aplicável segundo as regras de Direito Internacional Privado.[51] Outros têm aplicado o Direito do local do estabelecimento do devedor[52] ou a taxa de juros prevista na *lex fori*.[53] Ademais, algumas cortes têm suprido esta lacuna mediante a aplicação do artigo 9.º da CISG, determinando a taxa de juros em função de supostos usos e costumes comerciais relevantes.[54] Outras têm recorrido aos Princípios Unidroit (artigo 7.4.9)[55] ou aos Princípios Europeus do Direito dos Contratos (artigo 9:508).[56] Há, ainda, tribunais que se referem a uma taxa comercialmente razoável,[57] tal como 8% superior à taxa de empréstimo do Banco Central do Estado cujo Direito é aplicável ao contrato,[58] a taxa anual para empréstimos bancários,[59] a taxa de juros do Banco Central

[51] *Rechtbank van Koophandel Hasselt* (Bélgica), 20/09/2005, disponível em http://cisgw3.law.pace.edu/cases/050920b1.html; *Bezirksgericht Arbon* (Suíça), 09/12/1994, disponível em www.Unilex.info/case.cfm?pid=1&do=case&id=172&step=FullText; e *Landgericht Frankfurt a.M.* (Alemanha) 16/09/1991, CLOUT 6. Contra: *Landgericht Kassel* (Alemanha), 22/06/1995, disponível em www.Unilex.info/case.cfm?pid=1&do=case&id=143&step=FullText.

[52] *Cour de Justice de Genève* (Suíça), 12/05/2006, CLOUT 911; *Landgericht Heidelberg* (Alemanha), 02/11/2005, disponível em http://cisgw3.law.pace.edu/cases/051102g1.html; *Landgericht Berlin* (Alemanha), 21/03/2003, CLOUT 634; e *Kantonsgericht Waadt* (Suíça), 11/03/1996, CLOUT 211.

[53] *U.S. District Court, Northern District of New York* (EUA), 09/09/1994, CLOUT 85.

[54] *Rechtbank van Koophandel Ieper* (Bélgica), 29/01/2001, disponível em http://cisgw3.law.pace.edu/cases/010129b1.html; CCI, caso 6653/1993, CLOUT 103; e *Juzgado Nacional de Primera Instancia en lo Comercial n. 10 de Buenos Aires* (Argentina), 06/10/1994, disponível em www.Unilex.info/case.cfm?pid=1&do=case&id=178&step=FullText.

[55] Cietac (China), 02/09/2005, disponível em http://cisgw3.law.pace.edu/cases/050902c1.html; Corte Suprema da Bielorússia, 20/05/2003, CLOUT 499; e *Internationales Schiedsgericht der Bundeskammer der gewerblichen Wirtschaft–Wien* (Áustria), 15/06/1994, CLOUT 93 e 94.

[56] CCI caso 8128/1995, CISG-online 526; e caso 8769/1996, CISG-online 775.

[57] Cietac (China), 18/04/2003, disponível em http://cisgw3.law.pace.edu/cases/030418c1.html; e CCI, caso 8769/1996, disponível em www.Unilex.info/case.cfm?pid=1&do=case&id=397&step=FullText.

[58] *Landgericht Köln* (Alemanha), 05/12/2006, disponível em http://cisgw3.law.pace.edu/cases/061205g1.html.

[59] Cietac (China), nov/2006, disponível em http://cisgw3.law.pace.edu/cases/061100c1.html.

Europeu,[60] o dobro da taxa de juros da taxa de descontos para dívidas praticada pelo Banco Central,[61] a taxa London Interbank Offered Rate (Libor),[62] a Libor acrescida de 2%[63] ou de 10%[64] ao ano, bem como a taxa Euribor.[65] Alguns tribunais norte-americanos têm aplicado o critério de razoabilidade para aplicar diferentes taxas de juros praticadas naquele país, atribuindo-se a mais ampla discricionariedade para definir o que entendem como taxa razoável para cada caso[66]. No Brasil, em recente julgado, o Tribunal de Justiça de Santa Catarina, diante da ausência de previsão pelas partes, fundamentou a aplicação de juros diretamente no artigo 397 do Código Civil brasileiro, bem como na doutrina e na jurisprudência nacionais, sem se referir à CISG ou ao direito que seria aplicável segundo as regras de conflito de leis.[67]

Também em relação ao artigo 84(1), decisões esparsas têm adotado outros critérios, como a taxa vigente no estabelecimento do comprador[68] ou a taxa aplicável à moeda em que a restituição do preço tivesse de ser feita, sob o argumento de que esses critérios refletiriam o uso que o comprador poderia ter tido do dinheiro.[69]

[60] *Foreign Trade Court of Arbitration attached to the Serbian Chamber of Commerce* (Sérvia), 30/10/2006, disponível em http://cisgw3.law.pace.edu/cases/061030sb.html.

[61] Corte Distrital de Nitra (Eslováquia), 27/06/2006, disponível em http://cisgw3.law.pace.edu/cases/060627k1.html.

[62] Cietac (China), n. CISG/2007/05, disponível em http://cisgw3.law.pace.edu/cases/070100c1.html; *Handelsgericht Bern* (Suíça), 22/12/2004, disponível em http://cisgw3.law.pace.edu/cases/041222s1.html; e CCI, caso 8908/1998, disponível em www.Unilex.info/case.cfm?pid=1&do=case &id=401&step=FullText.

[63] *Tribunal of International Commercial Arbitration at the Russian Federation Chamber of Commerce and Industry* (Rússia), 27/07/1999, disponível em http://cisgw3.law.pace.edu/cases/990727r1.html.

[64] *Arbitral Tribunal at the Bulgarian Chamber of Commerce and Industry* (Bulgária), 12/03/2001, disponível em http://cisgw3.law.pace.edu/cases/010312bu.html.

[65] *Foreign Trade Court of Arbitration attached to the Serbian Chamber of Commerce* (Sérvia), 16/03/2009, disponível em http://cisgw3.law.pace.edu/cases/090316sb.html; e 23/01/2008, CLOUT 1022.

[66] *U.S. District Court for the Southern District of New York (EUA)*, 23/08/2016, CISG-online 1667, 2016 WL 4532911 (taxa aplicável a dívidas tributárias); *Supreme Court of the State of New York*, (EUA) 21/02/2017, CISG-online 2866 (taxa do local do inadimplemento, que era o mesmo do foro).

[67] TJSC, Ap. Civ. n. 0305428-39.2014.8.24.0038, Rel. Des. Luiz Zanelato, j. 9/5/2019. Ver comentário de KUYVEN, Fernando e PIGNATTA, Francisco. Caso Lindner - Liberdade de forma na CISG, disponível em https://d9fb7405-82b7-4d54-ab34-81a2a7516b0f.filesusr.com/ugd/932f9c_b3175ccc-05c84d2a83b52f21968a70b2.pdf

[68] *Tribunal of International Commercial Arbitration at the Russian Federation Chamber of Commerce and Industry* (Rússia), n. 99/2002, 16/04/2003, disponível em http://cisgw3.law.pace.edu/cases/030416r1.html; e Cietac (China), 30/11/1998, disponível em http://cisgw3.law.pace.edu/cases/981130c1.html.

[69] CCI, caso 6653/1993, CLOUT 103, prevendo taxa Libor, revertida, posteriormente, por não terem a as partes sido ouvidas sobre a taxa aplicável, pela *Cour d'appel Paris* (França), 06/04/1995, disponível em http://cisgw3.law.pace.edu/cases/950406f1.html.

De modo mais consistente com a internacionalidade do contrato e a necessidade de uniformidade da aplicação da CISG, algumas cortes têm considerado que a taxa de juros é regida, mas não regulada pela Convenção,[70] de modo que poderia-se solucionar a questão com o emprego dos princípios gerais que a inspiram. No entanto, como veremos adiante, essa solução não é a mais adequada.

A propósito, numa decisão arbitral sérvia considerou-se que não havia necessidade de se examinar o pedido do vendedor à luz de qualquer lei nacional, mas sim verificar se ele satisfaz os requisitos do artigo 7.º da Convenção, uma vez que a questão das taxas de juros é regida, mas não regulada pela CISG. Portanto, a taxa deveria ser determinada de acordo com os princípios subjacentes à CISG. Nessa linha, se um dos princípios da CISG é o da reparação integral, outro princípio determina que a compensação não deve colocar o credor em uma posição melhor do que aquele que ele estaria se o contrato tivesse sido executado. Assim, o Tribunal considerou que a fim de determinar a exata taxa local (Sérvia) de conversão para o euro, não se deve recorrer a lei sérvia, uma vez que ela regula e é apropriada apenas para determinar a taxa da moeda local, e resultaria em compensação excessiva se aplicada a valores em euros. Assim, seria mais adequado aplicar para a moeda de pagamento a taxa de juros usada regularmente para a poupança, como os depósitos de curto prazo em moeda estrangeira nos bancos de primeira linha no local de pagamento, Sérvia, pois ela representa uma taxa aplicada a investimentos de baixo risco.[71]

Nesse contexto, os princípios gerais mais aplicados na determinação da taxa de juros são os da reparação integral, da razoabilidade[72] e do enriquecimento indevido. Ao aplicar estes princípios, muitos têm sustentado que a taxa de juros deve ser equivalente àquela prevista no mercado do Estado da moeda de pagamento (*monetae lex*).[73]

[70] CCI, caso 7585/1992, CLOUT 301, *Journal du droit international*, 1995, p. 1015; *Internationales Schiedsgericht der Bundeskammer der gewerblichen Wirtschaft–Wien* (Áustria), 15/06/1994, CLOUT 93 e 94.

[71] *Foreign Trade Court of Arbitration attached to the Serbian Chamber of Commerce* (Sérvia), 28/01/2009, CLOUT 1020. No mesmo sentido, *Tribunal of International Commercial Arbitration at the Russian Federation Chamber of Commerce and Industry* (Rússia), 15/11/2006, disponível em http://cisgw3.law.pace.edu/cases/061115r2.html. Pela aplicação, simplesmente, da taxa de juros prevista no local de pagamento: *Kantonsgericht Nidwalden* (Suíça), 03/12/1997, CLOUT 220; *Rechtbank Almelo* (Holanda), 09/08/1995, *Nederlands Internationaal Privaatrecht*, 1995, 686; e CCI, caso 7153/1992, CLOUT 26.

[72] Cietac (China), CISG 2002/02, CISG-online 1528.

[73] *Audiencia Provincial de Alicante* (Espanha), 24/04/2009, disponível em www.globalsaleslaw.org/content/api/cisg/urteile/2086.pdf; *Foreign Trade Court of Arbitration attached to the Serbian Chamber of Commerce* (Sérvia), 05/01/2009, disponível em http://cisgw3.law.pace.edu/cases/090105sb.html;

Em outro caso, com fundamento no princípio geral de reparação integral, aplicou-se a Lei do Estado do credor, pois foi ele quem teve que pedir dinheiro emprestado para substituir os valores em atraso.[74]

Essa também é a posição do Conselho Consultivo da CISG, manifestada na Opinião n. 14, no sentido de aplicar o direito do local onde o credor tem seu estabelecimento comercial para a definição dos juros, sob a premissa de que "na grande maioria dos casos é possível pressupor que o credor investiria o dinheiro no lugar de seu estabelecimento, ou que tomaria um empréstimo neste lugar para refinanciar seu negócio".

No entanto, entendemos que essa não é a melhor solução, pois gera insegurança jurídica ao contrariar o que dispõe o artigo 7(2) da CISG, na medida em que a questão propositalmente não foi regida nem regulada pela Convenção, e não é possível dirimi-la segundo os princípios gerais que inspiram a CISG. Aliás, o Conselho Consultivo não se fundamenta em tais princípios para propor sua solução, mas apenas numa presunção de comportamento do credor para a apuração de seus prejuízos.

Trata-se de uma solução pouco adotada por tribunais nacionais e que não tem nenhuma indicação de que possa em geral funcionar na prática ou mesmo contribuir para uma solução uniforme, como busca a referida proposta. Ao contrário, ela pode gerar insegurança jurídica nas relações comerciais entre contratantes que até hoje confiaram na aplicação da *lex contractus* em situações como essa, em respeito ao artigo 7(2).

Entendemos louvável a busca por um critério uniforme, mas ela nem sempre é possível na prática, sobretudo quando há o risco de impactar a segurança jurídica e o equilíbrio encontrado pela CISG entre regras uniformes e respeito às divergências entre os sistemas jurídicos nacionais, refletidas de forma singular na questão da taxa de juros.

Diante disso, entendemos que a solução que traz maior segurança jurídica e é mais consentânea com o sistema adotado pela CISG (art. 7º) é a aplicação da *lex contractus* – direito nacional aplicável de acordo com as regras de direito internacional privado – tendo em vista a ausência de consenso mínimo entre os Estados sobre a taxa de juros, refletida na ausência de regência e de regulação da matéria pela CISG, assim como pela inexistência na Convenção de

Rechtbank van Koophandel Ieper (Bélgica), 18/02/2002, disponível em http://cisgw3.law.pace.edu/cases/010425b1.html; *Arbitration Court attached to the Hungarian Chamber of Commerce and Industry* (Hungria), 05/12/1995, CLOUT 164.

[74] Cietac (China), CISG/2005/2, disponível em http://cisgw3.law.pace.edu/cases/051000c1.html#iv; e CCI, caso 7331/1994, CLOUT 303.

princípios que possam regular adequadamente essa questão tão controvertida entre os diferentes sistemas jurídicos.

É nessa linha que a maioria dos tribunais tem considerado que a taxa de juros não é regida nem regulada pela Convenção,[75] embora não haja unanimidade sobre o caráter processual ou material da taxa de juros, aplicando-se o Direito nacional designado pelas regras de conflito, tanto em relação ao artigo 78[76] como ao 84(1)[77].

Na prática, essa controvérsia pode ser resolvida se as partes reivindicarem e os tribunais aceitarem conceder juros a título de perdas e danos. Com efeito, pode ser preferível que o credor priorize a aplicação do artigo 74, na medida em que ele consiga satisfazer todos os requisitos ali exigidos. Essa tendência poderá levar, no futuro, o artigo 78 a tornar-se uma regra de aplicação subsidiária, limitado às hipóteses em que não é possível preencher os requisitos do artigo 74. Também em relação ao artigo 84(1), tribunais preferiram conceder uma indenização, em conformidade com o artigo 74, em favor de compradores que regularmente resolveram o contrato, avaliando tais perdas e danos a partir dos custos financeiros que o comprador despendeu para financiar o pagamento das mercadorias, à condição que tais custos fossem previsíveis desde a conclusão do contrato.[78]

[75] *U.S. District Court, New Jersey* (EUA), 15/04/2009, disponível em http://cisgw3.law.pace.edu/cases/090415u1.html; *Tribunal Cantonal du Valais* (Suíça), 28/01/2009, disponível em http://cisgw3.law.pace.edu/cases/090128s1.html; *Handelsgericht Aargau* (Suíça), 26/11/2008, disponível em http://cisgw3.law.pace.edu/cases/081126s1.html; e CCI, caso 9771/2001, disponível em http://cisgw3.law.pace.edu/cases/019771i1.html.

[76] *Cour d'appel de Douai* (França), 16/02/2017, CISG-online 2805; *Cour d'appel de Bordeaux (França)*, 30/04/2015, CISG-online, 2707; Tribunal de Martigny et St-Maurice Canton du Valais (França), 15/07/2015, CISG-online 2760; *Audiencia Provincial de Girona (Espanha)*, 21/01/2016, CISG-online 2729; *Cámara Nacional de Apelaciones en lo Comercial de Buenos Aires* (Argentina), 07/10/2010, disponível em http://turan.uc3m.es/uc3m/dpto/PR/dppr03/cisg/sargen18.htm; *Oberlandesgericht Saarbrücken* (Alemanha), 12/05/2010, disponível em www.globalsaleslaw.org/content/api/cisg/urteile/2155.pdf; *Tribunal de Commerce de Versailles* (França), 12/03/2010, disponível em www.cisg-france.org/decisions/120310.htm; e *U.S. District Court, Western District of Pennsylvania* (EUA), 25/07/2008, disponível em http://cisgw3.law.pace.edu/cases/080725u1.html.

[77] *Tribunale di Forlí* (Itália), 11/12/2008, CLOUT 867; *Tribunal of International Commercial Arbitration at the Russian Federation Chamber of Commerce and Industry* (Rússia), n. 175/2003, 28/05/2004, disponível em http://cisgw3.law.pace.edu/cases/040528r1.html; *Kantonsgericht Schaffhausen* (Suíça), 27/01/2004, disponível em http://cisgw3.law.pace.edu/cases/040127s1.html; *Oberlandesgericht Karlsruhe* (Alemanha), 19/12/2002, CLOUT 594; CCI, caso 9978/1999, Unilex; e caso 7660/1994, CLOUT 302.

[78] CCI, caso 7531/1994, CLOUT 304; e *Käräjäoikeus Kuopio* (Finlândia), 05/11/1996, disponível em www.utu.fi/oik/tdk/xcisg/tap6.html.

Enfim, entendemos que na hipótese de ausência de previsão, ainda que implícita, da taxa de juros pelos contratantes, a solução deva ser buscada no Direito aplicável segundo o Direito Internacional Privado, sendo impossível preencher esta lacuna de acordo com o artigo 7(2) da CISG. Não há qualquer norma de Direito Uniforme ou princípio geral da Convenção que possa trazer uma solução adequada a essa matéria. Além disso, devemos respeitar a vontade dos legisladores que, ao não conseguir chegar a um acordo, decidiram criar apenas uma regra geral e abstrata que se apoiaria no Direito interno dos Estados contratantes para se concretizar.

5. Moeda dos juros

O pagamento de juros deve ser feito na moeda do pagamento do principal[79].

E, quando a obrigação de reconhecer juros tem natureza restitutiva (art. 84), estes devem ser pagos na moeda em que o vendedor os recebeu, se essa for diferente da moeda de pagamento. Nessa linha, considerou-se que a restituição devida pelo comprador que resolveu o contrato, incluindo os respectivos juros, deveria ser realizada na mesma moeda em que o pagamento era devido e na mesma taxa de conversão prevista para o pagamento do preço ao vendedor.[80]

Contudo, sabemos que a obrigação de reconhecer juros é baseada em uma presunção irrefutável de que o vendedor investiu o dinheiro ou se beneficiou dele de alguma outra forma. Dessa forma, pode ocorrer que o vendedor seja obrigado a pagar juros ao comprador sem ter ele próprio recebido tais valores. Nessa hipótese, a solução mais adequada para as partes é que os juros sejam pagos na moeda que o vendedor usa no curso normal de seus negócios, principalmente nos negócios relacionados com o contrato de compra e venda em questão.

6. Juros compostos

A doutrina e a jurisprudência divergem bastante sobre a possibilidade de incidência de juros compostos na CISG, ou seja, a acumulação de juros vencidos sobre o valor da dívida, formando um montante sobre o qual é calculado

[79] Cietac (China), 10/03/1995, disponível em http://cisgw3.law.pace.edu/cases/950310c2.html.

[80] CCI, caso 7660/1994, CLOUT 302.

o juro seguinte, mecanismo chamado, ainda, de juros sobre juros ou anatocismo. Essa discussão, como sabemos, foi superada no âmbito interno do Direito brasileiro pela vedação da capitalização de juros.[81]

Entre as poucas decisões sobre a matéria no âmbito da Convenção, alguns tribunais declararam que a CISG proíbe juros compostos,[82] ou que eles só podem ser concedidos através do Direito interno aplicável segundo as regras de conflito.[83]

Num caso, uma empresa indiana ajuizou uma ação contra uma sociedade argentina para cobrar uma dívida, além do pedido de indenização por prejuízos decorrentes da falta de pagamento. A título de perdas e danos, a autora requereu "juros compensatórios" a uma taxa anual de 18%, a partir da data de vencimento da obrigação até o efetivo pagamento, além de juros moratórios calculados com base na taxa aplicada pelo Banco de la Nación Argentina em operações semelhantes. O Tribunal condenou a ré a indenizar a autora pela falta de pagamento do preço de compra, acrescido de juros moratórios a uma taxa anual de 7%, negando o pedido dos juros "compensatórios" não contratados.[84]

Em outro caso, o mesmo tribunal argentino reiterou a não incidência de juros compostos, não apenas por eles não terem sido pactuados entre as partes, mas também por não ter sido comprovado que eles constituíam um costume internacional.[85]

No mesmo sentido, uma sentença da CCI afirmou que a incidência de juros compostos não pode ser considerada como um costume internacional.[86]

Em sentido contrário, duas decisões, na França e na Rússia, concederam juros compostos, sem declinar os motivos nem determinar o período de incidência.[87]

[81] Decreto 22.626/1933, Lei 4.595/1964 e Súmula 121 do STJ.

[82] *Oberlandesgericht Brandenburg* (Alemanha), 18/11/2008, disponível em http://cisgw3.law.pace.edu/cases/081118g1.html.

[83] *Tribunal de commerce de Versailles* (França), 12/03/2010, disponível em www.globalsaleslaw.org/content/api/cisg/urteile/2064.pdf.

[84] *Cámara Nacional de Apelaciones en lo Comercial de Buenos Aires* (Argentina), 07/10/2010, disponível em http://cisgw3.law.pace.edu/cases/101007a1.html. Comentário em Garro, Alejandro e Zuppi, Alberto, "*El cómputo de intereses en la Convención de Viena de Compraventa Internacional de Mercaderías (CISG)*", Revista de Derecho Comercial del Consumidor y de la Empresa, 2, Abril 2011, p. 196 e s.

[85] *Cámara Nacional de Apelaciones en lo Comercial de Buenos Aires* (Argentina), 30/12/2009, Sala C, disponível em http://fallos.diprargentina.com/2010/07/amaravathi-textiles-c-cencosud-2.html>.

[86] CCI caso 8644/1997, disponível em http://www.cisg-online.ch/cisg/urteile/904.pdf.

[87] *Cour d'appel de Grenoble* (França), 29/03/1995, disponível em http://cisgw3.law.pace.edu/cases/950329f1.html#cx; e *Tribunal of International Commercial Arbitration at the Russian Federation Chamber of Commerce and Industry* (Rússia), 18/09/1996, disponível em http://cisgw3.law.pace.edu/cases/960918r1.html.

Uma terceira corrente doutrinal afirma que embora a Convenção não preveja a incidência automática deste tipo de juros, ela pode acontecer se o credor provar que tem direito a eles, por exemplo, porque foi ele próprio obrigado a pagar juros adicionais a terceiros, em razão da falta de pagamento pelo devedor.[88]

Essa última posição nos parece a mais adequada, pois é a única capaz de garantir a compensação integral dos prejuízos sofridos pelo credor, de maneira uniforme e equitativa a todos os aplicadores da CISG. Com base nela, os tribunais estarão autorizados a aplicar as disposições e os princípios da CISG para conceder juros compostos, se assim for justificado pelas circunstâncias específicas de cada caso. É claro que as partes poderão, alternativamente, sempre requerer juros compostos a título de perdas e danos, nos termos do artigo 74.

Deve-se entender, portanto, que os juros compostos não incidem automaticamente no âmbito da CISG, mas podem ser requeridos, nos termos do artigo 74, por aquele que comprovar que no curso normal de seus negócios realiza investimentos que garantem que seu capital seja remunerado por juros capitalizáveis. Comprovada pelo credor a habitualidade desses juros compostos na remuneração de seu capital, ele poderá reivindicá-los junto ao devedor, ainda que a legislação interna aplicável não os reconheça, como no caso do Direito brasileiro. Nessa circunstância específica, a incidência de juros compostos, embora de ordem pública no âmbito interno, poderá ser concedida ao credor no âmbito de um contrato internacional de compra e venda.

[88] *Hof van Beroep Antwerpen* (Bélgica), 24/04/2006, disponível em http://cisgw3.law.pace.edu/cases/060424b1.html.

31. OS ARTIGOS 81 A 84 DA CISG E OS EFEITOS DA RESOLUÇÃO DO CONTRATO*

Pedro Martini

Introdução

A Convenção das Nações Unidas sobre Contratos de Compra e Venda Internacional de Mercadorias ("CISG") garante à parte prejudicada pelo incumprumento contratual uma variedade de remédios distintos e autônomos. É possível citar, por exemplo, o direito de exigir mercadorias em substituição e o direito de exigir a redução do preço das mercadorias desconformes.

Entre estes remédios, aquele que provavelmente atrai maior atenção é o direito de resolver o contrato, previsto nos Artigos 49, 51, 64, 72 e 73. A resolução é considerada *ultima ratio* e, caso necessária, deve ser feita de forma eficaz, reduzindo ao máximo os prejuízos sofridos pelas partes.

Primeiramente, o Artigo 81(1) prevê que, a partir da resolução, as partes estarão liberadas de suas obrigações contratuais que ainda não tiverem sido cumpridas, à exceção daquelas relacionadas à resolução em si e à solução de controvérsias. Este é o chamado efeito prospectivo da resolução. Por sua vez, nos termos do Artigo 81(2), as partes deverão restituir uma à outra aquilo que tiver sido fornecido ou pago conforme o contrato. Este é o efeito retrospectivo da resolução. Quando for necessário restituir, o Artigo 84 prevê ainda que cada parte deverá arcar com os juros sobre o preço ou sobre os benefícios retirados das mercadorias, conforme for o caso, pelo período em que um ou outro estiveram em sua posse.

* Trata-se de versão atualizada de texto publicado anteriormente em: "SCHWENZER, Ingeborg; PEREIRA, Cesar. A. Guimarães; TRIPODI, Leandro (coordenadores). A CISG e o Brasil: Convenção das Nações Unidas para os Contratos de Compra e Venda Internacional de Mercadorias. 1. ed. São Paulo: Marial Pons; Curitiba: Federação das Indústrias do Estado do Paraná, 2015".

Dessa forma, normalmente, a resolução se resume à liberação das obrigações, à restituição do que tiver sido que tiver sido fornecido ou pago, e ao reconhecimento dos benefícios retirados.[1] Estas consequêncas tem o objetivo de levar as partes à situação econômica mais próxima o possível daquela que ostentavam antes da celebração do contrato (o *status quo ante*), sem que haja enriquecimento injusto de qualquer uma delas.

Na medida em que preserva parte do contrato e impõe sobre as partes novas obrigações, relativas à restituição e ao reconhecimento de benefícios, a CISG não anula, nem extingue totalmente o contrato. Pelo contrário, o mantém, transformando a relação contratual originária em uma relação contratual de encerramento,[2] que existirá enquanto ainda existirem mercadorias ou valores a serem restituídos por uma parte à outra.[3]

Isso significa que a CISG vê a restituição como uma pretensão contratual, regulada pela própria CISG. Ela não deve ser confundida com a proibição ao enriquecimento ilícito que possa ser prevista na legislação doméstica aplicável às questões que não forem reguladas pela CISG.[4]

De outro lado, embora parte da doutrina tenha discutido se a resolução de que trata o Artigo 81 é prospectiva (efeitos *ex nunc*) ou retrospectiva (efeitos *ex tunc*),[5] nos parece correto o entendimento de que esta questão é irrelevante no âmbito da CISG. O Artigo 81 não deixa dúvidas quanto a quais são os efeitos da resolução,[6] deixando claro quais obrigações são extintas, quais permanecem em existência e quais são criadas.[7]

[1] Mencionando somente a liberação e a restituição: Viscasillas, Maria del Pilar Perales. El contracto de Compraventa Internacional de Mercancias (Convención de Viena de 1980), 2001, disponível em: http://www.cisg.law.pace.edu/cisg/biblio/perales1-81.html, cap. VI, item d.

[2] *Dividing wall panels case, Oberster Gerichtshof*, Áustria, 29/6/1999, Caso CLOUT 422, disponível em: http://cisgw3.law.pace.edu/cases/990629a3.html; *Generator case, Landgericht Düsseldorf*, Alemanha, 11/10/1995, disponível em: http://cisgw3.law.pace.edu/cases/951011g1.html. Aparentemente no mesmo sentido, cf. Gruenbaum, Daniel. "Resolução do Contrato", in *Revista de Arbitragem e Mediação*, n. 37, 2013, p. 101.

[3] Enderlein, Fritz; Maskow, Dietrich. *International Sales Law*, 1992, Nova Iorque: Oceana Publications, p. 341.

[4] *Idem, ibidem.*

[5] Por exemplo: Bridge, Michael. "The Nature and Consequences of Avoidance of the Contract Under the United Nations Convention on the International Sale of Goods", in *International Law Review of Wuhan University*, n. 10, 2008-2009, p. 119 (Tradução livre: "*A Convenção [...] parece se submeter à noção de terminação prospectiva. Isso significa que, com a* resolução, *o contrato não é retrospectivamente anulado*").

[6] Bridge, Michael *et alii CISG-AC Opinion n. 9, Consequences of Avoidance of the Contract*, 2008, disponível em: http://www.cisg.law.pace.edu/cisg/CISG-AC-op9.html, item 1.4.

[7] Enderlein, Fritz; Maskow, Dietrich. *Op. cit.*, p. 341.

Antes que se possa prosseguir a uma análise detalhada das principais consequências práticas da resolução, duas questões relacionadas ao escopo de aplicação dos Artigos 81 a 84 merecem atenção. Primeiro, esses dispositivos suplementarão qualquer distrato celebrado pelas partes nos termos do Artigo 29 da CISG,[8] de modo que poderão se aplicar também aos casos de terminação consensual do contrato. Segundo, uma vez que, conforme o Artigo 4(b), a CISG não diz respeito *"aos efeitos que o contrato possa ter sobre a propriedade das mercadorias"*, o Artigo 81 não regula os efeitos da resolução sobre a reaquisição da propriedade das mercadorias pelo vendedor. Esta questão será regulada pela lei doméstica aplicável ao contrato.[9]

1. Liberação das obrigações

O Artigo 81(1) prevê que:

> *"A resolução do contrato libera as duas partes das obrigações que lhe incumbem ao abrigo do contrato, sem prejuízo de qualquer indemnização por perdas e danos que possa ser devida. A resolução não afeta as cláusulas do contrato relativas quer à resolução de conflitos, quer aos direitos e obrigações das partes em caso de resolução do contrato."*

Conforme este dispositivo, as partes estarão liberadas de suas obrigações a partir do momento em que uma declaração de resolução tornar-se eficaz conforme o Artigo 26,[10] o que, nos termos do Artigo 27, ocorrerá no momento de seu envio.[11] E, na medida em que as obrigações não terão de ser cumpridas, a parte credora poderá se recusar a aceitar seu cumprimento pela parte devedora.[12]

[8] BRIDGE, Michael *et alii Op. cit.*, item 3.5. Decidiu nesse sentido a Suprema Corte austríaca: Caso CLOUT 422 *supra*.

[9] BRIDGE, Michael. *Op. cit.*, p. 119.

[10] Diversas cortes entenderam que as partes permanecem vinculadas às suas obrigações contratuais quando a resolução do contrato for ineficaz devido à falta de envio da declaração de resolução: *Shirts case, Oberlandesgericht Düsseldorf*, Alemanha, 10/2/1994, Caso CLOUT 81, disponível em: http://cisgw3.law.pace.edu/cases/940210g1.html; *Coke case, Oberlandesgericht Müchen*, Alemanha, 2/3/1994, Caso CLOUT 83, disponível em: http://cisgw3.law.pace.edu/cases/940302g1.html; *Rancid bacon case, Landgericht München*, Alemanha, 20/3/1995, disponível em: http://cisgw3.law.pace.edu/cases/950320g1.html.

[11] HUBER, Peter; MULLIS, Alastair. *The CISG: A new textbook for students and practitioners*, 2007, Munique: Sellier, p. 243.

[12] ENDERLEIN, Fritz; MASKOW, Dietrich. *Op. cit.*, p. 342.

As obrigações afetadas pelo Artigo 81(1) incluirão tanto as obrigações de entregar as mercadorias e de pagar o preço,[13] previstas nos Artigos 30 e 53 da CISG, quanto as obrigações conexas a elas,[14] como a obrigação de tomar as medidas necessárias ao pagamento, prevista no Artigo 54.

A esta regra geral de liberação, no entanto, aplicam-se algumas exceções. A primeira exceção decorre dos Artigos 81(2) e 84, que impõem às partes a obrigação de restituir aquilo que foi fornecido ou pago conforme o contrato, juntamente com os benefícios retirados do preço ou das mercadorias. A segunda exceção diz respeito à resolução parcial do contrato. Nos termos dos Artigos 51 ou 73, com a resolução parcial, as partes se liberam somente das obrigações relativas à parte do contrato que tiver sido resolvida.[15] Nestes casos, as partes ainda permanecerão vinculadas ao contrato e às obrigações que não tiverem sido afetadas pela resolução. Por fim, o próprio Artigo 81(1) prevê expressamente uma lista não exaustiva[16] de disposições contratuais que sobrevivem à resolução. Em especial, o Artigo 81(1) lista obrigações relacionadas à indenização por perdas e danos, à solução de controvérsias e à resolução em si. De fato, além das disposições mencionadas pelo dispositivo, também sobrevivem as obrigações gerais de cooperação entre as partes,[17] de alocação de responsabilidade[18] e de preservação das mercadorias.[19]

Por outro lado, isso não quer dizer que o Artigo 81 regula a validade destas questões. Na realidade, o Artigo 81 não dispõe, de um jeito ou de outro, sobre a sua validade. O Artigo 4(a) da CISG deixa a maioria das questões sobre a validade de cláusulas contratuais à lei indicada pelas regras de direito internacional privado pertinentes.[20]

[13] Uncitral Secretariat. Commentary on the 1978 Draft Convention on Contracts for the International Sale of Goods, UN Doc. A/Conf. 97/5, 1979, United Nations, Artigo 81, para. 2.

[14] Schlechtriem, Peter; Schwenzer, Ingeborg. *Commentary on the UN Convention on the International Sale of Goods*, 3ª ed., 2010, Oxford: Oxford University Press, p. 1102.

[15] Lookofsky, Joseph M. The 1980 United Nations Convention on Contracts for the International Sale of Goods. In: *International Encyclopaedia of Laws – Contracts*, Suppl. 29, 2000, Amsterdam: Kluwer Law International, p. 167; Uncitral Secretariat. *Op. cit.*, Artigo 81, para. 3.

[16] Schlechtriem, Peter; Schwenzer, Ingeborg. *Op. cit.*, p. 1104-1105.

[17] Enderlein, Fritz; Maskow, Dietrich. *Op. cit.*, p. 343.

[18] *Idem, ibidem.*

[19] Artigo 86. Nesse sentido, cf. Huber, Peter; Mullis, Alastair. *Op. cit.*, p . 243.

[20] Lookofsky, Joseph M. *Op. cit.*, p. 167-168; Schlechtriem, Peter; Schwenzer, Ingeborg. *Op. cit.*, p. 1104-1105; Tallon, Denis. "Article 81", in Bianca, Cesare; Bonnel, Michael (ed.). Bianca-Bonell *Commentary on the International Sales Law*, 1987, Milão: Giuffrè, p. 603; Vilus, Jelena. "Provisions Common to the Obligations of the Seller and the Buyer" In: Sarcevic, Petar; Volken, Paul (eds.). *International Sale of Goods: Dubrovnik Lectures*, 1986, Nova Iorque: Oceana Publications, p. 257.

2. Restituição

O Artigo 81(2) determina que:

> *"A parte que cumpriu o contrato, no todo ou em parte, pode exigir da outra parte a restituição do que forneceu ou pagou por força do contrato. Se as duas partes estiverem obrigadas à restituição têm de o fazer em simultâneo."*

Nos termos deste dispositivo, além da liberação das obrigações não cumpridas, as partes poderão exigir a restituição daquilo que tiver sido fornecido ou pago. No caso de resolução parcial do contrato conforme os Artigos 51 e 73, a restituição prevista pelo Artigo 81(2) será conduzida somente em relação àquela parte do contrato que tiver sido resolvida.

A restituição só ocorrerá quando a declaração da resolução do contrato tornar-se eficaz nos termos do Artigo 26. A pretensão à restituição não surge *ipso facto* e deve ser exigida pela parte interessada para que obrigue a parte contrária.[21] Ou seja, mesmo diante da resolução do contrato, as partes podem optar por deixar com a outra parte o que tiver sido fornecido ou pago.[22]

O Artigo 81(2) autoriza *ambas* as partes a exigir a restituição após a resolução, e não apenas a parte que tiver motivadamente resolvido o contrato.[23] De fato, o princípio da restituição previsto pela CISG não tem uma natureza compensatória. Ele foi projetado para levar as partes à situação mais próxima possível daquela em que se encontravam no momento da celebração do contrato. Portanto, a parte que tiver sofrido prejuízos deverá buscar, adicionalmente e com base no Artigo 74, seu direito a indenização por perdas e danos.[24]

O direito à restituição previsto pelo Artigo 81 é limitado por regras que estão fora do escopo da CISG.[25] Em especial, a CISG não afasta direitos de terceiros que possam estar previstos na lei doméstica aplicável,[26] como no

[21] Schlechtriem, Peter; Schwenzer, Ingeborg. *Op. cit.*, p. 1106.

[22] Enderlein, Fritz; Maskow, Dietrich. *Op. cit.*, p. 343.

[23] Uncitral Secretariat. *Op. cit.*, Artigo 81, para. 9.

[24] Bridge, Michael *et alii Op. cit.*, item 3.8.

[25] Uncitral Secretariat. *Op. cit.*, Artigo 81, para. 10.

[26] Honnold, John. *Uniform Law for International Sales Law under the 1980 United Nations Convention*, 3ª ed., 1990, Amsterdam: Kluwer Law International, p. 656.

caso de falência de uma das partes, em que outros credores podem ter prioridade por força da legislação falimentar aplicável.[27]

A fim de proteger a parte cuja restituição esteja impedida pela lei doméstica[28] ou seja resistida pela parte contrária,[29] o Artigo 81(2) determina que o processo de restituição pelas partes seja feito simultaneamente. Dessa forma, a parte poderá suspender o processo de restituição até que a outra parte tenha confirmado estar apta ou disposta a restituir.[30]

2.1. Condução da restituição

Como a CISG não prevê maiores detalhes quanto à condução da restituição, caberá às partes, após a resolução, estipular o procedimento que permitirá o processo mais eficiente e que gere o menor custo possível. Quando possível, as partes considerarão, para tanto, qual delas foi responsável pela quebra do contrato, fazendo recair sobre ela eventual desvantagem no método de restituição finalmente escolhido.[31]

Quanto ao momento apropriado para a restituição, na ausência de um acordo entre as partes, é possível extrair, nos termos do Artigo 7(2), um princípio geral da CISG que determina que a restituição ocorra dentro de um período razoável.[32]

Por sua vez, quanto ao local em que deve ocorrer a restituição, o entendimento predominante entre a doutrina[33] é de que as obrigações de restituição

[27] SCHLECHTRIEM, Peter; SCHWENZER, Ingeborg. *Op. cit.*, p. 1104. Nesse sentido, uma corte americana entendeu que questões relacionadas à prioridade de credores sobre as mercadorias estão fora do escopo da CISG e são reguladas pela legislação nacional aplicável: *Usinor Industeel v. Leeco Steel Products, U.S. District Court for the Northern District of Illinois*, Estados Unidos, 28/3/2002, Caso CLOUT 613, disponível em: http://cisgw3.law.pace.edu/cases/020328u1.html. Uma corte australiana entendeu que, como o contrato rescindido continha uma cláusula de retenção de título que era válida segundo a lei aplicável e concedia prioridade à pretensão do vendedor, o vendedor podia recuperar as mercadorias do comprador que havia entrado em falência: *Roder v. Rosedown, Federal Court of the South Australian District*, Austrália, 28/4/1995, Caso CLOUT 308, http://cisgw3.law.pace.edu/cases/950428a2.html.

[28] BRIDGE, Michael *et alii, Op. cit.*, item 3.11.

[29] HONNOLD, John. *Op. cit.*, p. 656.

[30] SCHLECHTRIEM, Peter; SCHWENZER, Ingeborg. *Op. cit.*, p. 1108. Há pelo menos uma exceção à regra da simultaneidade: o vendedor não poderá suspender a restituição nos casos previstos no Artigo 82(2). Nesse sentido, cf. BRIDGE, Michael. *Op. cit.*, p. 120.

[31] ENDERLEIN, Fritz; MASKOW, Dietrich. *Op. cit.*, p. 344.

[32] BRIDGE, Michael. *Op. cit.*, p. 121.

[33] HUBER, Peter; MULLIS, Alastair. *Op. cit.*, p. 244; ENDERLEIN, Fritz; MASKOW, Dietrich. *Op. cit.*, p. 344; SCHLECHTRIEM, Peter; SCHWENZER, Ingeborg. *Op. cit.*, p. 1110-1111.

espelham as obrigações originais de entrega das mercadorias e de pagamento do preço. Esse "espelhamento" leva a uma inversão dos papéis do vendedor e do comprador, com uma aplicação análoga das disposições relevantes, em especial, dos Artigos 31 e 57, e do contrato.[34] Portanto, normalmente, as mercadorias deverão ser devolvidas no estabelecimento do comprador, conforme uma aplicação espelhada da regra prevista no Artigo 31(c), e o preço deverá ser reembolsado no estabelecimento do comprador, conforme uma aplicação espelhada da regra prevista no Artigo 57(1) da CISG.

Em um primeiro momento, este processo pode parecer beneficiar o comprador nos casos em que a resolução tiver ocorrido devido ao seu incumprimento, i.e. embora seja a parte em incumprimento, caberá ao comprador simplesmente deixar as mercadorias disponíveis para restituição em seu estabelecimento. Contudo, mesmo nestes casos, a devolução das mercadorias no estabelecimento do comprador poderá estar no interesse do vendedor. Com as mercadorias à sua disposição, o vendedor poderá dispor delas no mercado local e mitigar danos conforme exigido pelo Artigo 77.[35] E, em todo caso, ele ainda poderá buscar indenização pelas despesas incorridas com o transporte.[36]

2.2. Custos da restituição

Parece ser incontroverso que, normalmente, todos os custos com a restituição devem ser suportados pela parte em incumprimento.[37] A parte em incumprimento arcará com suas próprias despesas e a parte inocente poderá buscar ressarcimento pelas suas despesas com base no Artigo 74. Contudo,

[34] Não há jurisprudência consolidada sobre esta questão. Seguindo a doutrina majoritária: Caso CLOUT 422 *supra*. Em sentido contrário, afirmando que os Artigo 31 e 57, respectivamente, não podem ser aplicados analogamente para a restituição das mercadorias: *Sport clothing case, Landgericht Landshut*, Alemanha, 5/4/1995, disponível em: http://cisgw3.law.pace.edu/cases/950405g1.html; *Societé Productions v. Roberto Faggioni, Cour d'appel Paris*, França, 14/1/1998, Caso CLOUT 312, disponível em: http://cisgw3.law.pace.edu/cases/980114f1.html.

[35] Bridge, Michael *et alii Op. cit.*, item 3.12.

[36] Bridge, Michael. *Op. cit.*, p. 122-123.

[37] Huber, Peter; Mullis, Alastair. *Op. cit.*, p. 245; Lookofsky, Joseph M. *Op. cit.*, p. 168; Schlechtriem, Peter; Schwenzer, Ingeborg. *Op. cit.*, p. 1112. Nesse sentido, uma recente decisão espanhola determinou que as despesas incorridas pelo comprador com a devolução das mercadorias deveriam ser arcadas unicamente pelo vendedor, que foi a parte em incumprimento que deu causa à rescisão: *Production machine for air conditioning ducts case*, Juzgado de primera instancia instrucción n. 1 de Fuenlabrada (Corte de Primeira Instância), Espanha, 11/5/2012, disponível em: http://cisgw3.law.pace.edu/cases/120511s4.html.

se a parte em incumprimento tiver sua responsabilidade excluída nos termos do Artigo 79, a parte inocente deverá suportar por si só os custos que tiver com a restituição.[38]

A parte inocente deverá observar a obrigação de mitigar as perdas associadas à restituição, sob pena de ter sua pretensão ressarcitória limitada, excluindo quaisquer despesas que tenha deixado de evitar.[39] A mesma lógica se aplica caso uma das partes se recuse, sem qualquer fundamento, a conduzir ou receber a restituição.[40] A parte que faz jus à parcela retida terá uma pretensão indenizatória por eventuais prejuízos causados pelo atraso na restituição, conforme o Artigo 74.[41]

Finalmente, uma questão que encontra certa controvérsia entre autores diz respeito à possibilidade de compensação entre pretensões mútuas a restituição de valores. Considerando que a CISG nada dispõe sobre compensação e que a pretensão de uma das partes pode estar sujeita a direitos de terceiros, segundo alguns autores,[42] a matéria estaria fora do escopo da CISG e seria, portanto, regulada pela lei doméstica aplicável. Por sua vez, outros[43] adotaram o entendimento de que a compensação entre pretensões de um mesmo contrato estaria permitida pela simultaneidade e pela eficiência requeridas durante o processo de restituição.

Na opinião do autor deste trabalho não se pode concordar com a visão restritiva adotada pela primeira corrente: impedir compensação entre valores contrapostos pelas mesmas partes de um único contrato, não parece estar de acordo com o espírito da CISG de prever regras que incorporam a dinâmica do comércio internacional e que requerem, portanto, eficácia e redução de custos desnecessários. Por esse motivo, desde que as pretensões a restituição se refiram à mesma relação contratual resolvida, não parece haver qualquer impedimento na CISG para que se proceda à sua compensação.

[38] Huber, Peter; Mullis, Alastair. *Op. cit.*, p . 245; Schlechtriem, Peter; Schwenzer, Ingeborg. *Op. cit.*, p. 1112.

[39] Uncitral Secretariat. *Op. cit.*, Artigo 81, para. 11.

[40] Schlechtriem, Peter; Schwenzer, Ingeborg. *Op. cit.*, p. 1113.

[41] Bridge, Michael *et alii Op. cit.*, item 3.17.

[42] Honnold, John. *Op. cit.*, p. 568.

[43] Bridge, Michael. *Op. cit.*, p. 121; Schlechtriem, Peter; Schwenzer, Ingeborg. *Op. cit.*, p. 1108/1110.

2.3. Impossibilidade de restituição

O Artigo 82(1) determina que:

> *"O comprador perde o direito de declarar o contrato resolvido, ou de exigir do vendedor a entrega de mercadorias de substituição, se lhe é impossível restituir as mercadorias num estado substancialmente idêntico àquele em que as recebeu."*

Preliminarmente, deve-se notar que a regra prevista no Artigo 82(1) se refere expressamente ao direito do comprador. Portanto, ela se aplica estritamente aos casos de incumprimento do contrato pelo vendedor e não poder ser estendida aos demais casos de resolução.

Como se vê, este dispositivo requer que as mercadorias restituídas estejam em estado *substancialmente idêntico* ao estado em que se encontravam quando foram recebidas. Embora a CISG não preveja uma definição mais precisa para a expressão "substancialmente idêntico," é certo que o Artigo 82(1) não exige que as mercadorias estejam intactas. O Artigo 82(1) reconhece assim que quase sempre as mercadorias sofrerão alguma modificação, ainda que imateriais. Por exemplo, as mercadorias podem sofrer modificações durante a inspeção prevista no Artigo 38. Da mesma forma, desgaste e depreciação naturais,[44] bem como alterações no valor de mercado das mercadorias,[45] não serão um empecilho à resolução do contrato.

Por outro lado, a CISG se refere à restituição de mercadorias *recebidas*. Portanto, não é permitido ao comprador restituir mercadorias diferentes do mesmo tipo.[46] Caso contrário, o comprador poderia se beneficiar com especulação financeira.[47]

Entende-se, portanto, que as mercadorias devem estar em tal estado que seja razoável exigir que o vendedor as receba novamente como equivalente àquilo que ele entregou ao comprador,[48] seja porque elas estão praticamente intactas, seja porque ele pode se beneficiar das mudanças realizadas pelo comprador.[49]

[44] ENDERLEIN, Fritz; MASKOW, Dietrich. Op.cit., p. 346.

[45] SCHLECHTRIEM, Peter; SCHWENZER, Ingeborg. *Op. cit.*, p. 1115.

[46] ENDERLEIN, Fritz; MASKOW, Dietrich. *Op. cit.*, p. 346. Em sentido contrário, cf. TALLON, Denis. *Op. cit.*, p. 608.

[47] SCHLECHTRIEM, Peter; SCHWENZER, Ingeborg. *Op. cit.*, p. 1115.

[48] Uncitral SECRETARIAT. *Op. cit.*, Artigo 82, para. 3.

[49] SCHLECHTRIEM, Peter; SCHWENZER, Ingeborg. *Op. cit.*, p. 1117.

O Artigo 82(1) determina que, exceto em circunstâncias especiais, previstas no Artigo 82(2), se o comprador não puder restituir as mercadorias em estado substancialmente idêntico ao que se encontravam quando foram entregues, ele perderá o direito de declarar o contrato resolvido conforme o Artigo 49(1)(a) da CISG e o direito de exigir mercadorias em substituição conforme o Artigo 46. As exceções previstas no Artigo 82(2) serão discutidas em detalhe a seguir. Contudo, é necessário tecer algumas observações iniciais sobre a interação entre os Artigos 82(1) e 82(2).

Alguns autores consideram esta regra antiquada e inadequada em muitas circunstâncias. De fato, recentemente legislações domésticas têm previsto que, diante da impossibilidade de restituir mercadorias, o comprador poderá pagar compensação pelo seu valor sem que isso leve à perda de seu direito de resolver o contrato. Portanto, estes autores defendem que o Artigo 82(1) deva ser interpretado restritivamente, e o Artigo 82(2), extensivamente, de modo a restringir as hipóteses de perda de direitos relacionados à resolução do contrato.[50]

Embora este autor concorde com esta posição no que diz respeito à *interpretação* dos dispositivos, é importante ressaltar que isto não é o mesmo que dizer que a CISG permite, de forma ampla, a compensação pelo valor das mercadorias. Isto ocorrerá somente quando ocorrerem as exceções previstas pelo Artigo 82(2). Portanto, julgadores devem estar atentos ao conduzir uma interpretação conforme a sugerida. Embora possam restringir a aplicação da regra e ampliar a aplicação das exceções, não poderão determinar compensação de forma discricionária.

Em todo caso, ainda que o comprador perca o direito de resolver o contrato ou de exigir a entrega de mercadorias em substituição nos termos do Artigo 82(1), o Artigo 83 prevê que o comprador não estará proibido de exercer seus outros direitos previstos pela CISG e pelo contrato.

O Artigo 83 prevê que:

> *"O comprador que perdeu o direito de declarar o contrato resolvido ou de exigir do vendedor a entrega de mercadorias de substituição, nos termos do artigo 82.º, mantém todos os outros meios de defesa de que dispõe ao abrigo do contrato e da presente Convenção."*

Entre os direitos previstos pela CISG que são conservados pelo Artigo 83, é possível mencionar o direito à indenização por perdas e danos conforme

[50] Schlechtriem, Peter; Schwenzer, Ingeborg. *Op. cit.*, p. 1116.

o Artigo 45(1)(b), o direito de ter as desconformidades sanadas conforme o Artigo 46 e o direito à redução do preço conforme o Artigo 50.[51] Da mesma forma, o comprador poderá exercer direitos previstos no contrato, como, por exemplo, o pagamento de multas,[52] desde que as disposições contratuais sejam consistentes com a impossibilidade de restituir as mercadorias nas condições exigidas pelo Artigo 82(1).[53] Assim, o Artigo 83 reforça o noção de que a CISG oferece às partes uma variedade de remédios ao incumprimento do contrato, que são independentes entre si.[54]

2.3.2. Exceções

O Artigo 82(2) prevê algumas exceções à regra prevista no Artigo 82(1), permitindo que o comprador declare a resolução do contrato nos casos em que a impossibilidade de restituir as mercadorias não tiver sido sua culpa.[55]

O Artigo 82(2) prevê que:

> *"O [Artigo 82(1)] não se aplica:*
>
> *a) Se a impossibilidade de restituir as mercadorias, ou de as restituir num estado substancialmente idêntico àquele em que o comprador as recebeu, não se dever a um ato ou omissão seus;*
>
> *b) Se as mercadorias tiverem perecido ou se tiverem deteriorado, no todo ou em parte, em consequência do exame previsto no artigo 38.º; ou*
>
> *c) Se as mercadorias, no todo ou em parte, tiverem sido vendidas no decurso normal dos negócios ou se tiverem sido consumidas ou transformadas pelo comprador de acordo com um uso normal, antes que este tenha detetado ou devesse ter detetado a falta de conformidade."*

Como dito acima, o Artigo 82(1) se aplica estritamente aos casos de incumprimento do contrato pelo vendedor. Nestes casos, o Artigo 82(2) impõe sobre o vendedor o risco da perda das mercadorias por fatores fora da esfera de controle do comprador. Contudo, muitas vezes, o vendedor ainda poderá ser

51 Uncitral Secretariat. *Op. cit.*, Artigo 83.

52 Schlechtriem, Peter; Schwenzer, Ingeborg. *Op. cit.*, p. 1128-1129.

53 Honnold, John. *Op. cit.*, p. 668-669.

54 *Idem, ibidem*, p. 1127-1128.

55 Samson, Claude; Ziegel, Jacob S. *Report to the Uniform Law Conference of Canada on Convention on Contracts for the International Sale of Goods*, 1981, Toronto, Artigo 82, disponível em: http://www.cisg.law.pace.edu/cisg/text/ziegel82.html, para. 2(c).

compensado por meio da prestação de contas dos benefícios retirados das mercadorias, exigida pelo Artigo 84.[56]

Sugere-se[57] que, nos demais casos, de resolução do contrato por incumprimento pelo comprador conforme o Artigo 64 e nos casos de extinção por acordo conforme o Artigo 29, o risco da perda das mercadorias seja determinado por meio de uma aplicação análoga dos Artigos 66 a 69 da CISG. Estes dispositivos tratam da transferência de riscos durante o cumprimento do contrato e determinam que o vendedor é responsável pelas mercadorias durante o cumprimento do contrato. Portanto, em uma aplicação análoga desses artigos, o comprador, como a parte em posse das mercadorias, será responsável por elas durante a restituição.

A primeira exceção ao Artigo 82(1), prevista no Artigo 82(2)(a), contempla os casos em que a impossibilidade de restituir não for imputável a qualquer ato ou omissão do comprador. isto inclui tanto casos em que a impossibilidade de restituir for atribuível ao vendedor, quanto casos de força maior.[58] Contudo, o comprador não poderá resolver o contrato quando a causa da impossibilidade residir em sua própria negligência.[59]

Deve-se ressaltar que a análise das circunstâncias que resultam na impossibilidade deverá ser feita conforme os Artigos 7(1) e 7(2), não sendo autorizado ao intérprete se basear no direito doméstico.[60] Para tanto, pode ser útil referência aos princípios relacionados à exoneração de responsabilidade que permeiam o Artigo 79.[61]

Por sua vez, o Artigo 82(2)(b) prevê que o comprador não perderá seu direito de resolver quando a impossibilidade tiver sido causada pela inspeção das mercadorias conforme o Artigo 38. Isso poderá decorrer de uma desconformidade das mercadorias, como, por exemplo, quando um motor for danificado em seu primeiro teste devido a um defeito de fabricação.[62] No entanto,

[56] BRIDGE, Michael *et alii Op. cit.*, item 3.9.

[57] SCHLECHTRIEM, Peter; SCHWENZER, Ingeborg. *Op. cit.*, p. 1126.

[58] LOOKOFSKY, Joseph M. *Op. cit.*, p. 169. Por exemplo, a Suprema Corte austríaca entendeu que, como o próprio vendedor havia reconhecido que as mercadorias foram danificadas quando estavam com a transportadora, o comprador ainda estava autorizado pelo Artigo 82(2)(a) a declarar a resolução do contrato: Caso CLOUT 422 *supra*.

[59] SCHLECHTRIEM, Peter; SCHWENZER, Ingeborg. *Op. cit.*, p. 1121.

[60] HONNOLD, John. *Op. cit.*, p. 663.

[61] TALLON, Denis. *Op. cit.*, p. 608.

[62] ENDERLEIN, Fritz; MASKOW, Dietrich. *Op. cit.*, p. 347.

se a inspeção for conduzida inadequadamente pelo comprador, seu direito à resolução não será resguardado pelo Artigo 82(2)(b).[63]

A terceira exceção, prevista pelo Artigo 82(2)(c), permite ao comprador declarar a resolução do contrato quando tiver revendido, consumido ou transformado as mercadorias antes de descobrir a desconformidade ou antes de dever tê-la descoberto.[64] Na maioria das vezes em que o fizer, o comprador terá retirado benefícios das mercadorias, devendo reconhecê-los ao vendedor conforme o Artigo 84(2).[65] Uma vez que tenha identificado a desconformidade e pretenda resolver o contrato, o comprador deverá preservar as mercadorias e poderá utilizá-las somente na medida em que puder cumprir o disposto no Artigo 82(1).[66]

Uma leitura das disposições do Artigo 82, portanto, nos esclarece que, até a descoberta da desconformidade e desde que a inspeção do Artigo 38 tenha sido conduzida adequadamente, o uso (revenda, consumo ou transformação) das mercadorias não impedirá a resolução do contrato [Artigo 82(2)(c)]. Após a descoberta da desconformidade, o uso das mercadorias pelo comprador deverá ser limitado, uma vez que ele deverá retorná-las em estado substancialmente idêntico ao que se encontravam quando entregues [Artigo 82(1)]. A todo momento, o comprador deverá agir com devido cuidado para que não perca seu direito de resolver o contrato caso as mercadorias sejam destruídas por fatores dentro da sua esfera de controle [Artigo 82(2)(a)], inclusive durante uma inspeção conduzida conforme o Artigo 38 [Artigo 82(2)(b)]. Em todos estes casos, o comprador que optar por resolver o contrato, deverá reconhecer ao vendedor eventuais benefícios retirados das mercadorias [Artigo 84(2)(b)].

Caso as mercadorias sejam danificadas ou destruídas após a resolução do contrato, o comprador não perderá seu direito à restituição do preço. Mas, se não for exonerado nos termos do Artigo 79, poderá estar sujeito a uma pretensão indenizatória do vendedor com base no Artigo 74.[67]

[63] SCHLECHTRIEM, Peter; SCHWENZER, Ingeborg. *Op. cit.*, p. 1122.

[64] Uma corte aplicou o Artigo 82(2)(c) em um caso em que o comprador havia revendido as mercadorias (páprica) antes de descobrir que elas continham uma substância química (óxido de etileno) em quantidades acima das permitidas pela legislação nacional relevante: *Spanish paprika case, Landgericht Ellwangen* (Corte de Apelações), Alemanha, 21/8/1995, disponível em: http://cisgw3.law.pace.edu/cases/950821g2.html.

[65] HONNOLD, John. *Op. cit.*, p. 661-662; LOOKOFSKY, Joseph M. *Op. cit.*, p. 169.

[66] SCHLECHTRIEM, Peter; SCHWENZER, Ingeborg. *Op. cit.*, p. 1124. Nesse sentido, um comprador perdeu o direito de resolver o contrato por ter cortado e processado as mercadorias após ter descoberto a sua desconformidade: *Marble slabs case, Oberlandesgericht Koblenz*, Alemanha, 27/9/1991, Caso CLOUT 316, disponível em: http://cisgw3.law.pace.edu/cases/910927g1.html.

[67] *Idem, ibidem*, p. 1125.

3. Pagamento dos benefícios

Por meio do Artigo 84, a CISG adota o princípio de que, para evitar o enriquecimento injusto da parte que estiver obrigada a restituir, ela deverá também pagar pelos benefícios que tiver retirado do que recebeu.[68] Ele prevê que:

> *"1 - Se o vendedor estiver obrigado a reembolsar o preço, tem também que pagar juros sobre o montante do preço a contar da data em que o mesmo foi pago.*
>
> *2 - O comprador tem que pagar ao vendedor o montante equivalente a todos os benefícios que retirou das mercadorias ou de parte delas, se:*
>
> *a) Tiver que restituir as mercadorias, no todo ou em parte; ou*
>
> *b) Lhe for impossível restituir as mercadorias, no todo ou em parte, ou restitui-las, no todo ou em parte, num estado substancialmente idêntico àquele em que as recebeu, mas porém tenha declarado o contrato resolvido ou exigido do vendedor a entrega de mercadorias de substituição."*

Dessa forma, o Artigo 84(1) obriga o vendedor a reconhecer ao comprador juros sobre o preço pago e o Artigo 84(2) determina que o comprador reconheça ao vendedor eventuais benefícios retirados das mercadorias entregues.

Assim como o Artigo 81, o Artigo 84 se aplica a ambas as partes, independentemente da parte que deu causa à resolução do contrato[69] – esteja ela exonerada conforme o Artigo 79 ou não[70] – e independentemente da parte que exigiu a restituição. Esta opção legislativa evidencia que as obrigações previstas pelos dois dispositivos não têm o objetivo de penalizar as partes.[71] Como se vê, os Artigos 81 e 84 buscam, na realidade, evitar o enriquecimento injusto das partes e colocá-las na situação mais próxima o possível daquela em que se encontravam no momento da celebração do contrato.

Embora o Artigo 84 não exija expressamente que o reconhecimento desses benefícios seja simultâneo, como feito pelo Artigo 81(2) em relação à restituição, uma interpretação sistêmica e uniforme da CISG requer que, para fins de consistência entre os dois mecanismos, o requisito da simultaneidade também se aplique ao Artigo 84.[72] E, da mesma forma, à luz deste

[68] Lookofsky, Joseph M. *Op. cit.*, p. 170.

[69] Huber, Peter; Mullis, Alastair. *Op. cit.*, p. 246; Uncitral Secretariat. *Op. cit.*, Artigo 84, para. 1.

[70] Bridge, Michael *et alii Op. cit.*, item 3.19.

[71] Aparentemente nesse sentido, cf. Tallon, Denis. *Op. cit.*, p. 611.

[72] Bridge, Michael. *Op. cit.*, p. 120.

princípio, havendo pretensões mútuas ao pagamento de valores de juros e de benefícios relativos ao mesmo contrato, as partes normalmente poderão compensar os pagamentos devidos.[73]

Por outro lado, alguns autores[74] defendem que a restituição nos termos do Artigo 81 seja feita o mais rápido possível, antes mesmo dos pagamentos previstos pelo Artigo 84, que podem demandar cálculos complexos. Também argumentam que não será possível uma compensação entre valores a serem pagos conforme o Artigo 84 e valores a serem pagos conforme o Artigo 81.[75]

Na opinião deste autor, ainda que este entendimento faça sentido em termos gerais, quando for possível às partes proceder aos cálculos em tempo razoável, sem qualquer prejuízo à restituição e à condução normal de seus negócios, não parece haver motivos para impedir uma compensação total, que simplificará e dará maior eficiência ao encerramento do contrato.

3.1. Juros

Caso o vendedor deva restituir o preço em decorrência de resolução contratual, o Artigo 84(1) o obriga a repassar ao comprador juros incidentes sobre o valor a ser restituído, desde a data em que o preço tiver sido pago. O dispositivo parte, portanto, da premissa de que o vendedor tem condições de rentabilizar o valor do preço a partir do momento em que recebe o pagamento pelas mercadorias, mas que, devido à resolução do contrato, ele não deveria tê-lo feito.[76]

Primeiramente, resta claro que os juros não incidem a partir de um eventual incumprimento do contrato pelo vendedor,[77] mas desde quando o pagamento tiver sido feito, ou seja, a partir do momento em que o vendedor tem

[73] ENDERLEIN, Fritz; MASKOW, Dietrich. *Op. cit.*, p. 349; SCHLECHTRIEM, Peter; SCHWENZER, Ingeborg. *Op. cit.*, p. 1133.

[74] BRIDGE, Michael *et alii Op. cit.*, item 3.21.

[75] *Idem, ibidem*, item 2.23.

[76] SCHLECHTRIEM, Peter; SCHWENZER, Ingeborg. *Op. cit.*, p. 1135.

[77] BRIDGE, Michael *et alii Op. cit.*, item 3.24.

condições de fazer uso da quantia paga.[78] Da mesma forma, os juros incidirão até que o comprador tenha sido reembolsado.[79]

Entretanto, o Artigo 84 não esclarece qual a taxa de juros aplicável, nem um método para sua determinação, gerando ampla divergência entre os autores que buscaram abordar estas questões. O Artigo 78, que prevê um dever geral de pagamento de juros no caso de pagamentos em atraso, também é omisso quanto à forma de cálculo de juros.

Alguns autores[80] e a maioria das decisões[81] afirmam que a taxa de juros deva ser determinada pela lei doméstica aplicável conforme as regras de direito internacional privado pertinentes. Outros defendem que, como o pagamento de juros do Artigo 84 tem o objetivo de evitar o enriquecimento injusto do vendedor e não o de indenizar o comprador, deve-se aplicar a taxa praticada no estabelecimento do vendedor, local em que ele poderia ter auferido proveito com o preço.[82]

O autor deste trabalho é favorável à segunda posição.

[78] Bridge, Michael. *Op. cit.*, p. 124-125; Enderlein, Fritz; Maskow, Dietrich. *Op. cit.*, p. 349; Schlechtriem, Peter; Schwenzer, Ingeborg. *Op. cit.*, p. 1134. Uma corte sérvia entendeu que, embora o Artigo 84(1) determine o pagamento de juros desde a data em que o pagamento tiver sido feito, a corte estava vinculada, por força do Direito Processual aplicável, ao pedido feito pelo comprador no processo, que se referia a uma data posterior: *Automatic machine for production of fax, adding and thermo rolls case*, Corte de Apelações, Sérvia, 6/7/2011, disponível em: http://cisgw3.law.pace.edu/cases/110706sb.html.

[79] Bridge, Michael *et alii Op. cit.*, item 3.27. Nesse sentido, uma corte russa determinou a incidência de juros até o momento em que o preço foi efetivamente reembolsado ao comprador: Procedimento nº 1/1993, *Tribunal of International Commercial Arbitration at the Russian Federation Chamber of Commerce and Industry*, 15/4/1994, disponível em: http://cisgw3.law.pace.edu/cases/940415r1.html.

[80] Huber, Peter; Mullis, Alastair. *Op. cit.*, p. 246; Lookofsky, Joseph M. *Op. cit.*, p. 170; Enderlein, Fritz; Maskow, Dietrich. *Op. cit.*, p. 349; Tallon, Denis. *Op. cit.*, p. 612.

[81] Entre elas: *Automobiles case, Oberlandesgericht München*, Alemanha, 8/2/1995, Caso CLOUT 133, disponível em: http://cisgw3.law.pace.edu/cases/950208g1.html; *Used printing press case, Oberlandesgericht Celle*, Alemanha, 24/5/1995, Caso CLOUT 136, disponível em: http://cisgw3.law.pace.edu/cases/950524g1.html; *Cocoa beans* case, *Tribunale d'appello Lugano*, Suíça, 15/1/1998, Caso CLOUT 253, disponível em: http://cisgw3.law.pace.edu/cases/980115s1.html; *Spirits case, Bezirksgericht der Saane*, Suíça, 20/2/1997, Caso CLOUT 261, disponível em: http://cisgw3.law.pace.edu/cases/970220s1.html; *Oberlandesgericht Karlsruhe, Machine case*, Alemanha, 19/12/2002, Caso CLOUT 594, disponível em: http://cisgw3.law.pace.edu/cases/021219g1.html.

[82] Bridge, Michael. *Op. cit.*, p. 125; Uncitral Secretariat. *Op. cit.*, Artigo 84, para. 2; Schlechtriem, Peter; Schwenzer, Ingeborg. *Op. cit.*, p. 1137. No mesmo sentido, afirmando que o estabelecimento do vendedor é o local em que ele provavelmente teria investido o pagamento do preço: *Sunflower oil case, Handelsgericht Zürich*, Suíça, 5/2/1997, Caso CLOUT 214, disponível em: http://cisgw3.law.pace.edu/cases/970205s1.html.

Primeiramente, nos parece correto o entendimento de que a taxa de juros aplicável conforme o Artigo 78 e aquela aplicável conforme o Artigo 84(1) não podem ser confundidas.[83] O Artigo 78 diz respeito ao dever de pagar juros sobre pagamentos em atraso e o Artigo 84(1) está relacionado à noção de enriquecimento injusto. São distintos, portanto, e o entendimento que se expressa neste texto se aplica ao Artigo 84.

Assim sendo, independentemente da discussão relativa ao Artigo 78, o Artigo 84 e os demais dispositivos referentes aos efeitos da resolução parecem indicar que a restituição e o pagamento de benefícios não têm um caráter indenizatório. Buscam somente retirar das partes aquilo que, em razão da resolução do contrato, não deveria estar em sua posse. De fato, o Artigo 81(2) cria direitos tanto para o vendedor, quanto para o comprador, e o Artigo 84 igualmente impõe obrigações para ambas as partes, independentemente de quem deu causa à resolução.

Portanto, no caso de pagamento de juros conforme o Artigo 84, é possível extrair da CISG um princípio geral que leva à aplicação da taxa praticada no estabelecimento do vendedor ou no local em que o pagamento tiver sido feito se este for diverso do estabelecimento do vendedor, por ser este o local em que ele poderia ter feito render juros sobre o preço. E, diante de um princípio geral que inspira a CISG nos termos do Artigo 7(2), não há que se falar em recurso à lei doméstica aplicável.

Em todo caso, se os juros reconhecidos pelo vendedor não forem suficientes para ressarcir eventuais prejuízos do comprador – por exemplo, nos casos em que este último tiver comprovadamente buscado um empréstimo a uma taxa de juros superior à utilizada conforme o Artigo 84(1) – o comprador poderá buscar uma indenização pelo prejuízo remanescente conforme os Artigos 45(1)(b) e 74.[84]

3.2. Benefícios

Diferentemente do dever do vendedor de pagar juros, que parte de uma presunção, o dever do comprador previsto no Artigo 84(2) se restringe a reconhecer os benefícios efetivamente retirados das mercadorias.[85]

[83] Schlechtriem, Peter; Schwenzer, Ingeborg. *Op. cit.*, p. 1136.

[84] Huber, Peter; Mullis, Alastair. *Op. cit.*, p. 246; Schlechtriem, Peter; Schwenzer, Ingeborg. *Op. cit.*, p. 1135.

[85] Bridge, Michael. *Op. cit.*, p. 128.

Portanto, enquanto o vendedor deve pagar juros independentemente de ter investido o valor do preço, o comprador não estará obrigado a retornar o equivalente aos benefícios que deixou de retirar. Esta postura se justifica na medida em que, muitas vezes, o comprador não conseguirá utilizar as mercadorias devido à sua desconformidade.[86] Não é razoável lhe exigir pagamento por um uso que estava impedido de fazer. O mesmo não se aplica ao preço, que, em se tratando de valores, sempre poderá ser utilizado após o pagamento.

De fato, como observado por um tribunal arbitral constituído no âmbito da Corte Internacional de Arbitragem da Câmara de Comércio Internacional:

> *"O sistema de restituição é baseado na noção de que valores recebidos pelo vendedor podem ser sempre restituídos. É por isso que o Artigo 84(1) impõe automaticamente um dever ao vendedor de pagar juros sobre o preço. Este dever é automático porque se presume que o vendedor se beneficiou do fato de estar em posse do pagamento do preço."*[87] (tradução livre)

Alguns autores[88] argumentam que, por uma aplicação análoga da menção ao "curso normal de seus negócios" no Artigo 82(2)(c), o comprador estaria obrigado a pagar somente o benefício que teria retirado com a revenda das mercadorias nas condições normais de mercado – e não mais do que isso. Contudo, esta não nos parece ser uma solução condizente com os objetivos do Artigo 84, pelos mesmos motivos expostos acima em relação à aplicação da taxa de juros praticada no estabelecimento do vendedor. O proveito total auferido deve ser retornado, mesmo quando superar valores praticados no mercado, pois, sem as mercadorias, o comprador não poderia ter se beneficiado delas em primeiro lugar.

O Artigo 84(2)(a) trata do reconhecimento de benefícios adicionalmente à restituição das mercadorias. A obrigação prevista neste parágrafo cobrirá, por exemplo, qualquer valor que o comprador tenha recebido pelo aluguel das mercadorias. Compreenderá, também, o uso pelo próprio comprador,[89] caso em que os benefícios a serem reconhecidos ao vendedor deverão ser calculados com base em valores de mercado.[90]

[86] Enderlein, Fritz; Maskow, Dietrich. *Op. cit.*, p. 350.

[87] Caso ICC n. 9978 de março de 1999, *Court of Arbitration of the International Chamber of Commerce*, disponível em: http://cisgw3.law.pace.edu/cases/999978i1.html.

[88] Schlechtriem, Peter; Schwenzer, Ingeborg. *Op. cit.*, p. 1144.

[89] Huber, Peter; Mullis, Alastair. *Op. cit.*, p. 245.

[90] Schlechtriem, Peter; Schwenzer, Ingeborg. *Op. cit.*, p. 1139.

Por sua vez, o Artigo 84(2)(b) se refere aos casos em que o comprador tiver resolvido o contrato apesar de estar impossibilitado de restituir as mercadorias. Muitas vezes, em especial quando a resolução se fundar no Artigo 82(2)(c), isso significará que o reconhecimento dos benefícios retirados substituirá a restituição em si.[91] Por exemplo, quando as mercadorias tiverem sido revendidas, o comprador deverá repassar ao vendedor o preço recebido.[92]

O comprador deverá reconhecer somente o valor líquido dos benefícios retirados das mercadorias, podendo deduzir o custo do uso e manutenção das mercadorias ou, até mesmo, as despesas envolvidas na sua revenda.[93] Embora o comprador também possa deduzir gastos considerados úteis, que aumentem o valor das mercadorias (mesmo quando desnecessários), ele não estará autorizado a fazê-lo em relação a meras "despesas de luxo", que em nada valorizarão os produtos.[94]

Conclusões

Embora os efeitos imediatos da resolução estejam claramente previstos nos Artigos 81 a 84 da CISG, estes dispositivos não preveem maiores detalhes sobre sua operação. Por esse motivo, quando da sua aplicação, é imprescindível que o intérprete lembre-se sempre dos princípios que permeiam a resolução contratual conforme a Convenção.

Em especial, deve-se lembrar: (i) que a liberação das partes quanto às suas obrigações é limitada, de modo que diversas obrigações contratuais serão mantidas ou criadas após a declaração da resolução; (ii) que a restituição tem o objetivo de levar as partes à situação mais próxima possível daquela em que se encontravam antes da celebração do contrato; e (iii) que o reconhecimento dos benefícios retirados pretende evitar o enriquecimento injusto de ambas as partes.

De fato, é importante que se tenha em mente que a CISG prevê diversos remédios, que podem ser exercidos simultaneamente e autonomamente pela parte que for prejudicada pelo descumprimento do contrato. E, embora

[91] Huber, Peter; Mullis, Alastair. *Op. cit.*, p. 245-246; Schlechtriem, Peter; Schwenzer, Ingeborg. *Op. cit.*, p. 1143.

[92] Tallon, Denis. *Op. cit.*, p. 612; Honnold, John. *Op. cit.*, p. 675.

[93] Bridge, Michael *et alii Op. cit.*, item 3.28.

[94] Schlechtriem, Peter; Schwenzer, Ingeborg. *Op. cit.*, p. 1140-1141.

a parte possa buscar não só a resolução contratual, mas também a reparação de seus prejuízos, estes mecanismos não podem ser confundidos.

Portanto, qualquer pretensão indenizatória deve ser exercida conforme o Artigo 74, buscando-se a todo tempo evitar uma aplicação dos Artigos 81 a 84 para além de seu escopo.

32. A VIOLAÇÃO ANTECIPADA DO CONTRATO NA CONVENÇÃO DAS NAÇÕES UNIDAS SOBRE CONTRATOS PARA VENDA INTERNACIONAL DE MERCADORIAS

Elsa Dias Oliveira*

Introdução

Pelo Decreto n.º 5/2020, de 7 de agosto, foi aprovada, para adesão, a Convenção das Nações Unidas sobre Contratos para Venda Internacional de Mercadorias, adotada em Viena, em 11 de abril de 1980 (doravante designada de Convenção de Viena), em vigor no ordenamento jurídico português em 1 de outubro de 2021[1].

Conforme resulta do disposto no seu art. 1.º, n.º 1, a Convenção de Viena aplica-se a contratos de compra e venda de mercadorias, consagrando um regime material. Ainda de acordo com a mesma disposição, prevê-se que a Convenção de Viena se aplica aos contratos de compra e venda de mercadorias entre partes que tenham o seu estabelecimento em diferentes Estados quando estes são Estados Contratantes ou quando as regras de Direito Internacional Privado conduzam à aplicação da lei de um Estado Contratante[2].

* Professora Associada da Faculdade de Direito da Universidade de Lisboa Investigadora do Centro de Investigação de Direito Privado ORCID ID: 0000-0001-6584-5096

[1] Nos termos do art. 99.º, n.º 2, da Convenção de Viena, "[q]uando um Estado ratifique, aceite, aprove ou adira à presente Convenção após o depósito do décimo instrumento de ratificação, aceitação, aprovação ou adesão, a presente Convenção, à exceção da parte excluída, entra em vigor para esse Estado, nos termos do disposto no n.º 6 do presente artigo, no primeiro dia do mês seguinte ao termo do período de doze meses após a data do depósito do seu instrumento de ratificação, aceitação, aprovação ou adesão". Atendendo a que o instrumento de aprovação foi depositado em 23 de setembro de 2020, a Convenção tem entrada em vigor em Portugal em 1 de outubro de 2021.

[2] A respeito da aplicação do art. 1.º, n.º 1, al. b), da Convenção de Viena, e da possibilidade de os Estados Contratantes poderem, à luz do art. 95.º, fazer reserva ao mesmo, *vide* Maria Ângela Bento Soares/ Rui Manuel Moura Ramos, *Contratos internacionais*, Livraria Almedina, Coimbra, 1995, págs. 22 ss.; Rafael Illescas Ortiz/Pilar Perales Viscasillas, *Derecho Mercantil Internacional. El Derecho Uniforme*, Editorial Centro de Estudios Ramón Areces, S.A., 2003, pág. 93; Dário Moura Vicente, "A Convenção de Viena sobre a Compra e Venda Internacional de mercadorias: características

A Convenção de Viena encontra-se dividida em quatro partes: uma respeitante ao campo de aplicação e disposições gerais, uma segunda relativa à formação do contrato, a terceira concernente à compra e venda de mercadorias e a quarta com as disposições finais. Resulta também claro do texto da Convenção de Viena, *maxime* do seu art. 92.º, que os Estados Contratantes podem não estar vinculados pela segunda ou pela terceira parte da Convenção de Viena.

O tema do presente artigo respeita à violação antecipada do contrato, regulada na terceira parte da Convenção de Viena, aplicável, pois, apenas nos casos em que não tenha sido feita reserva a esta parte.

1. Considerações gerais

Por regra, no âmbito da Convenção de Viena, a resolução de um contrato pressupõe o incumprimento de uma obrigação na data que estava acordada pelas partes. Esta regra reflete dois princípios que estão subjacentes à Convenção de Viena: o princípio da manutenção do contrato e o princípio da prevenção da litigância transnacional.

Em alguns casos, todavia, não se afigura razoável que o credor da obrigação deva esperar pelo efetivo incumprimento ou cumprimento defeituoso da obrigação para resolver o contrato invocando para o efeito os arts. 25.º ss, 49.º ou 64.º da Convenção de Viena[3], que causaria danos significativos a uma das partes[4]. Trata-se das situações em que se verifica a violação antecipada do contrato, expressamente regulada nos arts. 72.º e 73.º da Convenção de Viena.

Noutros casos, o receio fundamentado de incumprimento não justifica a resolução do contrato, mas tão só a sua suspensão, permitindo-se a uma das partes diferir a execução das suas obrigações. Esta solução, prevista no art. 71.º

gerais e âmbito de aplicação", *Direito Internacional Privado, Ensaios*, II, Almedina, Coimbra, 2005, págs. 39-55, pág. 48; Luís de Lima Pinheiro, *Direito Comercial Internacional*, Almedina, Coimbra, 2005, págs. 262 ss.; Peter Schlechtriem/Petra Butler, *UN Law on International Sales, The UN Convention on the International Sale of Goods*, Springer-Verlag Berlin Heidelberg, 2009, págs. 17 ss.; Simon Cornelius Manner/Moritz Schmitt, "Article 1 [Basic Rules of Application; Internationality; Relation to Contracting State]", in Christoph Brunner/Benjamin Gottlieb (eds), *Commentary on the UN Sales Law (CISG)*, Kluwer Law International, 2019, págs. 17–24, disponível em https://www.kluwerarbitration.com, págs. 21 ss.

[3] Peter Schlechtriem/Petra Butler, *UN Law on International Sales...*, cit., pág. 189.

[4] Mercédeh Azeredo da Silveira, "Anticipatory Breach under the United Nations Convention on Contracts for the International Sale of Goods", *Nordic Journal of Commercial Law*, 2005 #2, págs. 1-51, disponível em https://journals.aau.dk/index.php/NJCL/article/view/3046, pág. 3

da Convenção de Viena, que visa evitar a resolução, vem, uma vez mais, refletir o princípio da manutenção do contrato[5].

2. Suspensão da execução das obrigações contratuais

2.1. Pressupostos da suspensão

Nos casos em que, depois da conclusão do contrato, se torne evidente que o outro contratante não executará uma parte essencial das suas obrigações, admite-se, nos termos previstos no art. 71.º da Convenção de Viena, que o contratante difira a execução das suas obrigações para um momento ulterior.

Os indícios de não execução das obrigações poderão resultar, nos termos do art. 71.º, n.º 1, als. a) e b), de "[u]ma séria insuficiência na sua capacidade para cumprir ou na sua solvência" ou ainda do "modo como se dispõe a cumprir ou como cumpre o contrato".

Visa-se garantir o equilíbrio contratual, assegurando-se o interesse da parte que, embora vinculada ao cumprimento de uma obrigação, objetiva e justificadamente, teme, em momento posterior à celebração do contrato, que o outro contratante não cumpra a sua prestação[6].

A Convenção de Viena não consagra expressamente um princípio geral de suspensão do cumprimento ou de exceção de não cumprimento (*exceptio non adimpleti contractus*)[7]. No entanto, nos termos do art. 7.º, n.º 2, da Convenção de Viena, prevê-se que "[a]s questões respeitantes às matérias reguladas pela presente Convenção que não estejam expressamente previstas por ela deverão ser resolvidas segundo os princípios gerais que lhe estão subjacentes (...)", de onde resulta a admissão da existência de princípios gerais que lhe estejam subjacentes. E a verdade é que a figura da exceção de não cumprimento não é estranha ao regime previsto na Convenção de Viena[8]. Atente-se,

[5] Christoph Brunner/Christoph Berchtold, "Article 71 [Suspension of Performance]", in Christoph Brunner/Benjamin Gottlieb (eds), *Commentary on the UN Sales Law (CISG)*, Kluwer Law International, 2019, págs. 480–494, disponível em https://www.kluwerarbitration.com., pág. 481.

[6] Maria Ângela Bento Soares/Rui Manuel Moura Ramos, *Contratos internacionais*, cit., pág. 191.

[7] Christoph Brunner/Christoph Berchtold, "Article 71 [Suspension of Performance]", cit., pág. 482.

[8] Christoph Brunner/Christoph Berchtold, "Article 71 [Suspension of Performance]", cit., pág. 482.

v.g., no regime previsto no art. 58.º, n.º 1, da Convenção de Viena, que admite a possibilidade de o vendedor "(...) estabelecer o pagamento como condição de entrega das mercadorias ou documentos"[9]. Ou ainda no art. 58.º, n.º 2, que, no caso de venda com transporte de mercadorias, admite a possibilidade de as mercadorias apenas serem remetidas contra pagamento, ou no seu n.º 3 que prevê que o comprador não está obrigado a pagar o preço antes de ter tido a possibilidade de examinar as mercadorias. Estas disposições refletem a ideia de exceção de não cumprimento, no caso, mediante uma explícita suspensão da prestação a cumprir[10], ou seja, uma possibilidade de não cumprir a prestação se a outra parte o não fizer[11].

Também no regime previsto nos arts. 85.º a 88.º da Convenção de Viena, relativo à conservação das mercadorias, se admite a possibilidade de a outra parte reter os bens para fazer face às despesas de manutenção que teve com os mesmos[12].

Daqui parece resultar que o regime que consagrado na Convenção de Viena tem presente o sinalagma entre as prestações. Assim, as disposições *supra* referidas, em especial o art. 58.º, n.ºs 2 e 3, refletem um princípio de que uma parte pode suspender a sua prestação se a outra parte falhar no respetivo cumprimento, exceto se a parte que pretender suspender o cumprimento da sua prestação estiver obrigada a cumprir a sua prestação antecipadamente[13].

Face ao disposto no art. 58.º, que consagra uma regra mais ampla ao prever a possibilidade de o vendedor "(...) estabelecer o pagamento como condição de entrega das mercadorias ou documentos", o regime previsto no art. 71.º deve ser considerado especial[14].

[9] Maria Ângela Bento Soares/Rui Manuel Moura Ramos, *Contratos internacionais*, cit., págs. 188, 147 ss., salientam a semelhança com o regime previsto, respetivamente, nos arts. 428.º e 429.º do Código Civil português.

[10] Christoph Brunner/Christoph Berchtold, "Article 71 [Suspension of Performance]", cit., pág. 482.

[11] Fountoulakis, "Art. 71", in Schlechtriem/Schwenzer/Schroeter, *Kommentar zum UN-Kaufrecht (CISG)*, 7.ª Edição, C.H.Beck, Helbing Lichtenhahn, LexisNexis, 2019, disponível em https://beck-online.beck.de/, anots. 6, 13.

[12] Christoph Brunner/Christoph Berchtold, "Article 71 [Suspension of Performance]", cit., pág. 482.

[13] Também assim no Art. 7.1.3 dos Princípios UNIDROIT e no Art. 9:201 dos *Principles of European Contract Law*: Christoph Brunner/Christoph Berchtold, "Article 71 [Suspension of Performance]", cit., pág. 483.

[14] Maria Ângela Bento Soares/Rui Manuel Moura Ramos, *Contratos internacionais*, cit., págs. 188, 147 ss., salientam a semelhança com o regime previsto, respetivamente, nos arts. 428.º e 429.º CC português. Salientando que subjacente ao disposto no art. 71.º está a exceção de não cumprimento, cfr. Luís de Lima Pinheiro, *Direito Comercial Internacional*, cit., págs. 322 ss.

Apesar de prever a suspensão do cumprimento da obrigação, o art. 71.º tem subjacente o interesse das partes na manutenção do pontual cumprimento do contrato, ao invés de confiar na atribuição de uma indemnização por danos decorrentes do incumprimento da outra parte. Na verdade, a possibilidade de suspender o cumprimento da obrigação de uma das partes visa incentivar a outra parte a cumprir a sua obrigação e reafirmar a sua disponibilidade para o fazer através, *v.g.*, da concessão de garantias adequadas admitidas nos termos do art. 71.º, n.º 3 da Convenção de Viena[15]. A atribuição destas garantias irá contribuir para manter o equilíbrio das posições contratuais, promovendo a segurança de uma das partes que teme, fundamentadamente, o incumprimento[16].

No que respeita, especificamente, aos pressupostos que devem estar preenchidos para se admitir a suspensão prevista no art. 71.º da Convenção de Viena, desde logo sobressai a subsequência, relativamente à celebração do contrato, dos factos que fazem concluir pelo posterior incumprimento da outra parte. Assim, para que seja admitida a suspensão do cumprimento das obrigações, as evidências de incumprimento devem ocorrer após a conclusão do contrato e não antes[17]. Admite-se, todavia, que tais evidências possam já existir antes da celebração do contrato, desde que a contraparte não tivesse podido ter, objetivamente, conhecimento das mesmas.

Na verdade, os contratantes devem atuar de boa-fé e assumir os riscos decorrentes da contratação, recolhendo todas as informações necessárias para avaliar a probabilidade de cumprimento da outra parte[18] e apenas contratar se houver razões que justifiquem essa confiança. Aliás, todos os aspetos que se prendem com a suspensão do cumprimento de uma obrigação devem, naturalmente, respeitar o princípio da boa-fé no comércio internacional, que,

[15] Christoph Brunner/Christoph Berchtold, "Article 71 [Suspension of Performance]", cit., pág. 481.

[16] Saidov, "Article 71", in Stefan Kröll/Loukas Mistelis/Pilar Perales Viscasillas (eds), *UN Convention on Contracts for the International Sale of Goods (CISG), A Commentary*, 2.ª edição, C.H.Beck, Hart, Nomos, 2018, disponível em https://beck-online.de, anot. 1, sustenta que o principal objetivo da suspensão é a promoção do diálogo e cooperação entre as partes, com vista à manutenção do contrato e ao seu cumprimento. Visa-se, também a manutenção de um equilíbrio contratual justo entre as partes contratantes, eventualmente através de concessão de garantias acrescidas.

[17] Mercédeh Azeredo da Silveira, "Anticipatory Breach...", cit., pág. 5; Saidov, "Article 71", cit., anot. 16; Ingo Saenger, CISG art. 71, *BeckOK BGB*, coord. Wolfgang Hau/Roman Poseck, 57.ª edição, 2021, anot. 8.

[18] Christoph Brunner/Christoph Berchtold, "Article 71 [Suspension of Performance]", cit., pág. 489.

nos termos previstos no art. 7.º, n.º 1, deve estar subjacente na interpretação da Convenção de Viena[19].

Estabelece-se também como condição de suspensão de cumprimento que resulte "(...) evidente que a outra parte não irá cumprir parte substancial das suas obrigações, em resultado de:

a) Uma séria insuficiência na sua capacidade para cumprir ou na sua solvência; ou
b) O modo como se dispõe a cumprir ou como cumpre o contrato".

A densificação destes critérios previstos no art. 71.º, n.º 1, não é linear. Desde logo, importa determinar quais as bitolas para se avaliar da evidência do futuro incumprimento das obrigações pela outra parte, bem como definir o que seja uma parte substancial das obrigações de um contratante. Sendo certo que a própria disposição legal indica duas causas alternativas que estejam na origem do posterior incumprimento, verifica-se que mesmo estas não são de interpretação linear. Assim, importa determinar o que seja a séria insuficiência da capacidade para cumprir da parte, bem como concretizar quais os casos em que a solvência da parte pode colocar em causa o cumprimento das obrigações. Para além disso, há ainda que descortinar em que medida o modo como a parte se dispõe a cumprir ou cumpre o contrato faz resultar evidente o incumprimento de parte substancial das obrigações.

A respeito destes critérios, sublinha-se que se exige, como condição para a suspensão, a convicção fundamentada de que "a outra parte não irá cumprir parte substancial das suas obrigações". Contudo, não se exige que se verifique ou seja evidente que se venha a verificar um incumprimento contratual fundamental, situações previstas, respetivamente, no art. 25.º[20] e no art. 72.º[21] e que, preenchidas, pela sua maior gravidade, podem conduzir à resolução do contrato e não apenas à sua suspensão.

Ainda assim, a evidência de que será cometido esse incumprimento deverá encontrar-se próximo da certeza, embora, naturalmente, menor do que a que se exige no art. 72.º para a resolução do contrato, bem como no art. 73.º,

[19] Christoph Brunner/Christoph Berchtold, "Article 71 [Suspension of Performance]", cit., pág. 486.

[20] Mercédeh Azeredo da Silveira, "Anticipatory Breach...", cit., pág. 6; Christoph Brunner/Christoph Berchtold, "Article 71 [Suspension of Performance]", cit., pág. 483; Fountoulakis, "Art. 71", cit., anot. 17; Ingo Saenger, CISG art. 71, cit., anot. 2.

[21] Saidov, "Article 71", cit., anot. 4.

n.º 2, relativo aos " (...) motivos sérios para concluir que irá ser cometida incumprimento contratual fundamental no que respeita às prestações futuras", o que se entende face às consequências decorrentes de cada um dos regimes aí previstos[22].

A definição de quando resulta evidente que a outra parte não irá cumprir parte do contrato não é linear. Todavia, alguns indícios poderão contribuir para esta conclusão. Podemos tomar como exemplo destes o facto de, *v.g.*, já ter havido um incumprimento de uma das partes[23] e temer-se posteriores incumprimentos, pois o exercício da faculdade de suspensão não está limitado no tempo[24]-[25]. Noutros casos, será relevante que a outra parte não tenha cumprido, ou se preveja que venha a incumprir, obrigações secundárias[26], se daí se retirar que fica em causa o cumprimento de parte substancial das suas obrigações, ou que o vendedor apenas tenha procedido à entrega de parte dos bens a que estava obrigado. Noutras situações ainda, poderá consubstanciar uma evidência de futuro incumprimento de parte substancial do contrato o facto de o comprador não conseguir obter um crédito documentário, manifestação de falta de confiança do mercado naquele operador, o que poderá conduzir ao não pagamento do preço[27].

Todas as situações devem ser sempre analisadas à luz do contrato e das circunstâncias que, em concreto, estão em causa[28]. Na verdade, consoante a situação, o comprador até pode ter razões para invocar a violação fundamental

[22] Mercédeh Azeredo da Silveira, "Anticipatory Breach...", cit., págs. 4, 5; Saidov, "Article 71", cit., anot. 15.

[23] Christoph Brunner/Christoph Berchtold, "Article 71 [Suspension of Performance]", cit., pág. 483.

[24] Christoph Brunner/Christoph Berchtold, "Article 71 [Suspension of Performance]", cit., págs. 489 ss.

[25] Todavia, se uma parte pretender suspender todas as prestações a que está obrigada, *v.g.*, não fazer qualquer pagamento de preço, devem, segundo alguma doutrina, estar preenchidos os pressupostos previstos no art. 25.º, ou seja, deve estar-se perante uma violação fundamental do contrato, pelo menos ao fim de um período de tempo prolongado. A razão subjacente a esta orientação é a de que a suspensão da prestação durante um determinado período de tempo tem o mesmo efeito da sua resolução. *Vide*, a este respeito, Christoph Brunner/Christoph Berchtold, "Article 71 [Suspension of Performance]", cit., pág. 483.

[26] Christoph Brunner/Christoph Berchtold, "Article 71 [Suspension of Performance]", cit., pág. 484. *Vide* também, a este respeito, Saidov, "Article 71", cit., anots. 3, 8, que oferece como exemplo o facto de se verificarem evidências de que uma das partes não irá respeitar o dever de confidencialidade.

[27] Saidov, "Article 71", cit., anot. 7.

[28] Saidov, "Article 71", cit., anot. 5.

se, *v.g.*, havendo entrega parcial dos bens, estes não lhe forem de utilidade sem a sua totalidade; mas também poderá ser apenas fundamento de suspensão da execução da obrigação de pagar o preço se não determinar, *per se*, violação fundamental do contrato[29]. Se a quantidade e relevância dos bens não entregues for marginal, poderá não se justificar sequer a suspensão da contra-prestação[30].

A evidência do incumprimento da obrigação tem de ser objetivamente avaliada, não dependendo de critérios subjetivos[31].

No que respeita ao critério relativo à existência de "uma séria insuficiência na sua capacidade para cumprir", esta pode resultar de factos que são alheios à vontade do outro contratante, e que até podem consubstanciar, *v.g.*, situações de impossibilidade ou de alteração das circunstâncias resultantes de guerras, greves, terem sido decretados embargos à exportação, incêndios em fábricas[32]. Todavia, não é pelo facto de se poder estar perante uma situação prevista no art. 79.º que deixa de poder ser suspenso o cumprimento da obrigação da contraparte[33]. Com efeito, não se exige, nos termos do art. 71.º, como condição para a suspensão da prestação por uma das partes, que a outra tenha atuado com culpa[34]. Ou seja, ainda que a prestação não tenha sido cumprida por impossibilidade, situação prevista no art. 79.º, poderá a outra parte suspender a sua prestação[35].

Poderá também resultar evidente, consoante as circunstâncias do caso concreto, que a outra parte não irá cumprir parte substancial das suas obrigações se, *v.g.*, se encontrar no âmbito de um processo de insolvência, se deixar de fazer os seus pagamentos ou entregas, se se revelar incapaz de obter garantias bancárias ou outras, se tiver perdido a licença para desenvolver

[29] Christoph Brunner/Christoph Berchtold, "Article 71 [Suspension of Performance]", cit., pág. 484.

[30] Christoph Brunner/Christoph Berchtold, "Article 71 [Suspension of Performance]", cit, pág. 484.

[31] Mercédeh Azeredo da Silveira, "Anticipatory Breach...", cit., pág. 4; Saidov, "Article 71", cit., anot. 5; Fountoulakis, "Art. 71", cit., anot. 24; Christoph Brunner/Christoph Berchtold, "Article 71 [Suspension of Performance]", cit., pág. 487.

[32] Mercédeh Azeredo da Silveira, "Anticipatory Breach...", cit., pág. 6; Saidov, "Article 71", cit., anot. 10; Fountoulakis, "Art. 71", cit., anot. 19; Ingo Saenger, CISG art. 71, cit., anot. 3.

[33] Christoph Brunner/Christoph Berchtold, "Article 71 [Suspension of Performance]", cit., pág. 488, dão, como exemplos, a perda das instalações da parte que devia cumprir a obrigação ou fenómenos naturais, mas também situações de greves.

[34] Mercédeh Azeredo da Silveira, "Anticipatory Breach...", cit., pág. 6.

[35] Christoph Brunner/Christoph Berchtold, "Article 71 [Suspension of Performance]", cit., pág. 485.

a sua atividade, se tiverem sido decretados embargos à exportação e os bens houverem de ser exportados[36].

Um outro facto revelador do futuro incumprimento pela parte contrária (art. 71.º, n.º 1, al. b)) é "[o] modo como se dispõe a cumprir ou como cumpre o contrato". Este modo de cumprir o contrato pode-se manifestar no modo de cumprimento da prestação ou na preparação para cumprimento da prestação, *v.g.*, verifica-se uma falha na aquisição de recursos para cumprir a sua obrigação; não são obtidas as licenças necessárias para a produção, para a exportação ou outras; são utilizados materiais, métodos de produção ou transportes desadequados[37]. De modo mais evidente, o contratante pode declarar que não irá cumprir a sua obrigação[38].

A suspensão da execução da obrigação também se poderá justificar nos casos em que uma das partes se obriga a entregar os bens em prestações mediante pagamentos faseados. Se a parte não cumprir uma ou várias prestações de entrega ou se a outra parte não cumprir o plano de pagamentos e houver razões que fundamentam a expectativa de incumprimento, a outra parte pode suspender a sua prestação[39]. Apesar de estar em causa um contrato a prestações, esta hipótese não está prevista no art. 73.º, cabendo, antes na previsão do art. 71.º.

A obrigação suspensa pode ser a que é cumprida em primeiro lugar ou a que corresponde a uma contraprestação, exigindo-se apenas que seja evidente que a outra parte não irá cumprir. A obrigação cujo incumprimento se teme pode ser primária, secundária ou adicional; o que releva é tratar-se de um incumprimento substancial das obrigações da parte. As partes podem, todavia, acordar no afastamento da possibilidade de suspensão das obrigações a cumprir por cada uma[40].

[36] Mercédeh Azeredo da Silveira, "Anticipatory Breach...", cit., pág. 6; Peter Schlechtriem/Petra Butler, *UN Law on International Sales...*, cit., pág. 182; Christoph Brunner/Christoph Berchtold, "Article 71 [Suspension of Performance]", cit., pág. 488; Fountoulakis, "Art. 71", cit., anot. 20. Ingo Saenger, CISG art. 71, cit., anot. 3.

[37] Saidov, "Article 71", cit., anot. 13; Fountoulakis, "Art. 71", cit., anot. 21; Christoph Brunner/Christoph Berchtold, "Article 71 [Suspension of Performance]", cit., pág. 488.

[38] Christoph Brunner/Christoph Berchtold, "Article 71 [Suspension of Performance]", cit., pág. 489.

[39] Christoph Brunner/Christoph Berchtold, "Article 71 [Suspension of Performance]", cit., pág. 485.

[40] Christoph Brunner/Christoph Berchtold, "Article 71 [Suspension of Performance]", cit., pág. 487.

O ónus da prova relativamente à existência das situações que justificam a suspensão e ao momento em que elas foram conhecidas cabe à parte contratante que as invoca, à parte que suspende o cumprimento[41].

2.2. Suspensão do cumprimento das obrigações após expedição das mercadorias

Nos casos em que o receio de incumprimento das obrigações da outra parte ocorra já após a expedição das mercadorias, admite-se, nos termos do art. 71.º, n.º 2, que o vendedor se oponha à sua entrega (*right of stoppage in transitu*[42]) ao comprador, mesmo que este tenha em sua posse um documento que lhe permita obtê-las. Como facilmente se retira da letra da lei, esta disposição apenas se aplica ao vendedor[43].

A possibilidade, prevista nesta disposição, de suspender o cumprimento em momento posterior ao envio, faz supor que o cumprimento do contrato ocorre no local do destino, incluindo-se o transporte ainda na obrigação assumida pelo vendedor, não possuindo, pois, o transporte autonomia face à compra e venda[44]. Daqui também resulta que não existirá, pois, a possibilidade de suspender o envio das mercadorias nas vendas previstas no art. 31.º, al. a), da Convenção de Viena, em que a obrigação de transporte se cumpre com a entrega das mercadorias ao primeiro transportador para envio ao comprador[45].

Esta oposição à remessa das mercadorias, prevista no art. 71.º, n.º 2, afeta apenas a relação entre o comprador e o vendedor e não terceiros a esta relação contratual, como é o caso, *v.g.*, do transportador, do terceiro comprador[46].

[41] Saidov, "Article 71", cit., anots. 48; Christoph Brunner/Christoph Berchtold, "Article 71 [Suspension of Performance]", cit., pág. 493.

[42] Saidov, "Article 71", cit., anots. 3, 44.

[43] Mercédeh Azeredo da Silveira, "Anticipatory Breach...", cit., pág. 10.

[44] Maria Ângela Bento Soares/Rui Manuel Moura Ramos, *Contratos internacionais*, cit., pág. 191.

[45] Maria Ângela Bento Soares/Rui Manuel Moura Ramos, *Contratos internacionais*, cit., págs. 191 ss.

[46] Mercédeh Azeredo da Silveira, "Anticipatory Breach...", cit., pág. 12; Peter Schlechtriem/Petra Butler, *UN Law on International Sales...*, cit., pág. 187; Christoph Brunner/Christoph Berchtold, "Article 71 [Suspension of Performance]", cit., pág. 493; Fountoulakis, "Art. 71", cit., anot. 43.

2.3. Notificação da suspensão

A parte que suspender o cumprimento das suas obrigações contratuais, seja antes ou depois da expedição das mercadorias, deve, nos termos previstos no art. 71.º, n.º 3, da Convenção de Viena, notificar imediatamente a outra parte dessa suspensão e se esta der garantias adequadas do cumprimento da sua obrigação, deve aquela proceder também ao cumprimento das obrigações a que está vinculada.

Esta notificação está sujeita ao regime previsto no art. 27.º da Convenção de Viena, que determina que, salvo convenção das partes em contrário, se a notificação tiver sido feita por meio adequado às circunstâncias, um atraso ou erro na sua transmissão ou o facto de a mesma não ter chegado ao destino não priva a parte que a enviou de se prevalecer dessa comunicação. É, no âmbito deste regime, feita uma concessão, no que respeita à eficácia das declarações, à teoria do envio[47]. Não estando prevista, no art. 71.º, qualquer forma específica de notificação à outra parte, deverá a mesma ser feita por qualquer meio adequado às circunstâncias, admitindo-se a forma escrita ou verbal, exceto se de outro modo tiver sido acordado pelas partes[48]. No que respeita ao teor da notificação, atendendo a que se admite a possibilidade de a parte impedir a suspensão mediante a oferta de garantias adicionais, deverá aquela ser suficientemente precisa e fundamentada, de modo a poderem ser oferecidas as referidas garantias[49].

Apesar de não estar expressamente previsto, a inobservância desta notificação a dar conta da suspensão deverá ter consequências. *Maxime,* poderá constituir a parte que suspende o cumprimento sem notificação prévia em incumpridora, com o consequente pagamento em indemnização caso da sua omissão resulte um prejuízo para a parte contrária[50]. Sublinhe-se, em todo

[47] Luís de Lima Pinheiro, *Direito Comercial Internacional*, cit., págs. 279 ss.; Peter Schlechtriem/ Petra Butler, *UN Law on International Sales...*, cit., pág. 187; Saidov, "Article 71", cit., anot. 40; Christoph Brunner/Rouven Bodenheimer, "Article 27 [Delay or Error in Communications]", in Christoph Brunner/Benjamin Gottlieb (eds), *Commentary on the UN Sales Law (CISG)*, Kluwer Law International, 2019, págs. 182–184, pág. 182; Ingo Saenger, CISG art. 71, cit., anot. 6.

[48] Saidov, "Article 71", cit., anot. 40

[49] Saidov, "Article 71", cit., anot. 40

[50] Mercédeh Azeredo da Silveira, "Anticipatory Breach...", cit., pág. 12; Rafael Illescas Ortiz/Pilar Perales Viscasillas, *Derecho Mercantil Internacional. El Derecho Uniforme*, cit., pág. 219; Peter Schlechtriem/Petra Butler, *UN Law on International Sales...*, cit., , págs. 187. *Vide*, a este respeito, Saidov, "Article 71", cit., anots. 38 ss.; Fountoulakis, "Art. 71", cit., anot. 35.

o caso, que, também segundo uma corrente doutrinária, esta notificação não está consagrada como um pré-requisito necessário para a suspensão[51].

Subjacente a esta disposição está o princípio da boa-fé, na medida em que a parte deve ser informada de que a outra irá suspender o cumprimento de obrigações com o qual estaria a contar, podendo desta suspensão resultar inconvenientes significativos. Conforme já acima referido, o princípio da manutenção do contrato também está subjacente a esta disposição[52], na medida em que a parte notificada da suspensão poderá - apesar de não terem sido pedidas pela outra parte - oferecer garantias suficientes da boa execução das suas obrigações, de modo a assegurar o cumprimento das obrigações da contraparte[53].

Estas garantias não têm de consistir necessariamente em garantias bancárias, embora também o possam ser. Pode ser aceite como garantia o facto de, *v.g.*, a parte ter conseguido uma licença que lhe permite continuar a desenvolver a sua atividade, ter encontrado um novo fornecedor de matéria-prima, ter sido terminada uma greve[54]. Assim, a adequação da garantia depende das circunstâncias do caso concreto, devendo-se assegurar, por um lado, que

[51] Acerca deste debate doutrinário, embora sustentando que a notificação de suspensão é uma condição necessária para o exercício do direito de suspensão do contrato, *vide* Saidov, "Article 71", cit., anots. 38 ss. Este autor sustenta, designadamente, que, estando a possibilidade de suspensão das obrigações intrinsecamente relacionado com a possibilidade de serem oferecidas garantias que permitam manter a confiança das partes, a omissão da notificação faria precludir as finalidades subjacentes ao disposto no art. 71.º. Christoph Brunner/Christoph Berchtold, "Article 71 [Suspension of Performance]", cit., pág. 490, dão conta de uma orientação jurisprudencial que sustenta a necessidade de notificação para exercício da faculdade de suspensão. Acerca deste debate, com referências jurisprudenciais, *vide* Fountoulakis, "Art. 71", cit., anot. 35. Sustentando que a omissão da notificação não impede o exercício da suspensão, cfr. Peter Schlechtriem/Petra Butler, *UN Law on International Sales...*, cit., pág. 187.

[52] Christoph Brunner/Christoph Berchtold, "Article 71 [Suspension of Performance]", cit., pág. 489.

[53] Mercédeh Azeredo da Silveira, "Anticipatory Breach...", cit., pág. 12; Peter Schlechtriem/Petra Butler, *UN Law on International Sales...*, cit., pág. 188; Christoph Brunner/Christoph Berchtold, "Article 71 [Suspension of Performance]", cit., pág. 491.

[54] Saidov, "Article 71", cit., anot. 53.; Christoph Brunner/Christoph Berchtold, "Article 71 [Suspension of Performance]", cit., pág. 491; Fountoulakis, "Art. 71", cit., anot. 49. Segundo Mercédeh Azeredo da Silveira, "Anticipatory Breach...", cit., pág. 13, "[f]or the assurance provided to be adequate, it must show either that the circumstances that led to the suspension never existed, that these circumstances have been overcome (" give reasonable security to the first party ... that the other party will perform"), or that "the first party will be compensated for all his losses from going forward with his own performance." In the second alternative (adequate assurance that the circumstances that led to the suspension have been overcome), the party required to give adequate assurance of performance must provide evidence of concrete facts or action removing the threat that he "will not perform a substantial part of his obligations."

a parte que invoca a suspensão tenha razões para ficar mais confiante acerca da capacidade da outra parte para cumprir; mas, por outro lado, as garantias exigidas não podem ser excessivas nem desrazoáveis face aos riscos efetivamente verificados[55].

Havendo garantias suficientes, a parte que suspendeu o cumprimento das obrigações deve retomá-lo, notificando desse facto a outra parte[56], apesar de também esta notificação não estar expressamente prevista na Convenção. Todavia, o princípio da boa-fé assim o determina.

Face à oferta de garantias de cumprimento das obrigações, a parte que notificou para a suspensão pode mantê-las suspensas se essas garantias forem insuficientes. O ónus da prova relativamente à adequação das garantias cabe à parte que as invoca[57]. Caso as garantias sejam suficientes, a manutenção da suspensão faz incorrer a parte que a invocou em incumprimento[58].

Apesar de o facto de não serem dadas garantias suficientes de cumprimento das obrigações não ser, *per se*, suficiente para se sustentar a violação fundamental do contrato[59], esta omissão pode contribuir para chegar a esta conclusão, bem como as razões invocadas para se concluir por essa insuficiência[60].

3. Violação fundamental antecipada do contrato

3.1. Incumprimento contratual fundamental

Se, ao invés de ser evidente o futuro incumprimento de parte substancial das obrigações, for manifesto o futuro incumprimento contratual fundamental por uma parte, a outra pode declarar a resolução do contrato, nos termos previstos no art. 72.º, n.º 1, da Convenção de Viena. A situação de desconformidade ao contrato e a probabilidade de incumprimento é, neste caso,

[55] SAIDOV, "Article 71", cit., anot. 52.

[56] MERCÉDEH AZEREDO DA SILVEIRA, "Anticipatory Breach...", cit., pág. 13.

[57] CHRISTOPH BRUNNER/CHRISTOPH BERCHTOLD, "Article 71 [Suspension of Performance]", cit., pág. 494.

[58] MERCÉDEH AZEREDO DA SILVEIRA, "Anticipatory Breach...", cit., pág. 13.

[59] MERCÉDEH AZEREDO DA SILVEIRA, "Anticipatory Breach...", cit., pág. 16; SAIDOV, "Article 71", cit., anot. 55.; CHRISTOPH BRUNNER/CHRISTOPH BERCHTOLD, "Article 71 [Suspension of Performance]", cit., pág. 492.

[60] CHRISTOPH BRUNNER/CHRISTOPH BERCHTOLD, "Article 71 [Suspension of Performance]", cit., pág. 492.

significativamente mais grave, o que justifica a sua resolução e não a sua mera suspensão[61]. Atentas as consequências aqui previstas, também se compreende que se exija um maior grau de certeza quanto ao incumprimento do que no caso previsto no art. 71.º, apesar de esta dimensão não se encontrar concretizada no art. 72.º[62].

Ao contrário do disposto no art. 71.º, n.º 1, em que são indicadas duas situações que podem justificar as evidências de futuro incumprimento, no art. 72.º não são oferecidas tais indicações específicas. Assim, a previsão desta disposição limita-se a condicionar a sua aplicação à verificação de um manifesto antecipado incumprimento contratual fundamental[63].

Os factos que justificam o incumprimento contratual fundamental têm de ser posteriores à celebração do contrato, mas anteriores à data estabelecida para o seu cumprimento nos termos previstos no contrato. Se se tratar de um incumprimento contratual fundamental à data prevista no contrato, já não será aplicável o art. 72.º, mas sim os arts. 49.º e 64.º[64]. Na verdade, aquela

[61] Segundo informa Rafael Illescas Ortiz/Pilar Perales Viscasillas, *Derecho Mercantil Internacional. El Derecho Uniforme*, cit., pág. 219, a probabilidade de incumprimento futuro deverá ser muito alta e óbvia, embora não se exija uma completa certeza. Peter Schlechtriem/Petra Butler, *UN Law on International Sales...*, cit., págs. 189 ss.; Saidov, "Article 72", in Stefan Kröll/Loukas Mistelis/Pilar Perales Viscasillas (eds), *UN Convention on Contracts for the International Sale of Goods (CISG), A Commentary*, 2.ª edição, C.H.Beck, Hart, Nomos, 2018, disponível em https://beck-online.de, anot. 7; Christoph Brunner/Christoph Berchtold, "Article 71 [Suspension of Performance]", cit., págs. 490 ss.; Christoph Brunner/Markus Altenkirch, "Article 72 [Avoidance Prior to Date for Performance]", in Christoph Brunner and Benjamin Gottlieb (eds), *Commentary on the UN Sales Law (CISG)*, Kluwer Law International, 2019, págs. 495-499, disponível em https://www.kluwerarbitration.com, págs. 496 ss. Segundo informa Mercédeh Azeredo da Silveira, "Anticipatory Breach ...", cit., pág. 2, o art. 72.º assenta na doutrina anglo-americana da "anticipatory breach" e autoriza a parte lesada a declarar o contrato resolvido sem que tenha havido previamente um efetivo incumprimento da obrigação devida, se for claro que a outra parte irá cometer um incumprimento fundamental do contrato. Já o art. 71.º apenas autoriza a parte a suspender o cumprimento da obrigação se se tornar manifesto que a outra parte não irá incumprir parte substancial das suas obrigações. Assim, enquanto o regime previsto no art. 71.º garante a manutenção do contrato, o art. 72.º determina a sua resolução. Também a este respeito, cfr. Fountoulakis, "Art. 72", in Schlechtriem/Schwenzer/Schroeter, *Kommentar zum UN-Kaufrecht (CISG)*, 7.ª Edição, C.H.Beck, Helbing Lichtenhahn, LexisNexis, 2019, disponível em https://beck-online.beck.de/, anot. 7.

[62] Mercédeh Azeredo da Silveira, "Anticipatory Breach...", cit., págs. 24 ss.; Fountoulakis, "Art. 72", cit., anot. 13; Ingo Saenger, CISG art. 72, *BeckOK BGB*, coord. Wolfgang Hau/Roman Poseck, 57.ª edição, 2021, anot. 17.

[63] Christoph Brunner/Markus Altenkirch, "Article 72 [Avoidance Prior to Date for Performance]", cit., pág. 495.

[64] Christoph Brunner/Markus Altenkirch, "Article 72 [Avoidance Prior to Date for Performance]", cit., pág. 496; Fountoulakis, "Art. 72", cit., anots. 5, 13.

regra, que admite a resolução do contrato antes de a outra parte efetivamente incumprir, é especial face à regra geral prevista no art. 49.º e 64.º, sendo, todavia, os requisitos para o seu preenchimento semelhantes[65].

Para o preenchimento dos pressupostos de aplicação do art. 72.º exige-se que uma pessoa razoável, dentro das mesmas circunstâncias, conforme prevê o art. 8.º, n.º 2, da Convenção de Viena, considerasse altamente provável um antecipado incumprimento do contrato[66]. Assim, a convicção da parte relativamente ao futuro incumprimento da obrigação tem de ser objetivamente fundamentada e não basear-se em elementos subjetivamente avaliados[67].

O critério para se determinar se há ou não um incumprimento contratual fundamental resulta do art. 25.º da Convenção de Viena, sendo, pois relevante a doutrina e a jurisprudência que a este é aplicada[68]. Nos termos desta disposição determina-se que existe uma violação fundamental do contrato quando o incumprimento contratual por uma das partes "(...) causa à outra parte um prejuízo tal que a prive substancialmente daquilo que lhe era legítimo esperar do contrato, salvo se a parte em incumprimento não previu esse resultado e uma pessoa razoável do mesmo tipo perante as mesmas circunstâncias, também não o tivesse previsto"[69]. A amplitude da redação do art. 25.º, que tem

[65] Christoph Brunner/Markus Altenkirch, "Article 72 [Avoidance Prior to Date for Performance]", cit., pág. 495.

[66] Christoph Brunner/Markus Altenkirch, "Article 72 [Avoidance Prior to Date for Performance]", cit., pág. 497. Embora a propósito do art. 71.º, cfr. Fountoulakis, "Art. 71", cit., anot. 24.

[67] Mercédeh Azeredo da Silveira, "Anticipatory Breach...", cit., pág. 25

[68] Mercédeh Azeredo da Silveira, "Anticipatory Breach...", cit., pág. 28; Saidov, "Article 72", cit., anot. 8; Christoph Brunner/Markus Altenkirch, "Article 72 [Avoidance Prior to Date for Performance]", cit., pág. 496; Fountoulakis, "Art. 72", cit., anot. 13; Ingo Saenger, CISG art. 72, cit., anot. 13.

[69] Acerca desta disposição, *vide*, *v.g.*, Maria Ângela Bento Soares/Rui Manuel Moura Ramos, *Contratos internacionais*, cit., págs. 67 ss.; Björklund, "Article 25", in Stefan Kröll/Loukas Mistelis/Pilar Perales Viscasillas (eds), *UN Convention on Contracts for the International Sale of Goods (CISG), A Commentary*, 2.ª edição, C.H.Beck, Hart, Nomos, 2018, disponível em https://beck-online.de, anots. 9 ss; Christoph Brunner/Benjamin Leisinger, "Article 25 [Definition of "Fundamental Breach"]", in Christoph Brunner/Benjamin Gottlieb (eds), *Commentary on the UN Sales Law (CISG)*, Kluwer Law International, 2019, disponível em https://www.kluwerarbitration.com, págs. 163-178; Schroeter, "Art. 25", in Schlechtriem/Schwenzer/Schroeter, *Kommentar zum UN-Kaufrecht (CISG)*, 7.ª Edição, C.H.Beck, Helbing Lichtenhahn, LexisNexis, 2019, disponível em https://beck-online.beck.de/. Em síntese, Dário Moura Vicente, *Direito Comparado*, vol. II, Almedina, Coimbra, 2017, págs. 657 ss., fazendo um resumo da jurisprudência relevante na aplicação desta disposição, vem informar que se distinguem "(...) diferentes tipos de casos pelo que respeita à aplicação do conceito em apreço. Assim: *a)* A não realização definitiva da prestação e a recusa de prestar são geralmente tidas como violações fundamentais do contrato; *b)* Já o mero atraso na sua realização só o será se

suscitado aceso debate na doutrina e decisões interessantes pelos tribunais[70], exige que seja feita uma apreciação do caso concreto, para se determinar se no caso *sub iudice* é causado um prejuízo tal que prive a outra parte substancialmente daquilo que era legítimo esperar do contrato. Por exemplo, a não entrega pontual das mercadorias não se traduz necessariamente numa violação fundamental do contrato se o atraso, ainda que causador de prejuízo, não privar o comprador substancialmente daquilo que lhe era legítimo esperar do contrato[71].

Diversas situações poderão consubstanciar uma violação fundamental do contrato à luz do art. 72.º da Convenção de Viena. Tome-se como exemplo aquela em que uma parte ainda não procedeu aos pagamentos de contratos anteriores nem apresentou garantias para o cumprimento do novo contrato, ou aquela que condiciona o cumprimento da obrigação à prestação de garantias adicionais injustificadas, ou a situação de insolvência, ou ainda a perda das instalações onde era feita a produção, ou o facto de a mercadoria ter sido destruída, ou casos de embargos à exportação[72].

Já não se verificará uma violação fundamental do contrato, por exemplo, nos casos em que o vendedor puder escolher, nos termos do contrato, os meios de transportes e tiver optado por um meio diferente do que foi solicitado pela outra parte[73]; em que o vendedor manifestou interesse em interromper as entregas, mas também continuou as negociações; em que o comprador falhou o pagamento de uma prestação[74].

o momento em que a mesma era devida fosse essencial em virtude de estipulação das partes ou das circunstâncias do contrato; *c)* A entrega de mercadorias defeituosas apenas constituirá uma violação fundamental se as mesmas forem insuscetíveis de ser utilizadas pelo comprador, ainda que para o efeito hajam de ser reparadas; e *d)* A insuscetibilidade da transferência da propriedade sobre as mercadorias vendidas, *v.g.*, porque estas foram furtadas, constitui também violação fundamental do contrato".

[70] Christoph Brunner/Benjamin Leisinger, "Article 25 [Definition of "Fundamental Breach"]", cit., págs. 165 ss.

[71] Segundo Mercédeh Azeredo da Silveira, "Anticipatory Breach...", cit., pág. 28, "(...) there is a fundamental breach of contract only if the aggrieved party, as a result of the breach, not only loses interest in the performance of the contract, but also suffers a detriment".

[72] Christoph Brunner/Markus Altenkirch, "Article 72 [Avoidance Prior to Date for Performance]", cit., págs. 496, 497; Peter Schlechtriem/Petra Butler, *UN Law on International Sales...*, cit., pág. 190; Saidov, "Article 72", cit., anot. 9.

[73] Mercédeh Azeredo da Silveira, "Anticipatory Breach...", cit. pág. 28.

[74] Christoph Brunner/Markus Altenkirch, "Article 72 [Avoidance Prior to Date for Performance]", cit., pág. 496.

Esta avaliação objetiva da situação e a conclusão pelo manifesto incumprimento futuro deve ser aferida à data em que é proferida a declaração de resolução[75], que também deverá respeitar as regras gerais que a regulam, previstas no art. 27.º da Convenção de Viena[76].

Também no âmbito de aplicação do art. 72.º da Convenção de Viena, o previsto incumprimento contratual fundamental não terá de ter como pressuposto um comportamento culposo da parte[77], podendo resultar, *v.g.*, de uma situação de impossibilidade.

As consequências da resolução do contrato, neste caso, são as mesmas que estão previstas na regra geral, nos arts. 49.º e 64.º da Convenção de Viena[78].

O ónus da prova respeitante ao preenchimento dos pressupostos de resolução do contrato à luz do art. 72.º recai sobre a parte que os invoca[79].

3.2. Garantias adequadas ao cumprimento da obrigação

Face à gravidade da consequência prevista no art. 72.º - a resolução do contrato - e atento o princípio da manutenção do contrato[80], que é transversal ao regime consagrado na Convenção de Viena, prevê-se, no art. 72.º, n.º 2, que, sob condição de para tal haver tempo, a parte que pretende declarar a resolução do contrato deve notificar a parte contrária desta intenção, de modo a permitir que esta dê garantias adequadas ao cumprimento das obrigações a que está vinculada. Esta notificação, tal como nas situações similares que analisámos *supra*, está sujeita ao regime previsto no art. 27.º[81].

Atentas as facilidades atualmente existentes no que respeita aos meios de comunicação e a celeridade na transmissão da mensagem, dificilmente se

[75] MERCÉDEH AZEREDO DA SILVEIRA, "Anticipatory Breach...", cit., pág. 25.

[76] CHRISTOPH BRUNNER/MARKUS ALTENKIRCH, "Article 72 [Avoidance Prior to Date for Performance]", cit., pág. 497; FOUNTOULAKIS, "Art. 72", cit., anot. 33.

[77] CHRISTOPH BRUNNER/MARKUS ALTENKIRCH, "Article 72 [Avoidance Prior to Date for Performance]", cit., pág. 495.

[78] CHRISTOPH BRUNNER/MARKUS ALTENKIRCH, "Article 72 [Avoidance Prior to Date for Performance]", cit., pág. 499.

[79] SAIDOV, "Article 72", cit., anot. 17.

[80] MARIA ÂNGELA BENTO SOARES/RUI MANUEL MOURA RAMOS, *Contratos internacionais*, cit., págs. 194 ss.; PETER SCHLECHTRIEM/PETRA BUTLER, *UN Law on International Sales...*, cit., pág. 191; SAIDOV, "Article 72", cit., anot. 18.

[81] MERCÉDEH AZEREDO DA SILVEIRA, "Anticipatory Breach...", cit., pág. 29; FOUNTOULAKIS, "Art. 72", cit., anot. 34; INGO SAENGER, CISG art. 72, cit., anot. 5.

admitirá que não haja tempo para a notificação prevista no art. 72.º, n.º 2[82]. Todavia, tal poderá verificar-se se tal notificação se traduzir num atraso que seja prejudicial para a parte cumpridora ou se o hiato temporal entre a notificação e a data prevista para o cumprimento da obrigação for tão curto que não seja possível à parte possivelmente faltosa dar garantias de cumprimento conforme previsto no art. 72.º, n.º 2[83]. Na verdade, a notificação à parte que provavelmente irá incumprir justifica-se, essencialmente, para que esta possa apresentar garantias que evitem a resolução; assim, se não houver tempo para prestar tais garantias, não se justifica tal notificação.

Se, todavia, estiverem preenchidos os pressupostos para fazer a notificação e a parte a não fizer, a resolução do contrato terá ainda lugar, mas a parte poderá ser condenada em indemnização se, pela omissão da notificação, a outra parte sofrer prejuízos, *maxime* os que podiam ser evitados se tivesse havido cumprimento da obrigação mediante a prestação de garantias[84].

As garantias poderão ser consideradas adequadas, nos termos do art. 72.º, n.º 2, se conferirem segurança razoável ao credor de que o devedor irá cumprir a sua obrigação ou de que o credor será compensado por todas as perdas que venha a ter caso cumpra a sua obrigação. Assim, uma simples declaração do devedor em como tem intenção de cumprir é geralmente considerada insuficiente[85]; na maioria dos casos, pode ser considerado aceitável como garantia uma nova forma de pagamento contra a entrega de documentos, uma garantia bancária. Se a razão pela qual se teme o incumprimento respeitar ao modo de cumprimento, as garantias a dar poderão prender-se com a prestação em si[86].

[82] Saidov, "Article 72", cit., anot. 22.

[83] Mercédeh Azeredo da Silveira, "Anticipatory Breach...", cit., pág. 30; Saidov, "Article 72", cit., anot. 22, oferece como exemplos casos em que, atenta a flutuação do mercado, se verifica uma urgência em substituir de imediato a transação; no caso de bens sazonais, pode ser urgente a substituição dos bens nos casos em que a época está a chegar ao fim; nos casos em que o comprador necessita encontrar outro fornecedor de uma máquina que o vendedor deveria ter entregado, para que aquele possa cumprir as obrigações que assumiu.

[84] Christoph Brunner/Markus Altenkirch, "Article 72 [Avoidance Prior to Date for Performance]", cit., pág. 498.

[85] Mercédeh Azeredo da Silveira, "Anticipatory Breach...", cit. págs. 30 ss., sublinha que apenas um conforto verbal da parte, *v.g.*, assegurando que irá cumprir não é suficiente.

[86] Mercédeh Azeredo da Silveira, "Anticipatory Breach...", cit., pág. 31; Fountoulakis, "Art. 71", cit., anot. 31.

3.3. Declaração de não cumprimento

O regime previsto no art. 72.º, n.ºs 1 e 2, conforme acima já foi explicitado, tem subjacente, entre outros, o princípio da manutenção do contrato, admitindo que, mediante o oferecimento de garantias adequadas, as prestações do contrato serão cumpridas. Ora, se a parte devedora declarar que não irá cumprir as suas obrigações, já não se justificará a prestação destas garantias nem sequer a notificação de suspensão, conforme determina o art. 72.º, n.º 3[87]. Na verdade, neste caso, não será necessário muito mais para que possa ser antecipadamente declarada a resolução do contrato[88].

Sublinhe-se ainda que, sendo a declaração da resolução do contrato um direito e não uma obrigação, mesmo que tenha havido declaração de não cumprimento futuro, se a declaração de resolução não tiver sido feita, a outra parte pode cumprir a sua obrigação na data acordada pelas partes[89].

4. Contrato para entrega de mercadorias em prestações sucessivas

4.1. Incumprimento contratual fundamental de uma prestação

No caso de se tratar de um contrato para entrega de mercadorias em prestações sucessivas[90], o incumprimento por uma das partes de qualquer das suas obrigações pode determinar, nos termos do art. 73.º, n.º 1, da Convenção de Viena, a declaração da resolução do contrato em relação a essa prestação, se constituir incumprimento contratual fundamental no que respeita a essa prestação. A resolução será, neste caso, limitada à prestação em causa[91].

[87] MERCÉDEH AZEREDO DA SILVEIRA, "Anticipatory Breach...", cit., pág. 40, salienta que esta é uma forma de penalizar a parte que declara o seu incumprimento.

[88] PETER SCHLECHTRIEM/PETRA BUTLER, *UN Law on International Sales...*, cit., pág. 190.

[89] MERCÉDEH AZEREDO DA SILVEIRA, "Anticipatory Breach...", cit., pág. 30; SAIDOV, "Article 72", cit., anot. 30; FOUNTOULAKIS, "Art. 72", cit., anot. 39.

[90] Acerca da definição destes contratos, cfr. SAIDOV, "Article 73", in Stefan Kröll/Loukas Mistelis/Pilar Perales Viscasillas (eds), *UN Convention on Contracts for the International Sale of Goods (CISG), A Commentary*, 2.ª edição, C.H.Beck, Hart, Nomos, 2018, disponível em https://beck-online.de, anots. 3 ss.

[91] Conforme exemplo oferecido por SAIDOV, "Article 73", cit., anot.8, se, num contrato que estipula a entrega de pimenta em dez prestações sucessivas por um período de três anos, se verificar um incumprimento contratual fundamental da oitava prestação por esse fornecimento apresentar valores excessivos de óxido de etileno, sem haver expectativas de que essa situação se venha a repetir, poderá o comprador resolver o contrato com respeito a essa oitava prestação.

O critério para se aferir da existência ou não de um incumprimento fundamental reside, tal como vimos com respeito ao regime previsto no art. 72.º, no art. 25.º[92], para cujas considerações que acima tecemos remetemos. Na previsão do art. 73.º, não se está já perante uma violação antecipada, mas uma violação atual do contrato, pois o que está em causa é uma prestação que já foi incumprida.

4.2. Incumprimento contratual fundamental de prestações futuras

Se o incumprimento já verificado de uma prestação constituir motivo sério para se concluir que será cometido incumprimento contratual fundamental quanto a prestações futuras, pode a parte que teme esse incumprimento, nos termos do art. 73.º, n.º 2, declarar a resolução do contrato para o futuro, se o fizer num prazo razoável[93].

Não se exige aqui o caráter fundamental do incumprimento previsto no art. 25.º quanto à obrigação não cumprida. Exige-se "apenas" que o incumprimento da prestação em causa fundamente o cometimento futuro de incumprimentos contratuais, esses sim, fundamentais[94]-[95].

Poderemos estar perante situações de incumprimento contratual fundamental das obrigações se as prestações anteriores tiverem sido defeituosas e o vendedor não mudar de fornecedor; se o vendedor já tiver incumprindo no prazo da entrega, apesar de lhe ter sido fixado um prazo adicional; se o vendedor já tiver feito entregas com atrasos e não se esperar que cumpra

[92] Christoph Brunner/Beat Schläpfer/Christopher Boog, "Article 73 [Avoidance in Installment Contracts]", in Christoph Brunner and Benjamin Gottlieb (eds), *Commentary on the UN Sales Law (CISG)*, (Kluwer Law International 2019) págs. 500–509, disponível em https://www.kluwerarbitration.com, pág. 503; Fountoulakis, "Art. 73", in Schlechtriem/Schwenzer/Schroeter, *Kommentar zum UN-Kaufrecht (CISG)*, 7.ª Edição, C.H.Beck, Helbing Lichtenhahn, LexisNexis, 2019, disponível em https://beck-online.beck.de/, anot. 13.

[93] Segundo Peter Schlechtriem/Petra Butler, *UN Law on International Sales...*, cit., pág. 189, a situação prevista no art. 73.º, n.º 2, consubstancia uma situação especial de incumprimento antecipado.

[94] Maria Ângela Bento Soares/Rui Manuel Moura Ramos, *Contratos internacionais*, cit., págs. 197 ss.; Peter Schlechtriem/Petra Butler, *UN Law on International Sales...*, cit., pág. 196; Christoph Brunner/Beat Schläpfer/Christopher Boog, "Article 73 [Avoidance in Installment Contracts]", cit., pág. 504.

[95] Mercédeh Azeredo da Silveira, "Anticipatory Breach...", cit., pág. 43, salienta que pode mesmo dar-se o caso de o incumprimento de uma prestação poder implicar, *per se*, o incumprimento das prestações seguintes.

pontualmente, sendo estas entregas em tempo essenciais para o comprador[96]; se o vendedor se tiver declarado apenas disponível para entregar a mercadoria mediante o pagamento de quantias acrescidas ou outras condições que não houverem sido acordadas; se o comprador tiver ou tivesse tido pagamentos em atraso e não oferecer garantias de pagamento pontual, etc.[97].

O exercício deste direito de resolução deve ser exercido num prazo razoável. Não sendo indicado em que data começa a contar este prazo razoável, pode admitir-se que tenha início no momento em que a parte tem conhecimento do incumprimento do seu co-contratante[98] ou do momento em que este incumprimento ocorre. Todavia, qualquer destas soluções pode não ser a mais adequada se o incumprimento fundamental não decorrer de um incumprimento em concreto, mas de diversas desconformidades no cumprimento das obrigações[99]. Neste caso, a solução mais adequada poderá passar por assumir como relevante a data a partir da qual o credor tem elementos suficientes para concluir que irá ser cometido incumprimento contratual fundamental[100]. Também esta declaração deve respeitar o regime previsto no art. 27.º[101].

À parte que pretender declarar a resolução do contrato para o futuro, com fundamento no disposto no art. 73.º, n.º 2, cabe o ónus de provar que se verificou um ou mais incumprimentos, que este incumprimento ou incumprimentos sustentam boas razões para concluir que ocorrerá um incumprimento fundamental com respeito a futuras prestações e que o contrato foi declarado resolvido em tempo razoável[102].

4.3. Prestações interdependentes

No caso de contratos com prestações sucessivas, se o comprador declarar a resolução com respeito a alguma entrega, poderá também, simultaneamente,

[96] Saidov, "Article 73", cit., anot. 16.

[97] Saidov, "Article 73", cit., anots. 19 ss.; Christoph Brunner/Beat Schläpfer/Christopher Boog, "Article 73 [Avoidance in Installment Contracts]", cit., págs. 505 ss.

[98] Ingo Saenger, CISG art. 73, *BeckOK BGB*, coord. Wolfgang Hau/Roman Poseck, 57.ª edição, 2021, anot. 11.

[99] Mercédeh Azeredo da Silveira, "Anticipatory Breach...", cit., pág. 44.

[100] Mercédeh Azeredo da Silveira, "Anticipatory Breach...", cit., pág. 44; Fountoulakis, "Art. 73", cit., anot. 27; Saidov, "Article 73", cit., anot. 27.

[101] Mercédeh Azeredo da Silveira, "Anticipatory Breach...", cit., pág. 44; Fountoulakis, "Art. 73", cit., anot. 27.

[102] Saidov, "Article 73", cit., anot. 31.

nos termos do art. 73.º, n.º 3, da Convenção de Viena, declarar a resolução em relação a entregas passadas ou futuras, se a interdependência que se verificar entre elas determinar que essas entregas não poderão ser utilizadas para o fim previsto pelas partes no momento da celebração do contrato.

A interdependência das entregas estará verificada se as prestações passadas ou futuras estiverem relacionadas com a prestação resolvida. Neste contexto, a finalidade das prestações acordada pelas partes ao tempo da celebração do contrato é um dos elementos decisivos para se determinar se existe ou não interdependência das prestações[103]. É o caso, *v.g.*, de uma unidade fabril ser entregue em várias prestações e de uma parte central, entregue numa prestação, ter um dano irreparável[104].

De acordo com o art. 73.º, n.º 3, a declaração da resolução da prestação não cumprida tem de ser simultânea com a declaração das prestações passadas e futuras comprometidas com o incumprimento da primeira e deve respeitar o disposto no art. 26.º[105].

O regime previsto no art. 73.º distingue-se do que está consagrado no art. 51.º[106]. Desde logo, da previsão do art. 73.º resulta que se está perante um contrato com prestações sucessivas, enquanto no art. 51.º a prestação até podia ser única, mas foi apenas entregue parte da mercadoria ou apenas parte estava em conformidade com o contratado. Admite-se, contudo, a aplicação do art. 51.º no caso de uma das prestações sucessivas prevista no art. 73.º ser apenas feita parcialmente ou em conformidade parcial[107].

Conclusões

A violação antecipada do contrato poderá manifestar-se de modos distintos consoante a realidade contratual *sub iudice*. Os regimes legais previstos nos arts. 71.º, 72.º e 73.º da Convenção de Viena refletem essa diversidade

[103] Peter Schlechtriem/Petra Butler, *UN Law on International Sales...*, cit., pág. 196.

[104] Peter Schlechtriem/Petra Butler, *UN Law on International Sales...*, cit., pág. 197; Christoph Brunner/Beat Schläpfer/Christopher Boog, "Article 73 [Avoidance in Installment Contracts]", cit., pág. 507.

[105] Saidov, "Article 73", cit., anot. 36.

[106] Fountoulakis, "Art. 73", cit., anot. 42; Ingo Saenger, CISG art. 73, cit., anot. 3.

[107] Mercédeh Azeredo da Silveira, "Anticipatory Breach ...", cit., págs. 51 ss.; Christoph Brunner/Beat Schläpfer/Christopher Boog, "Article 73 [Avoidance in Installment Contracts]", cit., pág. 502.

de pressupostos e, respetivamente, consagram consequências jurídicas adequadas às especificidades desses pressupostos. É assim que, *v.g.*, verificados os pressupostos de aplicação do art. 71.º, a consequência será a suspensão do cumprimento da obrigação; mas se o que estiver em causa for um manifesto futuro incumprimento contratual fundamental, previsto no art. 72.º, n.º 1, a consequência poderá ser a declaração da resolução do contrato.

Subjacente a este regime encontra-se o pressuposto de que não se afigura razoável que o credor da obrigação aguarde pelo efetivo incumprimento ou cumprimento defeituoso da obrigação, com o impacto significativo dos danos que daí podem resultar, para resolver o contrato ou suspender as suas obrigações.

Em todo o caso, subjacente também ao regime previsto nestas disposições está, designadamente, o princípio da manutenção do contrato, transversal à Convenção de Viena, manifesto, *v.g.*, na possibilidade de suspender as obrigações ao invés de resolver o contrato ou na possibilidade de manter a validade do contrato mediante a atribuição de garantias adequadas que reponham a confiança da parte contrária no cumprimento do contrato. Também o princípio da boa-fé, estruturante na Convenção de Viena, se reflete no dever de informação entre as partes e na atuação com lealdade no cumprimento das obrigações.

33. ONEROSIDADE EXCESSIVA E IRRESPONSABILIDADE PELO INCUMPRIMENTO NO SISTEMA DA CISG

Paula Costa e Silva* **

1. O problema

Não é possível configurar um dever de prestar sem limites, porque de uma situação jurídica se trata, sem se recordar que estamos perante o efeito de um acto de auto-determinação. O dever de prestar tem o seu enquadramento histórico: foi aquele que, num dado momento e perante certas circunstâncias, o devedor aceitou cumprir. Esta ponderação implica perguntar que impacto podem ter sobre este dever acontecimentos que ocorram durante a execução do contrato e que impeçam ou tornem o cumprimento mais oneroso do que aquilo que estava no plano inicial das partes. O que acontece ao vínculo? E se pensarmos no contexto em que tipicamente o problema se levanta, pergunta-se: o que ocorrerá com a prestação e com a contraprestação?

Tendo presente a força da realidade, a Convenção das Nações Unidas para a Venda Internacional de Mercadorias (CISG) dispõe, no seu artigo 79.º, n.º 1, que "[u]ma parte não é responsável pelo não cumprimento de qualquer uma das suas obrigações se provar que o mesmo se ficou a dever a um impedimento alheio à sua vontade e que não seria razoável esperar que o considerasse no momento da conclusão do contrato, ou que o evitasse ou ultrapassasse, bem como as respectivas consequências." No seu n.º 5, a mesma regra dispõe que "nada no presente artigo impede qualquer parte de exercer qualquer outro direito para além de pedir indemnização por perdas e danos, nos termos da presente Convenção." A versão em língua inglesa poderá ser menos ambígua. Nela se dispõe que *"[n]othing in this article prevents either party from exercising any*

* Professora Catedrática da Faculdade de Direito da Universidade de Lisboa

** O presente texto contou com a intense colaboração de Gonçalo Vilela, neste momento ainda aluno na graduação na Faculdade de Direito da Universidade de Lisboa. O auxílio do Gonçalo na localização de doutrina e jurisprudência foram determinantes para que o texto pudesse ter a forma final que aqui é apresentada.

right other than to claim damages under this Convention." Poderia perguntar-se se, apesar de apenas se referir à *isenção* de uma obrigação de reparar danos, a CISG deixaria esta isenção conviver com a perpetuação do dever de cumprir. Mas esta conclusão seria estranha: a obrigação de reparar danos, com a amplitude com que a CISG a contempla, surge acoplada a casos em que seria inviável, por exemplo, um recurso à execução específica, tal como prevista na própria Convenção. Por esta razão o artigo 79º há-de ser lido de forma restritiva[1], pois que não se pode exigir o impossível uma vez que solução diversa significaria extrair da regra a norma de que a Convenção permite que se imponha o impossível.

Um dos tópicos que, desde o início de vigência da CISG, se discute prende-se com a questão de saber se os casos que costumam ser unificados sob a expressão *onerosidade excessiva*, qualquer que seja a designação que lhe tem sido atribuída nos diversos ordenamentos jurídicos, pode ser integrado no artigo 79.º, enquanto razão para a extinção – ou suspensão temporária – do dever de cumprir.

Supomos que a resposta a esta interrogação não pode ser dada de forma directa. Este trabalho começará por destrinçar os conceitos de *hardship, onerosidade excessiva* e *impossibilidade económica*, que têm sido utilizados de forma díspar na literatura internacional, com o intuito de atingir alguma certeza acerca de como interpretar e aplicar a CISG nas situações em que o cumprimento se tornou tão oneroso que a parte vinculada a cumprir não o pode sustentar. Em momento posterior, analisar-se-á a história legislativa do artigo 79.º, os requisitos de aplicabilidade do mesmo e de que maneira têm os decisores judiciários e arbitrais julgado as contendas em que são postos à prova os limites do artigo 79.º.

2. Onerosidade excessiva, hardship e impossibilidade económica

No decorrer da execução dos contratos podem sobrevir acontecimentos que, embora não impossibilitem a realização da prestação, a tornam *excessivamente onerosa*, conduzindo a uma rutura do sinalagma existente. A este tipo de realidade têm sido, quer no âmbito de cada ordem jurídica concretamente considerada, quer nos instrumentos internacionais que regulam contratos (ex. Princípios UNIDROIT, CISG, etc.), dadas soluções que são moldadas

[1] BRUNNER, Cristopher, Article 79 [Impediment Excusing a Party from Damages]. In BRUNNER & GOTTLIEB, *Commentary on the UN Sales Law (CISG)*, Kluwer Law International, 2019, p. 589.

com base em cláusulas diferentes, tendo em conta os pontos de partida e as evoluções de cada ordenamento. Um primeiro ponto deve ser, desde já, sublinhado: os casos que nos interessam são aqueles que escapam ao plano contratual originariamente estabelecido entre as partes. E o que afinal se pergunta é como devem, para além desse plano e sempre que ele não seja apto a dar uma resposta, resolver-se os casos de ruptura da justiça interna do contrato. O critério primário de solução será sempre o que rege os vínculos obrigacionais: a autonomia privada. Mas, e quando nem esta dá resposta ao caso? Como se pode proceder?

A pergunta que enfrentaremos é a seguinte: que relevância tem, se relevância tiver, a onerosidade excessiva que reflicta uma ruptura da justiça interna do contrato – por ruptura do sinalagma – no plano da CISG? Como auxiliar na busca de uma resposta, tentaremos delimitar, sempre com o limitado intuito de percebermos que papel cabe à onerosidade excessiva no âmbito da CISG, o alcance dos conceitos de onerosidade excessiva, *hardship* e de impossibilidade económica (*economic impossibility*). Nesta delimitação, há que procurar uma solução que seja consonante com uma interpretação autónoma da CISG (cfr. artigo 7.º da Convenção), não abraçando visões baseadas no Direito interno de cada Estado.[2] No entanto, não pode deixar de se ponderar que aqueles sintagmas têm uma origem. Tentaremos traçá-la a ver as soluções desenhadas por diferentes ordens jurídicas, bem como pelos instrumentos internacionais mais relevantes na matéria, para ensaiarmos uma delimitação do campo de aplicação de uma regra fundamental como é o artigo 79.º que possa tentar satisfazer as exigências de uma aplicação uniforme e coerente da Convenção.

3. Hetero ou homogeneidade: sistemas diferentes, soluções iguais?

A imprevisibilidade da verificação de eventos económicos, políticos e sociais capazes de impedir ou dificultar o cumprimento dos contratos apresenta-se

[2] A propósito da necessidade uma interpretação internacionalista e uniforme, contrariamente à "homeward trend" que foi, outrora, dominante na interpretação e aplicação da CISG, *vide* viscasillas, Pilar Perales-Interpretation and gap-filling under the CISG: contrast and convergence with the UNIDROIT Principles. *Uniform Law Review*, Vol. 22 (2017), pp. 4-28; FERRARI, Franco-Uniform interpretation of the 1980 Uniform Sales Law. *Georgia Journal of International and Comparative Law*, Vol. 24, n.º 2 (1994), pp. 183-228; DIMATTEO, Larry A. & JANSSEN André, Interpretive Methodologies in the Interpretation of the CISG. In *International Sales Law: A Global Challenge*, Cambridge: Cambridge University Press, 2014, pp. 79-101.

como um problema transversal a diversas ordens jurídicas. Embora o paradigma *pacta sunt servanta*[3] possa ser considerado transversal, bem como a máxima de que ninguém é obrigado a cumprir o impossível (*impossibilium nulla est obligatio*), já no que concerne a perturbações de índole económica a discussão mantém-se acesa.[4]

Na Europa Continental, afiguram-se como relevantes os dados que podem ser encontrados nas ordens jurídicas alemã, italiana, francesa e portuguesa. À parte do "Velho Continente", apresentam-se como relevantes as experiências inglesa e norte-americana.

Após a reforma do Direito alemão em 2001/2002, a propósito da modernização do Direito das Obrigações[5], as situações em que o cumprimento se torna mais custoso passam a ter guarida nos §275 (2) e 313 do BGB. O §275 (2)[6] declara a exclusão do dever de prestar, quando se verifique que as despesas e o esforço requeridos ao devedor são excessivamente desproporcionais relativamente ao interesse do credor na prestação; já o §313 refere-se a alterações das circunstâncias que perturbem o equilíbrio contratual, recorrendo à cláusula da base do negócio (Störung der Geschäftsgrundlage[7]). Enquanto que a primeira situação se aproxima do regime da impossibilidade da prestação, sem que a prestação se tenha tornado impossível, mas apenas excessivamente onerosa, a segunda abarca uma realidade diferente em que, devido

[3] Embora no espaço anglo-saxónico não seja necessariamente identificado com esta formulação, pode afirmar-se ainda um mesmo paradigma sob a expressão "sanctity of the contratcs". Por todos *vide* PARRY, Sir David Huges, *The Sanctity of Contracts in English Law*, Londres: Stevens & Sons Limited, 1959.

[4] SCHWENZER, Ingeborg, Force Majeure and Hardship in International Sales Contracts. *Victoria University of Wellington Law Review*, Vol. 39, nº 4 (2008), pp. 709-726.

[5] Para maiores desenvolvimentos relativamente às alterações legislativas *vide* SCHLECHTRIEM, Peter, The German Act to Modernize the Law of Obligations in the Context of Common Principles and Structures of the Law of Obligations in Europe, *Oxford U Comparative Forum 2* (2002), disponível em https://ouclf.law.ox.ac.uk/the-german-act-to-modernize-the-law-of-obligations-in--the-context-of-common-principles-and-structures-of-the-law-of-obligations-in-europe/.

[6] Para uma exposição aprofundada da história e da aplicação do preceito no Direito Alemão *vide* PIRES, Catarina Monteiro, *Impossibilidade da Prestação*, Coimbra: Almedina, 2017, pp. 438-512.

[7] RÖSLER, Hannes, Hardship in German Codified Private Law – In Comparative Perspective to English, French and International Contract Law. *European Review of Private Law*, Vol. 15, nº 4, p. 485; DIMATTEO, Larry A., Contractual Excuse Under the CISG: Impediment, Hardship, and the Excuse Doctrines. *Pace International Law Review*, Vol. 27, n.º 1 (2015), pp. 261-266; Cfr. BRUNNER, Cristopher, Chapter 5: Hardship (Change of Circumstances): Fundamental Change of the Equilibrium of the Contract, Section 12: Individual Requirements of the Hardship Defence. In *Force Majeure and Hardship under General Contract Principles: Exemption for non performance in International Arbitration*, Kluwer Law International, 2008, pp. 430-431.

a alterações das condições circundantes ao contrato, não se afigura justo que o contrato se mantenha nos termos em que as partes o desejaram, devendo ser alterado ou resolvido consoante a especificidade do caso[8].

O Direito italiano prevê, no artigo 1467 do *Codice Civile*, a possibilidade de resolução do contrato se, por uma causa extraordinária e imprevisível, a prestação de uma das partes se tornar excessivamente onerosa[9] (*eccessiva onerosità sopravvenuta*). Já o Direito francês é peremptório ao negar a relevância de situações de onerosidade excessiva, como demonstra o artigo 1148 do *Code Civil* ao apenas considerar como relevantes para exclusão da indemnização por incumprimento os casos de força maior (*force majeure*) e caso fortuito (*cas fortuit*). A conhecida teoria da imprevisão[10], que permitiria a modificação do contrato em casos de alteração das circunstâncias, apenas tem sido aplicada a contratos administrativos, não colhendo apoio no seio do direito privado francês.[11]

No Direito inglês é a *doctrine of frustration*[12] que dita se determinado obstáculo ao cumprimento é passível de exonerar as partes de cumprir as suas obrigações, não se encontrando uma disposição que salvaguarde casos de alteração das circunstâncias[13]. Pode dizer-se que um contrato se encontra "frustrado" quando ocorre um evento superveniente que altera fundamentalmente as condições de cumprimento do mesmo. Caso se verifique que é operativa a *doctrine of frustration* o contrato é resolvido automaticamente, sem qualquer intervenção das partes[14]; caso não haja *frustration*, as partes mantêm-se vinculadas a cumprir, independentemente de quão oneroso se torne o cumprimento ou de quanto se tenham alterado as circunstâncias[15].

[8] Para maiores desenvolvimentos relativamente à história desta cláusula no Direito alemão *vide* RÖSLER, Hardship in German Codified Private Law.... pp. 487-493.

[9] Cfr. PIRES, *Impossibilidade da Prestação*... pp. 516-522.

[10] Para mais detalhes *vide* STOFFEL-MUNCK, Phillippe, *Regards sur la théorie de l'imprevision: vers une souplesse contractuelle en droit privé français contemporain*, Aux-en-Provence: Presses universitaires d'Aix Marseille, 1994.

[11] Não obstante, a jurisprudência do *Cour de Cassation* parece estar a afastar-se da interpretação e aplicação rígida da vinculatividade dos contratos. Cfr. KESSEDJIAN, Catherine, Competing Approaches to Force Majeure. *International Review of Law and Economics*, Vol. 25, nº3 (2005), p. 42.

[12] Cfr. BRUNNER, Chapter 5: Hardship (Change of Circumstances)..., pp. 428-429.

[13] RÖSLER, Hardship in German Codified Private Law...., p. 497; KESSEDJIAN, Competing Approaches to Force Majeure..., p. 427.

[14] Cfr. KESSEDJIAN, Competing Approaches to Force Majeure... p. 427; RÖSLER, Hardship in German Codified Private Law...., p. 499.

[15] Cfr. SCHWENZER, Force Majeure and Hardship..., p. 711.

Ainda no espaço anglo-saxónico, nos EUA o *Uniform Commercial Code* estabelece no seu §2-615 a *doctrine of impractibility*[16].

O Direito português não conhece uma cláusula geral que determine a extinção do dever de prestar quando o seu cumprimento se torne *excessivamente difícil*[17]; o desequilíbrio surge numa regra, o artigo 437.º do Código Civil, que regula mais do que a mera onerosidade excessiva: integra o desequilíbrio provocado em uma das prestações, que se veio a tornar excessivamente onerosa, numa cláusula relativa à alteração das circunstâncias[18]. Esta opção foi ponderada aquando da elaboração do Código: o legislador não deixou de equacionar o eventual significado do incremento dos esforços do devedor ao regular a matéria da extinção do vínculo contratual por impossibilidade. Também por esta razão, a doutrina vem tendencialmente entendendo que só a impossibilidade absoluta releva para efeitos do artigo 790.º[19], não bastando a simples *difficultas praestandi*, sendo que a jurisprudência tem seguido o mesmo rumo[20].

Não obstante, o Direito português reconhece situações de exclusão do dever de prestar, erigidas sobre a ideia de inexigibilidade da prestação, em que ao credor cabe o exercício de um direito alternativo[21] - falamos aqui das situações previstas nos artigos 829.º, n.º 2, 1221.º, n.º 2 e 1149.º do Código Civil[22]. Estas normas demonstram uma clara afinidade valorativa, operando

[16] Cfr. KESSEDJIAN, Competing Approaches to Force Majeure... p. 427-428; DIMATTEO, Contractual Excuse Under the CISG...p. 266-270; BRUNNER, Chapter 5: Hardship (Change of Circumstances)..., pp. 429-430.

[17] MARTINS-COSTA, Judith & COSTA E SILVA, Paula, *Crise e Perturbações no Cumprimento da Prestação- Estudo de Direito Comparado Luso-Brasileiro.* São Paulo: Quartier Latin, 2020, p. 261.

[18] Acerca do significado desta cláusula *vide* ASCENSÃO, José de Oliveira, Onerosidade excessiva por "alteração das circunstâncias". *Revista da Ordem dos Advogados,* Ano 65, Vol. III (2005), disponível em https://portal.oa.pt/publicacoes/revista/ano-2005/ano-65-vol-iii-dez-2005/doutrina/jose-de-oliveira-ascensao-onerosidade-excessiva-por-alteracao-das-circunstancias/; MENEZES CORDEIRO, António, *Da Alteração das Circunstâncias- A Concretização do Artigo 437º do Código Civil, à Luz da Jurisprudência Posterior a 1974,* Lisboa: AAFDL, 1987; MARTINS-COSTA & COSTA E SILVA, *Crise e Perturbações...* pp. 270-281.

[19] Cfr. PIRES, *Impossibilidade da Prestação...*, p. 524 e as referências aí feitas.

[20] Cfr. PIRES, *Impossibilidade da Prestação...*, pp. 534-538, onde a Autora enumera diversas decisões que demonstram a posição adoptada pela jurisprudência portuguesa.

[21] Cfr. PIRES, *Impossibilidade da Prestação...*, pp. 540-546 para o desenvolvimento do significado de tais cláusulas no Direito Português.

[22] Da previsão de tais normas não se pode retirar que a lei tenha previsto hipóteses autónomas de impossibilidade relativa enquanto fundamento de desvinculação contratual. Cfr. MARTINS-COSTA & COSTA E SILVA, *Crise e Perturbações...*, p. 268.

como concretizações da boa-fé[23], o que revela um dos mecanismos de solução para os casos em que, embora não haja previsão normativa, se verifica uma desproporção entre os dispêndios exigidos ao devedor e o interesse do credor. Acaba por ser esta a linha de pensamento de Catarina Monteiro Pires, que conclui não ser possível no Direito português enquadrar a *dificuldade acrescida de cumprir* no âmbito da impossibilidade[24], porquanto o Direito português não comporta a impossibilidade relativa[25]. Para além destas razões, a Autora afirma que a segurança jurídica e a estabilidade contratual exigem a fixação dos limites da impossibilidade em torno do que é *verdadeira e absolutamente impossível*[26].

Ademais, também se apresenta como possível um outro entendimento, com base nos dados fornecidos pelo sistema português. Entendendo-se que o conceito de prestação engloba o fim que com ela se pretende obter, *através de uma conduta da contraparte*[27], bem como que o conceito de impossibilidade é ainda um conceito normativo, e não meramente naturalístico, podemos chegar a um resultado diferente. Considerando que o *desequilíbrio superveniente* entre os esforços exigidos ao devedor para que cumpra e o benefício que o credor retira do cumprimento implica a *não exigibilidade* (imposta pela boa-fé) de qualquer dos direitos de crédito, existem razões suficientes para entender que a prestação se torna impossível quanto ao resultado[28]. Nesse sentido, apresentar-se-ia como relevante o recurso às regras aplicáveis à impossibilidade da prestação, podendo ainda a *onerosidade excessiva* ser reconduzida a tal ponto do sistema[29].

4. Que resposta internacional ao cumprimento excessivamente difícil?

À parte da CISG, que abordaremos no próximo capítulo deste texto, existem outros instrumentos internacionais que regulam diversos aspetos dos

[23] Cfr. PIRES, *Impossibilidade da Prestação...*, p. 550.

[24] Cfr. PIRES, *Impossibilidade da Prestação...*, p. 555.

[25] Esta locução é utilizada por contraposição à impossibilidade absoluta ou "verdadeira", *vide* MARTINS-COSTA & COSTA E SILVA, *Crise e Perturbações...*, p. 259.

[26] PIRES, *Impossibilidade da Prestação...*, p. 556.

[27] PEREIRA, Maria de Lurdes. *Conceito de Prestação e Destino da Contraprestação.* Coimbra: Almedina, 2001, p. 121.

[28] MARTINS-COSTA & COSTA E SILVA, *Crise e Perturbações...*, p. 270.

[29] MARTINS-COSTA & COSTA E SILVA, *Crise e Perturbações...*, p. 270.

contratos, sendo os mais relevantes, seja pela sua influência seja pelo seu papel integrador da CISG[30], os Princípios dos Contratos Comerciais Internacionais da UNIDROIT (PICC) e os Princípios do Direito Europeu dos Contratos (PECL).

Os PICC, no seu artigo 6.2.1 determinam que, mesmo quando o cumprimento de um contrato se torna mais oneroso para o devedor, não há lugar a exoneração do dever de cumprir, ou do dever de ressarcir os danos causados pelo incumprimento, excepto no que concerne aos artigos 6.2.2 e 6.2.3, em que se regulam os casos de *hardship*. O artigo 6.2.2 define *hardship* como uma alteração fundamental do equilíbrio contratual em que os eventos que alteram o equilíbrio contratual ocorram ou sejam conhecidos pela parte prejudicada apenas após a conclusão do contrato, desde que tais eventos não pudessem ser previstos por uma pessoa razoável colocada na posição da parte prejudicada, que os eventos estejam fora da esfera de controlo da parte prejudicada e que o risco da sua verificação não tenha sido assumido pela parte prejudicada.

Quanto aos PECL, o artigo 6:111, atinente à "*change of circumstances*", dispõe que, quando o cumprimento do contrato se torne *excessivamente oneroso* devido a alteração das circunstâncias, as partes se encontram vinculadas a renegociá-lo com o intuito de o modificar ou terminar.

5. Artigo 79.º da CISG e o cumprimento excessivamente difícil

A impossibilidade de prever todos os acontecimentos que podem ocorrer durante a execução de um contrato – depois de um evento que, em dado tempo histórico, era imprevisível mas que veio a ocorrer, todos ficamos mais inteligentes, sendo seguramente este evento tipicamente ponderado em futura contratação -, tornando a prestação impossível ou *excessivamente difícil*, demanda que, para além dos próprios contratos, os instrumentos que os regulam prevejam regras aplicáveis a estas situações. Deixar pontos de tamanha relevância por regular, quer por impossibilidade de negociar uma solução autónoma, quer por se considerar não haver, ainda, consenso doutrinário bastante que permita operar uma opção, acaba por empurrar para o plano da resolução de conflitos a superação da lacuna de regulação. Se a jurisprudência tem um papel absolutamente determinante na evolução do Direito, razão que concorre para a necessidade do seu conhecimento pela comunidade jurídica,

30

certo é que a possibilidade de decisões contraditórias quando na solução de um mesmo tipo de problema concorrem tribunais das mais diferentes jurisdições, potencia a insegurança. Esta torna-se factor de aumento exponencial de custos directos e indirectos, especialmente na contratação internacional.

A CISG não ficou indiferente aos problemas relacionados com a superveniência de acontecimentos que não seria expectável que o devedor considerasse no momento da conclusão do contrato e que impediram o cumprimento. A interpretação desta cláusula gira em torno da ideia de que o cumprimento é bloqueado por um impedimento que o devedor não controla[31]. Esta regra mostra-se, igualmente, como uma limitação necessária[32] ao sistema de responsabilidade objetiva por danos que é estabelecido nos artigos 45.º e 74.º da CISG. Sob a epígrafe *exemption*, o artigo 79.º exonera a parte que incumpre o contrato do dever de compensar os danos que com este incumprimento haja provocado[33], caso a falta de cumprimento se deva a um impedimento (*impediment*) que: (1) se encontre fora da esfera de controlo do devedor, (2) desde que não se pudesse expectar que este, segundo uma bitola de razoabilidade, tivesse considerado aquando da conclusão do contrato e (3) que, quer quanto ao impedimento, quer quanto às suas consequências, não fosse exigível ao devedor que o evitasse ou ultrapassasse.

Desta regra retira-se um primeiro vector. Só um impedimento que se situe fora da esfera de controlo do devedor[34] (*sphere of control*) pode ser fundamento para a isenção prevista no artigo 79.º. De forma a distinguir o que está ou não na esfera de controlo do devedor há que olhar, essencialmente, para a alocação

[31] SCHWENZER, Article 79..., p. 1067.

[32] HUBER, Peter & MULLIS, Alastair, *The CISG- A new textbook for students and practioners*, Munique: Sellier European Law Publishers, 2007, p. 258.

[33] Cfr. Artigo 79.º (5) CISG. É importante notar que o artigo 79.º não desvincula as partes do contrato, mantendo-o como válido e vinculativo até que se justifique a aplicação de outras disposições da CISG. Nesse sentido *vide* BRIDGE, Michael G., *The International Sale of Goods*. 4ª edição, Oxford: Oxford University Press, 2017, p. 999.

[34] A expressão "sphere of control" é utilizada nos diversos textos da literatura internacional sobre a matéria, sendo também utilizada pelos tribunais que resolvem os casos em que é invocado o artigo 79.º. A esfera de controlo ou esfera de risco do devedor inclui, por exemplo, a responsabilidade pela sua capacidade financeira, circunstâncias que o afetem pessoalmente, responsabilidade pelos seus representantes, trabalhadores, mandatários, etc., o risco de perecimento dos bens (em caso de a obrigação se apresentar como genérica). Cfr. SCHWENZER, Article 79..., p. 1067; HUBER & MULLIS, *The CISG*...., pp. 259-262; DIMATTEO, Contractual Excuse Under the CISG... p. 285-287; servindo-se de uma expressão diferente, mas com o mesmo significado, *vide* SCHLECHTRIEM, Peter & BUTLER, Petra, *UN Law on International Sales- The UN Convention on the International Sale of Goods*. Berlim: Springer, 2009, p. 201.

de risco que deriva do contrato[35], sendo que os usos também devem ser alvo de consideração[36].

O devedor não será protegido pela isenção prevista no artigo 79.º sempre que fosse expectável, segundo uma bitola de razoabilidade, que a ocorrência do impedimento fosse previsível aquando da celebração do contrato. A bitola é objectiva, construindo-se a possibilidade de previsão sobre a figura da "pessoa razoável" (*reasonable person*)[37]; tudo estará, então, em saber se, tendo em conta as circunstâncias presentes aquando da celebração do contrato, bem como as práticas comerciais, uma "pessoa razoável" deveria ter previsto a existência inicial ou superveniente do impedimento[38]. Este requisito, que corresponde à previsibilidade[39], há-de ser interpretado de forma integrada com todos os dados do caso e restritivamente (de resto, como todos os requisitos presentes no artigo 79.º[40]), porquanto podem as partes acautelar eventos que são dotados de uma previsibilidade nula ou reduzida, através, por exemplo, de seguros de incêndio[41].

Por fim, o artigo 79.º dispõe que ainda há lugar a isenção quando, embora o evento fosse ou devesse ter sido previsto pelo devedor, não lhe seja exigível que o evite ou ultrapasse, bem como às suas consequências. Como decorre dos

35 SCHWENZER, Article 79..., p. 1067; HUBER & MULLIS, *The CISG*...., pp. 258-259; DIMATTEO, Contractual Excuse Under the CISG..., pp. 287-289. Diversos casos dispõe acerca do que é ou não enquadrável na esfera de risco do devedor, apresentando-se como relevantes dois exemplos: o devedor não fica isento de prestar caso suceda uma paragem repentina da produção por parte do seu fornecedor (Tribunal Comercial Arbitral na Câmara de Comércio e Indústria da Federação Russa, caso nº 155/1994, 16-03-1995), bem como não o fica caso se dê a insolvência do banco que o financia (Tribunal Comercial Arbitral na Câmara de Comércio e Indústria da Federação Russa, caso nº 269/1997, 6-10-1998.

36 Cfr. Bundesgerichtshof, VIII ZR 121/98, 24 de março 1999; Oberlandesgericht Hamburg, 1 U 167/95, 28-02-1997, disponível em http://www.unilex.info/cisg/case/291.

37 Este critério não será muito diferente da bitola do *bom pai de família* presente no Direito Português, ou seja, a pessoa média, que é representada no Direito Português pelo *bom pai de família*, será também uma pessoa razoável, para efeitos da CISG.

38 Cfr. SCHWENZER, Article 79..., p. 1068; HUBER & MULLIS, *The CISG*...., pp. 258-259; BRUNNER, Article 79..., pp. 584-585.

39 Diversos autores utilizam a expressão "foreseeability" para caracterizar este requisito, bem como os tribunais. Cfr. DIMATTEO, Contractual Excuse Under the CISG..., pp. 293-303, onde o Autor explora como a jurisprudência se tem servido do conceito de "foreseeabilty" ou "foreseeable" que, embora não esteja plasmado no artigo, mais não é do que uma decorrência da formulação do artigo e das palavras utilizadas.

40 Cfr. BRUNNER, Article 79..., p. 561.

41 Cfr. MIETTINEN, Jenni, Interpreting CISG Article 79 (1): Economic Impediment and the Reasonability Requirement, Lapónia, 2015, Tese de Mestrado, p. 10.

princípios gerais de Direito das obrigações, mais especificamente da boa-fé, qualquer posição jurídica tem limites pelo que limitada está a sua exigibilidade. Este ponto é de grande relevância já que reflecte a abertura da CISG aos casos em que o cumprimento se torna *excessivamente difícil*: a *inexigibilidade* do cumprimento que não é objectivamente impossível, mas que requer alguma coisa do devedor que não seria razoável exigir.

Como surge esta regra e o equilíbrio nela estabelecido? E qual vem sendo a sua aplicação por parte dos decisores jurídicos? Pode, realmente, afirmar-se, com as pistas que o artigo 79.º nos fornece, que a CISG comporta uma solução para os casos em que o cumprimento se torna excessivamente difícil para o devedor?

6. A história legislativa do artigo 79.º

A CISG tem como seu antecedente a Lei Uniforme para a Venda Internacional de Bens (ULIS), que previa no seu artigo 74.º[42] a isenção que encontramos no artigo 79.º da CISG. As alterações que culminaram no artigo 79.º da CISG surgiram de forma a dar respostas às críticas empreendidas contra a formulação algo liberal do artigo 74.º da ULIS, porquanto permitia à parte eximir-se de prestar com facilidade[43]. Uma vez que o artigo se servia do termo "circunstância", ao invés de outro mais próximo da impossibilidade, argumentou-se que, com tal redacção, também seria possível ao devedor eximir-se do seu dever de prestar quando o cumprimento se tornasse *excessivamente oneroso*, abarcando ainda situações de alteração das circunstâncias, sendo de tal forma amplo que um vendedor se poderia eximir de prestar devido a uma subida repentina de preços[44]. Além disso, o artigo 74.º seria obscuro e excessivamente subjetivo[45].

[42] Na sua parte relevante pode ler-se: "[w]here one of the parties has not performed one of his obligations, he shall not be liable for such non-performance if he can prove that it was due to circumstances which, according to the intention of the parties at the time of the conclusion of the contract, he was not bound to take into account or to avoid or to overcome; in the absence of any expression of the intention of the parties, regard shall be had to what reasonable persons in the same situation would have intended."

[43] WINSHIP, Peter, Exemptions under article 79 of the Vienna Sales Convention, *The Rabel Journal of Comparative and International Private Law*, Vo. 68, nº 3 (2004), p. 497.

[44] Progress report of the Working Group on the International Sale of Goods on the work of its fifth session (A/CN.9/87) para. 108, reprinted in: UNCITRAL Yb. V1974 (1975) 39.

[45] Cfr. nota anterior.

O processo de criação da CISG começou por uma revisão da ULIS[46], tendo surgido diversas propostas de alteração que se mostram relevantes para alcançar o significado último da CISG. A proposta do Reino Unido, tendo sempre em mente o instituto da *frustration*, vem introduzir o termo "impossibilidade", bem como a possibilidade de isenção quando as circunstâncias se alterassem tanto que o cumprimento fosse diferente do inicialmente previsto no contrato[47]. Posteriormente, os representantes húngaros criticaram a proposta, afirmando que a inserção do conceito de *frustration* (uma vez que o termo "impossibilidade" seria lido no enquadramento de tal instituto no Direito inglês) não alteraria de forma substancial o escopo do artigo 74.º da ULIS. Ademais, a redação proposta seria demasiado complicada e não se serviria de termos que pudessem ser transversais aos diversos ordenamentos jurídicos dos Estados signatários[48].

Finda a quinta sessão do grupo de trabalho responsável pelo futuro artigo 79.º da CISG, foram sugeridas duas propostas alternativas de redação[49], uma vez que não se chegou a um consenso. Ambas as propostas apresentavam a bitola de razoabilidade como bússola de aferição do preenchimento dos critérios da previsibilidade e da inevitabilidade[50] - o que se manteve até à redacção do atual artigo 79.º.

Após a sexta sessão, o grupo de trabalho apresentou o artigo 50.º (1), que mais tarde se tornaria o artigo 79.º (1) da CISG, referindo a relevância da culpa[51], referência que se manteve no anteprojeto da CISG[52]. Os representantes da Áustria e da então República Federal da Alemanha sugeriram uma formulação mais próxima da actual, retirando a referência à culpa, com base no entendimento de que a inserção de tal conceito traria dificuldades na aplicação da CISG, tendo em conta o significado diferente que a culpa tem nos

[46] Cfr.MIETTINEN, Interpreting CISG Article 79 (1)..., p. 15.

[47] Cfr. MIETTINEN, Interpreting CISG Article 79 (1)..., p. 16, bem como as referências aí feitas.

[48] Cfr. MIETTINEN, Interpreting CISG Article 79 (1)..., p. 17, bem como as referências aí feitas.

[49] Cfr. UNCITRAL Yearbook 1975, Volume VI, p. 60, onde se encontram presentes as diversas alternativas de redação. Posteriormente foi introduzida pelos representantes do Reino Unido uma terceira alternativa de redação da qual retirou a possibilidade de isenção em caso de alteração radical das circunstâncias que tornasse o cumprimento diferente do inicialmente acordado.

[50] Cfr. MIETTINEN, Interpreting CISG Article 79 (1)..., p. 16.

[51] UNCITRAL Yearbook 1975, Volume VI, p. 68.

[52] UNCITRAL Yearbook 1976, Volume VII, pp. 89-96.

diversos ordenamentos jurídicos[53]. Os representantes noruegueses[54] acompanharam este entendimento, sugerindo uma redação que se assemelha à actualmente vigente, ainda que a redacção que acabou por vingar, seguindo estas diversas propostas, não seja isenta de críticas[55].

Do que vimos, parece-nos legítimo afirmar que um sistema baseado na responsabilidade por culpa foi claramente recusado, bem como que se pretendeu restringir ao máximo os casos em que a isenção do artigo 79.º pode operar. A pergunta chave mantém-se: pode a CISG acolher os casos em que o cumprimento se torna *excessivamente difícil?*

7. A aplicação da CISG por tribunais estaduais e arbitrais

Só a resolução de casos concretos permite pôr à prova qualquer sistema de regras desenhado por um legislador. Nesse sentido, cabe nesta secção dar nota das decisões que, da nossa perspectiva, apresentam maior relevância, seja pela interpretação dos pressupostos de aplicação do artigo 79.º, seja por lidarem directa ou indirectamente com impedimentos que, não tornando o cumprimento impossível, o tornam *mais difícil* para a parte.

Um primeiro caso que se mostra relevante opôs um comprador egípcio a um vendedor jugoslavo, partes num contrato de fornecimento de barras de aço[56]. Ficou acordado entre as partes que, posteriormente à compra de 80,000 toneladas de barras de aço, o comprador poderia exercer uma opção de compra de mais 80,000 toneladas desde que notificasse o vendedor, antes de determinada data, que pretendia accionar tal cláusula contratual. O comprador fê-lo atempadamente. Contudo, o vendedor não cumpriu a cláusula, o que fez com que o comprador tivesse de comprar o produto por um valor

[53] UNCITRAL Yearbook 1977, Volume VIII, pp. 111, 117; Cfr. MIETTINEN, Interpreting CISG Article 79 (1)..., p. 22.

[54] UNCITRAL Yearbook 1977, Volume VIII, p. 124.

[55] A propósito mostram-se relevantes as objecções australianas e suecas. Os representantes australianos demandavam que fossem apresentadas propostas de normas complementares que cobrissem as situações em que há dificuldade de prestar, porquanto as formulações propostas só eximiriam o devedor de responsabilidade em casos extremos. Já os representantes suecos julgavam necessário isentar o devedor da execução do contrato porque, caso contrário, o credor poderia forçar a execução da prestação. Cfr. MIETTINEN, Interpreting CISG Article 79 (1)..., pp. 21- 26 para mais detalhes, incluindo posições de outros Estados signatários.

[56] Câmara Internacional de Comércio, Decisão Arbitral n.º 6281/1989, 26 de agosto de 1989, disponível em http://www.unilex.info/cisg/case/11.

mais elevado a terceiro. Nesta sequência, demandou o vendedor pelos custos adicionais em que incorreu.

O vendedor alegou que a subida no preço do aço era súbita e extrema, sendo por isso fundamento para a isenção da obrigação de indemnizar, nos termos do artigo 79.º. O árbitro considerou que não se verificava o requisito da imprevisibilidade, porquanto o preço do aço já estava a subir há algum tempo, mas ainda assim teceu algumas considerações no que concerne à existência de um desequilíbrio no contrato proveniente do aumento dos preços. Comparando os preços, anteriores e posteriores ao aumento, considerou que um aumento de 13,16%, além de ser previsível, não poderia ser considerado excessivo.

Esta decisão, demonstrando sempre cautela relativamente à interpretação do artigo 79.º, revela alguma abertura quanto a poder a expressão "impedimento" integrar outros casos para além dos de impossibilidade, fundada em *force majeure*.

No caso *Nuova Fucinati S.p.A v. Fondementall International A.B*[57], o vendedor não cumpriu a sua obrigação de entrega de ferrocrómio ao comprador. O vendedor invocou uma situação de *hardship*[58], com o intuito de resolver unilateralmente o contrato[59], porquanto o preço do ferrocrómio havia subido quase 30% entre a constituição da obrigação e o momento do cumprimento. O tribunal entendeu não dever aplicar a CISG ao caso, mas afirmou que, mesmo que a Convenção fosse aplicável, o alegado pelo réu não poderia proceder, uma vez que a CISG não contempla tal possibilidade nem no artigo 79.º, nem em qualquer outro lugar[60]. Além disso, afirmou que a doutrina da onerosidade excessiva não se pode reconduzir à estrutura da Convenção, seja como excepção, no âmbito do artigo 79.º, seja como fundamento de extinção de um vínculo contratual.

[57] *Nuova Fucinati S.p.A v. Fondementall International A.B*, Tribunale Civile di Monza, 14/01/1993, disponível em http://www.unilex.info/cisg/case/21.

[58] Esta expressão foi utilizada como realidade equivalente à prevista no artigo 1467 do Codice Civile, ou seja, à onerosidade excessiva superveniente.

[59] Estava em causa o mecanismo que vem previsto na CISG sob o nome de "avoidance". Para mais desenvolvimentos *vide* MAGNUS, Ulrich, The Remedy of Avoidance of Contract Under CISG- General Remarks and Special Cases. *Journal of Law and Commerce*, Vol. 25, pp. 423-436.

[60] Em sentido contrário parece mover-se a decisão tomada pelo *Landerigcht*, no caso 43 0 136/92, em 14-05-1993, em que se ditou que as regras do Direito Alemão que abordam a impossibilidade e o *hardship* não seriam aplicáveis, porquanto a CISG integra tais problemas no seu artigo 79.º.

Num caso datado de 1997[61], um comprador inglês e um vendedor alemão contrataram a compra de molibdénio, proveniente da China. O molibdénio não chegou a ser entregue ao comprador, sendo que o vendedor não recebeu o bem através do fornecedor chinês. O vendedor alegou que a subida do preço do molibdénio, na ordem dos 300%, não lhe permitia fazer uma compra para ulterior entrega ao comprador em cumprimento do contrato celebrado.

O tribunal determinou que o vendedor não se poderia valer do artigo 79.º para deixar de cumprir a sua obrigação, porquanto lhe pertencia o risco de receber os bens do seu fornecedor, só se exonerando do seu dever de prestar caso não existissem bens de qualidade semelhante ou igual no mercado. Ademais, afirma o tribunal, é também sobre o devedor que recai o risco de aumento do preço do bem, pelo que nem um aumento de 300% seria suficiente para exonerar o vendedor, tendo em conta a natureza especulativa do negócio em questão. Quanto maior o risco do negócio, maior será o limite para se considerar que a subida do preço representa um sacrifício insuperável para o devedor: aqui a decisão demonstra abertura à discussão da onerosidade excessiva, embora não decida a favor de quem a invoca.

Outro caso relevante, e que ficou conhecido devido ao bem que era alvo de transação entre as partes, é o *Steel Ropes Case*[62]. As partes celebraram um contrato de compra e venda de cordas de aço, sendo que as cordas foram entregues, mas o preço correspondente não foi pago. A parte inadimplente (o comprador) pedira ao vendedor que parasse a entrega das cordas, argumentando que as condições de mercado tinham piorado, que não tinha espaço para armazenar as cordas e que o sector da construção estava em depressão. O tribunal arbitral afirmou que nenhuma das razões elencadas pelo comprador poderia preencher o artigo 79.º, porquanto o comprador não estava numa situação de impossibilidade objectiva para receber os bens, além de as situações invocadas não representarem eventos que não fossem expectáveis.

Um caso decidido em 2006[63] e que opôs uma empresa grega (comprador) a uma empresa búlgara (vendedor) apresenta também traços relevantes.

As partes celebraram um contrato de compra e venda de sementes de girassol. Durante o período de execução do contrato, o vendedor recusou

[61] Oberlandesgericht Hamburg, 1 U 167/95, 28-02-1997, disponível em http://www.unilex.info/cisg/case/291.

[62] Tribunal Arbitral da Câmara de Comércio e Indústria da Bulgária, caso nº 11/1996, 12-02-1998, disponível em https://iicl.law.pace.edu/cisg/case/bulgaria-february-12-1998-translation-available.

[63] Efetio Lamia, caso nº 63/2006. Resumo disponível em https://iicl.law.pace.edu/cisg/case/greece-2006-efetio-court-appeals.

entregar as sementes invocando alterações no mercado, bem como outros impedimentos: a) seca prolongada que levou à redução da produção e, consequentemente, do produto disponível e b) a descida do nível do Rio Danúbio, facto que impediria o vendedor de colocar as sementes no barco que deveria navegar tal via fluvial para que estas fossem transportadas. Embora fosse possível levar o produto até um porto marítimo e transportá-lo a partir daí, o vendedor argumentou que se revelava demasiado dispendioso fazê-lo, tendo em conta o preço inicialmente acordado.

O tribunal julgou improcedentes ambos os argumentos, porquanto ficou provado que o vendedor sabia que a produção e a oferta de sementes de girassol diminuiriam devido à seca e que a descida do nível do rio era um impedimento que se esperava que o vendedor ultrapassasse, uma vez que tal acontecimento já havia sucedido em anos passados, bem como por existirem mecanismos contratuais que podiam ter acautelado tal ocorrência. Ademais, o tribunal considerou que o artigo 79.º não permite a desvinculação do devedor devido a uma alteração das condições económicas que estavam presentes aquando da celebração do contrato.

A decisão do caso *Scafom International BV v. Lorraine Tubes S.A.S* [64] surge em sentido algo dissidente.

As partes haviam acordado a venda de tubos de aço. Contudo, após a celebração do contrato e antes da entrega dos tubos, o preço do aço subiu, de forma repentina, cerca de 70%. O tribunal ditou, de forma expressa, que a alteração das circunstâncias que não seja previsível para as partes e que, inequivocamente, provoque um aumento nos custos de cumprimento de forma desproporcionada, pode constituir um impedimento para efeitos do artigo 79.º[65]. Servindo-se da Opinião n.º 7 do Conselho Consultivo da CISG[66], nos seus parágrafos 3.1 e 3.2, bem como dos princípios UNIDROIT, o tribunal entendeu que estão as partes vinculadas a renegociar o contrato, respeitando o princípio da boa-fé.

No caso *Dupiré Invicta Industrie v. Gabo,* uma empresa francesa celebrou um contrato de fornecimento de longa duração com uma empresa sediada na Polónia, devendo fornecer, ao longo do tempo, eletrodomésticos que providenciam calor (fornos, aquecedores, caldeiras, etc.). Argumentando que

[64] *Scafom International BV v. Lorraine Tubes S.A.S,* Cour de Cassation, C.07.0289.N, 19-06-2009, disponível em http://www.unilex.info/cisg/case/1457.

[65] Entendendo que existe uma lacuna na CISG, o tribunal procura integrá-la com recurso aos princípios gerais do Direito Comercial Internacional, respeitando o artigo 7.º da CISG.

[66] Disponível em https://www.cisgac.com/cisgac-opinion-no7/.

o preço da matéria-prima necessária para a produção dos eletrodomésticos fornecidos havia aumentado, o vendedor recusou-se a vender os eletrodomésticos pelo preço acordado. O Supremo Tribunal entendeu não ter ficado provada uma situação de *hardship*, mas não afirmou, contrariamente a outras decisões que já enunciámos, que a CISG não comportava casos de *hardship* sob o seu artigo 79.º.[67]

Como é possível retirar dos casos decididos, os tribunais não se têm mostrado receptivos a decidir favoravelmente à parte que é atingida quando, para cumprir, tem de fazer dispêndios muito superiores àqueles com que poderia contar. Tal tendência poderá justifica-se por influência directa da ideia de que só o impossível limita o dever de prestar. Com isto se atinge uma interpretação restritiva do artigo 79.º.

8. A onerosidade excessiva como parte do caminho a ser trilhado na aplicação da CISG

Tendo recolhido alguns elementos a partir da história e da aplicação do artigo 79.º da CISG, cabe perguntar quais têm sido as tendências no seio da doutrina internacional acerca do assunto do nosso estudo. No final, tentaremos tomar posição sobre o problema. O nosso ponto de observação será a CISG e somente a CISG. Esta indicação faz-se necessária por uma razão já acima enunciada: a interpretação do artigo 79.º deverá ser autónoma e dar coerência ao sistema de cumprimento e de incumprimento que a própria Convenção contempla. As sensibilidades dos sistemas nacionais não poderão, aqui, ser tomada em consideração.

Desde o início da vigência da CISG, várias foram as posições tomadas acerca da possibilidade de factores económicos serem considerados impedimentos, para efeitos do artigo 79.º. Ainda que as posições tomadas partam de conceitos-base diferentes, porquanto não se tem demonstrado como consensual a delimitação entre a onerosidade excessiva, a impossibilidade económica e o *hardship* (geralmente identificado com a alteração de circunstâncias), é possível encontrar uma base comum às diversas análises. Embora os tribunais não tenham acolhido, no âmbito do artigo 79.º, casos que poderiam ser

[67] *Dupiré Invicta Industrie v. Gabo*, Cour de Cassation, Recursos nº 12-29550, 13-18956 e 13-20230, 17-02-2015, disponível em https://www.uncitral.org/clout/clout/data/fra/clout_case_1501_170215.html.

considerados como configurando hipóteses de onerosidade excessiva, tal posição raramente foi acolhida pela doutrina[68]. Assim, é ainda hoje dominante a orientação segundo a qual as situações de onerosidade excessiva, sob as vestes de *harship* e impossibilidade económica, podem ser fundamento da isenção prevista no artigo 79.º[69].

Que argumentos têm sido mobilizados neste sentido?

Ingeborg Schewenzer entende que a verificação de uma situação de impossibilidade económica justifica o recurso à isenção prevista no artigo 79.º[70]. Tal impossibilidade traduzir-se-ia, por exemplo, numa alteração das condições económicas do contrato de tal maneira gravosa que levasse a contraparte a ter de incorrer em custos irrazoáveis para que o pudesse cumprir[71].

Para que a sua posição seja dotada de operacionalidade, a Autora reconhece que a isenção do artigo 79.º só se justifica caso seja ultrapassado o *limite do sacrifício*[72] que pode ser exigido às partes no contrato, em nome do princípio *pacta sunt servanda*. Para determinar se se ultrapassou ou não o *limite do sacrifício* teremos de olhar ao caso concreto[73], sendo que, consoante a natureza do contrato em questão, uma alteração que, em condições normais, ultrapassaria o limite do sacrifício, pode, afinal, ficar-lhe aquém[74].

Segundo a Autora, porque a segurança jurídica demanda um referencial que permita concluir pela ultrapassagem do *limite do sacrifício*[75], e sempre considerando os dados do caso[76], tendo em conta as especificidades do comércio

[68] Cfr. FLECHTNER, Harry M., Issues Relating to Exemption ('Force Majeure') Under Article 79 of the United Nations Convention on Contracts for the International Sale of Goods ('CISG'). *U. of Pittsburgh Legal Studies Research Paper No. 2008-08*, UNIFORM LAW FOR INTERNATIONAL SALES UNDER THE 1980 UNITED NATIONS CONVENTION, John Honnold, 4th edition, The Hague: Kluwer Law International, Forthcoming; também nesse sentido *vide* SCHLECHTRIEM & BUTLER, *UN Law on International Sales...*, p. 203.

[69] SCHWENZER, Article 79..., p. 1076, nota de rodapé n.º 95.

[70] SCHWENZER, Article 79..., p. 1076.

[71] SCHWENZER, Article 79..., p. 1076.

[72] SCHWENZER, Article 79..., p. 1076.

[73] O contrato é sempre o ponto de partida de toda e qualquer análise para avaliar o que é o limite do sacrifício para aquelas partes e para aquele contrato, bem como se tal limite foi ultrapassado devido a eventos supervenientes à celebração do mesmo. Cfr. SCHWENZER, Force Majeure and Hardship..., p. 715.

[74] Oberlandesgericht Hamburg, 1 U 167/95, 28-02-1997, disponível em http://www.unilex.info/cisg/case/291

[75] SCHWENZER, Force Majeure and Hardship..., p. 716.

[76] A Autora dá como exemplo casos em que a parte que incumpre, devido a uma situação de onerosidade excessiva, esteja à beira do colapso financeiro, devendo assim o referencial ser diminuído ou desconsiderado em parte. Cfr. SCHWENZER, Force Majeure and Hardship... p. 716.

internacional regulado pela CISG e a maior probabilidade de flutuação de preços comparativamente com os mercados internos, Schwenzer sugere que o limite de 100% de aumento do custo do cumprimento, que já havia sido sugerido, deve ser substituído por um limite de 150 a 200%[77].

Também Christoph Brunner tem defendido que os casos de *onerosidade excessiva* são enquadráveis no artigo 79.º[78], indo, contudo, mais longe do que Schewenzer. De acordo com o Autor, as características dos casos de *onerosidade excessiva* - que reconduz à categoria da impossibilidade económica – têm, como uma das consequências do artigo 79.º, o não podem ser interpretadas restritivamente. Partindo do pressuposto que o artigo 79.º trata de forma exauriente os limites da obrigação de prestar, não há uma lacuna que não possa ser integrada dentro do sistema da CISG[79]. Assim, seguindo o estabelecido pelo artigo 7.º (2) da Convenção, cabe integrar a solução oferecida pelos princípios UNIDROIT para os casos de *hardship*[80], ao invés de se proceder a uma aplicação rígida do artigo 79.º.

Tal interpretação conduz a que a parte que se vê onerada por um sobre-esforço para poder cumprir possa impor à sua contraparte a renegociação do contrato: esta justifica-se pela necessidade de repor o sinalagma quando a onerosidade excede o plano de riscos do contrato. Para além da atribuição à parte onerada desta faculdade, entende Brunner que a impossibilidade pode resultar numa modificação ou numa resolução do contrato pelo tribunal que julgue a causa[81].

O Autor desenvolveu um estudo em que compara diversos ordenamentos[82], com o intuito de estabelecer um referencial objectivo, por via de uma percentagem, a partir da qual o cumprimento do contrato se torna *excessivamente oneroso*. Com isto pretende encontrar a linha do *limite para o sacrifício exigível*.

[77] Tal limite parece um que os tribunais estariam mais dispostos a aplicar. A Autora, na sua obra, aborda o aumento do preço, contudo tais considerações parecem-nos transversais ao custo do cumprimento para qualquer das partes, na visão da Autora. Cfr. SCHWENZER, Force Majeure and Hardship..., p. 717.

[78] O Autor baseia a sua posição no facto de a impossibilidade física ou pura não ser, em muitas situações, discernível da impossibilidade económica ou prática, além do facto de a regra perder sentido útil caso tais modalidades de impossibilidade não fossem abrangidas, porquanto os casos de impossibilidade pura, que não possam ser ultrapassados, são cada vez em menor quantidade devido a um contínuo desenvolvimento técnico e mercantil para o comércio de bens.

[79] Cfr. Brunner, Article 79..., p. 579.

[80] Cfr. Brunner, Article 79..., pp. 580-581.

[81] Cfr. Brunner, Article 79..., pp. 580-581.

[82] Cfr. BRUNNER, Chapter 5: Hardship (Change of Circumstances)..., pp. 431-435.

Segundo Brunner, a existência de um ponto de referência objectivo apresenta-se como uma necessidade prática, não excluindo, contudo, a consideração da situação concreta das partes[83]. Sugeriu o Autor que um aumento entre 100-125 pontos percentuais demandava que operasse a isenção do artigo 79.º, porquanto seria desrazoável exigir, a partir daí, o cumprimento e, consequentemente, o pagamento de danos por um incumprimento reverso de um cumprimento inexigível[84].

9. Onerosidade Excessiva: o contrato "na corda bamba"

A situação de *onerosidade excessiva* não coincide com a impossibilidade, já que aquela aponta para algo a mais do que estava previsto e esta para a inviabilidade de concretização do que estava previsto. Só no plano valorativo se pode perguntar se não se deve aproximar a onerosidade excessiva da impossibilidade. Mas é exactamente no plano valorativo que nos movimentamos quando nos perguntamos se a CISG acolhe sob a égide do seu artigo 79.º as situações de excessiva onerosidade.

O que está em causa na *onerosidade excessiva* é a ruptura de um equilíbrio querido pelas partes, ruptura essa que torna o equilíbrio do contrato tão diferente do inicialmente pretendido que leva a uma quebra do sinalagma. O sinalagma é um elemento genético do contrato, pelo qual as partes ficam vinculadas a prestar uma perante a outra numa relação de reciprocidade[85]. Ele é, no fundo, o elemento definidor da relação entre aquelas partes, em que cada uma se vincula a fazer alguma coisa. Mas o sinalagma não se estabelece, entre contraentes racionais, de forma arbitrária: ele há-de traduzir o equilíbrio a que as partes chegaram – ainda que esse equilíbrio surja como totalmente desequilibrado a um observador externo, que recorre a padrões objectivos de valoração – quanto às respectivas vinculações. Quando contratam e representam os esforços que lhes vão ser exigidos durante a fase da execução, as partes estabelecem o seu programa contratual, entre si repartem riscos e cada uma terá a expectativa de poder reduzir os custos de realização da prestação ou da contraprestação. Tudo isto ocorre em certo momento, ponderado o que

[83] Cfr. Brunner, Article 79..., p. 579, mais especificamente nos casos de colapso financeiro do devedor é essencial atentar ao caso concreto sob pena de injustiça aquando da aplicação da percentagem na qual aumento o custo do cumprimento, enquanto limite puramente objetivo.

[84] Cfr. BRUNNER, Chapter 5: Hardship (Change of Circumstances)..., pp. 431-435.

[85] Apenas no sentido de que a uma prestação corresponde uma contraprestação.

se sabe e o que se pode razoavelmente prever. Como dissemos logo na abertura deste texto, o dever de prestar, como toda a situação jurídica, tem o seu enquadramento histórico; quanto mais complexo o cumprimento e quanto mais distante a sua conclusão do momento da contratação, maiores serão as exigências colocadas sobre as partes. Terão de prever mais e de forma totalmente adaptada ao tipo contratual.

O que é problemático na *onerosidade excessiva* é entender até onde se estende a vinculação assente num contrato, que prende prestação e contraprestação através do sinalagma. Se o sinalagma se rompe, tenderá uma das partes a sofrer os efeitos dessa ruptura de forma aguda; a sua contraparte, se nenhum impacto ocorrer nem na vinculação, nem na contraprestação, permanece imune a tais efeitos. Até onde pode dizer-se que a parte tem de sofrer tais efeitos porque continua vinculada a cumprir?

Com isto queremos significar que independentemente do foco sob o qual se queira observar a *onerosidade excessiva*, a quebra do sinalagma nos surge sempre como o ponto de partida para se identificar o desequilíbrio. Mas o que importa perguntar é se a quebra do sinalagma vale, no sistema da CISG, por si só enquanto causa de desvinculação ou de suspensão temporária do dever de cumprir. E, aqui, a resposta é negativa. Ainda que, como veremos em seguida, a onerosidade excessiva possa integrar a noção de impedimento, só por si ela não chega para, ao abrigo do artigo 79.º, provocar uma desvinculação ou uma suspensão do dever de cumprir. Curiosamente e como supomos ser a solução do direito português, a onerosidade excessiva, ainda que releve enquanto causa de desvinculação do dever de prestar – e, consequentemente, do dever de compensar os danos provocados pelo incumprimento – não chega para desvincular o devedor; esta onerosidade excessiva deverá ser provocada por alguma coisa que, para além de alheia ao devedor, não poderia por ele ter sido prevista quando contratou. O desequilíbrio, por si só, não suspende nem extingue o dever de prestar ao abrigo do artigo 79.º da CISG.

Mas e o desequilíbrio, que se traduz numa onerosidade excessiva para uma das partes, se acompanhado das demais circunstâncias referidas no artigo 79.º da CISG, deve ser qualificado como um impedimento?

Vimos que o artigo 79.º, tal como decorre da sua história legislativa, responde a um problema – incumprimento não imputável ao devedor porque devido a um impedimento alheio à sua vontade e que não seria razoável esperar que fosse considerado pelo devedor no momento da conclusão do contrato – desprendendo-se dos diversos ordenamentos jurídicos nacionais. É por este motivo que o artigo 79.º se socorre da expressão "impedimento" e não do vocábulo "impossibilidade", que sempre foi recusado nos trabalhos preparatórios.

A onerosidade excessiva pode ser qualificada como um impedimento ao cumprimento?

Literalmente, não. A parte, apesar de ter de despender maiores esforços, não está impedida de cumprir; pode cumprir apesar de ter de envidar maiores esforços.

Mas, pergunta-se: onde fica o sinalagma que, com os maiores esforços, entrou em ruptura? A sua relevância será apenas genética ou explica todo o programa contratual?

Supomos que a resposta correcta seja a segunda: as partes programam-se para a realização de certa prestação, atendendo aos esforços que, em face das circunstâncias que conhecem e que não podem razoavelmente deixar de antever, prevêem ter de empreender. O sinalagma, porque liga prestação e contraprestação, acompanha toda a execução do contrato. Se o sinalagma se rompe, afectando a justiça interna do contrato, por razões que são alheias às partes e que estas não poderiam prever, leva a outra pergunta: a manutenção do dever de cumprir ainda reflecte um acto de autonomia das partes?

Supomos que a resposta a esta interrogação há-de ser negativa. Só uma visão formal do princípio *pacta sunt servanda* poderia continuar a justificar uma vinculação. Mas se a situação jurídica é uma realidade histórica, o devir há-de acompanhar a sua morfologia. Querer uma vinculação que a parte nunca aceitaria dar-se por violadora da justiça interna é ficcionar que uma vontade se exprime de forma incondicional: haja o que houver, tudo será como um dia disposto. Chegar a este ponto é bem mais perigoso do que deixar a ponderação da permanência do dever de prestar, por aplicação do princípio *rebus sic stantibus*, aos decisores, aqueles que terão de intervir se falhar a autocomposição. Não para que adaptem o contrato a partir de parâmetros externos, mas para que verifiquem, sempre partindo do contrato, se e em que termos ainda pode aceitar-se a vinculação. Talvez que assim se faça justiça sem que tenha de perecer o mundo.

E a CISG? Aceitará estas premissas, com isto permitindo que aquele que só pode cumprir se incorrer em esforços excessivos, alegue a existência de um impedimento ao cumprimento desde que o incremento de esforços decorra da superveniência de um acontecimento que ela não poderia razoavelmente prever?

Daremos a resposta de forma mais ou menos titubeante. Isto porque se nos parece que todo o sistema da Convenção assenta na autonomia privada, se a autonomia privada, nas suas diversas formas de manifestação, não pode alhear-se das suas circunstâncias, haveria que empreender um exercício muito mais amplo para que pudéssemos concluir de modo absolutamente assertivo; haveria que ver as diversas regras relativas ao cumprimento e incumprimento e fazê-las jogar com a norma que pensamos poder extrair do artigo 79.º. Este exercício não poderia ser aqui empreendido. Mas dos indícios recolhidos, podemos extrair um *princípio de prova*: supomos que uma onerosidade excessiva que gere uma ruptura da justiça interna do contrato e que seja provocada por razões alheias à vontade da parte e que ela não poderia razoavelmente prever permitirá a sua desvinculação do dever de cumprir, com a correspondente desvinculação da sua contraparte da realização da contraprestação.

Claro que fica em aberto a questão mais aguda: e quando se poderá afirmar que se verifica uma situação de onerosidade excessiva?

Esta é a questão que só poderá resolver-se perante os dados do concreto contrato e da contratação típica que gere deveres de prestar idênticos já perante as novas circunstâncias. Saber como se ajustam as partes em contratação similar será um indício relevante para a verificação de uma quebra de um sinalagma pretérito. Ir mais longe, competirá aos prudentes que, caso a caso, concretizarão os parâmetros que conseguimos fixar.

PARTE V

A CISG E O DIREITO BRASILEIRO

34. A APLICAÇÃO DA CISG (CONVENÇÃO DAS NAÇÕES UNIDAS SOBRE OS CONTRATOS PARA A COMPRA E VENDA INTERNACIONAL DE MERCADORIAS) PELO SUPERIOR TRIBUNAL DE JUSTIÇA*

João Otávio de Noronha

O Congresso Nacional brasileiro aprovou o texto da Convenção das Nações Unidas sobre Contratos para a Compra e Venda Internacional de Mercadorias (CISG), de 1980, com a publicação do Decreto Legislativo n. 538, de 18 de outubro de 2012.[1]

Em 4 de março de 2013,[2] o Brasil aderiu, oficialmente e sem reservas, à convenção internacionalmente conhecida como CISG, com o depósito, em poder da Organização das Nações Unidas (ONU), do instrumento de ratificação. O Brasil foi o 79.º país a formalizar sua adesão, após 33 anos da edição da CISG.[3]

De acordo com o art. 99, (2), a convenção entra em vigor no primeiro dia do mês seguinte ao término do prazo de doze meses, contado da data em que o Estado tenha depositado seu instrumento de acessão. Logo, a CISG entrou em vigor no Brasil em 1.º de abril de 2014.

A CISG tem como propósito a estruturação de um sistema internacional e unificado de normas jurídicas voltadas ao desenvolvimento do comércio entre Estados. A norma promove a intensificação das relações de amizade entre Estados com base na igualdade e nas vantagens mútuas decorrentes.

* Texto publicado anteriormente em: "SCHWENZER, Ingeborg; PEREIRA, Cesar. A. Guimarães; TRIPODI, Leandro (coordenadores). A CISG e o Brasil: Convenção das Nações Unidas para os Contratos de Compra e Venda Internacional de Mercadorias. 1. ed. São Paulo: Marial Pons; Curitiba: Federação das Indústrias do Estado do Paraná, 2015".

[1] Confira-se o texto oficial da CISG aprovado pelo Congresso Nacional na língua portuguesa em: http://www2.camara.leg.br/legin/fed/decleg/2012/decretolegislativo-538-18-outubro-2012-774414-publicacaooriginal-137911-pl.html.

[2] http://www.cisg-brasil.net/doc/cn1772013.pdf.

[3] http://www.uncitral.org/uncitral/en/uncitral_texts/sale_goods/1980CISG_status.html.

Nos termos do seu preâmbulo, a CISG propõe a adoção de regras uniformes para reger os contratos de compra e venda internacional de mercadorias em diferentes sistemas sociais, econômicos e jurídicos, contribuindo, em especial, para a redução dos obstáculos jurídicos em prol do incremento do comércio internacional.

A adesão do Brasil à CISG é deveras apropriada.

Atualmente, nosso país é considerado uma das maiores economias do mundo. Um grande *player* no mercado mundial de produtos primários, conhecidos como *commodities*. De acordo com a Organização Mundial do Comércio (OMC), o mercado também se tem intensificado com relação à importação e exportação de bens intermediários e produtos industrializados.[4]

Os maiores parceiros comerciais do Brasil, com exceção do Reino Unido,[5] Índia e Portugal, já aderiram à CISG. A China e os Estados Unidos, por exemplo, os maiores compradores do Brasil em 2013, bem como os países do Mercosul, são signatários da CISG.

Nesse cenário, a tendência é que a adesão do país seja um fator relevante de incentivo ao desenvolvimento e incremento de suas relações comerciais, bem como de atração do investimento internacional.

Há estatísticas concretas que demonstram a elevação do comércio internacional após a entrada em vigor da CISG, ocorrida no primeiro grupo de signatários em 1988. Existem também estudos que demonstram o aumento dos litígios sobre contratos de compra e venda internacionais – o que revela o aumento no número de transações e a facilidade do acesso aos mecanismos de solução de controvérsias.

Os estudos da Professora Ingeborg Schwenzer[6] ilustram este contexto:

> "O aumento do comércio internacional é claramente refletido em um aumento comparável em disputas judiciais e arbitragens em direito comercial. Profissionais em escritórios de advocacia foram convidados a apresentar relatórios sobre o número total de casos de direito comercial entre 2004 e 2008. Os resultados indicam um aumento constante de

[4] Confira-se o estudo do Ministério do Desenvolvimento, Indústria e Comércio (MDIC) intitulado *Balança Comercial Brasileira* de 2013: http://www.mdic.gov.br/arquivos/dwnl_1394635352.pdf.

[5] O Reino Unido foi o 15.º principal parceiro comercial brasileiro em 2013, de acordo com o Ministério das Relações Exteriores (MRE). Vide: http://www.itamaraty.gov.br/sala-de-imprensa/notas-a-imprensa/visita-ao-brasil-do-secretario-de-estado-para-negocios-estrangeiros-no-reino-unido-william-hague-manaus-brasilia-e-sao-paulo-17-a-19-de-fevereiro-de-2014.

[6] SCHWENZER, Ingeborg. *Global Sales Law – Theory and Practice*. Disponível em: <https://www.law.utoronto.ca/documents/conferences2/IACCL10-Schwenzer.pdf >. Data de acesso: 18.05.2014.

> aproximadamente 5% ao ano, o que é quase exatamente igual ao desenvolvimento do comércio mundial durante este período. Em média, árbitros indicaram que 16% de sua carga de trabalho envolveu transação de bens nos últimos 10 anos. Se esse percentual for aplicado ao número total de arbitragens relatado por instituições arbitrais durante esse período (não incluindo arbitragens *ad hoc*) pode se imaginar que quase 5000 arbitragens trataram da venda de mercadorias ao longo desse período."[7]

Apesar das inúmeras vantagens decorrentes da aplicação dessa lei uniforme, também existem estatísticas que demonstram a exclusão da CISG em casos em que a referida norma seria aplicável. Além disso, o desconhecimento dos julgadores de países contratantes é um fator preocupante. De acordo com Peter Fitzgerald,[8] da Stetson University na Florida, 82% dos juízes de primeira instância norte-americanos não estão familiarizados com a CISG. No Brasil, é provável que venhamos a ter essa mesma dificuldade.

A aplicação da CISG

A CISG se aplica aos contratos de compra e venda de mercadorias entre partes estabelecidas em Estados distintos, quando estes forem Estados contratantes ou quando as regras de direito internacional privado levarem à aplicação da lei de um Estado contratante.

Nesse contexto, as transações realizadas pelo Brasil poderiam ser pautadas pelas regras uniformes, mesmo antes da entrada em vigor da convenção no país. Um país signatário da CISG, por exemplo, pode pretender aplicar suas regras como parte de seu direito material, conforme já examinado pelo Superior Tribunal de Justiça.[9]

[7] Tradução livre do trecho: "*The increase in international trade is clearly reflected by a comparable increase in sales law litigation and arbitration. Practitioners in law firms were asked to report on the total number of sales law cases between 2004 to 2008. The results indicate a steady increase of approximately 5% per year which almost exactly equals the development of world trade during this period. On average arbitrators indicated that 16% of their caseload involved goods transactions over the last 10 years. If this percentage is applied to the total number of arbitrations reported by arbitral institutions during that period (so no including ad hoc arbitrations) it can be hypothesized that nearly 5000 arbitrations concerned the sale of goods over that period*".

[8] Fitzgerald, Peter. *The International Contracting Practices Survey Project*. Disponível em: <http://www.stetson.edu/law/faculty/fitz/media/CISG_Survey.pdf>. Data de acesso: 18.05.2014.

[9] Confira-se: SEC n. 3.035/FR, rel. Min. Fernando Gonçalves, Corte Especial, julgado em 19/8/2009, *DJe* de 31.08.2009.

A convenção não se aplicará às vendas: (a) de mercadorias adquiridas para uso pessoal, familiar ou doméstico, salvo se o vendedor, antes ou no momento de conclusão do contrato, não soubesse, nem devesse saber, que as mercadorias seriam adquiridas para tal uso; (b) em leilões; (c) em execução judicial; (d) de valores mobiliários, títulos de crédito e moeda; (e) de navios, embarcações, aerobarcos e aeronaves; e (f) de eletricidade (art. 2.º).

Também não se aplicará a CISG aos contratos em que parcela preponderante das obrigações do fornecedor das mercadorias consistir em mão de obra ou serviços. O mesmo ocorrerá se o destinatário das mercadorias tiver de fornecer parcela substancial dos materiais necessários à fabricação ou produção de um bem, caso em que o contrato não será considerado como de compra e venda (art. 3.º).

Ademais, questões relativas à validade do contrato ou de suas cláusulas bem como à validade de qualquer uso ou costume e também aos efeitos dos contratos sobre a propriedade das mercadorias vendidas serão reguladas pelo direito nacional (art. 4.º).

Conhecida internacionalmente como *opt out*, a regra do art. 6.º da CISG contempla o princípio da autonomia contratual na relação de compra e venda internacional de mercadorias. O dispositivo estabelece que as partes podem excluir a aplicação da convenção e/ou derrogar suas disposições ou ainda modificar seus efeitos.

Com isso, as partes podem optar pela exclusão total ou parcial da aplicação da CISG. Não havendo exclusão, a aplicação da CISG é automática desde que o contrato em questão se encaixe em sua esfera de aplicação. Convém destacar, porém, que "*a formação e a interpretação da exclusão da CISG estão sujeitas às regras da Convenção, uma vez que a CISG determina autonomamente sua esfera de aplicação*".[10] Assim, mesmo que as partes pretendam excluir a convenção, desde que se esteja no âmbito de sua esfera de atuação, serão as suas regras que disciplinarão a eficácia da exclusão, por exemplo.

Tal instrumento cria um estímulo à adequada negociação para que as partes decidam quais as regras mais adequadas ao modelo contratual pretendido. Mais do que isso, permite que as partes não despendam recursos na análise e discussão da lei aplicável quando optarem pela CISG, na condição de lei uniforme e de regime comum. Ou seja, verifica-se um grande benefício potencial com a redução dos custos de transação.

[10] Ingeborg Schwenzer e Pascal Hachem, em Schwenzer, Ingeborg; Grebler, Eduardo; Fradera, Véra; Pereira, Cesar A. Guimarães (Coord.). *Comentários à Convenção das Nações Unidas sobre os Contratos para a Compra e Venda Internacional de Mercadorias.* Ed. RT, 2014.

Ainda com relação ao mencionado dispositivo, é evidente que a autonomia das partes na estruturação do contrato regulado pela CISG encontra barreiras. Tais limites são de difícil definição expressa, mas podem ser observados nas disposições da própria convenção e nos precedentes que a ilustram.

Um dos dispositivos mais importantes da CISG é o art. 7.º, (1). A regra trata sobre os mecanismos de interpretação da convenção. Estabelece como pressupostos interpretativos a preservação de seu caráter internacional e a necessidade de promover a uniformidade de sua aplicação, assim como assegurar o respeito à boa-fé no comércio internacional. Convém esclarecer desde logo que a boa-fé na CISG é um instrumento de interpretação da convenção, não de interpretação dos dispositivos contratuais, muito menos, uma fonte normativa para deveres principais ou laterais não estabelecidos no contrato nem na própria CISG. A alusão da CISG à boa-fé deve ser entendida nesse contexto, sob pena de frustração de sua internacionalidade e de interferência inadequada dos sistemas jurídicos nacionais.

É certo que as regras uniformes e internacionais da CISG são destinadas a prover maior segurança jurídica e previsibilidade nas transações entre Estados. Entretanto, a natureza da norma pode ensejar desafios ao intérprete.

Como visto, a CISG é um uma norma internacional que regula a formação dos contratos de compra e venda internacional de mercadorias. Regula também as obrigações do comprador e do vendedor, os direitos e ações em caso de violação do contrato, entre outros aspectos do acordo.

Para que a regulação internacional seja eficaz, ou seja, para que a convenção alcance os objetivos propostos, os Estados contratantes, com origem na *common law* ou na *civil law*, devem interpretar a norma conforme os princípios veiculados no art. 7.º.

Isso significa que, uma vez recepcionada por um Estado contratante, a CISG deve ser interpretada como uma norma em si própria. As normas ou jurisprudência nacionais jamais devem ser entendidas como o ponto de partida para o intérprete da convenção.

Por exemplo: voltando ao tema da boa-fé, se um vendedor norte-americano reclama violação de algum dever contratual pelo comprador brasileiro, o magistrado ou o árbitro não deve buscar dar ao princípio da boa-fé insculpido no art. 7.º alguma eficácia correspondente à que a exigência de boa-fé poderia ter de acordo com o direito brasileiro. Deve procurar os contornos da boa-fé na doutrina e na jurisprudência da própria CISG, nas quais tem uma dimensão absolutamente distinta da que assume no direito nacional.

O item (2) do art. 7.º toca em ponto sensível referente às lacunas internas e externas ao texto.

O regime uniforme da CISG foi instituído em 1980. Entrou em vigor em 1988 após o depósito do 11.º instrumento de ratificação. Além das matérias que deixaram de ser reguladas na convenção, elaborada com o suporte de Estados com diferentes interesses e sistemas jurídicos diversos, é evidente que o comércio internacional evoluiu nessas últimas três décadas.[11]

Portanto, existem matérias antigas e questões contemporâneas que, sem ter solução explícita na convenção, deverão ser enfrentadas pelo intérprete. O importante é estabelecer como devem ser preenchidas essas lacunas no exercício de uniformização do direito. Além disso, deve-se reconhecer que há lacunas intencionais, resultantes do fato de que os Estados contratantes não conseguiram atingir um consenso sobre certos temas. Por isso é que se exige que lacunas sejam preenchidas apenas segundo critérios da própria CISG: o raciocínio é que tal suprimento destina-se apenas a explicitar soluções que a CISG já adotou implicitamente, não encontrar uma solução para questões propositadamente deixadas alheias à esfera de aplicação da convenção.

Assim, a regra em comento estabelece que as questões referentes às matérias reguladas pela convenção que não forem por ela expressamente resolvidas serão dirimidas segundo os princípios gerais que a inspiram ou, à falta destes, de acordo com a lei aplicável segundo as regras de direito internacional privado.

Ou seja, além de observar os princípios gerais da CISG, o intérprete se utilizará de outros instrumentos internacionais de direito uniforme ou do direito nacional designado conforme as normas de direito internacional privado quando se deparar com matérias não reguladas pela CISG.

Entre os instrumentos internacionais de estudo acerca de uma visão comum sobre os direitos nacionais e a *lex mercatoria*, importa destacar que os princípios do Unidroit[12] podem atuar como uma referência subsidiária nos aspectos em que a CISG em si for inaplicável ou não disciplinar questões específicas.

O Instituto Internacional para Unificação do Direito Privado, também conhecido como Unidroit, estabeleceu norma de *soft law* determinando os princípios relativos aos contratos comerciais internacionais.[13]

[11] Os primeiros Estados a ratificar a CISG foram: Argentina, China, Egito, França, Hungria, Itália, Lesoto, Síria, Estados Unidos, Iugoslávia e Zâmbia.

[12] L'Institut international pour l'unification du droit privé. Sítio eletrônico: http://www.unidroit.org/fr/.

[13] Confiram-se os *Princípios Unidroit Relativos aos Contratos Comerciais Internacionais 2010*, traduzidos pelo Professor Lauro Gama Jr.: http://www.unidroit.org/english/principles/contracts/principles2010/translations/blackletter2010-portuguese.pdf.

No capítulo 4 da mencionada norma, há regras de interpretação dos contratos segundo a intenção, declaração e a conduta das partes. Também há orientação quanto às negociações preliminares, práticas estabelecidas entre as partes, conduta posterior, entre outros preceitos.

Conforme retratado acima, a jurisprudência internacional da CISG também é fonte de interpretação. Tem uma importância fundamental em face da exigência de uniformidade na interpretação da CISG.

A Organização das Nações Unidas possui uma extensa base de dados com a jurisprudência aplicável à CISG. O *Case Law on Uncitral Texts*, também conhecido simplesmente como Clout,[14] criado para facilitar a interpretação e aplicação dos textos da Uncitral, concentra informação sobre precedentes jurisprudenciais e sentenças arbitrais relevantes sobre a CISG.

Também o *Institute of International Commercial Law of Pace Law School*[15] e o *Unilex*[16] possuem vasto repertório de jurisprudência e material de apoio. Existem ainda outros projetos voltados a informar o operador do direito sobre as interfaces da convenção, como o *website* CISG-online.[17] No Brasil, destaca-se o *website* CISG-Brasil,[18] com informações em português e decisões internacionais traduzidas para essa língua.

Em resumo, a correta aplicação da CISG dependerá da atuação do intérprete, que deverá buscar os instrumentos adequados para a solução das controvérsias relacionadas com os contratos de compra e venda internacional de mercadorias.

O Poder Judiciário brasileiro é um dos atores responsáveis pela aplicação e interpretação da CISG. Portanto, deve estar preparado para utilizar os supracitados instrumentos e para atuar voltado não apenas à resolução dos litígios mas também para ratificar os propósitos insculpidos no preâmbulo da Convenção.

A CISG e o Superior Tribunal de Justiça

Após a promulgação da Emenda Constitucional n. 45/2004, o Superior Tribunal de Justiça passou a ter competência para processar e julgar os feitos relativos à homologação de sentença estrangeira. Antes disso, tal processo era de competência do Supremo Tribunal Federal.

[14] http://www.uncitral.org/uncitral/en/case_law.html.

[15] http://www.cisg.law.pace.edu/.

[16] http://www.unilex.info/.

[17] http://www.globalsaleslaw.org/index.cfm?pageID=29.

[18] http://www.cisg-brasil.net/.

A homologação de sentença estrangeira é um processo que visa conferir eficácia a um ato estrangeiro. Qualquer provimento, judicial ou arbitral, proveniente de uma autoridade estrangeira somente terá eficácia no Brasil após a devida homologação pelo Superior Tribunal de Justiça.

O processo de homologação é regulado pela Resolução STJ n. 9 de 4 de maio de 2005. O art. 5.º dispõe sobre os requisitos indispensáveis para homologação de uma sentença estrangeira no Brasil:

> *"Constituem requisitos indispensáveis à homologação de sentença estrangeira: I – haver sido proferida por autoridade competente; II – terem sido as partes citadas ou haver-se legalmente verificado a revelia; III – ter transitado em julgado; e IV – estar autenticada pelo cônsul brasileiro e acompanhada de tradução por tradutor oficial ou juramentado no Brasil."*

Já o art. 6.º descreve os pressupostos negativos à homologação: "*não será homologada sentença estrangeira ou concedido exequatur a carta rogatória que ofendam a soberania ou a ordem pública*".

A mencionada resolução encontra fundamento na Lei de Introdução às normas do Direito Brasileiro (Decreto-lei 4.657/1942), que estabelece que a ofensa à ordem pública é fundamento para denegação da homologação de sentença judicial estrangeira.

Quanto à sentença arbitral estrangeira, o art. V, (2), (b), da Convenção sobre o Reconhecimento e a Execução de Sentenças Arbitrais Estrangeiras de Nova York e o art. 39, II, da Lei de Arbitragem (Lei 9.307/1996) igualmente estabelecem que a preservação da ordem pública é pressuposto para homologação da decisão.

Tais dispositivos, reflexo do princípio da soberania dos Estados, são especialmente importantes quando da escolha da lei aplicável aos contratos internacionais.

Internacionalmente, reconhece-se que a escolha da lei material pode implicar ofensa à ordem pública. Na China, por exemplo, o maior parceiro comercial do Brasil, se uma sentença aplica o direito estrangeiro, a homologação dessa sentença pressupõe uma análise de compatibilidade entre esse direito e a ordem pública chinesa.

Weizuo Chen[19] preleciona:

[19] Chen, Weizuo. *The Conflict of Laws in the Context of the CISG: A Chinese Perspective*. Disponível em: <http://www.cisg.law.pace.edu/cisg/biblio/chen.html#iv>. Data de acesso: 18.05.2014.

> "A escolha e determinação da lei aplicável ao contrato, em conformidade com o teste de compatibilidade, está sujeita a restrição quanto à ordem pública no direito internacional privado chinês. No caso em que a lei aplicável é uma lei estrangeira, se a aplicação da lei estrangeira é incompatível com os princípios fundamentais da lei chinesa e com os interesses públicos e sociais da China, então sua aplicação será excluída em favor da lei chinesa."[20]

Portanto, se o direito estrangeiro aplicado à sentença que se pretende homologar for incompatível com o direito e a ordem pública chinesa, o reconhecimento poderá ser denegado total ou parcialmente, modificando-se parcialmente a sentença na homologação ou tornando a sentença de impossível execução no território daquele país.

Esse procedimento não é uma exclusividade da China. As cortes norte-americanas o conhecem como *public policy exception*. O conceito se resume na possibilidade de a corte competente para homologação da sentença estrangeira examinar o direito estrangeiro aplicável sob o prisma nacional.

Henry Mather[21] discorre sobre a chamada *public policy exception*:

> "Quando a regra escolhida leva a uma lei estrangeira que ofende uma política pública interna consolidada, a exceção de ordem pública [*public policy exception*] permite que o tribunal aplique a lei interna, ao invés da lei estrangeira. Embora a exceção de ordem pública [*public policy exception*] seja colocada às vezes como meramente uma preclusão jurisdicional das pretensões baseadas em lei estrangeira ofensiva, a maioria dos tribunais usa a exceção para rejeitar tanto alegações, como defesas com base no direito estrangeiro para, em seguida, aplicar a lei interna própria."[22]

[20] Tradução livre do trecho: "*The choice and determination of the applicable law of the contract, in accordance with the closest connection test, is subject to restriction as to order public in Chinese private international law. In the case where the applicable law is a foreign law, if the application of the foreign law is incompatible with the fundamental principles of Chinese law and social and public interests of China, then its application shall be excluded in favor of Chinese law*".

[21] Mather, Henry. *Choice of Law for International Sales Issues Not Resolved by the CISG*. Disponível em: <http://www.cisg.law.pace.edu/cisg/biblio/matherl.html>. Data de acesso: 18.05.2014.

[22] Tradução livre do trecho: "*When a choice-of-law rule leads to foreign law that offends a strong public policy of the forum, the public policy exception allows the court to apply forum law rather than the foreign law. Although the public policy exception is sometimes phrased as merely a jurisdictional preclusion of claims based on obnoxious foreign law, most courts use the exception to reject both claims and defenses based on foreign law, and then apply their own forum law*".

O Superior Tribunal de Justiça tem aplicado este raciocínio para acolher ou para afastar as arguições de violação da ordem pública com fundamento na aplicação de uma lei estrangeira.

Os precedentes do Superior Tribunal de Justiça

Na SEC n. 3.035, requereu-se a homologação de sentença arbitral estrangeira condenatória referente à indenização por descumprimento de contrato de compra e venda de um guindaste móvel portuário.

A requerida sustentou ofensa à ordem pública. Argumentou que o direito substantivo contratualmente acordado pelas partes era o suíço. Assim, contestou a aplicação da CISG como "regra de direito suíço", já que o Brasil não era signatário da convenção.

A alegação foi rejeitada. O Superior Tribunal de Justiça entendeu que entraria no mérito da sentença arbitral ao apreciar a questão – o que é vedado pela legislação de regência, especificamente nesse caso. Ao final, decidiu pelo deferimento do pedido de homologação.

Entretanto, em vários outros casos envolvendo sentenças judiciais e arbitrais, o Superior Tribunal de Justiça reconheceu que a legislação estrangeira aplicada ofendia a ordem pública brasileira.

Na SEC n. 2.222, houve o pedido de homologação de sentença estrangeira de divórcio proferida por Tribunal Distrital da Comarca de Harris, Estado do Texas, nos Estados Unidos. Além do divórcio, o *decisum* versou sobre a guarda dos filhos menores do casal, alimentos e divisão do patrimônio.

O regime de bens adotado pelo casal quando da celebração do casamento no Brasil foi o da comunhão parcial. O patrimônio em questão dizia respeito a imóvel adquirido pelo requerido por meio de doação, com cláusulas de impenhorabilidade e incomunicabilidade.

A Justiça norte-americana determinou a meação do bem com fundamento em um acordo firmado entre as partes. Ocorre que a legislação brasileira exclui da comunhão entre os cônjuges os bens adquiridos por meio de doação (Código Civil, art. 1.659, I).

Assim, o pedido homologatório foi parcialmente deferido para excluir a divisão de bens proposta pela Justiça norte-americana. Entendeu-se que a sentença afrontava as determinações da legislação pátria (art. 1.659, I, do Código Civil) e, portanto, ofendia a ordem pública brasileira (art. 6.º da Resolução STJ n. 9/2005).

Na SEC n. 2.410, pleiteou-se a homologação de uma sentença arbitral estrangeira condenatória.

A decisão condenou empresa brasileira ao pagamento de um valor principal em dólar norte-americano, sobre o qual, após conversão cambial, seriam acrescidos juros de 1% ao mês e correção monetária, com base nos índices INPC/IBGE e Selic.

O Ministério Público Federal levantou a questão sobre a impossibilidade da aplicação de correção monetária nacional sobre moeda estrangeira conjugada com variação cambial.

Proferi voto-vista no processo. Registrei:

> "[...] *na parte em que todos nós concordamos, a saber, a de que fere a ordem pública a correção monetária com índices nacionais sobre moeda estrangeira, entendo, nos moldes do voto divergente apresentado, que tal parte não pode ser homologada por esta Corte*". Acrescentei: "*O critério adotado na sentença estrangeira está equivocado, pois, como já tive oportunidade de me manifestar, a Corte arbitral deveria ter aplicado a correção monetária própria da moeda americana, uma vez que lá, como aqui, também existe inflação, que pode ser medida pelos indexadores americanos*".

Ao final, a Corte, por maioria, deferiu em parte o pedido de homologação de sentença arbitral estrangeira para excluir as condenações fixadas em dólar norte-americano, em que foi determinada cumulativamente a sua conversão em reais e a correção monetária.

Na SEC n. 3.512, pretendia-se a homologação de uma sentença estrangeira de adoção de pessoa adulta.

O requerente e o adotante registraram, por meio de documento público, um requerimento de adoção de pessoa adulta com alteração de sobrenome no Tribunal da Comarca de Brühl, na Alemanha, em 1994.

O pedido foi deferido com fundamento no § 1.767 do *Bürgerliches Gesetzbuch*, Código Civil alemão. De acordo com a legislação alemã, a adoção de pessoa maior de idade não é plena, mantendo-se inalterados os vínculos com a família biológica (§§ 1.762 e 1.772).

Entretanto, a legislação brasileira dispunha de modo diverso. O art. 1.626 do Código Civil brasileiro, revogado pela Lei 12.010/2009, estabelecia que "*a adoção atribui a situação de filho ao adotado, desligando-o de qualquer vínculo com os pais e parentes consanguíneos*".

Assim, a Corte deferiu em parte o pedido de homologação do título judicial estrangeiro. Autorizou somente a alteração do sobrenome do requerente, sob pena de violação da ordem pública brasileira relacionada com o instituto da adoção.

Qual a relação disto com a CISG?

Ao instituir uma lei uniforme, a CISG é simultaneamente direito internacional e direito interno. É parte do direito brasileiro. Portanto, não está sujeita a um exame de compatibilidade com a ordem pública brasileira, pois dela é parte integrante.

Por decorrência, a prática do Superior Tribunal de Justiça – que é alinhada à prática internacional – de aferir a compatibilidade da lei estrangeira com a lei nacional deve reforçar o interesse das partes em adotar a CISG como direito aplicável se a sentença estrangeira tiver de ser executada no Brasil. A aplicação da CISG elimina o risco de a lei estrangeira aplicável ser reputada incompatível com a ordem pública nacional.

A uniformização em sede de recurso especial

Como é cediço, o Superior Tribunal de Justiça também é competente para a uniformização da aplicação dos tratados e da lei federal por meio de recurso especial (CF, art. 105, III).

Tal como se dá na generalidade das Cortes de hierarquia similar, a competência recursal especial do Superior Tribunal de Justiça é para o exame de questões de direito, não de fato.

Por decorrência, há muito a jurisprudência reconhece que não lhe compete a interpretação de cláusula contratual. A matéria é objeto da Súmula n. 5/STJ. Assim, a interpretação da intenção das partes em um contrato é obstada pela vedação da discussão sobre a interpretação contratual.

A CISG contém uma novidade importante sobre a questão.

O art. 8.º, (2), prevê um critério normativo de interpretação das declarações e conduta de uma parte como reveladoras do conteúdo do contrato. A regra dispõe que cabe apurar "*o sentido que lhes teria dado uma pessoa razoável, com a mesma qualificação e nas mesmas circunstâncias da outra parte*".

Ou seja, o princípio da razoabilidade é utilizado na CISG como pressuposto normativo de determinação do conteúdo do contrato, bem como da vontade das partes.

A Suprema Corte suíça (*Bundesgericht*), que também está jungida ao exame apenas de questões de direito, já deu aplicação à mencionada regra inúmeras vezes em grau de recurso.

Em caso conhecido com *Chemical products case*, entendeu que estava limitada aos fatos definidos nas instâncias inferiores, mas que a interpretação normativa prevista no art. 8.º, (2), poderia ser refeita no âmbito do recurso, por se tratar de matéria de direito.

De acordo com o *decisum*:[23]

> "Como uma questão de direito no processo de apelação, o Supremo Tribunal Federal examina não só a questão de se a parte oposta deveria ter conhecido o real significado de uma declaração, mas também a interpretação objetiva da declaração de intenção em conformidade com o entendimento de uma pessoa razoável na posição da parte oposta no contrato, embora geralmente esteja vinculado às conclusões do juiz de primeiro grau quanto às circunstâncias fáticas, bem como ao conhecimento e a intenção das partes."[24]

Para a Suprema Corte suíça, a aplicação da regra em comento corresponde ao princípio da interpretação normativa das declarações, pautada pelo princípio da boa-fé:

> *"Esta regra corresponde aos princípios da interpretação normativa das declarações de intenção, em conformidade com o princípio da boa-fé (Vertrauensprinzip), que encontra aplicação no direito interno* [25] *(Honsell, Schweizerisches Obligationenrecht, Besonderer Teil, 7th ed., Berne 2003, p. 135; BGE 130 III 686 reason 4.3.1, p. 689)."*

Existem diversas decisões proferidas pela Suprema Corte da Suíça e por outros Estados contratantes, as quais deverão auxiliar o intérprete na aplicação do mencionado critério normativo.

Em *Roland Schmidt GmbH vs. Textil-Werke Blumenegg AG*, a Corte suíça enfrentou caso interessante e muito comum nas disputas em contratos de

[23] BGer, April 5, 2005, Docket n. 4C.474/2004 (Switz). Disponível em: http://cisgw3.law.pace.edu/cases/050405s1.html.

[24] Tradução livre do trecho: *"As an issue of law in the appellate proceedings, the Federal Supreme Court examines not only the question of whether the opposing party must have recognized the actual significance of a statement, but also the objectified interpretation of the declaration of intention in accordance with the understanding of a reasonable person in the position of the other contractual party, although it is generally bound by the findings of the cantonal judge concerning the external circumstances, as well as the knowledge and intention of the parties".*

[25] Tradução livre do trecho: *"This rule corresponds to the principles of normative interpretation of declarations of intention in accordance with the principle of good faith (Vertrauensprinzip), which finds application in domestic law".*

compra e venda internacional de mercadorias. Trata-se de questão referente à sofisticação das partes e à determinação da qualidade do bem contratado.

A Corte entendeu ser aplicável o critério normativo previsto no art. 8, (2), da CISG, para se determinar o conteúdo do contrato quanto à qualidade das mercadorias – *"segundo o sentido que lhes teria dado uma pessoa razoável, com a mesma qualificação e nas mesmas circunstâncias da outra parte"*.[26]

Na decisão, observou que o comprador era um *expert* da indústria têxtil. Apontou que não seria razoável entender que não tinha pleno conhecimento de que não estava comprando uma máquina têxtil nova, mas um bem fabricado catorze anos antes da celebração do contrato.

A Suprema Corte suíça[27] rejeitou a pretensão do comprador de quebra do contrato pelo vendedor nos seguintes termos:

> "O comprador é um *expert* e sabia que não fora oferecida uma máquina nova, mas construída há 14 anos e, consequentemente, não estava conforme às expectativas técnicas mais recentes. Portanto, cabia ao comprador informar-se sobre o funcionamento e o equipamento do maquinário, um ato que o comprador aparentemente empreendeu somente depois que o contrato foi celebrado. Considerados estes fatos, sem dúvida é compatível com o artigo 8 (2) da CISG, o entendimento do Juízo de primeira instância de que o vendedor tinha o direito de compreender que o comprador tinha celebrado o contrato com pleno conhecimento das possibilidades técnicas do maquinário e dos seus equipamentos. Por estas razões, o Tribunal Supremo concorda com o Juízo de primeira instância de que a máquina vendida foi oferecida ao comprador em conformidade com as especificações do contrato. Portanto, a alegação do comprador de quebra de contrato não se justifica."[28]

[26] Tradução livre do trecho: *"according to the understanding that a reasonable person of the same kind as the other party would have had in the same circumstances"*.

[27] BGer, December 22, 2000, Docket n. 4C.296/2000/rnd (Switz). Disponível em: http://cisgw3.law.pace.edu/cases/001222s1.html.

[28] Tradução livre do trecho: *"The [Buyer] is an expert and knew that it was not offered a new machine, but one which was built fourteen years ago and consequently did not conform to the latest technical expectations. It was therefore up to [Buyer] to inform itself about the operation and equipment of the machinery, an act that the [Buyer] apparently only embarked on after the contract had been concluded. In view of these facts, it is without doubt compatible with CISG Art. 8(2) if the Court of First Instance held that the [Seller] was entitled to expect that the [Buyer] had concluded the contract in full knowledge of the technical possibilities of the machinery and its equipment. For these reasons, the Supreme Court concurs with the Court of First Instance that the sold machine was offered to the [Buyer] in conformity with the specifications of the contract. Therefore, the [Buyer]'s claim for remedy for breach of contract is not justified"*.

Em outubro de 1994,[29] a Suprema Corte austríaca (*Oberster Gerichtshof*) aplicou o critério normativo de interpretação do contrato para concluir pela formação de um contrato de compra e venda nos termos do art. 14, (1), da CISG.

A Corte considerou que o comportamento do comprador, ao aceitar as mercadorias e revendê-las sem questionar o preço, qualidade e quantidades, seria suficiente para a formação do contrato e aceitação da proposta. Afinal, esse seria o entendimento de um terceiro hipotético e razoável, nos termos do art. 8.º, (2), da CISG.

Todos esses casos foram examinados à luz do art. 8.º, (2), da CISG como critério normativo, não como matéria de fato – ou seja, no exercício de competência similar à exercitada pelo Superior Tribunal de Justiça.

Em breve, o Superior Tribunal de Justiça enfrentará a questão da aplicação do critério normativo de interpretação de cláusulas contratuais com fundamento na CISG. Portanto, é necessário esclarecer que, apesar da regra do art. 8.º, (2), referir-se à interpretação de cláusula contratual, esta não terá obstáculo na Súmula n. 5/STJ por se tratar de um critério normativo e objetivo de interpretação de conduta.

Conclusões

A aplicação da CISG exigirá do Judiciário brasileiro uma visão aberta à experiência internacional. Caberá à doutrina, à academia e aos advogados trazer ao Judiciário as informações necessárias. Ao Judiciário, especificamente, caberá uma abertura de espírito para analisá-las e absorvê-las a fim de extrair da CISG toda sua potencialidade para o incremento da atividade econômica e do desenvolvimento nacional.

[29] Oberster Gerichtshof [OGH] [Supreme Court], November 10, 1994, Docket n. 2 Ob 547/93, em Institute of International Commercial Law of Pace Law School [Pace Law]: http://cisgw3.law.pace.edu/cases/941110a3.html#cd (Áustria).

35. A INTERPRETAÇÃO DOS NEGÓCIOS JURÍDICOS EMPREENDIDOS NO BRASIL: O ALARGAMENTO DAS HIPÓTESES PREVISTAS NO ARTIGO 113 DO CÓDIGO CIVIL BRASILEIRO MEDIANTE INSPIRAÇÃO DO ARTIGO 9.º DA CISG*

Véra Jacob de Fradera

O tema a ser exposto está relacionado ao contrato de venda internacional de mercadorias e a sua uniformização pela CISG e as reações do Direito brasileiro a sua recente ratificação por nosso país.

Por outro lado, cumpre referir que o contrato internacional se distingue do contrato inserido na Ordem Jurídica nacional em vários aspectos, sobretudo no respeitante à autonomia privada, muito mais ampla no plano internacional do que no interno e também no aspecto da facilidade de recepção de modelos jurídicos de origens variadas, nessa particular esfera.

Em razão da universalização da utilização do contrato, instrumento de troca por excelência, desenvolveu a doutrina internacionalista uma vocação para criar soluções de adaptação a um meio ambiente onde a diversidade dos sistemas jurídicos é a regra.

Da mesma forma, o fenômeno da globalização determinou um notável incremento do comércio internacional, provocando a criação de instrumentos de regulação das trocas comerciais internacionais, visando facilitá-las, pois a diversidade de sistemas jurídicos e de concepções acerca do contrato tornam demasiado complexa a compra e venda internacional de mercadorias.

Contudo, não é possível deixar de mencionar a relevante influência exercida pelo contrato internacional no plano dos contratos nacionais, tendo alguns processos de adaptação dos contratos internacionais sido recepcionados pelos sistemas nacionais, *v.g.*, as cláusulas de *renegociação* e as de *hardship*.

* Texto publicado anteriormente em: "SCHWENZER, Ingeborg; PEREIRA, Cesar. A. Guimarães; TRIPODI, Leandro (coordenadores). A CISG e o Brasil: Convenção das Nações Unidas para os Contratos de Compra e Venda Internacional de Mercadorias. 1. ed. São Paulo: Marial Pons; Curitiba: Federação das Indústrias do Estado do Paraná, 2015".

Estando a CISG em vigor, no Brasil, desde o dia 1.º de abril deste ano de 2014, nada mais apropriado do que buscar inspiração no seu texto, incentivando o aproveitamento de soluções adotadas a partir de sua fonte primeira, a *lex mercatória*,[1] testemunho da vocação internacionalista da Convenção, inspirada dos comportamentos adotados pela sociedade dos comerciantes, desde o período medieval.

Todos têm noção do que representou a *lex mercatoria* para o desenvolvimento do comércio em escala internacional, em razão de sua aplicabilidade uniforme em todas as regiões onde se praticavam negócios, afastando, desta sorte, as dificuldades naturalmente causadas pelos *estatutos* locais, os quais, dada a sua diversidade, constituíam permanente fonte de conflitos, além de gerarem incerteza e insegurança entre os comerciantes da época.

Por outro lado, o prestígio e grande receptividade da CISG, adotada em mais de 80 países, produziu uma relevante interação entre as suas soluções para um maior pragmatismo nas relações comerciais internacionais e os direitos nacionais, tornando-se esses últimos, graças a esse influxo externo, mais atualizados e menos *engessados*, porquanto esses direitos internos são determinados por fatores tais como a História, a Tradição Nacional, a Filosofia adotada por seu Legislador no Código enquanto a CISG foi elaborada por legisladores, oriundos de diferentes culturas jurídicas, desprovida de vínculos com uma ou mais ordens jurídicas, cunhada para ser aplicada e interpretada de forma internacional. Daí a sua caraterística mais destacada, de instrumento concebido especialmente para superar os obstáculos ao comércio no espaço internacional, levado em conta a diversidade jurídica e econômica existente entre os distintos países.

Tendo em vista esses aspectos, entendemos ser interessante aproveitar da recente incorporação da CISG ao ordenamento jurídico nacional, para tornar mais amplo o instrumental interpretativo do aplicador dos contratos,

[1] Já em 1622, Gerard Malynes mencionava a *lex mercatoria* nos seguintes termos: *lei costumeira dos comerciantes... mais antiga do que qualquer lei escrita... e cujo fundamento é a Razão e a Justiça*, no tratado intitulado *Consuetudo Vel Lex Mercatoria*. Citado por Klaus Peter Berger, *The Creeping Codification of the lex mercatoria*, Kluwer Law International, 1999, p. 1. Com efeito, o comércio internacional cria suas próprias regras, as quais, pouco a pouco, vão sendo integradas ao direito comercial internacional positivo. As regras de comportamento dos contratantes no comércio internacional são, na maioria das vezes, baseadas nos usos comerciais. V. Ph. Khan, "Les principes généraux du droit devant les arbitres du commerce international", Journal du Droit International, "Clunet", *JDI*, éditeur LexisNexis, Paris, 1989, p. 305.

seja ele um magistrado ou um operador no mercado internacional de venda de mercadorias.

Dentro desse escopo, a exposição de nossas ideias se dará em dois tempos: em um primeiro momento, nos ocuparemos do artigo 9.º da CISG, em seguida, nossas reflexões terão por objeto o enunciado ao artigo 113 do CCB de 2002, formulado e aprovado durante as V Jornadas de Direito Civil do Conselho da Justiça Federal, realizadas em Brasília-DF, em maio de 2012.

1. O teor e significado dos termos constantes do artigo 9.º da CISG

Dispõe o artigo 9.º, 1ª Frase, da CISG:

> *"As partes ficam vinculadas por quaisquer usos com os quais elas tenham concordado e por quaisquer práticas estabelecidas entre elas."*[2]

A menção ao recurso aos usos [3] existe também em nosso artigo 113, relativamente à interpretação dos contratos, de sorte que não nos deteremos nesse ponto, pois nossa contribuição assinala um acréscimo no elenco de recursos à interpretação dos contratos, no caso, as práticas entre as partes.

Acreditamos que os termos deste artigo 9.º, em sua primeira parte, podem representar uma relevante contribuição da CISG para a interpretação dos negócios jurídicos, e a abundante jurisprudência internacional neste sentido corrobora nosso entendimento.

Podemos iniciar nossas reflexões pela definição do vocábulo *práticas*, tal como resulta do texto do artigo 9.º da CISG: *Práticas são estabelecidas mediante uma conduta regular, a qual cria uma expectativa de que essa conduta será mantida.*[4]

Franco Ferrari define as práticas como sendo aquelas que, à diferença dos usos, não resultam de uma praxe generalizada no interior de determinado

[2] No original: "(1) The parties are bound by any usage to which they have agreed and by any practices which they have established between themselves."

[3] V., a respeito, o artigo 8.º da CISG, *Comentários à Convenção de Viena das Nações Unidas sobre Contratos de Compra e Venda Internacional de Mercadorias*, coordenação de Ingeborg Schwenzer, Eduardo Grebler, Véra Fradera e Cesar A. Guimarães Pereira, São Paulo: Thomson Reuters/Revista dos Tribunais, 2014, p. 296 a 297.

[4] Honnold, John O., *Uniform Law for International Sales under the 1980 United Nations Convention*,. 3rd ed. (1999) Kluwer Law International), p. 124-13.

setor do tráfico, mas sim do *comportamento individual, mantido pelas próprias partes, por ocasião de anteriores relações negociais entre elas entabuladas.*[5]

Igualmente importante destacar, como fazem os professores Schlechtriem e Schwentzer, em seu comentário da CISG,[6] artigo por artigo, serem relevantes as práticas seguidas pelas partes, desde que tenham uma *certa frequência e duração* e cuja ocorrência não tenha se dado dentro de uma circunstância particular, ou seja, de forma excepcional.

Já Bianca e Bonnell, ao comentarem o mesmo artigo, destacam serem tais práticas aplicáveis *não somente para suprir termos do acordo contratual, mas também para determinar a intenção das partes.*[7] É de ser destacado ainda o fato de não poderem as práticas ser estabelecidas sem que um contrato (no caso da CISG, seria de natureza comercial) tenha sido anteriormente entre elas entabulado.

Como resultado dessas práticas, surge entre os membros da relação contratual uma expectativa legítima de que elas continuarão a ser mantidas nas suas futuras relações, resultando daí a necessidade de elas, as partes, reconhecerem determinada conduta como sendo uma prática.[8]

Contudo, em determinado momento, é possível que as partes venham a desinteressar-se pela manutenção de determinada prática, desta sorte, deverão realizar uma mudança de comportamento no seu agir contratual.

Se a renúncia a uma determinada prática ocorrer de maneira unilateral, isso importará mudanças, mas apenas em relação ao futuro.

Para alterar-se a prática no curso do contrato, é preciso o acordo de ambos os seus participantes.

Isto posto, passaremos ao exame do enunciado ao artigo 113 do Código Civil, alargando o elenco de recursos postos à interpretação dos negócios jurídicos.

[5] "La rilevanza degli usi nella Convenzione di Vienna sulla vendita internazionale di beni mobili", *Contrato e Impresa*, anno X, n.1, 1 994, p. 239 e segs., sobretudo p. 245.

[6] *Commentary on the UN Convention on the international Sale of Goods* (CISG), third edition , Oxford, 2010, p. 182 e segs.

[7] *Commentary on the International Sales Law, the 1980 Vienna Sales Convention*, Milan, Giuffrè, 1987, p. 106.

[8] Ao invocar a existência de determinada prática em relação a seu parceiro no contrato, a parte necessita comprová-la.

2. O artigo 113 do Código Civil de 2002 e o enunciado proposto para sua ampliação, inspirado do artigo 9.º da CISG

Dispõe o artigo 113 do Código Civil brasileiro de 2002:

Os negócios jurídicos devem ser interpretados conforme a boa fé e os usos do lugar de sua celebração.

Tendo em vista as V Jornadas de Direito Civil, realizadas em Brasília, sob os auspícios do Conselho da Justiça Federal, foi apresentado, mediante proposta de nossa autoria, um enunciado a esse dispositivo, inspirado do artigo 9.º da CISG, mediante mais um recurso posto à disposição do intérprete e do aplicador, qual seja, o das *práticas habitualmente adotadas pelas partes*, criando-se um enunciado (número 409) ao artigo 113 da Parte Geral do Código Civil, com a seguinte redação:

Os negócios jurídicos devem ser interpretados não só conforme a boa fé e os usos do lugar de sua celebração, mas também de acordo com as práticas habitualmente adotadas entre as partes.

Lamentavelmente, a redação original do enunciado foi prejudicada pelos membros da Comissão encarregada da Parte Geral do Código Civil, adotando uma redação defeituosa e redundante, *práticas habitualmente adotadas*, pois práticas supõem a habitualidade, do contrário não seriam práticas.

Interessante observar ter sido o enunciado formulado tendo em vista os termos do Artigo 9.º da CISG, em momento muito anterior a sua ratificação pelo Brasil, em voto proferido em julgado do TJRGS, pelo eminente Desembargador e jurista, Armínio Lima da Rosa, em ação de resolução contratual, onde ocorrera cessão de direitos de comercialização de determinados bens, e, face à ausência de regramento convencional expresso quanto a uma determinada situação, de natureza transitória, assim decidiu:

> "não tendo as partes cuidado de regrar situação transitória, relativamente ao interregno situado entre contrato e implemento de condição suspensiva, cumpre observar o *comportamento delas, como fator revelador da composição de interesses e respectiva normatização que terminou por se estabelecer, dando a melhor interpretação possível ao que fora pactuado*".[9]

[9] TJRGS, Apelação Cível 70008000275, 20ª Câmara Cível, apelante/apelada Associação Cristã de Moços de Porto Alegre e Apelante/Apelado José Elias Flores, julgado em 03.03.2004.

Conclusões

A recente entrada em vigor da CISG no ordenamento brasileiro certamente há de gerar, como ocorreu e ocorre em outros países onde foi ela recepcionada, uma saudável influência, porquanto nosso direito interno, certamente, não ficará imune ao seu influxo pragmático e universalista.

É de ser ressaltado o fato de, anteriormente à recepção da Convenção em nosso âmbito interno, duas de suas soluções foram adotadas como enunciados a dois dos artigos do Código Civil brasileiro, o 113, da Parte Geral, que vimos de apresentar, bem como o 422, enriquecido mediante a recepção do dever de o credor mitigar o próprio prejuízo, com base na boa fé, inspirado do artigo 77 da CISG, de larga aplicação jurisprudencial e doutrinária entre nós.

36. PREÇO, ATRASO E JUROS: ABORDAGEM COMPARATIVA ENTRE O DIREITO BRASILEIRO E A CISG*

Frederico E. Z. Glitz**

Introdução

Os juros legais podem, em um primeiro momento, parecer tema superado, ainda mais quando ligado ao mais comum dos contratos: a compra e venda de mercadorias. Os recentes desenvolvimentos legislativos, contudo, têm demonstrado que a temática ainda merece um olhar mais cuidadoso.

Além disso, o Código Civil português, o Código Civil brasileiro (CCB) e a Convenção de Viena de 1980 sobre compra e venda internacional de mercadorias (CISG)[1], tratam a matéria de forma, aparentemente, lacônica.

Tal tratamento, por si só, já justificaria uma maior atenção dos comentaristas acerca dos respectivos dispositivos. A proposta, contudo, de uniformização do tratamento jurídico dispensado ao tema, tal como encampada pela

* Trata-se de versão atualizada de texto publicado anteriormente em: ""SCHWENZER, Ingeborg; PEREIRA, Cesar. A. Guimarães; TRIPODI, Leandro. A CISG e o Brasil: Convenção das Nações Unidas para os Contratos de Compra e Venda Internacional de Mercadorias. 1. ed. São Paulo: Marial Pons; Curitiba: Federação das Indústrias do Estado do Paraná, 2015".

** Frederico E. Z. Glitz, advogado; Pós-doutor em Direito e novas tecnologias (Reggio Calabria – 2021), Doutor em Direito das Relações Sociais pela Universidade Federal do Paraná (2011) e Mestre em Direito das Relações Sociais pela Universidade Federal do Paraná (2005). Professor de Direito Internacional Privado e Contratual. Membro do Conselho Editorial de vários periódicos especializados nacionais e internacionais. Autor de diversos livros e artigos especializados, publicados no Brasil e no exterior. Componente da lista de árbitros da Câmara de Arbitragem e Mediação da Federação das Indústrias do Paraná (CAMFIEP), Câmara de arbitragem da Federação de Entidades Empresariais do Rio Grande do Sul (CAF) e da Câmara de Mediação e Arbitragem do Brasil (CAMEDIARB). Presidente da Comissão de Educação Jurídica da OAB/PR. Pesquisador do Núcleo de Estudos em Direito Civil Constitucional (UFPR). Diretor de Relações Institucionais do IBDCONT (PR).

[1] Promulgada no Brasil pela Lei nº 8327/2014 e, em Portugal, pelo Decreto nº 05/2020.

CISG, deve, então, alertar, aqueles que detêm seu olhar sobre o inadimplemento contratual.

Como se sabe, um dos pontos mais paradoxais da teoria contratual reside na forma com que as diferentes "famílias jurídicas" justificam a "vinculação" obrigacional e, consequentemente, o tratamento dispensado ao inadimplemento. Enquanto a *Common Law* explica a obrigatoriedade pela promessa e, portanto, o descumprimento assemelha-se à ofensa punível; a *Civil Law*, trata a questão próxima a uma questão de responsabilidade patrimonial e, portanto, estritamente objetiva e indenizatória.

Estas duas visões de mundo precisam, no projeto da CISG, não só conviver, mas, igualmente, ganhar uniformidade de tratamento (já que o tratamento nacional é rejeitado). Eis o grande desafio existencial do art. 78 da Convenção: como interpretar um dos principais instrumentos do inadimplemento pecuniário de forma uniforme?

O presente artigo se apresenta, portanto, como uma tentativa de acréscimo a este debate, especialmente relacionando os diferentes enfoques obrigacionais envolvidos e como esta possível discussão tem sido, e poderá vir a ser, captada pelos responsáveis pela aplicação da CISG, em especial pelos Tribunais luso-brasileiros. Para tanto se partirá de uma breve abordagem do tratamento jurídico dos juros moratórios no Direito brasileiro e Português para, na sequência, compará-lo, ao disposto na CISG. Eis o que se passa a fazer.

1. O inadimplemento do preço no direito brasileiro

O tema do inadimplemento de obrigações pecuniárias é, de certa forma, ainda polêmico na doutrina e jurisprudência brasileiras. Embora se reconheça o seu regime geral, o cálculo dos juros ainda carece de maior esclarecimento, especialmente diante da imprecisão da redação do disposto legal constante do Código Civil brasileiro e dos variados dispositivos mencionando o termo inicial de sua contagem.[2]

[2] Embora este não seja tema do presente artigo, vale a pena mencionar os dispositivos do Código Civil brasileiro, vez que também há grande controvérsia na aplicação da CISG: "Art. 397. O inadimplemento da obrigação, positiva e líquida, no seu termo, constitui de pleno direito em mora o devedor; Art. 398. Nas obrigações provenientes de ato ilícito, considera-se o devedor em mora, desde que o praticou; Art. 405. Contam-se os juros de mora desde a citação inicial; Art. 407. Ainda que se não alegue prejuízo, é obrigado o devedor aos juros da mora que se contarão assim às dívidas em dinheiro, como às prestações de outra natureza, uma vez que lhes esteja fixado o valor pecuniário por sentença judicial, arbitramento, ou acordo entre as partes."

A atual legislação brasileira aplicável ao tema prevê que (art. 406 do CCB):

> "Quando os juros moratórios não forem convencionados, ou o forem sem taxa estipulada, ou quando provierem de determinação da lei, serão fixados segundo a taxa que estiver em vigor para a mora do pagamento de impostos devidos à Fazenda Nacional."

Em rigor o artigo trata de duas classificações distintas. A primeira se refere aos juros legais e juros convencionais: no Direito brasileiro, os juros podem ser definidos em contrato, mas, em caso de silêncio dos contratantes, há previsão legal (que também funciona como limitador da taxa e, portanto, da autonomia privada).

A segunda classificação se refere à natureza dos juros, ou seja, no Direito brasileiro, eles podem ser moratórios (decorrentes do atraso no pagamento do preço, por exemplo) ou remuneratórios (compensação pela indisponibilidade do capital). Nada impede, no entanto, que ambos os tipos de juros convivam em um mesmo tipo de contrato. Assim por exemplo, os juros de mora devidos em razão do atraso no pagamento de parte de mútuo são cobrados juntamente como juros remuneratórios (mas não sobre eles). Também nada impede que juros moratórios sejam convencionais ou legais. Se forem legais, no entanto, terão sua taxa definida pelo disposto no art. 406 do Código Civil acima referido. Esta classificação, aliás, também é adotada, em parte, pela doutrina portuguesa que destaca uma tripla função: compensação (pela privação do capital), moratórios (pelo atraso no cumprimento) e indenizatório (pelo inadimplemento absoluto)[3].

Daquela redação, e da interpretação usual que se têm dado aquele dispositivo, algumas conclusões gerais podem ser tiradas sobre a natureza daqueles "*juros*".[4]

a) *Natureza dos juros pelo inadimplemento do preço.* Nos termos do Direito obrigacional brasileiro, os juros devidos em razão do inadimplemento do preço

[3] ALMEIDA COSTA, Mário Júlio. Direito das obrigações, 11. Ed., Coimbra: Almedina, 2008, p. 751.

[4] Não se duvida, por exemplo, de sua natureza acessória (GOMES, Orlando. *Obrigações*, 12. Ed. Rio de Janeiro: Forense, 1998, p. 52) e de frutos civis (LOPES, Miguel Maria de Serpa. *Curso de Direito Civil: obrigações em geral*, 6. ed. Rio de Janeiro: Freitas Bastos, 1995, Vol. II, p. 67; MARTINS-COSTA, Judith. *Comentários ao novo Código Civil: do inadimplemento das Obrigações*. Rio de Janeiro: Forense, 2004. Vol. V. Tomo II, p. 379; GOMES, *Op. cit.*, p. 53).

têm natureza de indenização.[5] Isso se deve ao fato de a prestação pecuniária estar sujeita a um tipo especial de inadimplemento, chamado *mora*.

Em outros termos, uma vez que o devedor (neste caso, o comprador) atrase o pagamento do preço, o comprador faria jus ao recebimento do preço acrescido dos juros (indenização) devidos em razão do atraso (mora). Em tese, seria possível, desde que perdido o interesse do credor (vendedor) na venda, que este fosse a Juízo exercer sua pretensão de resolução (extinção) do contrato, exigindo as correspondentes perdas e danos.[6]

A discussão que se instaura é em qual nível pode se dar tal definição de interesse: o entendimento dogmático defende tratar-se de decisão quase "subjetiva" do interesse do credor;[7] já o entendimento mais contemporâneo[8] defende uma visão mais centrada na utilidade da prestação, que privilegie a manutenção da relação obrigacional.[9]

Independentemente da possibilidade de resolução do contrato, a previsão de juros moratórios serviria como forma de previsão indenizatória. Em outros termos, o credor teria a possibilidade de exigir o preço acrescido do valor dos juros (pré-estabelecidos, contratualmente ou com base na previsão legal). A própria legislação brasileira prevê uma espécie de salvaguarda caso os juros moratórios não sejam suficientes para compensar os prejuízos sofridos pelo

[5] "(...) *ressarcir o dano sofrido pelo credor*" (grifo no original) (Martins-Costa, *Op. cit.*, p. 382). Já segundo Gomes a "obrigação de pagar juros de mora não tem necessariamente cunho indenizatório. É devida igualmente quando não se alega prejuízo. Todavia, é de se interpretar a norma que a impõe neste caso como disposição que presume o dano sempre que há inadimplemento de dívida pecuniária ou daquelas cujo valor em dinheiro está fixado. Com fundamento nessa presunção, todo juro de mora é compensatório de dano." (Gomes, *Op. cit.*, p. 157-158). Neste sentido parece apontar o Código Civil brasileiro: "Art. 404. As perdas e danos, nas obrigações de pagamento em dinheiro, serão pagas com atualização monetária segundo índices oficiais regularmente estabelecidos, abrangendo juros, custas e honorários de advogado, sem prejuízo da pena convencional.".

[6] "Se a prestação, devido à mora, se tornar inútil ao credor, este poderá enjeitá-la, e exigir a satisfação das perdas e danos." (Art. 395, parágrafo único, CCB).

[7] Neste caso o credor definiria, segundo seu próprio interesse, a manutenção ou não da relação obrigacional. Em outros termos, seria o credor quem definiria de forma "egoísta" a utilidade da prestação.

[8] Para maiores detalhes ver: Glitz, Frederico Eduardo Zenedin. *Favor contractus*: alguns apontamentos sobre o princípio da conservação do contrato no Direito positivo brasileiro e no Direito comparado. *Revista do Instituto do Direito Brasileiro da Faculdade de Direito da Universidade de Lisboa*, vol. 1/2013, p. 475-542, 2013.

[9] Diz-se que, contudo, que a prestação pecuniária não se torna impossível, pois não há como substitui-la por outra de mesma natureza (indenizatória, também pecuniária), por isso seu regime, no Direito brasileiro, é o do atraso. As eventuais perdas danos sofridos poderiam ser cobertos, por exemplo, pelos juros (moratórios) e pela eventual cláusula penal contratada.

credor.[10] Apenas se, em tese, perdido o interesse na contratação, poder-se-ia pretender a resolução do contrato e as efetivas perdas e danos, provando sua extensão (salvo a existência de cláusula penal compensatória[11]).

b) *A taxa prevista pela legislação brasileira.* O art. 406 CCB, ao contrário da legislação anterior (Código Civil de 1916),[12] não prevê um valor preciso para os juros legais.[13] Além disso, referido artigo faz referência à taxa prevista para o atraso no pagamento de obrigações fiscais. Por uma característica do Direito tributário brasileiro, a "mora" tributária não tem natureza indenizatória, mas punitiva. Eis uma diferença significativa, uma que o ente federativo arrecadador não sofre dano a ser ressarcido. Além disso, também por características próprias do ordenamento brasileiro, haveria dúvida sobre qual seria tal taxa. A discussão, especialmente jurisprudencial, residia na aplicação da chamada taxa SELIC (Sistema Especial de Liquidação e Custódia) e o art. 161, § 1.º, do Código Tributário Nacional.[14]

A dúvida reflete a forma de cálculo da taxa SELIC, que é composta de índices de remuneração de títulos da dívida federal[15] representando instrumento de política monetária especialmente útil para o controle inflacionário.[16] Serve,

[10] Art. 404. Parágrafo único. Provado que os juros da mora não cobrem o prejuízo, e não havendo pena convencional, pode o juiz conceder ao credor indenização suplementar.

[11] "Para exigir a pena convencional, não é necessário que o credor alegue prejuízo." (Art. 416 CCB).

[12] O Código Civil de 1916, revogado pela Lei 10.406/2002, previa: "Art. 1.062. A taxa dos juros moratórios, quando não convencionada (art. 1.262), será de seis por cento ao ano."

[13] Silva justifica que tal redação visava, de forma louvável em sua opinião, "reduzir a distinção entre regimes aplicáveis aos juros e, ao mesmo tempo, atribuir ao Código Civil um mecanismo de atualização independente de sua própria modificação" (Silva, Jorge Cesa Ferreira da. *Inadimplemento das Obrigações: mora, perdas e danos, juros legais, cláusula penal, arras ou sinal.* São Paulo: RT, 2007, p. 223).

[14] "Art. 161. O crédito não integralmente pago no vencimento é acrescido de juros de mora, seja qual for o motivo determinante da falta, sem prejuízo da imposição das penalidades cabíveis e da aplicação de quaisquer medidas de garantia previstas nesta Lei ou em lei tributária.
§ 1.º Se a lei não dispuser de modo diverso, os juros de mora são calculados à taxa de um por cento ao mês."

[15] Mattietto, Leonardo. Os juros legais e o art. 406 do Código Civil. *Revista Trimestral de Direito Civil,* vol. 15. Rio de Janeiro: Padma, jul/set. 2003, p. 96.

[16] Acrescenta Martins-Costa: "é que seria incoerente que a lei, ao regular a taxa de juros legais – isto é, apostos em razão de lei – fizesse remissão à autoridade administrativa, deixando a taxação dos juros legais ao seu encargo. (...) O problema está em fazer essa remissão para autoridade administrativa e não para outra lei, quebrando a teleologia da *fattispecie*, repita-se, que é a fixação, pela lei, da taxa dos juros de mora. Relembre-se que a Taxa Selic pode ser fixada não só pelo Comitê de Política Monetária do Banco Central do Brasil (Copom), mas por ato *unipessoal*, pois esse Comitê pode delegar ao Presidente do Banco Central a prerrogativa de aumenta-la ou reduzi-la: ficariam, assim, os particulares sujeitados ao alvedrio da Administração Pública em matéria que, em *ultima ratio,* não é da competência do Executivo, mas da lei, o que acabaria por ferir tanto o princípio da legalidade quanto o da segurança jurídica." (Martins-Costa, *Op. cit.*, p. 406).

portanto, muito pouco como "previsão indenizatória", eis que varia ao sabor das necessidades do ambiente econômico brasileiro, conforme demonstram os dados divulgados pela própria Receita Federal brasileira:[17]

Mês/Ano	2013	2014	2015	2016	2017	2018	2019	2020	2021
Janeiro	0,60%	0,85%	0,94%	1,06%	1,09%	0,58%	0,54%	0,38%	0,15%
Fevereiro	0,49%	0,79%	0,82%	1,00%	0,87%	0,47%	0,49%	0,29%	0,13%
Março	0,55%	9,77%	1,04%	1,16%	1,05%	0,53%	0,47%	0,34%	0,20%
Abril	0,61%	0,82%	0,95%	1,06%	0,79%	0,52%	0,52%	0,28%	0,21%
Maio	0,60%	0,87%	0,99%	1,11%	0,93%	0,52%	0,54%	0,24%	0,27%
Junho	0,61%	0,82%	1,07%	1,16%	0,81%	0,52%	0,47%	0,21%	0,31%
Julho	0,72%	0,95%	1,18%	1,11%	0,80%	0,54%	0,57%	0,19%	0,36%
Agosto	0,71%	0,87%	1,11%	1,22%	0,80%	0,57%	0,50%	0,16%	
Setembro	0,71%	0,91%	1,11%	1,11%	0,64%	0,47%	0,46%	0,16%	
Outubro	0,81%	0,95%	1,11%	1,05%	0,64%	0,54%	0,48%	0,16%	
Novembro	0,72%	0,84%	1,06%	1,04%	0,57%	0,49%	0,38%	0,15%	
Dezembro	0,79%	0,96%	1,16%	1,12%	0,54%	0,49%	0,37%	0,16%	

Por outro lado, a previsão do Código Tributário Nacional, embora não guarde a mesma natureza dos juros moratórios de natureza privada serviria à previsibilidade típica de uma "previsão indenizatória". De qualquer sorte, admitido este parâmetro, poder-se-ia perceber que os juros legais no Brasil, ainda sim, teriam "duplicado" em relação à previsão do Código de 1916 (05% ao mês).

Note-se, aliás, que o mesmo dilema foi enfrentado pelo legislador português, que previu na redação original do Código Civil um valor fixo para a referida taxa. Contudo, em razão da natureza deste tipo de prestação, ligada à conjuntura econômica mutável, acabou-se optando pela reforma do art. 559º do Código para que a taxa fosse prevista em Portaria específica[18].

[17] Fonte: Receita Federal do Brasil. Disponível em https://www.gov.br/receitafederal/pt-br/assuntos/orientacao-tributaria/pagamentos-e-parcelamentos/taxa-de-juros-selic#Taxa_de_Juros_Selic, acesso em 31.08.2021.

[18] "1. Os juros legais e os estipulados sem determinação de taxa ou quantitativo são os fixados em portaria conjunta dos Ministros da Justiça e das Finanças e do Plano."

Outro questionamento no Direito brasileiro reside nos chamados juros moratórios convencionais, na medida em que a própria legislação apenas prevê a possibilidade de sua contratação. Seus limites, defende-se,[19] deveriam ser buscados no Decreto-lei 22.626/1933 que prevê não se tratar de usura a cobrança de até o dobro da taxa legal.[20] Em outros termos: poder-se-ia, em tese, contratar o dobro da previsão do art. 406 do CCB, o que, por sua, reproduz a indeterminação anterior. Tal possibilidade já foi vedada aos contratos bancários por construção jurisprudencial.[21]

A solução legislativa portuguesa propõe também uma fórmula para a definição de prestação usurária: exceder os "juros legais, acrescidos de 3% ou 5%, conforme exista ou não garantia real" (art.1.146º).

c) *Conclusões parciais.* A partir dos questionamentos anteriores, se pôde buscar uma resposta para as questões na doutrina e na jurisprudência do Superior Tribunal de Justiça.

A doutrina brasileira não apresenta resposta uníssona: parte defende a incidência da taxa SELIC[22] e parte da previsão do Código Tributário.[23]

Entretanto, em recente julgamento de recursos repetitivos, o Superior Tribunal de Justiça (STJ), tribunal responsável pela uniformização da interpretação infraconstitucional no Brasil, acabou posicionando-se no sentindo da aplicação, justamente, da taxa SELIC[24] como taxa de juros. Entretanto, em decisão ainda mais recente, o Supremo Tribunal Federal brasileiro a considerou-a como referência para a atualização monetária de dívidas trabalhistas[25]. Assim, instaura dúvida sobre sua composição e finalidade específica.

Pode-se, pois, concluir que, ainda que de forma momentânea e parcial, que os juros legais, embora tenham natureza de previsão indenizatória em caso

[19] Existe quem defenda sua revogação em razão do Decreto de 25 de abril de 1991, embora tenha sido "revigorado" pelo Decreto de 29 de novembro do mesmo ano.

[20] "Art. 1.º É vedado, e será punido nos termos desta lei, estipular em quaisquer contratos taxas de juros superiores ao dobro da taxa legal."

[21] Súmula 379 do Superior Tribunal de Justiça: "Nos contratos bancários não regidos por legislação específica, os juros moratórios poderão ser convencionados até o limite de 1% ao mês."

[22] Por exemplo: Ferraz, José Eduardo Coelho Branco Junqueira. Os juros e o novo Código Civil: uma abordagem doutrinária e jurisprudencial. In: Tepedino, Gustavo (Coord.). *Obrigações: estudos na perspectiva civil-constitucional.* Rio de Janero: Renovar, 2005, p. 511.

[23] Por exemplo: Martins-Costa, *Op. cit.*, p. 406-408; Silva, *Op. cit.*, p. 228.

[24] BRASIL, Superior Tribunal de Justiça. Terceira Turma. Relator Min. Paulo de Tarso Sanseverino, Recurso Especial nº 1.846.819, julgamento em 13 de outubro de 2020.

[25] BRASIL, Supremo Tribunal Federal. Ação Declaratória de Constitucionalidade nº 58, Relator Min. Gilmar Mendes, julgado em 18 de dezembro de 2020.

de inadimplemento, acabam recebendo tratamento quantitativo, no Brasil, de juros tributários e, portanto, não previsíveis.

Este tipo de indefinição nacional acabou, por certo, influenciando os debates de redação da Convenção, é o que se passa a demonstrar.

2. Os juros na CISG

Nos termos do art. 78 da CISG,[26] o vendedor faz jus à cobrança de "juros", se o comprador deixar de adimplir sua obrigação de pagar o preço ou quantia de natureza semelhante.

O dispositivo menciona a possibilidade de cobrança de indenização suplementar (nos termos do artigo 74), mas deixa de mencionar a forma de cálculo dos juros, assim como sua natureza.

Segundo a doutrina[27] tal redação seria propositadamente vaga como forma de se obter consenso evitando-se o fracasso da Conferência, especialmente em razão das diferentes formas de abordagem político-econômicas, filosóficas e religiosas.

O fato de o artigo deixar de fazer menção a uma taxa de juros contrasta com a noção de que os juros seriam uma "previsão indenizatória", de igual modo deixa dúvidas quanto à forma com que se buscará saber qual será a taxa de juros cabíveis em cada caso. Trata-se de uma situação paradoxal: o dispositivo trata de tema dos mais rotineiros, mas ao mesmo tempo ao dos mais controvertidos.[28] Os mesmos questionamentos apontados pela legislação brasileira podem ser comparados com a CISG.

[26] "Se uma das partes deixar de pagar o preço ou qualquer outro valor devido, a outra parte terá direito a receber os juros correspondentes, sem prejuízo de qualquer indenização das perdas e danos exigíveis de acordo com o artigo 74."

[27] Schlechtriem, Peter; Schwenzer, Ingeborg. *Comentários à Convenção das Nações Unidas sobre contratos de compra e venda internacional de mercadorias.* São Paulo: RT, 2014, p. 1157; Kroll, Stefan; Mistelis, Loukas, Perales Viscasillas, Pilar (ed). *UN Convention on Contracts for the International Sale of Goods (CISG).* Munchen: Bech, 2011, p. 1042-1043; Mazzotta, Francesco G. CISG Article 78: Endless disagreement among commentators, much less among the courts. Disponível em www.cisg.law.pace.edu/cisg/biblio/mazzotta78.html acesso em 26 de junho de 2014, p. 2; Perales Viscasillas, Maria del. La determinacion del tipo de interes en la compraventa internacional. In Cuadernos Juridicos, n.43, jul.-ago. 1996, p. 5; Honnold, John O. *Uniform Law for International sales under the 1980 United Nations Convention*, 3. ed., The Hague: Kluwer Law International, 1999, p. 466.

[28] Alstine, Michael P. Van. The Uncitral Digest, the Right to Interest, and the Interest rate controversy. In: Flechtner, Harry M.; Brand, Ronald A.; Walter, Mark S. (Ed.). *Drafting Contracts Under the CISG.* Oxford: Oxford Press, 2008, p. 505.

a) *Natureza dos juros pelo inadimplemento do preço.* O termo utilizado pela CISG no artigo 78 é "*interest*". Segundo a tradução literal, tal expressão significaria "juros", em seu contexto, tais "juros" poderiam significar o que o Direito brasileiro chamaria de juros remuneratórios ou moratórios, ou seja, deixaria em aberto a própria natureza da obrigação acessória a que se refere. Até mesmo porque existem países que adotam limitações de ordem pública sobre alguns destes juros e, outra dúvida poderia surgir, qual Direito prevaleceria o doméstico ou a CISG.[29]

Mazzotta chega a mencionar que os tipos de juros mencionados nos dois artigos (78 e 84) são de tipos diferentes, isso porque este último serviria para "compensar o credor (comprador) pelos frutos (juros) de não ter se beneficiado do dinheiro devido pelo devedor (vendedor) em razão da resolução do contrato",[30] enquanto o outro (art. 78) "é devido como resultado do não pagamento de acordo com os termos do contrato ou com as regras gerais aplicáveis, mas mão se trata de um tipo de indenização, na medida em que não é mensurável pelos prejuízos que possam ter de fato ocorrido, mas nos termos de regras pré-fixadas".[31] A Opinião nº 14 do Advisory Council sobre o tema esclarece que as taxas previstas pelo art. 84 e 78 da CISG teriam natureza distinta: enquanto esta se ligaria à indenização, aquela refletiria restituição (item 2), mas, ao mesmo tempo, aconselha que a taxa de juros seja determinada por acordo entre as partes (item 8), emprestando-lhe óbvio caráter contratual.

Também em relação à própria finalidade da figura há certa nebulosidade, isso porque, a rigor, os juros moratórios têm natureza indenizatória e este papel estaria coberto pelo art. 74 da CISG. Já segundo Honnold a "adequada previsão de juros não só compensa a parte prejudicada pelas suas perdas, mas também encoraja a execução voluntária".[32] Seria, então, o papel do dispositivo outro?

A incerteza acerca da real natureza e verdadeiras finalidades de tais "juros" previstos na CISG se deve, portanto, a alguns fatores:

(i) Em primeiro lugar, a própria CISG não esclarece em seu texto se os juros são devidos em razão do inadimplemento, ou seja, como indenização ou como compensação pela indisponibilidade do preço

[29] MAZZOTTA, Francesco G. CISG Article 78: Endless disagreement among commentators, much less among the courts. Disponível em www.cisg.law.pace.edu/cisg/biblio/mazzotta78.html acesso em 26 de junho de 2014, p. 09.

[30] MAZZOTTA, *Op. cit.*, p. 10 (tradução livre).

[31] MAZZOTTA, *Op. cit.*, p. 11-12 (tradução livre).

[32] HONNOLD, *Op. cit.*, p. 465.

(prestação pecuniária devida em razão da entrega da mercadoria). Em verdade a segunda parte do dispositivo do art. 78 daria entender que as perdas e danos estariam cobertas em outro dispositivo (art. 74)[33] e, portanto, a natureza deste dispositivo poderia não ser indenizatória.

(ii) Em segundo lugar, os comentaristas são quase unânimes em afirmar a recusa em se negociar uma fórmula, durante a Conferência, que uniformizasse a questão[34] seja por motivos religiosos[35] seja por questões político-econômicas, que só seriam aplicáveis aos juros remuneratórios (instrumentos de política econômica).

(iii) E ainda, os juros moratórios previstos para a restituição do preço (em caso de resolução do contrato) estariam previstos em outro dispositivo (art. 84[36]).

(iv) Alguns comentaristas afirmam que este dispositivo deriva de um princípio internacional de que a parte prejudicada faria jus ao recebimento de compensação pela indisponibilidade do dinheiro.[37] Esta é a explicação clássica, na doutrina brasileira, por exemplo, para os juros remuneratórios.

[33] Honnold menciona justamente isso quando se refere às discussões que levaram à ausência de definição: "In some legal systems compensation for lost interest is regardes as an aspect of damage-assessment; this led to concern lest laying down rules for damages. Arts. 74-77 without providing for interest might be understood as barring the recovery of interest." (Honnold, *Op. cit.*, p. 466).

[34] Schlechtriem, Peter; Schwenzer, Ingeborg. *Comentários à Convenção das Nações Unidas sobre contratos de compra e venda internacional de mercadorias*. São Paulo: RT, 2014, p. 1157; Kroll, Stefan; Mistelis, Loukas, Perales Viscasillas, Pilar (ed). *UN Convention on Contracts for the International Sale of Goods (CISG)*. Munchen: Bech, 2011, p. 1043.

[35] Akaddaf menciona que nos termos da Shari'a, juros (*riba*) são tidos por usura e sua proibição estaria baseada em termos de justiça social, equidade e propriedade (Akaddaf, Fatima. Application of the United Nations Convention on Contracts for the International Sale of Goods (CISG) to Arab Islamic Countries: Is the CISG Compatible with Islamic Law Principles? *Pace International Law Review*, 13, 2001, p. 46-49). Aparentemente não haveria distinção entre os dois tipos de juros, tanto que as tentativas legislativas mais recentes de diferenciá-las vem encontrando oposição. Akaddaf menciona o caso egípcio em que a discussão acabou sendo resolvida por uma questão constitucional (em favor da redação que prevê os juros moratórios) e o caso marroquino em que a legislação marroquina que prevê a possibilidade de cobrança e juros por pessoas jurídicas, uma que vez que elas não podem ter religião (artifício bastante engenhoso para escapar da proibição). (Akaddaf, *Op. cit.*, p. 54-55).

[36] "(1) Se o vendedor estiver obrigado a restituir o preço, deverá também reconhecer os juros correspondentes, a partir da data em que tiver ocorrido o pagamento do preço."

[37] Kroll, Stefan; Mistelis, Loukas, Perales Viscasillas, Pilar (ed). *UN Convention on Contracts for the International Sale of Goods (CISG)*. Munchen: Bech, 2011, p. 1043; Vilus, Jelena. Provisions Common to the Obligations of the Seller and the Buyer. In Petar Sarcevic & Paul Volken eds., *International Sale of Goods: Dubrovnik Lectures,* Oceana (1986) Ch. 7, 253.

(v) Por fim, não faria sentido que indenização fosse prevista a título de juros sendo cumulável com indenização por perdas e danos, a menos que se demonstrasse que aquela fosse inferior aos efetivos danos sofridos.[38] A Opinião nº 14 do Advisory Council sobre o tema esclarece que eventuais prejuízos que não sejam recuperáveis como juros (art. 78) seriam como indenização (art. 79) (item 12).

Embora a própria Convenção não aconselhe esta aproximação de linguagem e abordagem, parece importante constatar que, no mínimo, é desaconselhável a comparação imediata da figura do art. 78 da CISG com aquilo que se denominam *juros moratórios* no Direito brasileiro.

b) *A taxa prevista pela CISG.* O tópico mais controvertido no artigo 78 da CISG é, justamente, qual seria a taxa dos "juros" lá previstos. Seu silêncio já fez com que vários tribunais se manifestassem no sentido de que o cálculo dos juros (incluindo a determinação da taxa) seria tema que fugiria ao escopo da Convenção, precisando ser definido pelas normas de Direito internacional privado.[39] A Opinião nº 14 do Advisory Council sobre o tema inova na discussão e recomenda que, neste caso, se aplique a taxa utilizada, para casos de compra e venda não regulados pela CISG, pela Corte da sede do credor (criando verdadeira norma de DIPRI não prevista pela Convenção). Obviamente que a cada vez que o Direito local é chamado a resolver o tema, qualquer uniformidade é perdida.[40] A omissão da CISG, aliás, parece mais que

[38] Neste aspecto alerta Gotanda que o art. 78 autorizaria a opção de se pretender indenização com base no art. 74 ou em adição ao art. 78 especialmente quando a parte prejudicada se vê obrigada a fazer empréstimos e, com isso, pagar juros. (Kroll, Stefan; Mistelis, Loukas, Perales Viscasillas, Pilar (ed). *UN Convention on Contracts for the International Sale of Goods (CISG).* Munchen: Bech, 2011, p. 1046). Já Calvo Caravaca e Fernández de la Gándara assinalam que haveria "nítida" independência entre os juros moratórios e a indenização por perdas e danosna CISG ao ponto de serem separadas e não excludentes (Calvo Caravaca, Alfonso; Fernández de la Gándara, Luis. *Contratos internacionales.* Madrid: Tecnos, 1997, p. 323). Ainda que se possa concordar com a independência das figuras dos "juros" e das "perdas e danos", a natureza "indenizatória" não parece ficar tão clara na redação.

[39] Kroll, Stefan; Mistelis, Loukas, Perales Viscasillas, Pilar (ed). *UN Convention on Contracts for the International Sale of Goods (CISG).* Munchen: Bech, 2011, p. 1049. Segundo Mazzotta parece injustificado que haja tal discordância, uma vez que a jurisprudência majoritária determine a aplicação da lei aplicável ao contrato (ainda que não reste claro sempre, se ela é a CISG ou não). (Mazzotta, *Op. cit.*, p. 10).

[40] De forma simplista: "Nearly all Convention commentators agree that since the Convention does not determine the rate of interest this is a matter for the applicable domestic law." (Lookofsky, Joseph. *The 1980 United Nations Convention on contracts for the International sale of Goods.* In J. Herbots (ed.); R. Blanpain (gen. Ed.). *International Encyclopaedia of Laws – Contracts,* Suppl. 29, December 2000, p. 158).

proposital, na medida em que até 30% das decisões envolvendo a CISG acabam envolvendo o tema.[41]

Quais seriam, então, os possíveis métodos para resolver tal lacuna? Uma primeira opção seria a tentativa de assegurar a uniformidade de sua aplicação (art. 7.1 CISG),[42] neste sentido vide Koneru[43] e Corterier.[44] Também se poderia recorrer a costumes internacionais,[45] instrumentos internacionais de uniformização, como a taxa Libor[46] ou *restatements* contratuais como os Princípios contratuais UNIDROIT (art. 7.4.9)[47] ou os Princípios Contratuais Europeus (art. 9:508).[48] A primeira questão por detrás de tais fórmulas é

[41] Em estudo publicado em 2008, são mencionadas 275 decisões (Alstine, Michael P. Van. The Uncitral Digest, the Right to Interest, and the Interest rate controversy. In: Flechtner, Harry M.; Brand, Ronald A.; Walter, Mark S. (Ed.). *Drafting Contracts Under the CISG.* Oxford: Oxford Press, 2008, p. 506).

[42] 7(1) Na interpretação desta Convenção ter-se-ão em conta seu caráter internacional e a necessidade de promover a uniformidade de sua aplicação, bem como de assegurar o respeito à boa fé no comércio internacional.

[43] Koneru, Phanesh. The International Interpretation of the UN Convention on Contracts for the International Sale of Goods: An Approach Based on General Principles. *Minnesota Journal of Global Trade,* 6 (1997), p. 105-152.

[44] Que defende uma espécie de analogia interna (Corterier, André. A new approach to solving the problem of the interest rate under article 78. *International Trade and Business Law Annual,* 5, 2000, p. 33-42).

[45] Thiele, Christian. Interest on damages and rates of interest under article 78 of the UN Convention on Contracts for the International sale of goods. In: *Vindobona Journal of International Commercial Law and Arbitration,* 1998, p. 3-35.

[46] "London Interbank Offered Rate: uma taxa referência de juros utilizada pelos principais bancos internacionais para a conclusão de transações no mercado de capitais em Londres. A taxa é fixada diariamente e publicada na imprensa comercial." (Schlechtriem, Peter; Schwenzer, Ingeborg. *Comentários à Convenção das Nações Unidas sobre contratos de compra e venda internacional de mercadorias.* São Paulo: RT, 2014, p. 1163, nota 39).

[47] "(1) If a party does not pay a sum of money when it falls due the aggrieved party is entitled to interest upon that sum from the time when payment is due to the time of payment whether or not the non-payment is excused. (2) The rate of interest shall be the average bank short-term lending rate to prime borrowers prevailing for the currency of payment at the place for payment, or where no such rate exists at that place, then the same rate in the State of the currency of payment. In the absence of such a rate at either place the rate of interest shall be the appropriate rate fixed by the law of the State of the currency of payment. (3) The aggrieved party is entitled to additional damages if the non-payment caused it a greater harm."

[48] "Artículo 9:508: Retraso en el pago de una cantidad de dinero

(1) Cuando se produzca un retraso en el pago de una cantidad de dinero, la parte perjudicada tiene derecho a los intereses devengados por esa suma desde el momento en que vencía la obligación hasta el momento efectivo del pago. Dichos intereses se calcularán conforme al tipo medio aplicado por los bancos comerciales a los grandes clientes en operaciones a corto plazo, para la moneda de

que elas também retiram, primeiramente, sua força vinculante da autonomia privada (cite-se, por exemplo, o Preâmbulo dos Princípios UNIDROIT), de modo que qualquer decisão que nelas justificasse a taxa de juros precisaria caminhar pelos incertos caminhos da *lex mercatória*.[49] A segunda questão é, ainda, a incerteza sobre a finalidade dos juros ali previstos, uma vez que seriam aparentemente remuneratórios (calculados com base em médias de empréstimos), ainda que, teoricamente, pudessem ser usados para fins indenizatórios.

Outra opção seria o recurso aos princípios gerais[50] (art.7.2 CISG),[51] embora nem todos, contudo, concordem com esta opção,[52] especialmente porque os instrumentos internos previstos na CISG não foram pensados (nem discutidos) para os juros. Isso para não falar da própria natureza, incerta, destes últimos.

Restaria, ainda, o recurso ao Direito internacional privado,[53] também não sem controvérsia, especialmente porque acabam com a uniforme exigida pela própria CISG. A própria recomendação da Opinião n°14 padece deste mesmo problema.

pago convenida y en el lugar en que deba procederse al pago.
(2) La parte perjudicada podrá resarcirse además de los daños debidos a cualquier otra pérdida, en la medida en que puedan indemnizarse con arreglo a esta sección."
Disponível em http://campus.usal.es/~derinfo/Material/LegOblContr/PECL%20I+II.pdf Acesso em 31.08.2021.

[49] Glitz, Frederico Eduardo Zenedin. *Contrato, globalização e lex mercatoria*, 2. Ed., São Paulo: Clássica, 2014, p. 190-229. Disponível em: https://www.fredericoglitz.adv.br/wp-content/uploads/2018/06/GLITZ_Globalizacao_alt2.pdf, acesso em 31.08.2021.

[50] Perales Viscasillas, Maria del. La determinacion del tipo de interes en la compraventa internacional. *Cuadernos Juridicos*, n.43, Julio-Agosto 1996, p. 5-12.

[51] 7(2) As questões referentes às matérias reguladas por esta Convenção que não forem por ela expressamente resolvidas serão dirimidas segundo os princípios gerais que a inspiram ou, à falta destes, de acordo com a lei aplicável segundo as regras de direito internacional privado.

[52] Schlechtriem e Witz afirmam que os autores da Convenção, de forma consciente, deixaram a questão em suspenso, pressupondo a aplicação do direito nacional. Como exemplo deste tipo de situação, mencionam o próprio art. 78 da CISG.(Schlechtriem, Peter; Witz, Claude. *Convention de Vienne sur les Contrats de Vente Internationale de Marchandises*. Paris: Dalloz, 2008, p. 61-62; p. 413).

[53] Schlechtriem, Peter; Witz, Claude. Convention de Vienne sur les Contrats de Vente Internationale de Marchandises. Paris: Dalloz, 2008, p. 413; Mazzotta, *Op. cit.*, p. 15; Ferrari, Franco. Uniform application and interest rates under the 1980 Vienna sales Convention. In Cornell Review of the Convention on Contracts for the International Sale of goods, 1995, p. 3-19. Gotanda sugere que a definição seja feita com base no direito do país em cuja moeda o pagamento seja feito (Gotanda, John y. When recessions create windfalls: the problems of using domestic law to fix interest rates under article 78 CISG. *Vindobona Journal of International Commercial Law & Arbitration*, 13, 2009, p. 237), mas isto dependeria de uma abordagem uniforme.

Quando possível, poder-se-ia recorrer, ainda, ao exercício da autonomia privada e determinação pelas próprias partes do Direito aplicável e, melhor, da própria taxa de juros aplicável[54] (solução aconselhada pela Opinião nº 14). Esta sim a melhor solução: a previsão detalhada em contrato,[55] com base, portanto, no art. 6.º da CISG.[56]

c) *Conclusões parciais.* Como inexiste tribunal internacional que unifique a interpretação da CISG, as principais fontes de precedentes jurisprudenciais acabam sendo os Digestos da Uncitral[57] e as compilações como da Unilex.[58]

O Digesto revela que, de um modo geral, a jurisprudência (judicial e arbitral) reconhece o direito geral à cobrança de juros, mas acaba se abstendo de definir o percentual justamente por conta da omissão da CISG. Eis que surgem diversas fórmulas de solução: desde a utilização de princípios gerais, até o emprego de referências internacionais (Libor, Euribor, UNIDROIT etc.) até a aplicação de Direito nacional a partir de regras de solução de conflitos de Direito.

Já a pesquisa na base de dados do Unilex, sobre o art. 78, revelou um total de 215 casos (judiciais ou arbitrais[59]) que direta ou indiretamente abordaram o tema. De um modo geral o que se pode perceber é que as divergências residem em dois aspectos: (i) o direito, no caso concreto, aos "juros" e (ii) qual a taxa aplicável a tais "juros"?

O primeiro aspecto acaba sendo resolvido com base na discussão fática sobre o pagamento em atraso do preço (86 casos) ou de outras quantias (25 casos). Não se chega a discutir, até onde as decisões permitem avaliar, a natureza de tais juros. Por outro lado, o segundo aspecto (o *quantum debeatur*) tem gerado mais discussão, na medida em que envolve não só a necessidade de definição de um Direito aplicável[60] (97 casos) como do próprio valor devido.

[54] Calvo Caravaca, Alfonso; Fernández de la Gándara, Luis. *Contratos internacionales.* Madrid: Tecnos, 1997, p. 325-326.

[55] Honnold, *Op. cit.*, p. 468; Thiele, *Op. cit.*, p. 17; Liu, Chengwei. Recovery of interest. Nordic Journal of Commercial Law of The University of Turku, 1, 2003, p. 1-72.

[56] Este seria, inclusive, o dispositivo que torna a CISG compatível com o direito islâmico, na opinião de Akaddaf (*Op. cit.*, p. 56).

[57] Sobre o art. 78, ainda datado de 2016. Disponível em https://uncitral.un.org/sites/uncitral.un.org/files/media-documents/uncitral/en/cisg_digest_2016.pdf acesso em 31.08.2021.

[58] http://www.unilex.info/

[59] http://www.unilex.info/cisg/cases/article/all, Acesso em 31.08.2021.

[60] As decisões, por exemplo, se dividem entre o recurso ao Direito doméstico do Estado do credor; o recurso ao Direito doméstico do Estado do devedor; recurso ao Direito doméstico que regule o contrato na ausência da CISG e recurso ao Direito doméstico do local de pagamento.

As pesquisas, portanto, confirmam as impressões gerais da doutrina: a omissão da CISG cria a incerteza dos critérios que tem definido, até o momento, a enorme variação de soluções sustentada e apresentada na prática.

Conclusões

A Convenção de Viena de 1980 sobre compra e venda internacional de Mercadorias representa tentativa de uniformização mundial do Direito aplicável aos mais frequentes dos contratos internacionais.

A iniciativa, em si, é extremamente complexa, pois envolve tornar operável a realidade sócio-jurídica de dezenas de diferentes países. Para poder viabilizar sua conclusão, temas polêmicos foram suavizados através de fórmulas de compromisso (talvez o art. 78 tenha sido um deles) e um "dogma" foi positivado: a proibição da "aculturação". Em outros termos, a CISG tem interpretação própria que não deve ser contaminada pelas diferentes lógicas nacionais.

Em alguns temas este desafio é ainda mais complexo. Este é o caso do inadimplemento que, como se afirmou anteriormente, é explicado de forma bastante distinta pelas diferentes tradições jurídicas. Daí porque se ganha toques dramáticos a tentativa de a CISG "legislar" uniformemente sobre o tema dos juros e, em especial, sobre eventual valor que tais juros deveriam ter.

Em algum sentido, portanto, é perfeitamente natural que haja tanta controvérsia. Isso, contudo, não deve servir de incentivo ao eventual e futuro aplicador brasileiro ou português da norma para que se esquive da aplicação da CISG em busca do Direito nacional. Como se demonstrou: a comparação é desaconselhável, uma vez que a natureza dos institutos pode até mesmo não ser a mesma.

Se a reforma da CISG parece ser solução fora de cogitação. Se a doutrina não concorda sobre os diferentes critérios a serem adotados, ainda que todos eles decorrentes da aplicação da própria Convenção. Talvez, quem sabe, se deva privilegiar a autonomia da disposição contratual.

Esta, aliás, é lição que o Direito brasileiro já aprendeu há muito tempo no que se refere aos juros. Quiçá ela pode servir, também, para as discussões que surgirão no Direito português.

37. O DEVER DE MITIGAÇÃO DE DANOS NA CISG E A APLICAÇÃO DO INSTITUTO NO BRASIL*

Joaquim de Paiva Muniz
Luis Alberto Salton Peretti
João Marçal Rodrigues Martins da Silva

O contrato é a formalização jurídica de operações econômicas,[1] mas raras vezes o instrumento que registra a vontade das partes regulamenta de forma completa a relação entre os contratantes. Isso é ainda mais complexo num contexto internacional, como o da compra e venda internacional de mercadorias, no qual diversas ordens jurídicas podem oferecer interpretações distintas para as obrigações das partes, ou atribuir consequências distintas para a inexecução, gerando avaliações de risco e expectativas distintas.

Com o intuito de mitigar as incertezas no comercio internacional de mercadorias, a Comissão da ONU sobre o Direito Comercial Internacional elaborou em 1980 a Convenção das Nações Unidas sobre os Contratos de Compra e Venda Internacional de Mercadorias (CISG), que atualmente se encontra em vigor em 81 países, neles se incluindo, desde 01.04.2014, o Brasil.[2]

Uma das características do funcionamento da CISG é a gestão da distância. Não se pode exagerar a importância do elemento espacial nos contratos regidos pela CISG. No comércio internacional de mercadorias, longas distâncias medeiam entre o comprador e o vendedor, além do incontornável transportador. A tradição das mercadorias depende desse intermediário

* Texto publicado anteriormente em: "SCHWENZER, Ingeborg; PEREIRA, Cesar. A. Guimarães; TRIPODI, Leandro (coordenadores). A CISG e o Brasil: Convenção das Nações Unidas para os Contratos de Compra e Venda Internacional de Mercadorias. 1. ed. São Paulo: Marial Pons; Curitiba: Federação das Indústrias do Estado do Paraná, 2015".

1 Roppo, Enzo. O *Contrato*. Coimbra, Almedina, 2009, p. 9.

2 A entrada em vigor no Brasil ainda está sujeita a debate, haja vista que, até a data de conclusão deste artigo, 16.06.2014, não houve publicação do decreto promulgador. Alguns doutrinadores entendem que a adesão do Brasil no plano internacional já bastaria para garantir a vigência da CISG no Brasil. No entanto, a resposta definitiva só virá com exemplos de efetiva aplicação.
"N. dos Coord. – Com a publicação do Decreto Presidencial 8.327, em 17.10.2013, eliminou-se qualquer possível dúvida acerca da vigência da CISG no território brasileiro".

e envolve desafios logísticos relevantes, como a necessidade de armazenamento para embarque, armazenamento no porto de destino para inspeção e importação etc.

Existe um distanciamento não apenas temporal, mas também espacial, entre o local de cumprimento das prestações do vendedor e o momento e local onde o comprador vai tomar conhecimento e colocar em lume algum possível descumprimento contratual, como seria o caso, por exemplo, se houvesse alguma desconformidade nas mercadorias recebidas. E esse distanciamento entre o momento do cumprimento da obrigação de entrega dos produtos e o momento em que o comprador vai inspecioná-los dificulta a possibilidade de a parte inadimplente sanar a sua prestação. Dessa forma, a CISG impõe deveres de inspeção das mercadorias, nos termos do art. 38 (1) da CISG,[3] a fim de organizar o exame e garantia da conformidade dos bens entregues, como definido pelo art. 35 da CISG.[4]

Nesse contexto de afastamento, a colaboração entre as partes é primordial. O direito brasileiro por vezes impõe o cuidado do interesse da contraparte no contrato por meio do princípio de boa-fé, que informa o direito contratual e cria deveres conexos de lealdade e cooperação, com múltiplas possibilidades de concreção.[5] No contexto da CISG, o princípio de boa-fé objetiva, a seu turno, cumpre primordialmente um papel interpretativo, nos termos do art. 7 (1), podendo-se apenas cogitar a possibilidade de criação de obrigações acessórias.[6]

Sem embargo da ausência de um dever geral oponível como cláusula geral, a CISG compreende diversas regras que promovem as indicações e esclarecimentos, a cooperação e auxílio entre as partes. Por exemplo, o art. 16 (2) (b)[7]

[3] "Artigo 38. (1) O comprador deverá inspecionar as mercadorias ou fazê-las inspecionar no prazo mais breve possível em vista das circunstâncias."

[4] "Artigo 35 (1) O vendedor deverá entregar mercadorias na quantidade, qualidade e tipo previstos no contrato, acondicionadas ou embaladas na forma nele estabelecida."

[5] Couto e Silva, Clóvis Veríssimo do. *A Obrigação como Processo.* Rio de Janeiro, FGV, 2011, p. 91: "Categoria das mais importantes é a dos deveres secundários, como resultado da incidência do princípio da boa-fé. [...] Os deveres que nascem dessa incidência são denominados secundários, anexos ou instrumentais".

[6] Schlechtriem, Peter; Butler, Petra. *UN Law on International Sales: The UN Convention on the International Sale of Goods.* Berlin, Heidelberg: Springer Verlag, 2009, p. 1000: "The drafters of the CISG debated for a long time whether the obligation to act in good faith should also apply to the parties. However, they rejected the advancement of good faith on party conduct in the end. It was feared that the potential to apply such a principle differently would be great; that domestic jurisprudence on good faith would heavily influence its interpretation; and that sanctions are missing".

[7] "Artigo 16. (1) A proposta poderá ser revogada até o momento da conclusão do contrato, se a revogação chegar ao destinatário antes de este expedir a aceitação. (2) A proposta não poderá, porém, ser revogada:

protege a legítima confiança e impede a retratação de uma oferta que o aceitante considerava firme. Por sua vez, o art. 29 (2)[8] afasta a exigência de escrito para a modificação do contrato nos casos em que essa exigência vinha sendo desconsiderada na conduta das partes, muito em linha com o princípio da interdição do comportamento contraditório. Tratam-se de soluções pontuais que protegem a boa-fé em situações específicas. O mesmo ocorre com a previsão de um dever de mitigar o prejuízo decorrente do descumprimento.

Para os casos de descumprimento contratual, as soluções da CISG dividem-se notadamente entre (i) a possibilidade de a parte inocente exigir o cumprimento específico da prestação; ou (ii) a faculdade de rescindir o contrato de compra e venda, reclamando perdas e danos. A CISG determina soluções escalonadas, demonstrando uma nítida preferência pela manutenção do vínculo contratual, mediante o saneamento da prestação defeituosa – o cumprimento específico do contrato –, reservando a resolução contratual com perdas e danos para as situações incuráveis.[9]

Se, por um lado, o cumprimento específico relaciona-se, principalmente, com a possibilidade de entrega pelo vendedor de outras mercadorias ou com a substituição ou reparo das mercadorias defeituosas, como determinado pelo art. 46 da CISG.[10] Por outro lado, o comprador pode ser instado a cumprir

(a) se fixar prazo para aceitação, ou por outro modo indicar que seja ela irrevogável; (b) se for razoável que o destinatário a considerasse irrevogável e tiver ele agido em confiança na proposta recebida."

[8] "Artigo 29. (1) O contrato poderá ser modificado ou resilido por simples acordo entre as partes. (2) O contrato escrito que contenha disposição prevendo que qualquer modificação ou resilição somente se possa fazer por escrito não poderá ser modificado ou resilido por outra forma. Todavia, uma parte poderá ser impedida por sua própria conduta de invocar esta disposição, na medida em que a outra parte tiver confiado nessa conduta."

[9] Schlechtriem, Peter; Butler, Petra. *UN Law on International Sales: The UN Convention on the International Sale of Goods*. Berlin, Heidelberg: Springer Verlag, 2009, p. 2715: "The CISG is based on the principle that avoidance is generally only possible if the breach of contract is so fundamental that the at fault party would not have any further interest in being bound by the contract. The CISG, therefore, requires a fundamental breach before the buyer can avoid the contract (Article 49(1)(a) CISG)."

[10] "Artigo 46. (1) O comprador poderá exigir do vendedor o cumprimento de suas obrigações, salvo se tiver exercido qualquer ação incompatível com esta exigência.

(2) Se as mercadorias não estiverem conformes ao contrato, o comprador poderá exigir a entrega de outras mercadorias em substituição, desde que a desconformidade constitua violação essencial do contrato e o pedido de substituição de mercadorias seja formulado no momento da comunicação da desconformidade a que se refere o artigo 39, ou dentro de um prazo razoável a contar desse momento.

(3) Se as mercadorias não estiverem conformes ao contrato, o comprador poderá exigir do vendedor que as repare para sanar a desconformidade, salvo quando não for isto razoável em vista das circunstâncias. A solicitação de reparação das mercadorias deve ser feita no momento da comunicação a que se refere o artigo 39, ou em prazo razoável a contar desse momento."

suas obrigações na forma específica, pagando o preço ou recebendo as mercadorias, nos termos do art. 62 da CISG.[11] De fato, o cumprimento específico preserva o vínculo contratual e evita as consequências da resolução. Já a resolução contratual, solução de último recurso, implica o desfazimento do vínculo contratual e a recolocação das partes no *status quo ante*, determinando a restituição das mercadorias em desconformidade (supondo-se que houve entrega) e pagamento de perdas e danos, nos termos do art. 81 da CISG.[12]

Caso ocorra descumprimento contratual, pode ser necessário conservar as mercadorias, tanto para saneamento da desconformidade como na pendência de sua restituição à contraparte em caso de resolução do vínculo contratual, não sendo possível resolver o contrato de forma célere e gratuita. A restituição das mercadorias num contexto internacional pode gerar custos elevados de transporte, mas também podem gerar despesas importantes de conservação pela parte em cuja posse essas mercadorias se encontram transitoriamente, sempre no intuito de evitar o perecimento.

A instituição de um dever de mitigar os danos decorrentes do inadimplemento resolve esse conflito de interesse entre as partes por intermédio da modulação do dano recuperável sob a CISG, encontrando consagração expressa na CISG (1) e produzindo uma série de transplantes no ordenamento brasileiro (2). Mas a aplicação do *duty to mitigate the loss* com base no direito uniforme insculpido na CISG difere da forma de abordagem adotada pelos tribunais brasileiros para a aplicação pontual desse dever (3).

1. O dever de mitigação de danos na CISG

Quando o credor inocente detém temporariamente as mercadorias remetidas pelo devedor em desconformidade com o contrato, pode haver um nítido conflito de interesses. A parte inocente poderia ficar tentada a adotar uma posição

[11] "Artigo 62. O vendedor poderá exigir do comprador o pagamento do preço, o recebimento das mercadorias ou a execução de outras obrigações que a este incumbirem, salvo se o vendedor houver exercido algum direito ou ação incompatível com tal exigência."

[12] "Artigo 81. (1) A resolução do contrato liberará ambas as partes de suas obrigações, salvo a de indenizar as perdas e danos que possam ser devidas. Todavia, a resolução não prejudicará as disposições contratuais a respeito da solução de controvérsias, nem qualquer outra estipulação do contrato que regule os direitos e obrigações das partes em caso de resolução.
(2) A parte que tiver cumprido total ou parcialmente o contrato poderá reclamar da outra parte a restituição daquilo que houver fornecido ou pago nos termos do contrato. Se ambas as partes estiverem obrigadas a restituir, deverão fazê-lo simultaneamente."

indiferente, afinal, as mercadorias entregues em desconformidade não são suas, e o prejuízo decorrente do inadimplemento pode ser indenizado pela parte faltosa. Assim, essa parte inocente poderia permitir o incremento de seu prejuízo e do prejuízo da outra parte, sempre na confiança de que poderia, ao fim e ao cabo, transferir a conta para a parte inadimplente ao cobrar perdas e danos.

Essas dificuldades correspondem às situações tão estudadas na literatura de direito e economia sob o viés da teoria da agência, cuja configuração pressupõe uma situação em que uma pessoa deve envidar esforços no interesse de outra, que não necessariamente pode supervisioná-la de perto.[13] Sem um dever de colaboração expresso, o comprador inocente teria poucos incentivos para tomar cuidados com as mercadorias entregues se elas pertencem ao vendedor inadimplente em descumprimento do pactuado.

Para evitar essas situações de indiferença, faz-se necessário criar um interesse comum na contenção dos danos, obrigando as partes a convergir na tentativa de reduzir os prejuízos decorrentes do inadimplemento. A análise econômica do direito emprega a metáfora do "proprietário único" para descrever situações em que a lei obriga distintas partes a considerarem não apenas seus interesses, mas os distintos interesses envolvidos em determinada situação a fim de criar a situação mais eficiente possível. Nessas situações, as partes são incitadas a pensarem como um único titular de todos os direitos em jogo, incorporando em suas considerações todos os interesses envolvidos. Nesse passo, a doutrina afirma que:

> "The idea of the single owner does help illuminate some other corners of Contract law, though. A good example is the doctrine known as mitigation of damages. If someone breaks a contract with you, you gain the right to send the bill for the damages; but the law requires that you make reasonable efforts to keep the size of the bill down. Imagine that you simply breach the contract we were just discussing; you announce that no more rubber will be forthcoming. It isn't open to me to sit around doing nothing for want

[13] Farnsworth, Ward; Posner, Eric. *Agency In: The legal analyst: a toolkit for thinking about the law.* Chicago: University of Chicago Press, 1967, p. 314: "The general structure of all these situations nevertheless can be considered similar. First there is a person called a principal – a client, boss, or a citizen; and then there is an agent – a lawyer an employee or politician – who is supposed to be working to advance the principal's interests. But there is a natural conflict of interest between them. The agent doesn't feel all the benefits he creates by working hard; the benefits of work go, at least immediately, to the client, to the boss, or whoever else he is serving. So the agent, having no love for hard work for its own sake, would prefer not to work so hard. He would prefer, in a word, to shirk"

of rubber. I have to make the best of the situation. There are various ways I might do it by buying the rubber elsewhere, or by making things of plastic instead. One what to think about the point is that if I were a single owner of your firm and mine, and your firm suddenly went kaput, I obviously wound not sit around doing nothing. I would try to keep the resulting losses as low as I could. So that is what the law requires me to do here, too."[14]

Esse fim é atingido pelo art. 77 da CISG, que impõe à parte inocente o dever de tomar medidas razoáveis para abrandar os prejuízos decorrentes do inadimplemento da contraparte:

> "A parte que invocar o inadimplemento do contrato deverá tomar as medidas que forem razoáveis, de acordo com as circunstâncias, para diminuir os prejuízos resultantes do descumprimento incluídos os lucros cessantes. Caso não adote estas medidas, a outra parte poderá pedir redução na indenização das perdas e danos, no montante da perda que deveria ter sido mitigada."

Essa disposição, que consagra o *duty to mitigate the loss*, não tem a natureza de um dever geral a informar a aplicação de toda a convenção; sua aplicabilidade relaciona-se com a possibilidade de recuperarem-se os danos sofridos em consequência do inadimplemento contratual (1.1). Para tanto, o descumprimento desse dever impõe uma sanção eficaz: a redução da indenização recuperável com relação ao prejuízo que a parte inocente deixou de evitar (1.2). Mas esse dever não pode ser ilimitado. O *nec plus ultra* além do qual não se poderia exigir maior altruísmo da parte inocente é delineado pelos conceitos de razoabilidade e previsibilidade (1.3).

1.1. A natureza jurídica do *duty to mitigate the loss*: condição para a recuperação integral do prejuízo decorrente do inadimplemento

O dever de mitigar os prejuízos decorrentes do contrato não é uma obrigação absoluta sob a CISG. Não se trata de uma obrigação geral a informar todos seus dispositivos, mas de condição para a obtenção de perdas e danos.

[14] FARNSWORTH, Ward; POSNER, Eric. *Agency In: The legal analyst: a toolkit for thinking about the law*. Chicago: University of Chicago Press, 1967, p. 45.

A possibilidade de recuperarem-se perdas e danos em caso de inadimplemento contratual está prevista na CISG no art. 74, que consagra o mesmo princípio da *restitutio in integrum* vigente no direito brasileiro, impondo que a parte prejudicada seja restaurada ao *status quo ante*, como segue: "as perdas e danos decorrentes de violação do contrato por uma das partes consistirão no valor equivalente ao prejuízo sofrido, inclusive lucros cessantes, sofrido pela outra parte em consequência do descumprimento".

Logo, o dever de mitigar o prejuízo não se aplica indistintamente às partes, destinando-se, mais precisamente, à "parte que invocar o inadimplemento do contrato". Esse dever atua na hipótese de a parte inocente dispor de meios para controlar e reduzir os danos decorrentes da conduta alheia. Em vez de assistir placidamente ao aumento do prejuízo na esperança de transferi-lo à outra parte, ela deve atuar diligentemente a fim de evitar o incremento de suas próprias perdas.

O dever de mitigar os danos atua fortemente sobre o plano da causalidade. Em diversos sistemas legais, esse dever autônomo de mitigação pode ser ausente, chegando-se à mesma conclusão mediante o exame do nexo causal. Para se obter o mesmo resultado, bastaria verificar qual parte deu causa a tais danos, excluindo-se aqueles decorrentes da inação da parte inocente.[15]

Similarmente, porém em outra hipótese de fato, o art. 80 da CISG refere-se à culpa concorrente, dispondo que: "uma parte não poderá alegar o descumprimento da outra, na medida em que tal descumprimento tiver sido causado por ação ou omissão da primeira parte". Trata-se de situação semelhante, embora as consequências sejam distintas: se na violação do dever de mitigar os danos ocorre redução dos danos recuperáveis; a CISG impede a recuperação de perdas e danos nas situações nas quais existe culpa concorrente.[16]

[15] HONNOLD, John O. *Uniform Law for International Sales under the 1980 United Nations Convention Kluwer Law International*, 3rd edition, 1999. Disponível em: http://www.cisg.law.pace.edu/cisg/biblio/ho77.html. "The principle that a party must mitigate loss that reasonably can be avoided is generally recognized but is expressed in different ways and is applied with varying degrees of emphasis. Many codes do not explicitly speak of a "duty" to "mitigate" loss. Instead, statutory language that a party is responsible for the damage it "causes" often provides a basis for concluding that some of the damage was caused by the plaintiff rather than the party in breach. Similarly, some systems limit the plaintiff's recovery by principles akin to what other legal systems call contributory negligence – *e.g.*, the French doctrine of *faute de la victime*."

[16] SCHWENZER, Ingeborg. Commentary on Article 77. in SCHLECHTRIEM, Peter; SCHWENZER, Ingeborg. *Commentary on the UN Convention on the International Sale of Goods (CISG)*. Oxford University Press, 3rd Edition, 2010. Disponível em: https://dl.dropboxusercontent.com/u/92951591/12.Schlechtriem-Schwenzer_%20pp%20927-1090.pdf: "The Convention adopts the distinction made

Já o dever de mitigar não exclui a possibilidade de recuperação de perdas e danos: ele meramente obriga a parte inocente a convergir no interesse de que o mitigar os prejuízos.

1.2. A Consequência da violação do dever de mitigar é a redução proporcional do dano recuperável

As consequências do descumprimento desse dever estão insculpidas na segunda sentença do art. 77 da CISG, consistindo na: "redução na indenização das perdas e danos, no montante da perda que deveria ter sido mitigada".

O descumprimento do dever de mitigar os danos afeta apenas um dos recursos previstos pela CISG contra o descumprimento contratual: a indenização por perdas e danos. Por conseguinte, o dever de mitigar não afeta a possibilidade de as partes pleitearem o cumprimento específico do contrato.[17]

A fim de mitigar os danos decorrentes do descumprimento, diversas medidas podem ser adotadas, algumas delas decorrendo do próprio texto da CISG.

namely in Anglo-American legal systems between 'contributory/comparative negligence' and 'mitigation of damages'. Article 80 is concerned with the promise's contribution to the cause of the promisor's non-performance and excludes all remedies; Article 77, on the other hand, applies only to cases where the promise has not prevented or mitigated a loss which was caused solely by the promisor."

[17] Schwenzer, Ingeborg; Manner, Simon. The Pot Calling the Kettle Black: The Impact of the Non-Breaching Party's (Non-) Behaviour on its CISG-Remedies In. Andersen, Camilla B.; Schroeter, Ulrich G. (eds), *Sharing International Commercial Law across National Boundaries: Festschrift for Albert H. Kritzer on the Occasion of his Eightieth Birthday*. London: Wildy, Simmonds & Hill Publishing, 2008 Disponível em: http://www.cisg.law.pace.edu/cisg/biblio/schwenzer-manner.html: "It is highly questionable, however, whether the duty to mitigate can be applied to remedies other than damages, especially the right to specific performance, including the action for the price, as well as the right to price reduction. The background to this controversy can be found in the drafting history of Article 77 CISG. At the 1980 Vienna Conference, John Honnold proposed an amendment to what is now Article 77 CISG, according to which it should have read: 'if he fails to take such measures, the party in breach may claim a reduction in the damages in the amount which should have mitigated, or a corresponding modification or adjustment of any other remedy'. Thus, it would have been clear that the mitigation principle would not have been restricted to damages, but could have been applied to all other remedies. This proposal, however, was rejected on grounds of the wording being 'too general and hence dangerous'. Although the legislative history, wording and the systematic placement of Article 77 CISG is indeed a strong argument against the applicability of the mitigation principle outside the sphere of damages, the consequences of this interpretation are questionable and, in some cases, not reconcilable with notions of good faith in international commerce."

Por exemplo, havendo (i) falha do vendedor em entregar bens em conformidade com o contrato; ou (ii) reticência do comprador em tomar posse dos bens entregues pelo vendedor, o art. 75 da CISG faculta[18] ao comprador inocente que proceda a uma compra substitutiva a fim de obter os bens e evitar o incremento dos anos. Ela também permite ao vendedor inocente, cujas mercadorias jazem à espera de um comprador desidioso, que venda esses bens para outro interessado, deixando de incorrer custos de armazenagem a fim de evitar o perecimento.

O mesmo ocorre com as disposições dos arts. 85 a 88 da CISG, que tratam da conservação de mercadorias nos casos de descumprimento contratual. Nos termos do art. 85, o vendedor pode providenciar a conservação das mercadorias, caso o comprador esteja inadimplente, cobrando desse último os custos de armazenamento. Da mesma forma, o art. 86 determina que, caso o comprador pretenda recusar-se a receber as mercadorias em desconformidade, ele deve tomar «as medidas que forem razoáveis, atendidas as circunstâncias, para a respectiva conservação». Nos termos do art. 88, havendo atraso em purgar a mora «por um tempo não razoável», as partes podem proceder à venda dessas mercadorias a terceiros.

Conjugando-se essas disposições com a previsão do *duty to mitigate the loss*, conclui-se que a parte inocente deverá aproveitar as oportunidades de mitigação existentes, sob pena de redução proporcional da indenização reclamável. Essas oportunidades podem se traduzir na possibilidade de entabular compra ou venda substitutiva, ou na conservação das mercadorias que pretende recusar por motivo de desconformidade. Ou seja: aquilo que outras disposições da CISG, como, por exemplo os arts. 75, 85 e 86, limitavam-se a facultar passa a ser uma condição de recuperação de indenização integral pelos danos sofridos.

Essa redução na indenização deve ser arguida pela parte inadimplente, cabendo a essa última a prova da possibilidade de mitigarem-se as perdas e danos reclamados pela parte inocente em virtude de seu descumprimento e a sua extensão. Essa repartição do ônus da prova foi claramente enunciada pela Corte Suprema da Áustria:[19]

[18] "Artigo 75: Se o contrato for rescindido e se, em modo e prazo razoáveis após a rescisão, o comprador proceder a uma compra substitutiva ou o vendedor a uma venda substitutiva, a parte que exigir a indenização poderá obter a diferença entre o preço do contrato e o preço estipulado na operação substitutiva, assim como quaisquer outras perdas e danos exigíveis de acordo com o artigo 74".

[19] Oberster Gerichtshof, Caso n. 10 Ob 518/95, j. em 06.02.1996. Disponível em: http://cisgw3.law.pace.edu/cases/960206a3.html.

> "The claim of the breach of the duty to mitigate damages is an exception leading to the loss of the claim for damages. It requires the [sellers] to put forward detailed facts and the supporting evidence showing why the [buyer] has breached its duty to mitigate damages, the possibilities of alternative conduct and which part of the damages would have been prevented by this alternative conduct."

Vale ressaltar que, de acordo com o art. 6 da CISG, as partes podem acordar uma forma distinta de gestão dos danos gerados pelo inadimplemento, facultando-se às partes: "excluir a aplicação desta Convenção, derrogar qualquer de suas disposições ou modificar-lhes os efeitos".

A obrigação de mitigar os danos e o quantum que pode ser descontado da indenização estão limitados pelas noções de razoabilidade e previsibilidade.

1.3. O dever de mitigar impõe a adoção de medidas razoáveis

E qual seria a extensão do dever de mitigar os prejuízos decorrentes do inadimplemento? A CISG não obriga o credor inocente a adotar qualquer medida disponível para redução desse prejuízo, mas apenas aquelas "que forem razoáveis, de acordo com as circunstâncias".

Ou seja: o dever de mitigar o prejuízo encontra-se balizado pela noção de razoabilidade, utilizada tão amiúde e tão característica do texto da CISG. Com efeito, o conceito de razoabilidade encontra-se em nada menos do que em 37 disposições da CISG, consistindo em um de seus princípios informadores.

Tal como empregada na CISG, a noção de razoabilidade representa conceito aberto e os limites por ela impostos ao dever de mitigar o prejuízo devem ser avaliados de acordo com as circunstâncias do caso. Embora não se trate de direito positivo, os contornos da noção de razoabilidade são explicados pelos Princípios de Direito Contratual Europeu, elaborados pela comissão Lando, em seu art. 1:302:

> "Reasonableness. Under these Principles reasonableness is to be judged by what persons acting in good faith and in the same situation as the parties would consider to be reasonable. In particular, in assessing what is reasonable the nature and purpose of the contract, the circumstances of the case, and the usages and practices of the trades or professions involved should be taken into account."

A doutrina também pode definir a razoabilidade pela eliminação dos extremos, considerar-se-iam razoáveis as medidas disponíveis que não se verificassem nem excessivamente custosas nem altamente arriscadas:

> "In general, it has been said that a measure is reasonable 'if under the particular circumstances, it could be expected to be taken by a person acting in good faith, or if it is "adequate" and preventive with respect to the loss. In the evaluation of the situation, regard should be also had to the party's skills and position as a businessman, such as, for example, 'ingenuity, experience, and financial resources' etc. At that, relevant trade usage, if any, should be taken into account as well. The aggrieved party is not, in any way, obliged to take measures, which, in the circumstances concerned, are 'excessive' and entail unreasonably high expenses and risks. If the party refrains from such measures, he will not be considered as not having complied with Article 77."[20]

Outra ferramenta útil na definição da razoabilidade está no recurso à analogia. No direito americano, a verificação da negligência no exercício de um dever de supervisão é frequentemente conduzida por referência à conhecida fórmula elaborada pelo juiz Learned Hand, segundo a qual devem ser tomadas precauções se os custos das providências possíveis resultam inferiores à gravidade dos prejuízos multiplicada pela probabilidade de ocorrência:

> "Since there are occasions when every vessel will break from her moorings, and since, if she does, she becomes a menace to those about her; the owner's duty, as in other similar situations, to provide against resulting injuries is a function of three variables: (1) The probability that she will break away; (2) the gravity of the resulting injury, if she does; (3) the burden of adequate precautions. Possibly it serves to bring this notion into relief to state it in algebraic terms: if the probability be called P; the injury, L; and the burden, B; liability depends upon whether B is less than L multiplied by P: i.e., whether $B < PL$."[21]

[20] SAIDOV, Djakhongir. Methods of Limiting Damages under the Vienna Convention on Contracts for the International Sale of Goods. Disponível em http://www.cisg.law.pace.edu/cisg/biblio/saidov.html

[21] United States Court of Appeals, Second Circuit. United States *et alii* v. Carroll Towing Co., Inc., *et alii* julgado em 09.01.1947.

Não seria excessivamente simplificador tomar por empréstimo a representação algébrica do juiz Learned Hand e afirmar que um bom indicativo para a razoabilidade de uma medida de mitigação sob a CISG poderia ser encontrado ao se confrontar, por um lado, o dano por evitar "D" e, por outro lado, a possibilidade de evitar-se dito prejuízo "P" multiplicada pelo custo a ser investido nessa medida de mitigação "C", isto é: se D < PC.

O custo incorrido na tomada de medidas mitigatórias compõe o dano emergente e pode ser reclamado pela parte inocente de acordo com o art. 74 da CISG.[22] No entanto, deve-se notar que o art. 74 impõe, por sua vez, uma limitação aos danos recuperáveis sob a CISG, determinando que a indenização não pode exceder a "perda que a parte inadimplente tinha ou devesse ter previsto no momento da conclusão do contrato". Essa limitação também se aplica à indenização das medidas de mitigação de dano a serem tomadas pelas partes, impedindo a reclamação de medidas cujos custos excedam o previsível no momento da conclusão do contrato. Eis a segunda limitação do dever de mitigar: a previsibilidade do prejuízo por evitar.

Mas o *duty to mitigate the loss* não se confina à CISG, tendo sido episodicamente reconhecido no direito brasileiro antes mesmo de sua consagração legal.

2. A aplicação do instituto no Brasil

A adoção do *duty to mitigate the loss* no direito brasileiro é limitada. Inspirada pela construção da CISG (2.1), sua natureza jurídica é objeto de debate (2.2), embora sua aplicação decorra mais frequentemente do reconhecimento do dever de mitigar como corolário do princípio de boa-fé objetiva (2.3), estando também modulada pelo postulado normativo-aplicativo da proporcionalidade (2.4).

[22] "Artigo 74: As perdas e danos decorrentes de violação do contrato por uma das partes consistirão no valor equivalente ao prejuízo sofrido, inclusive lucros cessantes, sofrido pela outra parte em consequência do descumprimento. Esta indenização não pode exceder à perda que a parte inadimplente tinha ou devesse ter previsto no momento da conclusão do contrato, levando em conta os fatos dos quais tinha ou devesse ter tido conhecimento naquele momento, como consequência possível do descumprimento do contrato".

2.1. Origem

A mitigação de danos é um tema pouco estudado no Brasil. Muito provavelmente pelo fato de não existir qualquer disposição explícita no ordenamento jurídico brasileiro de que o credor de uma indenização deve mitigar seus danos (sob pena de redução da verba indenizatória), fato é que a doutrina nacional também não dava a devida importância a tal instituto.[23]

Com o advento da CISG e a promulgação do Código Civil de 2002, contudo, esse cenário começou a mudar. Exemplo disso foi a formulação do Enunciado nº 169 da III Jornada de Direito Civil do Conselho da Justiça Federal, proposto por Véra Maria Jacob de Fradera nos seguintes termos: "o princípio da boa-fé objetiva deve levar o credor evitar o agravamento do próprio prejuízo".[24]

Desde então, o dever de mitigação de danos, aos poucos, ganhou a atenção da doutrina pátria, a qual entendeu, majoritariamente, que a aplicabilidade do instituto, como veremos mais adiante, relaciona-se com a cláusula geral de boa-fé insculpida no art. 422 do Código Civil.

Embora muitas vezes aplicada por meio de critérios questionáveis, deve-se reconhecer que a jurisprudência também vem admitindo o dever de mitigação de danos no direito brasileiro, o que somente reforça a importância de estudos mais aprofundados sobre o assunto.

2.2. Natureza jurídica

Antes de adentrar nos fundamentos da aplicação do dever de mitigação de danos, é preciso tratar da sua natureza jurídica à luz do ordenamento jurídico brasileiro. O *duty to mitigate the loss* pode ser definido como: (i) uma obrigação propriamente dita; (ii) um encargo ou modo; ou (iii) um ônus.

A primeira classificação possível enquadra a mitigação de danos como uma obrigação. As institutas de Justiniano já conceituavam a obrigação como um

[23] A esse respeito vide: MORAIS DE ARAÚJO, Lucas Mayall. Mitigação dos Danos pelo Credor: aplicação com base no direito brasileiro e na Convenção de Viena de Compra e Venda Internacional de Mercadorias – CISG. Disponível em http://www.maxwell.lambda.ele.puc-rio.br/Busca_etds.php?strSecao=resultado&nrSeq=22528@1. p. 32. Acesso em 07.06.2014.

[24] Disponível em http://www.cjf.jus.br/cjf/CEJ-Coedi/jornadas-cej/enunciados-aprovados-da-i-iii-iv-e-v-jornada-de-direito-civil/compilacaoenunciadosaprovados1-3-4jornadadircivilnum.pdf. Acesso em 07.06.2014.

vínculo jurídico que compele alguém a fornecer uma prestação em favor de outrem.[25] Na lição de Caio Mário, pode-se encontrar uma síntese das definições de obrigação para a doutrina clássica, as quais estão em linha com o conceito apresentado por Justiniano:

> "Regressando ao direito de nosso tempo, e examinando as definições que fizeram carreira, nelas vemos com efeito vibrar a constância de certas tônicas, aliás, não dissonantes dos conceitos clássicos.
>
> Savigny, por exemplo, minucioso e frio, ensina: 'A obrigação consiste na dominação sobre uma pessoa estranha, não sobre toda a pessoa (pois que isto importaria em absorção da personalidade), mas sobre atos isolados, que seriam considerados como restrição à sua personalidade, ou sujeição à nossa vontade.
>
> Mais sucinto é Vittorio Polacco, quando diz da obrigação: 'Relação jurídica patrimonial da qual o devedor é vinculado a uma prestação de índole positiva ou negativa para com o credor.'
>
> Mais analítico é Giorgi: 'Um vínculo jurídico entre duas ou mais pessoas determinadas, em virtude do qual uma ou mais delas (devedor ou devedores) são sujeitas à outra ou às outras (credores ou credores) a fazer ou não fazer qualquer coisa.
>
> Muito extenso, Clóvis Beviláqua define: 'Relação transitória de direito, que nos constrange a dar, fazer ou não fazer alguma coisa, em regra economicamente apreciável, em proveito de alguém que, por ato nosso ou de alguém conosco juridicamente relacionado, ou em virtude da lei, adquiriu o direito de exigir de nós esta ação ou omissão'.
>
> Deste, aproximado o Prof. Washington de Barros Monteiro: 'Obrigação é a relação jurídica, de caráter transitório, estabelecida entre devedor e credor, e cujo objeto consiste numa prestação pessoal econômica, positiva ou negativa, devida pelo primeiro ao segundo, garantindo-lhe o adimplemento através de seu patrimônio.'
>
> Já o nosso Coelho da Rocha definia-a como 'o vínculo jurídico pelo qual alguém está adstrito a dar, fazer ou não fazer alguma coisa', que Lacerda de Almeida observa ser quase *ipsis litteris* a definição das Institutas."[26]

[25] Rodrigues, Sílvio. *Direito Civil*. vol. II. 15ª ed. São Paulo: Saraiva. 1985. p. 4.

[26] Pereira, Caio Mário da Silva. *Instituições de Direito Civil*. vol. II. 13ª ed. Rio de Janeiro: Editora Forense. 2009. p. 6.

Vê-se da doutrina clássica de direito civil que o conceito de obrigação é tido como a possibilidade de que uma parte exija um determinado cumprimento da outra. Todavia, essa definição não se amolda ao dever de mitigação de danos. A razão para tanto é por simples. É inadmissível que se reconheça que o devedor da indenização adquira um direito oriundo do seu próprio inadimplemento.[27] Correta essa premissa, poder-se-ia entender cabível uma excrescência jurídica, qual seja, o inadimplemento do devedor como uma fonte de direitos contra o credor.

Deve-se ter em mente que a mitigação de danos compete exclusivamente ao credor, sob pena de redução do valor da indenização eventualmente arbitrada. Em sendo assim, entendemos que o *duty to mitigate the loss* não pode ser caracterizado como uma obrigação propriamente dita.

Para parte da doutrina, o dever de mitigação de danos poderia ser definido como um encargo ou modo.[28] Encargo, na obra de Roberto de Ruggiero é:

> "(...) um elemento acessório, próprio dos atos de liberalidade, sejam eles mortis causa ou entre vivos. Pelo modo limita-se a medida da liberalidade, na parte em que o beneficiário de uma disposição testamentária (herdeiro, legatário) ou de uma doação ficam com um ônus que restringe e, eventualmente, pode absorver toda a quantia que lhe é dada. Modus é, na verdade, um ônus ou peso, que aquele a quem é feita uma liberalidade sofre por vontade de quem a fez, podendo consistir assim na destinação de uma parte ou, até, de todas as vantagens patrimoniais a determinado fim,

[27] Nesse sentido confira-se as obras de: SAIDOV, Djakhongir. Methods of Limiting Damages under the Vienna Convention on Contracts for the International Sale of Goods. Disponível em http://cisgw3.law.pace.edu/cisg/biblio/saidov.html#iv. Acesso em 07.06.2014 e KOMAROV, Alexander. Mitigation of Damages. In: DERRAINS, Yves e KREINDLER, Richard (coord.), *Evaluation of Damages in International Arbitration*. Paris: International Chamber of Commerce. 2006, p. 37.

[28] "2. O encargo de evitar o próprio dano deve ser reconhecido no direito civil brasileiro porque ele é a figura dogmática mais adequada para suprir a lacuna apontada acima acerca da ausência de prescrição jurídica titularizada pela vítima em evitar a produção ou agravamento de danos a si. Como visto, essa lacuna prejudica os elementos do nexo de causalidade e da culpa (da vítima) em relação ao próprio dano, necessários para que este possa ser-lhe imputado em alguma medida. Nas situações em que a vítima de dano permanecer inerte diante da produção ou o agravamento do próprio prejuízo o nexo de causalidade entre a sua conduta e o dano estará estabelecido e decorrerá da inobservância do encargo de evitar o próprio dano. E a culpa, por sua vez, corresponde à falta de diligência que o direito exige no não acatar do encargo de não concorrer para o próprio dano ou o seu agravamento, para a atuação das sanções respectivas." DIAS, Daniel Pires de Novais. *O Duty to Mitigate the Loss no Direito Civil Brasileiro e o Encargo de Mitigar o* Próprio Dano. In: TEPEDINO, Gustavo; FACHIN, Edson. *Revista dos Tribunais*. Doutrinas Essenciais: Obrigações e Contratos, vol. III. São Paulo: Editora Revista dos Tribunais. p. 718.

> como o de uma ação ou omissão a favor de quem dispõe (doador, testador) ou de um terceiro (*centum Titio lego, ut mihi monumentum faciat; ut opus aut epulum municipibus faciat; ut partem dimidiam Seio restituat*). A sua essência reside nisto: que por ele se pretende conseguir um fim, que se acresce ao fim principal do ato a título gratuito e opera como móbil ulterior do ânimo liberal, sem o destruir e sem o condicionar à atuação do fim acessório."[29]

Observa-se da doutrina que o encargo é um elemento acessório de negócio jurídico, que impõe, a título gratuito, uma restrição ao direito adquirido por uma liberalidade. À primeira vista, o encargo parece se enquadrar ao conceito de mitigação de danos, eis que os efeitos produzidos são semelhantes. Tanto o encargo, quanto a mitigação, se descumpridos, além de não gerarem qualquer direito subjetivo à parte contrária, resultarão na perda (ou redução) de uma posição jurídica vantajosa do credor.

No entanto, nos parece que o *duty to mitigate the loss* não pode ser definido como encargo. Isso porque não se exclui a possibilidade do dever de mitigação de danos se aplicar na responsabilidade civil aquiliana.[30] Além disso, o encargo é associado a um negócio jurídico gratuito, o que, conforme visto acima, não ocorre com o dever de mitigação.

A classificação do dever de mitigação de danos como um ônus, por sua vez, parece ser a que melhor se adequa às características essenciais de tal instituto. Definindo de forma mais ampla que o encargo e a obrigação, Miguel Reale explica que o ônus

> "(...) significa uma obrigação, que não é devida a alguém (sendo, portanto, incoercível) mas é necessária para a validade do ato pretendido pelo sujeito. Certas situações subjetivas só se constituem, com efeito, quando a pessoa satisfaz determinadas exigências legais, resultando-lhe, o cumprimento do encargo, uma vantagem ou garantia."[31]

[29] Ruggiero, Roberto de. *Instituições de Direito Civil.* vol. I. 1ª ed. Campinas: Bookseller. 1999. p. 386/387. Vide também: Monteiro, Washington de Barros. *Curso de Direito Civil.* vol. I. 39ª ed., São Paulo: Saraiva. 2003. p. 281/282.

[30] Peixoto, Alessandra Cristina Tufvesson. Responsabilidade extracontratual – Algumas considerações sobre a participação da vítima na quantificação da indenização. *Revista da EMERJ*, n. 44, Rio de Janeiro, 2008, p. 135-136.

[31] Reale, Miguel. *Lições preliminares de direito.* 27ª ed. São Paulo: Saraiva, 2005, p. 262-263. Nesse sentido, vide Perlingieri, Pietro. *Perfis do direito civil: Introdução ao Direito Civil Constitucional.* Trad. Maria Cristina de Cicco. Rio de Janeiro: Renovar, 1997, p. 128.

Ao que tudo indica, a definição de ônus se subsume às hipóteses nas quais a ausência de uma determinada conduta gera a perda ou a redução de uma posição jurídica vantajosa, o que entendemos se enquadrar nas características do dever de mitigação de danos.

Ressalte-se, porém, que a indicação do conceito de ônus como a escorreita natureza jurídica do *duty to mitigate the loss* não possibilita a aplicação imediata desse instituto no ordenamento jurídico brasileiro. A rigor, a despeito da incorporação da CISG pelo Brasil, inexistiria uma fonte normativa explícita apta a ensejar a utilização do dever de mitigação de danos entre partes brasileiras.

Por essa razão, o dever de mitigação deve ser aplicado à luz dos deveres anexos da boa-fé objetiva, princípio positivado no art. 422 do Código Civil.

2.3. Dever lateral da boa-fé objetiva

Como é cediço, o Código Civil de 2002 previu expressamente o princípio da boa-fé objetiva às relações contratuais. Judith Martins-Costa ressalta a importância da consagração da positivação da boa-fé objetiva, ao comentar que:

> "Na sua face objetiva, o comportamento segundo a boa-fé – que antes do novo Código vinha sendo deduzida pela doutrina e pela jurisprudência de um 'princípio implícito', ou por analogia ao art. 131 do Código Comercial – hoje não só decorre da expressividade legal quanto domina e polariza todo o Direito das Obrigações em vista da estrutura codificada, ligando-se aos regimes específicos do Direito Contratual, do Enriquecimento sem Causa, dos Títulos de Crédito, do Direito da Empresa e da Obrigação de Indenizar, bem como aos comandos abrangentes da Parte Geral."[32]

Dito princípio que, como visto, permeia todas as relações obrigacionais, consiste em um rígido padrão ético de conduta, impondo aos contratantes um agir pautado pela cooperação, proteção e pela lealdade. Considerando a amplitude do princípio da boa-fé objetiva, costuma-se identificar, dentre as suas funções essenciais, a criação de deveres jurídicos, os chamados "deveres

[32] Martins-Costa, Judith. *Comentários ao Novo Código Civil*. vol. V. tomo I (*Do Direito das Obrigações. Do Adimplemento e da Extinção das Obrigações*), Teixeira, Sálvio de Figueiredo (coord.). Rio de Janeiro: Forense, 2003, p. 45-46.

laterais" ou "deveres anexos". Trata-se, portanto, de deveres instrumentais, que mesmo não previstos expressamente na lei ou no contrato, atendem à realidade social e econômica da relação entre as partes.[33]

Diante disso, o dever de mitigar os próprios danos seria uma expressão desses deveres laterais da boa-fé objetiva. Ora, não há dúvidas que impor ao credor da indenização a adoção de uma postura pró-ativa (se razoável), para evitar o agravamento de seus prejuízos importa na observância do dever ético de cooperação e lealdade. Nessa linha, Véra Maria Jacob de Fradera comenta que:

> "Não cumprindo o dever de mitigar o próprio prejuízo, o credor poderá sofrer sanções, seja com base na proibição de *venire contra factum proprium,* seja em razão de ter incidido em abuso de direito, como ocorre em França.
>
> No âmbito do direito brasileiro, existe o recurso à invocação da violação do princípio da boa fé objetiva, cuja natureza de cláusula geral permite um tratamento individualizado de cada caso, a partir de determinados elementos comuns: a prática de uma negligência, por parte do credor, ensejando um dano patrimonial, um comportamento conduzindo a um aumento do prejuízo, configurando, então, uma culpa, vizinha daquela de natureza delitual.
>
> A consideração do dever de mitigar como dever anexo, justificaria, quando violado pelo credor, o pagamento de perdas e danos.
>
> Como se trata de um dever e não de obrigação, contratualmente estipulada, a sua violação corresponde a uma culpa delitual."[34]

Resta claro, assim, que o dever de mitigação de danos pode ser considerado com um dos deveres laterais do princípio da boa-fé objetiva, pois o referido dever coaduna-se, perfeitamente, com os pilares da lealdade e da cooperação entre as partes.

[33] Vide: Teixeira, Sálvio de Figueiredo (coord.). *op. cit.* p. 1-43; Tepedino, Gustavo; Barboza, Heloisa Helena; Bodin de Moraes, Maria Celina. *Código Civil interpretado conforme a Constituição da República*. vol. II. Rio de Janeiro: Renovar, 2006. p. 17/20

[34] Fradera, Véra Maria Jacob de. Pode o credor ser instado a diminuir o próprio prejuízo? *Revista Trimestral de Direito Civil* n. 19. p. 119. Nesse passo, confira-se as lições de: Tartuce, Flávio. *Função Social dos Contratos – do Código de Defesa do Consumidor ao Código Civil de 2002*, 2ª ed., Método, São Paulo, 2007, p. 209 e 211; Peixoto, Alessandra Cristina Tufvesson. Op. cit; Nalin, Paulo e Sirena, Hugo. A Convenção de Viena de 1980 e a Sistemática Contratual Brasileira: a recepção principiológica do *Duty to Mitigate the Loss*. *Revista Jurídica*, n. 422, p. 37.

Frise-se, por fim, que o descumprimento do dever de mitigação de danos não acarreta qualquer responsabilidade do credor da indenização. Não há que se falar, desse modo, em eventual compensação entre a indenização devida pela parte inadimplente com outra advinda da inobservância do *duty to mitigate the loss*. O descumprimento do dever de mitigação acarreta, tão-somente, em uma diminuição do montante indenizatório pelo credor, nada além disso.

2.4. O princípio da proporcionalidade

Como visto anteriormente, o art. 77 da CISG dispõe que o credor deve: "tomar as medidas que forem razoáveis, de acordo com as circunstâncias, para diminuir os prejuízos resultantes do descumprimento, incluídos os lucros cessantes". Verifica-se do teor da norma que a análise da razoabilidade e da proporcionalidade são requisitos intrínsecos ao dever de mitigação de danos.

A partir do dispositivo da convenção, pode-se extrair outro fundamento para aplicação do dever de mitigar no ordenamento jurídico brasileiro: o princípio da proporcionalidade. Corolário da ideia de unidade da Constituição, do devido processo legal e da estrutura dos princípios jurídicos, o princípio da proporcionalidade é inequivocamente reconhecido pelo STF.[35]

Para aplicá-lo de forma correta, é preciso atentar para a sua dimensão tríplice, qual seja: (i) adequação; (ii) necessidade, e, (iii) proporcionalidade em sentido estrito. A adequação se consubstancia na capacidade de o ato em análise produzir os efeitos desejados. Ou seja, o ato deve servir como meio apto de promover a realização do fim a que se propõe. Este conceito é traduzido pela doutrina como equivalente à definição de razoabilidade.[36] Como exemplo, vale citar o julgamento da Câmara de Apelação da Inglaterra e de Gales do caso British Westinghouse Electric & Manufactruing Co Ltd. contra a Underground Electric Railways Co of London Ltd.:

[35] Como exemplo, podemos mencionar os seguintes julgados: ADIn 247/RJ, ADI 319-4/DF, ADIn 855-2, ADIn 1407-2/DF, ADIn 1.558-8/AM, ADIn 2.667/DF, ADIn 3.197-0/RJ, ADIn 3395-6/DF, HC 69.912-0/RS, HC 71.374-4/RS, HC 76.060/SC, HC77.003-4, RE 18.331/SP, RE 47.937-GB, RE 197.917/SP (informativo 341), RE 215.301/CE (informativo 146), MS 23.452/RJ, MS 23.466/DF e RP 1.077/RJ.

[36] Virgílio Afonso da Silva leciona que "o conceito de razoabilidade, na forma como exposto, corresponde apenas à primeira das três sub-regras da proporcionalidade, isto é, apenas à exigência de adequação" (Afonso da Silva, Virgílio. O proporcional e o razoável. *Revista dos Tribunais*. São Paulo, ano 91, vol. 798, abr. 2002).

> "If a man who has taken a third class ticket from London to the north by one of the great train companies is by the negligence of that company damaged by their breach of contract to convey him, and he, to reduce the damages, goes to another of the great train companies and takes a ticket by the next train on that line, and is thus enabled to reach his destination by the contract time, but cannot travel by that train unless he takes a first class ticket, his damages may well be the whole of the sum he has to pay for that ticket, although the result is that he has enjoyed a greater luxury of travel."[37]

No caso acima, a única forma do passageiro viajar era por meio de uma passagem na primeira classe do trem. Em sendo assim, o ato serviu para a realização do fim perseguido.

Ultrapassado o primeiro teste, a necessidade se traduz na aferição se o ato em questão limita apenas o estritamente necessário para atender o fim pretendido. Em outras palavras, deve-se verificar se não há meio menos oneroso para alcançar o objetivo perseguido.[38] Reportando-se novamente ao exemplo citado, não havia passagem de preço similar disponível. Logo, não existia um meio menos oneroso para viajar.

Cumprido o segundo teste, passa-se à proporcionalidade em sentido estrito, a qual demanda um juízo de custo e benefício, relacionado aos respectivos graus de promoção e restrição entre as medidas sob análise. Ou seja, as desvantagens decorrentes da restrição de um ato devem ser inferiores às vantagens decorrentes da promoção do outro, devendo ser sopesados sempre os benefícios e prejuízos dele decorrentes.[39] No aludido caso British Westinghouse Electric & Manufactruing Co Ltd. contra a Underground Electric Railways Co of London Ltd., apesar da diferença de preço, a desvantagem de deixar de viajar seria maior que a compra do bilhete da primeira classe.

[37] Apud DYSON, Andrew. British Westinghouse Revisited. Disponível em http://www.academia.edu/1987110/British_Westinghouse_Revisited>. Acesso em 17.06.2014.

[38] O Ministro Gilmar Mendes e o professor Paulo Gustavo Gonet Branco são precisos ao definir o subprincípio da necessidade, lecionando que: "o subprincípio da necessidade (Notwendigkeit Odeer Eerforderlichkeit) significa que nenhum meio menos gravoso para o indivíduo revelar-se-ia igualmente eficaz na consecução dos objetivos pretendidos" (MENDER, Gilmar Ferreira; GONET BRANCO, Paulo Gustavo. *Curso de Direito Constitucional.* 6ª ed. rev. e. atual. São Paulo: Saraiva, 2011. p. 257.)

[39] Nesse sentido vide a obra de ÁVILA, Humberto. Teoria dos Princípios – da definição à aplicação dos princípios jurídicos. 4ª ed. São Paulo: Malheiros, 2005. p. 97/110.

Pode-se concluir do exemplo analisado acima que o dano foi mitigado de forma proporcional, o que, em princípio, autorizaria o credor a exigir do devedor o pagamento integral da indenização correspondente a diferença entre os valores das duas passagens.

A aplicação do dever de mitigação de danos por meio do princípio da proporcionalidade, portanto, deve levar em consideração os três testes sucessivos (da adequação; da necessidade, e, da proporcionalidade em sentido estrito). Caso contrário, a chance de utilização errônea, subjetiva e fluida do *duty to mitigate the loss* no Brasil é acentuada, como infelizmente já aconteceu em precedentes dos nossos tribunais.

3. O *duty to mitigate the loss* sob o direito uniforme da CISG e suas aplicações pelos tribunais brasileiros

Se a aplicação da CISG por tribunais internacionais cinge-se à regulação da venda internacional de mercadorias (4.1), as adoções pontuais desse princípio no Brasil expandem sua aplicabilidade para outras áreas do direito (4.2).

3.1. A casuística do dever de mitigar e sua aplicação global na venda internacional de mercadorias

As alternativas para o cumprimento do dever de mitigar os danos decorrentes do descumprimento contratual dependem das circunstâncias dos casos. No entanto, o estudo de algumas aplicações particulares desse conceito revela que os tribunais primam pela aplicação harmônica do direito uniforme. De fato, analisando-se os exemplos de aplicação desse princípio por tribunais ao redor do mundo, percebe-se uma maior atenção ao texto da CISG do que as construções jurisprudenciais do direito local que poderiam de outra forma ser aplicadas. O exame de alguns exemplos de concreção revelam esses contornos.

Um padrão de medidas mitigatórias consiste na negociação de uma compra ou venda substitutivas. Considerando-se a posição do comprador inocente ante o descumprimento do vendedor, o cumprimento do dever de mitigar decorre normalmente da busca de um novo fornecedor.

Nesse sentido, num contrato de compra e venda de sementes de girassol entre um vendedor búlgaro e um comprador grego, o vendedor não procedeu à entrega, alegando uma alteração de condições de mercado. Ante o atraso na entrega pelo vendedor, o comprador recorreu a um fornecedor alternativo, pagando um preço superior, mas reduzindo os danos advindos do descumprimento. A Corte de Apelação de Lamia reconheceu a possibilidade de o vendedor pleitear a diferença entre o preço contratado e o preço superior pactuado na compra substitutiva como uma forma de afastar a reclamação do valor total do contrato, reclamando apenas o ágio suportado na compra substitutiva.[40]

Considerando-se as medidas a serem adotadas pelo vendedor inocente, a razoabilidade da contratação de uma venda substituta foi reconhecida pela Corte de Apelação da Província Austríaca de Graz[41] mesmo quando essa venda substituta foi pactuada por um preço inferior ao de mercado. Nesse caso, um atacadista alemão contratou a venda de uma máquina de escavação para uma sociedade austríaca. Embora o negócio de compra dessa máquina tenha sido efetivamente celebrado, o comprador deixou de pagar o preço de aquisição no termo aprazado. O vendedor alemão contratou uma venda substitutiva e cobrou a diferença como perdas e danos em ação judicial. Em sua defesa, o comprador alegou que o vendedor devia ter vendido a máquina por preço mais favorável do que aquele entabulado na venda substitutiva, mas não provou a existência de uma oportunidade real de venda por preço mais favorável. O tribunal decidiu que, mesmo que essa oportunidade tivesse ocorrido, ela não poderia barrar o pedido de indenização apresentado pelo vendedor.

Da mesma forma que a contratação de uma compra ou venda substitutiva podem satisfazer o dever de mitigação, a omissão em contratar essa operação substitutiva pode representar uma violação desse dever. Múltiplos são os exemplos em que os tribunais entenderam que não houvesse satisfação desse dever. Em um caso julgado por um tribunal de arbitragem comercial internacional formado sob os auspícios da Câmara de Comércio e Indústria da Federação Russa, o comprador foi impedido de reclamar do vendedor inadimplente as despesas de transporte incorridas por aquele na contratação do transporte marítimo dos produtos a serem vendidos. Isso porque o vendedor notificou ao comprador sua impossibilidade de cumprir o contrato com antecedência, de sorte que o comprador devia ter mitigado seus danos, deixando de contratar o transporte das mercadorias que não seriam entregues.[42]

[40] Greece, 2006, Decisão n. 63/2006 da Corte de Apelações de Lamia (Sunflower seed case). Disponível em http://cisgw3.law.pace.edu/cases/060001gr.html.

[41] Austria, 24 de janeiro de 2002, Appellate Court Graz (Excavator case). Disponível em http://cisgw3.law.pace.edu/cases/020124a3.html.

[42] Russia, 27 de julho de 1999, Arbitration proceeding 302/1996. Disponível em http://cisgw3.law.pace.edu/cases/990727r1.html.

Também nessa seara, um painel arbitral formado sob as regras da Comissão Chinesa de Arbitragem Internacional Econômica e Comercial (Cietac) entendeu que um comprador deixou de cumprir seu dever de mitigar os danos advindos do descumprimento do contrato pelo vendedor, que entregou mercadorias em desconformidade, se o comprador deixou de aceitar uma proposta de recompra dessas mercadorias como proposto pelo vendedor inadimplente e terminou por vender essas mercadorias a terceiros por preço inferior.[43]

Por sua vez, as concreções registradas em precedentes de tribunais brasileiros expandem a aplicabilidade do *duty to mitigate the loss*, empregando-o em outras situações e aplicando-o de forma mais entrelaçada com o arcabouço legal subjacente.

3.2. Precedentes nacionais e a posição do STJ

À guisa de ilustração, embora em louvável iniciativa, o Tribunal de Justiça do Rio Grande do Sul utilizou, no ano de 2009, o instituto do dever de mitigação de danos de forma equivocada. No caso, alguns passageiros propuseram ação de indenização por danos morais contra uma companhia aérea, em razão do cancelamento de um voo. Considerando a postura da ré, que ofereceu aos passageiros passeios e refeições, a indenização fixada na sentença foi reduzida no julgamento da apelação com base na mitigação do prejuízo pela companhia aérea. Confira-se a ementa do referido julgado:

> "Apelação cível. Transporte aéreo. Reparação por danos morais. Atraso de vôo. Revés moral diagnosticado. Mitigação do prejuízo por parte da companhia aérea. Redução do valor nominal da indenização.
>
> Para a caracterização do dever de indenizar, não basta a existência de conduta, nexo de causalidade e dano; é necessário, ainda, que a conduta praticada ultrapasse os lindes jurídicos, para ressoar seus efeitos no terreno da antijuridicidade. Com efeito, a documentação acostada aos autos comprova o revés moral experimentado pela tripulante, porquanto esta enfrentou situação constrangedora e embaraçosa com o cancelamento de seu vôo e alteração posterior de rotas tudo por força da precariedade no serviço prestado pela ré. Indenização por revés moral no valor nominal

[43] China, 28 de novembro de 1996, Cietac Arbitration proceeding (Moly-oxide case). Disponível em http://cisgw3.law.pace.edu/cases/961128c1.html.

> de R$ 1.500,00, montante inferior a julgados pretorianos similares, por conta da conduta previdente da parte ré em mitigar o seu próprio prejuízo oferecimento de passeios e refeições à tripulante após o evento danoso. Apelo provido."[44]

Não se discute o acerto da redução da indenização. Todavia, o que não se admite é a malfadada invocação do dever de mitigação dos próprios danos pelo credor para justificar a diminuição do *quantum* indenizatório, quando o credor, na hipótese em comento, não se omitiu em relação ao dano. É evidente que ao se tratar do devedor, este pode – e deve – evitar causar danos a outrem, sendo incorreta a aplicação do dever de mitigação dos próprios danos pelo devedor.

É lamentável que exemplos atécnicos como este vêm se reproduzindo em alguns tribunais do país, o que só compromete o sucesso do instituto de mitigação de danos no Brasil. Diga-se, de passagem, que o *duty to mitigate the loss* não é uma panaceia para todos os casos de inadimplemento. Pelo contrário. Trata-se de uma regra específica, a ser aplicada em casos, nos quais o credor poderia, razoavelmente, reduzir os efeitos do inadimplemento cometido pelo devedor.

Por outro lado, em 2010, o STJ nos brindou com um precedente lapidar para o estudo do dever de mitigação de danos. Observe-se a ementa do REsp 758518/PR, sob a relatoria do Min. Vasco Della Giustina:

> "Direito civil. Contratos. Boa-fé objetiva. Standard ético-jurídico. Observância pelas partes contratantes. Deveres anexos. *Duty to mitigate the loss*. Dever de mitigar o próprio prejuízo. Inércia do credor. Agravamento do dano. Inadimplemento contratual. Recurso improvido.
>
> 1. Boa-fé objetiva. Standard ético-jurídico. Observância pelos contratantes em todas as fases. Condutas pautadas pela probidade, cooperação e lealdade.
>
> 2. Relações obrigacionais. Atuação das partes. Preservação dos direitos dos contratantes na consecução dos fins. Impossibilidade de violação aos preceitos éticos insertos no ordenamento jurídico.
>
> 3. Preceito decorrente da boa-fé objetiva. *Duty to mitigate the loss:* o dever de mitigar o próprio prejuízo. Os contratantes devem tomar as medidas

[44] TJRS. Apelação Cível 70028138113, 12ª Câmara Cível, rel, Des. Umberto Guaspari Sudbrack, julgado em 29.01.2009.

> necessárias e possíveis para que o dano não seja agravado. A parte a que a perda aproveita não pode permanecer deliberadamente inerte diante do dano. Agravamento do prejuízo, em razão da inércia do credor. Infringência aos deveres de cooperação e lealdade.
>
> 4. Lição da doutrinadora Véra Maria Jacob de Fradera. Descuido com o dever de mitigar o prejuízo sofrido. O fato de ter deixado o devedor na posse do imóvel por quase 7 (sete) anos, sem que este cumprisse com o seu dever contratual (pagamento das prestações relativas ao contrato de compra e venda), evidencia a ausência de zelo com o patrimônio do credor, com o consequente agravamento significativo das perdas, uma vez que a realização mais célere dos atos de defesa possessória diminuiriam a extensão do dano.
>
> 5. Violação ao princípio da boa-fé objetiva. Caracterização de inadimplemento contratual a justificar a penalidade imposta pela Corte originária, (exclusão de um ano de ressarcimento).
>
> 6. Recurso improvido."[45]

Pela importância do julgado, cumpre relatar os fatos envolvidos. Em 17 de outubro de 2002 foi proposta ação de reintegração de posse de imóvel cumulada com pedido indenizatório pelo tempo de ausência de fruição do bem. No caso, as partes haviam celebrado contrato de compra e venda de imóvel, segundo o qual o preço seria pago em parcelas e o comprador seria imediatamente imitido na posse. No entanto, o comprador além de deixar de pagar o preço contratual desde 1994, abandonou o imóvel em 2001, o que deu ensejo ao ajuizamento da demanda.

Na oportunidade, o STJ, por unanimidade, confirmou o acórdão de apelação e negou provimento ao recurso especial, por entender que a conduta do vendedor (recorrente) violou o princípio da boa-fé objetiva. Embora a ação tenha sido proposta dentro do prazo prescricional (à época de 20 anos), restou demonstrado no voto do relator que o vendedor:

> "(...) descuidou-se com o seu dever de mitigar o prejuízo sofrido, pois o fato de ter deixado o devedor na posse do imóvel por quase 7 (sete) anos, sem que este cumprisse com o seu dever contratual (pagamento das prestações relativas ao contrato de compra e venda), evidencia a ausência de

[45] STJ. REsp 758518/PR, rel. Min. Vasco Della Giustina (desembargador convocado do TJ/RS), 3ª Turma, julgado em 17.06.2010, *DJe* 28.06.2010.

> zelo com o seu patrimônio e o agravamento significativo das perdas, uma vez que a realização mais célere dos atos de defesa possessória diminuiriam a extensão do dano.
>
> Ademais, não prospera o argumento da recorrente de que a demanda foi proposta dentro do prazo prescricional, pois, como já exposto, o não exercício do direito de modo ágil, fere o preceito ético de não impor perdas desnecessárias nas relações contratuais."[46]

Andou bem o STJ ao aplicar o dever de mitigação de danos no caso em questão. O vendedor-recorrente não foi capaz de rebater a alegação do comprador de que aquele permaneceu inerte por mais de 10 anos, sem tomar qualquer providência para retomar seu imóvel. Por esse motivo, o Tribunal da Cidadania manteve a penalidade imposta no acórdão de apelação, que reduziu o montante indenizatório. Ressalte-se, por relevante, que não se afastou a indenização por lucros cessantes. Mas, julgou-se que o vendedor somente teria direito às parcelas do preço de fruição referentes ao período entre a propositura da ação e a data do cumprimento do mandado de reintegração de posse (*i.e.*, fevereiro de 2003).

Ao contrário do primeiro caso, o STJ aplicou corretamente o dever de mitigação dos próprios danos, pois, consoante os requisitos de tal instituto: (i) a redução do prejuízo foi feita pelo credor; (ii) a razoabilidade da medida foi analisada; e, (iii) o devedor provou que o credor poderia ter tomado medidas para evitar o agravamento dos danos. Espera-se, assim, que esse precedente sirva de norte aos julgados dos tribunais pátrios.

Conclusões

A adesão do Brasil à Convenção de Viena traz uma nova perspectiva para a utilização do *duty to mitigate the loss* em nosso ordenamento jurídico, já que reforça a importância do instituto, existente nos países europeus há pelo menos um século. Esse fato, aliado à moderna noção de boa-fé objetiva trazida com o Código Civil de 2002, permite antever a aplicação do dever do credor de mitigar seus próprios danos, sob pena de redução do montante indenizatório; algo que não se imaginava há algumas décadas atrás...

[46] *Idem.*

No entanto, é necessário cautela. O *duty to mitigate the loss* não pode ser aplicado sem a devida cautela. Não é por outra razão que um dos principais requisitos de sua utilização é a razoabilidade (ou proporcionalidade à luz do direito brasileiro). O sucesso do dever de mitigação dos próprios danos repousa, portanto, no respeito aos seus pressupostos específicos. Caso contrário, corre-se o indelével risco de esfacelar o instituto antes mesmo do seu devido amadurecimento no país.

Além disso, é importante que os diversos precedentes de aplicação do dever de mitigar, proferidos antes da entrada em vigor da CISG, não venham a contaminar a aplicação do direito uniforme insculpido na CISG. Toda a importância da criação de uma norma comum no seito da ONU reside no incremento da previsibilidade na determinação das regras aplicáveis à venda internacional de mercadorias. Como consequência disso, os tribunais que aplicam o *duty to mitigate the loss* ao redor do mundo concentram-se sobremaneira no texto da convenção. Da mesma forma, também importa distinguir as aplicações desse dever por transplante legal no sistema brasileiro da aplicação da CISG em sua área precípua, a venda internacional de mercadorias, a fim de que uma assimilação indistinta não venha a tolher a uniformidade internacional característica da CISG.

PARTE VI
A CISG E O DIREITO PORTUGUÊS

38. O DIREITO DOS CONTRATOS NA CISG: *CIVIL LAW*, *COMMON LAW* OU TERCEIRA VIA?

Dário Moura Vicente*

1. Posição do problema

Volvidos quarenta anos sobre a celebração da Convenção das Nações Unidas sobre Contratos para Venda Internacional de Mercadorias (*United Nations Convention on Contracts for the International Sale of Goods* ou CISG), Portugal tornou-se no seu 94.º Estado membro[1].

Os trabalhos preparatórios da CISG iniciaram-se em 1968, tendo a mesma sido adotada numa conferência diplomática realizada em Viena em 1980 sob a égide da Comissão das Nações Unidas Para o Direito do Comércio Internacional. Entrou em vigor em 1988, com 11 ratificações[2].

* Professor Catedrático da Faculdade de Direito da Universidade de Lisboa.

[1] A Convenção foi aprovada para adesão pelo Decreto n.º 5/2020, de 7 de agosto, tendo entrado em vigor para a República Portuguesa a 1 de outubro de 2021. Cfr. o Aviso do Ministério dos Negócios Estrangeiros n.º 48/2020, *Diário da República*, n.º 205/2020, série I, de 21 de outubro de 2020, p. 2.

[2] Cfr. o estado das ratificações em https://uncitral.un.org. Para mais desenvolvimentos sobre a génese e evolução da Convenção, *vide*, em língua portuguesa, Maria Ângela Bento Soares/Rui Moura Ramos, *Contratos internacionais. Compra e venda. Cláusulas penais. Arbitragem*, Coimbra, 1986; Dário Moura Vicente, «A Convenção de Viena Sobre a Compra e Venda Internacional de Mercadorias: características gerais e âmbito de aplicação», *in Direito Internacional Privado. Ensaios*, vol. II, Coimbra, 2005, pp. 39 ss.; *idem*, *Direito Comparado*, vol. II, Coimbra, 2017, pp. 591 ss.; Luís de Lima Pinheiro, *Direito Comercial Internacional*, Coimbra, 2005, pp. 259 ss.; Rui Moura Ramos, «A Convenção de Viena de 1980 Sobre o Contrato de Compra e Venda Internacional de Mercadorias trinta e cinco anos depois», *BFDUC*, 2016, pp. 1 ss.; Paulo Nalin/Renata Steiner, *Compra e venda internacional de mercadorias, A Convenção das Nações Unidas sobre compra e venda internacional de mercadorias (CISG)*, Belo Horizonte, 2016; Ingeborg Schwenzer/César Pereira/Leandro Tripodi (orgs.), *A CISG e o Brasil. Convenção das Nações Unidas para os Contratos de Compra e Venda Internacional de Mercadorias*, Madrid, 2015; e Alexandre Soveral Martins, *Compra e Venda Internacional de Mercadorias: a CISG. Primeiros Comentários*, Coimbra, 2021, pp. 9 ss. Noutros idiomas, vejam-se, entre muitos, Alfonso Calvo Caravaca/Luis Fernández de la Gándara (dirs.), *Contratos internacionales*, Madrid, 1997, pp. 144 ss.; John Honnold, *Uniform Law for International Sales under the 1980 United Nations Convention*,

São bem mais remotas, todavia, as raízes do movimento de unificação internacional do regime jurídico da compra e venda. Sobressaiu entre elas, nos anos 30 do século passado, o projeto de uma lei uniforme sobre a compra e venda, impulsionado sobretudo por Ernst Rabel[3]. Esse projeto ficaria, porém, comprometido em virtude dos eventos que subsequentemente marcaram a vida pública europeia. Após a II Guerra Mundial, foram várias as iniciativas lançadas com o mesmo intuito fundamental. A mais bem-sucedida seria, inequivocamente, a CISG.

Nos termos do seu preâmbulo, a Convenção visa «o desenvolvimento do comércio internacional com base na igualdade e no benefício mútuo é um elemento importante na promoção de relações amistosas entre Estados» e a «adoção de regras uniformes, que sejam aplicáveis aos contratos de compra e venda internacional de mercadorias e tenham em conta os diferentes sistemas sociais, económicos e jurídicos, contribuiria para a eliminação dos obstáculos jurídicos ao comércio internacional, promovendo assim o seu desenvolvimento.

A CISG aplica-se, de acordo com o seu art. 1.º, aos «contratos de compra e venda de mercadorias celebrados entre partes que têm o seu estabelecimento em Estados diferentes». O seu objeto precípuo são, assim, os *contratos internacionais*; não se trata, portanto, de um instrumento de uniformização dos Direitos nacionais, antes se visa através dela a instituição de um *regime específico* para aqueles contratos. Esse regime cinge-se, além disso, à formação do contrato e aos direitos e obrigações que este faz nascer entre as partes (art. 4.º), à interpretação do contrato (art. 8.º) e à sua forma (art. 11.º).

É inegável a influência que a Convenção exerceu quer sobre outros instrumentos internacionais em matéria de contratos (com destaque para os *Princípios UNIDROIT Sobre os Contratos Comerciais Internacionais*, cuja última versão foi publicada em 2017[4]), quer sobre atos jurídicos da União Europeia (entre os quais sobressaem as Diretivas n.ºs 1999/44 e 2019/771, relativas à venda de

3.ª ed., s.l., 1999; Peter Huber, «Some Introductory Remarks on the CISG», *IHR*, 2006, pp. 228 ss.; Ulrich Schroeter, «Gegenwart und Zukunft des Einheitskaufrechts», *RabelsZ*, 2017, pp. 32 ss.; e *Les 40 ans de la Convention de Vienne sur la vente internationale de marchandises*, in *Actualité Juridique Contrat*, 2020, pp. 507 ff.

[3] Cfr., do autor citado, «Der Entwurf eines einheitlichen Kaufgesetzes», *RabelsZ*, 1935, pp. 1 ss.; e «L'unification du droit de la vente internationale. Ses rapports avec les formulaires ou contrats-types des divers commerces», *in* AAVV, *Introduction à l'étude du Droit Comparé. Recueil d'Études en l'honneur d'Édouard Lambert*, vol. II, Paris, 1938, pp. 688 ss.

[4] Cfr. International Institute for the Unification of Private Law, *UNIDROIT Principles of International Commercial Contracts 2016*, Roma, 2017 (disponível em http://www.unidroit.org).

bens de consumo[5]) e da Organização Para a Harmonização do Direito dos Negócios em África (como é o caso do respetivo Ato Uniforme Relativo ao Direito Comercial Geral[6]). Estes instrumentos fizeram-se eco, com efeito, de conceitos e soluções consagrados na CISG, os quais lograram, também por essa via, introduzir-se nos Direitos nacionais, inclusive de Estados que dela não são partes[7].

A Convenção inspirou, além disso, importantes reformas legislativas levadas a cabo em diversos países no domínio da compra e venda e dos contratos em geral: foi o que sucedeu, designadamente, nos Países-Baixos em 1992, na Rússia em 1994, na China em 1999 e na Alemanha em 2001.

A crescente aceitação da CISG no plano internacional contrasta, todavia, com o limitado acolhimento que a mesma tem tido na *praxis* contratual de vários países, com destaque para a Alemanha, onde um inquérito recente revela que 52,9% dos advogados excluem regularmente a sua aplicação dos contratos por si redigidos, ao abrigo da faculdade de *opting out* consignada no art. 6.º da Convenção[8].

À margem deste processo de aproximação dos Direitos nacionais manteve-se, por outro lado, o Reino Unido, que, embora tendo participado na negociação da CISG, não a ratificou nem replicou no seu sistema jurídico, optando antes por uma política de concorrência com os demais Direitos – a qual, aliás, se tem revelado bem-sucedida, designadamente no domínio da arbitragem internacional, como o evidencia a frequente na escolha do Direito inglês para regular contratos internacionais[9].

Em ordem a compreender estes fenómenos, cabe perguntar pela *conceção de contrato* que se desprende da CISG e, em particular, se ela se filia na de alguma das famílias jurídicas dominantes no comércio internacional contemporâneo ou se, ao invés, se apresenta como um *tertium genus* independente de qualquer destas. Tal o propósito essencial do presente ensaio.

[5] Publicadas, respetivamente, no *JOCE*, n.º L 171, de 7 de julho de 1999, pp. 12 ss., e no *JOUE* n.º L 136, de 22 de maio de 2019, pp. 28 ss.

[6] Reproduzido em Dário Moura Vicente (coord.), *OHADA – Tratado, Regulamentos e Actos Uniformes*, 2.ª ed., Coimbra, 2019, pp. 31 ss.

[7] É o caso de Portugal, que pela transposição da Diretiva 1999/44/CE acolheu na sua ordem jurídica a noção, oriunda da Convenção de Viena, de *obrigação de conformidade* dos bens vendidos com o contrato: cfr. *infra* n.º 2, alínea *g)*.

[8] Cfr. Justus Meyer, «Die praktische Bedeutung des UN-Kaufrechts in Deutschland», *RabelsZ*, 2021, pp. 357 ss.

[9] Cfr. Clayton P. Gillette/Robert E. Scott, «The Political Economy of International Sales Law», *International Review of Law and Economics*, 2005, pp. 446 ss.; Gilles Cuniberti, *The International Market for Contracts. The Most Attractive Contract Laws*, Luxemburgo, 2014.

2. Traços fundamentais do regime do contrato na CISG

2.1. Elementos constitutivos

A CISG requer, no seu art. 14.º, n.º 1, a vontade de vinculação como elemento constitutivo do contrato. Não se exige nela, consoante sucede nos sistemas de *Common Law*, a *consideration* como condição de eficácia do contrato, conforme resulta, designadamente, da irrevogabilidade da proposta durante o prazo que para o efeito for indicado pelo proponente, ainda que a tal não corresponda qualquer contraprestação (art. 16.º, n.º 2), e bem assim da suscetibilidade de modificação do contrato por simples acordo das partes, sem que se requeira – como o faz, por exemplo, o Direito inglês – a prestação de qualquer contrapartida pelo beneficiário dessa modificação (art. 29.º, n.º 1). Também não se exige a *causa*, requerida, entre outros, pelos sistemas francês (até à reforma do Código Civil de 2016), italiano e espanhol.

Bem se compreende a omissão neste instrumento jurídico de qualquer referência expressa a esses elementos do contrato. Ela decorre da circunstância de a CISG aspirar, como se referiu acima, a instituir regras uniformes para a compra e venda internacional, para as quais são inservíveis tanto a causa como a consideração, na medida em que quanto a elas se encontram em manifesta divergência os sistemas de *Civil* e *Common Law*.

Contudo, a validade do contrato está excluída do âmbito de aplicação da Convenção (art. 4.º). As figuras em apreço podem, assim, ganhar relevância por aplicação das leis nacionais aplicáveis a esta matéria (por exemplo, no caso de um contrato ser inválido por ter subjacente uma causa ilícita). Voltaremos a este ponto adiante[10].

2.2. Formação

A CISG contém uma regulamentação pormenorizada da formação dos contratos entre ausentes, que em parte serviu de modelo aos instrumentos internacionais posteriores a ela, acima referidos[11]. Essa regulamentação pressupõe a formação do contrato mediante uma oferta e uma aceitação. Retira-se do

[10] Cfr. *infra*, n.º 5.

[11] Ver Reiner Schulze, «Formation of Contract», *in* DiMatteo *et al.* (orgs.), *International Sales Law*, Baden-Baden, 2016, pp. 203 ss.

art. 14.º, n.º 1, a este respeito, que uma declaração negocial tendente à conclusão de um contrato («*proposal*») será tida como uma proposta («*offer*») se: *a)* For dirigida a uma ou mais pessoas determinadas; *b)* For suficientemente precisa; e *c)* Indicar a vontade de o seu autor se vincular em caso de aceitação. A proposta é suficientemente precisa quando «designa as mercadorias e, expressa ou implicitamente, fixa a quantidade e o preço ou dá indicações que permitam determiná-los».

Uma proposta dirigida a pessoas indeterminadas é considerada pela Convenção como um mero *convite a contratar,* exceto se quem a fez tiver indicado claramente o contrário: é o que resulta do art. 14.º, n.º 2.

Relativamente à questão da vinculação do proponente à oferta, a CISG consagra assim uma solução de compromisso entre os sistemas jurídicos dos seus Estados contratantes[12]. Estabelece-se nela, efetivamente, que até ao momento da conclusão de um contrato uma proposta contratual pode ser revogada, desde que revogação chegue ao destinatário antes de este ter expedido a sua aceitação (art. 16.º, n.º 1); mas logo se acrescenta na Convenção que a proposta contratual será irrevogável se o indicar por qualquer modo ou se na situação controvertida fosse razoável o seu destinatário atribuir caráter irrevogável à proposta e este tiver agido em conformidade (art. 16.º, n.º 2).

O contrato conclui-se no momento em que a declaração de aceitação da proposta contratual se torna eficaz em conformidade com as disposições da Convenção (art. 23.º). A este respeito, a CISG acolhe no art. 18.º, n.º 1, a *teoria da receção,* que se encontra igualmente consagrada nos Direitos alemão e português, nos termos da qual essa declaração se torna eficaz quando chega ao proponente.

Os trabalhos preparatórios deste instrumento internacional sugerem que houve a intenção de excluir a *culpa in contrahendo* do seu escopo, pois no decurso deles foi rejeitada uma proposta da República Democrática Alemã com esse propósito. Nela se previa que «[s]e uma das partes violar deveres de cuidado habituais na preparação e formação de um contrato de compra e venda, a outra parte pode exigir uma indemnização pelos custos em que tiver incorrido»[13]. Igualmente recusado foi o art. 5.º do anteprojeto preparado em 1977 pela Comissão das Nações Unidas para o Direito do Comércio Internacional, que dispunha: «Na formação do contrato devem as partes agir lealmente e de boa-fé»[14].

[12] Cfr. Kröll/Mistelis/Perales Viscasillas, *UN Convention on Contracts for the International Sale of Goods. Commentary,* Munique, 2011, Art. 16, n.m. 1.

[13] Cfr. *Uncitral Yearbook,* vol. IX (1978), p. 66.

[14] *Idem,* p. 35.

A esta fórmula foi objetado que seria demasiado vaga, pelo que a sua interpretação daria azo a divergências; e que, na ausência de uma especificação das consequências da inobservância do que nela se prescrevia, ficaria prejudicada a uniformidade jurídica neste domínio, visto que a matéria teria de ser regida pelos Direitos nacionais[15]. Pesou ainda, na opção tomada a este respeito, a circunstância de nos países de *Common Law* o princípio da boa-fé não ter consagração em matéria de formação do contrato e de ser muito variável o alcance desse princípio nos sistemas de *Civil Law*[16].

No art. 7.º da Convenção estabeleceu-se, em todo o caso, que:

> «1 – Na interpretação da presente Convenção ter-se-á em conta o seu caráter internacional bem como a necessidade de promover a uniformidade da sua aplicação e de assegurar o respeito da boa-fé no comércio internacional.
>
> 2 – As questões respeitantes às matérias reguladas pela presente Convenção e que não são expressamente resolvidas por ela serão decididas segundo os princípios gerais que a inspiram ou, na falta destes princípios, de acordo com a lei aplicável em virtude das regras de direito internacional privado.»

Esta disposição – para alguns a mais significativa da Convenção, visto que o seu êxito depende essencialmente da interpretação e integração dela feitas pelos tribunais nacionais[17] – adota de novo uma solução de compromisso, agora entre a posição dos Estados que preconizavam a consagração de um dever geral de boa-fé e a dos que se opunham a qualquer referência explícita a esse princípio no texto da Convenção[18]. A boa-fé obteve assim reconhecimento expresso na Convenção, mas tão-só como critério de interpretação e integração das suas disposições[19].

[15] Cfr. Bianca/Bonell (orgs.), *Commentary on the International Sales Law. The 1980 Vienna Sales Convention*, Milão, 1987, pp. 68 s.

[16] *Idem, ibidem*, pp. 85 s.

[17] Assim Kröll/Mistelis/Perales Viscasillas, *op. cit.*, Art. 7, n.m. 2.

[18] Bianca/Bonell, *Commentary on the International Sales Law*, pp. 83 s.

[19] Cfr., neste sentido, Schlechtriem/Schroeter, *Internationales UN-Kaufrecht*, 5.ª ed., Tubinga, 2013, p. 50; e *Münchener Kommentar zum Bürgerlichen Gesetzbuch*/Gruber, 7.ª ed., Munique, 2015/17 Art. 7 CISG, n.m. 32 s., salientando, todavia, os riscos que a aplicação da cláusula geral da boa-fé envolve do ponto de vista da aplicação uniforme da Convenção.

À determinação da responsabilidade emergente do incumprimento dos deveres de conduta que vinculam as partes nos preliminares e na conclusão de contratos de compra e venda internacional de mercadorias é aplicável, nos termos do art. 7.º, n.º 2 da Convenção, o Direito nacional competente segundo as regras de conflitos vigentes no Estado do foro[20]. Isso é incontroverso quanto à violação de deveres de proteção e cuidado, que, pela sua natureza delitual, constituem matéria não compreendida no âmbito da Convenção; mas a mesma solução deve valer quanto aos deveres pré-contratuais de informação que visem assegurar a correta formação da vontade de contratar, uma vez que a Convenção não se ocupa da falta e vícios da vontade dos contraentes, matéria que se encontra, por conseguinte, submetida aos Direitos nacionais[21].

2.3. Forma

Em matéria de forma dos contratos, a CISG consagra o princípio de liberdade que um largo número de Direitos nacionais hoje acolhe. Assim, o art. 11.º dispõe que o contrato de compra e venda «não tem de ser concluído por escrito nem de constar de documento escrito e não está sujeito a nenhum outro requisito de forma»; e o art. 29.º, n.º 1, acrescenta que um contrato «pode ser modificado ou extinto por simples acordo entre as partes».

Contudo, a Convenção teve, também nesta matéria, de consagrar um compromisso, visto que ao tempo da sua celebração um considerável número de países, entre os quais a União Soviética, exigia que os contratos internacionais de compra e venda fossem celebrados por escrito, em ordem a facilitar o controlo oficial do comércio externo. Daí que o art. 12.º da Convenção preveja que os arts. 11.º e 29.º não se aplicarão quando uma das partes no contrato tenha o seu estabelecimento num Estado Contratante que haja formulado uma reserva a essas regras nos termos do art. 96.[22].

[20] Pronuncia-se também neste sentido Peter Huber, «CISG – The Structure of Remedies», *RabelsZ*, 2007, pp. 13 ss. (p. 234); cfr. ainda *Münchener Kommentar*/Huber, Art. 4 CISG, n.m. 29 s.

[21] Neste sentido, Schlechtriem/Schroeter, *Internationales UN-Kaufrecht*, pp. 72 e 80.

[22] Apesar de sete Estados terem feito esta reserva (a Argentina, a Bielorrússia, o Chile, o Paraguai, a Federação Russa, a Ucrânia e o Vietname: cfr. http://www.uncitral.org), serão poucos aqueles em que ela tem hoje algum alcance prático, visto que a maior parte deles se converteu, entretanto, à liberdade de forma, mesmo pelo que respeita aos contratos internacionais.

2.4. Interpretação e integração

Em matéria de interpretação do contrato, a CISG procura estabelecer um compromisso entre as orientações subjetivista e objetivista, posto que com algum predomínio da primeira. Neste sentido, prevê-se no art. 8.º que as declarações e demais atos de uma parte serão em princípio interpretados de acordo com a sua intenção, quando a outra parte tinha conhecimento dessa intenção ou não a podia ignorar. Não podendo determinar-se essa vontade, as declarações e demais atos de uma parte são interpretados de acordo com o significado que lhe atribuiria uma pessoa razoável do mesmo tipo que a outra parte, perante as mesmas circunstâncias. Esta última regra tem correspondência com a que o art. 236.º, n.º 1, do Código Civil português estabelece a respeito da interpretação da declaração negocial. Ela opera, todavia, tal como sucede no Direito português, sob reserva de que, se uma das partes tiver atribuído um significado particular ao contrato e a outra o conhecesse ou não pudesse deixar de conhecer ao tempo da sua celebração, o contrato será interpretado em conformidade com esse significado (*falsa demonstratio non nocet*).

A CISG considera as partes vinculadas pelos usos a que haja dado o seu acordo ou que tenham estabelecido entre elas (art. 9.º, n.º 1); e manda aplicar ao contrato e à sua formação os usos do comércio internacional (por alguns denominados *lex mercatoria*) de que as partes tinham ou devessem ter conhecimento e que sejam largamente conhecidos e regularmente observados nos contratos do mesmo tipo, no ramo comercial considerado, os quais se têm, na falta de estipulação em contrário, por tacitamente incorporados no contrato (art. 9.º, n.º 2).

2.5. Efeitos

Pelo que respeita aos efeitos dos contratos entre as partes, uma das diferenças que separam os sistemas jurídicos latinos dos germânicos consiste na transferência da propriedade da coisa vendida em consequência da celebração do contrato de compra e venda, que os primeiros admitem[23], com exceção do Brasil[24], mas que os segundos rejeitam, em homenagem ao princípio da separação entre os negócios de vinculação e os negócios de disposição. Estará aí,

[23] Haja vista, por exemplo, ao art. 879.º, alínea *a)*, do Código Civil português.

[24] Cfr. o art. 481.º do Código Civil brasileiro.

porventura, a razão pela qual a CISG omite qualquer regulamentação desta matéria, que é assim deixada aos Direitos nacionais (art. 4.º, alínea *b)*).

A Convenção regula, no entanto, as obrigações do vendedor e comprador nos arts. 30.º e 53.º, cabendo ao vendedor transmitir propriedade e entregar a mercadoria vendida ao comprador e a este pagar o preço e receber a mercadoria.

2.6. Alteração de circunstâncias

Consideremos agora a alteração das circunstâncias em que as partes fundaram a decisão de contratar, matéria em que existem também profundas divergências entre os Direitos nacionais. A CISG não dedica qualquer regra particular a esta questão. O art. 79.º, n.º 1, prevê, é certo, alguns casos de exoneração do devedor, havendo incumprimento da prestação, por este se dever a um impedimento alheio à sua vontade; mas não se encontra compreendida neles, ao menos de modo expresso, a *onerosidade excessiva* da prestação decorrente de uma alteração superveniente de circunstâncias. Refletir-se-á aqui a hostilidade dos sistemas de *Common Law* à imposição nestes casos a qualquer das partes de uma modificação ou resolução do contrato.

Não falta, contudo, quem admita a aplicação por analogia do art. 79.º, n.º 1, a essas situações[25]. Na jurisprudência, essa solução foi acolhida, por exemplo, pelo Tribunal de Cassação belga, que decidiu, a respeito de um contrato de fornecimento de tubos de aço, que um aumento inesperado de 70% do preço do aço constituía um impedimento à realização da prestação a cargo do vendedor na aceção daquele preceito[26]. Mas é discutível que o impedimento aí referido possua suficiente semelhança com as situações de onerosidade excessiva a fim de que possa ter-se por fundada a sua aplicação analógica a estas. Em todo o caso, ficam por esclarecer, nessa eventualidade, quais os efeitos a atribuir, ao abrigo da Convenção, à ocorrência deste tipo de situações, uma vez que não se vislumbra nela base suficiente para a

[25] Cfr., sobre o tema, Kröll/Mistelis/Perales Viscasillas, *op. cit.*, Art. 79, n.m. 78-86; e Larry DiMatteo, «Excuse: Impossibility and Hardship», *in* Larry DiMatteo, André Janssen, Ulrich Magnus e Reiner Schulze (orgs.), *International Sales Law. Contract, Principles & Practice,* Baden-Baden, 2016, pp. 665 ss.

[26] Cfr. a sentença de 19 de junho de 2009, *Scafom International B.V. c. Lorraine Tubes S.A.S.*, disponível em http://cisgw3.law.pace.edu.

imposição de um dever de renegociar o contrato ou para conferir aos tribunais o poder de adaptarem o contrato[27].

Reflete-se aqui, de novo, a influência dos sistemas de *Common Law*, onde na ausência de uma cláusula de *hardship* a alteração de circunstâncias não fundamenta a alteração ou resolução do contrato.

2.7. Cumprimento e incumprimento

Na CISG, o conceito de «violação do contrato» («*breach of contract*») compreende a inexecução, tanto pelo vendedor como pelo comprador, de qualquer das obrigações que para estes resultem do contrato ou da Convenção (arts. 45.º e 61.º)[28]. Assiste em princípio ao comprador, em caso de incumprimento pelo vendedor, o direito de exigir deste a realização da sua prestação (art. 46.º, n.º 1). O art. 28.º estabelece, no entanto, uma importante limitação à execução específica («*specific performance*»), nos termos da qual:

> «Se, em conformidade com as disposições da presente Convenção, uma parte tiver o direito de exigir da outra a execução de uma obrigação, um tribunal não está vinculado a ordenar a execução específica, a não ser que a decretasse por aplicação do seu próprio direito relativamente a contratos de compra e venda semelhantes, não regulados pela presente Convenção.»

Sujeita-se deste modo à *lex fori* a determinação da admissibilidade da execução específica das obrigações contratuais; o que não é senão um reflexo das diferentes orientações a este respeito consagradas nos sistemas jurídicos nacionais e da inviabilidade do estabelecimento de uma regra material autónoma na Convenção. Por força do disposto no art. 28.º, as diferenças entre os sistemas jurídicos nacionais quanto a esta matéria foram, assim, preservadas. Em particular, retém-se a admissibilidade da *efficient breach of contract* consagrada nos sistemas de *Common Law*.

De todo o modo, no regime convencional o comprador não pode exigir do vendedor o cumprimento específico das suas obrigações sempre que «se tenha prevalecido de um meio incompatível com esta exigência» (art. 46.º, n.º 1, *in fine*).

[27] Neste sentido, Schlechtriem/Schroeter, *Internationales UN-Kaufrecht*, p. 210.

[28] Ver Jürgen Basedow, «Towards a Universal Doctrine of Breach of Contract: The Impact of the CISG», *International Review of Law and Economics*, 2005, pp. 487 ss.

Será esse o caso, por exemplo, da resolução do contrato, da indemnização do interesse de cumprimento ou da redução do preço convencionado[29].

Se o vendedor não cumprir qualquer das obrigações que para si resultam do contrato de compra e venda ou da CISG, pode o comprador, além de exigir a realização da prestação nos termos já referidos, exercer os direitos à substituição e à reparação das mercadorias, à redução do preço e, verificados os respetivos pressupostos, à resolução do contrato, assim como pode pedir uma indemnização por perdas e danos (arts. 45.º a 52.º)[30]. Se o comprador não executar qualquer das suas obrigações, está o vendedor, por seu turno, autorizado a exigir dele o pagamento do preço, a aceitação da entrega das mercadorias ou a execução de outras obrigações, a resolver o contrato se se verificarem os respetivos pressupostos, a proceder ele próprio à especificação das mercadorias e a pedir uma indemnização por perdas e danos (arts. 61.º a 65.º).

A indemnização devida por incumprimento compreende na CISG tanto o prejuízo causado à outra parte pelo contraente em falta como os benefícios que aquela tiver deixado de auferir em consequência da violação do contrato (art. 74.º). Consagra-se assim na Convenção o princípio da *reparação integral do dano* («*full compensation*», «*Totalreparation*»)[31].

A indemnização devida é, contudo, puramente compensatória: não há lugar, no regime convencional, à imposição de *restitutionary damages*, baseadas no lucro auferido pelo devedor inadimplente, nem de *punitive damages*, tendentes a sancioná-lo pelo incumprimento[32].

Salvo nas situações contempladas nos arts. 79.º e 80.º, o dever de indemnizar é independente de culpa do devedor. A Convenção acolhe deste modo a *responsabilidade objetiva* do devedor inadimplente, à imagem do que fazem os sistemas de *Common Law*[33]. A esta circunstância, além de outras, se deverá porventura a tendência, registada em alguns países europeus, de as partes excluírem, ao abrigo do citado art. 6.º, a aplicabilidade da Convenção aos contratos de compra e venda internacional de mercadorias[34].

[29] Cfr. Kröll/Mistelis/Perales Viscasillas, *op. cit.*, Art. 46, n.m. 13-16.

[30] Ver, sobre esta matéria, Peter Huber, «CISG – The Structure of Remedies», *RabelsZ*, 2007, pp. 13 ss.

[31] Neste sentido, Schlechtriem/Schroeter, *Internationales UN-Kaufrecht*, p. 300.

[32] Assim Michael Bridge, «Remedies and Damages», *in* DiMatteo *et al.* (orgs.), *International Sales Law*, pp. 529 ss. (p. 5419.

[33] Neste sentido, Schlechtriem/Schwenzer (orgs.), *Kommentar zum Einheitlichen UN-Kaufrecht*, 6.ª ed., Munique/Basileia, 2013, p. 1012.

[34] Assim Kröll/Mistelis/Perales Viscasillas, *op. cit.*, Art. 74, n.m. 7.

Pelo que respeita ao nexo de causalidade exigível em ordem a que possa ser arbitrada uma indemnização por incumprimento contratual, a CISG acolhe o *foreseeability test* consagrado no Direitos inglês e norte-americano.

Assim, de acordo com o art. 74.º da Convenção, a indemnização não pode exceder o prejuízo sofrido e o lucro cessante que a parte faltosa previu ou deveria ter previsto no momento da conclusão do contrato como consequências possíveis da violação deste, tendo em conta os factos de que tinha ou deveria ter tido conhecimento.

Exclui-se deste modo o ressarcimento dos danos indiretos («*consequencial losses*»; «*Folgeschäden*») decorrentes do incumprimento do contrato, não previstos nem previsíveis ao tempo da conclusão do contrato (por exemplo, a completa destruição de uma fábrica ou de outras mercadorias do comprador em resultado de um defeito existente numa máquina nela instalada pelo vendedor).

Consideremos agora o cumprimento defeituoso do contrato. O regime da CISG sobre esta matéria assenta na ideia de que as qualidades da coisa vendida, asseguradas pelo vendedor ou pressupostas pelo comprador, integram o acordo negocial, não se estabelecendo nela, por isso, qualquer diferenciação entre a entrega de uma coisa defeituosa e a de um *aliud*. Neste sentido, a Convenção consagra, no art. 35.º, n.º 1, a obrigação de o vendedor entregar mercadorias que «pela quantidade, qualidade e tipo correspondam às previstas no contrato»; e prevê, no art. 36.º, n.º 1, a responsabilidade do vendedor por qualquer *falta de conformidade* que exista no momento da transferência do risco para o comprador[35].

Compreende-se, assim, que se as mercadorias não forem conformes ao contrato o art. 46.º, n.º 2, da Convenção confira ao comprador o direito de exigir do vendedor a entrega de mercadorias de substituição, caso essa falta de conformidade constitua uma «violação fundamental do contrato»: trata-se, no sistema da Convenção, de uma hipótese de incumprimento. O comprador pode ainda exigir do vendedor, segundo o art. 46.º, n.º 3, que este repare a falta de conformidade, salvo se isso for irrazoável, tendo em conta todas as circunstâncias.

É muito diverso deste o regime consignado nos arts. 913.º e seguintes do Código Civil português para a venda de coisas defeituosas, o qual assenta, no tocante à venda de coisa específica, na anulabilidade do contrato por erro

[35] Ver Bruno Zeller, «Conformity of Goods», *in* DiMatteo *et al.* (orgs.), *International Sales Law*, pp. 379 ss.

ou dolo. Perante a lei portuguesa, o comprador tem também o direito de exigir do vendedor a reparação da coisa ou, se tal for necessário e a coisa tiver natureza fungível, a substituição dela; mas esta obrigação não existe, consoante dispõe o art. 914.º, «se o vendedor desconhecia sem culpa o vício ou a falta de qualidade de que a coisa padece».

Na União Europeia, o regime da compra e venda de bens de consumo e das garantias a ela relativas instituído pela Diretiva 1999/44/CE, entretanto substituída pela Diretiva (UE) 2019/771, aproxima-se em vários aspetos das regras da CISG que acabamos de descrever[36]. Um dos pontos nucleares de ambas as Diretivas é, com efeito, a *obrigação de conformidade* dos bens vendidos com o contrato[37]. Em consequência dela, a entrega de coisa defeituosa pelo vendedor constitui uma forma de incumprimento do contrato, pelo qual aquele é responsável[38]. Esta solução assenta na ideia, que também obteve acolhimento na Convenção, segundo a qual as qualidades da coisa vendida asseguradas pelo vendedor ou pressupostas pelo comprador integram o acordo negocial. Neste aspeto, o regime das Diretivas filia-se, pois, diretamente na CISG[39].

Compreende-se, assim, que em Portugal o art. 2.º, n.º 1, do Decreto-Lei n.º 67/2003, de 8 de abril, que transpôs a Diretiva 1999/44/CE, tenha consagrado, no que respeita à venda de bens de consumo, um regime muito mais próximo do da Convenção do que do Direito interno comum, ao dispor que «[o] vendedor tem o dever de entregar ao consumidor bens que sejam conformes com o contrato de compra e venda». Por seu turno, o Decreto-Lei

[36] Neste sentido, Jürgen Basedow, *EU Private Law. Anatomy of a Growing Legal Order*, Cambridge, etc., 2021, p. 101. Cfr., sobre a Diretiva 1999/44/CE e a sua transposição, Dirk Staudenmayer, «Die EG-Richtlinie über den Verbrauchsgüterkauf», *NJW*, 1999, pp. 2393 ss.; *idem*, «The Directive on the Sale of Consumer Goods and Associated Guarantees – a Milestone in the European Consumer and Private Law», *Eur. Rev. Priv. Law*, 2000, pp. 547 ss.; Paulo Mota Pinto, «Conformidade e garantias na venda de bens de consumo. A Directiva 1999/44/CE e o direito português», *in Estudos de Direito do Consumidor*, 2000, pp. 197 ss.; e Claus-Wilhelm Canaris, «A transposição da Directiva sobre a compra de bens de consumo para o Direito alemão», *in Estudos de Direito do Consumidor*, 2001, pp. 49 ss. A respeito da Diretiva (UE) 2019/771, consultem-se Jorge Morais Carvalho, «Venda de Bens de Consumo e Fornecimento de Conteúdos e Serviços Digitais – As Diretivas 2019/771 e 2019/770 e o seu Impacto no Direito Português», *Revista Eletrónica de Direito*, 2019, n.º 3, (vol. 20); e Mafalda Miranda Barbosa, «O futuro da compra e venda (de coisas defeituosas)», *Revista da Ordem dos Advogados*, 2019, pp. 723 ss.

[37] Diretiva 1999/44, art. 2.º, n.º 1; Diretiva 2019/770, art. 5.º.

[38] Diretiva 1999/44, art. 3.º, n.º 1; Diretiva 2019/770, art. 10.º, n.º 1.

[39] Ver sobre o ponto, para mais desenvolvimentos, o nosso estudo «Desconformidade e garantias na venda de bens de consumo: a Diretiva 1999/44/CE e a Convenção de Viena de 1980», *Themis*, 2001, pp. 121 ss.

n.º 84/2021, de 18 de outubro, que transpôs a Diretiva (UE) 2019/771, dispõe no art. 5.º que «[o] profissional deve entregar ao consumidor bens que cumpram os requisitos constantes dos artigos 6.º a 9.º, sem prejuízo do disposto no artigo 10.º»; sendo que, de acordo com o art. 6.º do mesmo diploma legal, «[s]ão conformes com o contrato de compra e venda os bens que: a) Correspondem à descrição, ao tipo, à quantidade e à qualidade e detêm a funcionalidade, a compatibilidade, a interoperabilidade e as demais características previstas no contrato de compra e venda; b) São adequados a qualquer finalidade específica a que o consumidor os destine, de acordo com o previamente acordado entre as partes; c) São entregues juntamente com todos os acessórios e instruções, inclusivamente de instalação, tal como estipulado no contrato de compra e venda; e d) São fornecidos com todas as atualizações, tal como estipulado no contrato de compra e venda». Soluções análogas foram, entretanto, consagradas em diversos outros ordenamentos jurídicos europeus[40].

Na CISG, a resolução por incumprimento (dita «*avoidance*» na versão inglesa) apenas é admitida nos casos de violação fundamental do contrato («*fundamental breach of contract*»), podendo ter lugar por mera declaração de uma das partes à outra[41].

Uma violação do contrato é tida como fundamental, segundo o art. 25.º da Convenção, «quando causa à outra parte um prejuízo tal que a prive substancialmente daquilo que lhe era legítimo esperar do contrato, salvo se a parte faltosa não previu esse resultado e se uma pessoa razoável, com idêntica qualificação e colocada na mesma situação, não o tivesse igualmente previsto».

O conceito caracteriza-se pela sua imprecisão. Compreendem-se nele dois elementos: a causação de um prejuízo de que resulte a *privação substancial* daquilo que uma das partes podia esperar do contrato; e a *previsibilidade* desse resultado. O primeiro deverá ter-se como verificado quando o credor perca o interesse na prestação em virtude da violação contratual; o segundo, quando

[40] Cfr., por exemplo, o Código Civil holandês, art. 7:17: «A coisa entregue deve ser conforme ao contrato»; o Código Civil alemão, § 433: «O vendedor tem de entregar a coisa ao comprador livre de vícios materiais e jurídicos»; e § 434 (1): «A coisa encontra-se isenta de vícios materiais se no momento da transmissão do risco tiver a qualidade convencionada. Se a qualidade não tiver sido convencionada, a coisa encontra-se isenta de vícios 1. Se for adequada à utilização pressuposta no contrato, ou 2. Se for adequada à utilização usual e for da qualidade que seja usual nas coisas do mesmo género e que o comprador possa esperar em razão da sua natureza»; e Código do Consumo italiano, art. 129 (1): «O vendedor tem a obrigação de entregar ao consumidor bens conformes com o contrato de venda».

[41] Cfr. os arts. 49.º, n.º 1, e 64, n.º 1.

um comerciante razoavelmente conhecedor do mercado, colocado nas mesmas circunstâncias, tivesse previsto o resultado da violação contratual ocorrida[42].

Na jurisprudência distinguem-se diferentes tipos de casos pelo que respeita à aplicação do conceito em apreço. Assim, a não realização definitiva da prestação e a recusa de prestar são geralmente tidas como violações fundamentais do contrato. Já o mero atraso na sua realização só o será se o momento em que a mesma era devida fosse essencial em virtude de estipulação das partes ou das circunstâncias do contrato. A entrega de mercadorias defeituosas apenas constituirá uma violação fundamental se as mesmas forem insusceptíveis de ser utilizadas pelo comprador, ainda que para o efeito hajam de ser reparadas. A insusceptibilidade da transferência da propriedade sobre as mercadorias vendidas, *v.g.* porque estas foram furtadas, constitui também violação fundamental do contrato[43].

O padrão de exigência da CISG para a qualificação de uma situação como violação fundamental do contrato é assim consideravelmente elevado; e a resolução do contrato configura-se, correspondentemente, como uma *ultima ratio*[44].

A restrição ao exercício do direito de resolução daqui resultante evidencia o *favor contractus* que subjaz à Convenção[45]. Este justifica-se pela preocupação de evitar os dispêndios inúteis de recursos económicos inerentes, *v.g.*, à resolução do contrato e à entrega de bens de substituição. Daí que se lhes prefiram, na Convenção, a reparação dos bens vendidos, a indemnização do comprador e a redução do preço convencionado[46].

A CISG admite a resolução imediata do contrato em caso de repúdio («*anticipatory breach*» ou «*anticipatory non-performance*») deste por uma das partes, equiparando essa situação, sob o prisma dos seus efeitos, ao incumprimento do contrato, contanto que se mostrem preenchidos os requisitos da violação fundamental. Neste sentido, dispõe o art. 72.º, n.º 1: «Se, antes da data do cumprimento do contrato, for manifesto que uma parte cometerá uma violação fundamental do contrato, a outra parte pode declarar a resolução deste».

[42] Cfr. Kröll/Mistelis/Perales Viscasillas, *op. cit.*, Art. 25, n.m. 10-22.

[43] Cfr. Ulrich Magnus, «Performance and Breach of Contract», *in* DiMatteo *et al.* (orgs.), *International Sales Law*, pp. 467 ss. (pp. 472 s.).

[44] Cfr. Peter Huber, «CISG – The Structure of Remedies», *RabelsZ*, 2007, pp. 13 ss. (p. 18); Schlechtriem/Schroeter, *Internationales UN-Kaufrecht*, p. 153 s.; Alexandre Soveral Martins, *Compra e venda internacional de mercadorias: a CISG*, p. 84.

[45] Neste sentido também Joana Campos Carvalho, «Fundamentos e resolução por incumprimento: comparação entre o Direito português e a Convenção de Viena Sobre os Contratos de Compra e Venda Internacional de Mercadorias», *Themis*, 2015, pp. 175 ss. (p. 183).

[46] Cfr. Kröll/Mistelis/Perales Viscasillas, *op. cit.*, Art. 46, n.m. 33.

Repare-se que não se exige aqui a certeza do incumprimento do contrato, decorrente, *v.g.*, de o devedor ter declarado que não realizará a prestação: basta um *razoável grau de probabilidade* de que assim acontecerá. O preceito tem, por conseguinte, ao menos potencialmente, um alcance muito vasto.

A solicitação, porém, de alguns países em desenvolvimento, procurou-se atenuar os efeitos mais gravosos desse preceito, prevendo-se no n.º 2 que, se dispuser do tempo necessário, a parte que pretenda resolver o contrato deve notificar previamente disso a outra, a fim de lhe possibilitar a prestação de garantias («*assurances*») adequadas de boa execução das suas obrigações. Esta ressalva não se aplica, todavia, se o devedor tiver declarado que não executará as suas obrigações. Também esta regra assume, assim, uma feição compromissória.

2.8. Impossibilidade da prestação

Consideremos ainda as situações de impossibilidade superveniente de cumprimento do contrato. O art. 79.º, n.º 1, da CISG estabelece este respeito:

> «Uma parte não é responsável pela inexecução de qualquer das suas obrigações se provar que tal inexecução se ficou a dever a um impedimento alheio à sua vontade e que não era razoável esperar que ela o tomasse em consideração no momento da conclusão do contrato, o prevenisse ou o ultrapassasse, ou que prevenisse ou ultrapassasse as suas consequências.»

Como referem Maria Ângela Soares e Rui de Moura Ramos[47], abrangem-se nesta disposição as situações de ausência de culpa (*lato sensu*) do devedor na inexecução da prestação, designadamente por esta ser devida a caso fortuito ou de força maior, a facto de terceiro ou à aplicação de normas legais. A excessiva onerosidade da prestação não está, como notámos, compreendida nela[48].

O preceito em apreço restringe o princípio de responsabilidade objetiva do devedor acolhido na Convenção. O seu significado prático é, porém,

[47] *Contratos internacionais*, cit., p. 214.

[48] Neste sentido, veja-se também Sánchez Lorenzo, «La frustración del contrato», *in eiusdem* (org.), *Derecho contractual comparado. Una perspectiva europea y transnacional*, 3.ª ed., Madrid, 2016, t. II, pp. 742 s.

limitado, sendo raros os casos em que os tribunais exoneram o devedor ao abrigo dela[49].

Para tanto concorre a circunstância de serem muito apertados os pressupostos de que depende essa exoneração, a saber: *a)* A ocorrência de um impedimento situado fora da esfera de controlo do devedor (um desastre natural, um ato de violência, uma greve, um embargo, etc.); *b)* A imprevisibilidade desse impedimento ao tempo da conclusão do contrato; *c)* A inevitabilidade e insuperabilidade desse impedimento através de medidas razoavelmente exigíveis ao devedor; e *d)* Um nexo causal entre o impedimento e a não execução da prestação.

De notar, por outro lado, que o art. 79.º, n.º 5, da Convenção mantém nestes casos o devedor adstrito ao dever de cumprimento da prestação, apenas o liberando do dever de indemnizar o credor. A realização da prestação pode, assim, ser-lhe exigida, se esta, entretanto, se tornar possível.

A máxima *impossibilium nulla obligatio est* não tem, portanto, aplicação no âmbito da Convenção[50].

3. A conceção de contrato que se desprende da CISG

Verifica-se, em face do exposto, que a CISG consagra, em matéria de incumprimento, uma *garantia* a favor do credor, que lhe permite responsabilizar o devedor independentemente de culpa sua pela não realização da prestação devida, salvo ocorrendo caso de força maior e desde que verificados os requisitos da relevância desta; do mesmo passo que admite a resolução do contrato em caso de incumprimento fundamental por mera declaração de uma das partes à outra e independentemente da concessão à parte inadimplente de um prazo para saná-lo.

A CISG restringe ainda consideravelmente a possibilidade de *execução específica* da obrigação incumprida, designadamente nos casos em que o credor possa obter a prestação em falta em condições razoáveis de um terceiro, viabilizando assim a «violação eficiente do contrato» pela parte que disponha de uma alternativa economicamente mais favorável sempre que a *lex fori* a admita.

Não será demais concluir, em face deste quadro normativo, que a CISG reflete, em matéria de incumprimento, o triunfo da conceção anglo-saxónica

[49] Neste sentido, *Münchener Kommentar*/Huber, Art. 79 CISG, n.m. 1.

[50] Neste sentido também Schlechtriem/Schroeter, *Internationales UN-Kaufrecht*, p. 156.

de contrato[51], traduzida num certo enfraquecimento da *visão moral do contrato* (como já se lhe chamou[52]) acolhida nos sistemas romanistas, em benefício de uma visão mais centrada nos seus efeitos económicos, como a que está subjacente aos sistemas de *Common Law*.

É essa mesma conceção que subjaz, como se viu acima, ao regime convencional da formação do contrato, em particular atenta a rejeição da admissibilidade da *culpa in contrahendo*; e bem assim à orientação adotada na Convenção quanto à relevância da alteração de circunstâncias como fundamento de modificação ou resolução do contrato.

A esta circunstância não será alheia a influência dominante segundo alguns exercida pelos Estados Unidos da América na formação da CISG, que em diversos aspetos apresenta semelhanças substanciais com o regime da compra e venda constante do *Uniform Commercial Code* norte-americano[53].

4. Os limites da unificação empreendida pela CISG e a sua *geometria variável*

Não obstante o progresso que representa sob o prisma da aproximação entre diferentes tradições jurídicas, existem significativos limites ao alcance da unificação do regime da compra e venda internacional empreendida pela CISG.

Estes limites derivam, desde logo, das restrições impostas pela própria Convenção às matérias por ela reguladas; da possibilidade de as partes excluírem a aplicabilidade das suas disposições; da remissão para a lei aplicável em virtude das regras nacionais de Direito Internacional Privado a fim de se

[51] Cfr., reconhecendo que o regime do incumprimento do contrato acolhido na Convenção de Viena e, na esteira desta, nos Princípios UNIDROIT, nos *Princípios de Direito Europeu dos Contratos* e no *Draft Common Frame of Reference*, foi modelado à imagem dos sistemas de *Common Law*, Ole Lando, «Non Performance (Breach) of Contracts», *in* Hartkamp e outros (orgs.), *Towards a European Civil Code*, pp. 681 ss. (pp. 685 ss.). Vejam-se ainda, neste sentido, Ulrich Drobnig, «General Principles of European Contract Law», *in* Petar Sarcevic e Paul Volken (orgs.), *International Sale of Goods: Dubrovnik Lectures*, Nova Iorque, Oceana, 1986, pp. 305 ss. (a respeito da Convenção de Viena); Filippo Ranieri, *Europäisches Obligationenrecht*, p. 709 (salientando a «função modelar» – «*Vorbildfunktion*» – do Direito inglês na conformação do Direito Civil Europeu); Jean-Frédéric Carter, *Le traitement de l'inéxecution (La breach of contract)*, Lille, 2003; e Carmen Vaquero López, «La mora en los contratos», *in* Sánchez Lorenzo (org.), *Derecho contractual comparado*, t. II, pp. 820 s.

[52] Assim, Rémy Cabrillac, *Droit européen comparé des contrats*, Paris, 2012, p. 156.

[53] Neste sentido, *vide*, na literatura mais recente, Arnald J. Kanning, «Unification of Commercial Contract Law: The Role of the Dominant Economy», *RabelsZ*, 2021, pp. 326 ss. (p. 354),

resolverem as questões não expressamente disciplinadas pela Convenção; do amplo recurso nela a conceitos indeterminados, como os de «pessoa razoável», «prazo razoável» e «incumprimento fundamental»; e da ausência de uma instância supranacional de interpretação da Convenção.

Além disso, a Convenção apresenta uma *geometria variável*, resultante das reservas formuladas por certos Estados contratantes. Entre estas avulta a do art. 92.º, n.º 1, por força do qual qualquer Estado Contratante pode declarar, no momento da assinatura, ratificação, aceitação, aprovação ou adesão, que não ficará vinculado pelo disposto na parte II, atinente à formação do contrato, ou pela parte III, relativa aos direitos e obrigações das partes.

5. A inevitabilidade do recurso às leis nacionais e a emergência de uma *terceira via* de regulação da compra e venda internacional

Um contraente estabelecido num Estado que haja efetuado uma reserva ao abrigo do citado art. 92.º é tido como oriundo de um Estado não contratante pelo que respeita às disposições convencionais excluídas; o que obriga a recorrer às regras de Direito Internacional Privado a fim de se determinar o regime aplicável.

Analogamente, as matérias não abrangidas pela Convenção (denominadas *lacunas externas*), entre as quais se incluem, segundo o art. 4.º, a validade dos contratos e a transferência da propriedade sobre as mercadorias vendidas, assim como as questões compreendidas no seu âmbito material de aplicação mas que não sejam resolvidas pelas suas disposições (ditas *lacunas internas*), são reguladas (no segundo caso, apenas se não for possível recorrer, para o efeito, aos princípios gerais que inspiram a Convenção) pela lei aplicável segundo as regras de conflitos do Estado do foro, conforme se determina no art. 7.º, n.º 2.

A Convenção consagra, assim, uma *unificação mitigada* do regime da compra e venda internacional, que não dispensa o recurso aos Direitos nacionais designados pelas regras de Direito Internacional Privado[54].

Mais do que um compromisso entre *Common Law* e *Civil Law* – nalguns domínios, aliás, praticamente impossível de estabelecer –, a CISG acolhe uma

[54] Neste sentido, Franco Ferrari, «CISG», *in* Jürgen Basedow/Franco Ferrari/Pedro de Miguel Asensio/Giesela Rühl (orgs.), *Encyclopedia of Private International Law*, Cheltenham, 2017, vol. 1, pp. 337 ss. (p. 341).

terceira via pelo que respeita à regulação das matérias que constituem o seu objeto, assente na conjugação de regras uniformes com os regimes nacionais da compra e venda.

E se esta é porventura uma das suas *principais vantagens*, dada a neutralidade do regime convencional que assim se logrou assegurar e a igualdade de condições concorrenciais daí resultante para as partes nos contratos internacionais, ela não deixa de constituir simultaneamente uma das suas *maiores debilidades*, pela inequívoca limitação assim imposta à uniformidade do regime da compra e venda internacional, proclamada no preâmbulo da Convenção como um dos seus objetivos fundamentais, e à redução dos custos e riscos inerentes à aplicabilidade de diferentes leis aos contratos internacionais.

39. O REGIME DA RESOLUÇÃO DO CONTRATO NA CISG E NO DIREITO COMERCIAL PORTUGUÊS

Miguel Pestana de Vasconcelos*

Introdução

O contrato de compra e venda está no cerne do direito comercial. A troca de mercadorias mediante um preço encontra-se na origem da própria designação da disciplina. Outras áreas do direito comercial (que reveste um caráter histórico-cultural com reduzida unidade interna, sendo composto por um conjunto de disciplinas hoje autónomas) gravitam em torno deste núcleo central. É o que sucede com os títulos de crédito, o direito dos transportes, terrestre, marítimo e aéreo, em parte os seguros (pelo menos na sua origem histórica) e múltiplos contatos de financiamento, incluídos no direito bancário, ligados à *trade finance* e a um regime seguro de pagamentos, com relevo para o crédito documentário, as modalidades de *factoring* internacional, e o *forfaiting*, de entre outras.

Este contrato, agora no âmbito mais específico das mercadorias, tem, de entre os contratos mercantis, especial importância no âmbito do comércio internacional, onde grande parte das operações (em regra, um contrato ou conjuntos ligados de contratos) comerciais assumem a forma de compras e vendas de mercadorias, pese embora o crescimento das prestações de serviços. Referimo-nos sempre às operações económicas ligadas ao que os economistas denominam economia real, por contraposição às operações financeiras, pois essas assumem hoje um excessivo, e muitas vezes nocivo, papel em termos de transações internacionais.

A disciplina dos contratos internacionais assenta principalmente na *lex mercatoria*, composta por um conjunto de cláusulas, muitas vezes emergentes de verdadeiros usos, que formam parte do conteúdo típico – socialmente

* Juiz Conselheiro do Tribunal de Contas. Professor Catedrático da Faculdade de Direito da Universidade do Porto.

– destes contratos. Contratos que revestem, muitas vezes, especial complexidade, e contém cláusulas, decorrentes justamente da sua internacionalidade, relativas à lei aplicável e ao foro. É muito comum o recurso à arbitragem.

Dado o seu relevo económico e a necessidade de se obter um quadro jurídico que confira segurança e, por conseguinte, acabe por promover estas transações, foi aprovada a convenção de Viena, contendo uma extensa regulamentação deste contrato e que, como se sabe, foi recentemente ratificada – de forma inexplicavelmente tardia – pelo Estado português[1].

Este texto tem por objeto analisar o regime de resolução do contrato de compra e venda – e, como veremos, também de fornecimento – na convenção. Far-se-á uma contraposição com aquele que resulta do direito português. Tarefa que se considera particularmente relevante por duas razões.

Em primeiro lugar, porque os diversos operadores económicos nacionais, em especial as empresas exportadoras e importadoras, ver-se-ão confrontadas, agora, com dois regimes específicos que regime para as transações de mercadorias: nacional (que se poderá, evidentemente, aplicar também a exportadores de outros Estados sempre que a lei escolhida convencionalmente pelas partes seja a lei nacional) e o da convenção. Ora, as fontes inspiradoras e a estrutura de cada um dos regimes são bastante diversas, não obstante, muitas vezes, os resultados práticos possam ser próximos.

A comparação é, num segundo momento, também muito frutífera se se tiver em conta que o direito português neste aspeto é quase modelar do sistema romano-germânico dadas as evidentes proximidades de disciplina com aquele que decorre do BGB nesta matéria (em que se inspirou, não só na lei, mas, o que não é menos, devido à influência da ciência jurídica alemã, na portuguesa – também – nesta sede e que teve, e tem, especial relevo, na interpretação do regime vigente).

Nessa medida, a comparação de regimes tem aqui, por esse motivo, um relevo mais amplo que vai para além do cotejo do modelo nacional com aquele que resulta da convenção, mas num sentido mais amplo com um outro modelo.

Por fim, o que não é menos, a densificação do tratamento das matérias num determinado sistema, pode ter, e tem muitas vezes, um especial relevo, na precisão de pontos da disciplina do outro. Em particular, sempre que eles decorram de conceitos indeterminados, o que é comum, como se verá, na Convenção.

[1] O Decreto n.º 5/2020, de 7 de agosto, aprovou, para adesão, a Convenção das Nações Unidas sobre Contratos para venda Internacional de Mercadorias (elaborada pela Comissão das Nações Unidas sobre Comércio Internacional e adotada em Viena, em 11 de abril de 1980), a qual entrou em vigor, em Portugal, no dia 1 de outubro de 2021.

Seguir-se-á o seguinte percurso. Começar-se-á num primeiro momento por destacar o complexo quadro contratual em que se insere a compra e venda internacional. Ela poucas vezes surge sozinha, mas faz parte de um complexo de contratos. Sem se ter em conta este enquadramento global, será mais difícil perceber que o exercício da resolução do contato terá depois um efeito reflexo nesses negócios. Tal pode ocorrer também num contrato interno, porém é muito menos comum.

De seguida, far-se-á uma análise do regime da convenção, passando-se depois àquele que resulta do direito comercial português – e não exclusivamente do direito civil – não só na compra e venda, mas igualmente no contrato de fornecimento, porque a convenção rege ambos os negócios.

Dada a necessidade de restringir o âmbito de análise, o regime que se irá analisar limita-se às obrigações genéricas. Não se irá tratar da venda de coisas certas e determinadas[2]. De todo modo, os casos mais relevantes são os primeiros. As mercadorias [mercadoria genérica, como a convenção das denomina – art. 31.º, n.º 1, al. b) CISG] serão quase sempre objeto de obrigações genéricas.

Terminar-se-á, como não pode deixar de ser, com uma síntese conclusiva.

1. O complexo contratual que se inserem os contratos de compra e venda e de fornecimento de mercadorias internacionais

A perspetiva atomística do contrato, comum na doutrina civilística, decorrente de um excessivo esforço de abstração assente em aspetos parciais dos regimes gerais dos contratos, não corresponde à realidade comercial. Ou seja, às estruturas jurídicas compostas por contratos diversos coligados entre eles, de forma bilateral ou unilateral, genética ou funcional, como forma de dar corpo jurídico a uma operação económica unitária.

É assim, na generalidade dos contratos de compra e venda celebrados no âmbito simplesmente interno, que se apresentem integrados já em diversos contratos-quadro que regulam – e, por vezes, impõem a sua conclusão –, outros contratos (contrato de segundo grau) como sucede com os contratos

[2] Sobre ele, ver Maria Ângela Bento Soares/Rui Moura Ramos, *Contratos internacionais*, Almedina, Coimbra, pp. 1, ss.; Luís Lima Pinheiro, *Direito comercial internacional*, Almedina, Coimbra, 2005, pp. 259,

de fornecimento, de concessão, ou franquia (na modalidade de franquia de distribuição). Ligados ao contatos de compra e venda de mercadorias estão igualmente contatos de transporte, seguro e, com frequência, também garantias, em regra, pessoais[3]. A resolução do contrato acaba por ter um efeito de cascata sobre este conjunto de outros contratos, aspeto que o credor, seja vendedor, seja comprador, não pode deixar de ponderar.

A ligação contratual, o complexo contratual, assume uma importância maior no contrato de compra e venda internacional. Não só devido ao seu valor, mas igualmente pelos riscos específicos que comporta, a par das necessidades de financiamento (do comprador). O que explica que seja celebrado quase sempre ao mesmo tempo um contrato de crédito documentário, a que pode estar – e, muitas vezes, está – ligado um contrato de financiamento do comprador. De que também, evidentemente, pode beneficiar o vendedor, recorrendo ao *factoring* internacional, ou mesmo ao *forfaiting*.[4] Por fim, integram também esse conjunto contratual, e revestem especial destaque, os contratos de transporte e de seguro da mercadoria.

Não iremos, dado o objeto do trabalho, dilucidar com mais detalhe estas conexões. Não se pode, porém, perdê-las de vista quando fazemos a análise das posições jurídicas das partes, vendedor e comprador, no contrato de venda de mercadorias internacional. Fazê-lo seria uma simplificação, que tornaria a análise mais pobre e muito menos precisa. Incompatível com uma perspetiva de direito comercial.

2. A Convenção das Nações Unidas sobre Contratos para venda Internacional de Mercadorias (CISG)

Ao contrário do que sucede com o direito português, ou alemão, a convenção de Viena[5] tem um regime unitário, e não fragmentado, para o contrato.

Também ao contrário desses ordenamentos jurídicos que são travejados pela distinção entre incumprimento culposo e incumprimento não culposo,

[3] Sobre elas, ver Miguel Pestana de Vasconcelos, *Direito das garantias*, 3.ª ed., Almedina, Coimbra, 2019, pp. 85, ss..

[4] Ver M. Pestana de Vasconcelos, *Direito bancário*, 2.ª, ed. Almedina, Coimbra, 2020, pp. 323, ss..

[5] Sobre ela, ver: M. A. Bento Soares/Rui Moura Ramos, *Contratos internacionais*, cit.,, pp. 1, ss.; Maria Helena Brito, *Direito do comércio internacional*, Almedina, Coimbra, 2004, pp. 166, ss.; L. Lima Pinheiro, *Direito comercial internacional*, cit., pp. 259, ss.; Klaus J. Hopt, *Handelsgeschäfte*, in: Baumbach/Hopt, *Handelsgesetzbuch*, 37.ª ed., C.H. Beck, Munique, 2016, pp. 1482, ss..

para determinar (tanto em termos indemnizatório, como resolutivos) os efeitos do incumprimento, em particular os meios à disposição do credor, vendedor ou comprador, consoante as obrigações de cada um deles, a convenção, não recorre a este critério, sendo estruturada de uma outra forma.

Por outro lado, enquanto as regras de incumprimento são em geral tratadas a um nível mais elevado de abstração, aplicando-se a uma generalidade dos contratos e sem distinguir entre comprador e vendedor (somente credor e devedor, que variam, de acordo com a natureza de cada obrigação e a sua fonte), a convenção de Viena define as posições jurídicas, embora, na verdade, em termos simétricos, quer do vendedor, quer do comprador.

Quanto ao seu objeto, a Convenção não se limita aos contratos de compra e venda de mercadorias em si, mas regula igualmente os contratos de fornecimento de mercadorias[6]. Consiste numa modalidade contratual, que, sendo embora próxima da compra e venda, é distinta, desde logo por se tratar de um contrato duradouro, e não de um contrato com prestações instantâneas.

Para o que agora diretamente nos importa, a convenção prevê os meios de defesa em caso de incumprimento contratual pelo vendedor (Capítulo II, secção III, arts. 45.º e segs. CISG) e os meios de defesa na hipótese inversa, ou seja, de incumprimento pelo comprador (Capítulo III, secção III, arts. 61.º e segs. CISG).

De entre eles, interessa-nos só o direito de resolução. Começaremos pela posição do primeiro, para passarmos depois, embora de forma mais breve, tendo em conta o caráter, em grande parte, simétrico da sua posição, à do comprador.

2.1. A resolução pelo vendedor

2.1.1. O regime geral

Se o vendedor incumprir qualquer das obrigações emergentes do contrato (com fonte no regime legal, decorrente da convenção, e/ou do ajustado pelas partes naquele específico negócio), o comprador pode exercer os direitos previstos nos artigos 46.º, a 52.º [art. 45.º, n.º 1, al. a) CISG] e/ou pedir uma indemnização por perdas e danos nos termos dos artigos 74.º a 77.º. [art. 45.º, n.º 1, al. a) CISG]. Não há uma relação de alternatividade entre o exercício dos

[6] "Consideram-se contratos de compra e venda os contratos de fornecimento de mercadorias a fabricar ou a produzir, salvo se a parte que fez a encomenda das mercadorias se comprometa a fornecer uma parte essencial dos materiais necessários a esse fabrico ou produção" (art. 3.º, n.º 1).

meios do art. 46.º, a 52.º CISG e a indemnização por perdas e danos, podendo cumular-se (art. 45.º, n.º 2 CISG).

Dentre os meios de defesa, inclui-se nomeadamente o de exigir do vendedor o cumprimento das suas obrigações, salvo se aquele tiver recorrido a um meio de defesa incompatível com esta exigência (art. 46.º CISG), fixar um prazo suplementar de duração razoável para o vendedor cumprir as suas obrigações (art. 47.º CISG) e de resolver o contrato, nos termos do art. 49.º CISG. É este regime que passamos agora a ver.

São essencialmente consagrados três fundamentos.

Em primeiro lugar, o incumprimento por parte do vendedor de uma obrigação emergente do contrato ou da lei que consista num "incumprimento contratual fundamental" (*fundamental breach of contract*) [art. 49.º, n.º 1, al. a) CISG]. Este conceito indeterminado é nuclear no sistema da convenção. Voltaremos a ele mais à frente.

Em segundo lugar, se o vendedor incumprir a obrigação de entrega das mercadorias no prazo suplementar de duração razoável fixado pelo comprador [art. 49.º, n.º 1, al. b) e art. 47.º CISG] ou se declarar, desde logo, que não as irá entregar nesse período de tempo [art. 49.º, n.º 1, al. b) CISG].

Todavia, tendo o vendedor entregue as mercadorias, o comprador, verificando-se embora um dos fundamentos referidos, não tem direito à resolução do contrato, a não ser que, quando a entrega tenha sido tardia, resolva o contrato depois de ter tido conhecimento de que ela foi efetuada [art. 49.º, n.º 2, al. a) CISG].

Não cessa igualmente o seu direito de resolução se, tratando-se do incumprimento de uma outra obrigação diversa da entrega tardia, ele o exercer num prazo razoável após ter tido conhecimento ou devesse ter tido conhecimento do incumprimento [art. 49.º, n.º 2, al. b) ii CISG], após o termo de qualquer prazo suplementar de duração razoável fixado pelo comprador; ou depois o vendedor ter declarado que não irá cumprir as suas obrigações nesse prazo suplementar.

Não se extingue igualmente o seu direito decorrido o prazo suplementar que lhe tenha sido indicado pelo vendedor nos termos do art. 48.º CISG, ou depois de o comprador ter declarado que não irá aceitar o cumprimento [art. 49.º, n.º 2, al. b) iii CISG].

Este ponto exige uma explicação complementar.

Com efeito, não tendo o contrato sido resolvido, o vendedor pode, mesmo depois da data da entrega das mercadorias, sanar, a expensas suas, o incumprimento das suas obrigações. Para o efeito, é necessário que possa fazer sem causar um atraso irrazoável e sem causar inconvenientes ou incerteza irrazoáveis para o comprador quanto ao reembolso por ele próprio, vendedor, das despesas incorridas por aquele, ou seja, ao adquirente dos bens (art. 48.º, n.º 1 CISG).

O vendedor poderá pedir ao comprador que lhe comunique se irá aceitar esse cumprimento tardio; nessa eventualidade, caso este último não responda num prazo razoável, o vendedor pode cumprir as suas obrigações no prazo indicado no pedido.

Ora, durante esse prazo, o comprador não pode recorrer a nenhum meio de defesa que seja incompatível com o cumprimento das obrigações por parte do vendedor, o que significa que não pode resolver o contrato.

Todavia, depois de decorrido esse prazo suplementar, poderá fazê-lo, mesmo depois de entregues as mercadorias, o que é ressalvado por esta norma. O mesmo sucede, se o comprador comunicar à outra parte que não irá aceitar o cumprimento.

2.1.2. A resolução parcial

Se o vendedor entregar apenas parte das mercadorias ou se apenas parte daquelas entregues estiver em conformidade com o contrato, a disciplina dos art. 46.º, a 50.º CISG, aplica-se em relação à parte em falta ou que não estiver em conformidade (art. 51.º, n.º 1 CISG). O que significa, para o que diretamente nos interessa, que a convenção admite uma resolução parcial do contrato, limitada à parte falta ou à parte das mercadorias que não esteja em conformidade. O contato na parte restante mantém-se, o que significa que se opera uma redução parcial do seu objeto.

Não obstante, mesmo nestes casos, o comprador poderá resolver o contrato na sua totalidade, extinguindo-o, se o incumprimento parcial ou a falta de conformidade constituírem um incumprimento contratual fundamental (art. 51.º, n.º 2 CISG).

2.1.3. O incumprimento contratual fundamental (art. 26.º CISG)

Um dos conceitos chave da convenção consiste no conceito indeterminado de incumprimento fundamental do contrato. Ele opera não só no âmbito da resolução, seja pelo comprador, seja pelo vendedor, mas também para diversos outros efeitos. A técnica compreende-se. Dada a necessidade de compromisso que convenção representa, ela tem que trabalhar em grande medida com conceitos indeterminado, a concretizar face a cada contrato. De todo o modo, neste caso aproximou-se mais do sistema anglo-saxónico, porque, conforme se viu, ele não existe nesta formulação nos ordenamentos romano-germânicos.

Temos assim que o conceito é preenchido por três elementos, procedendo depois a lei a uma delimitação negativa do último deles. Vejamos então com mais detalhe cada um destes elementos.

Terá que se verificar um incumprimento (i), ele terá que causar um prejuízo à outra parte (ii), que seja substancial, isto é, na definição da lei, que a "prive substancialmente daquilo que lhe era legítimo esperar do contrato" (iii) (art. 26.º, primeira parte CISG).

O incumprimento poderá dizer respeito a uma obrigação principal, p. ex., a entrega, ou o pagamento do preço, a uma obrigação secundária, ou mesmo a um dever lateral decorrente da boa fé.

A lei não distingue e o sentido da norma não é limitativo. Nem poderia ser. A relação contratual é uma relação complexa, um organismo, integrado por um conjunto de obrigações com prestações diversas, com o potencial para se moldar ao longo do tempo[7]. Dessa relação fazem parte os deveres laterais, decorrentes da boa fé. Não sendo embora obrigações *per se*, integram-se na relação complexa e o seu incumprimento é também o incumprimento da obrigação no sentido lato que a sua complexidade impõe.

Do incumprimento terá que resultar um prejuízo para a outra parte, ou seja, um dano, em regra sob a forma de dano emergente. Embora este requisito seja pressuposto da aquisição do direito a uma indemnização por perdas e danos, prevista, como se viu, na convenção (art. 74.º CISG), ele é ao mesmo tempo necessário para a própria resolução do contrato, sempre que ela assentar neste fundamento.

Não basta qualquer incumprimento. É necessário, para este efeito (não para a indemnização, claro está) que ele que cause um prejuízo que o "prive substancialmente daquilo que lhe era legítimo esperar do contrato".

Deverá recorrer-se, num esforço necessário de precisão dogmático, ao interesse do comprador[8], embora não exista uma coincidência entre ambas as figuras. Trata-se de densificar o conceito, recorrendo a instrumento de mais preciso, mas que não o esgota, nem se sustenta, evidentemente, uma coincidência entre uma e outra.

Como se sabe, interesse implica uma relação entre o sujeito e os bens, ligado por sua vez também à finalidade a que ele os destina[9]. Ela pode ser

[7] Sobre este ponto, por todos, ver J. Ribeiro de Faria, *Direito das obrigações*, vol. I, 2.ª ed., atualizada e ampliada por Miguel Pestana de Vasconcelos e Rute Teixeira Pedro, Almedina, Coimbra, 2021, pp. 153, ss..

[8] M. A. Bento Soares/R. Moura Ramos, *Contratos internacionais*, cit., p. 69.

[9] Cfr. J Calvão da Silva, *Cumprimento e sanção pecuniária compulsória*, Separata do vol. XXX, do suplemento do Boletim da Faculdade de Direito da Universidade de Coimbra, Coimbra, 1987, p. 61.

objetivamente determinada, decorrendo da própria natureza da prestação, em termos tais, p. ex., em que a sua não realização atempada, ou parcial, impedirá a realização do fim visado com a prestação, ou subjetivo, embora objetivamente avaliado, atendendo à específica finalidade a que o credor a destine[10]. Assim, se o comprador deixar de poder revender os bens, ou de os utilizar para o fim a que os destinava. O mesmo pode acontecer em função da natureza do prazo[11]. A avaliação deste interesse faz-se, note-se, face a esse contrato específico.[12]

A lei delimita, depois, esse conceito, acrescentando-lhe o juízo de previsibilidade. Nos seguintes termos: é necessário que a parte inadimplente não tenha previsto esse resultado – ou seja, que esse incumprimento causaria à outra parte um dano que privaria daquilo que lhe era legítimo esperar do contrato -, e uma pessoa razoável do mesmo tipo perante as mesmas circunstâncias, também não o tivesse previsto.

Deste modo, se o vendedor souber a finalidade a que a outra parte iria destinar a prestação, as utilidades que dela iria retirar, ou se ela fosse objetivamente determinável, o requisito da previsibilidade estará preenchido (p. ex., uma mercadoria muito específica que só pode ser utilizada para um determinado evento).

A razoabilidade implica uma medida de esforço, de diligência, que um contraente do mesmo tipo, ou seja, daquela modalidade de venda quanto ao conteúdo e ao objeto (p. ex., venda de máquinas especializadas, de veículos automóveis, de sacos de cimento; venda com reserva de propriedade, a prestações, etc.) teria recorrido para determinar o alcance do prejuízo causado pelo incumprimento no interesse da outra parte. O que implica também da finalidade a que destinava a prestação, o fim que o comprador lhe queria dar.

Não basta, porém, esse juízo em abstrato, é ainda necessário que naquelas circunstâncias específicas daquele contrato, onde inserem igualmente as negociações e contactos pré-negociais, esse prejuízo qualificado, que privasse

[10] Ver J. Baptista Machado, *Pressupostos da resolução por incumprimento* in: João Baptista Machado, Obra dispersa, vol. I, Scientia Iuridica, Braga, 1991, pp. 160-161.

[11] Sendo um negócio fixo, Cfr. C.W. Canaris, *Handelsrecht*, 23.ª ed., 2000, C.H. Beck, Munique, § 31, pp. 528, ss.

[12] Peter Schlechtriem, Uniform Sales Law – The UN-Convention on Contracts for the International Sale of Goods, comentário ao art. 25.º, p. 58 (in: https://iicl.law.pace.edu/sites/default/files/cisg_files/schlechtriem.html#a37).

substancialmente a outra parte daquilo que lhe era legítimo esperar do contrato, não fosse, nesses termos, previsível[13].

2.1.4. A resolução antecipada do contrato

A convenção admite a resolução do contrato de forma preventiva, ainda antes de a outra parte o ter incumprido. É necessário ser manifesto que a outra parte irá incorrer num incumprimento contratual fundamental, nos termos que acabámos de ver (art. 72.º, n.º 1 CISG). Para o efeito, o comprador terá que notificar o vendedor da intenção de resolver o contrato, em condições razoáveis que lhe permitam dar garantias adequadas do cumprimento das suas obrigações. Não o fazendo, o primeiro poderá depois resolver o contrato (art. 72.º, n.º 2 CISG).

Este procedimento não é necessário se a outra parte tiver declarado que não irá cumprir as suas obrigações (art. 72.º, n.º 3 CISG) ou se o comprador não tiver tempo para realizar essa notificação, o que bem se compreende em caso de urgência (art. 72.º, n.º 2 CISG). O que se determinará em função, desde logo, da necessidade de fazer cessar o contrato para celebrar um contrato de substituição.

2.1.5. A resolução parcial e preventiva do contrato nos contratos com prestações sucessivas (art. 73.º CISG)

Se não estivermos face a uma compra e venda simples, esgotando-se na troca de preço e mercadorias num só momento, mas a um contrato de compra e venda com prestações fracionadas, ou a um contrato de fornecimento, a convenção permite a resolução *parcial* do contrato, com efeitos *ex nunc*, sem se atingirem, pois, as prestações já realizadas e, numa outra hipótese a resolução *total* com efeitos *ex nunc*. Vejamos cada um destes casos.

Se o vendedor (ou a outra parte) incumprir uma obrigação, revestindo esse incumprimento as caraterísticas de um incumprimento contratual fundamental, o credor pode resolver o contrato relativamente a essa prestação (art. 73.º, n.º 1 CISG). Constitui assim uma resolução limitada a uma prestação do contrato, negócio que se mantém e deverá continuar a ser cumprido no que toca às outras obrigações.

[13] Isto aquando da sua celebração, não num momento posterior. Cfr. P. Schlechtriem, *Uniform Sales Law – The UN-Convention on Contracts for the International Sale of Goods*, comentário ao art. 25.º, cit., p. 51.

A convenção permite ainda a resolução de todo o contrato, embora sem efeitos retroativos, ainda que não exista o nexo de interdependência entre as prestações, se, devido ao incumprimento de uma das prestações (embora não incumprimento fundamental), tiver *motivos sérios* para concluir que irá ser cometido um incumprimento contratual fundamental relativamente às prestações *futuras*. Terá para o efeito de o fazer num prazo razoável contado desde o incumprimento da prestação em causa (art. 73.º, n.º 2 CISG).

A figura aproxima-se bastante da resolução de um contrato duradouro por justa causa (*aus wichtigem Grund*)[14]. O incumprimento de uma das prestações pelo seu caráter reiterado ou pela sua gravidade faz perder a confiança da outra parte no correto e integral cumprimento das obrigações futuras. Nessa eventualidade, o credor pode resolver o contrato, embora com efeitos *ex nunc*, não sendo atingidas as prestações já realizadas.

Contudo, atendendo ao nexo de interdependência entre essa prestação e as outras prestações contratuais, o credor pode, ao mesmo tempo, resolver o contrato em relação a entregas já realizadas ou futuras se elas, dada essa ligação, não puderem ser utilizadas para o fim previsto pelas partes no momento da conclusão do contrato (art. 73.º, n.º 3 CISG). A resolução é integral e tem efeitos retroativos.

2.2. A resolução pelo vendedor

Como se referiu, os meios de defesa do vendedor espelham, em grande parte, aqueles do comprador, pelo que muito o que acima dissemos relativamente à posição daquela valem para a posição deste. A análise será, assim, mais breve.

Os meios de defesa do vendedor, em caso de incumprimento pelo comprador de uma das obrigações decorrentes da convenção ou do contrato estão previstos no art. 61.º. Deste modo, ele pode exercer os direitos decorrentes nos artigos 62.º a 65.º, como o de exigir do comprador o pagamento do preço, a aceitação da entrega ou o cumprimento das demais obrigações que lhe são devidas (salvo se o vendedor tiver recorrido a um meio de defesa incompatível com esta exigência – art. 62.º CISG), de fixar um prazo suplementar de duração razoável para o comprador cumprir as suas obrigações (art. 63.º CISG) ou de resolver o contrato nos termos do art. 64.º CISG.

[14] Fikentscher/Heinemann, *Schuldrecht*, 10.ª ed., De Gruyter, Berlim, 2006, § 50 II, p. 291.

Pode ainda, de forma cumulativa, ou alternativa [art. 61.º, n.º 2 CISG], pedir uma indemnização por perdas e danos prevista nos arts. 74.º a 77.º [art. 61.º, n.º 1, al. a) e al. b) CISG], não podendo este direito por exercer algum daquelas [art. 61.º, n.º 2 CISG].

O regime da resolução é quase idêntico, embora visto da posição jurídica oposta, ao do comprador. Na verdade, o vendedor pode resolver do contrato se o incumprimento por parte do comprador de qualquer uma das suas obrigações decorrentes do contrato ou da convenção constituir um incumprimento contratual fundamental ou se o comprador não cumprir a sua obrigação de pagar o preço ou de aceitar a entrega no prazo suplementar de duração razoável fixado pelo vendedor ou se declarar que não o irá fazer no prazo assim fixado. [art. 64.º, n.º 1, als. a) e b) CISG].

Porém, se o comprador já tiver pago o preço, o vendedor deixa de poder resolver o contrato, a não ser em duas circunstâncias.

Primeiro, se, caso o comprador tiver cumprido tardiamente, exercer o direito antes de ter tido conhecimento desse cumprimento.

Em segundo lugar, não se tratando já de um incumprimento tardio, mas de outro tipo de incumprimento, exercer o direito num prazo razoável após ter tido ou devesse ter tido conhecimento do incumprimento; ou após o decurso de qualquer prazo suplementar de duração razoável fixado pelo vendedor; ou após o comprador ter declarado que não irá cumprir as suas obrigações nesse prazo suplementar.

2.3. Os efeitos da resolução

A convenção prevê um regime comum para a resolução, logo que ela tenha sido exercida nos termos em que acabámos de ver, produzindo efeitos depois de notificada à outra parte (art. 26.º CISG). Vejamos num breve conspecto.

A resolução tem um típico efeito liberatório das prestações ainda não realizadas (art. 81.º, n.º 1 CISG) e restitutório daquelas que tenham já sido executadas (art. 81.º, n.º 2 CISG). A convenção preocupa-se em referir que a resolução não afeta as cláusulas relativas à resolução de conflitos ou aos direitos e obrigações das partes no caso de resolução do contrato (art. 81.º, n.º 2 CISG).

O que em grande parte é consentâneo com a moderna dogmática da resolução contratual, que não a perspetiva como a extinção, o desaparecimento do contrato na ordem jurídica, mas antes como dando lugar a uma relação de liquidação cuja fonte é ainda o contrato e que tem no seu cerne um sinalagma invertido de caráter restitutório das prestações já realizadas[15].

O conteúdo dessa relação vem precisado no art. 84.º CISG, tanto quanto ao dever de restituir a quantia, impondo-se o pagamento e juros moratórios desde a data em que o preço foi pago (art. 84.º, n.º 1 CISG), como no que diz respeito à restituição das mercadorias, fazendo-se recair sobre ele, para além do dever de restituir as mercadorias, o dever de pagar ao vendedor o montante equivalente a todos os benefícios que retirou delas, ou de parte delas, nos termos previstos no art. 84.º, n.º 2, al. a) CISG.

O mesmo sucede se lhe for impossível restituir as mercadorias, no todo ou em parte, ou restitui-las, também no todo ou em parte, num estado substancialmente idêntico àquele em que as recebeu, mas, não obstante tal impossibilidade, tenha resolvido o contrato ou exigido do vendedor a entrega de mercadorias de substituição [art. 84.º, n.º 2, al. b) CISG].

O comprador perde o direito de resolver o contrato, ou de exigir a entrega das mercadorias de substituição, se lhe for impossível restituir as mercadorias num estado substancialmente igual àquele que as recebeu, salvo nos casos previstos no n.º 2 do art. 82.º CISG, que são: a impossibilidade de restituir as mercadorias, ou de as restituir num estado substancialmente idêntico àquele em que o comprador as recebeu, não se dever a um ato ou omissão seus; se as mercadorias tiverem perecido ou se tiverem deteriorado, no todo ou em parte, em consequência do exame previsto no artigo 38.º CISG; ou se as mercadorias, no todo ou em parte, tiverem sido vendidas no decurso normal dos negócios ou se tiverem sido consumidas ou transformadas pelo comprador de acordo com um uso normal, antes que este tenha detetado ou devesse ter detetado a falta de conformidade [art. 82.º, n.º 2, als. a), b) e c) CISG].

Na eventualidade de o comprador perder o direito de resolver o contrato, ou de exigir do vendedor a entrega das mercadorias de substituição, nos termos acabados de referir, mantém os restantes meios de defesa decorrentes do contrato ou da convenção. (art. 83.º CISG).

[15] Ver J. Ribeiro de Faria, *A natureza da indemnização no caso de resolução do contrato. Novamente a questão*, in: Estudos em comemoração dos cinco anos (1995-2000) da Faculdade de Direito da Universidade do Porto, Coimbra Editora, Coimbra, 2001, pp. 11, ss.

3. O regime da resolução do contrato de compra e venda comercial no direito português

3.1. O regime da compra e venda comercial

A disciplina da compra e venda comercial decorre da articulação do regime geral do Código Civil com as disposições do Código Comercial[16] que regem, não só a venda, mas igualmente outros aspetos de regime (como os juros de mora), bem como outra legislação avulsa, mas de grande importância, como sucede para o diploma dos atrasos no cumprimento das transações comerciais.

De todo o modo, a disciplina base, e de todas a mais relevante, é que decorre do direito civil, leia-se do direito das obrigações (exceto no que toca à formação do contrato, matéria da Parte Geral). O Código Civil rege com grande detalhe e rigor científico o regime da compra e venda em geral, e diversas modalidades particulares deste tipo contratual, como a venda a retro, a venda a prestações, a venda a contento, a venda sujeita a prova, além de admitir reserva de propriedade (em termos gerais nos contratos, art. 406.º, mas cuja relevância central, é, evidentemente, na compra e venda). Muitas destas figuras têm um caráter materialmente comercial, na medida em que visam servir os interesses do comércio, embora estejam previstas no Código Civil.

A explicação é muito simples: o regime do Código Comercial é de 1888, refletindo a realidade jurídico-comercial da época. O Código Civil, dada a falta de atualização (que se mantém) da legislação comercial neste ponto – e também por influência do Código italiano que unificou o direito civil e o comercial – regulou diversas modalidades destes contratos que só relevam no âmbito da vida comercial (além de outras modalidades comerciais, *maxime* a empreitada). Esses regimes não são, por isso, regimes puramente civis (pese estarem previsto no Código Civil), mas substancialmente verdadeiros regimes comerciais.

Relativamente ao que diretamente no interessa, porém, a disciplina da resolução deste contrato decorre principalmente das regras do Código Civil, de incumprimento das obrigações[17]. É esse regime que será, por isso, em primeira linha exposto.

[16] Sobre elas, ver F. Cassiano dos Santos, *Direito comercial português*, vol. I, Coimbra Editora, Coimbra, 2007, pp. 365, ss..

[17] Sobre eles, em geral, ver: Ribeiro de Faria, *Direito das obrigações*, Almedina, Coimbra, 1990, pp. 335, ss.; Antunes Varela, *Das Obrigações em geral*, vol. II, 7.ª ed., Almedina, Coimbra, 1997, pp. 60, ss.; Menezes Leitão, *Direito das obrigações*, vol. II, 13.ª ed., Almedina, Coimbra, 2018, pp. 231, ss.; Menezes Cordeiro, *Tratado de direito civil IX, direito das obrigações*, 3.ª ed., Almedina, Coimbra, 2017, pp. 217, ss..

3.2. O regime do incumprimento das obrigações

3.2.1. Incumprimento não imputável ao devedor

A disciplina do cumprimento e não cumprimento das obrigações no sistema português estrutura-se de acordo com dois eixos essenciais: a causa do incumprimento, imputável ou não; o efeito do incumprimento: mora ou incumprimento definitivo. Da sua articulação resultam quatro quadrantes: incumprimento definitivo não imputável, retardamento da prestação não imputável, por um lado, e o incumprimento definitivo imputável e mora, por outro[18].

A impossibilidade, de caráter jurídico ou material, tem sempre que ser absoluta, uma vez que o direito português não consagra, em termos gerais, uma regra relativa ao "limite do sacrifício" (*Opfergrenze*). Poderá ser objetiva, quando ninguém a possa realizar, ou subjetiva, relativa ao devedor. Esta não o exonera, salvo quando a prestação for infungível, hipótese em que é equiparada à impossibilidade objetiva (art. 791.º). Em qualquer destes casos, a impossibilidade leva à extinção da obrigação (art. 790.º).

Sendo a compra e venda um contrato bilateral sinalagmático, extinta uma obrigação, a outra parte fica desvinculada daquela que lhe dizia respeito (art. 795.º, n.º 1 do Código Civil). Porém, caso já tenha realizado a sua contraprestação, só terá direito à sua restituição nos termos do enriquecimento sem causa, e não, necessariamente, por inteiro (art. 795.º, n.º 1 do Código Civil).

As regras do risco do podem conduzir a soluções diversas. Correndo aquele por conta do adquirente, a impossibilidade não conduz à sua desvinculação. Vendida a coisa, se ela vier a perecer, o comprador não fica, em regra, desvinculado do dever de pagar o preço. As regras do risco decorrem do art. 796.º, correndo ele nos termos gerais por conta do proprietário, embora nem sempre tal suceda (ver art. 796.º, ns. 2 e 3 do Código Civil).

Sendo a obrigação de entrega das mercadorias uma obrigação genérica, a propriedade, e, portanto, também o risco, só se transmite aquando a concentração (art. 408.º, n.º 2 do Código Civil). Quando a escolha pertencer ao devedor, que é a solução supletiva do art. 539.º do Código Civil, haverá que determinar qual o tempo e o lugar da prestação. Aquele é fixado na maior parte das vezes através de recurso a *incoterms*.

A impossibilidade pode ser meramente parcial, p. ex., se perecerem só parte das mercadorias, caso em que por força do sinalagma funcional se reduz

[18] Seguimos a sistematização do Código.

na mesma medida a contraprestação, aqui o preço (art. 793.º, n.º 1). A norma pressupõe que não houve ainda transferência da propriedade e, também, do risco. Se assim não for, a prestação do comprador mantém-se na totalidade, só se reduzido a prestação da outra parte. Estamos perante uma impossibilidade não imputável.

Contudo, a lei confere ao credor o direito de resolução do contrato, se ele tiver, justificadamente, perdido o interesse na realização da prestação (art. 793.º, n.º 2 do Código Civil). Cabe-lhe a ele demostrar o seu interesse, necessariamente objetivamente considerado, e a sua perda. Merece destaque o facto de a lei não ligar exclusivamente a resolução (como resulta também do regime da venda a retro) aos casos de não cumprimento definitivo (embora sejam estes ao mais relevantes).

A impossibilidade de cumprimento da prestação, ainda possível, não conduz à sua extinção. O devedor mantém-se vinculado se, e enquanto, atenta a finalidade da obrigação, se mantiver o interesse do credor (art. 792.º, n.º 2 do Código Civil). Cabe-lhe a ele, se pretender a extinção da prestação e sua correspondente desvinculação da contraprestação, demonstrar que, tendo em vista a finalidade daquela prestação, o atraso levou à perda do seu interesse.

Para completar o quadro, a lei admite igualmente o *commodum* da representação, podendo o comprador valer-se do crédito que a impossibilidade de prestação tenha gerado na esfera do vendedor face a terceiro. Particular relevo tem aqui o crédito decorrente de contratos de seguro relativos à mercadoria (art. 794.º do Código Civil).

3.2.2. Incumprimento imputável ao devedor

O incumprimento é imputável quando tenha resultado de culpa do devedor, o que a lei presume. Sendo a entrega da mercadoria uma obrigação de resultado, cabe ao credor demonstrar o incumprimento, ou seja, a não realização da prestação nos termos negocialmente previstos, facto que desencadeia a presunção da culpa da outra parte (art. 799.º, n.º 1). Se não a ilidir, produzem-se os efeitos do incumprimento, que começam por ser a sua responsabilidade contatual, com o correspondente dever de indemnizar nos termos gerais pelos danos causados (art. 798.º do Código Civil).

A responsabilidade do devedor, aqui o vendedor, estende-se aos atos dos seus auxiliares, quer sejam dependentes, como os seus trabalhadores, como independentes, p. ex., as empresas de transporte a que recorre para cumprir a sua obrigação (art. 800.º do Código Civil), como se tivessem sido realizados por ele próprio (admitindo-se, no entanto, a sua exclusão ou limitação por acordo – art. 800.º, n.º 2 do Código Civil).

Tal como no incumprimento não imputável, distingue-se incumprimento definitivo e mora. O primeiro compreende três hipóteses: a impossibilidade da prestação, a perda de interesse do credor e o recurso à interpelação cominatória para transformar a mora em incumprimento definitivo, nos termos do art. 808.º do Código Civil. Não há assim dúvidas que, verificando-se um dos casos previstos nesta norma, se aplicará a disciplina do art. 801.º, do Código Civil que diretamente prevê só a impossibilidade de prestação.

A doutrina aceita também que a recusa perentória e definitiva de cumprir a obrigação conduza, pelo menos, à perda do benefício do prazo, tendo o devedor de cumprir de imediato sob pena de ficar em incumprimento definitivo.

A impossibilidade é, tal como acima se destacou, a impossibilidade absoluta e objetiva, salvo quando a prestação seja infungível, eventualidade em que a impossibilidade subjetiva releva.

Estando o devedor em mora, aplica-se o regime decorrente dos arts. 804.º do Código Civil e seguintes. O credor pode fazê-la cessar, transformando-a em incumprimento definitivo, recorrendo à interpelação cominatória. Terá, para esse efeito, que conceder à outra parta um prazo razoável para esta cumprir, advertindo-a que, se não o fizer, deixa de o poder fazer mais tarde. A razoabilidade do prazo determinar-se-á de acordo com diferentes elementos que o permitem concretizar, como a urgência na realização da prestação, o período mais ou menos extenso de mora, as diferentes insistências do credor para que o devedor cumpra.

A perda de interesse, objetivamente determinado (art. 808.º, n.º 2 do Código Civil), conduz também ao não cumprimento definitivo, pese embora a prestação ainda ser possível. Para o efeito, terá que se determinar qual a finalidade a que o devedor destinava a prestação. Sendo uma prestação funcionalizada a um determinado fim, se ele com a mora se tornar inalcançável, o credor perde o seu interesse. Muitas vezes, essa finalidade decorre logo da natureza da prestação. Noutros casos, da intenção subjetiva do credor, que poderá estar plasmada no próprio contrato[19]. Quando assim for, o prazo é absolutamente fixo, e estarmos perante um incumprimento definitivo.

Se o vendedor tiver transmitido a propriedade das mercadorias, encontrando-se a outra parte em mora quanto à obrigação de pagar o preço, a lei (art. 474.º do Código Comercial) permite-lhe em determinadas circunstâncias,

[19] Cfr. J. Baptista Machado, *Pressupostos da resolução por incumprimento*, cit., pp. 160-161.

vender esses bens a terceiro e satisfazer-se com a quantia recebida. Havendo diferença entre o valor que desta forma obtiver e o preço acordado, deverá restituir a diferença positiva ao comprador inicial. Se o valor obtido for inferior ao preço ficado, mantém-se credor do comprador inicial pela diferença. Para além de ter que comunicar esta venda à sua contraparte do contrato inicial de compra e venda (art. 474.º § 2.º do Código Comercial), terá que realizar a revenda em hasta pública, ou, se as mercadorias tiverem preço cotado na bolsa ou no mercado, por intermédio de corretor, ao preço corrente (art. 474.º § 1.º do Código Comercial).

Face à mora da outra parte, o credor pode simplesmente exigir o cumprimento por via judicial, e terá direito a ser indemnizado pelo atraso. Teremos que distinguir os casos em que as obrigações, tanto de pagar o preço, como da entrega das coisas sejam puras ou a prazo. Na primeira hipótese, será necessária a interpelação do devedor para cumprir; no segundo caso, basta, o decurso do prazo para se vencer a obrigação.

Contudo, se estivermos no âmbito de transações comerciais[20] para efeitos do Decreto-Lei n.º 62/2013, de 10 de maio (relativo ao atraso no pagamento das transações comerciais[21]), mesmo que não tenha sido fixado um prazo a obrigação de pagar, o preço vence-se logo que decorra um dos factos previstos no art. 4.º, n.º 3, ligados à emissão da fatura e a entrega das mercadorias.

No que diz respeito ao preço, as consequências indemnizatórias consubstanciam-se nos juros de mora, contados desde o dia do incumprimento. Na falta de estipulação pelas partes, aplicam-se os juros moratórios legais calculados nos termos decorrentes dos § § 4 e 5 do art. 102.º do Código Comercial.

Para além, das consequências de caráter indemnizatório da mora, e daqueles acima expostas, que decorrem da aplicação do art. 808.º do Código Civil, há ainda uma inversão do risco da perda ou deterioração das mercadorias, nos termos do art. 807.º n.º 1 do Código Civil, com a exceção decorrente da aplicação nesta situação específica da relevância negativa da causa virtual (art. 807.º, n.º 2). Estando o vendedor em mora, passa a correr esse risco quando, não fosse ela, correria já por conta do comprador.

Estando o devedor em incumprimento definitivo, o credor pode realizar ou manter a sua prestação, e exigir uma indemnização pelo interesse

[20] Art. 3.º, n.º 1, al. b).

[21] Que transpõe a Diretiva n.º 2011/7/UE, do Parlamento Europeu e do Conselho, de 16 de fevereiro de 2011, que estabelece medidas contra os atrasos de pagamento nas transações comerciais.

contratual positivo, isto é, por tudo o que teria ganho se o devedor tivesse cumprido pontualmente a sua obrigação, ou resolver o contrato (art. 801.º, n.º 2 do Código Civil).

Se o fizer, fica desvinculado da sua contraprestação ou, se já a tiver realizado, pode exigir a sua restituição. Mantém o direito a ser indemnizado, havendo uma divergência doutrinal, sobre se ela se calcula pelo interesse contratual positivo, ou negativo, sendo este aquilo que o credor teria obtido se tivesse celebrado um outro contrato (o negócio alternativo)[22]. A primeira é a solução correta.

Todavia, feita a entrega da coisa, o vendedor, não pode caso já se tenha transmitido, o que será a regra, a propriedade das coisas resolver o contrato por falta de pagamento do preço (art. 886.º do Código Civil). Ressalva-se convenção em contrário ou o recurso à reserva de propriedade (art. 409.º do Código Civil) que impeça justamente a transmissão da propriedade, que manterá na esfera do vendedor até ao integral pagamento do preço[23].

3.3. Os efeitos da resolução

A resolução, podendo decorrer da lei, como é o caso, ou de contrato (art. 432.º, n.º 1 do Código Civil)[24], tem, em termos gerais, efeitos retroativos (art. 433.º e 434.º, n.º 1). Trata-se de uma regra, porém, para a qual existem diversas exceções de grande relevo.

Deste modo, não haverá efeito retroativo, se se tratar de um contrato com obrigações duradouras (prestações continuadas ou periódicas), salvo se entre estas e a causa de resolução exista um vínculo que legitime a resolução de todas elas (art. 434.º, n.º 2 do Código Civil); as partes tiverem convencionado que não lhe conferir esses efeitos; ou quando ela contrariar a finalidade do contrato (art. 434.º, n.º 1). Os efeitos retroativos da resolução encontram ainda

[22] Ver sobre o ponto, J. Ribeiro de Faria, *A natureza da indemnização no caso de resolução do contrato. Novamente a questão*, in Estudos em comemoração dos cinco anos (1995-2000) da Faculdade de Direito da Universidade do Porto, Coimbra Editora, Coimbra, 2001, pp. 11, ss.

[23] Sobre ela, ver M. Pestana de Vasconcelos, *Direito das garantias*, cit., pp. 455, ss..

[24] Sobre ela, ver: João Baptista Machado, *Pressupostos da resolução por incumprimento*, in: João Baptista Machado, Obra dispersa, vol. I, Scientia Iuridica, Braga, 1991, pp. 125, ss.; Brandão Proença, *A resolução do contrato no direito civil*, Boletim da Faculdade de Direito, suplemento XXII, Coimbra, 1975, pp. 235, ss.; Pedro Romano Martinez, *Da cessação do contrato*, 3.ª ed., Almedina, Coimbra, 2015, pp. 67 ss..

um relevante limite nos direitos adquiridos de terceiros, que não são atingidos (art. 435.º, n.º 1 do Código Civil).[25]

Nem sempre o comprador poderá recorrer à resolução, mesmo que verificados os seus requisitos legais ou convencionais. Assim é quando, por circunstâncias não imputáveis ao outro contraente, não estiver em condições de restituir o que houver recebido, *in casu* as mercadorias (art. 432.º, n.º 2 do Código Civil).

Por fim, a resolução pode, ou não, estar sujeita a prazo, conforme o convencionado no contrato; se não estiver, a outra parte pode fixar ao titular do direito de resolução um prazo razoável para que o exerça, sob pena de caducidade (art. 435.º, n.º 2 do Código Civil). A lei não exige qualquer forma para o seu exercício, podendo ser realizada por simples comunicação à outra parte (art. 435.º, n.º 1 do Código Civil).

4. Síntese conclusiva

Não cabe agora comprar ponto por ponto as diferenças de regimes. Focar-nos-emos nos aspetos essenciais.

O regime de direito nacional é fragmentário, implicando sempre a articulação de regras de direito civil e de direito comercial. As primeiras são as mais relevantes, dado o caráter limitado do regime da venda comercial, para mais consagrado num Código novecentista. De entre elas, temos em primeira linha a disciplina do contrato de compra e venda, e das suas modalidades. Para além delas, e numa segunda linha, funcionado como pano de fundo, as regras do incumprimento das obrigações. Todavia, como elas são pressupostas pelo próprio regime da compra e venda, assumem o papel central no que toca à disciplina do incumprimento e da resolução em especial.

A convenção de Viena tem um regime único e, para o que diretamente nos interessa, fixa o conteúdo das posições de cada uma das partes em caso de incumprimento da outra, e estatui um regime de resolução que é em grande parte comum. Neste ponto há uma aproximação ao direito português, que tem igualmente um regime comum para a resolução nos arts. 433.º e segs. do Código Civil.

[25] Porém, o registo da ação de resolução que respeite a bens imóveis, ou a móveis sujeitos a registo, torna o direito de resolução oponível a terceiro que não tenha registado o seu direito antes do registo da ação (art. 435.º, n.º 2).

A disciplina do incumprimento no direito português é travejada pela distinção impossibilidade/possibilidade de cumprimento e o seu caráter imputável ou não imputável, embora no incumprimento imputável o conceito adequado seja o de incumprimento definitivo, que vai para além da simples impossibilidade.

No que diretamente toca à resolução do contrato, ela exige, como resulta do art. 801.º, n.º 2 do Código Civil, um incumprimento imputável. A ausência de culpa, não permite, em regra, a resolução do contrato, salvo em caso específicos, como sucede com o art. 793.º, n.º 2 do Código Civil para a impossibilidade parcial não imputável. A indemnização, também uma consequência do incumprimento, com base em mora ou no incumprimento definitivo, exige, sempre, a culpa do devedor.

O regime da Convenção é neste ponto muito distinto. Não se exige a culpa para a resolução do contrato. O aspeto decisivo é o conceito de "incumprimento contratual fundamental" (*fundamental breach of contract*), conceito absolutamente chave da convenção, e por isso delimitado logo no art. 29.º CISG. A sua importância decorre, desde logo, porque tem efeitos, não só para a resolução do contrato, mas para um conjunto diverso de consequências que o exigem.

É necessário, no seu quadro, que o incumprimento cause um prejuízo que o "prive substancialmente daquilo que lhe era legítimo esperar do contrato". Como explicámos, deverá recorrer-se, num esforço necessário de densificação dogmático, ao interesse do comprador ou vendedor, embora não exista uma coincidência entre ambas as figuras. A figura tem um elevado grau de precisão nos ordenamentos jurídicos romano-germânicos que deve ser aproveitado.

A convenção admite uma resolução antecipada do contato (art. 72.º, n.º 1 CISG), quando ainda não haja ainda um incumprimento, o que está vedado no direito português. A perda do benefício do prazo relativamente à obrigação só se verifica nos termos previsto na lei, não sendo nenhum deles o receio justificado do incumprimento (art. 780.º, art. 701.º e art. 678.º do Código Civil).

A convenção (art. 73.º) permite a resolução dos contratos com prestações fracionadas, embora sem efeitos retroativos, mesmo que não exista o nexo de interdependência entre as prestações, se tiver motivos sérios para concluir que irá ser cometido um incumprimento contratual fundamental relativamente às prestações futuras. Terá, para o efeito, que o fazer num prazo razoável, contado desde o incumprimento da prestação em causa (art. 73.º, n.º 2 CISG).

Esta solução tem parcialmente paralelo no direito nacional, se se tratar de uma venda a prestações nos termos do art. 934.º do Código Civil. É necessário, porém, que se verifiquem os seus pressupostos, quer quanto ao valor da prestação incumprida, quer, alternativamente, do número de prestações incumpridas. Contudo, não se admite neste caso a resolução parcial, relativamente só a essa prestação. A resolução tem efeitos retroativos, atingindo, e obrigando a restituir, as prestações já realizadas.

O paralelo, porém, é mais intenso, se, verificando-se as circunstâncias do art. 73.º, n.º 3 CISG, o contrato for resolvido na sua integralidade.

Se estivermos perante um contrato de fornecimento, que é um contrato duradouro, com prestações reiteradas, o regime do art. 73.º, n.º 2 CISG encontra paralelo na disciplina da resolução com justa causa consagrada no âmbito do art. 30.º, n.º 1 do Dec.-Lei n.º 178/86, norma relativa ao contrato de agência, mas a que a doutrina confere um alcance geral para a generalidade dos contratos duradouros.

Diverso é o regime da resolução do contrato por parte do vendedor. O direito português não admite a resolução, salvo convenção em contrário, se a coisa já tiver sido entregue a propriedade transmitida por falta de cumprimento do preço (art. 886.º do Código Civil). Daí a importância do recurso à reserva de propriedade como forma de tutela do vendedor (art. 409.º do Código Civil). Esta limitação não existe na Convenção[26].

Por fim, a convenção admite a resolução do contato cumulada com a indemnização, que poderá ser pelo interesse contratual positivo. Essa é a melhor solução no direito português, pese embora a existência de doutrina e jurisprudência que limita a indemnização nesses casos ao interesse contratual negativo. Cremos que a aplicação da convenção levará necessariamente por aproximação sistemática a firmar definitivamente o primeiro entendimento.

[26] Razão pela qual, como sublinham M. A Bento Soares/R. Moura Ramos (*Contratos internacionais*, cit., p. 163), a solução da lei portuguesa a este respeito é "bem mais drástica".

40. CISG E INCOTERMS® 2020

Pilar Perales Viscasillas*

1. Introducción a la Convención de Viena de 1980 sobre los contratos de compraventa internacional de mercancías (CISG) y a los Incoterms® 2020

Uno de los aspectos cruciales en cualquier contrato de compraventa internacional de mercaderías que por definición implica en la mayoría de las situaciones el transporte de mercancías de un país a otro es el que se relaciona con la entrega de las mercancías[1], y asociado a ésta cuestiones tan importantes desde un punto de vista jurídico y práctico como es el de determinar el momento de la transmisión del riesgo del vendedor al comprador, esto es, quién se hace cargo del riesgo de pérdida o deterioro de las mercancías bajo el contrato de compraventa. Determinar el momento de la transmisión del riesgo bajo la Convención fue una tarea ardua que tuvieron que emprender los redactores del texto vienés ante la diversidad de soluciones amparadas en el derecho comparado[2] y cuya redacción ha quedado plasmada en el capítulo IV, Transmisión del riesgo, arts.66-70.

La obligación de entrega de las mercancías, punto que marca la transmisión del riesgo por regla general bajo la Convención, si bien también acoge otras

* Catedrática de Derecho Mercantil en la Universidad Carlos III de Madrid. Trabajo realizado bajo el Proyecto de Investigación Proyectos de I+D+i», en el marco de los Programas Estatales de Generación de Conocimiento y Fortalecimiento Científico y Tecnológico del Sistema de I+D+i y de I+D+i Orientada a los Retos de la Sociedad, del Plan Estatal de Investigación Científica y Técnica y de Innovación 2017-2020. Referencia: PID2020-114549RB-I00.

1 Por todos: Patrick Ostendorf, International Sales Terms, C.H.Beck, Hart, Nomos, 2010, p.62.

2 Vid. destacando las dificultades y narrando los antecedentes bajo la LUVI (Convención de 1964 sobre compraventa internacional): de forma sintética: Alejandro Garro/Alberto Zuppi, Compraventa internacional de mercaderías. La Convención de Viena de 1980. Abeledo/Perrot, 2012, pp.297-302.

reglas como la perfección del contrato o la entrega matizada con la puesta a disposición, es una de las obligaciones principales que pesan sobre el vendedor bajo el contrato de compraventa, como es la de la recepción de las mismas para el comprador. Sobre estas obligaciones confluyen precisamente los textos objeto de este trabajo: La Convención de Viena de 1980 sobre compraventa internacional de mercaderías (en adelante CISG) y los Incoterms® 2020 de la Cámara de Comercio Internacional (CCI).

La Convención de Viena de 1980 forma en la actualidad parte del derecho interno de 94 Estados[3]. Desde el cono sur del continente americano hasta la remota Australia, pasando por Brasil, la poblada china, y la reciente incorporación de Portugal, más 2/3 de la población mundial, disponen de un mismo régimen jurídico aplicable a los contratos de compraventa internacional de mercaderías con el consiguiente desplazamiento del derecho nacional no uniforme. Entre esta lista de países parte se incluyen a 9 del top 10 de los países con mayor volumen de exportación e importación de acuerdo con las estadísticas de la Organización Mundial del Comercio (OMC, o WTO en sus siglas en inglés)[4]. Ese nutrido número de ratificaciones se ha traducido, además, en un amplio abanico de países miembros con diversidad cultural, jurídica, política y económica: desde los países en vías de desarrollo (o en su connotación negativa «países del tercer mundo») a los desarrollados, confrontación caracterizada por la situación económica en la que están inmersos los últimos: exportadores de materias primas y productos agrícolas e importadores de tecnología (maquinaria)[5], así como por su situación de clara desventaja económica y cultural. Igualmente se han aunado a países de economía libre y a los de economía dirigida, así como aquellos incardinados dentro de lo que se llama sistema jurídico del *civil law* o de corte romanista y los de *common law* o de corte anglosajón.

[3] La Lista actualizada de países puede verse en: https://uncitral.un.org/en/texts/salegoods/conventions/sale_of_goods/cisg/status. El último país en ratificar la Convención ha sido Portugal, 28 septiembre 2020, y la entrada en vigor ha sido el día 1 octubre 2021. Todas las páginas web consultadas lo han sido a fecha 1 octubre 2021.

[4] Vid. Petra Butler, 40 Years Convention on The International Sale of Goods (CISG) -Even More Important Today Than 40 Years Ago to Encourage Trade?. Zeitschrift für Vergleichende Rechts-wissenschaft. August 2019, band 118, p.253.

[5] A lo que se unen las características de su economía: insuficientemente diversificada, descoordinada, dominada y que mantiene a su población con un mínimo de subsistencia considerada inferior o inadecuada: E. Boka, The Sources of the Law of International Trade in the Developing Countries of Africa. En Schmitthoff, C.M (cord), The Sources of the Law of International Trade. London: Stevens & Sons, 1964, pp.227 y ss.

La CISG es el Tratado internacional más importante en el área de los contratos mercantiles internacionales. Ello no sólo se mide en función del número tan importante de países que la han adoptado como parte de su derecho interno, sino también por la alta calidad normativa del texto vienés. La Convención ha conseguido establecer un conjunto de reglas sistemáticas y uniformes sobre los puntos más importantes que afectan a las compraventas internacionales por lo que ha llegado a convertirse en un instrumento normativo de aplicación universal y uniforme, que ha sido fuente de inspiración de otros textos legales internacionales y nacionales, gracias a las soluciones novedosas, innovadoras y equilibradas que ofrece en relación al contrato de compraventa, así como por su amplia aceptación y diversidad de los países representados durante su formulación y posterior incorporación.

La Convención de Viena evidencia un perfecto equilibrio, en la mayoría de las ocasiones, entre los diferentes principios que inspiran a esos sistemas jurídicos. Se evidencia un sistema propio y específico, que ciertamente revela en algunos aspectos un compromiso entre diferentes reglas jurídicas, pero que está construido sobre la idea de facilitar el intercambio comercial internacional, bajo la influencia del desarrollo de la práctica y los usos mercantiles y a la sombra de una permanente aplicación e interpretación propia conforme a los principios de uniformidad, internacionalidad y buena fe (art.7 CISG). No se trataba simplemente de elegir una regla -la más votada- de entre las diferentes reglas que la diversidad de sistemas jurídicos enfrentados ofrece, sino de llegar a un acuerdo alcanzado a través de un auténtico espíritu de compromiso que se traduce en la creación de un Derecho Uniforme, substantivo y material aplicable a los contratos comerciales internacionales.

La CISG ha logrado superar las barreras psicológicas que para los juristas y, en menor medida, para los comerciantes supone la adaptación a un nuevo marco normativo, no siempre familiar, que se aparta de los principios jurídicos que se creen inamovibles e inmutables. La defensa del Derecho interno no uniforme a ultranza debe dejar paso a un nuevo enfoque del Derecho marcado por la internacionalidad, globalidad y uniformidad del comercio mundial. Paso que la CISG ha sabido superar con creces como lo demuestra la supremacía técnica y normativa de la Convención que se configura como el modelo preferido para la moderna contratación civil y mercantil, nacional, regional e internacional.

La Convención regula al contrato de compraventa internacional de mercancías entre partes que tengan establecimientos en estados diferentes parte de la Convención, y en consecuencia se erige como el Derecho aplicable al contrato, recorriendo normativamente a lo largo de sus más de 100 artículos los hitos esenciales de la vida del contrato: formación del contrato, obligaciones y deberes de las partes, cumplimiento e incumplimiento del contrato, así como los remedios por el incumplimiento; cobrando relevancia a los efectos de este trabajo los artículos 66-70 que se ubican en el capítulo IV (Transmisión del Riesgo) de la Parte III de la Convención. Transmisión del riesgo que es independiente de si se ha contratado o no un seguro[6] o de la cuestión de la transmisión de la propiedad que no se regula en la CISG (art.4 b)), pese a que sí se menciona en el art.30 CISG como obligación del vendedor. Adicionalmente, indicar que existen deberes de conservación de las mercancías, por el vendedor o por el comprador en control de las mercancías, pese a que el riesgo de pérdida recaiga sobre la otra parte (arts.85-88 CISG), y que en los casos en los que existe resolución del contrato (art.81) y las mercancías se han de restituir, los artículos 81-84 CISG son de aplicación[7].

En relación con los muy conocidos *International Commercial Terms* (Incoterms®), éstos han sido elaborados por la Cámara de Comercio Internacional con sede en París (ICC, en sus siglas en inglés, o CCI por sus siglas en español, organización creada en 1919), en su última versión que entró en vigor el 1º de enero de 2020. El término es marca registrada[8] y las reglas de los Incoterms® se conocen por sus acrónimos de tres letras, resultando los más conocidos los términos marítimos FOB (*Free on Board*) y CIF (*Cost, Insurance & Freight*), englobando esas tres letras un significado más detallado y preciso al incorporar por referencia el conjunto de obligaciones de las partes bajo cada uno de los singulares 11 términos en los que se desglosan los Incoterms y que regulan cuestiones que coinciden también con la CISG en relación fundamentalmente con la entrega de las mercancías, la transmisión del riesgo y el pago. Resulta evidente que mediante la utilización de los Incoterms® se ahorran

[6] Por todos: Joseph Lookofsky, Understanding the CISG, Wolters Kluwer, 5th Edition, 2017, pp. 107-108.

[7] En el bien entendido que, en relación con el lugar de restitución, se sigue la regla general que "redelivery at the buyer's premises is therefore the general rule and is supported by cases where the seller is the non-performing party", pero con dos excepciones. Vid. CISG-AC Opinion No. 9, Consequences of Avoidance of the Contract, Rapporteur: Professor Michael Bridge, London School of Economics, London, United Kingdom. Adopted by the CISG-AC following its 12th meeting in Tokyo, Japan on 15 November 2008. nº3.12-3.14. Además, entre la resolución y la restitución el riesgo recae en el comprador que está en posesión de las mercaderías y, por lo tanto, quien está en mejor posición para asegurarlas.

[8] Si bien no es necesario utilizar el símbolo de marca registrada cuando se incorpora una regla concreta al contrato de compraventa. Vid. Introducción Incoterms® 2020, nº15.

costes de redacción y negociación y se confía en términos bien contrastados en la práctica aumentando la certeza y seguridad jurídicas, la uniformidad internacional en el uso de estos términos, evitando equívocos entre los empresarios[9]. De ahí que, como se advierte correctamente, cualquier desviación en los Incoterms® debe ser hecha con cuidado pues cualquier alteración puede conllevar peligros y sorpresas desagradables[10].

Los Incoterms® tienen una larga tradición desde que en 1936 se creó la primera versión de los mismos que reflejaba los términos comúnmente usados en el mercado de *commodities*[11], resultando que por su carácter de texto no vinculante se facilita enormemente su adaptación a las prácticas y a la evolución del comercio internacional, y por ello su revisión se realiza frecuentemente en el tiempo, últimamente cada 10 años si pensamos en los Incoterms® 1980, 1990, 2000, 2010 y ahora 2020[12]. De fácil comprensión y lectura sin necesidad de ser un jurista o experto en comercio internacional, lo que se ve apoyado por vistosos gráficos, los Incoterms® se presentan como un texto atractivo para sus usuarios, facilitando así su uso e inclusión contractual por los empresarios. Pensados y diseñados originalmente para el comercio internacional, su utilidad y éxito se han visto compensados con su utilización a nivel nacional, de ahí que ya en los textos de 2010 y 2020 lo especifican así en su título: *Reglas*

[9] Es común entre la doctrina resaltar las ventajas en línea con lo indicado, véase: William P. Johnson, Analysis of Incoterms As Usage Under Article 9 of the CISG, University of Pennsylvania Journal of International Law, 2013, vol. 35, No. 2, pp.388-390.

[10] Introducción Incoterms® 2020, nº78.

[11] Jan Ramberg, Incoterms® 2010, Current Issues in the CISG and Arbitration. Editors: Ingeborg Schwenzer/Yesim M. Atamer/Petra Butler. International Commerce and Arbitration. Vol.15. International Publishing. Eleven, 2014, p.225.

[12] Se ha considerado, sin embargo, que las revisiones no son necesariamente cada diez años, sino que ello es una impresión falsa, resultando evidente que las revisiones se deben a los cambios importantes acaecidos en las prácticas comerciales y éstas no suceden necesariamente en intervalos regulares de tiempo. Vid. Ramberg, Incoterms® 2010, p.225. Alude a ello también citando al profesor Ramberg: Misericordia Cavaller Vergés, El valor jurídico de los Incoterms© en el contrato de compraventa internacional de mercancías: ley aplicable y competencia judicial internacional. Tesis Doctoral, Universidad de Barcelona, 2019, pp.173-174. Sin embargo, parece desmentirse este dato por la propia CCI como deriva de la Carta de la Sra. Emily O'Connor, Directora de Comercio e Inversión de la Cámara de Comercio Internacional: "Me complace comunicarles que la Cámara de Comercio Internacional (CCI) ha revisado las reglas Incoterms® 2010, conforme a la práctica aplicada desde 1980 de revisar ese instrumento cada diez años", Anexo II, A/CN.9/1028, 14 abril 2020, Comisión de las Naciones Unidas para el Derecho Mercantil Internacional, 53 período de sesiones, Nueva York, 6-17 julio 2020.

de ICC para el uso de términos comerciales nacionales e internacionales (ICC Rules for the Use of Domestic and International Trade Terms)[13].

Los Incoterms® son en una acepción minimalista un instrumento del área del *soft law* (derecho blando), pues evidentemente no son un tratado internacional, ni un modelo de ley, sino un conjunto de normas que son fruto de la labor de codificación privada de la CCI, redactados en consecuencia por una organización internacional de empresarios, y que se ofrecen a los comerciantes para su posible incorporación contractual (*opting in*). Desde esta perspectiva, los Incoterms® sólo pueden devenir de aplicación si las partes los incorporan al contrato por virtud del principio de autonomía de la voluntad, reconocido en el art.6 CISG, y que permite a las partes configurar su contrato atendiendo a los acuerdos que alcancen en particular mediante la inclusión de uno de los términos de los Incoterms®, cláusulas abreviadas de tres letras, cuya definición y contenido es proporcionado por referencia al texto completo de los Incoterms. Si los términos comerciales que se recogen en los Incoterms® son un reflejo de usos del comercio internacional o de la llamada *lex mercatoria* es otra cuestión que ha preocupado y preocupa a la doctrina en un intento de acomodar dichos términos en una amplia variedad de instituciones: desde la *Lex Mercatoria*, los usos mercantiles, el derecho consuetudinario, los principios generales del comercio internacional, las prácticas internacionales, hasta alcanzar a las condiciones generales de la contratación.

2. La CISG: panorámica general sobre la transmisión del riesgo

La CISG, según hemos visto, presenta un texto normativo que es lo suficientemente flexible para ser adaptado a las circunstancias particulares de cada transacción; en ese dinamismo jurídico y normativo del que hace gala la Convención, encontramos el posible acomodo de los acuerdos de

[13] Ya los Incoterms® 2000, nº1, adelantaban la aplicación a las transacciones domésticas: "Los Incoterms se han concebido en principio para ser utilizados cuando las mercancías se venden para entregarlas más allá de las fronteras nacionales; por lo tanto, son términos comerciales internacionales. Sin embargo, en la práctica también se incorporan a veces a contratos de compraventa de mercancías en mercados puramente interiores. Cuando los Incoterms se utilizan así, las cláusulas A2 y B2 y cualquier otra estipulación de otros artículos relativa a la exportación y a la importación devienen, obviamente, superfluas".

las partes que puedan separarse del texto vienés (art.6), y en consecuencia el reconocimiento de uno de los principios más importantes del derecho contractual mercantil: el principio de autonomía de la voluntad, que alcanza también a la posible exclusión total de la Convención (*opting out*), así como el reconocimiento de las prácticas establecidas entre los contratantes, de los usos convenidos (art.9.1), y de los usos de comercio (art.9.2), pero sin regular cuestiones relativa a la validez de los usos (art.4 a CISG). Al mismo tiempo, la Convención reconoce un conjunto de elementos que pueden ser importantes en la interpretación del contrato, incluyendo en ese catálogo no exhaustivo y no jerarquizado a los usos y a las prácticas establecidas entre los contratantes (art.8.3 CISG). Parte importante del juego de estas normas se da en relación con los Incoterms®, ya que, en el marco de la CISG, aquellos se han considerado tanto usos o prácticas acordadas entre las partes (art.9.1 CISG, lo que no deja de ser una expresión del principio de autonomía de la voluntad contemplado en el art.6 CISG) como usos mercantiles (art.9.2).

En relación con el esquema general que se sigue bajo la Convención de Viena con la transmisión del riesgo (capítulo IV, arts.66-70) se parte de una regla general descriptiva del riesgo, esto es, de la pérdida o deterioro de las mercancías, y de la consecuencia de la transmisión del mismo del vendedor al comprador, a saber: no se libera de su obligación de pagar el precio. Es decir, la transmisión del riesgo provoca que, en un caso de daño o pérdida de la mercancía acaecida después de ese momento, el comprador pierde entera o parcialmente la cosa, o la recibe deteriorada, pero ha de pagar la totalidad del precio, a menos que dicha pérdida o deterioro se deban a un acto u omisión del vendedor (art.66 CISG, cuestión que se repite en el art.68 *in fine*). A contrario, si la cosa se pierde o deteriora antes de la transmisión del riesgo, el vendedor debe entregar otra mercancía al comprador y si no lo hace incumple su obligación de entrega.

Si el vendedor ha incurrido en incumplimiento esencial del contrato, las disposiciones sobre transmisión del riesgo (arts.67-69 CISG) no afectarán a los derechos y acciones de que disponga el comprador como consecuencia del incumplimiento (art.70 CISG). En consecuencia, si hubo un incumplimiento esencial del contrato por parte del vendedor (sea o no la causa de la pérdida o el daño), el comprador puede recurrir a los recursos disponibles para el comprador por tal incumplimiento (art. 70), y ello incluye solicitar la entrega de mercancías sustitutivas (art. 46, párr. 2) y declarar la resolución del contrato (art. 49, párr. 1 b)), sin perjuicio de que la pérdida o el daño hayan ocurrido después de la transmisión del riesgo[14]. En este punto, la interrelación con los Incoterms puede darse en el caso de los términos CIF/CIP que exigen del vendedor la cobertura de un seguro, dado que en ocasiones se incumplen las condiciones sobre las cuales se tiene que contratar dicho seguro, a saber: uno en el que sea beneficiaria la compradora, lo que constituye un incumplimiento esencial de la Convención (arts.25 y 70 CISG)[15]

Las reglas de transmisión del riesgo no son únicamente importantes en relación con la cuestión de quién ha de sufrir el daño o pérdida de la mercancía, sino también porque la Convención establece el momento pertinente para la determinación de la conformidad (art. 36.1 CISG), de tal forma que el vendedor será responsable de toda falta de conformidad que exista en el momento de la transmisión del riesgo, aun cuando se manifieste después de ese momento[16]. Incluso después de ese momento también puede ser el vendedor responsable si la falta de conformidad se debió al incumplimiento por el vendedor de alguna de sus obligaciones, en particular si se incumple con la garantía de que durante un período de tiempo las mercancías seguirían siendo aptas para su propósito ordinario o para algún propósito particular o conservarían cualidades o características específicas (art.36.2 CISG). La lectura que puede obtenerse fácilmente es que es aconsejable examinar las mercaderías antes de la transmisión del riesgo, si ello es posible, pues de ello depende también el tipo de mercancía, su embalaje u otras.

Establecida esa definición del riesgo, su importancia y sus consecuencias, a continuación, la Convención expone el momento en el cual ese riesgo se

[14] UNCITRAL, HCCH and Unidroit Legal Guide to Uniform Instruments in the Area of International Commercial Contracts, with a Focus on Sales, 2020 (en Adelante Guía Tripartita), nº224. Y en detalle: Álvaro Vidal Olivares/Jorge Oviedo Albán, Riesgo de las mercaderías en la compraventa internacional. Una aproximación desde el incumplimiento y los remedios del comprador. Revista de Derecho Privado, nº31, julio-diciembre, 2016, pp.153-185, espec., pp.175 y ss.

[15] Por ejemplo, SAP Barcelona, 13 noviembre 2018 (CISG-online 5352).

[16] En relación con la carga de la prueba la cuestión varía dependiendo de si se trata de la prueba de si el riesgo se ha transmitido, en cuyo caso recae en el vendedor que alegue que se ha transmitido al comprador, y la prueba de si las mercaderías eran conformes al contrato en el momento de la transmisión del riesgo que en principio recae en el comprador. Ver mayores detalles en relación con esta cuestión y las matizaciones respecto a la carga de la prueba: Compendio de la CNUDMI de jurisprudencia relativa a la Convención de las Naciones Unidas sobre los Contratos de Compraventa Internacional de Mercaderías sobre la compraventa internacional de mercaderías, 2016, art.69, nº11-14.

Un caso que ejemplifica este supuesto del art.36 CISG fue resuelto por la SAP Pontevedra, 6 octubre 2014 (CLOUT 1494), donde la pérdida de la mercancía (pescado congelado depositado en el puerto y avería del congelador) se produjo con anterioridad a la formalización de la compraventa.

transmite del vendedor al comprador conforme a las siguientes reglas, que resultan coherentes con las reglas de la Convención relativas a la entrega de las mercaderías (arts.31-33 CISG), puesto que entrega y transmisión del riesgo están íntimamente relacionadas:

2.1. Compraventas en las que existe la obligación de entrega en un lugar determinado

En este caso, la transmisión se produce en ese lugar, con o sin intervención de un porteador. A ello se refiere:

i) el art.67.1 CISG, segunda frase, cuando señala que cuando el vendedor esté obligado a poner las mercaderías en poder de un porteador en un lugar determinado, el riesgo se transmite cuando se ponen en poder del porteador en ese lugar (ejemplo, cuando se acuerda la entrega al transportista oceánico, en cuyo caso el riesgo no se transmite cuando se ponen en poder del primer porteador terrestre en el establecimiento del vendedor)[17]. El hecho de que el vendedor esté autorizado a retener los documentos que controlen la disposición de las mercancías (por ejemplo, conocimientos de embarque) después de entregar las mercancías al transportista no afecta la transmisión del riesgo[18]. En estos casos, el vendedor ya ha entregado la mercancía y el riesgo de pérdida durante todo el transporte recae en el comprador, quien está en una mejor posición para establecer la pérdida o daño una vez que la mercancía llega a destino. Y

[17] Guía Tripartita, nº229. En la doctrina, entre otros: Jorge Caffarena, Artículo 67, en: Díez-Picazo y Ponce de león (dir. y coord.), La compraventa internacional de mercaderías. Comentario de la Convención de Viena, Madrid, Civitas, 1998, p.533; Garro/Zuppi, pp.303-304; y Brunner/Klingler/Mauerhofer, in: Christoph Brunner and Benjamin Gottlieb, Commentary on the UN Sales Law (CISG), Wolters Kluwer, 2019, Art.67, nº5.

[18] Como se explica por Zoi Valioti, Passing of Risk in international sale contracts: a comparative examination of the rules and risk under the United Nations Convention on Contracts for the International Sale of Goods (Vienna 1980) and Incoterms 2000. Nordic Law Journal, 2004, nº2, pp.14-15, el objetivo de la tercera frase o iniciso del artículo 67.1 CISG es garantizar que las normas relativas al riesgo de las dos primeras frases no sean subvertidas por la práctica común de los vendedores de retener los documentos de envío como forma de garantía para el pago del precio. Se protege de esta forma contra malentendidos que puedan surgir, especialmente en las mentes de quienes están acostumbrados a sistemas legales en los que el riesgo y la propiedad están vinculados.

ii) el art.69.2 CISG cuando indica que, si el comprador está obligado a hacerse cargo de las mercancías en un lugar distinto del establecimiento del vendedor -los almacenes de un tercero, o entrega en el establecimiento del comprador, por ejemplo- el riesgo se transmite cuando deba efectuarse la entrega y el comprador tenga conocimiento de que las mercaderías están a su disposición en ese lugar[19]. Cabe señalar que esto es diferente de las reglas de los Incoterms®, que generalmente no hacen que la conciencia del comprador sea un requisito para la transmisión del riesgo[20]. Además, el art.69.2 CISG cubre los casos que bajo los Incoterms® 2020 están contemplados en el Grupo D[21].

2.2. Compraventas que impliquen transporte

Si no se da el caso anterior (2.1) y la compraventa implica el transporte de las mercaderías (art.67.1 primera frase CISG): cuando el vendedor ponga las mercancías en poder del primer porteador, entendido como un porteador independiente, esto es, no se utilizan los medios de transporte del vendedor, ni

[19] Por todos: Juan Antonio Tamayo Carmona, Responsabilidad y riesgo contractual: Normas de la Convención de Viena sobre venta internacional de mercaderías e Incoterms 2000, Valencia, Editorial Tirant lo Blanch, 2002, p.96. Implícitamente parece aplicar el art.69.2 CISG, Court of Appeals of Hertogenbosch, 20 diciembre 2005 (CLOUT 943) (Holanda) donde la secadora de granos, de acuerdo con el resumen del Clout, debía ser entregada en camión a Wiesenburg, Alemania, a pocos kilómetros del campo donde el comprador tenía la intención de utilizar la máquina. A la llegada del camión, el conductor (empleado del vendedor) solicitó al comprador que ayudara a descargar la secadora. Después de que el personal del comprador, utilizando su propio tractor y cadena, levantó con éxito la secadora del camión y luego condujo unos metros, la cadena que sujetaba la secadora se rompió y le causó daños sustanciales. Haciendo una referencia general al artículo 69 de la CIM, el tribunal consideró natural interpretar el contrato entre las partes en el sentido de que la entrega de la secadora tuvo lugar a más tardar cuando el comprador tomó posesión, es decir, cuando la secadora fue descargada del camión por el personal del comprador. Por esta razón y dado que el tribunal determinó que el accidente no era imputable al vendedor ni a su personal, el tribunal responsabilizó al comprador frente al vendedor por el precio acordado.

[20] Guía Tripartita, nº234. Y en la doctrina: Jan Ramberg, To what extent do Incoterms 2000 vary articles 67(2), 68 and 69?. The Journal of Law and Commerce, 2006, vol.25, nº1, pp.221-222.

[21] Guillermo Alcover Garau, La transmisión del riesgo en la compraventa mercantil. Derecho español e internacional. Madrid: Civitas, 1991, pp.185-189; Pascal Hachem, in: Schlechtriem/Schwenzer, Commentary on the UN Convention on the International Sale of Goods, 4th edition (2016), Article 69, nº18; Francisco Oliva Blázquez, La transmisión del riesgo en la compraventa internacional de mercaderías. Valencia: Tirant lo Blanch, 2000, p.205; Valioti, p.29; Brunner/Klingler/Mauerhofer, Art.69, nº8.

su personal, ni de auxiliares[22], lo que parece requerir algo más que la mera entrega ya que requiere que el porteador tome posesión de ellas y, por lo tanto, las recepcione[23]. En este sentido la jurisprudencia ha considerado que poner en poder del porteador significa una entrega real de las mercaderías; que es necesario que el vendedor cargue las mercaderías sobre el respectivo medio de transporte o dentro de él, y que el riesgo solo se transmite cuando el proceso de carga está completo[24].

Un contrato de compraventa implica el transporte de las mercaderías cuando en él se prevé expresa o tácitamente un transporte ulterior[25], por lo que ha de estarse a la voluntad e intención de las partes y las concretas cláusulas acordadas, por ejemplo, un término C de los Incoterms[26], y en particular -ya que esto es lo trascendente- que el vendedor será quien tendrá la obligación de organizar el transporte de las mercancías y tomará las acciones necesarias para su transmisión al comprador[27]. Aplica generalmente en el caso de transporte multimodal, por ejemplo, se cargan primero en un tren o camión y de ahí al porteador oceánico, por lo que desde que se carga en el primer medio de transporte se transmite el riesgo[28].

[22] Michael Bridge, The transfer of risk under the UN Sales Convention 1980 (CISG), en Camilla B. Andersen & Ulrich G. Schroeter eds., Sharing InternationalCommercial Law across National Boundaries: Festschrift for Albert H. Kritzer on the Occasion of his Eightieth Birthday, Wildy, Simmonds & Hill Publishing, 2008, p.86; Alcover, p.223; Caffarena, Artículo 67, en: Díez-Picazo, p.529; Tamayo, p.75; Peter Schlechtriem/Claude Witz, Convention de Vienne sur les Contrats de Vente Internationale de Marchandises, Dalloz, 2008, nº296-298; Ingeborg Schwenzer/Christiana Fountalakis, International Sales Law, Routledge-Cavendish, 2007, p.474; Hachem, in: Schlechtriem/Schwenzer, Commentary (2016), Article 67, nº13; Johan Erauw, in S.Kröll/ L.A.Mistelis/ P.Perales Viscasillas, UNConvention on Contracts for the International Sale of Goods (CISG). C.H.Beck-Hart-Nomos, 2018, Article 67, nº9; Oliva, p.103; Patricia Galindo da Fonseca, Brazil´s accession to the CISG and Transmission of Risk: Some considerations. En CISG and Latin America: Regional and Global Perspectives. Editores: Ingeborg Schwenzer, Cesar Pereira y Leandro Tripodi, Eleven, 2016, p.142; Valioti, pp.13-14, incluyendo al "freight forwarder" como porteador independiente; Brunner/Klingler/Mauerhofer, Introductory remarks to Arts.66-70, nº3, y Art.67, nº4. En la jurisprudencia vienesa se ha entendido que un servicio de mensajería o un servicio postal entra en el concepto de primer porteador. Vid. Compendio CISG, Artículo 67, nº8.

[23] Garro/Zuppi, p.302; Hachem, in: Schlechtriem/Schwenzer, Commentary (2016), Article 67, nº17.

[24] Compendio CISG, Artículo 67, nº12.

[25] Compendio CISG, Artículo 67, nº6.

[26] Así lo deriva del acuerdo sobre un término CIP para indicar que estamos ante un caso del art.31 a) y no c) la SAP Barcelona, 13 noviembre 2018 (CISG-online 5352).

[27] Valioti, p.13.

[28] Valioti, p.14, considerando la regla eficiente para el comprador y especialmente apta para el tráfico de mercancías en contenedores.

Respecto al uso de ciertas cláusulas como "free site" "free delivery" o "free place of destination" y si implican distribución de costes o de riesgos, o ambas, debe adoptarse una posición flexible en función de las circunstancias del caso concreto[29]. La entrega al primer porteador como momento crítico de la transmisión del riesgo no depende de quién sea responsable de hacer los arreglos necesarios para el transporte y los seguros[30].

Como se desprende, el art.67.1 CISG viene a ser compatible en líneas generales con los términos F y C de los Incoterms®[31]. Por el contrario, el profesor Bridge[32] se ha mostrado en este punto muy crítico indicando que: "The CISG provisions, however, are far from exemplary. Their single greatest failing is that they do not accommodate well-understood delivery terms, like FOB and CIF, and do not mesh well with Incoterms. They fail therefore to capture the central ground of sales practice when, in this as well as in other areas, the CISG should be doing precisely that by laying down presumptive rules from which the parties depart in only a minority of cases. An optimist would say, nevertheless, that courts and tribunals are able over time to repair this deficiency, particularly by means of Articles 6 and 9 CISG on exclusion and usage". En relación con ello el profesor Bridge[33] considera que el art.67.1 CISG es totalmente inadecuado para contratos CIF puesto que podría transmitirse el riesgo con la entrega a un transportista anterior al marítimo, y la misma conclusión para los FOB. Tomando este último como ejemplo creemos que la posición del profesor Bridge es errónea. Si las partes han pactado un FOB Baton Rouge, como en el ejemplo que utiliza el profesor Bridge, la cuestión es de interpretación de la voluntad de las partes. Si se determina que dicha intención es que

[29] Vid. Hachem, in: Schlechtriem/Schwenzer, Commentary (2016), Article 67, nº10-11, con discusión de los casos alemanes que, de forma disímil, han decidido sobre estas cuestiones. Uno de los primeros casos en esta materia: OLG Karlsruhe, 20 noviembre 1992 (CLOUT 317) examinó la cláusula "free delivery, duty-paid, untaxed" en el sentido interpretativo (art.8.2) "free delivery" implica ambos: riesgos y costes, con entrega de las mercancías en el establecimiento del comprador, atendiendo también a que el vendedor había contratado el seguro de transporte. Critica la decisión: Pilar Perales Viscasillas, Comments on the Draft Digest relating to Articles 14-24 and 66-70, en: Franco Ferrari/Harry Flechtner/Ronald A. Brand (Ed.). The Draft UNCITRAL Digest and Beyond: Cases, Analysis and Unresolved Issue in the U.N. Sales Convention. Sellier European Law Publishers, München/Sweet and Maxwell, London, 2004, pp.284-285.

[30] Compendio CISG, Artículo 67, nº1 y nº7. Por ejemplo: Cámara Nacional de Apelaciones en lo comercial, Buenos Aires, 31 octubre 1995 (Argentina), en relación con la cláusula pactada en el contrato: cláusula «costo y flete».

[31] Compendio CISG, Artículo 67, nº3. Más detalles: Valioti, pp.27-28.

[32] Bridge, The transfer of risk, p.104.

[33] Bridge, The transfer of risk, pp.87-90.

sea interpretado ello conforme a los Incoterms® CCI, o que lo sea conforme a un derecho nacional, el USA o el inglés, por ejemplo, no hay hueco para aplicar la regla del art.67.1 CISG que, según el profesor Bridge llevaría a que "the risk passes to the buyer in the same way as it would under a FAS (free alongside) contract". Sin embargo, incluso en esa hipótesis, esto es, que se entendiera que FOB Baton Rouge debe interpretarse conforme a la CISG, no vemos por qué tiene que ser de acuerdo a un FAS (al costado del buque) y no a bordo del buque como sucede en la redacción actual del FOB. Antes al contrario, como se ha considerado por algún sector de la doctrina el tándem de la CISG y los Incoterms® se acomoda perfectamente al tráfico de *commodities*[34].

2.3. Compraventas de mercaderías en tránsito

La compraventa de mercaderías en tránsito (art.68 CISG), típica del comercio de *commodities* o materias primas como el petróleo, cereales o minerales, con un objetivo de especulación, se observa cada vez más el transporte por carga completa en contenedor (*Full container Load*)[35], en este caso la transmisión del riesgo se produce con la perfección del contrato (regla general), pero si así resultaré de las circunstancias, por ejemplo, porque el comprador dispone ya de un seguro (o se le ha cedido uno) que cubre todo el transporte se retrotrae el riesgo al momento en que las mercaderías se pusieron en poder del porteador que expidió los documentos de transporte[36]. El documento puede ser cualquier documento que demuestre la existencia del contrato. No es necesario que sea un documento que controle la disposición de las mercancías[37]. La regla general-excepción indicada se somete todavía a otra regla más: si en el momento de la celebración del contrato de compraventa de mercaderías en tránsito, el vendedor sabía o debería haber sabido que las mercaderías se

[34] Vid. Florian Mohs, The CISG and the Commodities Trade. En Festschrifft für Ingeborg Schwenzer zum 60. Geburstag. Stämpfli Verlag AG Bern, 2011, Band II, pp.1293-1296.

[35] Olivier Cachard, Le transfert des risques dans les ventes internationales de marchandises flottantes: retour sur l'article 68 de la CVIM. Mélanges en L'Honneur du Professeur Claude Witz. Lexis Nexis, 2018, pp.119-120.

[36] Por todos: Schlechtriem/Witz, nº303; Hachem, in: Schlechtriem/Schwenzer, Commentary (2016), Article 68, nº9; Valioti, p.16; Brunner/Klingler/Mauerhofer, Art.68, nº3; Caffarena, Artículo 68, en: Díez-Picazo, pp.540-541; Oliva, p.168-169. En los Incoterms® se suele usar la palabra "afloat" tras uno de los Incoterms® C (CFR y CIF), opción que se recomienda: Valioti, p.28. En detalle sobre el art.68 y la práctica de transporte y seguro en el mercado de materias primas: Cachard, pp.122 y ss.

[37] Guía Tripartita, nº231.

habían perdido o dañado y no lo reveló al comprador, la pérdida o el daño corre por cuenta del vendedor (art. 68)[38]. No extrañará que, por virtud de este juego de reglas, que derivan de toda una serie de compromisos que tuvieron que alcanzarse durante la negociación de la Convención, el art.68 haya sido calificado como "uno de los menos claros" de la CISG[39].

2.4. Los supuestos residuales/regla general

Si no estamos ante los casos referidos anteriormente, esto es, no existe obligación de entrega en un lugar determinado, y la compraventa de mercaderías no implica su transporte, ni es un caso de compraventa en tránsito[40], aplica como regla residual, que en realidad es regla general[41], el art.69 CISG: cuando el comprador se haga cargo de las mercaderías o, si no lo hace a su debido tiempo, desde el momento en que las mercaderías se pongan a su disposición e incurra en incumplimiento del contrato al rehusar su recepción. De esta manera se entiende que corresponde con la entrega en el propio establecimiento del vendedor[42], lo que vendría a ser un EXW bajo los

[38] Sobre si esta contra-excepción (frase tercera) aplica al supuesto de la regla general (frase primera) o de la excepción (frase segunda), existe cierta disputa en la doctrina. Algunos tienden a restringirla en su aplicación únicamente en relación con la frase segunda, por ejemplo: Hachem, in: Schlechtriem/ Schwenzer, Commentary (2016), Article 68, nº16. Empero la lógica de la redacción del precepto que está redactado en un único párrafo y la sistemática regla general-excepción, por no hablar de que se conecta con la conclusión del contrato, inclina la balanza a mi juicio a una aplicación amplia (frase primera y segunda) y no restrictiva. Vid. con mayores detalles: Cachard, pp.131-133; y Oliva, pp.172-178.

[39] Alcover, p.239. Id., pp.240-250 analizando la historia legislativa. También: Oliva, pp.157-163.

[40] Existen comentaristas que interpretan que este art.69 aplica sólo en los casos en que el contrato no implique transporte y las mercaderías no se hayan vendido en tránsito, dejando fuera los casos en que se pacta un lugar determinado. Vid., por ejemplo: Hachem, in: Schlechtriem/Schwenzer, Commentary (2016), Article 69, nº4.

[41] Acertadamente Alcover, pp.138-139. Id., pp.140 y ss con el estudio de las disposiciones del CCo español sobre transmisión del riesgo.

[42] Gerechthof's-Hertogenbosch, 20 diciembre 2005 (CLOUT 943), donde las partes habían acordado por escrito una entrega "Ab meine Betrieb (Frachtkosten für Ihnen)" ("De mi empresa (gastos de transporte para usted)"), por lo que, al no estar el transporte incluido en el contrato, se aplicaría el artículo 69 CISG para determinar la transmisión del riesgo. Para el Tribunal, quedó claro que el comprador no aceptó la entrega de algunos de los árboles y que su negativa a recibir la entrega constituía un incumplimiento. Concluye el tribunal que cuando todo el lote muere, el riesgo es una carga para el comprador que ha aceptado la entrega demasiado tarde.

Incoterms® 2020[43]. Regla que es coherente con el lugar de entrega residual bajo la CISG (art.31 c) CISG)[44], que sigue el criterio de la puesta a disposición[45], y que tiene como efecto indirecto el de ser relevante de cara a la determinación de la competencia judicial internacional en el ámbito europeo (*infra* 6). No coincidimos con aquellos que sostienen que el art.69.1 CISG se refiere a compraventas en las que las partes están en el mismo lugar[46], cuando puede ser o no, y de hecho frecuentemente no lo será en el caso de las compraventas internacionales cubiertas por la Convención.

Cabe reseñar que transpira un principio general de la lectura de los arts.67.2 y 69.3 CISG[47], por el cual el riesgo no se transmite al comprador a menos que las mercaderías estén identificadas a los efectos del contrato, mediante señales en ellas, mediante los documentos de expedición, mediante comunicación enviada al comprador o de otro modo[48]; algo que es especialmente importante en el caso de mercancías a granel.

Como decíamos las anteriores reglas concuerdan y se ven complementadas con las disposiciones de la Convención sobre la entrega de las mercancías. De acuerdo con la Convención de Viena, salvo que se hubiera pactado algún lugar determinado para la entrega de las mercancías, y si éstas han de ser transportadas, la obligación del vendedor de entregarlas se cumple cuando se ponen en poder del primer porteador para que las traslade al comprador (art.31 a) CISG). Además, en este caso, el vendedor deberá enviar al comprador un aviso de expedición en el que se especifiquen las mercancías cuando

43 Por todos en relación a versiones previas de los Incoterms®: Garro/Zuppi, p.306; Hachem, in: Schlechtriem/Schwenzer, Commentary (2016), Article 69, nº5 y nº6-7, considerando que el riesgo de la carga recae en el comprador sobre la base no sólo del lenguaje de la Convención en este punto, sino además por equiparación con el término EXW. Y Valioti, p.29.

44 La Guía Tripartita nº234, comparando los dos supuestos del art.69, párrafos 1º y 2º, se decanta por entender que la transmisión del riesgo con arreglo al párrafo 2 del artículo 69 tiene lugar antes que con arreglo al párrafo 1 del artículo 69, porque el vendedor no tiene el control de las mercancías.

45 Vid. César Giner Parreño, El contrato de inspección en el comercio internacional. Valencia: Tirant lo Blanch, 1998, pp.118-120 narrando también la influencia de la delegación de España en la redacción del precepto.

46 Hachem, in: Schlechtriem/Schwenzer, Commentary (2016), Article 69, nº4.

47 Hachem, in: Schlechtriem/Schwenzer, Commentary (2016), Article 69, nº4, y nº23.

48 Gerechthof's-Hertogenbosch, 20 diciembre 2005 (CLOUT 943) en relación a la compraventa de árboles en un vivero para ser recogidos en un momento posterior una vez que hubiesen adquirido un determinado tamaño, el tribunal consideró que el comprador visitó el vivero para observar los árboles, en varias ocasiones fue a inspeccionarlos y ordenó los árboles simplemente haciendo referencia a su tamaño y ubicación. Por lo tanto, los árboles del vivero estaban claramente identificados a efectos del contrato (artículo 67.2 CISG), deviniendo inaplicable el art.69.3 CISG.

éstas no estuvieren claramente identificadas en el contrato mediante señales en ellas (art.32.1 CISG). La obligación de notificar el envío en virtud del párrafo 1 del artículo 32 también se aplica cuando es el comprador quien organiza el transporte, si la obligación de entrega del vendedor consiste en entregar las mercancías al porteador (por ejemplo, términos FOB y FCA)[49].

Si además el vendedor tuviere la obligación de disponer el transporte de las mercancías, deberá concertar los contratos necesarios para que éste se efectúe hasta el lugar señalado, por los medios de transporte adecuados a las circunstancias y en las condiciones usuales para tal transporte (art.32.2 CISG). En estas situaciones en las que el contrato implica el transporte, el vendedor podrá expedirlas estableciendo como condición que no se pondrán las mercancías o los documentos representativos de las mismas a menos que pague el precio (art.58.2 CISG).

En relación con el seguro, la única mención que se hace en la CISG se realiza para indicar que, si el vendedor no estuviere obligado a contratar un seguro de transporte, deberá proporcionar al comprador, a petición de éste, toda la información disponible que sea necesaria para contratar ese seguro (art.32.3 CISG). Esto se aplica independientemente de si es el vendedor o el comprador quien organiza el transporte[50]. En consecuencia, al no regular la Convención las cuestiones relativas al seguro, ni hacerlo tampoco los Incoterms®, salvo en los casos de CIF/CIP, cada parte deberá contratar un seguro para cubrir la parte del riesgo que le incumbe.

Para finalizar, indicar que los Principios UNIDROIT sobre los contratos mercantiles internacionales (2016) no contienen disposiciones supletorias expresas sobre la transmisión del riesgo de pérdida y sus consecuencias, dado que su ámbito de aplicación es más amplio, al abarcar todos los contratos[51]. Sí existen disposiciones muy similares a las de la Convención sobre la transmisión del riesgo en el *Draft Common Frame of Reference* (DCFR), pero no en los PECL[52].

[49] Vid. Guía tripartita, nº181.

[50] Vid. Guía tripartita, nº185.

[51] Guía Tripartita, nº228. Evidentemente se podrán utilizar los Principios UNIDROIT como derecho aplicable al contrato junto con un Incoterm® 2020 sin mayores problemas. Además, los Principios disponen de forma similar a la Convención el valor de los usos como fuente de interpretación del contrato y como uso normativo.

[52] Erauw, in: Kröll/ Mistelis/Perales Viscasillas (2018), Article 66, nº53.

3. Los Incoterms® 2020

Atendiendo a la estructura que ofrecen los Incoterms® 2020, encontramos que se refieren a un conjunto de obligaciones del vendedor y del comprador con una estructura simétrica o espejo en diez apartados identificados en dos grupos: letra A para las obligaciones del vendedor y letra B para el comprador[53]:

Apartado A (Vendedor) Apartado B (Comprador)

- A1/B1 – Obligaciones generales
- A2/B2 – Entrega/Recepción
- A3/B3 – Transmisión de Riesgos
- A4/B4 – Transporte
- A5/B5 – Seguro
- A6/B6 – Documento de entrega/transporte
- A7/B7 – Despacho de exportación/importación
- A8/B8 – Comprobación/Embalaje/Marcado
- A9/B9 – Reparto de Costos
- A10/B10 – Notificaciones

De la lectura de esta serie de obligaciones de las partes bajo los Incoterms®, resulta evidente que dotan al contrato y a las partes de un conjunto de obligaciones en aspectos concretos que se relacionan singularmente con la entrega y recepción de la mercancía y la transmisión de los riesgos y los costos, pero que alcanza también a otros como los documentos necesarios para el transporte y, en su caso, el seguro, ciertas obligaciones relativas a la inspección de las mercancías, comprobación del embalaje, así como la exportación e importación de las mercancías como las relativas a los trámites aduaneros, licencias y autorizaciones.

Los Incoterms® se ordenan y clasifican en 11 términos comerciales (antes 13, versiones de 1990 y 2000) que a su vez pueden ordenarse en función de las modalidades de transporte. Así, cuatro de esos 11 términos se ordenan en relación al transporte marítimo y por vías navegables interiores (FAS, FOB, CFR, CIF), mientras que las restantes se aplican a todas las modalidades de transporte (EXW, FCA, CPT, CIP, DAP, DPU y DDP). Sin embargo, a mi juicio, resulta más ilustrativo ordenarlos en función de los grupos (como hacían

[53] Introducción Incoterms® 2020, nº53, donde se indica que ha habido un cambio radical en la estructura con el objetivo de resaltar prioritariamente en las tres primeras A1/A2/A3 y B1/B2/B3 las obligaciones más importantes de las partes, por lo que se entiende resultará más fácil a las empresas identificar las diferencias entre cada una de las reglas Incoterms®.

las versiones de 1990, que fue la que instauró esa forma de presentación, y 2000) en los que se inicia la primera letra del acrónimo, esto es, Grupos E, F, C y D que se ordenan de menos a más obligaciones para el vendedor[54]:

- Compraventas domesticas: EXW.
- Compraventas con contrato de transporte principal no incluido en el precio: **F**CA, **F**AS, **F**OB.
- Compraventa con contrato de transporte principal incluido en el precio: **C**FR, **C**IF, **C**PT, **C**IP.
- Compraventa a la llegada del lugar de destino: **D**PU, **D**AP y **D**DP.

A continuación, se ofrece una breve descripción de cada uno de los 11 Incoterms® 2020[55]:

3.1. Grupo E

El Grupo E está formado por un único término: EXW -En fábrica. "En fábrica" significa que el vendedor efectúa la entrega cuando pone las mercancías a disposición del comprador en los locales del vendedor o en otro lugar previsto (la fábrica, las instalaciones, el almacén, etc.)[56]. No hace falta que el vendedor cargue la mercancía en un vehículo de recogida ni que la despache para su exportación, cuando proceda efectuar ese despacho[57].

[54] De hecho, en la Introducción Incoterms® 2020, nº21 se refiere a esta clasificación por grupos al considerarla útil para entender el punto de entrega.

[55] La referencia concreta a los 11 términos y su descripción deriva del resumen que aparece en la Carta de fecha 14 de enero de 2020 remitida por la Directora de Comercio e Inversión de la CCI, solicitando el apoyo de la CNUDMI a los Incoterms® 2020, anexo II, en A/CN.9/1028. Comisión de las Naciones Unidas para el Derecho Mercantil Internacional, 53 período de sesiones, Nueva York, 6 a 17 de julio de 2020, disponible en: https://undocs.org/es/A/CN.9/1028. Y en: Guía Tripartita, nº145.

[56] De ahí que EXW se considere apropiado para operaciones nacionales. Vid. Incoterms® 2000, p.24, nº6. Si el comprador prevé dificultades en la exportación, lo mejor es contratar bajo FCA donde la obligación y costo de obtener el despacho de exportación recaen en el vendedor (Incoterms® 2000, p.25, nº6).

[57] Si se desea que el vendedor sea responsable de la carga lo mejor es pactar un FCA y por lo tanto que sea el vendedor quien asuma los riesgos de esa operación. Vid. Incoterms® 2000, nº5, p.24.

3.2. Grupo F

Este grupo está formado por tres términos que se caracterizan porque el transporte principal no está incluido en el precio, y en esto se diferencian de los términos C ya que en ambos la transmisión del riesgo se produce con la entrega al transportista principal. De esta forma si el vendedor contrata un transporte por carretera para llevar la mercancía hasta el punto de entrega acordado o un buque de enlace o una barcaza para llevar la mercancía hasta el buque, todavía no estamos en el lugar de entrega y de transmisión del riesgo conforme a los Incoterms®[58].

FCA – Franco transportista. Por "franco transportista" se entiende que el vendedor entrega la mercancía al transportista o a otra persona designada por el comprador en los locales del vendedor o en otro lugar previsto. Conviene a las partes señalar con la mayor claridad posible el punto preciso en el lugar de entrega previsto, porque en ese punto el riesgo se transmite al comprador. El porteador relevante es el designado por el comprador a quien el vendedor entrega la mercancía[59].

FAS – Franco al costado del buque. Por "franco al costado del buque" se entiende que el vendedor efectúa la entrega cuando la mercancía se coloca al costado del buque (por ejemplo, en el muelle o en una barcaza) y en el puerto de embarque señalados por el comprador. El riesgo de pérdida o daño de la mercancía se transmite cuando la mercancía está al costado del buque, y el comprador corre con todos los costos a partir de ese momento.

FOB – Franco a bordo. Por "franco a bordo" se entiende que el vendedor entrega la mercancía a bordo del buque y en el puerto de embarque señalados por el comprador o adquiere la mercancía ya entregada. El riesgo de pérdida o daño de la mercancía se transmite cuando la mercancía está a bordo del buque, y el comprador corre con todos los costos a partir de ese momento.

3.3. Grupo C

El Grupo C se caracteriza porque el transporte principal está incluido en el precio (de ahí la letra C, *Costs*), y como se ha mencionado en ello reside la diferencia con el Grupo F (*Free*, libre de). Además, los términos C presentan dos

[58] Introducción Incoterms®, nº33.

[59] Introducción Incoterms®, nº33.

particularidades en los términos CIP y CIF que viene dada por la obligación de contratación del seguro (Letra I, *Insurance*)[60]. Tanto C como F coinciden, pues, en el tratamiento del riesgo. De hecho, ilustrativo es que se les considera como "términos o contratos de embarque" por referencia a su origen en relación al transporte marítimo[61] y los conocidos términos FOB[62] y CIF, al que habría que añadir CFR[63]. No obstante, puede hablarse en términos gene-

[60] https://undocs.org/es/A/CN.9/1028 pp.6-7: "En las reglas CIF (costo, seguro y flete) y CIP (transporte y seguro pagados hasta) de los Incoterms®2020 se prevén distintos niveles de cobertura de seguro. Conforme a la regla CIF, que se reserva para el comercio marítimo y se utiliza a menudo en el de materias primas, las Cláusulas de Carga del Instituto de Aseguradores de Londres (C) siguen siendo el nivel de cobertura por defecto, lo que deja a las partes la opción de acordar una cobertura superior. Teniendo en cuenta las observaciones de usuarios de todo el mundo, la regla CIP de las Incoterms® requiere ahora un nivel de cobertura superior, ajustado a las Cláusulas de Carga del Instituto de Aseguradores de Londres (A) u otras similares". Es esta precisamente una de las novedades de los Incoterms® 2020 frente a las versiones anteriores. Vid. Introducción Incoterms®, nº70.

[61] Como indica Henry Gabriel, International Chamber of Commerce Incoterms 2000: A Guide to their terms and usages. The Vindobona Journal, 2001, vol.5, p.42, indicando que hasta la versión de Incoterms® 1980 no se toman en cuenta otros modos de transporte. Sin embargo, como ha indicado el profesor Ramberg, Incoterms® 2010, p.226, en 1956 se añadieron dos términos nuevos a los Incoterms®, FOR (*Free on Rail*) y FOT (*Free on Truck*), para tener en cuenta el transporte ferroviario y por camión, y en 1976 (*FOB Airport*). Todos ellos sustituidos en 1990 por FCA.

[62] No evidentemente FCA, Franco Porteador, donde el lugar de entrega puede ser el establecimiento del vendedor.

[63] Vid. por ejemplo: Covid-19 Implications for Commercial Contracts. International Sale of Goods on CIF and FOB Terms, UNCTAD, Geneva 2021, p.8 (Documento: UNCTAD/DTL/TLB/INF/2021/2) (en adelante Unctad) Id., pp.10-11: "First of all, it must be made clear that both c.i.f. and f.o.b. sales are shipment contracts where the duty of the seller as to the delivery of the cargo is fulfilled by shipping goods on board a vessel (or, in c.i.f, procuring goods shipped on board a vessel in accordance with the contract), rather than by handing them over to the buyer at the port of discharge. But whereas the duty to procure the cargo always rests with the seller, the duty to fix a vessel suitable to carry the cargo from the port of loading to the port of discharge, does not always follow. Generally speaking, in c.i.f. (or c.&f.) agreements it is the seller who is under the obligation to fix the vessel whereas in bare (or straight) f.o.b. sales such duty falls on the buyer. Particular care, however, should be taken with regard to f.o.b. contracts where –in practice –such default position is often amended by way of contractual variations, the most common of which is often referred to as "f.o.b. of the classic type". In its "classic" form the f.o.b. contract provides for the seller to conclude a contract of carriage as an agent for the buyer, who remains at all material stages the original party to the contract of carriage with the carrier; the commodity will be still invoiced by the seller at f.o.b. rate but a commission for the fixture is usually added as a separate item. Another common alternative may be referred to as "f.o.b. with additional carriage services" where the seller fixes the contract of carriage with the carrier in his own name and then transfers its contractual position by endorsing the bill of lading. In this case again the commodity is invoiced at f.o.b. rate and freight and commission are charged separately or specifically itemised".

rales para todos ellos de esa forma al tratarse de un lugar de entrega correspondiente al vendedor en el transporte previsto y donde la entrega ocurre[64]:

- cuando la mercancía se coloca a bordo del buque en el puerto de carga en CFR, CIF y FOB;
- poniendo la mercancía en poder del porteado en CPT y CIP; o
- cargándola en los medios de transporte proporcionados por el comprador o poniéndola a disposición del comprador en FCA.

Al diferir, sin embargo, en relación con el coste del transporte es importante destacar que el lugar que aparece junto a un término F designa el lugar de entrega de las mercancías, mientras que en los términos C al encargarse el vendedor del coste de transporte hasta el lugar de destino, ese es el lugar que aparece en los términos C por lo que "ese lugar no es y nunca se convierte en el lugar de entrega"[65]. Como indica la Introducción a los Incoterms®[66], en algunas jurisdicciones en compraventas CPT y CIP el porteador relevante puede ser considerado el primer porteador de la cadena por lo que el riesgo se transmite en la fase de inicio de la cadena de transporte.

CPT – Transporte pagado hasta. Por "transporte pagado hasta" se entiende que el vendedor entrega la mercancía al transportista o a otra persona designada por el vendedor en un lugar acordado (si las partes han acordado ese lugar), y que el vendedor debe contratar el transporte y pagar los costos del envío de las mercancías hasta el lugar de destino convenido

CIP – Transporte y seguro pagados hasta. Por "transporte y seguro pagados hasta" se entiende que el vendedor entrega la mercancía al transportista o a otra persona designada por el vendedor en un lugar acordado (si las partes han acordado ese lugar), y que el vendedor debe contratar el transporte y pagar los costos del envío de las mercancías hasta el lugar de destino convenido. El vendedor también contrata un seguro que cubra el riesgo de pérdida o daño de la mercancía para el comprador. El comprador debería tener en cuenta que, conforme a la regla CIP, se exige ahora al vendedor que contrate un seguro de mayor cobertura que antes, atendiendo así al tráfico de productos ya manufacturados, ajustado a las Cláusulas de Carga del Instituto de Aseguradores de Londres (A) o cláusulas semejantes. Si el comprador desea

[64] Introducción Incoterms®, nº24.

[65] Introducción Incoterms®, nº26, haciendo énfasis en lo obvio: el lugar de entrega y el de destino no son el mismo lugar.

[66] Introducción Incoterms®, nº34 y nº35.

una cobertura de seguro aún mayor, deberá acordarlo expresamente con el vendedor, o contratar otro seguro por cuenta propia.

CFR – Costo y flete. Por "costo y flete" se entiende que el vendedor entrega la mercancía a bordo del buque o adquiere la mercancía ya entregada. El riesgo de pérdida o daño de la mercancía se transmite cuando la mercancía está a bordo del buque. El vendedor debe contratar y pagar el flete para el traslado de la mercancía al puerto de destino señalado.

CIF – Costo, seguro y flete. Por "costo, seguro y flete" se entiende que el vendedor entrega la mercancía a bordo del buque o adquiere la mercancía ya entregada. El riesgo de pérdida o daño de la mercancía se transmite cuando esta se encuentra a bordo del buque. El vendedor debe contratar y pagar el flete para el traslado de la mercancía al puerto de destino señalado. El vendedor también debe contratar un seguro que cubra el riesgo de pérdida o daño de la mercancía para el comprador. El comprador debería tener en cuenta que conforme a la regla CIF solo se exige al vendedor que obtenga una cobertura de seguro limitada, atendiendo así al tráfico de *commodities*. Si el comprador desea una cobertura de seguro aún mayor, deberá acordarlo expresamente con el vendedor o contratar otro seguro por cuenta propia.

3.4. Grupo D

El grupo D o términos de llegada, se encuentra formado por tres términos:

DAP – Entregada en lugar. Por "entregada en lugar" se entiende que el vendedor entrega la mercancía cuando ésta se pone a disposición del comprador, preparada para la descarga, en los medios de transporte que llegan al lugar de destino acordado. El vendedor corre con todos los riesgos de hacer llegar la mercancía al lugar de destino designado.

DPU – Entregada y descargada en el lugar acordado. Por "entregada y descargada en el lugar acordado" se entiende que el vendedor entrega la mercancía cuando esta, una vez descargada de los medios de transporte que llegan al lugar de destino señalado, se pone a disposición del comprador en ese lugar. El vendedor corre con todos los riesgos de hacer llegarla mercancía al lugar de destino señalado y descargarla en ese lugar[67].

[67] https://undocs.org/es/A/CN.9/1028, p.7. ¿Es nueva la regla DPU de las Incoterms®? No. Sencillamente se cambió de nombre y de lugar, para reflejar con más exactitud su contenido. La regla anterior, "Entregada en terminal" (DAT), ha pasado a ser "Entregada y descargada en el lugar acordado" (DPU), para subrayar que el lugar de destino puede ser cualquier lugar y no solo una

DDP – Entregada derechos pagados. Por "entregada derechos pagados" se entiende que el vendedor entrega la mercancía cuando esta se pone a disposición del comprador, despachada para la importación y preparada para la descarga, en los medios de transporte que llegan al lugar de destino acordado. El vendedor asume todos los riesgos y los costos de trasladar la mercancía hasta el lugar de destino, así como la obligación de despachar la mercancía no solo para la exportación sino también para la importación, pagar todo derecho de exportación y de importación y realizar todos los trámites de aduana.

4. CISG e Incoterms®: Instrumentos ¿excluyentes, competitivos o complementarios?

El título de este epígrafe es necesariamente provocador al intentar encapsular en él las posibles alternativas con la que la doctrina se refiere a la relación entre la Convención de Viena y los Incoterms®. Como primera cuestión a poner de relieve es el ámbito coincidente de aplicación ya que tanto los Incoterms® como la CISG se relacionan con el contrato de compraventa internacional de mercaderías en aras a facilitar el comercio internacional mediante la creación de normas uniformes. Normas que en ambos textos se presentan en una relación de complementariedad por lo que será preciso analizar diversas situaciones (*infra* apartados 4.1 y 4.2).

Como señalaba la Introducción al texto de los Incoterms® 2000: "Dos equivocaciones en relación a los Incoterms® son muy frecuentes. Primera, a menudo se interpreta incorrectamente que los Incoterms® se aplican al contrato de transporte y no al contrato de compraventa. Segunda, se da por sentado erróneamente que regulan todas las obligaciones que las partes deseen incluir en el contrato de compraventa". O como indica de forma más contundente la Introducción a los Incoterms® 2020: "las reglas Incoterms NO son en sí mismas un contrato de compraventa -y, por lo tanto, no lo sustituyen-"[68].

"terminal", y también para destacar la única diferencia entre DAP ("Entregada en lugar") y "Entregada y descargada en el lugar acordado" (DPU); conforme a la regla DAP, el vendedor no descarga la mercancía, pero conforme a la regla DPU, sí. Además, como la entrega conforme a la regla DAP se efectúa antes de la descarga, en las Incoterms®2020 la regla DPU, con su nuevo nombre, figura después de DAP". Vid. También Introducción Incoterms®, nº74-75.

[68] Introducción a los Incoterms® 2020, nº6. Id., nº8. La Introducción ha sido preparada por Charles Debattista y no forman parte de las reglas Incoterms® 2020 en sí (vid. nº78).

Desde esta perspectiva, se ha de tener en cuenta que en ocasiones el juego entre ambos instrumentos se ha pretendido configurar de forma radical en una suerte de íntegra exclusión parcial, de tal forma que los dos textos se presentan como alternativos respecto de las materias comunes[69]. Estrechamente relacionado con lo anterior es que en otras ocasiones se presentan como textos que se hacen la competencia entre sí, lo que alcanza no sólo a las soluciones sustantivas que pueden ofrecerse, sino que incluso puede verse esta cuestión alcanzando a las propias instituciones o agencias formuladoras a cargo de estos textos. Sin embargo, estas visiones extremas forman parte de un pasado ya superado, resultando la cuestión más sencilla pues los Incoterms® se integran como parte del contenido contractual y por eso la relación entre el Incoterm® pactado y la Convención debe verse de forma coherente y armónica[70].

Merced de la globalización del comercio internacional y de la sinergia que se presenta entre los textos del llamado Derecho Uniforme del Comercio Internacional (DUCI) encontramos cada vez más una intensa interrelación entre los diversos instrumentos que existen en el área de la compraventa internacional de mercaderías, hasta el punto que existe una coherencia normativa entre ellos al nivel de los grandes principios y reglas generales de aplicación y por lo tanto a un nivel macro, que dependiendo de los casos alcanza también a niveles de micro regulación.

Efectivamente, como observación general, doctrina y jurisprudencia están evolucionando hacia posiciones más sensibles a la globalización del derecho contractual internacional y, por lo tanto, se puede observar una tendencia creciente en el uso de instrumentos internacionales para interpretar o

[69] Guía Tripartita, nº146: "The use of the Incoterms® does not entirely displace the CISG rules on the passing of the risk, as it is only a partial derogation of the CISG (art. 6)". En la jurisprudencia: Rechtbank Rotterdam, 15 noviembre 2017, nº4.13, CISG-Online, nº2935.

[70] En la doctrina opta por esa vision conciliadora: Juana Coetzee, The interplay between INCOTERMS® and The CISG. Journal of Law & Commerce, 2013, vol.32, nº1, p.5: "The analysis will show that it does not always have to be a case of total exclusion, but that the CISG rules can function in conjunction with INCOTERMS® to the extent that they mutually supplement and support each other. Where the regulation provided by INCOTERMS® is inadequate, the Convention's rules can supplement the INCOTERMS® rule and viceversa" (id., pp.10-11); Hachem, in: Schlechtriem/Schwenzer, Commentary (2016), Introduction to Articles 66-70, nº24; Erauw, in: Kröll/ Mistelis/Perales Viscasillas (2018), Article 67, nº23; Rafael Villar Gagliardi/Caio Pazinato Ramos, Interaction between the CISG and INCOTERMS. En CISG and Latin America: Regional and Global Perspectives. Editores: Ingeborg Schwenzer, Cesar Pereira y Leandro Tripodi, Eleven, 2016, pp.128-129; Carlos Eduardo Fujita, The application of the UN Convention on Contracts for the International Sale of Goods to sales of commodity-type goods, Tesis Doctoral, Universidad Carlos III de Madrid, abril 2021, p.506.

complementar los contratos nacionales e internacionales. Estos instrumentos, creados a partir de la CISG, contemplan una suerte de "derecho común mercantil internacional" y brindan un enfoque dinámico hacia su interpretación donde los jueces y árbitros asumen un rol activo hasta el punto de estar legitimados para construir soluciones sustantivas a las lagunas de la Convención[71].

Además, dado que la jurisprudencia ha ayudado a desarrollar reglas por defecto basadas en los principios generales de la CISG y otros instrumentos internacionales, la CISG se está entendiendo cada vez más como un código general para la compraventa internacional de mercaderías y, en algunos aspectos, como un código general para los contratos mercantiles internacionales.

Del mismo modo, los organismos ya sea internacionales o privados involucrados en la creación de textos del DUCI fueron ya conscientes hace tiempo de la necesaria cooperación entre ellas. Así las cosas y en el marco de la relación entre la Convención de Viena y los Incoterms®, cobra relevancia que la CCI participa como observador en los Grupos de Trabajo de la CNUDMI, y que esta organización creada en 1966 lleva desde su inicio apoyando diversos textos elaborados por la CCI, en particular los Incoterms®. Recientemente así ha sucedido con los Incoterms® 2020[72].

El texto de la recomendación es como sigue[73]:

> "*La Comisión de las Naciones Unidas para el Derecho Mercantil Internacional, Expresando* su aprecio a la Cámara de Comercio Internacional por haberle comunicado el texto de las reglas Incoterms® 2020, vigentes desde

[71] Perales Viscasillas, in: Kröll/ Mistelis/Perales Viscasillas (2018), Article 7, nº46; y Juana Coetzee, A Pluralist Approach to the Law of International Sales", PER/PELJ2017(20)-DOI http://dx.doi.org/10.17159/1727-3781/2017/v20n0a1355.

[72] A/CN.9/1028 en relación con el 53º período de sesiones de la CNUDMI celebrado en Nueva York entre el 6-17 julio 2020. Vid. https://undocs.org/es/A/CN.9/1028.
Este apoyo de la CNUDMI a los Incoterms® lleva un largo recorrido y anteriormente se respaldaron también las versiones de 2010, 2000, 1990, y 1953. Curiosamente las versiones entre 1953 y 1990 (1967, 1976 y 1980) no aparecen como apoyadas por la CNUDMI. Vid. https://uncitral.un.org/es/texts/endorsed. La explicación reside en que dichas versiones no fueron comunicadas oficialmente por lo que la Comisión no adoptó ninguna decisión que pudiera ser interpretada como una aprobación de esas revisiones". Vid. https://undocs.org/es/A/CN.9/479, nº3. CNUDMI, 33 período de sesiones, Nueva York,12 de junio a 7 de julio de 2000; y https://undocs.org/es/A/CN.9/348, nº5 Comisión de las Naciones Unidas para el Derecho Mercantil Internacional, 24° período de sesiones Viena, 10 a 28 de junio de 1991, en relación con los Incoterms® 1990.

[73] Informe de la Comisión de las Naciones Unidas para el Derecho Mercantil Internacional para el 53 período de sesiones (6 a 17 de julio de 2020 y 14 a 18 de septiembre de 2020), disponible en: https://undocs.org/es/A/75/17, nº39.

> el 1 de enero de 2020, *Felicitando* a la Cámara de Comercio Internacional por haber contribuido una vez más a facilitar el comercio internacional, al lograr que las reglas Incoterms® 2020 sean más claras y accesibles para los usuarios mundiales que las versiones anteriores, a la vez de reflejar la reciente evolución del comercio internacional, *Observando* que las reglas Incoterms® 2020 constituyen un valioso aporte a la facilitación de la gestión del comercio mundial, *Recomienda* la utilización de las reglas Incoterms® 2020, cuando proceda, en las operaciones de compraventa internacionales".

Interesante es el cambio de dicción respecto a los Incoterms® 2000 y 1990 donde se leía: "Commends the use of Incoterms® 2000/1990 in international sales transactions", sin cualificar "cuando proceda" "as appropriate", como aparece ahora en el texto relativo a los Incoterms® 2020.

Este respaldo de la CNUDMI a los Incoterms® confirma esa sinergia entre instituciones y sobre todo respalda una visión armonizada entre la CISG y los Incoterms®. Este respaldo funciona naturalmente en la dirección opuesta, esto es, también desde los Incoterms® a la CISG, como lo demuestra que la CCI al reformular los Incoterms® 2000 tuvo en cuenta la CISG para alinear los textos al máximo posible, incluyendo también la terminología que se ha procurado sea consistente entre ambos textos[74].

En esta línea de colaboración institucional debe resaltarse la reciente Guía Jurídica sobre instrumentos de derecho uniforme en el ámbito de los contratos comerciales internacionales (con énfasis en la compraventa) aprobada en el Plenario del 2020 por la CNUDMI y que responde a una colaboración institucional entre la CNUDMI, la UNIDROIT y la Conferencia de la Haya de Derecho Internacional Privado, pero en el que se contó con la CCI precisamente para incluir la relación entre la CISG y los Incoterms®[75].

[74] Vid. Introducción Incoterms®, 2000, nº1 y nº6. En la doctrina Erauw, in: Kröll/ Mistelis/Perales Viscasillas (2018), Article 67, nº12-14 y 36 se resalta que los Incoterms® 2000 fueron redactados en relación con FCA de modo consistente con el art.67.1 CISG.
Se ha de resaltar que ya en la versión Incoterms® 1990 había referencias a la CISG, por ejemplo, nº6 citando el art.9 de la Convención en relación con los usos y las prácticas; nº9 con cita del art.35 en relación con el embalaje de las mercancías; nº14 con relación al art.68 y la compraventa de mercaderías en tránsito, habitual en el tráfico de *commodities* y el uso de la palabra "afloat" tras uno de los Incoterms® C (CFR y CIF).

[75] Vid. Guía Tripartita, nº143-147 bajo el epígrafe: *What is the interplay between the CISG and the ICC Incoterms?.*

Desde esta perspectiva, tras el respaldo continuo de la CNUDMI a los Incoterms® puede decirse que ha aumentado la legitimidad de los Incoterms® para desempeñar un papel interpretativo y complementario de la CISG (Art. 7)[76]. A ello ayuda el dato conocido de la sintonía entre las reglas sobre transmisión del riesgo en la Convención que, sin entrar en el detalle de los Incoterms®, y por lo tanto ser menos precisos, sí que sigue los principios básicos que derivan de los Incoterms®, lo que facilita el juego y complemento entre ambos instrumentos[77].

En ambos, riesgo significa cualquier pérdida o daño accidental, incluyendo las mermas provocadas durante la estiba o el transporte[78], a la mercancía[79] que no esté causado por un acto ni una omisión de cualquiera de las partes, incluyendo los casos de robo[80], piratería, vandalismo, entrega a terceros provocada por un error en el destinatario, y las interferencias gubernamentales, pero sin incluir, como puede suceder en otros ordenamientos jurídicos, el riesgo económico (*hardship*) o el de insolvencia[81]; ambos se refieren al riesgo

[76] Vid. Acudiendo a la Recomendación de la CNUDMI en relación con los Incoterms® 2000: Audiencia Provincial de Valencia, 7 junio 2003, CISG-Online 948 (Pace) (www.cisgspanish.com).

[77] Como detalle Coetzee, pp.11-12.

[78] Erauw, in: Kröll/ Mistelis/Perales Viscasillas (2018), Article 66, º30; Valioti, p.27.

[79] Para un sector de la doctrina el riesgo también se aplica a los documentos: Erauw, in: Kröll/ Mistelis/Perales Viscasillas (2018), Article 66, nº33.

[80] No queda cubierto lógicamente el robo una vez transferido el riesgo ni siquiera cuando las mercancías están en el almacén de destino a la espera de ser inspeccionadas. Vid. Cour d'appel de Luxembourg, 16 junio 2010, CISG-Online 5093 donde las partes pactaron un CIF London-UK, las mercancías llegaron a destino el día 10 de marzo y las mercancías (1000 teléfonos móviles) fueron robados el día 12 de marzo. Al haberse transferido el riesgo la compradora fue condenada al pago íntegro del precio: 425.000 euros. En el contrato existían dos cláusulas que fueron discutidas por el tribunal. En una se indicaba: *Forwarder Details: CCC INTERNATIONAL LOGISTICS CCC House*, lo que condujo al tribunal a considerar que la compradora (española) había elegido el hangar de la empresa CCC UK como lugar de destino y que al solicitar directamente a esta empresa que mantuviera la mercancía en depósito hasta nuevo aviso por su parte, esta solicitud debía entenderse como equivalente a la recepción de la mercancía. Además, la otra cláusula de interés indicaba que: "Payment terms: 100% Upon completion of valid full inspection at forwarder warehouse in UK. If stock is not what is asked, the full amount will be returned with no charges"; cláusula que indicó el tribunal no impide que la transferencia de riesgos se haya ya producido y solo afecta al precio (tampoco afecta a la transmisión de la propiedad que no se rige por la CISG).

[81] Para la Convención: Alcover Garau, p.116; Valioti, p.8; Vidal Olivares/Oviedo Albán, p.171; Schwenzer/Fountalakis, pp.469-470; Hachem, in: Schlechtriem/Schwenzer, Commentary (2016), Introduction to Articles 66-70, nº3; y Article 66, nº5-12, excluyendo del concepto de interferencias gubernamentales las restricciones de licencias de exportación/importación pues atañen a obligaciones contractuales de las partes, y observable bajo el art.79 CISG; Erauw, in: Kröll/ Mistelis/Perales Viscasillas (2018), Article 66, nº29-30, y nº34-43, considerando que cuando se transportan animales vivos también se incluye su muerte o enfermedad; Oliva, pp.55-56; y Galindo da Fonseca, pp.140-141.

de pérdida o deterioro de la cosa en relación con el pago del precio dejando fuera las cuestiones derivadas de posibles incumplimientos; ambos siguen un esquema similar en cuanto a la transmisión del riego sobre la base de la entrega física/control de las mercancías al transportista, en los universales términos F y C, y dejando de lado la regla romana del *periculum est emptoris*, esto es, que la transmisión del riesgo se pasa al comprador con la perfección del contrato, regla que cobra sentido en el momento histórico de su nacimiento acorde con un escenario de perfección del contrato instantáneo y donde los contratantes están en el mismo lugar, pero inadecuado en el comercio internacional[82]; ambos instrumentos requieren la identificación previa de las mercancías en el contrato para que el riesgo se transmita al comprador[83]; ambos se relacionan con el contrato de compraventa y en consecuencia sólo afectan a las obligaciones entre el vendedor y el comprador, pero indirectamente las reglas de transmisión afectan a otras posibles partes bajo los contratos que se producen en la red: el contrato de transporte y el contrato de seguro, por lo que esas partes contractuales pueden verse afectadas por las reglas de la Convención y/o de los Incoterms®, siendo además interés del comprador y del vendedor que las diferentes partes de la red de contratos concuerden[84], pero debe quedar claro que ni los Incoterms® ni las reglas de la Convención

Para el derecho inglés, véase Michael Bridge, The Sale of Goods. Oxford, fourth edition, 2019, p.159: "Risk and frustration may conveniently be treated in proximity since the operation of frustration is bounded by the transfer of risk", y considerando que los cambios gubernamentales entran dentro de la noción del riesgo.

[82] Hachem, in: Schlechtriem/Schwenzer, Commentary (2016), Introduction to Articles 66-70, nº5 y ss, explicando las diferentes consideraciones a nivel de derecho interno y como la formula de entrega de las mercancías es la que prima hoy en día para la transmisión del riesgo, junto con el dato de la separación entre ésta y la transmisión de la propiedad.

[83] Valioti, p.27; e Incoterms® 2000, nº8, al indicar que: Constituye un requisito para esa transferencia anticipada de gastos y riesgos que las mercancías hayan sido identificadas como destinadas al comprador o, tal como se expresa en la redacción de lo términos, hayan sido reservadas para él. Este requisito es especialmente importante en el término EXW porque, según los demás términos, la mercadería ha sido ya identificada como destinada al comprador cuando se han adoptado medidas para el embarque, o el despacho (términos "F" y "C"), o la entrega en destino (términos "D"). En casos excepcionales, sin embargo, el vendedor puede enviar las mercancías a granel sin identificación individual cuantitativa para cada comprador y, de ser así la transferencia de riesgos y costes no se producirá en tanto no haya sido adecuadamente apartada la mercadería, según quedó dicho (ver, asimismo, el art.69.3 de la Convención de las Naciones Unidas sobre los Contratos de Compraventa Internacional de Mercaderías del1980).

[84] Un ejemplo el conocido caso St. Paul, donde son las compañías de seguro las implicadas. En la doctrina vienesa, también: Hachem, in: Schlechtriem/Schwenzer, Commentary (2016), Introduction to Articles 66-70, nº1.

se aplican a esos contratos sino únicamente al de compraventa[85]; ambos dejan fuera las cuestiones de transmisión de la propiedad y en consecuencia disocian transmisión del riesgo y de la propiedad[86].

En relación a la íntima relación que presentan la CISG y los Incoterms® respecto al contrato de compraventa internacional de mercaderías debe señalarse, por una parte, que no se define que sea un contrato de compraventa bajo los Incoterms®, mientras que, de otra, la Convención de Viena aplica a un elenco de contratos mucho más amplio que el tradicional concepto de la compraventa en muchos derechos domésticos. Por lo tanto, en realidad tanto los Incoterms® como la CISG son instrumentos que aplican a una gama mayor de contratos internacionales: los contratos de distribución, contratos de obra, contratos mixtos de compraventa y servicios, incluso en algunos casos contratos llave en mano; en definitiva y por lo que aplica a los Incoterms® cualquier que implique entrega de mercancías. Y desde luego aplican a cualquier tipo de mercancía (salvo las exclusiones del art.2 CISG), tal y como se encargan de especificar los Incoterms® al señalar su aplicación a cualquier tipo de mercancía desde una carga a granel de hierro, contenedores de equipos electrónicos[87]

[85] Introducción Incoterms®, nº38-41, y art.4 CISG.

[86] No sucede así en algunos ordenamientos, véase para el derecho inglés: Bridge, The Sale of Goods, nº4.07, en relación con la sección 20.1 Sale of Goods Act: "Unless otherwise agreed, the goods remain at the seller's risk until the property in them is transferred to the buyer, but when the property in them is transferred to the buyer the goods are at the buyer's risk whether delivery has been made or not".

[87] En los Incoterms® 2000, nº1 se indicaba que: "Debe acentuarse que el alcance de los Incoterms se limita a los derechos y obligaciones de las partes en un contrato de compraventa, y en relación a la entrega de las mercancías vendidas (en el sentido de "tangibles", sin incluirlas "intangibles" como el software de ordenador).
En el ámbito de la CISG, la cuestión respecto a los intangibles es clara. Por ejemplo, en la jurisprudencia vienesa, se adopta en algunos casos un concepto amplio de lo que se entiende por mercaderías sobre la base del art. 7.1 CISG incluyendo tanto tangibles como intangibles: Rechtbank Midden-Nederland (Holanda), 25 marzo 2015 (*Software Programm*), CISG-Online 2591, CLOUT 1586.
En la doctrina también es regla general considerar una concepción amplia: «Similarly, the CISG does not introduce distinctions between tangible and intangible goods, movable and immovable goods, and the like»: Loukas Mistelis, en Kröll/Mistelis/Perales Viscasillas, Article 1, nº36, atendiendo también al carácter autónomo e internacional del mismo. Y flexible, atendiendo también a la historia legislativa y la mudanza del término «movable objects» a «goods» que ha sido visto como una forma de ampliar la aplicación de la Convención: Leandro Tripodi, Towards a New CISG. The Prospective Convention on the International Sale of Goods and Services. Brill/Nijhoff, 2016, pág.50, quien, además, equipara el término «mercancías» con el de «productos».

o pallets de flores frescas transportadas por avión[88]. Desde esta perspectiva y cuando hablamos de contratos mixtos que conlleven junto con la entrega de la cosa la obligación de instalarlas en el establecimiento del comprador, lo más acertado sería contratar en condiciones D, y en concreto con el término DDP.

4.1. Silencio en el contrato en relación con los Incoterms®

La primera hipótesis a considerar para determinar la relación entre los Incoterms® y la CISG es aquella en la cual el contrato nada dice sobre la transmisión del riesgo, y por lo tanto no existe mención expresa a un Incoterm®, con o sin referencia al texto de la CCI. En este caso, resulta evidente que aplican las reglas de la Convención sobre transmisión del riesgo (arts.66-70) en su integridad. En esta situación la cuestión que se plantea es si los Incoterms® pueden servir de algo en relación al contrato en cuestión.

Lo primero que debe indicarse es que esa omisión en el contrato puede deberse a un falso silencio ya que bajo la sistemática vienesa el contrato puede suplementarse mediante las prácticas establecidas entre los contratantes (art.9.1: Las partes quedarán obligadas por (...) cualquier **práctica que hayan establecido entre ellas**". De esta forma si las partes en sus contratos anteriores consistentemente contratan conforme a uno de los once términos de los Incoterms®, bien puede decirse que se habrá podido generar una práctica respecto a la transmisión del riesgo y demás elementos considerados en ese específico término, operando pues la teoría general sobre la integración del contrato conforme a las prácticas establecidas entre los contratantes (art.9.1)[89]. La cuestión de si el contrato en este caso puede integrarse conforme a un uso del art.9.2 ya adelantamos que en caso de silencio la respuesta es negativa, lo que veremos con más detalle.

A los efectos de la discusión que ahora nos ocupa la cuestión es si los Incoterms® podrían servir de orientación a los tribunales como un instrumento para interpretar algunas cuestiones de la CISG. A nuestro juicio y por las razones ya consideradas anteriormente, bien podrían servir los Incoterms®

[88] Introducción Incoterms®, 2020, nº6.

[89] Vid para los casos que así lo han reconocido: Compendio CNUDMI, Art.66, nº9. Por ejemplo: *Tribunal cantonal Valais* (Suiza) 28 enero 2009, y *Calzaturificio Claudia s.n.c. v. Olivieri Footwear Ltd.* U.S. District Court for the Southern District of New York USA, 06 April 1998 – 96 Civ. 8052(HB) (THK), CISG-online 440.

para ayudar, dependiendo de las circunstancias concretas, como elemento para interpretar a la Convención.

Algunos ejemplos pueden indicarse[90], por ejemplo, los Incoterms® son más precisos que la Convención en relación con determinadas obligaciones de las partes en relación a la entrega de las mercaderías (art.60 CISG, en relación con las obligaciones establecidas en los Incoterms® A2/B2 y de los documentos (art.34 CISG, en relación con la obligación de entrega de documentos bajo los Incoterms® A6/B6) pudiendo ayudar a aclarar conceptos que no están definidos en la Convención. Y Obligaciones relativas con las licencias de exportación e importación contempladas en A7/B7 de los Incoterms®. Asimismo, se ha indicado oportunamente como el art.67.2 CISG[91], en relación con la identificación de las mercaderías lo que puede ser importante en el mercado de productos a granel, pudiera acomodarse en su interpretación a lo dispuesto en los Incoterms® *"appropriated to the contract"*, (*notice of appropiation*) de tal forma que se evitarían discordancias interpretativas entre la CISG y los Incoterms®[92].

4.2. Acuerdo en el contrato sobre algún término de los Incoterms® CCI

Si las partes bajo el contrato de compraventa acuerdan explícitamente el sometimiento a uno de los once términos de los Incoterms® 2020, CCI, por ejemplo, CIF Shanghai Incoterms® 2020, o DAP nº123, ABC Street, Importland Incoterms® 2020[93]. Estamos ante un caso del art.9.1 CISG: "las partes quedarán obligadas por cualquier **uso en que hayan convenido**", y por lo tanto de modificación parcial de la Convención (art.6 CISG).

[90] Siguiendo a Coetzee, p.19.

[91] Vid. También art.32.1 CISG que se refiere al aviso de expedición en el que se especifiquen las mercancías.

[92] Así, en relación con los Incoterms® 2000: Ramberg, To what extent, pp.220-221, en relación con el apartado B.5: "la mercancía haya sido debidamente determinada según el contrato, es decir, claramente puesta aparte o identificada de otro modo como la mercancía objeto del contrato", cláusula que en los Incoterms® 2020 indica: "siempre que la mercancía se haya identificado claramente como la mercancía objeto de contrato" (cláusula B3).
Con todo, la doctrina no descarta otras fórmulas flexibles para determinar la identificación en el caso de las mercancías transportadas a granel en un cargamento colectivo de varios compradores considerando que el riesgo se debe de atribuir pro rata. Vid., por ejemplo: Oliva, pp.148-153.

[93] Los ejemplos derivan de la Introducción a los Incoterms® 2020, nº10 como ejemplos de cláusulas claras y terminantes en cuanto a la intención de las partes.

Como ya se ha comentado, no deben seguirse posiciones radicales y más que abogar por una total exclusión de los artículos 66-70 CISG[94], hay que ir a visiones más conciliadoras. En todo caso es una cuestión de matiz o de grado en el uso de ciertas palabras, porque ya sea que se excluya o se modifique una disposición, lo cierto es que en los ámbitos donde existe acuerdo de las partes para la utilización de un concreto Incoterm® no aplicara en principio la regla de la CISG cuyo ámbito sea totalmente coincidente. Así las cosas, nótese que, aunque los Incoterms® 2020 tratan en detalle una parte importante de las cuestiones relacionadas con la transmisión del riesgo, sin embargo, no se definen las consecuencias relacionadas con dicha transmisión[95], algo que sí hace el art.66 CISG de forma expresa[96]. Como señala el Compendio sobre compraventa: "En muchos casos también se ha aplicado el artículo 66 a contratos en que las partes acuerdan usar términos comerciales como "CIF", "CFR", "FOB" y "FCA", por los que se determina el momento en que el riesgo se transmite"[97].

Y al contrario también se da esa mutua interrelación Así, si el contrato prevé que el pago sea realizado dentro de un cierto período de tiempo después de la entrega, los Incoterms® al regular el tiempo de entrega, también determinarán el *dies a quo* respecto del pago. Así lo ha indicado la jurisprudencia, por ejemplo, el Tribunal de Arbitraje de Comercio Exterior de la Cámara de Comercio de Serbia, 28 de enero 2009, CIP Tirana, se calculó el plazo contractual para el pago de 45 días después de la entrega desde que se entregaron las mercancías a bordo del buque); y LG Krefeld (Alemania), 20 de septiembre 2006, CIF, donde el precio se pagaba 85 días después entrega, la fecha de pago se calculó a partir de la fecha de entrega de la mercancía a bordo del buque contratado.

94 Así lo considera Valioti, pp25-26.

95 Vid. Guía Tripartita, nº226.

96 Laudo 23 Febrero 1995 CIETAC (China) (*Jasmine aldehyde case*). CIF Nueva York, embarque en Shanghai, de jade, el vendedor no instruyó al transportista para mantener la mercancía a una temperatura específica, y en consecuencia aplicó el art.66 y declaró al vendedor responsable porque el daño se debía a "un acto u omisión del vendedor"; en situaciones en las que el vendedor embaló inadecuadamente la mercancía: Caso CLOUT núm. 724 [Oberlandesgericht Koblenz, Alemania, 14 de diciembre de 2006; o si el ganado vivo se transporta inadecuadamente -sobrecarga en el camión- por instrucciones dadas por el vendedor que causaron el mal estado físico de las ovejas (Oberlandesgericht Schleswig, Alemania, 22 de agosto de 2002), que no consideró responsable al vendedor. Es el comprador quien tiene la carga de la prueba de que el daño se produjo por un acto u omisión del vendedor. Vid. Compendio CISG, Artículo 66, nº5. En la doctrina, véase, por todos: Coetzee, p.16.

97 Compendio CISG, Artículo 66, nº1, con cita de varios casos.

Tampoco quedan *per se* excluidos otros preceptos de la Convención que regulan cuestiones que también aparecen tratadas por los Incoterms®. Ningún Incoterm® excluye el art.36.1 CISG: "El vendedor será responsable, conforme al contrato y a la presente Convención, de toda falta de conformidad que exista en el momento de la transmisión del riesgo al comprador, aun cuando esa falta sólo sea manifiesta después de ese momento". Como ha resaltado la jurisprudencia: "The contention that F.O.B." term displaces Article 36 liability for hidden defects that only manifest after delivery is plainly incorrect"[98]. Por otra parte, en relación al momento de entrega que no se precisa en los Incoterms®, el art.33 c) CISG puede suplementar a los Incoterms®[99].

Confluyendo ambos instrumentos, Incoterms® 2020 y la Convención, debe observarse que pueden darse múltiples relaciones entre ambos. Como es bien conocido los Incoterms® no regulan todos los aspectos del contrato de compraventa por lo que, en consecuencia, en todo aquello que no esté regulado por los Incoterms®, aplicará la Convención de Viena al ser el derecho aplicable[100]. Ello afecta a cuestiones singularmente importantes como:

- Las reglas de interpretación del contrato (art.8), que en consecuencia también aplican para interpretar el Incoterm® pactado, y expulsan la posible aplicación de las reglas nacionales de interpretación como sucede, por ejemplo, con la *parol evidence rule.*
- Valor usos y practicas (art.9).
- Formación y modificación del contrato (arts.14-24 y art.29). Incluye también las reglas de incorporación de condiciones generales del contrato.

[98] United States 28 septiembre 2011 Federal District Court [New York] (*Cedar Petrochemicals inc. v. Dongbu Hannong Chemical Ltd.*).

[99] Coetzee, pp.13-14.

[100] Por todos: Alcover, pp.130-131; Coetzee, p.4. Y recientemente: Sabah Eqbal Kaarisma, The Passing of Risk under English Law, INCOTERMS and UN Convention on Contracts for the International Sale of Goods: A Critical Discussion, Electronic Research Journal of Social Sciences and Humanities, Oct-dic, 2020, vol.2, issue 4, pp.25 y ss. Como se ha dicho gráficamente: "the CISG is the foundation and the structure, while the INCOTERMS are the bricks and walls": Villar Gagliardi/Pazinato Ramos, p.122.

- Forma y Efectividad de las comunicaciones (art.27)[101], por ejemplo, en el caso del art.69.3 CISG[102]. Si bien, ello debe matizarse en el caso de los términos D[103] donde entendemos más correcta la aplicación por analogía de la regla y principios generales sobre las comunicaciones de la Parte II (Formación del Contrato) de la Convención. Ello es así porque el art.69.2 CISG exige que el comprador tenga conocimiento de que las mercaderías están a su disposición en ese lugar, y el art.27 CISG aplica salvo disposición expresa en contrario, por lo que vendría aplicar la regla general de la Parte II de la Convención que basa el punto de riesgo en las comunicaciones en la recepción por el destinatario (arts.23 y 24 CISG, de los que se extrae el principio general indicado conforme al art.7.2 CISG, y no en el envío como hace el art.27).
- Régimen falta de conformidad de las mercaderías (arts.35 y ss).
- Obligaciones de pago del comprador[104].
- Derechos y acciones frente al incumplimiento: Resolución del contrato, entrega mercancías sustitutivas, daños y perjuicios, intereses de demora, exoneración fuerza mayor o *hardship*, etc.

[101] Coetzee p.14, que detalla la interrelación entre la CISG y los Incoterms® al indicar que: "El artículo A7 de cada norma INCOTERMS® requiere la notificación de que la mercancía ha sido entregada para permitir al comprador tomar las medidas necesarias para recibir la entrega. La regla FAS, por ejemplo, requiere que el vendedor entregue las mercancías al costado del barco y notifique al transportista en consecuencia. Aunque se requiere "aviso suficiente", no se dice nada sobre la forma o tipo de aviso, su rapidez o cuándo debe entrar en vigencia. En este caso, la CISG puede complementar las reglas INCOTERMS® en virtud del artículo 27. El artículo 27 no exige ningún requisito en cuanto a forma y método de comunicación a menos que las partes hayan acordado lo contrario. El único requisito es que se haga "por los medios adecuados a las circunstancias". Además, el aviso será efectivo a partir del momento del envío; por lo tanto, no es necesario probar que la notificación fue recibida por la otra parte como "una demora o error en la transmisión o su falta de llegada no priva a esa parte del derecho a basarse en la comunicación" 54. INCOTERMS®, a su vez, requiere que el comprador notifique al vendedor aspectos que debe tener en cuenta para realizar la entrega, como el tiempo de entrega, el nombre de la embarcación, el puerto de embarque o punto de carga y el puerto de destino. Aquí, nuevamente, el artículo 27 CISG puede complementar las reglas INCOTERMS® en lo que respecta a la forma y naturaleza del aviso".

[102] Brunner/Klingler/Mauerhofer, Art.67, nº8.

[103] Coetzee, nota 54, con cita de doctrina, professor Piltz, que es de la opinión que el art.27 no puede aplicarse a los términos D, donde el vendedor, que tiene la obligación de transportar las mercaderías hasta destino, debe asegurarse que la comunicación sobre envío/entrega mercancías es recibida por el comprador de forma correcta y puntual.

[104] Vid. En detalle Coetzee, pp.14-15.

Lo que, desde luego, en modo alguno puede mantenerse es que la incorporación de un Incoterm® implique la exclusión íntegra de la Convención sobre la base de considerar que el art.66 no aplica a las ventas sobre documentos ni a los casos en que el vendedor entrega las mercancías a un transportista para que las transmita al comprador y que los Incoterms® en este tipo de transacciones contradicen a la CISG en lugar de complementarla[105].

En esta visión claramente reduccionista de la Convención y del art.66 CISG, éste sólo aplicaría a las compraventas en las que no media transporte y por lo tanto el vendedor entrega directamente las mercancías al comprador (EXW, básicamente), o el comprador se hace cargo de las mercancías directamente del vendedor. En el caso de ventas sobre documentos[106], los usos mercantiles internacionales, se dice, no eximirán al comprador del pago del precio contra entrega de los documentos si las mercaderías se pierden o dañan debido a un acto u omisión del vendedor como sucede bajo el art.66 CISG, sino que se permitirá reclamar por los daños y perjuicios. Además, se dice que el efecto de la tercera La frase del artículo 67.1 CISG, que prevé que el riesgo se transmita incluso si el vendedor conserva los documentos que controlan la disposición de las mercancías, se opone esencialmente a la posición en los términos comerciales comúnmente utilizados en las ventas de documentales, donde el riesgo solo se transfiere cuando los documentos se entregan[107].

Ahora bien esta posición ha sido contundentemente descartada con acierto por la doctrina, en particular, la profesora Coetzee[108] al señalar, en primer lugar, que la interpretación que se hace por esos autores en relación con el art.66 CISG es demasiado restrictiva, operando en realidad como una disposición general sobre la transmisión del riesgo bajo la CISG y de ninguna manera se limita a tipos particulares de métodos de venta o entrega, por lo que opera también en los casos de compraventa sobre documentos. En segundo lugar, porque como ya se ha avanzado existe una relación de complementariedad y no de radical exclusión o confrontación. Y, en tercer lugar, se indica porque la entrega de los documentos de transporte no es un requisito previo para la transmisión del riesgo, de tal forma que se está interpretando de forma incorrecta la tercera frase del artículo 67.1 CISG ya que en su interpretación

[105] Harry J. Berman & Michael Ladd, Risk of Loss or Damage in Documentary Transactions Under the Convention on the International Sale of Goods, 21 Cornell International Law Journal, 437 (1988), citados por Coetzee, nota a pie 34, y pp.8-9.

[106] Continúa explicando Coetzee, pp.8-9, comentando el punto de vista de Berman y Ladd.

[107] Coetzee, p.9.

[108] Ver Coetzee, pp.9-10.

dominante es claro que no se vincula la transmisión de los documentos con la transmisión de riesgos, respondiendo además dicho artículo a la regla del artículo A8 de los Incoterms® (versión anterior), que trata un documento de transporte como una forma de control sobre las mercancías con el objetivo de asegurar el pago del precio de compra y no tiene nada que ver con la transmisión del riesgo. Por lo tanto, el riesgo pasará independientemente de que se entreguen los documentos de transporte.

5. Los Incoterms®: ¿prácticas, usos convenidos del art.9.1 o usos de comercio del art.9.2?. La incorporación patológica de los Incoterms® al contrato

Un tercer grupo de casos que pueden darse en la práctica y que merece un tratamiento singular se relaciona con la incorporación patológica de los Incoterms® al contrato en el sentido de no especificar que se trata del texto de la CCI, por ejemplo, si se indicara sólo en el contrato CIF Nueva York o FOB Southampton. Esta cuestión además de la importancia práctica que presenta, tiene un interés dogmático evidente al acercarnos al debate en torno a la naturaleza jurídica de los Incoterms®, CCI: ¿son un reflejo de usos del comercio internacional, de la *lex mercatoria*, de las prácticas internacionales, o son meras cláusulas contractuales?. Esta discusión debe verse a la luz de la sistemática vienesa y en particular bajo los artículos 6 y 9 CISG.

El art.9.2 CISG reconoce expresamente el reconocimiento de los usos del comercio internacional como una de las fuentes más importantes para la regulación de los contratos internacionales de compraventa. Al mismo tiempo, el art.9.1 considera la fuerza vinculante de las prácticas establecidas entre las partes y de los usos acordados. El art.9 CISG se refiere a tres instituciones diferentes en nombre, contenidos y efectos: prácticas establecidas entre las partes, usos convenidos y usos internacionales de comercio o costumbres mercantiles. Si bien las prácticas y usos convenidos (art.9.1) tienen un efecto bilateral y, por lo tanto, se limitan a la conducta habitual de las partes o al acuerdo de las partes interesadas, los usos comerciales internacionales tienen una aplicación *erga omnes* o general, ya que su existencia está desconectada de una operación comercial concreta. Un efecto común de todos estos usos es que se convierten en una parte integral del contrato, generalmente durante su formación, pero también en su ejecución, vinculando a las partes contratantes. Sin embargo, dependiendo de la figura, la fuente de la obligación es cualitativamente diferente e incluye según el caso: una expectativa entre las partes que se ha creado (práctica establecida), acuerdo entre las partes (uso acordado) y finalmente un acuerdo implícito (uso comercial). El valor de las prácticas y usos es normativo ya que se consideran fuentes del contrato por acuerdo expreso o implícito de las partes. También cumplen otra función importante dentro de la Convención, es decir, como un criterio de interpretación del contrato según lo establece el art.8.3 CISG.

En virtud del principio de autonomía de las partes (art.6, también reflejado en el art. 9.1(1)) y debido a la jerarquía que la propia Convención otorga a los usos comerciales internacionales (por encima de la Convención, pero por debajo del acuerdo de las partes), se aplica una jerarquía de reglas. Sobre todo, el acuerdo de las partes (arts. 6 y 9.1: prácticas y usos pactados o convenidos) desplazará a la CISG, salvo los arts. 12 y 96. A continuación en la jerarquía se le da importancia a los usos del comercio (art.9.2) y en la parte inferior, las normas de la Convención. Como consecuencia, si un uso comercial (art.9.2) entra en conflicto con una práctica establecida entre las partes (art.9.1), prevalecerá esta última.

Aunque esta hipótesis puede ser poco probable en la práctica, en el caso de un conflicto entre una práctica y un uso acordado, el uso convenido prevalecerá sobre la práctica, ya que se presume que las partes han derogado la práctica por el acuerdo expreso sobre un uso de comercio. Así, si una práctica entra en conflicto con un uso comercial acordado prevalecerá la primera.

Dentro del término "uso convenido" se incluyen toda una suerte de cláusulas contractuales que emanan de determinadas "agencias formuladoras" que compilan prácticas comerciales reconocidas que han sido desarrolladas, aceptadas y practicadas constantemente en el comercio relevante y que han establecido positivamente el modus operandi de los operadores en el comercio internacional. Los ejemplos más conocidos son los Incoterms® y las Reglas y Usos Uniformes Relativos a los créditos documentarios, ambos de la CCI[109].

[109] Vid. Con ulteriores referencias: Perales Viscasillas in: Kröll/ Mistelis/Perales Viscasillas (2018), Article 9, nº1 y ss.
Interesante es la Propuesta de Anteproyecto de Ley de Código Mercantil (2018) en cuyo artículo 575-1(3) prevé la incorporación de las Reglas y Usos Uniformes Relativos a los Créditos Documentarios como parte del contrato y como forma de interpretar las disposiciones del Código Mercantil en esta materia
"3. Salvo que en el crédito documentario se disponga otra cosa, se le aplicarán supletoriamente las Reglas y Usos Uniformes para los Créditos Documentarios aprobados por la Cámara Internacional de Comercio vigentes en el momento de la emisión del crédito; dichas reglas y usos se aplicarán igualmente para interpretar los preceptos del presente capítulo". Nada se indica, sin embargo, en el Código sobre los Incoterms®. Respecto a

A tenor de lo indicado hasta este momento, resulta claro que los Incoterms® no devienen de aplicación al contrato por "arte de magia", sino que su efecto vinculante deriva del principio de libertad de contratación que es el que otorga fuerza vinculante al concreto Incoterm elegido.

Cuestión diferente y de mayor calado consiste en determinar si, como mantiene un sector de la doctrina[110] y jurisprudencia vienesa, los Incoterms® deben considerarse usos comerciales del art.9.2. Para ello resulta de interés analizar cómo definen o consideran a los Incoterms® la propia CCI. De acuerdo con la Introducción Incoterms® 2020, nº4, "reflejan la práctica entre empresas". En este sentido, puede hablarse en términos generales de una labor de recopilación de prácticas mercantiles internacionales[111].

Ahora bien, es un hecho que la CCI no sólo recopila, en su caso, también uniformiza diferentes reglas, crea reglas nuevas, complementa esas prácticas con otras normas que no derivan estricto sensu de una práctica general y universal reconocida, y finalmente, incluso, las modifican si lo consideran conveniente[112]

las reglas sobre transmisión del riesgo en el proyectado Código Mercantil, existe una disposición que sigue el modelo de la Convención de Viena:

"Artículo 511-15. Transmisión del riesgo.

1. Salvo que la pérdida o el deterioro de los bienes vendidos se deba a culpa del vendedor, el riesgo se transmite al comprador desde el momento en que, claramente identificados, se pongan a su disposición en el lugar y tiempo convenidos en el contrato.

2. En las ventas con expedición, si el vendedor no se ha obligado a entregar los bienes en un lugar determinado, el riesgo se transmitirá al comprador cuando se pongan en poder del primer porteador, siempre y cuando estuvieran claramente identificados. Si no lo estuvieren en tal momento, el riesgo se transmitirá cuando se proceda a su clara identificación.

3. La transmisión del riesgo al comprador no afectará a los derechos y acciones de que disponga frente al vendedor en caso de que este último haya incurrido en incumplimiento esencial del contrato".

Existen además algunas reglas especiales por ejemplo en relación con las ventas al gusto o con reserva de aprobación Artículo 512-4 que lo hace coincidir con las reglas generales de la transmisión en la compraventa y la aceptación.

[110] Perales Viscasillas in: Kröll/ Mistelis/Perales Viscasillas (2018), Article 9, nº1 y ss. Por contra: Hachem, in: Schlechtriem/Schwenzer, Commentary (2016), Introduction to Articles 66-70, nº23.

[111] Idea en la que concurre la Guía tripartida, nº25 señala que los "Incoterms, which are shorthand clauses collected and developed by the ICC and which reflect international practice". Id., nº144 al indicar que reflejan "current trade practices".

[112] El ejemplo más patente es el momento de la transmisión del riesgo bajo el Incoterm® FOB, que hasta la versión de 2010 implicaba la transmisión del riesgo cuando las mercancías pasaban la borda o barandilla del buque mientras que desde la versión 2010 y por ende también la actual de 2020, el riesgo se transmite cuando las mercancías se ponen a bordo del buque. Nótese que, según indica el profesor Bridge, The transfer of risk, p.88, que la transmisión cuando las mercancías pasan la borda del buque concuerda con el derecho inglés, que ahora, añadimos nosotros, se separaría de los Incoterms®. Y como se ha indicado los términos comerciales clásicos CIF y FOB, que desde

o rechazan incluir algunas prácticas comerciales[113], no pudiendo desconocerse que existen otros términos comerciales que podrían colisionar con los propios Incoterms®, ya sea bajo el derecho nacional o bajo concretas prácticas en determinados sectores del comercio. Además de ello, la propia Introducción a los Incoterms®, pese a la declaración ya indicada de que los Incoterms® reflejan prácticas entre empresas, deja meridianamente claro su carácter contractual y así lo hacen constantemente a lo largo de la Introducción[114].

Efectivamente, se observa como existen derechos nacionales que recogen términos similares a los Incoterms® que acoge los términos FAS, FOB, CIF y C&F como sucede en Colombia[115], Bolivia, Costa Rica, El Salvador

su aparición y establecimiento hace más de 150 años, habían adoptado como punto crítico para la transmisión del riesgo la barandilla del buque, no se modificaron en el año 2000, pese a que ya había constancia de que ello creaba inconvenientes, al entenderse que cualquier alteración habría creado muchos malentendidos y confusión en el mundo comercial, ya que los comerciantes durante más de un siglo habían conectado estos términos comerciales con el criterio de la "barandilla del barco" (Valioti, p.30, abogando porque la transmisión del riesgo fuera antes de la carga).
Como indica la Introducción Incoterms® 2010, p.10 en relación con FOB, CFR y CIF: "todas las menciones a la borda del buque como punto de entrega se han suprimido en favor de la entrega de la mercancía cuando esté "a bordo" del buque. Refleja con más precisión la realidad comercial actual y evita la imagen, bastante anticuada, del riesgo oscilando de un lado a otro sobre una línea perpendicular imaginaria".

113 Así se destaca en relación con la masa bruta verificada (VGM). Vid. Introducción Incoterms®, nº59-61.

114 Vid. Introducción Incoterms® 2020, nº8: "En esencia, las reglas Incoterms® 2020 no son en sí mismas un contrato de compraventa: solo forman parte de este contrato cuando se incorporan en uno ya existente". Vid. también, apartado III, respecto a la inclusión contractual de las reglas. Ya lo indicaba el profesor Ramberg, Incoterms® 2010 Ramberg, p.232: "It must therefore be concluded that Incoterms® still reflect custom of the trade, but, in some respects, amount to no more than a standard form contract. In any event, Incoterms® 2010 should always by reference be expressly incorporated into the individual contract".

115 Arts.1693-1698 CCo Colombia. Vid. Maximiliano Rodríguez Fernández, Los términos comerciales internacionales (INCOTERMS®) (versión 2010) y su aplicación en el derecho colombiano. En Contratación Internacional. Tratados e instrumentos normativos. Adriana Zapata (Directora); Jorge Oviedo Albán y Luis Alfonso Gómez Domínguez (Coordinadores). Universidad Externado Colombia, 2018, pp.131-220; y Mauricio Alzate Ossa, Los Incoterms®, el Contrato de seguro y la compraventa internacional de mercaderías: la transferencia del dominio y del riesgo en el contrato de compraventa internacional y los Incoterms® y su relación con el interés asegurable y la cobertura en el contrato de seguro. Revista Principia Iuris, 2013, nº19, No.19, 2013, p.292 y cit., p.296: "Una cuestión sí parece estar resuelta a la luz del régimen aduanero colombiano, y es la obligatoriedad de incluir un INCOTERM® cualquiera en los procesos de exportación e importación de mercaderías, independientemente de que se hayan o no pactado entre comprador y vendedor".
Para el caso español con el Real Decreto 1559/1970, de 4 de junio, sobre régimen de comercio y procedimiento de tramitación de las exportaciones (BOE, nº139, de 11 de junio de 1970, por

y Guatemala[116]. Paradigmático es el *Uniform Commercial Code* (USA), que recoge los términos FOB y FAS (sección 2-319 UCC)[117], y CIF terms (sección 2-320 UCC)[118]. Como se deriva de la doctrina que ha comparado los términos del UCC y los Incoterms®, si bien se detectan semejanzas, también hay diferencias importantes[119]. No sólo ya por el dato de que los Incoterms® contengan más términos y más detallados, así como por el hecho de que el UCC mencione términos que no están reconocidos en los Incoterms® (C. & F., "Ex-Ship," y "No Arrival, No Sale), sino porque se observan en los términos que sí son comunes diferencias de importancia que incluso alcanzan a la incompatibilidad entre ellos. Se cita así el caso del FOB, que bajo el UCC, es un término de entrega general que se puede usar con diferentes modos de transporte, ya sea que el transporte se realice por aire, carretera, ferrocarril o agua, y que podría permitir que el riesgo de pérdida pase al comprador en prácticamente cualquier lugar designado[120]. Por el contrario, FOB bajo Incoterms® 2020 requiere entrega a bordo del buque para la transmisión del riesgo, salvo que existan usos del puerto que indiquen de otra manera[121].

referencia a los Incoterms 1953, veáse: Cavaller, pp.197-201, normativa ya derogada; autora que también se refiere a otros ordenamientos como Irak y Cuba.
También era el caso bajo el derecho francés. Vid. Loi n°69-8 du 3 janvier 1969 relative à l'armement et aux ventes maritimes (abrogé par Ordonnance n° 2010-1307 du 28 octobre 2010 – art. 7), art.39: "Dans la vente dite C.A.F. (coût, assurance, fret), le vendeur s'oblige à conclure le contrat de transport et à mettre la marchandise à bord ainsi qu'à l'assurer contre les risques de ce transport. Il doit aussitôt adresser à l'acheteur les documents d'usage correspondant à cet envoi".

[116] Sobre ellos: Edgardo Muñoz, Modern Law of Contracts and Sales in Latin America, Spain and Portugal. International Commerce and Arbitration. Vol.6. Eleven, 2011, p.354.

[117] "Trade terms may also be defined differently from the ICC Incoterms® with respect to business sectors or in domestic law. It is therefore advisable to correctly identify the intended trade term", citando el United States Uniform Commercial Code, article 2, paragraph 320, defines the trade term CIF. Vid. Guía Tripartita, nº147.

[118] De interés es que las *Revised American Foreign Trade Definitions* (RAFTD) de Los Estados Unidos, que fueron creadas en 1919, crearon sus propios términos comerciales en un total de seis con pretensiones de internacionalidad. Si bien fueron derogadas en 1985 al tiempo de la ratificación de la CISG. Dichos términos son: Ex -works (Ex – planta), Ex-factory (Ex – fábrica), Ex-mills (Ex – molino), Ex-mine (Ex – mina), Ex-plantation (Ex – plantación) y Ex-warehouse (Ex – almacén).

[119] John A. Spanogle, Incoterms and UCC Article 2-Conflicts and Confusions, The International Lawyer, 1997, vol.31, nº1, pp.111 y ss.

[120] Expresamente el UCC indica que el término FOB vale para cualquier medio de transporte, y que puede pactarse: FOB Place of shipment o FOB Place of destination (Coste de transporte y riesgo hasta destino por el vendedor).

[121] "For example in the port of Antwerp and Zeebrugge, the passing of risk under a FOB contract 'coincides with the transport agreement namely under the ship's tackle'" (Valioti, p.30). La existencia de usos portuarios quedaría comprendida bajo el art.9.2 CISG y son reconocidos también en

Este reconocimiento de la posible confluencia de términos comerciales bajo el derecho nacional es también reconocido por la propia CCI, la cual lógicamente resalta su carácter internacional y mundial, citando a estos efectos la regla sobre "carga que no llena un camión" ("less than truckload shipping" o LTL, por sus siglas en inglés) de los Estados Unidos, sin curiosamente mencionar los términos FOB o CIF del UCC[122].

A mayor abundamiento, existen sectores del comercio donde los Incoterms® CCI son excluidos en pro de otros términos comerciales como sucede singularmente en el tráfico de *commodities* (materias primas, especialmente a granel) bajo los condicionados generales de GAFTA (*Grain and Feed Trade Association*)[123]. Esta Asociación establece modelos de contratos para multitud de productos y los somete a arbitraje. Pese a que dice ser "internacional" lo cierto es que en aspectos legales no deja de estar apegado al derecho inglés. Toda una declaración a favor del derecho inglés resulta evidente en cuanto se examina el condicionado contractual de los diferentes contratos GAFTA que no es que permitan opciones, como sucede con otros modelos contractuales

los Incoterms®. Vid. por ejemplo, Incoterms® 2000, nº7: FAS y FOB A4 ("en la forma acostumbrada en el puerto"), debido a que, particularmente en el tráfico de productos primarios, varía la manera exacta en que las mercancías se entregan para el transporte en los contratos FAS y FOB según los diferentes puertos marítimos".

122 Vid. Carta de fecha 14 de enero de 2020 remitida por la Directora de Comercio e Inversión de la CCI, solicitando el apoyo de la CNUDMI a los Incoterms® 2020, anexo II, p.4, en A/CN.9/1028. Comisión de las Naciones Unidas para el Derecho Mercantil Internacional, 53 período de sesiones, Nueva York, 6 a 17 de julio de 2020, disponible en: https://undocs.org/es/A/CN.9/1028, y el mismo comentario en: https://iccwbo.org/resources-for-business/incoterms-rules/incoterms-2020/
Se menciona también en ambos textos la *Harmonised Tariff Schedule* (Lista Armonizada de Aranceles) de los Estados Unidos de América.

123 GAFTA es una asociación comercial internacional con más de 1900 miembros en 100 países, cuyo objetivo es promover el comercio internacional de productos agrícolas, especias y materias primas en general, así como proteger los intereses de sus miembros en todo el mundo. Entre sus miembros se incluyen comerciantes, corredores, superintendentes, analistas, fumigadores, árbitros, individuos, profesionales y asociaciones profesionales. Según se indica GAFTA desarrolla los condicionados contractuales en los que se estima que se envía el 80% del comercio mundial de cereales. Nacida en 1878 cuando los miembros del comercio de maíz establecieron la *London Corn Trade Association* (LCTA) para proteger sus intereses, en 1906, un grupo de comerciantes se separó de la LCTA y formó una nueva asociación más especializada, la *London Cattle Food Trade Association* (LCFTA), para quienes comerciaban con proteínas vegetales utilizadas como piensos para animales. En 1965, la LCFTA eliminó "Londres" de su título, lo que refleja una creciente internacionalización. En 1969, comenzaron las negociaciones de fusión entre la LCTA y la CFTA. El resultado de estas conversaciones fue la formación de una nueva asociación conjunta, la Asociación de Comercio de Granos y Piensos en 1971. Vid. https://www.gafta.com/about.

de otras asociaciones, sino que directamente seleccionan el derecho inglés como el aplicable con una delirante[124], por aberrante, cláusula al respecto[125], al tiempo que en una cláusula intitulada (Convenciones internacionales) excluyen la Convención de Viena y los Incoterms, aunque no especifican más al respecto (tampoco señala la marca registrada) debe entenderse que son los Incoterms® de la CCI. Como es bien conocido el Reino Unido no es parte de la CISG por lo que la exclusión resulta innecesaria.

Similar situación se produce analizando otros modelos de contratos como los FOSFA (*Federation of Oils, Seeds and Fats Associations*) o los Sugar (SAL--Sugar Association of London, y RSA-Refined Sugar Association of London) en los que, si bien no se excluyen expresamente los Incoterms®, el resultado es similar al declararse aplicable el derecho inglés[126]. En todos ellos, además, se establecen definiciones detalladas de los términos contractuales preferidos para ser aplicados en el comercio de *commodities*, planteándose la cuestión de la interpretación de la voluntad de las partes cuando se escogen términos

[124] O como indica Bruno Zeller, Commodity Sales and The CISG, en Camilla B. Andersen & Ulrich G. Schroeter eds., Sharing InternationalCommercial Law across National Boundaries: Festschrift for Albert H. Kritzer on the Occasion ofhis EightiethBirthday, Wildy, Simmonds & Hill Publishing, 2008, p.634, una inventada cláusula que resulta necesaria para someter a partes que nada tienen que ver con el derecho inglés. Por el contrario, señala las ventajas del derecho inglés sobre la CISG: Qi Zhou, The CISG and English Sales Law: An unfair competition. International Sales Law. A Global Challenge. Edited by Larry DiMatteo. Cambridge University Press, 2014, pp.669-682.

[125] Vid, por ejemplo, clausula 26 Domicile del Contract nº122, GAFTA, for shipment of rice in bags Tale Quale–CIF/CIFFO/C&F/C&FFO Terms, de 1 febrero 2021:"This contract shall be deemed to have been made in England and to be performed in England, notwithstanding any contrary provision, and this contract shall be construed and take effect in accordance with the laws of England (...). For the purpose of any legal proceedings each party shall be deemed to be ordinarily resident or carrying on business at the offices of The Grain and Feed Trade Association, (GAFTA), England, and any party residing or carrying on business in Scotland shall be held to have prorogated jurisdiction against himself to the English Courts or if in Northern Ireland to have submitted to the jurisdiction and to be bound by the decision of the English Courts. The service of proceedings upon any such party by leaving the same at the offices of The Grain and Feed Trade Association, together with the posting of a copy of such proceedings to his address outside England, shall be deemed good service, any rule of law or equity to the contrary notwithstanding".

[126] Vid., por ejemplo: The Refined Sugar Association, Rules and Regulations, 2 marzo 2021 (The Sugar Association of London), cláusula 23. Nótese que se trata de las reglas de la asociación y que el contrato puede establecer en contrario, prevaleciendo sobre aquellas. En este sentido, resulta curiosa la cláusula 25 cuando señala que: "Where the parties have not specified a particular Incoterm as applicable, the most suitable Incoterm will apply to the contract, provided always that no Incoterm shall apply which would be inconsistent with the express terms agreed by the parties".

de tres letras que coinciden en los textos específicos del sector, así como en el general de la CCI, y donde puede dudarse acerca de la forma de integrar la voluntad de las partes pues pareciera también razonable que las reglas del sector específico puedan tener prioridad sobre las generales al tratarse de usos más relacionados con el contrato en particular[127].

Por el contrario, en los modelos de condicionados generales elaborados por multinacionales del sector de las *commodities*, como el petróleo y productos de él derivados, la exclusión de los Incoterms® parece dudosa, como en el caso de Repsol[128], o puede llegarse sin duda alguna a su inclusión como en el caso de BP[129]y Shell[130], si bien con variaciones respecto al texto de la CCI, y con el común denominador de sometimiento al derecho inglés y exclusión expresa de

[127] En este sentido se pronuncia Fujita, p.503.

[128] En las condiciones generales de Repsol, Repsol Group's general conditions for the purchase of goods in Spain, que lógicamente ceden ante las condiciones particulares que se puedan acordar en el pedido o en otros documentos, parecen referirse de forma indirecta a los Incoterms® al señalar en diversas ocasiones que determinadas cuestiones se regularán por "the International Commercial Terms applicable according to the Order". Pese a que el contrato se somete al derecho español y jurisdicción española, se excluye incomprensiblemente la Convención de Viena. Vid. Clausula 24.

Además, en las *General Terms & Conditions for Sales and Purchases of Crude Oil & Petroleum Products*, edición 2017, donde el derecho aplicable es el derecho inglés y se excluye la Convención (cláusula 10), sí que la referencia a los Incoterms® lo es presumiblemente a los de la CCI, al referirse a la versión 2010, aunque para el término DES la referencia es a la versión 2000. En la edición 2020 el derecho aplicable es el español, pero de nuevo se excluye la Convención de Viena.

[129] BP Oil International Limited General Terms & Conditions for Sales and Purchases of Crude Oil and Petroleum Products 2015 Edition Version 1.2, effective from 13th July 2020, donde claramente la referencia es a los términos de la ICC puesto que bajo el condicionado se trata de Incoterms®2010. En cuanto al derecho aplicable, es el derecho inglés, con exclusión de la CISG. Por su parte, el BP Global Oil Americas General Terms and Conditions for Purchases and Sales of Crude Oil, Refined Petroleum, and Related Products 2020 Version 1.1, se refiere a la aplicación de tres diferentes versions de los Incoterms: "CFR", "CIF", "DAP", "DDP", "FCA", and "DPU" shall each have the meaning given to it in Incoterms®2020, except as modified by the Agreement. "DAT" shall have the meaning given to it in Incoterms®2010, except as modified by the Agreement. "DES" shall have the meaning given to it in Incoterms®2000, except as modified the Agreement. Además, el contrato se somete al derecho de Nueva York con exclusión de la Convención de Viena (sección 26).

[130] Lo mismo sucede examinando las condiciones generales de Shell. Vid. para los diversos modelos de contratos: https://www.shell.com/business-customers/trading-and-supply/trading/general-trading-terms-and-conditions.html

Sin embargo, en algunos de ellos no existen referencias a los Incoterms® CCI, y el derecho aplicable es algún derecho nacional como los de Holanda, Alemania, Canadá, USA, en algunos casos Texas o Nueva York, pero nuevamente sí como común denominador con expresa exclusión de la CISG.

la Convención; situación que se produce, aunque no tan generalizadamente, en algunos otros mercados de *commodities* como el del acero[131] o el gasista[132].

Dejando de lado esta constante exclusión de la CISG en el sector de las materias primas cuyos motivos son perfectamente rebatibles[133], en otros sectores, la cuestión parece más clara también a favor de los Incoterms® y la Convención, caso de Iberdrola[134], siendo también el caso de algunos modelos de contratos ofrecidos por organizaciones internacionales que estipulan como derecho aplicable la Convención[135].

[131] Vid. Condiciones Generales de Venta de Acerinox Europa, S.A., con inclusión del "Incoterm EXW", aunque no existe referencia a la CCI. Sometimiento al derecho común español, pero con exclusión de la Convención de Viena. Curiosamente en las condiciones generales de adquisición y suministro de bienes del Grupo Acerinox, se hace referencia al "Incoterm DDP", indicando versión del año 2010, y que "El Contrato se regirá por la legislación correspondiente al domicilio señalado para el Cliente en el Contrato", lo que por definición no implica la exclusión de la Convención de Viena.

[132] Vid. Pilar Perales Viscasillas, Las conexiones internacionales por gasoductos: contratos de interconexión y de capacidad. Revista de Derecho de la Competencia y de la Distribución n.º 20/ enero-junio 2017, pp.1-52; y CISG and Strategic Commodities (The example of Gas in Europe). Mélanges en L'Honneur du Professeur Claude Witz. Lexis Nexis, 2018, pp.633-651.

[133] Vid. con detalle Fujita, pp.474 y ss.

Profundamente equivocado el documento elaborado por la Unctad que en la nota a pie nº42 indica que: "Moreover, the application of the CISG is normally expressly excluded in CIF or FOB contracts", sin especificar un mercado en particular. De hecho, el documento no circunscribe ni su título ni en los ejemplos al mercado de *commodities*, alcanzando también al de productos manufacturados, por lo que indicar como se hace en la nota 13 que: "This Briefing Note makes extensive references to English law as it is the law commonly chosen by the parties to international commercial contracts", resulta nuevamente erróneo.

[134] Cláusula 5.1.3 de las General Terms and Conditions of the IBERDROLA GROUP for the supply of equipment and materials, 2018, donde claramente la referencia al Incoterm DDP, lo es en relación a los Incoterms® CCI; el contrato además se somete a derecho español sin exclusiones de ningún tipo: 2.10.1 These GTC and the Contract shall be governed by the laws of Spain.

[135] *Inter alia*: ICC Model Contract – International Sale (Manufactured Goods); y ITC (International Trade Center) Model Contract for the International Sale of Goods.

Sorprende que en relaciones que pueden quedar perfectamente disciplinadas por la Convención, se excluya ésta tal y como se ejemplifica en el Auto AP Barcelona, 29 enero 2020, donde se discutía la competencia de los tribunales españoles bajo la cláusula del contrato: "...23. DERECHO APLICABLE. Este Acuerdo se interpretará de conformidad con las leyes del Estado de Washington, Estados Unidos de América. ADE y el DISTRIBUIDOR excluyen la aplicación a este Contrato de Distribuidor de la Convención de las Naciones Unidas sobre Contratos para la Venta Internacional de Bienes ("CISG"). Las partes acuerdan que el Tribunal Superior del Estado de Washington para el Condado de King en Seattle, Washington sea la jurisdicción y el lugar para cualquier disputa o controversia sobre los términos y condiciones de este Acuerdo o que surja como resultado de la ejecución de este Acuerdo...".

Así las cosas, y aunque en algunos de sus términos, y en concretos o singulares aspectos de los mismos, pudiéramos decir que los Incoterms®, CCI, reflejan usos del comercio internacional, lo cierto es que no pueden elevarse o generalizarse al nivel de usos mercantiles (art.9.2 CISG)[136]. De ser así significaría que, ante el silencio contractual, los Incoterms® pasarían a ser incorporados al contrato con la inherente, o más correctamente imposible, dificultad de poder precisar cuál de los 11 términos es el que se considera parte del contrato.

Cuestión diferente -y con la que iniciábamos este apartado- es que las partes en el contrato hayan acogido uno de los 11 términos, por ejemplo, CIF London-UK[137], o variaciones sobre dichos términos como la cláusula C.F.F.O[138],

[136] Por ejemplo: Gabriel, p.41; Guy Lefebvre/Jie Jiao, L'utilisation du terme de commerce FOB: une incertitude pour les commerçants. *Eppur si muove:* The Age of Uniform Law. Essays in honour of Michael Joachim Bonell to celebrate his 70th birthday, Rome: UNIDROIT, Vol.2, Rome, 2016, pp.1768-1769. En este sentido, la doctrina en muchas ocasiones no tiene claro el orden de fuentes, y en una especie de *totum revolutum* consideran que los Incoterms® pueden devenir aplicables en atención al art.6, 9.1 y 9.2 CISG. Vid. Por ejemplo: Coetzee, p.6. No se toma en consieración el art.8.3 CISG (por ejemplo, Villar Gagliardi/Pazinato Ramos, pp.119 y ss; o Peter Huber/Alastair Mullis, The CISG. A new text book for students and practitioners. Sellier, 2007, p.19. O en la jurisprudencia: *Juzgado de Primera Instancia en lo Comercial* No. 26 (Argentina) 2 julio 2003, en un caso: FOB Montevideo: aplicación Incoterms sobre la base del art.9.1 y 9.2 CISG; y *der Saane (Zivilgericht)* (Suiza) 20 febrero 1997: "CIF Moscow" de acuerdo con Incoterms® (1990); *High Arbitration Court (or Presidium of Supreme Arbitration Court) of the Russian Federation* (Rusia) 25 diciembre 1996 (Pace); *Tribunal cantonal Valais* (Suiza) 28 enero 2009, CISG-Online 2025 también con referencia al art.9.1 CISG. Los considera usos mercantiles atendiendo a "su carácter profesional, corporativo, previsible, útil y adaptado a las necesidades de los operadores del comercio": Cavaller, pp.158 y ss con un detallado análisis de esta cuestión en función de las diversas versiones de los Incoterms®, si bien finalmente se inclina por su naturaleza contractual sin perjuicio que en alguna circunstancia pueda probarse que son usos del comercio (id., p.178).

[137] Cour d'appel de Luxembourg, 16 junio 2010, CISG-Online 5093, resolviendo en este caso a favor de interpretar dicho término conforme a los Incoterms® CCI pero sin cita de la CISG al considerar que los Incoterms® constituyen una unificación y una codificación de los términos y definiciones de las ventas (*les Incoterms constituent une unification et une codification des termes et définitions des ventes).* Igualmente, sin cita de la Convención, pero interpretando la cláusula EXW por referencia a los Incoterms® CCI, SAP Barcelona, 26 febrero 2018 (España).
Con cita de la CISG, el caso del Juzgado de Primera Instancia de Lérida, 13 diciembre 2016 (España), donde se había pactado "CFR Port Alger" que fue interpretado conforme a Incoterms® (si bien no especifica en ningún momento a la CCI), y señalando erróneamente que la Convención de Viena "reconoce que, en la práctica, la mayoría de las transacciones internacionales se rigen de acuerdo con las obligaciones reflejadas en los Incoterms, lo que les da un valor añadido a la hora de regularlos contratos de compraventa internacional".

[138] Dicha cláusula fue interpretada conforme a los preceptos de la Convención de Viena (artículos 31 y 67) y los Incoterms® CCI: "Dando por bueno que no fuera la cláusula C.I.F (Coste y Flete) la que presidiera el contrato de transporte marítimo internacional de autos, sino la denominada

pero sin que exista mención alguna a las cláusulas elaboradas por la CCI, ya que entonces la cuestión es de interpretación de la voluntad de las partes: ¿han querido que la interpretación sea en consonancia con los Incoterms® 2020 CCI, y además que sea coherente con la CISG? o, de ser el caso, ¿han querido que sea la interpretación bajo el derecho nacional no uniforme o bajo otros términos comerciales de potencial confluencia?. Esta situación no es desconocida y la jurisprudencia vienesa da muestra de ello.

Un ejemplo lo encontramos en el caso analizado por el *US District Court for the Southern District of New York* (USA) 26 marzo 2002, *St. Paul Guardian Insurance Co., et al. v Neuromed Medical System & Support*, et al, CISG-Online 615, se acordó sin más especificaciones "CIF New York Seaport", aunque correctamente se integró dicha dicción conforme a los Incoterms® aplicables en ese momento (versión 1990), el tribunal erró al considerar que los "Incoterms® "are incorporated into the CISG through Article 9(2)", pues lo correcto habría sido determinar la intención de las partes bajo el contrato (art.8 CISG)[139]. No sorprenderá que, tras este caso, la jurisprudencia estadounidense haya acogido de forma entusiasta, pero poco elaborada, esta solución en casos similares[140].

C.F.F.O., esta última no puede traducirse en los términos que la parte apelante pretende, pues, de conformidad con las cláusulas del Convenio de Viena (..) las dos primeras siglas -C.F., hoy Incoterm C.F.R.-, significan que el vendedor ha de pagar los gastos y el flete necesario para hacer llegar la mercancía al punto de destino, siendo de cuenta del comprador el riesgo de pérdida o daño de aquélla, así como cualquier otro pacto adicional cuando la carga ha traspasado la borda del buque. Las siguientes siglas -F.O.-, constituyen una condición de estiba, la de que el porteador queda relevado de las operaciones de descarga". Vid. SAP Córdoba, 31 octubre 1997 (España). Vid. Perales Viscasillas, Comments, pp.286-287, con cita de otros casos patológicos.

[139] El caso no se ha salvado de las críticas doctrinales, véase: Perales Viscasillas, Comments, pp.289-291; Johnson, pp.408-411.

[140] Vid. *BP Oil International, Ltd. y BP Exploration & Oil, Inc. v. Empresa Estatal Petróleos de Ecuador*, Appellate Court, 5th District, Texas, 11 junio 2003, donde las partes acordaron: "CFR La Libertad-Ecuador", y el tribunal dictaminó de igual forma que en el caso St.Paul al indicar que los Incoterms® "are well known in international trade means that they are incorporated through article 9(2)"; *China North Chemical Industries Corporation v Beston Chemical Corporation*, CISG-Online 1177 (Pace), donde se acordó "CIF' to Berwick, Louisiana", sosteniendo el tribunal que: "Incoterms is the dominant source of definitions for the commercial delivery terms used by parties to international sales contracts"; *Bankruptcy Court for the Eastern District of Pennsylvania* (U.S.) 18 June 2014 (decision affirmed by the U.S. District Court for the Eastern District of Pennsylvania, United States, 19 January 2016 (2016 WL 215229)) 511 B.R. 738 (CLOUT 1639); *Cedar Petrochemicals inc. v. Dongbu Hannong Chemical Ltd., Federal District Court [New York]* (U.S.) 28 September 2011 CISG-Online 2338 (Pace), donde se acordó "FOB Ulsan Anchorage, Korea", si bien en este caso el acuerdo escrito también incluía una cláusula por la cual las partes expresaban su acuerdo de que

Y es que efectivamente la pregunta indicada anteriormente, a mi juicio, se contesta de forma general con una respuesta favorable y presuntiva a favor de interpretar el término comercial pactado con referencia los Incoterms® 2020[141], donde la CISG además en los aspectos de confluencia se presente armónicamente con ellos, salvo que concurran otras circunstancias que lleven a otra conclusión como pudiera ser la existencia de tratos previos donde estuviera clara que la referencia al término comercial lo es a una determinada consideración bajo un derecho nacional, o a una determinada interpretación de las partes sobre el significado de ese término, sin olvidar que pudiera darse la circunstancia de que en un determinado tráfico existan usos del comercio que generen una interpretación diferente de la que deriva de los propios Incoterms® (art.8.3 CISG). La preferencia por una interpretación en coherencia con los términos internacionales de la CCI se descubre rápidamente en cuanto se piensa en la complementariedad y sinergia entre estos instrumentos ambos aplicables al tráfico internacional de mercaderías, como deriva de los datos previos ya comentados en este trabajo (supra apartado 4). Surge asimismo de la necesidad de interpretar el contrato que queda gobernado bajo la CISG en clave internacional y uniforme.

En consecuencia, en ausencia de otros elementos, la interpretación en contratos internacionales debe ser favorable a que el texto de referencia sean los Incoterms® de la CCI. A este respecto el art.8 CISG y en particular el párrafo 3º establece una serie de elementos muy amplios conforme a los cuales interpretar la voluntad de las partes: las negociaciones, las prácticas establecidas entre los contratantes, los usos y el comportamiento ulterior de las partes, debiendo recordarse el mandato del art.7.1 CISG en pro de una

los Incoterms 2000 regirían el plazo de entrega, pero con una perturbadora frase: "[i]t is worth noting at the outset that the entire body of Incoterms—'F.O.B.' included—is incorporated into the CISG through Article 9(2) thereof."

Comentario crítico a varios de estos casos puede verse en Johnson, pp.412-420.

141 A favor: Perales Viscasillas, Comments, pp.288-289; Hachem, in: Schlechtriem/Schwenzer, Commentary (2016), Introduction to Articles 66-70, nº23; Erauw, in: Kröll/ Mistelis/Perales Viscasillas (2018), Article 67, nº30.

Aunque no siempre es el caso, evidentemente también cuando las dos partes están de acuerdo en que el término del contrato (FOB en el caso) se interprete conforme a los Incoterms®. Vid. People's Court Shanghai Changning District, 16 julio 2018 (CISG-online 4118).

Obiter dicta, así se considera, i.a., SAP Pontevedra, 6 octubre 2014 (CLOUT 1494) considerando que la cláusula CIF debe interpretarse conforme a Incoterms® (en el caso versión 2000).

interpretación internacional y uniforme que también deben ser principios de aplicación contractual[142].

En resumen, y en opinión de quien escribe estas líneas, en términos generales, los Incoterms® se ubican, por regla general, en la referencia del art.8.3 CISG, que se refiere de forma general a los usos como elemento de interpretación, así como en la dicción del art. 9.1 CISG (uso convenido, lo que a su vez implica una referencia al principio de autonomía de la voluntad reconocido en el art.6 CISG)[143] y no en el art. 9.2 (usos normativos, es decir, usos que tienen fuerza de ley), a menos que pueda probarse que el término acordado cumple los requisitos del art.9.2. Este podría ser el caso en algún un sector específico del comercio[144], o en relación a los más usados, FOB and CIF[145], a menos que las partes hayan adoptado un entendimiento diferente a través de una práctica[146]. Como consecuencia, el hecho de que ciertos términos comerciales estén codificados no significa que deban considerarse usos comerciales, sino que pueden convertirse en usos; incluso, como se ha destacado acertadamente el hecho de que los Incoterms® sean marca registrada ha tenido como resultado una disminución de los Incoterms® como expresión de la costumbre internacional del comercio como al efecto señaló oportunamente el profesor Ramberg[147].

[142] Sobre ello, véase Perales Viscasillas, in: Ferrari/Flechtner/Brand, Draft Digest and Beyond (2003), p. 259.

[143] Erauw, in: Kröll/ Mistelis/Perales Viscasillas (2018), Article 67, nº31; Bridge, The transfer of risk, p.89; Jorge R. Albornoz, Los Incoterms en el derecho internacional privado. DeCita, Derecho del comercio Internacional. Temas y Actualidades. Contratos internacionales. Directores: Diego P. Fernández Arroyo y Adriana Dreyzin de Klor, CEDEP, 2008, p.164.

[144] Se cita el caso del mercado del petróleo (Erauw, in: Kröll/ Mistelis/Perales Viscasillas (2018), Article 67, nota a pie nº26), sin embargo, las condiciones generales de las empresas petrolíferas examinadas en este trabajo y anteriormente referidas demuestran que se ofrece una amplia categoría de los Incoterms, y no un único término para su inclusión en el pedido.

[145] Vid. Trans-Lex Principles, No. IV.5.6 – Rights and duties of the parties under "FOB" and "CIF": “If the parties have agreed on a sale "FOB" or "CIF", the respective rights and duties of the parties under the contract are to be determined according to the latest version of the International Commercial Terms (INCOTERMS®) issued by the International Chamber of Commerce (ICC) unless the parties have indicated that a different meaning is to be attributed to the term used”. https://www.trans-lex.org/928500".

De acuerdo con Galindo da Fonseca, p.147, los Incoterms más usados por los exportadores brasileños son precisamente FOB y CIF.

[146] Schmidt-Kessel, in: Schlechtriem/Schwenzer, Commentary (2016), Art. 9 para. 27.

[147] Ramberg, Incoterms® 2010, p.232; idem con cita también del professor Ramberg: Cavaller, p.165, nota 470.

6. La CISG y los Incoterms® en relación a la determinación de la competencia judicial internacional en la Unión Europea

Anteriormente hemos indicado que las reglas sobre transmisión del riesgo de la Convención vienen a ser coherentes con las reglas aplicables en defecto de acuerdo de las partes en relación con la determinación del lugar de entrega de las mercancías (art.31 CISG). Estas reglas tienen como efecto indirecto el ser relevantes de cara a la determinación de la competencia judicial internacional en el ámbito europeo[148]; del mismo modo, lo son los pactos específicos de las partes sobre el lugar de entrega como pudiera ser si se pactara alguno de los Incoterms® 2020.

El precepto relevante era el art. Artículo 5 Reglamento (CE) nº 44/2001 del Consejo, de 22 de diciembre de 2000, relativo a la competencia judicial, el reconocimiento y la ejecución de resoluciones judiciales en materia civil y mercantil, actualmente derogado, y reemplazado por el Reglamento nº1215/2012 del Parlamento Europeo y del Consejo relativo a la competencia judicial, el reconocimiento y la ejecución de resoluciones judiciales en materia civil y mercantil, que en este punto presentan la misma redacción respectivamente en sus artículos 5 y 7, cuya redacción sobre la base del primero es:

> "Las personas domiciliadas en un Estado miembro podrán ser demandadas en otro miembro:
>
> 1) a) en materia contractual, ante el tribunal del lugar en el que hubiere sido o debiere ser cumplida la obligación que sirviere de base a la demanda;
>
> b) a efectos de la presente disposición, y salvo pacto en contrario, dicho lugar será:
>
> – cuando se tratare de una compraventa de mercaderías, el lugar del Estado miembro en el que, según el contrato, hubieren sido o debieren ser entregadas las mercaderías;
>
> – cuando se tratare de una prestación de servicios, el lugar del Estado miembro en el que, según el contrato, hubieren sido o debieren ser prestados los servicios;
>
> c) cuando la letra b) no fuere aplicable, se aplicará la letra a)".

[148] Vid. En detalle Cavaller, pp.269 y ss.

Dos decisiones del Tribunal de Justicia de la Unión Europea ilustran esta cuestión ambas sobre la base de contratos de compraventa internacional de mercaderías sometidas a la Convención de Viena.

En primer lugar, la STJUE (Sala Cuarta), 25 febrero 2010, Car Trim GmbH contra KeySafety Systems Srl., entre una parte alemana y otra italiana, que además de la importancia que presenta en relación con la definición del contrato de compraventa, cuestión sobre la que ahora no podemos entrar, se refiere a una petición de decisión prejudicial del Bundesgerichtshof (Alemania) y consideró que:

> "El artículo 5, número 1, letra b), del Reglamento no 44/2001 debe interpretarse en el sentido de que, en caso de venta a distancia, el lugar en el que, según el contrato, hubieren sido o debieren ser entregadas las mercaderías habrá de determinarse basándose en lo que disponga el propio contrato. Si resulta imposible determinar sobre esta base el lugar de entrega, sin remitirse al Derecho sustantivo aplicable al contrato, dicho lugar será el de la entrega material de las mercancías, en virtud de la cual el comprador adquirió o hubiera debido adquirir la facultad de disponer efectivamente de dichas mercancías en el destino final de la operación de compraventa".

La segunda decisión corresponde a la STJUE, 9 junio 2011, Electrosteel Europe SA y Edil Centro SpA, con ocasión de una cuestión prejudicial, la primera como compradora y la segunda como vendedora, quien considera que la cláusula del contrato *Resa: Franco nostra sede,* («Entrega: franco nuestro domicilio») otorga competencia a los tribunales de su establecimiento, esto es, los italianos sobre la base del Incoterm® EXW, frente a la postura de la compradora que entiende que la jurisdicción compete a los jueces en Francia. Conforme a los hechos del caso se desprende que la mercancía objeto del contrato fue entregada a la compradora por un transportista que se hizo cargo de dicha mercancía en Italia, en el domicilio de la vendedora, y la entregó en Francia, en el domicilio de la compradora.

Esta sentencia da un paso más en relación con la sentencia del caso Car Trim para indicar que "A fin de comprobar si el lugar de entrega está determinado «según el contrato», el órgano jurisdiccional nacional que conozca del asunto debe tener en cuenta todos los términos y todas las cláusulas pertinentes de dicho contrato que designen de manera clara dicho lugar, incluidos los términos y cláusulas generalmente reconocidos y consagrados por los usos mercantiles internacionales, como los Incoterms® elaborados por la Cámara de Comercio Internacional, en su versión publicada en 2000" (nº22).

A estos efectos la sentencia se refiere a los Incoterms® (nº21) en los siguientes términos:

> "Los usos, particularmente si se han recopilado, precisado y publicado por las organizaciones profesionales reconocidas y se siguen ampliamente en la práctica por los operadores económicos, desempeñan un papel importante en la normativa no estatal del comercio internacional. Facilitan las actividades de dichos operadores económicos en la redacción del contrato, dado que, mediante el uso de términos breves y sencillos, pueden determinar gran parte de sus relaciones mercantiles. Los Incoterms® elaborados por la Cámara de Comercio Internacional, que definen y codifican el contenido de determinados términos y cláusulas utilizados habitualmente en el comercio internacional, tienen un reconocimiento y un uso práctico particularmente elevado".

La conclusión que deriva del análisis de estas sentencias es clara como ha señalado la doctrina que ha analizado con detalle esta cuestión al indicar que el Incoterm® pactado determinará el tribunal competente en el ámbito europeo, lo que implicará en la mayoría de los casos el establecimiento del vendedor, salvo en los términos "D" en que será aplicable el tribunal del Estado del comprador. Y este es un efecto indirecto derivado del acuerdo sobre un Incoterm® que las partes del contrato deben ser conscientes[149].

Para finalizar indicar que los Incoterms® no determinan la ley aplicable al contrato de compraventa ni directa ni indirectamente bajo la Convención de Viena de 1980, o en relación al Reglamento europeo 593/2008[150].

[149] Vid. Cavaller, p.346. Sigue la jurisprudencia del TJUE diversas sentencias en España. Entre las más recientes: SAP Barcelona, 17 noviembre 2020.
Fuera del ámbito europeo se ha de considerar el art. 22 Ley Orgánica del Poder Judicial (LOPJ) quinquies a) que establece la competencia en materia de obligaciones contractuales, cuando la obligación objeto de la demanda se haya cumplido o deba cumplirse en España para lo cual es relevante la CISG, como en el caso resuelto por el Auto AP Barcelona, 23 mayo 2019 (España) en un contrato con una parte de Singapur, donde se discutía el lugar de la obligación del pago del precio realizado por transferencia bancaria a la cuenta del vendedor en España y donde se aplicó el art.57.1 a) CISG.

[150] Vid. Reglamento 593/2008 del Parlamento Europeo y del Consejo de 17 junio 2008 sobre la ley aplicable a las obligaciones contractuales (Roma I). DO 4 julio 2008, L 177/6. En la doctrina: Cavaller, pp.236-268.

7. Compraventa de mercancías sobre documentos (*Documentary Sales*)

La doctrina de forma mayoritaria considera que las llamadas compraventas de mercancías sobre documentos (*documentary sales*), típicas de las compraventas en *commodities* que presentan determinadas características (no todas las *commodities*, aquellas que tienen un mercado líquido y especialmente bajo el término CIF[151] cuando se compran y revenden sucesivas veces durante su transporte (*string sales* donde todos menos el primer vendedor y el último comprador en la cadena se ocupan únicamente de los documentos, no de las mercaderías)[152], están reguladas también por la CISG, tal y como deriva claramente de diversas disposiciones en la Convención que de forma directa o indirecta se refieren a los documentos.

El art.30 CISG señala con carácter general las principales obligaciones del vendedor, entre ellas, la de entregar cualesquiera documentos relacionados con las mercaderías, y a diferencia de la transmisión de la propiedad, que no se regula en la CISG, sí se establecen algunas disposiciones en relación a esta cuestión. En particular, el art.34 CISG establece la obligación de entrega de documentos en el momento, lugar y en la forma fijados en el contrato, pudiendo en el caso de entrega anticipada subsanar cualquier falta de conformidad de los documentos siempre que ello no ocasione al comprador inconvenientes ni gastos excesivos, aunque conservará el derecho a exigir la indemnización de daños y perjuicios. Además, el art.58.2 CISG señala que el vendedor puede retener los documentos representativos de las mercancías hasta que se produzca el pago del precio o la entrega de la cosa[153]. Igualmente,

[151] "Most of international trade, however, is conducted on shipment terms, CIF or FOB; in particular commodities are often traded on CIF terms, along a string of contracts, each of which is performed by tender of documents, including a negotiable bill of lading; this key document serves as evidence of shipment/delivery in accordance with the sale contract, and provides its holder with the exclusive right of access to the goods (document of title), as well as a statutory right of suit against the carrier" (Unctad, p,9, y nota 15).

[152] Fujita, p.200.

[153] CISG-AC Opinion nº11: Issues Raised by Documents under the CISG Focusing on the Buyer's Payment Duty (Art 58) lista los documentos que entran en la categoría de ser representativos de las mercaderías, y los que no. Indica la Opinión en relación con los documentos del seguro que, en ausencia de un acuerdo explícito de las partes, el comprador no tendría derecho a retener el pago si no se presentara la póliza del seguro. Los términos CIF o CIP que otorgan el derecho a retener el pago del precio de compra hasta que reciba una póliza o certificado de seguro conforme, no lo es por el Artículo 58 CISG, sino porque el contrato identifica la póliza o certificado de seguro como un documento que debe ser presentado por el vendedor.

destaca el dato de que las disposiciones sobre transmisión del riesgo se refieren a los documentos representativos de las mercancías indicando que el hecho de que el vendedor esté autorizado a retenerlos no afectará a la transmisión del riesgo o el dato de que el art.68 CISG expresamente se refiere a la transmisión del riesgo durante el transporte de las mercancías, algo típico de las *string sales*, según se dijo.

Desde esta perspectiva, se ha tener presente, además, que la distinción que pudiera hacerse entre compraventas sobre mercancías por oposición a compraventa sobre documentos no tiene mucho sentido desde el razonamiento puramente comercial y jurídico de someterlos a regímenes diferentes por mucho que algunos documentos puedan ser representativos de las mercaderías. En este sentido, no consideramos que deba leerse el art.2 d) CISG cuando excluye las compraventas de títulos o efectos de comercio en el sentido de excluir las ventas documentarias[154].

Tampoco son de peso los argumentos que se esgrimen para inaplicar la Convención a las *commodities* sobre el dato de que no se acomoda bien a este mercado la Convención, puesto que la obligación principal del vendedor en las ventas documentarias es presentar documentos limpios (*clean documents*) en tiempo, ya que el tiempo es esencial en estas transacciones. Precisamente sobre ello resalta la Opinión nº5 del CISG-AC: *The buyer's right to avoid the contract in case of non-conforming goods or documents*[155]*, que ha establecido claramente que en las compraventas documentarias la entrega de "documentos limpios" que puedan ser revendidos es la esencia del contrato (ej.CIF), lo cual puede derivar de forma expresa o implícita del propio contrato, y su incumplimiento provoca la entrada de todos los remedios bajo la CISG, por lo que en la práctica el vendedor no tiene la posibilidad de remediar los defectos de conformidad en los documentos. De esta forma, en este tipo de mercado, la solución bajo la CISG sería similar a la de la perfect tender rule* que se predica de aplicación general en este mercado.

[154] En detalle: Fujita, pp.101-103, p.124, y p.200 y ss.

[155] CISG-AC Opinion no 5, The buyer's right to avoid the contract in case of non-conforming goods or documents 7 May 2005, Badenweiler (Germany). Rapporteur: Professor Dr. Ingeborg Schwenzer, LL.M., Professor of Private Law, University of Basel, nº4.1.7. En la doctrina con detalle: Fujita, pp.202 y ss; y Mohs, pp.1297-1300.

ANEXOS

ANEXO I
UNITED NATIONS CONVENTION ON CONTRACTS FOR THE INTERNATIONAL SALE OF GOODS

Part I. Sphere of application and general provisions

CHAPTER I.
SPHERE OF APPLICATION

Article 1

(1) This Convention applies to contracts of sale of goods between parties whose places of business are in different States:

(a) when the States are Contracting States; or

(b) when the rules of private international law lead to the application of the law of a Contracting State.

(2) The fact that the parties have their places of business in different States is to be disregarded whenever this fact does not appear either from the contract or from any dealings between, or from information disclosed by, the parties at any time before or at the conclusion of the contract.

(3) Neither the nationality of the parties nor the civil or commercial character of the parties or of the contract is to be taken into consideration in determining the application of this Convention.

Article 2

This Convention does not apply to sales:

(a) of goods bought for personal, family or household use, unless the seller, at any time before or at the conclusion of the contract, neither knew nor ought to have known that the goods were bought for any such use;

(b) by auction;

(c) on execution or otherwise by authority of law;

(d) of stocks, shares, investment securities, negotiable instruments or money;

(e) of ships, vessels, hovercraft or aircraft;
(f) of electricity.

Article 3

(1) Contracts for the supply of goods to be manufactured or produced are to be considered sales unless the party who orders the goods undertakes to supply a substantial part of the materials necessary for such manufacture or production.

(2) This Convention does not apply to contracts in which the preponderant part of the obligations of the party who furnishes the goods consists in the supply of labour or other services.

Article 4

This Convention governs only the formation of the contract of sale and the rights and obligations of the seller and the buyer arising from such a contract. In particular, except as otherwise expressly provided in this Convention, it is not concerned with:
(a) the validity of the contract or of any of its provisions or of any usage;
(b) the effect which the contract may have on the property in the goods sold.

Article 5

This Convention does not apply to the liability of the seller for death or personal injury caused by the goods to any person.

Article 6

The parties may exclude the application of this Convention or, subject to article 12, derogate from or vary the effect of any of its provisions.

CHAPTER II.
GENERAL PROVISIONS

Article 7

(1) In the interpretation of this Convention, regard is to be had to its international character and to the need to promote uniformity in its application and the observance of good faith in international trade.

(2) Questions concerning matters governed by this Convention which are not expressly settled in it are to be settled in conformity with the general principles on which it is based or, in the absence of such principles, in conformity with the law applicable by virtue of the rules of private international law.

Article 8

(1) For the purposes of this Convention statements made by and other conduct of a party are to be interpreted according to his intent where the other party knew or could not have been unaware what that intent was.

(2) If the preceding paragraph is not applicable, statements made by and other conduct of a party are to be interpreted according to the understanding that a reasonable person of the same kind as the other party would have had in the same circumstances.

(3) In determining the intent of a party or the understanding a reasonable person would have had, due consideration is to be given to all relevant circumstances of the case including the negotiations, any practices which the parties have established between themselves, usages and any subsequent conduct of the parties.

Article 9

(1) The parties are bound by any usage to which they have agreed and by any practices which they have established between themselves.

(2) The parties are considered, unless otherwise agreed, to have impliedly made applicable to their contract or its formation a usage of which the parties knew or ought to have known and which in international trade is widely known to, and regularly observed by, parties to contracts of the type involved in the particular trade concerned.

Article 10

For the purposes of this Convention:

(a) if a party has more than one place of business, the place of business is that which has the closest relationship to the contract and its performance, having regard to the circumstances known to or contemplated by the parties at any time before or at the conclusion of the contract;

(b) if a party does not have a place of business, reference is to be made to his habitual residence.

Article 11

A contract of sale need not be concluded in or evidenced by writing and is not subject to any other requirement as to form. It may be proved by any means, including witnesses.

Article 12

Any provision of article 11, article 29 or Part II of this Convention that allows a contract of sale or its modification or termination by agreement or any offer, acceptance or other indication of intention to be made in any form other than in writing does not apply where any party has his place of business in a Contracting State which has made a declaration under article 96 of this Convention. The parties may not derogate from or vary the effect of this article.

Article 13

For the purposes of this Convention "writing" includes telegram and telex.

Part II. Formation of the contract

Article 14

(1) A proposal for concluding a contract addressed to one or more specific persons constitutes an offer if it is sufficiently definite and indicates the intention of the offeror to be bound in case of acceptance. A proposal is sufficiently definite if it indicates the goods and expressly or implicitly fixes or makes provision for determining the quantity and the price.

(2) A proposal other than one addressed to one or more specific persons is to be considered merely as an invitation to make offers, unless the contrary is clearly indicated by the person making the proposal.

Article 15

(1) An offer becomes effective when it reaches the offeree.

(2) An offer, even if it is irrevocable, may be withdrawn if the withdrawal reaches the offeree before or at the same time as the offer.

Article 16

(1) Until a contract is concluded an offer may be revoked if the revocation reaches the offeree before he has dispatched an acceptance.

(2) However, an offer cannot be revoked:

(a) if it indicates, whether by stating a fixed time for acceptance or otherwise, that it is irrevocable; or

(b) if it was reasonable for the offeree to rely on the offer as being irrevocable and the offeree has acted in reliance on the offer.

Article 17

An offer, even if it is irrevocable, is terminated when a rejection reaches the offeror.

Article 18

(1) A statement made by or other conduct of the offeree indicating assent to an offer is an acceptance. Silence or inactivity does not in itself amount to acceptance.

(2) An acceptance of an offer becomes effective at the moment the indication of assent reaches the offeror. An acceptance is not effective if the indication of assent does not reach the offeror within the time he has fixed or, if no time is fixed, within a reasonable time, due account being taken of the circumstances of the transaction, including the rapidity of the means of communication employed by the offeror. An oral offer must be accepted immediately unless the circumstances indicate otherwise.

(3) However, if, by virtue of the offer or as a result of practices which the parties have established between themselves or of usage, the offeree may indicate assent by performing an act, such as one relating to the dispatch of the goods or payment of the price, without notice to the offeror, the acceptance is effective at the moment the act is performed, provided that the act is performed within the period of time laid down in the preceding paragraph.

Article 19

(1) A reply to an offer which purports to be an acceptance but contains additions, limitations or other modifications is a rejection of the offer and constitutes a counter-offer.

(2) However, a reply to an offer which purports to be an acceptance but contains additional or different terms which do not materially alter the terms of the offer constitutes an acceptance, unless the offeror, without undue delay, objects orally to the discrepancy or dispatches a notice to that effect. If he does not so object, the terms of the contract are the terms of the offer with the modifications contained in the acceptance.

(3) Additional or different terms relating, among other things, to the price, payment, quality and quantity of the goods, place and time of delivery, extent of one party's liability to the other or the settlement of disputes are considered to alter the terms of the offer materially.

Article 20

(1) A period of time for acceptance fixed by the offeror in a telegram or a letter begins to run from the moment the telegram is handed in for dispatch or from the date shown on the letter or, if no such date is shown, from the date shown on the envelope. A period of time for acceptance fixed by the offeror by telephone, telex or other means of instantaneous communication, begins to run from the moment that the offer reaches the offeree.

(2) Official holidays or non-business days occurring during the period for acceptance are included in calculating the period. However, if a notice of acceptance cannot be delivered at the address of the offeror on the last day of the period because that day falls on an official holiday or a non-business day at the place of business of the offeror, the period is extended until the first business day which follows.

Article 21

(1) A late acceptance is nevertheless effective as an acceptance if without delay the offeror orally so informs the offeree or dispatches a notice to that effect.

(2) If a letter or other writing containing a late acceptance shows that it has been sent in such circumstances that if its transmission had been normal it would have reached the offeror in due time, the late acceptance is effective as an acceptance unless, without delay, the offeror orally informs the offeree that he considers his offer as having lapsed or dispatches a notice to that effect.

Article 22

An acceptance may be withdrawn if the withdrawal reaches the offeror before or at the same time as the acceptance would have become effective.

Article 23

A contract is concluded at the moment when an acceptance of an offer becomes effective in accordance with the provisions of this Convention.

Article 24

For the purposes of this Part of the Convention, an offer, declaration of acceptance or any other indication of intention "reaches" the addressee when it is made orally to him or delivered by any other means to him personally, to his place of business or mailing address or, if he does not have a place of business or mailing address, to his habitual residence.

Part III. Sale of goods

CHAPTER I. GENERAL PROVISIONS

Article 25

A breach of contract committed by one of the parties is fundamental if it results in such detriment to the other party as substantially to deprive him of what he is entitled to expect under the contract, unless the party in breach did not foresee and a reasonable person of the same kind in the same circumstances would not have foreseen such a result.

Article 26

A declaration of avoidance of the contract is effective only if made by notice to the other party.

Article 27

Unless otherwise expressly provided in this Part of the Convention, if any notice, request or other communication is given or made by a party in accordance with this Part and by means appropriate in the circumstances, a delay or error in the transmission of the communication or its failure to arrive does not deprive that party of the right to rely on the communication.

Article 28

If, in accordance with the provisions of this Convention, one party is entitled to require performance of any obligation by the other party, a court is not bound to enter a judgement for specific performance unless the court would do so under its own law in respect of similar contracts of sale not governed by this Convention.

Article 29

(1) A contract may be modified or terminated by the mere agreement of the parties.

(2) A contract in writing which contains a provision requiring any modification or termination by agreement to be in writing may not be otherwise modified or terminated by agreement. However, a party may be precluded by his conduct from asserting such a provision to the extent that the other party has relied on that conduct.

CHAPTER II.
OBLIGATIONS OF THE SELLER

Article 30

The seller must deliver the goods, hand over any documents relating to them and transfer the property in the goods, as required by the contract and this Convention.

Section I. Delivery of the goods and handing over of documents

Article 31

If the seller is not bound to deliver the goods at any other particular place, his obligation to deliver consists:

(a) if the contract of sale involves carriage of the goods—in handing the goods over to the first carrier for transmission to the buyer;

(b) if, in cases not within the preceding subparagraph, the contract relates to specific goods, or unidentified goods to be drawn from a specific stock or to be manufactured or produced, and at the time of the conclusion of the contract the parties knew that the goods were at, or were to be manufactured or produced at, a particular place—in placing the goods at the buyer's disposal at that place;

(c) in other cases – in placing the goods at the buyer's disposal at the place where the seller had his place of business at the time of the conclusion of the contract.

Article 32

(1) If the seller, in accordance with the contract or this Convention, hands the goods over to a carrier and if the goods are not clearly identified to the contract by markings on the goods, by shipping documents or otherwise, the seller must give the buyer notice of the consignment specifying the goods.

(2) If the seller is bound to arrange for carriage of the goods, he must make such contracts as are necessary for carriage to the place fixed by means of transportation appropriate in the circumstances and according to the usual terms for such transportation.

(3) If the seller is not bound to effect insurance in respect of the carriage of the goods, he must, at the buyer's request, provide him with all available information necessary to enable him to effect such insurance.

Article 33

The seller must deliver the goods:

(a) if a date is fixed by or determinable from the contract, on that date;

(b) if a period of time is fixed by or determinable from the contract, at any time within that period unless circumstances indicate that the buyer is to choose a date; or

(c) in any other case, within a reasonable time after the conclusion of the contract.

Article 34

If the seller is bound to hand over documents relating to the goods, he must hand them over at the time and place and in the form required by the contract. If the seller has handed over documents before that time, he may, up to that time, cure any lack of conformity in the documents, if the exercise of this right does not cause the buyer unreasonable inconvenience or unreasonable expense. However, the buyer retains any right to claim damages as provided for in this Convention.

Section II. Conformity of the goods and third-party claims

Article 35

(1) The seller must deliver goods which are of the quantity, quality and description required by the contract and which are contained or packaged in the manner required by the contract.

(2) Except where the parties have agreed otherwise, the goods do not conform with the contract unless they:

(a) are fit for the purposes for which goods of the same description would ordinarily be

(b) are fit for any particular purpose expressly or impliedly made known to the seller at the time of the conclusion of the contract, except where the circumstances show that the buyer did not rely, or that it was unreasonable for him to rely, on the seller's skill and judgement;

(c) possess the qualities of goods which the seller has held out to the buyer as a sample or model;

(d) are contained or packaged in the manner usual for such goods or, where there is no such manner, in a manner adequate to preserve and protect the goods.

(3) The seller is not liable under subparagraphs (a) to (d) of the preceding paragraph for any lack of conformity of the goods if, at the time of the conclusion of the contract, the buyer knew or could not have been unaware of such lack of conformity.

Article 36

(1) The seller is liable in accordance with the contract and this Convention for any lack of conformity which exists at the time when the risk passes to the buyer, even though the lack of conformity becomes apparent only after that time.

(2)The seller is also liable for any lack of conformity which occurs after the time indicated in the preceding paragraph and which is due to a breach of any of his obligations, including a breach of any guarantee that for a period of time the goods will remain fit for their ordinary purpose or for some particular purpose or will retain specified qualities or characteristics.

Article 37

If the seller has delivered goods before the date for delivery, he may, up to that date, deliver any missing part or make up any deficiency in the quantity of the goods delivered, or deliver goods in replacement of any non -conforming goods delivered or remedy any lack of conformity in the goods delivered, provided that the exercise of this right does not cause the buyer unreasonable inconvenience or unreasonable expense. However, the buyer retains any right to claim damages as provided for in this Convention.

Article 38

(1) The buyer must examine the goods, or cause them to be examined, within as short a period as is practicable in the circumstances.

(2) If the contract involves carriage of the goods, examination may be deferred until after the goods have arrived at their destination.

(3) If the goods are redirected in transit or redispatched by the buyer without a reasonable opportunity for examination by him and at the time of the conclusion of the contract the seller knew or ought to have known of the possibility of such redirection or redispatch, examination may be deferred until after the goods have arrived at the new destination.

Article 39

(1) The buyer loses the right to rely on a lack of conformity of the goods if he does not give notice to the seller specifying the nature of the lack of conformity within a reasonable time after he has discovered it or ought to have discovered it.

(2) In any event, the buyer loses the right to rely on a lack of conformity of the goods if he does not give the seller notice thereof at the latest within a period of two years from the date on which the goods were actually handed over to the buyer, unless this time limit is inconsistent with a contractual period of guarantee.

Article 40

The seller is not entitled to rely on the provisions of articles 38 and 39 if the lack of conformity relates to facts of which he knew or could not have been unaware and which he did not disclose to the buyer.

Article 41

The seller must deliver goods which are free from any right or claim of a third party, unless the buyer agreed to take the goods subject to that right or claim. However, if such right or claim is based on industrial property or other intellectual property, the seller's obligation is governed by article 42.

Article 42

(1) The seller must deliver goods which are free from any right or claim of a third party based on industrial property or other intellectual property, of which at the time of the conclusion of the contract the seller knew or could not have been unaware, provided that the right or claim is based on industrial property or other intellectual property:

(a) under the law of the State where the goods will be resold or otherwise used, if it was contemplated by the parties at the time of the conclusion of the contract that the goods would be resold or otherwise used in that State; or

(b) in any other case, under the law of the State where the buyer has his place of business.

(2) The obligation of the seller under the preceding paragraph does not extend to cases where:

(a) at the time of the conclusion of the contract the buyer knew or could not have been unaware of the right or claim; or

(b) the right or claim results from the seller's compliance with technical drawings, designs, formulae or other such specifications furnished by the buyer.

Article 43

(1) The buyer loses the right to rely on the provisions of article 41 or article 42 if he does not give notice to the seller specifying the nature of the right or claim of the third party within a reasonable time after he has become aware or ought to have become aware of the right or claim.

(2) The seller is not entitled to rely on the provisions of the preceding paragraph if he knew of the right or claim of the third party and the nature of it.

Article 44

Notwithstanding the provisions of paragraph (1) of article 39 and paragraph (1) of article 43, the buyer may reduce the price in accordance with article 50 or claim damages, except for loss of profit, if he has a reasonable excuse for his failure to give the required notice.

Section III. Remedies for breach of contract by the seller

Article 45

(1) If the seller fails to perform any of his obligations under the contract or this Convention, the buyer may:

(a) exercise the rights provided in articles 46 to 52;

(b) claim damages as provided in articles 74 to 77.

(2) The buyer is not deprived of any right he may have to claim damages by exercising his right to other remedies.

(3) No period of grace may be granted to the seller by a court or arbitral tribunal when the buyer resorts to a remedy for breach of contract.

Article 46

(1) The buyer may require performance by the seller of his obligations unless the buyer has resorted to a remedy which is inconsistent with this requirement.

(2) If the goods do not conform with the contract, the buyer may require delivery of substitute goods only if the lack of conformity constitutes a fundamental breach of contract and a request for substitute goods is made either in conjunction with notice given under article 39 or within a reasonable time thereafter.

(3) If the goods do not conform with the contract, the buyer may require the seller to remedy the lack of conformity by repair, unless this is unreasonable having regard to all the circumstances. A request for repair must be made either in conjunction with notice given under article 39 or within a reasonable time thereafter.

Article 47

(1) The buyer may fix an additional period of time of reasonable length for performance by the seller of his obligations.

(2) Unless the buyer has received notice from the seller that he will not perform within the period so fixed, the buyer may not, during that period, resort to any remedy for breach of contract. However, the buyer is not deprived thereby of any right he may have to claim damages for delay in performance.

Article 48

(1) Subject to article 49, the seller may, even after the date for delivery, remedy at his own expense any failure to perform his obligations, if he can do so without unreasonable delay and without causing the buyer unreasonable inconvenience or uncertainty of reimbursement by the seller of expenses advanced by the buyer. However, the buyer retains any right to claim damages as provided for in this Convention.

(2) If the seller requests the buyer to make known whether he will accept performance and the buyer does not comply with the request within a reasonable time, the seller may perform within the time indicated in his request. The buyer may not,

during that period of time, resort to any remedy which is inconsistent with performance by the seller.

(3) A notice by the seller that he will perform within a specified period of time is assumed to include a request, under the preceding paragraph, that the buyer make known his decision.

(4) A request or notice by the seller under paragraph (2) or (3) of this article is not effective unless received by the buyer.

Article 49

(1) The buyer may declare the contract avoided:

(a) if the failure by the seller to perform any of his obligations under the contract or this Convention amounts to a fundamental breach of contract; or

(b) in case of non-delivery, if the seller does not deliver the goods within the additional period of time fixed by the buyer in accordance with paragraph (1) of article 47 or declares that he will not deliver within the period so fixed.

(2) However, in cases where the seller has delivered the goods, the buyer loses the right to declare the contract avoided unless he does so:

(a) in respect of late delivery, within a reasonable time after he has become aware that delivery has been made;

(b) in respect of any breach other than late delivery, within a reasonable time:

(i) after he knew or ought to have known of the breach;

(ii) after the expiration of any additional period of time fixed by the buyer in accordance with paragraph (1) of article 47, or after the seller has declared that he will not perform his obligations within such an additional period; or

(iii) after the expiration of any additional period of time indicated by the seller in accordance with paragraph (2) of article 48, or after the buyer has declared that he will not accept performance.

Article 50

If the goods do not conform with the contract and whether or not the price has already been paid, the buyer may reduce the price in the same proportion as the value that the goods actually delivered had at the time of the delivery bears to the value that conforming goods would have had at that time. However, if the seller remedies any failure to perform his obligations in accordance with article 37 or article 48 or if the buyer refuses to accept performance by the seller in accordance with those articles, the buyer may not reduce the price.

Article 51

(1) If the seller delivers only a part of the goods or if only a part of the goods delivered is in conformity with the contract, articles 46 to 50 apply in respect of the part which is missing or which does not conform.

(2) The buyer may declare the contract avoided in its entirety only if the failure to make delivery completely or in conformity with the contract amounts to a fundamental breach of the contract.

Article 52

(1) If the seller delivers the goods before the date fixed, the buyer may take delivery or refuse to take delivery.

(2) If the seller delivers a quantity of goods greater than that provided for in the contract, the buyer may take delivery or refuse to take delivery of the excess quantity. If the buyer takes delivery of all or part of the excess quantity, he must pay for it at the contract rate.

CHAPTER III.
OBLIGATIONS OF THE BUYER

Article 53

The buyer must pay the price for the goods and take delivery of them as required by the contract and this Convention.

Section I. Payment of the price

Article 54

The buyer's obligation to pay the price includes taking such steps and complying with such formalities as may be required under the contract or any laws and regulations to enable payment to be made.

Article 55

Where a contract has been validly concluded but does not expressly or implicitly fix or make provision for determining the price, the parties are considered, in the absence of any indication to the contrary, to have impliedly made reference to the price generally charged at the time of the conclusion of the contract for such goods sold under comparable circumstances in the trade concerned.

Article 56

If the price is fixed according to the weight of the goods, in case of doubt it is to be determined by the net weight.

Article 57

(1) If the buyer is not bound to pay the price at any other particular place, he must pay it to the seller:

(a) at the seller's place of business; or

(b) if the payment is to be made against the handing over of the goods or of documents, at the place where the handing over takes place.

(2) The seller must bear any increase in the expenses incidental to payment which is caused by a change in his place of business subsequent to the conclusion of the contract.

Article 58

(1) If the buyer is not bound to pay the price at any other specific time, he must pay it when the seller places either the goods or documents controlling their disposition at the buyer's disposal in accordance with the contract and this Convention. The seller may make such payment a condition for handing over the goods or documents.

(2) If the contract involves carriage of the goods, the seller may dispatch the goods on terms whereby the goods, or documents controlling their disposition, will not be handed over to the buyer except against payment of the price.

(3) The buyer is not bound to pay the price until he has had an opportunity to examine the goods, unless the procedures for delivery or payment agreed upon by the parties are inconsistent with his having such an opportunity.

Article 59

The buyer must pay the price on the date fixed by or determinable from the contract and this Convention without the need for any request or compliance with any formality on the part of the seller.

Section II. Taking delivery

Article 60

The buyer's obligation to take delivery consists:

(a) in doing all the acts which could reasonably be expected of him in order to enable the seller to make delivery; and

(b) in taking over the goods.

Section III. Remedies for breach of contract by the buyer

Article 61

(1) If the buyer fails to perform any of his obligations under the contract or this Convention, the seller may:

(a) exercise the rights provided in articles 62 to 65;

(b) claim damages as provided in articles 74 to 77.

(2) The seller is not deprived of any right he may have to claim damages by exercising his right to other remedies.

(3) No period of grace may be granted to the buyer by a court or arbitral tribunal when the seller resorts to a remedy for breach of contract.

Article 62

The seller may require the buyer to pay the price, take delivery or perform his other obligations, unless the seller has resorted to a remedy which is inconsistent with this requirement.

Article 63

(1) The seller may fix an additional period of time of reasonable length for performance by the buyer of his obligations.

(2) Unless the seller has received notice from the buyer that he will not perform within the period so fixed, the seller may not, during that period, resort to any remedy for breach of contract. However, the seller is not deprived thereby of any right he may have to claim damages for delay in performance.

Article 64

(1) The seller may declare the contract avoided:

(a) if the failure by the buyer to perform any of his obligations under the contract or this Convention amounts to a fundamental breach of contract; or

(b) if the buyer does not, within the additional period of time fixed by the seller in accordance with paragraph (1) of article 63, perform his obligation to pay the price or take delivery of the goods, or if he declares that he will not do so within the period so fixed.

(2) However, in cases where the buyer has paid the price, the seller loses the right to declare the contract avoided unless he does so:

(a) in respect of late performance by the buyer, before the seller has become aware that performance has been rendered; or

(b) in respect of any breach other than late performance by the buyer, within a reasonable time:

(i) after the seller knew or ought to have known of the breach; or

(ii) after the expiration of any additional period of time fixed by the seller in accordance with paragraph (1) of article 63, or after the buyer has declared that he will not perform his obligations within such an additional period.

Article 65

(1) If under the contract the buyer is to specify the form, measurement or other features of the goods and he fails to make such specification either on the date agreed upon or within a reasonable time after receipt of a request from the seller, the seller may, without prejudice to any other rights he may have, make the specification himself in accordance with the requirements of the buyer that may be known to him.

(2) If the seller makes the specification himself, he must inform the buyer of the details thereof and must fix a reasonable time within which the buyer may make a different specification. If, after receipt of such a communication, the buyer fails to do so within the time so fixed, the specification made by the seller is binding.

CHAPTER IV. PASSING OF RISK

Article 66

Loss of or damage to the goods after the risk has passed to the buyer does not discharge him from his obligation to pay the price, unless the loss or damage is due to an act or omission of the seller.

Article 67

(1) If the contract of sale involves carriage of the goods and the seller is not bound to hand them over at a particular place, the risk passes to the buyer when the goods are handed over to the first carrier for transmission to the buyer in accordance with the contract of sale. If the seller is bound to hand the goods over to a carrier at a particular place, the risk does not pass to the buyer until the goods are handed over to the carrier at that place. The fact that the seller is authorized to retain documents controlling the disposition of the goods does not affect the passage of the risk.

(2) Nevertheless, the risk does not pass to the buyer until the goods are clearly identified to the contract, whether by markings on the goods, by shipping documents, by notice given to the buyer or otherwise.

Article 68

The risk in respect of goods sold in transit passes to the buyer from the time of the conclusion of the contract. However, if the circumstances so indicate, the risk is assumed by the buyer from the time the goods were handed over to the carrier who issued the documents embodying the contract of carriage. Nevertheless, if at the time of the conclusion of the contract of sale the seller knew or ought to have known that the goods had been lost or damaged and did not disclose this to the buyer, the loss or damage is at the risk of the seller.

Article 69

(1) In cases not within articles 67 and 68, the risk passes to the buyer when he takes over the goods or, if he does not do so in due time, from the time when the goods are placed at his disposal and he commits a breach of contract by failing to take delivery.

(2) However, if the buyer is bound to take over the goods at a place other than a place of business of the seller, the risk passes when delivery is due and the buyer is aware of the fact that the goods are placed at his disposal at that place.

(3) If the contract relates to goods not then identified, the goods are considered not to be placed at the disposal of the buyer until they are clearly identified to the contract.

Article 70

If the seller has committed a fundamental breach of contract, articles 67, 68 and 69 do not impair the remedies available to the buyer on account of the breach.

CHAPTER V. PROVISIONS COMMON TO THE OBLIGATIONS OF THE SELLER AND OF THE BUYER

Section I. Anticipatory breach and instalment contracts

Article 71

(1) A party may suspend the performance of his obligations if, after the conclusion of the contract, it becomes apparent that the other party will not perform a substantial part of his obligations as a result of:

(a) a serious deficiency in his ability to perform or in his credit worthiness; or

(b) his conduct in preparing to perform or in performing the contract.

(2) If the seller has already dispatched the goods before the grounds described in the preceding paragraph become evident, he may prevent the handing over of

the goods to the buyer even though the buyer holds a document which entitles him to obtain them. The present paragraph relates only to the rights in the goods as between the buyer and the seller.

(3) A party suspending performance, whether before or after dispatch of the goods, must immediately give notice of the suspension to the other party and must continue with performance if the other party provides adequate assurance of his performance.

Article 72

(1) If prior to the date for performance of the contract it is clear that one of the parties will commit a fundamental breach of contract, the other party may declare the contract avoided.

(2) If time allows, the party intending to declare the contract avoided must give reasonable notice to the other party in order to permit him to provide adequate assurance of his performance.

(3) The requirements of the preceding paragraph do not apply if the other party has declared that he will not perform his obligations.

Article 73

(1) In the case of a contract for delivery of goods by instalments, if the failure of one party to perform any of his obligations in respect of any instalment constitutes a fundamental breach of contract with respect to that instalment, the other party may declare the contract avoided with respect to that instalment.

(2) If one party's failure to perform any of his obligations in respect of any instalment gives the other party good grounds to conclude that a fundamental breach of contract will occur with respect to future instalments, he may declare the contract avoided for the future, provided that he does so within a reasonable time.

(3) A buyer who declares the contract avoided in respect of any delivery may, at the same time, declare it avoided in respect of deliveries already made or of future deliveries if, by reason of their interdependence, those deliveries could not be used for the purpose contemplated by the parties at the time of the conclusion of the contract.

Section II. Damages

Article 74

Damages for breach of contract by one party consist of a sum equal to the loss, including loss of profit, suffered by the other party as a consequence of the breach.

Such damages may not exceed the loss which the party in breach foresaw or ought to have foreseen at the time of the conclusion of the contract, in the light of the facts and matters of which he then knew or ought to have known, as a possible consequence of the breach of contract.

Article 75

If the contract is avoided and if, in a reasonable manner and within a reasonable time after avoidance, the buyer has bought goods in replacement or the seller has resold the goods, the party claiming damages may recover the difference between the contract price and the price in the substitute transaction as well as any further damages recoverable under article 74.

Article 76

(1) If the contract is avoided and there is a current price for the goods, the party claiming damages may, if he has not made a purchase or resale under article 75, recover the difference between the price fixed by the contract and the current price at the time of avoidance as well as any further damages recoverable under article 74. If, however, the party claiming damages has avoided the contract after taking over the goods, the current price at the time of such taking over shall be applied instead of the current price at the time of avoidance.

(2) For the purposes of the preceding paragraph, the current price is the price prevailing at the place where delivery of the goods should have been made or, if there is no current price at that place, the price at such other place as serves as a reasonable substitute, making due allowance for differences in the cost of transporting the goods.

Article 77

A party who relies on a breach of contract must take such measures as are reasonable in the circumstances to mitigate the loss, including loss of profit, resulting from the breach. If he fails to take such measures, the party in breach may claim a reduction in the damages in the amount by which the loss should have been mitigated.

Section III. Interest

Article 78

If a party fails to pay the price or any other sum that is in arrears, the other party is entitled to interest on it, without prejudice to any claim for damages recoverable under article 74.

Section IV. Exemptions

Article 79

(1) A party is not liable for a failure to perform any of his obligations if he proves that the failure was due to an impediment beyond his control and that he could not reasonably be expected to have taken the impediment into account at the time of the conclusion of the contract or to have avoided or overcome it, or its consequences.

(2) If the party's failure is due to the failure by a third person whom he has engaged to perform the whole or a part of the contract, that party is exempt from liability only if:

(a) he is exempt under the preceding paragraph; and

(b) the person whom he has so engaged would be so exempt if the provisions of that paragraph were applied to him.

(3) The exemption provided by this article has effect for the period during which the impediment exists.

(4) The party who fails to perform must give notice to the other party of the impediment and its effect on his ability to perform. If the notice is not received by the other party within a reasonable time after the party who fails to perform knew or ought to have known of the impediment, he is liable for damages resulting from such non-receipt.

(5) Nothing in this article prevents either party from exercising any right other than to claim damages under this Convention.

Article 80

A party may not rely on a failure of the other party to perform, to the extent that such failure was caused by the first party's act or omission.

Section V. Effects of avoidance

Article 81

(1) Avoidance of the contract releases both parties from their obligations under it, subject to any damages which may be due. Avoidance does not affect any provision of the contract for the settlement of disputes or any other provision of the contract governing the rights and obligations of the parties consequent upon the avoidance of the contract.

(2) A party who has performed the contract either wholly or in part may claim restitution from the other party of whatever the first party has supplied or paid under the contract. If both parties are bound to make restitution, they must do so concurrently.

Article 82

(1) The buyer loses the right to declare the contract avoided or to require the seller to deliver substitute goods if it is impossible for him to make restitution of the goods substantially in the condition in which he received them.

(2) The preceding paragraph does not apply:

(a) if the impossibility of making restitution of the goods or of making restitution of the goods substantially in the condition in which the buyer received them is not due to his act or omission;

(b) if the goods or part of the goods have perished or deteriorated as a result of the examination provided for in article 38; or

(c) if the goods or part of the goods have been sold in the normal course of business or have been consumed or transformed by the buyer in the course of normal use before he discovered or ought to have discovered the lack of conformity.

Article 83

A buyer who has lost the right to declare the contract avoided or to require the seller to deliver substitute goods in accordance with article 82 retains all other remedies under the contract and this Convention.

Article 84

(1) If the seller is bound to refund the price, he must also pay interest on it, from the date on which the price was paid.

(2) The buyer must account to the seller for all benefits which he has derived from the goods or part of them:

(a) if he must make restitution of the goods or part of them; or

(b) if it is impossible for him to make restitution of all or part of the goods or to make restitution of all or part of the goods substantially in the condition in which he received them, but he has nevertheless declared the contract avoided or required the seller to deliver substitute goods.

Section VI. Preservation of the goods

Article 85

If the buyer is in delay in taking delivery of the goods or, where payment of the price and delivery of the goods are to be made concurrently, if he fails to pay the price, and the seller is either in possession of the goods or otherwise able to control their disposition, the seller must take such steps as are reasonable in the circumstances to preserve them. He is entitled to retain them until he has been reimbursed his reasonable expenses by the buyer.

Article 86

(1) If the buyer has received the goods and intends to exercise any right under the contract or this Convention to reject them, he must take such steps to preserve them as are reasonable in the circumstances. He is entitled to retain them until he has been reimbursed his reasonable expenses by the seller.

(2) If goods dispatched to the buyer have been placed at his disposal at their destination and he exercises the right to reject them, he must take possession of them on behalf of the seller, provided that this can be done without payment of the price and without unreasonable inconvenience or unreasonable expense. This provision does not apply if the seller or a person authorized to take charge of the goods on his behalf is present at the destination. If the buyer takes possession of the goods under this paragraph, his rights and obligations are governed by the preceding paragraph.

Article 87

A party who is bound to take steps to preserve the goods may deposit them in a warehouse of a third person at the expense of the other party provided that the expense incurred is not unreasonable.

Article 88

(1) A party who is bound to preserve the goods in accordance with article 85 or 86 may sell them by any appropriate means if there has been an unreasonable delay by the other party in taking possession of the goods or in taking them back or in paying the price or the cost of preservation, provided that reasonable notice of the intention to sell has been given to the other party.

(2) If the goods are subject to rapid deterioration or their preservation would involve unreasonable expense, a party who is bound to preserve the goods in accordance with article 85 or 86 must take reasonable measures to sell them. To the extent possible he must give notice to the other party of his intention to sell.

(3) A party selling the goods has the right to retain out of the proceeds of sale an amount equal to the reasonable expenses of preserving the goods and of selling them. He must account to the other party for the balance.

Part IV. Final Provisions

Article 89

The Secretary-General of the United Nations is hereby designated as the depositary for this Convention.

Article 90

This Convention does not prevail over any international agreement which has already been or may be entered into and which contains provisions concerning the matters governed by this Convention, provided that the parties have their places of business in States parties to such agreement.

Article 91

(1) This Convention is open for signature at the concluding meeting of the United Nations Conference on Contracts for the International Sale of Goods and will remain open for signature by all States at the Headquarters of the United Nations, New York until 30 September 1981.

(2) This Convention is subject to ratification, acceptance or approval by the signatory States.

(3) This Convention is open for accession by all States which are not signatory States as from the date it is open for signature.

(4) Instruments of ratification, acceptance, approval and accession are to be deposited with the Secretary-General of the United Nations.

Article 92

(1) A Contracting State may declare at the time of signature, ratification, acceptance, approval or accession that it will not be bound by Part II of this Convention or that it will not be bound by Part III of this Convention.

(2) A Contracting State which makes a declaration in accordance with the preceding paragraph in respect of Part II or Part III of this Convention is not to be considered a Contracting State within paragraph (1) of article 1 of this Convention in respect of matters governed by the Part to which the declaration applies.

Article 93

(1) If a Contracting State has two or more territorial units in which, according to its constitution, different systems of law are applicable in relation to the matters dealt with in this Convention, it may, at the time of signature, ratification, acceptance, approval or accession, declare that this Convention is to extend to all its territorial

units or only to one or more of them, and may amend its declaration by submitting another declaration at any time.

(2) These declarations are to be notified to the depositary and are to state expressly the territorial units to which the Convention extends.

(3) If, by virtue of a declaration under this article, this Convention extends to one or more but not all of the territorial units of a Contracting State, and if the place of business of a party is located in that State, this place of business, for the purposes of this Convention, is considered not to be in a Contracting State, unless it is in a territorial unit to which the Convention extends.

(4) If a Contracting State makes no declaration under paragraph (1) of this article, the Convention is to extend to all territorial units of that State.

Article 94

(1) Two or more Contracting States which have the same or closely related legal rules on matters governed by this Convention may at any time declare that the Convention is not to apply to contracts of sale or to their formation where the parties have their places of business in those States. Such declarations may be made jointly or by reciprocal unilateral declarations.

(2) A Contracting State which has the same or closely related legal rules on matters governed by this Convention as one or more non-Contracting States may at any time declare that the Convention is not to apply to contracts of sale or to their formation where the parties have their places of business in those States.

(3) If a State which is the object of a declaration under the preceding paragraph subsequently becomes a Contracting State, the declaration made will, as from the date on which the Convention enters into force in respect of the new Contracting State, have the effect of a declaration made under paragraph (1), provided that the new Contracting State joins in such declaration or makes a reciprocal unilateral declaration.

Article 95

Any State may declare at the time of the deposit of its instrument of ratification, acceptance, approval or accession that it will not be bound by subparagraph (1)(b) of article 1 of this Convention.

Article 96

A Contracting State whose legislation requires contracts of sale to be concluded in or evidenced by writing may at any time make a declaration in accordance with article 12 that any provision of article 11, article 29, or Part II of this Convention, that allows a contract of sale or its modification or termination by agreement or any offer, acceptance, or other indication of intention to be made in any form other than in writing, does not apply where any party has his place of business in that State.

Article 97

(1) Declarations made under this Convention at the time of signature are subject to confirmation upon ratification, acceptance or approval.

(2) Declarations and confirmations of declarations are to be in writing and be formally notified to the depositary.

(3) A declaration takes effect simultaneously with the entry into force of this Convention in respect of the State concerned. However, a declaration of which the depositary receives formal notification after such entry into force takes effect on the first day of the month following the expiration of six months after the date of its receipt by the depositary. Reciprocal unilateral declarations under article 94 take effect on the first day of the month following the expiration of six months after the receipt of the latest declaration by the depositary.

(4) Any State which makes a declaration under this Convention may withdraw it at any time by a formal notification in writing addressed to the depositary. Such withdrawal is to take effect on the first day of the month following the expiration of six months after the date of the receipt of the notification by the depositary.

(5) A withdrawal of a declaration made under article 94 renders inoperative, as from the date on which the withdrawal takes effect, any reciprocal declaration made by another State under that article.

Article 98

No reservations are permitted except those expressly authorized in this Convention.

Article 99

(1) This Convention enters into force, subject to the provisions of paragraph (6) of this article, on the first day of the month following the expiration of twelve months after the date of deposit of the tenth instrument of ratification, acceptance, approval or accession, including an instrument which contains a declaration made under article 92.

(2) When a State ratifies, accepts, approves or accedes to this Convention after the deposit of the tenth instrument of ratification, acceptance, approval or accession, this Convention, with the exception of the Part excluded, enters into force in respect of that State, subject to the provisions of paragraph (6) of this article,

on the first day of the month following the expiration of twelve months after the date of the deposit of its instrument of ratification, acceptance, approval or accession.

(3) A State which ratifies, accepts, approves or accedes to this Convention and is a party to either or both the Convention relating to a Uniform Law on the Formation of Contracts for the International Sale of Goods done at The Hague on 1 July 1964 (1964 Hague Formation Convention) and the Convention relating to a Uniform Law on the International Sale of Goods done at The Hague on 1 July 1964 (1964 Hague Sales Convention) shall at the same time denounce, as the case may be, either or both the 1964 Hague Sales Convention and the 1964 Hague Formation Convention by notifying the Government of the Netherlands to that effect.

(4) A State party to the 1964 Hague Sales Convention which ratifies, accepts, approves or accedes to the present Convention and declares or has declared under article 92 that it will not be bound by Part II of this Convention shall at the time of ratification, acceptance, approval or accession denounce the 1964 Hague Sales Convention by notifying the Government of the Netherlands to that effect.

(5) A State party to the 1964 Hague Formation Convention which ratifies, accepts, approves or accedes to the present Convention and declares or has declared under article 92 that it will not be bound by Part III of this Convention shall at the time of ratification, acceptance, approval or accession denounce the 1964 Hague Formation Convention by notifying the Government of the Netherlands to that effect.

(6) For the purpose of this article, ratifications, acceptances, approvals and accessions in respect of this Convention by States parties to the 1964 Hague Formation Convention or to the 1964 Hague Sales Convention shall not be effective until such denunciations as may be required on the part of those States in respect of the latter two Conventions have themselves become effective. The depositary of this Convention shall consult with the Government of the Netherlands, as the depositary of the 1964 Conventions, so as to ensure necessary coordination in this respect.

Article 100

(1) This Convention applies to the formation of a contract only when the proposal for concluding the contract is made on or after the date when the Convention enters into force in respect of the Contracting States referred to in subparagraph (1)(a) or the Contracting State referred to in subparagraph (1)(b) of article 1.

(2) This Convention applies only to contracts concluded on or after the date when the Convention enters into force in respect of the Contracting States referred to in subparagraph (1)(a) or the Contracting State referred to in subparagraph (1)(b) of article 1.

Article 101

(1) A Contracting State may denounce this Convention, or Part II or Part III of the Convention, by a formal notification in writing addressed to the depositary.

(2) The denunciation takes effect on the first day of the month following the expiration of twelve months after the notification is received by the depositary. Where a longer period for the denunciation to take effect is specified in the notification, the denunciation takes effect upon the expiration of such longer period after the notification is received by the depositary.

DONE at Vienna, this day of eleventh day of April, one thousand nine hundred and eighty, in a single original, of which the Arabic, Chinese, English, French, Russian and Spanish texts are equally authentic.

IN WITNESS WHEREOF the undersigned plenipotentiaries, being duly authorized by their respective Governments, have signed this Convention.

ANEXO II
DECRETO 8.327, DE 16 DE OUTUBRO DE 2014, DA REPÚBLICA FEDERATIVA DO BRASIL

DECRETO 8.327, DE 16 DE OUTUBRO DE 2014

Promulga a Convenção das Nações Unidas sobre Contratos de Compra e Venda Internacional de Mercadorias – Uncitral, firmada pela República Federativa do Brasil, em Viena, em 11 de abril de 1980.

A PRESIDENTA DA REPÚBLICA, no uso da atribuição que lhe confere o art. 84, *caput*, inciso IV, da Constituição, e

Considerando que a República Federativa do Brasil firmou a Convenção das Nações Unidas sobre Contratos de Compra e Venda Internacional de Mercadorias – Uncitral, em Viena, em 11 de abril de 1980;

Considerando que o Congresso Nacional aprovou a Convenção das Nações Unidas sobre Contratos de Compra e Venda Internacional de Mercadorias – Uncitral por meio do Decreto Legislativo n. 538, de 18 de outubro de 2012; e

Considerando que o Governo brasileiro depositou, em 4 de março de 2013, o instrumento de adesão à Convenção das Nações Unidas sobre Contratos de Compra e Venda Internacional de Mercadorias – Uncitral e que a Convenção entrou em vigor para o Brasil, no plano jurídico externo, em 1.º de abril de 2014;

DECRETA:

Art. 1.º Fica promulgada a Convenção das Nações Unidas sobre Contratos de Compra e Venda Internacional de Mercadorias – Uncitral, firmada em Viena, em 11 de abril de 1980, anexa a este Decreto.

Art. 2.º São sujeitos à aprovação do Congresso Nacional atos que possam resultar em revisão da Convenção e ajustes complementares que acarretem encargos ou compromissos gravosos ao patrimônio nacional, nos termos do inciso I do *caput* do art. 49 da Constituição.

Art. 3.º Este Decreto entra em vigor na data de sua publicação.

Brasília, 16 de outubro de 2014; 193.º da Independência e 126.º da República.

DILMA ROUSSEFF

Luiz Alberto Figueiredo

Mauro Borges Lemos

ANEXO III
DECRETO 5/2020, DE 7 DE AGOSTO, DA PRESIDÊNCIA DA REPÚBLICA PORTUGUESA

Decreto n.º 5/2020
de 7 de agosto

Sumário: Aprova, para adesão, a Convenção das Nações Unidas sobre Contratos para Venda Internacional de Mercadorias, adotada em Viena, em 11 de abril de 1980.

A Convenção das Nações Unidas sobre Contratos para Venda Internacional de Mercadorias, adotada em Viena, em 11 de abril de 1980, foi elaborada pela Comissão das Nações Unidas sobre Comércio Internacional, tendo como objetivo a promoção da segurança e previsibilidade jurídicas relativamente ao regime jurídico aplicável à compra e venda internacional de mercadorias através da remoção dos obstáculos legais ao comércio internacional, nomeadamente na determinação da lei aplicável.

Assim:

Nos termos da alínea c) do n.º 1 do artigo 197.º da Constituição, o Governo aprova, para adesão, a Convenção das Nações Unidas sobre Contratos para Venda Internacional de Mercadorias, adotada em Viena, em 11 de abril de 1980, cujo texto, na versão autenticada em inglês e respetiva tradução em língua portuguesa, se publica em anexo.

Visto e aprovado em Conselho de Ministros de 16 de julho de 2020. — António Luís Santos da Costa — Pedro Gramaxo de Carvalho Siza Vieira — Augusto Ernesto Santos Silva — Francisca Eugénia da Silva Dias Van Dunem.

Assinado em 23 de julho de 2020.

Publique -se.

O Presidente da República, MARCELO REBELO DE SOUSA.

Referendado em 27 de julho de 2020.

Pelo Primeiro-Ministro, Pedro Gramaxo de Carvalho Siza Vieira, Ministro de Estado, da Economia e da Transição Digital.